≫现代统计学丛书≪

统计学高级教程

回归分析 （原书第8版）

A Second Course in Statistics Regression Analysis

(Eighth Edition)

[美] 威廉·门登霍尔 (William Mendenhall)
特里·辛西奇 (Terry Sincich)　　　著

王黎明　孙思宇　译

机械工业出版社
CHINA MACHINE PRESS

本书通过实例以逻辑直观的方式解释概念.本书强调模型构建——建立适当的统计模型是任何回归分析的基础，还将回归分析作为解决问题的工具.书中大量基于真实数据的示例、练习和案例研究，使读者将关于模型的问题与现实世界的问题联系起来，本书还通过 SAS、SPSS、MINITAB 的输出结果分析模型并解释样本数据.

这本书可作为统计或非统计专业本科生统计课程的教材，以及其他工科领域研究生的应用回归分析课程的教材.

图书在版编目（CIP）数据

统计学高级教程：回归分析：原书第 8 版 /（美）威廉·门登霍尔（William Mendenhall），（美）特里·辛西奇（Terry Sincich）著；王黎明，孙思宇译 .—北京：机械工业出版社，2023.10
（现代统计学丛书）
书名原文：A Second Course in Statistics: Regression Analysis, Eighth Edition
ISBN 978-7-111-74210-4

Ⅰ.①统… Ⅱ.①威… ②特… ③王… ④孙… Ⅲ.①统计学 – 教材 Ⅳ.① C8

中国国家版本馆 CIP 数据核字（2023）第 217110 号

机械工业出版社（北京市百万庄大街 22 号　邮政编码 100037）
策划编辑：刘　慧　　　　　　责任编辑：刘　慧
责任校对：郑　婕　刘雅娜　　责任印制：单爱军
保定市中画美凯印刷有限公司印刷
2024 年 3 月第 1 版第 1 次印刷
186mm × 240mm · 50 印张 · 1183 千字
标准书号：ISBN 978-7-111-74210-4
定价：199.00 元

电话服务　　　　　　　网络服务
客服电话：010-88361066　机 工 官 网：www.cmpbook.com
　　　　　010-88379833　机 工 官 博：weibo.com/cmp1952
　　　　　010-68326294　金 书 网：www.golden-book.com
封底无防伪标均为盗版　机工教育服务网：www.cmpedu.com

译 者 序

回归分析是统计学中一个非常重要的分支，是以概率论与数理统计为基础迅速发展起来的一种应用性较强的科学方法．它由一组探求变量之间关系的技术组成，并作为统计学应用最广泛的分支之一，在社会经济各方面以及各个学科领域都得到了广泛的应用．随着我国社会主义现代化建设的发展，人们逐渐认识到应用定量分析技术研究问题的重要意义．特别是计算机及有关统计软件的日益普及，为在实际问题中进行大规模、快速、准确的回归分析运算提供了有力手段．近些年来，大数据成为各行各业面临的重要挑战和机遇，机器学习作为大数据分析的重要工具，在数据科学中更显重要，而回归分析已经成为机器学习的重要技术之一，它可以通过回归模型的学习掌握如何进行模型训练、预测和评估，并且了解模型的基本原理和实际应用．

译者长期从事统计学专业本科生回归分析课程的教学工作，也为经济学类专业的研究生讲授统计建模的有关课程，多年的教学经验告诉我们，一本好的统计建模教材既要有理论上的深度，又要有实际数据的例子，并能够解决现实生活中的一些问题．本书就涵盖这些特点，这是一本适用非常广泛的教材，不仅适合统计学或非统计学专业本科生学习，亦适用于其他专业硕士或博士研究生的应用回归分析课程．作者强调应用性，书中的数据例子主要来源于新闻报道、杂志或期刊，所包含的七个案例研究都是用来解决现实生活中的实际问题的．

正因为本书的上述优点，我们接受了机械工业出版社的委托，承担本书的中文翻译工作．翻译过程也是一个学习过程，我们在翻译过程中将有关数据和案例引入教学工作中，分别在上海财经大学统计与管理学院的回归分析教学，以及上海财经大学浙江学院统计系的回归分析和数据科学与商务统计教学中引用有关数据和案例分析，取得了很好的效果．

原书涉及范围广泛，而我们的水平、经验有限，虽然在整个翻译过程中反复斟酌，但疏漏之处在所难免，望各位专家、同行和广大读者不吝赐教，特此感谢．

译者

王黎明，孙思宇

2023 年 6 月于上海财经大学

前　言

概述

本书专为两种类型的统计课程而设计.前几章内容结合精选的案例研究,适合统计或非统计专业本科生作为统计入门课程的教材进行学习.同时,本书亦适合其他领域的硕士或博士研究生作为应用回归分析课程的教材进行学习.

初看之下,本书针对两种类型的设计目标可能并不一致.本书如何能同时适用于本科生和研究生呢?答案藏于内容之中.与统计理论课程相比,应用回归分析课程所需的数学知识水平较低.因此,本科生和研究生在学习时遇到的困难大同小异.挑战在于应用:分析实际问题,根据特定情况选定适当的线性模型,并知道哪种推断技术可以回答研究人员的实际问题.上述都需要经验,这也就解释了为什么非统计学专业的本科生和研究生均可以学习回归分析方面的内容,并均可从中受益.

统计入门课程

在统计入门课程中,很难划定一整学年中下学期的高级课程应当包含的知识量.通常,可以针对第 1 章(基本概念回顾)进行一些讲解,以确保所有学生都具有相同的背景知识.第2 章(回归分析导论)、第 3 章(简单线性回归)、第 4 章(多元回归模型)、第 5 章(模型构建)、第 6 章(变量筛选法)、第 7 章(一些回归陷阱)和第 8 章(残差分析)是应用回归分析课程的核心内容.第 10 章(时间序列建模与预测导论)、第 11 章(实验设计原理)和第 12章(设计实验的方差分析)可以作为额外的知识点.

研究生应用回归分析课程

个人认为,应用型研究生课程的质量不是以涵盖的知识量或学生的记忆程度来衡量的.衡量标准应当是学生如何应用课程中所涵盖的技术,去解决他们在具体研究领域中遇到的实际问题.因此,我们建议只有当学生已具备应用相应技术的能力后,才能进行下一主题的学习.课堂中的案例分析讨论环节,将有助于学生分析问题并选择合适的技术方法,从而将模型选择与构建(第 4 ~ 8 章)与实际问题进行有效联系.(在相关章之后的)七个案例研究正是基于此目的.

研究生应用回归分析课程的教授内容不仅应包含统计入门课程的知识点,还应涉及附录A(简单线性回归中 β_0 和 β_1 的最小二乘估计推导)、附录 B(多元回归分析的原理)、附录 C

（矩阵求逆的过程）、在线资源网站上提供的统计软件（SAS、SPSS、MINITAB 或 R）教程、第 9 章（回归中的特殊主题）以及其他选修章节．与本科课程一样，我们建议运用案例研究和课堂讨论的形式来培养学生建立适当的统计模型和解释分析结果的能力．

特色

1. 可读性．我们有意将本书作为教学书籍，通过示例等形式以逻辑直观的方式解释概念．

2. 重视建模．建立合适的统计模型是进行回归分析的基础．建模思想主要在第 4 ～ 8 章中予以讨论，并贯穿于整本书之中．

3. 强调运用回归技术．除阐述回归分析的基本概念和方法之外，本书还强调将其作为一种技术工具去解决实际的应用问题．因此，本书的主要目标之一是培养读者将回归分析应用于现实生活场景的技能．

4. 基于真实数据的示例和练习．本书包含许多数据示例，用以详细阐述模型构建、数据分析和结果解释等重要方面．几乎所有练习的数据和研究均来源于新闻报道、杂志或期刊．练习位于关键小节和每章的末尾．

5. 案例研究．本书共包含七个案例研究，每个案例研究都解决一个现实生活中的研究问题．读者可以了解如何使用回归分析，并通过建立适当的统计模型来分析和解释样本数据，进而解决实际问题．

6. 数据集．在线资源提供了案例研究、练习和示例相关的完整数据集．读者可以用其进行模型构建和数据分析．

7. 广泛使用统计软件．在线资源提供了有关如何使用四种流行的统计软件包（SAS、SPSS、MINITAB 和 R）的教程，相应统计软件的输出结果在本书中均有所介绍和讨论．

8. 章末总结．通过流程图（有助于选择适当的统计方法）、关键术语、公式、定义、列表和关键概念，强化本章所学．

第 8 版更新之处

尽管范围和覆盖面保持不变，但第 8 版包含了一些实质性的修订．

1. 更新和新增案例研究．对案例研究 2（4 个街区房地产销售价格的模型）所使用的数据进行了更新．在关于方差分析的一章后新增案例研究 7（声音识别与面部识别——是否有先后之分？）．

2. 基于真实数据的练习．更新和新增了许多基于当代研究和各个领域真实数据的练习．大多数练习都可以培养和提升批判性思维技能．

3. 统计软件输出结果．本书中显示的所有统计软件输出结果均已更新，以匹配 MINITAB、SAS 和 SPSS 软件的最新版本．

4. 更新统计软件教程．在网址 www.pearson.com/math-stats-resources 可找到相应统计软件教程．本书的在线资源更新了有关如何使用 Windows 系统中 SAS、SPSS、MINITAB 和 R 的教程，包含详细的分步操作和屏幕截图．

5. 更新第 9 章（回归中的特殊主题）．对 logistic 回归（9.6 节）进行了扩展，并新增了泊松回归（9.7 节）、岭回归与 LASSO 回归（9.8 节）．

基于早期版本读者的建议与反馈，我们对本书中的一些细节进行了适当的修正．

补充材料

除正文外，本书还附有以下补充材料：

1. 教师答案手册⊖．教师答案手册提供了本书偶数序号练习的完整解答过程．

2. 数据文件．数据文件可以在本书的资源网站 www.pearson.com/math-stats-resources 下载．在线资源提供了本书所有数据文件集，即示例、练习和案例研究的数据集．所有以".csv"为后缀格式的数据文件集可直接导入统计软件 R 中，其余 SAS（".sas7bdat"）、SPSS(".sav")和 MINITAB（".mtw"）的格式亦是如此．

致谢

在此感谢为本书付出诸多时间精力和提供建议、帮助的许多人．特别感谢以下为本书第 1 版和后续版本（包括第 8 版）提供建议的审稿人：

Jack Miller (University of Michigan)

Scott Grimshaw (Brigham Young University)

Liam O'Brien (Colby College)

Subarna K Samanta (The College of New Jersey)

Wolde Woubneh (Kean University)

Alan Huebner (University of Notre Dame)

Jen-Wen Lin (University of Toronto)

Karen Keating (Kansas State University)

Seamus Freyne (Mississippi State University)

Martin Tanner (Northwestern University)

Rebecca L. Pierce (Ball State University)

Julius Esunge (University of Mary Washington)

Brant Deppa (Winona State University)

Ross Hosky (Appalachian State University)

David Holmes (College of New Jersey)

Patrick McKnight (George Mason University)

⊖ 关于教辅资源，仅提供给采用本书作为教材的教师用作课堂教学、布置作业、发布考试等．如有需要的教师，请直接联系 Pearson 北京办公室查询并填表申请．联系邮箱：Copub. Hed@pearson. com.——编辑注

David Kidd (George Mason University)

W. R. Stephenson (Iowa State University)

Lingyun Ma (University of Georgia)

Pinyuen Chen (Syracuse University)

Gokarna Aryal (Purdue University, Calumet)

Monnie McGee (Southern Methodist University)

Ruben Zamar (University of British Columbia)

Tom O'Gorman (Northern Illinois University)

William Bridges, Jr. (Clemson University)

Paul Maiste (Johns Hopkins University)

Mohammed Askalani, Mankato State University (Minnesota)

Ken Boehm, Pacific Telesis (California)

Andrew C. Brod, University of North Carolina at Greensboro

James Daly, California State Polytechnic Institute at San Luis Obispo

Assane Djeto, University of Nevada - Las Vegas

Robert Elrod, Georgia State University

James Ford, University of Delaware

Carol Ghomi, University of Houston

James Holstein, University of Missouri at Columbia

Steve Hora, Texas Technological University

K. G. Janardan, Eastern Michigan University

Thomas Johnson, North Carolina State University

Ann Kittler, Ryerson College (Toronto)

James T. McClave, University of Florida

John Monahan, North Carolina State University

Kris Moore, Baylor University

Farrokh Nasri, Hofstra University

Robert Pavur, University of North Texas

P. V. Rao, University of Florida

Tom Rothrock, Info Tech, Inc.

Ray Twery, University of North Carolina at Charlotte

Joseph Van Matre, University of Alabama at Birmingham

William Weida, United States Air Force Academy

Dean Wichern, Texas A&M University

James Willis, Louisiana State University

特别感谢 Charles Bond、Evan Anderson、Jim McClave、Herman Kelting、Rob Turner、P. J. Taylor 和 Mike Jacob 为本书中的案例研究提供数据集及背景信息.

目　　录

X

第1章 基本概念回顾（选修）

目标

1. 回顾抽样的一些基本概念.
2. 回顾定性和定量数据的描述方法.
3. 回顾推断统计的方法：置信区间和假设检验.

本书假定大家已经修过统计学入门课程，但课程在呈现统计概念的内容和形式上有变化之处. 为了确保我们从一个共同的基础开始，现在通过本章内容来回顾一些基本的定义和概念.

1.1 统计与数据

根据 *The Random House College Dictionary* (2001 ed.)，统计学是一门对数据进行收集、分类、分析和解释的科学. 简而言之，统计学是一门**数据科学**，它将帮助你成为熟练的数据生产者和高效的数据使用者.

定义 1.1 **统计学**是一门数据科学. 它包括收集、分类、汇总、整理、分析和解释数据.

数据是通过测量我们感兴趣的对象（通常是人或事物）的一些特征或属性来获得的. 这些用来进行测量（或观测）的对象被称为**实验单位**，而被测量的属性称为**变量**（在几乎所有的研究当中，变量的观测值因个体的变化而变化）.

定义 1.2 **实验单位**是我们收集数据的对象（人或事物）.

定义 1.3 **变量**是实验单位的一个特征（属性），其结果（数据）随观测值的变化而变化.

所有数据（指我们测量的变量数值）本质上都是**定量的或定性的**. 定量数据是本质上可以在数值尺度上测量的数据. 而通常情况下，定性数据是非数值型的，它们用以划分不同类别. 数据是定量的还是定性的决定了我们分析数据的统计工具. 因此，能够区分这两种数据类型是很重要的.

定义 1.4 **定量数据**是指能用数值测量的观测值.

定义 1.5 能被划分成某一类别的非数值型数据称为**定性数据**.

例 1.1 化工厂经常向附近的河流和小溪排放如 DDT 等有毒废料. 这些毒素会对生活在河流和岸边的动植物产生不利影响. 美国陆军工程兵团针对田纳西河（Tennessee 河，位于亚拉巴马州）及其三条支流（Flint 溪、Limestone 溪和 Spring 溪）中的鱼类进行研究. 本次研究共捕获 144 条鱼作为研究对象，获得变量数据如下：

1. 鱼被捕获的地点（河 / 小溪）
2. 鱼被捕获时离化工厂的距离（英里[⊖]）

[⊖] 1 英里 =1 609.344 米. ——编辑注

3. 鱼的种类 [鲶鱼（channel catfish）、大嘴鲈鱼（largemouth bass）或小嘴水牛鱼（smallmouth buffalofish）]

4. 鱼的长度（厘米）

5. 鱼的重量（克）

6. 鱼所含的 DDT 浓度（百万分之一）

测量数据保存在 FISHDDT 文件中，部分数据如表 1.1 所示.

（a）确定实验单位.

（b）判断上述六个变量是定量的还是定性的.

💿 **FISHDDT**

表 1.1　美国陆军工程兵团收集的数据（部分观测值）

地点（河/小溪）	距离（英里）	种类	长度（厘米）	重量（克）	DDT 浓度
FLINT	5	CHANNELCATFISH	42.5	732	10.00
FLINT	5	CHANNELCATFISH	44.0	795	16.00
SPRING	1	CHANNELCATFISH	44.5	1 133	2.60
TENNESSEE	275	CHANNELCATFISH	48.0	986	8.40
TENNESSEE	275	CHANNELCATFISH	45.0	1 023	15.00
TENNESSEE	280	SMALLMOUTHBUFF	49.0	1 763	4.50
TENNESSEE	280	SMALLMOUTHBUFF	46.0	1 459	4.20
TENNESSEE	285	LARGEMOUTHBASS	25.0	544	0.11
TENNESSEE	285	LARGEMOUTHBASS	23.0	393	0.22
TENNESSEE	285	LARGEMOUTHBASS	28.0	733	0.80

解　（a）研究对象是田纳西河及其支流所捕获的鱼类受 DDT 污染情况，因此实验单位为捕获的 144 条鱼.

（b）鱼被捕获时离化工厂的距离（英里）、鱼的长度（厘米）、鱼的重量（克）和鱼所含 DDT 浓度是定量的，因为每个数据是用数值测量的. 与此相反，鱼被捕获的地点（河/小溪）和鱼的种类无法定量测量，它们只能分成几类，因此这两个变量是定性的. ■

练习 1.1

1.1 大学申请者数据. 学院和大学需要越来越多的申请者信息，以便做出是否录取和是否给予奖学金补助等决定. 判断以下变量是定量的还是定性的.

（a）高中 GPA　　　（b）国籍　　　（c）申请者的 SAT 或 ACT 成绩

（d）申请者的性别　　（e）父母的收入　　（f）申请者的年龄

1.2 燃油经济性指南. 表中数据来源于 *Model Year 2018 Fuel Economy Guide*.

（a）确定实验单位.　　（b）判断以下变量是定量的还是定性的.

模型名称	生产部	传输类型	发动机排量（升）	气缸数	东部城市里程（MPG）	东部高速里程（MPG）
TSX	Acura	自动	2.4	4	23	33
Jetta	VW	手动	1.4	4	28	40
M2	BMW	手动	3.0	6	18	26

（续）

模型名称	生产部	传输类型	发动机排量（升）	气缸数	东部城市里程（MPG）	东部高速里程（MPG）
Fusion	Ford	自动	2.0	4	43	41
Camry	Toyota	自动	2.5	4	51	53
Escalade	Cadillac	自动	6.2	8	14	23

资料来源：*Model Year 2018 Fuel Economy Guide*, U.S. Dept. of Energy, U.S. Environmental Protection Agency.

1.3 物流绩效评价. 在工业中，物流绩效评价（PBL）策略正在成为一种越来越受欢迎的用于降低成本、增加收入和获得客户满意度的方法. *Journal of Business Logistics* (Vol. 36, 2015) 采用了 17 名美国国防部及其供应商的高级雇员意见作为样本，分析使 PBL 策略成功的因素. 在采访中，对每位受访员工的当前职位 [如副总裁（Vice president）、经理（manager [mgr.]）]、机构 [商业机构（Commercial）或政府机构（Government）] 和工作年限进行记录. 这些数据记录在下表中. 判断以下变量是定量的还是定性的.

💿 **PBL**

被采访者编号	职位	机构	工作年限（年）
1	Vice president	Commercial	30
2	Post production	Government	15
3	Analyst	Commercial	10
4	Senior mgr.	Government	30
5	Support chief	Government	30
6	Specialist	Government	25
7	Senior analyst	Commercial	9
8	Division chief	Government	6
9	Item mgr.	Government	3
10	Senior mgr.	Government	20
11	MRO mgr.	Government	25
12	Logistics mgr.	Government	30
13	MRO mgr.	Commercial	10
14	MRO mgr.	Commercial	5
15	MRO mgr.	Commercial	10
16	Specialist	Government	20
17	Chief	Government	25

1.4 卫星数据库. 忧思科学家联盟（UCS）拥有目前在地球轨道上运行的 1 000 多颗卫星的数据库. 数据库中存储的许多变量包括运营商或所有者的国家、主要用途（民用、商用、政府用或军用）、轨道等级（低轨道、中轨道或静止轨道）、纵向位置（度数）、远地点（即离地心最远的高度，单位为千米）、发射重量（千克）、可用电力（瓦）和预期寿命（年）. 请指出这些数据的实验单位. 以上变量中哪些是定性的？哪些是定量的？

1.5 植物的药用价值. 沙棘，一种典型的生长在欧洲和亚洲高海拔地区的植物，被发现具有药用价值.学术期刊 *Academia Journal of Medicinal Plants* (August 2013) 对从沙棘中所采集的浆果的药用特性进行研究.该实验对每个样本植物的以下变量进行测量,判断以下变量是定量的还是定性的.

(a) 沙棘的种类(H.rhamnoides、H.gyantsensis、H.neurocarpa、H.tibetana 或 H.salicifolia)

(b) 收集地点的海拔(米)

(c) 浆果中总黄酮含量(每克浆果中有多少毫克)

1.6 **会计和马基雅维里主义**.*Behavioral Research in Accounting* (January 2008) 发表了一篇关于会计人员中马基雅维里特征的研究报告.马基雅维里特征描述的是负面的性格特征,包括伪造、狡猾、口是心非、欺骗和不守信用.问卷调查采用随机抽样的方法,对美国西南某大学的 700 名会计学专业毕业生进行研究,包括年龄、性别、教育水平、收入、工作满意度得分和马基雅维里主义("Mach")得分等变量被测量并记录.以上变量所记录的数据,是定量的还是定性的?

1.2 总体、样本和随机抽样

当你在学习过程中检查一个数据集时,是因为这些数据描述了一组你感兴趣的实验单位.在统计学中,所有感兴趣的实验单位所构成的数据集称为**总体**.总体数据集通常很大,要么是已存在的数据,要么是正在进行的操作的数据,因此是概念性的.表 1.2 列出了一些统计总体的例子.

表 1.2 一些典型的统计总体

变量	实验单位	总体数据集	类型
a. 生物学博士毕业起薪	今年毕业的所有生物学博士	今年毕业的所有生物学博士的起薪	现有数据
b. 费城水管断裂强度	费城所有的水管部件	费城所有水管部件的破损率	现有数据
c. 在装配线上生产的产品质量	所有制造产品	过去和未来所有项目产品的测量质量	部分现有数据,部分概念数据
d. 邮轮卫生检查水平	所有邮轮	所有邮轮的卫生检查水平	现有数据

定义 1.6 **总体数据集**是所研究的所有实验单位测量数据的集合.

由于时间和成本的原因,许多总体因规模太大而无法测量,有些是因为部分内容是概念性的而无法测量,例如测量质量数据集(表 1.2 中的总体 c).因此,我们通常需要从总体中选择部分数据形成样本,并根据**样本**中包含的信息对总体进行**推断**.这是现代统计学的主要目标之一.

定义 1.7 **样本**是从总体中选取的部分数据所形成的子集.

定义 1.8 **统计推断**是基于样本中包含的信息对总体进行估计、预测或其他归纳概括的方法.

例 1.2 研究公司 TVNewser(May 2017) 的数据显示,收看 CNN 新闻节目的观众平均年龄为 60 岁.福克斯电视网的一位高管假设福克斯新闻(FOX News)观众的平均年龄大于 60 岁.为了验证她的假设,她对 500 名福克斯新闻的观众进行了抽样调查,并记录每个观众的年龄.

　（a）描述总体.

　（b）描述研究变量.

　（c）描述样本.

　（d）描述推断.

　解（a）总体是福克斯高管所感兴趣的单位集合，即所有看福克斯新闻的观众.

　（b）观众的年龄是研究变量.

　（c）样本必须是总体的一个子集. 在本例中，样本是由高管选择的 500 名福克斯新闻观众.

　（d）推断涉及将 500 名观众组成的样本信息泛化到所有观看福克斯新闻的总体中. 高管想要估计观众的平均年龄，特别是想要确定观众的平均年龄是否大于 60 岁，她可以通过计算样本的平均年龄，并使用样本均值来估计总体均值. ■

　每当我们使用样本信息对总体进行推断时，都会在推断过程中引入一个不确定性因素. 因此，给出我们做出的每一个推断的**可靠性**至关重要. 通常，我们通过结论的置信度来表达我们对推断为真的信心. 在例 1.2 中，可以表达为有"95% 的置信度"认为所有福克斯新闻观众平均年龄值应该落在抽取样本的平均年龄值 ±2 岁的范围内.（在本书中，我们展示了如何获得这种可靠性度量，以及我们所做的每一个推断的意义.）

　定义 1.9　**可靠性度量**是关于统计推断的不确定性程度的描述（通常用概率值量化）.

　然而，我们对推断的置信水平将取决于样本在总体中有多大的**代表性**. 因此，抽样方法在统计推断中起着重要的作用.

　定义 1.10　**代表性样本**体现其所在总体所具有的典型特征.

　最常见的抽样方法是一种总体中的每个个体都有同等的机会被选中的抽样方法. 这样的一个样本（称为**随机样本**）很大程度可以代表总体.

　定义 1.11　**随机样本**是从总体中随机抽取 n 个实验单位所组成的，且每个实验单位被抽取的概率相等.

　如何生成随机样本？如果总体不是太大，每一次观察都可以记录在一张纸上，并放在一个合适的容器里. 当收集的纸完全混合后，研究者就可以从容器中取出 n 张纸，这 n 张纸上的个体就是要包含在样本中的个体. 彩票公司使用这种技术为佛罗里达州每周 6/52 的彩票游戏生成中奖号码. 共有 52 个白色的乒乓球（总体），每一个乒乓球上都用黑色标有从 1 到 52 的一个数字，并放在一个透明的塑料桶中，通过向容器中吹入空气进行混合. 乒乓球随意弹跳，直到总共有 6 个球"砰"的一声落入连接在桶上的管子里. 6 个球上的数字（随机样本）是中奖彩票的号码.

　这种随机抽样方法在总体相对较少的情况下比较容易实现，但当总体由大量的观察值组成时，这种方法很不灵活. 由于乒乓球很难彻底混合，只能实现近似随机抽样. 利用计算机软件（内置随机数生成器），绝大多数科学研究可以生成随机样本. 现在几乎所有流行的统计软件包（如 SAS、SPSS、MINITAB 和 R）都有生成随机样本的程序.

练习 1.2

1.7　做决定时的内疚感. *Journal of Behavioral Decision Making* (January 2007) 研究了内疚

情绪对决策者如何做出决定的影响. 共有 155 名学生志愿者参与了这项实验, 他们通过一项阅读或写作的任务随机出现三种情绪状态 (内疚、愤怒或中立) 中的一种. 之后, 学生就面临一个决策问题 (例如, 是否要花钱修理一辆旧车). 研究人员得出的结论是, 处于内疚状态的学生选择不修汽车的比例相对高于那些处于中立状态和愤怒状态的人.

(a) 说明本研究的总体、样本和变量.   (b) 研究人员得出了什么推断?

1.8 对无线网络的干扰攻击. 恐怖分子经常使用无线网络进行通信. 为了中断这些通信, 美国军方对无线网络使用干扰攻击. *International Journal of Production Economics* (Vol. 172, 2016) 记录了 80 次对此类干扰攻击的无线网络配置. 在每次干扰中, 都需要确定被攻击的无线网络配置. 配置包括网络类型 (WLAN、WSN 或 AHN) 和通道数量 (单通道或多通道).

(a) 假设这 80 次干扰攻击代表美国军方过去几年进行的所有干扰攻击. 此时, 这 80 次攻击相关的数据是一个总体还是一个样本? 请加以解释.

(b) 假设 80 次干扰攻击实际上代表了一个样本, 请描述此样本所代表的总体.

1.9 花在礼物上的钱能带来爱情吗? 你为那个特别的人买的礼物真的值得欣赏吗? 这是 *Journal of Experimental Social Psychology* (Vol. 45, 2009) 调查的问题. 研究人员研究了订婚戒指的价格 (美元) 和受赠人的好感程度之间的关系 (用 7 分制来衡量, 1 = "一点也不", 7 = "在很大程度上"). 该研究的参与者使用了一个面向订婚夫妇的流行网站. 该网站的目录搜索的是那些名字 "普通" 的美国人 (如 "John Smith" "Sara Jones"). 然后, 这些人被邀请参加一个在线调查, 每人可获得 10 美元的礼券. 在被调查者中, 除了那些为戒指支付极高或极低金额的人, 33 名受访者的数据被记录.

(a) 确定本研究的实验单位.

(b) 研究变量是什么? 它们本质上是定量的还是定性的?

(c) 描述研究总体.

(d) 你认为 33 名受访者的样本是否代表总体? 请加以解释.

1.10 盖洛普青年民意测验. 盖洛普青年民意调查旨在确定青少年最想与父母讨论的话题. 调查结果显示, 46% 的人希望更多地讨论家庭的财务状况, 37% 的人希望谈论学校, 30% 的人希望谈论宗教. 这项调查是在全美国范围内对 505 名青少年进行抽样调查的基础上进行的.

(a) 描述样本.   (b) 描述样本所对应的总体.

(c) 样本能否代表总体?   (d) 研究变量是什么?

(e) 推断是如何表达的?

(f) 大多数民意调查的新闻报道通常会给出调查结果的误差幅度 (如 ±3%). 给出误差幅度的目的是什么? 怎么解释?

1.11 女孩体验 STEM 项目. 美国国家科学基金会 (NSF) 促进女孩参与非正式科学、技术、工程或数学 (STEM) 项目. 这些非正式的 STEM 经历有什么影响? 这是发表在 *Cascading Influences: Long-Term Impacts of Informal STEM Experiences for Girls* (March 2013) 研究中的问题. 最近参加 STEM 项目的 159 名年轻女性被招募来完成一项在线调查. 其中，只有 27% 的人认为参加 STEM 项目增加了她们对科学的兴趣.

(a) 确定研究人员的研究总体.　　　(b) 确定样本.

(c) 利用研究中的信息对相关总体进行推断.

1.12 **会计和马基雅维里主义.** 参见 *Behavioral Research in Accounting* (January 2008) 对会计人员的马基雅维里特征的研究，见练习 1.6. 回想一下，对西南某大学的 700 名会计学毕业生进行了一次随机抽样调查. 由于存在无回应和不完整的问卷回答，因此只能分析有效问卷 198 份. 基于以上信息，研究人员得出结论：马基雅维里主义的行为特征不是在会计行业取得成功的必要因素.

(a) 研究人员的研究总体是什么？　　(b) 确定样本.

(c) 研究者做出了怎样的推断？　　　(d) 无回应可能如何影响推断？

1.3　定性数据描述

思考一项发表在 *Journal of Communication Disorders* 上的失语症研究. 失语症是指"表达或者书写语言的能力受损或丧失". 研究人员已经确定了三种失语症类型：Broca's、Conduction 和 Anomic. 他们想确定一种失语症是否比其他失语症更经常发生，如果是的话，发生的频率是多少. 因此，他们测量了 22 名成年失语症患者的失语症类型. 表 1.3 给出了样本中每个失语症患者的失语症诊断类型.

APHASIA

表 1.3　22 例成年失语症患者资料

受试者	失语症的类型	受试者	失语症的类型	受试者	失语症的类型
1	Broca's	9	Conduction	17	Anomic
2	Anomic	10	Anomic	18	Conduction
3	Anomic	11	Conduction	19	Broca's
4	Conduction	12	Broca's	20	Anomic
5	Broca's	13	Anomic	21	Conduction
6	Conduction	14	Broca's	22	Anomic
7	Conduction	15	Anomic		
8	Anomic	16	Anomic		

资料来源：Reprinted from *Journal of Communication Disorders*, March 1995, Vol. 28, No. 1, E. C. Li, S. E. Williams, and R. D.Volpe, "The effects of topic and listener familiarity of discourse variables in procedural and narrative discourse tasks," p.44 (Table1) Copyright © 1995, with permission from Elsevier.

对于本研究而言，目标变量失语症类型本质上是定性的. 定性数据本质上是非数值的，因此，定性变量的值只能按类划分，称为**组**. Broca's、Conduction 和 Anomic 代表了可能的失语症类型. 我们可以用两种方法对这些数据进行数值总结：（1）通过计算组频数，即数据集中属于每个组的观测次数；（2）通过计算组频率，即每个组频数占总观测次数的比例.

定义 1.12 **组**是定性数据可分类的类别之一.

定义 1.13　**组频数**是指数据集中属于特定类别的观测次数．

定义 1.14　**组频率**是组频数除以数据总观测数，即

$$组频率 = \frac{组频数}{n}$$

在表 1.3 中，我们观察到本研究中有 5 名失语症患者被诊断为 Broca's，7 名被诊断为 Conduction，10 名被诊断为 Anomic. 数字 5、7 和 10 表示这三个组的频数，并显示在汇总表 1.4 中．

表 1.4 还给出了三种失语症的组频率．从定义 1.14 中，我们知道计算频率的方法是用组频数除以数据总观测数．因此，三种失语症的组频率为

$$Broca's: \frac{5}{22} = 0.227$$

$$Conduction: \frac{7}{22} = 0.318$$

$$Anomic: \frac{10}{22} = 0.455$$

从这些组频率中我们观察到 22 名研究对象中有近一半（45.5%）患有 Anomic.

尽管表 1.4 中的汇总表充分描述了表 1.3 中的数据，但我们通常也需要图形化的表达．图 1.1 和图 1.2 显示了描述定性数据时广泛使用的两种图形表达形式：条形图和饼状图．图 1.1 显示了使用 SAS 生成的**条形图**中失语症类型的频数．请注意，每个组中矩形或"条"的高度等于组频数．（条的高度与组频率成正比．）

表 1.4　22 例成人失语症资料汇总表

组（失语症类型）	频数（受试者人数）	频率（比例）
Broca's	5	0.227
Conduction	7	0.318
Anomic	10	0.455
总计	22	1.000

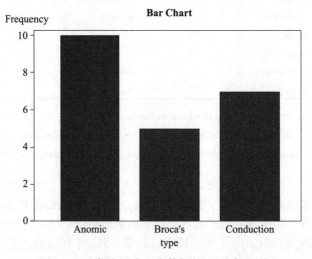

图 1.1　22 例失语症患者数据的 SAS 条形图

作为对照，图 1.2 显示了由 SPSS 生成的**饼状图**中三种失语症的频率。请注意，饼状图是一个圆（跨度 360°），分配给每个组的"扇形"的大小（角度）与组频率成比例。例如，分配给 Anomic 失语症的扇形是 360° 的 45.5%，或 $0.455 \times 360° = 163.8°$。

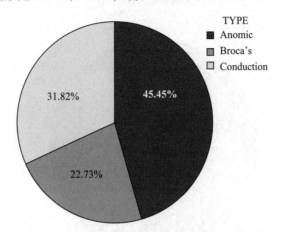

图 1.2　22 例失语症患者数据的 SPSS 饼状图

练习 1.3

1.13 **估计犀牛的数量**。国际犀牛联盟估计生活在非洲和亚洲的野生犀牛数有 29 000 头。每种犀牛的大致数量在下表中显示。

犀牛种类	数量估计（近似）
African Black	5 000
African White	20 000
(Asian) Sumatran	100
(Asian) Javan	60
(Asian) Greater One-Horned	3 500
总计	28 660

资料来源：International Rhino Federation, 2018.

（a）为数据构建一个频率表。

（b）用条形图显示组频率。

（c）28 660 头犀牛中非洲（African）犀牛的比例是多少？亚洲（Asian）的呢？构建一个饼状图来阐明这些比例。

CABLETV

1.14 **有线电视订阅和"掐线族"**。智能手机和互联网视频流的日益普及是否影响了有线电视和卫星电视的订阅？这是皮尤研究中心（Pew Research Center）2015 年 12 月的一项调查中关注的问题。通过对 2 001 名生活在美国的成年人进行电话访问，在此样本中，1 521 名成年人表示他们在家里接受了有线电视和卫星电视服务，180 名成年人透露他们从未在家里订阅有线电视和卫星电视服务（Cable TV），其余的（300 名成年人）表示他们是"掐线族"（Cord Cutter），也就是说，他们取消了有线电视和卫星电视服务．结果汇总在如下所示的 MINITAB 饼状图中．

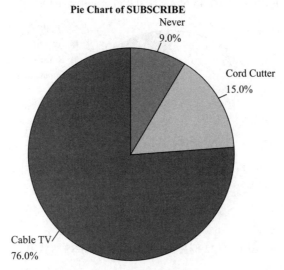

Pie Chart of SUBSCRIBE

Never 9.0%

Cord Cutter 15.0%

Cable TV 76.0%

（a）根据饼状图，样本中有多大比例的人在家中收看有线电视或卫星电视？利用调查结果验证这一比例的准确性．

（b）现在只考虑样本中曾订阅有线电视或卫星电视服务的 1 821 名成年人．建立一个图表，将目前仍然订阅有线电视或卫星电视服务的用户与"掐线族"的用户比例进行比较．

1.15 **动机和向右倾向**．进化论表明，有动机的决策者往往表现出一种向右倾向．（例如，如果超市货架上有两种同等价格的洗涤剂品牌，消费者更有可能选择右边的品牌．）在 *Psychological Science* (November 2011) 杂志上，研究人员用世界杯足球赛中所有罚点球的数据（总共 204 次罚球）验证了这一理论．研究人员认为，守门员的动机是扑点球，但几乎没有时间做出决定，他们会倾向于扑向右路．研究结果（向左扑救、待在中间或向右扑救的百分比）如下表所示．请注意，每行中对应于某个情况的百分比之和为 100%. 使用图表来说明三种比赛情况下的扑救动作的分布情况．你能从这些图表中得出什么推断？

对应情况	向左扑救	待在中间	向右扑救
队伍落后	29%	0%	71%
平手	48%	3%	49%
队伍领先	51%	1%	48%

资料来源：Based on M. Roskes et al., "The Right Side? Under Time Pressure, Approach Motivation Leads to Right-Oriented Bias," *Psychological Science*, Vol. 22, No. 11, November 2011 (adapted from Figure 2).

PONDICE

1.16 **融冰池的特征**．美国国家冰雪数据中心（NSIDC）收集了有关加拿大北极地区融冰池的反照率、深度和物理特征的数据．科罗拉多大学（University of Colorado）的环境工程师正在利用这些数据研究气候如何影响海洋中的冰．位于加拿大北极巴罗海峡的504个融冰池的数据保存在PONDICE文件中．研究变量是每个融冰池观察到的冰的类型．冰的类型分为一年冰（first-year ice）、多年冰（multi-year ice）和陆上冰（land fast ice）．下面是描述504个融冰池冰类型的SAS汇总表和水平条形图．

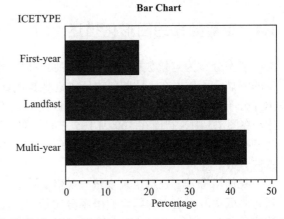

The FREQ Procedure

ICETYPE	Frequency	Percent	Cumulative Frequency	Cumulative Percent
First-year	88	17.46	88	17.46
Landfast	196	38.89	284	56.35
Multi-year	220	43.65	504	100.00

（a）在504个融冰池中，有多大比例的冰是陆上冰？

（b）科罗拉多大学的研究人员估计，加拿大北极地区约17%的融冰池都是一年冰．你同意吗？

（c）解释水平条形图．

1.17　井中的地下水污染． 在新罕布什尔州，大约有一半的县强制要求使用重新配制的汽油．这导致甲基叔丁基醚（MTBE）对地下水的污染增加．*Environmental Science and Technology*（January 2005）报告了新罕布什尔州Private和Public井MTBE污染的相关因素．我们收集了223口井的样本数据，这些数据保存在MTBE文件中．其中三个变量本质上是定性的：井的类别（Public或Private）、含水层（Bedrock或Unconsolidated）和MTBE可检测水平（Below limit或Detect）．（注：如果MTBE值超过0.2微克／升，就会出现MTBE可检测水平．）所选10口井的数据见下表．

MTBE（部分数据）

井的类别	含水层	MTBE可检测水平	井的类别	含水层	MTBE可检测水平
Private	Bedrock	Below limit	Public	Unconsolidated	Detect
Private	Bedrock	Below limit	Public	Unconsolidated	Below limit
Public	Unconsolidated	Detect	Public	Unconsolidated	Below limit
Public	Unconsolidated	Below limit	Public	Bedrock	Detect
Public	Unconsolidated	Below limit	Public	Bedrock	Detect
Public	Unconsolidated	Below limit			

资料来源：Ayotte, J. D., Argue, D. M., and McGarry, F. J."Methyl tert-butyl ether occurrence and related factors in public and private wells in southeast New Hampshire," *Environmental Science and Technology,* Vol. 39, No. 1, January 2005. Reprinted with permission.

（a）对所有 223 口井采用图示法来描述井的类别分布.

（b）对所有 223 口井采用图示法来描述含水层的分布情况.

（c）对所有 223 口井采用图示法来描述 MTBE 可检测水平的分布.

（d）使用两个并列的条形图，比较 Private 井和 Public 井中被污染的比例.你能推断出什么？

1.4 定量数据的图形化描述

频率分布为定量数据的描述提供了一种有用的图示.例如定性数据的条形图，这种类型的图显示了数据在不同间隔内所占总数据的比例.例如，图 1.3 显示了同卵双胞胎的智商 (IQ) 分布.频率分布曲线下某一特定区间内的面积与落在该区间内总测量次数的比例成正比.在图 1.3 中，智商在 100 到 105 之间的双胞胎总数与阴影区域面积成正比，**如果我们认为分布曲线下的总面积等于 1，那么阴影部分的面积就是智商在 100 到 105 之间的双胞胎所占的分数**.

我们用符号 y 表示定量变量.观察 y 的单个值等同于从总体中选择单个测量值. y 从 a 到 b 的概率值，由它的频率或**概率分布**给出.概率分布曲线下的总面积总是为 1，因此对 y 的测量落在 a 和 b 之间的概率等于图 1.4 所示的阴影区域面积.

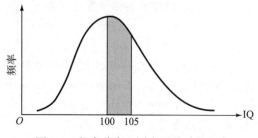

图 1.3　频率分布：同卵双胞胎的智商

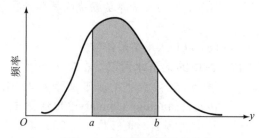

图 1.4　定量变量的概率分布

由于定量变量的理论概率分布通常是未知的，我们采用从总体中抽取样本的方法.我们的目标是描述样本，并利用这些信息来推断总体的概率分布.**茎叶图和直方图**是描述定量数据最常用的两种图形方法.两者都显示了变量值落在指定区间（或组）的观测频数（或频率）.

对于较小的数据集（例如 30 个或更少的观测值），只有几个数字的测量值，很容易手绘出茎叶图.而直方图更适合描述更大的数据集，它们允许在选择组时具有更大的灵活性.但是两者都可以使用计算机生成，如下面的例子所示.

例 1.3　美国环境保护署（EPA）对所有新车进行了广泛的测试，以确定它们的汽油里程[⊖]评级.表 1.5 中的 100 个测量值代表某款新车的测试结果.对数据的直接观察可以发现一些明显的事实.例如，大多数汽油里程在 30 英里左右，只有一小部分在 40 英里左右.但是如果不使用图形化的数据汇总方法，就很难提供更多的信息.图 1.5 显示了使用

　⊖　汽油里程指的是一加仑汽油跑的英里数.——编辑注

MINITAB 生成的 100 个汽油里程评级的茎叶图．

⊙ **EPAGAS**

表 1.5　EPA 对 100 辆汽车的汽油里程评级

36.3	41.0	36.9	37.1	44.9	36.8	30.0	37.2	42.1	36.7
32.7	37.3	41.2	36.6	32.9	36.5	33.2	37.4	37.5	33.6
40.5	36.5	37.6	33.9	40.2	36.4	37.7	37.7	40.0	34.2
36.2	37.9	36.0	37.9	35.9	38.2	38.3	35.7	35.6	35.1
38.5	39.0	35.5	34.8	38.6	39.4	35.3	34.4	38.8	39.7
36.3	36.8	32.5	36.4	40.5	36.6	36.1	38.2	38.4	39.3
41.0	31.8	37.3	33.1	37.0	37.6	37.0	38.7	39.0	35.8
37.0	37.2	40.7	37.4	37.1	37.8	35.9	35.6	36.7	34.5
37.1	40.3	36.7	37.0	33.9	40.1	38.0	35.2	34.8	39.5
39.9	36.9	32.9	33.8	39.8	34.0	36.8	35.0	38.1	36.9

解　在茎叶图中，每个测量值被划分为茎和叶两部分．MINITAB 选择小数点右边的数字表示叶，小数点左边的数字表示茎．例如，值 36.3 被改写为茎是 36，叶是 3，如下图所示：

茎	叶
36	3

在 MINITAB 图 1.5 的第二列中，按顺序列出了茎，从最小的茎 30 开始，到最大的茎 44 结束．然后将各自的叶按递增顺序放置在适当的茎所在行的右侧⊖．例如，图 1.5 中 32 的茎行有 4 个叶（5、7、9 和 9），分别表示 32.5、32.7、32.9 和 32.9 的汽油里程评级．请注意，37 的茎行（37 中的测量值）有最多的叶子数（21）．因此，100 个汽油里程评级中的 21 个（21%）落在 37 英里中．如果仔细检查图 1.5 中的第 35、36、37、38 和 39 行，你还会发现 100 个汽油里程评级中的 70 个（70%）落在 35.0 ~ 39.9 英里之间．

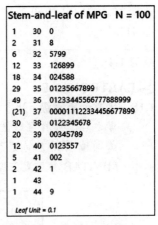

图 1.5　EPA 汽油里程的 MINITAB 茎叶图

例 1.4　请参考例 1.3．图 1.6 为使用 SPSS 生成的 100 个 EPA 汽油里程评级的频率直方图（表 1.5）．

（a）解释图表．

（b）直观地估计数据集中汽油里程评级在 36 ~ 38 英里的测量值的比例．

解　（a）在构造直方图时，汽油里程评级的值被划分为等距区间（间隔 1 英里），称为组．这些组的端点显示在图 1.6 的横轴上．落在每组间隔内的汽油里程评级的频率（或百分比）用组的竖条表示．从图 1.6 中可以看出，汽油里程评级往往堆积在 37 英里附近．实际上，从 37 ~ 38 英里的组间具有最大的频率（用最高的条表示）．

⊖　MINITAB 茎叶图的第一列给出了从茎行开始的分布的最近"尾部"的累积测量值数．

图 1.6 还显示了数据中心周围的**对称性**，即中心右侧的组距的频率与中心左侧对应的组距的频率大致相同．这与**正偏分布**（由于几个非常大的测量值，数据趋向于右偏分布）或**负偏分布**（由于几个非常小的测量值，数据趋向于左偏分布）形成了对比．

（b）间隔 36 ~ 38 英里跨越两个里程组：36 ~ 37 和 37 ~ 38．汽油里程在 36 ~ 38 英里之间的比例等于与这两个组相关的频率之和．从图 1.6 中可以看出，这两个组的频率分别是 0.20 和 0.21．因此，36 ~ 38 英里的汽油里程评级频率为（0.20+0.21）=0.41，即 41%．

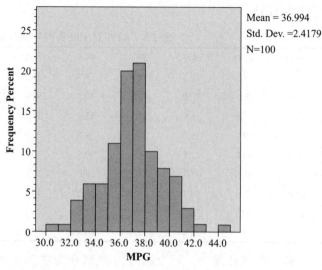

图 1.6　100 个 EPA 汽油里程评级的 SPSS 直方图

练习 1.4

EARTHQUAKE

1.18　**地震余震震级**．地震学家用余震这个术语来描述主震后发生的较小地震．在北岭大地震之后，洛杉矶地区在三周内经历了 2 929 次余震．这些余震的震级（里氏震级）由美国地质调查局记录，并保存在 EARTHQUAKE 文件中．这里显示了这些震级的 MINITAB 频率直方图．

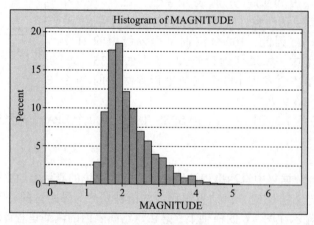

（a）估计 2 929 次余震在里氏 1.5 至 2.5 级的百分比．

（b）估计 2 929 次余震超过里氏 3.0 级的百分比．

（c）余震数据分布是右偏、左偏还是对称的？

FUP

1.19 新药中化合物的稳定性. 检测药物中化合物的代谢稳定性是新药开发的基础. 从测试
阶段计算出的两个重要值分别是未
结合到血浆中的化合物的比例（fup）
和未结合到微粒体中的化合物的比
例（fumic）. 评估稳定性的一个关
键公式是假定比率 fup/fumic 为 1.
辉瑞全球研发中心的药理学家调查
了这一现象，并在 *ACS Medicinal
Chemistry Letters* (Vol. 1, 2010) 上发
表了研究结果. 分别测定辉瑞数据
库中 416 种药物的 fup/fumic 比值.
右面是描述 fup/fumic 比值的 SPSS
图表.

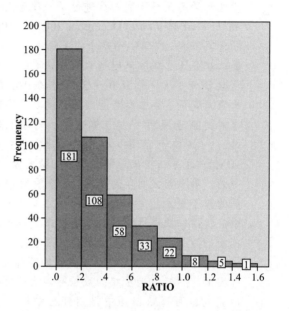

（a）显示的图形类型是什么？

（b）图中的定量变量是什么？

（c）确定 fup/fumic 大于 1 的比例.

（d）确定 fup/fumic 小于 0.4 的比例.

1.20 不相关言语效应. 在一项关于短期记忆的心理学研究中，不相关言语效应指的是记忆
过程受不相关背景言语影响的程度.（例如，在听不熟悉语言的演讲时，试着记住一
串数字.）在 *Acoustical Science & Technology* (Vol. 35, 2014) 杂志上发表了一篇关于
不相关言语效应的分析文章. 受试者在两种条件下完成记忆任务：（1）背景言语不相
关；（2）背景保持安静. 每一个受试者计算两种情况下的错误率之差——称为错误率
的相对差（RDER）. 下表列举了 71 个受试者的 RDER 值.

ISR

−19.271	−3.229	−10.575	6.885	10.437	−11.622	12.828	38.995	44.069
32.992	43.418	43.469	29.307	17.328	32.542	36.127	38.775	18.245
23.664	28.013	22.013	23.879	37.814	61.984	50.023	51.218	60.306
51.318	55.475	50.843	46.187	52.543	73.026	63.434	56.792	55.070
72.563	58.030	48.464	59.362	65.431	97.996	86.377	85.316	86.253
102.801	101.444	96.146	77.895	82.728	78.026	95.311	81.993	76.112
127.639	107.288	134.804	121.603	110.733	133.242	117.155	113.331	143.227
168.114	220.496	214.617	220.821	203.509	254.109	250.599	233.527	

（a）为数据构造频率直方图. 组距使用分组点 −45、−15、15、45、75、105、135、
165、195、225 和 255.

（b）从直方图中估计 RDER 值在 75 到 105 之间的受试者所占的比例.

（c）从直方图中估计 RDER 值小于 15 的受试者的比例.

1.21 **蜂蜜能止咳吗?** 夜间咳嗽是上呼吸道感染的常见症状,然而,目前还没有被认可的有效治疗方法.睡前服用一匙蜂蜜真的能止咳吗?为了检验这种民间疗法,宾夕法尼亚州立大学的儿科研究人员进行了一项为期两晚的设计研究 (*Archives of Pediatrics and Adolescent Medicine*, December 2007.),105 名患有上呼吸道感染的儿童及其父母参与了这项研究.在第一个晚上,父母给他们孩子的咳嗽症状在五个不同的方面打分,分数从 0 分(没有任何问题)到 6 分(非常严重).

总症状评分(范围从 0 ~ 30 分)是 105 例患者的研究变量.第二天晚上,家长被要求在睡前给生病的孩子服用一剂液体药物.父母不知道的是,一些孩子服用了非处方咳嗽药右美沙芬(DM),而另一些孩子则服用了相似剂量的蜂蜜.另外,第三组父母(对照组)完全没有给他们患病的孩子服用任何剂量的药物.父母对孩子的咳嗽症状再一次进行评分,并确定每个孩子总咳嗽症状的改善程度.研究的数据(改善分数)如下表所示.MINITAB 还显示了数据的茎叶图.在茎叶图上,将蜂蜜剂量组的数据叶画上阴影.儿科研究人员可以从该图中得出什么结论?你同意"蜂蜜可能是治疗儿童上呼吸道感染引起的咳嗽和睡眠困难的有效药物"这一说法吗?

```
Stem-and-leaf of TotalScore   N = 105

    1     0   0
    4     1   000
    4     2
    7     3   000
   16     4   000000000
   20     5   0000
   28     6   00000000
   41     7   0000000000000
   52     8   00000000000
  (13)    9   0000000000000
   40    10   0000000000
   30    11   000000
   24    12   000000000000
   11    13   0000
    7    14   0
    6    15   00000
    1    16   0

Leaf Unit = 0.1
```

🔘 **HONEYCOUGH**

蜂蜜剂量	12	11	15	11	10	13	10	4	15	16	9	
	14	10	6	10	8	11	12	12	8	12	9	
	11	15	10	15	9	13	8	12	10	8	9	5	12
DM 剂量	4	6	9	4	7	7	7	9	12	10	11	
	6	3	4	9	12	7	6	8	12	12	4	12
	13	7	10	13	9	4	4	10	15	9		
无剂量 **(对照)**	5	8	6	1	0	8	12	8	7	7		
	6	7	7	12	7	9	7	9	5	11	9	5
	6	8	8	6	7	10	9	4	8	7	3	1	4	3

资料来源:Paul,I.M.,et al."Effect of honey, dextromethorphan, and no treatment on nocturnal cough and sleep quality for coughing children and their parents," *Archives of Pediatrics and Adolescent Medicine*, Vol. 161, No. 12,Dec. 2007 (data simulated).

1.22 **比较电压读数.** 哈里斯公司和佛罗里达大学负责决定是否可以在偏远地区建立一套制造生产线.他们在新旧两个位置均设置了试验装置(导频),并获得了生产线电压读数.好的生产线的电压读数至少为 9.2V(读数越大越好).下表包含每个位置 30 次生产运行的电压读数.

VOLTAGE

旧位置			新位置		
9.98	10.12	9.84	9.19	10.01	8.82
10.26	10.05	10.15	9.63	8.82	8.65
10.05	9.80	10.02	10.10	9.43	8.51
10.29	10.15	9.80	9.70	10.03	9.14
10.03	10.00	9.73	10.09	9.85	9.75
8.05	9.87	10.01	9.60	9.27	8.78
10.55	9.55	9.98	10.05	8.83	9.35
10.26	9.95	8.72	10.12	9.39	9.54
9.97	9.70	8.80	9.49	9.48	9.36
9.87	8.72	9.84	9.37	9.64	8.68

资料来源：Harris Corporation, Melbourne, Fla.

（a）为旧位置的电压读数绘制频率直方图．

（b）为旧位置的电压读数绘制茎叶图．（a）和（b）小题的两幅图中哪一幅能提供更多的有用信息？

（c）为新位置的电压读数绘制频率直方图．

（d）比较（a）和（c）两小题的图（你可能需要在同一个图上绘制两个直方图）．是否可以在当地建立一套这样的制造流程（即新位置是否与旧位置一样好或更好）？

1.23 邮轮卫生检查． 为了最大限度地降低胃肠道疾病暴发的可能性，所有抵达美国港口的客船都要接受卫生检查．美国疾病控制与预防中心（Centers for Disease Control and Prevention）对船舶的评级为百分制，得分为86分或更高表明该船达到公认卫生标准．在2017年12月有174艘游轮的卫生得分保存在SHIPSANIT文件中，数据集中的前五次和后五次观测结果列在下表中．

（a）生成数据的茎叶图．确定图的茎和叶．

（b）使用茎叶图来估计船只中达到公认卫生标准的比例．

（c）在茎叶图上找到78分（Victory I）．

（d）绘制数据直方图．

（e）使用直方图估计达到公认卫生标准的船只比例．

SHIPSANIT（部分数据）

船名	卫生分数	船名	卫生分数
Adonia	98	Vspbeta	100
Adventure of the Seas	90	Westerdam	92
AIDAaura	86	World Odyssey	95
AIDABella	98	Zaandam	95
AIDAdiva	100	Zuiderdam	98
⋮	⋮		

资料来源：National Center for Environmental Health, Centers for Disease Control and Prevention, December 2017.

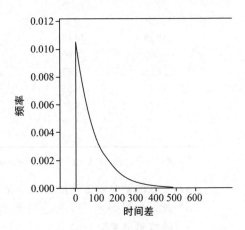

PHISHING

1.24 **网络钓鱼攻击电子邮件账户.** 网络钓鱼是描述试图通过欺诈性电子邮件从毫无戒心的人那里获取私人或财务信息（例如：个人密码、信用卡资料、银行账户）的行为. *Chance*(Summer 2007) 上的一篇文章展示了统计数据如何帮助识别网络钓鱼，从而使电子商务更加安全. 某个机构的实际网络钓鱼攻击的数据，被用来确定攻击是否有可能来源于公司的"内部操作"，该公司设立了一个公开的电子邮件账户，名为"欺诈邮箱". 在发现电子邮件钓鱼攻击时，员工可通知该邮箱. 记录 267 个欺诈邮箱通知的到达时间间隔，即时间差（秒）. *Chance* 表明，如果公司内部很少或没有合作或共谋，那么到达的时间间隔将与右图中显示的频率分布相似. 267 次到达的时间间隔保存在 PHISHING 文件中. 构造一个到达时间间隔的频数直方图. 数据是否向右偏斜？就针对该组织的网络钓鱼攻击是否属于"内部操作"，给出你的意见.

1.25 **大众汽车排放的丑闻.** 最近，美国环境保护署（EPA）指出大众汽车（Volkswagen）安装的"减排装置"，使大众汽车能够在 7 年内通过排放检测，即使排放的氮氧化物（NOx）超出标准 40 倍. 很快，人们开始猜测，在这段时间内有多少人可能死于空气中过量的氮氧化物造成的环境污染. 发表在 *Significance*（December 2015）上的一项研究估计了过去 7 年美国死于大众汽车排放的氮氧化物污染的人数. 研究人员计算了 27 种不同情景的估计值，涉及三个变量的不同值：这些非法大众汽车行驶的总距离（以英里为单位），大众汽车超过美国环境保护署氮氧化物标准的量，以及估计氮氧化物排放与死亡率之间的关系. 这些数据（根据研究报告的结果模拟）列在下表中，并保存在 VWDEATHS 文件中.

(a) 使用频率直方图来描述 27 种情况下估计死亡人数的分布.

(b) 确定包含最大估计比例的组距. 解释为什么这一区间最有可能包括过去 7 年氮氧化物污染导致的实际死亡人数.

VWDEATHS

10	28	29	5	21	4	15	62	36	42	37	33	68	83
83	67	119	142	150	167	184	201	327	368	477	700	955	

1.5 定量数据的数值型描述

数值描述性度量为描述一组定量数据提供了第二种（通常更有效的）方法. 这些度量确定了数据集的中心及其分布，能够帮助读者在脑海中构建数据集分布的近似图像.

注：大多数用于计算数值描述性度量的公式都要求对数字求和．例如，我们可能希望对数据集中的观测值求和，或者希望对每个观测值求平方，然后对平方值求和．符号 $\sum$（sigma）用来表示求和运算．

例如，假设我们用符号 $y_1, y_2, y_3, \cdots, y_n$ 表示随机变量 y 的 n 个样本测量值．然后用符号 $\sum_{i=1}^{n} y_i$ 表示样本中 n 个测量值的和．这被读作"y 从 y_1 到 y_n 的和"，它的值等于 $y_1 + y_2 + y_3 + \cdots + y_n$．集中趋势最常见的度量之一是数据集的**均值**，或算术平均数．因此，$y_1, y_2, y_3, \cdots$ 的样本均值定义如下：

定义 1.15 n 个观测值 $y_1, y_2, \cdots, y_n$ 的样本均值为

$$\bar{y} = \frac{\sum_{i=1}^{n} y_i}{n}$$

在实际情况中，总体的均值或者等价地说，y 的期望值 $E(y)$ 通常是未知的（我们希望根据样本数据推断其值）．大多数情况使用符号 μ 来表示总体均值．因此，我们使用以下符号：

> **符号**
> 样本均值：$\bar{y}$
> 总体均值：$E(y) = \mu$

数据集的分布或变化是通过其**极差**、**方差**或**标准差**来度量的．

定义 1.16 **极差**是指 n 个观测值 $y_1, y_2, \cdots, y_n$ 中最大值和最小值的差值．

例 1.5 如果一个样本由观测值 3, 1, 0, 4, 7 组成，计算样本均值和极差．

解 样本均值和极差为

$$\bar{y} = \frac{\sum_{i=1}^{n} y_i}{n} = \frac{15}{5} = 3$$

$$极差 = 7 - 0 = 7$$

一组观测值的方差被定义为观测值与其均值之差的平方和的均值．因此，在实际情况下总体方差通常是未知的，用 $(y - \mu)^2$ 的均值或期望值表示，即 $E[(y - \mu)^2]$．我们用符号 σ^2 表示总体的方差：

$$E[(y - \mu)^2] = \sigma^2$$

样本方差在下框中定义．

定义 1.17 n 个观测值 $y_1, y_2, \cdots, y_n$ 的样本**方差**被定义为

$$s^2 = \frac{\sum_{i=1}^{n} (y_i - \bar{y})^2}{n-1} = \frac{\sum_{i=1}^{n} y_i^2 - n\bar{y}^2}{n-1}$$

注意样本方差中偏差的平方和除以 $(n-1)$ 而不是 n．除以 n 得出的估计值往往会使 σ^2 偏

低，除以 $(n-1)$ 可以修正这个问题.

例 1.6 请参考例 1.5. 计算样本 3, 1, 0, 4, 7 的样本方差.

解
$$\sum_{i=1}^{n}(y_i - \bar{y})^2 = \sum_{i=1}^{n} y_i^2 - n\bar{y}^2 = 75 - 5(3)^2 = 30$$

其中，从例 1.5 中可知 $\bar{y} = 3$. 则

$$s^2 = \frac{\sum_{i=1}^{n}(y_i - \bar{y})^2}{n-1} = \frac{30}{4} = 7.5$$

方差的概念在理论统计中很重要，但它的平方根，即**标准差**，是最常用来描述数据离散程度的量.

定义 1.18 一组观测值的**标准差**等于其方差的平方根. 因此，样本和总体的标准差为

样本标准差： s

总体标准差： σ

根据切比雪夫定理[⊖]和经验法则，一组数据的标准差更具有意义. 解释如下：

标准差的解释

1. 对于任何数据集（总体或样本），至少四分之三的观测值位于其均值的 2 个标准差之内.

2. 对于大多数中等大小（例如，25 个或更多的观测值）且服从钟形分布的数据集，大约 95% 的观测值将位于其均值的 2 个标准差之内.

例 1.7 通常情况下，那些不打算出现的旅行者不能及时取消他们在酒店的预订. 按照酒店业的说法，这些旅行者被称为"失约者". 为了预防失约和临时取消的现象，酒店总是超额预订房间. *Journal of Travel Research* 的一篇文章调查了酒店业超额订房的问题. 表 1.6 模拟了这项研究，代表一家大型酒店（500 间客房）30 天随机抽样的每日临时取消次数和失约次数. 根据这个样本，酒店每天至少应该超额预订多少个房间？

⊙ **NOSHOWS**

表 1.6 酒店 30 天内失约次数

17	15	15	20	13	17	15	17	13	18
14	18	8	19	10	9	11	13	17	11
13	13	16	11	17	12	14	12	14	18

解 要回答这个问题，我们需要知道大多数时候每日失约次数的值的范围. 我们必须计算 $\bar{y}$ 和 s，并确定数据频率分布的形状.

图 1.7 是 MINITAB 软件输出结果，它显示了样本数据的茎叶图和描述统计. 从茎叶图中可以注意到，每天的失约次数分布呈钟形分布，在图 1.7 的上下两端只有轻微的偏斜. 因此，前面解释框中的第 2 条可以给出一个很好的估计百分比，即落在均值的两个标准差范

⊖ 有关切比雪夫定理更完整的讨论和陈述，请参阅本章末尾列出的参考文献.

围内的天数百分比.

样本数据的均值和标准差（MINITAB 输出结果的阴影部分）分别为 $\bar{y}=14.333$ 和 $s=3.078$. 由上述解释框中的第 2 条可知，每天约 95% 的失约次数落在均值的 2 个标准差范围内，即

$$\bar{y} \pm 2s = 14.333 \pm 2(3.078)$$
$$= 14.333 \pm 6.156$$

或 8.177 ～ 20.489 次失约.（观察数据集，我们会发现 30 次中有 29 次，或者说 96.7% 的失约次数落在这个区间内.）

根据这个结果，大型酒店可以推断，每天至少会有 8.177 次（或约 9 次）失约. 因此，酒店可以每天超额预订至少 9 个房间，以确保酒店有较高的入住率.

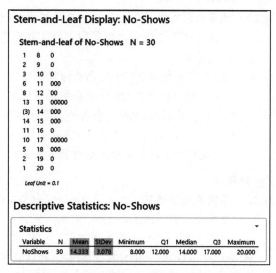

图 1.7　MINITAB 输出：描述例 1.7 中失约次数

用样本数据计算出的数值描述性度量称为**统计量**. 总体的数值描述性度量称为**参数**. 在实际情况中，我们不会知道总体的频率分布（或者等价地，y 的总体分布）. 我们通常会假设未知数值的描述性度量（如均值 μ 和标准差 σ），通过**样本统计量**推断这些参数的值，并推断总体频率分布的性质. 有时会假设知道总体频率分布的形状，并利用这些信息来帮助我们做出推断. 这样做时，我们是为总体频率分布假设一个模型. 必须记住，推断的有效性可能取决于我们的模型与现实的契合程度.

定义 1.19　总体的数值描述性度量称为**参数**.

定义 1.20　**样本统计量**是根据样本观测值计算出来的量.

练习 1.5

1.26　古希腊的竖穴墓. 考古学家发现，在古希腊的中期希腊时期（约公元前 2000 年），竖穴墓数量有所增加. 竖穴墓是以装饰精美的陪葬剑命名的. *American Journal of Archaeology* (January 2014) 发表了对竖穴墓的分析. 下表列出了最近发现的 13 个墓穴中，每个墓穴中竖穴墓的数量.

📀 **SHAFTS**

| 1 | 2 | 3 | 1 | 5 | 6 | 2 | 4 | 1 | 2 | 4 | 2 | 9 |

资料来源：Harrell, K., "The Fallen and Their Swords: A New Explanation for the Rise of the Shaft Graves," *American Journal of Archaeology,* Vol.118, No. 1, January 2014 (Figure 1).

（a）计算样本数据的均值并加以解释.

（b）计算样本数据的方差和标准差.

（c）利用（a）和（b）小题的计算结果，确定区间范围并加以解释（该区间至少包含 75% 的样本观测值）.

EARTHQUAKE

1.27 地震余震震级. 参见练习 1.18 和美国加州大地震余震的地质观测数据. EARTHQUAKE 文件记录了 2 929 次余震的震级（里氏震级）. 下图所示为 MINITAB 输出的震级描述性统计量.

(a) 找出并解释 2 929 次余震的震级均值.

(b) 找出和解释 2 929 次余震的震级极差.

(c) 找出并解释 2 929 次余震的震级标准差.

(d) 如果你的研究范围是 2 929 次余震, 应该用什么符号来描述均值和标准差.

Descriptive Statistics: MAGNITUDE

Statistics

Variable	N	Mean	StDev	Minimum	Maximum	Range
MAGNITUDE	2929	2.1197	0.6636	0.0000	6.7000	6.7000

ISR

1.28 不相关言语效应. 请参阅 *Acoustical Science & Technology* (Vol. 35, 2014) 中的不相关言语效应研究, 即练习 1.20. 回想一下, 受试者在两种情况下完成记忆任务：（1）背景言语不相关；（2）背景保持安静. 计算了两种情况下的错误率之差——称为错误率的相对差（RDER）. RDER 值的描述性统计量如下图 SAS 输出所示.

(a) 解释 RDER 值的均值.

(b) 根据练习 1.20 所构造的直方图, 哪条法则更适合解释 RDER 值的标准差? 为什么?

(c) 将你在（b）小题选择的法则应用于数据. 具体地说, 估计 RDER 值落在 $\bar{y} \pm 2s$ 区间的比例.

The MEANS Procedure

Analysis Variable : RDER

N	Mean	Std Dev	Minimum	Maximum
71	78.1885070	63.2429128	-19.2710000	254.1090000

SHIPSANIT

1.29 邮轮卫生检查. 参考美国疾病控制和预防中心对 174 艘国际邮轮卫生水平的研究, 见练习 1.23.（卫生评分范围从 0 到 100.）

(a) 求 174 艘国际邮轮卫生得分的 $\bar{y}$ 和 s.

(b) 计算 $\bar{y} \pm 2s$ 的区间.

(c) 求出数据集中落在（b）小题区间结果内的百分比. 结果符合本节给出的经验法则吗?

1.30 酒店的生态标签. 诸如 Energy Star、Green Key 和 Audubon International 等生态标签被酒店用来宣传节能和环保政策. *Journal of Vacation Marketing* (January 2016) 发表了一项研究, 调查旅行者对这些生态标签的熟悉程度, 以及他们是否认为这些标签是可信的. 他们对 392 名成年旅行者进行了问卷调查. 其中一个问题列出了 6 种不同的生态标签, 然后问"你对这个生态标签的熟悉程度如何? 熟悉程度从 1（一点都不熟悉）到 5（非常熟悉）". 数值型的回答结果如下表所示.

(a) 对 Energy Star 的回答均值做出实际解释.

(b) 哪一种生态标记的数值型回答方差最大? 解释一下原因.

(c) 对于 Energy Star, 计算包含 75% 到 95% 数值型回答的区间范围.

生态标签	均值	标准偏差	生态标签	均值	标准偏差
Energy Star	4.44	0.82	U.S. Green Building Council	2.28	1.39
TripAdvisor Greenleaders	3.57	1.38	Green Business Bureau	2.25	1.39
Audubon International	2.41	1.44	Green Key	2.01	1.30

资料来源：S. Park and M. Millar, "The US Traveler's Familiarity with and Perceived Credibility of Lodging Ecolabels," *Journal of Vacation Marketing,* Vol. 22, No. 1, January 2016 (Table 3).

1.31 **电压的凹陷和凸起.** 变压器的电能质量是由电压质量衡量的. 电能质量差的两个原因是"凹陷"和"凸起". 凹陷是变压器电压水平不寻常的下降，而凸起是变压器电压水平不寻常的升高. *Electrical Engineering*（Vol. 95, 2013）对土耳其制造的变压器的电能质量进行了调查. 以 103 台用于重工业的变压器为例，平均每周凹陷 353 次，平均每周凸起 184 次. 假设凹陷分布的标准差为每周 30 次凹陷，凸起分布的标准差为每周 25 次凸起.

（a）对于任何形状的凹陷分布，变压器每周有 293～413 次凹陷的比例是多少？你使用哪条法则？为什么？

（b）对于钟形且对称的凹陷分布，变压器每周有 293～413 次凹陷的比例是多少？你使用哪条法则？为什么？

（c）对于任何形状的凸起分布，变压器每周有 134～234 次凸起的比例是多少？你使用哪条法则？为什么？

（d）对于钟形且对称的凸起分布，变压器每周有 134～234 次凸起的比例是多少？你使用哪条法则？为什么？

1.32 **心脏病人的动物辅助治疗.** 医学研究人员在 *American Heart Association Conference*（November 2005）上提出了一项研究，以评估动物辅助治疗是否能改善心脏病患者的生理反应. 加州大学洛杉矶分校医学中心的一组护士将 76 名心脏病患者随机分成三组：T 组的每名患者都由一名志愿者，在一只受过训练的狗的陪伴下探望；V 组每名患者仅由一名志愿者探望；而 C 组的患者则完全没有被探望. 在探望前和探望后分别测量每名患者的焦虑水平（以点为单位）. 下表为三组患者焦虑水平下降情况的汇总统计. 假设从研究中选出的患者的焦虑水平下降了 22.5 点. 患者更可能来自哪一组？解释一下.

	样本量	焦虑水平平均下降量	标准差
T 组：志愿者＋受过训练的狗陪伴探望	26	10.5	7.6
V 组：只有志愿者探望	25	3.9	7.5
C 组：对照组（没有探望）	25	1.4	7.5

资料来源：Cole,K.,etal. "Animal assisted therapy decreases hemodynamics,plasma epinephrine and state anxiety in hospitalized heart failure patients," *American Heart Association Conference,* Dallas, Texas, Nov. 2005.

1.6 正态概率分布

定量变量的理论总体频率分布最常用的模型之一是**正态概率分布**，如图 1.8 所示. 正态

分布以均值 μ 为中心左右对称，离散程度由其标准差 σ 的值决定．三种不同均值和标准差的正态分布曲线如图 1.9 所示．

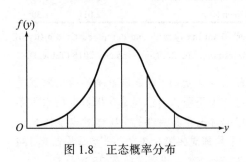

图 1.8　正态概率分布

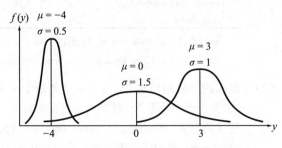

图 1.9　几种不同均值和标准差的正态分布

在正态概率分布下计算区间的面积是一项困难的任务$^{\ominus}$．因此，我们将使用附录 D 的表 1 中列出的数据计算面积．表 1.7 显示了该表的部分内容．从表 1.7 上的正态曲线可以看出，正态曲线下分布均值和均值右侧标准化距离

$$z = \frac{y - \mu}{\sigma}$$

之间的面积．注意，z 是 y 和 μ 之间标准差 σ 的个数．均值 $\mu = 0$，标准差 $\sigma = 1$ 的 z 分布称为**标准正态分布**．

表 1.7　附录 D 的表 1 中的部分内容

z	0.00	0.01	0.02	0.03	0.04	0.05	0.06	0.07	0.08	0.09
0	0.000 0	0.004 0	0.008 0	0.012 0	0.016 0	0.019 9	0.023 9	0.027 9	0.031 9	0.035 9
0.1	0.039 8	0.043 8	0.047 8	0.051 7	0.055 7	0.059 6	0.063 6	0.067 5	0.071 4	0.075 3
0.2	0.079 3	0.083 2	0.087 1	0.091 0	0.094 8	0.098 7	0.102 6	0.106 4	0.110 3	0.114 1
0.3	0.117 9	0.121 7	0.125 5	0.129 3	0.133 1	0.136 8	0.140 6	0.144 3	0.148 0	0.151 7
0.4	0.155 4	0.159 1	0.162 8	0.166 4	0.170 0	0.173 6	0.177 2	0.180 8	0.184 4	0.187 9
0.5	0.191 5	0.195 0	0.198 5	0.201 9	0.205 4	0.208 8	0.212 3	0.215 7	0.219 0	0.222 4
0.6	0.225 7	0.229 1	0.232 4	0.235 7	0.238 9	0.242 2	0.245 4	0.248 6	0.251 7	0.254 9
0.7	0.258 0	0.261 1	0.264 2	0.267 3	0.270 4	0.273 4	0.276 4	0.279 4	0.282 3	0.285 2
0.8	0.288 1	0.291 0	0.293 9	0.296 7	0.299 5	0.302 3	0.305 1	0.307 8	0.310 6	0.313 3
0.9	0.315 9	0.318 6	0.321 2	0.323 8	0.326 4	0.328 9	0.331 5	0.334 0	0.336 5	0.338 9
1.0	0.341 3	0.343 8	0.346 1	0.348 5	0.350 8	0.353 1	0.355 4	0.357 7	0.359 9	0.362 1
1.1	0.364 3	0.366 5	0.368 6	0.370 8	0.372 9	0.374 9	0.377 0	0.379 0	0.381 0	0.383 0

$\ominus$　有微积分知识的学生应该注意，假设 y 在 $a < y < b$ 区间内取值的概率为 $P(a < y < b) = \int_a^b f(y) \mathrm{d}y$．这个定积分的值可以用近似法得到任何要求的精度，因此制成表格供用户查询．

（续）

z	0.00	0.01	0.02	0.03	0.04	0.05	0.06	0.07	0.08	0.09
1.2	0.384 9	0.386 9	0.388 8	0.390 7	0.392 5	0.394 4	0.396 2	0.398 0	0.399 7	0.401 5
1.3	0.403 2	0.404 9	0.406 6	0.408 2	0.409 9	0.411 5	0.413 1	0.414 7	0.416 2	0.417 7
1.4	0.419 2	0.420 7	0.422 2	0.423 6	0.425 1	0.426 5	0.427 9	0.429 2	0.430 6	0.431 9
1.5	0.433 2	0.434 5	0.435 7	0.437 0	0.438 2	0.439 4	0.440 6	0.441 8	0.442 9	0.444 1

例 1.8 假设 y 为正态随机变量，$\mu = 50$ 和 $\sigma = 15$. 求 y 落在区间 $30 < y < 70$ 内的概率 $P(30 < y < 70)$.

解 参见图 1.10. 注意，$y = 30$ 和 $y = 70$ 到均值 $\mu = 50$ 的距离相同，$y = 30$ 低于均值，$y = 70$ 高于均值. 由于正态曲线关于均值 $\mu = 50$ 左右对称，概率 A_1（即 $30 < y < 50$）等于概率 A_2（即 $50 < y < 70$）. 当 $y = 70$ 时，对应的 z 值为

$$z = \frac{y - \mu}{\sigma} = \frac{70 - 50}{15} = 1.33$$

因此，附录 D 的表 1（和表 1.7）给出了均值 $\mu = 50$ 和 $y = 70$ 之间的面积，该面积位于 $z = 1.3$ 对应行与 0.03 对应列的交叉处. 这个面积（概率）是 $A_2 = 0.408\ 2$. 由于 $A_1 = A_2$，所以 A_1 也等于 0.408 2. 由此可知，y 落在区间 $30 < y < 70$ 的概率为 $P(30 < y < 70) = 2 \times 0.408\ 2 = 0.816\ 4$. $y = 30$ ($z = -1.33$) 和 $y = 70$ ($z = 1.33$) 对应的 z 分数如图 1.11 所示. ∎

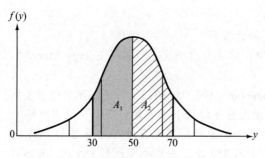

图 1.10 正态概率分布：$\mu = 50$，$\sigma = 15$

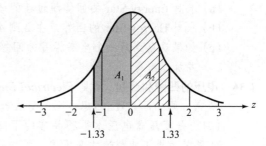

图 1.11 z 分数的分布（标准正态分布）

例 1.9 使用附录 D 的表 1 确定标准正态分布的 z 分数 1.64 右边的面积. 也就是说，计算 $P(z \geqslant 1.64)$.

解 正态随机变量落在均值右侧超过 1.64 个标准差的概率如图 1.12 所示. 由于正态分布是对称的，总概率的一半（0.5）在均值右侧，一半在均值左侧. 因此，期望的概率是

$$P(z \geqslant 1.64) = 0.5 - A$$

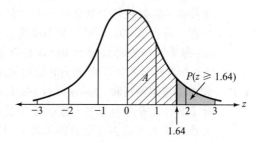

图 1.12 标准正态分布：$\mu = 0$，$\sigma = 1$

面积 A 的区域是在 $\mu = 0$ 和 $z = 1.64$ 之间的阴影，参照表 1，我们发现 $z = 1.64$ 对应的面积 A 是 0.449 5. 所以

$$P(z \geq 1.64) = 0.5 - A = 0.5 - 0.449\,5 = 0.050\,5 \quad \blacksquare$$

我们不会广泛使用到附录 D 的表中的数据，但应该知道一些常见的数值．例如 $z = -2.0$ 和 $z = 2.0$ 之间的面积，即 y 落在区间 $\mu - 2\sigma < y < \mu + 2\sigma$ 的概率是 0.954 4．符合 1.5 节的解释 2.

练习 1.6

1.33 **正态概率**．在附录 D 的表 1 中找到下列各项概率值：

(a) $P(-1 \leq z \leq 1)$ (b) $P(-1.96 \leq z \leq 1.96)$

(c) $P(-1.645 \leq z \leq 1.645)$ (d) $P(-3 \leq z \leq 3)$

1.34 **正态概率**．假设随机变量 y 的概率分布为正态分布，均值为 100，方差为 64，在图上画出 y 的频率函数草图，并在图上画出 μ 和区间 $\mu \pm 2\sigma$．找出以下概率值：

(a) $P(\mu - 2\sigma \leq y \leq \mu + 2\sigma)$ (b) $P(y \geq 108)$

(c) $P(y \leq 92)$ (d) $P(92 \leq y \leq 116)$

(e) $P(92 \leq y \leq 96)$ (f) $P(76 \leq y \leq 124)$

1.35 **酒店的生态标签**．参考 *Journal of Vacation Marketing*（January 2016）关于旅行者对酒店生态标签熟悉度的研究，即练习 1.30．回想一下，给成年旅行者看了 6 种不同的生态标签，并问他们，"你对这个生态标签的熟悉程度如何？熟悉程度从 1（一点都不熟悉）到 5（非常熟悉）"．Energy Star 生态标签的均值和标准差分别为 4.44 和 0.82．假设回答的分布近似正态分布．

(a) 求对 Energy Star 的回答超过 4 的概率．

(b) 求对 Energy Star 的回答落在 2 到 4 之间的概率．

(c) 如果观察到对一个生态标签的回答是 1，你认为这个生态标签是 Energy Star 吗？并加以解释．

1.36 **电压的凹陷和凸起**．参见 *Electrical Engineering*（Vol. 95, 2013）对变压器电能质量的研究，见练习 1.31．回想一下，变压器电能质量差的两个原因是"凹陷"和"凸起"．（凹陷是变压器电压水平不寻常的下降，而凸起是变压器电压水平不寻常的升高．）土耳其为重工业制造的变压器，平均每周凹陷 353 次，平均每周凸起 184 次．在练习 1.31 中，假设凹陷分布的标准差为每周 30 次凹陷，而凸起分布的标准差为每周 25 次凸起．假设凹陷的数量和凸起的数量都服从正态分布．随机选择一个变压器，发现它在一周内有 400 次凹陷和 100 次凸起．

(a) 每周凹陷的次数少于 400 次的概率是多少？

(b) 每周凸起的次数大于 100 次的概率是多少？

1.37 **购物车与购物判断**．*Journal of Marketing Research*（December 2011）研究了手臂弯曲时（比如提着购物篮时）与手臂伸展时（比如推着购物车时）相比，消费者是否更有可能购买额外商品（比如糖果棒）．这项研究测量了消费者在这两种情况下的选择得分（在 0 ~ 100 分的范围内，得分越高表示对额外商品的偏好越大）．手臂弯曲的消费者的平均选择得分为 59，手臂伸展的消费者的平均选择得分为 43．假设这两种情况选择得分的标准差都为 5，而且都服从近似正态分布．

（a）在手臂弯曲的情况下，消费者的选择得分为 60 或更高的概率是多少？

（b）在手臂伸展的情况下，消费者的选择得分为 60 或更高的概率是多少？

1.38 **女性身高的范围.** 在 *Chance*（Winter 2007）中，耶鲁大学法学院教授 Ian Ayres 发表了他和他的儿女进行的一项研究的结果，该研究是关于大学生能否估计出女性身高的范围. 研究人员向学生们展示了一幅身高的正态分布图，并向他们提问："美国 20 岁以上女性的平均身高为 64 英寸⊖. 根据直觉，请你给出一个身高范围的估计区间，能涵盖 90% 的 20 岁以上女性. 请确保范围的中心是平均身高 64 英寸."20 岁以上女性身高的标准差是 2.6 英寸. 计算此估计区间.

1.39 **地下隧道的安全.** 发表在 *Tunnelling and Underground Space Technology*（July 2014）杂志上的研究评估了在硬质土层中建造地下隧道的安全性，确定了喷浆混凝土隧道的三个区域（即隧道面、隧道壁和隧道顶）的安全系数（FS）为实际承载力与设计要求之比. 假设各区域安全系数为正态分布，均值和标准差如右表所示. 当隧道的安全系数小于或等于 1 时，就认为发生了事故. 哪个隧道区域更有可能发生事故？为什么？

	均值…	标准差…
隧道面	1.2	0.16
隧道壁	1.4	0.20
隧道顶	2.1	0.70

1.40 **高管培训和会议效率.** 高管培训能帮助提高商务会议的效率吗？这是发表在 *Consulting Psychology Journal: Practice and Research*(Vol. 61, 2009) 上的一篇文章所关心的问题. 高管培训的目标是减少内容行为（如寻找信息、反对或攻击），而支持流程行为（如提出澄清问题、归纳总结）. 研究报告称，在接受高管培训之前，领导者的内容行为被观察到的均值百分比为 75%，标准差为 8.5%. 而接受高管培训后，领导者的内容行为的均值百分比为 52%，标准差为 7.5%. 假设无论接受高管培训与否，观察到的领导者内容行为百分比均服从近似正态分布. 假设某领导者的内容行为为 70%，就该领导者是否接受过高管培训说明你的看法.

1.7 抽样分布与中心极限定理

当我们使用样本统计量来推断总体参数时，我们很自然地想要知道一些关于推断结果的可靠性信息. 例如，如果用一组数据估计总体均值 μ 的值，我们想要知道估计的均值与总体均值 μ 的接近程度. 要回答这个问题，我们需要知道统计量的概率分布.

基于 n 个观测值的随机样本的统计量概率分布可以用以下方法生成. 为了便于说明，我们假设从 $\mu=10$ 且 $\sigma=5$ 的总体中抽样，样本统计量为 $\bar{y}$，样本量为 $n=25$. 从总体中随机抽取 25 个观测值，假设 $\bar{y}=9.8$. 将观测值放回总体，然后再抽一次. 也就是说，抽取另一组 $n=25$ 个观测值的随机样本，看看得到了什么样的结果. 这次也许 $\bar{y}=11.4$. 替换这些测量值，再抽取一个 $n=25$ 的观测值样本，计算 $\bar{y}$，以此类推. 如果这个抽样过程重复无穷多次，就会产生无穷多个 $\bar{y}$ 值，这些值可以按照频率分布进行排列. 如图 1.13 所示，这个分

⊖ 1 英寸 =0.025 4 米。——编辑注

布是统计量 $\bar{y}$ 的概率分布（通常称为**抽样分布**）.

定义 1.21 从 n 个观测值的样本中计算出的样本统计量的**抽样分布**为该统计量的概率分布.

在实际应用中，统计量的抽样分布是用数学方法或用前面介绍的程序在计算机上模拟抽样得到的.

如果从均值 $\mu=10$ 且标准差 $\sigma=5$ 的总体中抽取一个 $n=25$ 个观测值的样本计算出了 $\bar{y}$，那么图 1.13 所示的抽样分布提供了关于其性质的所有信息. 例如，抽取 25 个观测值的样本，在区间 $9\leqslant\bar{y}\leqslant10$ 中得到 $\bar{y}$ 值的概率，就是该区间内抽样分布下的面积.

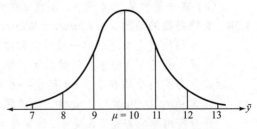

图 1.13　包含 $n=25$ 个观测值的样本 $\bar{y}$ 的抽样分布

一般来说，如果用一个统计量来推断总体参数，我们希望它的抽样分布以该参数为中心（如图 1.13 所示），抽样分布的标准差（即**估计的标准误差**）应该尽可能小.

以下两个定理提供了关于样本均值抽样分布的信息.

定理 1.1 如果 $y_1, y_2, \cdots, y_n$ 代表一个大的（或无限的）、均值为 μ、标准差为 σ 的总体中 n 个观测值的随机样本，那么无论总体频率分布的形式如何，$\bar{y}$ 的抽样分布的均值和估计的标准误差都是

均值： $E(\bar{y})=\mu_{\bar{y}}=\mu$

估计的标准误差： $\sigma_{\bar{y}}=\dfrac{\sigma}{\sqrt{n}}$

定理 1.2 中心极限定理 对于大样本，**无论抽样总体的概率分布如何**，在均值为 μ、标准差为 σ 的总体中，样本均值 $\bar{y}$ 的抽样分布服从近似正态分布. 样本量越大，$\bar{y}$ 的抽样分布越接近正态分布.

定理 1.1 和定理 1.2 共同表明，对于大样本，样本均值 $\bar{y}$ 的抽样分布将近似均值为 μ、标准误差为 $\sigma_{\bar{y}}=\sigma/\sqrt{n}$ 的正态分布. 参数 μ、σ 是抽样总体的均值和标准差.

样本量 n 要多大，$\bar{y}$ 的抽样分布才能更好地近似正态分布？答案取决于抽样总体分布的形状，如图 1.14 所示. 一般来说，抽样总体分布的偏态越大，所需的样本量越大，这样 $\bar{y}$ 的抽样分布才能接近正态分布. 对于大多数抽样总体而言，至少 $n\geqslant30$ 的样本量才能保证抽样分布服从近似正态分布. 当样本量至少为 30 时，我们使用 $\bar{y}$ 的抽样分布近似正态分布.

原始总体	对于 $n=2$，$\bar{x}$ 的抽样分布	对于 $n=5$，$\bar{x}$ 的抽样分布	对于 $n=30$，$\bar{x}$ 的抽样分布
均匀分布			

图 1.14　不同抽样总体和不同样本量下 $\bar{x}$ 的抽样分布

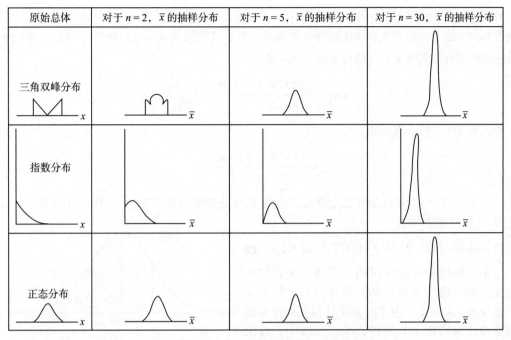

原始总体	对于 $n=2$，$\bar{x}$ 的抽样分布	对于 $n=5$，$\bar{x}$ 的抽样分布	对于 $n=30$，$\bar{x}$ 的抽样分布
三角双峰分布			
指数分布			
正态分布			

图 1.14　不同抽样总体和不同样本量下 $\bar{x}$ 的抽样分布（续）

例 1.10　已知我们从一个均值为 80、标准差为 5 的总体中抽取了一个包含 $n=25$ 个观测值的随机样本．假设总体分布不是极度偏态．

（a）粗略画出总体的频率分布和样本均值 $\bar{y}$ 的抽样分布．

（b）求 $\bar{y}$ 大于 82 的概率．

解　（a）我们不知道总体频率分布的确切形状，但是我们知道它应该集中在 $\mu=80$ 附近，它的分布应该用 $\sigma=5$ 来测量，并且它不是高度偏态．图 1.15a 显示了一种可能性．根据中心极限定理，假设由于总体分布不存在极端的偏态，所以 $\bar{y}$ 的抽样分布近似为正态分布．因此抽样分布的均值和标准差为

$$\mu_{\bar{y}} = \mu = 80 \quad \text{和} \quad \sigma_{\bar{y}} = \frac{\sigma}{\sqrt{n}} = \frac{5}{\sqrt{25}} = 1$$

$\bar{y}$ 的抽样分布见图 1.15b.

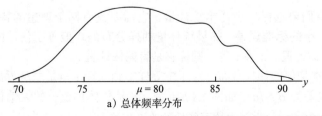

a）总体频率分布

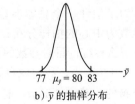

b）$\bar{y}$ 的抽样分布

图 1.15　总体频率分布和 $\bar{y}$ 的抽样分布

（b）$\bar{y}$ 超过 82 的概率等于图 1.16 中灰色的面积．要确定该面积，我们需要确定与 $\bar{y}=82$

相对应的 z 值. 回想一下，标准正态随机变量 z 是任意正态随机变量与其均值之差除以标准差得到的. 由于 $\bar{y}$ 是一个服从正态分布的随机变量，其均值为 $\mu_{\bar{y}} = \mu$，标准差为 $\sigma_{\bar{y}} = \sigma / \sqrt{n}$，由此得出与样本均值 $\bar{y}$ 对应的标准化正态 z 值：

$$z = \frac{\text{正态随机变量} - \text{均值}}{\text{标准差}} = \frac{\bar{y} - \mu_{\bar{y}}}{\sigma_{\bar{y}}}$$

因此，对于 $\bar{y} = 82$，我们有

$$z = \frac{\bar{y} - \mu_{\bar{y}}}{\sigma_{\bar{y}}} = \frac{82 - 80}{1} = 2$$

图 1.16 中 $z = 2$ 对应的在正态曲线下的面积 A 的数值为 0.477 2（见附录 D 的表 1）. 因此 $\bar{y}$ 大于 82 的概率是

$$P(\bar{y} > 82) = P(z > 2) = 0.5 - 0.477\,2 = 0.022\,8 \qquad ■$$

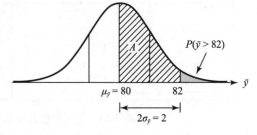

中心极限定理也可以用来证明，在大样本情况下样本测量值的总和的抽样分布近似服从正态分布. 事实上，由于许多统计量是通过对随机变量求和或取平均值得到的，所以中心极限定理有助于解释为什么许多统计量都具有钟形（或近似正态）抽样分布.

图 1.16 $\bar{y}$ 的抽样分布

在我们的研究过程中，将面临许多不同的样本统计量，我们需要知道其抽样分布来评估每个样本统计量的可靠性，以便进行后续推断. 如有需要，这些抽样分布将被描述.

1.8 估计总体均值

我们可以用两种方法来推断一个总体参数：

1. 估计它的值.
2. 对它的值进行某些判断（例如，检验关于它的值的假设）.

在本节中，我们将利用一个总体均值的估计作为例子，来阐述估计中所涉及的一些概念. 假设检验将在 1.9 节讨论.

为了估计一个总体参数，我们要选择一个样本统计量，它需要具有两个理想的特性：以参数为中心的抽样分布；一个小的标准误差. 如果统计量抽样分布的均值等于估计的参数，那么称统计量是参数的**无偏估计量**. 如果不等，则称它是**有偏估计量**.

在 1.7 节中，我们注意到样本均值的抽样分布，对于中等样本到大样本量是服从近似正态分布的，其均值为 μ、标准误差为 $\sigma / \sqrt{n}$. 如图 1.17 所示，$\bar{y}$ 是总体均值 μ 的无偏估计量，$\bar{y}$ 落在 μ 的真实值 $1.96\sigma_{\bar{y}} = 1.96\sigma / \sqrt{n}$ 范围内的可能性约为 0.95⊖.

⊖ 此外，在 μ 的所有无偏估计量中，$\bar{y}$ 有最小的标准误差. 因此，我们说 $\bar{y}$ 是 μ 的最小方差无偏估计量（MVUE）.

由于 $\bar{y}$ 以约 95% 的可能性落在以 μ 为中心的 $1.96\sigma_{\bar{y}}$ 的范围内，它的区间如下：

$$(\bar{y}-1.96\sigma_{\bar{y}},\ \bar{y}+1.96\sigma_{\bar{y}})$$

重复抽样时，约有 95% 的可能性包含总体参数 μ. 这个区间称为 95% **置信区间**，0.95 称为**置信系数**.

已知 μ 是不变的，置信区间随着样本的不同而不同. 用公式计算的置信区间

$$\bar{y}\pm1.96\sigma_{\bar{y}}$$

包含 μ 的可能性大约是 0.95. 因此，置信系数衡量的是在一个特定的置信区间内的可靠程度.

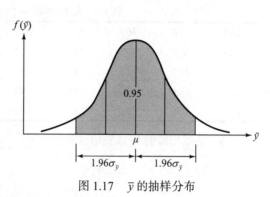

图 1.17　$\bar{y}$ 的抽样分布

置信区间可以使用任意置信系数来构造. 例如，如果我们将 $z_{\alpha/2}$ 定义为标准正态分布右侧面积为 $\alpha/2$ 时的 z 值（见图 1.18），那么 μ 的 $100(1-\alpha)\%$ 置信区间在下框中给出.

μ 的 $100(1-\alpha)\%$ 置信区间（大样本）

$$\bar{y}\pm z_{\alpha/2}\sigma_{\bar{y}}\approx \bar{y}\pm z_{\alpha/2}\left(\frac{s}{\sqrt{n}}\right)$$

其中 $z_{\alpha/2}$ 是一个右侧区域面积为 $\alpha/2$ 的 z 值（见图 1.18），$\sigma_{\bar{y}}=\sigma/\sqrt{n}$. 参数 σ 是抽样总体的标准差，n 是样本量. 如果 σ 是未知的，它的值可以用样本标准差 s 代替. 这种近似只适用于大样本（如 $n\geqslant30$）.

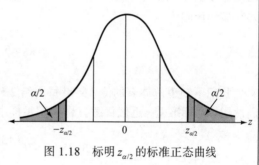

图 1.18　标明 $z_{\alpha/2}$ 的标准正态曲线

框中所示的置信区间被称为大样本置信区间，因为样本量必须大到足以确保 $\bar{y}$ 的抽样分布近似服从正态分布. 而更重要的是，σ 的值大多数情况下是未知的，所以它的值由样本标准差 s 来替代. 只有当 $n\geqslant30$ 时近似才适用.

常用的置信系数和相应的 $z_{\alpha/2}$ 值如表 1.8 所示.

表 1.8　$z_{\alpha/2}$ 的常用值

置信系数 $(1-\alpha)$	α	$\alpha/2$	$z_{\alpha/2}$
0.90	0.10	0.05	1.645
0.95	0.05	0.025	1.96
0.99	0.01	0.005	2.576

例 1.11　心理学家发现，在婴幼儿期双胞胎的智商比非双胞胎的智商相对较低，学习语言速度相对较慢 (*Wisconsin Twin Research Newsletter*, Winter 2004). 双胞胎智力增长较慢可能是由于父母的疏忽造成的. 假设我们想研究这种现象，随机选取了 $n=50$ 对年龄为 2.5 岁的双胞胎男孩组成样本，记录 1 周中父母关注每对双胞胎的总时间. 表 1.9 给出相应数据（以小时为单位）. 用 99% 置信区间估计总体均值 μ，即父母给予所有 2.5 岁的双胞胎男孩的平均关注时间. 解释此问题的置信区间.

ATTENTIMES

表 1.9　随机抽样 n=50 对双胞胎的父母关注时间

20.7	14.0	16.7	20.7	22.5	48.2	12.1	7.7	2.9	22.2
23.5	20.3	6.4	34.0	1.3	44.5	39.6	23.8	35.6	20.0
10.9	43.1	7.1	14.3	46.0	21.9	23.4	17.5	29.4	9.6
44.1	36.4	13.8	0.5	24.3	1.1	9.3	19.3	3.4	14.6
15.7	32.5	46.6	19.1	10.6	36.9	6.7	27.9	5.4	14.0

解　总体均值的 99% 置信区间公式为

$$\bar{y} \pm z_{\alpha/2}\sigma_{\bar{y}} = \bar{y} \pm z_{0.005}\sigma_{\bar{y}}$$

$$= \bar{y} \pm 2.576\left(\frac{\sigma}{\sqrt{n}}\right)$$

The MEANS Procedure

Analysis Variable : ATTIME

Mean	Std Dev	Minimum	Maximum	N	Lower 99% CL for Mean	Upper 99% CL for Mean
20.8480000	13.4138253	0.8000000	48.2000000	50	15.7641274	25.9318726

图 1.19　样本量 n=50 的父母关注时间的 SAS 描述性统计

图 1.19 为 SAS 的输出结果，显示了样本量 $n=50$ 的关注时间的描述性统计.
见图中阴影部分，$\bar{y}=20.85$ 和 $s=13.41$（数值四舍五入）. 因此，在 50 对双胞胎样本中，99% 置信区间为

$$20.85 \pm 2.576\left(\frac{\sigma}{\sqrt{50}}\right)$$

我们不知道总体 σ 的值（父母每周给 2.5 岁双胞胎男孩的关注时间的标准差），所以我们使用样本标准差 s 近似代替.（由于满足样本量 $n \geq 30$）99% 置信区间近似为

$$20.85 \pm 2.576\left(\frac{13.41}{\sqrt{50}}\right) = 20.85 \pm 4.89$$

即 (15.96, 25.74). 也就是说，我们有 99% 的把握，他们的父母每周给予 2.5 岁双胞胎男孩的真实平均关注时间在 15.96 ~ 25.74 小时之间.（注意：图 1.19 所示的 SAS 输出结果最右侧显示了 99% 置信区间.）■

用大样本推断总体均值 μ，需假定 σ 是已知的或样本量足够大（$n \geq 30$），以便用样本标准差 s 近似替代总体 σ. 计算小样本总体均值 μ 的 $100(1-\alpha)\%$ 置信区间，要求样本总体服从正态分布，其公式近似于 μ 的大样本置信区间，为

$$\bar{y} \pm t_{\alpha/2}s_{\bar{y}}$$

其中 $s_{\bar{y}} = s/\sqrt{n}$ 是 $\bar{y}$ 的估计标准误差. $t_{\alpha/2}$ 直接类似于用于计算 μ 的大样本置信区间的标准正态值 $z_{\alpha/2}$，$t_{\alpha/2}$ 是学生 t 分布中的上尾 t 值，区域 $\alpha/2$ 位于它的右边.

与标准正态分布 (z) 类似，t 分布是关于 $t=0$ 对称的分布，但它比 z 分布更多变. 可变性取决于**自由度 (df)** 的数量，而自由度又取决于估计 σ^2 的观测值个数. 自由度越小，t 分布的

分布越广. 对于这个 t 分布的应用，$df = n-1$ ◯. 随着样本量的增加（和 df 的增加），t 分布越来越接近 z 分布，当 $n \geq 30$ 时，这两个分布将几乎相同. 基于 $df = 4$ 的 t 分布和标准正态分布如图 1.20 所示. 注意 $z_{0.025}$ 和 $t_{0.025}$ 的对应值.

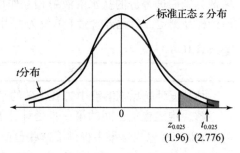

附录 D 中的表 2 给出了 t 分布的上尾值. 表 1.10 给出了 t 分布表的部分数值. 为查得 $\alpha/2 = 0.025$，$df = 4$ 的 t 值，我们在表中查找行为 $df = 4$ 和列为 $t_{0.025}$ 的值. t 值为 2.776，如图 1.20 所示.

下框中给出了计算 μ 的小样本置信区间的过程.

图 1.20　自由度为 4 的 t 分布中 $t_{0.025}$ 值与对应的 $z_{0.025}$ 值

表 1.10　附录 D 表 2 的部分数据

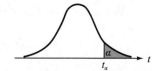

自由度	$t_{0.100}$	$t_{0.050}$	$t_{0.025}$	$t_{0.010}$	$t_{0.005}$	自由度	$t_{0.100}$	$t_{0.050}$	$t_{0.025}$	$t_{0.010}$	$t_{0.005}$
1	3.078	6.314	12.706	31.821	63.657	9	1.383	1.833	2.262	2.821	3.250
2	1.886	2.920	4.303	6.965	9.925	10	1.372	1.812	2.228	2.764	3.169
3	1.638	2.353	3.182	4.541	5.841	11	1.363	1.796	2.201	2.718	3.106
4	1.533	2.132	2.776	3.747	4.604	12	1.356	1.782	2.179	2.681	3.055
5	1.476	2.015	2.571	3.365	4.032	13	1.350	1.771	2.160	2.650	3.012
6	1.440	1.943	2.447	3.143	3.707	14	1.345	1.761	2.145	2.624	2.977
7	1.415	1.895	2.365	2.998	3.499	15	1.341	1.753	2.131	2.602	2.947
8	1.397	1.860	2.306	2.896	3.355						

μ 的 $100(1-\alpha)\%$ 置信区间（小样本）

$$\bar{y} \pm t_{\alpha/2} s_{\bar{y}} = \bar{y} \pm t_{\alpha/2} \left(\frac{s}{\sqrt{n}} \right)$$

其中 $s_{\bar{y}} = s / \sqrt{n}$ 和 $t_{\alpha/2}$ 是基于自由度 $(n-1)$ 的 t 值，例如 $t > t_{\alpha/2}$ 的概率是 $\alpha/2$.

假设：抽样总体的频率分布近似服从正态分布.

例 1.12　位于加利福尼亚州南部索尔顿海的地热环路实验设施是美国能源部的一个项目，旨在研究利用索尔顿海的高温高盐度海水发电的可行性. 操作经验表明，这些盐水会在金属管道上留下氧化硅垢沉积，导致过多的车间停工. 研究人员发现（*Geothermics*, August

---

◯　将 df 视为样本量 n 中估计 μ 的信息量. 估算 μ 时我们损失了 1 df，因此 $df = n-1$.

2002)，在盐水中加入化学溶液可以在一定程度上减少结垢．在一次筛选实验中，将五种防垢剂分别放进等分的盐水溶液中相互作用后，对溶液进行过滤．静置 24 小时，对每个过滤后的样品测定二氧化硅含量 [单位为百万分之一（ppm）]，结果如下：

SILICA

229	255	280	203	229

估计五种防垢剂溶液中二氧化硅的平均含量，计算 95% 置信区间．

解 构建置信区间的第一步是计算五个样品二氧化硅含量的均值 $\bar{y}$ 和标准差 s. 图 1.21 的 MINITAB 输出结果中提供了这些数值，即 $\bar{y}=239.2$ 和 $s=29.3$．

对于 $1-\alpha=0.95$ 的置信系数，我们得出 $\alpha=0.05$ 和 $\alpha/2=0.025$．由于样本量较小（$n=5$），我们需要假设防垢剂溶液中的二氧化硅含量近似服从正态分布（即五个硅含量的样本是从正态总体中选取的）．

One-Sample T: PPM

Descriptive Statistics

N	Mean	StDev	SE Mean	95% CI for μ
5	239.2	29.3	13.1	(202.8, 275.6)

μ: mean of PPM

图 1.21 例 1.12 的 MINITAB 描述性统计和置信区间输出结果

将 $\bar{y}$，s, n 的值代入小样本的公式中，μ 的置信区间为

$$\bar{y}\pm t_{\alpha/2}(s_{\bar{y}})=\bar{y}\pm t_{0.025}\left(\frac{s}{\sqrt{n}}\right)$$

$$=239.2\pm t_{0.025}\left(\frac{29.3}{\sqrt{5}}\right)$$

式中，$t_{0.025}$ 是基于 $(n-1)=4$ 个自由度的 t 分布中 0.025 的上尾面积所对应的值．根据附录 D 中的表 2，查表得 t 值为 $t_{0.025}=2.776$（表 1.10 中阴影部分），代入公式

$$239.2\pm t_{0.025}\left(\frac{29.3}{\sqrt{5}}\right)=239.2\pm(2.776)\left(\frac{29.3}{\sqrt{5}}\right)$$

$$=239.2\pm 36.4$$

即 202.8 ppm 到 275.6 ppm.

因此，如果二氧化硅含量的分布近似服从正态分布，那么认为 95% 的可能性置信区间 (202.8, 275.6) 包含 μ，μ 是在防垢剂溶液中二氧化硅的真实平均含量．记住，95% 的置信水平意味着如果多次重复实验，那么所构建的置信区间有 95% 的可能性包含 μ．

用统计软件也可以计算 95% 的置信区间．这个区间用 MINITAB 输出结果的阴影部分表示，如图 1.21 所示．你可以看到计算机生成的区间与我们计算的区间是相同的．■

例 1.13 假设你想要减小在例 1.12 中计算的置信区间范围．具体地说，你要估计一等分盐水的二氧化硅平均含量，误差精确到 10 ppm 以内，置信系数约等于 0.95. 你的样品中所需的盐水量为多少？

解 我们解释这个语句，“误差精确到 10 ppm 以内……约等于 0.95” 意味着我们希望 μ 的 95% 的置信区间宽度的一半等于 10 ppm. 也就是说，我们想让

$$t_{0.025}\left(\frac{s}{\sqrt{n}}\right)=10$$

要解这个关于 n 的方程，我们需要 $t_{0.025}$ 和 s 的近似值．因为我们从例 1.12 中知道 $n=5$ 的

置信区间比期望的范围要大，所以很明显样本量必须大于 5. 因此 $t_{0.025}$ 将非常接近 2，这个值可以很好地近似 $t_{0.025}$. 通过例 1.12 中计算的标准差可以很好地度量数据的变化. 我们把 $t_{0.025} \approx 2$，$s \approx 29.3$ 代入方程，解出 n:

$$t_{0.025}\left(\frac{s}{\sqrt{n}}\right) = 10$$

$$2\left(\frac{29.3}{\sqrt{n}}\right) = 10$$

$$\sqrt{n} = 5.86$$

$$n = 34.3 \text{ 或近似} n = 34$$

请注意这个样本量是一个近似解，因为我们近似了可能从预期数据中计算出来的 $t_{0.025}$ 的值以及 s 值. $n = 34$ 将相当接近估计二氧化硅平均含量精确到 10 ppm 以内所需的样本量. ■

重要提示：理论上，本节提出的小样本 t 估计方法要求样本数据来自正态分布的总体. 然而，统计学家发现，即使数据是非正态的，只要总体不是高度偏态的，样本的 t 方法也是**稳健的**，能产生有效的结果.

练习 1.8

1.41 模拟抽样分布. 下表包含 50 个随机样本，每个样本由随机数字 $y = 0, 1, 2, 3, \cdots, 9$ 组成，其中与 y 值对应的概率由公式 $p(y) = \dfrac{1}{10}$ 给出. 每个样本包含 $n = 6$ 个观测值.

（a）使用 300 个随机数字构造数据的频率分布. 这个频率分布应该近似于 $p(y)$.

（b）计算 300 个数字的均值. 这个结果将是总体均值 μ 的准确估计值，应当非常接近 $E(y)$，即 4.5.

（c）计算 300 个数字的样本方差 s^2. 这个结果应该接近 y 的总体方差 $\sigma^2 = 8.25$.

（d）分别计算 50 个样本的样本均值 $\bar{y}$. 构造样本均值的频率分布，观察它们与均值 $\mu = 4.5$ 有多接近. 计算 50 个样本均值的均值和标准差.

◎ EX1_41

样本	样本	样本	样本
8, 1, 8, 0, 6, 6	7, 6, 7, 0, 4, 3	4, 4, 5, 2, 6, 6	0, 8, 4, 7, 6, 9
7, 2, 1, 7, 2, 9	1, 0, 5, 9, 9, 6	2, 9, 3, 7, 1, 3	5, 6, 9, 4, 4, 2
7, 4, 5, 7, 7, 1	2, 4, 4, 7, 5, 6	5, 1, 9, 6, 9, 2	4, 2, 3, 7, 6, 3
8, 3, 6, 1, 8, 1	4, 6, 6, 5, 5, 6	8, 5, 1, 2, 3, 4	1, 2, 0, 6, 3, 3
0, 9, 29, 6, 2, 9	1, 5, 0, 6, 6, 5	2, 4, 5, 3, 4, 8	1, 1, 9, 0, 3, 2
0, 6, 8, 8, 3, 5	3, 3, 0, 4, 9, 6	1, 5, 6, 7, 8, 2	7, 8, 9, 2, 7, 0
7, 9, 5, 7, 7, 9	9, 3, 0, 7, 4, 1	3, 3, 8, 6, 0, 1	1, 1, 5, 0, 5, 1
7, 7, 6, 4, 4, 7	5, 3, 6, 4, 2, 0	3, 1, 4, 4, 9, 0	7, 7, 8, 7, 7, 6
1, 6, 5, 6, 4, 2	7, 1, 5, 0, 5, 8	9, 7, 7, 9, 8, 1	4, 9, 3, 7, 3, 9
9, 8, 6, 8, 6, 0	4, 4, 6, 2, 6, 2	6, 9, 2, 9, 8, 7	5, 5, 1, 1, 4, 0
3, 1, 6, 0, 0, 9	3, 1, 8, 2, 1, 1	6, 6, 8, 9, 6, 0	4, 2, 5, 7, 7, 9
0, 6, 8, 5, 2, 8	8, 9, 0, 6, 1, 7	3, 3, 4, 6, 7, 0	8, 3, 0, 6, 9, 7
8, 2, 4, 9, 4, 6	1, 3, 7, 3, 4, 3		

1.42 **n 对标准差的影响**. 参考练习 1.41. 要查看样本量对统计量抽样分布标准差的影响，将样本配对 (表中的样本向下移动，每两行配对)，得到 25 个样本，每个样本量为 $n=12$. 计算每个样本的均值.

(a) 为 25 个样本均值建立一个频率分布. 将此与练习 1.41 中样本量为 $n=6$ 的分布进行比较.

(b) 计算 25 个样本均值的均值和标准差. 将这个抽样分布的标准差与练习 1.41 中抽样分布的标准差进行比较. 这两个标准差之间存在什么关系？

1.43 **使用附录 D 中的表 2.** 假定 t_0 是 t 的一个特定值. 使用附录 D 中的表 2 找到 t_0 的值，使下列命题为真：

(a) $P(t \geq t_0) = 0.025$，其中 df $= 10$ (b) $P(t \geq t_0) = 0.01$，其中 df $= 5$

(c) $P(t \leq t_0) = 0.005$，其中 df $= 20$ (d) $P(t \leq t_0) = 0.05$，其中 df $= 12$

1.44 **警察的心率变异性**. 警察会受高于正常水平心率的影响吗？警察心率变异性 (HRV) 是发表在 *American Journal of Human Biology* (January 2014) 上的研究课题. HRV 被定义为心跳之间时间间隔的变化. 在由纽约州 Buffalo 355 名警察构成的样本中，对每一名警察的 HRV 进行了测量. (HRV 值越低，警察越容易患上心血管疾病.) 对于 73 名高血压警察，HRV 均值的 95% 置信区间为 (4.1, 124.5). 对于 282 名非高血压警察，HRV 均值的 95% 置信区间为 (148.0, 192.6).

(a) 用来计算置信区间的置信系数是多少？

(b) 对这两个 95% 置信区间做出实际解释. 在你的解释中使用 "95% 的信心" 这个词.

(c) 当你说你有 "95% 的信心" 时，你的意思是什么呢？

(d) 若要减小每个置信区间的宽度，应使用较小的置信系数还是较大的置信系数？请加以解释.

1.45 **NASCAR 车辆关键部件故障**. *The Sport Journal* (Winter 2007) 发表了一篇分析 NASCAR 比赛中关键部件故障的文章. 研究人员发现，直到第一个关键部件故障的时间 y (以小时为单位) 具有 $\mu = 0.10$，$\sigma = 0.10$ 的高度偏态分布. 现在，取一个随机样本 $n = 50$ 的 NASCAR 比赛，$\bar{y}$ 表示直到第一个关键部件故障为止的样本平均时间.

(a) 计算 $E(\bar{y})$ 和 $\mathrm{Var}(\bar{y})$.

(b) 虽然 y 呈高度偏态分布，但 $\bar{y}$ 的抽样分布近似服从正态分布，请解释原因.

(c) 计算样本直到第一个关键部件故障的平均时间超过 0.13 小时的概率.

💿 **PERAGGR**

1.46 **性格和攻击性行为**. 性格如何影响攻击性行为？一个大学心理学家团队研究了性格与攻击性行为之间的关系 (*Psychological Bulletin*, Vol. 132, 2006). 研究人员以在性格测试中得分高的个体与得分低的个体之间的攻击性行为水平的差异为研究变量. 这个变量标准化后的范围为 $-7 \sim 7$，称为 "效应大小". (正向效应大表明，在性格测试中得分高的人比得分低的人更具攻击性.) 研究人员收集了发表在心理学杂志上的 109 个研究样本的效应大小. 这些数据保存在 PERAGGR 文件中. 效应大小的点图和汇总统计信息显示在 MINITAB 输出结果中. 研究人员所研究的变量是所有性格和攻击性行为的心理学研究的真实平均效应大小 μ.

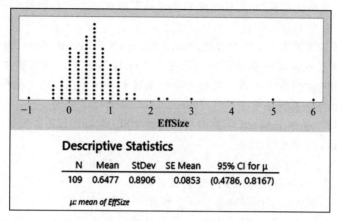

Descriptive Statistics

N	Mean	StDev	SE Mean	95% CI for μ
109	0.6477	0.8906	0.0853	(0.4786, 0.8167)

μ: mean of EffSize

练习 1.46 的 MINITAB 输出结果

（a）确定研究人员的研究参数.

（b）观察点图. 效应大小是否服从正态分布？解释你的答案与之后的分析无关.

（c）定位并解释输出结果 μ 的 95% 置信区间.

（d）如果真实平均效应大小超过 0, 那么研究人员将得出结论, 在总体的性格测试中得分高的人比得分低的人更具攻击性. 研究人员能得出这个结论吗？请加以解释.

PAI

1.47 **音乐表演的焦虑症**. *British Journal of Music Education* (March 2014) 对音乐专业学生表演焦虑的症状进行了调查. 音乐表演焦虑的症状包括心率加快、呼吸急促、焦虑和逃避练习. 为衡量音乐表演焦虑的程度, 研究人员设计了一套 20～80 分的表演焦虑量表（PAI）. 下表给出了 8 个不同参与者的平均 PAI 值.

54	42	51	39	41	43	55	40

资料来源：Patston, T. "Teaching stage fright? Implications for music educators," *British Journal of Music Education*, Vol. 31, No. 1, March 2014 (adapted from Figure 1).

（a）计算 8 个研究样本的平均 PAI 值 $\bar{y}$.

（b）计算 8 个研究样本的 PAI 值的标准差 s.

（c）使用（a）小题和（b）小题的结果计算 μ 的 95% 置信区间, 即所有类似音乐表演焦虑人群的真实平均 PAI 值.

（d）为使（c）小题计算的区间有效, 所有音乐表演焦虑症研究的 PAI 值应如何分布？

（e）对 8 个音乐表演焦虑研究重复抽样, 并对每个样本均值 μ 计算 95% 的置信区间, 那么这些区间中真正包含 μ 的比例是多少？

1.48 **日常交易中的临界点**. 在线"每日交易"网站向顾客提供商品折扣. 然而, 在交易生效之前, 优惠券的购买量必须超过预定的数量. 这个关键数值被称为营销的"临界点". *Journal of Interactive Marketing*（February 2016）调查了这一临界点的特征. 从韩国每日交易网站购买的 2 617 张优惠券样本的平均临界点为 112 张，标准差为 560 张. 研究人员希望以 95% 的置信度来估计韩国所有日常交易的真实平均临界点. 计算并解释这个估计区间.

1.49 **会计与马基雅维里主义.** 参考 *Behavioral Research in Accounting*（January 2008）对会计人员中马基雅维里特征的研究，见练习 1.6. 回想一下，马基雅维里主义描述的负面性格特征包括伪造、狡猾、口是心非、欺骗和不守信用. 对美国西南某大学的会计专业毕业生的马基雅维里主义（"Mach"）得分进行了测定. 分数从低到高的范围为 40 ~ 160 分，理论上 Mach 得分的中位数为 100. 样本中 122 名采购经理的平均 Mach 得分为 99.6，标准差为 12.6.

（a）从样本中，估计出所有采购经理的真实平均 Mach 得分.

（b）根据（a）小题构建估计的 95% 置信区间.

（c）对（b）小题计算出的区间给出一个解释.

（d）一家大公司的采购主管声称所有采购经理的真实平均 Mach 得分为 85. 是否有证据对这种说法提出异议？

1.50 **不道德的公司行为.** 初级会计师如何共谋实施上级提出的不道德要求？这是发表在 *Behavioral Research in Accounting*（July 2015）杂志上的一项相关研究. 86 名会计研究生参与了这项研究. 在要求受试者完成一项明显不道德的任务后（例如贿赂客户），研究人员测量每位受试者遵守不道德要求的意愿值. 得分范围从 −1.5（拒绝不道德要求）到 2.5（遵守不道德要求）. 86 个数据的汇总统计如下：$\bar{y} = 2.42$，$s = 2.84$.

（a）建立 90% 置信区间来估计所有初级会计师的平均意愿得分 μ.

（b）对（a）小题的区间做出合理解释.

（c）参考（a）小题. 在所有类似构造的置信区间中（重复抽样），包含真实 μ 的比例为多少？

1.51 **游泳池水的蒸发.** 在 *Heating/Piping/Air Conditioning Engineering*（April 2013）杂志上，提出并分析了一种估算已使用的游泳池中水蒸发情况的新公式. 新公式的关键组成部分是游泳池占用人数、游泳池水面面积、室内空气温度与游泳池水面空气温度之差. 收集来自各种已知蒸发水平的游泳池的数据. 将新公式应用于样本中的每个游泳池，得到一个估计的蒸发水平值. 然后记录实际蒸发水平与估计蒸发水平之间的绝对偏差值，以百分比表示. 研究人员报告了以下绝对偏差百分比的汇总统计数据：$\bar{y} = 18$，$s = 20$. 假设样本包含 $n = 15$ 个游泳池.

（a）用 90% 置信区间估计新公式的真实平均绝对偏差百分比.

（b）美国供热、制冷和空调工程师协会（ASHRAE）手册也提供了估算游泳池蒸发情况的公式. 假设 ASHRAE 平均绝对偏差百分比 $\mu = 34\%$（文章报道了这个数值）. 总体来看，新公式是否优于 ASHRAE 公式？请加以解释.

1.52 **不相关言语效应.** 参考 *Acoustical Science & Technology*（Vol. 35, 2014）关于不相关言语效应的研究，见练习 1.20 和练习 1.28. 回想一下，受试者在两种情况下完成记忆任务：（1）背景言语不相关；（2）背景保持安静. 计算两种情况下的错误率之差，即错误率的相对差（RDER）. 下面 SAS 的输出结果显示了 RDER 值的描述性统计信息.

假设你想要估计所有完成记忆任务的受试者平均错误率之差.

(a) 用文字和符号表示目标参数.

(b) 在练习 1.28 的（b）小题中，计算了区间 $\bar{y} \pm 2s$. 解释这个公式不应该用作目标参数区间估计的原因.

The MEANS Procedure				
Analysis Variable : RDER				
N	**Mean**	**Std Dev**	**Minimum**	**Maximum**
71	78.1885070	63.2429128	-19.2710000	254.1090000

(c) 对目标参数计算 98% 置信区间，并解释结果.

(d) 解释一下"98% 的信心"这句话在（c）小题的解中意味着什么.

(e) 参考练习 1.20 中绘制的样本 RDER 值的直方图，注意分布不是对称的. 因此，RDER 值的总体很可能不服从正态分布. 这是否影响了（c）小题区间估计的有效性？解释一下.

1.9 关于总体均值的假设检验

检验关于总体参数的假设所涉及的过程可以用关于总体均值 μ 的检验过程来说明. 假设检验由几个要素组成，如下框所示.

假设检验的要素

1. **原假设**（记作 H_0）：假设为真.

2. **备择假设**（记作 H_a）：该假设与原假设相反，通常是研究者希望支持的假设.

3. **检验统计量**：根据样本观测值计算得到，该统计数据起决定作用.

4. **显著性水平**（表示为 α）：这是犯第 I 类错误的概率（即 H_0 为真时，拒绝 H_0 的概率）.

5. **拒绝域**：导致研究者拒绝 H_0 而接受 H_a 的检验统计量的取值范围.

6. **p 值**：也被称为观测到的显著性水平，这是假设原假设为真时，观测到检验统计量的一个值至少与原假设矛盾的概率.

7. **结论**：根据检验统计量 α、拒绝域或 p 值决定"拒绝"或"不拒绝"H_0.

检验总体均值 μ 等于特定值（如 μ_0）的原假设的检验统计量是样本均值 $\bar{y}$ 或标准化的正态变量

$$z = \frac{\bar{y} - \mu_0}{\sigma_{\bar{y}}}, \text{其中} \sigma_{\bar{y}} = \frac{\sigma}{\sqrt{n}}$$

判断样本数据是否与该假设不一致的逻辑可以从图 1.22 所示的 $\bar{y}$ 的抽样分布中看出. 如果总体均值 μ 等于 μ_0（即如果原假设为真），那么从样本中计算出来的均值 $\bar{y}$ 应该大概率落在 μ_0 的 $2\sigma_{\bar{y}}$ 范围内. 如果 $\bar{y}$ 落在离 μ_0 太远的位置，或者标准化的距离

$$z = \frac{\bar{y} - \mu_0}{\sigma_{\bar{y}}}$$

太大，我们的结论是，数据与我们的假设不一致，我们拒绝原假设.

统计检验的可靠性是由做出错误决策的概率来衡量的，此概率或显著性水平如上框中所示，即为 $\alpha = P$（犯第 I 类错误）$= P$（H_0 为真时，拒绝 H_0）. 在进行检验之前，研究者选择一个 α 的值（例如 $\alpha = 0.05$）. 然后使用此值计算适当的拒绝域.

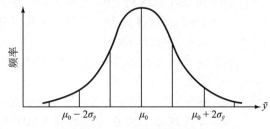

图 1.22 $\mu = \mu_0$ 时 $\bar{y}$ 的抽样分布

例如，如果我们想要检验原假设 H_0：$\mu = \mu_0$ 对备择假设 H_a：$\mu > \mu_0$，我们将拒绝域的边界定位在 z 分布的上尾，如图 1.23a 所示的 z_α. 注意，α 是图 1.23a 中的尾部概率. 如果 $z > z_\alpha$，我们将拒绝 H_0. 同样，检验 H_0：$\mu = \mu_0$ 对备择假设 H_a：$\mu < \mu_0$，我们把拒绝域放在 z 分布的下尾，如图 1.23b 所示. 这些检验称为**单尾（或单侧）统计检验**. 检验 $\mu < \mu_0$ 或 $\mu > \mu_0$，即检验 H_a：$\mu \neq \mu_0$，我们在 z 分布的两个尾部均分 α，如果 $z < -z_{\alpha/2}$ 或 $z > z_{\alpha/2}$，则拒绝原假设，如图 1.23c 所示. 这个检验称为**双尾（或双侧）统计检验**.

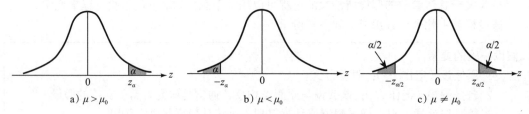

a) $\mu > \mu_0$ b) $\mu < \mu_0$ c) $\mu \neq \mu_0$

图 1.23   不同备择假设的拒绝域位置

作为拒绝域方法的一种替代方法，许多研究者利用 p 值来进行检验. 如上所述，p 值是假设 H_0 为真，则观察到的检验统计量的一个值至少与 H_0 相矛盾的概率. 例如，如果检验 H_a：$\mu > \mu_0$ 的检验统计量是 $z = 2.12$，那么 p 值是

$$p值 = P(z > 2.12) = 0.017\,0 \text{（见附录 D 中的表 1）}$$

研究者通过比较检验的 p 值和选择的 α 值来决定 H_0 和 H_a. 如果 $\alpha > p$ 值，我们拒绝 H_0 而接受 H_a. 图 1.24 显示了检验 H_a：$\mu > \mu_0$ 时的 p 值和 $\alpha = 0.05$ 处的拒绝域. 注意，由于 $\alpha = 0.05$ 超过 p 值 $= 0.017\,0$，我们拒绝 H_0. 此外，检验统计量 $z = 2.12$ 也在拒绝域内. 因此，这两个方法的决策规则是等价的. 由于可以用统计软件自动计算 p 值，所以许多研究人员更喜欢采用 p 值来检验假设.

在下框中总结的 z 检验称为大样本检验，因为我们很少知道 σ，因此需要足够大的样

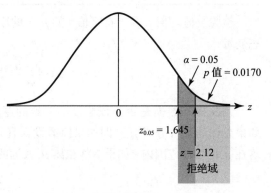

图 1.24   使用 p 值检验 H_a：$\mu > \mu_0$

本量，以便样本标准差 s 能够近似等于 σ 值．通常，我们建议样本量 $n \geqslant 30$．

关于 μ 的大样本（$n > 30$）假设检验

检验统计量： $z = (\bar{y} - \mu_0) / \sigma_{\bar{y}} \approx (\bar{y} - \mu_0) / (s / \sqrt{n})$

<table>
<tr><td></td><td colspan="2" align="center">单尾检验</td><td align="center">双尾检验</td></tr>
<tr><td></td><td align="center">$H_0: \ \mu = \mu_0$</td><td align="center">$H_0: \ \mu = \mu_0$</td><td align="center">$H_0: \ \mu = \mu_0$</td></tr>
<tr><td></td><td align="center">$H_a: \ \mu < \mu_0$</td><td align="center">$H_a: \ \mu > \mu_0$</td><td align="center">$H_a: \ \mu \neq \mu_0$</td></tr>
<tr><td>拒绝域：</td><td align="center">$z < -z_\alpha$</td><td align="center">$z > z_\alpha$</td><td align="center">$|z| > z_{\alpha/2}$</td></tr>
<tr><td>p 值：</td><td align="center">$P(z < z_c)$</td><td align="center">$P(z > z_c)$</td><td align="center">$2P(z > z_c)$，如果 z_c 为正
$2P(z < z_c)$，如果 z_c 为负</td></tr>
</table>

决策：如果 $\alpha > p$ 值，或检验统计量落在拒绝域内，则拒绝 H_0．

其中 $P(z > z_\alpha) = \alpha$，$P(z > z_{\alpha/2}) = \alpha/2$，$z_c =$ 检验统计量的计算值，$\alpha = P$（犯第 I 类错误）$= P$（拒绝 $H_0 \mid H_0$ 为真）．

我们通过一个例子来说明．

例 1.14 同一种动物的肱骨，其长宽比大致相同．当肱骨化石被发现时，考古学家通常可以通过检查肱骨的长宽比来确定动物的种类．已知 A 物种的平均比值为 8.5．假设 41 块肱骨化石是在非洲东部的一个考古遗址挖掘出来的，该地方被认为是 A 物种活跃的地方．（假设出土的肱骨都来自同一未知物种．）考古学家测量了肱骨的长宽比，并将数据记录在表 1.11 中．是否有足够的证据表明该物种所有肱骨的平均比值不同于 8.5？取 $\alpha = 0.05$．

解 我们希望知道是否 $\mu \neq 8.5$，检验的要素如下：

$H_0: \ \mu = 8.5$

$H_a: \ \mu \neq 8.5$

检验统计量： $z = \dfrac{\bar{y} - 8.5}{\sigma_{\bar{y}}} = \dfrac{\bar{y} - 8.5}{\sigma / \sqrt{n}} \approx \dfrac{\bar{y} - 8.5}{s / \sqrt{n}}$

拒绝域：$|z| > 1.96$，$\alpha = 0.05$

使用 SPSS 分析表 1.11 中的数据．SPSS 输出结果如图 1.25 所示．

将样本统计量 $\bar{y} = 9.26$，$s = 1.20$（见 SPSS 输出结果的顶部）代入计算检验统计量，我们得到

$$z \approx \frac{\bar{y} - 8.5}{s / \sqrt{n}} = \frac{9.26 - 8.5}{1.20 / \sqrt{41}} = 4.03$$

对于这个双尾检验，我们也发现

$$p \text{值} = 2P(z > 4.03) \approx 0$$

检验统计量和 p 值都显示在 SPSS 输出结果的底部（高亮显示）．由于检验统计量的值超过临界值 1.96（或者 $\alpha = 0.05$ 大于 p 值），所以当 $\alpha = 0.05$ 时我们可以拒绝 H_0．样本数据提供了

BONES

表 1.11 肱骨样本长宽比

10.73	9.57	6.66	9.89
8.89	9.29	9.35	8.17
9.07	9.94	8.86	8.93
9.20	8.07	9.93	8.80
10.33	8.37	8.91	10.02
9.98	6.85	11.77	8.38
9.84	8.52	10.48	11.67
9.59	8.87	10.39	8.30
8.48	6.23	9.39	9.17
8.71	9.41	9.17	12.00
			9.38

足够的数据来说明该物种所有肱骨的真实平均长宽比不等于 8.5.

One-Sample Statistics

	N	Mean	Std. Deviation	Std. Error Mean
LWRATIO	41	9.2576	1.20357	.18797

One-Sample Test

Test Value = 8.5

	t	df	Sig. (2-tailed)	Mean Difference	95% Confidence Interval of the Difference Lower	95% Confidence Interval of the Difference Upper
LWRATIO	4.030	40	.000	.75756	.3777	1.1375

图 1.25　例 1.14 的 SPSS 输出结果

例 1.14 中得到的结果的实际含义还有待观察. 也许在考古遗址发现的动物不是 A 物种, 而是其他物种. 另外, 出土肱骨的长宽比可能比正常的长宽比要大, 这是由于它们是具有不同饮食习惯的 A 物种标本的肱骨. **统计上有意义的结果并不总是意味着实际有意义的结果.** 研究者必须保持其客观性, 并在其他标准中通过对研究对象和被调查现象的了解来判断其现实意义. ■

注意: 之前, 我们讨论了使用 $\alpha = P$ (犯第 I 类错误) 衡量可靠性的统计检验. 如果我们接受原假设, 而实际上备择假设才是真的, 则会产生**第 II 类错误**. 一般来说, 除非你知道发生第 II 类错误的概率, 否则不应该 "接受" 原假设. 因为这个概率 (用符号 β 表示) 往往是未知的, 如果检验统计数据落在非拒绝域, 我们只能说 "不能拒绝 H_0", 而不是 "接受 H_0".

利用 t 统计量对原假设 $\mu = \mu_0$ 进行的小样本检验基于这样一个假设: 样本是从具有正态分布的总体中随机抽取的, 检验方法与大样本的 z 检验完全相同, 只是我们使用

$$t = \frac{\bar{y} - \mu_0}{s_{\bar{y}}} = \frac{\bar{y} - \mu_0}{s / \sqrt{n}}$$

作为检验统计量, 确定了 $df = n - 1$ 时的 t 分布尾部的拒绝域. 我们在下框中总结了小样本总体均值的假设检验方法.

关于 μ 的小样本假设检验

检验统计量: $t = (\bar{y} - \mu_0) / \left(\dfrac{s}{\sqrt{n}} \right)$

	单尾检验		双尾检验
	$H_0: \ \mu = \mu_0$	$H_0: \ \mu = \mu_0$	$H_0: \ \mu = \mu_0$
	$H_a: \ \mu < \mu_0$	$H_a: \ \mu > \mu_0$	$H_a: \ \mu \neq \mu_0$
拒绝域:	$t < -t_\alpha$	$t > t_\alpha$	$\lvert t \rvert > t_{\alpha/2}$
p 值:	$P(t < t_c)$	$P(t > t_c)$	$2P(t > t_c)$, 如果 t_c 为正
			$2P(t < t_c)$, 如果 t_c 为负

决策：如果 $\alpha > p$ 值，或者检验统计量落在拒绝域，则拒绝 H_0. 其中，$P(t > t_\alpha) = \alpha$，$P(t > t_{\alpha/2}) = 2/\alpha$，$t_c =$ 检验统计量的计算值，$\alpha = P(犯第 \text{I} 类错误) = P(拒绝 H_0 | H_0 为真)$.

假设：随机抽取样本的总体近似服从正态分布.

例 1.15 科学家已经将苯（一种用于合成塑料的化学溶剂）作为一种致癌物质. 研究表明，在苯环境中工作超过 5 年的人患白血病的概率是普通人的 20 倍. 因此，联邦政府将工作场所中苯的最高允许含量从百万分之十（10 ppm）降低到百万分之一（1 ppm）. 假设一家炼钢厂的工人每天都暴露在苯污染的环境中，该工厂正在接受职业安全与健康管理局（OSHA）的调查. 在 1 个月的时间内收集了 20 个空气样本，并对苯含量进行了检测，结果如表 1.12 所示.

这家炼钢厂是否违反了修改后的政府标准？取 $\alpha = 0.05$ 以检验炼钢厂苯平均含量大于 1 ppm 的假设.

BENZENE

解 OSHA 希望建立一个研究假设，检验炼钢厂苯的平均含量 μ 是否超过 1 ppm. 这个小样本单尾检验的要素是

表 1.12 20 个空气样本的苯含量

0.5	0.9	4.5	3.4	1.0
2.7	1.1	1.9	0.0	0.0
4.2	2.1	0.0	2.0	3.4
3.4	2.5	0.9	5.1	2.4

H_0： $\mu = 1$

H_a： $\mu > 1$

检验统计量：$t = \dfrac{\bar{y} - \mu_0}{s/\sqrt{n}}$

假设：炼钢厂所有空气样本中苯含量的频率分布近似服从正态分布.

拒绝域：对于 $\alpha = 0.05$，df $= n - 1 = 19$，如果 $t > t_{0.05} = 1.729$（参见图 1.26），则拒绝 H_0.

SAS 输出结果（见图 1.27）给出了样本数据的汇总统计信息. 将 $\bar{y} = 2.1$，$s = 1.55$ 代入检验统计公式，得到

$$t = \frac{\bar{y} - 1}{s/\sqrt{n}} = \frac{2.1 - 1}{1.55/\sqrt{20}} = 3.17$$

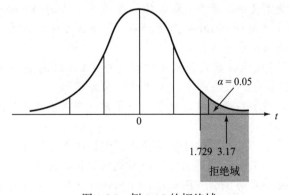

Null: Mean =1, Alternative: Mean >1

The TTEST Procedure

Variable: Benzene

N	Mean	Std Dev	Std Err	Minimum	Maximum
20	2.1000	1.5522	0.3471	0	5.1000

Mean	95% CL Mean		Std Dev	95% CL Std Dev	
2.1000	1.4998	Infty	1.5522	1.1805	2.2672

DF	t Value	Pr > t
19	3.17	0.0025

图 1.26 例 1.15 的拒绝域　　　　　图 1.27 检测苯平均含量的 SAS 输出结果

该检验统计量以及检验的 p 值在 SAS 输出结果的底部高亮显示. 由于计算出的 t 值落

在拒绝域（或者由于 $\alpha = 0.05$ 大于 p 值 $= 0.002\,5$），OSHA 得出结论，$\mu > 1$ ppm，即工厂违反了修订后的政府标准。与此推断相关的可靠性为 $\alpha = 0.05$。这意味着，如果将检验过程反复应用于工厂收集的随机样本数据中，OSHA 只会有 5% 的可能性在检测中错误地拒绝 H_0。因此，OSHA 有足够的证据（95% 的信心）认为这家工厂违反了新标准。 ∎

练习 1.9

1.53 **关键术语**. 定义以下各项：

(a) H_0 (b) H_a (c) 第 I 类错误   (d) 第 II 类错误

(e) α (f) β (g) p 值

1.54 **关键问题**. 在假设检验中，

(a) 决定拒绝域大小的因素是什么？

(b) 拒绝 H_0 是否可以证明研究假设是正确的？

1.55 **拒绝域**. 对于以下每个拒绝域，绘制 z 的抽样分布图，标出拒绝域的位置，并给出 α 的值：

(a) $z > 1.96$ (b) $z > 1.645$ (c) $z > 2.576$

(d) $z < -1.29$ (e) $|z| > 1.645$ (f) $|z| > 2.576$

1.56 **美国高尔夫项目**. 美国职业高尔夫球协会（PGA）和 *Golf Digest* 共同开发了"美国高尔夫"（Play Golf America）项目。在参与该项目的高尔夫俱乐部中，专业人士可以免费为新客户提供 10 分钟的课程。根据 *Golf Digest*（July 2008），参与该项目的高尔夫俱乐部设施平均可获得 2 400 美元的环保费用、课程费用或设备支出费。高尔夫俱乐部的一位专业人士认为，参与该项目的高尔夫设施的环保费用、课程费用或设备支出费用的平均收益超过 2 400 美元。

(a) 为了支持专业人士所提出的主张，应检验哪些原假设和备择假设？

(b) 假设 $\alpha = 0.05$，用题目中的语言来解释这个结果。

(c) 对于 $\alpha = 0.05$，给出大样本检验的拒绝域。

1.57 **伦敦银行同业拆借利率**. 伦敦银行间拆借的利率称为伦敦银行同业拆借利率（Libor）。英国银行家协会定期对国际银行进行 Libor 调查。最近的一份报告（*Bankrate.com*, Jan. 10, 2018）显示，贷款期限为 1 年的平均 Libor 为 1.55%，很多西方银行认为这一利率很高。建立原假设和备择假设来检验报告中的值。

1.58 **散步有利于健康**. 在一项调查步行与健康改善之间关系的研究中（*Social Science & Medicine,* April 2014），研究人员报告称，过去一个月里为了健康或娱乐，成年人平均步行天数为 5.5 天。假设你想确定过去一个月里，成年人为了健康或娱乐而步行的真实平均天数是否低于 5.5 天。

(a) 确定研究的参数。   (b) 为这个检验指定原假设和备择假设。

(c) 用题目中的语言说明第 I 类错误。   (d) 用题目中的语言说明第 II 类错误。

1.59 **音乐表演的焦虑症**. 参见 *British Journal of Music Education*（March 2014）关于音乐专业学生表演焦虑的研究，见练习 1.47. 回想一下，表演焦虑量表（PAI）是用来衡量音乐表演焦虑程度的，分值区间从 20 分到 80 分。下表给出了 8 位研究参与者的 PAI

值.数据分析的 MINITAB 输出结果如下所示.

💿 **PAI**

54	42	51	39	41	43	55	40

资料来源：Patston, T. "Teaching stage fright? Implications for music educators," *British Journal of Music Education*, Vol. 31, No. 1, March 2014 (adapted from Figure 1).

(a) 建立原假设和备择假设，用来确定所有类似音乐表演焦虑研究的平均 PAI 值 μ 是否超过 40.

(b) 取 $\alpha = 0.05$，计算（a）小题的检验拒绝域.

(c) 计算检验统计量的值.

(d) 陈述适当的检验结论.

(e) 检验结果有效的前提条件是什么？

(f) 找到 MINITAB 输出检验结果的 p 值，并给出结论.（你的结论应该与（d）小题的结论一致.）

(g) 如果 $\alpha = 0.01$，你的结论会如何改变？

One-Sample T: PAI

Descriptive Statistics

N	Mean	StDev	SE Mean	95% Lower Bound for μ
8	45.63	6.59	2.33	41.21

μ: mean of PAI

Test

Null hypothesis $H_0: \mu = 40$
Alternative hypothesis $H_1: \mu > 40$

T-Value	P-Value
2.41	0.023

1.60 大笑时的心率. 笑通常被称为"最好的药物"，因为研究表明，笑可以减少肌肉紧张，增加血液的含氧量. 在 *International Journal of Obesity* (January 2007) 上，范德比尔特大学的研究人员调查了笑声所引起的生理变化. 90 名受试者（18 ～ 34 岁）观看能引起笑声的电影剪辑. 在笑的过程中，研究人员测量了每名受试者的心率（每分钟跳动次数），结果总结如下：$\bar{y} = 73.5$, $s = 6$. 众所周知，成人平均静息心率为 71 次 / 分. 在 $\alpha = 0.05$ 时，是否有足够的证据表明笑时的真实平均心率超过 71 次 / 分？

1.61 不相关言语效应. 参见 *Acoustical Science & Technology* (Vol. 35, 2014) 关于不相关言语效应的研究，见练习 1.52. 回想一下，受试者在两种情况下完成了一项记忆任务：（1）背景言语无关；（2）背景保持安静. 对每个受试者计算了两种情况下的错误率之差，称为错误率的相对差（RDER）. RDER 值的描述性统计信息在右边的 SAS 输出结果中. 试检验完成记忆任务的所有受试者的平均错误率之差是否超过 75%. 取 $\alpha = 0.01$，并解释结果.

The MEANS Procedure

Analysis Variable : RDER

N	Mean	Std Dev	Minimum	Maximum
71	78.1885070	63.2429128	-19.2710000	254.1090000

练习 1.61 的 SAS 输出结果

1.62 日常交易中的临界点. 参见 *Journal of Interactive Marketing* (February 2016) 关于韩国每日交易网站优惠券临界点的研究，见练习 1.48. 在确定了每日交易的临界点后，研究人员想要知道交易开始前 30 分钟和交易开始后 30 分钟售出的优惠券的平均数量. 有关这两个时间段内售出的优惠券的汇总统计见下表.

(a) 是否有证据表明，在临界点前 30 分钟售出的优惠券平均数量少于 5 张？（$\alpha = 0.10$）

(b) 是否有证据表明，在临界点后 30 分钟内售出的优惠券的平均数量大于 10 张？（$\alpha = 0.10$）

练习 1.62 的汇总表

时间	样本量（在线交易数量）	优惠券平均数量	标准差
前 30 分钟	2 211	4.73	27.58
后 30 分钟	2 617	14.26	110.71

资料来源：M. Song, et al., "Is the Daily Deal Social Shopping?: An Empirical Analysis of Customer Panel Data," *Journal of Interactive Marketing*, Vol.33, February 2016 (Table 4).

1.63 **葬礼全程服务的收入**. 据美国国家殡葬协会 (NFDA) 称，2017 年美国约有 1.9 万家殡仪馆提供葬礼全程服务，葬礼平均收费 8 755 美元. 随机选择 36 家殡仪馆本年度的葬礼收入作为样本，这些数据显示在下表中（单位为 1 000 美元）.

(a) 请建立合适的原假设和备择假设来检验美国殡仪馆的平均收费是否低于 8 755 美元？

(b) 当 $\alpha = 0.05$ 时，样本数据是否提供了足够的证据来证明今年的平均费用低于 2017 年的平均费用？

(c) 进行检验时，是否有必要假设平均全程服务费用的总体是服从正态分布的？请加以解释.

NFDA

练习 1.63 的数据

7.4	9.4	5.3	8.4	7.5	6.5	6.2	8.3	6.7
11.6	6.3	5.9	6.7	5.8	5.2	6.4	6.0	7.4
7.2	6.6	6.3	5.3	6.6	5.6	8.4	7.2	7.4
5.8	6.3	6.1	7.0	7.2	6.1	5.4	7.4	6.6

1.64 **燃气轮机冷却方法**. 在电力需求旺盛的时期，特别是在炎热的夏季，燃气轮机发动机的功率输出可能会大幅下降. 一种克服这种功率下降的方法是冷却进入燃气轮机的空气. 一种日益流行的冷却方法是使用高压进气雾化. 在 *Journal of Engineering for Gas Turbines and Power* (January 2005) 上，对 67 台燃气轮机的性能进行了研究，这些燃气轮机均采用高压进气雾化技术. 性能的一个度量是热耗率（千焦 / 千瓦时）. 下表列出了 GASTURBINE 文件中的 67 台燃气轮机的热耗率. 假设一台标准燃气轮机的平均热耗率为 10 000 千焦 / 千瓦时.

(a) 当 $\alpha = 0.05$，检验高压进气雾化时燃气轮机的平均热耗率是否超过 10 000 千焦 / 千瓦时.

(b) 指明此研究的第 I 类错误和第 II 类错误.

GASTURBINE

14 622	13 196	11 948	11 289	11 964	10 526	10 387	10 592	10 460	10 086
14 628	13 396	11 726	11 252	12 449	11 030	10 787	10 603	10 144	11 674
11 510	10 946	10 508	10 604	10 270	10 529	10 360	14 796	12 913	12 270
11 842	10 656	11 360	11 136	10 814	13 523	11 289	11 183	10 951	9 722
10 481	9 812	9 669	9 643	9 115	9 115	11 588	10 888	9 738	9 295
9 421	9 105	10 233	10 186	9 918	9 209	9 532	9 933	9 152	9 295
16 243	14 628	12 766	8 714	9 469	11 948	12 414			

1.65 **Free recall 记忆策略.** 研究记忆的心理学家经常使用"Free recall"方法（例如，在一个记忆列表中回忆正确的数量）. 用于记忆列表的策略（例如类别聚集）通常同样重要. 密歇根大学的研究人员在 *Advances in Cognitive Psychology*（October 2012）上发表了一种类别聚集算法. 8 名此项记忆研究的参与者完成了名为"重复率"的测量，下表列出了数据. 检验所有参与者的平均重复率不等于 0.50. 为检验选择适当的第 I 类错误率.

🔴 **RECALL**

0.25	0.43	0.57	0.38	0.38	0.60	0.47	0.30

资料来源：Senkova, O., & Otani, H. "Category clustering calculator for free recall," *Advances in Cognitive Psychology*, Vol. 8, No. 4, October 2012 (Table 3).

1.10 关于两个总体均值之差的推断

对两个总体均值进行比较和构建置信区间的统计检验方法与 1.8 节和 1.9 节中所讨论的相同. 首先，我们提出的假设基于从两个总体中选择独立随机样本. 两个总体的参数、样本量、样本均值和样本方差如表 1.13 所示. 抽样的目的是对两个总体均值之间的差 $(\mu_1 - \mu_2)$ 进行推断.

表 1.13 两个样本的示例符号

	总体	
	1	**2**
样本量	n_1	n_2
总体均值	μ_1	μ_2
总体方差	σ_1^2	σ_2^2
样本均值	$\bar{y}_1$	$\bar{y}_2$
样本方差	s_1^2	s_2^2

由于大样本的样本均值之差 $(\bar{y}_1 - \bar{y}_2)$ 的抽样分布近似服从正态分布，因此大样本技术用标准正态 z 统计量. 由于总体的方差 σ_1^2 和 σ_2^2 几乎未知，我们通常使用 s_1^2 和 s_2^2 来估计它们的值.

要使用这些大样本技术，我们建议两个样本量都要大（每个样本量至少为 30）. 下面的方框中总结了大样本的置信区间和相关检验.

$(\mu_1 - \mu_2)$ 的大样本置信区间：独立样本

$$(\bar{y}_1 - \bar{y}_2) \pm z_{\alpha/2} \sigma_{(\bar{y}_1 - \bar{y}_2)} = (\bar{y}_1 - \bar{y}_2) \pm z_{\alpha/2} \sqrt{\frac{\sigma_1^2}{n_1} + \frac{\sigma_2^2}{n_2}} \ominus$$

假设：这两个样本是从两个总体中随机且独立抽取的. 样本量 n_1 和 n_2 要足够大，使得 $\bar{y}_1$ 和 $\bar{y}_2$ 都近似服从正态抽样分布，s_1^2 和 s_2^2 也能很好地估计 σ_1^2 和 σ_2^2. 当 $n_1 \geq 30$ 且 $n_2 \geq 30$ 时，上述成立.

$(\mu_1 - \mu_2)$ 的大样本假设检验：独立样本

检验统计量：$z = \dfrac{(\bar{y}_1 - \bar{y}_2) - D_0}{\sigma_{(\bar{y}_1 - \bar{y}_2)}} = \dfrac{(\bar{y}_1 - \bar{y}_2) - D_0}{\sqrt{\dfrac{\sigma_1^2}{n_1} + \dfrac{\sigma_2^2}{n_2}}}$

⊖ 符号 $\sigma_{(\bar{y}_1 - \bar{y}_2)}$ 用来表示抽样分布 $(\bar{y}_1 - \bar{y}_2)$ 的标准误差.

	单尾检验		双尾检验
	H_0: $\mu_1 - \mu_2 = D_0$	H_0: $\mu_1 - \mu_2 = D_0$	H_0: $\mu_1 - \mu_2 = D_0$
	H_a: $\mu_1 - \mu_2 < D_0$	H_a: $\mu_1 - \mu_2 > D_0$	H_a: $\mu_1 - \mu_2 \neq D_0$
拒绝域:	$z < -z_\alpha$	$z > z_\alpha$	$\lvert z \rvert > z_{\alpha/2}$
p 值:	$P(z < z_c)$	$P(z > z_c)$	$2P(z > z_c)$，如果 z_c 为正
			$2P(z < z_c)$，如果 z_c 为负

决策：如果 $\alpha > p$ 值，或检验统计量落在拒绝域内，则拒绝 H_0．式中，$D_0 =$ 假设均值之差，$P(z > z_\alpha) = \alpha$，$P(z > z_{\alpha/2}) = \alpha/2$，$z_c =$ 检验统计量的计算值，$\alpha = P$（犯第 I 类错误）$= P$（拒绝 $H_0 \mid H_0$ 为真）．

假设：与先前的大样本置信区间相同．

例 1.16 一位营养师开发了一种低脂肪、低碳水化合物且低胆固醇的饮食．虽然这种饮食最初是打算用于心脏病患者的，但营养师希望研究这种饮食对肥胖者体重的影响．随机抽取两组各 100 名肥胖者，其中一组的 100 人进行低脂饮食，另外 100 人饮食中所含的食物量与前 100 人大致相同，但脂肪、碳水化合物和胆固醇含量较高．对每个实验者来说，3 周内减少的体重（或增加的体重）被记录下来，保存在 DIETSTUDY 文件中，见表 1.14．计算两种饮食减重总体均值之差的 95% 置信区间，并加以解释．

💿 **DIETSTUDY**

表 1.14 例 1.16 饮食研究数据

低脂饮食减少的体重									
8	10	10	12	9	3	11	7	9	2
21	8	9	2	2	20	14	11	15	6
13	8	10	12	1	7	10	13	14	4
8	12	8	10	11	19	0	9	10	4
11	7	14	12	11	12	4	12	9	2
4	3	3	5	9	9	4	3	5	12
3	12	7	3	11	11	13	12	18	9
6	14	14	18	10	11	7	9	7	2
16	16	11	11	3	15	9	5	2	6
5	11	14	11	6	9	4	17	20	10

正常饮食减少的体重									
6	6	5	5	2	6	10	3	9	11
14	4	10	13	3	8	8	13	9	3
4	12	6	11	12	9	8	5	8	7
6	2	6	8	5	7	16	18	6	8
13	1	9	8	12	10	6	1	0	13
11	2	8	16	14	4	6	5	12	9
11	6	3	9	9	14	2	10	4	13
8	1	1	4	9	4	1	1	5	6
14	0	7	12	9	5	9	12	7	9
8	9	8	10	5	8	0	3	4	8

解 令 μ_1 代表所有进行低脂饮食肥胖者的减重总体均值，令 μ_2 表示所有正常饮食肥胖者的减重总体均值，为 $(\mu_1 - \mu_2)$ 建立一个置信区间.

饮食数据汇总在 SPSS 输出结果中显示，如图 1.28 所示. 已知 $\bar{y}_1 = 9.31$，$\bar{y}_2 = 7.40$，$s_1 = 4.67$，$s_2 = 4.04$. 当 $\alpha = 0.05$ 时，$z_{0.025} = 1.96$，则 95% 置信区间为

$$(\bar{y}_1 - \bar{y}_2) \pm z_{0.025}\sqrt{\frac{\sigma_1^2}{n_1} + \frac{\sigma_2^2}{n_2}} \approx (9.31 - 7.40) \pm 1.96\sqrt{\frac{(4.67)^2}{100} + \frac{(4.04)^2}{100}} = 1.91 \pm (1.96) \times (0.62) = 1.91 \pm 1.22$$

即 (0.69, 3.13). 这个结果也在 SPSS 输出结果中（高亮）显示. 重复使用这个估计步骤去估计不同的样本，我们知道，这种方式得到的置信区间有约 95% 的把握包含总体均值之差 $(\mu_1 - \mu_2)$. 因此，我们非常有信心地认为低脂肪饮食的平均减重比正常饮食的平均减重多，其平均减重在 0.69 到 3.13 磅之间. 有了这些信息，营养师可以更好地挖掘低脂肪饮食作为减肥饮食的作用.

Group Statistics

	DIET	N	Mean	Std. Deviation	Std. Error Mean
WTLOSS	LOWFAT	100	9.31	4.668	.467
	REGULAR	100	7.40	4.035	.404

Independent Samples Test

		Levene's Test for Equality of Variances		t-test for Equality of Means					95% Confidence Interval of the Difference	
		F	Sig.	t	df	Sig. (2-tailed)	Mean Difference	Std. Error Difference	Lower	Upper
WTLOSS	Equal variances assumed	1.367	.244	3.095	198	.002	1.910	.617	.693	3.127
	Equal variances not assumed			3.095	193.940	.002	1.910	.617	.693	3.127

图 1.28 例 1.16 饮食研究的 SPSS 分析结果 ▪

小样本统计技术用于比较 μ_1 和 μ_1 的独立样本基于两个总体都服从正态概率分布，且存在两个总体方差相等 $(\sigma_1^2 = \sigma_2^2)$ 的假设条件. 当这些假设都近似满足时，我们可以使用 t 统计量来建立一个有关 $(\mu_1 - \mu_2)$ 的置信区间和假设检验. 以下方框中总结了这项技术.

$(\mu_1 - \mu_2)$ 的小样本置信区间：独立样本

$$(\bar{y}_1 - \bar{y}_2) \pm t_{\alpha/2}\sqrt{s_p^2\left(\frac{1}{n_1} + \frac{1}{n_2}\right)}$$

其中

$$s_p^2 = \frac{(n_1 - 1)s_1^2 + (n_2 - 1)s_2^2}{n_1 + n_2 - 2}$$

s_p^2 是对公共总体方差的"合并"估计，$t_{\alpha/2}$ 基于 $(n_1 + n_2 - 2)$ 个自由度.

假设：

1. 两个抽样总体都近似服从正态分布.

---

2. 两个总体方差相等.

3. 这些样本是随机且独立地从总体中抽取的.

$(\mu_1 - \mu_2)$ 的小样本假设检验：独立样本

检验统计量：$t = \dfrac{(\bar{y}_1 - \bar{y}_2) - D_0}{\sqrt{s_p^2 \left(\dfrac{1}{n_1} + \dfrac{1}{n_2}\right)}}$ ，其中 $s_p^2 = \dfrac{(n_1 - 1)s_1^2 + (n_2 - 1)s_2^2}{n_1 + n_2 - 2}$

	单尾检验		双尾检验
	$H_0 : \mu_1 - \mu_2 = D_0$	$H_0 : \mu_1 - \mu_2 = D_0$	$H_0 : \mu_1 - \mu_2 = D_0$
	$H_a : \mu_1 - \mu_2 < D_0$	$H_a : \mu_1 - \mu_2 > D_0$	$H_a : \mu_1 - \mu_2 \neq D_0$
拒绝域：	$t < -t_\alpha$	$t > t_\alpha$	$\lvert t \rvert > t_{\alpha/2}$
p 值：	$P(t < t_c)$	$P(t > t_c)$	$2P(t > t_c)$，如果 t_c 为正
			$2P(t < t_c)$，如果 t_c 为负

决策：如果 $\alpha > p$ 值，或检验统计量落在拒绝域内，则拒绝 H_0 . 式中，$D_0 =$ 假设均值之差，$P(t > t_c) = \alpha$，$P(t > t_{\alpha/2}) = \alpha / 2$，$t_c =$ 检验统计量的计算值，$\alpha = P$（犯第 I 类错误）$= P$（拒绝 $H_0 \mid H_0$ 为真）.

假设：与先前的小样本置信区间相同.

例 1.17 假设你希望将一种新的阅读教学方法与当前的标准方法进行比较. 你决定根据 6 个月学习期结束时的阅读测试结果进行比较. 在随机抽取的 22 名儿童中，10 名采用新方法，12 名采用标准方法. 所有 22 名儿童都由合格的教师在类似条件下进行为期 6 个月的教学. 期末阅读测试结果见表 1.15.

（a）使用表中的数据来检验新方法和标准方法的真实平均测试分数是否不同（$\alpha = 0.05$）.

（b）为了使检验推断有效，必须做出哪些假设？

💿 READING

表 1.15 儿童的阅读测试分数

新方法				标准方法			
80	80	79	81	79	62	70	68
76	66	71	76	73	76	86	73
70	85			72	68	75	66

解 （a）对于这个实验，令 μ_1 和 μ_2 分别代表儿童用新方法和标准方法学习的平均阅读测试分数. 然后，我们提出以下假设：

$$H_0 : \mu_1 - \mu_2 = 0 \text{（即平均阅读测试分数没有差异）}$$
$$H_a : \mu_1 - \mu_2 \neq 0 \text{（即}\mu_1 \neq \mu_2\text{）}$$

为了计算检验统计量，我们需要得到每种方法的阅读测试分数的汇总统计（例如 $\bar{y}$ 和 s）. 表 1.15 的数据被输入计算机，利用 SAS 来获得这些数据的描述性统计. SAS 输出结果如图 1.29 所示. $\bar{y}_1 = 76.4$，$s_1 = 5.834\,8$，$\bar{y}_2 = 72.333$，$s_2 = 6.343\,7$.

接下来，我们计算合并的方差估计：

$$s_p^2 = \frac{(n_1-1)s_1^2 + (n_2-1)s_2^2}{n_1+n_2-2}$$

$$= \frac{(10-1)(5.834\,8)^2 + (12-1)(6.343\,7)^2}{10+12-2} = 37.45$$

其中 s_p^2 基于 $(n_1+n_2-2)=10+12-2=20$ 个自由度.

The TTEST Procedure

Variable: SCORE

METHOD	N	Mean	Std Dev	Std Err	Minimum	Maximum
NEW	10	76.4000	5.8348	1.8451	66.0000	85.0000
STD	12	72.3333	6.3437	1.8313	62.0000	86.0000
Diff (1–2)		4.0667	6.1199	2.6204		

METHOD	Method	Mean	95% CL Mean		Std Dev	95% CL Std Dev	
NEW		76.4000	72.2261	80.5739	5.8348	4.0134	10.6520
STD		72.3333	68.3027	76.3639	6.3437	4.4938	10.7708
Diff (1–2)	Pooled	4.0667	-1.3994	9.5327	6.1199	4.6821	8.8376
Diff (1–2)	Satterthwaite	4.0667	-1.3601	9.4934			

Method	Variances	DF	t Value	Pr > |t|
Pooled	Equal	20	1.55	0.1364
Satterthwaite	Unequal	19.769	1.56	0.1336

图 1.29　例 1.17 的 SAS 输出结果

现在我们计算检验统计量：

$$t = \frac{(\bar{y}_1 - \bar{y}_2) - D_0}{\sqrt{s_p^2\left(\frac{1}{n_1} + \frac{1}{n_2}\right)}} = \frac{(76.4 - 72.33) - 0}{\sqrt{37.45\left(\frac{1}{10} + \frac{1}{12}\right)}} = 1.55$$

当 $\alpha=0.05$ 时，自由度为 20 的双尾检验拒绝域为

$$|t| > t_{0.025} = 2.086 \quad (\text{见图 1.30})$$

由于 t 的值不落在拒绝域内，所以我们不能拒绝 H_0. 没有足够的证据表明（$\alpha=0.05$ 时）两种阅读方法的真实平均测试成绩不同.

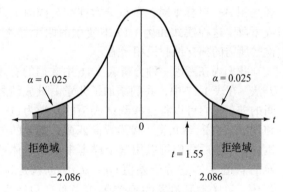

图 1.30　例 1.17 的拒绝域

利用 p 值法也可以得到这一结论. 检验统计量 ($t=1.552$) 和 p 值 (0.1364) 都在 SAS 输出结果中显示（见图 1.29）. 因为 p 值大于 $\alpha=0.05$，所以不能拒绝 H_0.

（b）要正确使用小样本检验，必须满足下列假设：

（1）样本需从新方法和标准方法教学的儿童总体中随机且独立地选取.

（2）两种教学方法的测试成绩均服从正态分布.

（3）两组总体的测试成绩的方差相同，即 $\sigma_1^2 = \sigma_2^2$.

当满足以上假设时，双样本 t 检验是比较总体均值的有力工具. 研究还发现，双样本 t 检验比单样本 t 检验对非正态数据具有更强的稳健性. 当样本量相等时，可以放宽总体方差

相等这一假设. 当 $n_1 = n_2$ 时, σ_1^2 和 σ_2^2 可能会有很大的不同, 检验统计量仍将（近似）服从 t 分布. ■

在例 1.17 中, 假设可以在儿童接受一种教学方法之前检测他们的"阅读智商". 针对 8 对阅读智商相似的儿童, 每随机分配一名儿童采用标准教学法, 则另一名采用新教学法, 数据见表 1.16. 这些数据是否支持以下假设, 即新方法教学的儿童总体平均阅读测试分数比标准方法教学的阅读测试分数高?

现在, 我们要检验

$$H_0: \mu_1 - \mu_2 = 0$$
$$H_a: \mu_1 - \mu_2 > 0$$

似乎我们可以使用两个独立样本的 t 统计量检验, 如例 1.17 所示. 然而, 独立样本的 t 检验并不是检验这组数据的有效方法. 为什么?

t 检验是不合适的, 因为独立样本的假设是无效的. 我们随机选择了成对的测试分数, 因此, 一旦我们选择了新方法的样本, 就不能独立地为标准方法选择样本. 通过成对的测试分数可以看出每组观测值之间的依赖性. 当我们从一对样本观测到另一对样本时, 测试分数往往会同时上升或下降. 这种模式和例 1.17 中使用的两个样本 t 检验所需的独立性假设相矛盾.

我们现在考虑一种分析表 1.16 中数据的有效方法. 在表 1.17 中, 我们添加了儿童测试成绩之间的差. 我们可以将这些测试成绩的差视为过去和现在所有配对儿童（阅读智商匹配）差异的随机样本. 然后我们可以用这个样本来推断总体差异的均值 μ_d, 它等于差值 $(\mu_1 - \mu_2)$. 也就是说, 总体（和样本）差异的均值等于总体（和样本）均值之差. 因此, 我们的检验变成

◎ **PAIREDSCORES**

表 1.16　8 对儿童阅读测试分数

配对	新方法（1）	标准方法（2）
1	77	72
2	74	68
3	82	76
4	73	68
5	87	84
6	69	68
7	66	61
8	80	76

表 1.17　阅读测试分数差异

配对	新方法	标准方法	新方法和标准方法之差
1	77	72	5
2	74	68	6
3	82	76	6
4	73	68	5
5	87	84	3
6	69	68	1
7	66	61	5
8	80	76	4

$$H_0: \mu_d = 0 \quad (\mu_1 - \mu_2 = 0)$$
$$H_a: \mu_d > 0 \quad (\mu_1 - \mu_2 > 0)$$

因为我们现在分析的是小样本的单样本差异, 检验统计量为单样本 t 检验（见 1.9 节）:

$$\text{检验统计量}: \quad t = \frac{\bar{y}_d - 0}{s_d / \sqrt{n_d}}$$

其中, $\bar{y}_d$ = 样本均值之差, s_d = 样本标准差之差, n_d = 差异数 = 配对数.

假设: 测试成绩差异的总体近似服从正态分布. 样本差异是从总体差异中随机抽取的.（注: 我们不需要假设 $\sigma_1^2 = \sigma_2^2$.）

拒绝域：在显著性水平 $\alpha = 0.05$ 时，我们将拒绝 H_0，即 $t > t_{0.05}$，其中 $t_{0.05}$ 基于自由度 $(n_d - 1)$.

参考附录 D 中的表 2，当 $\alpha = 0.05$ 且自由度为 $n_d - 1 = 8 - 1 = 7$ 时，对应的 t 值为 $t_{0.05} = 1.895$. 如果 $t > 1.895$，我们将拒绝原假设（见图 1.31）. 注意，当我们使用配对检验而不是两个独立随机样本检验时，自由度从 $n_1 + n_2 - 2 = 14$ 减少到 7.

$n = 8$ 的汇总统计数据显示在 MINITAB 输出结果中，如图 1.32 所示. $\bar{y}_d = 4.375$，$s_d = 1.685$. 将这些值代入检验统计量公式中，得到

$$t = \frac{\bar{y}_d - 0}{s_d / \sqrt{n_d}} = \frac{4.375}{1.685 / \sqrt{8}} = 7.34$$

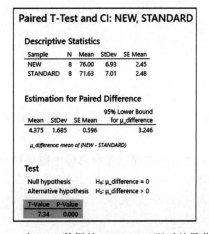

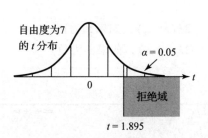

图 1.31 表 1.17 数据分析的拒绝域　　　图 1.32 表 1.17 数据的 MINITAB 配对差异分析

由于 t 值落在拒绝域内，我们得出结论，当 $\alpha = 0.05$ 时，儿童使用新方法的测试成绩总体均值超过标准方法的测试成绩总体均值. 如图 1.32 中高亮所示，p 值检验能得出相同的结论，因为 p 值远小于 $\alpha = 0.05$.

这种将观测结果配对并分析其差异的实验称为 **配对差异实验**. 下面两个方框分别对大样本和小样本 n 进行了总结，分别介绍了用配对差异实验对两种均值之间的差值进行假设检验的步骤和计算其置信区间的方法.

关于 $\mu_d = \mu_1 - \mu_2$ 的配对差异的置信区间

大样本

$$\bar{y}_d \pm z_{\alpha/2} \frac{\sigma_d}{\sqrt{n_d}} \approx \bar{y}_d \pm z_{\alpha/2} \frac{s_d}{\sqrt{n_d}}$$

假设：差异样本是从总体中随机抽取的.

小样本

$$\bar{y}_d \pm t_{\alpha/2} \frac{s_d}{\sqrt{n_d}}$$

其中 $t_{\alpha/2}$ 基于自由度 $(n_d - 1)$.

假设:

1. 差异总体服从正态分布.

2. 差异样本是从总体中随机抽取的.

关于 $\mu_d = \mu_1 - \mu_2$ 的配对差异的假设检验

单尾检验	双尾检验

$$H_0: \ \mu_d = D_0 \qquad H_0: \ \mu_d = D_0 \qquad\qquad H_0: \ \mu_d = D_0$$

$$H_a: \ \mu_d < D_0 \qquad H_a: \ \mu_d > D_0 \qquad\qquad H_a: \ \mu_d \neq D_0$$

大样本

$$检验统计量: \ z = \frac{\bar{y}_d - D_0}{\sigma_d / \sqrt{n_d}} \approx \frac{\bar{y}_d - D_0}{s_d / \sqrt{n_d}}$$

拒绝域: $\qquad z < -z_\alpha \qquad\qquad z > z_\alpha \qquad\qquad |z| > z_{\alpha/2}$

p 值: $\qquad\quad P(z < z_c) \qquad\quad P(z > z_c) \qquad\quad 2P(z > z_c)$, 如果 z_c 为正

$\qquad\qquad\qquad\qquad\qquad\qquad\qquad\qquad\qquad\qquad\qquad\quad 2P(z < z_c)$, 如果 z_c 为负

假设: 差异样本是从差异总体中随机抽取的.

小样本

$$检验统计量: \ t = \frac{\bar{y}_d - D_0}{s_d / \sqrt{n_d}}$$

拒绝域: $\qquad t < -t_\alpha \qquad\qquad t > t_\alpha \qquad\qquad |t| > t_{\alpha/2}$

p 值: $\qquad\quad P(t < t_c) \qquad\quad P(t > t_c) \qquad\quad 2P(t > t_c)$, 如果 t_c 为正

$\qquad\qquad\qquad\qquad\qquad\qquad\qquad\qquad\qquad\qquad\qquad\quad 2P(t < t_c)$, 如果 t_c 为负

假设:

1. 差异总体的频率服从正态分布.

2. 差异样本是从差异总体中随机抽取的.

练习 1.10

1.66 描述 $(\bar{y}_1 - \bar{y}_2)$ 的抽样分布.

1.67 利用 t 检验统计量, 以独立样本为基础, 检验两个总体均值之间的差异, 我们必须对这两个总体做出什么样的假设? 对于这两个样本必须做什么假设?

1.68 **飞机机组人员的共享领导**. *Human Factors*(March 2014)发表的一项研究, 调查了商用飞机驾驶舱组和客舱机组人员共享领导的效果. 84 个六人机组进行了模拟飞行, 每个机组包括一个两人的驾驶舱组 (机长和副驾驶) 和一个四人的客舱小组 (三名乘务员和一名乘务长). 在模拟过程中, 机舱内出现烟雾, 此时机组人员的反应关乎团队合作的成败. 模拟结束后, 每个机组被认定为成功或失败的团队. 此外, 还将对每个

成员的领导能力进行评估（以每分钟展示的领导职能的数量来衡量）. 比较成功和失败团队的平均领导值. 驾驶舱组和客舱小组的测试结果汇总显示在下表中.

	成功团队（N=60）		失败团队（N=24）		t 值	p 值
	均值	标准差	均值	标准差		
驾驶舱组	0.66	0.10	0.50	0.20	3.72	0.000
客舱小组	0.40	0.24	0.39	0.13	0.12	0.907

资料来源：Bienefeld, N, & Grote, G., "Shared Leadership in Multiteam Systems: How Cockpit and Cabin Crews Lead Each Other to Safety," *Human Factors*, Vol. 65, No. 2, March 2014 (Table 2).

（a）基于驾驶舱组的数据，用 p 值检验成功和失败团队的驾驶舱组平均领导值是否有差异（$\alpha = 0.05$）.

（b）基于客舱小组的数据. 用 p 值检验成功和失败团队的客舱小组平均领导值是否有差异（$\alpha = 0.05$）.

1.69 你如何选择辩论？ 教育工作者经常哀叹学生口头和书面论证能力的不足. 在 *Thinking and Reasoning* (October 2006) 上，哥伦比亚大学的研究人员进行了一系列研究，以评估成功辩论所需的认知技能. 一项研究关注学生是否会选择通过削弱反对的立场或通过加强赞成的立场来辩论.（例如：有人告诉你，你更擅长打篮球而不是踢足球，但你喜欢足球. 一个削弱反对立场的论点是"打篮球需要个子高". 一个加强赞成立场的论点认为"通过练习，我可以变得非常擅长足球".）52 名心理学研究生被平均分成两组. 第一组有 10 个项目，其中的论点总是试图加强赞成的立场. 第二组有同样的 10 个项目，但论点总是试图削弱反对的立场. 然后每个学生用 5 分制给 10 个论点打分，从非常弱（1）到非常强（5）. 感兴趣的变量是 10 个项目得分的总和，称为总分. 数据的汇总统计信息显示在右表中. 使用本章的方法比较两组平均总分，$\alpha = 0.05$. 对结果做出相应的解释.

	第一组 （支持赞成立场）	第二组 （削弱反对立场）
样本量	26	26
均值	28.6	24.9
标准差	12.5	12.2

资料来源：Kuhn, D., and Udell, W. "Coordinating own and other perspectives in argument," *Thinking and Reasoning*, October 2006.

1.70 比较味觉测试评分方案. 新食品的味觉测试者会看到几个相互竞争的食品样品，并被要求用 9 分制对每个样品的味道打分（1="非常不喜欢"，9="非常喜欢"）. 在 *Journal of Sensory Studies* (June 2014) 上，食品科学家比较了两种不同的味觉测试方案. 顺序一元法 (SM) 以随机的顺序每次向品尝者呈现一个样本，而等级评定法（RR）则同时将样本并排呈现给品尝者. 考虑以下实验（类似于在期刊上进行的实验）：50 名杏果冻消费者被要求品尝 5 个不同品种的杏果冻. 一半的消费者使用 SM 方案，另一半则使用 RR 方案. 在第二个实验中，50 名奶酪消费者被要求品尝 4 种不同的奶酪. 同样，一半的消费者使用 SM 方案，另一半则使用 RR 方案. 针对每种产品（杏果冻和奶酪），比较两种方案的平均味觉评分实验. 结果如下表所示.

（a）基于五种杏果冻数据. 找出你可以得出以下结论的品种，"两种方案的平均味觉得

分在 $\alpha = 0.05$ 时有显著差异".

（b）基于五种奶酪数据. 找出你可以得出以下结论的品种,"两种方案的平均味觉得分在 $\alpha = 0.05$ 时有显著差异".

（c）解释为什么（a）和（b）小题的推论不需要正态分布假设也能有效.

杏果冻（平均味觉得分）				奶酪（平均味觉得分）			
品种	RR	SM	*p* 值	品种	RR	SM	*p* 值
A	6.8	6.4	0.488	A	5.2	4.4	0.013
B	6.9	6.7	0.721	B	5.9	5.3	0.065
C	5.3	5.4	0.983	C	5.6	4.7	0.002
D	6.7	6.4	0.585	D	7.5	6.7	0.034
E	6.4	6.1	0.499				

1.71 董事会性别多元化. *Accounting & Finance*（December 2015）研究了大公司董事会的性别多样性. 研究人员特别想知道, 有提名委员会的公司是否会比没有提名委员会的公司任命更多的女性董事. 每个公司衡量的关键变量之一是女性董事的比例. 在 491 家有提名委员会的公司中, 平均比例为 7.5%; 在 501 家没有提名委员会的公司中, 平均比例为 4.3%.

（a）为了回答上述问题, 研究人员使用独立样本检验, 比较了有提名委员会的公司和没有提名委员会的公司中女性董事的平均比例, 为这个检验设置原假设和备择假设.

（b）检验统计量 $z = 5.51$, p 值 < 0.000 1. 在 $\alpha = 0.05$ 的水平下解释这个结果.

（c）两类公司的总体比例是否需要服从正态分布才能使（b）小题的推断有效?为什么?

（d）评估（b）小题检验的实际意义. 为有提名委员会和没有提名委员会的公司的真实平均比例的差异构建 95% 置信区间, 并解释结果.（提示:用样本均值与检验统计量之差来求解样本均值之差的标准误差.）

1.72 比较电压读数. 参考哈里斯公司和佛罗里达大学的研究, 以决定是否可以在偏远地区建立一套制造生产线. 见练习 1.22. 在新旧两个位置均设置了实验装置（导频信号）, 并在每个位置获得 30 次生产运行的电压读数, 数据复制在下表中. 描述性统计信息显示在 SAS 输出结果中.（注意:电压读数越大越好.）

 VOLTAGE

旧位置			新位置		
9.98	10.12	9.84	9.19	10.01	8.82
10.26	10.05	10.15	9.63	8.82	8.65
10.05	9.80	10.02	10.10	9.43	8.51
10.29	10.15	9.80	9.70	10.03	9.14
10.03	10.00	9.73	10.09	9.85	9.75
8.05	9.87	10.01	9.60	9.27	8.78
10.55	9.55	9.98	10.05	8.83	9.35
10.26	9.95	8.72	10.12	9.39	9.54
9.97	9.70	8.80	9.49	9.48	9.36
9.87	8.72	9.84	9.37	9.64	8.68

资料来源: Harris Corporation, Melbourne, Fla.

The TTEST Procedure

Variable: VOLTAGE (VOLTAGE)

LOCATION	N	Mean	Std Dev	Std Err	Minimum	Maximum
NEW	30	9.4223	0.4789	0.0874	8.5100	10.1200
OLD	30	9.8037	0.5409	0.0988	8.0500	10.5500
Diff (1–2)		−0.3813	0.5108	0.1319		

LOCATION	Method	Mean	90% CL Mean		Std Dev	90% CL Std Dev	
NEW		9.4223	9.2738	9.5709	0.4789	0.3953	0.6128
OLD		9.8037	9.6359	9.9715	0.5409	0.4465	0.6922
Diff (1–2)	Pooled	−0.3813	−0.6018	−0.1609	0.5108	0.4440	0.6040
Diff (1–2)	Satterthwaite	−0.3813	−0.6019	−0.1608			

练习 1.72 的 SAS 输出结果

（a）用 90% 置信区间来比较新旧位置平均电压读数．

（b）利用（a）小题算出的置信区间．确定制造生产线是否可以在当地建立？

1.73 握手、击掌和碰拳的卫生．卫生专家警告说，传统的握手问候可能会传播传染病．两种可替代的问候方式（在体育运动中很流行）是"击掌"和"碰拳"．研究人员在一项设计好的研究中比较了这两种问候方式的卫生状况，并将结果发表在了 *American Journal of Infection Control*（August 2014）上．将一只戴着消毒手套的手浸入细菌培养液中，然后与另一只戴着消毒手套的手通过握手、击掌或碰拳进行 3 秒的接触．然后研究人员计算了第二只戴手套的手（接受者）上的细菌数量．每一种接触法重复实验 5 次．表中提供了基于期刊文章提供的信息模拟数据（记录握手的细菌转移平均百分比）．

BACTERIA

握手	131	74	129	96	92
击掌	44	70	69	43	53
碰拳	15	14	21	29	21

（a）研究人员报告称："与击掌相比，握手时传播的细菌数量几乎是击掌时的两倍．"计算 95% 置信区间，从统计上支持这一说法．

（b）研究人员还报告说，"碰拳细菌的传播比击掌低．"计算 95% 置信区间，从统计上支持这一说法．

（c）根据（a）和（b）小题的结果，你认为哪种问候方式最卫生？

1.74 不带微笑的服务．"微笑服务"是许多企业坚持的口号．然而，有些工作（例如法官、执法人员、民意调查人员）在与公众打交道时需要保持中立．组织通常会提供"表现规则"来指导员工在与公众互动时应该使用什么情绪．*Journal of Applied Psychology* (Vol. 96, 2011) 的一项研究比较了使用两种不同类型的表现规则进行的调查结果：积极（需要表现强烈的积极情绪）和平稳（始终保持情绪平稳）．在本实验中，145 名本科生被随机分配到积极表现规则（$n_1 = 78$）和平稳表现规则（$n_2 = 67$）．每个参与者都接受了如何根据表现规则进行调查的培训．作为一项操作检查，研究人员要求每个参与者对"这项任务要求参与者在表达上保持中立"从 1 ="非常同意"到 5 ="非常不同意"的等级打分．

（a）如果对参与者的操作是成功的，哪一组的平均打分较高？做出解释．

（b）研究的数据（根据期刊文章提供的资料进行模拟）如下表所示．查看数据并分析以确定操作是否成功. 假设检验取 $\alpha = 0.05$.

(c) 如果检验得出的推断有效, 需要什么假设?

🔘 SMILE

积极表现规则:

2	4	3	3	3	3	4	4	4	4	4	4	4	4	4	4	5
4	4	4	4	4	4	4	4	4	4	4	4	5	5	5	5	5
5	5	5	5	5	5	5	5	5	5	5	5	5	5	5	5	5
5	5	5	5	5	5	5	5	5	5	5	5	5	5	5	5	

平稳表现规则:

3	3	2	1	2	1	1	1	2	1	1	2	3	2	3	1	2
2	2	2	2	1	2	2	1	2	1	2	2	2	2	2	2	2
3	2	1	2	2	1	2	1	2	3	2	2	2	2	2	2	2
2	2	2	1	2	2	2	2									

1.75 **消费者对广告的态度.** *产品广告最常用的两种营销工具是电视和印刷杂志. Journal of Advertising*(Vol. 42, 2013)*调查了消费者对电视和杂志广告的态度. 159 名大学生被要求根据广告质量、广告的典型形式以及广告的代表性形式, 对营销工具电视和杂志从 1 到 7 分进行打分. 下表提供了这些"典型性"评分的汇总统计数据. 其中一个目标是比较电视和杂志广告的平均评分.*

(a) 研究人员使用配对样本 t 检验分析数据. 解释为什么这是最有效的分析方法, 给出检验的原假设和备择假设.

(b) 研究人员报告的配对样本 t 值为 6.96, 对应的 p 值 < 0.001, 并指出"电视和杂志广告之间的均值差具有统计显著性", 基于此假设检验加以解释.

(c) 为了评估结果是否"具有显著性", 我们需要对均值差确定一个置信区间. 虽然文章没有指明这个区间, 但是我们可以使用表中提供的信息来计算它. 求均值差的 95% 置信区间并解释结果. 你对这两种方法是否"具有显著性"有何看法?

	电视广告评分	杂志广告评分	电视和杂志广告评分之差
样本均值	6.49	6.04	0.45
样本标准差	0.65	0.87	0.815

资料来源: Jin, H. S., & Lutz, R. J., "The Typicality and Accessibility of Consumer Attitudes Toward Television Advertising: Implications for the Measurement of Attitudes Toward Advertising in General," *Journal of Advertising*, Vol. 42, No. 4, 2013 (from Table 1).

1.76 **红灯摄像头对车祸的影响.** 为了防止闯红灯——交通信号灯变红后, 驾车者进入十字路口并引发交通事故的现象——许多州正在采用交通灯监控摄像头. 安装在危险十字路口的交通灯监控摄像头会拍摄闯红灯车辆的牌照. 在减少十字路口闯红灯的交通事故方面, 交通灯监控摄像头执法计划是否有效? 弗吉尼亚运输部(VDOT)对其新采用的交通灯监控摄像头执法计划进行了全面研究, 并在 2007 年 6 月的一份报告中公布了结果. 研究中, VDOT 提供了几个十字路口安装交通灯监控摄像头前后的事故碰撞数据.表中列出了弗吉尼亚州费尔法克斯县 13 个十字路口的数据（以每年每个十字路口闯红灯导致的交通事故数量来衡量），分析 VDOT 中的数据，你的结论是什么？

REDLIGHT

十字路口	装摄像头之前	装摄像头之后	十字路口	装摄像头之前	装摄像头之后
1	3.60	1.36	8	0.73	0.24
2	0.27	0	9	3.15	1.57
3	0.29	0	10	3.21	0.43
4	4.55	1.79	11	0.88	0.28
5	2.60	2.04	12	1.35	1.09
6	2.29	3.14	13	7.35	4.92
7	2.40	2.72			

资料来源：Virginia Transportation Research Council,"Research Report: The Impact of Red Light Cameras (Photo-Red Enforcement) on Crashes in Virginia," June 2007.

1.77 公路沿线太阳能发电. *International Journal of Energy and Environmental Engineering*（December 2013）探寻了利用国家公路上建造的太阳能电池板发电的潜力.印度东西高速公路和南北高速公路上都建造了两层太阳能电池板（每层之间相隔 1 米）.这两条高速公路上的太阳能电池板每月向国家电网提供的电量（千瓦时）是确定的.右表中随机选取了几个月的数据.研究人员得出的结论是："与东西走向的公路相比，南北走向的公路更适合双层太阳能电池板发电."以 95% 置信区间比较两种类型公路的平均太阳能发电量.这个区间是否支持研究人员的结论？

SOLAR

月份	东西走向	南北走向
2 月	8 658	8 921
4 月	7 930	8 317
7 月	5 120	5 274
9 月	6 862	7 148
10 月	8 608	8 936

资料来源：Sharma, P., & Harinarayana, T., "Solar Energy Generation Potential Along National Highways," *International Journal of Energy and Environmental Engineering*, Vol. 49, No. 1, December 2013 (Table 3).

1.11 两个总体方差的比较

假设你想使用双样本 t 统计量来比较两个造纸厂的平均生产率.然而，你关注到这两个工厂生产率的方差相等的假设可能是不现实的.所以，用一种统计方法来检验这个假设的有效性是很有帮助的.

比较总体方差 σ_1^2 和 σ_2^2 的常用统计方法是利用样本方差的比率 s_1^2 / s_2^2 对比率 σ_1^2 / σ_2^2 进行推断.因此，我们将尝试通过检验该比率等于 1（即方差相等）的原假设，来支持研究这一假设比率 σ_1^2 / σ_2^2 不等于 1（即方差不相等）的假设.

$$H_0: \quad \frac{\sigma_1^2}{\sigma_2^2} = 1 \quad (\sigma_1^2 = \sigma_2^2)$$

$$H_a: \quad \frac{\sigma_1^2}{\sigma_2^2} \neq 1 \quad (\sigma_1^2 \neq \sigma_2^2)$$

我们将会用到检验统计量

$$F = \frac{s_1^2}{s_2^2}$$

为了建立检验统计量的拒绝域, 我们需要知道 s_1^2 / s_2^2 在重复抽样中是如何分布的. 也就是说, 我们需要知道 s_1^2 / s_2^2 的抽样分布. 正如随后看到的, s_1^2 / s_2^2 的抽样分布取决于 t 检验所需要的两个假设, 如下所示:

1. 这两个抽样总体服从正态分布.

2. 这两个样本是从两个总体中随机且独立抽取的.

当满足这些假设且原假设为真时 (即 $\sigma_1^2 = \sigma_2^2$), s_1^2 / s_2^2 的抽样分布是一个满足自由度分别为 (n_1-1) 和 (n_2-1) 的 **F分布**. F 分布的形状取决于与 s_1^2 和 s_2^2 有关的自由度, 即 (n_1-1) 和 (n_2-1). 自由度分别为 7 和 9 的 F 分布的图形如图 1.33 所示. 如你所见, 分布向右偏.

当总体方差不相等时, 我们认为样本方差之比 $F = s_1^2 / s_2^2$ 要么非常大, 要么非常小. 因此, 我们需要找到对应于 F 分布尾部面积的 F 值来建立假设检验的拒绝域. 上尾 F 值可以在附录 D 中的表 3、表 4、表 5 和表 6 中找到, 表 4 的部分内容见表 1.18. 它对应的是 $\alpha = 0.05$ 时不同自由度的 F 值. 表中的列对应分子样本方差 s_1^2 的不同自由度, 表中的行对应分母样本方差 s_2^2 的不同自由度.

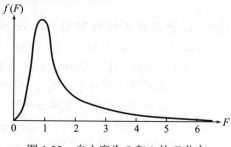

图 1.33　自由度为 7 和 9 的 F 分布

表 1.18　附录 D 中表 4 的一部分: $\alpha = 0.05$

v_2 ＼ v_1	分子自由度								
	1	2	3	4	5	6	7	8	9
分 1	161.4	199.5	215.7	224.6	230.2	234.0	236.8	238.9	240.5
母 2	18.51	19.00	19.16	19.25	19.30	19.33	19.35	19.37	19.38
自 3	10.13	9.55	9.28	9.12	9.01	8.94	8.89	8.85	8.81
由 4	7.71	6.94	6.59	6.39	6.26	6.16	6.09	6.04	6.00
度 5	6.61	5.79	5.41	5.19	5.05	4.95	4.88	4.82	4.77
6	5.99	5.14	4.76	4.53	4.39	4.28	4.21	4.15	4.10

（续）

	v_1	分子自由度								
v_2		1	2	3	4	5	6	7	8	9
分母自由度	7	5.59	4.74	4.35	4.12	3.97	3.87	3.79	3.73	3.68
	8	5.32	4.46	4.07	3.84	3.69	3.58	3.50	3.44	3.39
	9	5.12	4.26	3.86	3.63	3.48	3.37	3.29	3.23	3.18
	10	4.96	4.10	3.71	3.48	3.33	3.22	3.14	3.07	3.02
	11	4.84	3.98	3.59	3.36	3.20	3.09	3.01	2.95	2.90
	12	4.75	3.89	3.49	3.25	3.11	3.00	2.91	2.85	2.80
	13	4.67	3.81	3.41	3.18	3.03	2.92	2.83	2.77	2.71
	14	4.60	3.74	3.34	3.11	2.96	2.85	2.76	2.70	2.65

因此，如果分子自由度是 7，分母自由度是 9，那么我们在第 7 列和第 9 行找到 $F_{0.05} = 3.29$. 如图 1.34 所示，$\alpha = 0.05$ 是分子自由度为 7、分母自由度为 9 的 F 分布对应值 3.29 右侧的阴影区域面积. 也就是说，若 $\sigma_1^2 = \sigma_2^2$，则 F 统计量大于 3.29 的概率为 $\alpha = 0.05$.

假设我们要比较两个造纸厂的生产变化，得到了以下结果：

样本 1	样本 2
$n_1 = 13$ 天	$n_2 = 18$ 天
$\bar{y}_1 = 26.3$ 个生产单位	$\bar{y}_2 = 19.7$ 个生产单位
$s_1 = 8.2$ 个生产单位	$s_2 = 4.7$ 个生产单位

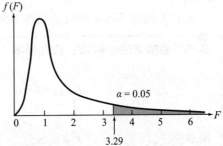

图 1.34　自由度为 7 和 9，$\alpha = 0.05$ 时的 F 分布

为了计算双尾 F 检验的拒绝域，我们希望使用上尾区域，因为表 3、表 4、表 5 和表 6 中只显示了 F 的上尾值. 为了实现这一点，**我们总是把较大的样本方差放在 F 检验的分子中**. 当我们把相对大的样本方差放在分子时，将加大一倍 α 值，从而 F 值落在上尾区域中的概率也增大了一倍. 事实上，我们将较大的方差放在分子上，而不是在两端尾部都建立拒绝域，从而使检验具有双尾性.

因此，在我们的造纸厂生产示例中，有一个自由度为 $n_1 - 1 = 12$ 的分子 s_1^2 和一个自由度为 $n_2 - 1 = 17$ 的分母 s_2^2. 因此，检验统计量为

$$F = \frac{较大的样本方差}{较小的样本方差} = \frac{s_1^2}{s_2^2}$$

当 $\alpha = 0.10$ 时，如果 F 的计算值超过列表值，我们将拒绝 H_0：$\sigma_1^2 = \sigma_2^2$.

$$F_{0.05} = 2.38 （见图 1.35）$$

现在，数据告诉了我们什么？我们计算 F 统计量：

$$F = \frac{s_1^2}{s_2^2} = \frac{(8.2)^2}{(4.7)^2} = 3.04$$

并将其与图 1.35 所示的拒绝域进行比较. 由于计算的 F 值 3.04 落在拒绝域内, 数据提供了足够的证据表明总体方差间存在差异. 因此, 我们不愿意使用双样本 t 统计量来比较总体均值, 因为总体方差相等的假设显然是不成立的.

如果从样本中计算出的 F 值没有落在拒绝域, 你会得出什么结论? 你能得出两总体方差相等的原假设成立的结论吗? 不能, 因为有犯第 Ⅱ 类错误 (H_a 为真时, 接受 H_0) 的可能性, 但你却不知道犯此错误的概率 (当 H_0: $\sigma_1^2 = \sigma_2^2$ 为假时, 却接受了 H_0 的概率). 因为我们不会考虑 β 的计算, 当 F 统计量不落在拒绝域内时, 我们简单地得出结论, 没有**足够的样本证据来反驳原假设 H_0**: $\sigma_1^2 = \sigma_2^2$.

总体方差相等的 F 检验总结在下框中.

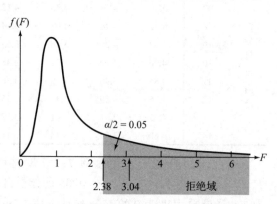

图 1.35   造纸厂生产示例 F 分布的拒绝域

总体方差相等的 F 检验：独立样本⊖

	单尾检验	单尾检验	双尾检验
	H_0: $\sigma_1^2 = \sigma_2^2$	H_0: $\sigma_1^2 = \sigma_2^2$	H_0: $\sigma_1^2 = \sigma_2^2$
	H_a: $\sigma_1^2 < \sigma_2^2$	H_a: $\sigma_1^2 > \sigma_2^2$	H_a: $\sigma_1^2 \neq \sigma_2^2$
检验统计量:	$F = s_2^2 / s_1^2$	$F = s_1^2 / s_2^2$	$F = \dfrac{较大的样本方差}{较小的样本方差}$
拒绝域:	$F > F_\alpha$	$F > F_\alpha$	$F > F_{\alpha/2}$
分子自由度 (v_1):	$n_2 - 1$	$n_1 - 1$	较大方差的 $n - 1$
分母自由度 (v_2):	$n_1 - 1$	$n_2 - 1$	较小方差的 $n - 1$
p 值:	$P(F > F_c)$	$P(F > F_c)$	$P(F^* < 1/F_c) + P(F > F_c)$

决策: 如果 $\alpha > p$ 值, 或检验统计量落在拒绝域内, 则拒绝 H_0. 其中 F 基于分子自由度 v_1 和分母自由度 v_2. F^* 基于分子自由度 v_2 和分母自由度 v_1. $F_c =$ 检验统计量的计算值. $\alpha = P$ (犯第 Ⅰ 类错误) $= P$ (拒绝 $H_0 \mid$ 当 H_0 为真).

假设:

1. 两个抽样总体服从正态分布.

2. 样本是随机且独立的.

例 1.18   在例 1.17 中, 我们使用双样本 t 统计量来比较两组儿童的平均阅读测试分数, 他们被教导使用两种不同的阅读方法, 数据见表 1.19. t 统计量的使用是基于两种方法的测

⊖   虽然方差相等假设检验是 F 检验最常见的应用, 但也可以用来检验总体方差之比等于某一特定值的假设, 即 H_0: $\dfrac{\sigma_1^2}{\sigma_2^2} = k$. 除了检验统计量为 $F = \left(\dfrac{s_1^2}{s_2^2}\right)\left(\dfrac{1}{k}\right)$, 检验过程与方框中完全一致.

试分数总体方差相等这一假设 . 在 $\alpha = 0.10$ 时进行假设检验，并验证这个假设 .

READING

表 1.19 儿童的阅读测试分数

新方法				标准方法			
80	80	79	81	79	62	70	68
76	66	71	76	73	76	86	73
70	85			72	68	75	66

解

$$H_0: \frac{\sigma_1^2}{\sigma_2^2} = 1 \quad (即 \sigma_1^2 = \sigma_2^2)$$

$$H_a: \frac{\sigma_1^2}{\sigma_2^2} \neq 1 \quad (即 \sigma_1^2 \neq \sigma_2^2)$$

将数据输入 SAS，得到如图 1.36 所示的 SAS 输出结果 . 检验统计量 $F = 1.18$ 和双尾 p 值 0.814 8 都显示在输出的底端 . 由于 $\alpha = 0.10$ 小于 p 值，我们不拒绝阅读测试分数总体方差相等这一原假设 .

The TTEST Procedure

Variable: SCORE

METHOD	N	Mean	Std Dev	Std Err	Minimum	Maximum
NEW	10	76.4000	5.8348	1.8451	66.0000	85.0000
STD	12	72.3333	6.3437	1.8313	62.0000	86.0000
Diff (1–2)		4.0667	6.1199	2.6204		

METHOD	Method	Mean	95% CL Mean		Std Dev	95% CL Std Dev	
NEW		76.4000	72.2261	80.5739	5.8348	4.0134	10.6520
STD		72.3333	68.3027	76.3639	6.3437	4.4938	10.7708
Diff (1–2)	Pooled	4.0667	−1.3994	9.5327	6.1199	4.6821	8.8376
Diff (1–2)	Satterthwaite	4.0667	−1.3601	9.4934			

Method	Variances	DF	t Value	Pr > |t|
Pooled	Equal	20	1.55	0.1364
Satterthwaite	Unequal	19.769	1.56	0.1336

Equality of Variances				
Method	Num DF	Den DF	F Value	Pr > F
Folded F	11	9	1.18	0.8148

图 1.36 表 1.19 中数据的 SAS F 检验 ■

前面的例子演示了当备择假设 $\sigma_1^2 \neq \sigma_2^2$ 时如何进行双尾 F 检验 . 用类似的方法进行单尾检验，以确定一个总体方差是否大于另一个总体方差（即 H_a： $\sigma_1^2 > \sigma_2^2$） . 当拒绝域只在 F 分布的上尾或下尾区域时，α 值不再需要加倍 . 在前面的方框中概述了进行上尾 F 检验的步骤 . 构建单尾 F 检验时，一定要确保 H_a 写成上尾检验的形式 . 这可以通过对总体进行编号来实现，假设 H_a 中较大的方差与总体 1 相关，而较小的方差与总体 2 相关 .

重要提示： 作为最后的注释，我们注意到（不像均值的小样本 t 检验过程）用于比较方差的 F 检验，对非正态数据没有很强的稳健性 . 因此，对于非正态数据，很难确定一个显著的 F 值是否意味着总体方差不同，可能仅仅由于总体不服从正态分布 .

练习 1.11

1.78 用附录 D 中的表 3、表 4、表 5、表 6 找到以下不同 α、分子自由度和分母自由度的 F_α 值.

(a) 0.05, 8, 7   (b) 0.01, 15, 20   (c) 0.025, 12, 5

(d) 0.01, 5, 25   (e) 0.10, 5, 10   (f) 0.05, 20, 9

1.79 **肯尼亚河马的放牧模式.** 在肯尼亚, 人类引起的土地利用的变化和过度的资源开采减少了动物放牧区, 破坏了水源的供应, 从而威胁到丛林生态系统. 在 *Landscape & Ecology Engineering* (January 2013) 中, 研究人员比较了肯尼亚两个地区 (一个是国家保护区, 另一个是社区牧场) 河马的放牧模式. 每个地区被细分为小块土地. 这些地块被取样 (国家保护区 406 块, 牧区 230 块), 并确定每个地块水源附近的河马足迹数量. 下表中提供了抽样统计数据. 假设研究人员想知道国家保护区中河马足迹的数量变化是否与牧区中河马足迹的数量变化不同, 用 $\alpha = 0.10$ 进行适当的假设检验.

	国家保护区	牧区
样本量	406	230
平均足迹数	0.31	0.13
标准差	0.40	0.30

资料来源: Kanga, E.M., et al. "Hippopotamus and livestock grazing: influences on riparian vegetation and facilitation of other herbivores in the Mara Region of Kenya," *Landscape & Ecology Engineering*, Vol. 9, No. 1, January 2013.

1.80 **握手、击掌和碰拳的卫生.** 参考 *American Journal of Infection Control* (August 2014) 关于用手打招呼的卫生研究, 见练习 1.73. 将戴着消毒手套的手浸入细菌培养液中, 然后与另一只戴着消毒手套的手, 通过握手、击掌或碰拳等方式接触, 并记录细菌的数量. 回想一下, 每种接触方法的实验都重复了 5 次, 这些实验数据用于比较两种接触方法中细菌转移的平均百分比. 数据如下表所示.

BACTERIA

握手	131	74	129	96	92
击掌	44	70	69	43	53
碰拳	15	14	21	29	21

(a) 比较这一小样本不同接触方法的平均百分比, 需要对数据的方差做何假设?

(b) 检验当握手与碰拳相比较时, (a) 小题的假设是否合理, 取 $\alpha = 0.05$.

(c) (b) 小题的答案影响了练习 1.73 中推断的有效性吗?

1.81 **蜂蜜能止咳吗?** 参考 *Archives of Pediatrics and Adolescent Medicine* (December 2007) 关于蜂蜜作为儿童止咳药物的研究, 见练习 1.21. DM 剂量组的 33 名儿童和蜂蜜剂量组的 35 名儿童的咳嗽改善分数数据如下表所示. 研究人员想知道两组患者的咳嗽改善程度是否存在差异. 进行适当的分析, 取 $\alpha = 0.10$.

💿 **HONEYCOUGH**

蜂蜜剂量组:	12	11	15	11	10	13	10	4	15	16	9	14	10	6	10	8	11	12	12	8
	12	9	11	15	10	15	9	13	8	12	10	8	9	5	12					
DM 剂量组:	4	6	9	4	7	7	7	9	12	10	11	6	3	4	9	12	7	6	8	12	12	4	12
	13	7	10	13	9	4	4	10	15	9										

资料来源: Paul, I. M., et al. "Effect of honey, dextromethorphan, and no treatment on nocturnal cough and sleep quality for coughing children and their parents," *Archives of Pediatrics and Adolescent Medicine*, Vol. 161, No. 12, Dec. 2007 (data simulated).

1.82 你如何选择辩论? *Thinking and Reasoning*（October 2006）中研究了成功辩论所需的认知技能，见练习 1.69. 52 名心理学研究生被平均分成两组. 第一组的论点总是加强赞成的立场. 第二组论点总是削弱反对的立场. 下表中再现了学生对论点评分的汇总统计数据. 在练习 1.69 中，用假设方差相等的小样本 *t* 检验比较了两组的平均评分. 在 $\alpha = 0.05$ 时，检验这一假设的有效性.

	第一组（支持赞成立场）	**第二组**（削弱反对立场）
样本量	26	26
均值	28.6	24.9
标准差	12.5	12.2

资料来源: Kuhn, D., and Udell, W. "Coordinating won and other perspectives in argument," *Thinking and Reasoning*, October 2006.

1.83 油炸红薯片含油量. *Journal of Food Engineering*（September 2013）发表了一篇关于油炸红薯片特性的研究. 使用真空油炸机在 130℃ 下油炸 6 片红薯片，在该初始样本中得出了以下关于内部含油量的统计数据（单位为 g）: $\bar{y}_1 = 0.178 \mathrm{g/g}$，$s_1 = 0.011 \mathrm{g/g}$. 我们之后又获得了 6 个红薯片的第 2 个样本，只有经过了两个阶段的油炸过程（在 130℃ 下再次油炸），才能改善质地和外观. 第 2 个样本的内部含油量统计如下: $\bar{y}_2 = 0.140 \mathrm{g/g}$，$s_2 = 0.002 \mathrm{g/g}$. 研究人员想用 *t* 检验来比较两种方法油炸红薯片的平均内部含油量. 你建议研究人员进行这项分析吗? 解释一下.

快速总结 / 指南

关键思想

统计应用的种类

1. 描述性

2. 推断性

描述性统计

1. 确定**总体**或**样本**（实验单位的集合）

2. 确定**变量**

3. 收集**数据**

4. **描述**数据

推断性统计

1. 确定**总体**（所有实验单位的集合）

2. 确定**变量**

3. 收集**样本**数据（总体的子集）

4. 基于**样本**的总体**推断**

5. 推断**可靠性**的度量

数据类型

1. **定性**（分类）

2. **定量**（数值）

定性数据图

1. 饼状图
2. 条形图

定量数据图

1. 茎叶图
2. 直方图

集中趋势度量

均值（或平均数）

离散程度度量

1. 极差
2. 方差
3. 标准差

观测值在均值2个标准差以内的百分比

1. 任意数据集：至少 3/4（切比雪夫定理）
2. **正态**（钟形）**分布**：95%

关键公式 / 符号

	样本	总体
均值	$\bar{y} = (\sum y_i) / n$	μ

	样本	总体
方差	$s^2 = \dfrac{\sum (y_i - \bar{y})^2}{n-1}$	σ^2
标准差	$s = \sqrt{s^2}$	σ

$\bar{y}$ 的抽样分布的性质

1. $E(\bar{y}) = \mu$
2. $\text{Var}(\bar{y}) = \sigma^2 / n$

中心极限定理

对于较大的 n ，$\bar{y}$ 的抽样分布近似正态.

总体参数 θ 的置信区间公式和 H_0：$\theta = \theta_0$ 的检验统计量，其中 $\theta = \mu$ 或 $(\mu_1 - \mu_2)$

样本量	置信区间	检验统计量
大样本	$\hat{\theta} \pm z_{\alpha/2} s_{\hat{\theta}}$	$z = \dfrac{\hat{\theta} - \theta_0}{s_{\hat{\theta}}}$
小样本	$\hat{\theta} \pm t_{\alpha/2} s_{\hat{\theta}}$	$t = \dfrac{\hat{\theta} - \theta_0}{s_{\hat{\theta}}}$

注意：检验 H_0：$\sigma_1^2 / \sigma_2^2 = 1$ 的统计量是 $F = s_1^2 / s_2^2$.

总体参数及相应的估计量和标准误差

参数 θ	估计量（$\hat{\theta}$）	标准误差（$\sigma_{\hat{\theta}}$）	估计标准误差（$s_{\hat{\theta}}$）
μ 均值（平均数）	$\bar{y}$	$\dfrac{\sigma}{\sqrt{n}}$	$\dfrac{s}{\sqrt{n}}$
$\mu_1 - \mu_2$ 独立样本均值（平均数）之差	$\bar{y}_1 - \bar{y}_2$	$\sqrt{\dfrac{\sigma_1^2}{n_1} + \dfrac{\sigma_2^2}{n_2}}$	$\sqrt{\dfrac{s_1^2}{n_1} + \dfrac{s_2^2}{n_2}}$，$n_1 \geq 30$，$n_2 \geq 30$ $\sqrt{s_p^2 \left(\dfrac{1}{n_1} + \dfrac{1}{n_2} \right)}$，$n_1 < 30$ 或 $n_2 < 30$，其中 $s_p^2 = \dfrac{(n_1 - 1)s_1^2 + (n_2 - 1)s_2^2}{n_1 + n_2 - 2}$
$\mu_d = \mu_1 - \mu_2$ 配对样本均值（平均数）之差	$\bar{y}_d$	$\dfrac{\sigma_d}{\sqrt{n}}$	$\dfrac{s_d}{\sqrt{n}}$
$\dfrac{\sigma_1^2}{\sigma_2^2}$ 方差比	$\dfrac{s_1^2}{s_2^2}$	（不需要）	（不需要）

补充练习

1.84 **使用切比雪夫定理**. 切比雪夫定理指出，一组观测值中至少有 $1 - (1/K^2)$ 的数据位于数据集均值的 K 个标准差范围内. 使用切比雪夫定理计算多少数据落在：

(a) 均值的 2 个标准差范围内（$K=2$） (b) 均值的 3 个标准差范围内．

(c) 均值的 1.5 个标准差范围内．

1.85 描述性统计计算：对于下面的每个数据集，计算 $\bar{y}$，s^2 和 s．

(a) 11，2，2，1，9 (b) 22，9，21，15

(c) 1，0，1，10，11，11，0 (d) 4，4，4，4

1.86 正态概率．请从附录 D 的表 1 中找出下列各项概率值：

(a) $P(z \geqslant 2)$ (b) $P(z \leqslant -2)$ (c) $P(z \geqslant -1.96)$ (d) $P(z \geqslant 0)$

(e) $P(z \leqslant -0.5)$ (f) $P(z \leqslant -1.96)$

1.87 计算 z 分数．假设随机变量 y 的均值 $\mu = 30$，标准差 $\sigma = 5$．下面的 y 值与 y 的均值相差多少个标准差？

(a) $y = 10$ (b) $y = 32.5$ (c) $y = 30$ (d) $y = 60$

1.88 饮用水质量研究．*Disasters* (Vol. 28, 2004) 发表了一项关于热带气旋对太平洋偏远岛屿饮用水质量影响的研究．台风 Ami 袭击该岛大约 4 周后，研究人员收集了水的样本（500 毫升），对每个水样记录以下变量．确定每个变量是定量的还是定性的．

(a) 采集样本的地点 (b) 水的来源（河道、溪流或地上凿洞）

(c) 酸碱性（pH 值范围为 1～14） (d) 浑浊水平（NTU）

(e) 温度（摄氏度） (f) 每 100 毫升水粪便大肠杆菌的数目

(g) 游离氯残留量（毫克 / 升） (h) 硫化氢的存在（是或否）

1.89 失眠与教育．失眠与受教育状况有关吗？孟菲斯大学、亚拉巴马大学伯明翰分校和田纳西州大学的研究人员在 *Journal of Abnormal Psychology*（February 2005）上研究了这个问题．采用随机数字电话拨号方式，选择居住在田纳西州的成年人参与研究．575 名受试者的众多变量被记录，有两个变量是受教育年限和失眠状况（正常睡眠或慢性失眠）．研究人员发现，受教育年限越短，患慢性失眠症的可能性就越大．

(a) 确定研究人员感兴趣的总体和样本．

(b) 描述研究中被记录的变量是定性的还是定量的．

(c) 研究人员得出了什么推断？

1.90 美国枪支调查．在 *Injury Prevention*（January 2007）上，哈佛大学公共卫生学院的研究人员报告了美国私人持有的枪支库存的规模和组成．在一项对 2 770 名成年人进行的有代表性的家庭电话调查中，26% 的人至少拥有一支枪．右图总结了所拥有的枪支类型．

(a) 显示的是什么统计图？

(b) 指出图中描述的定性变量．

(c) 根据图表，确定最常见的枪支类型．

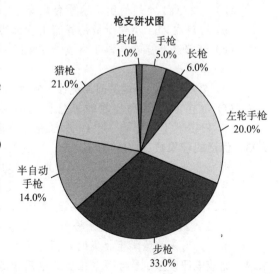

枪支饼状图

其他 1.0%
手枪 5.0%
长枪 6.0%
猎枪 21.0%
左轮手枪 20.0%
半自动手枪 14.0%
步枪 33.0%

1.91 **古希腊的陶器.** 考古学家在发掘古希腊人居住的菲拉科皮遗址时, 将沟槽中发现的陶器进行了分类 (*Chance*, Fall 2000). 下表描述了挖掘现场某一层出土的 837 件陶器. 绘制有助于考古学家理解在遗址上发现的陶器类型的图表, 并加以解释.

陶器类型	发现数量	陶器类型	发现数量
Burnished	133	Painted in naturalistic decoration	4
Monochrome	460	Cycladic white clay	4
Slipped	55	Conical cup clay	2
Painted in curvilinear decoration	14	总计	837
Painted in geometric decoration	165		

资料来源: Berg, I., and Bliedon, S. "The pots of Phylakopi: Applying statistical techniques to archaeology," *Chance*, Vol. 13, No. 4, Fall 2000.

1.92 **进食障碍的研究.** *American Statistician*（May 2001）报道并分析了一项心理学实验的数据. 实验选取了两组女生的样本, 其中一组样本包括 11 名已知患有饮食紊乱性暴食症的女生, 另一组样本由 14 名饮食习惯正常的女生组成, 每个学生都完成了一份问卷, 从中产生了"对负面评价的恐惧（FNE）"分数（分数越高, 对负面评价的恐惧就越大）. 数据显示在下表中.

💿 **BULIMIA**

暴食症女生	21	13	10	20	25	19	16	21	24	13	14		
正常女生	13	6	16	13	8	19	23	18	11	19	7	10	15	20

资料来源: Randles, R. H. "On neutral responses (zeros) in the sign test and ties in the Wilcoxon-Mann-Whitney test," *American Statistician*, Vol. 55, No. 2, May 2001 (Figure 3).

(a) 为所有 25 名女生的 FNE 分数绘制一个茎叶图.

(b) 标出 (a) 小题的图中的暴食症女生. 暴食症女生是否更害怕负面评价? 解释一下.

(c) 为何在 (b) 小题所做的推断上附加可靠性的度量是重要的?

(d) 计算暴食症女生与正常女生 FNE 分数的总体均值之差的 95% 置信区间, 并加以解释.

(e) 要使 (d) 小题的区间在统计上有效, 需要什么假设? 这些假设合理吗? 请加以解释.

(f) 你在 (d) 小题构建的置信区间要求暴食症女生 FNE 得分的方差等于正常女生 FNE 得分的方差. 用 $\alpha = 0.05$ 进行检验, 以确定这一假设的有效性.

1.93 **伪造的糖果数.** "Hot Tamales" 是一种耐嚼的肉桂味糖果. 众所周知, 大型自动贩卖机出售袋装 "Hot Tamales" 糖果, 平均每袋 15 颗. *Chance*（Fall 2000）发表了一篇关于一个课内实验的文章, 该实验要求学生从机器上购买袋装的 "Hot Tamales" 糖果, 并计算每袋糖果数量. 一组学生声称他们买了 5 袋糖果, 每袋糖果数量如下: 25, 23, 21, 21 和 20. 使用假设检验来了解学生收集的数据是否是伪造的. 假设一个显著性水平, 用来检验学生收集的数据是否是伪造的.

1.94 **比较电压读数.** 参考两个位置的电压读数数据, 见练习 1.72. 使用练习 1.72 中的 SAS

输出结果和标准差来比较两个位置的电压读数分布.

1.95 正态的概率. 对于正态分布随机变量 y，$\mu = 80$，$\sigma = 10$. 求下列概率：

(a) $P(y \leqslant 75)$ 　　(b) $P(y \geqslant 90)$ 　　(c) $P(60 \leqslant y \leqslant 70)$

(d) $P(y \geqslant 75)$ 　　(e) $P(y = 75)$ 　　(f) $P(y \leqslant 105)$

1.96 生产线上的平均缺陷. 六西格玛是一种涉及统计量的全面的质量目标设定方法. *Aircraft Engineering and Aerospace Technology*（Vol.76, No.6, 2004）中的一篇文章演示了摩托罗拉公司的六西格玛目标设定中的正态分布应用. 摩托罗拉发现，装配线上生产的零部件的平均缺陷率因运行情况而异，其近似服从正态分布，平均缺陷数为百万分之三. 假设摩托罗拉的目标是使平均缺陷率在 3 的均值上下波动不超过 1.5 个标准差. 目标实现的可能性有多大？

💿 **MTBE**

1.97 井中的地下水污染. *Environmental Science and Technology*（January 2005）对新罕布什尔 223 口井 MTBE 污染相关因素的研究，见练习 1.17. 数据保存在 MTBE 文件中. 每口井被测量的两个变量分别是 pH 值（标准单位）和 MTBE 值（微克 / 升）.

(a) 为样本井的 pH 值绘制直方图. 从直方图中估计 pH 值小于 7.0 的井的比例.

(b) 对于 MTBE 可检测水平的井，绘制 MTBE 值的直方图. 从直方图中估计 MTBE 值大于 5 微克 / 升的污染井的比例.

(c) 求被采样井的 pH 值的均值和标准差，构建区间 $\bar{y} \pm 2s$. 估算 pH 值在此区间内的井的百分比. 你用什么规则来计算这个估计值，加以解释.

(d) 求出具有可检测水平的被采样井的 MTBE 水平的均值和标准差，构建区间 $\bar{y} \pm 2s$. 估计 MTBE 水平在该区间内的井的百分比. 你用什么规则来计算这个估计值，加以解释.

1.98 牙科焦虑量表. 威滕贝格大学的心理学学生完成了牙科焦虑量表问卷（*Psychological Reports*, August 1997），评分范围从 0（无焦虑）到 20（极度焦虑）. 均值为 11，标准差为 3.5. 假设所有的牙科焦虑量表得分的分布是 $\mu = 11$ 和 $\sigma = 3.5$ 的正态分布.

(a) 假设你在牙科焦虑量表上得了 16 分，计算这个分数的 z 值.

(b) 计算某人在牙科焦虑量表上得分在 10 到 15 之间的概率.

(c) 计算某人在牙科焦虑量表上得分高于 17 分的概率.

1.99 治疗阿尔茨海默病的研究. 阿尔茨海默病（AD）是一种进行性发展的脑疾病. 人们对如何治疗阿尔茨海默病做了大量研究. *eCAM*（November 2006）上发表了一篇文章，对 AD 治疗中所用方法的质量进行了研究. 13 项研究的质量数据如下表所示，每项研究的质量都使用 Wong 量表进行测量，得分范围从 9（低质量）到 27（高质量）. 以 99% 置信区间估计所有治疗阿尔茨海默病研究的平均质量 μ，并加以解释.

💿 **TREATAD**

22	21	18	19	20	15	19	20	15	20	17	20	21

资料来源：Chiappelli, F., et al. "Evidence-based research in complementary and alternative medicine Ⅲ：Treatment of patients with Alzheimer's disease," *eCAM*, Vol. 3, No. 4, Nov. 2006 (Table 1).

1.100 **汽车尾气中的氨.** 为减少机动车排放的污染物，新车安装了三元催化转换器. 然而，这些转换器无意中增加了空气中氨的含量. *Environmental Science and Technology*（September 1, 2000）发表了一项关于旧金山公路隧道出口匝道附近氨水平的研究. 下表中的数据表示随机选择的八天下午驾驶时间所测量的每日氨浓度（单位为百万分之一）.

🔘 **AMMONIA**

1.53	1.50	1.37	1.51	1.55	1.42	1.41	1.48

(a) 计算并解释隧道内空气中氨的每日平均水平.

(b) 求每日氨含量的标准差，并加以解释.

(c) 假设出口匝道上午驾驶时间氨水平的标准差为 1.45 ppm. 哪个驾驶时间（上午或下午）氨含量变化更大？

1.101 **对催眠的易感性.** 计算机辅助催眠量表 (CAHS) 用来测量一个人对催眠的易感性. 在计算机辅助催眠中，计算机通过使用数字化语音处理以及与催眠对象的交互，充当催眠的促进者. CAHS 评分从 0 分（无易感性）到 12 分（极高易感性）. *Psychological Assessment*（March 1995）的一项研究报告田纳西大学本科生的平均 CAHS 分数为 4.59，标准差为 2.95. 假设这个总体的 $\mu = 4.29$，$\sigma = 2.95$. 心理学家使用 CAHS 对 50 名受试者进行随机抽样检验.

(a) 你认为所观测到的 CAHS 的样本均值 $\bar{y} = 6$ 或更高吗？加以解释.

(b) 假设心理学家实际观测到 $\bar{y} = 6.2$. 根据你对（a）小题的回答，对被选择的样本总体进行推断.

1.102 **受细菌感染的红蜘蛛繁殖.** 日本动物学家调查了受细菌感染的红蜘蛛繁殖特性（*Heredity,* January 2007）. 受感染的雄性红蜘蛛和受感染的雌性红蜘蛛在实验室交配，并记录下每只雌性蜘蛛产卵的数量. 下表提供了几个样本的汇总统计数据. 注意，在一些样本中，一只或两只受感染的红蜘蛛在交配前用抗生素治疗.

(a) 对于每一对红蜘蛛，计算并解释雌性红蜘蛛所产卵的总体均值的 90% 置信区间.

(b) 确定平均产卵数最高的雌雄配对类型.

雌雄配对类型	样本量	产卵数量的均值	标准差
都未接受治疗	29	20.9	3.34
雄性接受治疗	23	20.3	3.50
雌性接受治疗	18	22.9	4.37
都接受治疗	21	18.6	2.11

资料来源：Reprinted by permission from Macmillan Publishers Ltd: *Heredity* (Gotoh, T., Noda, H., and Ito, S. "Cardinium symbionts cause cytoplasmic incompatibility in spider mites," Vol. 98, No. 1, Jan. 2007, Table 2). Copyright © 2007.

1.103 **旧显示屏的磨损.** 研究人员提出了一项关于从一家零售店购买的旧彩色显示屏的磨损故障时间的研究（*Mathematical Sciences Colloquium,* December 2001）. 在购买之前，这些显示屏的使用寿命约为预期寿命的三分之一．下表记录了 50 个旧显示屏样本的故障时间（以年为单位），然后是用 SPSS 输出数据的结果．

💿 **PANELFAIL**

0.01	1.21	1.71	2.30	2.96	0.19	1.22	1.75	2.30	2.98	0.51
1.24	1.77	2.41	3.19	0.57	1.48	1.79	2.44	3.25	0.70	1.54
1.88	2.57	3.31	0.73	1.59	1.90	2.61	1.19	0.75	1.61	1.93
2.62	3.50	0.75	1.61	2.01	2.72	3.50	1.11	1.62	2.16	2.76
3.50	1.16	1.62	2.18	2.84	3.50					

资料来源：Irony, T. Z., Lauretto, M., Pereira, C., and Stern, J. M. "A Weibull wearout test: Full Bayesian approach," paper presented at *Mathematical Sciences Colloquium*, Binghamton University, Binghamton, U.K., December 2001.

One-Sample Statistics

	N	Mean	Std. Deviation	Std. Error Mean
FAILTIME	50	1.9350	.92865	.13133

One-Sample Test

Test Value = 0

	t	df	Sig. (2-tailed)	Mean Difference	95% Confidence Interval of the Difference	
					Lower	Upper
FAILTIME	14.734	49	.000	1.93500	1.6711	2.1989

(a) 在输出结果中找到旧彩色显示屏的真实平均故障时间的 95% 置信区间．

(b) 对（a）小题的区间做出实际解释．

(c) 对旧彩色显示屏的总体进行重复抽样时，在每个样本的平均故障时间的 95% 置信区间下，有多大比例能够覆盖到真实的平均故障时间？

1.104 **关于鸡啄食的实验**．动物行为学家发现，家养鸡啄食环境中放置物品的次数越多，鸡似乎就越健康．已发现白绳是一种特别吸引鸡啄食的刺激物．在一个实验中，72 只鸡受到了绳子刺激。用蓝绳代替白绳，记录每只鸡在指定时间间隔内在蓝绳上啄食的次数．72 只鸡啄食次数汇总统计为 $\bar{y}=1.13$，$s=2.21$（*Applied Animal Behaviour Science*, October 2000）．

(a) 用 99% 置信区间估计蓝绳刺激下鸡啄食次数的总体均值，并加以解释．

(b) 以前的研究表明，如果鸡处于白绳刺激，啄食次数的总体均值 $\mu=7.5$．根据（a）小题的结果，是否有证据表明鸡更容易啄食白绳而不是蓝绳？请加以解释．

1.105 **精神病人的社会交往**．*Community Mental Health Journal* (August 2000) 发表了对康涅狄格州精神健康和成瘾服务部 (DMHAS) 6 000 多名患者的调查结果．社会交往的频率是对每个心理健康患者测量的众多变量之一（此变量为 5 分制，1= 非常不频繁，3= 偶尔，5= 非常频繁）．接受评估的 6 681 名患者的平均社会交往得分为 2.95，标准差为 1.10．

(a) 当 $\alpha = 0.01$ 时进行假设检验，以确定所有康涅狄格州心理健康患者的真实平均社会交往频率得分是否不等于 3.

(b) 从实际的角度检验研究的结果，然后讨论为什么"统计显著性"并不总是意味着"实际显著性".

(c) 由于所关心的变量是按 5 分制量表来衡量的，因此得分的总体不太可能是正态分布的，一些研究人员认为（a）小题的检验是无效的，并将寻求其他的分析方法. 支持或反驳这一立场.

1.106 **河水中的碱性水平.** 从韩国首尔汉江采集的水样平均碱性水平为 50 毫克/升（mpl）（*Environmental Science and Engineering*, September 1,2000），以从汉江支流采集的 100 份水样为例. 假设样本碱性水平的均值和标准差分别为 $\bar{y} = 67.8$ mpl，$s = 14.4$ mpl. 是否有足够的证据（$\alpha = 0.01$）表明支流中的总体平均碱性水平超过 50 mpl？

1.107 **在工作场所粗鲁真的很重要吗？** 研究已经证实，工作场所的粗鲁行为会导致报复和适得其反的行为. 然而，关于粗鲁行为如何影响受害者的任务表现的研究却很少. 该研究结果发表在 *Academy of Management Journal*（October 2007）上. 管理学专业的大学生被随机分为两个实验组：粗鲁组（45 名）和对照组（53 名）. 每个学生被要求在 5 分钟内尽可能多地写出一块砖的用途. 针对那些处于粗鲁组的学生，由于一个学生迟到，辅导员斥责学生不负责任和不专业，以此表现粗鲁行为. 然而，辅导员对对照组迟到的学生没有发表评论. 在 98 名学生中，记录了每个人写出的砖块的不同用途数，并将数据保存在文件 RUDE 中，如下所示. 进行统计分析（$\alpha = 0.01$），以确定粗鲁组学生的真实平均表现水平是否低于对照组学生的真实平均表现水平.

📀 **RUDE**

对照组：											
1	24	5	16	21	7	20	1	9	20	19	10
23	16	0	4	9	13	17	13	0	2	12	11	7
1	19	9	12	18	5	21	30	15	4	2	12	11	10
13	11	3	6	10	13	16	12	28	12	20	3	11

粗鲁组：											
4	11	18	11	9	6	5	11	9	12	7	5
7	3	11	1	9	11	10	7	8	9	10	7
11	4	13	5	4	7	8	3	8	15	9	16
10	0	7	15	13	9	2	13	10			

1.108 **躲在花上的蟹蛛.** *Behavioral Ecology*（January 2005）发表了一项关于蟹蛛伪装自己在花上躲避捕食者（如鸟类）的实验结果. 法国自然历史博物馆的研究人员收集了 10 只成年雌性蟹蛛的样本，每只蟹蛛都坐在雏菊的黄色中心部位，并对比了每只蟹蛛与雏菊的颜色. 下表显示了这些数据（其中较高的值表示反差较大，而且可能更容易被捕食者发现）. 研究人员发现，70 或更高的对比度可以让鸟类看到蟹蛛. 感兴趣的是，雏菊上蟹蛛的真实平均色差是否小于 70.

（a）计算相关参数 μ.

（b）建立原假设和备择假设.

（c）计算样本数据的$\bar{y}$和s，通过这些值来计算检验统计量.

（d）计算$\alpha = 0.10$的拒绝域.

（e）找出检验的p值.

（f）结合题设文字总结适当的结论.

💿 **CRABSPIDER**

57	75	116	37	96	61	56	2	43	32

资料来源：Data adapted from Thery, M., et al. "Specific color sensitivities of prey and predator explain camouflage in different visual systems," *Behavioral Ecology*, Vol. 16, No. 1, Jan. 2005 (Table 1).

1.109 **复读儿童的身高.** 小学复读的孩子平均比同龄人矮吗？为了回答这个问题，研究人员比较了澳大利亚复读和不复读的学生（*Archives of Disease in Childhood,* April 2000）. 所有身高测量均采用z分数标准化. 按性别分类的结果汇总见下表.

（a）进行假设检验，以确定复读男孩的平均身高是否低于不复读男孩的平均身高（$\alpha = 0.05$）.

（b）进行假设检验，以确定复读女孩的平均身高是否低于不复读女孩的平均身高（$\alpha = 0.05$）.

（c）用题中的语言总结假设检验的结论.

	不复读	复读		不复读	复读
男孩	$n = 1349$	$n = 86$	女孩	$n = 1366$	$n = 43$
	$\bar{x} = 0.30$	$\bar{x} = -0.04$		$\bar{x} = 0.22$	$\bar{x} = 0.26$
	$s = 0.97$	$s = 1.17$		$s = 1.04$	$s = 0.94$

资料来源：Reproduced from *Archives of Disease in Childhood*, "Does height influence progression through primary school grades?" Melissa Wake, David Coghlan, and Kylie Hesketh, Vol. 82, Issue 4, April 2000 (Table 3), with permission from BMJ Publishing Group Ltd.

1.110 **分析遥感数据来识别土地覆盖类型.** 地理学家利用卫星图像中的遥感数据来识别城市土地覆盖是草地、商业建筑还是住宅. 在 *Geographical Analysis*（October 2006）中，来自亚利桑那州立大学、佛罗里达州立大学和路易斯安那州立大学的研究人员合作研究了一种分析遥感数据的新方法. 一个城市的卫星照片被分成 4 米 × 4 米的区域（称为像素）. 一种测量像素间隙或孔大小分布的数值方法，称为空腔度（lacunarity）. 从某一特定城市随机抽取 100 个像素样本，其空腔度测量均值为 225，标准差为 20. 已知所有草地像素点的平均空腔度测量值为 220. 数据是否表明抽样的区域是草地？用$\alpha = 0.01$进行假设检验.

1.111 **失聪者的笑声.** *Journal of Deaf Studies and Deaf Education*（Fall 2006）发表了一篇关于美国手语（ASL）使用者中失聪者发出笑声的文章，在失聪参与者进行的 ASL 对话录像中，28 人至少笑了一次. 研究人员想知道他们是作为演讲者（做手势时）还是作为听众（在听的时候）笑更多，在 28 名失聪参与者中，每个人作为演讲者笑的次数和作为听众笑的次数都是确定的.这项研究的一个目标是比较作为演讲者和作为听众笑的平均次数.

(a) 解释为什么数据应用配对差异实验进行分析.

(b) 确定研究的目标参数.

(c) 研究得出作为演讲者笑3.4次的样本均值和作为听众笑1.3次的样本均值.这是否足以证明总体的均值是不同的,并加以解释.

(d) 配对差异实验的 t 检验结果 $t = 3.14$,p 值 <0.01,请解释结果.

1.112 **视觉搜索研究.** 当你在寻找一件物品时(例如路边的交通标志、丢失的耳环或 X 光影像里胸部的肿瘤),常识告诉你,你不会重新检查之前被否定的物品.然而,哈佛医学院的研究人员发现,视觉搜索没有记忆(*Nature*, August 6, 1998).在他们的实验中,9名受试者在几个字母"L"中寻找字母"T".每个研究对象都在随机和静态两种条件下进行了搜索.在随机条件下,字母的位置每111毫秒改变一次;在静态条件下,字母的位置保持不变.在每个实验中,反应时间(即受试者定位目标字母所需的时间)以毫秒为单位记录.

(a) 研究的目标之一是比较两种实验条件下受试者的平均反应时间.解释为什么数据应该用配对差异实验来分析.

(b) 如果视觉搜索没有记忆,那么两种情况下的主要反应时间不会不同.建立 H_0 和 H_a 来检验这个"无记忆"理论.

(c) 检验统计量 $t = 1.52$,对应的 p 值 $= 0.15$,得出适当的结论.

💿 **MILK**

1.113 **发现学校牛奶价格被操纵.** 每年,肯塔基州都会邀请乳品厂投标,为其学校地区供应半品脱(1品脱 = 0.473升)的液态奶产品.在肯塔基州北部的几个学校地区(称为"三县"市场),两个供应商 Meyer Dairy 和 Trauth Dairy 被指控操纵价格,即合谋分配学校地区,以便预先确定中标者,从而预先制定有竞争力的每品脱价格.这两家乳品厂是1983年至1991年间三县市场上仅有的两家牛奶合同竞标者.(相比之下,在肯塔基州北部市场的其余部分,也就是所谓的"周边"市场,有大量不同的奶厂赢得了学校地区的牛奶合同.) Meyer Dairy 和 Trauth Dairy 是否合谋操纵他们在三县市场的投标?如果是的话,经济学理论认为,被操纵的三县市场的平均中标价将高于竞争性周边市场的平均中标价.1983年至1991年期间,乳品厂竞购牛奶合同的投标样本数据保存在 MILK 文件中.

(a) 下面是肯塔基州两个牛奶市场的全脂牛奶平均投标价格比较的 MINITAB 输出结果.三县市场乳品厂参与合谋行为的说法是否得到支持?请加以解释.

(b) 在竞争性密封投标市场中,供应商不分享其投标信息.因此,与合谋市场相比,竞争性密封投标市场通常可以观察到投标之间的分散性或可变性.在合谋市场中,供应商就其投标进行交流,并有一种倾向,即为了使投标看起来具有竞争力而相互接近地提交投标价格.如果三县牛奶市场存在合谋,则周边("竞争性")市场的中标价格变化将显著大于三县("操纵性")市场的相应变化.对

MILK 文件中的全脂牛奶数据进行 MINITAB 分析并输出结果. 是否有证据表明周边市场的投标价格方差超过了三县市场的投标价格方差?

Two-Sample T-Test and CI: WWBID, Market

Method

μ_1: mean of WWBID when Market = SURROUND
μ_2: mean of WWBID when Market = TRI-COUNTY
Difference: $\mu_1 - \mu_2$

Equal variances are assumed for this analysis.

Descriptive Statistics: WWBID

Market	N	Mean	StDev	SE Mean
SURROUND	254	0.1331	0.0158	0.00099
TRI-COUNTY	100	0.1431	0.0133	0.0013

Test

Null hypothesis H_0: $\mu_1 - \mu_2 = 0$
Alternative hypothesis H_1: $\mu_1 - \mu_2 < 0$

T-Value	DF	P-Value
−5.58	352	0.000

练习 1.113（a）的 MINITAB 输出

Test and CI for Two Variances: WWBID vs Market

Method

σ_1: standard deviation of WWBID when Market = SURROUND
σ_2: standard deviation of WWBID when Market = TRI-COUNTY
Ratio: σ_1/σ_2
F method was used. This method is accurate for normal data only.

Descriptive Statistics

Market	N	StDev	Variance	95% CI for σ
SURROUND	254	0.016	0.000	(0.015, 0.017)
TRI-COUNTY	100	0.013	0.000	(0.012, 0.015)

Test

Null hypothesis H_0: $\sigma_1 / \sigma_2 = 1$
Alternative hypothesis H_1: $\sigma_1 / \sigma_2 \neq 1$
Significance level $\alpha = 0.05$

Method	Test Statistic	DF1	DF2	P-Value
F	1.41	253	99	0.048

练习 1.113（b）的 MINITAB 输出

1.114 **家长参与家庭作业.** 教师让家长参与作业（TIPS）是一种互动式家庭作业过程, 旨在提高中小学生的家庭作业质量. TIPS 家庭作业要求学生在完成家庭作业时与家庭伙伴（父母、监护人等）进行互动. 约翰斯·霍普金斯大学进行了一项研究, 调查科学、数学和语言艺术家庭作业中 TIPS 的影响（2001 年 4 月）. 在 128 名中学生的样本中, 每个人被指定完成 TIPS 作业, 而在第二个样本中, 98 名学生被指定完成传统的、非互动的作业（称为 ATIPS）. 所有学生都用四分制记录家长参与家庭作业的程度（0= 从不, 1= 很少, 2= 有时, 3= 经常, 4= 总是）. 每个学生记录了三个分数: 一个是科学作业, 一个是数学作业, 一个是语言艺术作业. 研究的数据保存在 HWSTUDY 文件中. 数据中的前五次和最后五次观测结果列于下表.

⊚ **HWSTUDY**

作业情况	科学	数学	语言艺术	作业情况	科学	数学	语言艺术
ATIPS	1	0	0	TIPS	2	3	2
ATIPS	0	1	1	TIPS	1	4	2
ATIPS	0	1	0	TIPS	2	4	2
ATIPS	1	2	0	TIPS	4	0	3
ATIPS	1	1	2	TIPS	2	0	1

资料来源: Van Voorhis, F. L. "Teachers' use of interactive homework and its effects on family involvement and science achievement of middle grade students." Paper presented at the annual meeting of the American Educational Research Association, Seattle, April 2001.

（a）当 $\alpha = 0.05$ 时, 比较 TIPS 组和 ATIPS 组学生的家长参与科学作业的平均水平, 并给出结论.

(b) 当 $\alpha = 0.05$ 时，比较 TIPS 组和 ATIPS 组学生的家长参与数学作业的平均水平，并给出结论.

(c) 当 $\alpha = 0.05$ 时，比较 TIPS 组和 ATIPS 组学生的家长参与语言艺术作业的平均水平，并给出结论.

(d) 为使 (a)～(c) 小题的推论有效，有哪些假设是必要的？它们能被合理满足吗？

参考文献

Freedman, D., Pisani, R., and Purves, R. *Statistics*. New York: W. W. Norton and Co., 1978.

Mcclave, J. T., and Sincich, T. *A First Course in Statistics*, 12th ed. Boston: Pearson Educ., 2017.

Tukey, J. *Exploratory Data Analysis*. Reading, Mass.: Addison-Wesley, 1977.

Wackerly, D., Mendenhall, W., and Scheaffer, R. *Mathematical Statistics with Applications*. 7th ed. Belmont, CA: Brooks/Cole, 2008.

第 2 章　回归分析导论

目标

1. 解释统计模型的概念.
2. 描述回归的应用.

推断性统计的许多应用要比第 1 章中介绍的方法更复杂. 通常, 你会希望使用样本数据来研究一组变量之间的关系, 最终为某些变量 (例如智商、平均绩点等) 创建一个模型, 这个模型可以用来预测未来值. 寻找能最优拟合数据的数学模型 (方程) 的过程是统计技术的一部分, 它被称为**回归分析**.

2.1　因变量建模

假设一所大学的负责人想要预测所有学生在大一结束时的平均绩点 (GPA). 一种方法是随机抽取去年的新生作为样本, 记录每个人 GPA (记为 y), 用这些 GPA 来估计所有新生 GPA 均值的真值, 然后负责人可以用这个 GPA 估计值来预测当前每个大一新生的 GPA.

用 GPA 均值来预测当前每个大一新生的 GPA, 相当于用 GPA 均值作为一个**模型**, 来预测每个大一新生实际 GPA.

在回归分析中, 要建模的变量 y 称为**因变量** (或**响应变量**), 其真实均值 (或期望值) 表示为 $E(y)$. 在这个例子中,

$$y = 一个大一新生的 GPA$$
$$E(y) = 所有大一新生的 GPA 均值$$

定义 2.1　要预测 (或建模) 的变量 y 称为**因变量** (或**响应变量**).

负责人知道某个学生 y 的真实值取决于其智商、SAT 分数、专业和许多其他因素. 所有大一新生的真实 GPA 分布如图 2.1 所示. 因此, 负责人通过 y 等于所有大一新生的 GPA 均值 $E(y)$ 加上或减去一个随机数, 来为某个大一学生的平均绩点 y 建模, 也就是说,

$$y = E(y) + 随机误差$$

由于负责人不知道某个特定学生的随机误差, 所以就用 GPA 均值 $E(y)$ 的估计值来预测该新生的 GPA.

这个模型称为 y 的**概率模型**. 概率性来自这样一个事实: 当模型的某些假设成立时, 我

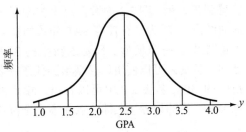

图 2.1　大一新生 GPA 分布

们就可以对 y 和 $E(y)$ 之间的偏差大小做出一个概率陈述. 例如，如果 y 服从正态分布，GPA 均值为 2.5，GPA 的标准差为 0.5（如图 2.1 所示），那么 y 落在其均值的 2 个标准差范围内（即一个 GPA）的可能性是 0.95. 下框所示的概率模型是本文考虑的所有模型的基础.

在实践中，我们需要使用样本数据来估计概率模型的参数，即均值 $E(y)$ 和随机误差 ε. 在第 3 章中，我们会学习回归中的一个标准假设：平均误差为 0. 基于这样的假设，我们对 ε 的最佳估计值为 0. 因此，我们只需要估计 $E(y)$.

回归中概率模型的一般形式

$$y = E(y) + \varepsilon$$

其中 y = 因变量

$E(y)$ = y 的均值（或期望）

ε = 随机误差

估计 $E(y)$ 值的最简单的方法是使用 1.8 节中的方法. 例如，负责人可以随机抽取去年的新生作为样本，记录每个新生的 GPA 值 y. 样本均值 $\bar{y}$ 可以作为实际 GPA 均值 $E(y)$ 的估计值. 如果我们用 $\hat{y}$ 表示 y 的预测值，简单的模型预测方程为

$$\hat{y} = \bar{y}$$

因此，在这个简单的模型中，样本 GPA 均值 $\bar{y}$ 被用来预测任何一个学生在大一学年结束时的实际 GPA y.

遗憾的是，这个简单的模型并没有考虑到许多与大一新生 GPA 高度相关的其他变量，这些变量被称为**自变量**⊖. 从逻辑上讲，利用这些自变量（例如智商、SAT 分数和专业等）来估计 $E(y)$，可以得到更准确的模型. 把找出 y 和这些自变量数据联系起来的最佳拟合数学模型（方程）的过程，称为**回归分析**.

定义 2.2 用于预测（或建模）y 的变量称为**自变量**，用符号 x_1, x_2, x_3 等表示.

例如，假设负责人决定将新生 GPA 值 y 与一个自变量 x 关联起来，该自变量被定义为学生的 SAT 分数. 负责人可能会随机抽取一名新生作为样本，分别记录其 y 和 x，然后将得到的这些数据作图，如图 2.2 所示. 寻找最能拟合数据点的平滑曲线方程是回归分析的一部分. 一旦得到该方程（图 2.2 中数据点上拟合了该方程的曲线图），就为估算任意 SAT 分数的新生 GPA 均值提供了一个模型. 只要该新生的 SAT 成绩已知，负责人可以使用该模型预测任意一名大一新生的 GPA. 从图 2.2 中可以看出，模型的预测也会有一定的误差（大部分点并不完全位于曲线

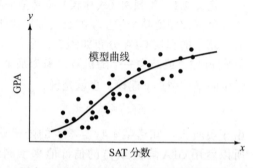

图 2.2 大一新生 GPA 与 SAT 成绩的关系

⊖ "自变量"这个词不应该从概率的角度来解释. 在回归分析中，自变量是指对于响应 y 的预测变量.

上），但预测的误差将远远小于图 2.1 所示模型的预测误差．如图 2.1 所示，对于大一新生来说，一个好的 GPA 估计值应该是在分布中心附近的一个值，比如均值．但是由于该预测没有考虑 SAT 分数，因此预测的误差将大于图 2.2 中模型的预测误差．因此，我们认为利用自变量 SAT 分数预测信息的模型要优于图 2.1 所示的模型．

2.2　回归分析概述

回归分析是统计方法的一个分支，研究的是将响应变量 y 与一组自变量或预测变量 $x_1, x_2, \cdots, x_k$ 联系起来．回归分析的目标是建立一个好的模型，即一个将 y 与自变量联系起来的预测方程，这将使我们能够通过给定 $x_1, x_2, \cdots, x_k$ 的值来预测 y，从而得到较小的预测误差．当使用该模型对一组特定的值 $x_1, x_2, \cdots, x_k$ 来预测 y 时，我们需要一个能衡量我们预测可靠性的指标．也就是说，我们想知道预测误差的大小．所有这些因素都包含在回归分析中，因此回归预测方程通常被称为**回归模型**．

例如，房地产估价师可能希望将住宅物业的价格增长百分比 y 与两个定量自变量 x_1（供暖面积，平方英尺）和 x_2（地块面积，英亩⊖）联系起来．这个模型可以用一个**响应面**来表示（见图 2.3），该响应面记录 x_1 和 x_2 的各种组合的平均价格增长百分比 $E(y)$．根据 $x_1 = 2\,000$ 平方英尺的供暖面积和 $x_2 = 0.7$ 英亩的地块面积，来预测住宅物业的价格增长百分比 y，可以在 x_1 和 x_2 平面上定位 $x_1 = 2\,000$，$x_2 = 0.7$（参见图 2.3）．该点的高度是价格 $E(y)$ 的平均增长百分比，这是一个用 $x_1 = 2\,000$ 和 $x_2 = 0.7$ 来预测的房价增长百分比的理性估值．

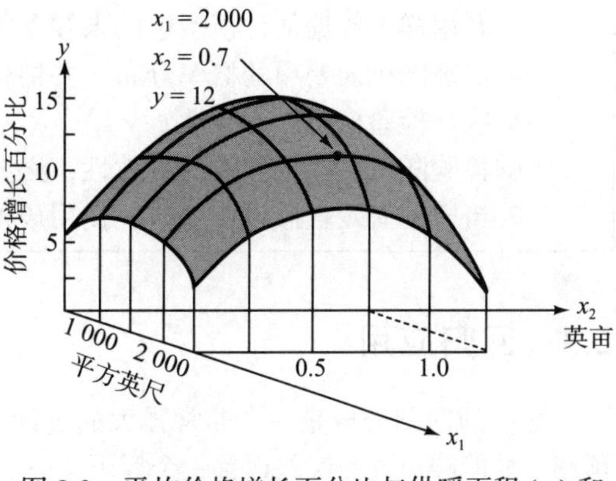

响应面是模拟响应变量 y 的一种简便方法，该响应变量 y 是关于两个定量自变量 x_1 和 x_2 的函数．图 2.3 所示响应面的数学表达式可由确定性模型给出：

图 2.3　平均价格增长百分比与供暖面积 (x_1) 和地块面积 (x_2) 的函数关系

$$E(y) = \beta_0 + \beta_1 x_1 + \beta_2 x_2 + \beta_3 x_1 x_2 + \beta_4 x_1^2 + \beta_5 x_2^2$$

其中 $E(y)$ 是 x_1 和 x_2 的价格增长百分比的均值，$\beta_0, \beta_1, \cdots, \beta_5$ 是常数（或权重），其值是从样本数据中估计得出．注意 $E(y)$ 的模型是确定的，如果常量 $\beta_0, \beta_1, \cdots, \beta_5$ 已知，则通过 x_1 和 x_2 的值就能够准确地计算出 $E(y)$ 的值．

将 y 的概率模型中的 $E(y)$ 用 $\beta_0 + \beta_1 x_1 + \beta_2 x_2 + \beta_3 x_1 x_2 + \beta_4 x_1^2 + \beta_5 x_2^2$ 替换，得到 y 的完整方程：

$$y = \beta_0 + \beta_1 x_1 + \beta_2 x_2 + \beta_3 x_1 x_2 + \beta_4 x_1^2 + \beta_5 x_2^2 + \varepsilon$$

⊖　1 英亩 = 4 046.856 平方米．——编辑注

现在，房地产估价师获得了住宅物业的样本，并记录供暖面积 x_1 和地块面积 x_2，以及增长百分比 y 的估计值（见 2.4 节）. 将样本数据进行回归分析得到模型参数的估计值，使房地产估价师能够预测特定属性的增长百分比 y. 预测方程为

$$\hat{y} = \hat{\beta}_0 + \hat{\beta}_1 x_1 + \hat{\beta}_2 x_2 + \hat{\beta}_3 x_1 x_2 + \hat{\beta}_4 x_1^2 + \hat{\beta}_5 x_2^2$$

其中，$\hat{y}$ 是 y 的预测值，$\hat{\beta}_0$，$\hat{\beta}_1$，$\cdots$，$\hat{\beta}_5$ 是模型参数的估计值.

在实践中，房地产估价师将为 $E(y)$ 建立确定性模型，该模型考虑到其他定量变量和定性变量（如位置和建筑类型）. 在接下来的几章中，我们将展示如何构建一个模型，将响应变量与定量和定性变量联系起来，并使用回归分析将该模型与样本数据进行拟合.

前面对回归分析的描述过于简单化，但它概述了本文主旨的初步看法. 除了用 $x_1, x_2, \cdots, x_k$ 的特定值来预测 y，回归模型还可用 $x_1, x_2, \cdots, x_k$ 来估计 y 的均值，并回答 y 与一个或多个自变量之间的关系等问题. 这些推断的实际价值在下面的章节中将被举例说明.

最后，我们总结回归分析中所涉及的主要步骤.

回归建模：六步法

1. 假设 $E(y)$ 模型的形式.
2. 收集样本数据.
3. 利用样本数据估计模型中的未知参数.
4. 明确随机误差项的概率分布，并估计该分布的未知参数.
5. 统计检验模型的有效性.
6. 检验随机误差项假设的有效性，必要时进行模型修正.
7. 当模型有效且假设成立时，使用该模型进行推断，即参数解释、预测和估计等.

2.3 回归应用

数据的回归分析是一个非常强大的统计工具. 它提供了一种技术，用于构建响应的统计预测，并能够对预测误差设置一个界限（一个近似的上限）. 例如，假设你管理一家建筑公司，想要用自变量 $x_1, x_2, \cdots, x_k$ 的函数来预测每个建筑工程的利润 y. 如果你能找到自变量的正确组合，并假设一个合理的数学表达式将 y 和这些变量联系起来，那么你就有可能推断出哪些自变量与建筑工程的利润相关，然后通过控制这些变量来实现更高的公司利润. 此外，你还可以在公司规划中运用这些预测. 下面的例子说明了回归分析在实际问题中的一些成功应用.

例 2.1 科学（以及回归的简史）

1886 年，科学家弗朗西斯·高尔顿（Francis Galton）在研究自然遗传时，收集了父母和成年子女身高的数据. 他注意到个高（或个矮）的父母有生个高（或个矮）的孩子的倾向，但孩子的平均身高不像他们的父母那么高（或矮）. 高尔顿称这种现象为"普遍回归定律（Law of Universal Regression）"，因为成年子女的平均身高往往"回归"到人类的平均身高. 在他的朋友兼弟子卡尔·皮尔逊的帮助下，高尔顿建立儿子的成年身高 (y) 关于父母身高 (x) 的函数，并创造了**回归模型**这个术语. ■

例 2.2　心理学

媒体对一个人是否做整容手术的决定有多大的影响？这是 *Body Image: An International Journal of Research* (March 2010) 研究的问题．在这项研究中，170 名大学生回答了有关他们对以整容手术为特色的真人秀节目印象的问题．研究人员对每个学生的整容意愿进行了度量，然后用回归模型将意愿 (y) 作为几个自变量的函数，自变量分别是性别、自尊水平、身体满意度指数以及对整容真人秀节目是否真实的信任程度．■

例 2.3　地理

天然石材（如砂岩）是一种受欢迎的建筑材料．为了更好地了解砂岩在自然条件下的衰变特性，研究人员进行了一项实验．(*Geographical Analysis*, Vol. 42, 2010.) 将砂岩块切割成300 块大小相等的薄片，随机分成 3 组，每组 100 片．A 组切片未受任何风化作用，B 组切片在温和条件下反复喷洒 10% 盐溶液（用来模拟淋雨），C 组切片在 10% 的盐溶液中浸泡并干燥（用来模拟寒冷潮湿的冬天和炎热干燥的夏天）．然后对所有砂岩片进行渗透率测试．多元回归模型表明，B 组砂岩的平均渗透率最高．■

例 2.4　音乐

德国康斯坦茨大学统计学教授 Jan Beran 在 *Chance* (Fall 2004) 上撰文指出，音乐的某些方面可以用定量回归模型来描述．在 13 世纪到 20 世纪的著名作品中，音乐作品的信息量 y（称为熵，衡量的是某个音调出现的次数）与作曲家的出生年份 x 呈线性关系．■

例 2.5　会计

Behavioral Research in Accounting (January 2008) 上刊登了一项关于会计人员马基雅维里特征（如伪造、狡猾、口是心非、欺骗和不守信用等负面性格特质）的研究．采用多元回归方法，以年龄、性别、教育程度和收入为自变量，对会计人员马基雅维里主义 (Mach) 得分进行建模．其中，只有收入对 Mach 得分有显著影响．■

例 2.6　工程

在工业冷却应用中（例如核反应堆的冷却），经常使用一种称为过冷流动沸腾的加工方法．过冷流动沸腾易受加热表面附近小气泡的影响．*Heat Transfer Engineering* (Vol. 34, 2013) 研究了这些气泡的特性．一系列实验表明，气泡直径（毫米）与自变量质量通量（千克/（平方米·秒））或热流密度（兆瓦/平方米）都无关，然而气泡密度（升/平方米）被发现与质量通量和热流密度有关．■

例 2.7　管理

根据 *Academy of Management Journal* (August 2015) 提出的理论，企业的高层领导者是根据机构的业绩以及领导者的个人魅力来选拔的．为了验证这一理论，研究人员收集了1916 年至 2008 年 24 次美国总统选举的数据．研究人员使用回归模型来模拟民主党选票份额（y，表示在全国大选中投票给民主党候选人的选民比例），以民主党与共和党魅力值（根据候选人在该党全国代表大会上的获奖感言）的差 (x_1)、总统选举是否受到第二次世界大战的影响 (x_2) 以及民主党与共和党的现任总统是否竞选总统 (x_3) 为自变量．研究人员发现，魅力值对选票份额几乎没有影响，但在任期内的影响却很大．■

例 2.8　法律

20 多年来，法院已经接受了"受虐妇女综合症"作为证据为杀人案件辩护．*Duke*

Journal of Gender Law and Policy (Summer 2003) 上发表的一篇文章研究了专家证词对涉及受虐妇女综合症的凶杀案审判结果的影响. 从过去审判中收集的陪审员个人投票数据来看,在有专家作证的情况下,女性陪审员比男性更有可能在商议后将判决从无罪改为有罪. 这一结果是通过多元回归模型得出的,该模型考虑了陪审员性别(男性或女性)和专家证词(有或无)对将判决从无罪改为有罪可能性 y 的影响.

例 2.9 教育

基于大学新生最重要的择校因素,每年 College Choice 都会发布全美国研究型大学排名. 前 50 名的大学是根据它们的学术声誉分数来排名的. 回归分析表明,声誉得分(y)与多个自变量有关,包括学校是公立还是私立(x_1),平均助学金(x_2),平均出席费用净额(x_3),授予科学、技术、工程或数学学位的百分比(x_4)以及毕业生在大学毕业后成功就业的比例(x_5).

例 2.10 犯罪学

British Journal of Criminology (May 2014) 发表了一项关于加拿大联邦监狱系统性犯罪者的研究. 研究人员利用收集到的种族、犯罪类型(暴力或非暴力)和初犯年龄等数据,对 59 名男性罪犯的定罪总数进行了建模,三个自变量都被发现是定罪总数的重要预测因子.

例 2.11 营销学

虽然周围环境条件看不见摸不着,但是空气质量(x_1)、温度(x_2)、气味或香气(x_3)、音乐(x_4)、噪音水平(x_5)和整体形象(x_6)等因素可能会影响客人对酒店的满意度. *Journal of Hospitality Marketing & Management* (Vol. 24, 2015) 进行了一项研究,以 422 名住在五星级酒店的客人为样本,评估这些环境因素对酒店顾客满意度(y)的影响. 所有变量(温度除外)均为影响顾客满意度的显著预测因子,其中整体形象是最重要的因子.

例 2.12 动物学

Current Zoology (April 2014) 研究了全球变暖和随之而来的融雪对栖息在北极高地的蝴蝶飞行季节(迁徙日期)的影响. 研究人员收集了 14 年来某些种类蝴蝶的年度数据. 飞行季节开始日(y)被建模为关于融雪时间 x_1(第一个测得积雪少于 10 厘米的日期)和 7 月平均温度 x_2(以摄氏度为单位)的函数. 模型显示,当融雪时间(x_1)增加 1 天时,飞行季节开始日(y)的变化取决于 7 月的平均温度.

2.4 收集回归数据

回顾 2.2 节,回归分析的初始步骤是假设响应量均值 E(y) 的确定性模型是一个或多个自变量的函数. E(y) 的模型被假设后,下一步就是收集样本数据,需要收集样本中每个实验单位的响应变量 y 和自变量 $x_1, x_2, \cdots, x_k$ 的观测值来估计未知模型的参数 β. 因此,回归分析的样本包括多个变量($y, x_1, x_2, \cdots, x_k$)的观测值,而不仅仅包括单个变量.

回归的数据可以是两种类型:**观测数据**或**实验数据**. 观测数据是指没有特意地对自变量 x 的值加以控制所得的. 例如,假设你想为高管的年薪 y 建模,获取回归数据的一种方法是随机抽取 n = 100 名高管作为样本,记录 y 值和每个预测变量的值. 表 2.1 显示了样本中前五位高管的数据.（注意，在本例中，每个高管的 x 值，如经验、大学教育程度、监管员工人数等，并没有在观测变量工资 y 之前指定，也就是说 x 值是不受控制的.因此，样本数据是观测数据.）

表 2.1　前五位高管的观测数据

	高管				
	1	2	3	4	5
年薪 y（美元）	85 420	61 333	107 500	59 225	98 400
经验 x_1（年）	8	2	7	3	11
大学教育程度 x_2（年）	4	8	6	7	2
监管员工数 x_3	13	6	24	9	4
企业资产 x_4（百万美元）	1.60	0.25	3.14	0.10	2.22
年龄 x_5（岁）	42	30	53	36	51
董事会 x_6（1=是，0=不是）	0	0	1	0	1
国际责任 x_7（1=是，0=不是）	1	0	1	0	0

定义 2.3　如果回归中的自变量 x 的值是不受控制的（即在观测到 y 值之前没有预先设定），且测量时没有误差，则数据为**观测数据**.

当将回归应用于观测数据时，应该选择多大的样本？在 1.8 节中，我们知道，在估计总体均值时，样本量 n 将取决于：1）（估计的）总体标准差；2）置信水平；3）用于估计均值的置信区间的预期半宽度.因为回归涉及响应变量均值 $E(y)$ 的估计，样本量将取决于以上三个因素.问题并不像 1.8 节那样简单，因为 $E(y)$ 被建模为一组自变量的函数，所以模型中的附加参数（即 β）也必须被估计.在回归中，样本量应该足够大，这样 β 值才可能被估计和检验.样本量 n 至少应与 $E(y)$ 模型中包含的参数 β 个数一样多，否则无法被估算.为了确保样本足够大，一个好的经验法则是 n 的数量需大于或等于 10 倍参数 β 的个数.

例如，假设一家咨询公司想要对公司高管的年薪 y 使用以下模型：

$$E(y) = \beta_0 + \beta_1 x_1 + \beta_2 x_2 + \cdots + \beta_7 x_7$$

其中 $x_1, x_2, \cdots, x_7$ 在表 2.1 中被定义.除去 β_0 外，模型中有 7 个参数 β，因此，公司样本中至少应该包括 $10 \times 7 = 70$ 位公司高管.

回归中的第二类数据是实验数据，即预先设定自变量的值（即控制），然后得到 y 的观测值.举例，如果车间主管想要调查两个定量自变量（例如温度 x_1 和压力 x_2）对化学品批次纯度的影响，主管可决定采用三个温度值（100℃、125℃ 和 150℃）和三个压力值（50 磅/平方英寸、60 磅/平方英寸和 70 磅/平方英寸），并对一批化学品中产生的 $3 \times 3 = 9$ 种温度 – 压力组合的杂质 y 进行测量（见表 2.2）.在本实验中，自变量的设置是受控制的，而在房地产销售的例子中，观测数据是不受控制的.

定义 2.4　如果回归中的自变量 x 的值是通过实验设计来控制的（即在观测变量 y 的值之前预先设定），则数据是**实验数据**.

表 2.2　实验数据

温度 x_1	压力 x_2	杂质 y
	50	2.7
100	60	2.4
	70	2.9
	50	2.6
125	60	3.1
	70	3.0
	50	1.5
150	60	1.9
	70	2.2

在许多研究中，通常不可能控制 x 的值．因此，大多数为应用回归分析而收集的数据是观测数据（如例 2.2 中的回归分析，控制自变量的值显然是不可能且不切实际的）．你可能想知道为什么我们要区分这两种类型的数据，我们将在第 7 章学习到基于观测数据的回归研究推断比基于实验数据的回归研究推断有更多的局限性．尤其是我们会发现，与实验数据相比，用观测数据建立变量之间的因果关系要困难得多．

第 3 ~ 10 章中的大多数例子和练习中的数据都是观测数据．在第 11、12 章中，我们将应用实验数据进行回归分析．

快速总结

关键思想

回归分析

用数学模型通过其他变量的值 $(x_1, x_2, \cdots, x_k)$ 来预测变量 y．

回归变量

1. **因变量（响应变量）y** ——要建模或预测的变量．

2. **自变量 $x_1, x_2, \cdots, x_k$** ——用于预测 y 的变量．

概率模型

$y = E(y) + \varepsilon$，其中

1. $E(y) =$ 均值（期望），y 是 $x_1, x_2, \cdots, x_k$ 的函数．

2. ε 是**随机误差**．

回归步骤

1. 假设 $E(y)$ 的模型形式．

2. 收集样本数据．

3. 估计模型中的未知参数．

4. 明确随机误差 ε 的概率分布

5. 统计检验模型的有效性．

6. 使用该模型进行预测与估计．

回归数据类型

1. **观测数据**（x 值不受控制）

2. **实验数据**（通过设计实验控制 x 值）

第 3 章　简单线性回归

目标

1. 介绍定量响应变量 y 与单个定量自变量 x 有关的直线（简单线性回归）模型.
2. 介绍相关性的概念及其与简单线性回归的关系.
3. 评估简单线性回归模型与样本数据的拟合程度.
4. 使用直线模型进行预测.

3.1　引言

如第 2 章所述，许多研究都致力于**建模**的主题（即试图描述变量之间的关系）. 例如，医生可能对吸烟者血液中碳氧血红蛋白水平和氧分压之间的关系感兴趣. 广告公司可能想知道一家公司的销售收入和广告支出之间的关系. 心理学家可能会对孩子的年龄和孩子在词汇测试中的表现之间的关系感兴趣.

将响应变量 y 与单个自变量 x 联系起来的最简单图形模型是一条直线. 在本章中，我们**将讨论简单线性（直线）模型**，并展示如何使用**最小二乘法**将模型拟合到一组数据点上. 接着，我们将展示如何判断 y 和 x 之间是否存在关系，以及如何使用该模型来估计 y 的均值 $E(y)$，或预测给定 x 值下 y 的预测值. 这些方法统称为**简单线性回归分析**.

虽然大多数响应变量的模型比线性关系所隐含的模型要复杂得多，但是本章的方法仍然非常有用，其为后续章节中更复杂的模型建立和拟合奠定了基础. 故本章为回归分析中使用的技术提供了一个直观的判断，并确定了我们在本书后续**多元回归分析**中大多数类型的推断.

3.2　线性概率模型

在推销产品时，广告上的花销是一个重要的因素. 假设你想把电器店的月销售收入 y 建模成关于每个月广告支出 x 的函数，第一个要回答的问题是：你认为这两个变量之间是否存在确定性的关系？也就是说，如果确定了广告支出，是否能够预测销售收入的准确值？基于以下原因，我们认为你不会信任对应结果：销售收入取决于除广告支出以外的许多变量. 例如，一年中的时间、总体经济状况、库存和价格结构. 然而，即使模型中包含了这些变量（第 4 章的主题），我们仍然不太可能准确地预测每月的销售额. 几乎可以肯定的是，由于**随机现象**无法建模或解释，销售收入会出现一些波动.

因此，我们需要提出一个销售收入的概率模型来解释这种随机变化：

$$y = E(y) + \varepsilon$$

随机误差 ε 代表在销售中被遗漏的重要变量或无法解释的随机现象所导致的不明变化.

正如你所看到的,随机误差 ε 将在假设检验或寻找模型确定部分的置信区间中发挥重要作用.当模型用于预测未来要观测的 y 值时,它也将使我们能够估计预测误差的大小.

我们从最简单的概率模型开始——**一阶线性模型**[⊖],它以一条直线表示.以下方框中总结了线性模型的要素.

一阶（直线）模型

$$y = \beta_0 + \beta_1 x + \varepsilon$$

其中

$y =$ **因变量**（要建模的变量——有时称为**响应变量**）

$x =$ 自变量（用作**预测** y 的变量）

$E(y) = \beta_0 + \beta_1 x =$ 确定性分量

$\varepsilon =$ 随机误差分量

$\beta_0 = y$ 轴**截距**,即该直线与 y 轴相交的坐标值（见图 3.1）

$\beta_1 =$ 直线的**斜率**,即 x 每增加 1 单位, y 值平均增加（或减少）的量（见图 3.1）

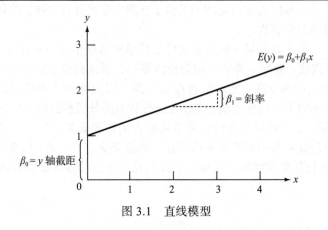

图 3.1 直线模型

在 3.4 节中,我们做了一个标准假设,随机误差的均值为零（即, $E(\varepsilon) = 0$).直线概率模型的确定性分量为 $E(y) = \beta_0 + \beta_1 x$.注意,我们使用希腊符号 β_0 和 β_1 分别表示直线的 y 轴截距和斜率.它们是具有数值的总体参数,只有在我们能够得到 (x, y) 测量的总体数据时才能得出.

回顾 2.2 节,用六步法进行回归建模将很有帮助:

回归分析步骤

  步骤 1: 假设 $E(y)$ 模型的形式.

  步骤 2: 收集样本数据.

⊖ 一阶表达式的一般定义见 5.3 节.

步骤 3：利用样本数据估计模型中的未知参数.

步骤 4：指定随机误差项的概率分布，并估计该分布的未知参数.同时，检查关于概率分布的每个假设的有效性.

步骤 5：用统计的方法检验该模型的有效性.

步骤 6：当模型有效时，使用它进行预测、估计等.

在本章中，由于我们只处理直线模型，我们将集中讨论第 2 ～ 6 步.在第 4 章和第 5 章中，我们将讨论如何构建更复杂的模型.

练习 3.2

3.1 **绘制直线.** 在所给条件下，画出通过这些点的直线.

(a)(0, 2) 和 (2, 6)　　　　　　　　(b)(0, 4) 和 (2, 6)

(c)(0, −2) 和 (−1, −6)　　　　　　(d)(0, −4) 和 (3, −7)

3.2 **计算 β_0 和 β_1.** 一条直线（确定性）方程为

$$y = \beta_0 + \beta_1 x$$

如果直线经过点 (0, 1)，则 $x = 0$，$y = 1$ 必须满足方程.也就是说，

$$1 = \beta_0 + \beta_1(0)$$

同样，如果这条直线经过点 (2, 3)，那么 $x = 2$，$y = 3$ 必须满足方程：

$$3 = \beta_0 + \beta_1(2)$$

用这两个方程来解出 β_0 和 β_1，并求出经过点 (0, 1) 和 (2, 3) 的直线方程.

3.3 **求直线的方程.** 求出经过练习 3.1 给出的四组点的直线方程.

3.4 **绘制直线.** 绘制以下直线：

(a) $y = 3 + 2x$　　　　(b) $y = 1 + x$　　　　(c) $y = -2 + 3x$

(d) $y = 5x$　　　　(e) $y = 4 - 2x$

3.5 **计算 β_0 和 β_1.** 写出练习 3.4 中定义的每条直线的斜率和 y 轴截距.

3.3　模型拟合：最小二乘法

假设一家电器店进行了一个为期 5 个月的实验，以确定广告对销售收入的影响.结果如表 3.1 所示.（测量的数据很少，而且测量本身非常简单，以避免在这个初始示例中出现算术混淆.）假设直线模型将销售收入 y 与广告支出 x 关联起来.即

$$y = \beta_0 + \beta_1 x + \varepsilon$$

问题是：我们如何最好地利用表 3.1 中 5 个观测值的样本信息来估计未知的 y 轴截距 β_0 和斜率 β_1？

表 3.1　电器店数据

月份	广告支出 x（百美元）	销售收入 y（千美元）
1	1	1
2	2	1
3	3	2
4	4	2
5	5	4

⊙**ADSALES**

为了获得参数近似值的一些信息，绘制样本数据很有帮助．这种称为**散点图**的图形，定位了五个数据点，如图 3.2 所示．注意，散点图显示了 y 随 x 增加而增加的一般趋势．如果在散点图上放置一个标尺，你会看到一条直线可以经过五个点中的三个点，如图 3.3 所示．为求得这条可视化拟合直线的方程，注意到该直线与 y 轴在 $y=-1$ 处相交，因此 y 轴的截距为 -1．同时，x 每增加 1 单位，y 就增加 1 单位，表示斜率为 1．因此，方程为

$$\tilde{y} = -1 + 1(x) = -1 + x$$

其中 $\tilde{y}$ 表示基于可视化拟合模型的 y 的预测值．

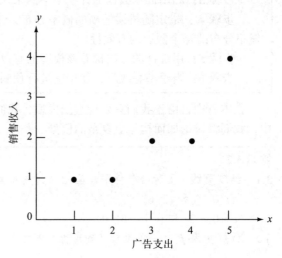

图 3.2　表 3.1 中数据的散点图

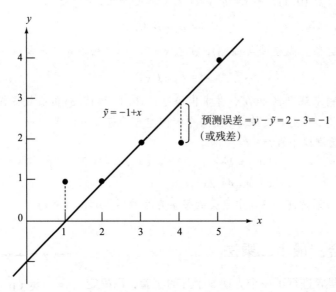

图 3.3　可视化直线拟合表 3.1 中数据

定量地确定直线与一组数据的拟合程度的方法是确定数据点偏离直线的程度．例如，为了评估图 3.3 中的可视化拟合模型，我们计算了**偏差**的大小（即 y 的观测值与预测值的差值）．这些偏差或**预测误差**就是 y 的观测值与预测值之间的垂直距离（见图 3.3）．y 的观测值、预测值以及观测值与预测值的差值、差值的平方如表 3.2 所示．注意，**误差和 (SE)** 等于 0，**误差平方和（SSE）** 等于 2，后者更强调点与直线的较大偏差．

表 3.2   可视化模型观测值与预测值的比较

x	y	预测 $\hat{y} = -1+x$	预测误差 $(y-\hat{y})$	平方误差 $(y-\hat{y})^2$
1	1	0	$(1-0) = 1$	1
2	1	1	$(1-1) = 0$	0
3	2	2	$(2-2) = 0$	0
4	2	3	$(2-3) = -1$	1
5	4	4	$(4-4) = 0$	0
			误差和 (SE) = 0	误差平方和 (SSE) = 2

通过在图形周围移动标尺，我们可以找到许多误差和等于 0 的直线，但是可以证明有一条（并且只有一条）直线的 SSE 是最小的．这条线称为**最小二乘直线**、**回归直线**或**最小二乘预测方程**．

为了找到一组数据的最小二乘直线，假设我们有 n 个数据点的样本，这些数据点可以由 x 和 y 的对应值确定，例如，$(x_1,y_1),(x_2,y_2),\cdots,(x_n,y_n)$．如表 3.2 中，$n=5$ 个数据点分别为 (1,1)，(2,1)，(3,2)，(4,2) 和 (5,4)，用 x 表示的响应变量 y 的直线模型为

$$y = \beta_0 + \beta_1 x + \varepsilon$$

均值的直线方程是

$$E(y) = \beta_0 + \beta_1 x$$

最佳拟合直线的表示为

$$\hat{y} = \hat{\beta}_0 + \hat{\beta}_1 x$$

"^"可以理解为"估计量"，因此，$\hat{y}$ 是 y 的均值 $E(y)$ 的估计量，或 y 的某个未来值的预测量．$\hat{\beta}_0$ 和 $\hat{\beta}_1$ 分别是 β_0 和 β_1 的估计量．

对于给定的数据点，例如 (x_i , y_i)，y 的观测值为 y_i，将 x_i 代入预测方程得到 y 的预测值：

$$\hat{y}_i = \hat{\beta}_0 + \hat{\beta}_1 x_i$$

y 的第 i 个值与其预测值的偏差称为**第 i 个残差**，表示为

$$y_i - \hat{y}_i = y_i - (\hat{\beta}_0 + \hat{\beta}_1 x_i)$$

然后，求所有 n 个数据点的 y 值与其预测值的偏差的平方和（即**残差平方和**），为

$$\mathrm{SSE} = \sum_{i=1}^{n} [y_i - (\hat{\beta}_0 + \hat{\beta}_1 x_i)]^2$$

使 SSE 最小的 $\hat{\beta}_0$ 和 $\hat{\beta}_1$ 称为总体参数 β_0 和 β_1 的**最小二乘估计**，预测方程 $\hat{y} = \hat{\beta}_0 + \hat{\beta}_1 x$ 称为**最小二乘直线**．

定义 3.1   最小二乘直线满足以下两个性质：

1. $\mathrm{SE} = \sum(y_i - \hat{y}_i) = 0$，即残差和为 0.

2. $\mathrm{SSE} = \sum(y_i - \hat{y}_i)^2$，即残差平方和小于任何其他 SE=0 时的线性模型．

令 SSE 最小的 $\hat{\beta}_0$ 和 $\hat{\beta}_1$ 的值由下框中的公式给出[注].

最小二乘估计公式

$$斜率：\hat{\beta}_1 = \frac{SS_{xy}}{SS_{xx}}$$

$$y\,轴截距：\hat{\beta}_0 = \bar{y} - \hat{\beta}_1 \bar{x}$$

其中，

$$SS_{xy} = \sum_{i=1}^{n}(x_i - \bar{x})(y_i - \bar{y}) = \sum_{i=1}^{n} x_i y_i - n\bar{x}\bar{y}$$

$$SS_{xx} = \sum_{i=1}^{n}(x_i - \bar{x})^2 = \sum_{i=1}^{n} x_i^2 - n(\bar{x})^2$$

$$n = 样本量$$

我们使用 Excel 进行初步计算，来找到最小二乘直线. Excel 电子表格如图 3.4 所示. 使用电子表格上的值，我们发现：

$$\bar{x} = \frac{\sum x}{n} = \frac{15}{5} = 3, \quad \bar{y} = \frac{\sum y}{n} = \frac{10}{5} = 2$$

$$SS_{xx} = \sum(x - \bar{x})^2 = \sum(x-3)^2 = 10$$

$$SS_{xy} = \sum(x - \bar{x})(y - \bar{y}) = \sum(x-3)(y-2) = 7$$

▲	A	B	C	D	E	F	G	H	I
1		ADVEXP_X	SALES_Y	(X-3)	(Y-2)	(X-3)(Y-2)	(X-3)(X-3)	(Y-2)(Y-2)	
2		1	1	-2	-1	2	4	1	
3		2	1	-1	-1	1	1	1	
4		3	2	0	0	0	0	0	
5		4	2	1	0	0	1	0	
6		5	4	2	2	4	4	4	
7									
8	Totals	15	10	0	0	7	10	6	
9	Mean	3	2						
10									

图 3.4　显示简单线性回归计算结果的 Excel 电子表格

那么最小二乘直线的斜率是

$$\hat{\beta}_1 = \frac{SS_{xy}}{SS_{xx}} = \frac{7}{10} = 0.7$$

y 轴截距是

[注] 熟悉微积分的同学应注意：通过令两个偏导数 $\partial SSE / \partial \beta_0$ 和 $\partial SSE / \partial \beta_1$ 为 0，可以得到 $SSE = \sum(y_i - \hat{y}_i)^2$ 最小时 β_0 和 β_1 的值. 这两个方程的解产生了框中所示的公式（附录 A 中提供了完整的推导过程）. 此外，我们用 $\hat{\beta}_1$ 和 $\hat{\beta}_0$ 表示方程的样本解，而 "^" 表示这些是真实总体截距 β_0 和斜率 β_1 的样本估计值.

$$\hat{\beta}_0 = \bar{y} - \hat{\beta}_1 \bar{x} = 2 - (0.7)(3) = 2 - 2.1 = -0.1$$

最小二乘直线是

$$\hat{y} = \hat{\beta}_0 + \hat{\beta}_1 x = -0.1 + 0.7x$$

这条直线的图形如图 3.5 所示.

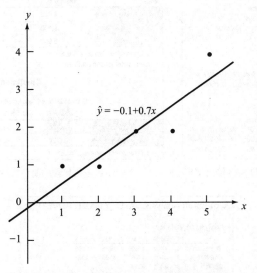

图 3.5 最小二乘直线 $\hat{y} = -0.1 + 0.7x$ 的图

y 的观测值和预测值，y 的观测值与其预测值之间的偏差以及这些偏差的平方，这些数据如图 3.6 的 Excel 电子表格所示. 请注意，偏差平方和 SSE 为 1.10，并且（正如我们所期望的）小于表 3.2 中可视化拟合直线的 SSE = 2.0.

	A	B	C	D	E	F
1	ADVEXP_X	SALES_Y	Predicted Y = −.1 + .7X	(Y−Yhat)	(Y−Yhat)(Y−Yhat)	
2	1	1	0.6	0.4	0.16	
3	2	1	1.3	−0.3	0.09	
4	3	2	2	0	0	
5	4	2	2.7	−0.7	0.49	
6	5	4	3.4	0.6	0.36	
7						
8			Sum	0	1.1	

图 3.6 Excel 电子表格显示了简单线性回归的预测值和残差

在简单线性回归中获得 $\hat{\beta}_0$，$\hat{\beta}_1$ 和 SSE 这些数据的计算虽然简单，但可能变得相当烦琐. 尤其是当样本量很大时，即使使用计算器或 Excel 电子表格，这个过程也很费力，并且容易出错. 幸运的是，使用统计软件可以明显减少回归计算中的工作量. 表 3.1 中数据的简单线性回归的 SAS、SPSS 和 MINITAB 输出结果，如图 3.7a ～ 图 3.7c 所示. 输出结果上高亮了 $\hat{\beta}_0$ 和 $\hat{\beta}_1$ 的值. $\hat{\beta}_0 = -0.1$ 和 $\hat{\beta}_1 = 0.7$ 与我们的计算值完全一致. SSE = 1.10 的值也在输出结果中高亮标出.

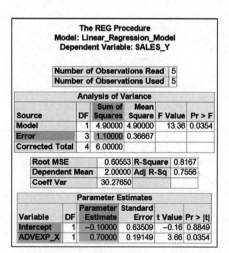

a）广告销售额的简单线性回归 SAS 输出结果

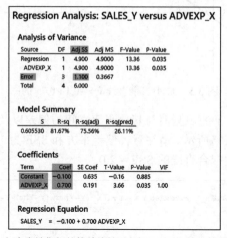

b）广告销售额的简单线性回归 SPSS 输出结果

Regression Analysis: SALES_Y versus ADVEXP_X

Analysis of Variance

Source	DF	Adj SS	Adj MS	F-Value	P-Value
Regression	1	4.900	4.9000	13.36	0.035
ADVEXP_X	1	4.900	4.9000	13.36	0.035
Error	3	1.100	0.3667		
Total	4	6.000			

Model Summary

S	R-sq	R-sq(adj)	R-sq(pred)
0.605530	81.67%	75.56%	26.11%

Coefficients

Term	Coef	SE Coef	T-Value	P-Value	VIF
Constant	−0.100	0.635	−0.16	0.885	
ADVEXP_X	0.700	0.191	3.66	0.035	1.00

Regression Equation

SALES_Y = −0.100 + 0.700 ADVEXP_X

c）广告销售额的简单线性回归 MINITAB 输出结果

图 3.7

　　一旦获得了简单线性回归的结果，就能够根据拟合模型的数据来解释截距和斜率.

　　在广告销售的例子中，我们对最小二乘法斜率 $\hat{\beta}_1 = 0.7$ 的解释是，广告支出 x 每增加 1 个单位，销售收入 y 的均值就增加 0.7 个单位，由于 y 的测量单位为 1 000 美元，x 的测量单位为 100 美元，我们的解释是：月广告支出每增加 100 美元，月平均销售收入就增加 700 美元.（我们将在 3.6 节中对这一推断附加一个可靠性度量.）

　　最小二乘截距 $\hat{\beta}_0 = -0.1$，是指当广告支出 $x = 0$ 美元时，我们对平均销售收入 y 的估计值. 但销售收入永远不会是负数，为什么会出现这样一个荒谬的结果呢？原因是我们试图使用最小二乘模型来预测样本数据 x（比如 $x = 0$）范围之外的 y 值，这不可行.（关于预测样本数据范围之外的情况（称作**外推法**），我们在 3.9 节中再更多地阐述.）因此，$\hat{\beta}_0$ 并不总是有实际的解释意义. 只有当 $x=0$ 在样本中 x 值的范围内并且是一个实际值时，$\hat{\beta}_0$ 的解释才有意义.

即使对估计参数的解释是有意义的，我们也需要记住，它们只是基于样本的估计. 因此，它们的值在重复采样时通常会发生变化. 我们对估计斜率 $\hat{\beta}_1$ 准确地接近真正斜率 β_1 的信心有多大？这需要用置信区间和假设检验的形式进行统计推断，我们将在 3.6 节中对此进行讨论.

综上所述，我们将最佳拟合直线定义为满足最小二乘法的直线，也就是说，残差平方和将小于任何其他直线模型，这条直线称为**最小二乘直线**，其方程称为**最小二乘预测方程**. 在接下来的部分中，我们将展示如何对模型进行统计推断.

练习 3.3

3.6　计算. 用最小二乘法找到相应直线拟合这六个数据点：

💿 **EX3_6**

x	1	2	3	4	5	6
y	1	2	2	3	5	5

(a) β_0 和 β_1 的最小二乘估计值是多少？

(b) 绘制数据点，并在散点图上绘制最小二乘直线.

3.7　计算. 用最小二乘法找到相应直线拟合这五个数据点：

💿 **EX3_7**

x	−2	−1	0	1	2
y	4	3	3	1	−1

(a) β_0 和 β_1 的最小二乘估计值是多少？

(b) 绘制数据点，并在散点图上绘制最小二乘直线.

3.8　预测住宅销售价格. 房地产投资者、购房者和房主通常使用房地产的评估价值（或市场价值）作为预测销售价格的基础. TAMPALMS 文件中保存了佛罗里达州坦帕市高档住宅区 76 套住宅的销售价格和总估价数据. 数据集的前五个和最后五个观测结果列在下表中.

(a) 建立一个直线模型，将该住宅区的估价 x 与销售价格 y 联系起来.

(b) 关于该数据的 MINITAB 散点图如下图所示.（注：销售价格和市场价值均以千美元为单位显示.）直线模型是否能恰当地拟合这些数据？

(c) 下面还显示了一个 MINITAB 简单线性回归输出结果. 通过输出结果的数据找出最佳拟合直线的方程.

(d) 计算最小二乘直线的 y 轴截距. 它对这个应用有实际意义吗？解释一下.

(e) 计算最小二乘直线的斜率. 在 x 的哪个范围内解释是有意义的？

(f) 使用最小二乘模型估计估价为 30 万美元的住宅平均售价.

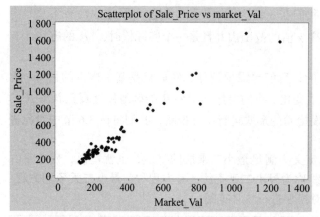

TAMPALMS

房地产	市场价值（千美元）	销售价格（千美元）	房地产	市场价值（千美元）	销售价格（千美元）
1	184.44	382.0	72	263.40	325.0
2	191.00	230.0	73	194.58	252.0
3	159.83	220.0	74	219.15	270.0
4	189.22	277.0	75	322.67	305.0
5	151.61	205.0	76	325.96	450.0
⋮	⋮	⋮			

资料来源：Hillsborough County (Florida) Property Appraiser's Office.

MOON

3.9 **测量月球轨道.** 用手持数码相机拍摄月球轨道，研究结果发表在 *American Journal of Physics* (April 2014). 这些照片被用来测量月球在地平线上不同距离或高度（以度为单位）的角度大小（以像素为单位）. 下图显示了 13 个不同高度的数据，并保存在 MOON 文件中.

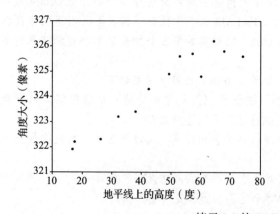

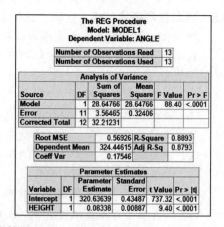

练习 3.9 的 SAS 输出结果

（a）角度大小 y 和地平线以上高度 x 是否存在线性趋势？如果存在，趋势是正的还是负的？

（b）画出你认为经过数据点的拟合得最好的直线．

（c）根据（b）小题的答案，绘制实际数据点到（b）小题直线的垂直线．测量这些偏差，然后计算可视化拟合直线的偏差平方和．

（d）上图为简单线性回归 SAS 的输出结果．将回归直线的 y 轴截距和斜率与（b）小题的可视化拟合直线进行比较．

（e）在输出结果上找到 SSE．将这个值与（c）小题的结果进行比较，哪个值更小？

3.10 **水球运动员比赛表现.** 杂志 *Biology of Sport* (Vol. 31, 2014) 上发表了一项关于顶级水球运动员生理特性的研究．八名奥运会男子水球运动员参与了这项研究．在比赛期间，每个人测量以下两个变量：$y=$ 四个季度比赛的平均心率（以最大心率的百分比表示）和 $x=$ 最大摄氧量．下表显示了相应数据．研究人员对数据进行了简单的线性回归分析．

（a）计算最小二乘直线方程．

（b）（如果可能）对该线的 y 轴截距做出实际的解释．

（c）（如果可能）对该线的斜率做出实际的解释．

🔘 **POLO**

运动员	平均心率（%）	最大摄氧量	运动员	平均心率（%）	最大摄氧量
1	55	148	5	74	179
2	54	157	6	77	180
3	70	160	7	78	194
4	67	179	8	85	197

3.11 **在商业领域中，好人是受益还是吃亏？** 在棒球运动中，有句老话说得好："好人总是不得志."在商界是这样吗？哈佛大学的研究人员试图回答这个问题，并在 *Nature* (March 20, 2008) 上发表了他们的研究结果．在这项研究中，波士顿地区的大学生们被要求重复玩一个叫"囚徒困境"的游戏．在这个游戏中，竞争对手可以选择合作策略、背叛策略或者代价高昂的惩罚策略．（合作策略是指自己支付 1 分可以让对手获得 2 分；背叛策略是指自己可以获得 1 分的同时让对手失去 1 分；而惩罚策略是指自己支付 1 分可以让对手失去 4 分.）游戏结束时，研究人员记录了每个玩家的平均得分以及运用合作策略、背叛策略和惩罚策略的次数．下面的散点图分别表示了合作策略、背叛策略和惩罚策略的平均得分 y.

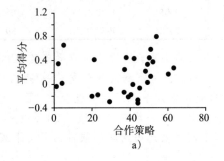
a)

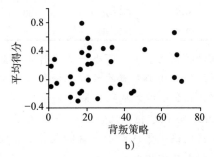
b)

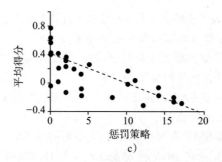

c)

(a) 将合作策略 x 作为平均得分 y 的预测因子. 根据散点图所示, 是否有线性的变化趋势?

(b) 将背叛策略 x 作为平均得分 y 的预测因子. 根据散点图所示, 是否有线性的变化趋势?

(c) 将惩罚策略 x 作为平均得分 y 的预测因子. 根据散点图所示, 是否有线性的变化趋势?

(d) 参照 (c) 小题. 惩罚策略 x 与平均得分 y 的直线斜率是正的还是负的?

(e) 研究人员得出结论 "游戏赢家不会使用惩罚策略". 你同意吗? 请加以解释.

3.12 联合攻击战斗机计划. 联合攻击战斗机 (JSF) 计划由美国国防部运作, 是一个全球防御计划, 包括为盟国购买军用战斗机. *Air & Space Power Journal* (March-April 2014) 的一篇文章报道了在 JSF 计划中增加一架军用飞机的年度估计成本. 下表列出了 12 架 JSF 军用飞机机型的初始运行年份和成本 (以百万美元为单位). 对于这个问题, 设 y = 估计的年成本, x = 每个机型的初始运行年份.

(a) 将简单线性回归模型 $E(y) = \beta_0 + \beta_1 x$ 拟合到数据中.

(b) 如果可能, 对该直线的 y 轴截距做出实际的解释.

(c) 估计每年向 JSF 计划增加一架军用飞机增加的成本. (提示: 实际解释直线的斜率.)

🔘 **F35**

年份	机型	成本 (百万美元)	年份	机型	成本 (百万美元)
1974	F-14	40	1981	F-16CD	20
1975	F-15AB	28	1987	FA-18CD	29
1977	A-10	13	1989	F-15E	31
1978	FA-18AB	26	1998	FA-18EF	55
1978	F-15CD	30	2005	F-22	105
1979	F-16AB	16	2012	F-35	80

3.13 橙汁的甜度. 生产商生产的橙汁 (如美汁源、纯果乐) 的质量一直受到监控. 味道最好的橙汁由消费者的感官偏好和成分决定. 例如, 一家制造商开发了一种橙汁甜度的定量指数 (指数越高, 果汁越甜). 甜度指数与橙汁中水溶性果胶含量 (百万分之一, ppm) 等化学指标之间是否存在关系? 下表显示了一家果汁制造厂 24 次生产运行中收集到的关于这两个变量的数据. 假设一个制造商想用简单的线性回归用果胶含量 x 来预测橙汁甜度 y.

（a）用已知数据计算最小二乘直线.

（b）用题目中的语言解释 $\hat{\beta}_0$ 和 $\hat{\beta}_1$.

（c）如果橙汁中的果胶含量为 300 ppm，预测其甜度指数.（注：3.9 节将讨论这种预测的可靠性.）

💿 **OJUICE**

序号	甜度指数	果胶含量（ppm）	序号	甜度指数	果胶含量（ppm）	序号	甜度指数	果胶含量（ppm）
1	5.2	220	9	5.6	239	17	5.7	271
2	5.5	227	10	5.9	212	18	5.5	264
3	6.0	259	11	5.4	410	19	5.7	227
4	5.9	210	12	5.6	256	20	5.3	263
5	5.8	224	13	5.8	306	21	5.9	232
6	6.0	215	14	5.5	259	22	5.8	220
7	5.8	231	15	5.3	284	23	5.8	246
8	5.6	268	16	5.3	383	24	5.9	241

注：表中的数据是真实的，但由于需要保密，不能完全透露.

3.14 **高层领导者的魅力.** 根据 *Academy of Management Journal* (August 2015) 提出的一项理论，企业高层领导者的选拔依据的是他们在组织中的表现以及领导者的魅力. 为了验证这一理论，研究人员收集了 1916 年至 2008 年 24 次美国总统选举的数据. 研究的因变量是民主党选票份额 y，即在全国选举中投票给民主党候选人的选民比例. 民主党和共和党候选人的魅力都是根据他们在党内全国代表大会上的获奖感言来衡量的（150 分制）. 其中一个值得关注的自变量是民主党和共和党魅力值之差 x. 这些数据列在下表中.

（a）求出民主党的选票份额 y 与魅力差 x 之间的最小二乘直线.

（b）在数据散点图上绘制最小二乘直线. 这些变量之间是否有明显的线性关系？这种关系是正相关还是负相关？

（c）解释这条直线的估计斜率.

💿 **VOTESHR**

年份	选票份额	魅力差	年份	选票份额	魅力差	年份	选票份额	魅力差
1916	51.68	−6.0	1948	52.32	−10.5	1980	44.84	−12.0
1920	36.15	−60.0	1952	44.71	2.0	1984	40.88	−42.0
1924	41.74	18.0	1956	42.91	0.0	1988	46.17	−34.0
1928	41.24	4.0	1960	50.09	−34.5	1992	53.62	18.5
1932	59.15	−22.0	1964	61.20	−29.0	1996	54.74	−16.5
1936	62.23	−14.5	1968	49.43	−20.5	2000	50.26	−2.5
1940	54.98	−7.5	1972	38.21	−6.0	2004	48.77	48.5
1944	53.78	−10.0	1976	51.05	14.0	2008	53.69	13.5

资料来源：Jacquart, P., & Antonakis, J. "When Does Charisma Matter for Top-Level Leaders? Effect of Attributional Ambiguity," *Academy of Management Journal*, Vol. 58, No. 4, August 2015 (Table 1).

3.15 **记忆学生的名字**. *Journal of Experimental Psychology—Applied* (June 2000) 上发表了一项研究. 在这项研究中,"名字游戏"被用来帮助一组学生更好地记忆小组中其他成员的名字."名字游戏"要求小组中第一个学生说出他的全名,第二个学生说出他的名字和第一个学生的名字,第三个学生说出他的名字和前两个学生的名字,以此类推. 在做了自我介绍之后,学生们听了一个 30 分钟的研讨讲座. 在研讨会结束时,所有的学生被要求记住小组中其他成员的全名,研究人员测量了每个学生记住其他成员名字的比例. 本研究的一个目的是调查 y = 记住名字的比例和 x = 学生在游戏中的位置(顺序)之间的线性趋势. 在 NAMEGAME2 文件中保存了前 8 个位置的 144 名学生的数据(基于研究文章提供的汇总统计数据进行模拟). 下表中列出了数据集中的前五个和后五个观测值.(注意: 由于第 1 个位置的学生实际上必须记住所有其他学生的名字,因此他被编号为 9.) 使用最小二乘法估计直线 $E(y) = \beta_0 + \beta_1 x$, 并解释 β 估计值的意义.

NAMEGAME2

位置	记住名字的比例	位置	记住名字的比例	位置	记住名字的比例
2	0.04	2	0.79	9	0.46
2	0.37	⋮	⋮	9	0.54
2	1.00	9	0.72	9	0.99
2	0.99	9	0.88		

资料来源: Morris, P.E., and Fritz, C.O. "The name game: Using retrieval practice to improve the learning of names," *Journal of Experimental Psychology—Applied*, Vol. 6, No. 2, June 2000 (data simulated from Figure 2).Copyright © 2000 American Psychological Association, reprinted with permission.

3.16 **液体泄漏的扩散速度**. 杜邦公司的一名合同工程师研究了泄漏的挥发性液体在表面扩散的速度(*Chemical Engineering Progress,* January 2005). 假设 50 加仑甲醇泄漏到室外一个水平地面上. 工程师使用推导出的经验公式(假设为湍流自由对流状态)来计算 0 ~ 60 分钟内泄漏的质量(以磅为单位). 计算出的质量值如下表所示. 这些数据是否表明,随着时间的推移,甲醇泄漏的质量有减少趋势? 如果是这样,质量每分钟会减少多少?

LIQUIDSPILL

时间(分钟)	质量(磅)	时间(分钟)	质量(磅)	时间(分钟)	质量(磅)
0	6.64	14	3.15	30	0.98
1	6.34	16	2.79	35	0.60
2	6.04	18	2.45	40	0.34
4	5.47	20	2.14	45	0.17
6	4.94	22	1.86	50	0.06
8	4.44	24	1.60	55	0.02
10	3.98	26	1.37	60	0.00
12	3.55	28	1.17		

资料来源: Barry, J. "Estimating rates of spreading and evaporation of volatile liquids," *Chemical Engineering Progress*, Vol. 101, No. 1, Jan. 2005.

⊙ **FEMA**

3.17 **公共腐败和恶劣天气** . 美国联邦应急管理局（FEMA）为受自然灾害（如飓风、龙卷风、洪水）影响的州提供救灾援助 . 这些坏天气带来的意外之财会导致公共腐败吗？这是 *Journal of Law and Economics*（November 2008）的一篇文章中感兴趣的研究问题 . 调查中使用了 50 个州的 y = 每年平均公共腐败定罪数（每 10 万居民），x = 联邦应急管理局每年平均每人获得的救济（以美元为单位）.

（a）打开保存在文件中的数据，并绘制散点图 . 你观察到了什么样的趋势？

（b）将简单线性回归模型 $E(y) = \beta_0 + \beta_1 x$ 与数据相拟合，得到 y 轴截距和斜率的估计值 .

（c）解释 y 轴截距和斜率的估计值 .

3.4 模型假设

在 3.3 节给出的广告销售示例中，我们假设公司销售收入 y 与广告支出 x 之间的概率模型为

$$y = \beta_0 + \beta_1 x + \varepsilon$$

回想一下，模型的确定性分量 $\beta_0 + \beta_1 x$ 的最小二乘估计是

$$\hat{y} = \hat{\beta}_0 + \hat{\beta}_1 x = -0.1 + 0.7x$$

现在我们将注意力转向概率模型的随机分量 ε 与 β_0 和 β_1 的估计误差的关系 . 特别是，我们将研究 ε 的概率分布如何影响模型描述因变量 y 与自变量 x 之间真正的关系的程度 .

我们对 ε 的概率分布的一般形式做了以下四个基本假设：

假设 1 ε 的概率分布的均值为 0. 也就是说，在无穷多的实验序列中，每个自变量 x 的平均误差为 0. 这个假设意味着对于一个给定的 x 值，y 的均值 $E(y)$ 为 $E(y) = \beta_0 + \beta_1 x$.

假设 2 对于自变量 x 的所有设置，我们的直线模型 ε 的概率分布的方差都是常数，这种假设意味着对所有的 x 值，ε 的方差等于一个常数 σ^2 .

假设 3 ε 的概率分布服从正态分布 .

假设 4 与任何两个不同观测值有关的误差是相对独立的 . 也就是说，与一个 y 值有关的误差不会影响其他 y 值的误差 .

前三个假设的含义可以在图 3.8 中看到，图中显示了 x 的三个特定值，即 x_1, x_2 和 x_3 的误差分布 . 请注意，误差的频率分布服从正态分布，均值为 0 且方差为 σ^2（所示的所有分布具有相同的分散程度或变异程度）. 位于图 3.8 中的直线上的点表示给定 x 值时 y 的均值，我们将这个均值表示为 $E(y)$. 然后，由下面的方程给出均值的线性方程：

$$E(y) = \beta_0 + \beta_1 x$$

这些假设使我们能够为最小二乘估计量建立可靠性度量，并为检验最小二乘直线的效用建立假设检验 . 这些假设的有效性可以用多种诊断技术来检验，并且这些诊断技术能在假设无效时给出补救措施 . 因此，在每次回归分析中应用这些诊断技术是至关重要的 . 我们将在第 8 章详细讨论这些技术 . 在实际应用中，我们期望从回归分析中得到关于最小二乘估计

量和检验统计量的可靠性度量（稍后将进行描述），以上假设不需要完全满足. 但在现实生活中遇到的诸多回归应用，基本上都会满足上述假设.

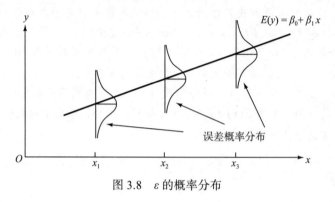

图 3.8 ε 的概率分布

3.5 σ^2 的估计量

当随机误差 ε 的变异性变大时（通过其方差 σ^2 测量得出），模型参数 β_0 和 β_1 的估计误差也会越大，当用特定某些 x 值预测得出的 $\hat{y}$ 值和真实的 y 值之间的预测误差也会越大，这似乎是合理的. 所以当你继续阅读本章时，不必对本章中所有置信区间和检验统计量的计算公式中都出现了 σ^2 而感到惊讶.

在大多数实际情况中，σ^2 是未知的，我们必须使用样本来估计它的值. σ^2 的最佳估计值是 s^2（证明省略），这可以通过残差平方和

$$\text{SSE} = \sum (y_i - \hat{y}_i)^2$$

除以与此相关的自由度 (df) 的数量来计算. 我们使用 2 df 来估计直线模型中的 y 轴截距和斜率，剩下 $(n-2)$ df 用于误差方差估计（公式参见下框中）.

（一阶）直线模型的 σ^2 和 σ 估计

$$s^2 = \frac{\text{SSE}}{\text{误差的自由度}} = \frac{\text{SSE}}{n-2}, \quad s = \sqrt{s^2}$$

其中

$$\text{SSE} = \sum (y_i - \hat{y}_i)^2$$
$$= \text{SS}_{yy} - \hat{\beta}_1 \text{SS}_{xy} \text{（计算公式）}$$
$$\text{SS}_{yy} = \sum (y_i - \bar{y})^2 = \sum y_i^2 - n(\bar{y})^2$$

我们称 s 为回归模型的估计标准误差.

警告：在执行这些计算时，你可能试图将 SS_{yy}，$\hat{\beta}_1$ 和 SS_{xy} 的计算值四舍五入. 为避免 SSE 最终计算值中出现重大偏差，请确保每项计算结果至少保留六位有效数字.

在广告销售示例中，我们计算了最小二乘直线 $\hat{y} = -0.1 + 0.7x$ 的 SSE $= 1.10$．考虑到有 $n = 5$ 个数据点，我们用 $n - 2 = 5 - 2 = 3$ df 来估算 σ^2．因此，估计方差是

$$s^2 = \frac{\text{SSE}}{n-2} = \frac{1.10}{3} = 0.367$$

以及 ε 的估计标准差为

$$s = \sqrt{0.367} = 0.61$$

s^2 和 s 的值也可以从简单线性回归的输出结果中获得．广告销售示例的 SAS 输出结果如图 3.9 所示．s^2 的值在输出结果中高亮显示（"**Mean Square**"列和"**Error**"行交叉的值）．$s^2 = 0.366\,67$ 四舍五入到小数点后三位，与使用公式计算的值一致．s 的值也在图 3.9 中高亮显示（在"**Root MSE**"的右侧）．这个值 $s = 0.605\,53$ 与计算值一致（不考虑四舍五入）．

当回顾第 1 章中对标准差的定义和利用最小二乘直线去估计给定 x 值所对应的 y 均值时，你可能会对 s 有更直观的感觉．由于 s 测量了关于最小二乘直线的 y 值分布，并且假定这些误差服从正态分布，因此我们不会因为大多数（约 95%）观测值位于最小二乘直线的 $2s$ 或 $2(0.61) = 1.22$ 的范围内而感到惊讶．针对这道题，使用最小二

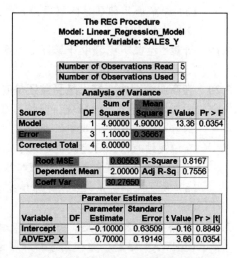

图 3.9　广告销售简单线性模型的 SAS 输出结果

The REG Procedure
Model: Linear_Regression_Model
Dependent Variable: SALES_Y

Number of Observations Read	5
Number of Observations Used	5

Analysis of Variance					
Source	DF	Sum of Squares	Mean Square	F Value	Pr > F
Model	1	4.90000	4.90000	13.36	0.0354
Error	3	1.10000	0.36667		
Corrected Total	4	6.00000			

Root MSE	0.60553	R-Square	0.8167
Dependent Mean	2.00000	Adj R-Sq	0.7556
Coeff Var	30.27650		

Parameter Estimates					
Variable	DF	Parameter Estimate	Standard Error	t Value	Pr > |t|
Intercept	1	−0.10000	0.63509	−0.16	0.8849
ADVEXP_X	1	0.70000	0.19149	3.66	0.0354

乘法，大多数月销售收入都在各自预测值的 1 220 美元范围以内．对于这个简单的例子（只有五个数据点），5 个月全部的销售收入都落在最小二乘直线的 1 220 美元范围以内．

> **解释 s，即 ε 的估计标准差**
> 我们认为绝大多数（约 95%）观测到的 y 值位于最小二乘预测值 $\hat{y}$ 的 $2s$ 以内．

如何利用 s 的大小来判断最小二乘预测方程的有效性？或者换一种说法，何时因为 s 的值太大，以至于最小二乘预测方程不能有效预测 y 值？相对好的方法是利用你对变量和相关数据的知识加以判断．在广告销售示例中，如果每月销售收入相对较大（例如 100 000 美元），预测误差为 1 220 美元是可接受的，而如果每月销售收入很小（例如 1 000 ~ 5 000 美元），那么 1 220 美元的误差是不可取的．有助于做出相应决定的数值是**变异系数 (CV)**．

定义 3.2　变异系数是 ε 的估计标准差与因变量 y 的样本均值 $\bar{y}$ 之比，以百分比形式计算：

$$\text{CV} = 100(s / \bar{y})$$

图 3.9 中以高亮显示广告销售示例中的 CV 值，CV=30.3．这意味着最小二乘直线的 s 值为样本平均销售收入（$\bar{y}$）的 30%，根据经验，大多数回归分析人员希望回归模型的 CV 值小于或等于 10%（即模型的 s 值仅为因变量均值的 10%）．使用具有这一特性的模型通常可以

得到更精确的预测.广告销售回归的 s 值相对较大,在实际中则不能考虑使用最小二乘直线模型.

在本章的剩余部分中, s 值将用于模型的充分性检验、模型参数评估以及为预测未来值提供可靠性度量.

练习 3.5

3.18 **计算.** 假设将 9 个数据点拟合到一条最小二乘直线上,计算 SSE = 0.219.

(a) 计算 s^2,即估计随机误差 ε 的方差 σ^2.

(b) 计算 s.

3.19 **计算.** 在以下练习中计算最小二乘直线的 SSE, s^2 和 s,并解释 s.

(a) 练习 3.6   (b) 练习 3.7

3.20 **在商业领域中,好人是受益还是吃亏?** 参考 *Nature* (March 20,2008) 关于在商业中"好人总是不得志"的研究,见练习 3.11. 回想一下,大学生们重复玩一个叫"囚徒困境"的游戏,在这个游戏中,竞争对手选择合作策略、背叛策略或者代价高昂的惩罚策略. 在游戏结束时,研究人员记录了每位玩家的平均得分和惩罚策略的次数. 基于数据的散点图,将平均得分 y 与惩罚策略的次数 x 进行简单线性回归,得到 SSE = 1.04.

(a) 假设样本量 $n = 28$,计算误差分布的估计标准差 s.

(b) 给出 s 的实际解释.

3.21 **公路桥梁结构缺陷.** 关于结构缺陷公路桥梁数量的数据由美国联邦公路管理局(FHWA)编制,并在国家桥梁目录(NBI)中报告. 对于每个州,NBI 列出了结构缺陷桥梁的数量和缺陷桥梁的总面积(千平方英尺). 50 个州(包括哥伦比亚特区和波多黎各)的数据保存在 FHWABRIDGE 文件中(下表中列出了前五项和后五项观察结果). 在未来的规划和预算中,FHWA 希望基于缺陷桥梁的数量估算出一个州结构缺陷桥梁的总面积.

(a) 写出总面积 y 与结构缺陷桥梁数量 x 相关的直线模型方程.

(b) 使用(a)小题中的模型通过 MINITAB 进行数据拟合,输出结果如下所示. 根据输出结果求出最小二乘预测方程.

(c) 列出回归分析所需的假设.

(d) 根据输出结果求出回归模型的估计标准误差 s.

(e) 利用 s 值来确定预测误差中绝大部分(约 95%)所在的范围.

💿 **FHWABRIDGE**

州	数量	面积(千平方英尺)	州	数量	面积(千平方英尺)
亚拉巴马州	1 899	432.7	华盛顿州	400	502.0
阿拉斯加州	155	60.9	西弗吉尼亚州	1 058	331.5
亚利桑那州	181	110.5	威斯康星州	1 302	399.8
阿肯色州	997	347.3	怀俄明州	389	143.4
加利福尼亚州	3 140	5 177.9	波多黎各	241	195.4
⋮	⋮	⋮			

资料来源:Federal Highway Administration, *National Bridge Inventory*.

```
Model Summary

       S     R-sq   R-sq(adj)   R-sq(pred)
 635.187   38.65%     37.43%       31.22%


Coefficients

Term        Coef   SE Coef   T-Value   P-Value   VIF
Constant     120       123      0.97     0.335
NumberSD   0.3456    0.0616      5.61     0.000   1.00


Regression Equation

SDArea   =   120 + 0.3456 NumberSD
```

⊙ F35

3.22 **联合攻击战斗机计划**. 参考 *Air & Space Power Journal* (March-April 2014) 联合攻击战斗机计划的研究, 参见练习 3.12. 设 y = 估计的年成本, x = 飞机初始运行年份, 用简单线性回归模型加以拟合.

(a) 求模型随机误差的估计标准差 s.

(b) 给出 s 的实际解释.

⊙ OJUICE

3.23 **橙汁的甜度**. 参见练习 3.13, 果汁生产商生产的橙汁质量研究. 回想一下, 我们用简单线性回归方法根据橙汁中果胶的含量 x 来预测甜度指数 y.

(a) 计算回归中的 SSE, s^2 和 s.

(b) 解释为什么很难对 s^2 做出实际的解释.

(c) 给出 s 的实际解释.

⊙ FEMA

3.24 **公共腐败和恶劣天气**. 参见 *Journal of Law and Economics*（November 2008）关于美国联邦应急管理局（FEMA）救灾与公共腐败之间联系的研究, 参见练习 3.17. 使用文件中的数据来拟合一个直线模型, 该模型将一个州每年平均的公共腐败定罪数 y 与该州每年人均的联邦应急管理局救济数 x 联系起来.

(a) 估计模型中随机误差的方差 σ^2.

(b) 估计模型中随机误差的标准差 σ.

(c) 在 (a) 小题或 (b) 小题的估计中, 哪一项有实际解释? 为什么?

(d) 说明该模型在预测一个州每年平均的公共腐败定罪数的准确性.

3.25 **发现快速的视觉目标**. 当两个目标在一个快速的视频流中紧密地呈现时, 第二个目标常常被忽略. 心理学家称这种现象为注意瞬脱（AB）. 发表在 *Advances in Cognitive Psychology*（July 2013）上的一项研究, 调查了同时或提前发出提示音是否能降低注意瞬脱的现象. 20 名受试者在电脑屏幕上快速看到一连串符号和字母, 并被要求认出第一个目标和第二个目标. 经过几次试验, 受试者的 AB 值被测量为第一个目标与第二个目标被正确认出的百分比之差. 每个受试者都在三种不同情况下接受了测试, 即第二个目标出现和提示音同时响起、提示音先于第二个目标响起和第二个目标出现时无提示音. 下面显示了不同成对条件下 AB 值的散点图, 以及相应的最小二乘直线.

（a）哪一对条件的最小二乘直线的估计斜率最大？

（b）哪一对条件的最小二乘直线具有最大的 SSE？

（c）哪一对条件的最小二乘直线的估计 σ 最小？

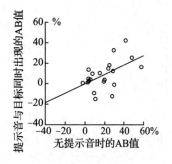 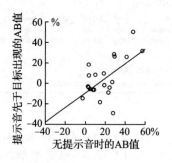 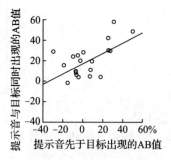

3.6 评估模型的效用：推断斜率 β_1

参照表 3.1 的广告销售数据，假设电器店的销售收入与广告支出完全无关．如果 x 对 y 的预测没有提供信息，那么在假设的概率模型．

$$y = \beta_0 + \beta_1 x + \varepsilon$$

中关于 β_0 和 β_1 的值可以怎样解释？

这意味着 y 的均值（即模型的确定性分量 $E(y) = \beta_0 + \beta_1 x$）不随 x 的改变而改变．无论 x 的值是多少，总能预测出相同 y 值．在直线模型中，这意味着真实斜率 β_1 等于 0（见图 3.10）．因此，为了检验原假设，即 x 对 y 的预测没有贡献信息，备择假设为这些变量呈线性相关（即斜率不等于 0），我们检验

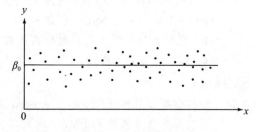

图 3.10　绘制 $\beta_1 = 0$ 的模型：$y = \beta_0 + \varepsilon$

$$H_0: \quad \beta_1 = 0$$
$$H_a: \quad \beta_1 \neq 0$$

如果数据支持备择假设，我们得出结论，在直线模型中 x 对 y 的预测提供了信息（尽管 $E(y)$ 和 x 之间的真实关系可能比直线更复杂）．在某种程度上，这是对假设模型效用的检验．

通过考虑斜率 β_1 的最小二乘估计量 $\hat{\beta}_1$ 的抽样分布，确定合适的检验统计量．

$\hat{\beta}_1$ 的抽样分布

如果我们对 ε 做出四个假设（见 3.4 节），那么斜率的最小二乘估计量 $\hat{\beta}_1$ 的抽样分布将是一个均值为 β_1（真实斜率）和标准差为 $\sigma_{\hat{\beta}_1} = \dfrac{\sigma}{\sqrt{\text{SS}_{xx}}}$ 的正态分布（见图 3.11）．

由于 σ 通常是未知的，因此适合的检验为学生 t 统计量，如下：

$$t = \frac{\hat{\beta}_1 - \beta_1 \text{的假设值}}{s_{\hat{\beta}_1}}$$

$$= \frac{\hat{\beta}_1 - 0}{s / \sqrt{\text{SS}_{xx}}}$$

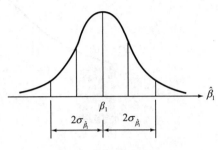

图 3.11　$\hat{\beta}_1$ 的抽样分布

其中，$s_{\hat{\beta}_1} = \dfrac{s}{\sqrt{\text{SS}_{xx}}}$.

请注意，我们用 s 替代了 σ，然后用 s 除以 $\sqrt{\text{SS}_{xx}}$ 得到 $s_{\hat{\beta}_1}$.与此 t 统计量相关的自由度和与 s 相关的自由度相同.回想一下，假设当模型是一条直线时，自由度为 $(n-2)$（参见 3.5 节）.

在下框中总结了该模型的效用检验.

模型效用检验：简单线性回归

检验统计量：$t = \dfrac{\hat{\beta}_1}{s_{\hat{\beta}_1}} = \dfrac{\hat{\beta}_1}{s / \sqrt{\text{SS}_{xx}}}$

单尾检验		双尾检验
$H_0:\ \beta_1 = 0$　　$H_0:\ \beta_1 = 0$		$H_0:\ \beta_1 = 0$
$H_a:\ \beta_1 < 0$　　$H_a:\ \beta_1 > 0$		$H_a:\ \beta_1 \neq 0$

拒绝域：　　$t < -t_\alpha$　　　　　$t > t_\alpha$　　　　　　$|t| > t_{\alpha/2}$

p 值：　　$P(t < t_c)$　　　　$P(t > t_c)$　　　　$2P(t > t_c)$，如果 t_c 是正

　　　　　　　　　　　　　　　　　　　　　　$2P(t < t_c)$，如果 t_c 是负

决策：如果 $\alpha > p$ 值，或检验统计量落在拒绝域内，则拒绝 H_0.其中 $P(t > t_\alpha) = \alpha$，$P(t > t_{\alpha/2}) = \alpha/2$，$t_c =$ 检验统计量的计算值，t 分布的自由度为 $n-2$，$\alpha = P$（犯第 I 类错误）$= P$（拒绝 H_0 | 当 H_0 为真）.

假设：ε 满足 3.4 节中列出的四个假设.

广告销售的例子中，我们将选择 $\alpha = 0.05$，由于 $n = 5$，则 df $= n - 2 = 5 - 2 = 3$.那么双尾检验的拒绝域是

$$|t| > t_{0.025} = 3.182$$

我们之前计算 $\hat{\beta}_1 = 0.7$，$s = 0.61$，$\text{SS}_{xx} = 10$.因此，

$$t = \frac{\hat{\beta}_1}{s / \sqrt{\text{SS}_{xx}}} = \frac{0.7}{0.61 / \sqrt{10}} = \frac{0.7}{0.19} = 3.7$$

因为这个 t 的计算值落在上尾拒绝域（参见图 3.12），所以我们拒绝原假设，得出斜率 β_1 不为 0.样本数据有理由说明，广告支出 x 对预测线性模型中的销售收入 y 提供了信息.

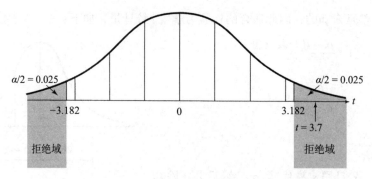

图 3.12 拒绝域和 t 的计算值，用于检验 β_1 是否为 0

利用计算机检验结果的显著性水平（p 值），我们可以得出同样的结论 . 广告销售示例的 SAS 输出结果如图 3.13 所示 . 输出结果中显示了检验统计量和双尾 p 值 . 因为 p 值 =0.035 4 小于 $\alpha = 0.05$ ，所以我们拒绝 H_0 .

The REG Procedure
Model: Linear_Regression_Model
Dependent Variable: SALES_Y

Number of Observations Read	5
Number of Observations Used	5

Analysis of Variance

Source	DF	Sum of Squares	Mean Square	F Value	Pr > F
Model	1	4.90000	4.90000	13.36	0.0354
Error	3	1.10000	0.36667		
Corrected Total	4	6.00000			

Root MSE	0.60553	R-Square	0.8167
Dependent Mean	2.00000	Adj R-Sq	0.7556
Coeff Var	30.27650		

Parameter Estimates

Variable	DF	Parameter Estimate	Standard Error	t Value	Pr > |t|	95% Confidence Limits	
Intercept	1	−0.10000	0.63509	−0.16	0.8849	−2.12112	1.92112
ADVEXP_X	1	0.70000	0.19149	3.66	0.0354	0.09061	1.30939

图 3.13 广告销售简单线性回归模型的 SAS 输出结果

如果 t 的计算值不落在拒绝域内，可以得出什么结论？我们从之前的假设检验讨论中得出，这样的 t 值不会使我们接受原假设 . 也就是说，我们不能得出 $\beta_1 = 0$ 的结论 . 额外的数据可能表明 β_1 不同于 0 ，或 x 和 y 之间可能存在更复杂的关系，需要用直线模型以外的其他模型进行拟合 . 我们将在第 4 章中讨论一些其他模型 .

推断斜率 β_1 的另一种方法是通过一个置信区间来估计它 . 这个区间如下框所示 .

简单线性回归斜率 β_1 的 $100(1-\alpha)\%$ 置信区间

$$\hat{\beta}_1 \pm (t_{\alpha/2})s_{\hat{\beta}_1}$$

其中 $s_{\hat{\beta}_1} = \dfrac{s}{\sqrt{\mathrm{SS}_{xx}}}$ ，$t_{\alpha/2}$ 基于 $(n-2)$ 的自由度 .

广告销售的例子中，斜率 β_1 的 95% 的置信区间为

$$\hat{\beta}_1 \pm (t_{0.025})s_{\hat{\beta}_1} = 0.7 \pm (3.182)\left(\frac{s}{\sqrt{SS_{xx}}}\right)$$

$$= 0.7 \pm (3.182)\left(\frac{0.61}{\sqrt{10}}\right)$$

$$= 0.7 \pm 0.61 = (0.09, 1.31)$$

斜率参数 β_1 的 95% 的置信区间在 SAS 输出结果的底部高亮显示，如图 3.13 所示．

注意，y 的单位是 1 000 美元，x 的单位是 100 美元，我们可以说，有 95% 的可能性，每月广告支出每增加 100 美元，月平均销售收入就会增加 90 到 1 310 美元．

因为这个区间的所有值都是正的，所以 β_1 是正的，y 的均值 $E(y)$ 随着 x 的增加而增加．然而，置信区间的范围较大反映了实验中的样本量较少（即缺乏信息）．如果样本量增加，我们得到的置信区间范围将会变小．

练习 3.6

3.26　计算． 在接下来的练习中运用最小二乘法，以下数据是否能提供足够的证据表明 β_1 不等于 0 ？（$\alpha = 0.05$）

　（a）练习 3.6　　　　　　　　　　　　　　（b）练习 3.7

3.27　预测住宅销售价格． 参考佛罗里达州坦帕市高档社区 76 套住宅的销售价格和总估价数据，参见练习 3.8. SPSS 简单线性回归输出结果如下图所示．

　（a）使用输出结果确定在该社区出售的住宅物业的估价物业价值 x 与售价 y 之间是否存在正的线性关系．确定是否有足够的证据（$\alpha = 0.05$）表明，直线模型的斜率 β_1 是正的．

　（b）通过输出结果找到斜率 β_1 的一个 95% 置信区间，并加以解释．

　（c）如何才能在（b）小题取得较窄的置信区间？

		Unstandardized Coefficients		Standardized Coefficients			95.0% Confidence Interval for B	
Model		B	Std. Error	Beta	t	Sig.	Lower Bound	Upper Bound
1	(Constant)	1.359	13.768		.099	.922	−26.075	28.792
	Market_Val	1.408	.037	.975	38.132	.000	1.335	1.482

Coefficients[a]

a. Dependent Variable: Sale_Price

练习 3.27 的 SPSS 输出结果

OJUICE

3.28　橙汁的甜度． 参见练习 3.13，将橙汁样品的甜度指数 y 与果汁中水溶性果胶含量 x 进行简单线性回归．计算直线真实斜率 90% 的置信区间，并加以解释．

3.29　Y 世代的特权心态． 目前的劳动力由"Y 世代"（1982 年至 1999 年出生的人）主导，这些员工有一种特权心态（例如，他们认为自己即使没有职业道德，也有权得到一份高薪的工作）．*Proceedings of the Academy of Educational Leadership* (Vol. 16, 2011) 调查了这种现象背后的原因．研究人员对 272 名商科本科生进行了问卷调查，旨在得到导致特权心态行为的原因. 每个学生的以下两个定量变量被测量: 特权得分 y——分数越高表明越大程度地特权心态; "直升机式家长"的分数 x——分数越高表明学生的父母越高程度地参与学生的日常生活.

(a) 建立 y 关于 x 的简单线性回归方程.

(b) 研究人员推断直升机式家长会导致一种特权心态. 基于这个理论, 你认为 β_0 是正的还是负的 (或者不能确定)? 你认为 β_1 是正的还是负的 (或者不能确定)? 解释一下.

(c) 在假设 H_0: $\beta_1 = 0$ 和 H_a: $\beta_1 > 0$ 的情况下, p 值为 0.002. 使用这个结果检验研究者的特权理论 ($\alpha = 0.01$).

⊛ FEMA

3.30 公共腐败和恶劣天气. 参见 *Journal of Law and Economics* (November 2008) 关于美国联邦应急管理局 (FEMA) 救灾与公共腐败之间联系的研究, 参考练习 3.17. 使用文件中的数据来拟合一个直线模型, 该模型将一个州每年平均的公共腐败定罪数 y 与该州每年人均的联邦应急管理局 (FEMA) 救济数 x 联系起来. 求出回归直线真实斜率 95% 的置信区间, 并加以解释.

3.31 颜值与选举成功. 在竞选政治职位时, 颜值是优势吗? 这是发表在 *Journal of Public Economics* (February 2010) 上的一篇文章中关注的问题. 研究人员对芬兰 641 名非在职政治职位候选人进行了抽样调查. 每位候选人的照片都由非芬兰受试者进行评估. 每位评价者对候选人进行评分——从 1 (最低分) 到 5 (最高分). 将每个候选人的颜值评分取平均值, 然后将平均值除以所有候选人的标准差, 得出每个候选人的颜值指数. (注: 指数每增加 1 个单位, 颜值评分增加 1 个标准差.) 在回归分析中, 每个候选人的选举成功 (以获得的选票百分比衡量) 被用作因变量 y. 模型的自变量之一是颜值指数 x.

(a) 写出 y 关于 x 的简单线性回归方程.

(b) (a) 小题中方程的 y 轴截距是否有实际的意义? 解释一下.

(c) 这篇文章指出了 (a) 小题中方程的估计斜率为 22.91, 对这一值加以解释.

(d) 斜率估计的标准误差为 3.73. 使用这些信息和 (c) 小题的估计对斜率进行检验 ($\alpha = 0.01$), 并给出合理的解释.

⊛ VOTESHR

3.32 高层领导者的魅力. 参考 *Academy of Management Journal* (August 2015) 对高层领导魅力的研究, 参见练习 3.14. 回想一下, 研究人员使用了 24 次美国总统选举数据, 将民主党的选票份额 y 建模为关于民主党和共和党候选人的魅力差 x 的函数. 是否有证据表明, 简单线性回归模型在统计上对预测民主党的投票份额是有用的? ($\alpha = 0.01$)

⊛ NAMEGAME2

3.33 记忆学生的名字. 参考 *Journal of Experimental Psychology—Applied* (June 2000) 的一项研究, 参见练习 3.15. 研究的目的是调查学生在 "名字游戏" 中记住名字的比例 y 与位置 x 之间的线性趋势. 当 $\alpha = 0.01$ 时, 是否有足够的证据表明它们呈线性趋势?

💿 **LIQUIDSPILL**

3.34 液体泄漏的扩散速度. 参考 *Chemical Engineering Progress*（January 2005）关于挥发性液体（甲醇）在表面扩散速度的研究，参见练习 3.16. 建立一个泄漏质量 y 与泄漏时间 x 有关的直线模型.

(a) 是否有足够的证据 $(\alpha = 0.05)$ 表明泄漏质量 y 往往随着时间 x 的增加呈线性减少？

(b) 给出一个每分钟泄漏质量下降的 95% 置信区间.

3.35 长颈鹿的眼睛特征. 长颈鹿被认为有很好的视力. *African Zoology*（October 2013）发表了一项关于长颈鹿眼睛特征的研究，收集了 27 只生活在津巴布韦东南部的长颈鹿的样本数据. 研究人员研究的是这些眼睛特征与长颈鹿体重之间的关系. 它们拟合的简单线性回归方程为 $\ln(y) = \beta_0 + \beta_1 \ln(x) + \varepsilon$，$y$ 代表眼睛特征，x 代表体重（千克）. 对于这种模型，斜率 β_1 代表 x 每增加 1%，y 变化的百分比.

(a) 眼睛特征 $y =$ 眼睛质量（克）时，回归方程得出 β_1 的 95% 的置信区间为 (0.25, 0.30)，解释这个区间.

(b) 眼睛特征 $y =$ 眼眶轴角（度）时，回归方程得出 β_1 的 95% 的置信区间为 (−0.5, −0.14)，解释这个区间.

3.36 海拔是否影响棒球击球表现？ 科罗拉多落基山队在丹佛的库尔斯球场举行他们的职业棒球大联盟主场比赛. 每年，落基山队的击球统计数据（如本垒打、击球率和长打率）都名列前茅. 许多棒球专家将这种现象归因于丹佛的"稀薄空气"——由于其海拔高度被称为"一英里高"的城市. *Chance* (Winter 2006) 研究了在美国职业棒球大联盟中海拔对长打率的影响，收集了 2003 赛季 29 个城市球员的综合长打率，以及每个城市的海拔高度（海平面以上英尺数）数据，数据保存在 MLBPARKS 文件中. 建立一个长打率 y 与海拔 x 相关的直线模型（所选观测值见下表）.

(a) 模型使用 MINITAB 拟合数据，输出结果如下所示. 在输出结果中找出模型参数的估计值.

(b) 是否有足够的证据 $(\alpha = 0.01)$ 表明海拔 x 和长打率 y 之间呈正线性相关？使用输出结果中显示的 p 值进行推断.

(c) 根据数据绘制散点图，并在图上绘制最小二乘直线. 在图上找到丹佛的数据点. 你观察到了什么？

(d) 从数据集中删除丹佛的数据点，并用剩余数据建立直线模型. 重复 (a) 和 (b) 小题. 从这个分析中你能得出关于"稀薄空气"理论的什么结论？

💿 **MLBPARKS**（部分数据）

城市	长打率	海拔	城市	长打率	海拔	城市	长打率	海拔
阿纳海姆	0.480	160	波士顿	0.505	20	圣路易斯	0.570	465
阿灵顿	0.605	616	丹佛	0.625	5 277	坦帕	0.500	10
亚特兰大	0.530	1 050	西雅图	0.550	350	多伦多	0.535	566
巴尔的摩	0.505	130	旧金山	0.510	63			

资料来源：Schaffer, J. & Heiny, E.L. "The effects of elevation on slugging percentage in Major League Baseball,"*Chance*; Vol. 19, No. 1, Winter 2006 (adapted from Figure 2).

Analysis of Variance

Source	DF	Adj SS	Adj MS	F-Value	P-Value
Regression	1	0.01139	0.011390	8.33	0.008
Error	27	0.03692	0.001368		
Total	28	0.04831			

Model Summary

S	R-sq	R-sq(adj)
0.0369803	23.58%	20.74%

Coefficients

Term	Coef	SE Coef	T-Value	P-Value
Constant	0.51514	0.00795	64.76	0.000
ELEVATION	0.000021	0.000007	2.89	0.008

Regression Equation

SLUGPCT   = 0.51514 + 0.000021 ELEVATION

3.7 相关系数

人们常说犯罪率和失业率"高度相关".另一个流行的观点是智商和学习成绩是"相关的".一些人甚至认为,道琼斯工业平均指数(Dow Jones Industrial Average)与时尚裙子的长度是"相关的".因此,相关性这个术语意味着两个变量之间存在"关联".

下面定义的**皮尔逊积矩相关系数** r 提供了 x 和 y 之间线性关系强度的定量测量,就像最小二乘斜率 $\hat{\beta}_1$ 一样.然而,与斜率不同,相关系数 r 是无标度的.不管变量 x 和 y 使用的度量单位是什么,r 的值总是在 -1 和 1 之间.

定义 3.3   **皮尔逊积矩系数** r 是衡量两个变量 x 和 y 之间线性关系强度的指标(对于 x 和 y 上 n 个测量的样本).计算如下:

$$r = \frac{SS_{xy}}{\sqrt{SS_{xx}\,SS_{yy}}}$$

注意:r 的计算方法与拟合最小二乘直线的方法相同.因为 r 和 $\hat{\beta}_1$ 都提供了有关模型效用的信息.毫无疑问,它们有一种相似的计算公式.特别注意 SS_{xy} 出现在表达式的分子中,因为分母总是正的,r 和 $\hat{\beta}_1$ 永远有相同的符号(要么都是正的,要么都是负的).

r 的值接近或等于 0 意味着 y 之间 x 之间线性关系很弱或没有.相反,r 越接近 1 或 -1,表明 y 和 x 之间的线性关系越强,如果 $r = 1$ 或 $r = -1$,则所有的点都正好落在最小二乘直线上.r 的正值表示 y 随着 x 的增加而增加;负值表示 y 随着 x 的增加而减小.图 3.14 描述了这些情况.

我们将演示如何使用表 3.1 中的数据计算广告销售示例的相关系数 r.计算 r 所需的数值是 SS_{xy},SS_{xx} 和 SS_{yy}.前两个数值在之前已经计算过,为了方便起见,在此重复:

$$SS_{xy} = 7,\quad SS_{xx} = 10 \text{ 和 } SS_{yy} = \sum y^2 - \frac{\left(\sum y\right)^2}{n} = 26 - \frac{(10)^2}{5} = 26 - 20 = 6$$

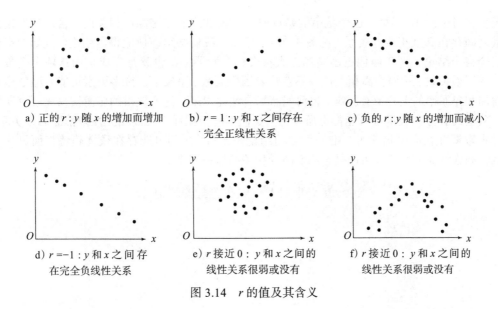

图 3.14　r 的值及其含义

计算相关系数：

$$r = \frac{SS_{xy}}{\sqrt{SS_{xx}SS_{yy}}} = \frac{7}{\sqrt{(10)(6)}} = \frac{7}{\sqrt{60}} = 0.904$$

r 值为正并且接近 1，这表明在这五个月的样本中月销售收入 y 随着广告支出 x 的增加而增加．这和我们发现最小二乘斜率的计算值为正时得到的结论是一样的．

例 3.1　在密西西比州的城市，许多河船赌场都可以进行合法的赌博．市长想知道赌场雇员的数量和每年的犯罪率之间的关系，对过去 10 年的记录进行了检查，结果如表 3.3 所示．计算并解释数据的相关系数 r．

 CASINO

表 3.3　例 3.1 赌场雇员和犯罪率的数据

年份	赌场雇员数量 x（千）	犯罪率 y （每 1 000 人中犯罪数量）	年份	赌场雇员数量 x（千）	犯罪率 y （每 1 000 人中犯罪数量）
2008	15	1.35	2013	29	2.93
2009	18	1.63	2014	30	3.41
2010	24	2.33	2015	32	3.26
2011	22	2.41	2016	35	3.63
2012	25	2.63	2017	38	4.15

解　我们没有使用定义 3.3 中给出的计算公式，而是使用统计软件，将表 3.3 的数据输入 MINITAB，MINITAB 计算 r 的输出结果如图 3.15 所示．

输出结果中显示相关系数 r = 0.987，表

Correlation: EMPLOYEES, CRIMERAT

Correlations

Pearson correlation　0.987
P-value　0.000

图 3.15　例 3.1 的 MINITAB 相关系数的输出结果

明至少在过去的 10 年里，这个城市的赌场雇员规模和犯罪率是高度相关的．这意味着这些变量之间存在高度正线性关系（见图 3.16）．然而，我们必须谨慎地得出结论．例如，市长可能会得出结论，明年雇佣更多赌场工人将会提高犯罪率，也就是变成认为这两个变量之间存在因果关系．然而，高相关性并不意味着因果关系．事实上，许多因素可能对赌场雇员的增加和犯罪率的上升都有影响．自河船赌场合法化以来，这座城市的旅游贸易无疑有所增长，赌场的服务和数量很可能都有所增加．我们不能根据样本的高相关性来推断因果关系．当样本数据存在高度相关时，唯一可靠的结论是 x 和 y 之间可能存在线性趋势，而另一个变量，如旅游业的增长，可能是 x 和 y 高度相关的潜在因素．

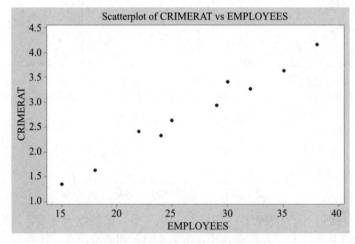

图 3.16　例 3.1 的 MINITAB 散点图

警告：高相关性并不意味着因果关系．如果观察到样本相关系数 r 有较大的正值或负值，不能认为 x 的变化一定会导致 y 的变化，唯一有效的结论是 x 和 y 之间可能存在线性趋势．

　　请记住，相关系数衡量的是样本中 x 值和 y 值之间的相关性，并且抽取数据点的总体也存在类似的线性相关系数．**总体相关系数**用 ρ 表示，ρ 是样本统计量相关系数 r 的估计值．或者说，与其关注估计值 ρ，我们更想要检验：

$$H_0: \quad \rho = 0$$
$$H_a: \quad \rho \neq 0$$

也就是说，我们想检验假设 x 对 y 的预测没有贡献信息，使用直线模型来反对两个变量至少是存在线性相关的备择假设．我们已经在 3.6 节中检验了 $H_0: \ \beta_1 = 0$ 和 $H_a: \ \beta_1 \neq 0$ [⊖]．

　　可以得出 $r = \hat{\beta}_1 \sqrt{\mathrm{SS}_{xx} / \mathrm{SS}_{yy}}$（证明省略）．因此，$\hat{\beta}_1 = 0$ 意味着 $r = 0$，反之亦然．因此，原假设 $H_0: \ \rho = 0$ 与 $H_0: \ \beta_1 = 0$ 是等价的．在上个例子中，我们检验了原假设 $H_0: \ \beta_1 = 0$，

⊖　仅在简单线性回归中，这两个检验是等价的．

当 $\alpha = 0.05$ 时拒绝原假设，这意味着犯罪率和雇员人数这两个变量之间存在线性相关．最小二乘斜率 $\hat{\beta}_1$ 和相关系数 r 之间唯一真正的区别是计量单位．⊖所以，这里提供的关于最小二乘模型效用的检验信息在一定程度上是冗余的．斜率 $\hat{\beta}_1$ 可以为我们提供额外的信息：当 x 每增加 1 单位，y 增加（或减少）的具体数量．因此，我们建议使用斜率来推断两个变量之间是否存在正或负的线性关系．

对于那些喜欢使用相关系数 r 来检验两个变量之间线性关系的人，我们将在下框中概述该过程．

线性相关的假设检验

检验统计量 $t = r\sqrt{n-2} / \sqrt{1-r^2}$

<table>
<tr><td></td><td colspan="2" align="center">单尾检验</td><td align="center">双尾检验</td></tr>
<tr><td></td><td>$H_0: \rho = 0$</td><td>$H_0: \rho = 0$</td><td>$H_0: \rho = 0$</td></tr>
<tr><td></td><td>$H_a: \rho < 0$</td><td>$H_a: \rho > 0$</td><td>$H_a: \rho \neq 0$</td></tr>
<tr><td>拒绝域：</td><td>$t < -t_\alpha$</td><td>$t > t_\alpha$</td><td>$|t| > t_{\alpha/2}$</td></tr>
<tr><td>p 值：</td><td>$P(t < t_c)$</td><td>$P(t > t_c)$</td><td>$2P(t > t_c)$，如果 t_c 是正
$2P(t < t_c)$，如果 t_c 是负</td></tr>
</table>

决策：如果 $\alpha > p$ 值，或检验统计量落在拒绝域内，则拒绝 H_0．其中 $P(t > t_\alpha) = \alpha$，$P(t > t_{\alpha/2}) = \alpha/2$，$t_c$ = 检验统计量的计算值，t 分布的自由度为 $n-2$，$\alpha = P$（犯第 I 类错误）$= P$（拒绝 $H_0 \mid$ 当 H_0 为真）．

假设：样本中的 (x, y) 值是从正态总体中随机选取的．

下一个例子说明在非线性关系的情况下，相关系数 r 可能对 x 和 y 之间的关系强度产生误导性度量．

例 3.2 充气不足或过度的轮胎会增加轮胎磨损并减少汽油里程．某新型轮胎制造商对轮胎进行了不同压力下的磨损试验，结果如表 3.4 所示．计算数据的相关系数 r，并对结果加以解释．

🔵 **TIRES**

表 3.4 例 3.2 的数据

压力 x （磅力/平方英寸①）	汽油里程数 y （千英里）	压力 x （磅力/平方英寸）	汽油里程数 y （千英里）	压力 x （磅力/平方英寸）	汽油里程数 y （千英里）
30	29.5	32	35.0	35	33.6
30	30.2	33	38.2	35	34.2
31	32.1	33	37.6	36	26.8
31	34.5	34	37.7	36	27.4
32	36.3	34	36.1		

① 1 磅力/平方英寸 = 6 894.76 帕

⊖ 估计的斜率 $\hat{\beta}_1$ 与 y 的单位相同．然而，相关系数 r 无计量单位．

解 同样，我们用计算机求 r 的值．相关分析的 SPSS 输出结果如图 3.17 所示．输出结果上用阴影表示的 r 值是 $r = -0.114$．这个相对较小的 r 值表明压力 x 和汽油里程 y 之间存在弱线性关系．

检验 H_0：$\rho = 0$ 与 H_a：$\rho \neq 0$ 的 p 值，显示在 SPSS 输出结果的阴影部分中．该值 (0.699) 表明当 $\alpha = 0.05$ 时，没有证据表明总体线性相关．然而，如果制造商认为轮胎压力对轮胎磨损的影响很小，甚至没有影响，那就大错特错了．

相反，轮胎压力与轮胎磨损之间的关系是相当强的，SPSS 散点图如图 3.18 所示．注意：这种关系不是线性的，而是曲线关系，充气不足的轮胎（低压值）和充气过度的轮胎（高压值）都会导致低里程数．

Correlations

		MILEAGE_Y	PRESS_X
MILEAGE_Y	Pearson Correlation	1	−.114
	Sig. (2-tailed)		.699
	N	14	14
PRESS_X	Pearson Correlation	−.114	1
	Sig. (2-tailed)	.699	
	N	14	14

图 3.17 轮胎数据的 SPSS 输出结果

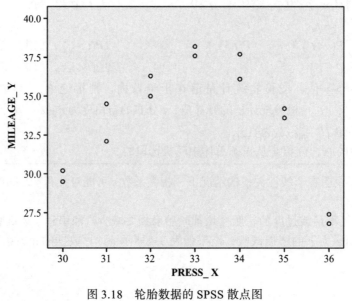

图 3.18 轮胎数据的 SPSS 散点图

下一节中将会定义并讨论与相关系数有关的统计量．

3.8 判定系数

另一种衡量回归模型效用的方法是量化 x 对 y 预测的贡献，我们可以利用 x 提供的信息计算出 y 预测的误差减少量．

为了说明这一点，假设一个数据样本的散点图如 3.19 a 所示．如果我们假设 x 对 y 的预测没有贡献任何信息，那么 y 值的最佳预测就是样本均值 $\bar{y}$，其图形为图 3.19 b 所示的水平线．图 3.19 b 中的垂直线段为样本点关于均值 $\bar{y}$ 的偏差．注意，模型 $\hat{y} = \bar{y}$ 的偏差平方和为

$$\mathrm{SS}_{yy} = \sum(y_i - \bar{y})^2$$

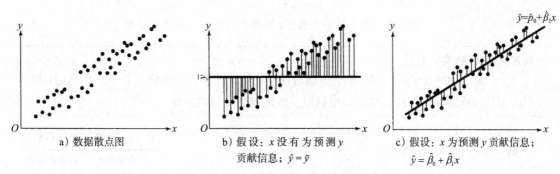

a) 数据散点图   b) 假设：x 没有为预测 y c) 假设：x 为预测 y 贡献信息；
                                 贡献信息；$\hat{y} = \bar{y}$ $\hat{y} = \hat{\beta}_0 + \hat{\beta}_1 x$

图 3.19   两种模型偏差平方和的比较

现在假设你将一条最小二乘直线拟合到同一组数据中，并给定数据点关于该线的偏差，如图 3.19 c 所示．比较数据点到图 3.19 b 和图 3.19 c 预测直线的偏差．你可以看到：

1. 如果 x 对 y 的预测很少或没有贡献信息，那么这两条直线的偏差平方和

$$\mathrm{SS}_{yy} = \sum(y_i - \bar{y})^2 \text{ 和 } \mathrm{SSE} = \sum(y_i - \hat{y}_i)^2$$

将几乎相等．

2. 如果 x 确实为 y 的预测提供了信息，那么 SSE 将小于 SS_{yy}．事实上，如果所有的点都落在最小二乘直线上，那么 SSE = 0.

一种简便的方法测量最小二乘方程 $\hat{y} = \hat{\beta}_0 + \hat{\beta}_1 x$ 对 y 的预测效用是计算归因于 x 而使偏差平方和减少的量，用关于 SS_{yy} 的比例表示，定义为**判定系数**：

$$r^2 = \frac{\mathrm{SS}_{yy} - \mathrm{SSE}}{\mathrm{SS}_{yy}}$$

在简单线性回归中，判定系数等于简单线性相关系数 r 的平方．

定义 3.4   判定系数为

$$r^2 = \frac{\mathrm{SS}_{yy} - \mathrm{SSE}}{\mathrm{SS}_{yy}} = 1 - \frac{\mathrm{SSE}}{\mathrm{SS}_{yy}}$$

它表示由于 y 和 x 之间的线性关系所导致 y 值的偏差平方和对于其均值的比例（简单线性回归中，也可计算为相关系数 r 的平方）．

注意：r^2 总是在 0 和 1 之间，因为 $\mathrm{SSE} \leqslant \mathrm{SS}_{yy}$．因此，$r^2 = 0.60$ 意味着通过使用最小二乘方程 $\hat{y}$ 代替 $\bar{y}$ 来预测 y，y 值与预测值的偏差平方和减少了 60%.

关于 r^2 的更实际解释如下：如果我们让 SS_{yy} 代表 y 值在均值周围的“总样本变异性”，并让 SSE 表示最小二乘直线 $\hat{y}$ 拟合后的“无法解释的样本变异性”．那么（$\mathrm{SS}_{yy} - \mathrm{SSE}$）是归因于 y 关于 x 的线性关系的“解释样本变异性”．因此，r^2 的文字描述是

$$r^2 = \frac{SS_{yy} - SSE}{SS_{yy}} = \frac{\text{解释样本变异性}}{\text{总样本变异性}}$$

=由y和x的线性关系来解释y值所占总样本变异性的比例

判定系数 r^2 的实际解释

y 中大约 100 (r^2) % 的样本变化（通过样本 y 值关于均值 $\bar{y}$ 的偏差总平方和测量）可以解释为（或归因于）在直线模型中利用 x 所预测的 y 值的变化.

例 3.3 计算广告销售示例的判定系数，数据如表 3.5 所示.

解 根据之前的计算，

$$SS_{yy} = \sum(y - \bar{y})^2 = 6 \quad （参见图 3.4 的 Excel 电子表格）$$

$$SSE = \sum(y - \hat{y})^2 = 1.1 \quad （参见图 3.6 的 Excel 电子表格）$$

则判定系数为

$$r^2 = \frac{SS_{yy} - SSE}{SS_{yy}} = \frac{6.0 - 1.1}{6.0} = \frac{4.9}{6.0} = 0.817$$

表 3.5 广告销售示例数据

广告支出 x（百美元）	销售收入 y（千美元）
1	1
2	1
3	2
4	2
5	4

该值在 SPSS 输出结果中高亮显示，如图 3.20 所示. 我们的解释是：大约 82% 的销售收入值的样本变化可以通过最小二乘直线模型

$$\hat{y} = -0.1 + 0.7x$$

使用每月广告支出 x 预测销售收入 y 来"解释".

Model Summary

Model	R	R Square	Adjusted R Square	Std. Error of the Estimate
1	.904[a]	.817	.756	.606

a. Predictors: (Constant), ADVEXP_X

图 3.20 广告销售回归的 SPSS 部分输出结果

当发现直线回归模型在统计上可以充分预测 y 时，r^2 的值可以帮助回归分析人员寻找更好更有用的模型.

例如，佛罗里达州一个八层公寓综合楼的开发商使用了一个简单的线性模型，将公寓的拍卖价格 y 与楼层高度 x 联系起来. 根据拍卖所得的 106 套公寓的数据，推导出图 3.21 上给出的最小二乘预测方程. 分析还得出结论，拍卖价格和楼层高度是线性相关的，因为检验 H_0：$\beta_1 = 0$ 的 t 统计量计算值为 $t = -3.44$，与它关联的 p 值为 0.001. 所以楼层高度应该有助于预测在拍卖会上售出的公寓的价格. 然而，判定系数 r^2 的计算值为 0.102，这表明只有约 10% 的样本价格变化是由公寓的楼层高度差异造成的. 这个相对较小的 r^2 值使开发商不得不考虑模型中的其他自变量（例如距电梯的距离和是否是海景房等），以解释剩余的 90% 不能用楼层高度解释的拍卖价格变化中的绝大部分. 在下一章中，我们将讨论响应变量 y 与多个自变量之间的关系.

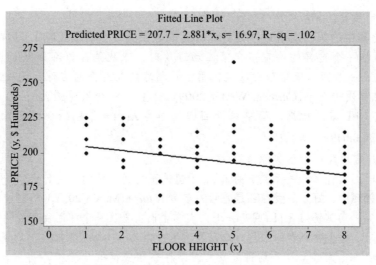

图 3.21　价格与楼层高度相关的简单线性模型 MINITAB 图

练习 3.8

3.37 **相关变量示例.** 列举一个你所在的研究领域的两个变量相关的例子.

　　（a）正相关　　　　　　　　　　　（b）负相关

3.38 **计算.** 如果 r 取以下各值时，描述最小二乘直线的斜率.

　　（a）$r = 0.7$　　　　　　　　　　（b）$r = -0.7$

　　（c）$r = 0$　　　　　　　　　　　（d）$r^2 = 0.64$

3.39 **计算.** 求出下列各题样本数据的相关系数和判定系数，并加以解释.

　　（a）练习 3.6　　　　　　　　　　（b）练习 3.7

3.40 **犯罪率与美国人口数.** 执法机构的研究表明犯罪率与美国人口数有关. 你认为其相关性是正的还是负的？解释一下.

3.41 **GPA 和智商.** 你认为大学生的平均绩点（GPA）与智商有关吗？如果是这样，这种相关性是正的还是负的？解释一下.

🔘 **TAMPALMS**

3.42 **预测住宅销售价格.** 参考最近在佛罗里达州坦帕市高档社区售出的 76 套住宅的销售价格和总估价数据，参见练习 3.8. 这里复制了销售价格 y 与评估的房地产（市场）价值 x 的 MINITAB 简单线性回归输出结果，之后是 MINITAB 相关性输出结果.

　　（a）计算输出结果中房地产估价与售价之间的相关系数，并解释这个值.

　　（b）计算输出结果中房地产估价与售价之间的

Regression Analysis: Sale_Price versus Market_Val

Analysis of Variance

Source	DF	Adj SS	Adj MS	F-Value	P-Value
Regression	1	6874024	6874024	1454.02	0.000
Error	74	349842	4728		
Total	75	7223866			

Model Summary

S	R-sq	R-sq(adj)
68.7575	95.16%	95.09%

Coefficients

Term	Coef	SE Coef	T-Value	P-Value
Constant	1.4	13.8	0.10	0.922
Market_Val	1.4083	0.0369	38.13	0.000

Regression Equation

Sale_Price = 1.4 + 1.4083 Market_Val

Correlation: Sale_Price, Market_Val

Correlations

Pearson correlation　0.975
P-value　　　　　　　0.000

判定系数, 并解释这个值.

3.43 NFL 比赛中的第四次进攻决定. 每周美国国家橄榄球联盟 (NFL) 的教练在比赛中都会面临一个这样的决定: 在第四场进攻时, 球队是应该弃踢还是进攻? 统计学家开发了一个回归模型帮助决策, 用于预测球队在距离对方球门线一定距离 x 的情况下的首次得分 y (*Chance*, Winter 2009). 模型之一适用于最近一个赛季中收集到的五支 NFL 球队数据, 简单线性回归模型为 $E(y) = \beta_0 + \beta_1 x$. 回归得到以下结果: $\hat{y} = 4.42 - 0.048x, r^2 = 0.18$.

(a) 对判定系数 r^2 做出实际解释.

(b) 由 r^2 的值计算相关系数 r 的值. r 的值是正的还是负的? 为什么?

3.44 在商业领域中, 好人是受益还是吃亏? 参考 *Nature* (March 20, 2008) 囚徒游戏中惩罚策略的研究, 参见练习 3.11. 回想一下, 大学生们重复玩一个 "囚徒困境" 的游戏, 研究人员记录了每个参与者的平均得分以及运用合作策略、背叛策略和惩罚策略的次数.

(a) 假设合作策略 x 与平均得分 y 之间不存在相关性的检验中, 得出 p 值为 0.33. 解释这个结果.

(b) 假设背叛策略 x 与平均得分 y 之间不存在相关性的检验中, 得出 p 值为 0.66. 解释这个结果.

(c) 假设惩罚策略 x 与平均得分 y 之间不存在相关性的检验中, 得出 p 值为 0.001. 解释这个结果.

3.45 肥胖青年的身体素质. 在 *International Journal of Obesity* (January 2007) 上发表的一项研究中, 儿科研究人员测量记录了两组青年体育运动的情况: 13 名肥胖青年和 15 名正常体重青年. 研究人员记录了每一个青年在一段时间内的运动总数. 然后根据每分钟计数 (cpm) 计算基准数据. 四年后, 再次进行相应测量, 称为跟踪数据.

(a) 对 13 名肥胖青年, 研究人员报告了基准和跟踪数据之间的相关系数为 $r = 0.50$, 相关的 p 值为 0.07. 解释相关系数和 p 值的意义.

(b) 根据 (a) 小题, 为 13 个数据点绘制 $r = 0.50$ 的散点图.

(c) 根据 (a) 小题, 在简单线性回归中, 计算并解释肥胖青年基准和跟踪数据之间的判定系数 r^2.

(d) 对于 15 名正常体重青年, 研究人员报告了基准和跟踪数据之间的相关系数为 $r = -0.12$, 相关的 p 值为 0.66. 解释相关系数和 p 值的意义.

(e) 根据 (d) 小题, 为 15 个数据点绘制 $r = -0.12$ 的散点图.

(f) 根据 (d) 小题, 在简单线性回归中, 计算并解释正常体重青年基准和跟踪数据之间的判定系数 r^2.

🔵 **OJUICE**

3.46 橙汁的甜度. 参见练习 3.13, 将橙汁样品的 $y=$ 甜度指数与 $x=$ 可溶性果胶含量进行简单线性回归, 并将数据保存在文件中. 求出并解释判定系数 r^2 和相关系数 r.

3.47 姓氏和购买速度. *Journal of Consumer Research* (August 2011) 发表了一项关于消费者决定购买产品速度的研究. 研究人员推断, 姓氏以字母表中靠后的字母开头的消费者比姓氏以字母表中靠前的字母开头的消费者更快决定购买商品（即姓氏效应）. 在 50 名 MBA 学生的样本中，每位学生都可获得一张大学篮球赛免费门票，但门票供应有限. 那些收到门票及时回复电子邮件的人的姓氏首字母会被记录下来，并给一个数值（例如，"A"=1，"B"=2，等等）. 每个学生的反应时间（以分钟为单位）被记录下来.

（a）研究人员计算这两个变量之间的相关性为 $r=-0.271$，解释这个结果.

（b）在 $\alpha=0.05$ 时，总体负相关检验的显著性水平 p 值为 0.018，解释这个结果.

（c）这一分析结果是否支持研究人员的姓氏效应理论？解释一下.

💿 **NAMEGAME2**

3.48 **记忆学生的名字**. 参考 *Journal of Experimental Psychology—Applied*（June 2000）的一项研究，参见练习 3.15. 在"名字游戏"中学生记住名字的比例 y 和位置顺序 x 有关的简单线性回归中计算并解释 r 和 r^2 的值.

3.49 **缺失数据的估算方法**. 在分析大量数据（具有多个变量的大数据集）时，业务研究人员经常会遇到数据缺失的情况（如无响应变量）. 通常情况下，将使用一种计算方法，例如变量的均值，来替代丢失数据. *Data & Knowledge Engineering*（March 2013）评估了一种用"最近邻"代替缺失数据的估算方法. 标准均方根误差（NRMSE）和分类偏差是填补算法的两个定量评估方法. 研究人员对 3 600 个含有缺失值的数据集样本进行了计算，确定了每个数据集的 NRMSE 和分类偏差，两个变量之间的相关系数 $r=0.283\,8$.

（a）通过检验来确定 NRMSE 与偏差的真实总体相关系数是否为正，并加以解释.

（b）数据的散点图（摘自期刊文章）如右所示. 根据这张图，你是否建议使用 NRMSE 作为偏差的线性预测因子？解释为什么你的答案与（a）小题的结果不矛盾.

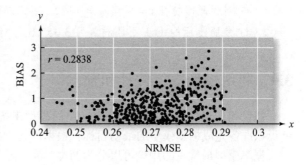

💿 **TASTE**

3.50 **味觉测试量表**. 在销售一种新的食品之前，公司会使用一个数字口味测试量表来评估食品的口味. *Journal of Food Science*（February 2014）发表了一项口味测试研究的结果. 研究人员对 200 名大学生和工作人员进行了抽样调查，他们对自己最喜欢和最不喜欢的食物进行了打分，分数范围从 –100（表示最不喜欢的食物）到 100（表示最喜欢的食物）. 这个评分被标记为感知享乐强度. 此外，每位品尝者对四种不同溶液（盐、蔗糖、柠檬酸和盐酸）的感官强度进行了评分. 研究人员用这四个等级的平均值来量化个体味觉强度的变化，即感知感官强度. 数据保存在 TASTE 文件中. 下面 MINITAB 输出结果显示了最喜欢（PHI-F）和最不喜欢（PHI-L）食物的感知感官强度（PSI）和感知享乐强度之间的相关性.

```
Correlation: PSI, PHI-F

Correlations

Pearson correlation   0.401
P-value               0.000

Correlation: PSI, PHI-L

Correlations

Pearson correlation  −0.375
P-value               0.000
```

(a) 对输出结果的 r 值做出实际的解释.

(b) 根据研究人员的说法,"最喜欢和最不喜欢的食物的口味取决于感知到的味觉强度,那些体验到最大味觉强度的人(即味觉超常者)往往会感觉到更极端的食物好坏."你同意吗?解释一下.

3.51 **长颈鹿的眼睛特征.** *African Zoology*(October 2013)关于长颈鹿眼睛特征的研究,参见练习 3.35. 回想一下简单线性回归方程为 $\ln(y) = \beta_0 + \beta_1 \ln(x) + \varepsilon$,其中 y 代表眼睛特征,x 代表体重(千克).

(a) 对于眼睛特征 $y =$ 眼睛质量(克),回归方程得到 $r^2 = 0.948$. 对这个结果给出一个实际的解释.

(b) 参照上面的(a)小题及练习 3.35(a). 计算相关系数 r 的值,并加以解释.

(c) 对于眼睛特征 $y =$ 眼眶轴角(度),回归方程得到 $r^2 = 0.375$,对这个结果加以解释.

(d) 参照上面的(c)小题和练习 3.35(b). 计算相关系数 r 的值,并加以解释.

3.9 利用模型进行估计和预测

假设我们确信已经找到了一个有用的模型来描述销售收入和广告支出之间的关系,那就可以准备完成构建模型的最初目标:根据广告支出(美元)来估计或预测销售收入.

概率模型最常见的用途可以分为两类. 第一类是使用模型来对**特定的 x 值估计 y 的均值** $E(y)$. 在上例中,我们可能想要通过 400 美元($x = 4$)的广告支出来估计所有月份的平均销售收入. 第二类是用**给定 x 值来预测相应 y 值**,也就是说,如果我们决定下个月花费 400 美元,我们希望预测该公司那个月的销售收入.

在 y 均值的估计中,我们试图用给定的 x 值来估计大量实验的平均结果. 在第二种情况中,我们试图用给定的 x 值来预测单个实验的结果. 在这些模型中,你认为哪个值(y 的均值或单个值)能够被更准确地估计(或预测)?

在回答这个问题之前,我们首先考虑选择 y 的均值(或 y 的单个值)的估计量(或预测量). 我们将使用最小二乘模型

$$\hat{y} = \hat{\beta}_0 + \hat{\beta}_1 x$$

既能在给定 x 值下估计 y 的均值,又能预测 y 的特定值. 对于上述示例,我们发现

$$\hat{y} = -0.1 + 0.7x$$

因此，当 $x = 4$（广告费 = 400 美元）时，所有月份的销售收入的估计均值为

$$\hat{y} = -0.1 + 0.7(4) = 2.7$$

或者说 2 700 美元（y 的单位是千美元）．当预测 $x = 4$ 时能得到相同的 y 值．也就是说，当 $x = 4$ 时，y 的估计均值和预测值都等于 $\hat{y} = 2.7$，如图 3.22 所示．

这两种模型的不同之处在于估计和预测的相对准确性．当最小二乘直线分别作为估计量和预测量时，它的准确性最好由最小二乘直线的重复抽样误差来测量．这些误差在下框中给出．

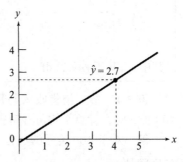

图 3.22　当 $x = 4$ 时，销售收入 y 的估计均值和预测值

当 $x = x_p$ 时 y 均值估计量的抽样误差和 y 预测量的抽样误差

1. 当 x 值给定为 x_p 时，y 的均值估计量 $\hat{y}$ 的抽样分布的标准差是

$$\sigma_{\hat{y}} = \sigma \sqrt{\frac{1}{n} + \frac{(x_p - \overline{x})^2}{\text{SS}_{xx}}}$$

式中，σ 是随机误差 ε 的标准差，$\sigma_{\hat{y}}$ 是 $\hat{y}$ 的标准误差．

2. $x = x_p$ 的单个 y 值的预测量 $\hat{y}$ 的预测误差的标准差是

$$\sigma_{(y-\hat{y})} = \sigma \sqrt{1 + \frac{1}{n} + \frac{(x_p - \overline{x}^2)}{\text{SS}_{xx}}}$$

式中，σ 是随机误差 ε 的标准差，$\sigma_{(y-\hat{y})}$ 是预测的标准误差．

由于 σ 的真实值未知．所以，我们用 s 来估计 σ，并计算估计区间和预测区间，如下面两个方框所示．该过程将在例 3.4 中演示．

当 $x = x_p$ 时，y 均值的 $100(1-\alpha)\%$ 置信区间为

$$\hat{y} \pm t_{\alpha/2} \ (\hat{y} \text{ 的估计标准差})$$

或

$$\hat{y} \pm (t_{\alpha/2}) s \sqrt{\frac{1}{n} + \frac{(x_p - \overline{x})^2}{\text{SS}_{xx}}}$$

其中 $t_{\alpha/2}$ 基于 $(n-2)$ df．

当 $x = x_p$ 时，单个 y 的 $100(1-\alpha)\%$ 预测区间为

$$\hat{y} \pm t_{\alpha/2} \ [(y-\hat{y}) \text{的估计标准差}]$$

或

$$\hat{y} \pm (t_{\alpha/2})s\sqrt{1 + \frac{1}{n} + \frac{(x_p - \bar{x})^2}{SS_{xx}}}$$

其中 $t_{\alpha/2}$ 基于 $(n-2)\,df$.

例 3.4　参见销售收入与每月广告支出之间的简单线性回归. 当电器店在广告上支出 400 美元时, 计算平均每月销售额的 95% 置信区间.

解　对于 400 美元的广告支出 $x_p = 4$, 由于 $n = 5$, 自由度为 $n - 2 = 3$. 那么 y 均值的置信区间是

$$\hat{y} \pm (t_{\alpha/2})s\sqrt{\frac{1}{n} + \frac{(x_p - \bar{x})^2}{SS_{xx}}}$$

即

$$\hat{y} \pm (t_{0.025})s\sqrt{\frac{1}{5} + \frac{(4 - \bar{x})^2}{SS_{xx}}}$$

回想一下 $\hat{y} = 2.7$, $s = 0.61$, $\bar{x} = 3$, $SS_{xx} = 10$. 从附录 D 表 2 得, $t_{0.025} = 3.182$, 因此我们有

$$2.7 \pm (3.182)(0.61)\sqrt{\frac{1}{5} + \frac{(4 - 3)^2}{10}} = 2.7 \pm (3.182)(0.61)(0.55)$$

$$= 2.7 \pm 1.1 = (1.6, 3.8)$$

我们以 95% 的可靠性认为, 从 1 600 美元到 3 800 美元的区间包含了该店在广告上支出 400 美元时所有月份的平均销售收入. 注意: 我们在拟合最小二乘直线时使用了少量的数据, 后续通过使用更多的数据点可以减小区间宽度.

例 3.5　再次参见广告销售例题. 如果广告支出为 400 美元, 预测下个月的销售额. 计算 95% 的预测区间.

解　为了预测 $x_p = 4$ 的特定月份的销售额, 我们计算 95% 的预测区间为

$$\hat{y} \pm (t_{\alpha/2})s\sqrt{1 + \frac{1}{n} + \frac{(x_p - \bar{x})^2}{SS_{xx}}} = 2.7 \pm (3.182)(0.61)\sqrt{1 + \frac{1}{5} + \frac{(4 - 3)^2}{10}}$$

$$= 2.7 \pm (3.182)(0.61)(1.14) = 2.7 \pm 2.2 = (0.5, 4.9)$$

因此, 以 95% 的可靠性认为, (当一个月的广告支出为 400 美元时) 预测下个月的销售收入在 500 美元到 4 900 美元之间. 与 y 均值的置信区间一样, y 的预测区间也很大. 这是因为我们选择了一个简单的例子 (只有五个数据点) 来拟合最小二乘直线. 通过使用更多的数据点, 可以减小预测区间的宽度.

利用统计软件可以得到 $E(y)$ 的置信区间和 y 的预测区间. 图 3.23 和图 3.24 是 SAS 输出结果, 输出结果中分别显示了广告销售示例的置信区间和预测区间. 除了四舍五入的区别, 这些输出结果中显示的区间与我们计算的区间一致.

Dependent Variable: SALES_Y

				Output Statistics			
Obs	ADVEXP_X	Dependent Variable	Predicted Value	Std Error Mean Predict	95% CL Mean		Residual
1	1	1	0.6000	0.4690	−0.8927	2.0927	0.4000
2	2	1	1.3000	0.3317	0.2445	2.3555	−0.3000
3	3	2	2.0000	0.2708	1.1382	2.8618	0
4	4	2	2.7000	0.3317	1.6445	3.7555	−0.7000
5	5	4	3.4000	0.4690	1.9073	4.8927	0.6000

图 3.23　关于 $E(y)$ 的 95% 置信区间的 SAS 输出结果

Dependent Variable: SALES_Y

				Output Statistics			
Obs	ADVEXP_X	Dependent Variable	Predicted Value	Std Error Mean Predict	95% CL Predict		Residual
1	1	1	0.6000	0.4690	−1.8376	3.0376	0.4000
2	2	1	1.3000	0.3317	−0.8972	3.4972	−0.3000
3	3	2	2.0000	0.2708	−0.1110	4.1110	0
4	4	2	2.7000	0.3317	0.5028	4.8972	−0.7000
5	5	4	3.4000	0.4690	0.9624	5.8376	0.6000

图 3.24　关于 y 的 95% 预测区间的 SAS 输出结果

注意：例 3.4 中的置信区间要比例 3.5 中的预测区间窄．这一定对吗？答案是肯定的．对于一个给定的值 $x = x_p$ 来说，估计 y 的均值 $E(y)$ 的误差是最小二乘直线和其真实的均值线 $E(y) = \beta_0 + \beta_1 x$ 之间的距离．该误差 $[\hat{y} - E(y)]$ 如图 3.25 所示．相反，预测值 y 的误差 $(y_p - \hat{y})$ 是两部分误差之和，即估计 y 的均值 $E(y)$ 的误差（如图 3.25 所示），加上要预测的 y 值的一个分量随机误差（见图 3.26）．因此，预测某一特定 y 值的误差总是大于估计某一特定 x 值的 y 均值的误差．从公式中可以看出，当 $x_p = \bar{x}$ 时，估计误差和预测误差都取最小值．x 离 $\bar{x}$ 越远，估计和预测的误差就越大．见图 3.26 可以在均值线 $E(y) = \beta_0 + \beta_1 x$ 和预测线 $\hat{y} = \hat{\beta}_0 + \hat{\beta}_1 x$ 之间观察不同 x 值的偏差．在数据集中 x 的最大值和最小值出现在区间两端，则误差相对更大．

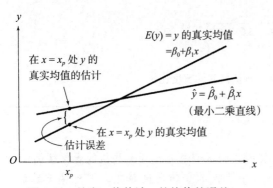

图 3.25　给定 x 值估计 y 的均值的误差

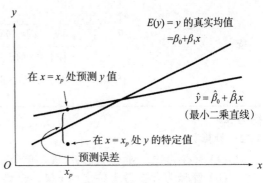

图 3.26　给定 x 值预测 y 的未来值的误差

图 3.27 显示了 $E(y)$ 的置信限和 y 在广告支出 x 范围内的预测区间．可以看到置信区间总是小于预测区间，在均值 $\bar{x}$ 处它们都是最窄的，并且随着距离 $|x - \bar{x}|$ 的增加而逐渐增加．事实上，当选择的 x 距离 $\bar{x}$ 足够远，以至于它落在样本数据的范围以外时，对 $E(y)$ 或 y 做出任何推断都是具有风险的．

> **警告**：当 x 值落在样本数据中的 x 值范围之外时，使用最小二乘预测方程估计 y 的均值，或预测特定的 y 值可能会导致估计或预测误差远远大于预期．尽管最小二乘模型可

以很好地解释样本中 x 值范围内的数据，但它可能无法很好地提供该区域外 x 值的真实模型.

置信区间宽度随着 n 的增大而减小.因此，在理论上，通过选择足够大的样本，你可以获得所需的（在任意给定 x 处）y 均值的精确估计.y 值的预测区间也随着 n 的增大而减小，但其宽度有一个下限.如果你研究预测区间的公式，你会发现该区间不能小于 $\hat{y} \pm z_{\alpha/2}\sigma^{\ominus}$.因此，获得更准确的预测 y 值的唯一方法是减小回归模型中的标准差 σ.这只能通过改进模型来实现，要么使用曲线模型（而不是线性模型），要么在模型中添加新的自变量，或者两者兼而有之.在第4章中我们将讨论模型改进的方法.

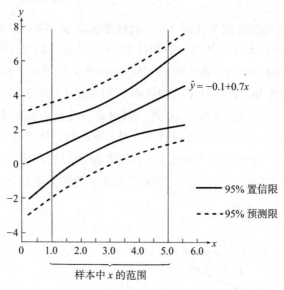

图 3.27 95% 的置信区间与预测区间的宽度比较

练习 3.9

3.52 计算.

（a）解释为什么对于特定的 x 值，单个 y 值的预测区间总是大于 y 均值的置信区间.

（b）解释为什么对于特定的 x 值，比如 x_p，y 均值的置信区间越宽，则 x_p 离 $\bar{x}$ 越远.这对估计值和预测值有什么影响？

3.53 计算. 对 $n = 20$ 个数据点进行简单线性回归分析，得到如下结果：

$$\hat{y} = 2.1 + 3.4x \qquad SS_{xx} = 4.77$$
$$\bar{x} = 2.5 \qquad SS_{yy} = 59.21$$
$$\bar{y} = 10.6 \qquad SS_{xy} = 16.22$$

（a）计算 SSE 和 s^2.

$\ominus$ 结果表明，对于较大的 n，$t_{\alpha/2} \approx z_{\alpha/2}$，$s \approx \sigma$，以及预测因子标准误差中根号下的最后两项约为 0.

（b）当 $x=2.5$ 时，计算 $E(y)$ 的 95% 置信区间，并解释这个区间．

（c）当 $x=2.0$ 时，计算 $E(y)$ 的 95% 置信区间，并解释这个区间．

（d）当 $x=3.0$ 时，计算 $E(y)$ 的 95% 置信区间，并解释这个区间．

（e）检查（b）、（c）和（d）小题中得到的置信区间宽度．当 x 值远离 $\bar{x}$ 值时，$E(y)$ 的置信区间的宽度会发生什么变化？

（f）当 $x=3.0$ 时，计算 y 值的 95% 预测区间，并解释这个区间．

3.54 **预测住宅销售价格.** 参见佛罗里达州坦帕市高档住宅区 76 套住宅的销售价格和总估价数据，参见练习 3.8.

（a）在练习 3.8 中，你确定坦帕住宅区销售的房屋中评估的房产（或市场）价值 x 和销售价格 y 呈正相关．这一结果是否能够预测销售价格？请加以解释．

（b）MINITAB 被用来预测该区内市值为 30 万元的住宅物业的售价．在如右所示的输出结果中计算该物业售价的 95% 预测区间并解释结果．

（c）在输出结果中计算 $E(y)$ 的 95% 置信区间并解释结果．

Prediction for Sale_Price

Regression Equation

Sale_Price = 1.4 + 1.4083 Market_Val

Settings

Variable	Setting
Market_Val	300

Prediction

Fit	SE Fit	95% CI	95% PI
423.840	7.88972	(408.119, 439.560)	(285.938, 561.741)

3.55 **在商业领域中，好人是受益还是吃亏？** 参见 *Nature*（March 20, 2008），参见练习 3.11 和练习 3.44. 回想一下，我们使用简单线性回归将参与者的平均得分 y 建模为惩罚策略次数 x 的直线函数．

（a）如果研究人员想要预测一个使用 10 次惩罚策略的参与者的平均得分，他们应如何操作？

（b）如果研究人员想要估计所有使用 10 次惩罚策略的参与者的平均得分的均值，他们应如何操作？

◎ MOON

3.56 **测量月球轨道.** 参考 *American Journal of Physics*（April 2014）对月球轨道的研究，参见练习 3.9. 回想一下，月球的角度大小 y 被建模为地平线以上高度 x 的直线函数．右图显示的是 MINITAB 输出结果，其中显示了当 $x=50$ 度时，y 的 95% 预测区间和 $E(y)$ 的 95% 置信区间．

（a）对 95% 的预测区间做出实际解释．

（b）对 95% 的置信区间做出实际解释．

（c）一位研究人员想预测当地平线以上的高度为 80 度时月球的角度大小．你是否建议研究人员使用输出结果中显示的最小二乘直线进行预测？请加以解释．

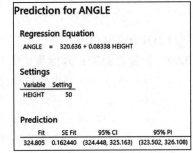

Prediction for ANGLE

Regression Equation

ANGLE = 320.636 + 0.08338 HEIGHT

Settings

Variable	Setting
HEIGHT	50

Prediction

Fit	SE Fit	95% CI	95% PI
324.805	0.162440	(324.448, 325.163)	(323.502, 326.108)

3.57 **橙汁的甜度.** 参见 $n=24$ 份橙汁样品甜味指数 y 与果胶含量 x 的简单线性回归，参见

练习 3.13. SPSS 输出结果如下图所示. SPSS 电子表格显示了 $x = 300$ 时甜味指数均值 $E(y)$ 的 95% 置信区间. 解释这个区间.

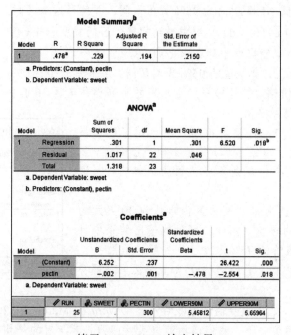

Model Summary[b]

Model	R	R Square	Adjusted R Square	Std. Error of the Estimate
1	.478[a]	.229	.194	.2150

a. Predictors: (Constant), pectin
b. Dependent Variable: sweet

ANOVA[a]

Model		Sum of Squares	df	Mean Square	F	Sig.
1	Regression	.301	1	.301	6.520	.018[b]
	Residual	1.017	22	.046		
	Total	1.318	23			

a. Dependent Variable: sweet
b. Predictors: (Constant), pectin

Coefficients[a]

Model		Unstandardized Coefficients		Standardized Coefficients	t	Sig.
		B	Std. Error	Beta		
1	(Constant)	6.252	.237		26.422	.000
	pectin	−.002	.001	−.478	−2.554	.018

a. Dependent Variable: sweet

	RUN	SWEET	PECTIN	LOWER90M	UPPER90M
1	25	.	300	5.45812	5.65964

练习 3.57 SPSS 输出结果

NAMEGAME2

3.58 记忆学生的名字 . 参见 *Journal of Experimental Psychology—Applied*（June 2000）的一项研究，参见练习 3.15.

(a) 在"名字游戏"中，计算排在第五位的学生平均记忆比例的 99% 置信区间，并加以解释.

(b) 在"名字游戏"中，计算排在第五位的特定学生的记忆比例的 99% 预测区间，并加以解释.

(c) 比较（a）小题和（b）小题这两个区间. 哪个区间更宽？这种情况会一直持续下去吗？请加以解释.

LIQUIDSPILL

3.59 液体泄漏的扩散速度 . 参考 *Chemical Engineering Progress* (January 2005) 关于挥发性液体泄漏在表面的扩散速度的研究，参见练习 3.16 和 3.34. 回想一下，我们使用简单线性回归建立 $y =$ 泄漏质量关于 $x =$ 泄漏时间的函数.

(a) 计算在 15 分钟内的所有泄漏液体平均质量的 90% 置信区间，并解释结果.

(b) 计算在 15 分钟内的一次泄漏液体质量的 90% 预测区间，并解释结果.

3.60 去除有毒废水中的氮 . 干法腈纶生产过程中产生剧毒废水. 减少毒性的一种方法是去除废水中的氮. 环境工程师研究了一种很有前景的脱氮方法——厌氧氨氧化，并将研

究结果发表在了 *Chemical Engineering Journal* (April 2013) 上. 研究人员收集了 120 份有毒废水样本, 采用脱氮法处理. 去除氮的量 (以毫克／升计算) 和去除过程中使用的铵的量 (以毫克／升计算) 都是固定的. 这些数据 (根据期刊文章中提供的信息进行模拟) 保存在 NITRO 文件中. 前 5 个样本的数据如下所示. SAS 输出结果还显示了一个简单的线性回归分析, 其中 $y=$ 脱氮量, $x=$ 铵用量.

(a) 对线性模型拟合的充分性进行统计评估. 你建议用这个模型来预测氮的含量吗?

(b) 在 SAS 输出结果中, 当铵用量为每升 100 毫克时, 计算氮量的 95% 预测区间, 并加以解释.

(c) 当铵用量为每升 100 毫克时, 平均氮量的 95% 置信区间会比 (b) 小题的区间更宽还是更窄? 请加以解释.

🖲 **NITRO (120 个样本中的前 5 个样本数据)**

氮	铵	氮	铵
18.87	67.40	10.45	15.63
17.01	12.49	36.03	83.66
23.88	61.96		

The SAS System

The REG Procedure
Model: MODEL1
Dependent Variable: NITRO_Y

Number of Observations Read	120
Number of Observations Used	120

Analysis of Variance

Source	DF	Sum of Squares	Mean Square	F Value	Pr > F
Model	1	88104	88104	1075.57	<.0001
Error	118	9665.80325	81.91359		
Corrected Total	119	97770			

Root MSE	9.05061	R-Square	0.9011
Dependent Mean	67.91083	Adj R-Sq	0.9003
Coeff Var	13.32720		

Parameter Estimates

Variable	DF	Parameter Estimate	Standard Error	t Value	Pr > |t|
Intercept	1	2.22255	2.16665	1.03	0.3071
AMMON_X	1	0.57637	0.01757	32.80	<.0001

Output Statistics

Obs	AMMON_X	Dependent Variable	Predicted Value	Std Error Mean Predict	95% CL Predict		Residual
1	100.0	.	59.8596	0.8619	41.8558	77.8634	.
2	67.4	18.8700	41.0699	1.1629	22.9999	59.1400	-22.1999
3	12.5	17.0100	9.4214	1.9655	-8.9190	27.7619	7.5886
4	62.0	23.8800	37.9345	1.2321	19.8465	56.0225	-14.0545
5	15.6	10.4500	11.2312	1.9156	-7.0885	29.5509	-0.7812
6	83.7	36.0300	50.4417	0.9830	32.4136	68.4698	-14.4117

练习 3.60 的 SAS 输出结果

💿 **POLO**

3.61　水球运动员比赛表现. 参见 *Biology of Sport* (Vol. 31, 2014) 对顶级水运动员生理表现的研究，参见练习 3.10. 回想一下，比赛中运动员的心率 y（表示为最大心率的百分比）被建模为运动员最大摄氧量 x 的线性函数. 一名研究人员希望估计出最大摄氧量为 150 时的所有顶级水球运动员在比赛中的平均心率.

(a) 研究人员需要 y 的 95% 预测区间还是 $E(y)$ 的 95% 置信区间？解释一下.

(b) 使用统计软件计算所需的区间.

(c) 对区间做出实际解释.

3.10　完整案例分析

在前几节中，我们已经阐述了直线回归模型的建模和应用. 在本节中，我们将借助计算机软件结合案例进行相应应用与分析.

假设消防安全检查员想要将主要住宅区的火灾损失金额与住宅和最近的消防站之间的距离联系起来. 本案例拟对某城市的大型郊区进行研究，选取该郊区最近发生的 15 起火灾作为样本.

步骤 1　首先，我们假设一个火灾损失金额 y 与住宅到最近消防站的距离 x 有关的模型. 我们假设直线概率模型：

$$y = \beta_0 + \beta_1 x + \varepsilon$$

步骤 2　其次，我们收集样本中 $n = 15$ 个实验单位（住宅火灾）的 (x, y) 值. 每发生一次火灾，记录火灾损失金额 y 和住宅到最近消防站的距离 x，如表 3.6 所示.

💿 **FIREDAM**

表 3.6　火灾损失金额数据

离消防站的距离 x（英里）	火灾损失金额 y（千美元）	离消防站的距离 x（英里）	火灾损失金额 y（千美元）
3.4	26.2	2.6	19.6
1.8	17.8	4.3	31.3
4.6	31.3	2.1	24.0
2.3	23.1	1.1	17.3
3.1	27.5	6.1	43.2
5.5	36.0	4.8	36.4
0.7	14.1	3.8	26.1
3.0	22.3		

步骤 3　接下来，我们将表 3.6 中的数据输入计算机，使用统计软件对假设模型的确定性分量中的未知参数进行估计. 简单线性回归分析的 SAS 输出结果如图 3.28 所示. β_0 和 β_1 的最小二乘估计为

$$\hat{\beta}_0 = 10.277\,93 , \quad \hat{\beta}_1 = 4.919\,33$$

The REG Procedure
Model: MODEL1
Dependent Variable: DAMAGE

Number of Observations Read	16
Number of Observations Used	15
Number of Observations with Missing Values	1

Analysis of Variance

Source	DF	Sum of Squares	Mean Square	F Value	Pr > F
Model	1	841.76636	841.76636	156.89	<.0001
Error	13	69.75098	5.36546		
Corrected Total	14	911.51733			

Root MSE	2.31635	R-Square	0.9235
Dependent Mean	26.41333	Adj R-Sq	0.9176
Coeff Var	8.76961		

Parameter Estimates

Variable	DF	Parameter Estimate	Standard Error	t Value	Pr > |t|	95% Confidence Limits	
Intercept	1	10.27793	1.42028	7.24	<.0001	7.20960	13.34625
DISTANCE	1	4.91933	0.39275	12.53	<.0001	4.07085	5.76781

图 3.28　火灾损失简单线性回归的 SAS 输出结果

因此，最小二乘方程为（四舍五入后）

$$\hat{y} = 10.28 + 4.92x$$

该预测方程如图 3.29 中的 MINITAB 散点图所示．斜率的最小二乘估计值为 $\hat{\beta}_1 = 4.92$，意味着住宅区与消防站的距离每增加一英里，估计的平均损失金额增加 4 920 美元．此解释在 x 变量范围内有效，即在距离消防站 0.7 ～ 6.1 英里范围内有效．估计的 y 轴截距为 $\hat{\beta}_0 = 10.28$，说明距离消防站 0 英里处的平均损失金额为 10 280 美元．这似乎也适用于消防站发生火灾的情况，但请记住，只有当 $x = 0$ 在自变量的抽样范围内时，y 轴截距才有实际意义，如果 $x = 0$ 超出范围，$\hat{\beta}_0$ 没有实际意义．

步骤 4　现在，我们指定随机误差 ε 的概率分布．有关分布的假设与 3.4 节所列的假设相同：

（1）$E(\varepsilon) = 0$

（2）针对所有的 x 值 $\mathrm{Var}(\varepsilon) = \sigma^2$

（3）ε 服从正态分布

（4）所有的 ε 是相对独立的

虽然我们知道这些假设不完全满足实际情况（它们很少用于任何实际问题），但是我们

愿意在本例中近似满足以上假设 . SAS 输出结果中阴影部分的 σ^2 估计值为

$$s^2 = 5.365\,46$$

（这个值也称为**均方误差**，简写为 **MSE**）.

ε 的估计标准差，在输出结果中高亮显示为

$$s = 2.316\,35$$

变异系数 CV＝8.77%（在 SAS 输出结果中也高亮显示）表明，s 与样本的平均火灾损失金额 y 关联较小 . s 值本身意味着，当使用最小二乘直线时，大多数火灾损失金额 y 的观测值落在其各自预测值的大约 $2s = 4.64$（单位：千美元）范围以内 .

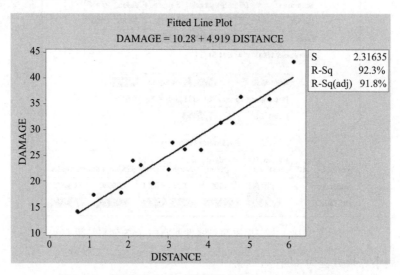

图 3.29   火灾损失最小二乘预测方程的 MINITAB 输出

步骤 5   现在我们可以检验假设模型的效用，即 x 是否真的为直线模型预测 y 提供了信息 .

（a）检验模型的效用：首先，提出原假设斜率 β_1 为 0，也就是说，当 $\alpha = 0.05$ 时，火灾损失金额和离其最近的消防站的距离无线性关系，备择假设为 x 和 y 之间存在正线性相关 . 原假设和备择假设如下：

$$H_0: \ \beta_1 = 0$$
$$H_a: \ \beta_1 > 0$$

SAS 输出结果显示检验统计量的值 $t = 12.53$，同时双尾 p 值高亮显示为小于 $0.000\,1$. 因此，单尾检验的 p 值为

$$p < \frac{0.000\,1}{2} = 0.000\,05$$

因为 $\alpha = 0.05$ 大于这个较小的 p 值，所以有充分的证据可以拒绝 H_0，并得出结论：火灾和消防站之间的距离有助于预测火灾损失金额，这意味着火灾损失金额随着距离的增加而增加 .

（b）斜率的置信区间：我们通过计算斜率 β_1 的置信区间来获得更多关于关系的信息. β_1 的 95% 的置信区间（在 SAS 输出结果中显示）为 (4.070 85，5.767 81). 我们有 95% 的可能性认为，火灾与消防站的距离每增加一英里，火灾损失金额的平均增加 β_1 在 4 071 美元到 5 768 美元的区间中.

（c）模型充分拟合的数值描述度量：判定系数（SAS 输出结果中显示）为

$$r^2 = 0.923\,5$$

该值表明，92% 左右火灾损失金额 y 的样本变化是由直线模型中的火灾与消防站之间的距离 x 来解释的.

相关系数 r 衡量的是 y 与 x 之间线性关系的强度，没有在图 3.28 中显示. 使用简单线性回归中的事实 $r=\sqrt{r^2}$ 以及 r 和 $\hat{\beta}_1$ 具有相同的正负号，我们得出

$$r=\sqrt{r^2}=\sqrt{0.923\,5}=0.96$$

y 与 x 高度相关，证实了我们的结论：β_1 不等于 0. 结果表明，火灾损失金额与火灾和消防站之间的距离呈线性相关.

β_1 的检验结果、较高的 r^2 值和相对较小的 $2s$ 值（步骤 4）都表明 x 和 y 之间有很强的线性关系.

步骤 6 现在我们准备建立最小二乘模型. 假设保险公司想要预测一场大型住宅火灾发生在距离最近的消防站 3.5 英里处（即 $x_p=3.5$）的火灾损失金额. MINITAB 输出结果底部阴影处的预测值（见图 3.30）为 $\hat{y}=27.495\,6$，而相应 95% 的预测区间（在图上显示）为 (22.323 9，32.667 2). 因此，我们预测（95% 的置信度）距离最近的消防站 3.5 英里处的主要住宅楼的火灾损失金额将在 22 324 美元至 32 667 美元之间.

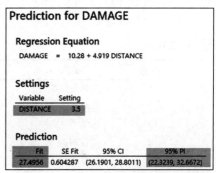

图 3.30　显示火灾损失金额 95% 的置信区间和预测区间的 MINITAB 输出结果

警告：我们不会使用这个预测模型来预测距离最近的消防站不足 0.7 英里或超过 6.1 英里的住宅区. 表 3.6 中的数据显示，所有 x 值都在 0.7 ~ 6.1 之间. 回顾 3.9 节，使用模型在样本数据所在的区域之外进行预测是有风险的. 当 x 的值被延伸到更大范围时，直线可能不能很好地解释 y 的均值与 x 的值之间的关系.

练习 3.10

3.62 **回收材料的价格.** 回收材料（如塑料、纸张和玻璃）的价格波动很大，因为供给是恒定的，不与需求挂钩. *Resources, Conservation, and Recycling*（Vol. 60, 2012）发表了一项关于英国回收材料价格的探索性研究. 研究人员采用简单线性回归模型，建立 $y=$ 每月回收彩色塑料瓶的价格关于 $x=$ 每月石脑油（塑料中的主要原料）价格的函数. 最近 10 年（$n=120$ 个月）每月收集的数据如下：

$$\hat{y} = -32.35 + 4.82x, \quad t = 16.60$$
$$(\text{对于检验 } H_0: \ \beta_1 = 0)$$
$$r = 0.83, \quad r^2 = 0.69$$

利用这些信息进行完整简单线性回归分析的前四步，并总结相应结论．

3.63 **非洲管理研究．** *Academy of Management Journal* (April 2016) 的编辑们呼吁，通过注意非洲国家的多样性，扩大对非洲国家管理的相关的研究．他们通过比较 10 个非洲国家与德国和美国在几个变量上的数据来说明这种多样性．下表所示的三个变量是人均国内生产总值 (GDP)、政治权利的自由度（其中"1"表示最大程度和"7"表示最小程度）和政府腐败程度（以百分制衡量，"0"代表最高程度的腐败和"100"表示国家没有腐败）．建立一个国家腐败程度 y 的模型．

（a）进行完整的简单线性回归分析，评估人均 GDP x 与腐败程度 y 的线性预测因子的关系．

（b）进行完整的简单线性回归分析，评估政治权利的自由度 x 与腐败程度 y 的线性预测因子的关系．

（c）根据（a）小题和（b）小题的结果，你能对每个 x 与腐败程度 y 之间的关系性质做出什么推断？

🖸 **AFRICA**

序号	国家	GDP	政治权利的自由度	腐败程度
1	阿尔及利亚	14 193.4	6	36
2	摩洛哥	7 490.7	5	39
3	加纳	4 081.7	1	48
4	尼日利亚	5 911.2	4	27
5	喀麦隆	2 972.2	6	27
6	乍得	2 182.0	7	22
7	埃塞俄比亚	1 499.8	6	33
8	肯尼亚	2 954.1	4	25
9	安哥拉	7 227.4	6	19
10	南非	13 046.2	2	44
11	德国	45 802.1	1	79
12	美国	54 629.5	1	74

3.64 **井中的地下水污染．** 在新罕布什尔州，强制使用重新配制的汽油导致地下水污染增加．参考 *Environmental Science and Technology*（January 2005）对新罕布什尔州 223 口井中甲基叔丁基醚（MTBE）污染相关因素的研究，参见练习 1.17．每口井测量的许多定量变量中有两个是 pH 值（标准单位）和 MTBE 值（微克／升）．数据保存在 MTBE 文件中（表中显示了样本观测值）．考虑 MTBE 值 (y) 与 pH 值 (x) 之间的直线模型，对数据进行完整的简单线性回归分析，并加以解释．

🖸 **MTBE（部分观测数据）**

井	pH	MTBE
9	7.55	1.32
30	8.48	0.20
79	7.51	1.16
85	8.36	0.33
177	7.59	2.70
217	6.56	0.83

3.65 **燃气轮机冷却方法.** 参考 *Journal of Engineering for Gas Turbines and Power* (January 2005) 关于高压进气雾化冷却燃气轮机性能的研究，参见练习 1.64. 回想一下，我们测量了 67 台装有高压进气雾化器的燃气轮机的热耗率（千焦/千瓦时）. 测量的其他变量包括发动机的转速（每分钟转数）. 67 台燃气轮机的数据保存在 GASTURBINE 文件中（下表中显示了所抽选的观测结果）. 考虑热耗率 y 与转速 x 之间的直线模型，对数据进行完整的简单线性回归分析，并加以解释.

💿 **GASTURBINE**（部分观测数据）

燃气轮机	热耗率 （千焦/千瓦时）	转速 （每分钟转数）	燃气轮机	热耗率 （千焦/千瓦时）	转速 （每分钟转数）
1	14 622	27 245	63	12 766	18 910
2	13 196	14 000	64	8 714	3 600
3	11 948	17 384	65	9 469	3 600
4	11 289	11 085	66	11 948	16 000
5	11 964	14 045	67	12 414	14 600

3.66 **职业高尔夫球手成绩排名.** 美国东北大学的一组研究人员开发了一种新方法，对职业高尔夫协会 (PGA) 巡回赛上的高尔夫球手的总击球成绩进行排名 (*Sport Journal*, Winter 2007). 该方法要求知道高尔夫球手的平均击球距离（码）和击球精度（到达球道的百分比）. 这两个变量的值用于计算击球成绩指数. 前 40 名 PGA 高尔夫球手的数据（按新方法排名）保存在 PGADRIVER 文件中（前五和后五个观测值见下表）. 一位职业高尔夫球手正在练习一种新的挥杆动作来增加他的平均击球距离. 然而，他担心他的击球精度会降低. 他的担心合理吗？使用简单线性回归来加以分析（其中 y = 击球精度，x = 击球距离）.

💿 **PGADRIVER**（部分观测数据）

排名	运动员	击球距离（码）	击球精度（%）	击球绩效指标
1	Woods	316.1	54.6	3.58
2	Perry	304.7	63.4	3.48
3	Gutschewski	310.5	57.9	3.27
4	Wetterich	311.7	56.6	3.18
5	Hearn	295.2	68.5	2.82
36	Senden	291	66	1.31
37	Mickelson	300	58.7	1.30
38	Watney	298.9	59.4	1.26
39	Trahan	295.8	61.8	1.23
40	Pappas	309.4	50.6	1.17

资料来源：Wiseman, F. et al. "A new method for ranking total driving performance on the PGA tour," *Sport Journal*, Vol. 10, No. 1, Winter 2007 (Table 2).

3.67 **MBA 学生的工作与生活平衡.** 几十年来，美国公司已经发现员工平衡工作和健康生活的重要性.许多商学院开设课程,帮助 MBA 学生培养良好的工作与生活平衡习惯,多数大公司也为员工开发了工作与生活平衡项目.2005 年 4 月,美国研究生入学管理委员会(GMAC)对 2 000 多名 MBA 毕业生进行了调查,来探讨工作与生活的平衡问题.(例如,有一个问题要求校友陈述他们对"工作淹没了生活"这一说法的认同程度.)根据这些回答,GMAC 记录了每个 MBA 校友的工作与生活平衡量表得分.分数从 0 到 100 不等,分数越低表明工作和生活之间的不平衡程度越高,之后还测量了许多其他变量,包括每周平均工作小时数.工作与生活平衡研究的数据保存在 GMAC 文件中(前 15 个观测结果在下表中显示).假设 x = 每周平均工作小时数,y = 每个 MBA 毕业生的工作与生活平衡量表分数.通过对数据进行完整的简单线性回归分析,研究这两个变量之间的关系.并总结你的结论.

GMAC(前 15 个观测数据)

量表分数	工作小时数	量表分数	工作小时数	量表分数	工作小时数
75.22	50	54.74	60	29.00	70
64.98	45	55.98	55	64.98	45
49.62	50	21.24	60	36.75	40
44.51	55	59.86	50	35.45	40
70.10	50	70.10	50	45.75	50

资料来源:"Work–life balance: An MBA alumni report," *Graduate Management Admission Council* (*GMAC*) *Research Report* (Oct. 13, 2005).

3.11 经过原点的回归(选修)

在实践中,我们有时提前会知道均值 $E(y)$ 的真实直线会经过点 $(x=0, y=0)$,称为**原点**.例如,连锁便利店可能对种新的无糖软饮料的销售额 y 关于商店样本中新产品库存 x 的线性函数感兴趣.或者,医学研究人员可能对癌症患者用药剂量 x 与患者服药 1 分钟后脉搏率的增加 y 之间的线性关系感兴趣.在这两种情况下,我们都知道回归直线必然经过原点.这家连锁便利店知道,如果其中一家店选择不存这种新的无糖软饮料,那么这种新产品的销量将为零.同样,如果癌症患者不服用该药,1 分钟后脉搏率的理论增加将为零.

我们知道回归直线通过原点的情况下,y 轴截距是 $\beta_0 = 0$,概率直线模型为

$$y = \beta_1 x + \varepsilon$$

回归直线通过原点时,斜率 β_1 的最小二乘估计公式不同于 3.3 节中给出的公式.回归分析所需的其他几个公式也不同,在下框中提供了这些新的计算公式.

通过原点的回归公式: $y = \beta_1 x + \varepsilon$

最小二乘斜率⊖:

⊖ 该公式的推导见附录 A.

$$\hat{\beta}_1 = \frac{\sum x_i y_i}{\sum x_i^2}$$

σ^2 的估计：

$$s^2 = \frac{\text{SSE}}{n-1} , \text{ 其中 SSE} = \sum y_i^2 - \hat{\beta}_1 \sum x_i y_i$$

$\sigma_{\hat{\beta}_1}$ 的估计：

$$s_{\hat{\beta}_1} = \frac{s}{\sqrt{\sum x_i^2}}$$

当 $x = x_p$ 时，用于估计 $E(y)$ 的 $\sigma_{\hat{y}}$ 的估计：

$$s_{\hat{y}} = s \left(\frac{x_p}{\sqrt{\sum x_i^2}} \right)$$

当 $x = x_p$ 时，用于预测 y 的 $\sigma_{(y-\hat{y})}$ 的估计：

$$s_{(y-\hat{y})} = s \sqrt{1 + \frac{x_p^2}{\sum x_i^2}}$$

注意：s^2 的分母是 $n-1$，而不是前面几节中提到的 $n-2$. 这是因为我们只需要估计一个参数 β_1 而不是 β_0 和 β_1. 因此，我们有一个额外的自由度来估计 σ^2，即 ε 的方差. β_1 的检验和置信区间完全按照前几节所述进行，只有 t 分布是基于 $(n-1)$ 自由度的. 下框中给出了检验统计量和置信区间.

通过原点的回归检验和置信区间

H_0：$\beta_1 = 0$ 的检验统计量

$$t = \frac{\hat{\beta}_1 - 0}{s_{\hat{\beta}_1}} = \frac{\hat{\beta}_1}{s / \sqrt{\sum x_i^2}}$$

β_1 的 $100(1-\alpha)\%$ 置信区间

$$\hat{\beta}_1 \pm (t_{\alpha/2}) s_{\hat{\beta}_1} = \hat{\beta}_1 \pm (t_{\alpha/2}) \left(\frac{s}{\sqrt{\sum x_i^2}} \right)$$

$E(y)$ 的 $100(1-\alpha)\%$ 置信区间

$$\hat{y} \pm (t_{\alpha/2}) s_{\hat{y}} = \hat{y} \pm (t_{\alpha/2}) s \left(\frac{x_p}{\sqrt{\sum x_i^2}} \right)$$

y 的 $100(1-\alpha)\%$ 预测区间

$$\hat{y} \pm (t_{\alpha/2})s_{(y-\hat{y})} = \hat{y} \pm (t_{\alpha/2})s\sqrt{1 + \frac{x_p^2}{\sum x_i^2}}$$

其中 t 分布基于 $(n-1)$ 自由度.

例 3.6 石墨炉原子吸收光谱法 (GFAAS) 是一种测量微量金属、血液、尿液、钢铁和石油产品中化学元素吸收光量的方法. 在一个实验中, 镉样本被沉积在一个小石墨管中, 然后加热直到蒸发, 然后用 GFAAS 测量光的吸收量. 研究人员发现, 吸收的光量 y 与石墨管中镉的浓度 x 呈线性相关. 考虑表 3.7 中 $n=6$ 个镉样本的数据, 其中吸收的光量用吸收光谱的峰值 (AS) 测量, 浓度以微克 / 毫升为单位记录. 现在, 由于镉浓度为 0 时峰值 AS 为 0, 所以使用数据拟合过原点的线性模型, 得出 SSE.

💿 **GFAAS**

表 3.7 例 3.6 的 GFAAS 数据

吸收光量 y（峰值 AS）	浓度 x（微克 / 毫升）	吸收光量 y（峰值 AS）	浓度 x（微克 / 毫升）
0.000	0	0.350	18
0.125	6	0.600	24
0.240	12	0.585	30

解 拟合的模型是 $y = \beta_1 x + \varepsilon$. 估计 β_1 和计算 SSE 的初步计算值见 Excel 电子表格, 如图 3.31 所示. 斜率的估计值是

$$\hat{\beta}_1 = \frac{\sum x_i y_i}{\sum x_i^2} = \frac{41.88}{1\,980} = 0.021\,15$$

	A	B	C	D	E	F
1	PeakAS_Y	Conc_X	X*X	X*Y	Y*Y	
2	0	0	0	0	0	
3	0.125	6	36	0.75	0.01563	
4	0.24	12	144	2.88	0.0576	
5	0.35	18	324	6.3	0.1225	
6	0.6	24	576	14.4	0.36	
7	0.585	30	900	17.55	0.34223	
8						
9	Sum		1980	41.88	0.89795	
10						
11						

图 3.31 Excel 电子表格显示经过原点的回归的初步计算

最小二乘直线是

$$\hat{y} = 0.021\,15x$$

这条直线的 SSE 值是

$$\begin{aligned}
\text{SSE} &= \sum y_i^2 - \hat{\beta}_1 \sum x_i y_i \\
&= 0.897\,95 - (0.021\,15)(41.88) \\
&= 0.012\,12
\end{aligned}$$

$\hat{\beta}_1$ 和 SSE 的值显示在图 3.32 的 SPSS 输出结果分析中. 最小二乘直线与观测值如图 3.33 的 MINITAB 图所示.

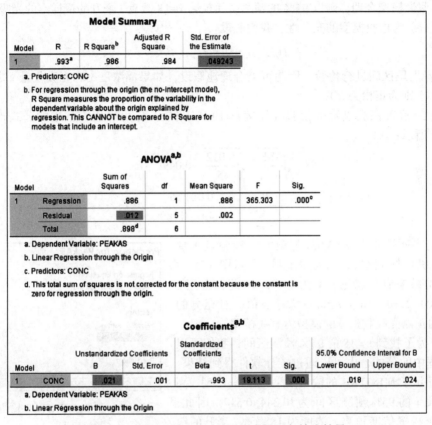

Model Summary

Model	R	R Square[b]	Adjusted R Square	Std. Error of the Estimate
1	.993[a]	.986	.984	.049243

a. Predictors: CONC

b. For regression through the origin (the no-intercept model), R Square measures the proportion of the variability in the dependent variable about the origin explained by regression. This CANNOT be compared to R Square for models that include an intercept.

ANOVA[a,b]

Model		Sum of Squares	df	Mean Square	F	Sig.
1	Regression	.886	1	.886	365.303	.000[c]
	Residual	.012	5	.002		
	Total	.898[d]	6			

a. Dependent Variable: PEAKAS

b. Linear Regression through the Origin

c. Predictors: CONC

d. This total sum of squares is not corrected for the constant because the constant is zero for regression through the origin.

Coefficients[a,b]

Model		Unstandardized Coefficients B	Std. Error	Standardized Coefficients Beta	t	Sig.	95.0% Confidence Interval for B Lower Bound	Upper Bound
1	CONC	.021	.001	.993	19.113	.000	.018	.024

a. Dependent Variable: PEAKAS

b. Linear Regression through the Origin

图 3.32　例 3.6 的 SPSS 经过原点的回归输出结果

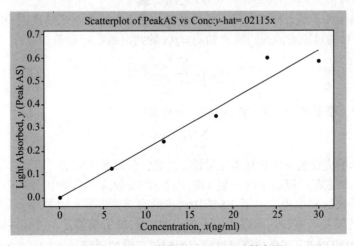

图 3.33　例 3.6 数据的 MINITAB 散点图

例 3.7 请参考例 3.6.

（a）当 $\alpha = 0.05$ 时，用适当的检验方法检验模型的充分性.

（b）假设模型合理，则以 95% 的预测区间预测 $x=18$ 微克 / 毫升的镉样本的光吸收量 y.

解 （a）为检验模型的充分性，我们假设

$$H_0: \ \beta_1 = 0 \ \text{与} \ H_a: \ \beta_1 > 0$$

（我们选择上尾区间进行检验，因为可以合理地假设，如果镉浓度 x 和光吸收量 y 之间存在线性关系，则为正相关.）

图 3.32 底部高亮显示的检验统计量 $t = 19.1$. 当然，你可以用方框中的公式得到这个值，如下所示：

$$s = \sqrt{\frac{\text{SSE}}{n-1}} = \sqrt{\frac{0.012}{5}} = 0.049$$

$$t = \frac{\hat{\beta}_1}{s / \sqrt{\sum x_i^2}} = \frac{0.021\,15}{0.49 / \sqrt{1980}} = 19.1$$

我们将所选 α 值（$\alpha=0.05$）与观察的检验显著性水平（p 值）进行比较，从而得出结论. 从图 3.32 中的输出结果来看，双尾 p 值为 0.000. 因此，上尾 p 值为 $0.000 / 2 = 0$. 由于 $\alpha=0.05$ 大于 p 值，有充分的证据表明预测光吸收量 y 的模型为直线模型.

（b）为了找到 $x=18$ 的 95% 预测区间，我们可以使用方框中的公式，也可以通过统计软件得到结果. 图 3.34 显示了 MINITAB 的输出结果. 当 $x=18$ 时（高亮显示），y 的 95% 预测区间为 (0.244, 0.517). 因此，我们以 95% 置信度预测，浓度为 18 微克 / 毫升的镉样本吸收的光量峰值 AS 将在 $0.244 \sim 0.517$ 之间. ■

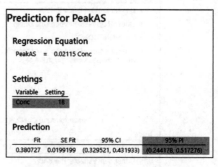

图 3.34　例 3.6MINITAB 输出的 95% 预测区间

我们通过指出关于经过原点的简单线性回归的两个注意事项来结束这一节.

注意事项 1：通过原点的回归模型 $E(y) = \beta_1 x$ 的判定系数 r^2 计算如下：

$$r^2 = 1 - \frac{\sum (y_i - \hat{y}_i)^2}{\sum y_i^2}$$

回顾 3.8 节，模型 $E(y) = \beta_0 + \beta_1 x$ 中的 r^2 分母为

$$\sum (y_i - \bar{y})^2$$

这个值表示响应变量 y 中总样本变异性. 注意：分母是不同的. 因此，不应该试图直接比较有和没有 y 轴截距的模型中的 r^2 值（图 3.32 SPSS 的输出结果中注明了这一点）. 此外，经过原点回归公式的 r^2 值也失去了 3.8 节中讨论的意义（如图 3.19 所示）. 因为分母不代表 $E(y) = \beta_0$ 模型的偏差平方和，所以我们不能说明 r^2 测量的是偏差平方和的减少量. 一些统计软件（包括 MINITAB）不会计算经过原点回归模型中的 r^2 值.

　　注意事项2：在几种情况下，拟合模型 $E(y) = \beta_1 x$ 是有风险的．如果你不确定回归直线是否经过原点，那么运用一般的模型 $E(y) = \beta_0 + \beta_1 x$ 是一种安全的做法．如果均值线确实穿过原点，则 β_0 的估计值与真实值 $\beta_0 = 0$ 之间相差很小．对于所有实际用途，最小二乘预测方程都是相同的．

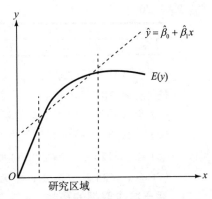

　　另一方面，你可能知道回归模型经过原点（参见例 3.6），但是不确定 y 和 x 之间的真实关系是直线关系还是曲线关系．事实上，理论来说大多数关系都是曲线关系．然而，我们通常会用直线模型来拟合数据，因为我们相信在研究区域内直线可以很好地近似响应变量均值 $E(y)$．如图 3.35 所示直线可能不经过原点．如果强行假设回归直线通过原点，我们可能得不到很好的 $E(y)$ 近似值．基于以上原因，我们应该非常谨慎地使用经过原点的回归线性模型．

图 3.35　当真实情况经过原点时，用直线近似曲线关系

练习 3.11

3.68　计算. 参见表中所示的 8 个数据点．

EX3_68

x	−4	−2	0	2	4	6	8	10
y	−12	−7	0	6	14	21	24	31

（a）拟合计算经过原点的直线模型，即拟合 $E(y) = \beta_1 x$．

（b）计算 SSE，s^2 和 s．

（c）数据是否提供了足够的证据表明 x 和 y 是正线性相关？

（d）建立 β_1 的 95% 置信区间．

（e）在 $x = 7$ 时，建立 $E(y)$ 的 95% 置信区间．

（f）当 $x = 7$ 时，建立 y 的 95% 预测区间．

3.69　计算. 参见表中所示的 5 个数据点．

EX3_69

x	0	1	2	3	4
y	0	−8	−20	−30	−35

（a）拟合计算经过原点的直线模型，即拟合 $E(y) = \beta_1 x$．

（b）计算 SSE，s^2 和 s．

（c）数据是否提供了足够的证据表明 x 和 y 是负线性相关？

（d）建立 β_1 的 95% 置信区间．

（e）在 $x = 1$ 时，建立 $E(y)$ 的 95% 置信区间．

（f）当 $x = 1$ 时，建立 y 的 95% 预测区间．

3.70　计算. 参见表中所示的 10 个数据点.

💿 **EX3_70**

x	30	50	70	90	100	120	140	160	180	200
y	4	10	15	21	21	22	29	34	39	41

(a) 拟合计算经过原点的直线模型, 即拟合 $E(y) = \beta_1 x$.

(b) 计算 SSE, s^2 和 s.

(c) 数据是否提供了足够的证据表明 x 和 y 是正线性相关?

(d) 建立 β_1 的 95% 置信区间.

(e) 在 $x = 125$ 时, 建立 $E(y)$ 的 95% 置信区间.

(f) 当 $x = 125$ 时, 建立 y 的 95% 预测区间.

3.71　用于减少吸烟的药物. 一家制药公司开发了一种新药, 旨在减少吸烟者对烟草的依赖. 由于某些剂量的药物可能会将脉搏率降低到危险的低水平, 因此制药公司的产品测试部门想要建立脉搏率下降 y (跳动次数 / 分钟) 和剂量 x (立方厘米) 之间的关系模型. 随机选择 8 名患者, 分别给予不同剂量的药物, 30 分钟后记录每名患者的脉搏率下降情况. 结果见下表. 最初, 该公司假设模型 $y = \beta_1 x + \varepsilon$, 因为从理论上讲, 一个病人接受 $x = 0$ 的剂量就表示没有脉搏率下降 $(y = 0)$.

💿 **PULSE**

病人序号	剂量 x (立方厘米)	脉搏率下降 y (跳动次数 / 分钟)	病人序号	剂量 x (立方厘米)	脉搏率下降 y (跳动次数 / 分钟)
1	2.0	12	5	3.0	16
2	4.0	20	6	3.5	20
3	1.5	6	7	2.5	13
4	1.0	3	8	3.0	18

(a) 建立经过原点的直线模型.

(b) 药物剂量与脉搏率下降之间是否有线性关系? 使用 $\alpha = 0.1$ 进行检验.

(c) 计算 3.5 立方厘米剂量对应的脉搏率下降的 99% 预测区间.

3.72　装运面粉. 研究装运一批每袋 50 磅的面粉总重量 y 与装运袋数 x 之间的关系. 由于包含 $x = 0$ 袋的货物 (即没有货物) 的总重量为 $y = 0$, 因此 x 和 y 之间关系的直线模型应经过原点 $(0, 0)$. 因此, 合适的模型应该是 $y = \beta_1 x + \varepsilon$, 从以往的面粉出货记录中随机选择 15 批装运, 并将数据记录在下表中.

💿 **FLOUR**

装运总重量 (磅)	装运袋数	装运总重量 (磅)	装运袋数	装运总重量 (磅)	装运袋数
5 050	100	10 206	200	4 900	100
10 249	205	7 325	150	14 501	300
20 000	450	4 958	100	28 000	600
7 420	150	7 162	150	17 002	400
24 685	500	24 000	500	16 100	400

(a) 假设 $\beta_0 = 0$，求给定数据的最小二乘直线．在数据散点图上绘制最小二乘直线．

(b) 使用模型 $y = \beta_0 + \beta_1 x + \varepsilon$ 找出给定数据的最小二乘直线（不限定 $\beta_0 = 0$）．在（a）小题绘制的散点图上画出这条直线．

(c) 根据（b）小题，为什么假设 $\hat{\beta}_0$ 可能不等于 0，即使 β_0 的真实值已知为 0?

(d) $\hat{\beta}_0$ 的估计标准误差等于

$$s\sqrt{\frac{1}{n} + \frac{\overline{x}^2}{SS_{xx}}}$$

通过计算 t 统计量

$$t = \frac{\hat{\beta}_0 - 0}{s\sqrt{\dfrac{1}{n} + \dfrac{\overline{x}^2}{SS_{xx}}}}$$

以检验原假设 H_0：$\beta_0 = 0$ 与备择假设 H_a：$\beta_0 \neq 0 (\alpha = 0.1)$. 你认为应该在模型中加入 β_0 吗?

3.73 **电力用户用电预测 .** 为了满足公共服务委员会的节能要求，电力公司必须开发可靠的模型来预测其服务区域内的电力用户用电数量．第一步是研究人口变化对电力用户用电数量的影响．下表为 2008—2017 年用电数据．由于一个人口为 0 的区域显然用电数为 0，因此有人认为建立经过原点的回归模型是恰当的．

(a) 将数据拟合到 $y = \beta_1 x + \varepsilon$ 模型中．

(b) 是否有证据表明 x 为预测 y 提供了信息? 取 $\alpha = 0.01$ 进行检验．

(c) 现在将数据拟合到一般模型 $y = \beta_0 + \beta_1 x + \varepsilon$ 中．当 $\alpha = 0.01$ 时，是否有证据表明 x 对 y 的预测贡献了信息?

(d) 你更建议使用哪个模型?

🔘 **PSC**

年份	人口数 x（百）	服务区域内用电数 y
2008	262	14 041
2009	319	16 953
2010	361	18 984
2011	381	19 870
2012	405	20 953
2013	439	22 538
2014	472	23 985
2015	508	25 641
2016	547	27 365
2017	592	29 967

快速总结 / 指南
简单线性回归指南

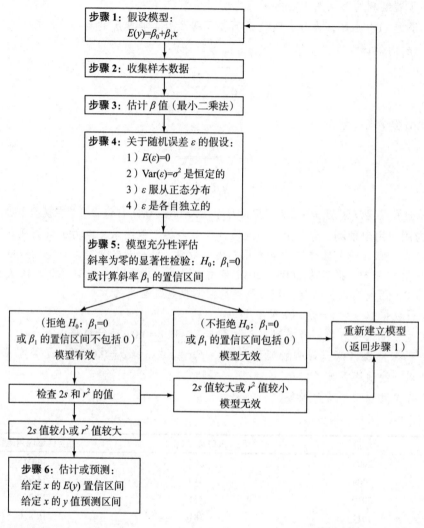

关键符号 / 注释

y	因变量（待预测变量）	ε	随机误差
x	自变量（用于预测 y 的变量）	$\hat{y}$	给定 x 值的 y 的预测值
$E(y)$	y 的期望值（均值）	$(y-\hat{y})$	预测值的估计误差
β_0	真实直线的 y 轴截距	SSE	预测值的误差平方和
β_1	真实直线的斜率	r	相关系数
$\hat{\beta}_0$	y 轴截距的最小二乘估计值	r^2	判定系数
$\hat{\beta}_1$	斜率的最小二乘估计值	x_p	用来预测 y 的 x 值
		CV	变异系数

关键思想

简单线性回归变量

$y =$ 因变量（定量）

$x =$ 自变量（定量）

最小二乘法的性质

1. 预测平均误差 $= 0$

2. 误差平方和最小

y 轴截距的实际意义

$x = 0$ 时的预测 y 值（如果 $x = 0$ 是无意义的或超出数据范围，则无实际意义）

斜率的实际意义

x 每增加 1 个单位，y 的均值增加（或减少）的大小

一阶（直线）模型

$$E(y) = \beta_0 + \beta_1 x$$

其中

$E(y) = y$ 的均值

$\beta_0 = y$ **轴截距**（直线与 y 轴相交的点）

$\beta_1 = $ **斜率**（x 每变化 1 单位时 y 的变化量）

相关系数 r

1. 范围在 -1 和 1 之间

2. 衡量 y 和 x 之间线性关系的强度

判定系数 r^2

1. 范围在 0 和 1 之间

2. 模型可以"解释"量化 y 中样本变化的比例

模型标准差 s 的实际解释

95% 的 y 值落在其预测值的 $2s$ 范围以内

置信区间与预测区间

$E(y)$ 的置信区间宽度总是**小于** y 的预测区间宽度

经过原点的回归模型

$$E(y) = \beta_1 x$$

补充练习

3.74 **照顾住院病人**. 任何用于医院病人护理的东西都被称为因素. 例如，因素可以是静脉导管、静脉输液瓶、针头、剃须刀套件、便盆、尿布、敷料、药物，甚至是急救车. Bayonet Point 医院的冠状动脉监护室研究了每名患者的因素数量 x 和患者的住院时长 y（天）之间的关系. 随机抽取 50 例冠状动脉患者的数据，如下表所示. 简单线性回归分析的 SAS 输出结果见下.

（a）绘制数据的散点图.

（b）求出数据的最小二乘直线，并将其绘制在散点图上.

（c）对 β_1 进行解释.

（d）使用线性模型（$\alpha = 0.05$），检验每个患者的因素数量 x 对预测患者的住院时间 y 没有贡献信息的假设，得出相应的结论.

（e）计算 β_1 的 95% 置信区间，并加以解释.

（f）计算相关系数，并加以解释.

（g）计算（b）小题线性模型的判定系数，并加以解释.

（h）计算一个冠状动脉患者住院时间的 95% 预测区间，其中该患者共使用因素数 $x = 231$.

（i）解释（h）小题得到的预测区间为何如此宽. 如何减小区间的宽度？

⦿ **FACTORS**

因素数量 x	住院时长 y（天）	因素数量 x	住院时长 y（天）	因素数量 x	住院时长 y（天）
231	9	233	8	115	4
323	7	260	4	202	6
113	8	224	7	206	5
208	5	472	12	360	6
162	4	220	8	84	3
117	4	383	6	331	9
159	6	301	9	302	7
169	9	262	7	60	2
55	6	354	11	110	2
77	3	142	7	131	5
103	4	286	9	364	4
147	6	341	10	180	7
230	6	201	5	134	6
78	3	158	11	401	15
525	9	243	6	155	4
121	7	156	6	338	8
248	5	184	7		

资料来源：Bayonet Point Hospital, Coronary Care Unit.

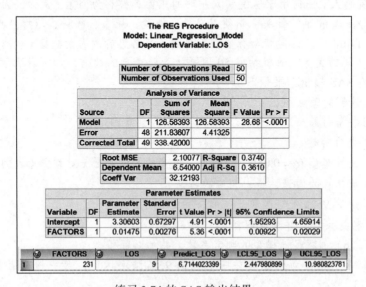

练习 3.74 的 SAS 输出结果

3.75 **"评价我的教授"网站.** 一个受大学生欢迎的网站"评价我的教授"（RMP）成立于 10 多年前，它允许学生发布他们对导师的评分. 在 *Practical Assessment, Research and*

Evaluation（May 2007）中，缅因大学的研究人员调查了 RMP 上发布的导师评分是否与所有大学学期末的学生课堂评估（SET）有关．收集的缅因大学 $n = 426$ 名导师评分数据显示，RMP 与 SET 评分之间的相关性为 0.68.

（a）给出一个 SET 评分 y 关于 RMP 评分 x 的线性模型方程．

（b）对 $r = 0.68$ 加以解释．

（c）（a）小题线性方程的估计斜率是正的还是负的，并加以解释．

（d）检验原假设 H_0：$\rho = 0$ 时 p 值为 0.001，请解释这个结果．

（e）计算回归分析的判定系数 r^2，并加以解释．

3.76 **马拉松获胜时长．**在 *Chance*（Winter 2000）中，统计学家 Howard Wainer 和两名学生比较了波士顿马拉松比赛中男性和女性的获胜时长．显示性别差异的散点图将获胜时间（以分钟为单位）与参赛年份进行对比．男性的时长用实点表示，女性的时长用空心圆表示．

（a）只考虑男性获胜时长，是否存在线性趋势？如果有，请建立获胜时长 y 关于年份 x 的直线模型．你认为这条直线的斜率是正的还是负的？

（b）考虑女性获胜时长，重复（a）小题．

（c）男性还是女性的斜率绝对值更大？

（d）你是否建议使用线性模型来预测 2020 年波士顿马拉松比赛的获胜时间，并解释原因．

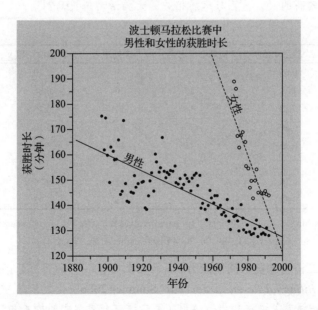

3.77 **延长铝冶炼锅的使用寿命．***American Ceramic Society Bulletin*（February 2005）中发布了一项关于铝冶炼锅用砖性能的调查．对 6 种不同的商品砖进行了评估．冶炼锅的寿命取决于砖衬的孔隙度（孔隙度越小，寿命越长）．因此，研究人员测量了每块砖的表观孔隙度以及每块砖的平均孔径．数据见下表．

💿 **SMELTPOT**

砖	表观孔隙度（%）	平均孔径（微米）	砖	表观孔隙度（%）	平均孔径（微米）
A	18	12	D	6.9	5.3
B	18.3	9.7	E	17.1	10.9
C	16.3	7.3	F	20.4	16.8

资料来源：Bonadia, P., et al. "Aluminosilicate refractories for aluminum cell linings," *American Ceramic Society Bulletin*, Vol. 84, No. 2, Feb. 2005 (Table Ⅱ).

(a) 求孔隙度 y 关于平均孔径 x 之间的最小二乘直线.

(b) 解释 y 轴截距.

(c) 计算并解释该斜率的 90% 置信区间.

(c) 计算平均孔径为 10 微米时砖孔隙度的 90% 预测区间.

3.78 疼痛同理心和大脑活动. 同理心是指能够理解别人的真实感受，并能通过他人的真实感受来产生共鸣. 伦敦大学学院的神经科学家研究了观察其他人疼痛时大脑活动与疼痛相关同理心之间的关系（*Science*, February 20, 2004）. 16 对夫妇参与了该实验，妻子将目睹她丈夫的手指受到疼痛刺激. 每位妻子都测量了两个变量：$y=$ 与疼痛相关的大脑活动（测量范围为 $-2 \sim 2$）和 $x=$ 同理心量表得分（$0 \sim 25$ 分）. 下表列出了这些数据. 人们感兴趣的研究问题是用简单线性回归分析来回答研究问题"在同理心量表方面得分较高的人，是否与疼痛相关的大脑活动值更高？"

💿 **BRAINPAIN**

夫妇序号	大脑活动值 y	同理心量表得分 x	夫妇序号	大脑活动值 y	同理心量表得分 x
1	0.05	12	9	0.20	18
2	−0.03	13	10	0.21	18
3	0.12	14	11	0.45	19
4	0.20	16	12	0.30	20
5	0.35	16	13	0.20	21
6	0	17	14	0.22	22
7	0.26	17	15	0.76	23
8	0.50	18	16	0.35	24

资料来源：Singer, T. et al. "Empathy for pain involves the affective but not sensory components of pain," *Science*, Vol. 303, Feb. 20, 2004 (data adapted from Figure 4).

3.79 英语作为第二语言的英语阅读能力. 是什么原因让一个说西班牙语的人能够理解和阅读英语？在 *Bilingual Research Journal*（Summer 2006）上发表的一项研究，调查了西班牙语（第一语言）语法知识与英语（第二语言）阅读之间的关系. 这项研究以 55 名母语为西班牙语的成年人为样本，他们都是以英语为第二语言（ESL）的大学生. 每位学生都参加了四项标准化考试，即西班牙语语法（SG）、西班牙语阅读（SR）、英语语法（EG）和英语阅读（ESLR）. 简单线性回归被用来模拟 ESLR 分数 y 关于其他考试分数 x 的函数. 结果汇总在下表中.

自变量 x	检验 H_0: $\beta_1 = 0$ 时的 p 值
SG 分数	0.739
SR 分数	0.012
ER 分数	0.022

（a）当 $\alpha = 0.05$，是否有足够的证据表明 ESLR 分数与 SG 分数呈线性相关？

（b）当 $\alpha = 0.05$，是否有足够的证据表明 ESLR 分数与 SR 分数呈线性相关？

（c）当 $\alpha = 0.05$，是否有足够的证据表明 ESLR 分数与 ER 分数呈线性相关？

（d）表中列出了每个简单线性模型的判定系数 r^2，请分别加以解释.

自变量 x	r^2
SG 分数	0.002
SR 分数	0.099
ER 分数	0.078

3.80　橙剂和越南老兵. *Chemosphere*（Vol. 20, 1990）发表了一项关于越南退伍军人接触橙剂（以及二噁英 2, 3, 7, 8–TCDD）的研究. 下表给出了 20 名退伍老兵的血浆和脂肪组织中 2, 3, 7, 8–TCDD 的含量（以万亿分之一为单位）. 研究人员的一个目标是确定血浆中二噁英水平与脂肪组织之间的线性相关程度. 如果可以建立这两个变量之间的线性模型，研究者想要利用模型：（1）从观测到的脂肪组织中 2, 3, 7, 8–TCDD 水平来预测血浆中的 2, 3, 7, 8–TCDD 水平；（2）从观测到的血浆水平来预测脂肪组织水平.

（a）找到预测方程，并加以解释.

（b）检验脂肪组织水平 x 是血浆水平 y 的有效线性预测因子的假设（$\alpha = 0.05$）.

（c）检验血浆水平 x 是脂肪组织水平 y 的有效线性预测因子的假设（$\alpha = 0.05$）.

（d）凭直觉，为什么（b）小题和（c）小题的检验结果一定一致？

🔵 **TCDD**

老兵编号	血浆中 TCDD 水平	脂肪组织中 TCDD 水平	老兵编号	血浆中 TCDD 水平	脂肪组织中 TCDD 水平
1	2.5	4.9	11	6.9	7.0
2	3.1	5.9	12	3.3	2.9
3	2.1	4.4	13	4.6	4.6
4	3.5	6.9	14	1.6	1.4
5	3.1	7.0	15	7.2	7.7
6	1.8	4.2	16	1.8	1.1
7	6.8	10.0	17	20.0	11.0
8	3.0	5.5	18	2.0	2.5
9	36.0	41.0	19	2.5	2.3
10	4.7	4.4	20	4.1	2.5

资料来源：Schecter, A., et al. "Partitioning of 2,3,7,8- chlorinated dibenzo-*p*-dioxins and dibenzofurans between adipose tissue and plasma-lipid of 20 Massachusetts Vietnam veterans," *Chemosphere*, Vol. 20, Nos. 7–9, 1990, pp. 954–955 (Tables Ⅰ and Ⅱ). Copyright © 1990, with permission from Elsevier.

3.81 **黑线鱼的摄食行为**. 在 *Brain and Behavior Evolution* (April 2000) 中，动物学家对黑线鱼的摄食行为进行了研究. 动物学家记录了在水族馆底部进食的两条黑线鱼在加入食物后 10 分钟内攻击的次数. 下表列出了每周攻击次数和鱼的年龄（以天为单位）.

(a) 写出攻击次数 y 关于鱼的年龄 x 的直线模型方程.

(b) 对数据进行完整的简单线性回归分析.

🔘 **BLACKBREAM**

周	攻击次数	鱼的年龄（以天为单位）	周	攻击次数	鱼的年龄（以天为单位）
1	85	120	6	35	169
2	63	136	7	57	178
3	34	150	8	12	184
4	39	155	9	15	190
5	58	162			

资料来源：Shand, J., et al. ''Variability in the location of the retinal ganglion cell area centralis is correlated with ontogenetic changes in feeding behavior in the Blackbream, Acanthopagrus 'butcher','' *Brain and Behavior*, Vol. 55, No. 4, Apr. 2000 (Figure H).

3.82 **液压凿岩**. 液压凿岩的两个过程是干钻和湿钻. 在干钻过程中，空气被压入钻杆，冲洗岩屑并驱动锤子；在湿钻过程中，水被压入钻杆. 为了确定干钻距离其 5 英尺的岩石所需的钻孔时间 y 是否会随深度 x 增加而增加，进行了一项实验，对以下数据进行完整的简单线性回归分析.

🔘 **DRILLROCK**

钻孔深度 x（英尺）	钻 5 英尺时间 y（分钟）	钻孔深度 x（英尺）	钻 5 英尺时间 y（分钟）	钻孔深度 x（英尺）	钻 5 英尺时间 y（分钟）
0	4.90	150	7.05	300	8.91
25	7.41	175	7.11	325	8.54
50	6.19	200	6.19	350	11.79
75	5.57	225	8.28	375	12.12
100	5.17	250	4.84	395	11.02
125	6.89	275	8.29		

3.83 **对视觉刺激的反应**. 当对视觉刺激做出反应时，眼睛和头部的运动与身体的运动有什么关系？加州理工学院的科学家设计了一个实验来回答这个问题，并在 *Nature*（August 1998）上发表了他们的研究结果. 把成年雄性恒河猴暴露在视觉刺激下（即一组发光二极管），并电子记录它们的眼睛和头部及身体的运动. 在实验中测量了两个变量：头部移动 x（百分比 / 度）和身体和头部旋转 y（百分比 / 度）. 对 $n=39$ 个实验数据进行简单线性回归分析，结果为 $\hat{\beta}_1 = 0.88$，$s_{\hat{\beta}_1} = 0.14$.

(a) 用假设检验，确定头部移动 x 和身体和头部旋转 y 这两个变量是否正线性相关（$\alpha = 0.05$）.

(b) 计算并解释 β_1 的 90% 置信区间.

(c) 科学家想知道这条直线的真实斜率是否与 1 有显著差异. 根据你对（b）小题的回

答，做出适当的推断.

3.84 **拳击手的按摩治疗**. *British Journal of Sports Medicine*（April 2000）发表了一项关于按摩治疗对拳击成绩影响的研究. 在拳击手身上测量两个变量: 血乳酸浓度（mmol/L）和知觉恢复（28分制）. 根据文中提供的信息, 我们得到了16个五轮拳击赛的数据, 如下显示（每轮之间对拳手进行按摩）. 检验血乳酸水平 y 与知觉恢复 x 之间是否线性相关 $(\alpha = 0.10)$.

💿 **BOXING2**

血乳酸浓度	知觉恢复	血乳酸浓度	知觉恢复	血乳酸浓度	知觉恢复
3.8	7	4.2	13	5.9	21
4.2	7	2.4	17	6.3	21
4.8	11	3.7	17	5.5	20
4.1	12	5.3	17	6.5	24
5.0	12	5.8	18		
5.3	12	6.0	18		

资料来源: Hemmings, B., Smith, M., Graydon, J., and Dyson, R. "Effects of massage on physiological restoration, perceived recovery, and repeated sports performance," *British Journal of Sports Medicine*, Vol. 34, No. 2, Apr. 2000 (data adapted from Figure 3).

3.85 **疼痛耐受性的研究**. *Psychosomatic Medicine*（March/April 2001）上发表的一项研究, 探讨了337名慢性疼痛患者报告的疼痛严重程度与实际疼痛耐受性之间的关系. 每位患者报告其慢性疼痛的严重程度, 分值为7分（1=无疼痛, 7=极度疼痛）. 为了获得一个疼痛耐受的水平, 每个病人的手臂上都绑上止血带并扭紧. 最大疼痛耐受水平采用定量量表测量.

（a）根据研究人员的说法, "相关分析显示, 实际的疼痛耐受性与报告的慢性疼痛严重程度之间存在微小但显著的负相关关系." 基于这一陈述, 337名患者的 r 值是正的还是负的?

（b）假设（a）小题的结果在 $\alpha = 0.05$ 时显著. 计算337例患者样本的 r 近似值.（提示: 使用公式 $t = r\sqrt{n-2} / \sqrt{1-r^2}$.）

3.86 **量子隧穿**. 当温度接近绝对零度（-273℃）时, 氦显示出的特性似乎违背了牛顿物理学的许多定律. 在接近绝对零度的不同温度下, 对氦的固体特性进行了实验. 将固体氦与固体杂质一起放置在稀释冰箱中, 记录杂质通过固体氦的比例（以重量衡量）. 这种固体直接穿过固体的现象被称为量子隧穿. 数据见下表.

💿 **HELIUM**

温度 x（℃）	杂质的比例 y	温度 x（℃）	杂质的比例 y	温度 x（℃）	杂质的比例 y
-262.0	0.315	-270.0	0.715	-272.8	0.985
-265.0	0.202	-272.0	0.935	-272.9	0.987
-256.0	0.204	-272.4	0.957		
-267.0	0.620	-272.7	0.906		

(a) 计算截距和斜率的最小二乘估计值, 并加以解释.

(b) 使用 95% 的置信区间估计斜率 β_1, 并解释这个区间. 这个区间是否能支持温度对杂质通过氦的比例有影响这一假设?

(c) 解释这个模型的判定系数.

(d) 计算杂质在 $-273℃$ 通过固体氦的比例的 95% 预测区间, 并加以解释.

(e) 注意 (d) 小题的 x 值在实验区域之外. 为什么这可能导致一个不可靠的预测?

3.87 **识别旋转物体.** *Perception and Psychophysics* (July 1998) 报道了一项关于人们如何看待投射在旋转的二维图像上的三维物体的研究. 在 25 名大学生的样本中, 每个人都看了不同深度旋转的物体 (如梳子、鸭子、鞋子), 直到他们认出这个物体. 识别曝光时间 (即受试者识别目标所需的最短时间, 以毫秒为单位) 被记录下来. 此外, 每个受试者都对物体的 "视觉效果" 进行了数值评估, 数值越低, 视觉效果越好. 下表给出了几个不同旋转物体的识别曝光时间与视觉效果之间的相关系数 r.

物体	相关系数 r	t	物体	相关系数 r	t
钢琴	0.447	2.40	扶手椅	0.294	1.47
长椅	−0.057	−0.27	茶壶	0.949	14.50
摩托车	0.619	3.78			

(a) 解释每个物体的 r 值.

(b) 计算并解释每个物体的 r^2 值.

(c) 该表还包括检验没有相关性的原假设 (即, $H_0: \beta_1 = 0$) 的 t 值, 请加以解释.

3.88 **探测者真的能探测到水吗?** 用探测杖寻找地下水源的行为通常被称为 "探测术". 尽管科学家普遍认为这是一种迷信, 但在民间传说中, 探测术仍然很流行. 直到今天, 仍有一些人声称拥有这种技能. 一组德国物理学家进行了一系列的实验来验证探测寻找水源的说法. 在慕尼黑的一个谷仓里, 一个水源沿着一条直线被随机地隐藏在一个位置, 然后要求 500 个自称是探测者的人指出水源的确切位置 (从这条线的起点以分米为单位测量). 根据收集到的 500 个探测者的数据选出其中 3 名 "最佳" 探测者. 德国物理学家得出结论, 探测术 "可以被认为经过经验证明". 三名 "最佳" 探测者 (编号分别为 99、18 和 108) 被进行了多次实验, 并这些数据列在下表中. 加州大学圣地亚哥分校的 J. T. Enright 教授对德国物理学家的结论进行了批判性的评估和反驳 (*Skeptical Inquirer*, January/February 1999). J. T. Enright 教授运用简单线性回归得出了与德国物理学家完全相反的结论.

🖸 **DOWSING**

实验序列	探测者编号	管道位置	探测者的猜测	实验序列	探测者编号	管道位置	探测者的猜测
1	99	4	4	6	99	58	65
2	99	5	87	7	99	40	39
3	99	30	95	8	99	70	75
4	99	35	74	9	99	74	32
5	99	36	78	10	99	98	100

（续）

实验序列	探测者编号	管道位置	探测者的猜测	实验序列	探测者编号	管道位置	探测者的猜测
11	18	7	10	19	108	33	37
12	18	38	40	20	108	45	40
13	18	40	30	21	108	38	66
14	18	49	47	22	108	50	58
15	18	75	9	23	108	52	74
16	18	82	95	24	108	63	65
17	108	5	52	25	108	72	60
18	108	18	16	26	108	95	49

资料来源：Enright, J.T. "Testing dowsing: The failure of the Munich experiments," *Skeptical Inquirer*, Jan./Feb. 1999, p. 45 (Figure 6a). Used by permission of *Skeptical Inquirer*.

（a）假设 $x=$ 探测者的猜测值，$y=$ 每次实验的管道位置．绘制数据图．你能发现什么趋势？

（b）将数据拟合到直线模型 $E(y)=\beta_0+\beta_1 x$ 中．解释 y 轴截距的估计值．

（c）是否有证据表明该模型在统计上对预测实际管道位置有用？请加以解释．

（d）请记住，DOWSING 文件中的数据是从参加慕尼黑实验的 500 名人员中选出的 3 名"最佳"探测者．利用这一事实和（c）小题的结论，批判性地评估德国物理学家的结论．

3.89 **预测白云杉的高度.** 在林业中，树的干径（容易测量）用来预测树的高度（很难测量）．在不列颠哥伦比亚省北部森林工作的林业学家进行了一系列实验，以预测几种树木的高度．下表中的数据是 36 棵白云杉样本的干径（厘米）和高度（米）．

（a）为数据绘制散点图．

（b）假设变量之间的关系呈线性，用最小二乘法估计直线的 y 轴截距和斜率．

（c）在散点图上绘制最小二乘直线．

（d）这些数据是否提供了足够的证据表明干径 x 有助于预测树高 y？使用 $\alpha=0.05$ 进行检验．

（e）用最小二乘法找出干径为 20 厘米的白云杉平均高度的 90% 置信区间，并加以解释．

干径 x(cm)	高度 y(m)	干径 x(cm)	高度 y(m)	干径 x(cm)	高度 y(m)	干径 x(cm)	高度 y(m)
18.9	20.0	16.6	18.8	23.6	18.9	20.7	17.4
15.5	16.8	15.5	16.9	14.8	13.3	17.8	18.4
19.4	20.2	13.7	16.3	22.7	20.6	11.4	17.3
20.0	20.0	27.5	21.4	18.5	19.0	14.4	16.6
29.8	20.2	20.3	19.2	21.5	19.2	13.4	12.9
19.8	18.0	22.9	19.8	14.8	16.1	17.8	17.5
20.3	17.8	14.1	18.5	17.7	19.9	20.7	19.4
20.0	19.2	10.1	12.1	21.0	20.4	13.3	15.5
22.0	22.3	5.8	8.0	15.9	17.6	22.9	19.2

资料来源：Scholz, H., Northern Lights College, British Columbia.

参考文献

Chatterjee, S., Hadi, A., and Price, B. *Regression Analysis by Example*, 3rd ed. New York: Wiley, 1999.

Draper, N., and Smith, H. *Applied Regression Analysis*, 3rd ed. New York: Wiley, 1987.

Graybill, F. *Theory and Application of the Linear Model*. North Scituate, Mass.: Duxbury, 1976.

Kleinbaum, D., and Kupper, L. *Applied Regression Analysis and Other Multivariable Methods*, 2nd ed. North Scituate, Mass.: Duxbury, 1997.

Mendenhall, W. *Introduction to Linear Models and the Design and Analysis of Experiments*. Belmont, CA: Wadsworth, 1968.

Montgomery, D., Peck, E., and Vining, G. *Introduction to Linear Regression Analysis*, 4th ed. New York: Wiley, 2006.

Mosteller, F., and Tukey, J. W. *Data Analysis and Regression: A Second Course in Statistics*. Reading, Mass.: Addison-Wesley, 1977.

Kutner, M., Nachtsheim, C., Neter, J., and Li, W. *Applied Linear Statistical Models*, 5th ed. New York: McGraw Hill, 2005.

Rousseeuw, P. J., and Leroy, A. M. *Robust Regression and Outlier Detection*. New York: Wiley, 1987.

Weisburg, S. *Applied Linear Regression*, 3rd ed. New York: Wiley, 2005.

案例研究 1　律所广告——值得吗?

背景

根据美国律师协会的统计,有超过 100 万的律师在业内竞争.为了获得竞争优势,这些律所运用广告积极宣传他们的服务.律所广告一直是一个有争议的话题,许多人认为这是不道德的行为(在某些情况下甚至是非法的行为).尽管如此,律所广告几乎出现在所有的媒体上,从电话簿的封面到电视上的商业广告,以及在互联网上的显著位置.事实上,埃里克森市场营销公司报告声称,"律师是黄页广告中的第一客户人群."

在本案例研究中,我们呈现了一个近期真实的法院案件,涉及两位曾经的律所合伙人.一名合伙人 A 起诉另一名合伙人 B,关于谁应该支付多少比例的律所广告费用.合伙人 A 负责处理人身伤害(PI)案件,而合伙人 B 只处理工伤赔偿(WC)案件.该律所的广告只针对人身伤害案件领域,但合伙人 A 声称广告也导致合伙人 B 收到更多的工伤赔偿案件,因此合伙人 B 也应该分担广告费用.

数据

表 CS1.1 显示了该律所在 42 个月内每月新增的人身伤害案件和工伤赔偿案件,以及每月广告支出额和过去 6 个月累计的广告支出总额.这些数据保存在 LEGALADV 文件中.

LEGALADV

表 CS1.1　律所广告数据

月	广告支出额(美元)	新增人身伤害案件	新增工伤赔偿案件	近 6 个月累计广告支出(美元)
1	9 221.55	7	26	n/a
2	6 684.00	9	33	n/a
3	200.00	12	18	n/a
4	14 546.75	27	15	n/a
5	5 170.14	9	19	n/a
6	5 810.30	13	26	n/a
7	5 816.20	11	24	41 632.74
8	8 236.38	7	22	38 227.39
9	−2 089.55	13	12	39 779.77
10	29 282.24	7	15	37 490.22
11	9 193.58	9	21	52 225.71

（续）

月	广告支出额（美元）	新增人身伤害案件	新增工伤赔偿案件	近 6 个月累计广告支出（美元）
12	9 499.18	8	24	56 249.15
13	11 128.76	18	25	59 938.03
14	9 057.64	9	19	65 250.59
15	13 604.54	25	12	66 071.85
16	14 411.76	26	33	81 765.94
17	13 724.28	27	32	66 895.46
18	13 419.42	12	21	71 426.16
19	17 372.33	14	18	75 346.40
20	6 296.35	5	25	81 589.97
21	13 191.59	22	12	78 828.68
22	26 798.80	15	7	78 415.73
23	18 610.95	12	22	90 802.77
24	829.53	18	27	95 689.44
25	16 976.53	20	25	83 099.55
26	14 076.98	38	26	82 703.75
27	24 791.75	13	28	90 484.38
28	9 691.25	18	31	102 084.54
29	28 948.25	21	40	84 976.99
30	21 373.52	7	39	95 314.29
31	9 675.25	16	41	115 858.28
32	33 213.55	12	48	108 557.00
33	19 859.85	15	28	127 693.57
34	10 475.25	18	29	122 761.67
35	24 790.84	30	20	123 545.67
36	36 660.94	12	27	119 388.26
37	8 812.50	30	26	134 675.68
38	41 817.75	20	45	133 812.93
39	27 399.33	19	30	142 417.13
40	25 723.10	29	33	149 956.61
41	16 312.10	58	24	165 204.46
42	26 332.78	42	40	156 725.72
43	60 207.58	24	36	146 397.56
44	42 485.39	47	29	197 792.64
45	35 601.92	24	17	198 460.28
46	72 071.50	14	13	206 662.87
47	12 797.11	31	15	253 011.27
48	12 310.50	26	16	249 496.28

资料来源：Info Tech, Inc., Gainesville, Florida.

研究问题

　　这些数据是否能支持广告支出额增加与更多人身伤害案件相关的假设？是否有更多的工伤赔偿案件？如果广告支出额与案件数量在统计上呈显著相关，这是否一定意味着存在因果关系，即广告支出额越多，案件数量增加就越多？基于这些数据，合伙人 A 还是合伙人 B 应该承担广告支出费用？

模型

　　调查研究广告支出额与新案例数量之间关系的一种方法是对数据进行简单线性回归分析，我们考虑两个直线模型：

模型 1　$E(y_1) = \beta_0 + \beta_1 x$

其中 y_1 = 每月新增人身伤害案件数

　　　x= 近 6 个月累计广告支出（千美元）

模型 2　$E(y_2) = \beta_0 + \beta_1 x$

其中 y_2 = 每月新增工伤赔偿案件数

　　　x= 近 6 个月累计广告支出（千美元）

　　在模型 1 中，β_1 代表每月每增加 1 000 美元的广告费用，每月新增人身伤害案件数的变化．同理，在模型 2 中，β_1 代表每月每增加 1 000 美元的广告费用，每月新增工伤赔偿案件数的变化．因此，这些 β 值是了解哪个合伙人从广告支出中获得更多利益（或根本利益）的关键．

描述性分析

　　模型 1 的 MINITAB 散点图和 SAS 简单线性回归输出结果分别如图 CS1.1 和图 CS1.2 所示．注意最小二乘直线显示在散点图上．你可以看到这条直线的斜率为正，尽管分布在这条直线周围的数据点有一些变化，但似乎广告支出 x 与新增人身伤害案件数 y_1 有较强的相关性．直线的斜率估计值（高亮显示在图 CS1.2 中）为 $\hat{\beta}_1 = 0.113$．因此，我们估计，每增加 1 000 美元的累计广告支出，人身伤害案件数就会平均增加 0.113 个．

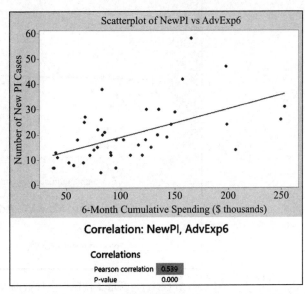

图 CS1.1　新增人身伤害案件数的 MINITAB 相关分析图

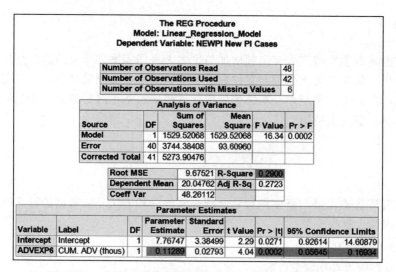

图 CS1.2　新增人身伤害案件数的 SAS 简单线性回归分析

新增工伤赔偿案件数与广告支出之间是否也存在这种关系? 模型 2 的 MINITAB 散点图和 SAS 简单线性回归分析分别如图 CS1.3 和图 CS1.4 所示. 对比之前的散点图, 图 CS1.3 所示的最小二乘直线的斜率要平坦得多, 且直线周围数据点的变化要大得多. 因此, 新增工伤赔偿案件数似乎与广告支出之间没有很大的相关性. 事实上, 斜率估计值 (高亮显示在图 CS1.4 上) 暗示每增加 1 000 美元累计广告支出, 每月工伤赔偿案件数平均增加 $\hat{\beta}_1 = 0.009\ 8$ 个.

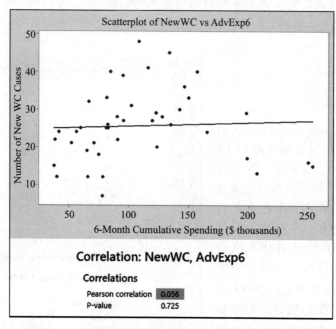

图 CS1.3　新增工伤赔偿案件数的 MINITAB 相关分析图

The REG Procedure
Model: Linear_Regression_Model
Dependent Variable: NEWWC New WC Cases

Number of Observations Read		48
Number of Observations Used		42
Number of Observations with Missing Values		6

Analysis of Variance

Source	DF	Sum of Squares	Mean Square	F Value	Pr > F
Model	1	11.58476	11.58476	0.13	0.7254
Error	40	3704.05810	92.60145		
Corrected Total	41	3715.64286			

Root MSE	9.62296	R-Square	0.0031
Dependent Mean	25.64286	Adj R-Sq	-0.0218
Coeff Var	37.52688		

Parameter Estimates

Variable	Label	DF	Parameter Estimate	Standard Error	t Value	Pr > |t|	95% Confidence Limits	
Intercept	Intercept	1	24.57412	3.36672	7.30	<.0001	17.76973	31.37851
ADVEXP6	CUM. ADV (thous)	1	0.00982	0.02778	0.35	0.7254	-0.04632	0.06596

图 CS1.4　新增工伤赔偿案件数的 SAS 简单线性回归分析

　　根据这些描述性统计（散点图和最小二乘直线），似乎合伙人 A 关于合伙人 B 应该分担广告费用的争论论点是无力的．接下来，我们使用置信区间和假设检验来为这个推断提供一个可靠性的度量．

模型检验

　　为了对模型进行全面检验，我们针对斜率为正的假设进行单尾检验：

$$H_0: \quad \beta_1 = 0$$
$$H_a: \quad \beta_1 > 0$$

目的是在统计意义上确定一个或两个因变量是否与近 6 个月的累计广告支出呈正线性相关关系．

　　检验原假设的双尾 p 值，$H_0: \beta_1 = 0$（在图 CS1.2 和图 CS1.4 中高亮显示），对于新增人身伤害案件数 p 值 =0.000 2，对于新增工伤赔偿案件数 p 值 =0.725．对于 y_1 = 新增人身伤害案件数，当 $\alpha = 0.01$ 时，有足够的证据来拒绝 H_0，并得出新增人身伤害案件数与近 6 个月累计广告支出呈线性相关的结论．相比之下，y_2 = 新增工伤赔偿案件数，当 $\alpha = 0.01$ 时，则没有足够的证据来拒绝 H_0，因此，没有足够的证据表明新增工伤赔偿案件数与近 6 个月累计广告支出之间存在线性关系．

　　我们可以通过计算斜率 β_1 的 95% 置信区间来进一步解释这种现象．对于 y_1 = 新增人身伤害案件数，置信区间（图 CS1.2 SAS 输出结果中高亮显示）为 (0.056, 0.169)．我们可以说有 95% 的可能性，月广告支出每增加 1 000 美元，月新增人身伤害案件数将在 0.056 到 0.169 之间．现在近 6 个月累计广告支出实际增加 2 万美元，将区间的端点乘以 20，我们看到广告支出的增加将导致人身伤害案件数增加 1 ～ 3 个．

现在对于 y_2 = 新增工伤赔偿案件数, 斜率 95% 的置信区间 (图 CS1.4 SAS 输出结果中高亮显示) 为 (−0.046, 0.066). 由于区间跨度包含 0, 所以我们得出与假设检验相同的结论, 在统计意义中, 没有证据表明新增工伤赔偿案件数与近 6 个月累计广告支出之间存在线性关系. 因此, 这些结果不支持合伙人 A 的论点, (在 95% 的置信水平上) 没有证据表明合伙人 B 从广告中受益.

更多支持的论据

回归输出结果的其他统计量支持以下结论: 近 6 个月的累计广告支出是统计上有用的可以预测新增人身伤害案件数的线性预测因子, 但不是预测新增工伤赔偿案件数的线性预测因子.

考虑相关系数和判定系数 (图 CS1.1、图 CS1.2、图 CS1.3 和图 CS1.4 高亮显示). 对于 y_1 = 新增人身伤害案件数, 相关系数 $r = 0.539$ 与 0 在统计上有显著差异, 表明变量之间呈现中度正相关. 判定系数 $r^2 = 0.29$, 表明在新增人身伤害案件数中, 几乎 30% 的样本变化可以用直线模型中的广告支出 x 来解释. 相比之下, 对于 y_2 = 新增工伤赔偿案件数, $r = 0.056$ 与 0 在统计上的差异不显著, $r^2 = 0.003$ 意味着只有 0.3% 的新增工伤赔偿案件数的样本变化可以用直线模型中的广告支出 x 来解释.

结论

在法庭上, 一名统计员陈述上述结果, 以支持被告 (合伙人 B). 表 CS1.2 总结了两个模型的回归结果. 显然, 描述性统计和推断性统计为下述假设提供了支持: 广告支出的增加与新增人身伤害案件数有关, 但与新增工伤赔偿案件数无关. 最终, 法院裁定合伙人 A (而不是合伙人 B) 应承担广告支出.

表 CS1.2　线性回归结果汇总

	模型 1 y_1 = 新增人身伤害案件数	模型 2 y_2 = 新增工伤赔偿案件数
估计斜率 $\hat{\beta}_1$	0.113	0.009 8
检验 $H_0 : \beta_1 = 0$ 的 p 值	<0.01	>0.10
β_1 的 95% 置信区间	(0.056, 0.169)	(−0.046, 0.066)
相关系数 r	0.539	0.056
判定系数 r^2	0.29	0.003

后续思考

⊙ **LEGALADV**

1. 查阅数据, 找出新增人身伤害案件数 y_1 与新增工伤赔偿案件数 y_2 之间的相关性. 作为本案的证据, 哪个合伙人 (A 或 B) 将从相关性的报告中获益? 并加以解释.

2. 比较新增人身伤害案件数 y_1 与新增工伤赔偿案件数 y_2 简单线性回归模型的标准差. 作为本案的证据,哪个合伙人(A 或 B)将从这些标准差的报告中获益?并加以解释.

🔵 **LEGALADV**

3. 查阅数据,计算新增人身伤害案件数 y_1 与新增工伤赔偿案件数 y_2 的标准差. 将这些标准差与问题 2 中的标准差进行比较. 作为本案的证据,哪一个合伙人(A 或 B)将从这些附加信息的报告中获益?请加以解释.

第4章 多元回归模型

目标

1. 建立基于两个或多个自变量预测响应变量 y 的多元回归方法.
2. 评估多元回归模型与样本数据的拟合程度.
3. 介绍几种不同的模型，包括定量自变量和定性自变量.

4.1 多元回归模型的一般形式

在实际情况中，大多数回归模型比一阶（直线）模型更复杂. 例如，实际的月销售收入模型可能不仅仅包括第 3 章讨论的广告支出，季节、库存、销售人员和生产效率等因素都可能是影响销售的变量. 因此，如果需要做出准确的预测，我们希望将这些和其他潜在的重要自变量结合到模型中.

包含多个自变量的概率模型称为**多元回归模型**. 下框中显示了此类模型的一般表现形式.

因变量 y 现在写为关于 k 个自变量 $x_1, x_2, \cdots, x_k$ 的函数. 增加随机误差项使模型具有概率性而非确定性. 系数 β_i 的值决定了自变量 x_i 的贡献，但首先要假设其他 $k-1$ 个自变量保持不变且 β_0 是 y 轴截距. 系数 $\beta_0, \beta_1, \cdots, \beta_k$ 代表总体参数，通常是未知的.

多元回归模型的一般形式

$$y = \beta_0 + \beta_1 x_1 + \beta_2 x_2 + \cdots + \beta_k x_k + \varepsilon$$

其中

$\quad y$ 是因变量

$\quad x_1, x_2, \cdots, x_k$ 是自变量

$\quad E(y) = \beta_0 + \beta_1 x_1 + \beta_2 x_2 + \cdots + \beta_k x_k$ 是模型的确定性分量

$\quad \beta_i$ 决定了自变量 x_i 的贡献

注意：符号 $x_1, x_2, \cdots, x_k$ 可以表示定量预测因子的高阶项（例如，$x_2 = x_1^2$），也可以表示定性预测因子的高阶项.

这里显示的回归模型似乎只考虑 y 和自变量之间的直线关系而不考虑其他关系，但事实并非如此. 实际上，$x_1, x_2, \cdots, x_k$ 可以是关于变量的函数，只要函数不包含未知参数. 例如，香烟中一氧化碳含量 y 可以是关于下列自变量的函数：

$x_1 =$ 焦油含量

$x_2 = $（焦油含量）$^2 = x_1^2$

$$x_3 = \begin{cases} 1, & \text{过滤香烟} \\ 0, & \text{未过滤香烟} \end{cases}$$

x_2 称为**高阶项**，因为它是一个定量变量 x_1 的平方值（即 x_1^2）. x_3 表示一个定性变量（过滤类型）的**编码变量**. 多元回归模型是一种非常通用的模型，可以对多种不同类型的响应变量进行建模.

建立直线模型时所遵循的步骤同样适用于多元回归模型.

分析多元回归模型

步骤 1：收集样本中每个实验单位的样本数据（即 $y, x_1, x_2, \cdots, x_k$ 的值）.

步骤 2：假设模型的形式（即确定性分量）$E(y)$. 这涉及模型中要包含哪些自变量.

步骤 3：使用最小二乘法估计未知参数 $\beta_0, \beta_1, \cdots, \beta_k$.

步骤 4：指定随机误差分量 ε 的概率分布，并估计其方差 σ^2.

步骤 5：评估统计模型的效用.

步骤 6：检查是否满足对 ε 的假设，必要时对模型进行修改.

步骤 7：最后，如果模型被认为是恰当的，则使用拟合模型来估计 y 的均值或预测给定自变量时 y 的特定值，并进行相关推断.

假设模型形式（步骤 2）是第 5 章的主题，检验相关假设（步骤 6）是第 8 章的主题. 在本章中，我们假设模型方程是已知的，将重点讨论给定模型的步骤 3、4、5 和 7.

4.2　模型假设

我们在 4.1 节中注意到多元回归模型方程是

$$y = \beta_0 + \beta_1 x_1 + \beta_2 x_2 + \cdots + \beta_k x_k + \varepsilon$$

其中 y 是要预测的响应变量；$\beta_0, \beta_1, \cdots, \beta_k$ 是未知参数；$x_1, x_2, \cdots, x_k$ 是（无测量误差的）贡献信息的自变量；ε 是随机误差分量. 由于 $\beta_0, \beta_1, \cdots, \beta_k$ 和 $x_1, x_2, \cdots, x_k$ 都是非随机的，所以

$$\beta_0 + \beta_1 x_1 + \beta_2 x_2 + \cdots + \beta_k x_k$$

表示模型的确定部分. y 由两个部分组成，一部分是确定的，一部分是随机的，因此 y 是一个随机变量.

$$y = \overbrace{\beta_0 + \beta_1 x_1 + \beta_2 x_2 + \cdots + \beta_k x_k}^{\text{模型的确定部分}} + \overbrace{\varepsilon}^{\text{随机误差}}$$

（如第 3 章所述）我们假设随机误差可正可负，对于任意 x 值 $x_1, x_2, \cdots, x_k$，ε 都服从均值为 0，方差为 σ^2 的正态概率分布. 此外，我们假设每一对 y 值的随机误差在概率上是独立的. 也就是说，任意一个 y 值的相关误差 ε 和任何其他 y 值的相关误差无关. 这些假设总结在下框中.

> **关于随机误差 ε 的假设**
>
> 1. 对于任意给定的一组值 $x_1, x_2, \cdots, x_k$，ε 服从正态概率分布，均值等于 0[即 $E(\varepsilon)=0$]，方差等于 σ^2 [即 Var $(\varepsilon)=\sigma^2$].
> 2.（在概率意义上）随机误差相互独立.

对于多元回归模型，我们所描述的假设意味着对于一组给定值 $x_1, x_2, \cdots, x_k$ 的均值 $E(y)$ 等于

$$E(y) = \beta_0 + \beta_1 x_1 + \beta_2 x_2 + \cdots + \beta_k x_k$$

这类模型被称为**线性统计模型**，因为 $E(y)$ 是由未知参数 $\beta_0, \beta_1, \cdots, \beta_k$ 组成的线性函数.

本章所述的所有估计和统计检验程序均依赖于满足上述假设的数据. 我们很少能确定这些假设是否在实践中能够得到满足，因此我们希望知道回归分析的结果如何，以及当某些假设不被满足时，我们的推断有多大的可信度. 在第7章和第8章中，我们会详细讨论这部分内容. 首先，我们需要更深入地讨论回归分析的方法，并展示如何在实际情况中运用它们.

4.3　具有定量预测因子的一阶模型

下框中描述了一个只包含定量自变量的模型，称为**一阶模型**. 注意：一阶模型不包含任何高阶项（例如 x_1^2）. 一阶项指的是模型中每个 x 都是一次方.

> **5 个定量自变量的一阶模型**
>
> $$E(y) = \beta_0 + \beta_1 x_1 + \beta_2 x_2 + \beta_3 x_3 + \beta_4 x_4 + \beta_5 x_5$$
>
> 其中 $x_1, x_2, \cdots, x_5$ 都是定量变量，而不是其他自变量的函数.
> 注意：β_i 表示当其他所有 x 不变时，y 关于 x_i 的直线斜率.

回想一下，（第 3 章的）直线模型

$$y = \beta_0 + \beta_1 x + \varepsilon$$

β_0 代表直线的 y 轴截距，β_1 代表直线的斜率. 从我们在第 3 章的讨论中，β_1 有一个实际的解释，它代表了 x 每增加 1 个单位，y 均值的变化. 当自变量为定量变量时，框中指定的一阶模型中的参数 β 有类似的解释. 区别在于，当我们解释一个变量（例如 x_1）前面乘以的系数 β 时，我们必须让其余自变量（例如 x_2，x_3）的值保持不变.

为了说明这一点，假设响应变量 y 的均值 $E(y)$ 与两个定量自变量 x_1 和 x_2 建立一阶模型

$$E(y) = 1 + 2x_1 + x_2$$

换句话说，$\beta_0 = 1$，$\beta_1 = 2$，$\beta_2 = 1$.

当 $x_2 = 0$ 时，$E(y)$ 和 x_1 之间的关系为

$$E(y) = 1 + 2x_1 + (0) = 1 + 2x_1$$

这种关系的 MINITAB（直线）图如图 4.1 所示．当 $x_2 = 1$ 时，$E(y)$ 和 x_1 之间的关系为

$$E(y) = 1 + 2x_1 + (1) = 2 + 2x_1$$

当 $x_2 = 2$ 时，

$$E(y) = 1 + 2x_1 + (2) = 3 + 2x_1$$

如图 4.1 所示．注意：这三条直线的斜率都等于 $\beta_1 = 2$，即 x_1 的系数．

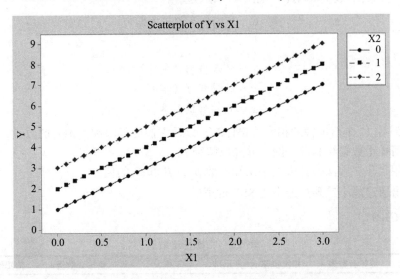

图 4.1　$E(y) = 1 + 2x_1 + x_2 (x_2 = 0,1,2)$ 的 MINITAB 图

图 4.1 展示了所有一阶模型的特征．绘制 $E(y)$ 关于任何一个变量（例如 x_1）的图，对于其他变量的固定值，结果总是一条斜率等于 β_1 的直线．当其他自变量代入不同值时，如果你重复这个过程，你会得到一组平行的直线．这表明自变量 x_i 对 $E(y)$ 的影响独立于模型中所有其他自变量，且由斜率 β_i 测量（如上框中所述）．

一阶模型是实践中遇到的最基本的多元回归模型．在接下来的几节中，我们将对这个模型进行分析．

4.4　模型拟合：最小二乘法

多元回归模型的拟合方法与第 3 章直线模型的拟合方法相同，即最小二乘法．也就是说，我们通过使

$$SSE = \sum (y_i - \hat{y}_i)^2$$

最小化来估计模型

$$\hat{y} = \hat{\beta}_0 + \hat{\beta}_1 x_1 + \cdots + \hat{\beta}_k x_k$$

与直线模型一样，样本估计值 $\hat{\beta}_0, \hat{\beta}_1, \cdots, \hat{\beta}_k$ 将作为一组联立线性方程的解⊖.

拟合简单回归模型和多元回归模型的主要区别在于计算难度. 解 $(k+1)$ 个联立线性方程才能求出 $(k+1)$ 个系数估计值 $\hat{\beta}_0, \hat{\beta}_1, \cdots, \hat{\beta}_k$，这通常用计算器很难解决（冗长而费时）. 因此，我们使用统计软件，在例子和练习中有 SAS、SPSS 和 MINITAB 的输出结果.

例 4.1 一位在拍卖会上出售古董时钟的收藏家认为，这些时钟的价格取决于时钟年限和拍卖会上竞拍者的数量. 因此，他假设一阶模型

$$y = \beta_0 + \beta_1 x_1 + \beta_2 x_2 + \varepsilon$$

其中

$$y = 拍卖价格（美元）$$
$$x_1 = 时钟年限（年）$$
$$x_2 = 竞拍者的数量$$

表 4.1 列有 32 个落地钟的拍卖价格样本，以及它们的年限和竞拍者的数量.

（a）使用样本数据绘制散点图，并加以解释.

（b）使用最小二乘法估计模型中未知参数 β_0，β_1 和 β_2 的值.

（c）求出通过最小二乘法最小化 SSE 的值.

💿 **GFCLOCKS**

表 4.1 拍卖价格数据

年限 x_1	竞拍者数量 x_2	拍卖价格 y（美元）	年限 x_1	竞拍者数量 x_2	拍卖价格 y（美元）
127	13	1 235	170	14	2 131
115	12	1 080	182	8	1 550
127	7	845	162	11	1 884
150	9	1 522	184	10	2 041
156	6	1 047	143	6	845
182	11	1 979	159	9	1 483
156	12	1 822	108	14	1 055
132	10	1 253	175	8	1 545
137	9	1 297	108	6	729
113	9	946	179	9	1 792
137	15	1 713	111	15	1 175
117	11	1 024	187	8	1 593
137	8	1 147	111	7	785
153	6	1 092	115	7	744
117	13	1 152	194	5	1 356
126	10	1 336	168	7	1 262

⊖ 熟悉微积分的学生应该注意到 $\hat{\beta}_0, \hat{\beta}_1, \cdots, \hat{\beta}_k$ 是方程组 $\partial SSE / \partial \beta_0 = 0, \partial SSE / \partial \beta_1 = 0, \cdots, \partial SSE / \partial \beta_k = 0$ 的解. 用矩阵表示的解见附录 B.

解 （a）y 与 x_1 之间和 y 与 x_2 之间的 MINITAB 并列散点图如图 4.2 所示. 在以上两个变量中，年限 x_1 与拍卖价格 y 呈更强的线性关系.

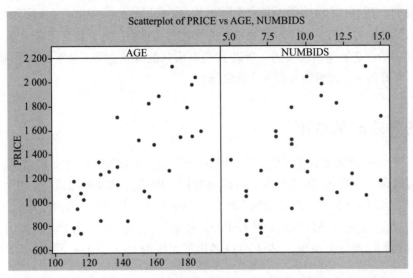

图 4.2　表 4.1 中数据的 MINITAB 并列散点图

（b）假设模型使用表 4.1 中的数据. 部分 SAS 输出结果如图 4.3 所示. 参数 β 的最小二乘估计值（高亮显示）分别为 $\hat{\beta}_0 = -1\,339$，$\hat{\beta}_1 = 12.74$，$\hat{\beta}_2 = 85.95$. 因此，当 SSE 最小时此数据集的方程（即**最小二乘预测方程**）为

$$\hat{y} = -1\,339 + 12.74x_1 + 85.95x_2$$

（c）图 4.3 中高亮部分显示了误差平方和的最小值 SSE = 516 727 .　∎

例 4.2　参照例 4.1 中拍卖价格 y 的一阶模型，解释模型中参数 β 的估计值.

解　如例 4.1 所示，最小二乘预测方程为 $\hat{y} = -1\,339 + 12.74x_1 + 85.95x_2$. 我们知道，对于一阶模型，β_1 代表当 x_2 固定时，y 关于 x_1 的直线斜率. 也就是说，当模型中的其他自变量保持不变时，β_1 的值为 x_1 中每增加一个单位时 $E(y)$ 的变化. 关于 β_2，

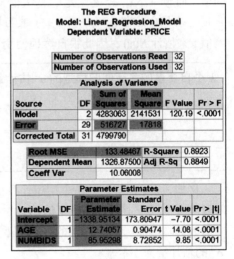

The REG Procedure
Model: Linear_Regression_Model
Dependent Variable: PRICE

Number of Observations Read	32
Number of Observations Used	32

Analysis of Variance					
Source	DF	Sum of Squares	Mean Square	F Value	Pr > F
Model	2	4283063	2141531	120.19	<.0001
Error	29	516727	17818		
Corrected Total	31	4799790			

Root MSE	133.48467	R-Square	0.8923
Dependent Mean	1326.87500	Adj R-Sq	0.8849
Coeff Var	10.06008		

Parameter Estimates					
Variable	DF	Parameter Estimate	Standard Error	t Value	Pr > |t|
Intercept	1	-1338.95134	173.80947	-7.70	<.0001
AGE	1	12.74057	0.90474	14.08	<.0001
NUMBIDS	1	85.95298	8.72852	9.85	<.0001

图 4.3　例 4.1 拍卖价格模型 SAS 的输出结果

我们也可以做出类似的陈述：当模型中的另一个 x 保持不变时，β_2 表示 x_2 每增加一个单位时 $E(y)$ 的变化. 因此，我们得到以下解释：

$\hat{\beta}_1 = 12.74$：在竞拍者数量 x_2 不变的情况下，年限 x_1 每增加一个单位，我们估计古董钟的平均拍卖价格 $E(y)$ 增加 12.74 美元.

$\hat{\beta}_2 = 85.95$：在年限 x_1 不变的情况下，竞拍者数量 x_2 每增加一个单位，我们估计古董钟的平均拍卖价格 $E(y)$ 增加 85.95 美元．

在本例中，$\hat{\beta}_0 = -1\,339$ 的值不具有实际意义．注意当 $x_1 = x_2 = 0$ 时，$\hat{y} = \hat{\beta}_0$，意味着当所有自变量的值为 0 时，$\hat{\beta}_0 = -1\,339$ 代表估计的平均拍卖价格．由于具有年限为 0、竞拍者数量为 0 的特征的古董钟是不现实的，所以 $\hat{\beta}_0$ 没有实际的解释意义．通常，$\hat{\beta}_0$ 没有实际的解释，除非当所有的 x 值同时为 0 时 y 具有实际意义．   ■

4.5 ε 的方差 σ^2 的估计

回想一下，σ^2 是随机误差 ε 的方差．因此 σ^2 是模型效用的一个重要度量值．当 $\sigma^2 = 0$ 时，所有随机误差均为 0，预测方程 $\hat{y}$ 与 $E(y)$ 相同，即 $E(y)$ 被准确地估计．相反，σ^2 值较大则意味着 ε 有较大（绝对）值且预测方程 $\hat{y}$ 和均值 $E(y)$ 之间有较大偏差．因此 σ^2 值越大，模型参数 $\beta_0, \beta_1, \cdots, \beta_k$ 的估计误差以及对于一组特定值 $x_1, x_2, \cdots, x_k$ 预测 y 值的误差就越大．因此 σ^2 在推断 $\beta_0, \beta_1, \cdots, \beta_k$ 值、估计 $E(y)$ 和用特定值的 $x_1, x_2, \cdots, x_k$ 预测 y 值中都起重要作用．

由于随机误差 ε 的方差 σ^2 很少被人知道，所以我们必须使用回归分析的结果来估计它的值．回想一下，σ^2 是给定的一组值 $x_1, x_2, \cdots, x_k$ 的随机误差 ε 的概率分布的方差．因此，它是（对于给定的 $x_1, x_2, \cdots, x_k$）y 值与均值 $E(y)$ 偏差平方的均值．⊖ 由于用每个数据点的预测值 $\hat{y}$ 来估计 $E(y)$，因此很自然地使用 $\text{SSE} = \sum (y_i - \hat{y}_i)^2$ 构建 σ^2 的估计量．

---

k 个自变量的多元回归模型的 σ^2 估计量

$$s^2 = \text{MSE} = \frac{\text{SSE}}{n - \text{估计参数} \beta \text{的个数}}$$

$$= \frac{\text{SSE}}{n - (k+1)}$$

例如，在例 4.1 的一阶模型中，我们可知 $\text{SSE} = 516\,727$．我们现在想用这个量来估计 ε 的方差．回想一下，直线模型的估计量 $s^2 = \text{SSE}/(n-2)$，请留意分母是（$n-$ 估计参数 β 的个数），即 $(n-2)$．在例 4.1 的一阶模型中，由于需要估计三个参数，即 β_0, β_1 和 β_2，所以 σ^2 的估计量为

$$s^2 = \frac{\text{SSE}}{n-3}$$

示例的估计值为

⊖ 因为 $y = E(y) + \varepsilon$，那么 ε 等于 $y - E(y)$．此外，根据定义，随机变量的方差是随机变量与其均值之差的平方的期望值．根据我们的模型，$E(\varepsilon) = 0$．因此，$\sigma^2 = E(\varepsilon^2)$．

$$s^2 = \frac{\text{SSE}}{32-3} = \frac{516\ 727}{29} = 17\ 818$$

在软件输出结果和教材中，s^2 被称为**均方误差（MSE）**. 图 4.3 的 SAS 输出结果高亮显示了对 σ^2 的估计.

方差估计的单位是因变量 y 的平方. 由于本例中的因变量 y 是以美元表示的拍卖价格，所以 s^2 的单位是（美元）^{2}. 这使得对 s^2 进行有意义的解释变得困难，因此我们使用标准差 s 来提供更有意义的可靠性度量. 在这个例子中，

$$s = \sqrt{17\ 818} = 133.5$$

在图 4.3 的 SAS 输出结果中高亮显示（**Root MSE** 的旁边）. 关于估计标准差 s 的有用解释为，区间 $\pm 2s$ 将提供一个粗略的近似值，帮助模型在给定 x 值时准确预测 y 值. 因此，在例 4.1 中，我们预测该模型提供的拍卖价格大约在 $\pm 2s = \pm 2(133.5) = \pm 267$ 美元范围内. ⊖

对于一般的多元回归模型

$$y = \beta_0 + \beta_1 x_1 + \beta_2 x_2 + \cdots + \beta_k x_k + \varepsilon$$

我们必须估计 $(k+1)$ 个参数 $\beta_0, \beta_1, \beta_2, \cdots, \beta_k$. 因此，$\sigma^2$ 的估计量为 SSE 除以量 $(n -$ 估计参数 β 的个数).

我们使用 MSE（σ^2 的估计量）来检验模型的效用（4.6 节和 4.7 节），并当模型用于这些目的时提供预测和估计的可靠性度量（4.9 节）. 因此，可以看到，σ^2 的估计在回归模型的构建中起着重要的作用.

4.6　模型效用检验：方差分析 F 检验

多元回归分析中步骤 5 的目的是检验模型的效用，即确定模型是否适合预测 y. 在 4.7 节中，我们将展示如何对模型中的每个参数 β 进行 t 检验，其中 H_0：$\beta_i = 0$，$i = 1, 2, \cdots, k$. 然而，这种方法并**不是**确定整体模型是否为预测 y 提供信息的好方法. 如果我们要进行一系列 t 检验来确定自变量是否有助于预测，那么在模型中决定保留哪些项和排除哪些项时，我们很可能会犯一个或多个错误.

假设你用 10 个定量自变量 $(x_1, x_2, \cdots, x_{10})$ 拟合一阶模型，并决定对模型中全部 10 个 β 值单独进行 t 检验 $(\alpha = 0.05)$. 即使模型中所有的参数 β（β_0 除外）都等于 0，大约有 40% 的概率你至少会错误地拒绝一次原假设，并得出这些参数 β 不都为 0 的结论⊖. 换句话说，犯第 I 类错误的总概率约为 0.40，而不是 0.05!

⊖ 随着样本量的增加，$\pm 2s$ 近似值将提高. 我们在 4.9 节中为预测区间的构建提供了更精确的方法.

⊖ 这一结果的证明过程如下：

P（至少一次拒绝 $H_0 | \beta_1 = \beta_2 = \beta_3 = \cdots = \beta_{10} = 0$）

$= 1 - P$（不拒绝 $H_0 | \beta_1 = \beta_2 = \beta_3 = \cdots = \beta_{10} = 0$）

$\leqslant 1 - [P$（接受 H_0：$\beta_1 = 0 | \beta_1 = 0$）$\times P$（接受 H_0：$\beta_2 = 0 | \beta_2 = 0$）$\times \cdots \times P$（接受 H_0：$\beta_{10} = 0 | \beta_{10} = 0$）$]$

$= 1 - (1 - \alpha)^{10} = 1 - (0.95)^{10} = 0.401$

因此，在考虑大量自变量的多元回归模型中，进行一系列的 t 检验可能会导致实验人员加入了大量无关紧要的变量，而排除了一些有用的变量．如果我们想检验多元回归模型的效用，我们需要一个**全局检验**（包含所有参数 β）．

对于一般多元回归模型 $E(y) = \beta_0 + \beta_1 x_1 + \beta_2 x_2 + \cdots + \beta_k x_k$，我们假设

$$H_0: \beta_1 = \beta_2 = \beta_3 = \cdots = \beta_k = 0$$

$$H_a: 至少有一个系数不为零$$

用来检验这一假设的检验统计量是 F 统计量，可以使用公式的几个等价形式（虽然我们通常会依赖统计软件来计算 F 统计量）：

$$检验统计量：F = \frac{(\mathrm{SS}_{yy} - \mathrm{SSE})/k}{\mathrm{SSE}/[n-(k+1)]} = \frac{\mathrm{MS}(模型)}{\mathrm{MSE}}$$

注意：F 统计量的分母 MSE 表示模型中无法解释的（或误差的）变异性，分子 MS（模型）表示模型可解释的变异性（由于这个原因，这个检验通常被称为"方差分析" F 检验）．因为 F 是可解释的变异性与不可解释的变异性之比，模型所占的变异性比例越大，F 统计量就越大．

为了确定比例何时足够大到令我们可以自信地拒绝原假设，并得出结论：预测 y 时该模型比没有模型更有用．我们将计算出的 F 统计量与表中以 k 个自由度为分子、$[n-(k+1)]$ 个自由度为分母的 F 值进行比较．附录 D 表 3 ～表 6 给出了各种 α 值的 F 分布表．

拒绝域：$F > F_\alpha$，其中 F 基于分子自由度 k 且分母自由度 $n-(k+1)$（见图 4.4）．

然而，由于统计软件输出结果计算了检验的显著性水平（p 值），大多数研究人员只需将所选 α 值与 p 值进行比较即可做出决定．

在下框中总结了用于模型显著性检验的方差分析 F 检验．

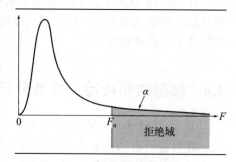

图 4.4　模型全局 F 检验的拒绝域

检验模型的总体显著性：方差分析 F 检验

H_0：　$\beta_1 = \beta_2 = \cdots = \beta_k = 0$（所有参数 β 对预测 y 不重要）

H_a：至少有一个 $\beta_i \neq 0$（至少有一个参数 β 对预测 y 是有用的）

检验统计量：$F = \dfrac{(\mathrm{SS}_{yy} - \mathrm{SSE})/k}{\mathrm{SSE}/[n-(k+1)]} = \dfrac{R^2/k}{(1-R^2)/[n-(k+1)]} = \dfrac{模型均方}{误差均方}$

其中 n 为样本量，k 为模型中的自变量个数．

拒绝域：$F > F_\alpha$，其中 F 基于分子自由度 k 和分母自由度 $n-(k+1)$. 或者 $\alpha > p$ 值，其中 p 值 $= P(F > F_c)$，F_c 是检验统计量的计算值．

假设：关于随机误差分量的标准回归假设（4.2 节）．

例 4.3 参考例 4.2，其中古董收藏家将古董时钟的拍卖价格 y 建模为时钟年限 x_1 和竞拍者数量 x_2 的函数. 假设一阶模型为

$$y = \beta_0 + \beta_1 x_1 + \beta_2 x_2 + \varepsilon$$

样本包含 32 个观测值，结果汇总在 MINITAB 输出结果中，如图 4.5 所示. 在 $\alpha = 0.05$ 的显著性水平上对模型进行模型全局 F 检验.

解 模型显著性检验如下：

H_0：$\beta_1 = \beta_2 = 0$ [注意：$k = 2$]

H_a：两个参数中至少有一个不为零

检验统计量：$F = 120.19$（图 4.5 阴影部分）

p 值 $= 0.000$（图 4.5 阴影部分）

结论：由于 $\alpha = 0.05$ 大于 $p = 0.000$，数据提供了强有力的证据，说明至少一个参数是不为零的. 在统计上模型对预测拍卖价格显著. ∎

Regression Analysis: PRICE versus AGE, NUMBIDS

Analysis of Variance

Source	DF	Adj SS	Adj MS	F-Value	P-Value
Regression	2	4283063	2141531	120.19	0.000
Error	29	516727	17818		
Total	31	4799790			

Model Summary

S	R-sq	R-sq(adj)
133.485	89.23%	88.49%

Coefficients

Term	Coef	SE Coef	T-Value	P-Value
Constant	-1339	174	-7.70	0.000
AGE	12.741	0.905	14.08	0.000
NUMBIDS	85.95	8.73	9.85	0.000

Regression Equation

PRICE = -1339 + 12.741 AGE + 85.95 NUMBIDS

图 4.5 古董时钟示例的 MINITAB 回归输出

当模型全局 F 检验表明一个模型显著时，我们能确定已经找到了最佳的预测模型吗？不幸的是，我们不能得出此结论. 增加其他自变量可以优化模型（请参阅下框）. 我们将在 4.10 节~ 4.12 节中研究更复杂的多元回归模型.

> **警告：** 在模型全局 F 检验中，拒绝原假设 H_0：$\beta_1 = \beta_2 = \beta_3 = \cdots = \beta_k$，则结论为 [有 $100(1-\alpha)\%$ 的信心] 该模型在统计上是显著的. 然而，统计上的"显著"并不一定意味着"最好". 另一个模型可能在提供更可靠的估计和预测方面更有用. 这种全局 F 检验通常被认为是模型值得进一步考虑时必须通过的一种检验.

4.7 推断单个参数 β

使用置信区间或假设检验得出模型中单个参数 β 的推断，如下框所述⊖.

> **多元回归模型中单个参数系数的检验**
>
> | 单尾检验 | | 双尾检验 |
> |---------|---------|---------|
> | H_0：$\beta_i = 0$ | H_0：$\beta_i = 0$ | H_0：$\beta_i = 0$ |
> | H_a：$\beta_i < 0$ | H_a：$\beta_i > 0$ | H_a：$\beta_i \neq 0$ |
>
> 检验统计量：$t = \dfrac{\hat{\beta}_i}{s_{\hat{\beta}_i}}$

⊖ $\hat{\beta}_i$ 及其标准误差的计算公式非常复杂，唯一合理的表示方法是使用代数矩阵. 在本文中，我们先不讨论代数矩阵的先决条件，且我们认为在入门课程中忽略这些公式不会造成严重的损失. 这些公式将被编程到所有具有多元回归例程的统计软件包中，并在参考文献列出的一些文本中显示.

拒绝域: $t < -t_\alpha$ $t > t_\alpha$ $|t| > t_{\alpha/2}$

其中 t_α 和 $t_{\alpha/2}$ 基于 $n-(k+1)$ 个自由度

　　$n=$ 观测值个数

　　$k+1=$ 模型中参数 β 的个数

注意: 大多数统计软件程序在其输出结果上显示双尾 p 值. 要为单尾检验确定适当的 p 值, 请对 $P=$ 双尾 p 值进行以下调整:

$$H_a: \ \beta_i > 0, \ p值 = \begin{cases} \dfrac{p}{2}, & 如果 t > 0 \\[3mm] 1 - \dfrac{p}{2}, & 如果 t < 0 \end{cases}$$

$$H_a: \ \beta_i < 0, \ p值 = \begin{cases} 1 - \dfrac{p}{2}, & 如果 t > 0 \\[3mm] \dfrac{p}{2}, & 如果 t < 0 \end{cases}$$

假设: 关于随机误差分量 ε 的概率分布, 见 4.2 节中的假设.

参数 β 的 $100(1-\alpha)\%$ 的置信区间

$$\hat{\beta}_i \pm (t_{\alpha/2}) s_{\hat{\beta}_i}$$

其中 $t_{\alpha/2}$ 基于 $n-(k+1)$ 个自由度

　　$n=$ 观测值个数

　　$k+1=$ 模型中参数 β 的个数

我们用另一个例子来说明这些方法.

例 4.4 参考例 4.1 ～例 4.3. 古董时钟的收藏者知道, 时钟的拍卖价格 y 随着时钟的年限 x_1 增加而线性增长. 此外, 收藏家假设时钟的拍卖价格 y 会随着竞标者数量 x_2 的增加而线性增加. (见图 4.6) 利用 SAS 输出结果解决:

（a）当 $\alpha = 0.05$, 检验假设: 年限保持不变时, 时钟的平均拍卖价格随着竞标者数量的增加而增加, 即 $\beta_2 > 0$.

（b）计算 β_1 的 95% 置信区间并解释结果.

Parameter Estimates							
Variable	DF	Parameter Estimate	Standard Error	t Value	Pr > |t|	95% Confidence Limits	
Intercept	1	−1338.95134	173.80947	−7.70	<.0001	−1694.43162	−983.47106
AGE	1	12.74057	0.90474	14.08	<.0001	10.89017	14.59098
NUMBIDS	1	85.95298	8.72852	9.85	<.0001	68.10115	103.80482

图 4.6　带有模型参数信息的 SAS 输出结果

解 （a）关于参数 β_2 的假设检验, 表示为

$$H_0: \quad \beta_2 = 0$$
$$H_a: \quad \beta_2 > 0$$

检验统计量是将参数 β_2 的样本估计值 $\hat{\beta}_2$ 除以估计标准误差（表示为 $s_{\hat{\beta}_2}$）得到的 t 统计量. 如图 4.6 所示，输出结果中高亮显示了这些估计值，即 $\hat{\beta}_2 = 85.953$ 和 $s_{\hat{\beta}_2} = 8.729$，以及计算的 t 值.

$$检验统计量：t = \frac{\hat{\beta}_2}{s_{\hat{\beta}_2}} = \frac{85.953}{8.729} = 9.85$$

假设 H_a： $\beta_2 \neq 0$ 的双尾检验 p 值也显示在输出结果 Pr > |t| 下面. 此值（高亮显示）小于 0.000 1. 为了获得单尾检验 H_a： $\beta_2 > 0$ 的 p 值，我们将该 p 值分成两半. 因此，观察到的上尾检验 p 值 $= \dfrac{0.000\ 1}{2} = 0.000\ 05$.

由于 $\alpha = 0.05$ 大于 p 值 $= 0.000\ 05$，我们有足够的证据来拒绝 H_0. 因此，收藏家可以得出这样的结论：在保持年限不变的情况下，时钟的平均拍卖价格随着竞拍者数量的增加而增加.

（b）β_1 的 95% 置信区间：

$$\hat{\beta}_1 \pm (t_{\alpha/2}) s_{\hat{\beta}_1} = \hat{\beta}_1 \pm (t_{0.025}) s_{\hat{\beta}_1}$$

将 $\hat{\beta}_1 = 12.74$，$s_{\hat{\beta}_1} = 0.905$（均从图 4.6 的 SAS 输出结果中获得）和 $t_{0.025} = 2.045$（从附录 D 的表 2 中获得）代入方程，我们获得

$$12.74 \pm (2.045)(0.905) = 12.74 \pm 1.85$$

即区间 (10.89, 14.59). 此区间也在 SAS 输出结果上（高亮）显示. 因此，有 95% 的可能性认为 β_1 落在 $10.89 \sim 14.59$ 区间之内. 由于 β_1 是拍卖价格 y 关于时钟年限 x_1 的相关回归直线的斜率，因此我们得出结论：在保持竞拍者数量 x_2 不变的情况下，年限每增加一年，时钟拍卖价格增加量在 10.89 美元至 14.59 美元范围内. ◼

（4.6 节）使用 F 检验帮助我们确定整体模型有助于预测 y 值之后，我们可以选择对单个参数 β 进行一个或多个 t 检验（如例 4.4 所示）. 然而，要进行单个检验（或多个检验）应事先确定，即在拟合模型之前确定要进行的检验. 此外，我们应该限制 t 检验的数量，以免产生太多潜在第 I 类错误. 一般来说，回归分析人员只对"最重要"的 β 进行 t 检验. 在接下来的几节中，我们将提出一些识别线性模型中最重要 β 的建议.

检查多元回归模型效用的建议

1. 首先，使用 F 检验对整体模型显著性进行检验，即检验 H_0： $\beta_1 = \beta_2 = \cdots = \beta_k = 0$. 如果模型被认为显著（即拒绝 H_0），则继续执行步骤 2. 否则，你应该假设并拟合另一个模型. 新模型可能包含更多的自变量或高阶项.

2. 对你特别感兴趣的参数 β（即"最重要"的 β）进行 t 检验，这些参数通常只涉及与 β 相关的高阶项（x^2，$x_1 x_2$ 等）. 然而限制检验 β 的数量是一种安全的做法，进行一系列的 t 检验会导致总体第 I 类错误率 α 很高.

最后，我们对模型中单个参数 β 进行一系列 t 检验，列出警告如下：

> **警告：** 在一阶线性模型中对单个参数 β 进行 t 检验，以确定哪些自变量对预测 y 有用，哪些没有用时，应格外小心。如果你没能拒绝 H_0：$\beta_i = 0$，有几个结论是可能的：
>
> 1. y 和 x_i 之间没有关系。
> 2. y 和 x_i 之间存在直线关系（保持模型中的其他 x 不变），但出现了第 Ⅱ 类错误。
> 3. y 和 x_i 之间存在关系（保持模型中的其他 x 不变），但比直线关系更加复杂（例如可能是曲线关系）。关于参数 β 的检验，最多可以说，有足够的证据（如果你拒绝 H_0：$\beta_i = 0$）或者没有足够的证据（如果你不拒绝 H_0：$\beta_i = 0$）证明 y 和 x_i 之间存在线性（直线）关系。

4.8 多重判定系数：R^2 和 R_a^2

回顾第 3 章中的判定系数 r^2，它是衡量直线模型对数据集拟合程度的指标。为了衡量多元回归模型对一组数据的拟合程度，我们计算了多元回归等价指标 r^2，称为**多重判定系数**，并用符号 R^2 表示。

定义 4.1 多重判定系数 R^2 定义为

$$R^2 = 1 - \frac{\text{SSE}}{\text{SS}_{yy}} \qquad 0 \leqslant R^2 \leqslant 1$$

其中 $\text{SSE} = \sum(y_i - \hat{y}_i)^2$，$\text{SS}_{yy} = \sum(y_i - \bar{y})^2$，$\hat{y}_i$ 是多元回归模型中 y_i 的预测值。

对于简单线性模型，R^2 表示由最小二乘回归模型解释的 y 值样本变化的百分比（由 SS_{yy} 测量）。因此，$R^2 = 0$ 表示模型与数据完全不拟合，$R^2 = 1$ 表示模型与数据完全拟合（模型经过每个数据点）。一般来说，R^2 的值越接近 1，模型就越拟合数据。

为了说明这一点，考虑一下例 4.1～例 4.4 中给出的时钟拍卖价格的一阶模型。分析结果的部分 SPSS 输出结果如图 4.7 所示。值 $R^2 = 0.892$ 在输出结果中显示。相对较高的 R^2 值意味着一阶模型中使用自变量年限和竞拍者数量可以解释拍卖价格 y 中样本变化的 89.2%（由 SS_{yy} 测量）。因此，R^2 是一个样本统计量，它可以说明模型对数据的拟合程度，从而表示整体模型的有效性。

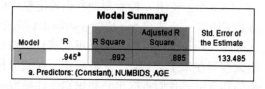

Model Summary			
Model	R	R Square	Adjusted R Square	Std. Error of the Estimate
1	.945ª	.892	.885	133.485

a. Predictors: (Constant), NUMBIDS, AGE

图 4.7 拍卖价格模型的部分 SPSS 回归输出结果

从样本数据计算出的 R^2 值较大，并不一定意味着该模型对总体中的所有数据点都具有很好的拟合性。例如，一个包含三个参数的一阶线性模型可以很好地拟合三个数据点的样本，即 R^2 等于 1。同样，如果模型恰好包含 n 个参数，则始终可以获得与 n 个数据点集的完美拟合（$R^2 = 1$）。因此，如果你想使用 R^2 值来衡量模型对预测 y 的有效性，那么它应该基于一个包含比模型中参数数量更多的数据点的样本。

> **警告：** 在多元回归分析中，仅当样本包含的数据点比模型中参数 β 的数量更多时，才使用 R^2 值作为线性模型预测 y 的有效性的度量。

调整后的多重判定系数，即 R_a^2，经常在多元回归中被作为 R^2 的度量替代值．下面显示了 R_a^2 的公式．

定义 4.2 调整后的多重判定系数为

$$R_a^2 = 1 - \left[\frac{(n-1)}{n-(k+1)} \right] \left(\frac{\text{SSE}}{\text{SS}_{yy}} \right)$$

$$= 1 - \left[\frac{(n-1)}{n-(k+1)} \right] (1 - R^2)$$

注意：$R_a^2 \leqslant R^2$，并且对于拟合效果不佳的模型 R_a^2 可能是负的．

R^2 和 R_a^2 有相似的解释．但是，与 R^2 不同，调整后的 R_a^2 要考虑样本量 n 和模型中参数 β 的数量．R_a^2 总是小于 R^2，更重要的是，不能仅仅通过向模型中添加越来越多的自变量来"迫使"它的数值为 1．因此，当选择模型充分性度量时，分析师更倾向于选择更为保守的 R_a^2．R_a^2 的值也在图 4.7 中高亮处显示．注意：$R_a^2 = 0.885$，其值略小于 R^2．

尽管 R^2 和 R_a^2 很有用，但它们只是样本统计量．因此，仅仅根据这些值来判断模型的有效性是有风险的．谨慎的分析师将使用方差分析 F 检验来检验多元回归模型的总体效用．一旦模型通过 F 检验被认为"统计上"有用，则用更保守的 R_a^2 值来描述模型所解释的 y 的变化比例．

练习 4.8

4.1 **自由度.** 用于估计 σ^2（ε 的方差）的自由度的数量与回归模型中自变量数量如何相关？

4.2 **五星级酒店的环境.** 环境条件如空气质量 x_1、温度 x_2、气味或香气 x_3、音乐 x_4、噪音水平 x_5 和整体形象 x_6 可能会影响客人对入住酒店的满意度．*Journal of Hospitality Marketing & Management*(Vol.24, 2015) 的一项研究旨在评估这些环境因素对酒店客户满意度 y 的影响．通过一项调查，研究人员收集了五星级酒店 422 位客人的样本数据．所有变量均以 5 分制问卷结果的平均值进行测量．多元回归的结果汇总在下表中．

变量	β 估计值	标准差	t 值
空气质量 (x_1)	0.122	0.048 6	2.51
温度 (x_2)	0.018	0.054 5	0.33
气味或香气 (x_3)	0.124	0.044 6	2.78
音乐 (x_4)	0.119	0.037 2	3.20
噪音水平 (x_5)	0.101	0.038 0	2.66
整体形象 (x_6)	0.463	0.043 8	10.56
$R^2 = 0.508$，$R_a^2 = 0.501$，$F=71.42$			

资料来源：Suh, M., et al. "Invisible and Intangible, but Undeniable: Role of Ambient Conditions in Building Hotel Guests' Loyalty," *Journal of Hospitality Marketing & Management*, Vol. 24, No. 7, 2015 (Table 4).

（a）根据六种环境条件，确定酒店客户满意度 y 的一阶模型方程．

（b）对所示的每个 β 估计值给出实际解释．

（c）β_6 的 99% 置信区间为 $(0.350, 0.576)$，请加以解释．

（d）解释调整后的 R^2 值．

（e）是否有足够的证据显示整体模型在统计上对预测酒店客户满意度 y 有用？（$\alpha = 0.01$）．

💿 **MLBRUNS2017**

4.3 **预测棒球得分**．考虑一个多元回归模型来预测美国职业棒球大联盟（MLB）球队在一个赛季中的总得分．在 2017 年 MLB 赛季中，使用 30 支球队的保送（walks）次数 x_1、一垒安打（singles）次数 x_2、二垒安打（doubles）次数 x_3、三垒安打（triples）次数 x_4、本垒打（home runs）次数 x_5、盗垒（stolen bases）次数 x_6、盗垒失败（caught steal）次数 x_7、三振出局（strike-outs）次数 x_8 和滚地球（ground outs）次数 x_9，最终确定总得分 y 的一阶模型．结果显示在下图的 MINITAB 输出结果中．

Analysis of Variance

Source	DF	Seq SS	Contribution	Adj SS	Adj MS	F-Value
Regression	9	114360	92.78%	114360	12706.7	28.500
Error	20	8904	7.22%	8904	445.2	
Total	29	123264	100.00%			

Model Summary

S	R-sq	R-sq(adj)	PRESS	R-sq(pred)
21.0995	92.78%	89.53%	21302.4	82.72%

Coefficients

Term	Coef	SE Coef	95% CI	T-Value	P-Value
Constant	−709	172	(−1068, −350)	−4.12	0.001
WALKS	0.3968	0.0832	(0.2232, 0.5703)	4.77	0.000
SINGLES	0.618	0.100	(0.408, 0.827)	6.15	0.000
DOUBLES	0.819	0.184	(0.435, 1.203)	4.45	0.000
TRIPLES	0.756	0.533	(−0.356, 1.868)	1.42	0.172
HOMERUNS	1.561	0.219	(1.103, 2.019)	7.12	0.000
STOLEBASES	0.089	0.248	(−0.427, 0.606)	0.36	0.722
CAUGHTSTEAL	1.080	0.849	(−0.691, 2.850)	1.27	0.218
STRIKEOUTS	0.0175	0.0513	(−0.0894, 0.1244)	0.34	0.736
GRNDOUTS	0.0422	0.0631	(−0.0895, 0.1739)	0.67	0.512

Regression Equation

RUNS = −709 + 0.3968 WALKS + 0.618 SINGLES + 0.819 DOUBLES + 0.7⁙S + 1.561 HOMERUNS
+ 0.089 STOLEBASES + 1.080 CAUGHTSTEAL + 0.0175 STRIKEOI422 GRNDOUTS

练习 4.3 的 MINITAB 输出结果

（a）写出 $y =$ 球队 2017 赛季总得分的最小二乘预测方程．

（b）对 β 估计值做出实际解释．

（c）在 $\alpha = 0.05$ 时，对 H_0：$\beta_7 = 0$ 与 H_a：$\beta_7 > 0$ 进行检验，并解释其结果．

（d）找出图中 β_5 的 95% 置信区间，并解释该区间．

（e）预测你最喜欢的职业棒球大联盟球队 2017 年的得分．预测值与球队实际得分的误差有多少？（注意：你可以在 **MLBRUNS2017** 文件中找到你最喜欢的球队数据．）

4.4 **会计与马基雅维里主义**．参考 *Behavioral Research in Accounting*(January 2008)，研究

会计师的马基雅维里主义特征（如伪造、狡猾、口是心非、欺骗和不守信用），参见练习 1.49. 回想一下，对西南某大学的会计专业毕业生的马基雅维里主义（"Mach"）得分进行了测定. 在研究的一部分中，研究人员将会计的 Mach 得分 y 建模为关于年龄 x_1、性别 x_2、教育 x_3 和收入 x_4 的函数. $n=198$ 名会计师数据的结果如下表所示.

自变量	H_0: $\beta_i=0$ 的 t 值	p 值
年龄 (x_1)	0.10	> 0.10
性别 (x_2)	-0.55	> 0.10
教育 (x_3)	1.95	< 0.01
收入 (x_4)	0.52	> 0.10
整体模型: $R^2=0.13$，$F=4.74$（p 值 <0.01）		

(a) 建立 y 关于 x_1, x_2, x_3, x_4 的回归方程.

(b) 检验整个模型的效用（$\alpha=0.05$）.

(c) 解释判定系数 R^2.

(d) 是否有足够的证据（$\alpha=0.05$）表明收入是计算 Mach 得分有用的预测因子？

4.5 青少年多动症的研究.（*Journal of Abnormal Psychology*, August 2003）对注意缺陷多动障碍（ADHD）儿童进行研究，并评估了其药物风险（如酒精、烟草和非法药物）的使用. 共收集了 142 例 ADHD 青少年的数据：

$y=$ 过去 6 个月非法用药的次数

$x_1=$ 注意力不集中的严重程度（5 分制量表）

$x_2=$ 冲动 - 过度活跃的严重程度（5 分制量表）

$x_3=$ 反抗障碍和行为混乱的严重程度（5 分制量表）

(a) 建立 $E(y)$ 的一阶回归模型.

(b) 模型的判定系数为 $R^2=0.08$，解释这个值.

(c) 模型的全局 F 检验得到的 p 值小于 0.01，解释这个结果.

(d) H_0：$\beta_1=0$，t 检验的 p 值小于 0.01，解释这个结果.

(e) H_0：$\beta_2=0$，t 检验的 p 值大于 0.05，解释这个结果.

(f) H_0：$\beta_3=0$，t 检验的 p 值大于 0.05，解释这个结果.

4.6 主要用户特征. 在新产品开发过程中，公司通常涉及"主要用户"（即处于重要市场趋势前沿的创意人士）. *Creativity and Innovation Management*（February 2008）发表了一篇关于识别儿童计算机游戏主要用户的社交网络特征的文章. 收集了 $n=326$ 名儿童的数据，并测量了以下变量：主要用户评分 y（5 分制）、性别 x_1（女性为 1，男性为 0）、年龄 x_2（岁）、中心度 x_3（与网络中其他同伴有直接联系的数量）和中间中心度 x_4（同伴之间最短路径的数量）. 根据数据确定 y 的一阶模型，得出以下最小二乘预测方程：

$$\hat{y} = 3.58 + 0.01x_1 - 0.06x_2 - 0.01x_3 + 0.42x_4$$

(a) 给出用最小二乘法求得参数估计产生的预测误差的两个性质.

(b) 解释模型中 β_4 的估计值.

（c）H_0：$\beta_4 = 0$ 的检验得到双尾 p 值为 0.002，得出适当结论（$\alpha = 0.05$）.

4.7 由腰果壳制成的橡胶添加剂.
腰果酚是腰果壳的一种农副产品，是一种价格低廉、资源丰富的可再生资源. 在 *Industrial & Engineering Chemistry Research*（May 2013）上，研究人员调查了腰果酚作为天然橡胶添加剂的使用情况. 将腰果酚接枝到天然胶乳上，考察其化学性能. 我们感兴趣的一个特性是化学过程的接枝效率（以百分比衡量）. 研究人员测量了化学过程中的几个自变量：x_1 = 引发剂浓度（每百份树脂中的数量），x_2 = 腰果酚浓度（每百份树脂中的数量），x_3 = 反应温度（摄氏度），x_4 = 反应时间（小时）. 因变量 y = 接枝效率，下表记录了 $n = 9$ 次化学反应的样本数据. 还显示了一阶模型 $E(y_1) = \beta_0 + \beta_1 x_1 + \beta_2 x_2 + \beta_3 x_3 + \beta_4 x_4$ 的 SAS 分析结果.

The REG Procedure
Model: Linear_Regression_Model
Dependent Variable: GEFF

Number of Observations Read	9
Number of Observations Used	9

Analysis of Variance

Source	DF	Sum of Squares	Mean Square	F Value	Pr > F
Model	4	2208.20817	552.05204	4.38	0.0907
Error	4	503.60912	125.90228		
Corrected Total	8	2711.81729			

Root MSE	11.22062	R-Square	0.8143
Dependent Mean	60.42889	Adj R-Sq	0.6286
Coeff Var	18.56830		

Parameter Estimates

Variable	DF	Parameter Estimate	Standard Error	t Value	Pr > |t|	90% Confidence Limits	
Intercept	1	97.27556	27.39983	3.55	0.0238	38.86332	155.68779
IC	1	−5.72333	4.58080	−1.25	0.2796	−15.48889	4.04223
CC	1	−3.35700	0.91616	−3.66	0.0215	−5.31011	−1.40389
RTEMP	1	0.43300	0.30539	1.42	0.2292	−0.21804	1.08404
RTIME	1	−1.68500	2.29040	−0.74	0.5027	−6.56778	3.19778

练习 4.7 的 SAS 输出结果

GRAFTING

序号	接枝效率 y	引发剂浓度 x_1	腰果酚浓度 x_2	反应温度 x_3	反应时间 x_4
1	81.94	1	5	35	6
2	52.38	1	10	50	8
3	54.62	1	15	65	10
4	84.92	2	5	50	10
5	78.93	2	10	65	6
6	36.47	2	15	35	8
7	67.79	3	5	65	8
8	43.96	3	10	35	10
9	42.85	3	15	50	6

资料来源：Mohapatra, S., & Nando, G.B. "Chemical Modification of Natural Rubber in the Latex Stage by Grafting Cardanol, a Waste from the Cashew Industry and a Renewable Resource," *Industrial &Engineering Chemistry Research*, Vol.52, No.17, May 2013 (Tables 2 and 3).

（a）检验整体模型的充分性（$\alpha = 0.10$）.

（b）解释 R_a^2 值.

（c）解释 s 值.

（d）计算并解释 β_3 的 90% 置信区间.

（e）进行 H_0：$\beta_4 = 0$ 的检验. 你能得出什么结论？

4.8　**预测铝合金中的元素.** 回收制成合金的铝废料可分为三类：软饮料罐、锅碗瓢盆和汽车曲轴. 关于这三种材料如何影响铝合金中的金属元素的研究发表在 *Advances in Applied Physics*（Vol.1, 2013）上. 用某铝厂 126 次生产运行的数据来建立构成铝合金的各种元素（如银、硼、铁）百分比 y 的模型. 模型中测量了三个自变量：x_1 = 罐中铝废料的比例，x_2 = 锅或盘中铝废料的比例，x_3 = 汽车曲轴中铝废料的比例. 将以上数据拟合到一阶模型 $E(y) = \beta_0 + \beta_1 x_1 + \beta_2 x_2 + \beta_3 x_3$ 中. 银和铁的模型参数的估计值（括号中是 p 值）如下表所示.

(a) 对于预测合金中银的百分比，整体模型在统计上是否有用（$\alpha = 0.05$）？如果是，请给出 R^2 的实际解释.

(b) 对于预测合金中铁的百分比，整体模型在统计上是否有用（$\alpha = 0.05$）？如果是，请给出 R^2 的实际解释.

(c) 根据参数估计值，简述银的百分比 y 与罐中铝废料比例 x_1 之间的关系. 进行检验，以确定 $\alpha = 0.05$ 时这种关系是否在统计上是显著的.

(d) 根据参数估计值，简述铁的百分比 y 与罐中铝废料比例 x_1 之间的关系. 进行检验，以确定 $\alpha = 0.05$ 时这种关系是否在统计上是显著的.

元素（y）	β_0	β_1	β_2	β_3	F 检验的 p 值	R^2
银	0.002 0	−0.000 014 1	−0.000 012 3	−0.000 035 7	0.049	0.075
	(0.001)	(0.015)	(0.035)	(0.009)		
铁	−5.958	0.079	0.084	0.054	(<0.001)	0.783
	(<0.001)	(<0.001)	(<0.001)	(<0.001)		

4.9　**利用卫星图像估算城市人口.** 在不进行人口普查的情况下，能否估算一个城市地区的人口？在 *Geographical Analysis*（January 2007）中，威斯康星大学密尔沃基分校和俄亥俄州立大学的地理教授演示了卫星图像地图在估算城市人口中的应用. 俄亥俄州哥伦布市的人口分布被划分为 $n = 125$ 个人口普查区并获得了卫星图像. 对于每个人口普查区，测量以下三个变量：人口密度 y，低密度居住区街区比例 x_1，高密度居住区街区比例 x_2. 将数据拟合在 y 的一阶模型中：

$$\hat{y} = -0.030\,4 + 2.006x_1 + 5.006x_2, \quad R^2 = 0.686$$

(a) 对模型中的每个 β 估计值给出实际解释.

(b) 给出判定系数 R^2 的实际解释.

(c) 阐述用于进行整体模型充分性检验的 H_0 和 H_a.

(d) 参考（c）小题，计算检验统计量的值.

(e) 参考（c）和（d）小题，得出适当的结论（$\alpha = 0.01$）.

4.10　**度假目的地的新颖性.** 许多游客选择度假目的地更注重其新颖性或独特性. 德州农工大学教授 J.彼得里克调查了高尔夫球手关于度假目的地的选择和新颖性之间的关系（*Annals of Tourism Research*, Vol. 29, 2002）. 数据是通过对美国东南部某大型海滨度假胜地的 393 名高尔夫球手的邮件调查获得的. 每位高尔夫球手对度假目的地新颖程度进行四个等级（打破常规、激动、缓解无聊和惊喜）的数值量化. 研究人员在回归模型中使用了四个自变量来预测每一个度假者对新颖程度的数值量化. 其中, 自变量为: x_1 = 每年参加高尔夫球赛的次数, x_2 = 高尔夫球手的总度假次数, x_3 = 打高尔夫年限, x_4 = 平均高尔夫得分.

(a) 对于 y = 打破常规, 建立一阶假设模型.

(b) 假设 H_0: $\beta_3 = 0$ 和 H_a: $\beta_3 < 0$, 检验得出 p 值为 0.005, 解释该结论 ($\alpha = 0.01$).

(c) β_3 的估计值为负数, 基于这一结果并结合 (b) 小题的结论, 研究人员得出, "那些打高尔夫多年的人在度假中不太容易改变他们的常规". 你同意这样的说法吗? 并加以解释.

(d) 下表总结了其他三种相关新颖性指标的回归结果. 写出用于检验各自一阶回归模型整体充分性的原假设.

(e) 计算 (d) 小题检验的拒绝域 ($\alpha = 0.01$).

(f) 结合下表中的检验统计量和 (e) 小题计算的拒绝域, 对每个新颖性等级有关的模型进行检验.

(g) 下表中的 p 值是否支持 (f) 小题中的结论.

(h) 解释表中的 R^2 值.

因变量	F 值	p 值	R^2
激动	5.56	<0.001	0.055
缓解无聊	3.02	0.018	0.030
惊喜	3.33	0.011	0.023

资料来源: Reprinted from *Annals of Tourism Research,* Vol. 29, Issue 2, J. F. Petrick, "An examination of golf vacationers' novelty," Copyrightc © 2002, with permission from Elsevier.

4.11 撞车前后的数据分析. 蒙大拿州立大学的研究人员写了一篇关于分析高速公路撞车前后数据的实证方法的教程 (Montana Department of Transportation, Research Report, May 2004). 该方法的第一步是给定一个安全性能函数 (SPF), 这是一个数学模型, 用于估计给定路段的发生碰撞情况. 利用对 100 多个路段收集的数据, 研究人员确定了模型 $E(y) = \beta_0 + \beta_1 x_1 + \beta_2 x_2$, 其中 y = 每 3 年的车祸次数, x_1 = 道路长度 (单位: 英里), x_2 = AADT (年平均日交通量, 单位: 车辆数量). 结果如下表所示.

州际公路

变量	参数估计	标准误差	t 值
截距	1.812 31	0.505 68	3.58
道路长度 (x_1)	0.108 75	0.031 66	3.44
AADT(x_2)	0.000 17	0.000 03	5.19

非州际公路

变量	参数估计	标准误差	t 值
截距	1.207 85	0.280 75	4.30
道路长度 (x_1)	0.063 43	0.018 09	3.51
AADT(x_2)	0.000 56	0.000 12	4.86

（a）给出州际公路模型的最小二乘预测方程.

（b）给出（a）小题 β 估计值的实际解释.

（c）参考（a）小题，计算 β_1 的 99% 置信区间，并加以解释.

（d）参考（a）小题，计算 β_2 的 99% 置信区间，并加以解释.

（e）重复（a）～（d）小题，对非州际公路模型进行分析.

4.12　电视真人秀和整容手术. 媒体对一个人做整容手术的决定有多大的影响？这是 *Body Image: An International Journal of Research*（March 2010）感兴趣的问题. 在这项研究中，170 名大学生回答了关于他们对整容真人秀节目印象的问题. 本研究分析的五个变量测量如下：

整容手术意愿——量表范围从 5 到 25，数值越高，对整容手术的兴趣越大

性别——1（如果是男性），0（如果是女性）

自尊——量表范围从 4 到 40，值越高，自尊水平越高

身体满意度——量表范围从 1 到 9，数值越高，对自己身体的满意度越高

对真人秀节目的印象——从 1 到 7 不等，数值越高，人们越相信整容真人秀节目是真实的

这项研究的数据（基于期刊文章报道的统计数据进行模拟）保存在 BDYIMG 文件中. 所选的观察结果如下表所示. 采用多元回归方法，建立整容手术意愿 y 关于性别 x_1、自尊 x_2、身体满意度 x_3、对真人秀节目的印象 x_4 的模型.

🖸 **BDYIMG**

学生	整容手术意愿	性别	自尊	身体满意度	对真人秀节目的印象
1	11	0	24	3	4
2	13	0	20	3	4
3	11	0	25	4	5
4	11	1	22	9	4
5	18	0	8	1	6
⋮	⋮	⋮	⋮	⋮	⋮
166	18	0	25	3	5
167	13	0	26	4	5
168	9	1	13	5	6
169	14	0	20	3	2
170	6	1	27	8	3

（a）用一阶模型 $E(y)=\beta_0+\beta_1 x_1+\beta_2 x_2+\beta_3 x_3+\beta_4 x_4$ 拟合数据，给出最小二乘预测方程.

（b）解释模型中的 β 估计值.

（c）整体模型在统计上是否有助于预测进行整容手术的意愿 $(\alpha=0.01)$？

（d）模型拟合的首选度量是 R^2 还是 R_a^2？实际地解释这个值.

（e）进行一项检验，以确定随着身体满意度的提高，进行整容手术的意愿是否呈线性下降 $(\alpha=0.05)$.

（f）计算 β_4 的 95% 置信区间，并加以解释.

4.13 **过冷流动沸腾时的气泡特性.** 在工业冷却应用中（例如核反应堆冷却），通常采用一种称为过冷流动沸腾的工艺. 过冷流动沸腾易受加热面附近出现的小气泡的影响. 在 *Heat Transfer Engineering* (Vol. 34, 2013) 中研究了这些气泡的特性. 进行了一系列实验来测量两种重要的气泡特性——气泡直径（毫米）和气泡密度（升/平方米）. 每次实验的质量通量（千克/(平方米·秒)）和热流密度（兆瓦/平方米）都有所不同. 下表列出了在设定压力下获得的数据.

💿 **BUBBLE**

气泡	质量通量	热流密度	直径	密度	气泡	质量通量	热流密度	直径	密度
1	406	0.15	0.64	13 103	10	811	0.62	1.17	145 587
2	406	0.29	1.02	29 117	11	811	0.86	0.86	224 204
3	406	0.37	1.15	123 021	12	811	1.00	0.59	321 019
4	406	0.62	1.26	165 969	13	1 217	0.15	0.49	5 096
5	406	0.86	0.91	254 777	14	1 217	0.29	0.80	18 926
6	406	1.00	0.68	347 953	15	1 217	0.37	0.93	90 992
7	811	0.15	0.58	7 279	16	1 217	0.62	1.06	112 102
8	811	0.29	0.98	22 566	17	1 217	0.86	0.81	192 903
9	811	0.37	1.02	106 278	18	1 217	1.00	0.43	232 211

资料来源：Puli, U., Rajvanshi, A. K., & Das, S. K. "Investigation of Bubble Behavior in Subcooled Flow Boiling of Water in a Horizontal Annulus Using High-Speed Flow Visualization," *Heat Transfer Engineering*, Vol. 34, No. 10, 2013 (Table 8).

（a）假设多元回归模型 $E(y_1) = \beta_0 + \beta_1 x_1 + \beta_2 x_2$，其中 y_1 = 气泡直径，x_1 = 质量通量，x_2 = 热流密度. 使用统计软件根据数据拟合模型，并检验模型整体的充分性.

（b）假设多元回归模型 $E(y_2) = \beta_0 + \beta_1 x_1 + \beta_2 x_2$，其中 y_2 = 气泡密度，x_1 = 质量通量，x_2 = 热流密度. 使用统计软件根据数据拟合模型，并检验模型整体的充分性.

（c）直径 y_1 和密度 y_2 这两个因变量中，哪一个更适合用质量通量 x_1 和热流密度 x_2 来预测？

4.14 **地下水中的砷.** *Environmental Science and Technology* (January 2005) 研究了一项检测地下水中砷含量的商用试剂盒的可靠性. 现场工具包用于检测孟加拉国 328 口地下水井的样本. 除了砷含量（微克/升），还测量了每口井的纬度（度）、经度（度）和深度（英尺）. 数据保存在 ASWELLS 文件中，如下表所示.

💿 **ASWELLS（前五口井和后五口井的数据）**

井	纬度	经度	深度	砷含量	井	纬度	经度	深度	砷含量
10	23.788 7	90.652 2	60	331	7 353	23.794 9	90.651 5	40	48
14	23.788 6	90.652 3	45	302	7 357	23.795 5	90.651 5	30	172
30	23.788 0	90.651 7	45	193	7 890	23.765 8	90.631 2	60	175
59	23.789 3	90.652 5	125	232	7 893	23.765 6	90.631 5	45	624
85	23.792 0	90.614 0	150	19	7 970	23.764 4	90.630 3	30	254
⋮	⋮	⋮	⋮	⋮					

（a）写出砷含量（y）关于纬度、经度和深度的一阶函数模型.

（b）采用最小二乘法将数据与模型拟合.

（c）给出 β 估计值的实际解释.

（d）求出模型的标准差 s，并解释其值.

（e）解释 R^2 和 R_a^2 的值.

（f）在 $\alpha = 0.05$ 下对整体模型的效用进行检验.

（g）根据（d）～（f）小题的结果，你是否建议使用该模型预测砷含量 y？解释一下.

4.15 燃气轮机冷却方法. 参考 *Journal of Engineering for Gas Turbines and Power*（January 2005）关于燃气轮机发动机高压进气雾化方法研究，参见练习 3.65. 回想一下，在 67 台增加高压进气雾化的燃气轮机样品中，测量了每台燃气轮机的热耗率（千焦/千瓦时）. 此外，还测量了其他几个变量，包括发动机转速（每分钟转数）、进气温度（℃）、排气温度（℃）、循环压力比和空气质量流量（千克/秒）. 数据保存在 GASTURBINE 文件中，如下表所示.

⊙ **GASTURBINE（前五个和后五个燃气轮机的数据）**

转速	循环压力比	进气温度	排气温度	空气质量流量	热耗率
27 245	9.2	1 134	602	7	14 622
14 000	12.2	950	446	15	13 196
17 384	14.8	1 149	537	20	11 948
11 085	11.8	1 024	478	27	11 289
14 045	13.2	1 149	553	29	11 964
⋮	⋮	⋮	⋮	⋮	⋮
18 910	14.0	1 066	532	8	12 766
3 600	35.0	1 288	448	152	8 714
3 600	20.0	1 160	456	84	9 469
16 000	10.6	1 232	560	14	11 948
14 600	13.4	1 077	536	20	12 414

资料来源：Bhargava, R., and Meher-Homji, C. B. "Parametric analysis of existing gas turbines with inlet evaporative and overspray fogging," *Journal of Engineering for Gas Turbines and Power*, Vol. 127, No. 1, Jan. 2005.

（a）写出热耗率 y 关于转速、进气温度、排气温度、循环压力比和空气质量流量的一阶函数模型.

（b）采用最小二乘法将数据与模型进行拟合.

（c）给出 β 估计值的实际解释.

（d）计算模型标准差 s 并加以解释.

（e）计算调整后的 R^2 值并加以解释.

（f）整体模型在预测热耗率 y 时是否在统计意义上有用（$\alpha = 0.01$）？

4.16 县的城乡等级. *Professional Geographer*（February 2000）发表了一篇关于美国西部城

市和乡村的研究报告. 内华达大学（里诺）的研究人员让 256 名县长给他们的 "家乡"
打分，分值从 1（最像农村）到 10（最像城市）. 以城乡等级 y 为因变量，采用一阶多
元回归模型，自变量为：县域总人口 x_1，人口密度 x_2，人口集中度 x_3，人口自然增
长率 x_4，县域农用地比例 x_5，农业用地基数 5 年变化 x_6. 结果如下表所示.

自变量	β 估计值	p 值
县域总人口 x_1	0.110	0.045
人口密度 x_2	0.065	0.230
人口集中度 x_3	0.540	0.000
人口自然增长率 x_4	−0.009	0.860
县域农用地比例 x_5	−0.150	0.003
农业用地基数 5 年变化 x_6	−0.027	0.580
整体模型 $R^2 = 0.44$，$R_a^2 = 0.43$，$F = 32.47$，p 值 < 0.001		

资料来源：Berry, K. A., et al. "Interpreting what is rural and urban for western U.S. counties,"
Professional Geographer, Vol. 52, No. 1, Feb. 2000 (Table 2).

（a）写出 y 的最小二乘预测方程.
（b）给出检验整体模型充分性的原假设.
（c）对（b）小题进行检验，并给出适当的结论 $(\alpha = 0.01)$.
（d）解释 R^2 和 R_a^2 的值.
（e）给出检验人口自然增长率 x_4 对模型贡献信息的原假设.
（f）对（e）小题进行检验，并给出适当的结论 $(\alpha = 0.01)$.

4.17 **智商建模.** 因为当一个新的自变量加入模型中时，判定系数 R^2 总是增加，所以通常
在一个模型中加入许多变量来迫使 R^2 接近 1. 然而，这样做会减少用于估算 σ^2 的自由
度，这会对我们做出可靠推断的能力产生不利影响. 举个例子，假设你想用由 18 个
人口、社会和经济问题组成的调查结果来建立一个合适的大学生的智商（IQ）模型

$$y = \beta_0 + \beta_1 x_1 + \beta_2 x_2 + \cdots + \beta_{17} x_{17} + \beta_{18} x_{18} + \varepsilon$$

其中 IQ 是 y，并包含 $x_1, x_2, \cdots, x_{18}$ 共 18 个自变量. 仅用 20 名学生的数据 $(n = 20)$ 来拟
合模型，得到 $R^2 = 0.95$.
（a）检验一下这个令人印象深刻的 R^2 是否大到足以推断这个模型是有用的（即模型中
至少有一项对预测智商很重要）. $(\alpha = 0.05)$
（b）计算 R_a^2 并解释它的值.

4.9 使用模型进行估计和预测

在 3.9 节中，我们讨论了对于 x 的某个值（例如 $x = x_p$），如何利用最小二乘直线来估计
y 的均值 $E(y)$. 我们还研究了当 $x = x_p$ 时，如何使用相同的模型来预测 y 值. 回想一下，之
前我们用最小二乘直线计算所得的 $E(y)$ 的估计值和 y 未来值的预测是相同的，换句话说，

两者都是将 x_p 代入预测方程 $\hat{y} = \hat{\beta}_0 + \hat{\beta}_1 x$，然后计算得到 $\hat{y}$. 等价到此为止，本节我们将解释，实际上均值 $E(y)$ 的置信区间比 y 的预测区间的范围小，是由于在预测 y 的未来值时，随机误差 ε 可能引起额外的不确定性.

这些相同的概念延续到多元回归模型中. 考虑一个一阶模型，将住宅的售价 y 与土地估价 x_1、升值空间估计 x_2 和房屋面积 x_3 联系起来. 假设我们想估计一个给定房产的平均售价（$x_1 = 15\,000$ 美元，$x_2 = 50\,000$ 美元，$x_3 = 1\,800$ 平方英尺）. 假设一阶模型代表了售价和三个自变量之间的真实关系，我们想要估计

$$E(y) = \beta_0 + \beta_1 x_1 + \beta_2 x_2 + \beta_3 x_3 = \beta_0 + \beta_1(15\,000) + \beta_2(50\,000) + \beta_3(1\,800)$$

在获得最小二乘估计值 $\hat{\beta}_0$，$\hat{\beta}_1$，$\hat{\beta}_2$ 和 $\hat{\beta}_3$ 后，$E(y)$ 的估计值为

$$\hat{y} = \hat{\beta}_0 + \hat{\beta}_1(15\,000) + \hat{\beta}_2(50\,000) + \hat{\beta}_3(1\,800)$$

为了形成均值 $E(y)$ 的置信区间，我们需要计算估计量 $\hat{y}$ 的抽样分布的标准差. 对于多元回归模型，这个标准差的形式相当复杂. 然而，统计软件包的回归程序允许我们获得任意给定的自变量值组合的 y 均值的置信区间. 我们举例说明.

例 4.5　参考例 4.1～例 4.4 和一阶模型 $E(y) = \beta_0 + \beta_1 x_1 + \beta_2 x_2$，其中 y = 时钟的拍卖价格，x_1 = 时钟的年限，x_2 = 竞拍者数量.

（a）用 95% 置信区间估计所有年限为 150 的时钟在 10 个竞拍者的拍卖会上的平均拍卖价格，并加以解释.

（b）用 95% 预测区间预测在一场有 10 个竞拍者参与的拍卖会上，一个年限为 150 的时钟的拍卖价格，并加以解释.

（c）假设预测一个年限为 50 的时钟的拍卖价格，且有两个竞拍者. 你应该怎么做？

解　（a）关键词"平均"和"所有"意味着我们要估计 y 的均值 $E(y)$. 当 $x_1 = 150$ 年，$x_2 = 10$ 个竞拍者时，我们需要 $E(y)$ 的 95% 置信区间. 此分析的 MINITAB 输出结果如图 4.8 所示. 置信区间（在"**95%CI**"下高亮显示）为 (1 381.4, 1 481.9). 因此，我们有 95% 的信心认为在一场有 10 个竞拍者参与的拍卖中，所有年限为 150 的时钟的平均拍卖价在 1 381.40 美元至 1 481.90 美元范围之内.

（b）关键词"预测"和"一个"表示，当 $x_1 = 150$ 年，$x_2 = 10$ 个竞拍者时，我们需要 y 的 95% 预测区间. 此区间（在 MINITAB 输出结果的"**95% PI**"下高亮显示，见图 4.8）为 (1 154.1, 1 709.3). 我们说，有 95% 的信心认为，在一场有 10 个竞拍者参与的拍卖中，一个年限为 150 的时钟的拍卖价在 1 154.10 美元至 1 709.30 美元范围之内.

（c）现在，我们预测一个当 $x_1 = 50$ 年，$x_2 = 2$ 个竞拍者的时钟的拍卖价格 y. 因此，我们需要 y 的

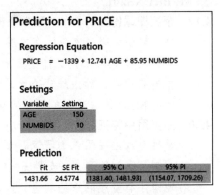

图 4.8　具有 95% 置信区间和预测区间的 MINITAB 输出结果

95% 预测区间. 然而, 在我们形成这个预测区间之前, 我们应该检查数据以确保自变量的取值 $x_1 = 50$ 和 $x_2 = 2$ 都是合理的, 并且在各自的样本范围内. 如表 4.1 所示的样本数据, 年限范围为 $108 \leqslant x_1 \leqslant 194$, 竞拍者数量范围为 $5 \leqslant x_2 \leqslant 15$. 因此, 两个选择的值都在各自的范围之外. 回想 3.9 节中的警告框, 它警告了使用模型预测 y 值时, 如果自变量值不在样本的数据范围内, 那么预测结果将具有风险, 这样做很可能导致不可靠的预测. 如果我们想要按要求做出可靠的预测, 就需要收集具有其所要求特性的额外时钟数据 (即 $x_1 = 50$ 年, $x_2 = 2$ 个竞拍者), 然后重新拟合模型. ■

与简单线性回归一样, $E(y)$ 的置信区间总是小于对应的 y 的预测区间. 但这一事实并不影响你在实际中选择使用哪个区间. 如果你对估计平均响应变量感兴趣, 请使用 $E(y)$ 的置信区间; 如果你想预测响应变量的值, 请使用 y 的预测区间.

练习 4.9

4.18 用户体验专业人员薪资调查. 用户体验专业人员协会 (UXPA) 是指支持研究、设计和评估产品与服务的用户体验人员. UXPA 定期对其成员进行薪资调查 (例如 *UXPA Salary Survey*, November 2014). 该报告的作者之一 Jeff Sauro 调查了拥有博士学位对这个职业的影响. Sauro 拟合薪资 y (美元) 关于工作经验年限 x_1、博士学位 x_2 (如果是博士, 则 $x_2 = 1$; 如果不是博士, 则 $x_2 = 0$) 和经理职位 x_3 (如果是经理, 则 $x_3 = 1$; 如果不是经理, 则 $x_3 = 0$) 的一阶多元回归函数模型. 得到预测方程如下:

$$\hat{y} = 52\,484 + 2\,941x_1 + 16\,880x_2 + 11\,108x_3$$

(a) 预测一个有 10 年工作经验的 UXPA 成员的薪资, 他没有博士学位, 但担任经理职位.

(b) 预测一个有 10 年工作经验的 UXPA 成员的薪资, 他具有博士学位, 但不担任经理职位.

(c) 为什么更愿意使用 95% 的预测区间而不是 (a) 和 (b) 小题给出的预测值?

MLBRUNS2017

4.19 预测棒球得分. 参考美国职业棒球大联盟比赛中得分的研究, 参见练习 4.3. 采用多元回归模型, 将一支球队在本赛季的总得分 y 作为保送次数 x_1、一垒安打次数 x_2、二垒安打次数 x_3、三垒安打次数 x_4、本垒打次数 x_5、盗垒次数 x_6、盗垒失败次数 x_7、三振出局次数 x_8 和滚地球次数 x_9 的函数. 使用练习 4.3 中给出的预测方程, 计算你最喜欢的 MLB 棒球队去年得分的 95% 预测区间. 该区间是否包含真实值?

4.20 主要用户特征. 参考 *Creativity and Innovation Management* (February 2008) 对儿童计算机游戏主要用户的研究, 参见练习 4.6. 回想一下, 研究人员将主要用户评分 y (5 分制) 作为性别 x_1 (女性 $x_1 = 1$, 男性 $x_1 = 0$)、年龄 x_2 (岁)、中心度 x_3 (与网络中其他同伴有直接联系的数量) 和中间中心度 x_4 (同伴之间最短路径的数量) 的函数. 最小二乘预测方程为

$$\hat{y} = 3.58 + 0.01x_1 - 0.06x_2 - 0.01x_3 + 0.42x_4$$

（a）预测一个 10 岁女孩的主要用户评分，该儿童在社交网络中与其他同伴有 5 个直接联系，并且在同伴之间有 2 条最短的路径.

（b）估计所有 8 岁男孩的主要用户评分均值，这些儿童与其他同伴有 10 个直接联系，并且在同伴之间有 4 条最短路径.

GRAFTING

4.21　由腰果壳制成的橡胶添加剂. 参见 *Industrial & Engineering Chemistry Research*（May 2013）中关于将腰果酚用作天然橡胶添加剂的研究，参见练习 4.7. 回想一下，化学过程的接枝效率 y 被建模为 $x_1 = $ 引发剂浓度（每百份树脂中的数量），$x_2 = $ 腰果酚浓度（每百份树脂中的数量），$x_3 = $ 反应温度（摄氏度），$x_4 = $ 反应时间（小时）的

The REG Procedure
Model: Linear_Regression_Model
Dependent Variable: GEFF

Output Statistics

Obs	IC	CC	RTEMP	RTIME	Dependent Variable	Predicted Value	Std Error Mean Predict	90% CL Predict		Residual
1	1	5	35	6	81.9	79.8122	9.8957	47.9180	111.7064	2.1278
2	1	10	50	8	52.4	66.1522	5.9138	39.1126	93.1918	-13.7722
3	1	15	65	10	54.6	52.4922	9.8957	20.5980	84.3864	2.1278
4	2	5	50	10	84.9	73.8439	7.4804	45.0949	102.5929	11.0761
5	2	10	65	8	78.9	70.2939	7.4804	41.5449	99.0429	8.6361
6	2	15	35	8	36.5	37.1489	7.4804	8.3999	65.8979	-0.6789
7	3	5	65	8	67.8	77.9856	8.7716	47.6232	108.3479	-10.1956
8	3	10	35	10	44.0	44.8406	8.7716	14.4782	75.2029	-0.8806
9	3	15	50	6	42.9	41.2906	8.7716	10.9282	71.6529	1.5594

练习 4.21 的 SAS 输出结果

一阶函数. 右面的 SAS 输出结果给出了 9 次化学反应中每一次接枝效率的 90% 预测区间. 对第 6 次运行的区间给出一个实际的解释. 根据所示的区间，哪个自变量的设置似乎能最大限度地提高接枝效率？

4.22　电视真人秀和整容手术. 参考 *Body Image: An International Journal of Research*（March 2010）关于真人秀节目对人们进行整容手术意愿的影响研究，参见练习 4.12. 回想一下，心理学家使用多元回归模型，将做整容手术的意愿 y 作为性别 x_1、自尊 x_2、身体满意度 x_3 和对真人秀节目的印象 x_4 的函数. 下图的 SPSS 输出结果显示了研究中前五名学生的 $E(y)$ 置信区间.

	STUDENT	SELFESTM	BODYSAT	IMPREAL	DESIRE	GENDER	Lower95CL_Mean	Upper95CL_Mean
1	1	24	3	4	11	0	13.42	14.31
2	2	20	3	4	13	0	13.56	14.55
3	3	25	4	5	11	0	13.42	14.56
4	4	22	9	4	11	1	8.79	10.89
5	5	8	1	6	18	0	15.18	17.34

练习 4.22 的 SPSS 输出结果

（a）解释学生 1 的 $E(y)$ 置信区间.

（b）解释学生 4 的 $E(y)$ 置信区间.

ASWELLS

4.23　地下水中的砷. 参考 *Environmental Science and Technology*（January 2005）中关于一项检测地下水中的砷含量的商业试剂盒的可靠性的研究，参见练习 4.14. 使用 ASWELLS 文件中的数据，可以将砷含量 y 拟合为纬度、经度和深度的一阶函数模型. 根据模型统计，研究人员得出结论，砷含量在低纬度、高经度和低深度处最高. 你同意吗？如果是这样，请在样本数据范围内的最低纬度、最高经度和最低深度中找到砷含量的

95% 预测区间，并加以解释．

🔘 GASTURBINE

4.24 **燃气轮机冷却方法．** 参考 *Journal of Engineering for Gas Turbines and Power*（January 2005）关于燃气轮机发动机高压进气雾化方法的研究，参见练习 4.15. 回想一下，热耗率 y 是关于转速 x_1、进气温度 x_2、排气温度 x_3、循环压力比 x_4 和空气质量流量 x_5 的一阶函数模型，将保存在 GASTURBINE 文件中的数据与该函数进行拟合．右图显示 MINITAB 的输出结果，其中包含 $E(y)$ 的 95% 置信区间和已知 x 值时 y 的预测区间．

Prediction for HEATRATE

Regression Equation

HEATRATE = 13614 + 0.0888 RPM − 9.20 INLET-TEMP + 14.39 EXH-TEMP + 0.4 CPRATIO − 0.848 AIRFLOW

Settings

Variable	Setting
RPM	7500
INLET-TEMP	1000
EXH-TEMP	525
CPRATIO	13.5
AIRFLOW	10

Prediction

Fit	SE Fit	95% CI	95% PI
12632.5	237.342	(12157.9, 13107.1)	(11599.6, 13665.5)

(a) 用题干中的语言解释 y 的 95% 预测区间．

(b) 用题干中的语言解释 $E(y)$ 的 95% 置信区间．

(c) $E(y)$ 的置信区间是否总比 y 的预测区间窄？解释一下．

4.25 **情商与团队表现．** *Engineering Project Organizational Journal* (Vol. 3, 2013) 公布了一项探索性研究的结果，旨在更好地了解团队各个成员的情商与他们团队在工程项目中的表现之间的直接关系．辅修建筑工业概论课程的本科生参与了这项研究．所有学生都完成了一项情商测试，并获得了个人内部评分、压力管理评分和情绪评分．学生被分成 23 个小组，每组分配一个项目，每个学生都得到了个人项目分数．将这些分数取平均值以获得分析中的因变量——项目平均得分 y．每组确定三个自变量：个人内部评分范围 x_1，压力管理评分范围 x_2，情绪评分范围 x_3．数据如下表所示（根据本文提供的信息进行模拟）．

(a) 假设项目得分 y 关于 x_1，x_2 和 x_3 的一阶函数模型．

(b) 使用统计软件将数据与 (a) 小题的模型进行拟合．

(c) 是否有足够的证据表明整体模型在统计上对预测 y 有用 $(\alpha = 0.10)$？

(d) 评估模型统计量 R_a^2 和 $2s$．

(e) 当 $x_1 = 20$，$x_2 = 30$，$x_3 = 25$ 时，计算并解释 y 的 95% 预测区间．

🔘 TEAMPERF

小组	个人 内部评分	压力 管理评分	情绪 评分	项目 平均得分	小组	个人 内部评分	压力 管理评分	情绪 评分	项目 平均得分
1	14	12	17	88.0	4	30	20	36	85.5
2	21	13	45	86.0	5	28	23	22	90.0
3	26	18	6	83.5	6	27	24	28	90.5

（续）

小组	个人内部评分	压力管理评分	情绪评分	项目平均得分	小组	个人内部评分	压力管理评分	情绪评分	项目平均得分
7	21	24	38	94.0	16	40	35	24	84.0
8	20	30	30	85.5	17	27	12	14	85.5
9	14	32	16	88.0	18	30	13	29	85.0
10	18	32	17	91.0	19	31	24	28	84.5
11	10	33	13	91.5	20	25	26	16	83.5
12	28	43	28	91.5	21	23	28	12	85.0
13	19	19	21	86.0	22	20	32	10	92.5
14	26	31	26	83.0	23	35	35	17	89.0
15	25	31	11	85.0					

4.10　具有定量预测因子的交互模型

在 4.3 节中，我们用一阶模型证明了 $E(y)$ 与自变量之间的关系. 当 $E(y)$ 针对任意一个变量（比如 x_1）绘制其他变量的固定值时，结果是一组平行直线（见图 4.1）. 当这种情况发生时（对于一阶模型总是这样），我们说 $E(y)$ 和任意一个自变量之间的关系不依赖于模型中其他自变量的值.

然而，如果 $E(y)$ 和 x_1 之间的关系实际上取决于其他固定的 x 值，那么一阶模型不适合预测 y. 在这种情况下，我们需要另一个模型来考虑这种相关性. 这种模型包括两个或多个 x 的叉积.

例如，假设响应变量 y 的均值 $E(y)$ 与两个定量自变量 x_1 和 x_2 相关，根据模型：

$$E(y) = 1 + 2x_1 - x_2 + x_1 x_2$$

图 4.9 显示了 $x_2 = 0$，1 和 2 时 $E(y)$ 和 x_1 之间关系的 MINITAB 图.

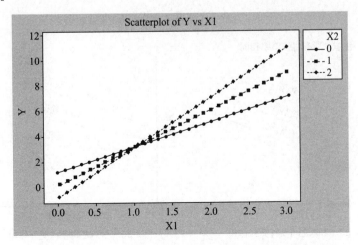

图 4.9　当 $x_2 = 0$, 1 和 2 时，$1 + 2x_1 - x_2 + x_1 x_2$ 的 MINITAB 图

注意：该图显示了三条不平行的直线. 可以通过将 $x_2 = 0$，1 和 2 代入方程来验证直线的斜率是否不同. 对于 $x_2 = 0$：

$$E(y) = 1 + 2x_1 - (0) + x_1(0) = 1 + 2x_1 \quad (斜率 = 2)$$

对于 $x_2 = 1$：

$$E(y) = 1 + 2x_1 - (1) + x_1(1) = 3x_1 \quad (斜率 = 3)$$

对于 $x_2 = 2$：

$$E(y) = 1 + 2x_1 - (2) + x_1(2) = -1 + 4x_1 \quad (斜率 = 4)$$

注意：每条直线的斜率都由 $\beta_1 + \beta_3 x_2 = 2 + x_2$ 表示. 因此，x_1 的变化（即斜率）对 $E(y)$ 的影响现在取决于 x_2 的值. 当这种情况发生时，我们说 x_1 和 x_2 有**交互作用**. 叉积项 $x_1 x_2$ 称为**交互项**，模型 $E(y) = \beta_0 + \beta_1 x_1 + \beta_2 x_2 + \beta_3 x_1 x_2$ 称为具有两个定量变量的**交互模型**.

一个将 $E(y)$ 与两个定量自变量联系起来的交互模型

$$E(y) = \beta_0 + \beta_1 x_1 + \beta_2 x_2 + \beta_3 x_1 x_2$$

在该情况下：

$(\beta_1 + \beta_3 x_2)$ 表示在 x_2 不变的情况下，x_1 每增加 1 个单位 $E(y)$ 的变化.

$(\beta_2 + \beta_3 x_1)$ 表示在 x_1 固定的情况下，x_2 每增加 1 个单位 $E(y)$ 的变化.

例 4.6 参考例 4.1～例 4.5. 假设时钟收藏家观察了很多拍卖会，认为拍卖价格随着年限的增长率，会受到大量竞拍者的推动而上升. 因此，收藏家认为这种关系与图 4.10b 所示的关系类似，与图 4.10a 所示的关系不同. 在图 4.10a 中，对于任意数量的竞拍者来说，价格随年限的增长率是相同的. 注意：随着竞拍者数量从 5 个增加到 15 个，价格与年限的直线的斜率增加. 因此，提出了交互模型：

$$y = \beta_0 + \beta_1 x_1 + \beta_2 x_2 + \beta_3 x_1 x_2 + \varepsilon$$

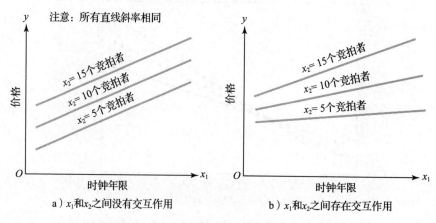

a）x_1 和 x_2 之间没有交互作用　　　　b）x_1 和 x_2 之间存在交互作用

图 4.10　无交互作用和有交互作用的模型示例

采用表 4.2 中列出的 32 个数据点拟合有交互作用项的模型．MINITAB 的一部分输出结果如图 4.11 所示．

（a）使用全局 F 检验来检验模型整体的效用（$\alpha = 0.05$）．

（b）检验以下假设：价格 – 年限的斜率随着竞拍者数量 x_2 的增加而增加，也就是说，竞拍者感兴趣的时钟年限和竞拍者数量存在正交互作用（$\alpha = 0.05$）．

（c）估计每增加一个竞拍者，一个年限为 150 的时钟的拍卖价格 y 的变化．

解　（a）全局 F 检验用于检验原假设

$$H_0: \quad \beta_1 = \beta_2 = \beta_3 = 0$$

检验统计量和 p 值（在 MINITAB 输出结果中高亮显示）分别为 F 值 $= 193.04$ 和 p 值 $= 0$．由于 $\alpha = 0.05$ 大于 p 值，因此有足够的证据认为该模型对预测古董时钟的拍卖价格 y 有用．

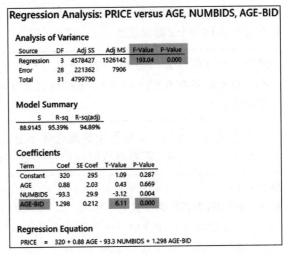

图 4.11　古董时钟交互模型的 MINITAB 输出结果

（b）竞拍者感兴趣的假设涉及交互作用参数 β_3，即

$$H_0: \quad \beta_3 = 0$$
$$H_a: \quad \beta_3 > 0$$

由于我们检验的是单个参数 β，因此需要进行 t 检验．检验统计量的值和双尾 p 值（在输出结果中高亮显示）分别为 t 值 $= 6.11$ 和 p 值 $= 0$．通过将双尾 p 值减半得到的上尾 p 值为 $0 / 2 = 0$，由于 $\alpha = 0.05$ 大于 p 值，因此收藏家可以拒绝 H_0，并得出结论，随着竞拍者数量的增加，时钟平均价格随年限增加的变化率也会增加，也就是说，x_1 和 x_2 之间的交互作用是正向的．因此，交互项应该包含在模型中．

（c）为了估计拍卖价格 y 的变化，每增加 1 个竞拍者 x_2，我们需要估计当时钟年限 x_1 为 150 时，y 与 x_2 相关的直线斜率．一个不谨慎的分析师可能会把这个斜率估计为 $\hat{\beta}_2 = -93.26$．虽然 x_2 系数为负，但这并不意味着拍卖价格会随着竞拍者数量的增加而下降．由于存在交互作用，平均拍卖价格随竞拍者数量的变化率（斜率）取决于 x_1，即时钟的年限．因此，一个年限为 150 的时钟，x_2 每增加一个单位（一个新的竞拍者），y 的估计变化率为

$$x_2 \text{ 的估计斜率} = \hat{\beta}_2 + \hat{\beta}_3 x_1 = -93.26 + 1.30(150) = 101.74$$

换句话说，我们估计每增加一名竞拍者，一个年限为 150 的时钟的拍卖价格将上涨约 101.74 美元．尽管增加率会随着 x_1 的变化而变化，但在样本中 x_1 的取值范围内，它将保持正值．在解释多元回归模型中系数的符号和大小时需要格外小心．

例 4.6 说明了在交互模型中对参数 β 进行 t 检验的一个要点．这个模型中最重要的参数

β 是交互作用项的 β, 即 β_3. (注意, 这个 β 就是模型中最高阶项 $x_1 x_2$ 的系数 ⊖.) 因此, 在确定整体模型有助于预测 y 后, 我们要检验 H_0: $\beta_3 = 0$. 然而, 一旦检验到交互作用 (如例 4.6 所示), 就不应再进行一阶项 x_1 和 x_2 的检验, 因为它们是无意义的检验. 交互作用的存在意味着这两个 x 都很重要.

> **警告:** 一旦在模型 $E(y) = \beta_0 + \beta_1 x_1 + \beta_2 x_2 + \beta_3 x_1 x_2$ 中认为交互作用很重要, 就不要对一阶项 x_1 和 x_2 的系数 β 进行 t 检验. 无论输出上显示的相关 p 值大小如何, 这些项都应该保存在模型中.

由上述警告可知, 交互作用的概念并不总是直观的, 而且很少能预先知道两个自变量是否有交互作用. 因此需要模型拟合并检验交互项, 以确定其是否存在和其重要程度.

练习 4.10

4.26 **餐厅的小费行为.** 根据法律规定, 餐厅的餐饮服务人员无权享受最低工资, 因为他们是由顾客支付小费的. 服务员是否可以通过赞美他们的顾客来增加小费呢? 为了回答这个问题, 研究人员收集了 348 个餐饮聚会的顾客给小费行为的数据, 并在 *Journal of Applied Social Psychology* (Vol. 40, 2010) 上发表了他们的研究结果. 小费比例 y (以占总餐费的百分比来衡量) 被建模为聚会规模 x_1 和服务员是否称赞顾客对菜单的选择 x_2 的函数. 有一种理论认为, 聚会规模对小费比例的影响与服务员是否称赞顾客的菜单选择无关. 第二种理论假设, 当服务员称赞顾客的菜单选择时, 聚会规模对小费的影响会更大.

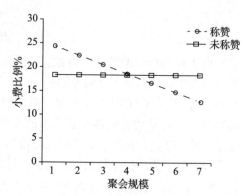

(a) 对应于理论 1 写出 $E(y)$ 关于 x_1 和 x_2 的函数模型.

(b) 对应于理论 2 写出 $E(y)$ 关于 x_1 和 x_2 的函数模型.

(c) 研究人员用右图总结了他们的分析结果. 根据这张图, 你认为这两种模型中哪一种更能拟合该数据并加以解释.

4.27 **在线扑克中失去理智.** 在扑克游戏中, 由于负面情绪做出错误的决定被称为失去理智. *Journal of Gambling Studies* (March 2014) 的一项研究调查了影响在线扑克玩家失去理智严重性的因素. 一项对 214 名在线扑克玩家的调查记录了关于因变量失去理智严重程度 y 的数据, 该数据采用 30 分制来衡量失去理智程度 (数值越高表示失去理智严重程度越高). 两个自变量分别是扑克经验 x_1 (30 分制) 和体验对失去理智的感知效果 x_2 (28 分制). 研究人员拟合了交互模型 $E(y) = \beta_0 + \beta_1 x_1 + \beta_2 x_2 + \beta_3 x_1 x_2$. 结果如下表所示 (括号中为 p 值).

⊖ 项的阶数等于该项中所包含的定量变量的指数之和. 因此, 当 x_1 和 x_2 都是定量变量时, 叉积项 $x_1 x_2$ 是二阶项.

$\hat{\beta}_1 = 0.22$	$\hat{\beta}_2 = 0.25$	$\hat{\beta}_3 = -0.11$	$R^2 = 0.18$	$F = 31.98$
$t = 5.75$	$t = 5.44$	$t = 5.61$		(<0.001)
(<0.001)	(<0.001)	(<0.001)		

(a) 评估模型的整体充分性，用 $\alpha = 0.01$ 检验统计显著性.

(b) 研究人员假设，失去理智严重程度 y 随体验对失去理智的感知效果 x_2 的变化率取决于扑克经验 x_1. 你同意吗 ($\alpha = 0.01$)？

4.28 **零售商关于购物行为的研究.** 零售商利益是由市场营销人员定义的，即消费者对某一零售店的兴趣程度. 田纳西大学查塔努加分校和阿拉巴马大学的营销学教授调查了零售商利益在消费者购物行为中的作用（*Journal of Retailing*, Summer 2006）. 利用收集到的 $n = 375$ 名消费者的调查数据，教授们建立了一个交互模型，将 y = 消费者未来在零售商店购物的意愿（称为"再光顾意向"）作为 x_1 = 消费者满意度和 x_2 = 零售商利益的函数. 回归结果如下图所示.

变量	β 的估计值	t 值	p 值
满意度 x_1	0.426	7.33	<0.01
零售商利益 x_2	0.044	0.85	>0.10
满意度 × 零售商利益 $x_1 x_2$	−0.157	−3.09	<0.01
$R^2 = 0.65$, $F = 226.35$, p 值 < 0.001			

(a) 整体模型在统计上对预测 y 有用吗？（$\alpha = 0.05$）

(b) 当 $\alpha = 0.05$ 时检验交互作用.

(c) 当零售商利益为 $x_2 = 1$（低值）时，使用 β 的估计值来描述再光顾意向 y 和满意度 x_1 之间的估计关系.

(d) 当零售商利益为 $x_2 = 7$（高值）时，重复（c）小题.

(e) 在同一张图上绘制（c）和（d）小题的两条直线，来说明交互作用的性质.

4.29 **排队心理.** 当你排队等候服务时（例如使用 ATM 机或在邮局），你可能会在某个时候决定离开队列. *Journal of Consumer Research*（November 2003）发表了一项关于排队等候时消费者行为的研究. 研究人员让 148 名大学生想象他们在邮局排队邮寄包裹，估计等待时间不超过 10 分钟. 经过 10 分钟的等待，学生们被问到他们的消极情绪（恼怒、焦虑）程度，从 1 分（强烈反对）到 9 分（强烈赞同）. 然而，在回答之前，学生们被告知有多少人排在他们前面和后面. 研究人员使用回归将消极情绪得分 y 与排在前面的人数 x_1 和排在后面的人数 x_2 联系起来.

(a) 研究人员将数据与交互模型相拟合，建立这个模型方程.

(b) 结合实际解释 "x_1 和 x_2 交互作用于 y" 的含义.

(c) 模型中交互作用 β 的 t 检验 p 值大于 0.25，并加以解释.

(d) 从他们的分析中，研究人员得出结论，"前面的人越多，消极情绪得分就越高""后面的人越多，消极情绪得分就越低". 根据此结论确定模型中 β_1 和 β_2 的正负号.

🔘 **BDYIMG**

4.30 **电视真人秀和整容手术 .** 参考 *Body Image: An International Journal of Research*(March 2010) 中关于真人秀节目对大学生决定接受整容手术的影响的研究，参见练习 4.12. 回想一下，研究的数据（根据期刊文章中报告的统计数据进行模拟）保存在文件中 . 考虑交互模型 $E(y) = \beta_0 + \beta_1 x_1 + \beta_2 x_4 + \beta_3 x_1 x_4$，其中 $y =$ 整容手术的意愿（25 分制），$x_1 = \{1$（男性），0（女性）$\}$，$x_4 =$ 对真人秀节目的印象（7 分制）. 用数据拟合模型，SPSS 输出结果如下 .

Model Summary[b]

Model	R	R Square	Adjusted R Square	Std. Error of the Estimate
1	.670[a]	.449	.439	2.350

a. Predictors: (Constant), GENDER_IMPREAL, IMPREAL, GENDER

b. Dependent Variable: DESIRE

ANOVA[a]

Model		Sum of Squares	df	Mean Square	F	Sig.
1	Regression	747.001	3	249.000	45.086	.000[b]
	Residual	916.787	166	5.523		
	Total	1663.788	169			

a. Dependent Variable: DESIRE

b. Predictors: (Constant), GENDER_IMPREAL, IMPREAL, GENDER

Coefficients[a]

Model		Unstandardized Coefficients		Standardized Coefficients		
		B	Std. Error	Beta	t	Sig.
1	(Constant)	11.779	.674		17.486	.000
	GENDER	−1.972	1.179	−.303	−1.672	.096
	IMPREAL	.585	.162	.258	3.617	.000
	GENDER_IMPREAL	−.553	.276	−.378	−2.004	.047

a. Dependent Variable: DESIRE

（a）写出最小二乘预测方程 .

（b）计算对电视真人秀节目评分为 5 分的男大学生的意愿水平 y.

（c）使用 $\alpha = 0.10$ 进行整体模型的充分性检验 .

（d）给出 R_a^2 的实际解释 .

（e）给出 s 的实际解释 .

（f）当 $\alpha = 0.10$ 时，检验性别 x_1 和对真人秀节目的印象 x_4 是否在预测整容手术的意愿水平 y 中存在交互作用 .

4.31 **服务人员与客户关系 .** *Industrial Marketing Management*（February 2016）调查了服务人员（如女服务生和男服务生）个人资源对公司与客户关系质量的影响 . 这项研究关注四种类型的个人资源：与客户打交道的灵活性 x_1、服务人员的声誉 x_2、对客户的同

理心 x_3 和服务人员的任务协作 x_4. 采用多元回归模型将这四个自变量与关系质量 y 联系起来. 收集了 220 名最近与服务人员打过交道的客户的数据.（所有变量均根据对问卷的回答采用定量量表进行测量.）

(a) 写出 $E(y)$ 关于四个自变量的一阶函数模型.

(b) 根据（a）小题，哪个系数 β 独立于模型中的其他自变量衡量灵活性 x_1 对关系质量 y 的影响？

(c) 针对声誉 x_2、同理心 x_3 和任务协作 x_4，重复（b）小题.

(d) 研究人员推断，任务协作 x_4"缓和"了其他 x 对关系质量 y 的影响，也就是说，每个 x（x_1，x_2 或 x_3）对 y 的影响取决于 x_4. 为 $E(y)$ 建立一个符合研究人员理论的交互模型.

(e) 根据（d）小题，你将提出何种原假设来检验灵活性 x_1 对关系质量 y 的影响与任务协调 x_4 有关？

(f) 重复（e）小题，分别研究声誉 x_2 和同理心 x_3 对其的影响.

(g) 没有一项交互作用的 t 检验被发现具有"统计显著性". 考虑到这些结果，研究人员得出结论，他们的理论没有得到支持. 你同意吗？

4.32 **北极蝴蝶研究**. *Current Zoology*（April 2014）研究了全球变暖和随后的融雪对居住在北极地区的蝴蝶飞行季节（迁徙日期）的影响，收集了 14 年来某些种类蝴蝶的年度数据. 飞行季节开始的那天 y 被建模为融雪时间 x_1（测得积雪小于 10 厘米的第一个日期）和 7 月平均温度 x_2（摄氏度）的函数. 用交互模型 $E(y) = \beta_0 + \beta_1 x_1 + \beta_2 x_2 + \beta_3 x_1 x_2$ 拟合数据，结果如下：

$$\hat{y} = -144.2 + 2.05x_1 + 35.4x_2 - 0.21x_1 x_2$$
$$R^2 = 0.73,\ F \text{检验的} p \text{值} = 0.003\ 2$$

(a) 整体模型对预测飞行季节的开始日期 y 有统计意义吗？（$\alpha = 0.01$）

(b) 给出 R^2 的实际解释.

(c) 当 $\alpha = 0.01$ 时，检验 $H_0: \beta_3 = 0$ 被拒绝. 研究人员是否可以得出以下结论：融雪时间和 7 月平均气温存在交互作用来预测飞行季节开始的日期？

(d) 在 7 月平均气温为 $x_2 = 30$ 摄氏度的情况下，融雪时间 x_1 每增加 1 天，估计飞行季节开始日期 y 的变化.

ASWELLS

4.33 **地下水中的砷**. 参考 *Environmental Science and Technology*（January 2005）中研究关于检测地下水中砷含量的商业试剂盒可靠性参见练习 4.14. 回想一下，用保存在 ASWELLS 文件中的数据拟合到砷含量 y 关于纬度 x_1、经度 x_2 和深度 x_3 的一阶函数模型中.

(a) 建立关于一个砷含量 y 的模型，其中包括纬度、经度和深度的一阶项，纬度和深度之间的交互作用项，以及经度和深度之间的交互作用项.

(b) 使用统计软件将 ASWELLS 文件中的数据与（a）小题中的交互模型拟合，写出最小二乘预测方程.

(c) 当 $\alpha = 0.05$ 时,检验纬度和深度是否对砷含量有交互作用.

(d) 当 $\alpha = 0.05$ 时,检验经度和深度是否对砷含量有交互作用.

(e) 对(c)和(d)小题的检验结果进行解释.

⊛ GASTURBINE

4.34 燃气轮机冷却方法. 参考 *Journal of Engineering for Gas Turbines and Power*(January 2005)关于燃气轮机发动机高压进气雾化方法研究,见练习 4.15. 回想一下,将保存在 GASTURBINE 文件中的数据与热耗率 y 关于转速 x_1、进气温度 x_2、排气温度 x_3、循环压力比 x_4 和空气质量流量 x_5 的一阶函数模型进行拟合.

(a) 研究人员假设热耗率 y 和温度(进气和排气)之间的线性关系与空气质量流量有关,建立一个结合了研究者理论的热耗率模型.

(b) 使用统计软件将 GASTURBINE 文件中的数据与(a)小题交互模型进行拟合,写出最小二乘预测方程.

(c) 当 $\alpha = 0.05$ 时,检验进气温度和空气质量流量是否对热耗率有交互作用.

(d) 当 $\alpha = 0.05$ 时,检验排气温度和空气质量流量是否对热耗率有交互作用.

(e) 对(c)和(d)小题的检验结果进行解释.

4.11　具有定量预测因子的二次(二阶)模型

前面讨论的所有模型都是 $E(y)$ 与模型中各自变量之间的直线关系. 在本节中,我们考虑一个在关系中存在曲线的模型. 这个模型是**二阶模型**,因为它包含 x^2 项.

这里,我们考虑只有一个自变量 x 的模型,这个模型的形式称为**二次模型**,为

$$y = \beta_0 + \beta_1 x + \beta_2 x^2 + \varepsilon$$

模型包含 x^2 项,其称为**二次项**(或**二阶项**),使我们能够假设 y 关于 x 的响应模型图中的曲线. 图 4.12 显示了 β_2 两种情况的二次模型图. 当曲线向上打开时,β_2 为正(见图 4.12a);当曲线向下打开时,β_2 为负(见图 4.12b).

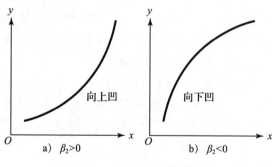

图 4.12　两个二次模型图

单个定量自变量的二次(二阶)模型

$$E(y) = \beta_0 + \beta_1 x + \beta_2 x^2$$

其中 β_0 是曲线的 y 轴截距

　　β_1 是移位参数

　　β_2 是曲率

例 4.7　一位生理学家想研究运动对人体免疫系统的影响. 生理学家根据理论从模型上认为，血液中免疫球蛋白（称为 IgG，长期免疫的指标）的数量 y 关于人体最大摄氧量 x（衡量有氧健身水平的指标）的模型为

$$y = \beta_0 + \beta_1 x + \beta_2 x^2 + \varepsilon$$

为了拟合模型，我们记录了 30 名受试者的 y 和 x 值，数据如表 4.2 所示.

🔵 **AEROBIC**

表 4.2　30 名受试者的免疫和健身水平数据

受试者	免疫球蛋白 y（毫克）	最大摄氧量 x（毫升／千克）	受试者	免疫球蛋白 y（毫克）	最大摄氧量 x（毫升／千克）
1	881	34.6	16	1 660	52.5
2	1 290	45.0	17	2 121	69.9
3	2 147	62.3	18	1 382	38.8
4	1 909	58.9	19	1 714	50.6
5	1 282	42.5	20	1 959	69.4
6	1 530	44.3	21	1 158	37.4
7	2 067	67.9	22	965	35.1
8	1 982	58.5	23	1 456	43.0
9	1 019	35.6	24	1 273	44.1
10	1 651	49.6	25	1 418	49.8
11	752	33.0	26	1 743	54.4
12	1 687	52.0	27	1 997	68.5
13	1 782	61.4	28	2 177	69.5
14	1 529	50.2	29	1 965	63.0
15	969	34.1	30	1 264	43.2

（a）为数据绘制一个散点图，是否有证据表明适用二次模型？

（b）使用最小二乘法估算二次模型中的未知参数 β_0，β_1 以及 β_2.

（c）绘制预测方程的图，并评估数据与模型在视觉和数值上的拟合程度.

（d）解释 β 的估计值.

（e）整体模型对预测 IgG 有用吗（$\alpha = 0.01$）？

（f）检验是否有足够的证据表明免疫力 – 健身水平存在下凹曲度（$\alpha = 0.01$）？

解　（a）使用 SPSS 生成表 4.2 中数据的散点图，如图 4.13 所示. 图中显示，随着身体健身水平的提高，免疫水平呈曲线形增长，这为模型中包含二次项 x^2 提供了一些支持.

（b）我们还使用 SPSS 将表 4.2 中的数据与模型进行拟合. SPSS 回归输出结果如图 4.14 所示. 参数 β 的最小二乘估计值（高亮显示在输出结果底部）$\hat{\beta}_0 = -1\,464.404$，$\hat{\beta}_1 = 88.307$，$\hat{\beta}_2 = -0.536$. 因此，令数据的 SSE 最小的方程为

$$\hat{y} = -1\,464.404 + 88.307x - 0.536x^2$$

（c）图 4.15 为最小二乘预测方程的 MINITAB 图. 注意：该图与表 4.2 中的数据非常拟合. 拟合效果的数值度量是调整后的判定系数 R_a^2. SPSS 输出结果中显示 $R_a^2 = 0.933$. 这意味

着 IgG(y) 大约 93% 的样本变化可以用二次模型来解释（在调整样本量和自由度之后）.

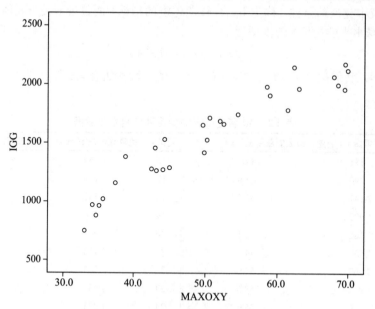

图 4.13　例 4.7 数据的 SPSS 散点图

Model Summary

Model	R	R Square	Adjusted R Square	Std. Error of the Estimate
1	.968[a]	.938	.933	106.427

a. Predictors: (Constant), MAXOXYSQ, MAXOXY

ANOVA[a]

Model		Sum of Squares	df	Mean Square	F	Sig.
1	Regression	4602210.632	2	2301105.316	203.159	.000[b]
	Residual	305818.335	27	11326.605		
	Total	4908028.967	29			

a. Dependent Variable: IGG

b. Predictors: (Constant), MAXOXYSQ, MAXOXY

Coefficients[a]

Model		Unstandardized Coefficients		Standardized Coefficients	t	Sig.
		B	Std. Error	Beta		
1	(Constant)	−1464.404	411.401		−3.560	.001
	MAXOXY	88.307	16.474	2.574	5.361	.000
	MAXOXYSQ	−.536	.158	−1.628	−3.390	.002

a. Dependent Variable: IGG

图 4.14　例 4.7 二次模型的 SPSS 输出结果

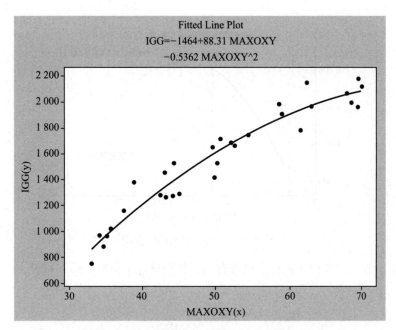

图 4.15　二次模型最小二乘拟合的 MINITAB 图

（d）必须谨慎地解释二次模型中的估计系数. 首先，只有当自变量的范围包括 0，即如果 $x = 0$ 包含在 x 的采样范围内，解释估计的 y 轴截距 $\hat{\beta}_0$ 才有意义. 尽管 $\hat{\beta}_0 = -1\,464.404$ 似乎意味着当 $x = 0$ 时，估计的免疫水平是负的，但 0 不在样本范围内（最大摄氧量 x 的最低值为 33 毫升 / 千克），且该值是无意义的（没有有氧健身水平为 0 的人）. 因此，对 $\hat{\beta}_0$ 的解释是没有意义的.

x 的估计系数为 $\hat{\beta}_1 = 88.31$，但它不再代表存在二次项 x^2 时的斜率⊖. 一阶项 x 的系数估计值一般不会在二次模型中产生有意义的解释.

二次项 x^2 的系数 $\hat{\beta}_2 = -0.536$ 的符号表示曲线是向下凹（丘状）还是向上凹（碗状）. 在图 4.15 的例子中，$\hat{\beta}_2$ 为负值意味着向下凹，当 $\hat{\beta}_2$ 为正值则意味着向上凹. 我们不用语言解释 $\hat{\beta}_2$ 本身数值的意义，而是使用模型的图形来进行描述，如图 4.15 所示.

注意：如图 4.15 所示，当有氧健身水平超过 70 毫升 / 千克时，估计的免疫水平（IgG）将趋于平稳. 事实上，如果模型中显示 $x = 120$ 或更大的值，模型的凹度将导致免疫水平估计值降低（见图 4.16）. 然而，模型解释在自变量范围之外是没有意义的，在本例中自变量最大值为 69.9. 因此，尽管该模型似乎支持以下假设，对于有氧健身水平接近采样最大值的受试者，IgG 增加率随着最大摄氧量的增加而降低，但是对于非常高的有氧健身水平，IgG 的实际值将开始下降. 由于样本中不包括 x 值大于或等于 70 的受试者，因此这将是对模型的错用.

⊖　请有微积分知识的学生注意，二次模型的斜率是一阶导数 $\partial y / \partial x = \beta_1 + 2\beta_2 x$. 因此，斜率是 x 的函数，而不是与直线模型相关的恒定斜率.

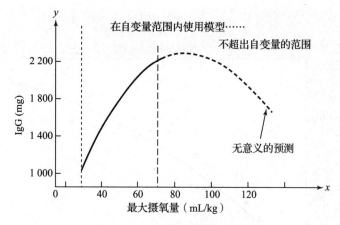

图 4.16　二次模型的潜在误用

（e）为了检验二次模型在统计上是否有用，我们进行了模型全局 F 检验：

$$H_0: \quad \beta_1 = \beta_2 = 0$$

$$H_a: \quad 上述系数中至少有一个不为0$$

从图 4.14 的 SPSS 输出结果中得出检验统计量 $F = 203.159$，相关 p 值为 0. 对于任何合理的 α，我们将拒绝 H_0，并得出结论：整体模型对预测免疫水平 y 有用.

（f）图 4.15 显示了 30 个数据点样本中免疫水平与有氧健身水平之间关系的下凹曲线. 为了确定总体中是否存在这种曲线，我们要检验

$$H_0: \quad \beta_2 = 0（响应曲线不弯曲）$$

$$H_a: \quad \beta_2 < 0（响应曲线向下凹）$$

图 4.14 中 SPSS 输出结果上高亮显示 β_2 的检验统计量 $t = -3.39$，相关的双尾 p 值为 0.002. 由于这是一个单尾检验，p 值应调整为 $0.002/2 = 0.001$. 由于 $\alpha = 0.01$ 大于这个 p 值，因此有很强的证据表明总体中存在向下凹曲线，即有氧健身水平高的受试者每增加一个单位最大摄氧量，其免疫水平（IgG）增加的速度就会比有氧健身水平低的受试者慢.

注意：图 4.14 的 SPSS 输出结果还显示了假设检验 $H_0: \quad \beta_0 = 0$ 与 $H_0: \quad \beta_1 = 0$ 的 t 统计量和相关的双尾 p 值. 由于这些参数的解释对这个模型没有意义，所以检验就没有意义. ▬

练习 4.11

4.35　测量月球轨道. 参考 *American Journal of Physics*（April 2014）对月球轨道的研究，参见练习 3.9. 回想一下，月球的角度大小 y（以像素为单位）最初建模为关于地平线以上高度 x（以度为单位）的直线函数. 不同高度的数据显示如下. 现在考虑二次函数. 二阶模型的 MINITAB 输出结果如下所示.

（a）是否有证据表明模型的充分性（$\alpha = 0.05$）？

（b）是否有证据显示，对于更高的高度，角度大小 y 随地平面上高度 x 增加的速度较慢（$\alpha = 0.05$）？

🔘 **MOON**

角度	高度	角度	高度	角度	高度
321.9	17	324.4	42	326.9	63
322.3	18	325.0	49	326.0	67
322.4	26	325.7	52	325.8	73
323.2	32	325.8	57		
323.4	38	325.0	60		

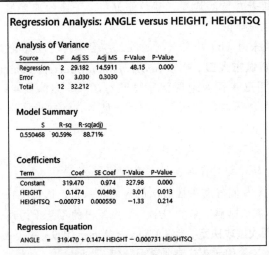

练习 4.35 的 MINITAB 输出结果

4.36 **责任心与工作绩效**. 当试图利用责任心来预测工作绩效时, 研究人员通常假设两者之间的关系是线性的. 一项发表在 *Journal of Applied Psychology*（January 2011）上的研究调查了工作绩效与责任心之间的曲线关系. 602 名大型公共组织员工的数据被收集, 工作绩效采用 30 分制（得分越高表示绩效越好）, 责任心采用 −3 至 3 分制（得分越高表示责任心越强）.

(a) 工作绩效与责任心得分的相关系数 $r = 0.18$. 解释为什么研究人员不应该使用这个统计数据来研究工作绩效和责任心之间的曲线关系.

(b) 给出工作绩效得分 y 与责任心得分 x 之间的曲线（二次）模型方程.

(c) 研究人员从理论上推断, 责任心越强, 工作绩效越好, 但工作绩效得分的增长速率将变慢, 画出这个关系的草图.

(d) 如果（c）小题的理论得到支持, 那么（b）小题模型中 β_2 的预期正负号为?

(e) 研究人员表明 $\hat{\beta}_2 = -0.32$, 相关 p 值小于 0.05, 利用这些信息来检验研究者的理论 ($\alpha = 0.05$).

4.37 **自信和领导能力**. 哥伦比亚大学的管理学专家研究了自信和领导能力之间的关系（*Journal of Personality and Social Psychology*, February 2007）. 该样本收集了 388 名全日制 MBA 专业学生的数据. 根据问卷调查结果, 研究人员测量了每个学生的两个变量：自信得分 x 和领导能力得分 y. 用二次回归模型对数据拟合，结果如下：

自变量	β 估计值	t 值	p 值
x	0.57	2.55	0.01
x^2	−0.88	−3.97	< 0.01

模型 $R^2 = 0.12$

（a）检验模型整体效用（$\alpha = 0.05$）.

（b）研究者假设随着自信的增强，领导能力将以下降的速度增长. 建立原假设和备择假设来检验这一理论.

（c）使用报告的结果对（b）小题进行检验，结合实际得出结论（$\alpha = 0.05$）.

4.38 利用卫星图像估算城市人口. 参考 *Geographical Analysis*（January 2007）研究，该研究演示了如何使用卫星图像地图估算城市人口，参见练习 4.9. 将人口普查区人口密度 y 关于低密度居住区的街区比例 x_1 和高密度居住区的街区比例 x_2 的一阶函数模型进行拟合. 现在考虑 y 的二阶模型.

（a）建立 y 关于 x_1 的函数的二次模型方程.

（b）写出模型中 y 与 x_1 之间存在曲线关系的 β 项.

（c）假设人口密度 y 与低密度街区的比例 x_1 的关系是，低密度街区比例低的时候人口增长率高于比例高的时候. 你在（b）小题中写出的项是正的还是负的，并加以解释.

4.39 NFL 比赛中的第四次进攻决定. 参考 *Chance*（Winter 2009）中美国国家橄榄球联盟（NFL）教练对第四场进攻决策的研究，参见练习 3.43. 回想一下，加州州立大学北岭分校的统计学家用直线模型来预测一支球队在距离对方球门线一定码数 x 情况下首次进攻的得分 y. 第二个模型是二次回归模型，将最近一个赛季五支 NFL 球队的数据与 $E(y) = \beta_0 + \beta_1 x + \beta_2 x^2$ 进行拟合. 回归结果如下：$\hat{y} = 6.13 + 0.141x - 0.0009x^2$，$R^2 = 0.226$.

（a）解释模型中的每个 β 的估计值.

（b）解释判定系数 R^2.

（c）在练习 3.43 中，直线模型的判定系数结果为 $R^2 = 0.18$. 单凭这个统计数值是否能表明二次模型比直线模型的拟合效果更好，并加以解释.

（d）为了确定二次模型拟合比直线模型拟合更好，你会对假设进行什么检验？

4.40 商用制冷系统. 商用节能制冷中的维护作用是 *Journal of Quality in Maintenance Engineering*（Vol. 18, 2012）上的一篇文章的主题. 作者提供右面的数据说明了制冷系统的效率（相对性能）与制冷系统最佳性能所需的总电量的比例之间的关系. 根据图中所示的数据，假设相对性能 y 是电量比例 x 的函数. 模型中参数 β_2 的符号应为正还是负？

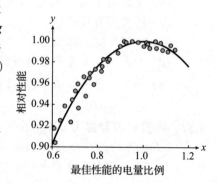

4.41 估计变换点剂量. 研究有毒物质及其对人类影响的

一种标准方法，是观察啮齿类动物对不同剂量有毒物质的反应. 在 *Journal of Agricultural, Biological, and Environmental Statistics* (June 2005) 上，研究人员使用最小二乘回归来估计"变换点"剂量，"变换点"的定义为无不良反应的最大剂量水平. 数据来源于一项对大鼠暴露于有毒物质阿考烟肼中的反应剂量研究. 50 只大鼠平均分为 5 个剂量组：每千克体重为 0、100、200、500 和 750 毫克的剂量. 因变量测量的是两周后的体重变化（以克为单位）. 研究人员拟合了二次模型 $E(y) = \beta_0 + \beta_1 x + \beta_2 x^2$，其中 $x =$ 剂量水平，结果如下：$\hat{y} = 10.25 + 0.005\ 3x - 0.000\ 026\ 6x^2$.

(a) 绘制最小二乘预测方程的草图. 描述该估计模型中曲线的性质.

(b) 估计给予 500 毫克/千克阿考烟肼剂量的大鼠的体重变化 y.

(c) 估计给予 0 毫克/千克的阿考烟肼剂量的大鼠的体重变化 y.（此剂量称为"对照"剂量水平.）

(d) 在本研究的五个剂量组中，求出最小的剂量水平 x，该剂量水平产生的估计体重变化与对照组的估计体重变化最接近，但低于对照组的估计体重变化，这个值是变换点剂量.

4.42 **公司慈善捐款.** 公司捐赠给慈善组织的金额往往受到公司财务不灵活性的限制. 衡量财务不灵活性的一个指标是限制资产与公司总资产的比率. 发表在 *Journal of Management Accounting Research*（Vol. 27, 2015）上的一项研究调查了捐款数额与这一比率之间的关系. 数据收集了近 10 年来 115 333 家慈善机构的捐款，总计 419 225 个公司. 研究人员拟合了二次模型 $E(y) = \beta_0 + \beta_1 x + \beta_2 x^2$ 其中 $y =$ 公司一年内向慈善机构捐款总额的自然对数，$x =$ 限制资产与公司上一年度总资产的比率.（注：本模型是研究人员实际拟合模型的简化版本.）

(a) 研究人员的理论是，随着公司限制性资产的增加，捐款总额最初也会大幅度增加. 但是在某一时刻，捐款总额不仅会减少，还会随着受限制资产的增加而减少. 研究人员应该如何使用这个模型来验证这个理论？

(b) 多元回归结果见下表. 利用这些信息来检验研究者的理论 ($\alpha = 0.01$). 你能得出什么结论？

$\hat{\beta}_0 = 11.24$	$\hat{\beta}_1 = 0.365$	$\hat{\beta}_2 = -0.279$	$R_a^2 = 0.833$
$s_{\hat{\beta}_0} = 0.017$	$s_{\hat{\beta}_1} = 0.033$	$s_{\hat{\beta}_2} = 0.039$	$n = 419\ 225$

4.43 **硅晶片微芯片失效时间.** 美国国家半导体研究院的研究人员对于制造硅晶片集成电路芯片的锡铅焊料凸块进行了实验. 实验在不同的焊接温度（摄氏度）下测量微芯片的失效时间（小时）. 下表给出了一次实验的数据，研究人员希望根据焊料温度 x 来预测失效时间 y.

(a) 为数据绘制散点图. 失效时间与焊料温度之间存在线性还是曲线关系？

(b) 将数据与模型 $E(y) = \beta_0 + \beta_1 x + \beta_2 x^2$ 进行拟合，写出最小二乘预测方程.

(c) 进行检验，确定失效时间与焊料温度之间是否存在向上弯曲的曲线关系 ($\alpha = 0.05$).

WAFER

温度（℃）	失效时间（小时）	温度（℃）	失效时间（小时）	温度（℃）	失效时间（小时）
165	200	152	500	132	4 800
162	200	147	500	132	5 000
164	1 200	149	1 100	134	5 200
158	500	149	1 150	134	5 400
158	600	142	3 500	125	8 300
159	750	142	3 600	123	9 700
156	1 200	143	3 650		
157	1 500	133	4 200		

资料来源：Gee, S., & Nguyen, L. "Mean time to failure in wafer level–CSP packages with SnPb and SnAgCu solder bumps," International Wafer Level Packaging Conference, San Jose, CA, Nov. 3–4, 2005 (adapted from Figure 7).

4.44 **黑色星期五购物**. *International Journal of Retail and Distribution Management* (Vol. 39, 2011) 发表了一项关于黑色星期五（感恩节后的第一天）购物的研究. 研究人员对 38 名在黑色星期五购物的女性进行了采访，以了解她们的购物习惯. 每个购物者需要确定的两个变量是年龄 x 和在黑色星期五购物的年数 y. 下表列出了两个变量的数据.

（a）拟合二次模型 $E(y) = \beta_0 + \beta_1 x + \beta_2 x^2$，使用统计软件处理数据，写出预测方程.

（b）检验模型整体的充分性（$\alpha = 0.01$）.

（c）检验年龄 x 与在黑色星期五购物年数 y 之间的关系，最好用线性还是二次函数来表示（$\alpha = 0.01$）.

BLKFRIDAY

年龄	购物年数	年龄	购物年数	年龄	购物年数
32	5	60	35	50	25
27	3	22	3	56	10
40	12	50	15	20	2
62	35	70	22	20	4
47	20	50	10	21	4
53	30	21	6	22	5
24	8	21	5	50	10
27	2	52	10	30	6
47	24	40	18	28	16
40	25	38	5	25	7
45	11	56	8	30	6
22	11	60	5	49	30
25	5	35	15		

资料来源：Thomas, J.B., & Peters, C., "An exploratory investigation of Black Friday consumption rituals," *International Journal of Retail and Distribution Management*, Vol. 39, No. 7, 2011 (Table I).

4.45 **公众对健康风险的认知**. 在 *Journal of Experimental Psychology: Learning, Memory, and Cognition* (July 2005) 上，瑞士巴塞尔大学的心理学家检验了人们判断传染性疾病风险的能力. 研究人员让德国大学生估算出在某年中感染某种疾病的人数. 下表中提供了 24 种感染病的中位数估计发病率和实际发病率. 考虑二次模型 $E(y) = \beta_0 + \beta_1 x + \beta_2 x^2$，其中 $y =$ 实际发病率，$x =$ 估计发病率.

(a) 将数据拟合到二次模型中，然后检验发病率与估计发病率呈曲线相关 ($\alpha = 0.05$).

(b) 绘制数据散点图. 在图表上找到肉毒杆菌中毒的数据点. 你观察到了什么?

(c) 重复 (a) 小题，但从分析中删除肉毒杆菌中毒的数据点. 模型的拟合度提高了吗? 请加以解释.

⊙ INFECTION

感染病	实际发病率	估计发病率	感染病	实际发病率	估计发病率
小儿麻痹症	0.25	300	鹦鹉热	119	225
白喉	1	1 000	伤寒	152	200
沙眼	1.75	691	Q 热病	179	200
兔热病	2	200	疟疾	936	400
霍乱	3	17.5	梅毒	1 514	1 500
麻风病	5	0.8	痢疾	1 627	1 000
破伤风	9	1 000	淋病	2 926	6 000
出血热	10	150	脑膜炎	4 019	5 000
旋毛虫病	22	326.5	肺结核	12 619	1 500
波状热	23	146.5	肝炎	14 889	10 000
韦氏病	39	370	肠胃炎	203 864	37 000
气性坏疽	98	400	肉毒杆菌中毒	15	37 500

资料来源：Hertwig, R., Pachur, T., and Kurzenhauser, S. "Judgments of risk frequencies: Tests of possible cognitive mechanisms," *Journal of Experimental Psychology: Learning, Memory, and Cognition*, Vol. 31, No.4, July 2005(Table 1).Copyright © 2005 American Psychological Association, reprinted with permission.

4.12 更复杂的多元回归模型（选修）

在前几节中，我们通过对几个基本模型（包括一阶模型、二次模型和交互模型）拟合，展示了多元回归分析方法. 在此选修节中，我们将介绍那些没有在第 5 章中进行详细阐述的更高级模型.

带有定量 x 的模型 我们首先讨论使用**定量**自变量的模型. 在前面的小节中，我们已经遇到了这种类型的几个基本模型. 下框中总结了这些模型.

将 $E(y)$ 与五个定量 x 联系起来的一阶模型

$$E(y) = \beta_0 + \beta_1 x_1 + \beta_2 x_2 + \cdots + \beta_5 x_5$$

将 $E(y)$ 与一个定量 x 联系起来的二次（二阶）模型

$$E(y) = \beta_0 + \beta_1 x + \beta_2 x^2$$

将 $E(y)$ 与两个定量 x 联系起来的交互模型

$$E(y) = \beta_0 + \beta_1 x_1 + \beta_2 x_2 + \beta_3 x_1 x_2$$

现在，我们考虑一个包含交互作用和曲线的 $E(y)$ 模型．假设 $E(y)$ 与两个定量 x（x_1 和 x_2）相关，方程为

$$E(y) = 1 + 7x_1 - 10x_2 + 5x_1 x_2 - x_1^2 + 3x_2^2$$

注意，这个模型包含交互模型中的所有项，加上二阶项 x_1^2 和 x_2^2．图 4.17 显示了当 $x_2=0$，1，2 时，$E(y)$ 与 x_1 之间关系的 MINITAB 图．你可以看到三种曲线关系，即对于每个固定的 x_2 值都有一种曲线关系，并且曲线具有不同的形状．模型 $E(y) = 1 + 7x_1 - 10x_2 + 5x_1 x_2 - x_1^2 + 3x_2^2$ 是包含两个定量自变量的完整二阶模型的一个例子．一个**完整二阶模型**包含了一阶模型中的所有项，同时还包含了涉及叉积项（交互作用项）和自变量平方的二阶项（请注意，交互模型是完整二阶模型的一个特例，x_1^2 和 x_2^2 的系数 β 都等于 0）．

一个包含两个定量 x 的完整二阶模型

$$E(y) = \beta_0 + \beta_1 x_1 + \beta_2 x_2 + \beta_3 x_1 x_2 + \beta_4 x_1^2 + \beta_5 x_2^2$$

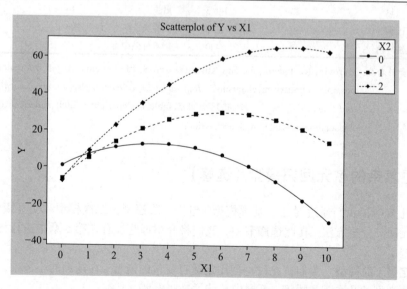

图 4.17　$E(y) = 1 + 7x_1 - 10x_2 + 5x_1 x_2 - x_1^2 + 3x_2^2$ 的 MINITAB 图

如何选择合适的模型来拟合一组定量数据？由于现实世界中的大多数关系都是曲线关系（至少在某种程度上），一个好的模型首选是二阶模型．如果你相当确定 $E(y)$ 和单独的定

量自变量之间的关系近似为一阶并且自变量无交互作用，你可以为数据选择一阶模型．如果你有先前的信息表明在测量自变量的区域上有适度或非常小的曲率，可以使用前面描述的交互模型．但是，请记住，对于所有的多元回归模型，数据点的数量必须超过模型中参数的数量．为此，你可能被迫使用一阶模型而不是二阶模型，因为没有足够的数据来估计二阶模型中的所有参数．

下面是一个拟合具有两个定量自变量的线性模型的实例．

例 4.8　虽然地区快递服务是以包裹的重量和运输距离为基础收取运费的，但是每件包裹的利润取决于包裹的大小（所占空间的体积）以及装载货物的大小和性质．该公司最近进行了一项研究，以调查运费 y（美元）与包裹重量 x_1（磅）和运输距离 x_2（英里）之间的关系．从收到的大量待运包裹中随机抽取 20 个包裹，对每个包裹的运费进行详细分析，结果如表 4.3 所示．

（a）为数据建立适当的线性模型．

（b）将模型与数据拟合，写出预测方程．

（c）求出 s 的值并加以解释．

（d）求出 R_a^2 的值并加以解释．

（e）该模型在统计上对运费 y 的预测有用吗？在输出结果中找出 F 统计量的值和检验的显著性水平（p 值）．

（f）计算运输 5 磅包裹 100 英里的成本的 95% 预测区间．

💿 **EXPRESS**

表 4.3　例 4.8 的运费数据

包裹	重量 x_1（磅）	距离 x_2（英里）	运费 y（美元）	包裹	重量 x_1（磅）	距离 x_2（英里）	运费 y（美元）
1	5.9	47	2.60	11	5.1	240	11.00
2	3.2	145	3.90	12	2.4	209	5.00
3	4.4	202	8.00	13	0.3	160	2.00
4	6.6	160	9.20	14	6.2	115	6.00
5	0.75	280	4.40	15	2.7	45	1.10
6	0.7	80	1.50	16	3.5	250	8.00
7	6.5	240	14.50	17	4.1	95	3.30
8	4.5	53	1.90	18	8.1	160	12.10
9	0.60	100	1.00	19	7.0	260	15.50
10	7.5	190	14.00	20	1.1	90	1.70

解　（a）由于我们没有理由期望 y 与 x_1 和 x_2 之间的关系是一阶的，所以我们将考虑响应曲面，并拟合完整的二阶模型

$$y = \beta_0 + \beta_1 x_1 + \beta_2 x_2 + \beta_3 x_1 x_2 + \beta_4 x_1^2 + \beta_5 x_2^2 + \varepsilon$$

随机误差项 ε 的均值假设等于 0．因此，y 的均值为

$$E(y) = \beta_0 + \beta_1 x_1 + \beta_2 x_2 + \beta_3 x_1 x_2 + \beta_4 x_1^2 + \beta_5 x_2^2$$

（b）将模型拟合至 $n = 20$ 个数据点的 SAS 输出结果如图 4.18 所示．参数估计值（输出结果中高亮显示）是

$$\hat{\beta}_0 = 0.827\ 02 \qquad \hat{\beta}_1 = -0.609\ 14 \qquad \hat{\beta}_2 = 0.004\ 02$$

$$\hat{\beta}_3 = 0.007\ 33 \qquad \hat{\beta}_4 = 0.089\ 75 \qquad \hat{\beta}_5 = 0.000\ 015\ 07$$

因此，预测运输费用 $\hat{y}$ 与包裹重量 x_1、运输距离 x_2 之间的预测方程为

$$\hat{y} = 0.827\ 02 - 0.609\ 14x_1 + 0.004\ 02x_2 + 0.007\ 33x_1x_2 + 0.089\ 75x_1^2 + 0.000\ 015\ 07x_2^2$$

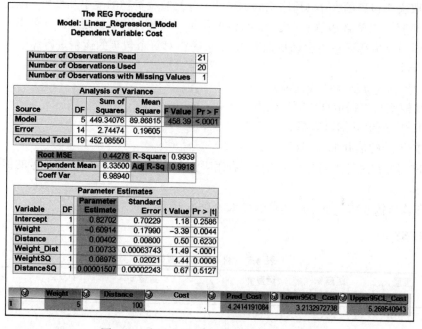

图 4.18　例 4.8 的 SAS 多元回归输出结果

（c）s 值（输出结果的阴影部分）是 0.442 78. 因为 s 估计随机误差项的标准差 σ，因此我们将得出如下结论：大约 95% 的样本运输费用预测值将落在 $2s = 0.886$（约 89 美分）之间．

（d）R_a^2 的值（高亮显示）为 0.991 8. 这意味着在调整了样本量和模型参数数量后，运费 y 中约 99% 的样本变化由模型解释，其余部分由随机误差解释．

（e）检验该模型是否有助于预测运费的检验统计量为

$$F = \frac{\text{模型均方}}{\text{误差均方}} = \frac{\text{SS(模型)} / k}{\text{SSE} / [n - (k+1)]}$$

其中 $n = 20$ 是样本量，$k = 5$ 是模型中包含的参数个数（不含 β_0）．输出结果中高亮显示的 F 值为 $F = 458.39$．检验的显著性水平（p 值）也高亮显示小于 0.000 1. 这意味着，如果模型没有提供 y 的预测信息，那么观察到 F 统计量的值高达 458.39 的概率将只有 0.000 1. 因此，我们能拒绝原假设，并得出结论：该模型能较好地预测运费 y．

（f）通过计算得到当 $x_1 = 5.0$ 磅，$x_2 = 100$ 英里时，y 的预测值为

$$\hat{y} = 0.827\ 02 - 0.609\ 14(5.0) + 0.004\ 02(100) + 0.007\ 33(5.0)(100) +$$
$$0.089\ 75(5.0)^2 + 0.000\ 015\ 07(100)^2$$

这个数值在输出结果中显示为 $\hat{y} = 4.241\ 4$（阴影部分），相应的 95% 预测区间（阴影部分）为 (3.213 3, 5.269 5). 因此，如果我们选择一个 5 磅重的包裹，并将其运送 100 英里，我们有 95% 的信心认为实际运输成本将在 3.21 美元至 5.27 美元之间. ■

带有定性 x 的模型　多元回归模型还可以包括**定性**（或**分类**）自变量（在练习中，你已经遇到了其中一些模型）. 与定量变量不同，定性变量不能在数值尺度上测量. 因此，在拟合模型之前，我们需要将定性变量（称为**水平**）的值编码为数字. 这些编码的定性变量称为**虚拟变量**，因为分配给各个水平的数字是任意选择的.

例如，考虑一个存在性别歧视的薪酬歧视案例，具体地说，一个大公司的男性高管比具有相同资历的女性高管获得更高的平均工资.

为了检验这一说法，我们可以建立一个高管薪酬的多元回归模型，将高管的性别作为自变量之一. 用于描述性别的虚拟变量可以编码如下：

$$x = \begin{cases} 1, & \text{如果是男性} \\ 0, & \text{如果是女性} \end{cases}$$

使用 0-1 编码方案的优势是，与虚拟变量相关的系数 β 很容易解释. 为了说明这一点，考虑下面的高管薪酬 y 模型：

$$E(y) = \beta_0 + \beta_1 x$$

其中，

$$x = \begin{cases} 1, & \text{如果是男性} \\ 0, & \text{如果是女性} \end{cases}$$

该模型允许我们将男性高管的平均薪酬与女性高管的平均薪酬进行比较：

男性（$x = 1$）：$E(y) = \beta_0 + \beta_1(1) = \beta_0 + \beta_1$

女性（$x = 0$）：$E(y) = \beta_0 + \beta_1(0) = \beta_0$

首先注意：β_0 代表女性的平均工资（μ_F）. 当使用 0-1 编码规范时，β_0 总是代表与赋值为 0 的定性变量水平（称为**基准水平**）相关的平均响应程度. 男性的平均工资和女性的平均工资之间的差值 $\mu_M - \mu_F$，由 β_1 表示：

$$\mu_M - \mu_F = (\beta_0 + \beta_1) - (\beta_0) = \beta_1$$

因此，在 0-1 编码约定下，β_1 总是代表赋值为 1 的水平的平均响应与基准水平的平均响应之间的差. 因此，对于高管薪酬模型，我们有

$$\beta_0 = \mu_F$$
$$\beta_1 = \mu_M - \mu_F$$

如果 β_1 大于 0，那么 $\mu_M > \mu_F$，即公司存在性别歧视的证据.

下框中显示了将平均响应 $E(y)$ 与两个水平的定性自变量联系起来的模型.

一种将 $E(y)$ 与具有两个水平的定性自变量联系起来的模型

$$E(y) = \beta_0 + \beta_1 x$$

其中,

$$x = \begin{cases} 1, & \text{如果是水平A} \\ 0, & \text{如果是水平B} \end{cases}$$

β 的解释:

$\beta_0 = \mu_B$ (基准水平的均值)

$\beta_1 = \mu_A - \mu_B$

一种将 $E(y)$ 与具有三个水平的定性自变量联系起来的模型

$$E(y) = \beta_0 + \beta_1 x_1 + \beta_2 x_2$$

其中,

$$x_1 = \begin{cases} 1, & \text{如果是水平A} \\ 0, & \text{如果不是水平A} \end{cases} \qquad x_2 = \begin{cases} 1, & \text{如果是水平B} \\ 0, & \text{如果不是水平B} \end{cases} \qquad \text{基准水平} = \text{水平 C}$$

β 的解释:

$\beta_0 = \mu_C$ (基准水平的均值)

$\beta_1 = \mu_A - \mu_C$

$\beta_2 = \mu_B - \mu_C$

对于包含两个以上水平的定性自变量的模型, 必须建立额外的虚拟变量. 一般来说, 用来描述定性变量的虚拟变量的数量比定性变量的水平数少 1. 上框展示了一个包含三个水平的定性自变量模型.

例 4.9 参考例 4.8 中描述的区域快递服务的运输费用 y 的建模问题. 假设我们想要研究 $E(y)$ 模型关于货物类型的函数, 其中货物类型有三个水平: 易碎、半易碎和耐用. 表 4.4 列出了 15 个重量和运输距离大致相同但货物类型不同的包裹运费.

(a) 建立 $E(y)$ 与货物类型有关的模型.

(b) 解释模型中估计的系数 β.

(c) (a) 小题的 MINITAB 模型输出结果如图 4.19 所示. 对整体模型的效用进行 F 检验, 并解释相应结论 $(\alpha = 0.05)$.

解 (a) 由于研究的定性变量货物类型有三个水平, 我们必须建立 $(3-1) = 2$ 个虚拟变量. 首先, (任意) 选择其中一个水平作为基准水平, 比如耐用型. 然后, 利用两个虚拟变量, 将 1 指定给剩余的水平, 如下所示:

$$x_1 = \begin{cases} 1, & \text{如果易碎} \\ 0, & \text{如果不是} \end{cases} \qquad x_2 = \begin{cases} 1, & \text{如果半易碎} \\ 0, & \text{如果不是} \end{cases}$$

🔘 **CARGO**

表 4.4　例 4.9 的数据

包裹	运费 y（美元）	货物类型	x_1	x_2
1	17.20	易碎	1	0
2	11.10	易碎	1	0
3	12.00	易碎	1	0
4	10.90	易碎	1	0
5	13.80	易碎	1	0
6	6.50	半易碎	0	1
7	10.00	半易碎	0	1
8	11.50	半易碎	0	1
9	7.00	半易碎	0	1
10	8.50	半易碎	0	1
11	2.10	耐用	0	0
12	1.30	耐用	0	0
13	3.40	耐用	0	0
14	7.50	耐用	0	0
15	2.00	耐用	0	0

Regression Analysis: COST versus X1, X2

Analysis of Variance

Source	DF	Adj SS	Adj MS	F-Value	P-Value
Regression	2	238.25	119.126	20.61	0.000
Error	12	69.37	5.781		
Total	14	307.62			

Model Summary

S	R-sq	R-sq(adj)
2.40437	77.45%	73.69%

Coefficients

Term	Coef	SE Coef	T-Value	P-Value
Constant	3.26	1.08	3.03	0.010
X1	9.74	1.52	6.41	0.000
X2	5.44	1.52	3.58	0.004

Regression Equation

COST = 3.26 + 9.74 X1 + 5.44 X2

图 4.19　例 4.9 的 MINITAB 多元回归输出结果

（注意：对于基准水平（耐用型）, $x_1 = x_2 = 0$.）每个包裹的值 x_1 和 x_2 如表 4.4 所示. 那么, 合适的模型是

$$E(y) = \beta_0 + \beta_1 x_1 + \beta_2 x_2$$

（b）为了解释 β, 首先将三种货物类型的平均运费 $E(y)$ 写为 β 的函数:

易碎 $(x_1 = 1,\ x_2 = 0)$:

$$E(y) = \beta_0 + \beta_1(1) + \beta_2(0) = \beta_0 + \beta_1 = \mu_F$$

半易碎 $(x_1 = 0,\ x_2 = 1)$:

$$E(y) = \beta_0 + \beta_1(0) + \beta_2(1) = \beta_0 + \beta_2 = \mu_S$$

耐用 $(x_1 = 0,\ x_2 = 0)$:

$$E(y) = \beta_0 + \beta_1(0) + \beta_2(0) = \beta_0 = \mu_D$$

然后我们有

$$\beta_0 = \mu_D （基准水平的均值）$$
$$\beta_1 = \mu_F - \mu_D$$
$$\beta_2 = \mu_S - \mu_D$$

注意：与货物类型（易碎品和半易碎品）的非基准水平相关的 β 表示一对均值之差. 和往常一样, β_0 代表单一的均值, 即基准水平（耐用型）的平均响应变量. β 的估计值是（在 MINITAB 输出结果中高亮显示, 如图 4.19 所示）

$$\hat{\beta}_0 = 3.26,\quad \hat{\beta}_1 = 9.74,\quad \hat{\beta}_2 = 5.44$$

因此，估计耐用型货物的平均运费 $\hat{\beta}_0$ 是 3.26 美元，易碎和耐用型货物的平均运费之间的差额估计值 $\hat{\beta}_1$ 是 9.74 美元，半易碎和耐用型货物的平均运费之间的差额估计值 $\hat{\beta}_2$ 是 5.44 美元.

（c）用整体模型效用的 F 检验来检验原假设

$$H_0:\ \beta_1 = \beta_2 = 0$$

注意：$\beta_1 = 0$ 意味着 $\mu_F = \mu_D$，$\beta_2 = 0$ 意味着 $\mu_S = \mu_D$. 因此，$\beta_1 = \beta_2 = 0$ 意味着 $\mu_F = \mu_S = \mu_D$. 因此，模型效用的检验等价于均值相等的检验，也就是说，

$$H_0:\ \mu_F = \mu_S = \mu_D$$

从图 4.19 MINITAB 输出结果中可知，$F = 20.61$. 因为检验的 p 值 (0.000) 小于 $\alpha = 0.05$，拒绝原假设. 因此，有证据表明这三种平均运费中任意两种之间的差额显著，即货物类型是运输费用 y 的一个有用的预测因子.

乘法模型　在目前提出的所有模型中，均假设随机误差是可加的. 可加的误差是指响应变量等于均值 $E(y)$ 加上随机误差，即

$$y = E(y) + \varepsilon$$

商业、经济和科学数据中的另一种有用的模型是**乘法模型**. 在这个模型中，该响应变量被写成它的均值与随机误差分量的乘积，即

$$y = [E(y)] \cdot \varepsilon$$

研究人员发现，当自变量 x 每变化 1 个单位，对应的响应变量 y 的变化以百分比的增加（或减少）而不是恒定数量的增加（或减少）更好地表示的时候，乘法模型是有用的$^{\ominus}$. 例如，经济学家通常希望预测商品价格的百分比变化或工人工资的百分比增长. 因此，使用乘法模型将优于加法模型.

两个自变量的乘法模型可以表示为

$$y = (e^{\beta_0})(e^{\beta_1 x_1})(e^{\beta_2 x_2})(e^{\varepsilon})$$

其中 β_0，β_1，β_2 是必须根据样本数据估计出的总体参数，e^x 是 x 的反对数符号. 但是请注意：乘法模型不是 4.1 节定义的线性统计模型. 采用最小二乘法将数据与模型拟合，必须将模型转化为线性模型的形式. 对方程两边取自然对数（表示为 ln），我们得到

$$\ln(y) = \beta_0 + \beta_1 x_1 + \beta_2 x_2 + \varepsilon$$

现在它以线性（加法）模型的形式出现.

当因变量是 $\ln(y)$ 而不是 y 时，参数 β 和其他关键回归统计量的解释略有不同，这将在下一个示例中进行演示.

例 4.10　一家国际管理咨询公司 [Towers、Perrin、Forster & Crosby (TPF&C)] 开发了一种独特而有趣的多元回归分析应用. 许多公司对评估其管理人员的薪酬结构很感兴趣，

$\ominus$　当违反等方差的标准回归假设时，乘法模型仍被发现是有用的. 我们将在第 8 章讨论乘法模型的应用.

TPF&C 公司将使用多元回归模型来完成这一薪酬评估. TPF&C 公司称其为薪酬管理服务, 它衡量了公司内部和外部薪酬政策的一致性, 以确定政策是否反映了管理层的意图.

用来衡量高管薪酬的因变量 y 是年薪. 用于解释薪酬结构的自变量显示在表 4.5 中. TPF&C 的管理层发现, 使用年薪自然对数作为因变量的高管薪酬模型比使用年薪作为因变量的模型更能有效预测高管薪酬. 这可能是因为年薪往往是按百分比而不是按美元数值递增的. 因此, 我们提出的乘法模型 (线性形式) 为

$$\ln(y) = \beta_0 + \beta_1 x_1 + \beta_2 x_2 + \beta_3 x_3 + \beta_4 x_4 + \beta_5 x_5 + \beta_6 x_1^2 + \beta_7 x_3 x_4 + \varepsilon$$

 EXECSAL

表 4.5　高管薪酬示例的自变量列表

自变量	描述	自变量	描述
x_1	经验年限	x_5	企业资产 (百万美元)
x_2	受教育年限	x_6	x_1^2
x_3	1, 如果为男性; 0, 如果为女性	x_7	$x_3 x_4$
x_4	管理员工数		

我们已经通过二阶项 x_1^2, 来说明 $\ln($ 年薪 $)$ 和经验年限 x_1 之间可能存在曲线关系. 此外, 交互项 $x_3 x_4$ 说明年薪可能取决于管理员工数 x_4 和性别 x_3 的共同作用. 例如, 随着管理员工数的增加, (在其他因素相同的情况下) 男性的年薪可能会比女性增长得更快 (如果这是真的, 公司将采取措施消除对女性高管的明显歧视).

选取 100 名高管作为样本, 记录因变量 y 和自变量 x_1, x_2, $\cdots$, x_5 的数据. (数据保存在命名为 EXECSAL 的文件中) 使用 MINITAB 软件将数据与模型进行拟合, 结果如图 4.20 所示.

(a) 计算最小二乘预测方程, 并解释 β_2 的估计值.

(b) 计算 s 的估计值并加以解释.

(c) 计算 R_a^2 并加以解释.

(d) 对整体模型的效用进行检验 ($\alpha = 0.05$).

(e) 是否有证据表明公司存在性别歧视 ($\alpha = 0.05$)？

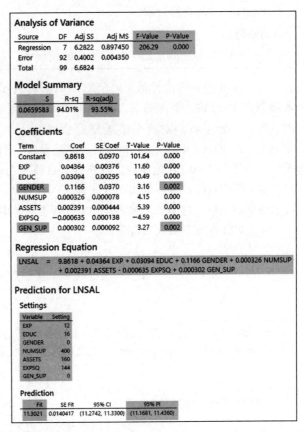

图 4.20　例 4.10 的 MINITAB 多元回归输出结果

（f）利用该模型预测一名高管薪酬，其数据见表 4.6.

解　（a）最小二乘模型（MINITAB 输出结果中高亮显示）为

$$\widehat{\ln(y)} = 9.86 + 0.043\ 6x_1 + 0.030\ 9x_2 + 0.117x_3 + 0.000\ 326x_4 +$$
$$0.002\ 39x_5 - 0.000\ 635x_6 + 0.000\ 302x_7$$

表 4.6　某高管薪酬的自变量值

$x_1 = 12$ 年经验
$x_2 = 16$ 年受教育
$x_3 = 0$（女性）
$x_4 = 400$ 名管理员工数
$x_5 = 1.6$ 亿美元（公司资产价值）
$x_1^2 = 144$
$x_3 x_4 = 0$

因为我们用年薪的自然对数作为因变量，所以 β 估计值与先前讨论相比有不同的解释. 一般来说，乘法（log）模型的参数 β 代表当自变量增加 1 个单位时，因变量增加（减少）的百分比. 通过取 β 估计值的反对数，并减去 1（即 $e^{\hat{\beta}} - 1$）来计算百分比变化⊖. 例如，受教育年限 x_2 增加 1 个单位（即 1 年），相关的高管薪酬百分比变化为 $(e^{\hat{\beta}_2} - 1) = (e^{0.030\ 9} - 1) = 0.031$. 因此，当所有其他自变量保持不变时，我们估计受教育年限每增加一年，高管薪酬将平均增加 3.1%.

---

y 关于几个自变量的乘法（log）模型

$$\ln(y) = \beta_0 + \beta_1 x_1 + \beta_2 x_2 + \cdots + \beta_k x_k + \varepsilon$$

其中 $\ln(y) = y$ 的自然对数

β 的解释：

$(e^{\beta_i} - 1) \times 100\% = $ 在其他的 x 保持不变的情况下，x_i 每增加 1 个单位，y 的变化百分比.

（b）标准差 σ 的估计值（输出结果中阴影表示）为 $s = 0.066$. 我们的解释是，大多数观测到的 $\ln(y)$ 值（年薪的自然对数）落于其最小二乘预测值 $2s = 2(0.066) = 0.132$ 的范围内. 然而，如果我们对这个值取反对数并减去 1，就会得到一个更实际的解释（就年薪而言），这与（a）小题的操作类似. 也就是说，我们预计观察到的高管薪酬大部分落在 $e^{2s} - 1 = e^{0.132} - 1 = 0.141$ 范围内，或在其各自最小二乘预测值的 14.1% 以内.

（c）调整后的 R^2 值（输出结果中高亮部分显示）为 $R_a^2 = 0.936$. 这意味着，在考虑样本量和自变量数量后，这 100 名被抽样的高管薪资对数中，近 94% 的变化是由该模型解释的.

（d）对整体模型的效用检验如下：

$$H_0:\ \beta_1 = \beta_2 = \cdots = \beta_7 = 0$$
$$H_a:\ 至少有一个模型系数是不为零的$$

⊖ 这个结果是通过将年薪 y 的百分比变化表示为 $(y_1 - y_0)/y_0$ 得到的，其中，$y_1 = $"当 $x=1$ 时 y 的值"，$y_0 = $"当 $x=0$ 时 y 的值". 现在让 $y^* = \ln(y)$ 并假设 log 模型为 $y^* = \beta_0 + \beta_1 x$. 然后

$$y = e^{y^*} = e^{\beta_0} e^{\beta_1 x} = \begin{cases} e^{\beta_0}, & 当 x=0 \\ e^{\beta_0} e^{\beta_1}, & 当 x=1 \end{cases}$$

代入原方程，我们有

$$\frac{y_1 - y_0}{y_0} = \frac{e^{\beta_0} e^{\beta_1} - e^{\beta_0}}{e^{\beta_0}} = e^{\beta_1} - 1$$

检验统计量：$F = \dfrac{\text{MS（模型）}}{\text{MSE}} = 206.29$（图4.20中的阴影部分）

p 值 $= 0.000$（图4.20中的阴影部分）

由于 $\alpha = 0.05$ 大于检验的 p 值，我们得出这样的结论：至少有一个模型参数 β 不等于 0，该模型确实为预测高管薪酬提供了信息．

（e）如果公司（有意或无意地）歧视女性高管，那么女性的平均工资（表示为 μ_F）将低于有同样条件（例如经验年限，受教育年限等）的男性平均工资（表示为 μ_M）．先前我们讨论的虚拟变量中，这种差异将由 β_3 表示，如果我们设管理员工数 x_4 等于 0，那么将系数 β 乘以 x_3．如果是男性，$x_3 = 1$，如果是女性，$x_3 = 0$，然后对于 x_1，x_2 和 x_5 的固定值，$x_4 = 0$，$\beta_3 = (\mu_M - \mu_F)$．因此，检验

$$H_0: \ \beta_3 = 0$$
$$H_a: \ \beta_3 > 0$$

是检验歧视假设的一种方法．这个单尾检验的 p 值是 MINITAB 输出结果中显示的 p 值的一半（即 $0.002 / 2 = 0.001$）．由于 p 值如此之小，有充分的证据可以拒绝 H_0，并声称该公司存在一定程度的性别歧视．

歧视检验也可以包括检验交互项 $\beta_7 x_3 x_4$．如果随着管理员工数 x_4 的增加，男性 ln（年薪）的增长率超过了女性，那么 $\beta_7 > 0$．要得出这一点，在模型中保持 x_1，x_2 和 x_5 不变（例如 $x_1 = 10$ 年经验，$x_2 = 15$ 年受教育，$x_5 = 1.2$ 亿美元的企业资产），然后将 $x_3 = 0$ 代入方程得到

$$
\begin{aligned}
x_3 = 0 \text{（女性）}: \ E\{\ln(y)\} = {} & \beta_0 + \beta_1(10) + \beta_2(15) + \beta_5(120) + \beta_6(10^2) + \beta_3(0) + \\
& \beta_4(x_4) + \beta_7(0)(x_4) \\
= {} & \underbrace{\beta_0 + \beta_1(10) + \beta_2(15) + \beta_5(120) + \beta_6(10^2)}_{y\text{轴截距（常数）}} + \underbrace{\beta_4(x_4)}_{\text{斜率}}
\end{aligned}
$$

同样地，将 $x_3 = 1$ 代入方程，我们得到：

$$
\begin{aligned}
x_3 = 1 \text{（男性）}: \ E\{\ln(y)\} = {} & \beta_0 + \beta_1(10) + \beta_2(15) + \beta_5(120) + \beta_6(10^2) + \beta_3(1) + \\
& \beta_4(x_4) + \beta_7(1)(x_4) \\
= {} & \underbrace{\beta_0 + \beta_1(10) + \beta_2(15) + \beta_5(120) + \beta_6(10^2) + \beta_3}_{y\text{轴截距（常数）}} + \underbrace{(\beta_4 + \beta_7)}_{\text{斜率}} x_4
\end{aligned}
$$

因此，只有当 $\beta_7 > 0$ 时，男性的斜率（$\beta_4 + \beta_7$）大于女性的斜率（β_4）．

检验 $H_0: \ \beta_7 = 0$，$H_a: \ \beta_7 > 0$（输出结果高亮部分显示）的单尾 p 值为 $0.002 / 2 = 0.001$．因此，我们拒绝 H_0，并找到该公司性别歧视的进一步证据．

（f）可以使用最小二乘模型来获得年薪自然对数的预测值．将表4.6所示的 x 值代入，我们得到

$$\widehat{\ln(y)} = \hat{\beta}_0 + \hat{\beta}_1(12) + \hat{\beta}_2(16) + \hat{\beta}_3(0) + \hat{\beta}_4(400) + \hat{\beta}_5(160) + \hat{\beta}_6(144) + \hat{\beta}_7(0)$$

这个预测值在图 4.20 MINITAB 输出结果的底部显示，$\widehat{\ln(y)} = 11.302\ 1$．输出结果中还强调了

95% 预测区间为 11.168 1 ~ 11.436 0. 为了预测具有这些特征的高管薪酬，我们取这些值的反对数. 也就是说，预估工资为 $e^{11.302\,1} = 80\,992$ 美元（四舍五入到整美元），95% 预测区间为 $e^{11.168\,1} \sim e^{11.436\,0}$（或者 70 834 ~ 92 596 美元）. 因此，具有表 4.6 所列特征的高管薪酬应在 70 834 ~ 92 596 美元之间，以与样本数据保持一致. ∎

警告： 为了确定是否需要对因变量进行对数变换，缺乏经验的研究人员有时会比较以下两个模型

$$y = \beta_0 + \beta_1 x_1 + \cdots + \beta_k x_k + \varepsilon$$

和

$$\ln(y) = \beta_0 + \beta_1 x_1 + \cdots + \beta_k x_k + \varepsilon$$

的 R^2 值，进而选择 R^2 较大的模型. 值得注意的是，这些 R^2 值是不可比较的，因为因变量是不一样的！生成可比较 R^2 值的一种方法是计算 log 模型的预测值 $\widehat{\ln(y)}$，使用逆变换 $\hat{y} = e^{\widehat{\ln(y)}}$ 计算相应的 $\hat{y}$ 值，然后可以用一般的方法计算 log 模型的伪 R^2：

$$R^2_{\ln(y)} = 1 - \frac{\sum (y_i - \hat{y}_i)^2}{\sum (y_i - \bar{y}_i)^2}$$

$R^2_{\ln(y)}$ 现在可以和未变换模型的 R^2 相比较. 参见 Maddal（1988）更正式的方法来讨论比较这两个模型.

练习 4.12

4.46　一阶模型. 写出一个 y 的均值 $E(y)$ 关于下列条件的一阶线性模型.

 （a）两个定量自变量　　　　　　　　　（b）四个定量自变量

4.47　二阶模型. 写出一个 y 的均值 $E(y)$ 关于下列条件的二阶线性模型.

 （a）两个定量自变量　　　　　　　　　（b）三个定量自变量

4.48　定性预测因子. 写出一个 $E(y)$ 关于下列定性自变量的模型，其中

 （a）两个水平分别为 A 和 B　　　　　　（b）四个水平：A、B、C 和 D

 解释每种情况下的参数 β.

4.49　绘制一阶模型图. 考虑一阶方程

$$y = 1 + 2x_1 + x_2$$

 （a）当 $x_2 = 0$，1 和 2 时，绘制 y 关于 x_1 的关系图.

 （b）（a）小题的图中曲线是一阶还是二阶的？

 （c）（a）小题的图中曲线是如何相关的？

 （d）如果线性模型是关于两个自变量的一阶模型，那么当一个自变量不同，$E(y)$ 关于另一个自变量函数作图时，你将会获得什么样的几何关系？

4.50　绘制一阶模型图. 考虑一阶方程

$$y = 1 + 2x_1 + x_2 - 3x_3$$

(a) 用图表示当 $x_2 = 1$ 和 $x_3 = 3$ 时，y 和 x_1 之间的关系．

(b) 当 $x_2 = -1$ 和 $x_3 = 1$ 时，重复 (a) 小题．

(c) 如果一个线性模型是关于三个自变量的一阶模型，当其他自变量不同时，$E(y)$ 关于其中一个自变量函数作图时，你将获得什么样的几何关系？

4.51 绘制二阶模型图. 考虑二阶模型

$$y = 1 + x_1 - x_2 + 2x_1^2 + x_2^2$$

(a) 用图表示当 $x_2 = 0$，1 和 2 时，y 与 x_1 之间的关系．

(b) (a) 小题中的图中曲线是一阶的还是二阶的？

(c) (a) 小题的图中曲线是如何相关的？

(d) 自变量 x_1 和 x_2 有交互作用吗？并加以解释．

4.52 绘制二阶模型图. 考虑二阶模型

$$y = 1 + x_1 - x_2 + x_1 x_2 + 2x_1^2 + x_2^2$$

(a) 用图表示当 $x_2 = 0$，1 和 2 时，y 与 x_1 之间的关系．

(b) (a) 小题的图中曲线是一阶的还是二阶的？

(c) (a) 小题的图中曲线是如何相关的？

(d) 自变量 x_1 和 x_2 有交互作用吗？并加以解释．

(e) 注意，本练习中使用的模型除了包含了 $x_1 x_2$ 项，与练习 4.51 中使用的非交互模型完全相同．在模型中引入 $x_1 x_2$ 项意味着什么？

4.53 疲劳驾驶时提高驾驶能力. *Human Factors*（May 2014）发表了一项关于疲劳驾驶的汽车驾驶能力的研究．研究人员让 40 名大学生在模拟装置里进行长距离驾驶．开车时，每个学生都要完成一项任务．一组学生司机连续执行一项语音任务（连续语音环境），另一组只在驾驶结束时才执行任务（后期语音环境），第三组完全没有执行任务（无语音环境），而第四组则听了汽车电台上的一个节目（广播节目环境）．研究的因变量是学生驾驶时能回忆起广告牌的百分比．数据如右表所示．

(a) 建立平均回忆率 $E(y)$ 关于任务组（连续语音、后期语音、无语音和广播节目）的函数模型．将

🖫 **FATIGUE**

连续语音	后期语音	无语音	广播节目
14	57	64	37
63	64	83	45
10	66	54	87
29	18	59	62
37	95	60	14
60	52	39	46
43	58	56	59
4	92	73	45
36	85	78	45
47	47	73	50

Descriptive Statistics: NoVerb, LateVerb, ContVerb, Radio

Statistics

Variable	N	Mean	Minimum	Maximum
NoVerb	10	63.90	39.00	83.00
LateVerb	10	63.40	18.00	95.00
ContVerb	10	34.30	4.00	63.00
Radio	10	49.00	14.00	87.00

练习 4.53 的 MINITAB 输出结果

广播节目作为定性自变量任务组的基准水平.

(b) 各任务组回忆率百分比的集中趋势测量值显示在 MINITAB 输出结果中. 使用此信息来估计 (a) 小题模型的参数 β.

(c) 将 FATIGUE 文件中的数据与 (a) 小题的模型进行拟合. 利用输出结果验证 (b) 小题的 β 估计值.

(d) 参考 (c) 小题的输出结果. 当 $\alpha = 0.01$ 时, 通过检验来确定四组学生驾驶时的平均回忆率百分比是否不同.

4.54 高层领导者的魅力. 参考 *Academy of Management Journal*（August 2015）研究商界领袖的魅力，见练习 3.14. 参考 1916 年到 2008 年 24 次美国总统选举的数据. 研究的因变量是民主党选票份额 y，即在全国选举中投票给民主党候选人的选民比例. 其中一个值得关注的自变量是一个分类变量，它代表了总统选举是否受到世界大战的影响. 人们研究的第二个定性变量是现任总统是民主党人还是共和党人，该变量有三个水平：民主党现任总统、共和党现任总统或没有现任总统参选.

(a) 建立一个将民主党选票份额 y 与定性自变量（世界大战）联系起来的模型. 以"无世界大战"为基准.

(b) 根据 (a) 小题模型中的 β，计算在没有世界大战的情况下，所有年份的平均民主党选票份额的函数.

(c) 根据 (a) 小题模型中的 β，计算在有世界大战的情况下，所有年份的平均民主党选票份额的函数.

(d) 将文件中的数据与 (a) 小题的模型进行拟合. 是否有充分的证据表明，在所有发生世界大战的年份中，民主党选票的平均份额与没有发生世界大战的年份中的平均份额不同 $(\alpha = 0.10)$？

(e) 建立一个将民主党选票份额 y 与定性自变量（现任总统）联系起来的模型. 将"没有现任总统参选"为基准水平.

(f) 根据 (e) 小题模型中的 β，计算在没有现任总统参选的情况下，所有年份的平均民主党选票份额的函数.

(g) 根据 (e) 小题模型中的 β，计算在有共和党现任总统参选的情况下，所有年份的平均民主党选票份额的函数.

(h) 根据 (e) 小题模型中的 β，计算民主党现任总统参选和无现任总统参选时，所有年份的平均民主党选票份额之间差异的函数.

(i) 将文件中的数据与 (e) 小题的模型进行拟合. 是否有足够的证据表明，根据现任总统的参选情况，民主党的平均选票份额有所不同 $(\alpha = 0.10)$？

4.55 在时间压力下的工作表现. 在公司里时间压力是很常见的，因为公司要求必须在严格的期限内完成任务. 团队工作的员工在感受到时间压力时，工作表现如何？如果有一个强有力的团队领导，这种表现能得到改善吗？这些是发表在 *Academy of Management Journal*（October 2015）上的一项研究问题. 收集了印度一家软件公司 $n=139$ 个项目团队的数据. 在记录的众多变量中有团队表现 y（7 分制）、感知时间压

力 x_1（7分制），以及团队是否有一个强大而有效的团队领导者（如果有，$x_2=1$；如果没有，$x_2=0$）．研究人员假设团队表现 y 与感知时间压力 x_1 呈曲线关系，不同形状的曲线取决于团队是否有一个强大而有效的领导者 x_2．支持这一理论的完整的二阶模型 $E(y)$ 为

$$E(y) = \beta_0 + \beta_1 x_1 + \beta_2 x_1^2 + \beta_3 x_2 + \beta_4 x_1 x_2 + \beta_5 x_1^2 x_2$$

（a）写出当团队领导者不起作用时（$x_2=0$），$E(y)$ 关于 x_1 的函数．

（b）写出当团队领导者起作用时（$x_2=1$），$E(y)$ 关于 x_1 的函数．

（c）研究人员计算出的 β 估计值如下：$\hat{\beta}_0=4.5$，$\hat{\beta}_1=-0.13$，$\hat{\beta}_2=-0.17$，$\hat{\beta}_3=0.15$，$\hat{\beta}_4=0.15$，$\hat{\beta}_5=0.29$，用这些估计值来计算（a）小题和（b）小题的两个函数．当团队领导者不起作用时，曲线是怎样的？反之呢？

4.56 波尔多葡萄酒的生产工艺、风土条件和品质． 除了最先进的技术，优质葡萄酒的生产受到被称为"风土条件"的葡萄产区自然环境的强烈影响．*Economic Journal*（May 2008）发表了一篇关于影响波尔多葡萄酒品质的因素的研究．葡萄酒品质的定量测量 y 被建模为几个定性自变量的函数，其自变量包括葡萄采摘方法（人工或自动）、土壤类型（黏土、砾石或沙子）和坡向（东、南、西、东南或西南）．

（a）为每一个定性自变量建立适当的虚拟变量．

（b）建立葡萄酒品质 y 关于葡萄采摘方法的函数的模型，并解释模型中的 β．

（c）建立葡萄酒品质 y 关于土壤类型的函数的模型，并解释模型中的 β．

（d）建立葡萄酒品质 y 关于坡向的函数的模型，并解释模型中的 β．

4.57 检测基因的数量性状． 在基因治疗中，了解疾病基因在基因组（遗传图谱）中的位置是很重要的．尽管许多基因会产生一种特定的性状（例如疾病与否），但由于其他基因在性质上是定量的（疾病的程度），因此不能加以分类．北卡罗来纳大学威尔明顿分校的研究人员开发了统计模型，将数量上的遗传性状与基因组上的位置联系起来（*Chance*，Summer 2006）．某种疾病的严重程度取决于基因组 L1 和 L2 两个位置上基因标记的缺失（A）或存在（B）．例如，AA 表示两个位置都没有标记，AB 表示 L1位置没有标记，L2 位置有标记．

（a）这两个位置可能有多少种不同的基因标记组合？

（b）使用虚拟变量，建立疾病程度 y 关于基因标记组合的函数模型．

（c）解释（b）小题模型中的 β 值．

（d）提出原假设，来检验整体模型（（b）小题）在统计上是否有助于预测疾病的程度 y．

💿**ACCHW**

4.58 会计专业学生的家庭作业辅导． *Journal of Accounting Education*（Vol. 25，2007）发表了一项研究结果，该研究旨在评估帮助会计专业学生完成家庭作业的最佳方法．共有 75 名会计专业的学生参加了一个关于课堂上没有涉及的主题的预习作业，然后每个人都要完成一个关于此主题的家庭作业．这些学生被分配到三个家庭作业协助小组中的一个．一些学生将获得完整的答案，一些学生将获得答案大量步骤中的检查数字，

一些学生没有得到任何帮助. 完成家庭作业后, 所有的学生都要进行一个关于此主题的测验. 研究的因变量是知识的获得 (或考试成绩的提高). 这些数据保存在 ACCHW 文件中.

(a) 建立一个知识获取 y 是定性变量家庭作业协助小组的函数的模型.

(b) 根据模型中的 β, 用一个函数来表示 "完整答案组" 和 "无帮助组" 中学生平均知识获得的差异.

(c) 将数据与模型进行拟合, 计算最小二乘预测方程.

(d) 对模型效用进行全局 F 检验并加以解释 ($\alpha = 0.05$).

4.59 **服务人员与客户关系**. 参考 *Industrial Marketing Management*（February 2016）研究的服务人员个人资源对公司与客户关系质量的影响, 见练习 4.31. 回忆一下四个定量自变量, 使用收集到的 $n = 220$ 个客户的数据, 对关系质量 y 进行建模. 自变量为与客户打交道的灵活性 x_1、服务人员声誉 x_2、对客户的同理心 x_3 和服务人员的任务协作 x_4.

(a) 建立一个 $E(y)$ 关于四个自变量的完整二阶函数模型 (提示: 包括所有可能的平方项和所有可能的双向交互项).

(b) 写出模型中使曲线关系出现的项.

4.60 **种族对橄榄球卡价值的影响**. 科罗拉多大学的社会学家调查了种族对职业橄榄球运动员 "新秀" 卡价值的影响（*Electronic Journal of Sociology*，2007）. 该样本包括 148 张入选橄榄球名人堂（HOF）的美国国家橄榄球联盟（NFL）球员的新秀卡. 研究人员将卡片价格 y (美元) 的自然对数建模为关于以下自变量的函数:

种族: $x_1 = 1$（黑人）, 0（白人）

卡的实用性: $x_2 = 1$（高）, 0（低）

卡的年份: $x_3 = $ 卡的印刷年份

决赛选手: $x_4 = $ 选手在决赛 HOF 上选票次数的自然对数

位置——QB: $x_5 = 1$（如果是四分卫）, 0（如果不是）

位置——KR: $x_6 = 1$（如果是踢球手）, 0（如果不是）

位置——RB: $x_7 = 1$（如果是跑卫）, 0（如果不是）

位置——WR: $x_8 = 1$（如果是外接手）, 0（如果不是）

位置——TE: $x_9 = 1$（如果是近端锋）, 0（如果不是）

位置——DL: $x_{10} = 1$（如果是防守前锋）, 0（如果不是）

位置——LB: $x_{11} = 1$（如果是线卫）, 0（如果不是）

位置——DB: $x_{12} = 1$（如果防守后卫）, 0（如果不是）

(注: 对于位置, 进攻内锋是基准水平)

(a) 将数据与模型 $E\{\ln(y)\} = \beta_0 + \beta_1 x_1 + \beta_2 x_2 + \beta_3 x_3 + \beta_4 x_4 + \beta_5 x_5 + \beta_6 x_6 + \beta_7 x_7 + \beta_8 x_8 + \beta_9 x_9 + \beta_{10} x_{10} + \beta_{11} x_{11} + \beta_{12} x_{12}$ 进行拟合, 结果如下: $R^2 = 0.705$, 调整后 $R^2 = 0.681$, $F = 26.9$. 对结果加以实际解释. 对模型的整体充分性进行检验.

(b) 参照 (a) 小题. 种族变量的统计量报告如下: $\hat{\beta}_1 = -0.147$, $s_{\hat{\beta}_1} = 0.145$, $t = -1.014$,

p 值 =0.312. 利用这些信息推断种族对职业橄榄球运动员新秀卡价值的影响.

(c) 参照 (a) 小题. 卡的年份变量的统计量报告如下：$\hat{\beta}_3 = -0.074$，$s_{\hat{\beta}_3} = 0.007$，$t$=-10.92，$p$ 值 =0.000. 利用这些信息推断卡的年份对职业球员新秀卡价值的影响.

(d) 建立一个 $E\{\ln(y)\}$ 关于卡的年份 x_3 和位置 $(x_5 - x_{12})$ 的一阶函数模型，允许价格和年份之间的关系随位置的变化而变化.

4.61 **买方与卖方分析师的盈利预测.** 哈佛商学院教授对买方和卖方分析师的盈利预测进行了比较，并将结果发表在 *Financial Analysts Journal* (July/August 2008) 上. 教授们使用回归模型对分析师 3 个月预测的相对乐观程度 y 进行了建模. 用来建模预测乐观程度的自变量之一是虚拟变量 x={1 (如果分析师为买方公司工作), 0 (如果分析师为卖方公司工作)}.

(a) 建立 $E(y)$ 关于公司类型的函数模型.

(b) 解释 (a) 小题模型中 β_0 值.

(c) 根据 (a) 小题模型，该教授指出 β_1 值表示"买方和卖方分析师预测相对乐观程度的平均差异."你同意吗？

(d) 该教授还认为"如果买方分析师的预测不如卖方分析师的乐观，则估计 β_1 的值为负."你同意吗？

🖸 **BAN**

4.62 **禁止有争议的赞助商赞助运动队.** *Journal of Marketing Research*（October 2015）发表了一篇关于禁止有争议的赞助商对运动队成功影响的研究报告. 英格兰足球俱乐部市场分为四种类型：（1）禁止酒精赞助商，但现在有其他赞助商；（2）禁止酒精赞助商，现在没有其他赞助商，（3）没有禁止酒精赞助商，但现在有其他赞助商；（4）没有禁止酒精赞助商，现在没有其他赞助商. 为了评估市场上禁酒的影响，研究人员计算了匹配值的价值损失 (MVL)，并将其作为因变量进行分析. 数据保存在 BAN 文件中. 考虑 MVL 均值关于定性自变量（市场类型）的函数模型.

(a) 写出 $E(MVL)$ 的函数模型. 使用市场类型"不禁止且没有其他赞助商"作为定性自变量的基准水平.

(b) 将保存在 BAN 文件内的数据与 (a) 小题的模型进行拟合. 计算最小二乘预测方程.

(c) 对模型中的每一个估计值 β 进行实际解释.

(d) 对模型进行全局 F 检验 ($\alpha = 0.05$). 你能对这四个市场的平均 MVL 值做出怎样的推断？

(e) 四个市场的样本平均 MVL 值分别为 8.52, 8.55, 6.63 和 6.38. 展示如何只使用 (b) 小题中的 β 估计值来计算上述样本均值.

4.63 **长颈鹿的眼睛特征.** 参考 *African Zoology*（October 2013）关于长颈鹿眼睛特征的研究，见练习 3.35. 通过收集 27 只长颈鹿样本的数据，研究人员拟合了回归模型 $\ln(y) = \beta_0 + \beta_1 \ln(x) + \varepsilon$，其中 y 代表眼睛特征，x 代表体重（以千克为单位）.

(a) 眼睛特征 y= 眼睛质量（克），回归方程取得了 β_1 的 95% 置信区间 (0.25, 0.30)，解释这个区间.（提示：记得 $(e^\beta - 1) \times 100$ 代表自变量每增加 1 个单位，y 的变化百分比．当 $\ln(x)$ 是自变量时，函数表示 x 每变化 1%，y 的变化百分比．）

（b）对于眼睛特征 $y=$ 眼眶轴角（度），回归方程可知 β_1 的 95% 置信区间（-0.5, -0.14）．解释这个区间．

4.64 小麦基因 RNA 分析．华盛顿州立大学作物和土壤科学系的工程师利用回归分析方法，估计了从小麦植株中提取的"RNA"片段中基因转录本的拷贝数（*Electronic Journal of Biotechnology*，April 15，2004）．从一种暴露在寒冷中的小麦植株中提取 RNA 的比例 x_1 是不同的，并测量两个克隆基因的转录本拷贝数 y（以千为单位）：锰超氧化物歧化酶（MnSOD）和磷脂酶 D（PLD），数据如下表所示．设 $x_1=$ RNA 比例，$x_2=\{1$，如果是 MnSOD；0，如果是 PLD$\}$，考虑拷贝数 y 的二阶模型：

$$E(y) = \beta_0 + \beta_1 x_1 + \beta_2 x_1^2 + \beta_3 x_2 + \beta_4 x_1 x_2 + \beta_5 x_1^2 x_2$$

（a）使用 SAS 将数据与模型进行拟合．在右面的输出结果中找到 y 的最小二乘预测方程．

（b）整体模型对预测转录本拷贝数 y 是否在统计上有用（$\alpha = 0.01$）？

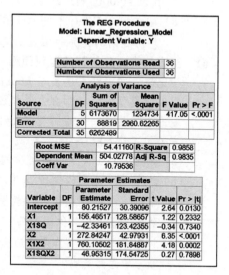

练习 4.64 的 SAS 输出结果

（c）根据 SAS 结果，是否有证据表明转录本拷贝数 y 与 RNA 的比例 x_1 呈曲线关系？解释一下．

💿 **WHEATRNA**

RNA 比例 x_1	拷贝数 y（千）		RNA 比例 x_1	拷贝数 y（千）	
	MnSOD	PLD		MnSOD	PLD
0.00	401	80	0.67	904	146
0.00	336	83	0.67	1 007	150
0.00	337	75	0.67	1 047	184
0.33	711	132	0.80	1 151	173
0.33	637	148	0.80	1 098	201
0.33	602	115	0.80	1 061	181
0.50	985	147	1.00	1 261	193
0.50	650	142	1.00	1 272	187
0.50	747	146	1.00	1 256	199

资料来源：Baek, K. H., and Skinner, D. Z. "Quantitative real-time PCR method to detect changes in specific transcript and total RNA amounts," *Electronic Journal of Biotechnology*, Vol. 7, No. 1, April 15, 2004 (adapted from Figure 2).

4.13　用于比较嵌套模型的检验

在回归分析中，我们经常想确定（具有很大的置信度）一组候选模型中哪一个模型最佳拟合数据．在本节中，我们将介绍**嵌套模型**的方法．

定义 4.3　如果一个模型包含另一个模型的所有项和至少一个附加项，则两个模型为**嵌套**的．两个模型中比较复杂的一个称为**完整**（或**全**）模型．这两个模型中比较简单的一个称为**简化**（或**限制**）模型．

为了说明这一点，假设收集了关于响应变量 y 和两个定量自变量 x_1 和 x_2 的数据，并且考虑使用直线交互模型或曲线模型将 $E(y)$ 与 x_1 和 x_2 联系起来．曲线模型比直线模型能更好地预测 y 吗？要回答这个问题，检查两个模型，并注意曲线模型包含了直线交互模型中的所有项加上涉及 β_4 和 β_5 的两个附加项：

直线交互模型：$E(y) = \beta_0 + \beta_1 x_1 + \beta_2 x_2 + \beta_3 x_1 x_2$

曲线模型：$E(y) = \overbrace{\beta_0 + \beta_1 x_1 + \beta_2 x_2 + \beta_3 x_1 x_2}^{\text{交互模型中的项}} + \overbrace{\beta_4 x_1^2 + \beta_5 x_2^2}^{\text{二次项}}$

因此，这些是嵌套模型．由于直线模型是二者中较为简单的一个，我们认为直线模型嵌套在更复杂的曲线模型中．此外，直线模型称为**简化模型**，曲线模型称为**完整模型**（或**全模型**）．

曲线（或完整）模型是否比直线（或简化）模型对 y 的预测贡献了更多的信息，等于是否至少有一个参数 β_4 或 β_5 不等于 0（即 β_4 和 β_5 项是否应保留在模型中）．因此，为了检验二次项是否应该包含在模型中，我们检验了原假设

$$H_0: \quad \beta_4 = \beta_5 = 0 \quad （即二次项对 y 的预测没有贡献信息）$$

备择假设

$$H_a: \quad 其中至少一个参数 \beta_4 或 \beta_5 不等于 0（即至少有一个二次项为 y 的预测提供信息）$$

进行此检验的步骤是直观的．首先，我们使用最小二乘法拟合简化模型，并计算相应的误差平方和 SSE_R（观察值和预测值之间的偏差平方和）．接下来，我们拟合完整模型并计算其误差平方和 SSE_C．然后，我们通过计算差值 $\text{SSE}_R - \text{SSE}_C$ 对 SSE_R 与 SSE_C 进行比较．如果二次项对模型有贡献，那么 SSE_C 应该比 SSE_R 小得多，即差值 $\text{SSE}_R - \text{SSE}_C$ 很大．差值越大，越证明完整模型比简化模型能提供更好的 y 的预测．

当新项添加到模型中时，误差平方和将减小，因为平方和 $\text{SS}_{yy} = \sum (y - \bar{y})^2$ 保持不变．问题是，这种减小的量是否大到足以得出这样的结论，即这不仅仅是由于模型项数量的增加和偶然因素造成的．我们使用 F 统计量来检验曲率系数 β_4 和 β_5 同时等于 0 的原假设．在我们的例子中，这个 F 统计量是

$$
\begin{aligned}
F &= \frac{\text{SSE的减少量} / \text{被检验的参数}\beta\text{的数量}}{\text{模型中较大的}s^2} \\
&= \frac{(\text{SSE}_R - \text{SSE}_C) / 2}{\text{SSE}_C / [n - (5 + 1)]}
\end{aligned}
$$

3.4 节和 4.2 节中列出的关于误差项 ε 的假设被满足且曲率项的参数 β 都是 0（H_0 为真），这个 F 统计量有一个 F 分布，其中 $v_1 = 2$，$v_2 = (n-6)\mathrm{df}$．注意，在较大的二阶模型中，v_1 是被检验参数 β 的个数，v_2 是与 s^2 相关的自由度．

如果二次项确实对模型有贡献（H_a 为真），我们期望 F 统计量的值很大．因此，我们使用单尾检验，如果 F 超过某个临界值 F_α，则拒绝 H_0，如图 4.21 所示．

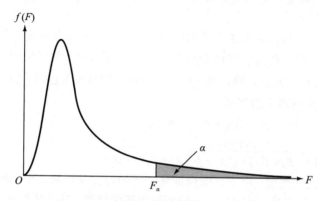

图 4.21 F 检验 H_0：$\beta_4 = \beta_5 = 0$ 的拒绝域

比较嵌套模型的 F 检验

简化模型：$E(y) = \beta_0 + \beta_1 x_1 + \cdots + \beta_g x_g$

完整模型：$E(y) = \beta_0 + \beta_1 x_1 + \cdots + \beta_g x_g + \beta_{g+1} x_{g+1} + \cdots + \beta_k x_k$

$\qquad H_0$：$\beta_{g+1} = \beta_{g+2} = \cdots = \beta_k = 0$

$\qquad H_a$：至少有一个参数 β 不为 0．

检验统计量：
$$F = \frac{(\mathrm{SSE}_R - \mathrm{SSE}_C)/(k-g)}{\mathrm{SSE}_C/[n-(k+1)]}$$

$$= \frac{(\mathrm{SSE}_R - \mathrm{SSE}_C)/\text{被检验的参数}\,\beta\,\text{的数量}}{\mathrm{MSE}_C}$$

其中，$\mathrm{SSE}_R =$ 简化模型的误差平方和

$\qquad \mathrm{SSE}_C =$ 完整模型的误差平方和

$\qquad \mathrm{MSE}_C =$ 完整模型的均方误差

$\qquad k-g = H_0$ 中指定的参数 β 的个数（即被检验的 β 的个数）

$\qquad k+1 =$ 完整模型中参数 β 的个数（包括 β_0）

$\qquad n =$ 总样本量

拒绝域：$F > F_\alpha$，其中 $v_1 = k-g =$ 分子的自由度，$v_2 = n-(k+1) =$ 分母的自由度，或 $\alpha > p$ 值，其中 p 值 $= P\,(F > F_c)$，F_c 是检验统计量的计算值．

例 4.11 例 4.8 中，我们将完整的二阶模型用于一组 $n=20$ 的数据点中，这些数据点与运输费用、包裹重量和运输距离有关. 此模型（称为完整模型）的 SAS 输出结果，如图 4.22 所示. 图 4.23 为直线交互模型（简化模型）的 SAS 输出结果，相同的 $n=20$ 个数据点拟合到该模型中. 参考输出结果，我们发现：

直线交互（简化）模型：

$$\text{SSE}_R = 6.633\ 31\ （图4.23阴影部分）$$

二阶（完整）模型：

$$\text{SSE}_C = 2.744\ 74\ （图4.22阴影部分）$$

检验以下假设：二次项 $\beta_4 x_1^2$ 和 $\beta_5 x_2^2$ 对 y 的预测没有贡献信息.

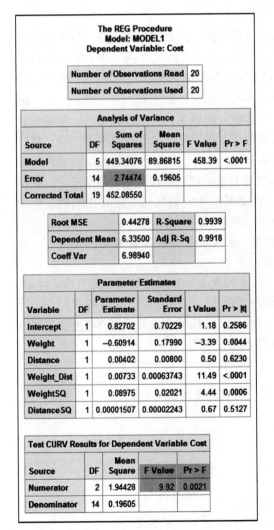

图 4.22　例 4.11 完整模型的 SAS 输出结果

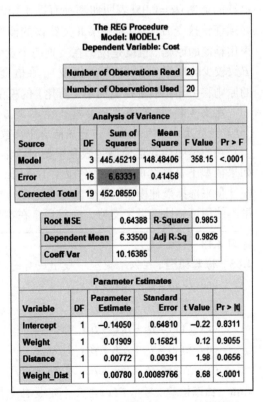

图 4.23　例 4.11 简化模型的 SAS 输出结果

解 我们检验的原假设和备择假设分别是

$$H_0: \quad \beta_4 = \beta_5 = 0$$
$$H_a: \quad \beta_4 或 \beta_5 至少有一个不为0$$

检验统计量为

$$F = \frac{(SSE_R - SSE_C)/2}{SSE_C/(20-6)}$$

$$= \frac{(6.633\ 31 - 2.744\ 74)/2}{2.744\ 74/14} = \frac{1.944\ 28}{0.196\ 05} = 9.92$$

查附录 D 的表 4 可知，当 $a = 0.05$，$v_1 = 2$，$v_2 = 14$ 时的 F 临界值为

$$F_{0.05} = 3.74$$

由于计算出的 $F = 9.92$ 超过了 3.74，我们拒绝 H_0，并得出二次项有助于预测 y 每个包裹的运输费用. 模型中应保留曲率项. （注：使用适当的 SAS 命令可以在 SAS 中获得此嵌套模型 F 检验的检验统计量和 p 值. F 值和 p 值都在 SAS 输出结果的底部高亮显示，如图 4.22 所示. 由于 p 值 $= 0.002\ 1$ 小于 $\alpha = 0.05$，我们得出了相同的结论：拒绝 H_0.） ▮

假设例 4.11 中的 F 检验产生了一个不属于拒绝域的检验统计量. 也就是说，假设没有足够的证据（$\alpha = 0.05$）表明曲率项有助于预测运输费用. 与任何假设的统计检验一样，我们必须谨慎接受 H_0，因为犯第 Ⅱ 类错误的概率是未知的. 然而，回归分析的大多数实践者都采用**精简**的原则. 也就是说，在发现两个竞争模型具有基本相同的预测能力的情况下，选择 β 数较少的模型（即较**精简的模型**）. 在嵌套模型的 F 检验中，当我们不能拒绝 H_0 时，精简的原则将引导我们选择更简单（简化）的模型而不是更复杂的完整模型.

定义 4.4 精简模型是具有少量参数 β 的模型. 在两个模型具有基本相同的预测能力（由 F 检验决定）的情况下，选择两者中比较精简的一个.

在建模中当候选模型是嵌套模型时，本节中的 F 检验是比较模型较适合的方法. 但是，如果模型不是嵌套的，则此 F 检验不适用. 在这种情况下，分析师必须根据诸如 R_a^2 和 s 等统计量来选择最佳模型. 重要的是要记住，基于这些和其他模型充分性的数值描述度量的决策不能用可靠性度量来支持，而且通常在本质上是非常主观的.

练习 4.13

4.65 嵌套模型. 在以下模型中找出成对的"嵌套"模型，并指出完整模型和简化模型.

（a）$E(y) = \beta_0 + \beta_1 x_1 + \beta_2 x_2$

（b）$E(y) = \beta_0 + \beta_1 x_1$

（c）$E(y) = \beta_0 + \beta_1 x_1 + \beta_2 x_1^2$

（d）$E(y) = \beta_0 + \beta_1 x_1 + \beta_2 x_2 + \beta_3 x_1 x_2$

（e）$E(y) = \beta_0 + \beta_1 x_1 + \beta_2 x_2 + \beta_3 x_1 x_2 + \beta_4 x_1^2 + \beta_5 x_2^2$

4.66 曲率检验. 考虑 $E(y)$ 与三个定量自变量 x_1，x_2 和 x_3 之间的二阶模型：

$$E(y) = \beta_0 + \beta_1 x_1 + \beta_2 x_2 + \beta_3 x_3 + \beta_4 x_1 x_2 + \beta_5 x_1 x_3 + \beta_6 x_2 x_3 + \beta_7 x_1^2 + \beta_8 x_2^2 + \beta_9 x_3^2$$

（a）写出响应曲面不存在曲率的假设检验所涉及的参数．

（b）根据（a）小题，提出模型参数的假设．

（c）你会提出何种假设来检验 x_3 是否对 $E(y)$ 的预测有用？

4.67　**飞机机组人员的共享领导**．*Human Factors*（March 2014）发表了一份关于商用飞机驾驶舱和客舱机组人员共享领导的研究报告．84 个六人机组人员进行了模拟飞行，每个机组人员由一个两人驾驶舱组（机长和副驾驶）和一个四人客舱小组（三名乘务员和一名乘务长）组成．在模拟过程中，机舱内出现了烟雾，并对机组人员的反应进行了监测．研究中的一个关键变量是团队目标实现得分，以 60 分制量化．采用多元回归分析将团队目标实现得分 y 作为以下自变量的函数进行建模：乘务长工作经验 x_1、空乘负责人工作经验 x_2、乘务长性别 x_3、空乘负责人性别 x_4、乘务长领导评分 x_5、空乘负责人领导评分 x_6．

（a）建立 $E(y)$ 关于六个自变量的函数，写出一个完整的一阶模型．

（b）检验乘务长或空乘负责人（或两者）的领导评分在统计上是否有助于预测团队目标的实现．给出该检验的原假设和备择假设以及简化模型．

（c）将 $n = 60$ 名成功的机组人员的数据与这两个模型进行拟合，结果如下：$R^2 = 0.02$ 为简化模型，$R^2 = 0.25$ 为完整模型．仅基于此信息，就成功的机组人员的原假设给出意见．

（d）本文报道了用于比较两种成功机组人员模型的部分 F 检验的 p 值，结论是 $p < 0.05$．用 $\alpha = 0.05$ 你得出什么结论？

（e）将 $n = 24$ 名不成功的机组人员的数据与这两个模型进行拟合，结果如下：$R^2 = 0.14$ 为简化模型，$R^2 = 0.15$ 为完整模型．根据以上信息，对不成功机组人员的原假设给出意见．

（f）本文报道了用于比较两种不成功机组人员模型的部分 F 检验的 p 值为 $p > 0.10$．用 $\alpha = 0.05$，你的结论是什么？

BDYIMG

4.68　**电视真人秀和整容手术**．参考 *Body Image: An International Journal of Research*（March 2010）关于真人秀节目对整容手术意愿影响的研究，参见练习 4.12．回想一下，心理学家将整容手术意愿 y 关于性别 x_1、自尊 x_2、身体满意度 x_3 和对真人秀节目的印象 x_4 进行建模．心理学家理论上认为，人们对真人秀的印象 x_4 将"缓和"前三个自变量对人们进行整容手术的意愿所产生的影响，即 x_4 将与其他自变量之间存在交互作用．

（a）建立符合理论的模型方程 $E(y)$．

（b）将保存在文件中的数据与（a）小题的模型相拟合，并评估模型整体的效用．

（c）提出检验心理学家理论的原假设．

（d）对理论进行嵌套模型的 F 检验，并解释相应结论．

4.69　**在时间压力下的工作表现**．参考 *Academy of Management Journal*（October 2015）关于时间压力如何影响团队工作表现的研究，参见练习 4.55．回想一下，研究人员假设了一个完整的二阶模型，将团队表现 y 与感知时间压力 x_1 以及团队是否有一个有效的

领导者 (如果有,则 $x_2 = 1$;如果没有,则 $x_2 = 0$) 联系起来:

$$E(y) = \beta_0 + \beta_1 x_1 + \beta_2 x_1^2 + \beta_3 x_2 + \beta_4 x_1 x_2 + \beta_5 x_1^2 x_2$$

(a) 如何确定团队表现随时间压力的增长率取决于团队领导者的有效性?

(b) 在固定的时间压力下,如何确定拥有有效和无效团队领导者的平均团队表现是否不同?

4.70 员工对主管针对性攻击的研究. "兼职族" 指的是同时从事两份工作的人. 什么因素会影响兼职族对其主管的态度具有攻击性? 这是 *Journal of Applied Psychology* (July 2005) 感兴趣的研究问题. 完成的问卷调查来自 $n = 105$ 个兼职员工,数据被用来拟合几个多元回归模型,用于研究员工对主管针对性攻击行为的得分 y. 下面给出了两个模型 (括号中有 R^2 值):

模型 1:

$$E(y) = \beta_0 + \beta_1 \text{(年龄)} + \beta_2 \text{(性别)} + \beta_3 \text{(第二份工作的不公平现象)} +$$
$$\beta_4 \text{(在第二份工作中辱骂主管)}$$

$(R^2 = 0.101)$

模型 2:

$$E(y) = \beta_0 + \beta_1 \text{(年龄)} + \beta_2 \text{(性别)} + \beta_3 \text{(第二份工作的不公平现象)} +$$
$$\beta_4 \text{(在第二份工作中辱骂主管)} + \beta_5 \text{(自尊)} + \beta_6 \text{(攻击史)} +$$
$$\beta_7 \text{(主要工作中的不公平现象)} + \beta_8 \text{(在主要工作中辱骂主管)}$$

$(R^2 = 0.555)$

(a) 解释模型的 R^2 值.

(b) 给出用于比较模型 1 和模型 2 拟合好坏的原假设和备择假设.

(c) 这两个模型是嵌套的吗? 解释一下.

(d) 通过嵌套 F 检验比较两种模型,得到 $F = 42.13$, p 值 < 0.001 . 你能从这些结果中得出什么结论?

(e) 假设第三个模型中会体现出自尊、攻击史、主要工作中的不公平现象和在主要工作中辱骂主管之间所有可能的交互作用,试写出该模型 (模型 3) 的方程.

(f) 比较模型 2 和模型 3 的嵌套 F 检验结果得出 p 值 > 0.10 . 你能从这个结果中得出什么结论?

🎱 **GASTURBINE**

4.71 燃气轮机冷却方法. 参考 *Journal of Engineering for Gas Turbines and Power* (January 2005) 关于燃气轮机发动机高压进气雾化方法的研究,见练习 4.15. 考虑燃气轮机的热耗率 (千焦 / 千瓦时) 模型关于转速 (每分钟转数) 和循环压力比的函数. 数据保存在 GASTURBINE 文件中.

(a) 为热耗率 y 建立一个完整的二阶模型.

(b) 提出检验完整二阶模型中曲率项对预测热耗率 y 是否在统计意义上有用的原假设和备择假设.

(c) 对 (b) 小题的检验，确定"完整"和"简化"模型．

(d) 上图显示了这两个模型的 MINITAB 输出结果．在输出结果上找出 SSE_R，SSE_C 和 MSE_C 的值．

(e) 计算 (b) 小题检验统计量的值．

(f) 计算 (b) 小题检验的拒绝域 $(\alpha = 0.10)$．

(g) 结合实际阐述检验结论．

COMPLETE MODEL

Analysis of Variance

Source	DF	Adj SS	Adj MS	F-Value	P-Value
Regression	5	148526859	29705372	93.55	0.000
Error	61	19370350	317547		
Total	66	167897208			

Model Summary

S	R-sq	R-sq(adj)
563.513	88.46%	87.52%

Coefficients

Term	Coef	SE Coef	T-Value	P-Value
Constant	15583	1143	13.63	0.000
RPM	0.078	0.110	0.71	0.481
CPRATIO	−523	103	−5.06	0.000
RPM_CPR	0.00445	0.00558	0.80	0.428
RPMSQ	−0.000000	0.000002	−0.09	0.927
CPRSQ	8.84	2.16	4.09	0.000

Regression Equation

HEATRATE = 15583 + 0.078 RPM − 523 CPRATIO + 0.00445 RPM_CPR − 0.000000 RPMSQ + 8.84 CPRSQ

REDUCED MODEL

Analysis of Variance

Source	DF	Adj SS	Adj MS	F-Value	P-Value
Regression	3	142586570	47528857	118.30	0.000
Error	63	25310639	401756		
Total	66	167897208			

Model Summary

S	R-sq	R-sq(adj)
633.842	84.92%	84.21%

Coefficients

Term	Coef	SE Coef	T-Value	P-Value
Constant	12065	419	28.83	0.000
RPM	0.1697	0.0347	4.89	0.000
CPRATIO	−146.1	26.7	−5.48	0.000
RPM_CPR	−0.00242	0.00312	−0.78	0.440

Regression Equation

HEATRATE = 12065 + 0.1697 RPM − 146.1 CPRATIO − 0.00242 RPM_CPR

练习 4.71 的 MINITAB 输出结果

WHEATRNA

4.72 **小麦基因 RNA 分析 .** 参考 *Electronic Journal of Biotechnology*（April 15, 2004）对小麦基因 RNA 的研究，参见练习 4.64. 回想一下，我们使用回归模型来模拟转录本拷贝数 y（以千为单位）关于提取 RNA 的比例 x_1 和基因克隆类型的函数，基因克隆类型用虚拟变量 x_2 =（如果是 MnSOD，$x_2 = 1$；如果是 PLD，$x_2 = 0$）来表示．将二阶模型 $E(y) = \beta_0 + \beta_1 x_1 + \beta_2 x_1^2 + \beta_3 x_2 + \beta_4 x_1 x_2 + \beta_5 x_1^2 x_2$ 与保存在 WHEATRNA 文件中的数据相拟合．

（a）在练习 4.64（c）中，进行 t 检验来确定转录本拷贝数 y 是否与 RNA 的比例 x_1 呈曲线相关．解释为什么建议使用嵌套模型 F 检验来检验模型中的曲率．

（b）提出（a）小题 F 检验的原假设和备择假设．

（c）参见（b）小题．检验结果（F 值和 p 值）在 SPSS 输出结果的顶部高亮显示．你的结论是什么？

（d）使用 SPSS 输出结果中显示的 SSE 值验证（c）小题的检验统计量．

Model Summary

Model	R	R Square	Adjusted R Square	Std. Error of the Estimate	R Square Change	F Change	df1	df2	Sig. F Change
1	.993[a]	.986	.983	54.412	.986	417.052	5	30	.000
2	.993[b]	.986	.984	52.788	.000	.060	2	32	.942

a. Predictors: (Constant), X1SQX2, X1, X2, X1SQ, X1X2

b. Predictors: (Constant), X1, X2, X1X2

ANOVA[a]

Model		Sum of Squares	df	Mean Square	F	Sig.
1	Regression	6173670.293	5	1234734.059	417.052	.000[b]
	Residual	88818.679	30	2960.623		
	Total	6262488.972	35			
2	Regression	6173317.827	3	2057772.609	738.453	.000[c]
	Residual	89171.145	32	2786.598		
	Total	6262488.972	35			

a. Dependent Variable: Y

b. Predictors: (Constant), X1SQX2, X1, X2, X1SQ, X1X2

c. Predictors: (Constant), X1, X2, X1X2

练习 4.72 的 SPSS 输出结果

4.73 **买方与卖方分析师的盈利预测 .** 参考 *Financial Analysts Journal* (July/August 2008) 对买方和卖方分析师收益预测的比较，参见练习 4.61. 回想一下，哈佛商学院的教授们使用回归模型对分析师 3 个月预测的相对乐观程度 y 进行了建模，如果分析师为买方公司工作，则 $x_1 = 1$；如果分析师为卖方公司工作，则 $x_1 = 0$；$x_2 =$ 预测时和财政年度结束之间的天数（即预测的时间跨度）．考虑完整的二阶模型

$$E(y) = \beta_0 + \beta_1 x_1 + \beta_2 x_2 + \beta_3 x_1 x_2 + \beta_4 x_1^2 + \beta_5 x_1 x_2^2$$

（a）什么原假设可以检验模型中的二次项在统计上是否对预测相对乐观程度 y 有用？

（b）写出（a）小题的完整模型和简化模型.

（c）什么原假设可以检验模型中的交互项在统计上是否对预测相对乐观程度 y 有用？

（d）写出（c）小题的完整模型和简化模型.

（e）什么原假设可以检验模型中的虚拟变量项在统计上是否对预测相对乐观程度 y 有用？

（f）写出（e）小题的完整模型和简化模型.

4.74 **随和性、性别和工资.** 随和的人是否比工作中不那么随和的人平均工资低？男性和女性之间的这种差距更大吗？这些问题发表在 *Journal of Personality and Social Psychology* (February 2012) 上. 在参加美国中年发展研究的个人样本中，对每个人都测量了一些变量. 其中三个变量是：（1）随和程度分数（分数越高表示随和程度越高）；（2）性别（男性或女性）；（3）年收入（美元）. 研究人员建立平均收入 $E(y)$ 关于随和程度得分 x_1 和性别虚拟变量 x_2（男性为 $x_2=1$，女性为 $x_2=0$）的函数模型. 100 人的样本数据（根据研究中提供的数据进行模拟）保存在 WAGEGAP 文件中. 前 10 个观察结果如下表所示.

（a）假设研究人员理论上认为，对于任何一种性别，收入都会随着随和程度得分的增加而减少. 因此，他们想要拟合一个二阶模型 $E(y)=\beta_0+\beta_1 x_1+\beta_2 x_1^2+\beta_3 x_2$. 如果研究人员的想法是正确的，那么模型中的 β_2 是正的还是负的？

（b）绘制（a）小题模型的草图，显示性别对收入和随和程度得分之间关系的影响.

（c）建立一个完整的 $E(y)$ 关于 x_1 和 x_2 函数的二阶模型.

（d）绘制（c）小题模型的草图，显示性别对收入和随和程度得分之间关系的影响.

（e）为比较（a）小题和（c）小题这两个模型，你会提出何种原假设？

（f）将模型与保存在 WAGEGAP 文件中的示例数据进行拟合，并对（e）小题中提出的假设进行检验. 你的结论是什么 $(\alpha=0.10)$？

WAGEGAP（前 10 个数据）

收入（美元）	随和程度得分	性别	收入（美元）	随和程度得分	性别
44 770	3.0	1	43 730	3.8	1
51 480	2.9	1	48 330	3.2	1
39 600	3.3	1	25 970	2.5	0
24 370	3.3	0	17 120	3.5	0
15 460	3.6	0	20 140	3.2	0

4.75 **预测金属钻头的推力.** 在 *Frontiers in Automobile and Mechanical Engineering* (November 2010) 上，建立了一个模型来预测钻头钻进混合金属复合材料时的推力. 与推力相关的三个变量是主轴转速（每分钟转数）、进给速度（毫米/分钟）和复合材料中碳化硅的比重（百分比）. 收集以上三个变量在两个水平时的实验数据：转速（1 000 转每分钟和 3 000 转每分钟）、速度（50 毫米/分钟和 150 毫米/分钟）和比重（5% 和 15%）. 对于每一种组合，都要测量并记录钻头的推力（牛）. 数据（改编自文章中的信息）如下表所示.

(a) 写出推力关于转速、进给速度和比重的函数的交互模型方程. 模型中包含所有可能的双变量交互项.

(b) 给出模型参数（斜率）的函数，表示进给速度固定在 50 毫米 / 分钟，转速固定在 1 000 转每分钟时，每增加 1% 的比重，推力的变化量.

(c) 给出模型参数（斜率）的函数，表示进给速度固定在 150 毫米 / 分钟，转速固定在 1 000 转每分钟时，每增加 1% 的比重，推力的变化量.

(d) 使用统计软件将数据与（a）小题交互模型进行拟合，求出最小二乘预测方程.

(e) 提出假设来检验交互作用项在统计上是否有助于预测推力 ($\alpha = 0.05$).

💿 **DRILLMETAL**

实验	转速	进给速度	比重	推力	实验	转速	进给速度	比重	推力
1	1 000	50	5	510	9	1 000	50	5	500
2	3 000	50	5	540	10	3 000	50	5	545
3	1 000	150	5	710	11	1 000	150	5	720
4	3 000	150	5	745	12	3 000	150	5	730
5	1 000	50	15	615	13	1 000	50	15	600
6	3 000	50	15	635	14	3 000	50	15	615
7	1 000	150	15	810	15	1 000	150	15	825
8	3 000	150	15	850	16	3 000	150	15	840

4.14 完整案例分析

多元回归分析的基本要素已在 4.1 节～ 4.13 节中给出. 现在我们把这些要素组合起来应用到一个实际问题中.

在美国，商业承包商有竞标修建高速公路和公路的权利. 一个州的政府机构，通常是交通部（DOT），会通知各个承包商该州打算修建高速公路. 密封投标由承包商提交，出价最低（建筑成本）的承包商获得道路施工合同. 投标过程在竞争激烈的市场中非常有效，但如果市场是非竞争的或存在串通行为，则有可能增加建设成本. 后者发生在 20 世纪 70 年代和 80 年代的佛罗里达州. 许多承包商承认价格操纵或被判犯有价格欺诈罪（即通过操纵投标或其他方式将建筑成本设定在公平或竞争成本之上）.

在本节中，我们将多元回归应用于从佛罗里达州司法部长办公室获得的数据集. 我们的目标是建立和检验一个模型的充分性，该模型旨在预测佛罗里达州使用密封投标系统中标的道路施工合同的成本 y.

步骤 1 根据几位道路施工和投标操纵专家的意见，合同成本 y 的两个重要预测因子是 DOT 工程师对成本的估计 x_1 和投标合同的操纵或竞争状态 x_2. 由于 x_2 是一个定性变量，我们建立了一个虚拟变量：

$$x_2 = \begin{cases} 1, & \text{如果是操纵的} \\ 0, & \text{如果是竞争的} \end{cases}$$

⊙ FLAG

对于 $n = 235$ 份合同样本，这两个预测因子和合同成本的数据保存在名为 FLAG 的文件中．合同成本 y 和 DOT 工程师对成本的估计 x_1 均以 100 000 美元为单位记录．

步骤 2 在第 5 章中，我们了解到一个好的初始选择是完整的二阶模型，对于一个定量变量 x_1 和一个定性变量 x_2，模型具有以下形式：

$$E(y) = \beta_0 + \beta_1 x_1 + \beta_2 x_1^2 + \beta_3 x_2 + \beta_4 x_1 x_2 + \beta_5 x_1^2 x_2$$

完整二阶模型的 SAS 输出结果如图 4.24 所示．输出结果的阴影部分显示的 β 估计值产生以下最小二乘预测方程：

$$\hat{y} = -0.029\ 75 + 0.915\ 53x_1 + 0.000\ 072x_1^2 - 0.367\ 24x_2 + 0.324\ 21x_1 x_2 - 0.003\ 58x_1^2 x_2$$

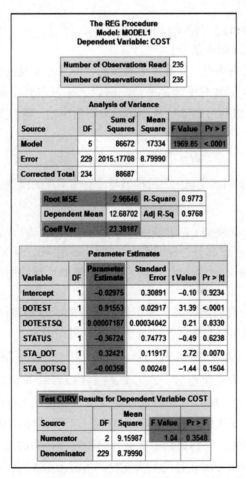

图 4.24 道路成本的完整二阶模型的 SAS 输出结果

步骤 3 在我们对模型的充分性进行推断之前，我们应该确保满足随机误差 ε 的标准回归假设．对于给定的 x_1 和 x_2 值，随机误差 ε 服从均值为 0，常数方差为 σ^2 的正态分布，并且是独立的. 我们将在第 8 章学习如何检验这些假设. 目前, 我们对估计 σ 和解释它的值感到满意.

图 4.24 中阴影部分所示的 s 值为 $s = 2.97$. 我们的解释是, 完整的二阶模型可以预测合同成本在其真实值的 $2s = 5.94$ 的范围内.

这是一个合理的潜在预测误差吗? DOT 可以通过检验变异系数来测量 s 的大小. 变异系数的值 (图 4.24 中阴影部分显示) 表明, s 与样本平均合同成本之比为 23%. 这个相对较高的比例是一个预警, 该模型生成的合同成本预测区间可能被认为范围太大而不能实际使用.

步骤 4 为了检验完整二阶模型的统计充分性, 我们进行方差分析 F 检验. 检验的内容如下:

$H_0:$ $\beta_1 = \beta_2 = \beta_3 = \beta_4 = \beta_5 = 0$

$H_a:$ 至少一个 $\beta \neq 0$

检验统计量: $F = 1\,969.85$ (图 4.24 阴影部分)

p 值 $< 0.000\,1$ (图 4.24 阴影部分)

结论: 极小的 p 值表明该模型在统计上对预测合同成本 y 是充分的 ($\alpha = 0.01$).

模型中的所有项是否都具有统计显著性? 例如, 是否需要在模型中包括曲率项 $\beta_2 x_1^2$ 和 $\beta_5 x_1^2 x_2$? 如果不需要, 可以通过删除这些曲率项来简化模型. 我们要检验的假设是

$$H_0:\ \beta_2 = \beta_5 = 0$$

$$H_a:\ 至少一个曲率 \beta 不为零$$

为了检验这个 β 的子集, 我们将完整的二阶模型与没有曲率项的模型进行了比较. 简化模型为

$$E(y) = \beta_0 + \beta_1 x_1 + \beta_3 x_2 + \beta_4 x_1 x_2$$

这个嵌套模型 (或部分嵌套模型) F 检验的结果显示在 SAS 输出结果的底部, 如图 4.24 所示. 检验统计量和 p 值 (阴影部分) 分别为 $F = 1.04$, p 值 $= 0.354\,8$. 由于 p 值大于 $\alpha = 0.01$, 我们不能拒绝 H_0. 也就是说, (当 $\alpha = 0.01$ 时) 没有足够的证据表明曲率项是合同成本 y 的有用预测因子.

部分 F 检验的结果使我们选择简化模型作为较好的成本预测因子. 简化模型的 SAS 输出结果如图 4.25 所示. 输出结果中显示的最小二乘预测方程为

$$\hat{y} = -0.064\,29 + 0.921\,34 x_1 + 0.286\,71 x_2 + 0.163\,28 x_1 x_2$$

注意, 我们不能进一步简化模型. 交互项 $\beta_3 x_1 x_2$ 的 t 检验非常显著 (图 4.25 中阴影部分显示 p 值 $< 0.000\,1$). 因此, 我们的合同成本最佳模型提出了 DOT 工程师对成本的估计 x_1 和合同状态 x_5 之间存在交互作用, 但成本和 DOT 工程师对成本的估计之间只有线性关系.

为了证明交互项的影响, 我们找到了操纵合同和竞争合同的最小二乘直线.

竞争 $(x_2 = 0)$: $\hat{y} = -0.064\,29 + 0.921\,34 x_1 + 0.286\,71(0) + 0.163\,28 x_1(0)$

$\qquad\qquad = -0.064\,29 + 0.921\,34 x_1$

操纵 $(x_2 = 1)$: $\hat{y} = -0.064\,29 + 0.921\,34 x_1 + 0.286\,71(1) + 0.163\,28 x_1(1)$

$\qquad\qquad = 0.222\,42 + 1.084\,62 x_1$

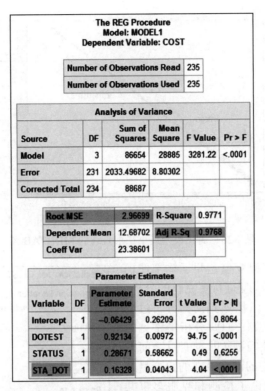

图 4.25　道路成本简化模型的 SAS 输出结果

简化模型的最小二乘直线图如图 4.26 所示．可以看到，该模型提出了两条具有不同斜率的直线（一条用于操纵合同，另一条用于竞争合同）．计算和解释与 y 和 x_1 有关的直线的估计斜率如下：

竞争合同 $(x_2 = 0)$：估计斜率 $\hat{\beta}_1 = 0.921$ 表示，对于 DOT 估计值每增加 100 000 美元，我们估计合同成本将增加 92 100 美元．

操纵合同 $(x_2 = 1)$：估计斜率 $\hat{\beta}_1 + \hat{\beta}_4 = 0.921 + 0.163 = 1.084$ 表示，对于 DOT 估计值每增加 100 000 美元，我们估计合同成本将增加 108 400 美元．

在决定使用交互模型进行估计或预测之前（步骤 5），我们应该检查模型的 R_a^2 和 s．$R_a^2 = 0.976\,8$（图 4.25 中阴影部分）表明，该模型可以"解释"建筑成本样本中近 98% 的变化．s 值（也是阴影部分）意味着我们可以使用该模型预测建筑成本在其真实值的 $2s = 2(2.97) = 5.94$ 之内．虽然调整后的 R^2 值很高，但较大的 $2s$ 值表明模型的预测能力可以通过增加自变量得到提高．

步骤 5　交互（简化）模型的部分 MINITAB 输出结果如图 4.27 所示．当 DOT 估计值为 1 386 290 美元 $(x_1 = 13.862\,9)$ 且合同为操纵合同 $(x_2 = 1)$ 时，阴影部分给出了合同成本的 95% 预测区间．对于具有这些特点的合同，我们有 95% 的信心预计成本将在 93.4 万美元至 211.8 万美元之间．

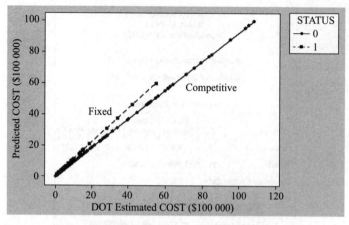

图 4.26 简化模型最小二乘直线的 MINITAB 图

注意，在我们推荐佛罗里达州运输部使用该模型之前，需要对该模型进行更完整的分析. 随后的章节将本章的方法扩展到回归分析过程中遇到的特殊应用和问题. 回归分析最常见的问题之一是多重共线性问题（即自变量之间的相关性）. 交通部所考虑的许多潜在的自变量是高度相关的. 第 7 章讨论了检测和克服多重共线性的方法以及其他问题. 回归分析的另一个方面是残差分析（即 y 的观测值和预测值之间的偏差）. 残差分析（第 8 章）可能表明 DOT 数据不符合 4.2 节的假设，并可能需要用适当的方法修改合同成本模型.

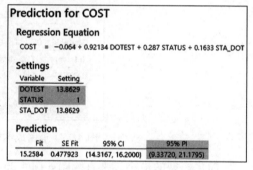

图 4.27 MINITAB 输出结果显示成本的 95% 预测区间

快速总结 / 指南

关键公式

带有 k 个自变量的模型的 σ^2 估计量

$$s^2 = \mathrm{MSE} = \frac{\mathrm{SSE}}{n-(k+1)}$$

检验 H_0：β_i 的检验统计量

$$t = \frac{\hat{\beta}_i}{s_{\hat{\beta}_i}}$$

参数 β_i 的 $100(1-\alpha)\%$ 置信区间

$\hat{\beta}_i \pm (t_{\alpha/2})s_{\hat{\beta}_i}$，其中 $t_{\alpha/2}$ 基于 $n-(k+1)$ 个自由度

多重判定系数 R^2

$$R^2 = \frac{\mathrm{SS}_{yy} - \mathrm{SSE}}{\mathrm{SS}_{yy}}$$

调整后的多重判定系数 R_a^2

$$R_a^2 = 1 - \left[\frac{n-1}{n-(k+1)}\right](1-R^2)$$

检验 H_0：$\beta_1 = \beta_2 = \cdots = \beta_k = 0$ 的检验统计量

$$F = \frac{\mathrm{MS(模型)}}{\mathrm{MSE}} = \frac{R^2/k}{(1-R^2)/[n-(k+1)]}$$

用于比较简化模型和完整模型的检验统计量

$$F = \frac{(\text{SSE}_R - \text{SSE}_C)/\text{被检验的参数}\beta\text{的个数}}{\text{MSE}_C}$$

关键符号

x_1^2	一个定量 x 的二次形式
$x_1 x_2$	交互作用项
MSE	均方误差（σ^2的估计值）
$\hat{\varepsilon}$	随机误差估计值（残差）
SSE_R	（简化模型的）误差平方和
SSE_C	（完整模型的）误差平方和
MSE_C	（完整模型的）均方误差
$\ln(y)$	因变量的自然对数

关键思想

多元回归变量

$y = $ 因变量（定量）

$x_1, x_2, \cdots, x_k$ 为自变量（定量或定性）

k 个定量 x 的一阶模型

$$E(y) = \beta_0 + \beta_1 x_1 + \beta_2 x_2 + \cdots + \beta_k x_k$$

保持所有其他 x 不变时，β_i 表示每增加 1 单位的 x_i，y 的变化量.

2 个定量 x 的交互模型

$$E(y) = \beta_0 + \beta_1 x_1 + \beta_2 x_2 + \beta_3 x_1 x_2$$

$(\beta_1 + \beta_3 x_2)$ 表示 x_2 固定时，x_1 每增加 1 单位，y 的变化量.

$(\beta_2 + \beta_3 x_1)$ 表示 x_1 固定时，x_2 每增加 1 单位，y 的变化量.

1 个定量 x 的二次模型

$$E(y) = \beta_0 + \beta_1 x + \beta_2 x^2$$

β_2 表示 x 的曲率

（$\beta_2 > 0$ 表示向上凹）

（$\beta_2 < 0$ 表示向下凹）

2 个定量 x 的完整二阶模型

$$E(y) = \beta_0 + \beta_1 x_1 + \beta_2 x_2 + \beta_3 x_1 x_2 + \beta_4 x_1^2 + \beta_5 x_2^2$$

保持 x_2 固定时，β_4 表示 x_1 的曲率.

保持 x_1 固定时，β_5 表示 x_2 的曲率.

1 个定性 x 的虚拟变量模型

$$E(y) = \beta_0 + \beta_1 x_1 + \beta_2 x_2 + \cdots + \beta_{k-1} x_{k-1}$$

$x_1 = \{1$，如果是水平 1；0，如果不是水平 1$\}$

$x_2 = \{1$，如果是水平 2；0，如果不是水平 2$\}$

$x_{k-1} = \{1$，如果是水平 $k-1$；0，如果不是水平 $k-1\}$

$\beta_0 = $ 水平 k（基准水平）的 $E(y) = \mu_k$

$\beta_1 = \mu_1 - \mu_k$

$\beta_2 = \mu_2 - \mu_k$

定量 x 的乘法模型

$$E\{\ln(y)\} = \beta_0 + \beta_1 x_1 + \beta_2 x_2 + \cdots + \beta_k x_k$$

$(e^{\beta_i} - 1)$ 代表了 x_i 每增加 1 单位，y 变化的百分比

调整后的判定系数 R_a^2

不能通过向模型添加自变量而使其"强制"为 1.

x_1 和 x_2 之间的交互作用

表示 y 和一个 x 之间的关系依赖于另一个 x.

精简模型

带有少量参数 β 的模型.

评估模型充分性的建议

1. 进行全局 F 检验，如果结果显著，则进行下列步骤.

2. 只对最重要的 β（交互项或平方项）进行 t 检验.

3. 解释 $2s$ 的值.

4. 解释 R_a^2 的值.

检验单个参数 β 的建议

1. 如果曲率 x^2 被认为是重要的，那么不要在模型中对一阶项 x 进行检验.

2. 如果交互作用 $x_1 x_2$ 被认为是重要的，

那么不要对模型中的一阶项 $(x_1$ 和 $x_2)$ 进行检验.

外推法

当你为超出样本数据范围的 x 值预测 y 值时发生.

嵌套模型

其中一个模型（完整模型）包含另一个模型（简化模型）的所有项以及至少一个额外的项.

多元回归指南

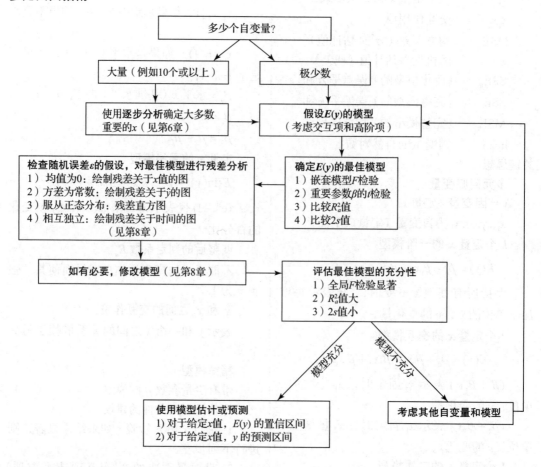

补充练习

4.76 **回归中置信区间的宽度**. 回归模型拟合一组数据后，给定自变量的情况下，y 均值的置信区间总是比 y 特定值的预测区间窄. 为什么？

4.77 **雨水的化学成分**. 阿伯丁大学（苏格兰）的研究人员开发了一个统计模型来估计水的化学成分 (*Journal of Agricultural, Biological, and Environmental Statistics*, March 2005). 某次暴雨后所采集的水样中的硝酸盐浓度 y（毫克/升）被建模成关于水源（地下水、地下水流或地上水流）的函数.

（a）建立包含一个定性自变量的 $E(y)$ 函数模型.

（b）写出（a）小题模型中每一个参数 β 的解释.

4.78　提高 SAT 分数. *Chance*（Winter 2001）发表了一项研究，研究对象是那些为提高学业评估考试（SAT）成绩而支付私人辅导费用的学生. 采用多元回归法评估辅导对 SAT 数学分数的影响. 利用 3 492 名学生（其中 573 名接受过辅导）的数据拟合模型 $E(y) = \beta_0 + \beta_1 x_1 + \beta_2 x_2$，其中 y = SAT 数学分数，x_1 = PSAT 分数，x_2 =（如果接受过辅导则为 1；如果没有则为 0）.

（a）拟合模型调整后的 R^2 值为 0.76，请加以解释.

（b）模型中 β_2 的估计值为 19，标准误差为 3. 利用这些信息计算 β_2 的 95% 置信区间，并加以解释.

（c）根据（b）小题的置信区间，你能说明私人辅导对 SAT 数学分数有影响吗？

（d）建立一个备选模型，研究者添加了几个"控制"变量，包括学生种族的虚拟变量 x_3，x_4 和 x_5，社会经济地位指数变量 x_6，高中成绩的两个变量 x_7 和 x_8，高中数学课程数量 x_9 和数学课程总体平均绩点 x_{10}. 写出备选模型 $E(y)$ 的函数方程.

（e）写出比较初始模型和备选模型的嵌套模型 F 检验的原假设.

（f）对（e）小题的嵌套模型进行 F 检验，当 $\alpha = 0.05$ 时在统计上具有显著性，解释该结果.

（g）从（d）小题中的备选模型得出 $R_a^2 = 0.79$，$\hat{\beta}_2 = 14$，$s_{\hat{\beta}_2} = 3$. 请解释 R_a^2 的意义.

（h）根据（g）小题，计算并解释 β_2 的 95% 置信区间.

（i）研究人员得出结论，"当控制变量添加到模型中时，SAT 辅导的估计效果较初始模型有所降低."你同意吗？证明你的结论.

（j）研究者修正（d）小题的模型，添加了变量 x_2 和模型中其他自变量之间所有可能的交互作用. 写出该模型的 $E(y)$ 函数方程.

（k）写出比较（d）小题和（j）小题中模型的原假设. 将如何进行这个检验？

4.79　安装锅炉汽包. 在生产设施中，准确估计完成任务所需的时间，对于管理层做出诸如雇佣适当数量工人、准确地给出客户报价的截止日期或有关预算的成本分析决策等决策至关重要. 锅炉汽包制造商希望使用回归模型来预测在未来项目中安装汽包所需的小时数. 35 台锅炉的数据被收集，包含小时数 y，锅炉容量 x_1（千磅 / 小时）、锅炉设计压力 x_2（磅 / 平方英寸）、锅炉类型 x_3（工业现场安装时 $x_3 = 1$，公用设施现场安装时 $x_3 = 0$）和汽包类型 x_4（蒸汽类 $x_4 = 1$，泥浆类 $x_4 = 0$）. 数据保存在 BOILERS 文件中. 模型 $E(y) = \beta_0 + \beta_1 x_1 + \beta_2 x_2 + \beta_3 x_3 + \beta_4 x_4$ 的 MINITAB 输出结果显示在下面.

（a）对模型全局效用进行检验（$\alpha = 0.01$）.

（b）在 MINITAB 输出结果的底部显示了 $E(y)$ 的 95% 置信区间和 $x_1 = 150, x_2 = 500, x_3 = 1$ 和 $x_4 = 0$ 时，y 的 95% 预测区间. 解释这两个区间.

（c）根据（b）小题计算结果，如果你想估计所有容量为 15 万磅 / 小时、设计压力为 500 磅 / 平方英寸的工业泥浆锅炉的平均安装时间，你会采用哪一种区间？

⊙ **BOILERS**（前5条和后5条数据）

小时 y	锅炉容量 x_1	设计压力 x_2	锅炉类型 x_3	汽包类型 x_4
3 137	120	375	1	1
3 590	65	750	1	1
4 526	150	500	1	1
10 825	1 073	2 170	0	1
4 023	150	325	1	1
⋮	⋮	⋮	⋮	⋮
4 206	441	410	1	0
4 006	441	410	1	0
3 728	627	1 525	0	0
3 211	610	1 500	0	0
1 200	30	325	1	0

资料来源：Dr. Kelly Uscategui, University of Connecticut.

Analysis of Variance

Source	DF	Adj SS	Adj MS	F-Value	P-Value
Regression	4	230856767	57714192	72.12	0.000
Error	31	24807847	800253		
Total	35	255664615			

Model Summary

S	R-sq	R-sq(adj)
894.569	90.30%	89.04%

Coefficients

Term	Coef	SE Coef	T-Value	P-Value
Constant	−3784	1205	−3.14	0.004
Capacity	8.749	0.903	9.68	0.000
Pressure	1.927	0.649	2.97	0.006
Boiler	3444	912	3.78	0.001
Drum	2093	306	6.85	0.000

Regression Equation

Man-HRs = −3784 + 8.749 Capacity + 1.927 Pressure + 3444 Boiler + 2093 Drum

Settings

Variable	Setting
Capacity	150
Pressure	500
Boiler	1
Drum	0

Prediction

Fit	SE Fit	95% CI	95% PI
1936.39	239.147	(1448.65, 2424.14)	(47.8402, 3824.95)

练习 4.79 的 MINITAB 输出结果

4.80　紧急救援人员悲伤. *Journal of Consulting and Clinical Psychology* 报道了一项针对旧

金山地震中 I-880 高速公路坍塌事故的紧急救援（EMS）的工作人员的研究. 本研究的目的是确定 EMS 工作人员悲伤症状的预测因子. 量化悲伤的方法之一是整体症状指数（GSI）. 基于以下自变量，考虑关于 GSI（即 y）的几种模型：

$x_1 =$ 临界事故暴露量表（CIE）

$x_2 =$ 霍根性格调查表 – 调整量表（HPI-A）

$x_3 =$ 经验年限（EXP）

$x_4 =$ 控制源量表（LOC）

$x_5 =$ 社会支持量表（SS）

$x_6 =$ 分离体验量表（DES）

$x_7 =$ 创伤周围分离体验问卷，自我报告（PDEQ-SR）

（a）写出 $E(y)$ 关于前五个自变量 x_1 至 x_5 的一阶函数模型.

（b）将 147 名 EMS 工作人员的数据与（a）小题的模型进行拟合，得到 $R^2 = 0.469$，$F = 34.47$，p 值 < 0.001，请加以解释.

（c）写出 $E(y)$ 关于七个自变量 x_1 至 x_7 的一阶函数模型.

（d）根据（c）小题的模型得到 $R^2 = 0.603$，请加以解释.

（e）对 DES 和 PDEQ-SR 变量进行 t 检验均得到 p 值为 0.001，请加以解释.

4.81 **装有催化转换器的汽车**. 将二次模型应用于墨西哥城近 15 年来收集的机动车有毒排放数据（*Environmental Science and Engineering*, September 1, 2000）. 以下方程用于预测墨西哥城第 x 年不带催化转换器的机动车辆百分比 y：$\hat{y} = 325\,790 - 321.67x + 0.794x^2$.

（a）解释为什么 $\hat{\beta}_0 = 325\,790$ 的值没有实际意义.

（b）解释为什么 $\hat{\beta}_1 = -321.67$ 的值不应解释为斜率.

（c）检验 $\hat{\beta}_2$ 的值，以确定样本数据中曲线的性质（开口向上或向下）.

（d）研究人员利用该模型估计"2021 年之后，装有催化转换器的汽车将完全消失". 解释使用该模型预测 2021 年机动车辆百分比 y 的风险性.

4.82 **无意识的自尊研究**. 心理学家将内隐自尊定义为无意识评估自身价值. 相反，外显自尊指的是一个人有意识地评估自身有价值的程度. 发表在 *Journal of Articles in Support of the Null Hypothesis* (March 2006) 杂志上的一篇文章调查了内隐自尊是否真的是无意识的. 257 名大学生完成了一份旨在测量内隐自尊和外显自尊的问卷调查. 因此，分别得到内隐自尊得分 x_1 和外显自尊得分 x_2（注：分数越高表示自尊水平越高）. 此外，为了获得每个受试者对自身内隐自尊水平的估计，还进行了第二份问卷调查，这被称为估计内隐自尊 x_3. 最后，研究人员计算了两种评估内隐自尊准确性的指标：$y_1 = (x_3 - x_1)$ 和 $y_2 = |x_3 - x_1|$.

（a）研究人员拟合交互模型 $E(y_1) = \beta_0 + \beta_1 x_1 + \beta_2 x_2 + \beta_3 x_1 x_2$. 交互项 β_3 的 t 检验"无显著性"，p 值 > 0.10. 而 β_1 和 β_2 的 t 检验均具有统计显著性（p 值 < 0.001）. 请解释此结果.

（b）研究人员也拟合交互模型 $E(y_2) = \beta_0 + \beta_1 x_1 + \beta_2 x_2 + \beta_3 x_1 x_2$. 交互项 β_3 的 t 检验"显著"，p 值 < 0.001. 请解释此结果.

4.83 **虐童的研究报告**. 法律规定，有执照的治疗师必须报告他们的客户虐待儿童的情况. 这就要求治疗师违反保密原则，可能会失去客户的信任. 对注册心理治疗师进行了一项全国性的调查，以调查客户对法定儿童虐待报告的反应（*American Journal of Orthopsychiatry*, January 1997）. 该样本由 303 名治疗师组成，他们曾提交其客户的虐待儿童报告. 研究人员的研究目的是找到客户对报告反应 y 的最佳预测因子，其中 y 是用 30 分制来量化的（数值越高，客户对报告的反应越好）. 这里列出了具有最佳预测能力的自变量：

x_1 = 治疗师年龄（岁）

x_2 = 治疗师性别（1 表示男，0 表示女）

x_3 = 治疗师角色紧张程度（25 分制）

x_4 = 客户与治疗师之间关系强度（40 分制）

x_5 = 案例类型（1 表示家庭，0 不是家庭）

x_1x_2 = 年龄与性别的交互作用

（a）建立 y 关于以上 5 个自变量的一阶函数模型.

（b）提出检验客户与治疗师之间关系的强度 x_4 对模型存在贡献信息的原假设.

（c）（b）小题的检验统计量为 $t = 4.408$，相关 p 值为 0.001，请解释此结果.

（d）x_1x_2 交互项的估计系数 β 为正且非常显著（$p < 0.001$）. 根据其他研究者的观点，"这种交互作用表明……随着治疗师年龄的增长，……男性治疗师比女性治疗师更不容易得到客户的负面反应."你同意吗？

（e）根据这个模型得出 $R^2 = 0.2946$，请解释此结果.

4.84 **暴力的漫画**. 尽管报纸上的漫画设计得很有趣味性，但通常会引起读者的敌意、痛苦或攻击性，尤其是那些暴力的漫画. *Motivation and Emotion*, Vol. 10, 1986 中的一项研究为了确定漫画中的暴力与攻击性或痛苦之间的关系. 一组志愿者（心理学学生）从三个维度对报纸上 32 幅暴力漫画（16 幅"Herman"和 16 幅"Far Side"漫画）进行了评分：

y = 趣味性（0= 无趣，…，9= 非常有趣）

x_1 = 痛苦（0= 无，…，9= 非常痛苦）

x_2 = 攻击性或敌意（0= 无，…，9= 很多敌意）

将每个维度的学生评分计算平均值，并对 $n = 32$ 个观察结果进行多元回归分析. 根据基本理论（称为倒 U 理论），即笑话的趣味性将在攻击性或痛苦低的时候增加，然后在攻击性或痛苦高的时候降低，提出以下二次模型：

模型 1：$E(y) = \beta_0 + \beta_1 x_1 + \beta_2 x_1^2$，$R^2 = 0.099$，$F = 1.60$

模型 2：$E(y) = \beta_0 + \beta_1 x_2 + \beta_2 x_2^2$，$R^2 = 0.100$，$F = 1.61$

（a）根据理论，两种模型中 β_2 应为正的还是负的？

（b）是否有足够的证据表明，痛苦 x_1 关于趣味性 y 的二次模型是有用的（$\alpha = 0.05$）？

（c）是否有足够的证据表明，攻击性或敌意 x_2 关于趣味性 y 的二次模型是有用的（$\alpha = 0.05$）？

4.85 **驱蚊剂的效用**. 哪种驱蚊剂对蚊子最有效？*Consumer Reports*（June 2000）测试了 14 种声称是有效驱蚊剂的产品. 每种产品都分为乳液 / 乳霜或气雾剂 / 喷雾. 每次使用该产品的成本, 通过该产品成本（以美元为单位）除以覆盖皮肤暴露部位所需的驱蚊剂的量（约 1/3 盎司）来计算. 驱蚊剂的有效性通过测试人员将他们的手臂暴露在 200 只蚊子面前时, 所提供的最大保护小时数（以半小时为单位递增）为量化标准. 数据列在下表中.

REPELLENT

驱蚊剂	驱蚊剂类型	使用成本（美元）	最大保护小时数
Amway Hourguard 12	乳液 / 乳霜	2.08	13.5
Avon Skin-So-Soft	气雾剂 / 喷雾	0.67	0.5
Avon Bug Guard Plus	乳液 / 乳霜	1.00	2.0
Ben's Backyard Formula	乳液 / 乳霜	0.75	7.0
Bite Blocker	乳液 / 乳霜	0.46	3.0
BugOut	气雾剂 / 喷雾	0.11	6.0
Cutter Skinsations	气雾剂 / 喷雾	0.22	3.0
Cutter Unscented	气雾剂 / 喷雾	0.19	5.5
Muskol Ultra 6 Hours	气雾剂 / 喷雾	0.24	6.5
Natrapel	气雾剂 / 喷雾	0.27	1.0
Off! Deep Woods	气雾剂 / 喷雾	1.77	14.0
Off! Skintastic	乳液 / 乳霜	0.67	3.0
Sawyer Deet Formula	乳液 / 乳霜	0.36	7.0
Repel Permanone	气雾剂 / 喷雾	2.75	24.0

资料来源："Buzz off," *Consumer Reports*, June 2000. Copyright 2000 by Consumers Union of U.S., Inc.Yonkers, NY 10703-1057, a nonprofit organization. Reprinted with permission from the June 2000 issue of Consumer Reports® for educational purposes only. No commercial use or reproduction permitted.

(a) 建立每次使用成本 y 关于驱蚊剂类型的函数模型, 为驱蚊剂类型创建适当数量的虚拟变量.
(b) 将数据与 (a) 小题的模型进行拟合.
(c) 提出检验驱蚊剂类型是否为每次使用成本 y 的有用预测因子的原假设.
(d) 进行 (c) 小题的检验, 并得出适当的结论 $(\alpha = 0.10)$.
(e) 如果因变量为最大保护小时数 y, 重复 (a) ～ (d) 小题.

4.86 **优化半导体材料加工**. 氟碳等离子体用于半导体材料的生产. 在 *Journal of Applied Physics*（December 1, 2000）上, 日本名古屋大学的电气工程师研究了氟碳等离子体的动力学用以优化加工材料. 在部分研究中, 我们测量了生产过程中产生的氟碳自由基在关闭射频电源后的不同时间点（以毫秒为单位）的表面生成速率. 数据如下表所示. 建立一个表面生成速率 y 关于时间 x 的模型.

RADICALS

表面生成速率	时间	表面生成速率	时间	表面生成速率	时间
1.00	0.1	0.00	1.1	−0.15	2.1
0.80	0.3	−0.05	1.3	−0.05	2.3
0.40	0.5	−0.02	1.5	−0.13	2.5
0.20	0.7	0.00	1.7	−0.08	2.7
0.05	0.9	−0.10	1.9	0.00	2.9

资料来源: Takizawa, K., et al. "Characteristics of C_3 radicals in high-density C_4F_8 plasmas studied by laser-induced fluorescence spectroscopy," *Journal of Applied Physics,* Vol. 88, No. 11, Dec. 1, 2000 (Figure 7). Reprinted with permission from Journal of Applied Physics. Copyright © 2000, American Institute of Physics.

（a）将数据绘制散点图. 你观察到什么趋势?

（b）将数据拟合二次模型, 写出最小二乘预测方程.

（c）是否有足够的证据表明表面生成速率与时间之间存在开口向上的曲线特性 $(\alpha = 0.05)$?

4.87 **利用二氧化碳提取原油.** 最有前途的原油开采方法之一是二氧化碳（CO_2）驱油技术. 当二氧化碳大量涌入油层时, 它会取代原油, 从而提高原油采收率. 在对 CO_2 驱油过程的微观研究中, 将流动管浸入含有一定量油的样品油袋中. 油袋中充满了二氧化碳, 并记录了油被排出的百分比. 实验在三种不同的流动压力和三种不同的倾斜角度下进行. 数据如下表所示.

（a）写出采收率 y 与压力 x_1 和倾斜的角度 x_2 之间的完整二阶模型.

（b）绘制样本数据的散点图, 纵轴为采收率 y, 横轴为压力 x_1. 把图中倾斜的角度 x_2 相同的点连接起来. 基于散点图, 你认为完整的二阶模型合适吗?

（c）用交互模型 $y = \beta_0 + \beta_1 x_1 + \beta_2 x_2 + \beta_3 x_1 x_2 + \varepsilon$ 来拟合数据, 写出该模型的预测方程.

（d）绘制一个类似于（b）小题的散点图, 但纵轴上使用交互模型所预测的数值. 比较这两个散点图, 你认为交互模型能有效地拟合和预测数据吗?

（e）检验模型的充分性 $(\alpha = 0.05)$.

（f）是否有证据表明压力 x_1 与倾斜的角度 x_2 之间存在交互作用 $(\alpha = 0.05)$?

CRUDEOIL

压力 x_1 (磅/平方英寸)	倾斜的角度 x_2 (度)	采收率 y (百分比)	压力 x_1 (磅/平方英寸)	倾斜的角度 x_2 (度)	采收率 y (百分比)
1 000	0	60.58	1 500	30	89.78
1 000	15	72.72	2 000	0	69.18
1 000	30	79.99	2 000	15	80.31
1 500	0	66.83	2 000	30	91.99
1 500	15	80.78			

资料来源: Wang, G. C. "Microscopic investigation of CO_2 flooding process," *Journal of Petroleum Technology,* Vol. 34, No. 8, Aug. 1982, pp. 1789–1797. Copyright © 1982, Society of Petroleum Engineers, American Institute of Mining. First published in *JPT,* Aug. 1982.

4.88 停下来，看一看，听一听. 当你听别人说话时，你会看哪里？研究人员发现，听众往往会盯着演讲者的眼睛或嘴唇. 在 *Perception and Psychophysics* (August 1998) 上发表的一项研究中，受试者观看了一段视频，视频中演讲者在社交聚会（如聚会）上发表了一系列简短的独白. 在听的过程中，背景噪音（多语言声音和音乐）的水平是不同的. 每个受试者都戴着一副透明的塑料护目镜，上面装有红外角膜探测系统，这样研究人员就可以监控受试者的眼球运动. 研究的一个响应变量是受试者眼睛注视演讲者嘴唇的时间比例.

(a) 研究人员想研究在四种不同噪声水平（无、低、中、高）下，$E(y)$ 的估计值. 假设一个模型，使研究人员可以获得这些估计值.

(b) 解释 (a) 小题模型中的参数 β.

(c) 检验在四种背景噪音水平下，注视演讲者嘴唇的平均时间比例没有差异这一假设，并加以解释.

4.89 对小学生年龄和身高的研究. *Archives of Disease in Childhood* (April 2000) 发表了一项关于身高是否会影响孩子在小学阶段学习进展的研究. 根据年龄将澳大利亚的小学生三等分（最小的三分之一，中等的三分之一，最大的三分之一）. 下表按性别列出了三组小学生的平均身高（其中所有身高测量均采用 z 分数标准化）.

(a) 建立一个回归模型，用以比较三个年龄组中男孩的平均身高差异.

(b) 根据 (a) 小题的模型中求 β 的估计值.

(c) 对女孩重复 (a) 和 (b) 小题.

	样本量	最小的三分之一 平均身高	中等的三分之一 平均身高	最大的三分之一 平均身高
男孩	1 439	0.33	0.33	0.16
女孩	1 409	0.27	0.18	0.21

资料来源：Wake, M., Coghlan, D., and Hesketh, K. "Does height influence progression through primary school grades?" *Archives of Disease in Childhood*, Vol. 82, Apr. 2000 (Table 3), with permission from BMJ Publishing Group Ltd.

4.90 心理健康患者的社区适应水平. *Community Mental Health Journal* (August 2000) 的一篇文章采用多元回归分析方法，对康涅狄格州心理健康与成瘾服务部患者的社区适应水平进行了建模. 因变量社区调整水平 y 是根据患者的员工评价进行定量测量的（分数越低表示适应越好）. 完整模型是一阶模型，有 21 个自变量. 自变量分为人口统计学（4 个变量）、诊断（7 个变量）、治疗（4 个变量）和社区（6 个变量）.

(a) 写出 $E(y)$ 完整模型表达式.

(b) 提出原假设，检验 7 个诊断变量是否为预测 y 提供信息.

(c) 写出满足 (b) 小题检验的简化模型方程.

(d) 根据 (b) 小题得出的检验统计量为 $F = 59.3$，p 值小于 0.000 1，请解释结果.

4.91 消防员的精神痛苦. *Journal of Human Stress* 报道了一项关于"消防员对化学火灾的心理反应"的研究. 据认为，以下完整的二阶模型将足以描述两组消防队员（暴露于化学火灾中和没有暴露于化学火灾中）的精神痛苦程度与经验之间的关系.

$$E(y) = \beta_0 + \beta_1 x_1 + \beta_2 x_1^2 + \beta_3 x_2 + \beta_4 x_1 x_2 + \beta_5 x_1^2 x_2$$

y = 精神痛苦程度

x_1 = 经验（年限）

x_2 = {1, 如果暴露于化学火灾, 0, 没有暴露于化学火灾 }

（a）你会提出何种假设来检验两组受试者的精神痛苦程度随经验增加的速率是否不同？

（b）你会提出何种假设来检验暴露于化学火灾中是否会导致精神痛苦程度存在差异？

（c）使用 200 名消防员样本数据来拟合完整模型以及简化模型 $E(y) = \beta_0 + \beta_1 x_1 + \beta_2 x_1^2$.
结果为 $SSE_R = 795.23$, $SSE_C = 783.90$. 是否有足够的证据支持这一说法，即两组受试者的精神痛苦程度存在差异 $(\alpha = 0.05)$？

4.92 **有机化合物的吸附率**. *Environmental Science and Technology* 发表了一篇文章，研究了影响黏土矿物吸附有机蒸汽的变量. 本文列出了研究中所考虑的自变量和水平，请确定各变量类型（定量或定性）.

（a）温度（50℃，60℃，75℃，90℃）

（b）相对湿度（30%，50%，70%）

（c）有机化合物（苯、甲苯、氯仿、甲醇、苯甲醚）

（d）结合（c）小题，因变量为吸附率 y，建立 $E(y)$ 关于有机化合物在 5 个不同水平上的函数模型.

（e）解释（d）小题中模型的参数 β.

（f）解释如何检验有机化合物 5 个不同水平的吸附率存在差异.

4.93 **墨西哥街头小贩的收入**. 为了研究影响摊贩收入的因素，我们对墨西哥普埃布拉市的 1 000 多名摊贩进行了详细的访谈（*World Development*, February 1998）. 小贩被定义为在街上工作的个人，包括手推车和箱式车厢的小贩，不包括乞丐、毒贩和妓女. 研究人员收集了性别、年龄、每天工作时间、年收入和教育水平等数据. 部分数据如下表所示.

（a）写出平均年收入 $E(y)$ 关于年龄 x_1 和每天工作时间 x_2 的函数的一阶模型.

（b）求出最小二乘预测方程.

（c）解释模型中的估计系数 β.

（d）对模型的全局效用进行检验，并解释结果 $(\alpha = 0.01)$.

（e）计算并解释 R_a^2 的值.

（f）计算并解释 ε，误差项的估计标准差.

（g）检验年龄 x_1 是否为年收入的统计上有用的预测因子 $(\alpha = 0.01)$.

（h）计算 β_2 的 95% 置信区间，并加以解释.

（i）对于每天工作 10 小时的 45 岁小贩（即 $x_1 = 45$ 和 $x_2 = 10$），计算 y 的 95% 预测区间和 $E(y)$ 的 95% 置信区间，并加以解释.

（j）考虑交互模型 $E(y) = \beta_0 + \beta_1 x_1 + \beta_2 x_2 + \beta_3 x_2 x_1$. 给出最小二乘预测方程.

(k) 结合（j）小题，计算当工作时间 x_2 为 10 小时，年收入 y 与年龄 x_1 之间的估计斜率，并加以解释.

(l) 结合（j）小题，计算当年龄 x_1 为 40 岁时，年收入 y 与工作时间 x_2 之间的估计斜率，并加以解释.

(m) 写出检验年龄 x_1 与工作时间 x_2 是否有交互作用的原假设.

(n) 计算（m）小题中检验的 p 值.

(o) 根据（n）小题结果，结合实际给出适当的结论.

STREETVEN

小贩数量	年收入 y（美金）	年龄 x_1	工作时间 x_2	小贩数量	年收入 y（美金）	年龄 x_1	工作时间 x_2
21	2 841	29	12	515	1 930	17	8
53	1 876	21	8	633	2 010	70	6
60	2 934	62	10	677	3 111	20	9
184	1 552	18	10	710	2 882	29	9
263	3 065	40	11	800	1 683	15	5
281	3 670	50	11	914	1 817	14	7
354	2 005	65	5	997	4 066	33	12
401	3 215	44	8				

资料来源：Adapted from Smith, P. A., and Metzger, M. R. "The return to education: Street vendors in Mexico," *World Development*, Vol. 26, No. 2, Feb. 1998, pp. 289–296.

4.94 工业销售中的性别差异. *Journal of Personal Selling and Sales Management* 发表了一项关于工业销售人员性别差异的研究. 共有 244 名男性销售经理及 153 名女性销售经理参与调查. 研究的一个目的是评估监管行为如何影响内在工作满意度. 最初，研究人员将每个性别组的数据与以下简化模型进行拟合：

$$E(y) = \beta_0 + \beta_1 x_1 + \beta_2 x_2 + \beta_3 x_3 + \beta_4 x_4$$

y = 内在工作满意度（40 分制）

x_1 = 年龄（年）

x_2 = 受教育程度（年）

x_3 = 公司经验（月）

x_4 = 销售经验（月）

为了评估监管行为的效果，在模型中加入 4 个变量（均以 50 分制度量）：x_5 = 附带奖励行为，x_6 = 未附带奖励行为，x_7 = 附带惩罚行为，x_8 = 未附带惩罚行为. 因此，完整模型为

$$E(y) = \beta_0 + \beta_1 x_1 + \beta_2 x_2 + \beta_3 x_3 + \beta_4 x_4 + \beta_5 x_5 + \beta_6 x_6 + \beta_7 x_7 + \beta_8 x_8$$

(a) 对于每个性别，提出检验四个监管行为变量是否影响内在工作满意度的原假设和拒绝域（$\alpha = 0.05$）.

(b) 四种模型（两种样本的简化模型和两种样本的完整模型）的 R^2 值如下表所示，请解释结果．对于每个性别，监管行为变量是否对内在工作满意度存在影响，请加以解释．

(c) 比较两种模型的 F 统计量为 $F_男 = 13.00$，$F_女 = 9.05$．对（a）小题提出的原假设进行检验，并解释结果．

模型	R^2	
	男性	女性
简化模型	0.218	0.268
完整模型	0.408	0.496

资料来源：P. L. Schul, et al. "Assessing gender differences in relationships between supervisory behaviors and job related outcomes in industrial sales force," *Journal of Personal Selling and Sales Management*, Vol. X, Summer 1990, p. 9 (Table 4).

4.95 **工业销售中的性别差异（续）．** 参见练习 4.94. 检验工业销售人员性别差异的一种方法是，将性别虚拟变量纳入内在工作满意度 y 模型中，然后将男性和女性的联合样本数据与模型进行拟合．

(a) 为内在工作满意度 y 建立一个关于自变量 x_1 到 x_8、性别虚拟变量的函数模型，模型包含性别和模型中其他自变量之间的交互作用．

(b) 根据（a）小题中的模型，写出检验性别是否对工作满意度有影响的原假设．

(c) 阐述（b）小题的检验过程．

4.96 **类星体的深空探测．** 类星体是一个遥远的天体（至少有 40 亿光年远），它提供了强大的射电能量．*Astronomical Journal* (July 1995) 报道了对深空探测到的 90 个类星体的研究．这项调查使天文学家能够测量每个类星体的一些不同的定量特征，包括红移范围、线通量 (erg/cm² · s)、线亮度 (erg/s)、AB_{1450} 量级、绝对量级和静止帧等效宽度．25 个大型（红移）类星体样本数据列在下面的表格中．

(a) 建立等效宽度 y 作为表中前四个自变量函数的一阶模型．

(b) 写出最小二乘预测方程．

(c) 解释模型中的 β 估计值．

(d) 检验红移范围 x_1 是否为等效宽度 y 的有效线性预测因子（$\alpha = 0.05$）．

(e) 计算 R^2 和 R_a^2，并加以解释．从模型拟合效果的角度，哪个统计量更好？请加以解释．

(f) 检验原假设 H_0：$\beta_1 = \beta_2 = \cdots = \beta_4 = 0$．

💿 **QUASAR**

类星体	红移范围 x_1	线通量 x_2	线亮度 x_3	AB_{1450} 量级 x_4	绝对量级 x_5	静止帧等效宽度 y
1	2.81	−13.48	45.29	19.50	−26.27	117
2	3.07	−13.73	45.13	19.65	−26.26	82
3	3.45	−13.87	45.11	18.93	−27.17	33

（续）

类星体	红移范围 x_1	线通量 x_2	线亮度 x_3	AB$_{1450}$ 量级 x_4	绝对量级 x_5	静止帧等效宽度 y
4	3.19	−13.27	45.63	18.59	−27.39	92
5	3.07	−13.56	45.30	19.59	−26.32	114
6	4.15	−13.95	45.20	19.42	−26.97	50
7	3.26	−13.83	45.08	19.18	−26.83	43
8	2.81	−13.50	45.27	20.41	−25.36	259
9	3.83	−13.66	45.41	18.93	−27.34	58
10	3.32	−13.71	45.23	20.00	−26.04	126
11	2.81	−13.50	45.27	18.45	−27.32	42
12	4.40	−13.96	45.25	20.55	−25.94	146
13	3.45	−13.91	45.07	20.45	−25.65	124
14	3.70	−13.85	45.19	19.70	−26.51	75
15	3.07	−13.67	45.19	19.54	−26.37	85
16	4.34	−13.93	45.27	20.17	−26.29	109
17	3.00	−13.75	45.08	19.30	−26.58	55
18	3.88	−14.17	44.92	20.68	−25.61	91
19	3.07	−13.92	44.94	20.51	−25.41	116
20	4.08	−14.28	44.86	20.70	−25.67	75
21	3.62	−13.82	45.20	19.45	−26.73	63
22	3.07	−14.08	44.78	19.90	−26.02	46
23	2.94	−13.82	44.99	19.49	−26.35	55
24	3.20	−14.15	44.75	20.89	−25.09	99
25	3.24	−13.74	45.17	19.17	−26.83	53

资料来源：Schmidt, M., Schneider, D. P., and Gunn, J. E. " Spectroscopic CCD surveys for quasars at large redshift," *Astronomical Journal*, Vol. 110, No. 1, July 1995, p. 70 (Table 1). Reproduced by permission of the American Astronomical Society.

4.97 **核导弹外壳零件的缺陷 .** *Journal of the Reliability Analysis Center*（First Quarter, 2004 ）讨论了多变量测试技术 (MVT). MVT 可提高核导弹壳体碳泡沫环的质量 . 这些环是通过一个铸造工艺生产的，该工艺涉及混合配料、烘箱固化和雕刻成品等部分 . 其中一种缺陷类型是制造的碳泡沫环中 y 条黑色条纹 . 影响缺陷数量的两个变量是转盘速度 x_1（每分钟转数）和切割刀片位置 x_2（距中心的英寸数）.

（a）研究人员发现"切割刀片位置和转盘速度之间存在交互作用" . 建立 $E(y)$ 的一个包含这种交互作用的回归模型 .

（b）请解释"切割刀片位置和转盘速度存在交互作用"的含义 .

（c）研究人员报告了缺陷数量 y 与转盘速度 x_1 之间存在正线性关系，但发现当切割刀片位置 x_2 较低时，这种关系的斜率要大得多 . 这对于（a）小题模型中的交互项意味着什么？请加以解释 .

参考文献

Chatterjee, S., and Hadi, A. *Regression Analysis by Example*, 5th ed. New York: Wiley, 2012.

Draper, N., and Smith, H. *Applied Regression Analysis*, 3rd ed. New York: Wiley, 1998.

Graybill, F. *Theory and Application of the Linear Model.* North Scituate, Mass.: Duxbury, 1976.

Kutner, M., Nachtsheim, C., Neter, J., and Li, W. *Applied Linear Statistical Models*, 5th ed. New York: McGraw-Hill/Irwin, 2005.

Maddala, G. S., *Introduction to Econometrics*, 3rd ed. New York: Wiley, 2001.

Mendenhall, W. *Introduction to Linear Models and the Design and Analysis of Experiments*. Belmont, Ca.: Wadsworth, 1968.

Montgomery, D., Peck, E., and Vining, G. *Introduction to Linear Regression Analysis*, 5th ed. New York: Wiley, 2012.

Mosteller, F., and Tukey, J. W. *Data Analysis and Regression: A Second Course in Statistics*. Reading, Mass.: Addison-Wesley, 1977.

Weisberg, S. *Applied Linear Regression*, 3rd ed. New York: Wiley, 2005.

案例研究 2　4 个街区房地产销售价格的模型

背景

本案例所研究的，是房地产评估师、税务评估人员、房地产投资者和购房者等人群所感兴趣的问题，即房地产估价与其真实售价之间的关系.任何一套房地产的售价都将因卖方设定的价格、该房地产对特定买家的吸引力以及货币和房地产市场的状况而有所不同.因此，我们可以把某一特定房地产的销售价格看作服从频率分布.将这种分布的均值认为是对房地产公允价值的一种衡量.可假定这就是房地产评估师或税务评估人员希望获知的该房地产价值.

本案例旨在研究房地产的平均售价 $E(y)$ 与下列自变量之间的关系：

1. 该房地产土地估价
2. 该房地产升值空间的估计
3. 房地产所在的街区

研究目标包含两方面：

1. 确定数据是否表明土地估价及升值空间估计与售价有关.也就是说，数据是否提供了足够的证据来表明这些变量为预测售价提供了信息？

2. 获取土地估价和升值空间估计对售价进行预测的方程，并确定不同街区之间的预测方程是否相同.换句话说，评估师对不同街区的评估标准相同吗？

数据

🔘 TAMSALES4

研究数据由佛罗里达州希尔斯堡县的房地产评估师提供，包括 2017 年 1 月至 2018 年 1 月在佛罗里达州坦帕市出售的住宅型房地产的土地估价、升值空间估计和销售价格.在城市和其周边确定了四个街区（Town & Country、Cheval、Hunter's Green 和 Davis Isles），每个街区相对同质，但是在社会学、财产类型和价值上略有不同.与这四个街区相关的售价和估价的部分数据（共 460 条观测结果）被用来建立一个预测方程，旨在将售价与土地估价和升值空间估计联系起来.数据（以千美元为单位记录）保存在 TAMSALES4 文件中，并在附录 E 中详细呈现.

理论模型

如果房地产的平均售价 $E(y)$ 实际上等于其估价 x，那么 $E(y)$ 与 x 之间的关系将是斜率为 1 的直线，如图 CS2.1 所示．但这种情况在现实中存在吗？房地产评估师的数据也许是几年前的，可能（由于通货膨胀）只代表实际平均售价
的一定百分比．此外，经验表明，售价 – 估价关系有
时为曲线．其中一个原因是，评估师倾向于高估或低
估特定价格区间（比如价格非常低或价格非常高）的
房地产．事实上，对于房地产经纪人和房地产评估
师来说，将售价的自然对数 $\ln(y)$ 建模为关于估价 x
的函数是很常见的．我们了解到（7.7 节），将 $\ln(y)$
建模为 x 的线性函数来引入 y 和 x 之间存在的曲线
关系．

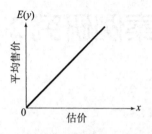

图 CS2.1　平均售价与估价 x 的理论关系

　　为了深入了解售价与估价之间的关系，我们使用 MINITAB 对数据集中的 460 个观测
结果绘制售价与估价的散点图．绘制的点以及数据的拟合直线，如图 CS2.2 所示．尽管存在
上述问题，但似乎线性模型能够很好地拟合数据．因此，我们使用 $y =$ 售价（单位：千美元）
作为因变量，只考虑直线模型．在本案例后面的研究中，我们将使用线性模型和以 $\ln(y)$ 为
因变量的模型进行比较．

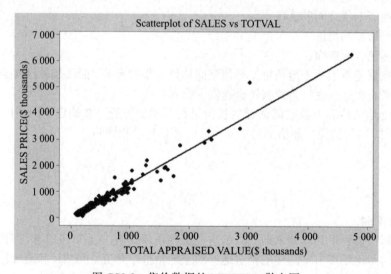

图 CS2.2　售价数据的 MINITAB 散点图

假设回归模型

　　我们想要将售价 y 与三个自变量联系起来：一个定性因子，即街区（四个水平）；两个
定量因子，即土地估价和升值空间估计．我们认为以下四个模型可以作为候选模型．

　　模型 1 是一个一阶模型，它将追踪售价均值 $E(y)$ 的响应平面，其中售价均值 $E(y)$ 是
$x_1 =$ 土地估价（千美元）和 $x_2 =$ 升值空间估计（千美元）的函数．该模型将假设四个街区的

响应平面均相同，即所有街区的售价和房地产估价之间的关系相同，该一阶模型只与 x_1 和 x_2 有关．此模型是：

模型 1　一阶模型，适用于所有街区

$$E(y) = \beta_0 + \overset{\text{（土地估价）}}{\overbrace{\beta_1 x_1}} + \overset{\text{（升值空间估计）}}{\overbrace{\beta_2 x_2}}$$

在模型 1 中，我们假设土地估价 x_1 每增加 1 000 美元（1 个单位），售价 y 的变化对于固定升值空间估计 x_2 是恒定的，即为 β_1．同样，对于固定的 x_1，x_2 每增加 1 000 美元，y 的变化也是恒定的，即为 β_2．

模型 2 假定 $E(y)$ 与 x_1 和 x_2 之间的关系是一阶的（即平面响应平面），但平面的 y 轴截距因街区不同而不同．如果建立模型时，平均售价与 x_1 和 x_2 有关，且至少在两个街区中彼此存在差异，但在 x_1 和 x_2 的不同值中差异保持不变，则该模型是合适的．模型 2 为：

模型 2　一阶模型，街区间存在恒定的差异

$$E(y) = \beta_0 + \overset{\text{（土地估价）}}{\overbrace{\beta_1 x_1}} + \overset{\text{（升值空间估计）}}{\overbrace{\beta_2 x_2}} + \overset{\text{街区的主效应项}}{\overbrace{\beta_3 x_3 + \beta_4 x_4 + \beta_5 x_5}}$$

其中：

$$x_1 = \text{土地估价}$$
$$x_2 = \text{升值空间估计}$$

$$x_3 = \begin{cases} 1, & \text{如果是Cheval街区} \\ 0, & \text{如果不是Cheval街区} \end{cases}$$

$$x_4 = \begin{cases} 1, & \text{如果是Davis Isles街区} \\ 0, & \text{如果不是Davis Isles街区} \end{cases}$$

$$x_5 = \begin{cases} 1, & \text{如果是Hunter's Green街区} \\ 0, & \text{如果不是Hunter's Green街区} \end{cases}$$

第四个街区 Town & Country 被选为基准水平．因此，当 $x_3 = x_4 = x_5 = 0$ 时，该模型将预测 Town & Country 街区的 $E(y)$．尽管模型 2 考虑了街区之间的差异，但假设 x_1 或 x_2 每增加 1 000 美元，售价 y 的变化与不同街区无关．

模型 3 与模型 2 相似，不同之处在于我们将添加街区虚拟变量与 x_1 之间，以及街区虚拟变量与 x_2 之间的交互项．这些交互项允许 y 的变化与 x_1 或 x_2 的增加有关，且随街区的变化而变化．模型 3 为：

模型 3　一阶模型，不限制街区间的差异

$$E(y) = \beta_0 + \overset{\text{（土地估价）}}{\overbrace{\beta_1 x_1}} + \overset{\text{（升值空间估计）}}{\overbrace{\beta_2 x_2}} + \overset{\text{街区的主效应项}}{\overbrace{\beta_3 x_3 + \beta_4 x_4 + \beta_5 x_5}} +$$
$$\overset{\text{交互项：不同街区与土地估价}}{\overbrace{\beta_6 x_1 x_3 + \beta_7 x_1 x_4 + \beta_8 x_1 x_5}} + \overset{\text{交互项：不同街区与升值空间估计}}{\overbrace{\beta_9 x_2 x_3 + \beta_{10} x_2 x_4 + \beta_{11} x_2 x_5}}$$

注意：对于模型 3，土地估价 x_1（令 x_2 保持不变）每增加 1 000 美元，售价 y 的变化在

Town & Country 街区为 β_1，在 Cheval 街区为 $\beta_1 + \beta_6$．

模型 4 与前三个模型的不同之处在于，它增加了 x_1 与 x_2 的交互作用项．因此，模型 4 是一个二阶（交互）模型，它将（几何地）跟踪一个二阶响应曲面，每个街区对应一个响应曲面．交互模型如下：

模型 4 x_1 和 x_2 的交互模型在不同的街区中是不同的

$$E(y) = \overbrace{\beta_0 + \beta_1 x_1 + \beta_2 x_2 + \beta_3 x_1 x_2}^{x_1 和 x_2 的交互模型} + \overbrace{\beta_4 x_3 + \beta_5 x_4 + \beta_6 x_5}^{街区的主效应项} +$$

$$\left. \begin{array}{l} \beta_7 x_1 x_3 + \beta_8 x_1 x_4 + \beta_9 x_1 x_5 + \beta_{10} x_2 x_3 + \\ \beta_{11} x_2 x_4 + \beta_{12} x_2 x_5 + \beta_{13} x_1 x_2 x_3 + \\ \beta_{14} x_1 x_2 x_4 + \beta_{15} x_1 x_2 x_5 \end{array} \right\} 交互项：不同街区与 x_1，x_2 和 x_1 x_2 项$$

与模型 1～3 不同，模型 4 允许 y 随 x_1 的增加而变化，同时与 x_2 也有关，反之亦然．例如，基准街区 Town & Country 土地估价增加 1 000 美元时，售价变化为 $\beta_1 + \beta_3 x_2$．模型 4 还允许售价变化因街区而异（由于街区间存在交互项）．

我们利用数据拟合模型 1～4．然后，我们使用 4.13 节中所述的嵌套模型 F 检验来比较模型．我们取 $\alpha = 0.01$ 以保守地进行每项检验．

模型的比较

模型 1～4 的 SAS 输出结果分别如图 CS2.3～图 CS2.6 所示．这些输出结果中的 MSE，R_a^2 和 s 值，如表 CS2.1 所列．

检验 1 模型 1 与模型 2

为了检验简单一阶模型适用于所有街区，我们希望验证原假设，即模型 2 中的街区参数均等于 0，也就是说，

$$H_0: \ \beta_3 = \beta_4 = \beta_5 = 0$$

也就是说，我们想要比较模型 2（完整模型）和模型 1（简化模型）．检验统计量为

$$F = \frac{(SSE_R - SSE_C)/ H_0 中参数 \beta 的个数}{MSE_C}$$

$$= \frac{(SSE_1 - SSE_2)/3}{MSE_2}$$

虽然基于以上信息可以手动计算这个值，但我们将使用 SAS 选项来执行嵌套模型 F 检验．图 CS2.4 底部阴影部分的检验统计量是 $F = 7.78$．检验的 p 值（也用阴影表示）小于 0.0001．因为

表 CS2.1　回归模型的总结

模型	MSE	R_a^2	s
1	10 704	0.966	103
2	10 248	0.967	101
3	9 640	0.969	98
4	9 620	0.969	98

The REG Procedure
Model: Linear_Regression_Model
Dependent Variable: SALES

Number of Observations Read	460
Number of Observations Used	460

Analysis of Variance

Source	DF	Sum of Squares	Mean Square	F Value	Pr > F
Model	2	137752419	68876209	6434.88	<.0001
Error	457	4891532	10704		
Corrected Total	459	142643951			

Root MSE	103.45807	R-Square	0.9657
Dependent Mean	468.33435	Adj R-Sq	0.9656
Coeff Var	22.09064		

Parameter Estimates

Variable	DF	Parameter Estimate	Standard Error	t Value	Pr > |t|
Intercept	1	3.08693	6.53966	0.47	0.6371
LAND	1	1.58447	0.03492	45.38	<.0001
IMP	1	1.11267	0.02768	40.19	<.0001

图 CS2.3　模型 1 的 SAS 回归输出结果

$\alpha = 0.01$ 大于 p 值，所以我们有证据表明在模型 2 中，街区的虚拟变量很大程度上有助于预测 y. 其实际含义为评估师并没有对所有街区采取相同的方式，仅通过建立售价 y 关于估价 x_1 和 x_2 的一阶关系模型来进行评估.

Dependent Variable: SALES

Number of Observations Read	460
Number of Observations Used	460

Analysis of Variance

Source	DF	Sum of Squares	Mean Square	F Value	Pr > F
Model	5	137991484	27598297	2693.11	<.0001
Error	454	4652467	10248		
Corrected Total	459	142643951			

Root MSE	101.23104	R-Square	0.9674
Dependent Mean	468.33435	Adj R-Sq	0.9670
Coeff Var	21.61512		

Parameter Estimates

Variable	DF	Parameter Estimate	Standard Error	t Value	Pr > |t|
Intercept	1	7.70629	8.32803	0.93	0.3553
LAND	1	1.76158	0.05110	34.47	<.0001
IMP	1	1.06117	0.03036	34.95	<.0001
NBHD_CHEVAL	1	−6.05629	13.90548	−0.44	0.6634
NBHD_DAVIS	1	−86.00331	19.66067	−4.37	<.0001
NBHD_HUNTER	1	9.17785	12.54597	0.73	0.4648

Test NBHD Results for Dependent Variable SALES

Source	DF	Mean Square	F Value	Pr > F
Numerator	3	79688	7.78	<.0001
Denominator	454	10248		

图 CS2.4　模型 2 的 SAS 回归输出结果

检验 2　模型 2 与模型 3

预测方程是否可以通过增加街区虚拟变量和 x_1、街区虚拟变量和 x_2 之间的交互项来优化？也就是说，数据是否提供了足够的证据表明模型 3 比模型 2 能更好地预测销售价格？为了回答这个问题，我们提出原假设，即模型 3 中所有街区虚拟变量对应的交互项的参数系数等于 0. 现在模型 2 相当于简化模型，模型 3 相当于完整模型.

检查模型 3 的方程，可以看到有 6 个街区交互项，H_0 中包含的参数为

$$H_0: \quad \beta_6 = \beta_7 = \beta_8 = \beta_9 = \beta_{10} = \beta_{11} = 0$$

要检验 H_0，我们需要计算检验统计量

$$F = \frac{(SSE_R - SSE_C)/H_0 \text{中参数} \beta \text{的个数}}{MSE_C} = \frac{(SSE_2 - SSE_3)/6}{MSE_3}$$

该值 $F = 5.77$，如图 CS2.5 所示，在模型 3 的 SAS 输出结果的底部用阴影显示．检验的 p 值（阴影表示）小于 0.000 1．因此，（当 $\alpha = 0.01$ 时）有充分的证据表明，模型 3 中与街区虚拟变量对应的交互项对 y 的预测有贡献．实际上这个检验表明，不同街区的售价 y 随 x_1 或 x_2 的变化率是不同的．

Dependent Variable: SALES		

Number of Observations Read	460
Number of Observations Used	460

Analysis of Variance

Source	DF	Sum of Squares	Mean Square	F Value	Pr > F
Model	11	138325126	12575011	1304.43	<.0001
Error	448	4318824	9640.23310		
Corrected Total	459	142643951			

Root MSE	98.18469	R-Square	0.9697
Dependent Mean	468.33435	Adj R-Sq	0.9690
Coeff Var	20.96466		

Parameter Estimates

Variable	DF	Parameter Estimate	Standard Error	t Value	Pr > |t|
Intercept	1	52.01600	33.31078	1.56	0.1191
LAND	1	1.07411	0.94406	1.14	0.2558
IMP	1	0.87416	0.21639	4.04	<.0001
NBHD_CHEVAL	1	22.48193	39.73243	0.57	0.5718
NBHD_DAVIS	1	−142.15718	37.90902	−3.75	0.0002
NBHD_HUNTER	1	10.67978	39.83597	0.27	0.7888
LAND_CHEV	1	0.60110	0.99688	0.60	0.5468
LAND_DAV	1	0.65708	0.94546	0.69	0.4874
LAND_HUN	1	−0.48863	1.06051	−0.46	0.6452
IMP_CHEV	1	−0.02583	0.24017	−0.11	0.9144
IMP_DAV	1	0.24946	0.21883	1.14	0.2549
IMP_HUN	1	0.34302	0.28812	1.19	0.2345

Test QN_NBHD Results for Dependent Variable SALES				
Source	DF	Mean Square	F Value	Pr > F
Numerator	6	55607	5.77	<.0001
Denominator	448	9640.23310		

图 CS2.5　模型 3 的 SAS 回归输出结果

检验 3 模型 3 与模型 4

我们已经证明了一阶预测方程在不同街区是不同的. 为了确定估价 x_1 和 x_2 的（二阶）交互项是否对 y 的预测有显著贡献，我们提出原假设，即模型 4 中涉及 x_1x_2 的 4 个交互项的参数均等于 0. 原假设为

$$H_0: \quad \beta_3 = \beta_{13} = \beta_{14} = \beta_{15} = 0$$

备择假设为这些参数中至少有一个不等于 0. 模型 4 相当于完整模型，模型 3 相当于简化模型，计算检验统计量

$$F = \frac{(SSE_R - SSE_C)/H_0 中参数 \beta 的个数}{MSE_C}$$

$$= \frac{(SSE_3 - SSE_4)/4}{MSE_4}$$

该值为 $F = 1.23$（参见图 CS2.6，在模型 4 的 SAS 输出结果底部阴影处显示），p 值为 0.2957 大于 $\alpha = 0.01$. 因此，没有足够的证据得出模型 4 中交互项 x_1x_2 有助于预测售价 y 的结论.

上述检验结果表明，模型 3 是 4 种模型中对售价 y 进行建模的最佳模型. 用于检验整体模型的原假设

$$H_0: \quad \beta_1 = \beta_2 = \cdots = \beta_{11} = 0$$

的全局 F 值非常显著（$F = 1\,304$，p 值 <0.000 1）. R_a^2 值表示模型解释了售价大约 97% 的变化. 你可能会注意到，模型 3 中涉及一些单个参数 β 的 t 检验是不显著的. 注意：不要轻易得出应该从模型中删除这些项的结论.

当一个模型（如模型 3）包含大量交互项或平方项时，即使全局 F 检验非常显著，一些参数的 t 检验也可能不显著. 这一结果可能是由于变量的主效应、交互项及其平方项之间存在不可避免的内在相关关系（见 7.4 节关于多重共线性的讨论）. 我们在第 4 章中警告了进行一系列 t 检验以确定模型充分性的风险. 对于具有大量 β 的模型，例如模型 3，你应该完全避免进行任何 t 检验，并通过进行全局 F 检验和部分 F 检验来确定影响预测 y 的重要因素.

在使用模型 3 进行估计和预测之前，我们

Dependent Variable: SALES

Number of Observations Read	460
Number of Observations Used	460

Analysis of Variance

Source	DF	Sum of Squares	Mean Square	F Value	Pr > F
Model	15	138372606	9224840	958.91	<.0001
Error	444	4271345	9620.14638		
Corrected Total	459	142643951			

Root MSE	98.08234	R-Square	0.9701
Dependent Mean	468.33435	Adj R-Sq	0.9690
Coeff Var	20.94280		

Parameter Estimates

Variable	DF	Parameter Estimate	Standard Error	t Value	Pr > |t|
Intercept	1	66.79935	134.65496	0.50	0.6201
LAND	1	0.64360	3.91489	0.16	0.8695
IMP	1	0.74406	1.16846	0.64	0.5246
LAND_IMP	1	0.00367	0.03236	0.11	0.9098
NBHD_CHEVAL	1	−39.20111	142.42037	−0.28	0.7833
NBHD_DAVIS	1	−204.21133	138.79049	−1.47	0.1419
NBHD_HUNTER	1	−41.72794	142.48672	−0.29	0.7698
LAND_CHEV	1	1.31265	3.93564	0.33	0.7389
LAND_DAV	1	1.21909	3.91602	0.31	0.7557
LAND_HUN	1	0.50729	3.99274	0.13	0.8990
IMP_CHEV	1	0.27874	1.18298	0.24	0.8138
IMP_DAV	1	0.41224	1.16907	0.35	0.7245
IMP_HUN	1	0.57872	1.18943	0.49	0.6268
L_I_CHEV	1	−0.00456	0.03237	−0.14	0.8881
L_I_DAV	1	−0.00375	0.03236	−0.12	0.9079
L_I_HUN	1	−0.00495	0.03239	−0.15	0.8786

Test LAN_IMP_NBHD Results for Dependent Variable SALES

Source	DF	Mean Square	F Value	Pr > F
Numerator	4	11870	1.23	0.2957
Denominator	444	9620.14638		

图 CS2.6　模型 4 的 SAS 回归输出结果

进行最后一次检验. 回想一下我们之前讨论过的售价和估价之间的理论关系. 以 $\ln(y)$ 为因变量的模型是否优于模型 3？为了检验这一点，我们拟合了一个除 $y^* = \ln(y)$ 作为因变量之外与模型 3 完全相同的模型，我们称之为模型 5. 模型 5 的部分 SAS 输出结果显示在图 CS2.7 中. 从输出结果可知，$R_a^2 = 0.92$，$s = 0.196$，全局 $F = 499.6$（p 值 <0.000 1）. 显然模型 5 对基于全局 F 检验的售价预测具有"统计显著性". 但是，我们必须小心，不要仅根据输出结果中 R_a^2 和 s 的值来判断这两个模型哪个更好，因为模型中的因变量并不相同（请回顾 4.12 节末尾给出的"警告"）. 比较两个模型的一个不正规的方法要求我们使用模型 5 的预测方程来获得 $\ln(y)$ 的预测值，使用方程 $e^{\widehat{\ln(y)}}$ 将预测的对数值转换成售价，然后使用第 4 章中给出的公式重新计算模型 5 的 R_a^2 和 s 值. 我们使用 SAS 编程语言来计算这些值，并在表 CS2.2 中将它们与模型 3 的 R_a^2 和 s 的值进行比较.

Dependent Variable: LNSALES					
Number of Observations Read				460	
Number of Observations Used				460	
Analysis of Variance					
Source	DF	Sum of Squares	Mean Square	F Value	Pr > F
Model	11	211.35978	19.21453	499.61	<.0001
Error	448	17.22966	0.03846		
Corrected Total	459	228.58944			
Root MSE	0.19611	R-Square	0.9246		
Dependent Mean	5.83851	Adj R-Sq	0.9228		
Coeff Var	3.35890				

图 CS2.7　模型 5 的部分 SAS 回归输出结果

表 CS2.2　模型 3 和模型 5 的 R_a^2 和 s 的比较

	R_a^2	s
模型 3	0.969(图 CS2.5)	98 (图 CS2.5)
模型 5	0.383(转换后)	439(转换后)

可以看到，以上统计数据显示，模型 3 明显优于模型 5. 模型 3 具有更高的 R_a^2 值和更低的标准差. 以上结果将支持我们决定用售价 y 而不是 $\ln(y)$ 作为因变量来构建模型.

解释预测方程

将模型 3 参数的估计值（见图 CS2.5）代入预测方程，我们得出

$$\hat{y} = 52.02 + 1.07x_1 + 0.87x_2 + 22.48x_3 - 142.16x_4 + 10.68x_5 + 0.60x_1x_3 +$$
$$0.66x_1x_4 - 0.49x_1x_5 - 0.026x_2x_3 + 0.25x_2x_4 + 0.34x_2x_5$$

我们注意到该模型将产生四个响应曲面，每个街区对应一个响应曲面. 解释预测方程的一种方法是首先找到每个街区的响应曲面方程. 将街区虚拟变量 x_3，x_4，x_5 的值分别代入相应街区的方程中，合并同类项得到：

Cheval 街区：$(x_3 = 1, x_4 = 0, x_5 = 0)$

$$\hat{y} = (52.02 + 22.48) + (1.07 - 0.60)x_1 + (0.87 - 0.026)x_2$$
$$= 74.5 + 1.67x_1 + 0.844x_2$$

Davis Isles 街区：$(x_3 = 0, x_4 = 1, x_5 = 0)$

$$\hat{y} = (52.02 - 142.16) + (1.07 + 0.66)x_1 + (0.87 + 0.25)x_2$$
$$= -90.14 + 1.73x_1 + 1.12x_2$$

Hunter's Green 街区：$(x_3 = 0, x_4 = 0, x_5 = 1)$

$$\hat{y} = (52.02 + 10.68) + (1.07 - 0.49)\, x_1 + (0.87 + 0.34)\, x_2$$
$$= 62.70 + 0.58x_1 + 1.21x_2$$

Town & Country 街区：$(x_3 = 0,\ x_4 = 0,\ x_5 = 0)$

$$\hat{y} = 52.02 + 1.07x_1 + 0.87x_2$$

请注意，每一个方程都是关于土地估价 x_1 和升值空间估计 x_2 的一阶函数模型．为了解释每个方程中的 β 估计值，我们将固定其中一个自变量（比如 x_1），然后关注 y 关于 x_2 的直线斜率．例如，将土地估价保持在 50 000 美元（即 $x_1 = 50$），Town & Country 街区（基准街区）y 关于 x_2 的直线斜率为

$$\hat{\beta}_2 = 0.87$$

因此，对于土地估价为 50 000 美元的 Town & Country 街区，升值空间估计每增加 1 000 美元，售价便会增加 870 美元．事实上在一阶模型中，这估计的 870 美元的增量适用于 Town & Country 街区任意值的土地估价 x_1．

类似的斜率解释也适用于其他街区．升值空间估计每增加 1 000 美元，售价在 Cheval 街区的估计增长量是 844 美元，Davis Isles 街区是 1 120 美元，Hunter's Green 街区是 1 210 美元．

有关街区性质的更多信息可以从图 CS2.8 所示的 SAS 输出结果中获知．输出结果中给出了每个街区的售价 y、土地估价 x_1 和升值空间估计 x_2 的描述性统计（均值、标准差、最小值和最大值）．平均售价证明了房地产经纪人都知道的事实，即 Davis Isles 街区是该市最昂贵的地段之一，大多数居民都是非常成功的专业人士或企业家．相比之下，Cheval 和 Hunter's Green 街区的售价也相对较高，但住宅区较便宜，居住的主要是年轻的上层已婚夫妇或年长的退休夫妇．在城市的另一端，Town & Country 街区是最便宜的住宅区之一，更适合蓝领工人．

Summary Statistics

Results

The MEANS Procedure

NBHD	N Obs	Variable	Mean	Std Dev	Minimum	Maximum	N
CHEVAL	91	SALES	497.4769231	240.9261386	202.0000000	1425.00	91
		IMP	301.8372527	173.1698492	140.8500000	1235.28	91
		LAND	99.6417582	56.3631913	37.6500000	291.5200000	91
DAVISISLE	94	SALES	1074.01	959.3200596	325.0000000	6275.00	94
		IMP	392.8095745	455.3588979	24.8000000	2381.46	94
		LAND	417.5051064	288.5201973	203.1400000	2335.61	94
HUNGREEN	114	SALES	345.7359649	140.7901225	175.0000000	1050.00	114
		IMP	200.9776316	93.7980999	97.6900000	671.9600000	114
		LAND	65.6120175	36.9361780	30.0900000	290.7200000	114
TOWN&CTY	161	SALES	185.0478261	49.8930570	54.2000000	420.0000000	161
		IMP	109.6300000	38.6977531	48.8100000	353.6000000	161
		LAND	34.6312422	8.8699568	26.0100000	78.9500000	161

图 CS2.8　按街区划分的 SAS 描述性统计

请注意，在两个售价相对高的街区（Cheval 和 Hunter's Green 街区），Hunter's Green 有

更陡的斜率. 所以, 当土地估价固定时, 一处位于 Hunter's Green 的房地产售价估计值将高于 Cheval. 这就意味着, 与在 Hunter's Green 的类似房地产相比, Cheval 的房地产估价将偏低 (即它们被低估). 也许在 Cheval 街区, 估价较低的房地产对应的是一个较小且不太理想的地方, 这可能会对售价产生强烈的抑制作用.

从售价与估价直线的分析中, 可主要得出以下三点:

1. 不同街区的售价随估价增长的速率不同. 这一增幅在房价较高的街区往往是最大的.

2. 土地估价不会影响售价随升值空间估计增加的速率 (即土地估价不存在交互作用).

3. 尽管 Hunter's Green 和 Cheval 的房地产价格处于相对较高的范围内, 但 Hunter's Green 的斜率更陡. 这表明, 与 Hunter's Green 的房地产相比, Cheval 的房地产售价可能被低估.

预测房地产的售价

土地估价 x_1 和升值空间估计 x_2 对房地产售价的预测效果如何? 回想一下, 我们从模型 3 中 (见图 CS2.5) 得到 $R_a^2 = 0.969$, 这表明该模型的预测售价 y 能解释样本约 97% 的变化. 这似乎表明模型对数据提供了相当好的拟合, 但是请注意, $s = 98$ (参见图 CS2.5) 解释为, 大约 95% 的预测售价将落在实际售价的 $(2s)(1\ 000$ 美元 $)=(2)(98)(1\ 000$ 美元 $)=196\ 000$ 美元范围之内. 如果在实际中应用该模型, 这种相对较大的标准差可能会导致一些房地产的预测误差较大.

图 CS2.9 是部分 SAS 输出结果, 分别显示了 4 个街区售价的 95% 预测区间.

注意区间的宽度. 这些较宽的预测区间使人们对预测方程能否在预测房地产售价方面提供实用价值产生了怀疑. 我们确信, 通过将 y 与描述房地产的其他变量 (如位置、面积和卧室数量) 以及描述市场的其他变量 (按揭贷款利率、资金可用性等) 联系起来, 可以研究出一个更准确预测售价的模型.

	LAND		IMP		SALES		NBHD		predicted_SALES		Lower95CL		Upper95CL
1	55.16		148.45		200.00		TOWN&CTY		241.03		44.27		437.80
2	95.69		261.89		412.00		CHEVAL		456.97		262.85		651.09
3	62.72		171.83		338.00		HUNGREEN		308.57		114.57		502.56
4	481.21		448.34		1025.00		DAVISISLE		1246.69		1052.65		1440.73

图 CS2.9 售价 95% 预测区间的 SAS 输出结果

结论

回归分析的结果表明, 从一个街区到另一个街区, 房地产售价与估价之间的关系并不一致. 此外, 预测区间的宽度较大, 意味着用于确定评估房地产价值的方法还有改进的空间.

后续思考

1. 解释在本案例中进行的模型充分性检验为什么不能保证模型 3 能够成功地预测房地产未来的售价.

TAMSALES4

2. 在学习了 5.11 节之后，再次回到本案例中，使用数据分割技术来评估模型 3 的外部有效性.

TAMSALESALL

3. 本案例研究的数据在附录 E 中，完整的数据集文件名为 TAMSALESALL，包含本案例研究比较的 4 个街区的售价信息，以及另外 8 个街区的售价信息. 利用全部数据集建立房地产售价回归模型，你的分析部分将涉及 12 个街区间的比较.

第 5 章　模型构建

目标

1. 为了证明为什么选择线性模型的确定性部分对获得好的预测方程至关重要.
2. 介绍仅含定量预测因子的模型.
3. 介绍仅含定性预测因子的模型.
4. 介绍具有定量和定性预测因子的模型.
5. 介绍建立良好线性模型的一些基本过程.

5.1　引言：为什么模型构建很重要?

我们在第 3 章和第 4 章中都强调，建立回归模型的第一步是假设概率模型确定性部分的形式. 这个模型构建阶段是回归分析成功（或失败）的关键. 如果假设模型没有（至少近似）反映响应变量均值 $E(y)$ 和自变量 $x_1, x_2, \cdots, x_k$ 之间关系的真实性质，那么建模工作通常是没有意义的.

通过**模型构建**，我们的意思是建立一个能对一组数据提供良好的拟合，并能给出 y 的均值的合理估计值，以及当给定自变量值时提供 y 的预测值的模型. 为了说明这一点，几年前一个教育研究小组发布了一份关于某类大学生学业成绩相关变量的报告. 研究人员随机抽取了一组学生样本，并记录了在大四结束时学生的学业成绩测量值 y，以及他们认为与 y 有关的一系列自变量 $(x_1, x_2, \cdots, x_k)$ 的数据. 这些自变量包括学生的智商、数学成绩、语言成绩和班级排名等. 他们将模型

$$E(y) = \beta_0 + \beta_1 x_1 + \beta_2 x_2 + \cdots + \beta_k x_k$$

与数据进行拟合，分析得出自变量中没有一个与 y "显著相关"的结论. 模型的**拟合优度**由判定系数 R^2 测量，测量结果不是很理想，对单个参数进行 t 检验，没能拒绝这些参数均等于 0 的原假设.

研究人员如何能得出这样的结论：基于常识，人们认为研究中的一些自变量与学业成绩有关，但是有证据表明，它们之间没有显著性的关系？例如，人们会认为大学数学分级考试的成绩与大学数学成绩有关. 当然，许多其他变量也会影响成绩，例如，动机、环境条件等，但总的来说，入学成绩会与大学学业成绩之间存在正相关关系. 教育研究人员的研究有问题吗？

尽管不能排除由于计算错误所导致的错误结论，但构建不适当的模型也很可能增加研究教育结论的困难. 例如，模型

$$E(y) = \beta_0 + \beta_1 x_1 + \beta_2 x_2 + \cdots + \beta_k x_k$$

假设自变量 $x_1, x_2, \cdots, x_k$ 相互独立地影响平均成绩 $E(y)$.[一]因此，当保持所有其他自变量不变时，只改变 x_1，x_1 每增加一个单位，$E(y)$ 都会增加 β_1 . 任意其他自变量每变化 1 个单位，$E(y)$ 都增加该变量对应的参数 β 的值 .

关于模型暗含的这些假设是否与你对学业成绩认知的一致？第一，是否有理由假设天生的智力与在学习上投入时间产生的效果相对独立？我们不这么认为 . 一些学生不管在某个科目上投入多少时间，他们的成绩都很低，而对另一些人来说，成绩可能很高 . 因此，假设这两个变量（时间投入和天生的智力）相互独立地影响 $E(y)$，很可能是一个错误的假设 . 第二，假设 x_5 是学生投入学习的时间 . 希望 x_5 每增加 1 个单位，$E(y)$ 总是会变化相同的 β_5，合理吗？x_5 每增加 1 个单位，$E(y)$ 的变化可能会取决于 x_5 的值（例如收益递减定律）. 因此，很可能不满足自变量每增加 1 个单位时 $E(y)$ 的变化是恒定的这一假设 .

很显然，鉴于研究人员先前对涉及一些变量的认知，模型

$$E(y) = \beta_0 + \beta_1 x_1 + \beta_2 x_2 + \cdots + \beta_k x_k$$

是一个糟糕的选择 . 为了解释自变量之间的相互关系和响应函数中的曲率，必须在模型中添加项 . 如果没有包含必需的项，就会导致 SSE 值较大，在假设检验中不显著，而且还有可能会导致错误的结论 .

在本章中，我们将讨论多元回归分析中最难的部分：如何为 $E(y)$ 建立一个好的模型 . 虽然本章中介绍的许多模型已经在 4.12 节（选修）中介绍过，但我们假设读者对构建模型几乎没有基础背景 . 本章为教师、学生和多元回归分析的实践者提供了一个基本的构建模型参考指南 .

5.2　两类自变量：定量变量和定性变量

线性模型中出现的自变量可以是两种类型之一 . 回顾第 1 章，定量变量是指直线上的点能用数值加以测量的变量（定义 1.4）. 一个非定量的自变量，本质上是分类的自变量，称为定性变量（定义 1.5）.

香烟中的尼古丁含量、优惠利率、产品缺陷数和学生智商都是定量自变量的例子 . 另一方面，假设一个制造商使用三种不同的包装形式：A、B 和 C. 包装形式是定性自变量，因为它不是用数值尺度来衡量的 . 由于，包装形式是一个可能影响产品销售的自变量，我们通常会把它包含在描述产品销售额 y 的模型中 .

定义 5.1　回归中使用的自变量的不同值称之为**水平** .

对于一个定量变量，水平是指假设的数值 . 例如，产品缺陷数在 0 ～ 3 之间，则自变量含有四个水平：0、1、2 和 3.

由于定性变量的水平是非数值的，它们只能通过描述来定义 . 例如，自变量包装形式被观察在三个水平上：A、B 和 C.

⊖ 记住，我们正在讨论模型的确定性部分，"独立"一词应用于数学语境而不是概率语境上 .

例 5.1 在第 4 章中，我们建立了预测高管薪酬关于几个自变量的函数模型．以下四个是可能影响高管薪酬的自变量：

(a) 经验年限

(b) 员工性别

(c) 公司净资产价值

(d) 员工等级

对于每一个自变量，确定变量类型，并描述你期望观察到的各自变量的水平．

解 (a) 经验年限是定量自变量，因为它是数值数据．我们预计观察到的水平（大约）从 0 年至 40 年．

(b) 性别是定性自变量，水平只能用非数值"女性"和"男性"来描述．

(c) 公司净资产价值是定量自变量，水平非常多，在表示公司净资产价值的美元价值范围内均可．

(d) 假设员工等级自变量有三个水平：主管、副总裁助理和副总裁．由于我们不能给每个等级量化数值，所以员工等级是一个定性自变量．

在回归建模中，定量自变量和定性自变量的处理方式不同．在下一节中，我们将研究如何将定量自变量加入回归模型中．

练习 5.2

5.1 乒乓球下落的冲击． *American Journal of Physics*（March 2014）研究了乒乓球下落的冲击．标准乒乓球被垂直地扔到一个测力板上．撞击时，测量两个变量：恢复系数 COR（测量为冲击速度和反弹速度的比值）和撞击速度（米/秒）．在实验的 19 个球中，有 10 个在撞击中变形．因此，研究人员将建立恢复系数 y 关于球的撞击速度 x_1，以及落下的球是否在撞击时变形 x_2 的回归模型函数．确定这两个自变量是定量变量还是定性变量．

5.2 无抛补利率平价． 根据无抛补利率平价（UIP）的金融理论，高汇率国家的货币相对于低汇率国家的货币将不断贬值．这一理论在 *Journal of Empirical Finance*（March 2016）上发表的一篇文章中进行了研究．外国的长期债券收益率 y（以百分比计量）被建模为关于美国长期债券收益率 x_1（以百分比计量）、外国的即期汇率 x_2（以美元计量）和美国的即期汇率 x_3（以美元计量）的函数．确定模型中各自变量的类型（定量或定性）．

5.3 战略风险承担． *Academy of Management Journal*（December 2015）上发表了一篇文章，探讨 CEO 社会阶层背景对公司战略风险承担水平的影响．将以下自变量纳入战略风险承担的回归模型．确定各自变量的类型，对于定性变量请描述其可被观察到的水平，对于定量变量，请描述一个可被观察到的（水平）范围．

(a) 公司年度资产回报率 (b) 公司规模（员工人数）

(c) CEO 的年龄 (d) CEO 的薪水

(e) CEO 社会阶层出身 (f) CEO 的性别

(g) CEO 是否就读于一所精英大学 (h) CEO 是否创立了公司

5.4 青少年心血管疾病． 发表在 *American Journal of Human Biology*（January 2014）上的一

项研究利用多元回归分析方法调查了青少年心血管疾病（CVD）的影响因素. 有三个自变量对 CVD 风险有显著影响：腰围 x_1（厘米）、心肺健康 x_2（完成 20 米往返跑的次数）和体重指数 x_3（千克 / 平方米）. 说明各自变量类型（定量或定性）.

5.5 **买方与卖方分析师的盈利预测.** *Financial Analysts Journal*（July/August 2008）发表了一项关于比较买方和卖方分析师盈利预测的研究. 哈佛商学院的教授团队利用回归模型，使用以下自变量，对分析师为期 3 个月盈利预测的相对乐观程度 y 进行建模. 确定各自变量的类型（定量或定性）.

（a）分析师是为买方公司还是卖方公司工作.

（b）预测时和财政年度结束之间的天数（即预测的时间跨度）.

（c）分析师为该公司工作的季度数.

5.6 **职场欺凌和离职意向.** 职场欺凌（例如工作上的骚扰、持续的批评、隐瞒关键信息、散布谣言、恐吓）对受害者产生了负面的心理影响，往往导致受害者离开或辞职. 在 *Human Resource Management Journal*（October 2008）中，研究人员采用多元回归分析，建立受害者离开公司的意愿关于组织支持感和职场欺凌程度的函数模型. 因变量离职意愿 y 采用定量量表形式测量. 确定研究中两个关键自变量的类型（定性或定量）：欺凌程度（以 50 分制测量）和组织支持感（以"低""中"或"高"表示）.

5.7 **受虐妇女凶杀案的专家证词.** *Duke Journal of Gender Law and Policy*（Summer 2003）调查了专家证词对涉及受虐妇女综合症的凶杀案审判结果的影响. 采用多元回归模型，以陪审团成员性别和是否提供专家证词为自变量，对陪审团在审议后将无罪判决更改为有罪的可能性 y 进行建模. 确定各自变量的类型（定量或定性）.

5.8 **雨水的化学成分.** *Journal of Agricultural, Biological, and Environmental Statistics*（March 2005）发表了一项关于雨水化学成分的研究. 雨水样本中的硝酸盐浓度 y（毫克 / 升）建模为关于两个自变量——水源（地下水、地下水流或地上水流）和二氧化硅浓度（毫克 / 升）的函数. 确定各自变量的类型（定量或定性）.

5.9 **定性响应建模.**（4.2 节）关于 ε 的哪些假设将禁止定性变量作为因变量？（我们将在第 9 章中介绍定性因变量建模的方法.）

5.3 具有单个定量自变量的模型

要写出为响应变量提供一个好的模型（一个最终会产生好的预测效果的模型）的预测方程，我们必须要知道，随着自变量水平的变化，响应变量可能会发生怎样的变化. 接着我们必须知道如何确定一个数学方程来建立模型.（用一个简单的例子）举例说明，假设我们想要建立学生的统计考试成绩 y 关于单个自变量 x（投入的学习时间）的函数模型. 考试成绩 y 随着学习时间 x 从 1 小时到 6 小时的变化可能呈直线增加，如图 5.1a 所示. 如果这是你想预测的 y 值的所有 x 值的取值范围，该模型

$$E(y) = \beta_0 + \beta_1 x$$

将是合适的.

现在，假设你想把 x 的取值范围扩大到 $x=8$ 或 $x=10$ 小时，则直线模型

$$E(y) = \beta_0 + \beta_1 x$$

能够满足吗？可能满足，但此模型的假设
仍具有风险．随着学习时间 x 的增加，成
绩增加可能会出现递减趋势，也就是说，
学习时间每增加一个单位，考试成绩的增
加量就会相对减少，如图 5.1b 虚线所示．
要生成这种类型的曲率，你必须充分了解
模型和图之间的关系，以及项的类型会如
何改变曲线的形状．

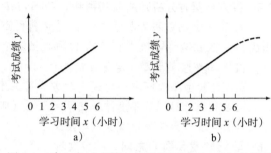

图 5.1 建立考试成绩 y 关于学习时间 x 的函数模型

响应变量是关于单个定量自变量的函
数，通常可以用多项式代数函数的前几项来建模．将 y 的均值与一个自变量 x 的 p 阶多项式
联系起来的方程，如下框所示．

一个自变量的 p 阶多项式

$$E(y) = \beta_0 + \beta_1 x + \beta_2 x^2 + \beta_3 x^3 + \cdots + \beta_p x^p$$

其中 p 是整数，$\beta_0, \beta_1, \cdots, \beta_p$ 是必须被估计的未知参数．

正如我们在第 3 章和第 4 章中提到的，x 的**一阶多项式**（即 $p=1$ ）

$$E(y) = \beta_0 + \beta_1 x$$

的图是一条直线．下框中提供了该模型参数 β 的解释．

一个自变量的一阶（线性）模型

$$E(y) = \beta_0 + \beta_1 x$$

模型参数解释

β_0：y 轴截距，即当 $x=0$ 时，$E(y)$ 的值

β_1：直线斜率，即 x 每增加一个单位时，$E(y)$ 的变化

在第 4 章中，我们还讨论了一个**二阶多项式**模型（即 $p=2$ ），称为**二次方程**．为方便起
见，下框中提供了该模型．

一个自变量的二阶（二次）模型

$$E(y) = \beta_0 + \beta_1 x + \beta_2 x^2$$

其中 $\beta_0, \beta_1, \beta_2$ 为必须被估计的未知参数．

模型参数解释

β_0：y 轴截距，即当 $x=0$ 时，$E(y)$ 的值

β_1：移位参数，即改变 β_1 值，抛物线将向右或向左移动（增加 β_1 值，抛物线向右移动）

β_2：曲率

　　两种二次多项式模型的图如图 5.2 所示．正如我们在第 4 章中所述，二次模型方程是**抛物线**，它要么开口向上，如图 5.2a 所示；要么开口向下，如图 5.2b 所示．当 x^2 的系数为正时，它开口向上；当系数为负时，它开口向下．抛物线可以向上或向下移动，也可以向左或向右移动．最小二乘法只使用抛物线的一部分来为数据建模．例如，如果将图 5.3 所示的数据点拟合到抛物线中，则以实曲线形式显示的部分将通过数据点，抛物线未使用的部分用虚线表示．

　　图 5.3 说明了使用预测方程的一个重要限制：模型仅在用于拟合模型的 x 值范围内有效．例如，响应变量可能会上升，如图所示，直到达到稳定状态．二次模型可能在图 5.3 所示的 x 值范围内很好地拟合数据，但如果数据是在抛物线向下的区域收集的，则拟合效果较差．

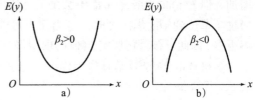

图 5.2　两种二次多项式模型的图

　　如果你没有关于 $E(y)$ 和 x 之间关系的先验信息，将如何决定响应变量模型的多项式阶数？如果你有数据，可以绘制该数据的散点图，看看你能否找出一个好的函数近似模型．绘制 p 阶多项式时会呈现 $(p-1)$ 个波峰、波谷或方向上的反转．注意：图 5.2 所示的二阶模型显示了含有 $(p-1)=1$ 个波峰（或波谷）．同样，下框中的三阶模型显示了 $(p-1)=2$ 个波峰或波谷，如图 5.4 所示．

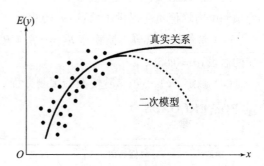

图 5.3　二次模型建模实例

　　通常大多数响应变量关于自变量 x 的函数图是曲线的．然而，如果响应曲线的曲率在研究的 x 范围内非常小，直线很可能非常拟合数据，并可作为一个非常有用的预测方程．如果曲率较大，则应该尝试二阶模型．三阶或高阶模型只适用于预期曲线方向发生不止一次反转的情况．这种情况很少见，除非响应变量是关于时间的函数．第 10 章将给出随时间变化的预测模型．

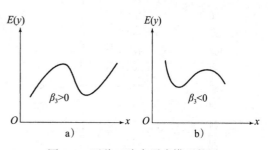

图 5.4　两种三阶多项式模型的图

一个自变量的三阶模型

$$E(y) = \beta_0 + \beta_1 x + \beta_2 x^2 + \beta_3 x^3$$

模型参数解释

β_0：y 轴截距，即当 $x = 0$ 时，$E(y)$ 的值

β_1：移位参数（曲线在 x 轴上向右或向左移动）

β_2：曲率

β_3：β_3 的大小决定多项式的曲率反转率

例 5.2 为了高效运行，电力公司必须能够预测其不同站点的电力峰值负荷．电力峰值负荷是指每天必须产生用来满足需求的最大电量．一家电力公司想要在夏季需求最大的几个月里，使用日高温 x 来预测日电力峰值负荷 y．虽然公司预计峰值负荷会随着温度的升高而增加，但 $E(y)$ 的增长率可能不会随着 x 的增加而保持不变．例如，在高温下从 100 华氏度增加 1 单位到 101 华氏度时，电力需求可能比从 80 华氏度增加 1 单位到 81 华氏度时增加得更多．因此，该公司假定 $E(y)$ 的模型将包括二阶（二次）项，可能还包括三阶（三次）项．

随机选取 25 个夏季日作为样本，记录日峰值负荷（兆瓦）和日高温（华氏度），数据如表 5.1 所示．

（a）绘制数据散点图．根据散点图，应当建议的模型类型是什么？

（b）将数据拟合到三阶模型 $E(y) = \beta_0 + \beta_1 x + \beta_2 x^2 + \beta_3 x^3$ 中．是否有证据表明三次项 $\beta_3 x^3$ 为预测电力峰值负荷提供了信息（$\alpha = 0.05$）？

（c）将数据拟合到二阶模型 $E(y) = \beta_0 + \beta_1 x + \beta_2 x^2$ 中，检验电力负荷随着温度的升高而增加的假设（$\alpha = 0.05$）．

（d）确定（c）小题二阶模型的预测方程．该模型是否有效预测电力峰值负荷？

🔘 POWERLOADS

表 5.1　电力负荷数据

温度 （华氏度）	峰值负荷 （兆瓦）	温度 （华氏度）	峰值负荷 （兆瓦）	温度 （华氏度）	峰值负荷 （兆瓦）
94	136.0	106	178.2	68	96.3
96	131.7	67	101.6	92	135.1
95	140.7	71	92.5	100	143.6
108	189.3	100	151.9	85	111.4
67	96.5	79	106.2	89	116.5
88	116.4	97	153.2	74	103.9
89	118.5	98	150.1	86	105.1
84	113.4	87	114.7		
90	132.0	76	100.9		

解 （a）图 5.5 为 MINITAB 输出的数据散点图．非线性向上弯曲的趋势表明，二阶模型很可能较好地拟合数据．

（b）利用 MINITAB 建立三阶模型对数据进行拟合，输出结果如图 5.6 所示．提出原假设和备择假设：

$$H_0: \quad \beta_3 = 0$$

$$H_a: \quad \beta_3 \neq 0$$

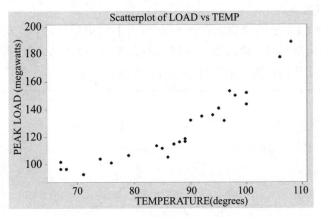

图 5.5 电力峰值负荷数据的 MINITAB 散点图

输出结果中的 p 值（高亮显示）为 0.911，这个值大于 $\alpha = 0.05$，因此没有足够的证据表明电力峰值负荷与日高温之间存在三阶关系．据此，我们从模型中去掉三次项 $\beta_3 x^3$．

（c）利用 MINITAB 建立二阶模型对数据进行拟合，输出结果如图 5.7 所示．模型中如果 β_2 为正值，则电力峰值负荷 y 随日高温 x 的升高而增加．因此，我们提出原假设和备择假设：

$$H_0: \quad \beta_2 = 0$$

$$H_a: \quad \beta_2 > 0$$

检验统计量 $t = 7.93$ 和双尾 p 值都在图 5.7 中高亮显示．由于单尾 p 值 $p = 0 / 2 = 0$，小于 $\alpha = 0.05$，因此我们拒绝 H_0，有证据表明电力峰值负荷随日高温的升高而增加．

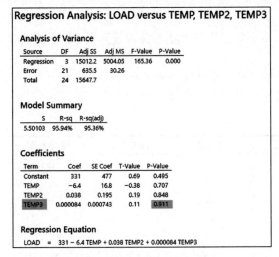

图 5.6 电力峰值负荷三阶模型 MINITAB
输出结果

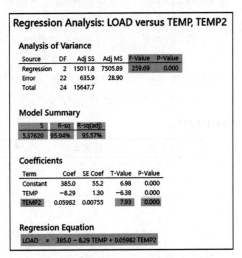

图 5.7 电力峰值负荷二阶模型 MINITAB
输出结果

（d）如图5.7所示，二阶模型的预测方程为$\hat{y} = 385 - 8.29x + 0.598x^2$．全局$F$检验的$p$值为0（高亮显示），表明该模型在统计上显著．调整后的R^2和模型的标准差分别高亮显示为$R_a^2 = 0.956$和$s = 5.376$．

这些数值表明（1）电力峰值负荷样本95%以上的变化可以用二阶模型来解释，（2）该模型预测峰值负荷在其真实值的$2s = 10.75$兆瓦范围内．基于这一较高的R_a^2值和相当小的$2s$值，我们建议使用该函数模型来预测公司的电力峰值负荷． ■

练习5.3

5.10 多项式的阶数． 下图描述了关于一个自变量的p阶多项式．

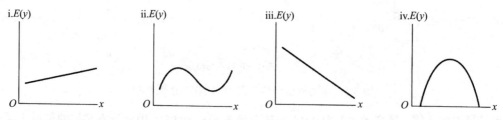

（a）对于每一个图，确定多项式的阶数．

（b）利用参数β_0，β_1，β_2等，为每个图建立一个适当的模型将$E(y)$与x联系起来．

（c）（b）小题模型中的许多参数符号（+ 或 −）可以通过图来确定，写出可以确定的参数符号．

5.11 硅涂层金属的结合能． 半导体工业中大量使用硅涂层金属．发表在 *Frontiers of Physics*（April 2014）杂志上的一篇文章分别比较了涂有纯硅（Si）和涂有硅混合物（HoSi）的金属的结合能．涂层混合物由不同数量的原子（称为团簇）组成．下表显示了不同团簇大小的混合物的结合能（以电子伏计）．

（a）为纯硅（Si）涂层绘制一个结合能与团簇大小相关的散点图．根据图将建立怎样的多项式回归模型？

（b）为硅混合物（HoSi）涂层绘制一个结合能与团簇大小相关的散点图．根据图将建立怎样的多项式回归模型？

（c）将（a）小题的数据拟合一个二阶模型，并评估该模型的拟合优度．

（d）将（b）小题的数据拟合一个二阶模型，并评估该模型的拟合优度．

🖴 **BINDING**

结合能	团簇大小	涂层类型	结合能	团簇大小	涂层类型
1.7	2	Si	3.6	5	HoSi
2.8	2	HoSi	3.4	6	Si
2.6	3	Si	3.6	6	HoSi
3.1	3	HoSi	3.5	7	Si
3.1	4	Si	3.5	7	HoSi
3.2	4	HoSi	3.4	8	Si
3.3	5	Si	3.7	8	HoSi

（续）

结合能	团簇大小	涂层类型	结合能	团簇大小	涂层类型
3.6	9	Si	3.7	11	Si
3.7	9	HoSi	3.8	11	HoSi
3.8	10	Si	3.7	12	Si
3.8	10	HoSi	3.8	12	HoSi

资料来源：Liu, T., Zhang, W., & Li, Y. "Firstprinciples study on the structure, electronic, and magnetic properties of HoSi$_n$ (n =1~12,20) clusters." *Frontiers of Physics*, Vol.9, No.2, April 2014 (adapted from Figure 3).

5.12　**燃气轮机冷却方法**. *Journal of Engineering for Gas Turbines and Power* (January 2005) 发表了一篇关于燃气轮机高压进气雾化方法研究的文章. 在 67 台加有高压进气雾化器的燃气轮机中，测量了每台燃气轮机的热耗率（千焦 / 千瓦时）. 此外，还测量了转速（每分钟转数）、进气温度（℃）、排气温度（℃）、循环压力比和空气质量流量（千克 / 移）. 数据保存在 GASTURBINE 文件中（表中列出了前五项和后五项观察结果）. 在回归模型中考虑将以上变量作为热耗率 y 的预测因子，分别绘制以上自变量与热耗率相关的散点图，并在此基础上，建立一个多项式模型，将 y 与各自变量联系起来.

💿 **GASTURBINE**（前五个和最后五个燃气轮机的数据显示如下）

转速	循环压力比	进气温度	排气温度	空气质量流量	热耗率
27 245	9.2	1 134	602	7	14 622
14 000	12.2	950	446	15	13 196
17 384	14.8	1 149	537	20	11 948
11 085	11.8	1 024	478	27	11 289
14 045	13.2	1 149	553	29	11 964
⋮	⋮	⋮	⋮	⋮	⋮
18 910	14.0	1 066	532	8	12 766
3 600	35.0	1 288	448	152	8 714
3 600	20.0	1 160	456	84	9 469
16 000	10.6	1 232	560	14	11 948
14 600	13.4	1 077	536	20	12 414

资料来源：Bhargava, R., and Meher-Homji, C. B. "Parametric analysis of existing gas turbines with inlet evaporative and overspray fogging," *Journal of Engineering for Gas Turbines and Power*, Vol. 127, No. 1, Jan. 2005.

5.13　**收入与预期寿命之比**. *Journal of the American Medical Association*（May 2016）发表了一项关于美国收入与预期寿命之间关系的研究，如下图所示. 建立一个 40 岁男性的预期寿命 y 关于家庭平均收入 x 的回归模型，对 40 岁女性也同样建立相应模型，并加以检验.

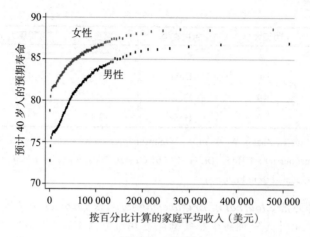

练习 5.13 的图

资料来源：Chetty, R., et al. "The Association between income and life expectancy in the United States, 2001—2014." *Journal of the American Medical Association*, May 2016 (eFigure 8, supplementary online content).

5.14 **轮胎磨损和压力.** 轮胎充气不足或过足都会加剧轮胎磨损，且导致油耗升高. 对新轮胎进行了不同压力下的磨损试验，结果如表所示.

🔘 **TIRES2**

压力 x（磅力 / 平方英寸）	汽油里程数 y（千英里）	压力 x（磅力 / 平方英寸）	汽油里程数 y（千英里）
30	29	34	37
31	32	35	33
32	36	36	26
33	38		

（a）利用上表数据绘制散点图.

（b）如果只提供了 $x=30, 31, 32$ 和 33 的数据，你会建议使用哪种模型？对于 $x=33, 34, 35$ 和 36 呢？对于所有数据呢？

5.15 **火车站拥挤的程度.** *Journal of Transportation Engineering*（June 2013）调查了火车站候车人群的拥挤程度. 研究人员测量了拥挤程度，即在站台上等候的乘客之间间隔的平均距离. 这个变量反映了排队等候下一班火车的乘客拥挤程度. 距离越短，站台就越拥挤. 假设平均距离 y（以米为单位）与火车站台上等待的乘客人数 x 有关. 下表中列出了 20 个火车站点的这两个变量的数据（利用期刊文章提供的信息进行模拟）. 建立二阶模型 $E(y) = \beta_0 + \beta_1 x + \beta_2 x^2$，MINITAB 的回归分析输出结果如下所示. 从理论上讲，越拥挤的站台，距离随乘客人数的增加而减小的速率应趋于平稳. 利用该模型来检验这个理论（$\alpha = 0.01$）.

⊙ **TRAINWAIT**

车站	人数	距离	车站	人数	距离
1	21	0.08	11	11	0.15
2	2	0.78	12	20	0.09
3	4	0.62	13	17	0.10
4	25	0.06	14	18	0.10
5	16	0.11	15	19	0.11
6	26	0.06	16	7	0.27
7	6	0.35	17	29	0.05
8	22	0.07	18	5	0.50
9	23	0.06	19	14	0.12
10	9	0.19	20	8	0.20

Analysis of Variance

Source	DF	Adj SS	Adj MS	F-Value	P-Value
Regression	2	0.70785	0.353924	65.39	0.000
Error	17	0.09201	0.005412		
Total	19	0.79986			

Model Summary

S	R-sq	R-sq(adj)
0.0735672	88.50%	87.14%

Coefficients

Term	Coef	SE Coef	T-Value	P-Value
Constant	0.7841	0.0596	13.16	0.000
WAITVOL	−0.07068	0.00918	−7.70	0.000
WAITVOL-SQ	0.001673	0.000299	5.59	0.000

Regression Equation

DISTANCE = 0.7841 − 0.07068 WAITVOL + 0.001673 WAITVOL-SQ

5.16 **制冷压缩机性能.** 在 *Alexandria Engineering Journal*（December 2011）上，研究人员调查了蒸发温度 x 如何影响蒸汽压力制冷系统的性能 y.

（a）最初，性能指标随温度升高而增加，然后随系统开始过热而开始下降. 提出一个多项式回归模型来表示这种关系，并绘制该模型的图形.

（b）一些研究人员认为，在非常高的温度下，性能指标实际上可能停止下降，并开始趋于平稳. 提出一个多项式回归模型来表示这种关系，并绘制该模型的图形.

（c）如何确定（a）小题和（b）小题中的模型，哪一个更好地预测了制冷压缩机的性能？

5.4　具有两个或两个以上定量自变量的一阶模型

与单个自变量的模型类似，具有两个或多个自变量的模型被分为一阶、二阶等，但是很难（通常是不可能的）在多维空间中绘制响应图．例如，响应变量 y 与一个定量自变量 x 有关，则 y 沿曲线变化，但是如果 y 和两个定量自变量 x_1 和 x_2 有关，则 y 将在 x_1 和 x_2 平面上沿一个面变化（见图 5.8）．对于三个或三个以上的定量自变量，响应变量 y 的变化将在四维或高维空间中呈现．对此，我们可以通过固定其他自变量水平来建立 y 关于一个自变量的二维图，或者固定其余自变量的水平来建立 y 关于两个自变量的三维图，这是我们所能提供的最好的响应变量图描述．

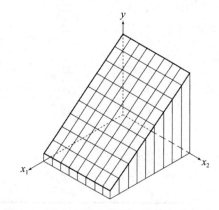

k 个定量变量的**一阶模型**是 k 个自变量的一阶多项式．当 $k=1$ 时是一条直线．当 $k=2$，响应面是 x_1 和 x_2 平面中的一个平面（通常倾斜）．

如果我们使用一阶多项式来建立响应模型，即我们假设响应面没有曲率，且各自变量相互独立．例如，假设响应均值 $E(y)$ 与自变量 x_1 和 x_2 之间的真实关系如方程所示：

图 5.8　两个定量自变量一阶模型的响应面

$$E(y) = 1 + 2x_1 + x_2$$

---

k 个定量自变量的一阶模型

$$E(y) = \beta_0 + \beta_1 x_1 + \beta_2 x_2 + \cdots + \beta_k x_k$$

其中 $\beta_0, \beta_1, \cdots, \beta_k$ 为必须估计的未知参数．

模型参数解释

β_0：$(k+1)$ 维空间中的 y 轴截距，即当 $x_1 = x_2 = \cdots = x_k = 0$ 时，$E(y)$ 的值

β_1：当 $x_2, x_3, \cdots, x_k$ 保持不变，x_1 每增加 1 个单位时，$E(y)$ 的变化

β_2：当 $x_1, x_3, \cdots, x_k$ 保持不变，x_2 每增加 1 个单位时，$E(y)$ 的变化

$\vdots$

β_k：当 $x_1, x_2, \cdots, x_{k-1}$ 保持不变，x_k 每增加 1 个单位时，$E(y)$ 的变化

与 4.3 节时一样，我们将绘制 x_2 在给定值时的图，例如 $x_2 = 0, 1$ 和 2．图 5.9 中 MINITAB 所示直线称为**轮廓线**．从图 5.9 可以看出，无论 x_2 的值是多少，$E(y)$ 都是斜率为 2 的直线．改变 x_2 只改变 y 轴截距（即方程中的常量）．因此，假设一个一阶模型能够充分地对一个响应变量进行建模，就相当于假设不管其他自变量的水平如何，一个自变量变化 1 个单位将对 y 的均值产生相同的影响．换句话说，轮廓线是平行的．通过第 4 章的学习可知，具有该性质的自变量间无交互作用．

除了所有自变量的水平范围都很小的情况，响应面无曲率和各变量对响应变量相对独立的假设将限制一阶模型的适用范围．

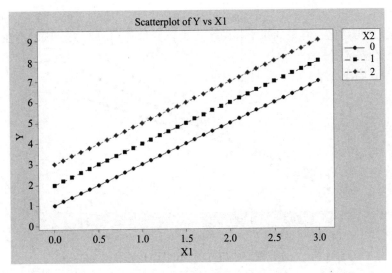

图 5.9 $x_2 = 0$, 1 和 2 时 $E(y)$ 的 MINITAB 轮廓线（一阶模型）

5.5   具有两个或两个以上定量自变量的二阶模型

具有两个或多个自变量的**二阶模型**允许在响应面上有曲率. 模型中的一个重要的二阶项解释了两个变量之间的**交互作用**. 考虑双变量模型

$$E(y) = \beta_0 + \beta_1 x_1 + \beta_2 x_2 + \beta_3 x_1 x_2$$

这个交互模型在三维空间中跟踪一个横格面（扭曲平面），如图 5.10 所示. 二阶项 $\beta_3 x_1 x_2$ 被称为**交互项**，它的存在使轮廓线不平行.

在 4.10 节中，我们演示了交互作用对模型

$$E(y) = 1 + 2x_1 - x_2 + x_1 x_2$$

的影响. x_1 与 $E(y)$ 相关的直线斜率是 $\beta_1 + \beta_3 x_2 = 2 + x_2$，而 y 轴截距是 $\beta_0 + \beta_2 x_2 = 1 - x_2$.

因此，当模型中存在交互作用时，y 轴截距和直线斜率都随着 x_2 的变化而变化，所以轮廓线不平行. 交互项的存在意味着一个自变量变化 1 个单位的影响将取决于另一个自变量的水平.

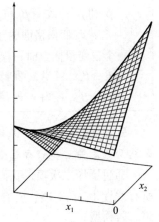

图 5.10   交互模型的响应面（二阶模型）

MINITAB 输出的 $x_2 = 0$, 1 和 2 的轮廓线如图 5.11 所示. 可以看到，当 $x_2 = 1$ 时，直线斜率为 $2 + 1 = 3$，y 轴截距为 $1 - 1 = 0$；但当 $x_2 = 2$ 时，斜率为 $2 + 2 = 4$，y 轴截距为 $1 - 2 = -1$.

⊖   包含两个或两个以上自变量的项的阶数等于其指数之和. 因此，$\beta_3 x_1 x_2$ 和 $\beta_4 x_1^2$ 是二阶项，而 $\beta_i x_1 x_2 x_3$ 是三阶项.

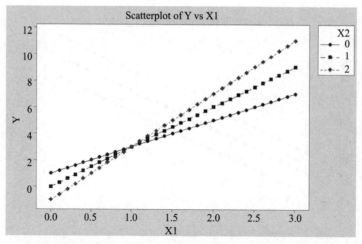

图 5.11　$x_2 = 0,1$ 和 2 时 $E(y)$ 的 MINITAB 轮廓线（交互模型）

两个自变量的交互（二阶）模型

$$E(y) = \beta_0 + \beta_1 x_1 + \beta_2 x_2 + \beta_3 x_1 x_2$$

模型参数解释

　　β_0：y 轴截距，即当 $x_1=x_2=0$ 时，$E(y)$ 的值

　　β_1 和 β_2：改变 β_1 和 β_2 使响应面沿 x_1 和 x_2 轴移动

　　β_3：改变横格面的扭曲率（见图 5.10）

当一个自变量固定时，模型产生的直线斜率为

　　$\beta_1 + \beta_3 x_2$：当 x_2 保持不变时，x_1 每增加一个单位，$E(y)$ 的变化

　　$\beta_2 + \beta_3 x_1$：当 x_1 保持不变时，x_2 每增加一个单位，$E(y)$ 的变化

定义 5.2（假设 x_2 保持不变）如果 x_1 每变化 1 个单位，$E(y)$ 的变化取决于 x_2 的值，那么这两个变量 x_1 和 x_2 存在**交互作用**.

通过增加二次项，我们可以在模型中注入更多的灵活性. 完整的二阶模型包括常数 β_0、所有线性（一阶）项、所有双变量交互项和所有二次项. 方框中显示了两个定量自变量的完整二阶模型.

两个自变量的完整二阶模型

$$E(y) = \beta_0 + \beta_1 x_1 + \beta_2 x_2 + \beta_3 x_1 x_2 + \beta_4 x_1^2 + \beta_5 x_2^2$$

模型参数解释

　　β_0：y 轴截距，即当 $x_1=x_2=0$ 时，$E(y)$ 的值

　　β_1 和 β_2：改变 β_1 和 β_2 使响应面沿 x_1 和 x_2 轴移动

　　β_3：β_3 的值影响曲面的旋转

β_4 和 β_5 ：参数的符号和值将影响响应面类型和曲率

用二阶模型可以得到三种类型的曲面 . ⊖

开口向上的抛物面（图 5.12a）

开口向下的抛物面（图 5.12b）

马鞍形面（图 5.12c）

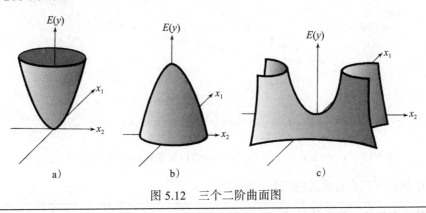

图 5.12　三个二阶曲面图

二阶模型中的二次项 $\beta_4 x_1^2$ 和 $\beta_5 x_2^2$ 意味着 $E(y)$ 的响应面将具有曲率（见图 5.12）. 交互项 $\beta_3 x_1 x_2$ 允许 $E(y)$ 关于 x_1 的函数的描绘轮廓在 x_2 的不同值上具有不同的形状 . 例如，假设将 $E(y)$ 与 x_1 和 x_2 联系起来的完整二阶模型是

$$E(y) = 1 + 2x_1 + x_2 - 10x_1 x_2 + x_1^2 - 2x_2^2$$

然后，图 5.13 中使用 MINITAB 输出了 $x_2 = -1$，0 和 1 时的 $E(y)$ 轮廓 . 当我们把 $x_2 = -1$ 代入模型时，我们得到

$$\begin{aligned} E(y) &= 1 + 2x_1 + x_2 - 10x_1 x_2 + x_1^2 - 2x_2^2 \\ &= 1 + 2x_1 - 1 - 10x_1(-1) + x_1^2 - 2(-1)^2 \\ &= -2 + 12x_1 + x_1^2 \end{aligned}$$

对于 $x_2 = 0$，

$$\begin{aligned} E(y) &= 1 + 2x_1 + (0) - 10x_1(0) + x_1^2 - 2(0)^2 \\ &= 1 + 2x_1 + x_1^2 \end{aligned}$$

类似地，对于 $x_2 = 1$，

$$E(y) = -8x_1 + x_1^2$$

请注意图 5.13 中三条轮廓曲线的形状不同，这表明 $x_1 x_2$ 项（交互项）的参数 β 不为 0.

⊖ 当 $\beta_3^2 > 4\beta_4\beta_5$ 时产生马鞍形面（图 5.12c）. 当 $\beta_3^2 < 4\beta_4\beta_5$ 时，如果 $\beta_4 + \beta_5 > 0$ 则抛物面开口向上（图 5.12a），如果 $\beta_4 + \beta_5 < 0$ 时则开口向下（图 5.12b）.

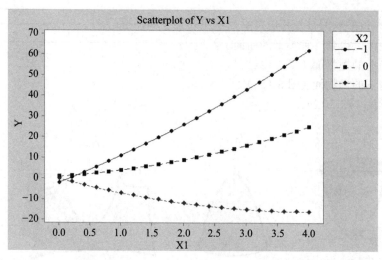

图 5.13　$x_2 = -1, 0$ 和 1 时 $E(y)$ 的 MINITAB 轮廓曲线（完整二阶模型）

下框中显示了三个自变量的完整二阶模型.

三个定量自变量的完整二阶模型

$$E(y) = \beta_0 + \beta_1 x_1 + \beta_2 x_2 + \beta_3 x_3 + \beta_4 x_1 x_2 + \beta_5 x_1 x_3 + \beta_6 x_2 x_3 + \beta_7 x_1^2 + \beta_8 x_2^2 + \beta_9 x_3^2$$

其中 $\beta_0, \beta_1, \beta_2, \cdots, \beta_9$ 是必须估计的未知参数.

包含三个自变量的二阶模型演示了如何为任意数量的自变量建立完整二阶模型：应包含常数 β_0，然后包含 $x_1, x_2, \cdots$ 对应的一阶项，还包含 $x_1 x_2, x_1 x_3, x_2 x_3, \cdots$ 对应的交互项，最后包含 $x_1^2, x_2^2, \cdots$ 对应的二阶项.

对于任何数量的定量自变量，例如 p 个，响应变量是一个在 $(p+1)$ 维空间中的曲面，这是无法可视化呈现的. 尽管存在这种限制，预测方程仍然可以告诉我们很多正在研究的现象.

例 5.3　许多公司至少有一些产品使用化学品（如钢、油漆、汽油）. 在许多情况下，产品质量由发生化学反应的温度和压力决定.

假设你想建立产品质量 y 关于生产温度 x_1 和压力 x_2 的函数模型. 四个检查员分别为每种产品的质量打分（从 0 到 100），然后通过四个分数的平均值来计算产品质量 y. 温度在 80℉ 到 100℉ 之间，压力在 50 磅力 / 平方英寸（psi）到 60 磅力 / 平方英寸之间进行实验，结果数据（n=27）如表 5.2 所示. 根据数据拟合一个完整的二阶模型并绘制响应曲面.

PRODQUAL

表 5.2　温度、压力和产品质量

x_1（℉）	x_2（psi）	y	x_1（℉）	x_2（psi）	y	x_1（℉）	x_2（psi）	y
80	50	50.8	80	50	49.4	80	55	90.9
80	50	50.7	80	55	93.7	80	55	90.9

（续）

x_1（℉）	x_2（psi）	y	x_1（℉）	x_2（psi）	y	x_1（℉）	x_2（psi）	y
80	60	74.5	90	55	92.1	100	50	46.4
80	60	73.0	90	55	97.4	100	55	69.8
80	60	71.2	90	60	70.9	100	55	72.5
90	50	63.4	90	60	68.8	100	55	73.2
90	50	61.6	90	60	71.3	100	60	38.7
90	50	63.4	100	50	46.6	100	60	42.5
90	55	93.8	100	50	49.1	100	60	41.4

解　完整的二阶模型是

$$E(y)=\beta_0+\beta_1x_1+\beta_2x_2+\beta_3x_1x_2+\beta_4x_1^2+\beta_5x_2^2$$

用该模型来拟合表 5.2 中的数据，SAS 的部分输出结果如图 5.14 所示 .

利用最小二乘法得出模型为

$$\hat{y}=-5\,127.90+31.10x_1+139.75x_2-0.146x_1x_2-0.133x_1^2-1.14x_2^2$$

The REG Procedure
Model: Linear_Regression_Model
Dependent Variable: QUALITY

Number of Observations Read	27
Number of Observations Used	27

Analysis of Variance

Source	DF	Sum of Squares	Mean Square	F Value	Pr > F
Model	5	8402.26454	1680.45291	596.32	<.0001
Error	21	59.17843	2.81802		
Corrected Total	26	8461.44296			

Root MSE	1.67870	R-Square	0.9930
Dependent Mean	66.96296	Adj R-Sq	0.9913
Coeff Var	2.50690		

Parameter Estimates

Variable	DF	Parameter Estimate	Standard Error	t Value	Pr > |t|
Intercept	1	-5127.89907	110.29601	-46.49	<.0001
TEMP	1	31.09639	1.34441	23.13	<.0001
PRESSURE	1	139.74722	3.14005	44.50	<.0001
TEMP_PRES	1	-0.14550	0.00969	-15.01	<.0001
TEMP_SQ	1	-0.13339	0.00685	-19.46	<.0001
PRESS_SQ	1	-1.14422	0.02741	-41.74	<.0001

图 5.14　产品质量的完整二阶模型的 SAS 输出结果

该预测模型的三维图如图 5.15 所示 . 平均产品质量似乎在 85 ～ 90℉的温度下和 55 ～ 57 psi 的压力下是最好的 . ㊀在这些范围内进一步实验可以更精确地确定最佳温度 – 压力组合 .

㊀ 有微积分知识的学生应该注意，我们可以通过求解 x_1 和 x_2 的 $\partial\hat{y}/\partial x_1=0$ 和 $\partial\hat{y}/\partial x_2=0$ 来确定使最小二乘模型质量最大化的精确温度和压力 . 这些估计的可选值为 x_1=86.25℉和 x_2=55.58 磅力 / 平方英寸 . 但是，请记住，这些只是可选值坐标的样本估计值 .

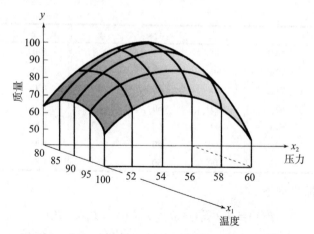

图 5.15　例 5.3 利用最小二乘法得出完整二阶模型图

观察调整后的判定系数 $R_a^2 = 0.991$，检验整个模型的 F 值为 $F = 596.32$，以及相关的 p 值 $< 0.000\,1$（在图 5.14 中阴影部分显示）．毫无疑问，完整的二阶模型对于解释平均产品质量关于温度和压力的函数是有用的．当然，情况并非总是如此．当复杂的二阶模型能更好拟合数据时，将二次项引入模型才是值得的．为了确定二次项是否重要，我们将使用 F 检验对 H_0：$\beta_4 = \beta_5 = 0$ 进行检验，来比较 4.13 节中所概述的嵌套模型．■

练习 5.5

5.17 **地震波的信噪比**．中国科学家开发了一种提高地震波的信噪比的方法（*Chinese Journal of Geophysics*,Vol. 49, 2006）．假设一位勘探地震学家想建立估计地震波的平均信噪比 y 关于两个自变量的函数模型：

$$x_1 = 频率（周期 / 秒）$$
$$x_2 = 小波振幅$$

（a）确定各自变量类型（定量或定性）．

（b）写出 $E(y)$ 的一阶模型．

（c）为 $E(y)$ 建立一个包含所有一阶和交互项的模型．绘制响应曲线，显示不同 x_1 值（假设 x_1 和 x_2 有交互作用）下的平均信噪比 $E(y)$ 与小波振幅 x_2 的关系．

（d）为 $E(y)$ 写出一个完整的二阶模型．

（e）假设拟合（c）小题模型，结果如下：

$$\hat{y} = 1 + 0.05x_1 + x_2 + 0.05x_1 x_2$$

在 $x_2 = 10$ 至 $x_2 = 50$ 的范围内，当频率 $x_1 = 1$，5 和 10 时，绘制估计信噪比 $\hat{y}$ 关于小波振幅 x_2 的函数图．这些图与（c）小题绘制的图（近似）一致吗？

（f）假设额外考虑一个新自变量，如下：

$$x_3 = 地震波之间的时间间隔（秒）$$

写出 $E(y)$ 关于 x_1, x_2 和 x_3 三个自变量，且含有交互项的一阶模型．

(g) 参考（f）小题，写出 $E(y)$ 关于 x_1, x_2 和 x_3 三个自变量，且含有交互项的完整二阶模型．

5.18 **在工作中"意见一致"．** 根据成员交换（LMX）理论，领导和下属"意见不一致"会对员工工作积极性产生负面影响．发表在 *Academy of Management Journal*（December 2015）上的一篇文章从领导和下属的角度研究了 LMX 理论．收集 280 个领导–下属关系的数据，建立 y = 下属的工作投入（即积极性，以 7 分制衡量）．测量的两个关键自变量是 x_1 = 领导对 LMX 关系的感知（以 7 分制衡量）和 x_2 = 下属对 LMX 关系的感知（以 7 分制衡量）．

(a) 研究人员假设工作投入 y 是一个关于 x_1 和 x_2 的完整二阶多项式模型，写出该模型方程．

(b) 回归结果如下表所示（注：研究中实际的模型包括几个"控制"变量，如性别和年龄）．写出最小二乘预测方程（假设估计的 y 轴截距为 1）．

变量	β 估计值	标准误差	t 值	p 值
x_1	0.17	0.12	1.42	$p > 0.10$
x_2	0.34	0.07	4.86	$p < 0.01$
$x_1 x_2$	0.32	0.14	2.28	$p < 0.05$
x_1^2	−0.30	0.16	−1.88	$p < 0.10$
x_2^2	0.07	0.06	1.17	$p > 0.10$

(c) 研究人员理论上认为，下属的工作投入与领导对 LMX 关系的感知呈曲线关系．具体来说，对于高的领导感知值，工作投入随领导感知的增加速度较慢．有证据支持这个理论吗 $(\alpha = 0.05)$？

(d) 研究人员理论上认为，下属的工作投入与下属对 LMX 关系的感知呈线性增长关系．有证据支持这个理论吗 $(\alpha = 0.05)$？

5.19 **缓释药物研究．** Upjohn 公司的研究人员利用多元回归分析法研究了一种缓释片．研究的目标之一是建立一个模型，将片剂的溶出度 y（即在特定时间段内溶出的片剂百分比）与以下自变量联系起来：

x_1 = 辅料含量（即片剂中非药物成分的含量）

x_2 = 过程变量（例如处理片剂的机器设置）

(a) 写出 $E(y)$ 完整的二阶模型．

(b) 写出 $E(y)$ 与 x_1 和 x_2 之间存在线性关系（x_1 和 x_2 无交互作用）的模型．

(c) 重复（b）小题，但在模型中添加交互项．

(d) 对于（c）小题的模型，当保持 x_2 不变时，$E(y)$ 关于 x_1 的直线斜率是多少？

(e) 对于（c）小题的模型，当保持 x_1 不变时，$E(y)$ 关于 x_2 的直线斜率是多少？

5.20 **高层管理团队的目标一致性．** 首席执行官（CEO）及其高级管理人员是否总是在公司的目标上达成一致？*Academy of Management Journal*（February 2008）研究了 CEO

和副总裁 (VP) 之间目标一致性的重要性. 研究人员使用回归模型来模拟 VP 对提高效率目标的态度 y 关于两个定量自变量的函数, 即 CEO 领导水平 x_1 和 CEO 与 VP 之间的一致性水平 x_2. 用包含 x_1 和 x_2 的完整二阶模型来拟合从美国信用合作社 $n = 517$ 名高层管理团队成员中收集的数据.

(a) 写出 $E(y)$ 完整二阶模型.

(b)(a) 小题模型的判定系数为 $R^2 = 0.14$, 解释这个值.

(c) 模型中 x_2^2 项的估计值 β 为负, 解释这个结果.

(d) 对模型的交互项 $x_1 x_2$ 的 β 值进行 t 检验, 得出 p 值为 0.02, 解释此结果 $(\alpha = 0.05)$.

💿 **GASTURBINE**

5.21 燃气轮机冷却方法. 参考 *Journal of Engineering for Gas Turbines and Power* (January 2005) 关于燃气轮机发动机高压进气雾化方法的研究, 见练习 5.12. 建立一个燃气轮机热耗率 (千焦 / 千瓦时) 关于转速 (每分钟转数) 和循环压力比的函数模型.

(a) 为热耗率 y 建立一个完整的二阶模型.

(b) 将数据与模型进行拟合, 得到最小二乘预测方程.

(c) 对整体模型的充分性进行全局 F 检验.

(d) 根据预测方程, 当转速在 5 000 rpm 下保持不变时, 绘制热耗率与循环压力比的关系图.

(e) 当转速保持在 15 000 rpm 不变时, 重复 (d) 小题.

(f) 比较 (d) 和 (e) 小题的两幅图, 你观察到什么?

5.22 情商与团队表现. 参考 *Engineering Project Organizational Journal* (Vol. 3, 2013), 研究了团队成员的情商与团队表现之间的直接关系, 见练习 4.25. 回想一下, 辅修建筑工业概论课程的本科生完成了一项情商测试, 并获得了个人内部评分、压力管理评分和情绪评分. 然后将学生分为 $n = 23$ 个小组, 每个小组获得一个项目平均得分, 用三个自变量: 个人内部评分 x_1、压力管理评分 x_2 和情绪评分 x_3 对项目平均得分 y 进行建模. 数据如下表所示.

(a) 建立一个项目得分 y 关于 x_1、x_2 和 x_3 的完整二阶函数模型.

(b) 使用统计软件将数据与 (a) 小题的模型进行拟合.

(c) 使用假设检验和模型充分性的数值度量来评估模型整体的充分性.

(d) 是否有足够的证据表明个人内部评分 x_1 与项目平均得分 y 存在曲线关系 $(\alpha = 0.01)$?

(e) 是否有足够的证据表明压力管理评分 x_2 与项目平均得分 y 存在曲线关系 $(\alpha = 0.01)$?

(f) 是否有足够的证据表明情绪评分 x_3 与项目平均得分 y 存在曲线关系 $(\alpha = 0.01)$?

💿 **TEAMPERF**

小组	个人 内部评分	压力 管理评分	情绪评分	项目 平均得分	小组	个人 内部评分	压力 管理评分	情绪评分	项目 平均得分
1	14	12	17	88.0	3	26	18	6	83.5
2	21	13	45	86.0	4	30	20	36	85.5

（续）

小组	个人 内部评分	压力 管理评分	情绪评分	项目 平均得分	小组	个人 内部评分	压力 管理评分	情绪评分	项目 平均得分
5	28	23	22	90.0	15	25	31	11	85.0
6	27	24	28	90.5	16	40	35	24	84.0
7	21	24	38	94.0	17	27	12	14	85.5
8	20	30	30	85.5	18	30	13	29	85.0
9	14	32	16	88.0	19	31	24	28	84.5
10	18	32	17	91.0	20	25	26	16	83.5
11	10	33	13	91.5	21	23	28	12	85.0
12	28	43	28	91.5	22	20	32	10	92.5
13	19	19	21	86.0	23	35	35	17	89.0
14	26	31	26	83.0					

5.23 **飞机机组人员的共享领导.** 参考 *Human Factors*（March 2014）关于商用飞机驾驶舱和客舱机组人员共享领导的研究报告，见练习 4.67. 收集了 84 个六人机组人员模拟飞行的数据，建立一个团队目标实现得分 y（以 60 分制衡量）关于以下自变量的函数模型. 回想一下，我们测量了以下自变量，包括乘务长的工作经验 x_1、空乘负责人的工作经验 x_2、乘务长的领导评分 x_5 和空乘负责人的领导评分 x_6.

（a）建立 $E(y)$ 关于这四个自变量的完整二阶函数模型.

（b）你将如何检验以确定（a）小题中的模型的任一曲率项是否具有统计显著性？提出原假设和备择假设，并加以检验.

5.6　编码定量自变量（选修）

在拟合高阶多项式回归模型（如二阶或三阶模型）时，对定量自变量进行编码通常是一种较好的做法. 例如，假设回归分析中的一个自变量是执行任务的能力水平 C（用 20 分制度量），并观察 C 的三个水平为 5，10 和 15. 我们可以使用以下公式进行编码（或转换）：

$$x = \frac{C-10}{5}$$

然后，编码水平 $x=-1$，0 和 1 分别对应原始 C 的三个水平 5，10 和 15.

在一般意义上，编码意味着将一组自变量（定性或定量）转换为一组新的自变量. 例如我们观察两个自变量：

$$C = 能力水平$$
$$S = 满意度$$

然后我们可以把 C 和 S 转换成两个新的编码变量 x_1 和 x_2，其中 x_1 和 x_2 通过两个函数方程与 C 和 S 相关联：

$$x_1 = f_1(C,S) \qquad x_2 = f_2(C,S)$$

函数 f_1 和 f_2 常被表示为函数表达式，它们在 x_1 和 x_2 的编码值组合与 C 和 S 的水平组合之间建立了——对应关系.

由于定性自变量不是数值型数据，因此更有必要对它们的值进行编码来拟合回归模型（我们在 5.7 节中演示了编码步骤）. 然而，你可能会问，我们为什么要为定量自变量编码，相关两个原因解释如下. 计算机似乎会忽略回归分析中自变量所假定的值，但事实并非如此. 要使用最小二乘法计算模型参数的估计值，计算机必须对一个称为**系数矩阵**（或**信息矩阵**）的数字矩阵求逆（见附录 C）. 在求逆过程中，如果系数矩阵中数的绝对值变化较大，则会产生较大的舍入误差. 这可能在最小二乘估计值 $\hat{\beta}_0, \hat{\beta}_1, \hat{\beta}_2, \cdots$ 中产生相当大的误差，而编码使计算机更容易计算出矩阵的逆，从而得到更准确的估计.

编码定量变量的第二个原因与我们将在第 7 章中详细讨论的问题有关：自变量 x 间相互关联的问题（称为**多重共线性**）. 当多项式回归模型（如二阶模型）拟合时，特别是高阶项拟合时，不可避免地存在多重共线性问题. 例如，考虑二次模型

$$E(y) = \beta_0 + \beta_1 x + \beta_2 x^2$$

如果 x 的取值范围很小，则 $x_1 = x$ 和 $x_2 = x^2$ 这两个变量通常是高度相关的. 正如我们在第 7 章中将指出的，当存在这些高度相关的自变量时，回归系数的舍入误差可能会增加.

以下步骤是处理舍入误差问题的有效方法：

1. 对定量变量进行编码，使新的编码原点位于编码值的中心. 例如，将能力水平 C 编码为

$$x = \frac{C - 10}{5}$$

我们得到编码值 -1, 0 和 1. 编码原点 (0) 置于编码值（$-1 \sim 1$）范围的中间.

2. 对定量变量进行编码，使所有编码变量的编码值范围大致相同（当然你不必严格遵守这个要求）. 一个自变量的取值范围可以是另一个自变量取值范围的两倍或者三倍而不会造成任何困难，但在取值范围上不希望有较大的差异，比如 100 : 1.

当数据是观测数据时（假设自变量的值是不受控制的），下框中描述的编码过程很好地满足了这两个要求. 编码变量 u 类似于 1.6 节的标准正态 z 统计量. 因此，u 值用 x 值与 x 值的均值 $\bar{x}$ 之间的偏差（距离）除以 s_x 来表示. ⊖ 由于我们知道一个集合中大多数（大约 95%）的测量值都在其均值的 2 个标准差范围内，因此大多数编码的 u 值将位于 $-2 \sim 2$ 之间.

观测数据编码过程

令

$$x = \text{未编码的定量自变量}$$

$$u = \text{编码的定量自变量}$$

如果 x 取 x_1, x_2, $\cdots$, x_n 表示为回归分析中的 n 个数据点，令

⊖ $x - \bar{x}$ 的除数不一定完全等于 s_x. 任何近似等于 s_x 的数都可以. 其他候选分母是极差 R、$R/2$ 和四分位距（IQR）.

$$u_i = \frac{x_i - \bar{x}}{s_x}$$

其中 s_x 是 x 值的标准差，即

$$s_x = \sqrt{\frac{\sum_{i=1}^{n}(x_i - \bar{x})^2}{n-1}}$$

如果将此编码应用于每个定量变量，则每个变量的值的范围大约为 -2 到 2. 系数矩阵各元素绝对值的变化将是适度的，并且在求矩阵的逆时所产生的舍入误差将降低. 此外，x 和 x^2 之间的相关性也会降低. [⊖]

例 5.4 二氧化碳诱捕器通常被昆虫学家用来监测蚊子的数量. *Journal of the American Mosquito Control Association* 上的一篇文章调查了温度是否会影响诱捕器中蚊子的数量. 连续 9 天，每天收集 6 个蚊子样本. 每天测量两个变量：$x =$ 平均气温（℃），$y =$ 蚊子捕获率（每个样本中捕获的蚊子数量除以最大样本捕获数）. 数据见表 5.3.

💿 **MOSQUITO**

表 5.3　例 5.4 的数据

	日期	平均气温 x	捕获率 y		日期	平均气温 x	捕获率 y
7 月	24	16.8	0.66	7 月	29	22.6	0.99
	25	15.0	0.30		30	23.3	0.75
	26	16.5	0.46		31	18.2	0.24
	27	17.7	0.44	8 月	1	18.6	0.51
	28	20.6	0.67				

资料来源：Petric, D., et al. "Dependence of CO_2 -baited suction trap captures on temperature variations," *Journal of the American Mosquito Control Association*, Vol. 11, No. 1, March 1995, p. 8.

研究人员对蚊子捕获率 y 与平均气温 x 之间的关系很感兴趣，假设我们考虑使用二次模型 $E(y) = \beta_0 + \beta_1 x + \beta_2 x^2$.

（a）将表 5.3 中的数据与模型进行拟合，并对 β_1 和 β_2 进行 t 检验.

（b）计算并解释 x 与 x^2 之间的相关性.

（c）利用观测数据进行编码，写出编码变量 u 与温度 x 之间的关系式. 然后计算 $n=9$ 个 x 值的编码值 u，并计算编码值的和.

（d）计算 u 和 u^2 之间的相关系数. 将数据与模型 $E(y) = \beta_0 + \beta_1 u + \beta_2 u^2$ 进行拟合，将结果与（a）小题的结果进行比较.

解　（a）我们使用 MINITAB 将数据与二次模型进行拟合，输出结果如图 5.16 所示. 注

⊖ 编码后的另一个影响是模型中系数 β 的解释略有不同. 例如，模型 $E(y) = \beta_0 + \beta_1 u$，其中 $u = (x-10)/5$，x 每增加 1 单位，y 的变化不再是 β_1，而是 $\beta_1/5$. 在一般情况下，对于带有编码的定量自变量的一阶模型，与 x_i 有关的斜率被表示为 β_i / s_{x_i}，其中 s_{x_i} 是编码 x_i 的除数.

意，用于检验 $H_0: \beta_1 = 0$ 和 $H_0: \beta_2 = 0$ 的 p 值（阴影部分显示）分别是 0.749 和 0.624. 因此，研究人员可能会得出这样的结论：温度 x 与捕获率 y 之间既无曲线关系，也无线性关系.

（b）x 和 x^2 的相关系数也使用 MINITAB 获得，如图 5.16 所示，在输出结果的底部高亮显示. 可以看到这两个自变量高度相关（$r = 0.998$），正如我们将在第 7 章中讨论的，这种高度相关的情况会导致参数估计极大的舍入误差以及夸大的标准误差. 所以，检验参数 β 的 t 值往往会小于预期值，导致结果不显著. 在得出温度与捕获率无关的结论之前，分析师将对模型中定量变量的值进行编码，以降低其相关性.

（c）图 5.17 所示的 MINITAB 输出结果提供了温度 x 的汇总统计信息. $\bar{x}$ 和 s_x 的值（高亮显示）为

$$\bar{x} = 18.811 \quad s_x = 2.812$$

那么将编码变量 u 与 x 联系起来的式子是

$$u = \frac{x - 18.8}{2.8}$$

例如，当温度 $x = 16.8$ 时，

$$u = \frac{x - 18.8}{2.8} = \frac{16.8 - 18.8}{2.8} = -0.71$$

同理，当 $x = 15.0$ 时，

$$u = \frac{x - 18.8}{2.8} = \frac{15.0 - 18.8}{2.8} = -1.36$$

Regression Analysis: RATIO versus TEMP, TEMPSQ

Analysis of Variance

Source	DF	Adj SS	Adj MS	F-Value	P-Value
Regression	2	0.2656	0.13282	4.57	0.062
Error	6	0.1743	0.02905		
Total	8	0.4400			

Model Summary

S	R-sq	R-sq(adj)
0.170451	60.38%	47.17%

Coefficients

Term	Coef	SE Coef	T-Value	P-Value
Constant	1.09	3.38	0.32	0.758
TEMP	−0.119	0.354	−0.34	0.749
TEMPSQ	0.00471	0.00910	0.52	0.624

Regression Equation

RATIO = 1.09 − 0.119 TEMP + 0.00471 TEMPSQ

Correlation: TEMP, TEMPSQ

Correlations

Pearson correlation	0.998
P-value	0.000

图 5.16　关于捕获率的二次模型的 MINITAB 输出结果

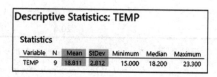

Descriptive Statistics: TEMP

Statistics

Variable	N	Mean	StDev	Minimum	Median	Maximum
TEMP	9	18.811	2.812	15.000	18.200	23.300

图 5.17　温度 x 的 MINITAB 描述性统计

表 5.4 给出了所有 $n = 9$ 个观测值的编码值（注意：你可以看到 u 的所有 $n = 9$ 个值都在 −2 到 2 的区间内）.

表 5.4　例 5.4 中 x 的编码值

温度 x	编码值 u	温度 x	编码值 u	温度 x	编码值 u
16.8	−0.71	17.7	−0.39	23.3	1.61
15.0	−1.36	20.6	0.64	18.2	−0.21
16.5	−0.82	22.6	1.36	18.6	−0.07

如果忽略舍入误差，则 u 的 $n = 9$ 个值之和为 0. 这是因为一组测量值与其均值的偏差之和总是等于 0.

（d）再次使用 MINITAB 对温度编码值 u 的二次模型与数据进行拟合. 输出结果如图 5.18 所示. 首先，请注意 u 和 u^2 的相关系数（在输出结果的顶部高亮显示）是 0.441. 因此，参数

估计舍入误差的可能性应该大大减少．现在，检验 H_0：$\beta_1 = 0$ 和 H_0：$\beta_2 = 0$ 的 t 值和 p 值在阴影部分显示，可以看到，检验二次项 β_2 的结果与图 5.16 所示结果相同．然而，一阶项 β_1 的检验结果在 $\alpha = 0.05$ 时，在统计上是显著的．因此，有足够的证据表明捕获率 y 与温度 x 之间存在线性关系．

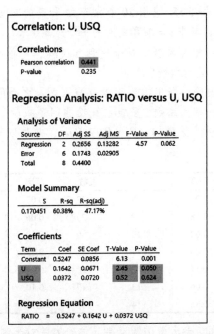

图 5.18　温度编码值 u 的二次模型的 MINITAB 输出结果

为了减少舍入误差和避免多重共线性，还可找到其他编码定量变量的方法．其中一个更复杂的编码步骤将涉及拟合**正交多项式**．正交编码方法保证编码的自变量是彼此不相关的．关于正交多项式的讨论，请参阅本章结尾给出的参考文献．

练习 5.6

5.24　轮胎磨损和压力．假设你想对观测数据使用变量编码，将练习 5.14 中压力 – 汽油里程数的数据与一个二阶模型进行拟合，数据如下表所示．

💿 **TIRES2**

压力 x（磅力/平方英寸）	汽油里程数 y（千英里）	压力 x（磅力/平方英寸）	汽油里程数 y（千英里）
30	29	34	37
31	32	35	33
32	36	36	26
33	38		

（a）对观测数据进行编码，写出编码变量 u 与压力 x 之间的关系式．

（b）计算编码值 u．

(c) 计算变量 x 与 x^2 之间的相关系数 r.

(d) 计算变量 u 与 u^2 之间的相关系数 r，并将这个值与 (c) 小题中的计算值进行比较.

(e) 使用统计软件拟合模型 $E(y) = \beta_0 + \beta_1 u + \beta_2 u^2$，并加以解释.

5.25 火车站拥挤的程度. 参考 *Journal of Transportation Engineering* (June 2013) 关于火车站拥挤的研究，见练习 5.15. 使用 20 个火车站采集的数据（下表），分析了二次模型 $E(y) = \beta_0 + \beta_1 x + \beta_2 x^2$，其中 y = 乘客之间的平均距离（米），x = 在站台等候的乘客人数.

(a) 计算 x 与 x^2 之间的相关系数. 对于这种相关性，可能会出现哪些潜在的问题? 是否需要对自变量 x 进行编码?

(b) 对观测数据进行编码，写出编码变量 u 与人数 x 之间的关系式.

(c) 计算 u 和 u^2 之间的相关系数. 多重共线性的问题减少了吗?

(d) 使用统计软件拟合模型 $E(y) = \beta_0 + \beta_1 u + \beta_2 u^2$，并加以解释.

🔘 **TRAINWAIT**

车站	人数	距离	车站	人数	距离	车站	人数	距离
1	21	0.08	8	22	0.07	15	19	0.11
2	2	0.78	9	23	0.06	16	7	0.27
3	4	0.62	10	9	0.19	17	29	0.05
4	25	0.06	11	11	0.15	18	5	0.50
5	16	0.11	12	20	0.09	19	14	0.12
6	26	0.06	13	17	0.10	20	8	0.20
7	6	0.35	14	18	0.10			

5.26 硅晶片微芯片失效时间. 参考美国国家半导体研究院对于制造硅晶片集成电路芯片的锡铅焊接实验，见练习 4.43. 回想一下，微芯片的失效时间（以小时为单位）是在不同的焊接温度下确定的，数据如下表所示. 研究人员希望利用二次模型 $E(y) = \beta_0 + \beta_1 x + \beta_2 x^2$ 根据焊接温度 x 预测失效时间 y. 请先说明该模型参数估计中存在极大舍入误差的可能性，然后建立一个合适的拟合模型，该模型能够大大减少舍入误差问题.

🔘 **WAFER**

温度（℃）	失效时间（小时）	温度（℃）	失效时间（小时）	温度（℃）	失效时间（小时）
165	200	152	500	132	4 800
162	200	147	500	132	5 000
164	1 200	149	1 100	134	5 200
158	500	149	1 150	134	5 400
158	600	142	3 500	125	8 300
159	750	142	3 600	123	9 700
156	1 200	143	3 650		
157	1 500	133	4 200		

资料来源: Gee, S., & Nguyen, L. "Mean time to failure in wafer level-CSP packages with SnPb and SnAgCu solder bumps," International Wafer Level Packaging Conference, San Jose, CA, Nov. 3–4, 2005 (adapted from Figure 7).

5.27 **测量月球轨道.** 参考 *American Journal of Physics*（April 2014）关于月球轨道的研究，见练习 4.35. 回想一下，月球的角度大小 y（像素）被建模为关于地平线以上高度 x（度）的二阶函数，即 $E(y) = \beta_0 + \beta_1 x + \beta_2 x^2$. 以下是不同高度的数据. 模型中使用的自变量是否存在高度的多重共线性？如果是这样，提出一个不受同样高水平的多重共线性困扰的替代模型，将数据拟合模型并解释结果.

⊛ MOON

角度	高度	角度	高度
321.9	17	325.7	52
322.3	18	325.8	57
322.4	26	325.0	60
323.2	32	326.9	63
323.4	38	326.0	67
324.4	42	325.8	73
325.0	49		

5.7　具有一个定性自变量的模型

假设我们要为柴油机的平均性能 $E(y)$ 建立一个关于燃料类型的函数模型（为了方便解释，我们将忽略其他可能影响响应变量的自变量.）进一步假设有三种燃料类型：石油基燃料（P）、煤基燃料（C）和混合燃料（B）. 则燃料类型是一个定性变量，有三个水平分别对应燃料 P、C 和 B. 注意，对于一个定性自变量，我们不能将数值的含义附加到给定水平，我们所能做的只是加以描述.

为了简化符号，让 μ_P 表示燃料 P 的平均性能，让 μ_C 和 μ_B 分别表示燃料 C 和 B 的平均性能. 我们的目的是写一个简单的预测方程，它将给出三种燃料类型的 y 的均值. 一个有效 β 解释的编码方案如下：

$$E(y) = \beta_0 + \beta_1 x_1 + \beta_2 x_2$$

其中，

$$x_1 = \begin{cases} 1, & \text{如果使用燃料P} \\ 0, & \text{如果不使用} \end{cases} \qquad x_2 = \begin{cases} 1, & \text{如果使用燃料C} \\ 0, & \text{如果不使用} \end{cases}$$

表 5.5 显示了三种燃料类型的 x_1 和 x_2 值.

表 5.5　模型中三种柴油机燃料的平均性能

燃料类型	x_1	x_2	平均性能 $E(y)$
混合燃料（B）	0	0	$\beta_0 = \mu_B$
石油基燃料（P）	1	0	$\beta_0 + \beta_1 = \mu_P$
煤基燃料（C）	0	1	$\beta_0 + \beta_2 = \mu_C$

变量 x_1 和 x_2 并不像模型中的定量自变量一样具有意义，相反它们是模型中的 **虚拟变量**（或**指标变量**）. 为了解它们，我们将假设 $x_1 = 0$，$x_2 = 0$，即等价于我们求燃料 B 的平均响应变量时的条件（不使用燃料 P 和 C，则一定是 B）. 那么使用燃料 B 时，y 的均值为

$$\mu_B = E(y) = \beta_0 + \beta_1(0) + \beta_2(0) = \beta_0$$

所以燃料 B 的平均性能是 β_0，即

$$\beta_0 = \mu_B$$

假设现在我们想了解使用燃料 P 时的平均性能 $E(y)$. 根据虚拟变量的定义，令 $x_1 = 1$，$x_2 = 0$：

$$\mu_P = E(y) = \beta_0 + \beta_1(1) + \beta_2(0) = \beta_0 + \beta_1$$

因为 $\beta_0 = \mu_B$，所以

$$\mu_P = \mu_B + \beta_1$$

因此 β_1 的解释为

$$\beta_1 = \mu_P - \mu_B$$

即燃料 P 和 B 的平均性能之差.

最后，如果想了解使用燃料 C 时的平均性能 $E(y)$，令 $x_1 = 0$，$x_2 = 1$：

$$\mu_C = E(y) = \beta_0 + \beta_1(0) + \beta_2(1) = \beta_0 + \beta_2$$

因为 $\beta_0 = \mu_B$，所以

$$\mu_C = \mu_B + \beta_2$$

因此 β_2 的解释为

$$\beta_2 = \mu_C - \mu_B$$

即燃料 C 和 B 的平均性能之差.

注意，我们是用两个虚拟变量来描述定性变量的三个水平，因为基准水平（这里是燃料 B）的均值由截距 β_0 表示.

现在，仔细检查带有三个水平的单个定性自变量的模型，因为我们将对任意数量的水平使用完全相同的模型. 任意选择一个水平作为基准水平，然后为其余水平设置虚拟变量. 下框将给出具体过程和参数解释.

有 k 个水平（A，B，C，D，…）的一个定性自变量的模型建立过程

$$E(y) = \beta_0 + \beta_1 x_1 + \beta_2 x_2 + \cdots + \beta_{k-1} x_{k-1}$$

其中，

$$x_i = \begin{cases} 1, & \text{如果定性变量在第 } i+1 \text{ 水平上} \\ 0, & \text{如果定性变量不在第 } i+1 \text{ 水平上} \end{cases}$$

一个定性自变量的虚拟变量数总是比该变量的水平少 1 个. 假设基准水平是 A 时, 每个水平的均值是

$$\mu_A = \beta_0$$
$$\mu_B = \beta_0 + \beta_1$$
$$\mu_C = \beta_0 + \beta_2$$
$$\mu_D = \beta_0 + \beta_3$$
$$\vdots$$

β 的解释为

$$\beta_0 = \mu_A$$
$$\beta_1 = \mu_B - \mu_A$$
$$\beta_2 = \mu_C - \mu_A$$
$$\beta_3 = \mu_D - \mu_A$$
$$\vdots$$

例 5.5 一家大型咨询公司向各州交通运输部门推销一套监控公路建设投标的计算机系统. 由于公司需承担高昂的系统维护成本, 因此公司希望比较三个不同州 (Kansas、Kentucky 和 Texas) 系统用户的年平均维护成本. 从每个州的安装用户中选择 10 个作为样本, 并记录每个用户产生的维护成本, 如表 5.6 所示.

💿 **BIDMAINT**

表 5.6 三个州监控系统的年维护成本 (美元)

Kansas	Kentucky	Texas	Kansas	Kentucky	Texas
198	563	385	105	264	308
126	314	693	216	185	430
443	483	266	465	330	644
570	144	586	203	354	515
286	585	178	总计 2 796	3 599	4 778
184	377	773			

(a) 建立平均维护成本 $E(y)$ 模型, 使公司能够比较三个州的系统用户成本.

(b) 这些数据是否能够提供足够的证据表明三个州安装的系统用户累积的年平均维护成本有差异 $(\alpha = 0.05)$?

(c) 计算并解释 Texas 平均成本与 Kansas 平均成本之差的 95% 置信区间.

解 (a) $E(y)$ 关于不同州这一定性自变量的模型为

$$E(y) = \beta_0 + \beta_1 x_1 + \beta_2 x_2$$

其中,

$$x_1 = \begin{cases} 1, & \text{如果是Kentucky} \\ 0, & \text{如果不是} \end{cases} \qquad x_2 = \begin{cases} 1, & \text{如果是Texas} \\ 0, & \text{如果不是} \end{cases}$$

（注：基准水平 =Kansas）

则

$$\beta_1 = \mu_2 - \mu_1$$
$$\beta_2 = \mu_3 - \mu_1$$

其中 μ_1, μ_2 和 μ_3 分别是 Kansas、Kentucky 和 Texas 的平均维护成本.

（b）检验原假设三个州的均值相等（即 $\mu_1 = \mu_2 = \mu_3$）相当于检验

$$H_0: \quad \beta_1 = \beta_2 = 0$$

因为如果 $\beta_1 = \mu_2 - \mu_1 = 0$ 以及 $\beta_2 = \mu_3 - \mu_1 = 0$，那么 μ_1, μ_2 和 μ_3 必须相等. 备择假设是

$$H_a: \quad 至少有一个参数 \beta_1 或 \beta_2 不为 0$$

进行这项检验有两种方法. 我们可以拟合前面所示的完整模型，以及简化模型（即去掉涉及 β_1 和 β_2 的项）$E(y) = \beta_0$，并进行 4.13 节中描述的嵌套模型 F 检验（我们将此留作练习）. 或者我们可以使用 4.6 节中完整模型的全局 F 检验，它提出模型中除 β_0 以外的所有参数等于 0 的原假设进行检验. 无论采用哪种方法，你都会得到相同的 F 值. 拟合完整模型

$$E(y) = \beta_0 + \beta_1 x_1 + \beta_2 x_2$$

的 SPSS 输出结果，如图 5.19 所示. 用于检验完整模型的 F 统计量（阴影部分）为 $F = 3.482$，用于检验的 p 值（同样阴影部分）为 $p = 0.045$. 由于 $\alpha = 0.05$ 大于 p 值，所以我们拒绝 H_0，得出至少有一个参数 β_1 或 β_2 不等于 0 的结论. 这些数据提供了足够的证据，表明三个州监控系统的平均维护成本确实存在差异.

Model Summary

Model	R	R Square	Adjusted R Square	Std. Error of the Estimate
1	.453[a]	.205	.146	168.948

a. Predictors: (Constant), X2, X1

ANOVA[a]

Model		Sum of Squares	df	Mean Square	F	Sig.
1	Regression	198772.467	2	99386.233	3.482	.045[b]
	Residual	770670.900	27	28543.367		
	Total	969443.367	29			

a. Dependent Variable: COST

b. Predictors: (Constant), X2, X1

Coefficients[a]

Model		Unstandardized Coefficients B	Std. Error	Standardized Coefficients Beta	t	Sig.	95.0% Confidence Interval for B Lower Bound	Upper Bound
1	(Constant)	279.600	53.426		5.233	.000	169.979	389.221
	X1	80.300	75.556	.211	1.063	.297	−74.728	235.328
	X2	198.200	75.556	.520	2.623	.014	43.172	353.228

a. Dependent Variable: COST

图 5.19　虚拟变量模型的 SPSS 输出结果

（c）由于 $\beta_2 = \mu_3 - \mu_1 =$ Texas 和 Kansas 的平均成本之差，我们希望获得 β_2 的 95% 置信区

间. 图 5.19 中高亮显示的区间为 (43.172，353.228). 因此，我们有 95% 的把握认为差值. $\mu_3 - \mu_1$ 落在该区间内. 这意味着 Texas 用户的平均成本比 Kansas 用户的平均成本高 43.17 美元到 353.23 美元. ∎

5.8 具有两个定性自变量的模型

我们将在此节中演示如何建立一个包含两个定性自变量的模型，然后接下来的 5.9 节中，我们将解释如何应用此方法建立包含任意数量定性自变量的模型.

让我们回顾 5.7 节中使用的例子，在这里我们建立了一个柴油发动机的平均性能 $E(y)$ 关于一个定性自变量燃料类型的函数模型. 现在假设发动机品牌也是平均性能的一个定性自变量，我们需要对两个品牌进行比较. 因此，第二个定性自变量品牌将在两个水平被观察.

为了简化我们的符号，我们将这三种燃料类型的符号从 B、D、C 换成 F_1、F_2、F_3，我们用 B_1 和 B_2 代表这两个品牌. 有关性能（y 的测量值）的六个总体均值由表 5.7 所示的列联表中的六个单元格象征性地表示. 每个 μ 下标对应六种燃料类型 – 品牌组合中的一种.

表 5.7 燃料类型和发动机品牌的六种组合

		品牌	
		B_1	B_2
燃料类型	F_1	μ_{11}	μ_{12}
	F_2	μ_{21}	μ_{22}
	F_3	μ_{31}	μ_{32}

首先，我们以最简单的形式建立一个模型，其中两个定性变量相互独立地影响响应变量. 为了建立平均性能 $E(y)$ 的模型，我们从一个常数 β_0 开始，然后按照 5.7 节中所述的方法，为燃料类型的三个水平添加两个虚拟变量，这些项被称为燃料类型 F 的**主效应项**，表示当燃料类型 F 和品牌 B 相互独立地影响 $E(y)$ 时，燃料类型 F 对 $E(y)$ 的影响. 模型为

$$E(y) = \beta_0 + \overbrace{\beta_1 x_1 + \beta_2 x_2}^{F\text{的主效应项}}$$

其中

$$x_1 = \begin{cases} 1, & \text{如果使用燃料}F_2 \\ 0, & \text{如果不使用燃料}F_2 \end{cases} \qquad x_2 = \begin{cases} 1, & \text{如果使用燃料}F_3 \\ 0, & \text{如果不使用燃料}F_3 \end{cases}$$

现在让 B_1 作为品牌变量的基准水平. 由于这个变量有两个水平，所以我们只需要添加一个虚拟变量就可以将品牌包含在模型中：

$$E(y) = \beta_0 + \overbrace{\beta_1 x_1 + \beta_2 x_2}^{F\text{的主效应项}} + \overbrace{\beta_3 x_3}^{B\text{的主效应项}}$$

其中虚拟变量 x_1 和 x_2 如前所述，且

$$x_3 = \begin{cases} 1, & \text{如果使用发动机品牌}B_2 \\ 0, & \text{如果使用发动机品牌}B_1 \end{cases}$$

通过赋予 x_1，x_2 和 x_3 特定值的方法检查模型，建立一个与表 5.7 的单元格对应的 y 的

均值模型．我们用以下两个例子来说明．

例 5.6 当发动机品牌为 B_1 且使用燃料 F_1 时，给出 x_1，x_2，x_3 的值，并写出平均性能 $E(y)$ 关于 x_1，x_2 和 x_3 的模型．

解 回顾虚拟变量的设定，你会发现 F_1 和 B_1 在 $x_1 = x_2 = x_3 = 0$ 时出现．所以，

$$
\begin{aligned}
E(y) &= \beta_0 + \beta_1 x_1 + \beta_2 x_2 + \beta_3 x_3 \\
&= \beta_0 + \beta_1(0) + \beta_2(0) + \beta_3(0) \\
&= \beta_0
\end{aligned}
$$

我们用 μ_{11} 表示 F_1 和 B_1 水平时 y 的均值，即

$$\mu_{11} = \beta_0$$

■

例 5.7 当发动机品牌为 B_2 且使用燃料 F_3 时，给出 x_1，x_2，x_3 的值，并写出平均性能 $E(y)$ 关于 x_1，x_2 和 x_3 的模型．

解 回顾虚拟变量的设定，你会发现水平为 F_3 和 B_2 时，分别对应 $x_1 = 0$，$x_2 = 1$，$x_3 = 1$，用符号 μ_{32}（见表 5.7）表示发动机品牌为 B_2 且使用燃料 F_3 的平均性能为

$$
\begin{aligned}
\mu_{32} = E(y) &= \beta_0 + \beta_1 x_1 + \beta_2 x_2 + \beta_3 x_3 \\
&= \beta_0 + \beta_1(0) + \beta_2(1) + \beta_3(1) \\
&= \beta_0 + \beta_2 + \beta_3
\end{aligned}
$$

■

注意，在前面的描述中，我们已假设燃料类型和发动机品牌这两个定性自变量相互独立地影响 $E(y)$．这种类型的模型称为**主效应模型**，显示在下框中．改变一个定性变量的水平将对第二个定性变量任意水平的 $E(y)$ 值产生相同的影响．换句话说，一个定性变量对 $E(y)$ 的影响（在数学意义上）独立于第二个定性变量的水平．

当两个自变量相互独立地影响平均响应变量时，可以得到如图 5.20 所示的图形．请注意，无论使用何种品牌的发动机，任意两种燃料类型（F 水平）的平均性能差异都是相同的．也就是说，主效应模型假设燃料类型对性能的相对影响在两个发动机品牌中是相同的．

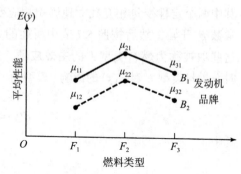

图 5.20　主效应模型：响应变量均值 $E(y)$ 关于 F 和 B 的函数模型，且 F 和 B 相互独立地影响 $E(y)$

两个定性自变量的主效应模型，其中一个包含三个水平（F_1，F_2，F_3），另一个包含两个水平（B_1，B_2）

$$E(y) = \beta_0 + \overbrace{\beta_1 x_1 + \beta_2 x_2}^{F\text{的主效应项}} + \overbrace{\beta_3 x_3}^{B\text{的主效应项}}$$

其中

$$x_1 = \begin{cases} 1, & \text{如果是} F_2 \\ 0, & \text{如果不是} \end{cases} \quad x_2 = \begin{cases} 1, & \text{如果是} F_3 \\ 0, & \text{如果不是} \end{cases} \quad (F_1 \text{为基准水平})$$

$$x_3 = \begin{cases} 1, & \text{如果是} B_2 \\ 0, & \text{如果是} B_1 \text{（基准水平）} \end{cases}$$

模型参数解释

$$\beta_0 = \mu_{11}\text{（基准水平组合的均值）}$$
$$\beta_1 = \mu_{2j} - \mu_{1j}, \text{ 对于任意水平} B_j(j=1,2)$$
$$\beta_2 = \mu_{3j} - \mu_{1j}, \text{ 对于任意水平} B_j(j=1,2)$$
$$\beta_3 = \mu_{i2} - \mu_{i1}, \text{ 对于任意水平} F_i(i=1,2,3)$$

如果 F 和 B 不相互独立地影响 $E(y)$，则响应变量函数可能如图 5.21 所示. 注意观察图 5.20 和图 5.21 的响应变量均值函数之间的区别. 当 F 和 B 以非独立的方式影响响应变量均值时（图 5.21），每个品牌的响应变量函数将发生变化. 这意味着你不能在不考虑其他变量的情况下，研究某个变量对 $E(y)$ 的影响. 当这种情况发生时，我们认为定性自变量间存在**交互作用**，交互模型在下框中显示. 在本例中，如果一种燃油类型在发动机 B_1 中表现更好，而另一种燃油类型在发动机 B_2 中表现更好，则可能会发生交互作用.

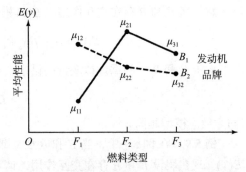

图 5.21　交互模型：响应变量均值 $E(y)$ 关于 F 和 B 的函数模型，且 F 和 B 交互影响 $E(y)$

两个定性自变量的交互模型，其中一个包含三个水平（F_1，F_2，F_3），另一个包含两个水平（B_1, B_2）

$$E(y) = \beta_0 + \overbrace{\beta_1 x_1 + \beta_2 x_2}^{F\text{的主效应项}} + \overbrace{\beta_3 x_3}^{B\text{的主效应项}} + \overbrace{\beta_4 x_1 x_3 + \beta_5 x_2 x_3}^{\text{交互项}}$$

其中虚拟变量 x_1、x_2 和 x_3 的定义方法与主效应模型相同.
模型参数解释

$$\beta_0 = \mu_{11}\text{（基准水平组合的均值）}$$
$$\beta_1 = \mu_{21} - \mu_{11}\text{（即只适用于基准水平} B_1\text{）}$$
$$\beta_2 = \mu_{31} - \mu_{11}\text{（即只适用于基准水平} B_1\text{）}$$
$$\beta_3 = \mu_{12} - \mu_{11}\text{（即只适用于基准水平} F_1\text{）}$$
$$\beta_4 = (\mu_{22} - \mu_{12}) - (\mu_{21} - \mu_{11})$$
$$\beta_5 = (\mu_{32} - \mu_{12}) - (\mu_{31} - \mu_{11})$$

当定性自变量交互作用时，必须建立适当的 $E(y)$ 模型，以便能够（必要时）对表 5.7 中的每个单元格给出不同的均值 $E(y)$. 我们通过在主效应模型中添加**交互项**来实现这一点 . 这些项将涉及燃料 F 中的两个虚拟变量 x_1，x_2 和品牌 B 中的一个虚拟变量 x_3 之间所有可能的叉积项 . 交互项的数量（对于两个自变量而言）将等于一个变量的主效应项的数量乘以另一个变量的主效应项的数量 .

当 F 和 B 交互作用时，模型包含六个参数：F 的两个主效应项，B 的一个主效应项，$2 \times 1 = 2$ 个交互项以及 β_0 . 令虚拟变量 x_1，x_2 和 x_3 为各种值的组合时，给 $E(y)$ 提供了六个不同的值，对应表 5.7 中六个单元格的均值 .

例 5.8　在例 5.6 中，我们研究了发动机品牌为 B_1 且使用燃料 F_1 时的平均性能，当时假设 F 和 B 相互独立（即无交互作用）地影响 $E(y)$. 现请建立 F 和 B 在交互作用下的平均性能 $E(y)$ 的值 .

解　当 F 和 B 存在交互作用时 $E(y)$ 模型为

$$E(y) = \beta_0 + \beta_1 x_1 + \beta_2 x_2 + \beta_3 x_3 + \beta_4 x_1 x_3 + \beta_5 x_2 x_3$$

对于 F_1 和 B_1，根据虚拟变量的设定，令 $x_1 = x_2 = x_3 = 0$ 代入方程，得到

$$E(y) = \beta_0$$

（与主效应模型相同）．

例 5.9　在例 5.7 中，当 F 和 B 独立地影响 $E(y)$ 时，我们计算了 F_3 和 B_2 的平均性能 $E(y)$. 现在假设 F 和 B 存在交互作用，请写出当燃料 F_3 用于发动机品牌 B_2 时 $E(y)$ 的值 .

解　当 F 和 B 存在交互作用，

$$E(y) = \beta_0 + \beta_1 x_1 + \beta_2 x_2 + \beta_3 x_3 + \beta_4 x_1 x_3 + \beta_5 x_2 x_3$$

为了求得 F_3 和 B_2 的 $E(y)$，我们令 $x_1 = 0$，$x_2 = 1$，$x_3 = 1$：

$$E(y) = \beta_0 + \beta_1(0) + \beta_2(1) + \beta_3(1) + \beta_4(0)(1) + \beta_5(1)(1)$$
$$= \beta_0 + \beta_2 + \beta_3 + \beta_5$$

这是表 5.7 中 μ_{32} 的值 . 注意，F 和 B 相互独立与 F 和 B 存在交互作用，在 $E(y)$ 上存在差异，差异为 β_5 .

例 5.10　表 5.8 显示了燃料类型和发动机品牌的六种组合的性能 y（测量曲柄每转一度时的质量燃烧率）. 每个组合的测试运行次数从 (F_1, B_2) 1 次到 (F_1, B_1) 3 次不等 . 12 次测试结果被记录 .

（a）假设 F 和 B 之间的交互作用可以忽略 . 在省略交互项的情况下，拟合 $E(y)$ 模型 .

DIESEL

表 5.8　燃料类型和发动机品牌组合的性能数据

燃料类型		品牌	
		B_1	B_2
	F_1	65	36
		73	
		68	
	F_2	78	50
		82	43
	F_3	48	61
		46	62

（b）考虑可能发生交互作用，拟合 $E(y)$ 完整模型.

（c）使用（a）小题模型的预测方程估计出品牌 B_2 使用燃料 F_3 时发动机的平均性能，然后计算表 5.8 所示单元格的样本均值. 使用（b）小题模型，重复上述步骤并加以计算. 解释 (F_3, B_2) 水平的样本均值与上述某个或者两个预测方程中得到的估计值之间的差异.

解　（a）主效应模型

$$E(y) = \beta_0 + \overbrace{\beta_1 x_1 + \beta_2 x_2}^{F\text{的主效应项}} + \overbrace{\beta_3 x_3}^{B\text{的主效应项}}$$

的 SAS 部分输出结果如图 5.22 所示. 最小二乘预测方程为（四舍五入后）

$$\hat{y} = 64.45 + 6.70 x_1 - 2.30 x_2 - 15.82 x_3$$

The REG Procedure
Model: Linear_Regression_Model
Dependent Variable: PERFORM

Number of Observations Read	12
Number of Observations Used	12

Analysis of Variance

Source	DF	Sum of Squares	Mean Square	F Value	Pr > F
Model	3	858.25758	286.08586	1.51	0.2838
Error	8	1512.40909	189.05114		
Corrected Total	11	2370.66667			

Root MSE	13.74959	R-Square	0.3620
Dependent Mean	59.33333	Adj R-Sq	0.1228
Coeff Var	23.17346		

Parameter Estimates

Variable	DF	Parameter Estimate	Standard Error	t Value	Pr > |t|
Intercept	1	64.45455	7.18049	8.98	<.0001
X1	1	6.70455	9.94093	0.67	0.5190
X2	1	-2.29545	9.94093	-0.23	0.8232
X3	1	-15.81818	8.29131	-1.91	0.0928

	FUELBRND	PERFORM	Predicted_Value	95%LCLMean	95%UCLMean	Residual
1	F1B1	65	64.45	47.90	81.01	0.55
2	F1B1	73	64.45	47.90	81.01	8.55
3	F1B1	68	64.45	47.90	81.01	3.55
4	F1B2	36	48.64	27.26	70.01	-12.64
5	F2B1	78	71.16	52.65	89.67	6.84
6	F2B1	82	71.16	52.65	89.67	10.84
7	F2B2	50	55.34	36.83	73.85	-5.34
8	F2B2	43	55.34	36.83	73.85	-12.34
9	F3B1	48	62.16	43.65	80.67	-14.16
10	F3B1	46	62.16	43.65	80.67	-16.16
11	F3B2	61	46.34	27.83	64.85	14.66
12	F3B2	62	46.34	27.83	64.85	15.66

图 5.22　主效应模型的 SAS 部分输出结果

（b）完整模型的 SAS 输出结果如图 5.23 所示. 回想一下，完整模型是

$$E(y) = \beta_0 + \beta_1 x_1 + \beta_2 x_2 + \beta_3 x_3 + \beta_4 x_1 x_3 + \beta_5 x_2 x_3$$

最小二乘预测方程为（四舍五入后）

$$\hat{y} = 68.67 + 11.33 x_1 - 21.67 x_2 - 32.67 x_3 - 0.83 x_1 x_3 + 47.17 x_2 x_3$$

（c）计算 (F_3, B_2) 时的平均性能估计值，我们设 $x_1 = 0$，$x_2 = 1$，$x_3 = 1$. 对于主效应模型，我们得到

$$\hat{y} = 64.45 + 6.70(0) - 2.30(1) - 15.82(1) = 46.34$$

The REG Procedure
Model: Linear_Regression_Model
Dependent Variable: PERFORM

Number of Observations Read	12
Number of Observations Used	12

Analysis of Variance

Source	DF	Sum of Squares	Mean Square	F Value	Pr > F
Model	5	2303.00000	460.60000	40.84	0.0001
Error	6	67.66667	11.27778		
Corrected Total	11	2370.66667			

Root MSE	3.35824	R-Square	0.9715
Dependent Mean	59.33333	Adj R-Sq	0.9477
Coeff Var	5.65996		

Parameter Estimates

Variable	DF	Parameter Estimate	Standard Error	t Value	Pr > |t|
Intercept	1	68.66667	1.93888	35.42	< .0001
X1	1	11.33333	3.06564	3.70	0.0101
X2	1	-21.66667	3.06564	-7.07	0.0004
X3	1	-32.66667	3.87776	-8.42	0.0002
X1X3	1	-0.83333	5.12980	-0.16	0.8763
X2X3	1	47.16667	5.12980	9.19	< .0001

	FUELBRND	PERFORM	Predicted_Value	95%LCLMean	95%UCLMean	Residual
1	F1B1	65	68.67	63.92	73.41	-3.67
2	F1B1	73	68.67	63.92	73.41	4.33
3	F1B1	68	68.67	63.92	73.41	-0.67
4	F1B2	36	36.00	27.78	44.22	0.00
5	F2B1	78	80.00	74.19	85.81	-2.00
6	F2B1	82	80.00	74.19	85.81	2.00
7	F2B2	50	46.50	40.69	52.31	3.50
8	F2B2	43	46.50	40.69	52.31	-3.50
9	F3B1	48	47.00	41.19	52.81	1.00
10	F3B1	46	47.00	41.19	52.81	-1.00
11	F3B2	61	61.50	55.69	67.31	-0.50
12	F3B2	62	61.50	55.69	67.31	0.50

图 5.23　完整模型的 SAS 输出结果

真实平均性能（图 5.22 中阴影部分）的 95% 置信区间为 (27.83，64.85).

对于完整模型，我们得到

$$\hat{y} = 68.67 + 11.33(0) - 21.67(1) - 32.67(1) - 0.83(0)(1) + 47.17(1)(1) = 61.50$$

真实平均性能（图 5.23 中阴影部分）的 95% 置信区间为 (55.69，67.31). 表 5.8 中 (F_3, B_2) 数据的均值为

$$\bar{y}_{32} = \frac{61 + 62}{2} = 61.5$$

表格中 (F_3, B_2) 的数据均值正是完整（交互）模型所得出的估计值. 然而，主效应模型却得出一个不同的估计值 46.34. 产生这种差异的原因是，主效应模型假定两个定性自变量相互独立地影响 $E(y)$. 也就是说，无论另一个变量的水平如何变化，这个变量的水平变化所导致的 $E(y)$ 的变化是相同的. 相反，完整模型包含六个参数（$\beta_0, \beta_1, \cdots, \beta_5$）来描述六个单元总体，所以每个单元总体的均值将由其样本均值来估计. 因此，任何单元均值的完整模型

估计值等于该单元的观测（样本）均值．

例 5.10 阐述了一个重要点．如果我们忽略最小二乘分析并直接计算表 5.8 中的六个样本均值，我们得到的估计值将与假设 F 和 B 之间存在交互作用的情况下使用最小二乘分析得到的 $E(y)$ 估计值完全相同．如果模型假定不存在交互作用，我们将无法获得相同的估计值．

同时，对均值的估计也提出了重要的疑问．数据是否提供足够的证据表明 F 和 B 存在交互作用？例如，燃料类型对发动机性能的影响是否取决于使用的发动机品牌？如图 5.24 所示，所有 6 个样本均值的 MINITAB 图似乎表明了交互作用，因为 F_1 和 F_2 两种燃料在发动机品牌 B_1 中似乎更有效，而燃料 F_3 在品牌 B_2 中的平均性能更好．能否将这些样本信息可靠地概括为总体的结论？

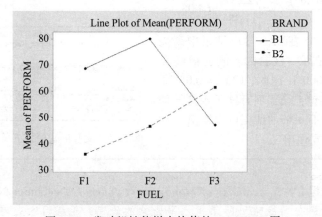

图 5.24　发动机性能样本均值的 MINITAB 图

为了回答上述疑问，我们将要对这两个定性自变量（燃料类型和发动机品牌）之间的交互作用进行检验．由于完整模型中燃料类型和品牌之间的交互作用是通过添加项 $\beta_4 x_1 x_3$ 和 $\beta_5 x_2 x_3$ 来体现的，因此自变量燃料类型和发动机品牌之间没有交互作用的原假设等价于 $E(y)$ 模型中不需要 $\beta_4 x_1 x_3$ 和 $\beta_5 x_2 x_3$ 项，或者说 $\beta_4 = \beta_5 = 0$．而燃料类型和品牌存在交互作用的备择假设等价于两个参数 β_4 或 β_5 中至少有一个不等于 0．

4.13 节讨论了检验部分模型参数的适当步骤，即嵌套模型 F 检验．F 检验如下：

$$H_0: \quad \beta_4 = \beta_5 = 0$$
$$H_a: \quad \beta_4 和 \beta_5 中至少有一个不为 0$$
$$检验统计量： F = \frac{(\mathrm{SSE_R} - \mathrm{SSE_C}) / g}{\mathrm{SSE_C} / [n - (k+1)]}$$

其中

$$\mathrm{SSE_R} = 简化模型的 \mathrm{SSE}（主效应模型）$$
$$\mathrm{SSE_C} = 完整模型的 \mathrm{SSE}（交互模型）$$

$$g = 被检验的\beta的个数$$
$$= F统计量的分子自由度$$
$$n-(k+1) = 完整模型误差的自由度$$
$$= F统计量的分母自由度$$

上述例题可知：

$$SSE_R = 1\ 512.41\ （图5.22高亮显示）$$
$$SSE_C = 67.67\ （图5.23高亮显示）$$
$$g = 2和n-(k+1) = 6$$

则

$$F = \frac{(1\ 512.41 - 67.67)/2}{67.67/6} = \frac{722.37}{11.28} = 64.05$$

检验统计量 $F = 64.05$ 在 SAS 输出结果中高亮显示，如图 5.25 所示．检验的 p 值也被高亮显示，p 值小于 0.000 1. 因此，（当 $\alpha = 0.05$ 时）我们有信心得出结论：交互项有助于预测发动机性能 y. 换言之，有足够的证据可以得出 F 和 B 因子确实存在交互作用．

The REG Procedure
Model: Linear_Regression_Model

Test INTERACT Results for Dependent Variable PERFORM

Source	DF	Mean Square	F Value	Pr > F
Numerator	2	722.37121	64.05	<.0001
Denominator	6	11.27778		

图 5.25 交互嵌套模型 F 检验的 SAS 输出结果

练习 5.8

5.28 **战略风险承担.** 参见 *Academy of Management Journal* (December 2015) 关于 CEO 社会阶层背景对公司战略风险承担水平影响的研究，见练习 5.3. 考虑使用定性变量 CEO 社会阶层背景作为战略风险承担的预测因子 y. 假设研究了三个社会阶层：下层、中层和上层．

（a）为 $E(y)$ 建立一个关于社会阶层背景在三个不同水平时的函数模型．

（b）解释模型中的参数 β.

（c）解释如何检验社会阶层背景在三个不同水平时的战略风险承担之间是否存在差异．

5.29 **受虐妇女凶杀案的专家证词.** 参见 *Duke Journal of Gender Law and Policy*（Summer 2003）关于专家证词对涉及受虐妇女综合症的凶杀案审判结果影响的研究，见练习 5.7. 回想一下，采用多元回归模型，以陪审员（男性或女性）和专家证词（有或无）为自变量，在审议后将裁决从无罪变为有罪的可能性 y 进行了建模．

（a）为 $E(y)$ 建立一个关于性别和专家证词的主效应函数模型，并解释模型中的系数 β.

（b）为 $E(y)$ 建立一个关于性别和专家证词的交互函数模型，并解释模型中的系数 β.

（c）根据从过去的审判中收集到的个人陪审员投票数据，文章报告称，"当有专家证词时，女性陪审员比男性更有可能在审议后将裁决从无罪改为有罪．"假设在没有专家证词的情况下，男性陪审员比女性更可能在审议后将判决从无罪改为有罪．（a）小题或（b）小题中的哪一个模型，能体现文章中所提出的关系？绘图解释模型．

5.30 **研究奶牛的产奶量.** 由于佛罗里达州炎热潮湿的气候条件,肉牛的生长速度和奶牛的产奶量在夏季通常会下降.然而,农业与环境专业工程师发现,设计良好的遮阳结构可以显著提高奶牛的产奶量.在一个实验中,选取 30 头奶牛,分成三组,每组 10 头.第一组使用人工遮阳条件下养殖奶牛,第二组为自然树荫条件下养殖奶牛,第三组为无遮阳条件下养殖奶牛.实验研究的是每组奶牛的平均产奶量(加仑).

(a) 确定实验中的自变量类型.

(b) 建立平均牛奶产量 $E(y)$ 和自变量相关的模型,编码并解释所有虚拟变量.

(c) 解释模型的参数 β.

5.31 **波尔多葡萄酒的品质.** 参考 *Economic Journal* (May 2008) 关于生产优质波尔多葡萄酒的影响因素的研究,见练习 4.56. 回想一下,葡萄酒品质的定量测量 y 被建模为关于几个定性自变量的函数,包括葡萄采摘方法(人工或自动)和土壤类型(黏土、砾石或沙子).

(a) 建立一个将葡萄酒品质与两个定性自变量联系起来的交互函数模型.令"自动"和"砾石"分别代表这两个变量的基准水平.

(b) 解释模型中 β_0 的值.

(c) 用参数 β 表示从黏土土壤中人工采摘酿制的葡萄酒平均品质.

(d) 用参数 β 表示从沙子土壤中人工采摘和自动采摘酿制的葡萄酒平均品质有何区别?

5.32 **失眠与教育.** 许多工人有压力和慢性失眠的困扰.失眠与受教育水平有关吗?孟菲斯大学、亚拉巴马大学伯明翰分校和田纳西州大学的研究人员在 *Journal of Abnormal Psychology*(February 2005)上开展调查研究.通过随机数字电话拨号的方式,选择住在田纳西州的成年人参与此项研究.除了睡眠状态(正常睡眠或慢性失眠),研究人员将每个参与者分为四个受教育水平(大学毕业生、大学未毕业生、高中毕业生和高中辍学者).研究人员感兴趣的因变量 y 是一种日间机能定量测量,称为疲劳严重程度量表 FSS(5 分制).

(a) 根据失眠状况和受教育水平,建立 $E(y)$ 的主效应模型.绘制一个类似于图 5.24 的图,来表示该模型的效果.

(b) 根据失眠状态和受教育水平,建立 $E(y)$ 的交互模型.绘制一个类似于图 5.24 的图,来表示该模型的效果.

(c) 研究人员发现,失眠患者的平均 FSS 大于正常睡眠者的平均 FSS,但这一差异在所有不同的受教育水平上都是相同的.根据这个发现,两个模型中哪一个更能拟合数据?

💿 **JBEANS**

5.33 **口味名称对消费者选择的影响.** 消费者对模糊的产品名称或颜色的反应如何?市场研究人员在 *Journal of Consumer Research*(June 2005)上调查了这一现象.作为参与实验的"奖励",100 名消费者被告知可以随意拿取桌上的一些口味名称描述普通(如西瓜绿色)和口味名称描述模糊(如怪兽绿色)的果冻豆.此外,一些消费者吃了果冻豆后立即离开（低认知负荷状态），而另一些人会在吃果冻豆时被额外的问题分散注意力（高认知负荷状态）. 研究人员将每个消费者拿取果冻豆的数量 y 建模关于两个定性变量的函数：口味名称（模糊或普通）和认知负荷（低或高）. 下表显示了四种定性变量组合中每一种的样本均值 $\bar{y}$.

	模糊	普通
低负荷	18.0	7.8
高负荷	6.1	6.3

资料来源：Miller, E. G., & Kahn, B. E. "Shades of meaning: The effect of color and flavor names on consumer choice," *Journal of Consumer Research*, Vol. 32, June 2005 (Table 1). Reprinted with permission of the University of Chicago Press.

(a) 根据口味名称和认知负荷，建立 $E(y)$ 的交互模型.

(b) 利用上述信息来估计交互模型中 β 的值.

(c) 如何确定口味名称对 $E(y)$ 的影响是否与认知负荷有关？并加以解释.

(d) 原始数据保存在 JBEANS 文件中. 将数据与交互模型进行拟合，并解释结果. 拟合的 β 估计值是否与（b）小题的答案一致？

5.34 **建模教师薪酬.** 美国中西部一所大学的管理部门委托进行一项薪酬公平性研究，以帮助确定教师薪酬基准. 管理部门对年薪 y 采用以下回归模型：$E(y) = \beta_0 + \beta_1 x$，其中 $x = 0$（如果是讲师）、$x = 1$（如果是助理教授）、$x = 2$（如果是副教授）和 $x = 3$（如果是正教授）. 管理部门希望用这个模型来比较不同级别教授的平均薪酬. 解释此模型的缺陷，提出一种可实现管理部门目标的替代模型.

5.35 **企业可持续性和企业特点.** 企业可持续性是指围绕社会和环境因素（如"绿色发展"和节能）设计的商业实践. *Business and Society* (March 2011) 上发表了一篇关于企业规模和企业类型如何影响其可持续性的论文. 近 1 000 名高级管理人员接受了调查，调查他们企业可持续性政策的可能性（以 0 到 1 之间的概率度量）. 根据企业规模（大或小）和企业类型（公有或私有），高级管理人员被分为四组：大/公有、大/私有、小/公有和小/私有. 分析目标的其中之一是确定可持续性政策的平均可能性是否因企业规模和企业类型而异.

(a) 将四种规模/类型认为是一个定性变量，设置适当的虚拟变量用以建立预测可持续性政策可能性 y 的回归模型.

(b) 写出（a）小题中的函数模型，计算模型各参数并加以解释.

(c) 模型全局 F 检验结果是 p 值 < 0.001，请加以解释.

(d) 现在考虑将企业规模和企业类型视为可持续性政策可能性 y 模型中的两个不同的定性自变量. 设置适当的虚拟变量来表示模型中的这些定性变量.

(e) 根据（d）小题，建立 $E(y)$ 关于企业规模和企业类型的主效应模型.

(f) 根据（e）小题，对于企业规模–类型每个组合（例如大/公有），写出 $E(y)$ 关于模型参数的函数.

(g) 根据（f）小题的结论来说明，对于主效应模型而言，大企业和小企业的 y 均值之差与企业类型无关.

(h) 建立 $E(y)$ 关于企业规模和企业类型间存在交互作用的模型.（提示：记住要包含两个虚拟变量间所有可能的交互项，其中一个虚拟变量表示企业规模，另一个表示企业类型.）

(i) 根据（h）小题，对于企业规模 – 类型每个组合（例如大 / 公有）写出 $E(y)$ 关于模型参数的函数.

(j) 根据（i）小题的结论来说明，对于交互模型而言，大企业和小企业的 y 均值之差确实取决于企业类型.

5.9　具有三个或三个以上定性自变量的模型

我们建立三个或三个以上定性自变量模型的方法与建立两个定性自变量模型的方法相同，只是如果我们有三个定性自变量，我们必须添加三向交互项；如果有四个自变量必须添加三向和四向交互项，以此类推.在本节中，我们将解释三向和四向交互项的含义并演示该过程，以便为任意数量（比如 k 个）的定性自变量建立模型.下框中详述了建立模型的过程.

回想一下，双向交互项是指与主效应项相关的一个虚拟变量乘以另一个主效应项的虚拟变量所形成的.三向交互项也是以类似的方式形成的，由三个虚拟变量的乘积所得，其中任意一个虚拟变量都来源于不同的主效应项.类似地，四向交互项是由四个虚拟变量的乘积所得，其中任意一个虚拟变量都来源于不同的主效应项.我们用三个例子来说明.

$E(y)$ 与 k 个定性自变量关联的模型

$E(y) = \beta_0 +$ 所有自变量的主效应 + 两个自变量之间所有的双向交互项 + 三个自变量之间所有的三向交互项 $+\cdots+ k$ 个自变量之间所有的 k 向交互项

例 5.11　参考例 5.6 ～例 5.10，其中我们将发动机的性能 y 建模为关于燃料类型（F_1，F_2 和 F_3）和品牌（B_1 和 B_2）的函数.现在考虑增加第三个定性自变量：喷油系统（S_1 和 S_2）.为 $E(y)$ 建立一个模型，其中包括所有自变量的主效应项和交互项.

解　首先建立一个包含三个变量主效应项的模型

$$E(y) = \beta_0 + \overbrace{\beta_1 x_1 + \beta_2 x_2}^{\text{关于燃料的主效应}} + \overbrace{\beta_3 x_3}^{\text{关于品牌的主效应}} + \overbrace{\beta_4 x_4}^{\text{关于系统的主效应}}$$

其中

$$x_1 = \begin{cases} 1, & \text{如果是 } F_2 \text{水平} \\ 0, & \text{如果不是} \end{cases} \qquad x_2 = \begin{cases} 1, & \text{如果是 } F_3 \text{水平} \\ 0, & \text{如果不是} \end{cases} (\text{基准水平} = F_1)$$

$$x_3 = \begin{cases} 1, & \text{如果是 } B_2 \text{水平} \\ 0, & \text{如果不是} \end{cases} (\text{基准水平} = B_1) \qquad x_4 = \begin{cases} 1, & \text{如果是 } S_2 \text{水平} \\ 0, & \text{如果是 } S_1 \text{水平（基准水平）} \end{cases}$$

下一步是添加双向交互项.这三种类型分别是：燃料与品牌的交互、燃料与系统的交互、品

牌与系统的交互. 因此,

$$E(y) = \beta_0 + \overbrace{\beta_1 x_1 + \beta_2 x_2}^{\text{关于燃料的主效应项}} + \overbrace{\beta_3 x_3}^{\text{关于品牌的主效应项}} + \overbrace{\beta_4 x_4}^{\text{关于系统的主效应项}} +$$
$$\underbrace{\beta_5 x_1 x_3 + \beta_6 x_2 x_3}_{\text{关于燃料×品牌的交互项}} + \underbrace{\beta_7 x_1 x_4 + \beta_8 x_2 x_4}_{\text{关于燃料×系统的交互项}} + \underbrace{\beta_9 x_3 x_4}_{\text{关于品牌×系统的交互项}}$$

由于模型中包含三个自变量, 因此还需包含燃料、品牌和系统三者的三向交互项. 这些项是来自燃料、品牌和系统三个主效应项的虚拟变量相乘所得. $E(y)$ 的完整模型是

$$E(y) = \beta_0 + \overbrace{\beta_1 x_1 + \beta_2 x_2}^{\text{关于燃料的主效应项}} + \overbrace{\beta_3 x_3}^{\text{关于品牌的主效应项}} + \overbrace{\beta_4 x_4}^{\text{关于系统的主效应项}} +$$
$$\underbrace{\beta_5 x_1 x_3 + \beta_6 x_2 x_3}_{\text{关于燃料×品牌的交互项}} + \underbrace{\beta_7 x_1 x_4 + \beta_8 x_2 x_4}_{\text{关于燃料×系统的交互项}} + \underbrace{\beta_9 x_3 x_4}_{\text{关于品牌×系统的交互项}} +$$
$$\underbrace{\beta_{10} x_1 x_3 x_4 + \beta_{11} x_2 x_3 x_4}_{\text{三者交互项}}$$

■

请注意, 例 5.11 中的完整模型包含 12 个参数, 分别对应于燃油、品牌和系统的 $3 \times 2 \times 2$ 个组合中的每一个. 12 个线性无关的参数线性组合, 每个都对应于 $3 \times 2 \times 2$ 个组合中一个的均值. 我们用另一个例子来说明.

例 5.12　参照例 5.11, 建立一个关于燃料类型 F_2、发动机品牌 B_1 和喷油系统 S_2 的 $E(y)$ 表达式.

解　回顾虚拟变量的设定 (在例 5.11 中给出), 满足题设要求的虚拟变量值为

$$\text{对于} F_2 \text{水平：} x_1 = 1, x_2 = 0$$
$$\text{对于} B_1 \text{水平：} x_3 = 0$$
$$\text{对于} S_2 \text{水平：} x_4 = 1$$

将这些值代入 $E(y)$ 的表达式, 得到

$$E(y) = \beta_0 + \beta_1(1) + \beta_2(0) + \beta_3(0) + \beta_4(1) + \beta_5(1)(0) + \beta_6(0)(0) +$$
$$\beta_7(1)(1) + \beta_8(0)(1) + \beta_9(0)(1) + \beta_{10}(1)(0)(1) + \beta_{11}(0)(0)(1)$$
$$= \beta_0 + \beta_1 + \beta_4 + \beta_7$$

因此, 在 F_2, B_1 和 S_2 水平上观察到的 y 的均值是 $\beta_0 + \beta_1 + \beta_4 + \beta_7$. 你可以用相同的方法, 通过代入虚拟变量的不同设定值, 从而求出燃料、品牌和系统其他 11 种水平组合的 $E(y)$ 值. 12 个组合对应的每个均值都由模型中 12 个参数 β 的唯一线性组合来表达.　■

例 5.13　假设你想检验例 5.11 中讨论的三个定性自变量无交互作用, 即任意一个变量对 $E(y)$ 的影响独立于其他两个变量水平的设置. 请提出适当模型参数的假设检验.

解　三个定性自变量之间无交互作用, 说明主效应模型应为

$$E(y) = \beta_0 + \overbrace{\beta_1 x_1 + \beta_2 x_2}^{\text{关于燃料的主效应项}} + \overbrace{\beta_3 x_3}^{\text{关于品牌的主效应项}} + \overbrace{\beta_4 x_4}^{\text{关于系统的主效应项}}$$

对比完整模型, 等价于所有交互项都应该从模型中排除, 即

$$\beta_5 = \beta_6 = \cdots = \beta_{11} = 0$$

因此，我们提出原假设：

$$H_0: \ \beta_5 = \beta_6 = \cdots = \beta_{11} = 0$$

备择假设为至少有一个参数 β 不等于 0，或等同于自变量之间存在某种交互作用. 4.13 节描述了这种嵌套模型 F 检验.

本节中的示例演示了构建模型的基本原则. 如果你正在建模一个响应变量 y，并且你认为几个定性的自变量会影响响应变量，那么你必须知道如何将这些变量输入到模型中. 你必须理解部分自变量间存在交互（或不存在交互）的含义，以及如何在模型中编写适当的项来解释它. 如果没有为响应变量建立一个合适的模型，通常会导致 SSE 和 s^2 的值增大（结果是信息丢失），也可能导致 $E(y)$ 的估计有偏差和 y 的预测值有偏差.

5.10　既有定量自变量又有定性自变量的模型

最有趣的数据分析应是解决那些同时涉及定量和定性自变量的问题. 例如，假设发动机的平均性能是一个关于定性自变量（F_1、F_2 和 F_3 水平的燃料类型）和一个定量自变量（发动机每分钟转速）的函数. 我们将继续分阶段构建模型，以图形化的方式帮助我们在每个阶段给予模型解释，有助于读者看到模型中各项的贡献信息.

首先，我们假设定性自变量对响应变量没有影响（即三种燃料对响应的平均贡献信息是相同的），但平均性能 $E(y)$ 与发动机转速有关. 在这种情况下，响应曲线如图 5.26 所示，将足以描述三种燃料类型的平均性能 $E(y)$. 下面的二阶模型可能较好地近似 $E(y)$：

$$E(y) = \beta_0 + \beta_1 x_1 + \beta_2 x_1^2$$

其中 x_1 是转速. 该模型也存在一些明显的缺点：如果三种燃料类型的平均性能存在差异，则无法检测到它们（因为模型中未包含任何代表不同燃料类型差异的参数）. 此外，这些差异会使与拟合模型相关的 SSE 增加，从而增加估计和预测的误差.

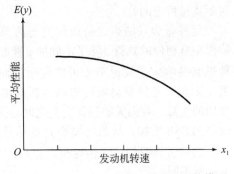

图 5.26　$E(y)$ 关于发动机转速的函数模型

建立 $E(y)$ 模型的下一个阶段是假设定性自变量燃料类型确实影响平均性能，但它对 $E(y)$ 的影响与速度无关. 换句话说，假设这两个自变量之间不存在交互作用. 通过在第一阶段的二阶模型中加入燃料类型的主效应项，得出该模型. 采用 5.7 节和 5.8 节的方法，选择 F_1 作为基准水平，并在模型中添加 F_2 和 F_3 水平对应的两项：

$$E(y) = \beta_0 + \beta_1 x_1 + \beta_2 x_1^2 + \beta_3 x_2 + \beta_4 x_3$$

其中，

$$x_1 = 发动机转速 \qquad x_2 = \begin{cases} 1, & 如果是 F_2 \\ 0, & 如果不是 F_2 \end{cases} \qquad x_3 = \begin{cases} 1, & 如果是 F_3 \\ 0, & 如果不是 F_3 \end{cases}$$

这些项对响应曲线的图有什么影响？假设我们想在F_1水平上建立$E(y)$模型. 然后令$x_2 = 0$，$x_3 = 0$，代入模型方程，得到

$$E(y) = \beta_0 + \beta_1 x_1 + \beta_2 x_1^2 + \beta_3(0) + \beta_4(0)$$
$$= \beta_0 + \beta_1 x_1 + \beta_2 x_1^2$$

这将是一个类似于图 5.26 所示的二阶曲线.

现在假设我们使用另外两种燃料中的一种，例如F_2. 然后令$x_2 = 1$，$x_3 = 0$，则

$$E(y) = \beta_0 + \beta_1 x_1 + \beta_2 x_1^2 + \beta_3(1) + \beta_4(0)$$
$$= (\beta_0 + \beta_3) + \beta_1 x_1 + \beta_2 x_1^2$$

除了y轴截距从β_0变为$(\beta_0 + \beta_3)$，这是一个与燃料F_1完全相同的抛物线方程. 同理，F_3的响应曲线为

$$E(y) = (\beta_0 + \beta_4) + \beta_1 x_1 + \beta_2 x_1^2$$

因此，水平F_1、F_2和F_3的三条响应曲线形状（如图 5.27 所示）是相同的，除了它们在垂直方向上存在上下移动. 曲线描述两个自变量无交互作用的情况，也就是说，无论使用何种燃料，转速对平均性能的影响是相同的，而燃料类型对所有转速的平均性能的影响是相同的（即曲线之间的相对距离是恒定的）.

这种非交互的第二阶段模型与简单的第一阶段模型有相似的缺点. 除了不同的y轴截距，这三种燃料的响应曲线也不太可能完全相同. 由于该模型未包含测量发动机转速和燃料类型之间交互作用的参数，我们无法得知它们之间是否存在交互关系. 如果存在交互作用，则会导致拟合模型的 SSE 增加，从而增加$E(y)$的估计误差.

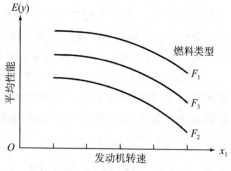

图 5.27　$E(y)$关于燃料类型和发动机转速的模型（无交互作用）

这将引导我们进入构建模型过程的最后阶段，添加交互项从而令三条响应曲线在形状上有所不同：

$$E(y) = \beta_0 + \overbrace{\beta_1 x_1 + \beta_2 x_1^2}^{\text{关于发动机转速的主效应项}} + \overbrace{\beta_3 x_2 + \beta_4 x_3}^{\text{关于燃料类型的主效应项}} + $$
$$\underbrace{\beta_5 x_1 x_2 + \beta_6 x_1 x_3 + \beta_7 x_1^2 x_2 + \beta_8 x_1^2 x_3}_{\text{交互项}}$$

其中，

$$x_1 = \text{发动机转速} \qquad x_2 = \begin{cases} 1, & \text{如果是} F_2 \text{水平} \\ 0, & \text{如果不是} F_2 \text{水平} \end{cases} \qquad x_3 = \begin{cases} 1, & \text{如果是} F_3 \text{水平} \\ 0, & \text{如果不是} F_3 \text{水平} \end{cases}$$

请注意，该模型以三条不同的二阶曲线表示. ⊖如果使用燃料 F_1，我们将 $x_2 = x_3 = 0$ 代入公式，得出 $E(y)$:

$$E(y) = \beta_0 + \beta_1 x_1 + \beta_2 x_1^2$$

如果使用燃料 F_2，那么 $x_2 = 1$，$x_3 = 0$，则

$$\begin{aligned} E(y) &= \beta_0 + \beta_1 x_1 + \beta_2 x_1^2 + \beta_3(1) + \beta_4(0) + \beta_5 x_1(1) + \beta_6 x_1(0) + \beta_7 x_1^2(1) + \beta_8 x_1^2(0) \\ &= (\beta_0 + \beta_3) + (\beta_1 + \beta_5) x_1 + (\beta_2 + \beta_7) x_1^2 \end{aligned}$$

y 轴截距，x_1 的系数和 x_1^2 的系数与 F_1 水平时模型中对应的系数不同. 当使用燃料 F_3，令 $x_2 = 0$，$x_3 = 1$，则

$$E(y) = (\beta_0 + \beta_4) + (\beta_1 + \beta_6) x_1 + (\beta_2 + \beta_8) x_1^2$$

$E(y)$ 的模型图如图 5.28 所示. 将此图与图 5.26（假设三种燃料类型的响应曲线相同）和图 5.27（假设自变量之间没有交互作用）进行比较. 注意，图 5.28 中的二阶曲线可能完全不同.

既然已经知道了如何为两个自变量（一个定性变量和一个定量变量）建立模型，那么我们来思考一个问题. 为什么这样做？为什么不为不同水平的燃料类型建立一个单独的二阶模型，其中 $E(y)$ 只是与发动机速度有关的函数？我们建立代表所有三个响应曲线的单一模型的其中一个原因是，我们可以通过检验来确定这些曲线是否不同. 例如，我们可能想知道燃料类型的

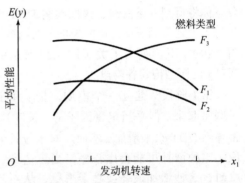

图 5.28　$E(y)$ 关于燃料类型和发动机转速的模型（有交互作用）

影响是否依赖于发动机的转速. 或者说，一种燃料类型可能在发动机低速时效率特别高，但在高速时效率较低. 对于另外两种燃料，情况可能正好相反. 假设燃料类型和发动机转速这两个自变量相互独立地影响响应变量（即无交互作用）相当于检验假设 $\beta_5 = \beta_6 = \beta_7 = \beta_8 = 0$（即图 5.27 中的模型充分描述了 $E(y)$），运用 4.13 节讨论的部分 F 检验对这一假设进行检验. 建立单一模型的第二个原因是，我们将获得 σ^2（即随机误差分量 ε 的方差）的一个合并估计. 如果每种燃料类型的 ε 的方差相同，则合并估计优于通过为每种燃料类型拟合一个不同的模型来计算的估计值.

总而言之，假设你想要建立一个模型将 $E(y)$ 与几个定量和定性的自变量联系起来，步骤和处理两个自变量（一个定性和一个定量）的完全相同. 首先，建立要用来描述定量自变量的模型（运用 5.4 节和 5.5 节中的方法）. 然后为定性自变量引入主效应和交互项. 这构建了一个模型，该模型由一组形状相同的响应面构成，各响应面对应于各定性自变量水平的组合. 如果可以在多维空间中可视化曲面，其外观将类似于图 5.27 中的响应曲线. 为完善

⊖　注意，该模型仍然是定量自变量 x_1 的二阶模型. 涉及 $x_1^2 x_2$ 和 $x_1^2 x_3$ 的项似乎是三阶项，但它们并不是，因为 x_2 和 x_3 是虚拟变量.

模型，添加定量变量和定性变量之间的交互项．这由每个定性变量项与每个定量变量项交互相乘来实现．我们用一个例子来说明．

例 5.14　一位海洋生物学家希望研究三个因子对居住在受污染湖泊中的鱼类体内污染物 DDT 水平的影响．影响因子是

1. 鱼类种类（两个水平）
2. 捕获位置（两个水平）
3. 鱼的长度（厘米）

建立一个关于受污染鱼类 DDT 水平 y 的模型．

解　响应变量 y 受两个定性因子（种类和位置，每个定性因子有两个水平）和一个定量因子（长度）的影响．这两种鱼类即 S_1 和 S_2，都可以在 L_1 和 L_2 这两个位置上被捕获，因此给出 $2 \times 2 = 4$ 种可能的组合，并称它们为 (S_1, L_1)、(S_1, L_2)、(S_2, L_1)、(S_2, L_2)．对于每一种组合，你将得到一条曲线，该曲线将 DDT 水平绘制为关于定量因子 x_1（鱼的长度）的函数（参见图 5.29）．下面列出了关于图 5.29 所示的响应变量 y 的模型构建各阶段．

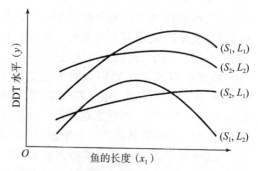

图 5.29　DDT 水平上三个因子的图形描述：两个定性因子和一个定量因子

第 1 阶段　建立一个模型，把 y 和定量因子联系起来．似乎当定量因子 x_1（长度）增加，将导致 DDT 水平增加．然而，对于较长的鱼来说，这种增长可能会比较慢，当鱼达到一定长度时，这种增加最终会趋于平稳，从而产生如图 5.29 所示的曲线．因此，我们将用二阶模型对平均 DDT 水平 $E(y)$ 进行建模：

$$E(y) = \beta_0 + \beta_1 x_1 + \beta_2 x_1^2$$

如果我们确定 DDT 曲线对于所有种类 – 位置的组合 (S_i, L_j) 都是相同的，我们将使用这个模型．模型如图 5.30a 所示．

第 2 阶段　为定性因子添加主效应项和交互项．

$$E(y) = \beta_0 + \overbrace{\beta_1 x_1 + \beta_2 x_1^2}^{\text{定量因子项}} + \overbrace{\beta_3 x_2}^{S\text{主效应项}} + \overbrace{\beta_4 x_3}^{L\text{主效应项}} + \overbrace{\beta_5 x_2 x_3}^{SL\text{交互项}}$$

其中，

$$x_2 = \begin{cases} 1, & \text{如果是种类} S_2 \\ 0, & \text{如果是种类} S_1 \end{cases} \qquad x_2 = \begin{cases} 1, & \text{如果是位置} L_2 \\ 0, & \text{如果是位置} L_1 \end{cases}$$

该模型表明，DDT 曲线对于每一种 (S_i, L_j) 组合都具有相同的形状，但它们具有不同的 y 轴截距，如图 5.30b 所示．

第 3 阶段　增加项来假设定量和定性因子之间存在交互作用．交互项表示一个定量和一个定性因子间存在交互作用．因此，完整的模型为四条不同形状的二阶曲线（见图 5.29）：

$$\overbrace{E(y)=\beta_0+\beta_1 x_1+\beta_2 x_1^2}^{\text{第1阶段项}}+$$

$$\overbrace{\beta_3 x_2+\beta_4 x_3+\beta_5 x_2 x_3}^{\text{第2阶段项}}+$$

$$\overbrace{\beta_6 x_1 x_2+\beta_7 x_1 x_3+\beta_8 x_1 x_2 x_3+\beta_9 x_1^2 x_2+\beta_{10} x_1^2 x_3+\beta_{11} x_1^2 x_2 x_3}^{\text{第3阶段项}}$$

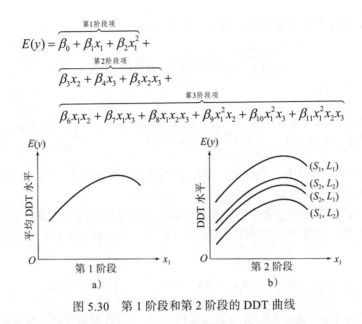

图 5.30　第 1 阶段和第 2 阶段的 DDT 曲线

例 5.15　使用例 5.14 中的模型，当种类为 S_1 和位置为 L_2 时，求 $E(y)$ 关于 x_1 的方程.

解　回顾模型虚拟变量的设定，（在第 2 阶段中）当在位置 L_2 捕获物种 S_1 上测量 DDT 水平 y，我们令 $x_2=0,\ x_3=1$. 将这些值代入完整模型中，得到

$$E(y)=\beta_0+\beta_1 x_1+\beta_2 x_1^2+\beta_3 x_2+\beta_4 x_3+\beta_5 x_2 x_3+$$
$$\beta_6 x_1 x_2+\beta_7 x_1 x_3+\beta_8 x_1 x_2 x_3+\beta_9 x_1^2 x_2+\beta_{10} x_1^2 x_3+\beta_{11} x_1^2 x_2 x_3$$
$$=\beta_0+\beta_1 x_1+\beta_2 x_1^2+\beta_3(0)+\beta_4(1)+\beta_5(0)(1)+$$
$$\beta_6 x_1(0)+\beta_7 x_1(1)+\beta_8 x_1(0)(1)+\beta_9 x_1^2(0)+\beta_{10} x_1^2(1)+\beta_{11} x_1^2(0)(1)$$
$$=(\beta_0+\beta_4)+(\beta_1+\beta_7)x_1+(\beta_2+\beta_{10})x_1^2$$

注意，这个方程是 y 轴截距等于 $(\beta_0+\beta_4)$ 的抛物线的一部分. x_1 的系数为 $(\beta_1+\beta_7)$，以及曲率系数（x_1^2 的系数）为 $(\beta_2+\beta_{10})$.

例 5.16　假设你有两个定性自变量 A 和 B：A 有 2 个水平和 B 有 3 个水平. 同时还有两个定量自变量 C 和 D，均有三个水平. 进一步假设模型是关于定量自变量 C 和 D 的二阶函数来进行拟合，在此模型中，$E(y)$ 对于定性变量 A 和 B 的六个（2×3）水平组合的二阶曲面具有不同形状. 为 $E(y)$ 建立该模型.

解　**第 1 阶段**　建立只考虑两个定量自变量的二阶模型. 令

$$x_1=\text{自变量}C\text{的水平}$$
$$x_2=\text{自变量}D\text{的水平}$$

则

$$E(y)=\beta_0+\beta_1 x_1+\beta_2 x_2+\beta_3 x_1 x_2+\beta_4 x_1^2+\beta_5 x_2^2$$

如果认为对应于 A 和 B 六个水平组合的六个响应面是相同的，那么你将使用此模型.

第 2 阶段 为定性自变量添加主效应项和交互项，如下：

$$+ \overbrace{\beta_6 x_6}^{A的主效应项} + \overbrace{\beta_7 x_7 + \beta_8 x_8}^{B的主效应项} + \overbrace{\beta_9 x_6 x_7 + \beta_{10} x_6 x_8}^{AB的交互项}$$

其中，

$$x_6 = \begin{cases} 1, & \text{如果是} A_2 \text{水平} \\ 0, & \text{如果不是} \end{cases} \qquad x_7 = \begin{cases} 1, & \text{如果是} B_2 \text{水平} \\ 0, & \text{如果不是} \end{cases} \qquad x_8 = \begin{cases} 1, & \text{如果是} B_3 \text{水平} \\ 0, & \text{如果不是} \end{cases}$$

将这些项添加到模型中，将生成六个形状相同但 y 轴截距不同的二阶曲面，它们与 A 和 B 的六个水平组合一一对应．

第 3 阶段 添加假设定量和定性自变量之间存在交互作用的项．即第 1 阶段定量模型中的每一项（除 β_0 外）分别与五个定性自变量项（包括主效应和交互项）中的每一个存在交互作用．因此

$$E(y) = \beta_0 + \beta_1 x_1 + \beta_2 x_2 + \beta_3 x_1 x_2 + \beta_4 x_1^2 + \beta_5 x_1^2 + \qquad \left.\right\} \text{第1阶段模型}$$

$$\overbrace{\beta_6 x_6}^{A的主效应项} + \overbrace{\beta_7 x_7 + \beta_8 x_8}^{B的主效应项} + \overbrace{\beta_9 x_6 x_7 + \beta_{10} x_6 x_8}^{AB的交互项} + \qquad \left.\right\} \text{添加部分项以形成第2阶段模型}$$

$$\beta_{11} x_6 x_1 + \beta_{12} x_6 x_2 + \beta_{13} x_6 x_1 x_2 + \beta_{14} x_6 x_1^2 + \beta_{15} x_6 x_2^2 + \qquad \left.\right\} x_6 \text{与定量变量项的交互作用}$$

$$\beta_{16} x_7 x_1 + \beta_{17} x_7 x_2 + \beta_{18} x_7 x_1 x_2 + \beta_{19} x_7 x_1^2 + \beta_{20} x_7 x_2^2 + \cdots \left.\right\} x_7 \text{与定量变量项的交互作用}$$

$$\vdots$$

$$\begin{aligned} & \beta_{31} x_6 x_8 x_1 + \beta_{32} x_6 x_8 x_2 + \beta_{33} x_6 x_8 x_1 x_2 + \\ & \beta_{34} x_6 x_8 x_1^2 + \beta_{35} x_6 x_8 x_2^2 \end{aligned} \left.\right\} x_6 x_8 \text{与定量变量项的交互作用}$$

注意，完整模型包含 36 项，其中 1 项为常数 β_0，5 项用于包含两个定量变量的二阶模型，5 项用于包含两个定性变量，以及 $5 \times 5 = 25$ 项用于表示定量和定性变量之间的交互项．

要了解模型如何为变量 A 和 B 的每个水平组合提供不同的二阶曲面，请参看下一个示例．

例 5.17 请参阅例 5.16. 建立当定性自变量的水平组合为 (A_1, B_2) 时，关于两个定量自变量 C 和 D 的 $E(y)$ 函数的响应曲面．

解 回顾虚拟变量的设定，我们看到当 y 在 A 的第一水平（A_1 水平）和 B 的第二水平（B_2 水平）被观察到时，令 $x_6 = 0$，$x_7 = 1$，$x_8 = 0$．将这些值代入完整模型公式中（删除等于 0 的项），得到

$$\begin{aligned} E(y) &= \beta_0 + \beta_1 x_1 + \beta_2 x_2 + \beta_3 x_1 x_2 + \beta_4 x_1^2 + \beta_5 x_2^2 + \beta_7 + \beta_{16} x_1 + \beta_{17} x_2 + \\ & \quad \beta_{18} x_1 x_2 + \beta_{19} x_1^2 + \beta_{20} x_2^2 \\ &= (\beta_0 + \beta_7) + (\beta_1 + \beta_{16}) x_1 + (\beta_2 + \beta_{17}) x_2 + (\beta_3 + \beta_{18}) x_1 x_2 + \\ & \quad (\beta_4 + \beta_{19}) x_1^2 + (\beta_5 + \beta_{20}) x_2^2 \end{aligned}$$

注意，这是 $E(y)$ 的二阶模型方程．它描绘了定性自变量 A 和 B 分别在 A_1 和 B_2 水平时 $E(y)$ 的响应曲面．

练习 5.10

5.36 **餐厅的小费行为 .** 参考 *Journal of Applied Social Psychology*(Vol. 40, 2010) 对餐厅顾客给小费行为的研究，见练习 4.26. 回想一下，从 348 个餐厅聚会收集的样本数据被用来模拟小费的比例 y（以占总餐费的百分比计算）关于聚会规模 x_1 以及服务员是否称赞顾客对菜单的选择 x_2 的函数 . 有一种理论认为，聚会规模对小费比例的影响与服务员是否称赞顾客对菜单的选择无关 . 第二种理论假设，当服务员称赞顾客对菜单的选择时，相比于不称赞，聚会规模对小费的影响会更大 .

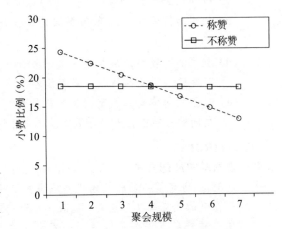

(a) 对应于理论 1，建立一个关于 x_1 和 x_2 的 $E(y)$ 函数模型 .

(b) 对应于理论 2，建立一个关于 x_1 和 x_2 的 $E(y)$ 函数模型 .

(c) 研究人员用右图总结了他们的分析结果 . 根据图，你认为这两个模型中哪一个更能拟合数据？并加以解释 .

5.37 **职场欺凌和离职意向 .** 参见 *Human Resource Management Journal*（October 2008）关于职场欺凌的研究，见练习 5.6. 回想一下，研究人员采用多元回归模型，建立欺凌受害者离开公司的意向 y 关于职场欺凌程度（以 50 分制衡量）和组织支持感（以"低""中"或"高"三个水平衡量）的函数 .

(a) 建立一个 $E(y)$ 关于自变量函数的完整二阶模型 .

(b) 用（a）小题中模型的 β 值表示，如果受害者欺凌程度为 25 分，并且认为组织支持感很低时，其离职意愿的均值 .

(c) 如何检验确定模型中有离职意向和欺凌程度之间存在曲线关系的项在统计上是否有用？

(d) 为 $E(y)$ 建立一个关于自变量的一阶交互函数模型 .

(e) 根据（d）小题的模型，证明该模型图为三条不平行的直线，不同直线表示组织支持感的不同水平 . 作为答案的一部分，用 β 值来表示每条直线的斜率 .

5.38 **雨水的化学成分 .** 参考 *Journal of Agricultural, Biological, and Environmental Statistics* (March 2005) 关于雨水化学成分的研究，见练习 5.8. 回想一下，研究人员想要在雨水样本中模拟硝酸盐浓度 y（毫克 / 升）关于两个自变量的函数：水源（地下水、地下水流或地上水流）和二氧化硅浓度（毫克 / 升）.

(a) 为 $E(y)$ 建立一个关于自变量的一阶函数模型，假设三种水源的硝酸盐浓度随二氧化硅浓度的增加速率相同，在图上画出模型假设的关系 .

(b) 为 $E(y)$ 建立一个关于自变量的一阶函数模型，但现在假设三种水源的硝酸盐浓度随二氧化硅浓度的增加速率不同，在图上画出模型假设的关系.

5.39 波尔多葡萄酒的品质. 参考 *Economic Journal* (May 2008) 关于生产优质波尔多葡萄酒的影响因素的研究，见练习 5.31. 除了葡萄采摘方法（人工或自动）和土壤类型（黏土、砾石或沙子），还利用斜坡方向（东、南、西、东南或西南）来为葡萄酒品质 y 建模.

(a) 为 $E(y)$ 建立一个关于三个定性自变量的完整函数模型.

(b) 解释模型中 β_0 的值.

(c) 利用 β 值表示，从东向斜坡的黏土中人工采摘的葡萄生产的葡萄酒的平均品质 $E(y)$.

(d) 利用 β 值表示，从西南斜坡的沙子中，人工采摘的葡萄和自动采摘的葡萄生产的葡萄酒的平均品质差异是多少？

(e) 对于任何坡向，假定人工采摘的葡萄与自动采摘的葡萄生产的葡萄酒的平均品质之间的差异在黏土、砾石或沙子中相同. 在这种假设下，模型中哪项 β 将等于 0？

💿 **GASTIRBINE**

5.40 燃气轮机冷却方法. 参考 *Journal of Engineering for Gas Turbines and Power* (January 2005)，研究了一种燃气轮机高压进气雾化的方法，见练习 5.21. 回想一下，分析了燃气轮机的热耗率（千焦/千瓦时）关于转速（每分钟转速）和循环压力比的函数模型. 现在额外考虑一个定性变量：发动机类型，有三个不同水平（traditional、advanced 和 aeroderivative）.

(a) 为热耗率 y 建立一个关于转速、循环压力比和发动机类型的完整二阶函数模型.

(b) 证明模型的图有三个二阶响应面，发动机类型的每个水平对应一个二阶响应面.

(c) 将模型与 GASTURBINE 文件中的数据进行拟合，写出最小二乘预测方程.

(d) 对整体模型充分性进行全局 F 检验.

(e) 检验以确定发动机类型的每个水平对应的二阶响应面是否相同.

5.41 蕨类苔藓中的铅. 为研究美国田纳西州蓝岭山脉坡面的大气污染情况，70 种蕨类苔藓标本中铅的含量（以每克苔藓组织中铅的微克数为单位），以及苔藓标本所在的海拔高度（英尺）和坡面方向（如果东为 1，如果西为 0）被收集记录在文件 LEADMOSS 中. 表中列出了数据集的前五个和后五个观测值.

💿 **LEADMOSS**（列出了前五个和后五个观测值）

标本	铅含量	海拔高度	坡面方向	标本	铅含量	海拔高度	坡面方向
1	3.475	2 000	0	66	5.413	2 500	1
2	3.359	2 000	0	67	7.181	2 500	1
3	3.877	2 000	0	68	6.589	2 500	1
4	4.000	2 500	0	69	6.182	2 000	1
5	3.618	2 500	0	70	3.706	2 000	1
⋮	⋮	⋮	⋮				

资料来源：Schilling, J. "Bioindication of atmospheric heavy metal deposition in the Blue Ridge using the moss, *Thuidium delicatulum*," Master of Science thesis, Spring 2000.

(a) 建立平均铅含量 $E(y)$ 关于海拔高度 x_1 和坡面方向 x_2 的一阶函数模型,模型中包括海拔高度与坡面方向的交互作用.

(b) 根据 (a) 小题,绘制模型中不同坡面方向的平均铅含量与海拔高度之间的关系.

(c) 用 (a) 小题模型中的 β 值,表示东坡苔藓标本的海拔每升高 1 英尺铅含量的变化.

(d) 利用现有的统计软件包将数据与 (a) 小题的模型进行拟合.整体模型在统计上对预测铅含量有用吗($\alpha = 0.10$)?

(e) 建立平均铅含量 $E(y)$ 关于海拔高度 x_1 和坡面方向 x_2 的完整二阶函数模型.

5.42　高层领导者的魅力 . 参考 *Academy of Management Journal*(August 2015)研究商界领袖的魅力,见练习 4.54. 研究人员分析了 24 次美国总统选举的数据,其中的因变量是民主党选票份额 y,即在全国选举中投票给民主党候选人的选民比例.投票份额的一个潜在定量预测指标是民主党和共和党候选人的魅力值之差 x_1.(回想一下,个人魅力是根据候选人在该党全国代表大会上的获奖感言,按 150 分的标准来衡量的.)一个可能的定性预测因子是,选举是否受到世界大战的影响:$x_2 = \{1$,如果发生战争;0,如果没有发生 \}.

(a) 提出一种模型,将民主党选票份额 y 与魅力值之差 x_1 之间的关系描述为两条不平行的直线,即与是否受到世界大战 x_2 有关.

(b) 用 (a) 小题模型中的 β 值表示,在受世界大战影响的选举年,民主党选票份额 y 关于魅力值之差 x_1 的直线斜率是多少?

(c) 用 (a) 小题模型中的 β 值表示,在不受世界大战影响的选举年,民主党选票份额 y 关于魅力值之差 x_1 的直线斜率是多少?

(d) 用 (a) 小题模型中的 β 值表示,在没有候选人魅力值之差(即 $x_1 = 0$)的所有选举年,世界大战对平均民主党选票份额 $E(y)$ 有什么影响?

(e) 用 (a) 小题模型中的 β 值表示,当魅力值之差为 $x_1 = 50$ 的所有选举年中,世界大战对平均民主党选票份额 $E(y)$ 有什么影响?

(f) 将文件中的数据与 (a) 小题的模型进行拟合.是否有足够的证据表明,魅力值之差对平均民主党选票份额的线性影响取决于世界大战 ($\alpha = 0.10$)?

5.43　用玻璃封装废物 . 由于玻璃不受辐射损伤,将废物封装在玻璃中被认为是解决环境中低水平核废物问题的最有效的办法之一.然而,玻璃在极端的环境条件下会发生化学反应,某些成分会渗透到周围环境中.此外,这些化学反应可能会使玻璃变软.这些担忧促使佛罗里达大学材料科学与工程系和美国能源部进行了一项联合研究,评估玻璃作为废物封装材料的效用.⊖ 实验制备了腐蚀性化学溶液(称为腐蚀槽),并直接应用于含有三种废物(TDS-3A、FE 和 AL)之一的玻璃样品中,随着时间的推移,化学反应将被观察到.测量的几个关键变量是

　　　y = 实验结束时溶液中硅的含量(百万分之一).(这既是对玻璃破裂程度的测量,也是对向环境中释放的放射性物质数量的反映.)

⊖　本研究的背景资料由佛罗里达大学材料科学与工程系的 David Clark 博士提供.

$$x_1 = 腐蚀槽温度（℃）$$

$$x_2 = \begin{cases} 1, & 如果废物类型是 TDS-3A \\ 0, & 如果不是 \end{cases} \qquad x_3 = \begin{cases} 1, & 如果废物类型是 FE \\ 0, & 如果不是 \end{cases}$$

以废物类型 AL 为基准水平. 假设我们想用温度 x_1，废物类型 x_2 和 x_3 的函数来模拟硅的含量 y.

(a) 建立硅含量关于温度的直线模型，其中三种废物类型各表示为一条直线.

(b) 在（a）小题的模型基础上，增加温度和废物类型之间的交互项.

(c) 根据（b）小题的模型，针对每种废物类型，写出相应硅含量与温度关系的直线斜率.

(d) 解释如何检验温度与废物类型之间的交互作用.

5.11 外部模型验证（选修）

回归分析是应用最广泛的估计和预测统计工具之一. 然而，在实际应用中，一个被认为是某种响应变量 y 的充分预测因子的回归模型往往表现不佳. 例如，一个为预测新屋开工而建立的模型，尽管整体模型在统计上是有用的，但它可能不会考虑到政府新政策对未来住房按揭贷款利率的任何极端变化. 这指出了一个重要问题：当使用新数据时，原本拟合样本数据较好的模型，不一定能成功地预测 y. 因此，在实际应用回归模型之前，除了评估其**充分性**，还必须评估回归模型的**有效性**.

在第 4 章中，我们介绍了几种检验模型充分性的技术（例如，整体模型充分性检验、部分 F 检验、R_a^2 和 s）. 简而言之，检验模型的充分性能确定样本数据是否充分拟合回归模型. 然而，**模型验证**则是对拟合回归模型在实际中的执行情况进行评估，也就是说，当应用于新的或未来的数据时，模型预测数据的成功程度如何. 目前，许多不同的模型验证技术已被提出，在本节中将简要讨论其中几个. 关于如何应用这些技术的更多细节，你可浏览相关参考文献.

1. **检验预测值**：有时，拟合回归模型的预测值 $\hat{y}$ 有助于识别无效模型. 无意义的或不合理的预测值可能表明模型的形式不正确或系数 β 估计不当. 例如，二元响应变量 y 的模型，其中 y 为 0 或 1 时，可能会产生负的或大于 1 的预测概率. 在这种情况下，用户可能需要考虑实际中产生 0 到 1 之间预测值的模型（第 9 章介绍了一种称为 logistic 回归的模型）. 另一方面，如果拟合模型的预测值都是合理的，那么用户在进一步检验模型有效性之前，应避免在实践中使用该模型.

2. **检验估计的模型参数**：通常，回归模型的用户对模型参数的相对大小和符号（正的或负的）有一定的了解. 该信息应该被用作检验估计系数 β. 带有与预期相反符号的系数，或者具有异常大小的值或不稳定的系数（即具有大的标准误差的系数），预示着在拟合新数据或不同数据时，最终模型可能表现不佳.

3. **收集新数据进行预测**：验证回归模型最有效的方法之一是使用该模型预测新样本的 y.

通过直接将预测值与新数据的观测值进行比较，我们可以确定预测的准确性，并利用这些信息评估模型在实践中的表现.

为此，提出了几种模型有效性的度量方法.一种简单的方法是计算模型解释的新数据的变异百分比，表示为 $R_{预测}^2$，并将其与最终模型最小二乘拟合的判定系数 R^2 进行比较.设 y_1, $y_2, \cdots, y_n$ 代表用于建立和拟合最终回归模型的 n 个观测值，$y_{n+1}, y_{n+2}, \cdots, y_{n+m}$ 代表新数据集中的 m 个观测值.那么

$$R_{预测}^2 = 1 - \left\{ \frac{\sum_{i=n+1}^{n+m}(y_i - \hat{y}_i)^2}{\sum_{i=n+1}^{n+m}(y_i - \overline{y})^2} \right\}$$

式中，$\hat{y}_i$ 是使用拟合模型的 β 估计值的第 i 个观测值的预测值，$\overline{y}$ 为原始数据的样本均值.[⊖] 如果 $R_{预测}^2$ 比最小二乘拟合的 R^2 更有利，那么我们对模型的有效性就有了更大的信心.但是，如果观察到 R^2 显著下降，我们在实际中应该谨慎使用预测模型.

对于最小二乘拟合的均方误差 MSE 和均方预测误差

$$\text{MSE}_{预测} = \frac{\sum_{i=n+1}^{n+m}(y_i - \hat{y}_i)^2}{m - (k+1)}$$

也可以进行类似的比较.其中 k 表示模型中参数 β（不含 β_0）的个数.无论决定使用哪种模型有效性度量，新数据集中的观测值都应该足够大，足以可靠地评估模型的预测性能.例如，Montgomery、Peck 和 Vining（2006）建议至少有 15 ~ 20 个新的观测结果.

4. 数据分割（交叉验证）： 对于那些不可能或无法收集新数据的应用，原始样本数据可以分为两部分，一部分用于估计模型参数，另一部分用于评估拟合模型的预测能力.**数据分割**（或者有时被称为**交叉验证**）可以通过多种方式完成.一种常见的技术是将一半的观测值随机分配给估计数据集，另一半则分配给预测数据集.[⊖]然后可以计算模型有效性的度量，例如 $R_{预测}^2$ 或 $\text{MSE}_{预测}$.当然，为了使数据分割有效，必须有足够数量的观测数据.对于相同大小的估计和预测数据集，建议整个样本至少由 $n = 2k + 25$ 个观测值组成，其中 k 表示模型中参数 β 的个数 [参见 Snee(1977)].

5. 折刀法： 在样本数据集太小而无法应用数据分割的情况下，可以应用一种称为**折刀法**的方法.设 $\hat{y}_{(i)}$ 表示从样本中省略（或删除）数据点 y_i 的数据集与回归模型进行拟合时获得的第 i 个观测值的预测值.折刀法包括将每个观测值逐次从数据集中删除，并计算数据集中所有 n 个观测值的差 $y_i - \hat{y}_{(i)}$.然后计算模型有效性度量，如 R^2 和 MSE：

$$R_{折刀法}^2 = 1 - \frac{\sum(y_i - \hat{y}_{(i)})^2}{\sum(y_i - \overline{y})^2}$$

⊖ 或者，可以使用新数据的样本均值.

⊖ 随机分割通常应用于没有划分数据的逻辑基础的情况.有关其他更正式的数据分割技术，请参阅参考文献.

$$\mathrm{MSE}_{折刀法} = \frac{\sum (y_i - \hat{y}_{(i)})^2}{n - (k+1)}$$

$R^2_{折刀法}$ 和 $\mathrm{MSE}_{折刀法}$ 的分子称为**预测平方和**或者 **PRESS**. 一般来说，预测平方和将大于拟合模型的 SSE. 因此，$R^2_{折刀法}$ 将小于拟合模型的 R^2，$\mathrm{MSE}_{折刀法}$ 将大于拟合模型的 MSE. 因此，与一般的模型有效性度量方法相比，折刀法的度量方法对模型预测未来观测值的能力提供了更保守（和更现实）的评估.

例 5.18 在第 4 章（例 4.10）中，我们介绍了一家国际管理咨询公司 Towers, Perrin, Forster & Crosby 所建立的高管薪酬 y 模型. 乘法模型被拟合为

$$E\{\ln(y)\} = \beta_0 + \beta_1 x_1 + \beta_2 x_2 + \beta_3 x_3 + \beta_4 x_4 + \beta_5 x_5 + \beta_6 x_1^2 + \beta_7 x_3 x_4$$

其中，$x_1 =$ 经验年限，$x_2 =$ 受教育年限，$x_3 = \{1,$ 男性；$0,$ 女性），$x_4 =$ 管理员工数，$x_5 =$ 企业资产. 由于咨询公司打算使用该模型来评估各公司的高管薪酬，因此从外部验证该模型非常重要. 将本节讨论的模型验证技术之一应用于该数据，$n = 100$ 个高管信息数据被保存在 EXECSAL 文件中.

解 当观测值为 $n = 100$ 时，可采用数据分割法对模型进行验证. 例如，80 个观测值（从样本中随机选择）可用于估计预测方程，其余 20 个观测值用于验证结果. 理想情况下，我们希望在验证子集中有更多的观测值（例如 50 个）. 然而，这将大大减少估计子集的样本量，并可能导致不太可靠的结果.

我们使用了折刀法（即每次去掉一个观测值）作为备用方法来对模型进行验证. 大多数统计软件包都有自动执行折刀并生成预测平方和统计的例程. 图 5.31 是将 EXECSAL 文件中的数据拟合乘法模型的 MINITAB 输出结果. PRESS 的值（高亮显示）为 0.482 665. 我们将 SSE 的折刀值与总平方和 6.682 40（也在输出结果中高亮显示）进行比较，如下所示：

$R^2_{折刀法} = 1 - $（预测平方和 / 总平方和）

$\quad\quad\; = 1 - (0.482\,665 / 6.682\,40) = 0.927\,77$

Analysis of Variance

Source	DF	Adj SS	Adj MS	F-Value	P-Value
Regression	7	6.2822	0.897450	206.29	0.000
Error	92	0.4002	0.004350		
Total	99	6.6824			

Model Summary

S	R-sq	R-sq(adj)	PRESS	R-sq(pred)
0.0659583	94.01%	93.55%	0.482665	92.78%

Coefficients

Term	Coef	SE Coef	T-Value	P-Value
Constant	9.8618	0.0970	101.64	0.000
EXP	0.04364	0.00376	11.60	0.000
EDUC	0.03094	0.00295	10.49	0.000
GENDER	0.1166	0.0370	3.16	0.002
NUMSUP	0.000326	0.000078	4.15	0.000
ASSETS	0.002391	0.000444	5.39	0.000
EXPSQ	−0.000635	0.000138	−4.59	0.000
GEN_SUP	0.000302	0.000092	3.27	0.002

Regression Equation

LNSAL = 9.8618 + 0.04364 EXP + 0.03094 EDUC + 0.1166 GENDER + 0.000326 NUMSUP
+ 0.002391 ASSETS − 0.000635 EXPSQ + 0.000302 GEN_SUP

图 5.31 高管薪酬乘法模型的 MINITAB 输出结果

（注意，图 5.31 中还高亮显示了 $R^2_{折刀法}$）. 由于 $R^2_{折刀法}$ 仅略小于原始模型拟合的 R^2 (0.94)，因此咨询公司增强了使用该模型评估高管薪酬的信心.

你使用的适当的模型验证技术因应用程序而不同. 请记住，良好的结果仍然不能保证模型在实践中始终能够成功运行. 然而，我们对一个经过验证的模型比一个简单地拟合样本数据的模型有更大的信心.

快速总结 / 指南

关键公式

定量编码 x

$u = (x - \bar{x}) / s_x$，其中 $\bar{x}$ 和 s 分别是 x 的均值和标准差

交叉验证

$$R^2_{\text{预测}} = 1 - \sum_{i=n+1}^{n+m}(y_i - \hat{y}_i)^2 \Big/ \sum_{i=n+1}^{n+m}(y_i - \bar{y})^2$$

$$\text{MSE}_{\text{预测}} = \sum_{i=n+1}^{n+m}(y_i - \hat{y}_i)^2 \Big/ [m - (k+1)]$$

$$R^2_{\text{折刀法}} = 1 - \sum_{i=1}^{n}(y_i - \hat{y}_{(i)})^2 \Big/ \sum_{i=1}^{n}(y_i - \bar{y})^2$$

$$\text{MSE}_{\text{折刀法}} = \sum_{i=1}^{n}(y_i - \hat{y}_{(i)})^2 \Big/ [n - (k+1)]$$

关键思想

建模步骤

1. 识别响应变量（因变量）y.

2. 确定每个潜在的预测因子（自变量）是定量变量还是定性变量.

3. 定义虚拟变量来表示定性自变量.

4. 对于定量变量，考虑高阶项（例如 x^2，x^3）.

5. 高阶多项式中可能对定量变量进行编码.

6. 考虑定量和定性自变量的交互项.

7. 使用部分 F 检验对嵌套模型进行比较以得到最终模型.

8. 考虑使用数据分割法或折刀法来验证最终模型.

建立一个完整二阶模型的步骤

1. 输入所有定量变量 x 的项，包括交互项和二阶项.

2. 输入所有定性变量 x 的项，包括主效应项、双向交互项、三向交互项、……、k 向交互项.

3. 输入所有可能的定性与定量交互项，即将步骤 1 中的所有项与步骤 2 中的所有项交互.

一个定量 x 的模型

一阶：$E(y) = \beta_0 + \beta_1 x$

二阶：$E(y) = \beta_0 + \beta_1 x + \beta_2 x^2$

p 阶：$E(y) = \beta_0 + \beta_1 x + \beta_2 x^2 + \cdots + \beta_p x^p$

两个定量 x 的模型

一阶：$E(y) = \beta_0 + \beta_1 x_1 + \beta_2 x_2$

二阶（仅交互）：$E(y) = \beta_0 + \beta_1 x_1 + \beta_2 x_2 + \beta_3 x_1 x_2$

完整二阶：$E(y) = \beta_0 + \beta_1 x_1 + \beta_2 x_2 + \beta_3 x_1 x_2 + \beta_4 x_1^2 + \beta_5 x_2^2$

三个定量 x 的模型

一阶：$E(y) = \beta_0 + \beta_1 x_1 + \beta_2 x_2 + \beta_3 x_3$

二阶（仅交互）：$E(y) = \beta_0 + \beta_1 x_1 + \beta_2 x_2 + \beta_3 x_3 + \beta_4 x_1 x_2 + \beta_5 x_1 x_3 + \beta_6 x_2 x_3$

完整二阶：$E(y) = \beta_0 + \beta_1 x_1 + \beta_2 x_2 + \beta_3 x_3 + \beta_4 x_1 x_2 + \beta_5 x_1 x_3 + \beta_6 x_2 x_3 + \beta_7 x_1^2 + \beta_8 x_2^2 + \beta_9 x_3^2$

一个定性 x（k 个水平）的模型

$E(y) = \beta_0 + \beta_1 x_1 + \beta_2 x_2 + \beta_3 x_3 + \cdots + \beta_{k-1} x_{k-1}$

式中，$x_1 = \{1$，如果水平为 1；0，如果不是$\}$，$x_2 = \{1$，如果水平为 2；0，如果不是$\}$，$\cdots$，$x_{k-1} = \{1$，如果水平为 $k-1$；0，如果不是$\}$

两个定性 x（一个包含 2 个水平，一个包含 3 个水平）的模型

主效应：$E(y) = \beta_0 + \beta_1 x_1 + \beta_2 x_2 + \beta_3 x_3$

其中 x_1 为包含 2 个水平的定性变量的虚拟变量；x_2 和 x_3 表示包含 3 个水平的定性变量的虚拟变量.

交互作用：$E(y) = \beta_0 + \beta_1 x_1 + \beta_2 x_2 + \beta_3 x_3 + \beta_4 x_1 x_2 + \beta_5 x_1 x_3$

一个定量 x 和一个定性 x（定性 x 包含 3 个水平）的模型

一阶（无交互）：$E(y) = \beta_0 + \beta_1 x_1 + \beta_2 x_2 + \beta_3 x_3$

其中 x_2 和 x_3 表示包含 3 个水平的定性变量的

虚拟变量.

一阶（交互）：$E(y) = \beta_0 + \beta_1 x_1 + \beta_2 x_2 + \beta_3 x_3 + \beta_4 x_1 x_2 + \beta_5 x_1 x_3$

二阶（无交互）：$E(y) = \beta_0 + \beta_1 x_1 + \beta_2 x_1^2 + \beta_3 x_2 + \beta_4 x_3$

完整二阶：$E(y) = \beta_0 + \beta_1 x_1 + \beta_2 x_1^2 + \beta_3 x_2 + \beta_4 x_3 + \beta_5 x_1 x_2 + \beta_6 x_1 x_3 + \beta_7 x_1^2 x_2 + \beta_8 x_1^2 x_3$

两个定量 x 和两个定性 x（定性 x 均包含 2 个水平）的模型

一阶（无交互）：$E(y) = \beta_0 + \beta_1 x_1 + \beta_2 x_2 + \beta_3 x_3 + \beta_4 x_4$

其中 x_3 和 x_4 分别表示两个定性变量的虚拟变量.

完整一阶：

$$E(y) = \beta_0 + \beta_1 x_1 + \beta_2 x_2 + \beta_3 x_3 + \beta_4 x_4 +$$
$$\beta_5 x_3 x_4 + \beta_6 x_1 x_3 + \beta_7 x_1 x_4 +$$
$$\beta_8 x_1 x_3 x_4 + \beta_9 x_2 x_3 + \beta_{10} x_2 x_4 +$$
$$\beta_{11} x_2 x_3 x_4$$

二阶（无定量 × 定性交互）：

$$E(y) = \beta_0 + \beta_1 x_1 + \beta_2 x_2 + \beta_3 x_1 x_2 + \beta_4 x_1^2 +$$
$$\beta_5 x_2^2 + \beta_6 x_3 + \beta_7 x_4 + \beta_8 x_3 x_4$$

完整二阶：

$$E(y) = \beta_0 + \beta_1 x_1 + \beta_2 x_2 + \beta_3 x_1 x_2 + \beta_4 x_1^2 +$$
$$\beta_5 x_2^2 + \beta_6 x_3 + \beta_7 x_4 + \beta_8 x_3 x_4 +$$
$$\beta_9 x_1 x_3 + \beta_{10} x_1 x_4 + \beta_{11} x_1 x_3 x_4 +$$
$$\beta_{12} x_2 x_3 + \beta_{13} x_2 x_4 + \beta_{14} x_2 x_3 x_4 +$$
$$\beta_{15} x_1 x_2 x_3 + \beta_{16} x_1 x_2 x_4 +$$
$$\beta_{17} x_1 x_2 x_3 x_4 + \beta_{18} x_1^2 x_3 +$$
$$\beta_{19} x_1^2 x_4 + \beta_{20} x_1^2 x_3 x_4 + \beta_{21} x_2^2 x_3 +$$
$$\beta_{22} x_2^2 x_4 + \beta_{23} x_2^2 x_3 x_4$$

补充练习

（练习来源之前例题的，用星号（*）标识.）

5.44 赢得马拉松比赛. *Chance*（Winter 2000）发表了一项关于波士顿马拉松比赛获胜时间与性别是否有关的研究. 研究人员建立了一个模型，用于预测马拉松比赛的获胜时间 y 与参赛年份 x_1 和获胜选手的性别 x_2 之间的关系. 指出模型中的变量是定量变量还是定性变量.

5.45 赢得马拉松比赛（续）. 参见练习 5.44. 用来模拟获胜时间 y 的自变量是

$$x_1 = 参加比赛的年份（以1880年以来的年份表示）$$

$$x_2 = \{1, 如果获胜选手是男性; 0, 如果是女性\}$$

（a）建立一个关于年份和性别的一阶主效应 $E(y)$ 函数模型.

（b）解释（a）小题模型中的参数 β.

（c）建立一个关于年份和性别的 $E(y)$ 函数模型，假设男性和女性跑步者关于获胜时间 – 年份的斜率不同. 绘制该模型.

（d）现在考虑新定量自变量：

$$x_3 = 一年中波士顿马拉松比赛前参加的马拉松比赛场数$$

建立一个完整的二阶模型，将 $E(y)$ 与 x_1 和 x_3 联系起来.

（e）将性别的主效应项添加到（d）小题的模型中.

（f）在（e）小题模型中添加定量项和定性项之间产生的交互项.

(g) 当 x_1 保持不变时，(f) 小题模型的响应曲线是否具有相同的形状，但具有不同的 y 轴截距？

(h) 当 x_1 保持不变时，(f) 小题模型的响应曲线在什么情况下是平行线？

(i) 当 x_1 保持不变时，(f) 小题模型的响应曲线在什么情况下是相同的？

5.46 **消防员的心理反应.** *Journal of Human Stress* 报道了一项关于 "消防员对化学火灾的心理反应" 的研究. 研究人员使用多元回归来预测情绪压力，情绪压力是关于以下自变量的函数. 确定每个自变量为定量变量还是定性变量. 对于定性变量，建议可能观察到的几个水平. 对于定量变量，给出一个变量可观察的值（水平）的范围.

(a) 发病前的心理症状数量　　　(b) 经验年限

(c) 吸烟行为　　　(d) 社会支持水平

(e) 婚姻状况　　　(f) 年龄

(g) 种族　　　(h) 暴露在化学火灾中

(i) 教育水平　　　(j) 距离事发地点的距离

(k) 性别

5.47 **消防员的心理反应（续）.** 参见练习 5.46. 考虑使用定性变量：社会支持水平，作为情绪压力 y 的预测因子. 假设研究了四个社会支持水平：无、低、中等和高.

(a) 建立一个关于 4 个不同水平社会支持的 $E(y)$ 函数模型.

(b) 解释模型中的参数 β.

(c) 解释如何检验对于四个不同水平的社会支持，情绪压力均值之间的差异.

5.48 **跨国公司的 CEO.** *Business Horizons* 对管理着该国最大跨国公司的 800 名首席执行官进行了全面研究. 本研究的目的是根据每位 CEO 的社会背景特点建立 CEO 的个人资料. 这里列出了为每个 CEO 测量的几个变量. 请分别指出下列变量是定量变量还是定性变量.

(a) 出生的国家　　　(b) 年龄

(c) 教育水平　　　(d) 公司任职

(e) 总薪酬　　　(f) 专业领域

5.49 **精神病患者档案中的数据.** 精神病学家将数据保存在精神病患者档案中，其中包含了每个患者的重要背景信息. 这些文件中的数据可以用来预测治疗成功的可能性. 分别指出下列变量是定性变量还是定量变量.

(a) 年龄　　　(b) 治疗年限

(c) 最高学历　　　(d) 工作分类

(e) 宗教偏好　　　(f) 婚姻状况

(g) 智商　　　(h) 性别

5.50 **树蛙的研究.** *Journal of Experimental Zoology* 对树蛙的视动反应进行了研究. 采用显微分光光度法测量了树蛙在不同光谱波长下的阈值量子通量（即首次观察到视动反应的光强度）. 数据揭示了图中量子通量 y 的对数与波长 x 之间的关系. 假设 $E(y)$ 的模型与图相对应.

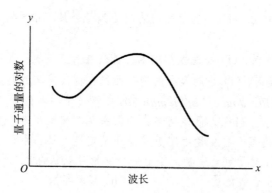

5.51 **树蛙的研究（续）.** 参见练习 5.50. 视动响应变量 y 随光谱波长 x 变化的模型是三阶模型 $E(y) = \beta_0 + \beta_1 x + \beta_2 x^2 + \beta_3 x^3$. 假设收集了 $n = 10$ 只树蛙的数据，第一只树蛙的光谱波长（以微米为单位）设为 $x = 1$，第二只树蛙设为 $x = 2$，第三只树蛙设为 $x = 3$，……，第十只树蛙设为 $x = 10$.

　　（a）求出 x 和 x^2，x 和 x^3，x^2 和 x^3 之间的相关系数，以此证明参数估计中可能存在舍入误差.

　　（b）为编码自变量 u 提供一个转换公式，该公式将降低自变量中的多重共线性水平.

　　（c）依据（b）小题，求出 u 和 u^2，u 和 u^3，以及 u^2 和 u^3 之间的相关系数. 你观察到了什么？这三对的相关性都降低了吗？

5.52 **提高 SAT 分数.** 参考 *Chance*（Winter 2001）的一项研究，该研究的对象是那些花钱请私人教师帮助他们提高学业评估考试（SAT）分数的学生，回顾练习 4.78. 回想一下，使用多元回归来评估辅导对 SAT 数学分数的影响，其中

$y = $ SAT 数学成绩

$x_1 = $ PSAT 分数

$x_2 = \{1,$ 如果学生接受过辅导; $0,$ 如果没有$\}$

　　（a）建立一个关于 x_1 和 x_2 的完整二阶 $E(y)$ 函数模型.

　　（b）对于未接受过辅导的学生建立 $E(y)$ 与 x_1 之间的曲线方程. 确定方程中的 y 轴截距、位移参数和曲率.

　　（c）对于在 SAT 上接受过辅导的学生，重复（b）小题.

　　（d）你将如何检验以确定辅导是否对 SAT 数学成绩有影响？

5.53 **毕业生起薪.** 每学期，佛罗里达大学的就业资源中心都会收集毕业生的工作状态和起薪信息. 两年多的时间里，900 多名找到工作的大四毕业生的数据被收集. 这一信息被用来建立起薪 y 关于两个定性自变量的函数模型. 定性自变量分别为五个水平的学院（工商管理、工程、文理、新闻和护理）和两个水平的性别（男性和女性）. 起薪 y 关于学院和性别的主效应模型是

$$E(y) = \beta_0 + \beta_1 x_1 + \beta_2 x_2 + \beta_3 x_3 + \beta_4 x_4 + \beta_5 x_5$$

其中

$$x_1 = \begin{cases} 1, & \text{如果是工商管理学院} \\ 0, & \text{如果不是工商管理学院} \end{cases}$$

$$x_2 = \begin{cases} 1, & \text{如果是工程学院} \\ 0, & \text{如果不是工程学院} \end{cases}$$

$$x_3 = \begin{cases} 1, & \text{如果是文理学院} \\ 0, & \text{如果不是文理学院} \end{cases}$$

$$x_4 = \begin{cases} 1, & \text{如果是新闻学院} \\ 0, & \text{如果不是新闻学院} \end{cases}$$

$$x_5 = \begin{cases} 1, & \text{如果是女生} \\ 0, & \text{如果是男生} \end{cases}$$

(a) 建立平均起薪 $E(y)$ 关于不同学院的函数模型，只适用于男性毕业生.

(b) 解释 (a) 小题模型中的 β_1.

(c) 解释 (a) 小题模型中的 β_2.

(d) 解释 (a) 小题模型中的 β_3.

(e) 解释 (a) 小题模型中的 β_4.

(f) 建立平均起薪 $E(y)$ 关于不同学院的函数模型，只适用于女性毕业生.

(g) 解释 (f) 小题模型中的 β_1，答案与 (b) 小题相比有何不同.

(h) 解释 (f) 小题模型中的 β_2，答案与 (c) 小题相比有何不同.

(i) 解释 (f) 小题模型中的 β_3，答案与 (d) 小题相比有何不同.

(j) 解释 (f) 小题模型中的 β_4，答案与 (e) 小题相比有何不同.

(k) 对于某个学院，解释模型中 β_5 值.

(l) 多元回归分析显示模型中 β_5 项的统计数据如下：$\hat{\beta}_5 = -1\,142.17$，$s_{\hat{\beta}_5} = 419.58$，

（对于 H_0: $\beta_5 = 0$）$t = -2.72$，p 值 $= 0.006\,6$. 说明性别对平均起薪是否有影响.

5.54 毕业生起薪（续）. 参见练习 5.53.

(a) 建立一个起薪 y 与学院和性别有关的交互模型. 使用练习 5.53 中的虚拟变量赋值.

(b) 解释 (a) 小题模型中的 β_1.

(c) 解释 (a) 小题模型中的 β_2.

(d) 解释 (a) 小题模型中的 β_3.

(e) 解释 (a) 小题模型中的 β_4.

(f) 解释 (a) 小题模型中的 β_5.

(g) 检验男女毕业生平均起薪之间的差异是否取决于学院，并加以解释.

5.55 对小学生年龄和身高的研究. 参考 *Archives of Disease in Childhood*（April 2000）关于身高是否影响儿童小学阶段学习进展的研究，见练习 4.89. 回想一下，根据年龄不同，澳大利亚学校的学生被分成三等分（最小的三分之一，中等的三分之一，最大的三分之一）. 三组的平均身高（所有身高测量均使用 z 分数标准化）按不同性别列在下表中.

	最小的三分之一平均身高	中等的三分之一平均身高	最大的三分之一平均身高
男孩	0.33	0.33	0.16
女孩	0.27	0.18	0.21

资料来源：Wake, M., Coghlan, D., and Hesketh, K. "Does height influence progression through primary school grades?" *Archives of Disease in Childhood,* Vol. 82, April 2000(Table 3),with permission from BMJ Publishing Group Ltd.

(a) 为平均标准化身高 $E(y)$ 建立一个关于年龄三分位和性别的主效应函数模型.

(b) 利用表中的信息，找出 (a) 小题主效应模型中的估计值 β.

(c) 为平均标准化身高 $E(y)$ 建立一个关于年龄三分位和性别且包含交互效应的函数模型.

(d) 利用表中的信息，找出 (c) 小题交互模型的估计值 β.

(e) 提出假设，检验男孩和女孩的平均标准化身高之间的差异. 在所有三个年龄水平下是否相同？

5.56 汽车漆的耐久性. 一家汽车制造商正在实验一种新型油漆，这种油漆可以帮助汽车保持新车的外观. 这种油漆的耐用性取决于涂完油漆后车身烘烤的时间长短. 在最初的实验中，在标准温度设置下，将三组 10 个车身分别烘烤 3 个不同长度的时间——12 小时、24 小时和 36 小时. 然后，对 30 辆车的漆面进行分析，确定耐久性水平 y.

(a) 建立一个平均耐久性 $E(y)$ 关于烘烤时间的二次模型.

(b) 三次模型是否较好地拟合这些数据，请加以解释.

(c) 假设研发部门研发了三种不同新型油漆进行检验. 因此，将对 90 辆汽车进行测试——每 30 辆汽车使用同一种油漆. 建立一个关于油漆类型和烘烤时间的完整二阶 $E(y)$ 函数模型.

5.57 产品销售建模. 一家公司希望建立一个产品每周总销售额 y 关于包装和位置两个变量的函数模型. 两种包装类型，即 P_1 和 P_2，分别用于 L_1、L_2、L_3 和 L_4 四个位置.

(a) 建立一个主效应模型，将 $E(y)$ 与包装和位置联系起来. 当我们使用这个模型时，我们对销售、包装和位置之间的交互关系做了哪些隐含的假设？

(b) 现在建立一个新的 $E(y)$ 模型，其中包含包装和位置之间的交互作用. 这个模型中有多少参数（注意包括 β_0）？将此答案与正在建模的包装和位置组合数进行比较.

(c) 假设利用每周销售的 40 个观察值分别拟合主效应模型和交互模型. SSE 值为

$$主效应模型 SSE = 422.36$$

$$交互模型 SSE = 346.65$$

据此确定是否位置和包装之间存在交互作用对于估计每周平均销售额很重要（$\alpha = 0.05$）. 你的结论对公司的营销策略有什么影响？

5.58 墨西哥街头小贩的收入. 参考 *World Development*（February 1998）对墨西哥普埃布拉市街头小贩的研究，见练习 4.93. 回想一下，小贩的平均年收入 $E(y)$ 被建模为关于年龄 x_1 和每天工作时间 x_2 的一阶函数. 本研究的数据记录下表中.

STREETVEN

小贩数量	年收入 y（美元）	年龄 x_1	工作时间 x_2
21	2 841	29	12
53	1 876	21	8
60	2 934	62	10
184	1 552	18	10
263	3 065	40	11
281	3 670	50	11
354	2 005	65	5
401	3 215	44	8
515	1 930	17	8
633	2 010	70	6
677	3 111	20	9
710	2 882	29	9
800	1 683	15	5
914	1 817	14	7
997	4 066	33	12

资料来源：Adapted from Smith, P. A., and Metzger, M. R. "The return to education: Street vendors in Mexico," *World Development*, Vol. 26, No. 2, Feb. 1998, pp. 289–296.

（a）建立平均年收入 $E(y)$ 关于年龄 x_1 和工作时间 x_2 的完整二阶函数模型.

（b）利用统计软件求出最小二乘预测方程.

（c）这个模型在统计上对预测年收入有用吗（$\alpha = 0.05$）？

（d）你将如何检验假设，即模型中的二阶项对于预测年收入是不必要的？

（e）进行（d）小题的检验，并加以解释.

5.59 装配时间和疲劳. 一家公司正在考虑让装配线上的员工 4 天工作 10 小时，而不是 5 天工作 8 小时. 管理层担心，由于下午工作时间延长而导致的疲劳，可能会使装配时间延长到令人不满意的水平. 计划进行一项为期 4 天的实验，研究一些工人下午的装配时间. 通常认为，装配时间 y 和午餐后的时间 x 之间关系的适当模型应该是午餐后的平均装配时间先减少，然后在工人感到疲劳时开始增加. 建立一个与 x 有关的 $E(y)$ 模型来表达管理层的想法，并画出模型的假设形状.

5.60 在鸭食中添加玉米. 玉米淀粉含量高，因此被认为是家养鸡的优良饲料. 玉米在喂养鸭方面有同样的潜力吗？这是发表在 *Animal Feed Science and Technology*（April 2010）上的研究主题. 本研究的目的是建立鸭反刍玉米的真实代谢能量（TME）的预测模型. 研究人员考虑了几种 TME 的定量预测因子，其中包括中性洗涤纤维（NDF）和支链淀粉 / 直链淀粉（AMAP）.

（a）建立一个平均 TME 关于 NDF 和 AMAP 的一阶函数模型. 画出该模型假设的关系.

（b）根据（a）小题模型，得到如下结果：$R^2 = 0.988$，$s = 0.07$，全局 F 检验的 p 值 =

0.001. 利用这些信息来评估模型的拟合.

(c) 建立一个平均 TME 关于 NDF 和 AMAP 的完整二阶函数模型.

(d) 参考 (c) 小题模型, 如何确定模型中曲率项在统计上对预测 TME 是否有用?

5.61 **沙地中脚印的分析.** 人类脚印化石为灭绝物种的步态动力学提供了直接的信息来源. 然而, 古生物学家和人类学家对这些脚印的解释可能有所不同. 为了深入了解这一现象, 一组科学家利用人类受试者 (16 名年轻人) 在沙地上留下足迹 (*American Journal of Physical Anthropology*, April 2010). 研究的因变量是足跟深度 y (毫米). 科学家考虑了六个自变量作为深度的可能预测因子. 与受试者相关的三个变量是: 脚的质量 (克)、腿的长度 (米) 和脚的类型 (中性、扁平或高弓形); 与在沙子中行走有关的三个变量是: 速度 (米/秒)、压力 (牛/平方厘米) 和冲量 (牛·秒/厘米).

(a) 指出可能的预测因子是定量还是定性变量.

(b) 根据压力和腿长, 建立能体现其存在线性关系和具有交互作用的足跟深度 $E(y)$ 模型.

(c) 根据 (b) 小题, 用模型参数来表示, 当压力为 40 牛/平方厘米时, 腿长每增加 1 米, 足跟深度的变化.

(d) 建立一个足跟深度 $E(y)$ 关于脚型的函数模型, 并解释模型参数.

(e) 建立一个足跟深度 $E(y)$ 关于速度和脚型的完整二阶函数模型.

(f) 参考 (e) 小题. 画出不同脚型时, 足跟深度和速度相关的假设曲线 (每种脚型对应一条).

5.62 **温室气体排放.** 废水处理系统的设计是为了保持水的化学、物理和生物完整性. 然而, 这些系统往往会产生各种温室气体, 如甲烷 (CH_4). *Journal of the Institute of Engineering* (Vol. 8, 2011) 发表了一项关于废水处理污泥中排放甲烷量 (毫克/升) 的研究. 研究了两种类型的污泥: (1) 不添加营养素的污泥; (2) 添加营养素的污泥. 所研究的特定营养素是挥发性脂肪酸 (VFA). 下表中列出了 $n = 27$ 个污泥样本的数据.

💿 **SLUDGE**

样本	甲烷 (CH_4)	时间	营养素 (VFA)
1	5	20	不添加
2	9	21	不添加
3	18	24	不添加
4	35	26	不添加
5	61	29	不添加
6	65	32	不添加
7	105	35	不添加
8	120	37	不添加
9	117	42	不添加
10	154	44	不添加
11	200	47	不添加
12	198	49	不添加
13	203	51	不添加

（续）

样本	甲烷（CH₄）	时间	营养素（VFA）
14	21	20	添加
15	25	21	添加
16	61	24	添加
17	75	26	添加
18	102	29	添加
19	150	32	添加
20	183	34	添加
21	194	36	添加
22	245	37	添加
23	308	42	添加
24	295	44	添加
25	272	47	添加
26	280	49	添加
27	287	51	添加

资料来源：Devkota, R.P. (2011). "Greenhouse Gas Emissions from Wastewater Treatment System." *Journal of the Institute of Engineering*, Vol. 8, No. 1 (adapted from Figure 4).

(a) 使用回归模型确定两种污泥的甲烷排放量均值是否不同，如果不同，则对于差异大小计算 95% 的置信区间.

(b) 请注意，该表包括污泥处理时间（天）的变量. 研究人员估计了未处理污泥和处理污泥的排放速率（即处理时间每增加一天，甲烷气体排放量的增长率）. 使用回归模型确定两种污泥的排放速率是否不同，如果不同，则计算每种排放速率的估计值.

(c) 建立 $E(y)$ 关于处理时间和污泥类型的完整二阶函数模型.

(d) 根据 (c) 小题模型，提出原假设以确定甲烷气体排放与处理时间之间是否存在曲率.

(e) 参照 (d) 小题，建立完整模型和简化模型加以比较，以便进行检验.

(f) 根据 (d) 小题的假设，使用统计软件进行检验.

5.63 **对定量数据进行编码.** 使用观测数据的编码系统，将需求 y 关于价格 p 的二阶模型与下表中的数据进行拟合. 证明，当使用 p 的编码值时，多项式模型拟合的固有多重共线性问题得到了简化.

🔘 **DEMAND**

需求 y（磅）	1 120	999	932	884	807	760	701	688
价格 p（美元）	3.00	3.10	3.20	3.30	3.40	3.50	3.60	3.70

5.64 **药物的效力.** Eli Lilly 和公司已经开发了三种方法（G、R_1 和 R_2）根据药效来估计其药品的保质期. 比较这三种方法的途径之一是为因变量估计保质期 y（用真实保质期的百分比表示）建立回归模型，将药物效力 x_1 作为定量预测因子，将方法作为定性预

测因子.

（a）建立一个关于药物效力 x_1 和方法的一阶主效应 $E(y)$ 函数模型.

（b）解释（a）小题模型的系数 β.

（c）建立一个一阶 $E(y)$ 模型，表示使用这三种方法的斜率不同.

（d）参考（c）小题. 对于每种方法，写出 y 关于 x_1 直线的斜率，用 β 表示.

5.65 **分析例 5.3 中的数据.** 使用观测数据编码系统，将完整二阶模型拟合到例 5.3 的数据中.

（a）分别给出 x_1 和 x_2 的编码值 u_1 和 u_2.

（b）比较 x_1 和 x_1^2 之间的相关系数与 u_1 和 u_1^2 之间的相关系数.

（c）比较 x_2 和 x_2^2 之间的相关系数与 u_2 和 u_2^2 之间的相关系数.

（d）写出预测方程.

🔵 **PRODQUAL**

x_1	x_2	y	x_1	x_2	y	x_1	x_2	y
80	50	50.8	90	50	63.4	100	50	46.6
80	50	50.7	90	50	61.6	100	50	49.1
80	50	49.4	90	50	63.4	100	50	46.4
80	55	93.7	90	55	93.8	100	55	69.8
80	55	90.9	90	55	92.1	100	55	72.5
80	55	90.9	90	55	97.4	100	55	73.2
80	60	74.5	90	60	70.9	100	60	38.7
80	60	73.0	90	60	68.8	100	60	42.5
80	60	71.2	90	60	71.3	100	60	41.4

参考文献

Draper, N., and Smith, H. *Applied Regression Analysis*, 3rd ed. New York: Wiley, 1998.

Geisser, S. "The predictive sample reuse method with applications," *Journal of the American Statistical Association*, Vol. 70, 1975.

Graybill, F. A. *Theory and Application of the Linear Model*. North Scituate, Mass.: Duxbury, 1976.

Kutner, M., Nachtsheim, C., Neter, J., and Li, W. *Applied Linear Statistical Models*, 5th ed. New York: McGraw-Hill/Irwin, 2005.

Mendenhall, W. *Introduction to Linear Models and the Design and Analysis of Experiments*. Belmont, Calif.: Wadsworth, 1968.

Montgomery, D., Peck, E., and Vining, G. *Introduction to Linear Regression Analysis*, 5th ed. New York: Wiley, 2012.

Snee, R., "Validation of regression models: Methods and examples," *Technometrics*, Vol. 19, 1977.

第 6 章 变量筛选法

目标

1. 介绍设计方法，选择最重要的自变量，为响应变量的均值 $E(y)$ 建模.

2. 了解这些方法的适用条件.

6.1 引言：为什么使用变量筛选法？

我们通常会收集一个包含大量自变量的数据集进行研究，每个自变量都可能是某个因变量 y 的潜在预测因子. 在含有大量自变量的数据集中，选择并确定哪些 x 被包含在 $E(y)$ 的多元回归模型中是很常见的问题，例如当因变量是企业利润、大学生平均成绩或反映经济状况的经济变量（如通货膨胀率）时.

回顾一下预测高管年薪 y 的例题. 在例 4.10 中，我们研究了因变量 y 关于几个预测因子的模型. 假设我们收集了预测高管薪酬的 10 个潜在因子数据. 假设列表包括 7 个定量变量 x 和 3 个定性变量 x（每一个定性变量 x 有两个水平）. 现在考虑建立一个 $E(y)$ 的完整二阶模型. 通过第 5 章对模型构建可知，模型形式将表示如下：

$$E(y) = \beta_0 + \underbrace{\beta_1 x_1 + \beta_2 x_2 + \beta_3 x_3 + \beta_4 x_4 + \beta_5 x_5 + \beta_6 x_6 + \beta_7 x_7}_{\text{定量变量的一阶项}} +$$

$$\underbrace{\begin{aligned}&\beta_8 x_1 x_2 + \beta_9 x_1 x_3 + \beta_{10} x_1 x_4 + \beta_{11} x_1 x_5 + \beta_{12} x_1 x_6 + \beta_{13} x_1 x_7 + \\ &\beta_{14} x_2 x_3 + \beta_{15} x_2 x_4 + \beta_{16} x_2 x_5 + \beta_{17} x_2 x_6 + \beta_{18} x_2 x_7 + \cdots + \beta_{28} x_6 x_7\end{aligned}}_{\text{定量变量的双向交互项}} +$$

$$\underbrace{\beta_{29} x_1^2 + \beta_{30} x_2^2 + \beta_{31} x_3^2 + \beta_{32} x_4^2 + \beta_{33} x_5^2 + \beta_{34} x_6^2 + \beta_{35} x_7^2}_{\text{定量变量的二次项或二阶项}} +$$

$$\beta_{36} x_8 + \beta_{37} x_9 + \beta_{38} x_{10} \text{（定性变量设置的虚拟变量）} +$$

$$\underbrace{\beta_{39} x_8 x_9 + \beta_{40} x_8 x_{10} + \beta_{41} x_9 x_{10} + \beta_{42} x_8 x_9 x_{10}}_{\text{定性变量的交互项}} +$$

$$\underbrace{\begin{aligned}&\beta_{43} x_1 x_8 + \beta_{44} x_2 x_8 + \beta_{45} x_3 x_8 + \beta_{46} x_4 x_8 + \beta_{47} x_5 x_8 + \beta_{48} x_6 x_8 + \beta_{49} x_7 x_8 + \\ &\beta_{50} x_1 x_2 x_8 + \beta_{51} x_1 x_3 x_8 + \beta_{52} x_1 x_4 x_8 + \cdots + \beta_{70} x_6 x_7 x_8 + \\ &\beta_{71} x_1^2 x_8 + \beta_{72} x_2^2 x_8 + \cdots + \beta_{77} x_7^2 x_8\end{aligned}}_{\text{定量项与定性变量} x_8 \text{的交互项}} +$$

$$\underbrace{\beta_{78} x_1 x_9 + \beta_{79} x_2 x_9 + \beta_{80} x_3 x_9 + \cdots + \beta_{112} x_7^2 x_9}_{\text{定量项与定性变量} x_9 \text{的交互项}} +$$

$$\underbrace{\beta_{113}x_1x_{10} + \beta_{114}x_2x_{10} + \beta_{115}x_3x_{10} + \cdots + \beta_{147}x_7^2x_{10}}_{(\text{定量项与定性变量}x_{10}\text{的交互项})} +$$

$$\underbrace{\beta_{148}x_1x_8x_9 + \beta_{149}x_2x_8x_9 + \beta_{150}x_3x_8x_9 + \cdots + \beta_{182}x_7^2x_8x_9}_{(\text{定量项与定性项}x_8x_9\text{的交互项})} +$$

$$\underbrace{\beta_{183}x_1x_8x_{10} + \beta_{184}x_2x_8x_{10} + \beta_{185}x_3x_8x_{10} + \cdots + \beta_{217}x_7^2x_8x_{10}}_{(\text{定量项与定性项}x_8x_{10}\text{的交互项})} +$$

$$\underbrace{\beta_{218}x_1x_9x_{10} + \beta_{219}x_2x_9x_{10} + \beta_{220}x_3x_9x_{10} + \cdots + \beta_{252}x_7^2x_9x_{10}}_{(\text{定量项与定性项}x_9x_{10}\text{的交互项})} +$$

$$\underbrace{\beta_{253}x_1x_8x_9x_{10} + \beta_{254}x_2x_8x_9x_{10} + \beta_{255}x_3x_8x_9x_{10} + \cdots + \beta_{287}x_2^7x_8x_9x_{10}}_{(\text{定量项与定性项}x_8x_9x_{10}\text{的交互项})}$$

为拟合上述模型, 我们至少需要收集 289 名高管的数据! 否则, 我们将以自由度为 0 来估计随机误差项的方差 σ^2. 即使我们能收集到这个大数据集, 解释模型中的参数 β 也将是一项艰巨的任务. 这个模型有许多多变量间的交互项和平方项, 因而非常复杂, 在实践中很难应用.

在这一章中, 我们会介绍两种系统化的方法, 旨在将大量潜在的预测因子减少到可管理的范围内. 这些技术被称为**变量筛选过程**, 客观地确定列表中哪些自变量是 y 的最重要预测因子, 哪些是无关紧要的预测因子. 6.2 节将介绍最广泛使用的方法: 逐步回归. 6.3 节主要介绍另一种常用的方法, 即所有可能的回归选择过程. 在 6.4 节中, 将阐述以上方法的相关注意事项.

6.2 逐步回归分析

最广泛使用的变量筛选方法之一是**逐步回归**. 要进行逐步回归, 使用者首先应确定因变量 (响应变量) y, 以及一组潜在的重要自变量 $x_1, x_2, \cdots, x_k$, 其中 k 值一般较大. (注意: 这组变量可以包括一阶项、高阶项以及交互项.) 将数据导入计算机软件, 然后进行逐步分析.

步骤 1 软件程序将所有可能的单变量模型

$$E(y) = \beta_0 + \beta_1 x_i$$

与数据拟合, x_i 是第 i 个自变量, $i = 1, 2, \cdots, k$. 对每一个模型的单个系数 β 使用 t 检验 (或等效的 F 检验) 进行分析. 原假设为

$$H_0: \quad \beta_1 = 0$$

备择假设为

$$H_a: \quad \beta_1 \neq 0$$

其中绝对值最大的 t 值所对应的自变量被确定为 y 的最佳单变量预测因子,⊖ 称这个自变量为自变量 x_1.

⊖ 注意, t 值绝对值最大时的变量, 也是 y 的皮尔逊积矩相关性 r (3.7 节) 绝对值最大时的变量.

步骤 2　逐步程序开始搜索剩余的 $(k-1)$ 个自变量，用以找到最佳双变量模型

$$E(y) = \beta_0 + \beta_1 x_1 + \beta_2 x_i$$

这是通过拟合所有包含 x_1（第一步中选择的变量）和其他 $(k-1)$ 个变量之一作为第二个变量 x_i 的双变量模型来实现的. 对于 $(k-1)$ 个模型（对应于剩余自变量 x_i：$i = 2, 3, \cdots, k$），保留检验 H_0：$\beta_2 = 0$ 时绝对值最大的 t 值所对应的变量，称此变量为 x_2.

在进行步骤 3 之前，逐步程序将返回检查模型中添加 $\hat{\beta}_2 x_2$ 后 $\hat{\beta}_1$ 的 t 值. 如果 t 值在某一特定 α 水平上（例如 $\alpha = 0.05$）变得不显著，则剔除变量 x_1，对具有 β 参数的自变量进行重新搜索，找出 $\hat{\beta}_2 x_2$ 存在时 t 值最显著的自变量.

从步骤 1 到步骤 2，x_1 的 t 值可能发生改变的原因是系数 $\hat{\beta}_1$ 的含义改变. 在步骤 2 中，我们用两个变量的平面近似出一个复杂的响应曲面. 对于 $\hat{\beta}_1$，最佳拟合平面可能得出不同于步骤 1 中所计算出的值. 从步骤 1 到步骤 2，$\hat{\beta}_1$ 的值及其显著性通常会发生变化. 因此，在逐步过程中，每一个后续步骤前，应重新检查 t 值.

步骤 3　逐步回归过程现在检查是否有第三个自变量包含在带有 x_1 和 x_2 的模型中. 也就是说，我们继续寻找最佳的模型形式

$$E(y) = \beta_0 + \beta_1 x_1 + \beta_2 x_2 + \beta_3 x_i$$

计算机使用 x_1, x_2 和 $(k-2)$ 个剩余变量 x_i 来拟合 $(k-2)$ 个模型，找出可能的 x_3. 判定标准还是找到 t 值绝对值最大时对应的自变量，称之为最佳第三变量 x_3. 然后重新检查与 x_1 和 x_2 系数对应的 t 值，替换掉 t 值不显著的变量. 重复上述过程，直到在模型现有变量的情况下，（在指定的 α 水平时）没有额外的自变量能有显著的 t 值.

逐步过程的结果是找到一个模型，该模型仅包含在指定的 α 水平上 t 值具有显著性的项. 因此，在大多数实际情况下，大量的自变量中只会剩下为数不多的变量. 然而很重要的一点是，不要急于得出这样的结论：即所有对预测 y 很重要的自变量都已确定，或者说不重要的自变量已被剔除. 请注意，逐步过程只使用真实模型系数 β 的样本估计值来选择重要变量. 对大量的单一参数 β 进行 t 检验，在包含或排除变量时出现一个或多个误差的概率很高. 也就是说，我们很可能在模型中包含了一些不重要的自变量（第 I 类错误），并剔除了一些重要的自变量（第 II 类错误）.

我们可能没有找到一个好的模型还有第二个原因. 当我们选择在逐步回归中所包含的变量时，我们可能经常会忽略高阶项（以保持变量数量的可控）. 因此，我们最初可能从模型中忽略了几个重要的项. 所以，我们应该认识到逐步回归是一个目标变量筛选过程.

成功的模型构建者应考虑二阶项（用于定量变量）和逐步筛选出的变量间的其他交互项. 最好是用与筛选无关的第二组数据来建立该响应曲面模型，以便使用新数据来局部验证逐步回归过程的结果. 然而这并不一定可行，因为在许多情况下，只有少量数据可用于建模.

不要被逐步回归过程中计算出的令人印象深刻的 t 值所欺骗，这是由于它只保留了 t 值最大时的自变量. 此外，在系统地建立预测模型时，一定要考虑二阶项. 最后，如果你在逐步回归过程中使用了一阶模型，请记住通过添加更高阶的项可以极大地改进它.

警告：谨慎使用逐步回归的结果来推断一阶模型中 $E(y)$ 与自变量之间的关系。首先，由于已经进行了大量的 t 检验，导致出现一个或多个第 I 类或第 II 类错误的概率很高。其次，在逐步模型中，通常只输入一阶和主效应项作为候选变量。因此，最终的逐步模型将不包含任何高阶项或交互项。逐步回归只应该在必要时使用，也就是说，当你想要确定模型构建过程中应该使用大量潜在重要自变量中的哪个时才运用此技术。

例 6.1　参见例 4.10 高管薪酬的多元回归模型。建立该模型的第一步是确定最重要的自变量。对于一家企业，在 100 名高管的样本中测量了 10 个潜在的自变量（7 个定量变量和 3 个定性变量）。表 6.1 中描述的数据保存在 EXECSAL2 文件中。由于很难运用所有 10 个自变量来构建一个完整的二阶模型，所以使用逐步回归来决定在构建高管薪酬自然对数的最终模型时应该包含 10 个变量中的哪些。

解　我们将使用逐步回归法，以 10 个自变量的主效应来确定最重要的变量。因变量 y 是关于高管薪酬的自然对数。SPSS 逐步回归的部分输出结果，如图 6.1 所示。软件在第一步中自动将常数项 β_0 输入到模型中。其余步骤遵循本节前面概述的步骤。

💿 **EXECSAL2**

表 6.1　高管薪酬示例中的自变量

自变量	描述
x_1	经验年限（年）——定量
x_2	受教育年限（年）——定量
x_3	性别（1，如果为男；0，如果为女）——定性
x_4	管理员工数——定量
x_5	企业资产（百万美元）——定量
x_6	董事会成员（1，是；0，不是）——定性
x_7	年龄（年）——定量
x_8	企业利润（过去 12 个月，百万美元）——定量
x_9	有国际责任（1，有；0，无）——定性
x_{10}	企业总销售额（过去 12 个月，百万美元）——定量

步骤 1，用 SPSS 软件拟合表格中所述的所有可能单变量模型

$$E(y) = \beta_0 + \beta_1 x_i$$

在图 6.1 的 Model 1 所在行中，你可以看到选择的第一个变量是 x_1，即经验年限。即变量为 x_1 时，检验 H_0：$\beta_1 = 0$ 得出的 t 值绝对值最大。该值 $t = 12.62$ 在输出结果中高亮显示。

步骤 2，用 SPSS 软件拟合表格中所述的所有可能双变量模型

$$E(y) = \beta_0 + \beta_1 x_1 + \beta_2 x_i$$

（注意：第一步中选择的变量 x_1 自动包含在 Model 2 中。）检验 H_0：$\beta_2 = 0$ 得出，绝对值最大的 t 值所对应的是虚拟变量性别 x_3。该值 $t = 7.10$ 也在输出结果中高亮显示。

在步骤 3 中，拟合表格中所述的所有可能三变量模型

$$E(y) = \beta_0 + \beta_1 x_1 + \beta_2 x_3 + \beta_3 x_i$$

（注意 x_1 和 x_3 包含在 Model 3 中。）SPSS 检验 H_0：$\beta_3 = 0$ 时，得出绝对值最大的 t 值为 $t = 7.32$（输出结果中高亮显示），其所对应的变量为 x_4，即管理员工数。

在步骤 4 和步骤 5 中，分别选择变量 x_2（受教育年限）和 x_5（企业资产）作为模型的变

量. 图 6.1 高亮显示了适当的 β 检验中的 t 值. SPSS 在经历 5 个步骤后停止，因为其他自变量都不符合模型的准入标准. 默认设置下，大多数统计软件包使用 $\alpha = 0.15$ 进行检验. 换句话说，如果系数 β 检验计算出的 p 值大于 $\alpha = 0.15$，则对应的变量不包括在模型中.

Coefficients[a]

Model		Unstandardized Coefficients B	Std. Error	Standardized Coefficients Beta	t	Sig.
1	(Constant)	11.091	.033		335.524	.000
	X1	.028	.002	.787	12.618	.000
2	(Constant)	10.968	.032		342.659	.000
	X1	.027	.002	.770	15.134	.000
	X3	.197	.028	.361	7.097	.000
3	(Constant)	10.783	.036		298.170	.000
	X1	.027	.001	.771	18.801	.000
	X3	.233	.023	.427	10.170	.000
	X4	.000	.000	.307	7.323	.000
4	(Constant)	10.278	.066		155.154	.000
	X1	.027	.001	.771	24.677	.000
	X3	.232	.017	.425	13.297	.000
	X4	.001	.000	.354	10.920	.000
	X2	.030	.004	.266	8.379	.000
5	(Constant)	9.962	.101		98.578	.000
	X1	.027	.001	.771	26.501	.000
	X3	.225	.016	.412	13.742	.000
	X4	.001	.000	.337	11.064	.000
	X2	.029	.003	.258	8.719	.000
	X5	.002	.000	.116	3.947	.000

a. Dependent Variable: Y

图 6.1　高管薪酬 SPSS 逐步回归结果

SAS 逐步回归的输出结果，如图 6.2 所示. 注意，最后的模型统计量（$R^2 = 0.92$，$F = 15.58$，P 值 $= 0.0002$）表明数据与逐步模型拟合较好. 但请留意，不要轻易断定这是预测高管薪酬的"最佳"模型（具体参见警告框）. 逐步回归的结果表明，在最终的建模过程中，我们应该把注意力集中在五个变量上：x_1, x_2, x_3, x_4 和 x_5. 通过提出并评估具有曲率项和交互项的模型（如第 5 章所述），以确定预测高管薪酬的最佳模型.

Summary of Stepwise Selection

Step	Variable Entered	Variable Removed	Number Vars In	Partial R-Square	Model R-Square	C(p)	F Value	Pr > F
1	X1		1	0.6190	0.6190	343.857	159.20	<.0001
2	X3		2	0.1302	0.7492	195.519	50.37	<.0001
3	X4		3	0.0899	0.8391	93.7538	53.63	<.0001
4	X2		4	0.0684	0.9075	16.8128	70.21	<.0001
5	X5		5	0.0132	0.9206	3.6279	15.58	0.0002

图 6.2　高管薪酬 SAS 逐步回归输出结果　　■

还有其他几种逐步回归技术用于选择最重要的自变量. 其中一种被称为**正向选择**，与前面概述的逐步回归过程几乎相同. 唯一的区别是, 正向选择技术不再进行重新检查先前步骤中所引入的 x 其对应的 t 值是否显著这一步骤. 因此, 在实际应用中, 逐步回归优于正向选择.

另一种技术称为**向后剔除**, 最初拟合包含所有潜在自变量的模型. 即对于 k 个自变量, 在步骤 1 拟合模型 $E(y) = \beta_0 + \beta_1 x_1 + \beta_2 x_2 + \cdots + \beta_k x_k$. 当 t 值小于某一特定临界值时, 识别出所有检验 H_0: $\beta_i = 0$ 的最小 t (或 F) 统计量所对应的变量, 并将其从模型中剔除. 步骤 2 则从剩余 $(k-1)$ 个自变量的假设模型中, 同样剔除所有不显著的最小 t 值所对应的变量. 重复这个过程, 直到找不到任何不显著的自变量为止.

例如, 对例 6.1 的高管薪酬数据应用向后剔除法, 将得到图 6.3 中的 SAS 回归输出结果. 在输出结果的底部, 可以看到变量 x_{10}, x_7, x_8, x_6 和 x_9 (按此顺序) 已从模型中剔除, 只留下 x_1 至 x_5 作为选择的自变量. 因此, 在这个例子中, 向后剔除法和逐步回归法得到了相同的结果. 然而, 情况并不总是如此. 事实上, 当至少一个候选自变量是三个或三个以上水平的定性变量 (需要至少两个虚拟变量) 时, 向后剔除法可能更具有优势. 因为向后剔除实际上是在其他虚拟变量进入模型后, 检验每个虚拟变量的贡献. 使用向后剔除法的真正缺点是往往需要足够多的数据来拟合步骤 1 中假设的初始模型.

Backward Elimination: Step 5

Variable X9 Removed: R-Square = 0.9206 and C(p) = 3.6279

Analysis of Variance

Source	DF	Sum of Squares	Mean Square	F Value	Pr > F
Model	5	6.15225	1.23045	218.06	<.0001
Error	94	0.53041	0.00564		
Corrected Total	99	6.68267			

Variable	Parameter Estimate	Standard Error	Type II SS	F Value	Pr > F
Intercept	9.96193	0.10106	54.83329	9717.56	<.0001
X1	0.02728	0.00103	3.96275	702.28	<.0001
X2	0.02909	0.00334	0.42894	76.02	<.0001
X3	0.22469	0.01635	1.06565	188.85	<.0001
X4	0.00052442	0.00004740	0.69078	122.42	<.0001
X5	0.00196	0.00049718	0.08790	15.58	0.0002

Bounds on condition number: 1.1016, 26.17

All variables left in the model are significant at the 0.1000 level.

Summary of Backward Elimination

Step	Variable Removed	Number Vars In	Partial R-Square	Model R-Square	C(p)	F Value	Pr > F
1	X10	9	0.0001	0.9228	9.1091	0.11	0.7420
2	X7	8	0.0001	0.9227	7.1956	0.09	0.7683
3	X8	7	0.0002	0.9225	5.4499	0.26	0.6117
4	X6	6	0.0005	0.9220	4.0235	0.59	0.4444
5	X9	5	0.0014	0.9206	3.6279	1.66	0.2011

图 6.3　高管薪酬向后剔除法 SAS 回归输出结果

6.3 所有可能的回归选择过程

在 6.2 节中，我们将逐步回归作为一个客观筛选过程来找出 y 最重要的预测因子. 其他更主观的变量选择技术将在文献中加以阐述，用以确定重要自变量. 其中最常用的是那些考虑所有可能的回归模型，并给出一组潜在重要预测因子的过程，这种过程通常被称为**所有可能的回归选择过程**，此技术在选择"最佳"变量子集的标准方面有所不同. 在本节中，我们将描述在实践中广泛使用的四个准则，然后通过一个示例来解释这四个准则.

R^2 准则

考虑一组潜在的重要变量：$x_1, x_2, x_3, \cdots, x_k$. 我们在 4.8 节中了解到，当模型中加入自变量时，多重判定系数

$$R^2 = 1 - \frac{\text{SSE}}{\text{SS(Total)}}$$

会增加. 因此，包含所有 k 个自变量的模型

$$E(y) = \beta_0 + \beta_1 x_1 + \beta_2 x_2 + \cdots + \beta_k x_k$$

会得到最大的 R^2. 然而，我们已经（在第 5 章中）看到了一些示例，在这些例子中，单纯向模型中添加项并不能产生一个更好的预测方程. R^2 准则的目标是找到一个子集模型（即 k 个自变量子集的模型），以便向模型中添加更多变量使 R^2 略有增加. 在实践中，用 R^2 准则找到的最佳模型很少是 R^2 值最大的模型. 总而言之，你在寻找一个简单的模型，它和所有 k 个自变量的模型一样好或者几乎一样好. 但与逐步回归不同的是，何时停止向模型中添加变量是一个主观的决定.

R_a^2 或 MSE 准则

使用 R^2 准则的一个缺点是 R^2 的值不能体现模型中参数 β 的个数. 如果向模型中添加足够多的变量，使样本量 n 等于模型中 β 的总数，可能得到 $R^2 = 1$. 为此，我们可以考虑使用调整后的 R^2，即 R_a^2. 很容易看出 R_a^2 与 MSE 的关系如下：

$$R_a^2 = 1 - (n-1)\left(\frac{\text{MSE}}{\text{SS(Total)}}\right)$$

注意 R_a^2 只有在 MSE 减小时才会增加（因为 SS(Total) 对所有模型都保持不变）. 因此，一个等价的过程是搜索 MSE 最小或接近最小的模型.

C_p 准则

第三种准则基于一个称为**总体均方误差（TMSE）**的量来评估回归模型拟合效果：

$$\text{TMSE} = E\left\{\sum_{i=1}^{n}[\hat{y}_i - E(y_i)]^2\right\} = \sum_{i=1}^{n}[E(\hat{y}_i) - E(y_i)]^2 + \sum_{i=1}^{n}\text{Var}(\hat{y}_i)$$

其中 $E(\hat{y}_i)$ 为（拟合的）子集回归模型的响应变量均值，$E(y_i)$ 为真实模型的响应变量均值.
我们的目的是比较子集回归模型的 TMSE 与真实模型的随机误差方差 σ^2，比率为

$$\Gamma = \frac{\text{TMSE}}{\sigma^2}$$

较小的 Γ 值意味着子集回归模型相对于 σ^2 具有较小的总体均方误差. 但由于 TMSE 和 σ^2 都
是未知的，我们必须依靠这些量的样本估计. 可以证明 C_p 给出了一个关于比率 Γ 的较好估
计量（证明省略）：

$$C_p = \frac{\text{SSE}_p}{\text{MSE}_k} + 2(p+1) - n$$

其中 n 为样本量，p 为子集模型中的自变量个数，k 为潜在自变量的总数，SSE_p 为子集模
型的 SSE，MSE_k 为包含所有 k 个自变量的模型 MSE 值. 本文讨论的统计软件包具有计算
C_p 统计量的例程. 实际上，C_p 值在 SAS 和 MINITAB 逐步回归输出结果中自动显示（参见
图 6.2）.

　　C_p 准则选择子集模型作为最佳模型的标准：1）较小的 C_p 值（即小的总体均方误差）；
2）在 $p+1$ 附近的 C_p 值，这表明子集回归模型中存在轻微偏差或无偏差的性质.⊖

　　综上，C_p 准则着重于总体均方误差和回归偏差的最小化. 如果你主要关注最小化的总
体均方误差，只要回归偏差在可接受的范围内，可选择 C_p 值最小的模型. 另一方面，如果
更看重回归偏差轻微（或没有），则可选择 C_p 值略大于最小值的模型.

PRESS 准则

　　选择最佳子集回归模型的第四个标准是 PRESS 统计量，在 5.11 节中介绍了这一统计
量. 回想一下，模型的 PRESS（预测平方和）统计量的计算方法如下：

$$\text{PRESS} = \sum_{i=1}^{n} [y_i - \hat{y}_{(i)}]^2$$

式中，$\hat{y}_{(i)}$ 表示预测值，即通过回归模型与样本中省略（或删除）第 i 个数据点的数据集拟合
得到的第 i 个观测值的预测值.⊜因此，候选模型对样本数据拟合 n 次，每次省略 1 个数据
点，得到该数据点的预测值 y. 如果差异 $y_i - \hat{y}_{(i)}$ 较小，则表明该模型预测效果良好，因此我
们希望得到一个 PRESS 值较低的模型.

　　计算 PRESS 统计量似乎是一项枯燥的工作，因为必须对每个候选模型进行重复的回归

⊖　如果 $E(\hat{y}) = E(y)$，那么这个模型被认为是无偏的. 我们声明（没有证明）对于一个无偏回归模型
　　$E(C_p) \approx p+1$. 一般情况下，由于 $k-p$ 个自变量在拟合模型中被省略，因此子集模型是有偏的. 然而，当 C_p
　　接近 $p+1$ 时，偏差很小，基本上可以忽略.

⊜　$y_i - \hat{y}_{(i)}$ 称为第 i 个观测值的删除残差. 我们将在第 8 章中更详细地讨论删除残差.

运行（总共 n 次运行）. 然而，大多数统计软件包都有自动计算 PRESS 的选项 . ⊖

图形表达有助于运用所有可能的回归过程选择最佳子集回归模型 . 图的纵轴为标准度量值：R^2、MSE、C_p或PRESS，横轴为 p（子集模型中自变量的数量）. 我们将在下一个示例中说明所有的三变量选择技术 .

例 6.2 参考例 6.1 中有关高管薪酬的数据 . 回想一下，我们希望从表 6.1 中给出的 10 个变量列表中找出预测薪酬自然对数的最重要的自变量 . 应用所有可能的回归选择过程来找到最重要的自变量 .

解 我们将高管薪酬数据输入 MINITAB 中，并使用所有可能的回归选择例程，获得如图 6.4 所示的输出结果 . 对于 $p=10$ 个自变量，存在 1 023 个可能的一阶模型子集 . 虽然 MINITAB 拟合所有模型，但是图 6.4 中的输出结果仅显示了 p 的每个值的“最佳”模型结果 . 从输出结果中可以看出，最佳的单变量模型包含 x_1（经验年限）；最佳的双变量模型包含 x_1 和 x_3（性别）；最佳的三变量模型包含 x_1，x_3和x_4（管理员工数）等 .

Best Subsets Regression: Y versus X1, X2, X3, X4, X5, X6, ... X8, X9, X10

Response is Y

Vars	R-Sq	R-Sq (adj)	PRESS	R-Sq (pred)	Mallows Cp	S	X1	X2	X3	X4	X5	X6	X7	X8	X9	X10
1	61.9	61.5	2.7	60.1	343.9	0.16119	X									
2	74.9	74.4	1.8	73.2	195.5	0.13145	X		X							
3	83.9	83.4	1.2	82.5	93.8	0.10583	X		X	X						
4	90.7	90.4	0.7	89.6	16.8	0.080676	X	X	X	X						
5	92.1	91.6	0.6	90.9	3.6	0.075118	X	X	X	X	X					
6	92.2	91.7	0.6	90.9	4.0	0.074857	X	X	X	X	X				X	
7	92.3	91.7	0.6	90.7	5.4	0.075022	X	X	X	X	X	X			X	
8	92.3	91.6	0.6	90.6	7.2	0.075326	X	X	X	X	X	X		X	X	
9	92.3	91.5	0.6	90.4	9.1	0.075707	X	X	X	X	X	X	X	X	X	
10	92.3	91.4	0.7	90.2	11.0	0.076084	X	X	X	X	X	X	X	X	X	X

图 6.4　高管薪酬的 MINITAB 所有可能的回归选择结果

表 6.2 总结了这些“最佳子集”模型 . 除了每个模型中包含的变量，表中还给出了 R^2、R_a^2、MSE、C_p 和 PRESS 值 . 为了确定选择哪个子集模型，我们将这些量与变量数量 p 作图 . R^2、R_a^2、C_p 和 PRESS 的 MINITAB 图，分别如图 6.5a ～图 6.5d 所示 .

表 6.2　最佳子集模型的结果

预测因子的数量 p	模型中的变量	R^2	R_a^2	MSE	C_p	PRESS
1	x_1	0.619	0.615	0.026 0	343.9	2.664
2	x_1, x_3	0.749	0.744	0.017 3	195.5	1.788
3	x_1, x_3, x_4	0.839	0.834	0.011 2	93.8	1.171
4	x_1, x_2, x_3, x_4	0.907	0.904	0.006 5	16.8	0.696

⊖ 还可以使用所有 n 个数据点的回归运行结果计算 PRESS. 这个公式是 $\text{PRESS}=\sum_{i=1}^{n}\left(\frac{y_i-\hat{y}_{(i)}}{1-h_{ii}}\right)^2$，其中 h_{ii} 是模型中自变量的函数 . 在第 8 章中，我们将展示如何使用 h_{ii}（称为杠杆）来检验有影响的观测结果 .

（续）

预测因子的数量 p	模型中的变量	R^2	R_a^2	MSE	C_p	PRESS
5	x_1,x_2,x_3,x_4,x_5	0.921	0.916	0.005 6	3.6	0.610
6	x_1,x_2,x_3,x_4,x_5,x_9	0.922	0.917	0.005 6	4.0	0.610
7	$x_1,x_2,x_3,x_4,x_5,x_6,x_9$	0.923	0.917	0.005 6	5.4	0.620
8	$x_1,x_2,x_3,x_4,x_5,x_6,x_8,x_9$	0.923	0.916	0.005 7	7.2	0.629
9	$x_1,x_2,x_3,x_4,x_5,x_6,x_7,x_8,x_9$	0.923	0.915	0.005 7	9.1	0.643
10	$x_1,x_2,x_3,x_4,x_5,x_6,x_7,x_8,x_9,x_{10}$	0.923	0.914	0.005 8	11.0	0.654

在图 6.5a 中，我们可以看到，对于预测因子数大于 $p=5$ 的模型，R^2 的值往往以非常小的量增长. R_a^2 的值如图 6.5b 所示. 因此，R^2 和 R_a^2 准则都表明，包含 x_1,x_2,x_3,x_4 和 x_5 五个预测因子的模型是最佳子集回归模型的良好候选模型.

图 6.5c 显示了绘制的 C_p 值折线和 $C_p = p+1$ 的直线. 注意，具有 $p \geq 5$ 个自变量的子集模型都具有相对较小的 C_p 值，并且在 $C_p = p+1$ 这条直线附近变化很小. 这意味着这些模型具有较小的总体均方误差和可忽略的偏差. 根据 C_p 准则，$p=4$ 所对应的模型虽然明显优于 $p \leq 3$ 模型，但与 p 大于 4 的模型相比仍有不足之处. 从图 6.5d 可以看出，对于具有五个变量 x_1,x_2,x_3,x_4 和 x_5 的模型，PRESS 最小（PRESS $=0.610$）.

根据这四个准则，变量 x_1，x_2，x_3，x_4 和 x_5 应该包含在最重要的预测因子组中. ∎

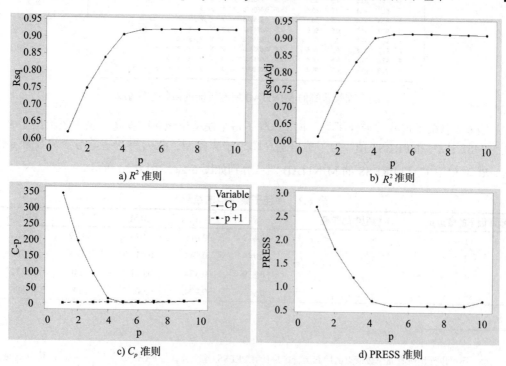

图 6.5 所有可能的回归选择准则的 MINITAB 图

总之，基于所有可能的回归选择准则的变量选择过程将帮助你确定预测 y 的最重要的自变量. 但是，请记住，这些技术缺乏逐步回归过程的客观性. 此外，你应该谨慎地得出结论，即已经找到了预测 y 的最佳模型，因为在实践中，交互项和高阶项通常会从潜在的重要预测因子列表中省略.

6.4　注意事项

逐步回归和所有可能的回归选择过程都是有用的变量筛选法. 然而，许多回归分析人员倾向于将这些过程应用于模型构建法. 为什么? 逐步（或最佳子集）模型通常具有较高的 R^2 值，且模型中所有系数 β 的 p 值与 0 具有显著性差异（见图 6.2）. 而且，只需很少的工作量（除了收集数据并将其录入计算机），你就可以通过使用统计软件包获得模型. 因此，将逐步模型作为预测和推断因变量 y 的最终模型是有吸引力的.

我们在这一章中对逐步回归和所有可能的回归选择过程提出了几点建议. 出于以下原因，要谨慎使用逐步（或最佳子集）模型作为预测 y 的最终模型. 首先，回顾一下这两种方法都倾向于拟合大量的模型并执行大量的检验（逐步回归更客观，而最佳子集回归相对主观）. 因此，产生至少一个第 I 类错误或第 II 类错误的概率通常相当高. 也就是说，在最终模型中很可能至少包含一个不重要的自变量，或者遗漏一个重要的自变量!

其次，分析人员通常不会在逐步回归的潜在预测因子列表中包含高阶项或交互项. 因此，如果不进行结合实际的模型构建，最终模型将是一阶主效应模型. 在现实中，变量之间的关系大多数不是线性的，而且这些关系常常由另一个变量所调节（即存在交互作用）. 在第 8 章中，我们将介绍高阶项通常是通过残差图来显示的.

再次，即使分析人员将一些高阶项和交互项作为潜在的预测因子，逐步和最佳子集过程也很可能选择一个无意义的模型. 例如，考虑逐步模型

$$E(y) = \beta_0 + \beta_1 x_1 + \beta_2 x_2 x_5 + \beta_3 x_3^2$$

该模型包含了 x_2 和 x_5 的交互项，但忽略了这些项的主效应；模型中包含了 x_3 的二次项，但忽略了一阶（位移参数）项. 此外，这种策略要求分析人员"猜测"或直观地感觉到哪些交互项可能是最重要的. 如果所有可能的交互项和平方项都包含在潜在预测因子列表中，那么将出现 6.1 节中讨论的问题（缺乏足够的数据来估计所有模型参数），特别是在所有可能的回归选择方法中.

最后，在应用逐步回归时，请不要放弃常识或直觉. 例如，在（例 6.1）高管薪酬模型中，定性变量性别不是通过使用的逐步回归方法选择的. 此外，假设我们研究的目的之一是调查公司的性别歧视（即男性高管的薪酬往往高于同等受教育水平和经验的女性高管）. 虽然没有选择性别，但这并不一定意味着没有性别歧视. 请记住，逐步法只将性别项作为主效应项进行检验；在逐步模型中不涉及性别的交互项或高阶项. 因此，如果性别确实与另一个变量有交互作用（例如，如果有经验的男性薪酬增长高于女性，通过经验和性别交互作用来表明），那么逐步法可能无法发现它. 一个优秀的分析人员，了解性别歧视可能发生的不同方式，以确保在任何模型构建工作中都包含性别变量. 这将允许你通过对模型中的所有性别

项（包括交互项）进行部分 F 检验来检验性别歧视.

如果我们使用逐步回归或所有可能的回归，所有这些问题都可以避免，因为它们最初是作为从一长串 y 的潜在预测因子中筛选自变量的客观方法. 一旦选择了"最重要的变量"——一些是通过逐步回归选择的，而另一些则可能仅仅是通过对数据和有关变量的实质性理论、常识或直觉的了解来选择的，然后使用第 5 章中的方法开始分析模型构建的阶段.

快速总结 / 指南

关键公式

$$R_a^2 = 1 - (n-1)\left(\frac{\text{MSE}}{\text{SS(Total)}}\right)$$

$$C_p = \frac{\text{SSE}_p}{\text{MSE}_k} + 2(p+1) - n$$

$$\text{PRESS} = \sum_{i=1}^{n}(y_i - \hat{y}_{(i)})^2$$

关键思想

变量筛选方法

1. 逐步回归（正向选择、向后剔除或逐步回归技术）

2. 所有可能的回归选择过程

所有可能的回归选择准则

1. R^2

2. R_a^2

3. MSE

4. C_p

5. PRESS

在使用变量筛选方法确定"最终"模型时可能需要注意的问题

1. 犯第 I 类和第 II 类错误的概率高

2. 没有高阶项或交互项

3. 模型中的无意义项

4. 忽略了与其他 x 交互作用的重要自变量

补充练习

6.1 **沙地中脚印的分析 .** 参见 *American Journal of Physical Anthropology*（April 2010）关于古生物学家和人类学家对灭绝物种脚印的研究，见练习 5.61. 回想一下，一组科学家利用人类受试者（16 名年轻人）在沙地上留下脚印. 研究的因变量是足跟深度 y（毫米），六个潜在的自变量为脚的质量（克）、腿的长度（米）、脚的类型（中性、扁平或高弓形）、速度（米 / 秒）、压力（牛 / 平方厘米）和冲量（牛·秒 / 厘米）. 对这六个变量进行逐步回归得到以下结果：

所选变量：压力和腿长
$R^2 = 0.771$
全局 F 检验的 p 值 < 0.001

（a）写出最终逐步回归模型的假设方程 .

（b）解释模型的 R^2 值 .

（c）检验最终逐步模型的整体效用 .

（d）为了得到最终的逐步模型，至少对单个 β 进行多少次 t 检验？

（e）根据你对（d）小题的回答，计算并描述在逐步分析过程中至少出现一个第 I 类错误的可能性 .

6.2 **教师薪酬和学生表现 .** 在 *Economic Policy*（January 2011）中，伦敦经济学院的研究人

员对教师薪酬与学生表现之间的关系进行了一项跨国分析.收集了 39 个国家的数据,用于建立 $y=$ 该国学生的平均标准化分数的模型.所考虑的自变量:$x_1=$ 国家教师总人数占该国劳动力的百分比,$x_2=$ 女性占国家教师总人数的百分比,$x_3=$ 国家学生教师比例,$x_4=$ 教师工作 15 年后的平均薪酬,$x_5=$ 每年平均教学时数,$x_6=$ 国家 GDP 增长率(%),$x_7=$ 国家每年教育支出,$x_8=$ 国家教师工作 15 年后薪酬的百分位数.考虑对数据进行逐步回归.

(a) 步骤 1 中模型的形式是什么?有多少模型被拟合?如何在这一步中选择"最佳"的自变量?

(b) 步骤 2 中模型的形式是什么?有多少模型被拟合?如何在这一步中选择"最佳"的自变量?

(c) 步骤 3 中模型的形式是什么?有多少模型被拟合?如何在这一步中选择"最佳"的自变量?

(d) x_3, x_4 和 x_6 变量被认为是预测 y 的最佳变量.你建议研究人员之后该如何研究?并解释原因.

6.3 风险管理绩效. *International Journal of Production Economics*(Vol. 171, 2016)上的一篇文章,调查与企业供应链风险管理绩效 y 有关的因素.考虑五个潜在的自变量(都是定量变量):(1)企业规模,(2)供应商导向,(3)供应商依赖,(4)客户导向,(5)系统采购.考虑进行逐步回归,来找到风险管理绩效的最佳预测因子子集.

(a) 在逐步回归的步骤 1 中,有多少个单变量模型被拟合?

(b) 假设步骤 1 选择了供应商导向.在逐步回归的步骤 2 中,有多少个双变量模型被拟合?

(c) 假设步骤 2 中选择了系统采购.在逐步回归的步骤 3 中,有多少个三变量模型被拟合?

(d) 假设步骤 3 中选择了客户导向.在逐步回归的步骤 4 中,有多少个四变量模型被拟合?

(e) 通过逐步回归的前 4 个步骤,确定进行 t 检验的总数.假设每个检验使用 $\alpha=0.05$ 的显著性水平,计算逐步回归中至少有一个第 I 类错误的概率估计.

6.4 软件工作量估计的准确性. 软件工程师必须定期提供他们在开发新软件时的工作量评估.在 *Journal of Empirical Software Engineering*(Vol. 9, 2004)中,使用多元回归来预测这些估计的准确性.在 $n=49$ 个软件开发任务的样本中,为每个任务确定了因变量 y,定义为估计工作量的相对误差,

$$y=(实际工作量-估计工作量)/(实际工作量)$$

采用逐步回归法对作为相对误差的潜在预测因子的 8 个自变量进行了估计.每个变量都被表示为一个虚拟变量,如下所示.

评估人员的公司角色:如果是开发人员,$x_1=1$;如果是项目负责人,$x_1=0$

任务复杂度:如果低,$x_2=1$;如果中/高,$x_2=0$

合同类型:如果是固定价格,$x_3=1$;如果是按小时收费,$x_3=0$

客户重要性:如果高,$x_4=1$;如果低/中,$x_4=0$

客户优先级:如果按时间交付,$x_5=1$;如果按成本或质量,$x_5=0$

知识水平：如果高，$x_6 = 1$；如果低/中，$x_6 = 0$

参与情况：如果评估人员参与工作，$x_7 = 1$；如果不参与，$x_7 = 0$

以前的准确率：如果准确率超过 20%，$x_8 = 1$；如果准确率低于 20%，$x_8 = 0$

（a）在逐步回归的步骤 1 中，有多少个不同的单变量模型拟合数据？

（b）在步骤 1 中，选择变量 x_1 作为"最佳"单变量预测. 这是如何确定的？

（c）在逐步回归的步骤 2 中，有多少个不同的双变量模型（其中 x_1 是变量之一）拟合数据？

（d）选择进入逐步回归模型的变量只有 x_1 和 x_8. 逐步回归得到如下预测方程：

$$\hat{y} = 0.12 - 0.28x_1 + 0.27x_8$$

分别解释 x_1 和 x_8 系数 β 的实际意义.

（e）为什么研究人员要谨慎使用（d）小题的模型作为预测 y 的最终模型？

6.5　快速公交研究. 在美国，快速公交（BRT）是一种发展快速的公共交通工具. 南佛罗里达大学城市交通研究中心（CUTR）在迈阿密对 BRT 用户进行了调查（*Transportation Research Board Annual Meeting*, January 2003）. 以 500 多名公交乘客为样本，收集了以下变量的数据（均采用 5 分制，1="非常不满意"，5="非常满意"）：BRT 总体满意度 y、公交车安全性 x_1、座位可用性 x_2、可靠性 x_3、出行时间 x_4、成本 x_5、资讯/地图 x_6、路线方便性 x_7、交通信号 x_8、公交站安全 x_9、服务时间 x_{10} 及服务频次 x_{11}. CUTR 分析人员使用逐步回归方法对总体满意度 y 进行建模.

（a）在逐步回归中的步骤 1 中有多少模型被拟合？

（b）在逐步回归中的步骤 2 中有多少模型被拟合？

（c）在逐步回归中的步骤 11 中有多少模型被拟合？

（d）逐步回归选取了 $x_{11}, x_4, x_2, x_7, x_{10}, x_1, x_9$ 和 x_3 八个变量纳入模型（按选择顺序）. 写出由逐步选择得到的 $E(y)$ 的方程.

（e）（d）小题模型得出 $R^2 = 0.677$，请加以解释.

（f）解释为什么 CUTR 分析师在得出 $E(y)$ "最佳"模型被找到的结论时应该谨慎.

6.6　钢合金的屈服强度. 佛罗里达大学的工业工程师使用回归模型作为工具来减少开发新金属合金的时间和成本（*Modelling and Simulation in Materials Science and Engineering*, Vol. 13, 2005）. 为了说明这一点，工程师们建立了一种新型钢合金的抗拉屈服强度 y 的回归模型. 潜在的重要屈服强度预测指标如下.

$x_1 =$ 碳含量（重量 %）

$x_2 =$ 锰含量（重量 %）

$x_3 =$ 铬含量（重量 %）

$x_4 =$ 镍含量（重量 %）

$x_5 =$ 钼含量（重量 %）

$x_6 =$ 铜含量（重量 %）

$x_7 =$ 氮含量（重量 %）

$x_8 =$ 钒含量（重量 %）

$x_9 = $ 板厚度（毫米）

$x_{10} = $ 溶液处理（毫升）

$x_{11} = $ 老化温度（℃）

（a）工程师们使用逐步回归，以便寻找一组简化的预测变量．你同意这个决定吗？请加以解释．

（b）逐步回归选取自变量 $x_1 = $ 碳含量， $x_2 = $ 锰含量， $x_3 = $ 铬含量， $x_5 = $ 钼含量， $x_6 = $ 铜含量， $x_8 = $ 钒含量， $x_9 = $ 板厚度， $x_{10} = $ 溶液处理， $x_{11} = $ 老化温度．根据这些信息，确定拟合逐步过程的一阶模型的总数．

（c）参照（b）小题，所有变量在逐步模型中均有统计显著性（ $R^2 = 0.94$ ）．因此，工程师们使用估计的逐步回归模型来预测屈服强度．你同意这个决定吗？并加以解释．

6.7　模拟海湾的海洋生物．美国环境保护署聘请了一位海洋生物学家来确定位于一个大海湾附近的特定发电厂的热水径流是否对该地区的海洋生物产生了不利影响．这位生物学家的目标是建立位于海湾某些指定区域或地点的海洋动物数量的预测方程．根据过去的经验，环境保护署认为下列环境因素是预测某一地点动物数量的因素：

$x_1 = $ 水温（TEMP）

$x_2 = $ 海水盐度（SAL）

$x_3 = $ 水中溶解的氧含量（DO）

$x_4 = $ 浊度指数，衡量水的浊度（TI）

$x_5 = $ 站内水深（ST_DEPTH）

$x_6 = $ 样本区域海草总重（TGRSWT）

作为构建该模型的最初步骤，生物学家使用逐步回归过程来确定这六个变量中最重要的变量．在海湾的不同观测站共采集了716个样本，测得的响应变量为 y ，即样本区域内海洋动物数量的对数．

（a）逐步回归选择三个变量： x_4, x_5 和 x_6 ．我们能假设海洋生物学家已经确定了所有重要的自变量来预测 y 吗？为什么？

（b）利用（a）小题中确定的变量，写出可用于预测 y 的具有交互作用的一阶模型．

（c）海洋生物学家如何确定（b）小题所述模型是否优于一阶模型呢？

（d）逐步模型的 R^2 值较低，为0.187．生物学家可能如何来改进这个模型呢？

💿 CLERICAL

6.8　员工的工作时间．在生产过程中一个或多个员工从事各种任务，工作总时间随工作内容的多少和不同工作活动的产出水平变化而变化．例如，在一个大城市的百货公司，员工每天工作的小时数 y 可能取决于以下变量：

$x_1 = $ 处理邮件数量（阅读、分类等）

$x_2 = $ 汇票和已售出的礼券数量

$x_3 = $ 已处理的窗口付款数（客户收费账户）

$x_4 = $ 已处理的更改订单事务数

$x_5 =$ 兑现支票的数目

$x_6 =$ 以"现有"方式处理的杂项邮件数

$x_7 =$ 公共汽车车票售出数

　　数据记录了 52 个工作日中每天以上活动的产出数量，并将保存在 CLERICAL 文件中．

(a) 利用现有统计软件包对数据进行逐步回归分析．

(b) 在逐步模型中解释 β 估计值．

(c) 从逐步模型中做出推断有何风险？

6.9　员工的工作时间（续）. 请参阅练习 6.8 中关于百货公司员工的工作内容和工作时间的数据．对于本练习，所有可能的回归选择过程中只考虑自变量 x_1, x_2, x_3 和 x_4．

(a) 如果模型包括（i）单变量，（ii）双变量，（iii）三个变量，（iv）四个变量，那么 $E(y)$ 可能有多少个模型？

(b) 对于（a）小题的每个情况，使用统计软件包找出最大 R^2，最小 MSE，最小 C_p 和最小 PRESS.

(c) 将（b）小题中的 R^2, MSE, C_p 和 PRESS 分别与子集模型中预测因子的数量 p 作图．

(d) 根据（c）小题中的图，你会选择哪些变量来预测总工作时间 y？

6.10　燃气轮机冷却方法. 参考 *Journal of Engineering for Gas Turbines and Power*（January 2005）中研究燃气轮机高压进气雾化方法．见练习 5.12. 用一些自变量来预测 67 台装有高压进气雾化器的燃气轮机的热耗率（千焦/千瓦时）．可用的自变量有发动机类型（traditional、advanced 和 aeroderivative），轴数，转速（每分钟转数），循环压力比，进气温度（℃），排气温度（℃），空气质量流量（千克/秒）和功率（马力⊖）．数据保存在 GASTURBINE 文件中．（下表列出了前五项和后五项观测结果．）

💿 **GASTURBINE（前五台和后五台燃气轮机的数据显示如下）**

发动机类型	轴数	转速	循环压力比	进气温度	排气温度	空气质量流量	功率	热耗率
Traditional	1	27 245	9.2	1 134	602	7	1 630	14 622
Traditional	1	14 000	12.2	950	446	15	2 726	13 196
Traditional	1	17 384	14.8	1 149	537	20	5 247	11 948
Traditional	1	11 085	11.8	1 024	478	27	6 726	11 289
Traditional	1	14 045	13.2	1 149	553	29	7 726	11 964
⋮	⋮	⋮	⋮	⋮	⋮	⋮	⋮	⋮
Aeroderiv	2	18 910	14.0	1 066	532	8	1 845	12 766
Aeroderiv	3	3 600	35.0	1 288	448	152	5 7930	8 714
Aeroderiv	3	3 600	20.0	1 160	456	84	25 600	9 469
Aeroderiv	2	16 000	10.6	1 232	560	14	3 815	11 948
Aeroderiv	1	14 600	13.4	1 077	536	20	4 942	12 414

资料来源：Bhargava, R., and Meher-Homji, C. B. "Parametric analysis of existing gas turbines with inlet evaporative and overspray fogging," *Journal of Engineering for Gas Turbines and Power*, Vol. 127, No. 1, Jan. 2005.

⊖　1 马力 ≈ 735.499 瓦 . ——编辑注

(a) 使用逐步回归（逐步选择）来寻找"最佳"的热耗率预测因子.

(b) 使用逐步回归（向后剔除）来寻找"最佳"的热耗率预测因子.

(c) 使用所有可能的回归选择方法来寻找"最佳"的热耗率预测因子.

(d) 比较（a）～（c）小题的结果，哪些自变量始终被选为"最佳"预测因子？

(e) 解释你将如何使用（a）～（c）小题的结果，来建立一个热耗率模型.

6.11 **井中的地下水污染.** 在新罕布什尔州，大约有一半的县强制要求使用重新配制的汽油. 这导致了地下水中甲基叔丁基醚 (MTBE) 污染的增加. *Environmental Science and Technology* (January 2005) 报告了新罕布什尔州 Private 和 Public 井中 MTBE 污染的相关因素. 收集了 223 口井的数据并保存在 MTBE 文件中.（下面的表格中列出了一些观察结果.）MTBE 水平（微克/升）的潜在预测因子的列表包括井的类别（Private 或 Public），含水层（Bedrock 或 Unconsol），pH 值（标准单位），井深（米），溶解氧量（毫克/升），井距离最近来源的距离（米），以及分配给工业的毗邻土地的百分比. 将变量筛选法应用到数据中，找出 MTBE 水平最佳预测因子的自变量子集.

MTBE（部分数据）

pH 值	溶解氧量	工业	井的类别	含水层	井深	距离	MTBE 水平
7.87	0.58	0.00	Private	Bedrock	60.960	2 386.29	0.20
8.63	0.84	0.00	Private	Bedrock	36.576	3 667.69	0.20
7.11	8.37	0.00	Private	Bedrock	152.400	2 324.15	0.20
8.08	0.71	4.21	Public	Bedrock	155.448	1 379.81	0.20
7.28	3.33	1.67	Public	Bedrock	60.960	891.93	0.36
6.31	3.07	0.00	Public	Unconsol	13.411	1 941.97	0.20
7.53	0.32	18.79	Public	Bedrock	121.920	65.93	15.61
7.45	0.17	21.36	Public	Bedrock	152.400	142.26	32.80

资料来源：Ayotte, J. D., Argue, D. M., and McGarry, F. J. "Methyl tert-butyl ether occurrence and related factors in public and private wells in southeast New Hampshire," *Environmental Science and Technology*, Vol. 39, No. 1, Jan. 2005. Reprinted with permission from *Environmental Science and Technology*.

6.12 **去世后的专辑销量.** 当一位流行音乐艺术家去世时，他的唱片销量往往会大幅增长. *Marketing Letters*(March 2016) 发表了一项关于去世后的宣传对专辑销量影响的研究. 每周收集 446 张自然死亡的艺术家专辑的以下数据：专辑宣传（以每周至少提及该专辑一次的印刷品总数来衡量），艺术家死亡状况（死亡前后）和专辑销售额（美元）. 假设你想要使用数据来建立一个关于专辑宣传和艺术家死亡状况的每周专辑销量额 y 的函数模型. 你是否建议使用逐步回归来寻找预测 y 的"最佳"模型？并加以解释. 如果不推荐，请阐述一个寻找最佳模型的策略.

参考文献

Kutner, M., Nachtsheim, C., Neter, J., and Li, W. *Applied Linear Statistical Models*, 5th ed. New York: McGraw-Hill/Irwin, 2005.

案例研究 3　解除对州内卡车运输业的管制

背景

我们用工程经济学中的一个实际研究案例来说明第 5 章和第 6 章中概述的建模技术. 考虑建立佛罗里达州汽车运输服务（如卡车运输）收费模型. 20 世纪 80 年代初, 几个州解除了对州内货运服务收费的监管限制（佛罗里达州是第一个在 1980 年 7 月 1 日实行解除管制的州）. 在此之前, 美国都由公共服务委员会审查批准, 以确定汽车运输服务价格表. 一旦获得批准, 各运输公司不得偏离这些官方费率. 本案例回归分析的目的有两个:（1）评估解除管制对佛罗里达州汽车运输服务收费价格的影响;（2）建立运输价格模型以预测未来价格.

数据

根据上述目的, 在解除管制前后从佛罗里达州内主要运输公司超过 27 000 次的运输中, 抽样采集了 $n = 134$ 个观测数据. 货物均是由某一特定的承运人运送, 其卡车的运出地均为杰克逊维尔或迈阿密. 研究的因变量是每吨英里收费价格（以 1980 年的美元计算）的自然对数 y. 表 CS3.1 列出并描述可用于预测 y 的自变量. 这些数据保存在 TRUCKING 文件中.

注意表 CS3.1 中的前三个变量是定量变量, 后四个变量是定性变量. 定性变量需要创建适当数量的虚拟变量: 1 个虚拟变量用于运出城市, 1 个用于市场规模, 1 个用于是否解除管制, 2 个用于产品分类. 而在本案例研究中, 目的是构建一个不区分产品类型的模型. 因此, 我们将不设置产品分类相应的虚拟变量.

💿 **TRUCKING**

表 CS3.1　预测卡车运输价格的自变量

变量名	描述
DISTANCE（距离）	行驶里程（百英里）
WEIGHT（重量）	运输产品重量（千磅）
PCTLOAD（卡车负载率）	卡车载重量的百分比
ORIGIN（运出地）	运出城市（杰克逊维尔或迈阿密）
MARKET（市场）	目的地市场规模（大或小）
DEREG（解除管制政策）	解除管制（是或否）
PRODUCT（产品）	产品分类（100, 150 或 200）——值大致相当于装运货物的价值与重量之比（更有价值的货物属于较高的类别）

变量筛选

找到 y 的最佳模型的策略之一是使用"逐步缩减"的方法，即从一个完整的二阶模型开始，进行检验以消除模型中在统计上没有意义的项. 然而，一个包含三个定量预测因子和三个 0-1 虚拟变量的完整二阶模型将包含 80 个项（请将此数字作为练习，进行计算复核）. 由于样本量仅为 $n=134$，故可用于拟合该模型的自由度太少. 因此，我们需要一个筛选程序来找出一个预测 y 的最佳自变量子集.

我们采用逐步回归（第 6 章）来获得运输价格自然对数的"最佳"预测因子. SAS 逐步回归输出结果，如图 CS3.1 所示. 通过分析，我们选择以下变量开始构建模型：

1. 运输距离（百英里）
2. 运输产品的重量（千磅）
3. 解除管制政策（是或否）
4. 运出地（迈阿密或杰克逊维尔）

Summary of Stepwise Selection								
Step	Variable Entered	Variable Removed	Number Vars In	Partial R-Square	Model R-Square	C(p)	F Value	Pr > F
1	DISTANCE		1	0.2969	0.2969	413.067	55.74	<.0001
2	DEREG_YES		2	0.3127	0.6096	173.560	104.91	<.0001
3	WEIGHT		3	0.1897	0.7993	29.0486	122.84	<.0001
4	ORIGIN_MIA		4	0.0362	0.8355	3.0693	28.40	<.0001

图 CS3.1　价格自然对数的部分 SAS 逐步回归输出结果

运输距离和产品重量是定量变量，所以分别假定它们的数值（单位分别为百英里和千磅）对应于一条直线上的点. 解除管制政策和运出地是定性或分类变量，我们必须用虚拟变量（或编码变量）来描述它们. 变量赋值如下：

$$x_1 = 运输距离$$
$$x_2 = 产品重量$$
$$x_3 = \begin{cases} 1, & 如果解除管制 \\ 0, & 如果没有解除管制 \end{cases}$$
$$x_4 = \begin{cases} 1, & 如果运出地为迈阿密 \\ 0, & 如果运出地为杰克逊维尔 \end{cases}$$

注意，在定义虚拟变量时，我们选择没有解除管制和杰克逊维尔分别作为解除管制政策和运出地的基准水平.

模型构建

我们通过指定四个模型开始模型构建过程. 这些模型命名为模型 1～模型 4，如表 CS3.2 所示. 注意：模型 1 是完整的二阶模型. 回顾 5.10 节，完整的二阶模型包含定量变量的二次项（曲率项）以及定量和定性变量之间的交互项. 对于卡车运输数据，模型 1 描绘了运输价

格自然对数 $E(y)$ 的抛物面，它是关于距离 x_1 和重量 x_2 的函数，针对解除管制政策 x_3 和运出地 x_4 的 $2 \times 2 = 4$ 个不同组合，响应面有所不同. 一般来说，开始构建模型选择完整的二阶模型相对合适，因为现实世界中的大多数关系都是曲线关系.（但是请记住，你必须有足够数量的数据点来找到模型中所有参数的估计值.）利用 SAS 软件将 TRUCKING 文件中的 134 个数据拟合模型 1. 结果如图 CS3.2 所示. 请注意，整体模型 F 检验的 p 值小于 0.000 1，这表明完整的二阶模型在预测卡车运输价格上具有统计显著性.

除了二次项（即 x_1^2 和 x_2^2 的项）被剔除，模型 2 包含模型 1 的所有项. 由于解除管制和运出地的不同组合，该模型具有四个不同的响应面，但这些响应面是扭曲的平面（见图 5.10），而不是抛物面. 通过模型 1 和模型 2 的直接比较，我们可以检验曲率项的重要性.

表 CS3.2　卡车运输价格自然对数的假设模型

模型1: $E(y) = \beta_0 + \beta_1 x_1 + \beta_2 x_2 + \beta_3 x_1 x_2 + \beta_4 x_1^2 + \beta_5 x_2^2 + \beta_6 x_3 + \beta_7 x_4 + \beta_8 x_3 x_4 + \beta_9 x_1 x_3 + \beta_{10} x_1 x_4 + \beta_{11} x_1 x_3 x_4 + \beta_{12} x_2 x_3 + \beta_{13} x_2 x_4 +$
$\beta_{14} x_2 x_3 x_4 + \beta_{15} x_1 x_2 x_3 + \beta_{16} x_1 x_2 x_4 + \beta_{17} x_1 x_2 x_3 x_4 + \beta_{18} x_1^2 x_3 + \beta_{19} x_1^2 x_4 + \beta_{20} x_1^2 x_3 x_4 + \beta_{21} x_2^2 x_3 + \beta_{22} x_2^2 x_4 + \beta_{23} x_2^2 x_3 x_4$

模型2: $E(y) = \beta_0 + \beta_1 x_1 + \beta_2 x_2 + \beta_3 x_1 x_2 + \beta_6 x_3 + \beta_7 x_4 + \beta_8 x_3 x_4 + \beta_9 x_1 x_3 + \beta_{10} x_1 x_4 +$
$\beta_{11} x_1 x_3 x_4 + \beta_{12} x_2 x_3 + \beta_{13} x_2 x_4 + \beta_{14} x_2 x_3 x_4 + \beta_{15} x_1 x_2 x_3 + \beta_{16} x_1 x_2 x_4 + \beta_{17} x_1 x_2 x_3 x_4$

模型3: $E(y) = \beta_0 + \beta_1 x_1 + \beta_2 x_2 + \beta_3 x_1 x_2 + \beta_4 x_1^2 + \beta_5 x_2^2 + \beta_6 x_3 + \beta_7 x_4 + \beta_8 x_3 x_4$

模型4: $E(y) = \beta_0 + \beta_1 x_1 + \beta_2 x_2 + \beta_3 x_1 x_2 + \beta_4 x_1^2 + \beta_5 x_2^2 + \beta_6 x_3 + \beta_7 x_4 + \beta_8 x_3 x_4 + \beta_9 x_1 x_3 + \beta_{10} x_1 x_4 +$
$\beta_{11} x_1 x_3 x_4 + \beta_{12} x_2 x_3 + \beta_{13} x_2 x_4 + \beta_{14} x_2 x_3 x_4 + \beta_{15} x_1 x_2 x_3 + \beta_{16} x_1 x_2 x_4 + \beta_{17} x_1 x_2 x_3 x_4$

模型5: $E(y) = \beta_0 + \beta_1 x_1 + \beta_2 x_2 + \beta_3 x_1 x_2 + \beta_4 x_1^2 + \beta_5 x_2^2 + \beta_6 x_3 + \beta_9 x_1 x_3 + \beta_{12} x_2 x_3 + \beta_{15} x_1 x_2 x_3$

模型6: $E(y) = \beta_0 + \beta_1 x_1 + \beta_2 x_2 + \beta_3 x_1 x_2 + \beta_4 x_1^2 + \beta_5 x_2^2 + \beta_7 x_4 + \beta_{10} x_1 x_4 + \beta_{13} x_2 x_4 + \beta_{16} x_1 x_2 x_4$

模型7: $E(y) = \beta_0 + \beta_1 x_1 + \beta_2 x_2 + \beta_3 x_1 x_2 + \beta_4 x_1^2 + \beta_5 x_2^2 + \beta_6 x_3 + \beta_7 x_4 +$
$\beta_9 x_1 x_3 + \beta_{10} x_1 x_4 + \beta_{12} x_2 x_3 + \beta_{13} x_2 x_4 + \beta_{15} x_1 x_2 x_3 + \beta_{16} x_1 x_2 x_4$

除省略了定量与定性变量间的交互项外，模型 3 包含了模型 1 的所有项. 对应于解除管制和运出地的四个组合，该模型提出了仅 y 轴截距不同的四个曲线抛物面. 通过直接比较模型 1 和模型 3，我们可以检验所有定量与定性变量间交互项的重要性.

模型 4 相对于模型 1，去除了二次项与两个定性变量（解除管制 x_3 和运出地 x_4）之间的交互项. 虽然曲率包含在这个模型中，但是距离 x_1 和重量 x_2 的曲率项对于所有不同的解除管制和运出地组合都是相同的.

图 CS3.3 显示了上述段落中描述的嵌套模型 F 检验的结果. 每项检验结果总结如下.

所有二次项的显著性检验（模型 1 和模型 2）

$$H_0: \ \beta_4 = \beta_5 = \beta_{18} = \beta_{19} = \beta_{20} = \beta_{21} = \beta_{22} = \beta_{23} = 0$$

$$H_a: \ 模型 1 中至少有一个二次项的系数 \beta 不等于 0$$

$$F = 13.61, \ p 值 < 0.000 1 （图 CS3.3 顶部阴影部分）$$

结论：有足够的证据显示 $(\alpha = 0.01)$ $E(y)$ 与距离 x_1 和重量 x_2 之间存在曲率关系. 模型 1 在统计上比模型 2 能更好地预测卡车运输价格.

所有定量和定性变量交互项的显著性检验（模型 1 和模型 3）

$$H_0: \ \beta_9 = \beta_{10} = \beta_{11} = \beta_{12} = \beta_{13} = \beta_{14} = \beta_{15} = \beta_{16} = \beta_{17} = \beta_{18} = \beta_{19} = \beta_{20} = \beta_{21} = \beta_{22} = \beta_{23} = 0$$

H_a：模型 1 中至少有一个定量和定性变量交互项的系数 β 不等于 0

$F = 4.60$，p 值 $< 0.000\,1$（图 CS3.3 中间阴影部分）

结论：有充分的证据表明（$\alpha = 0.01$）定量变量（距离 x_1 和重量 x_2）和定性变量（解除管制 x_3 和运出地 x_4）之间存在交互作用．模型 1 比模型 3 在统计上能更好地预测卡车运输价格．

Dependent Variable: LNPRICE

Number of Observations Read	134
Number of Observations Used	134

Analysis of Variance

Source	DF	Sum of Squares	Mean Square	F Value	Pr > F
Model	23	83.90850	3.64820	65.59	<.0001
Error	110	6.11863	0.05562		
Corrected Total	133	90.02713			

Root MSE	0.23585	R-Square	0.9320
Dependent Mean	10.57621	Adj R-Sq	0.9178
Coeff Var	2.22998		

Parameter Estimates

Variable	DF	Parameter Estimate	Standard Error	t Value	Pr > |t|
Intercept	1	12.51588	0.95441	13.11	<.0001
X1	1	-0.89919	0.73410	-1.22	0.2232
X2	1	0.02421	0.02886	0.84	0.4034
X1X2	1	-0.02071	0.00673	-3.08	0.0026
X1SQ	1	0.15144	0.13456	1.13	0.2628
X2SQ	1	-0.00010201	0.00076963	-0.13	0.8948
X3	1	-1.12643	1.49105	-0.76	0.4516
X4	1	0.27615	0.96332	0.29	0.7749
X3X4	1	0.49694	1.50290	0.33	0.7415
X1X3	1	0.48195	1.15882	0.42	0.6783
X1X4	1	0.06955	0.73882	0.09	0.9252
X1X3X4	1	-0.54027	1.16440	-0.46	0.6436
X2X3	1	-0.09486	0.04477	-2.12	0.0363
X2X4	1	-0.05261	0.03528	-1.49	0.1388
X2X3X4	1	0.06825	0.05220	1.31	0.1938
X1X2X3	1	0.02207	0.01078	2.05	0.0429
X1X2X4	1	0.02355	0.00709	3.32	0.0012
X1X2X3X4	1	-0.02693	0.01127	-2.39	0.0185
X1SQX3	1	-0.11671	0.21918	-0.53	0.5955
X1SQX4	1	-0.07275	0.13510	-0.54	0.5913
X1SQX3X4	1	0.13421	0.21984	0.61	0.5428
X2SQX3	1	0.00043775	0.00119	0.37	0.7126
X2SQX4	1	0.00011084	0.00107	0.10	0.9175
X2SQX3X4	1	-0.00027609	0.00157	-0.18	0.8608

图 CS3.2　关于模型 1 的 SAS 回归输出结果

Test QUADRATIC Results for Dependent Variable LNPRICE

Source	DF	Mean Square	F Value	Pr > F
Numerator	8	0.75722	13.61	<.0001
Denominator	110	0.05562		

Test QN_QL_INTERACT Results for Dependent Variable LNPRICE

Source	DF	Mean Square	F Value	Pr > F
Numerator	15	0.25574	4.60	<.0001
Denominator	110	0.05562		

Test QL_QUAD_INTERACT Results for Dependent Variable LNPRICE

Source	DF	Mean Square	F Value	Pr > F
Numerator	6	0.01406	0.25	0.9572
Denominator	110	0.05562		

图 CS3.3　模型 1 中的 SAS 嵌套模型 F 检验

定性变量与二次项的交互项的显著性检验（模型 1 和模型 4）

H_0：$\beta_{18} = \beta_{19} = \beta_{20} = \beta_{21} = \beta_{22} = \beta_{23} = 0$

H_a：模型 1 中至少有一个定性变量与二次项的交互项系数 β 不等于 0

$F = 0.25$，p 值 $= 0.957\,2$（图 CS3.3 底部阴影部分）

结论：没有足够的证据（$\alpha = 0.01$）说明距离 x_1 和重量 x_2 的二次项与定性变量解除管制 x_3 和运出地 x_4 之间存在交互作用．由于这些项在统计上并不显著，我们将从模型 1 中剔除

这些项，并得出结论，即模型 4 是预测卡车运输价格的更好统计模型.[⊖]

　　基于三个嵌套模型 F 检验，我们发现模型 4 是前四个模型中的"最佳模型".模型 4 的 SAS 回归输出结果如图 CS3.4 所示.查看全局 F 检验的结果（p 值小于 0.000 1），可以得出整体模型在预测卡车运输价格方面具有统计显著性.此外，$R_a^2 = 0.9210$ 表明卡车运输价格自然对数中约 92% 的样本变化可以用该模型加以解释.虽然这个模型的统计数据令人印象深刻，但也许我们能够找到一个相对更简单并且拟合数据效果好的模型.

　　表 CS3.2 列出了另外三个模型.模型 5 剔除了模型 4 中所有与定性变量运出地 x_4 有关的项.通过比较模型 4 和模型 5，我们可以确定运出地是否真的对卡车运输价格有影响.同样地，模型 6 剔除了模型 4 中所有与定性变量解除管制 x_3 有关的项.通过比较模型 4 和模型 6，我们可以确定解除管制是否会对卡车运输价格产生影响.最后，我们提出了模型 7，该模型通过剔除模型 4 中所有定性与定性变量间的交互项得到.将模型 4 与模型 7 进行比较，可以看出解除管制和运出地是否存在交互作用，进而判断是否影响卡车运输价格的自然对数.

　　图 CS3.5 显示了上述嵌套模型 F 检验的结果.下面是这些检验的总结.

Dependent Variable: LNPRICE					
Number of Observations Read		134			
Number of Observations Used		134			

Analysis of Variance					
Source	DF	Sum of Squares	Mean Square	F Value	Pr > F
Model	17	83.82412	4.93083	92.21	<.0001
Error	116	6.20301	0.05347		
Corrected Total	133	90.02713			

Root MSE	0.23124	R-Square	0.9311	
Dependent Mean	10.57621	Adj R-Sq	0.9210	
Coeff Var	2.18646			

Parameter Estimates					
Variable	DF	Parameter Estimate	Standard Error	t Value	Pr > |t|
Intercept	1	12.08482	0.25871	46.71	<.0001
X1	1	−0.55296	0.09648	−5.73	<.0001
X2	1	0.01889	0.02120	0.89	0.3748
X1X2	1	−0.02041	0.00649	−3.15	0.0021
X1SQ	1	0.08738	0.00827	10.56	<.0001
X2SQ	1	0.00008196	0.00037354	0.22	0.8267
X3	1	−0.38517	0.40010	−0.96	0.3377
X4	1	0.76036	0.27135	2.80	0.0060
X3X4	1	−0.35293	0.42661	−0.83	0.4098
X1X3	1	−0.13159	0.14172	−0.93	0.3551
X1X4	1	−0.33372	0.08995	−3.71	0.0003
X1X3X4	1	0.18209	0.14746	1.23	0.2194
X2X3	1	−0.08258	0.02956	−2.79	0.0061
X2X4	1	−0.04830	0.02049	−2.36	0.0201
X2X3X4	1	0.05936	0.03217	1.85	0.0675
X1X2X3	1	0.02136	0.01043	2.05	0.0428
X1X2X4	1	0.02319	0.00685	3.39	0.0010
X1X2X3X4	1	−0.02600	0.01090	−2.39	0.0186

图 CS3.4　模型 4 的 SAS 回归输出结果

⊖ 从模型中删除项总是有风险的.从本质上讲，$P($犯第 Ⅱ 类错误$)=P($ 当 H_0 为假｜接受 $H_0)=\beta$ 是未知的，我们接受 H_0：$\beta_{18} = \beta_{19} = \beta_{20} = \cdots = \beta_{23} = 0$ 时.然而在实践中，当更简单的模型能加以预测（而且更容易应用和解释）时，许多研究人员宁愿冒犯第 Ⅱ 类错误的风险，也不使用 $E(y)$ 的复杂模型.注意，我们已使用相对大量的数据（$n=134$）来拟合我们的模型，并且实际上模型 4 的 R_a^2 比模型 1 的 R_a^2 大.即使二次交互项很重要（即我们犯了第 Ⅱ 类错误），在使用模型 4 时的解释可变性方面损失也很小.

Test ORIGIN Results for Dependent Variable LNPRICE				
Source	DF	Mean Square	F Value	Pr > F
Numerator	8	0.18987	3.55	0.0010
Denominator	116	0.05347		

Test DEREG Results for Dependent Variable LNPRICE				
Source	DF	Mean Square	F Value	Pr > F
Numerator	8	4.03415	75.44	< 0001
Denominator	116	0.05347		

Test ORG_DEREG_INTERACTION Results for Dependent Variable LNPRICE				
Source	DF	Mean Square	F Value	Pr > F
Numerator	4	0.11366	2.13	0.0820
Denominator	116	0.05347		

图 CS3.5　模型 4 的 SAS 嵌套模型 F 检验

所有包含运出地变量项的显著性检验（模型 4 和模型 5）

$$H_0：\quad \beta_7 = \beta_8 = \beta_{10} = \beta_{11} = \beta_{13} = \beta_{14} = \beta_{16} = \beta_{17} = 0$$

$H_a：$ 模型 4 中所有包含运出地变量项的系数 β 至少有一个不等于 0

$F = 3.55$，p 值 $= 0.001$（图 CS3.5 顶部阴影部分）

　　结论：有足够的证据 $(\alpha = 0.01)$ 表明，运出地 x_4 会影响运输价格．模型 4 在统计上比模型 5 更能预测卡车运输价格．

所有包含解除管制变量项的显著性检验（模型 4 和模型 6）

$$H_0：\quad \beta_6 = \beta_8 = \beta_9 = \beta_{11} = \beta_{12} = \beta_{14} = \beta_{15} = \beta_{17} = 0$$

$H_a：$ 模型 4 中所有包含解除管制变量项的系数 β 至少有一个不等于 0

$F = 75.44$，p 值 $< 0.000\,1$（图 CS3.5 中间阴影部分）

　　结论：有足够的证据 $(\alpha = 0.01)$ 表明，解除管制 x_3 会影响运输价格．模型 4 在统计上比模型 6 更能预测卡车运输价格．

所有包含解除管制与运出地的交互项的显著性检验（模型 4 和模型 7）

$$H_0：\quad \beta_8 = \beta_{11} = \beta_{14} = \beta_{17} = 0$$

$H_a：$ 模型 4 中所有定性与定性的交互项的系数 β 至少有一个不等于 0

$F = 2.13$，p 值 $= 0.082\,0$（图 CS3.5 底部阴影部分）

　　结论：没有足够的证据 $(\alpha = 0.01)$ 表明解除管制 x_3 和运出地 x_4 间存在交互作用．因此，我们将从模型 4 中剔除这些交互项，并得出结论，模型 7 在统计上能够更好地预测卡车运输价格．

　　综上所述，嵌套模型 F 检验表明，模型 7 是对卡车运输价格自然对数建模的最佳模型．模型 7 的 SAS 回归输出结果，如图 CS3.6 所示．用于预测卡车运输价格的 β 估计值在输出结果中高亮显示．

　　注意：正如对单个参数 β 进行 t 检验一样，应避免进行过多的部分 F 检验．无论何种检验类型（t 检验或 F 检验），执行的检验越多，整体第 I 类错误率越高．在实践中，你应该限制提出的 $E(y)$ 模型的数量，以便执行部分 F 检验的整体第 I 类错误率 α 保持在合理的较小范围内．⊖

⊖ Bonferroni 提出的一种技术通常被用于保持对整体第 I 类错误率 α 的控制．如果要进行 c 个检验，则在显著性水平 α/c 下进行每个单独的检验．这将保证整体第 I 类错误率小于或等于 α. 例如，在 0.05/5=0.01 显著性水平下进行 $c = 5$ 个检验，可以保证总体 $\alpha \leqslant 0.05$.

Dependent Variable: LNPRICE

Number of Observations Read	134
Number of Observations Used	134

Analysis of Variance

Source	DF	Sum of Squares	Mean Square	F Value	Pr > F
Model	13	83.36947	6.41304	115.59	<.0001
Error	120	6.65767	0.05548		
Corrected Total	133	90.02713			

Root MSE	0.23554	R-Square	0.9260
Dependent Mean	10.57621	Adj R-Sq	0.9180
Coeff Var	2.22710		

Parameter Estimates

Variable	DF	Parameter Estimate	Standard Error	t Value	Pr > |t|
Intercept	1	12.19144	0.21583	56.49	<.0001
X1	1	-0.59798	0.08425	-7.10	<.0001
X2	1	-0.00598	0.01857	-0.32	0.7482
X1X2	1	-0.01078	0.00530	-2.03	0.0442
X1SQ	1	0.08575	0.00834	10.28	<.0001
X2SQ	1	0.00014202	0.00037728	0.38	0.7073
X3	1	-0.78189	0.12900	-6.06	<.0001
X4	1	0.67680	0.21035	3.22	0.0017
X1X3	1	0.03990	0.03999	1.00	0.3204
X1X4	1	-0.27464	0.07267	-3.78	0.0002
X2X3	1	-0.02094	0.01045	-2.00	0.0472
X2X4	1	-0.02620	0.01610	-1.63	0.1063
X1X2X3	1	-0.00332	0.00303	-1.09	0.2758
X1X2X4	1	0.01298	0.00544	2.39	0.0186

图 CS3.6　模型 7 的 SAS 回归输出结果

解除管制的影响

除了利用模型估计并预测运输价格，回归分析的另一个目标是评估解除管制对卡车运输价格的影响. 为此，我们研究了模型 7 中的 β 估计值，特别是与解除管制虚拟变量 x_3 有关的 β 值. 根据图 CS3.6，预测方程为

$$\hat{y} = 12.192 - 0.598x_1 - 0.005\,98x_2 - 0.010\,78x_1x_2 + 0.086x_1^2 + 0.000\,14x_2^2 +$$
$$0.677x_4 - 0.275x_1x_4 - 0.026x_2x_4 + 0.013x_1x_2x_4 -$$
$$0.782x_3 + 0.039\,9x_1x_3 - 0.021x_2x_3 - 0.003\,3x_1x_2x_3$$

注意，方程中的项被重新排列，以便在等式的末尾将与解除管制变量相关的 β 显示在一起. 由于存在一些交互作用，简单地检查 β 估计值的符号可能会混淆，并导致错误的结论.

评估解除管制影响的方法之一是保持模型中除一个自变量外的其他所有变量不变. 例如，假设我们将货物的重量定在 15 000 磅，并且只考虑来自杰克逊维尔的货物（即令 $x_2 = 15$ 和 $x_4 = 0$），将这些值代入预测方程，并合并同类项可得

$$\hat{y} = 12.192 - 0.598x_1 - 0.005\,98(15) - 0.010\,78x_1(15) + 0.086x_1^2 + 0.000\,14(15)^2 +$$
$$0.677(0) - 0.275x_1(0) - 0.026(15)(0) + 0.013x_1(15)(0) -$$
$$0.782x_3 + 0.039\,9x_1x_3 - 0.021(15)x_3 - 0.003\,3x_1(15)x_3$$
$$= 12.134 - 0.760x_1 + 0.086x_1^2 - 1.097x_3 - 0.009\,6x_1x_3$$

要检查解除管制对对数价格 y 与运输距离 x_1 之间估计曲线的影响，请比较 $x_3 = 0$（受管制）和 $x_3 = 1$（解除管制）时的预测方程．

受管制 $(x_3 = 0)$：$\hat{y} = 12.134 - 0.760x_1 + 0.086x_1^2 - 1.097(0) - 0.009\,6x_1(0)$
$$= 12.134 - 0.760x_1 + 0.086x_1^2$$

解除管制 $(x_3 = 1)$：$\hat{y} = 12.134 - 0.760x_1 + 0.086x_1^2 - 1.097(1) - 0.009\,6x_1(1)$
$$= 11.037 - 0.769\,6x_1 + 0.086x_1^2$$

注意，受管制的价格预测方程 y 轴截距（12.134）大于解除管制时的 y 轴截距（11.037），即方程有相同的曲率，但位移参数估计值不同．

上述预测方程在图 CS3.7 的 MINITAB 散点图中得到了图形化呈现．该图清楚地显示了解除管制对承运人从杰克逊维尔运出 15 000 磅货物时所收取价格的影响．正如经济学理论所预期的那样，受管制价格的曲线高于解除管制价格的曲线．

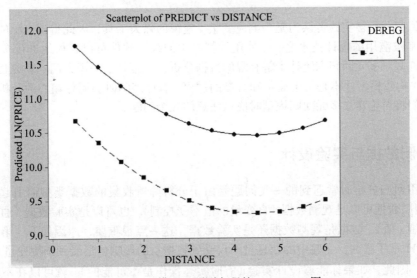

图 CS3.7　模型 7 预测方程的 MINITAB 图

后续思考

1. 在图 CS3.7 中，给出任意给定距离的受管制预测价格和解除管制预测价格之间的差异表达式（用模型 7 中的估计 β 表示）．

2. 以类似该案例研究的方式，用模型 7 中的估计 β 来证明，当运出地为迈阿密，重量为 10 000 磅时，解除管制对价格的影响．

💿 **TRUCKING4**

3. 数据文件 TRUCKING4 包含了佛罗里达四家运输公司（A、B、C 和 D）卡车运输价格的数据．这些运输公司由变量 CARRIER 表示（注：案例中所研究分析的运输公司是 B）．以模型 7 为基础模型，添加项来表示四个不同运输公司的响应曲线，进行适当的检验以确定曲线是否不同．

第7章 一些回归陷阱

目标：

1. 识别构建响应变量 y 的模型时可能遇到的几个潜在问题．
2. 识别上述问题何时会存在，从而避免多元回归分析的一些"陷阱"．

7.1 引言

多元回归分析被实践者认为是为响应变量 y 建模的强大工具，因此得到广泛的应用．但它也是最常被滥用的统计技术之一．使用计算机中的统计软件可以轻松地进行多元回归分析，这为许多对多元回归和统计了解有限的数据分析人员打开了一扇大门．事实上，为某些响应变量 y 构建模型并不是一个简单和直接的过程．有许多陷阱会困住粗心的分析师．在本章中，我们将讨论建立多元回归模型时应该注意的几个问题．

7.2 观测数据与实验设计

在使用回归分析时常遇到的一类问题是由于分析师所收集的数据类型而引起的．回顾2.4节，回归数据可以是观测数据（自变量的值不受控制），也可以是实验数据（通过设计实验从而控制 x 值）．数据是观测数据还是实验数据，这一点很重要，原因如下：第一，正如你会在第 11 章了解的，实验中的信息量不仅受到数据量的影响，还受到预测变量 x_1, x_2, $\cdots$, x_k 的影响．因此，如果你能够设计实验（有时实际操作是不可能的），就可以在不增加额外成本的情况下大幅增加数据中的信息量．

第二，观测数据的使用会产生**随机化**的问题．当一个实验被设计出来，我们已经决定了要使用的自变量的各种设置，然后实验单位被随机分配，使每个自变量的组合都有相同的机会接收到读数异常高（或低）的实验单位．（我们会在第 12 章中阐述这种随机化方法．）这种方法倾向于平均实验单位内的任何变化．结果是，如果两个样本均值之间的差异具有统计显著性，那么可以推断（当第 I 类错误概率等于 α 时）总体均值不同．但更重要的是，你可以推断出这种差异是由于所设置的预测变量，而导致两个总体不同．因此，你可以推断出因果关系．

而如果数据是观测数据，那么响应变量 y 和预测变量 x 之间的统计显著关系并不意味着因果关系．它仅仅意味着 x 为预测 y 提供了信息．下面的例子将很好地说明这一点．

例 7.1 *USA Today* (April 16, 2002) 上发表了一篇文章，题为"怀孕期间吸食可卡因与发育问题的关系"．这篇文章报道了一项研究人员对俄亥俄州出生的两组婴儿进行智商测试的研究结果，其中218名婴儿的母亲承认在怀孕期间接触了可卡因，197名婴儿的母亲未接触可卡因．参与研究的母亲（和她们的婴儿）都是志愿者．每一组中约80%的母亲是少数族裔，两组女性分别使用了各种合法（如酒精）和非法（如大麻）的物质．研究人员发现，"在怀孕期间母亲吸食可卡因的婴儿在早期智力测试中的得分，相对低于那些没有接触过毒品的婴儿得分"．研究中测量了两个变量，即2岁时的智商 y 和怀孕期间是否吸食可卡因 x（如果母亲承认在怀孕期间吸食可卡因，$x=1$；如果没有吸食，$x=0$），发现它们呈负相关．虽然这段引文没有使用"原因"这个词，但从一般读者的理解角度，会以为怀孕期间吸食可卡因将导致婴儿智商较低．

（a）收集的数据是观测数据还是实验数据？

（b）指出研究中的缺陷．

解（a）母亲（及其婴儿）是研究中的实验单位．由于没有试图控制怀孕期间可卡因的使用 x，因此这些数据是观测数据．

（b）这项研究的缺陷是显而易见的．首先，认为响应变量 y（婴儿2岁时的智商）只与一个变量 x（怀孕期间是否使用可卡因）有关．其次，由于参与研究的母亲并不是随机分配到这两组中的任意一组，显然这也是一项不可能完成的任务，所以一种真实的可能性是，智商较低或社会经济地位较低的母亲往往属于可卡因使用组．换句话说，或许这项研究只能表明，来自社会经济地位较低的总体中的母亲更有可能生下智商较低的孩子，因为她们可能无法提供像更幸运的孩子那样的日常照料和养育．此外，研究中的许多婴儿都是早产儿，早产也是一种已知的阻碍婴儿发育的因素．根据这项研究中收集到的观测数据，我们不可能确定是怀孕期间使用可卡因，还是社会经济地位、早产等导致了婴儿智商低下．这是此例题观测实验研究中的主要缺陷．∎

例7.2 一项在 *American Heart Association Conference*（November 2005）上提出的研究，用以评估动物辅助治疗是否能改善心衰患者的生理反应．在这项研究中，76名心脏病患者被随机分为三组．T组的每名患者都由一名志愿者在一只受过训练的狗的陪伴下探望；V组的每名患者仅由一名志愿者探望；而C组的患者则完全没有被探望．每名患者的焦虑水平在探望前和探望后都会被测量（评分）．研究人员发现T、V和C三组患者的焦虑水平样本均值分别下降了10.5、3.9和1.4.

（a）建立一个焦虑水平平均下降 $E(y)$ 关于不同患者组的回归函数模型．

（b）使用研究结果估计模型中的 β 值．

（c）研究所收集的数据是观测数据还是实验数据．

（d）如果发现焦虑水平平均下降的差异具有统计显著性，研究人员能否得出结论，动物辅助治疗是改善心衰患者生理反应的一种有希望的治疗方法？

解（a）由于本研究中的自变量患者组是定性变量，有三个水平（T、V和C），因此我们创建了两个虚拟变量：

$$x_1 = \{1, \text{如果是T组}; 0, \text{如果不是}\}$$
$$x_2 = \{1, \text{如果是V组}; 0, \text{如果不是}\}(\text{基准水平} = \text{C组})$$

则模型为

$$E(y) = \beta_0 + \beta_1 x_1 + \beta_2 x_2$$

（b）令 μ_j 代表 j 组患者的 $E(y)$. 对于具有虚拟变量的模型，（在 5.7 节中）我们知道

$$\beta_0 = \mu_C \ （基准水平C组的焦虑平均下降值）$$
$$\beta_1 = \mu_T - \mu_C \ （T组和C组平均下降值的差异）$$
$$\beta_2 = \mu_V - \mu_C \ （V组和C组平均下降值的差异）$$

由于焦虑水平的样本均值下降量为 $\bar{y}_T = 10.5$ ， $\bar{y}_V = 3.9$ 和 $\bar{y}_C = 1.4$ ， β 的估计值为

$$\hat{\beta}_0 = \bar{y}_C = 1.4$$
$$\hat{\beta}_1 = \bar{y}_T - \bar{y}_C = 10.5 - 1.4 = 9.1$$
$$\hat{\beta}_2 = \bar{y}_V - \bar{y}_C = 3.9 - 1.4 = 2.5$$

（c）显然，模型中自变量（患者组）的值是由研究人员控制的. 研究中的每个实验单位（心脏病患者）被随机分配到 T、V 和 C 三组中的任意一组. 因此，这些数据是实验数据.

（d）由于患者被随机分为三组，因此动物辅助治疗组 (T) 患者之前的焦虑水平值可能与其他两组患者的焦虑水平值大致相同. 换句话说，随机化很可能消除这三组患者被探望前的平均焦虑水平的任何内在差异. 此外，如果随机分组后确实存在内在差异，研究人员将探望后焦虑水平的"下降"作为因变量 y 来解释这些差异. 因此，如果研究人员发现两组患者焦虑水平的平均下降值在统计上存在显著差异，那么这种差异很可能是由于每组患者接受的探望类型不同造成的. 事实上，估计值 $\beta_1 = \mu_T - \mu_C$ 被发现是正值，且在统计上不等于 0. 这使得研究人员得出结论，动物辅助治疗是一种有希望改善心衰患者生理反应的治疗方法. ■

上述例题有两个要点. 如果能在实验中控制自变量的值，那么这样做是值得的. 如果不能控制，你仍然可以从回归分析中了解响应变量 y 和一组预测因子之间的关系. 具体来说，提供一个与数据拟合非常好的预测方程几乎总是有用的. 然而，**在观测数据研究中，你必须小心地推断响应变量和预测因子之间的因果关系**.

> **警告**：根据观测数据，响应变量 y 和预测变量 x 之间在统计上的显著关系，并不一定意味着因果关系.

即使回归分析的大部分应用都将涉及观测数据，学习实验设计也还是有用的. 学习如何设计实验和控制数据中的信息将提高评估观测数据质量的能力. 我们会在第 11 章中介绍实验设计，并在第 12 章中介绍分析设计实验中数据的方法.

7.3 参数估计与解释

假设我们想要拟合一阶模型

$$E(y) = \beta_0 + \beta_1 x$$

将残疾儿童的创造力得分 y 与灵活性得分 x 联系起来. 现在，假设我们收集了三个残疾儿童

的数据，每个儿童的灵活性得分为 5，数据如图 7.1 所示．你可以发现这样一个问题：当所有数据都集中在一个 x 值时，无法估计出直线模型的参数．回想一下，往往都是用两个点（x 值）来拟合直线的．因此，当只观测到一个 x 值时，参数将不可估计．

如果我们试图拟合二阶模型

$$E(y) = \beta_0 + \beta_1 x + \beta_2 x^2$$

对于一组只观测到一个或两个不同 x 值的数据（见图 7.2），也会出现类似的问题．在对一组数据拟合二阶模型之前（即在所有三个参数可估计之前），必须至少观测到三个不同的 x 值．一般来说，一个定量自变量 x 的水平数必须至少比想要拟合的多项式中 x 的阶数多一个．如果 x 的两个值太接近，可能也无法估计参数值，因为在拟合模型时会遇到舍入误差．注意，样本量 n 必须足够大，以便估计 σ^2 的自由度，$\mathrm{df}_{(\text{误差})} = n - (k+1)$ 大于 0．换句话说，n 必须超过模型中参数 β 的个数，即 $k+1$ 个．下框中显示了拟合 p 阶多项式回归模型的要求．

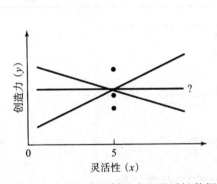

图 7.1　三个儿童的创造力和灵活性数据

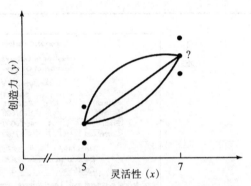

图 7.2　仅观测到两个不同的 x 值，二阶模型
参数不可估计

拟合 p 阶多项式回归模型的要求

$$E(y) = \beta_0 + \beta_1 x + \beta_2 x^2 + \cdots + \beta_p x^p$$

1. x 的水平数必须大于或等于 $(p+1)$．
2. 样本量 n 必须大于 $(p+1)$，以便有足够的自由度来估计 σ^2．

大多数变量不受研究人员的控制，但自变量通常在足够数量的不同水平上被观察到，以便对模型的参数进行估计．然而，当你使用的统计软件无法拟合模型时，可能是因为无法估计参数值．下一个例子将演示这个缺陷．

例 7.3　在例 5.10 中，我们研究了发动机性能 y（测量曲柄每转一度时的质量燃烧率）关于两个定性预测因子的函数模型：燃料类型含三个水平（F_1, F_2 和 F_3），发动机品牌含两个水平（B_1 和 B_2）．考虑交互模型

$$E(y) = \beta_0 + \beta_1 x_1 + \beta_2 x_2 + \beta_3 x_3 + \beta_4 x_1 x_3 + \beta_5 x_2 x_3$$

其中，$x_1 = \{1$，如果是 F_1；0，如果不是 $\}$，$x_2 = \{1$，如果是 F_2；0，如果不是 $\}$，（基准水平 =

F_3), $x_3 = \{1$, 如果是 B_1 ; 0，如果是 $B_2\}$.

现在，假设对燃料类型和发动机品牌的不同组合进行两次运行，得到性能 y 的数据，如表 7.1 所示．请注意，没有为燃料类型和发动机品牌的这两种组合（F_1B_2 和 F_3B_1）收集数据．用 SAS 将数据与交互模型拟合．生成的 SAS 回归输出结果如图 7.3 所示．根据回归结果，是否遇到参数可估计性的问题？

💿 **DIESEL2**

表 7.1　例 7.3 的性能数据

		品牌	
		B_1	B_2
燃料类型	F_1	73，68	
	F_2	78，82	50，43
	F_3		61，62

Dependent Variable: PERFORM

Number of Observations Read	8
Number of Observations Used	8

Analysis of Variance

Source	DF	Sum of Squares	Mean Square	F Value	Pr > F
Model	3	1218.37500	406.12500	35.70	0.0024
Error	4	45.50000	11.37500		
Corrected Total	7	1263.87500			

Root MSE	3.37268	R-Square	0.9640
Dependent Mean	64.62500	Adj R-Sq	0.9370
Coeff Var	5.21885		

Note: Model is not full rank. Least-squares solutions for the parameters are not unique. Some statistics will be misleading. A reported DF of 0 or B means that the estimate is biased.

Note: The following parameters have been set to 0, since the variables are a linear combination of other variables as shown.

X1X3 =	X1
X2X3 =	–X1 + X3

Parameter Estimates

Variable	DF	Parameter Estimate	Standard Error	t Value	Pr > |t|
Intercept	1	61.50000	2.38485	25.79	<.0001
X1	B	–24.50000	4.76970	–5.14	0.0068
X2	1	–15.00000	3.37268	–4.45	0.0113
X3	B	33.50000	3.37268	9.93	0.0006
X1X3	0	0		.	.
X2X3	0	0		.	.

图 7.3　交互模型的 SAS 回归输出结果

解　图 7.3 中有几个不可估计的参数值．首先，请注意模型的自由度（显示在 SAS 输出结果的顶部）为 3．这个数字与交互模型中的参数个数 5（不包括 β_0）不匹配．这意味着模型中将有两个不能被估计的参数 β．

其次，SAS 输出结果中间的两个注释明确地警告了参数可估计性的问题．第二个注释标识了两个无法被估计的参数．这些不可估计的 β 值是燃料类型和发动机品牌的交互项 x_1x_3 和 x_2x_3 的参数．

最后，β 估计值本身（见 SAS 输出结果的底部）也暗示了这个回归陷阱．这两个交互项的 β 值都设置为 0，并且这些 β 值没有报告标准误差、t 值和 p 值．分析师需注意，不要推断出燃料类型和发动机品牌之间不存在交互作用的结论．我们最多只能说，样本数据中没有足够的信息来估计（从而检验）交互项．

这个问题的发生是由于表 7.1 中燃料类型和发动机品牌有两种组合的数据缺失．要看到这一点，回忆一下燃料类型和发动机品牌之间的交互作用意味着两个品牌在每种燃料类型的水平上的平均性能之间的差异并不相同．现在回顾一下表 7.1 中的数据，B_1 和 B_2 的均值差异是否取决于燃料类型？对于燃料 F_2，估计的差异值是

$$\bar{y}_{B_1} - \bar{y}_{B_2} = (78+82)/2 - (50+43)/2 = 80 - 46.5 = 33.5$$

但是，由于缺少数据，故无法计算燃料 F_1 和 F_3 的类似差异值．事实上，SAS 报告 β_3 的估计值为 33.5．为什么？从 5.8 节关于定性自变量的交互模型讨论中可以看出，β_3 代表了当燃料类型设置在基准水平 F_3 而不是 F_2 时，品牌 B_1 和 B_2 的平均性能水平之间的差异．然而，一旦 SAS 将交互作用 β 设为 0（由于缺乏信息），则暗示着不存在交互作用的假设，不同品牌的同一燃料类型之间的差异都相同．■

由于模型的参数是可估计的，因此正确地解释参数估计是非常重要的．一个典型的错误解释是 $\hat{\beta}_i$ 衡量的是 x_i 对 $E(y)$ 的影响，而往往独立于模型中的其他变量 x．对于某些模型来说，这可能是正确的，但一般情况下并非如此．我们在 7.4 节中看到，当自变量之间存在相关时，系数 β 的估计值通常具有误导性．即使自变量不相关，交互作用的存在也会改变参数的含义．例如，一阶模型

$$E(y) = \beta_0 + \beta_1 x_1 + \beta_2 x_2$$

的基本假设实际上是，x_1 和 x_2 相互独立地影响响应变量均值 $E(y)$．回忆 4.3 节和 5.4 节，对于任意给定值 x_2，斜率参数 β_1 表示当 x_1 每增加一个单位时 y 的变化率．但是，如果 $E(y)$ 和 x_1 之间的关系取决于 x_2（即如果 x_1 和 x_2 有交互作用），那么交互模型

$$E(y) = \beta_0 + \beta_1 x_1 + \beta_2 x_2 + \beta_3 x_1 x_2$$

是更合适的．在交互模型中，我们发现了 x_1 对 $E(y)$ 的影响（即斜率）不是用单个参数 β 来衡量的，而是由 $\beta_1 + \beta_3 x_2$ 衡量的．

总的来说，随着模型变得更加复杂，对单个参数 β 的解释变得越来越困难．正如我们在第 5 章中所了解到的，高阶模型的单个 β 值通常没有实际的解释意义．

关于参数估计的另一个误解是，$\hat{\beta}_i$ 的大小决定了 x_i 的重要性；也就是说，$\hat{\beta}_i$（绝对值）越大，自变量 x_i 作为 y 的预测因子就越重要．然而，正如我们在第 4 章中了解到的，估计 $s_{\hat{\beta}_i}$ 的标准误差对于推断真实参数值至关重要．为了可靠地评估模型中单个项的重要性，我们进行了 H_0：$\beta_i = 0$ 的检验，或使用反映 $s_{\hat{\beta}_i}$ 大小的公式来构造 β_i 的置信区间．

除了参数估计 $\hat{\beta}_i$，一些统计软件包还报告了**标准化回归系数**

$$\hat{\beta}_i^* = \hat{\beta}_i \left(\frac{s_{x_i}}{s_y} \right)$$

式中，s_{x_i} 和 s_y 分别是样本中 x_i 和 y 值的标准差. 与 $\hat{\beta}_i$ 不同，$\hat{\beta}_i^*$ 是无标度的. 这些标准化回归系数使得比较参数估计更为可行，因为单位是相同的. 然而，解释标准化回归系数的问题与前面提到的问题基本相同. 因此，在使用标准化回归系数作为变量 x 重要性的唯一决定性因素时，应该小心谨慎. 下一个例子将说明这一点.

例 7.4 参考例 4.1 ～例 4.6 古董时钟拍卖价格 y 的建模问题. 在例 4.1 中，我们拟合了模型

$$E(y) = \beta_0 + \beta_1 x_1 + \beta_2 x_2$$

其中 $x_1 = $ 时钟的年限，$x_2 = $ 竞拍者的数量. 回归分析的 SPSS 输出结果如图 7.4 所示. 找到输出的标准化的系数 β 并加以解释.

Model Summary

Model	R	R Square	Adjusted R Square	Std. Error of the Estimate
1	.945[a]	.892	.885	133.485

a. Predictors: (Constant), NUMBIDS, AGE

ANOVA[a]

Model		Sum of Squares	df	Mean Square	F	Sig.
1	Regression	4283062.960	2	2141531.480	120.188	.000[b]
	Residual	516726.540	29	17818.157		
	Total	4799789.500	31			

a. Dependent Variable: PRICE

b. Predictors: (Constant), NUMBIDS, AGE

Coefficients[a]

Model		Unstandardized Coefficients		Standardized Coefficients	t	Sig.
		B	Std. Error	Beta		
1	(Constant)	−1338.951	173.809		−7.704	.000
	AGE	12.741	.905	.887	14.082	.000
	NUMBIDS	85.953	8.729	.620	9.847	.000

a. Dependent Variable: PRICE

图 7.4 落地钟模型的 SPSS 回归输出结果

解 标准化系数 β 在 SPSS 输出结果的 **Beta** 列中高亮显示. 这些值是

$$\hat{\beta}_1^* = 0.887 \text{ 和 } \hat{\beta}_2^* = 0.620$$

将这些值与非标准化系数（在 **B** 列中）

$$\hat{\beta}_1 = 12.741 \text{ 和 } \hat{\beta}_2 = 85.953$$

进行比较. 基于 $\hat{\beta}_2$ 比 $\hat{\beta}_1$ 大近 7 倍的事实，我们可能会说，竞拍者的数量 x_2 是比时钟年限 x_1 更重要的拍卖价格预测因子. 一旦我们将 β 标准化（即考虑测量单位和变化），就会发现事

实上的情况可能相反，因为 $\hat{\beta}_1^*$ 超过了 $\hat{\beta}_2^*$. 当然，从例 4.6 中我们知道，两个自变量 x_1 和 x_2 的交互作用影响 y. 因此，年限和竞拍者数量对于预测拍卖价格很重要，我们应该避免推断其中一个变量比另一个更重要. ■

7.4　多重共线性

通常，$E(y)$ 模型中使用的两个或多个自变量会提供冗余信息. 也就是说，自变量之间是相关的. 例如，假设我们想要建立预测一辆卡车的汽油里程 y 关于它的负荷 x_1 和发动机功率 x_2 的函数模型. 一般来说，较重的负荷需要更大的功率，并导致较低的里程数. 因此，尽管 x_1 和 x_2 都有助于预测汽油里程，但有些信息是重叠的，因为 x_1 和 x_2 是相关的. 当自变量间相关时，则存在**多重共线性**. 在实践中，自变量间存在相关性的情况并不少见. 然而，当回归分析中存在严重的多重共线性时，就会出现一些问题.

定义 7.1　当回归中使用的两个或两个以上的自变量中度或高度相关时，存在**多重共线性**.

首先，自变量之间的高度相关性（即**极端**多重共线性）会增加舍入误差的可能性，影响计算 β 估计值、标准误差等.[⊖]其次，回归结果可能导致混乱或误导.

举例说明，如果采用汽油里程模型

$$E(y) = \beta_0 + \beta_1 x_1 + \beta_2 x_2$$

拟合数据，我们可以发现 $\hat{\beta}_1$ 和 $\hat{\beta}_2$（最小二乘估计值）的 t 值是不显著的. 然而 H_0：$\beta_1 = \beta_2 = 0$ 的 F 检验可能非常显著. 这些检验结果似乎是矛盾的，但事实并非如此. t 检验表明一个变量的贡献，比如 $x_1 = $ 负荷在 $x_2 = $ 功率的影响被去除后显得不显著（因为 x_2 也在模型中）. 而显著的 F 检验说明，两个变量中至少有一个对 y 的预测有显著影响（即 β_1，β_2，或两者都不等于 0）. 事实上，两者都可能有显著贡献，但一个自变量的贡献与另一个的贡献存在重叠.

多重共线性对参数估计的正负号也有影响. 更具体地说，$\hat{\beta}_i$ 的值可能与预期的符号相反. 例如，我们预计汽油里程模型的两个参数估计值的符号都为负数，但该模型的回归分析可能得出估计值 $\hat{\beta}_1 = 0.2$ 和 $\hat{\beta}_2 = -0.7$. $\hat{\beta}_1$ 的正值似乎与我们对较重的负荷将导致低里程数的预期相矛盾. 然而，我们在前一节中提到，当自变量间相关时，系数 β 的解释是不可靠的. 由于变量会贡献冗余信息，因此负荷 x_1 对里程数的影响只由 $\hat{\beta}_1$ 衡量了一部分. 此外，我们在 7.2 节中警告过，使用观测数据时，不能建立 y 和预测因子之间的因果关系. 而解释 $\hat{\beta}_1$ 的值时，我们试图建立一个 y 和 x_1 之间的因果关系（表明较重的负荷 x_1 会导致里程数 y 较低）.

如何避免回归分析中的多重共线性问题？一种方法是设计好的实验，使变量 x 彼此不相关（见 7.2 节）. 不幸的是，时间和成本限制可能会阻止你以这种方式收集数据. 出于这些和其他原因，科学研究中收集到的许多数据都是观测数据. 由于观测数据往往由相关的自变量组成，因此需要识别何时存在多重共线性，并在必要时对分析进行修改.

⊖　由于存在严重的多重共线性，使得计算机难以对信息矩阵（$X'X$）求逆. 关于矩阵（$X'X$）和回归分析原理的讨论见附录 B.

回归中多重共线性的检测方法有很多种，一种简单的方法是计算模型中每对自变量之间的相关系数 r. 如果一个或多个 r 值接近 1 或 −1，则变量间高度相关，且可能存在严重的多重共线性问题.⊖存在多重共线性的其他迹象包括本节开头提到的，即单个参数 β 的 t 检验不显著而整体模型 F 检验显著，或估计的正负号与预期相反等.

检测多重共线性的一种更正式的方法是计算单个参数 β 的**方差膨胀因子**. 单个参数 β 的 t 检验不显著的一个原因是，在多重共线性存在的情况下，估计 $s_{\hat{\beta}_i}$ 的标准误差会膨胀. 对因变量和自变量进行适当的变换时，⊜可以得到

$$s_{\hat{\beta}_i}^2 = s^2 \left(\frac{1}{1 - R_i^2} \right)$$

其中，s^2 是 σ^2（即 ε 的方差）的估计值，R_i^2 为自变量 x_i 对其余自变量 $x_1, x_2, \cdots, x_{i-1}, x_{i+1}, \cdots, x_k$ 做回归分析的多重判定系数. $1/(1 - R_i^2)$ 被称为参数 β_i 的方差膨胀因子，表示为 $(\text{VIF})_i$. 注意：自变量 x_i 与其他自变量高度相关时，$(\text{VIF})_i$ 随着 R_i^2 的变大而变大.

许多作者认为，在实践中，如果 β 的方差膨胀因子的最大值大于 10，或者如果多重判定系数 R_i^2 大于 0.90，则存在严重的多重共线性问题.⊜本书讨论的几个统计软件包都有计算方差膨胀因子的选项.⑩

下框中总结了多重共线性的检测方法. 我们将用例 7.5 来演示这些统计量的使用.

在回归模型中检测多重共线性

$$E(y) = \beta_0 + \beta_1 x_1 + \beta_2 x_2 + \cdots + \beta_k x_k$$

以下是多重共线性的指标：

1. 模型中成对自变量间存在显著相关性.

2. 当整体模型 F 检验 H_0：$\beta_1 = \beta_2 = \cdots = \beta_k = 0$ 显著时，所有（或几乎所有）单个参数 β 的 t 检验不显著.

3. 估计参数中的符号（与预期）相反.

4. 一个参数 β 的方差膨胀因子 $(\text{VIF})_i$ 大于 10，其中

⊖ 记住，r 只测量变量 x 值之间的成对相关性. 三个变量 x_1、x_2 和 x_3 可能作为一个高度相关的集合，但可能不会表现出较大的成对相关性. 因此，即使所有的两两相关系数都近似等于 0，也可能存在多重共线性.

⊜ 变换后的变量为 $y_i^* = (y_i - \bar{y})/s_y$，$x_{1i}^* = (x_{1i} - \bar{x}_1)/s_1$，$x_{2i}^* = (x_{2i} - \bar{x}_2)/s_2$ 等，其中，$\bar{y}, \bar{x}_1, \bar{x}_2, \cdots$ 和 $s_y, s_1, s_2, \cdots$ 分别为原始变量的样本均值和标准差.

⊜ 例如，参考 Montgomery，Peck 和 Vining(2006) 或 Kutner，Nachtsheim，Neter 和 Li(2005).

⑩ 一些软件包计算一个等价的统计量，称为**容忍度**. 系数 β 的容忍度是方差膨胀因子的倒数，也就是说，

$$(\text{TOL})_i = \frac{1}{(\text{VIF})_i} = 1 - R_i^2,$$

对于 $R_i^2 > 0.90$（极端多重共线性的情况），$(\text{TOL})_i < 0.10$. 这些软件包允许用户设置容忍度极限值，以至于任何 $(\text{TOL})_i$ 值低于容忍度极限值时的自变量都不允许进入模型.

$$(\text{VIF})_i = \frac{1}{1 - R_i^2}, i = 1, 2, \cdots, k$$

R_i^2 是模型

$$E(x_i) = \alpha_0 + \alpha_1 x_1 + \alpha_2 x_2 + \cdots + \alpha_{i-1} x_{i-1} + \alpha_{i+1} x_{i+1} + \cdots + \alpha_k x_k$$

的多重判定系数.

例 7.5 美国联邦贸易委员会（FTC）每年都会根据焦油、尼古丁和一氧化碳的含量对各种国产香烟进行排名. 美国卫生局局长认为这三种物质都对吸烟者的健康有害. 过去的研究表明, 香烟中焦油和尼古丁含量的增加伴随着香烟烟雾中一氧化碳含量的增加. 表 7.2 列出了近一年检验的 25 个（过滤）品牌的焦油、尼古丁和一氧化碳的含量（毫克）和香烟重量（克）. 假设我们建立一氧化碳含量 y 关于焦油含量 x_1、尼古丁含量 x_2 和重量 x_3 的函数模型

$$E(y) = \beta_0 + \beta_1 x_1 + \beta_2 x_2 + \beta_3 x_3$$

用表 7.2 中的 25 个样本数据来拟合模型. 生成的 SAS 部分输出结果如图 7.5 所示. 通过观察输出结果, 你发现多重共线性的迹象了吗?

💿 **FTCCIGAR**

表 7.2　例 7.5 中的 FTC 香烟数据

品牌	焦油含量 x_1（毫克）	尼古丁含量 x_2（毫克）	重量 x_3（克）	一氧化碳含量 y（毫克）
Alpine	14.1	0.86	0.985 3	13.6
Benson & Hedges	16.0	1.06	1.093 8	16.6
Bull Durham	29.8	2.03	1.165 0	23.5
Camel Lights	8.0	0.67	0.928 0	10.2
Carlton	4.1	0.40	0.946 2	5.4
Chesterfield	15.0	1.04	0.888 5	15.0
Golden Lights	8.8	0.76	1.026 7	9.0
Kent	12.4	0.95	0.922 5	12.3
Kool	16.6	1.12	0.937 2	16.3
L&M	14.9	1.02	0.885 8	15.4
Lark Lights	13.7	1.01	0.964 3	13.0
Marlboro	15.1	0.90	0.931 6	14.4
Merit	7.8	0.57	0.970 5	10.0
Multifilter	11.4	0.78	1.124 0	10.2
Newport Lights	9.0	0.74	0.851 7	9.5
Now	1.0	0.13	0.785 1	1.5
Old Gold	17.0	1.26	0.918 6	18.5
Pall Mall Light	12.8	1.08	1.039 5	12.6
Raleigh	15.8	0.96	0.957 3	17.5
Salem Ultra	4.5	0.42	0.910 6	4.9

（续）

品牌	焦油含量 x_1（毫克）	尼古丁含量 x_2（毫克）	重量 x_3（克）	一氧化碳含量 y（毫克）
Tareyton	14.5	1.01	1.007 0	15.9
True	7.3	0.61	0.980 6	8.5
Viceroy Rich Lights	8.6	0.69	0.969 3	10.6
Virginia Slims	15.2	1.02	0.949 6	13.9
Winston Lights	12.0	0.82	1.118 4	14.9

资料来源：Federal Trade Commission.

解 首先，注意对模型全局效用的检验

$$H_0:\ \beta_1=\beta_2=\beta_3=0$$

是呈现强显著性的．F 值（输出结果的阴影部分）非常大（$F=78.98$），检验的显著性水平（同样是阴影部分）很小（$p<0.000\,1$）．因此，对于任意大于 0.000 1 的 α，我们可以拒绝 H_0，并得出结论，参数 β_1、β_2 和 β_3 至少有一个不为零．然而，三个参数 β 中有两个的 t 检验是不显著的．（这些检验的 p 值在输出结果中用阴影显示．）除非焦油是预测一氧化碳含量的三个变量中唯一有用的那个，否则这些结果就是在暗示潜在的多重共线性问题．

Dependent Variable: CO

Number of Observations Read	25
Number of Observations Used	25

Analysis of Variance

Source	DF	Sum of Squares	Mean Square	F Value	Pr > F
Model	3	495.25781	165.08594	78.98	<.0001
Error	21	43.89259	2.09012		
Corrected Total	24	539.15040			

Root MSE	1.44573	R-Square	0.9186
Dependent Mean	12.52800	Adj R-Sq	0.9070
Coeff Var	11.53996		

Parameter Estimates

Variable	DF	Parameter Estimate	Standard Error	t Value	Pr > |t|	Variance Inflation
Intercept	1	3.20219	3.46175	0.93	0.3655	0
TAR	1	0.96257	0.24224	3.97	0.0007	21.63071
NICOTINE	1	−2.63166	3.90056	−0.67	0.5072	21.89992
WEIGHT	1	−0.13048	3.88534	−0.03	0.9735	1.33386

图 7.5 FTC 模型的 SAS 部分输出结果

存在多重共线性的第二个迹象是 $\hat{\beta}_2$ 和 $\hat{\beta}_3$ 的负值（输出结果中的阴影部分），

$$\hat{\beta}_2=-2.63\ 和\ \hat{\beta}_3=-0.13$$

根据以往的研究，美国联邦贸易委员会预计当尼古丁含量 x_2 或重量 x_3 增加时，一氧化碳含量 y 也会增加，也就是说，美国联邦贸易委员会预计 y 和 x_2、y 和 x_3 之间存在正相关，而不是负相关．

检测多重共线性的一个更正式的方法是计算方差膨胀因子．图 7.5 显示了 Variance Inflation 列下三个参数的方差膨胀因子（阴影部分）．注意：焦油和尼古丁参数的方差膨胀因子均大于 10. 焦油参数的方差膨胀因子 $(\text{VIF})_1=21.63$，这表明焦油含量 x_1 与其余两个自变量尼古丁含量 x_2 和重量 x_3 相关的模型的判定系数为

$$R_1^2=1-\frac{1}{(\text{VIF})_1}$$

$$=1-\frac{1}{21.63}=0.954$$

所有迹象表明存在严重的多重共线性问题．为了证实我们的怀疑，我们用 SAS 来计算三对自变量的相关系数 r. 这些值在 SAS 输出中被高亮显示，如图 7.6 所示．你可以看到焦

油含量 x_1 和尼古丁含量 x_2 高度相关（ $r = 0.977$ ），而重量 x_3 与焦油含量（ $r = 0.491$ ）和尼古丁含量（ $r = 0.500$ ）都中度相关．事实上，基于较小的 p 值，三种样本相关性均与 0 有显著差异，如图 7.6 所示． ■

Pearson Correlation Coefficients, N = 25 Prob > |r| under H0: Rho=0			
	TAR	NICOTINE	WEIGHT
TAR	1.00000	0.97661	0.49077
		<.0001	0.0127
NICOTINE	0.97661	1.00000	0.50018
	<.0001		0.0109
WEIGHT	0.49077	0.50018	1.00000
	0.0127	0.0109	

图 7.6 FTC 模型自变量的 SAS 相关矩阵

一旦发现多重共线性的问题存在，有几个措施可供选择来解决这个问题．如何采取适当的措施取决于多重共线性的严重程度和回归分析的最终目标．

一些研究人员在面对高度相关的自变量时，往往会在最终模型中只选择包含其中一个变量．选择变量的方法之一是使用逐步回归，这是第 6 章的主要内容．一般情况下，逐步回归过程只会将一组多重共线性自变量中的一个（或一小部分）包含在回归模型中，因为该过程检验模型中已存在的所有变量中每个变量的参数．例如，在拟合前面介绍的汽油里程模型时，如果在某一步骤中将卡车负荷的变量作为预测里程数的重要变量纳入模型，那么表示功率的变量很可能在以后的步骤中永远不会被添加进来．因此，如果一组自变量被认为是多重共线的，那么通过逐步回归法进行筛选可能会有所帮助．

如果你只对使用模型进行估计和预测感兴趣，你也许可以决定不从模型中删除任何自变量．在多重共线性存在的情况下，可知为建立因果关系而对单个 β 进行解释是非常有风险的．而只要用于预测 y 的自变量值遵循样本数据所显示的多重共线性模式，$E(y)$ 的置信区间和 y 的预测区间一般不受影响．也就是说，你必须严格保证变量 x 的值落在实验区域内．（我们将在 7.5 节中更详细地讨论这个问题．）换言之，如果你的目标是建立 y 和自变量之间的因果关系，则需要建立一个好的设计实验来打破多重共线性的模式．

例如，在拟合多项式回归模型时，对于二阶模型

$$E(y) = \beta_0 + \beta_1 x + \beta_2 x^2$$

自变量 $x_1 = x$ 和 $x_2 = x^2$ 往往是相关的．如果相关性很高，计算机求解可能会导致极大的舍入误差．对于这个模型，解决方案就不是删除一个自变量，而是转换变量 x，使编码后的 x 和 x^2 值之间的相关性大大降低．如 5.6 节所述，对自变量进行编码是减少多项式回归模型中固有的多重共线性的一种有效方法．

另一个更复杂的降低多重共线性引起的舍入误差的方法，涉及对最小二乘法的修正，称为**岭回归**．在岭回归中，系数 β 的估计值是有偏的（即 $E(\beta_i) \neq \beta_i$），但其标准误差明显小于最小二乘法得出的无偏估计值 β．因此，岭回归的 β 估计值比相应的最小二乘估计值更稳定．岭回归是第 9 章中讨论的主题．下框中给出了解决方案的主要步骤．

多重共线性问题的解决方案

1. 从最终模型中删除一个或多个相关的自变量．筛选程序（如逐步回归）有助于确定应该删除哪些变量．

2. 如果你决定在模型中保留所有的自变量：

  （a）避免对单个参数 β 进行推断（例如建立 y 和预测因子之间的因果关系）．

  （b）将 $E(y)$ 和未来 y 值推断的自变量值限制在实验区域内（见 7.5 节）．

---

3. 如果最终目标是建立 y 和预测变量之间的因果关系，请使用一个好的设计实验（见第 11 章和第 12 章）.

4. 为了减少多项式回归模型中的舍入误差，对自变量进行编码，令特定变量 x 的一阶、二阶和高阶项不存在高度相关（见 5.6 节）.

5. 为了减少舍入误差和稳定回归系数，用岭回归估计参数 β（见 9.7 节）.

7.5 外推法：在实验区域之外进行预测

经济学家研发了高技术的模型，将经济状况与各种经济指标和其他自变量联系起来. 其中许多模型是多元回归模型，例如，因变量 y 可能是明年国内生产总值 (GDP) 的增长，自变量可能包括今年的通货膨胀率、今年的消费价格指数，等等. 换句话说，可以用今年的情况来构建模型预测明年的经济.

不幸的是，这些模型几乎无一例外地未能成功预测经济衰退. 为什么呢？其中一个原因是，这些回归模型是用自变量的值来预测 y 值，而这些自变量位于模型所属的实验区域之外. 例如，20 世纪 60 年代末的通货膨胀率从 6% 到 8% 不等. 当 20 世纪 70 年代初两位数的通货膨胀率成为事实时，一些研究人员仍试图用同样的模型来预测一年后的 GDP 增长.

如图 7.7 所示，当 x 在实验范围内时，模型对于预测 y 可能是非常准确的，但是在实验范围之外使用该模型是风险性极高的实践（尽管有时是不可避免的）. 例如当通货膨胀率为 10% 时，GDP 的 $100(1-\alpha)\%$ 预测区间的可信度将低于其置信系数 $(1-\alpha)$. 具体降低了多少是不可知的.

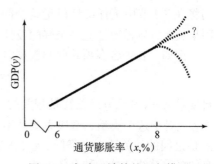

图 7.7　实验区域外的回归模型

对于单个自变量 x，实验区域就是指样本中 x 值的范围. 找到一个包含多个自变量的多元回归模型的实验区域相对比较困难. 例如，考虑建立 GDP y 关于预测变量通货膨胀率 x_1 和基准利率 x_2 的模型. 假设观察一个大小为 $n = 5$ 的样本，与 GDP 的 5 个值一一对应的 x_1 和 x_2 分别为 (1,10)，(1.25,12)，(2.25,10.25)，(2.5,13) 和 (3,11.5). 注意：在样本数据中，x_1 的范围是 1% ~ 3%，x_2 的范围是 10% 到 13%. 你可能认为实验区域是由单个变量的范围（即 $1 \leq x_1 \leq 3$ 和 $10 \leq x_2 \leq 13$）定义的. 然而，x_1 和 x_2 的水平共同定义了该区域. 图 7.8 显示了我们假设数据的实验区域. 可以看到，$x_1 = 3$ 和 $x_2 = 10$ 的观测值明显落在实验区域之外，但仍在单个 x 值的范围内. 使用这个模型来预测 GDP 的观测结果（称为**隐性外推**）

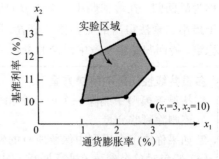

图 7.8　GDP y 关于通货膨胀率 x_1、基准利率 x_2 的函数模型的实验区域

可能会导致不可靠的结果.

例 7.6　回想一下例 4.6, 其中古董时钟收藏家想要根据时钟的年限 x_1 和竞拍者的数量 x_2 来预测时钟的拍卖价格 y. 使用拍卖中售出的 $n= 32$ 个时钟的数据 (保存在 GFCLOCKS 文件中), 我们发现交互模型 $E(y) = \beta_0 + \beta_1 x_1 + \beta_2 x_2 + \beta_3 x_1 x_2$ 在统计上和实际中对于预测拍卖价格有效. 找出该模型的实验区域, 然后给出落在该区域外的自变量的值.

解　对于这种回归分析, 实验区域被定义为 GFCLOCKS 文件中样本数据的自变量 (年限 x_1 和竞拍者数量 x_2) 的值. 由于竞拍者数量是一个介于 5 和 15 之间的离散整数, 我们可以通过检查竞拍者数量每个水平的时钟年限描述性统计量来找到实验区域. 使用 MINITAB 生成的这些描述性统计数据如图 7.9 所示.

图 7.9 给出了在竞拍者数量的每个水平, 时钟的年限范围. 例如, 在有 10 个竞标者参加的拍卖中, 古董时钟的年限从最低 126 年到最高 184 年不等. 同样, 在有 7 个竞标者参加的拍卖中, 古

Descriptive Statistics: AGE

Statistics

Variable	NUMBIDS	N	Mean	StDev	Minimum	Maximum
AGE	5	1	194.00	*	194.00	194.00
	6	4	140.0	22.0	108.0	156.0
	7	7	130.3	26.1	111.0	168.0
	8	4	170.3	22.7	137.0	187.0
	9	5	147.6	24.7	113.0	179.0
	10	3	147.3	31.9	126.0	184.0
	11	3	153.7	33.3	117.0	182.0
	12	2	135.5	29.0	115.0	156.0
	13	2	122.00	7.07	117.00	127.00
	14	2	139.0	43.8	108.0	170.0
	15	2	124.0	18.4	111.0	137.0

图 7.9　例 7.6 中自变量的 MINITAB 描述性统计

董时钟的年限从最低 111 年到最高 168 年不等. 11 个范围 (不同竞拍者数量都对应一个范围) 定义了分析的实验区域. 因此, 收藏家应避免预测落在这些范围之外的时钟的拍卖价格, 例如 10 个竞标者竞拍一个 110 年的时钟, 或 7 个竞标者竞拍一个 175 年的时钟. ■

7.6　变量转换

转换的意思是改变某个对象或事物的形式. 因此, 变量转换意味着我们已经做了或计划做一些事情来改变变量的形式. 例如, 一个模型中的自变量之一是商品的价格 p, 我们可以选择变换形式, 将 $x = 1/p$, $x = \sqrt{p}$ 或 $x = e^{-p}$ 等变量引入模型. 如果令 $x = \sqrt{p}$, 我们会计算每个价格的平方根, 这些平方根就是回归分析中用到的 x 值.

对 y 值进行转换, 使其更接近 4.2 节的假设, 有时还能使模型的确定性部分更接近转换后响应变量的均值. 对自变量进行变换的目的仅针对后者, 也就是说, 为了更好地拟合 $E(y)$ 模型. 在本节中, 我们将讨论因变量和自变量的转换, 以获得对 $E(y)$ 模型的更好拟合. (第 8 章讨论了为满足一些假设而对 y 值进行的转换.)

假设你想建立一个模型, 将产品的需求 y 与价格 p 联系起来. 同时, 假设该产品是一个非必需品, 并且期望平均需求随着价格 p 的增加而降低, 且随着 p 的增加而下降幅度更慢 (见图 7.10). 关于 p 的哪个函数能很好地拟合 $E(y)$?

为了回答这个问题, 你需要了解一些初等数学函数的图, 即数学函数和图之间存在的——一一对应关系. 如果想要建立一个类似于图 7.10 所示的函数关系模型, 我们需要找到一个

数学函数，且该函数将具有类似于所示曲线的图形．

数学函数中一些随 p 的增加而减小的曲线方程和图形如图 7.11 所示．在所示的 7 个模型中，图 7.11c、图 7.11d、图 7.11f 和图 7.11g 中的曲线可能为 $E(y)$ 提供了最佳近似拟合．这 4 幅图都显示了 $E(y)$ 随着 p 的增加而减小并趋于（但从未达到）0．图 7.11c 和图 7.11d 表明，自变量价格应该使用 $x = e^{-p}$ 或 $x = 1/p$ 进行转换，然后可以尝试使用转换后的数据拟合模型

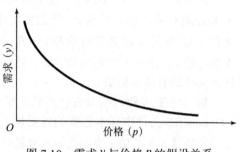

图 7.10 需求 y 与价格 P 的假设关系

$$E(y) = \beta_0 + \beta_1 x$$

或者，如图 7.11f 和图 7.11g 所示，可以尝试转换 $x = \ln(p)$ 并拟合模型

$$E(y) = \beta_0 + \beta_1 x$$

或者

$$E\{\ln(y)\} = \beta_0 + \beta_1 x$$

中的任意一个．图 7.11 所示的函数所产生的曲线上升或下降取决于图 a、图 c、图 d、图 e、图 f 和图 g 中参数 β_1 的符号，以及图 b 中参数 β_2 的符号．当你选择一个模型进行回归分析时，不需要指定参数的正负号．使用最小二乘法选择那些残差平方和最小的参数作为估计值．如果要将图 7.11c 中所示的模型拟合为随 p 增加而增加的 y 值，那么 β_1 的最小二乘估计将是负值，并且 y 的曲线类似于图 7.11c 中的曲线 2．如果 y 随着 p 增加而减小，则 β_1 的估计值为正，曲线将与图 7.11c 中的曲线 1 相似．图 7.11 中的所有曲线向上或向下移动完全取决于 β_0 的值．

例 7.7 参见图 7.11 中的函数模型和图．考虑这样一种情况，没有任何关于需求 y 和价格 p 之间关系的先验理论．因此，对模型进行拟合并比较以确定 $E(y)$ 的最佳模型．

（a）识别哪些模型是嵌套模型．你将如何比较这些模型？

（b）识别哪些模型不是嵌套模型．你将如何比较这些模型？

解 （a）根据定义，嵌套模型对于方程左侧的因变量具有相同的形式．此外，对于两个嵌套模型，完整模型在方程的右侧除了与简化模型相同的项（自变量），还有更多的项．因此，图 7.11 中仅有的两个嵌套模型是模型 a 和模型 b.

$$\text{模型a：} \quad E(y) = \beta_0 + \beta_1 p \qquad \text{（简化模型）}$$
$$\text{模型b：} \quad E(y) = \beta_0 + \beta_1 p + \beta_2 p^2 \text{（完整模型）}$$

通过部分 F 检验（或一个 t 检验）来检验 $H_0: \beta_2 = 0$，从而比较这两个模型．

（b）图 7.11 所示的其余任意两个模型都是非嵌套模型．例如，模型 c 和模型 d 是非嵌套模型．其他的一些非嵌套模型是模型 a 和模型 c、模型 e 和模型 g、模型 g 和模型 f．比较非嵌套模型的过程将取决于方程左侧的因变量是否相同．例如，对于模型 a、模型 c、模型 d、和模型 f，因变量是未转换的需求 y．因此，可以通过全局 F 检验、调整后的 R^2 和估计标准

差 s 等整体模型统计量来比较这些模型. 满足全局 F 检验显著、调整后的 R^2 最高、s 值最小的模型被认为是"最佳"模型.

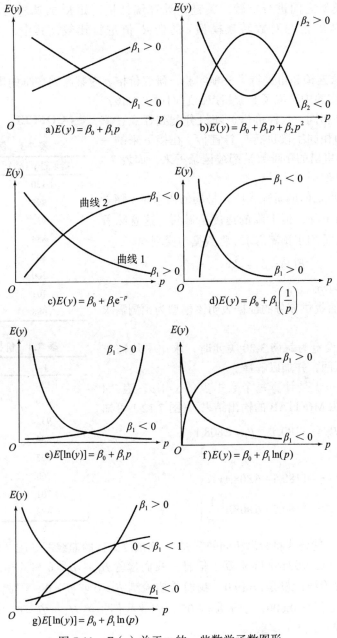

图 7.11　$E(y)$ 关于 p 的一些数学函数图形

方程左侧两个因变量不同的非嵌套模型, 如模型 a 和模型 e, 可以使用 4.12 节中概述的方法进行比较.

$$\text{模型a}: \quad E(y) = \beta_0 + \beta_1 p \quad （未转换 y）$$

$$\text{模型e}: \quad E[\ln(y)] = \beta_0 + \beta_1 p \quad （已转换 y）$$

在不同的模型之间进行比较，关键是计算统计量，如 R^2 或调整后的 R^2. 例如，将未转换模型 a 的 R^2 值与对数转换模型 e 的伪 R^2 值进行比较，其中，$R^2_{\ln(y)}$ 基于预测值 $\hat{y} = \exp\{\widehat{\ln(y)}\}$. ■

例 7.8 一家连锁超市进行了一项实验，研究价格 p 对某品牌咖啡的周需求量（以磅为单位）的影响. 实验中选取了 8 家超市，它们过去对该产品的需求量几乎相同. 八种价格被随机分配到任意一家超市中，并使用相同手段进行广告宣传. 在接下来的一周内，每家超市售出的咖啡数量都被记录下来，如表 7.3 所示.

（a）连锁超市之前的研究表明，每周的需求量 y 随着价格 p 的增长而下降，但下降的速度会减慢. 这意味着（图 7.11）模型 d 适用于预测需求. 将数据与模型

$$E(y) = \beta_0 + \beta_1 x$$

进行拟合，令 $x = 1/p$.

（b）数据是否提供充分的证据表明该模型为预测需求贡献了信息？

（c）当价格设定为每磅 3.20 美元时，求出平均需求量的 95% 置信区间，并加以解释.

解 （a）第一步是计算每个数据点的 $x = 1/p$，表 7.4 列出了这些值. 由 MINITAB 的输出结果[⊖]（图 7.12）可知

$$\hat{\beta}_0 = -1180.5 \quad \hat{\beta}_1 = 6808.1$$

以及

$$\hat{y} = -1180.5 + 6808.1x$$

$$= -1180.5 + 6808.1\left(\frac{1}{p}\right)$$

 COFFEE

表 7.3 例 7.8 的数据

需求量 y（磅）	价格 p（美元 / 磅）
1 120	3.00
999	3.10
932	3.20
884	3.30
807	3.40
760	3.50
701	3.60
688	3.70

表 7.4 价格转换后的值

y	$x = 1/p$
1 120	0.333 3
999	0.322 6
932	0.312 5
884	0.303 0
807	0.294 1
760	0.285 7
701	0.277 8
688	0.270 3

（你可以验证 3.3 节的公式将给出相同的答案.）该预测方程的曲线图如图 7.13 所示.

（b）为确定 x 是否为预测 y 贡献了信息，我们检验 H_0：$\beta_1 = 0$ 和备择假设 H_a：$\beta_1 \neq 0$. 图 7.12 所示的检验统计量是 $t = 19.0$. 我们希望检测 $\beta_1 > 0$ 或 $\beta_1 < 0$，因此我们将使用双尾检验. 因为双尾 p 值是 0.000，小于 $\alpha = 0.05$，因此我们拒绝 H_0：$\beta_1 = 0$，得出结论：变量 $x = 1/p$ 为预测需求 y 贡献了信息.

⊖ MINITAB 对 $x = 1/p$ 值的精度保留到十分位. 所以图 7.12 所示的结果与表中使用 $x = 1/p$ 保留到小数点后四位的计算结果不同.

（c）对于价格 $p=3.20$，则 $x=1/p=0.3125$．MINITAB 输出结果的底部给出了平均需求 $E(y)$ 在价格为 $p=3.20$ 美元时（即 $x=0.3125$）的 95% 置信区间，区间（阴影部分显示）为 $(925.87,968.24)$．因此，我们有 95% 的信心认为，当价格定在 3.20 美元时，平均需求量将在 926 磅至 968 磅范围内．

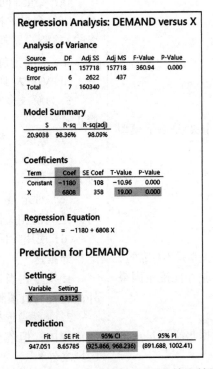

图 7.12　例 7.8 的 MINITAB 回归输出结果

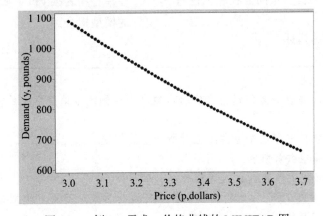

图 7.13　例 7.8 需求 – 价格曲线的 MINITAB 图

本章旨在强调数据转换的重要性，并解释其在模型构建中的作用．请注意本章在线性模

型中出现的符号 $x_1, x_2, \cdots, x_k$ 可以是所观测到的自变量的转换值. 这些转换方法, 结合第 5 章的模型构建方法, 将允许分析师使用各种各样的数学函数来为数据的均值 $E(y)$ 建模.

快速总结
关键公式
p 阶多项式
x 的水平 $\geq (p+1)$

x_i 的标准化 β 值
$$\hat{\beta}_i^* = \hat{\beta}_i (s_x / s_y)$$

x_i 的方差膨胀因子
$(\text{VIF})_i = 1/(1 - R_i^2)$, 其中 R_i^2 是以下模型的 R^2:

$$E(x_i) = \beta_0 + \beta_1 x_1 + \beta_2 x_2 + \cdots + \beta_{i-1} x_{i-1} + \beta_{i+1} x_{i+1} + \cdots + \beta_k x_k$$

关键思想
建立因果关系
1. 用观测数据来推断因果关系是不可靠的.
2. 只有通过精心设计实验才能确定因果关系.

参数可估计性
定量或定性自变量的数据水平不足, 可能会导致无法估计回归参数.

多重共线性
1. 当两个或多个自变量间存在相关性时会发生.
2. 多重共线性的指标:

（a）变量 x 间高度相关.

（b）全局 F 检验显著, 但所有单个参数 β 的 t 检验不显著.

（c）β 的正负号与预期相反.

（d）VIF 大于或等于 10.

3. 为解决多重共线性问题而进行的模型修正:

（a）删除一个或多个高度相关的变量 x.

（b）保留模型中所有的变量 x, 但避免对 β 进行推断.

（c）对定量变量 x 进行编码, 以减少 x 与 x^2 之间的相关性.

（d）使用岭回归来估计 β 值.

外推法
1. 发生在当自变量的值处于实验区域之外而进行 y 值预测时.

2. 注意隐形外推（即 x 的值落在每个 x 的范围内, 但落在由多个 x 共同定义的实验区域之外）.

变量转换
在模型中转换 y 和（或）x 的值可以提供更好的模型拟合.

补充练习

7.1 外推法. 为什么当自变量的值落在实验区域之外时预测 y 值是危险的?

7.2 多重共线性.

（a）讨论回归分析中存在多重共线性时所产生的问题.

（b）如何检测多重共线性?

（c）当检测到多重共线性时, 可采取什么补救措施?

7.3 数据转换. 参考例 7.8, 你能想到其他价格转换的形式从而更好地拟合数据吗? 请尝试并依次回答例 7.8 的问题.

7.4 用阿片类药物缓解疼痛. *Journal of the American Medical Association* (March 6, 2018) 发表了一项研究, 比较了阿片类药物和非阿片类药物控制疼痛的效果. 240 名患者参与了这项研究，他们都患有慢性背部、臀部或膝盖疼痛．患者被随机分为两组，一组服用阿片类药物进行疼痛治疗，而另一组服用非阿片类药物进行疼痛治疗（例如对乙酰氨基酚，一种非处方药物）．经过 12 个月的治疗，通过疼痛简明评估量表（BPI）来确定每个患者的疼痛程度，评分范围从 0（无疼痛）到 10（剧烈疼痛）．研究的目的之一是比较经过 12 个月治疗后两组患者的平均疼痛水平．

(a) 这是观测研究还是设计实验？请加以解释．

(b) 提出一个回归模型帮助研究人员比较两组患者的平均疼痛水平．

(c) 研究人员报告了两组样本的平均 BPI 值：阿片类药物组（4.0），非阿片类药物组（3.5）．使用这些信息来估计（b）小题中的模型参数．

(d)（c）小题的结果被认为在统计上显著（$\alpha = 0.05$）. 因此，研究人员得出结论，在治疗疼痛的用药过程中，阿片类药物并不优于非阿片类药物．解释为什么从研究中可以推断出上述结论．

7.5 防止校园欺凌. 校园欺凌对于教师和学生来说，仍然是一个主要安全问题．一篇文章调查了反欺凌策略与预防主导力的关系．随机抽取 110 所学校的所有教师、学生和校长参加一项关于校园欺凌和校园防欺凌环境的调查，共完成问卷 18 493 份．基于相关系数，研究人员发现教师报告的反欺凌策略与学生报告的欺凌事件之间存在联系，当教师对学校的反欺凌系具有较高的心理所有权时，这种联系会得到加强．

(a) 这是观测研究还是设计实验？请加以解释．

(b) 研究人员的结论在性质上是否应被视为因果关系？请加以解释．

7.6 高层中的女性. *Journal of Organizational Culture, Communications and Conflict*（July 2007）发表了一项关于女性在美国公司高层管理层任职的研究．该研究收集多个变量的观测数据（$n = 252$ 个月），试图对担任高层管理职位的女性人数 y 进行建模．自变量包括拥有大学学位的女性人数 x_1、高中毕业且没有大学学位的女性人数 x_2、担任高层管理职位的男性人数 x_3、拥有大学学位的男性人数 x_4 和高中毕业且没有大学学位的男性人数 x_5．

(a) 担任管理职位的女性人数与拥有大学学位的女性人数之间存在相关关系，相关系数 $r = 0.983$．研究人员能否得出这样的结论：拥有大学学位的女性人数的增加会导致担任管理职位的女性人数的增加？请加以解释．

(b) 担任管理职位的男性人数与拥有大学学历的男性人数之间存在相关关系，相关系数 $r = 0.722$．在回归分析中可能会出现哪些潜在问题？请加以解释．

7.7 县的城乡等级. 参考 *Professional Geographer*（February 2000）对美国西部城市和乡村的研究，见练习 4.16. 六个自变量分别为县域总人口 x_1、人口密度 x_2、人口集中度 x_3、人口自然增长率 x_4、县域农用地比例 x_5、农用地基数的 5 年变化 x_6，用这些变量来建立模型，预测一个县的城乡等级 y．在进行多元回归分析之前，研究人员担心数据中可能存在多重共线性．相关矩阵（如下表所示）是所有自变量两两之间的相关系数表．

(a) 根据相关矩阵，是否存在极端多重共线性的证据？

(b) 参考练习 4.16 所示表中的多元回归结果．根据检验结果，是否存在极端多重共线性的证据？

自变量	x_1	x_2	x_3	x_4	x_5
x_1 县域总人口					
x_2 人口密度	0.20				
x_3 人口集中度	0.45	0.43			
x_4 人口自然增长率	−0.05	−0.14	−0.01		
x_5 县域农用地比例	−0.16	−0.15	−0.07	−0.20	
x_6 农用地基数的 5 年变化	−0.12	−0.12	−0.22	−0.06	−0.06

资料来源：Berry, K. A., et al. "Interpreting what is rural and urban for western U.S. counties," *Professional Geographer*, Vol. 52, No. 1, Feb. 2000 (Table 2).

PONDICE

7.8 融冰池的特征. 地表反照率是指从地表反射的太阳能与入射到地表的太阳能之比. 地表反照率是海冰的一个重要气候学参数. 美国国家冰雪数据中心 (NSIDC) 收集了加拿大北极地区融冰池的反照率、深度和物理特征的数据，包括冰的类型（分为一年冰（first-year ice）、多年冰（multi-year ice）或陆上冰（landfast ice））. 位于加拿大北极巴罗海峡的 504 个融冰池的数据保存在 PONDICE 文件中. 环境工程师希望建立冰的宽带地表反照率 y 关于池深度 x_1（米）和冰类型的函数模型，冰类型用虚拟变量 $x_2 = \{1,$ 如果是一年冰；0，如果不是一年冰 $\}$ 和 $x_3 = \{1,$ 如果是多年冰；0，如果不是多年冰 $\}$ 来表示. 最终，工程师将使用该模型来预测一个融冰池的地表反照率. 基于 PONDICE 文件中的数据，为工程师识别实验区域. 你建议他们使用什么预测方程呢？

7.9 性格和攻击性行为. *Psychological Bulletin*(Vol. 132, 2006) 报道了一项将性格和攻击性行为联系起来的研究. 研究中测量的四个变量是攻击性行为、易怒、特质性愤怒和自恋. 下面给出了这四个变量的两两相关系数.

攻击性行为 – 易怒：0.77

攻击性行为 – 特质性愤怒：0.48

攻击性行为 – 自恋：0.50

易怒 – 特质性愤怒：0.57

易怒 – 自恋：0.16

特质性愤怒 – 自恋：0.13

（a）假设攻击性行为是回归模型中的因变量，其他变量是自变量. 是否存在极端多重共线性的证据？请加以解释.

（b）假设自恋是回归模型中的因变量，其他变量为自变量. 是否存在极端多重共线性的证据？请加以解释.

7.10 泥炭的蒸汽处理. 生物工程师想要模拟在蒸汽处理泥炭过程中碳水化合物溶解量 y 关于温度 x_1、暴露时间 x_2 和 pH 值 x_3 的函数. 用 15 个泥炭样本的数据拟合模型

$$E(y) = \beta_0 + \beta_1 x_1 + \beta_2 x_2 + \beta_3 x_3$$

回归结果的汇结如下：

$$\hat{y} = -3\,000 + 3.2x_1 - 0.4x_2 - 1.1x_3 \qquad R^2 = 0.93$$

$$s_{\hat{\beta}_1} = 2.4 \qquad s_{\hat{\beta}_2} = 0.6 \qquad s_{\hat{\beta}_3} = 0.8$$

$$r_{12} = 0.92 \qquad r_{13} = 0.87 \qquad r_{23} = 0.81$$

基于以上结果，生物工程师得出结论：三个自变量 x_1、x_2 和 x_3 都不是碳水化合物溶解量 y 的有效预测因子．你同意这个说法吗？请加以解释．

7.11 顶尖大学研究人员的薪资．一所顶尖研究型大学的院长想知道，基于经验年限的不同，学院的顶尖研究人员应该拿多少薪资．一位独立顾问提出了二次模型

$$E(y) = \beta_0 + \beta_1 x + \beta_2 x^2$$

其中，y = 年薪（千美元），x = 经验年限．

为了拟合该模型，顾问随机抽取了其他研究型大学的三名研究人员，并将信息记录在右表中．关于模型的充分性发表你的意见．

	y	x
研究人员 1	60	2
研究人员 2	45	1
研究人员 3	82	5

7.12 FDA 对一家肉类加工厂的调查．一家特定的肉类加工厂为其顾客宰杀、切割和包装牛肉．假设有人向美国食品和药物管理局（FDA）提交了针对该加工厂的控诉．该控诉称，消费者并没有获得其所购买的牛身上的所有牛肉．这位消费者买了一头 300 磅重的公牛，但只收到了 150 磅切好的包装牛肉．为了解决这一控诉，FDA 收集了一家知名肉类加工厂（不是案例中的公司）9 头牛的活重和加工后重量的数据，结果如右表所示．

(a) 将数据与模型 $E(y) = \beta_0 + \beta_1 x$ 进行拟合．

(b) 为一头 300 磅重的牛的加工后重量 y 构建 95% 的预测区间．

(c) 是否建议 FDA 使用（b）小题获得的预测区间来确定一头 300 磅重的牛，其加工后重量为 150 磅的合理性？请加以解释．

⊚ **STEERS**

活重 x（磅）	加工后重量 y（磅）
420	280
380	250
480	310
340	210
450	290
460	280
430	270
370	240
390	250

⊚ **FTCCIGAR**

7.13 FTC 香烟研究．参考例 7.5 的 FTC 香烟数据．

(a) 将数据与模型 $E(y) = \beta_0 + \beta_1 x_1$ 相拟合，是否有证据表明焦油含量 x_1 对预测一氧化碳含量 y 有用？

(b) 将数据与模型 $E(y) = \beta_0 + \beta_2 x_2$ 相拟合，是否有证据表明尼古丁含量 x_2 对预测一氧化碳含量 y 有用？

(c) 将数据与模型 $E(y) = \beta_0 + \beta_3 x_3$ 相拟合，是否有证据表明重量 x_3 对预测一氧化碳含量 y 有用？

(d) 将（a）、（b）和（c）小题中的模型参数 $\hat{\beta}_1$，$\hat{\beta}_2$，$\hat{\beta}_3$ 的正负号，分别与例 7.5 多元回

归模型中对应的 $\hat{\beta}$ 的正负号进行比较. 当从模型中去掉自变量时, $\hat{\beta}$ 的显著变化是否表明存在严重的多重共线性问题?

7.14 **汽车燃料的需求 .** 经济学家希望将美国汽车燃料的年人均需求 y 建模为关于两个定量自变量即平均实际每周收入 x_1 和普通汽油的平均价格 x_2 的函数. 1985 年至 2017 年这三个变量的数据记录在 *ProQuest 2018 Statistical Abstract of the United States* 上. 假设经济学家将数据与模型 $E(y) = \beta_0 + \beta_1 x_1 + \beta_2 x_2$ 相拟合. 你是否建议经济学家使用最小二乘方程来预测 2020 年的人均汽车燃料消费量? 请加以解释.

7.15 **软件工作量估计的准确性 .** 参见 *Journal of Empirical Software Engineering*（Vol. 9, 2004）关于软件工程师在开发新软件方面的工作量研究, 见练习 6.4. 回想一下, 研究人员将估计工作量 y 的相对误差建模为关于两个定性自变量的函数: 评估人员的公司角色（$x_1 = 1$, 如果是开发人员; $x_1 = 0$, 如果是项目负责人）和以前的准确率（$x_8 = 1$, 如果准确率超过 20%; $x_8 = 0$, 如果准确率低于 20%）. 逐步回归得到预测方程如下:

$$\hat{y} = 0.12 - 0.28x_1 + 0.27x_8$$

(a) 研究人员发现在模型中 $\hat{\beta}_1$ 的符号与预期是相反的 .（研究人员希望项目负责人的估计相对误差小于开发人员 .）至少给出一个原因来解释为什么会出现这种现象 .

(b) 现在, 考虑交互模型 $E(y) = \beta_0 + \beta_1 x_1 + \beta_2 x_8 + \beta_3 x_1 x_8$. 假设没有收集到项目负责人准确率低于 20% 的数据, 交互模型中所有的 β 值都是可估计的吗? 请加以解释 .

7.16 **钢合金的屈服强度 .** 参考练习 6.6 *Modelling and Simulation in Materials Science and Engineering* (Vol. 13, 2005) 的研究 . 在该研究中, 工程师建立了新型钢合金的抗拉屈服强度 y 的回归模型 . 潜在的重要屈服强度预测指标如下所示 . 工程师发现, 自变量镍含量 x_4 与其他 10 个潜在的自变量呈高度相关 . 因此, 镍被从模型中剔除 . 你同意这个决定吗? 请加以解释 .

$x_1 = $ 碳含量（重量 %）

$x_2 = $ 锰含量（重量 %）

$x_3 = $ 铬含量（重量 %）

$x_4 = $ 镍含量（重量 %）

$x_5 = $ 钼含量（重量 %）

$x_6 = $ 铜含量（重量 %）

$x_7 = $ 氮含量（重量 %）

$x_8 = $ 钒含量（重量 %）

$x_9 = $ 板厚度（毫米）

$x_{10} = $ 溶液处理（毫升）

$x_{11} = $ 老化温度（℃）

💿 **BDYIMG**

7.17 **电视真人秀和整容手术 .** 参考 *Body Image: An International Journal of Research*(March

2010) 关于真人秀节目对整容手术意愿影响的研究，见练习 4.12. 研究的模拟数据保存在 BDYIMG 文件中. 回想一下拟合一阶模型 $E(y) = \beta_0 + \beta_1 x_1 + \beta_2 x_2 + \beta_3 x_3 + \beta_4 x_4$，其中，$y$＝整容手术意愿，$x_1$ 是性别的虚拟变量，x_2＝自尊，x_3＝身体满意度，x_4＝对真人秀节目的印象. 检验数据是否存在多重共线性. 如果发现多重共线性，你会建议如何对模型进行修改？

7.18　拟合二次模型. 需要多少 x 的水平来拟合模型 $E(y) = \beta_0 + \beta_1 x + \beta_2 x^2$？样本量要多大，才有足够的自由度估计 σ^2？

7.19　拟合交互模型. 需要多少 x_1 和 x_2 的水平来拟合模型 $E(y) = \beta_0 + \beta_1 x_1 + \beta_2 x_2 + \beta_3 x_1 x_2$？样本量要多大，才有足够的自由度估计 σ^2？

7.20　拟合一个完整二阶模型. 需要多少 x_1 和 x_2 的水平来拟合模型 $E(y) = \beta_0 + \beta_1 x_1 + \beta_2 x_2 + \beta_3 x_1 x_2 + \beta_4 x_1^2 + \beta_5 x_2^2$？样本量要多大，才有足够的自由度估计 σ^2？

💿 **GASTURBINE**

7.21　燃气轮机冷却方法. 参见 *Journal of Engineering for Gas Turbines and Power*（January 2005）关于燃气轮机发动机高压进气雾化方法的研究，见练习 6.10. 回想一下，在 67 台有高压进气雾化器的燃气轮机样本中，我们使用一些自变量来重新计算每台燃气轮机的热耗率（千焦 / 千瓦时）. 在本练习中，考虑一个热耗率的一阶模型，它是关于定量自变量转速（每分钟转数）、循环压力比、进气温度（℃）、排气温度（℃）、空气质量流量（千克 / 秒）和功率（马力）的函数. 理论表明，热耗率会随着转速的增加而增加，会随着其他自变量的增加而降低. 将文件中的数据与模型进行拟合，结果显示在 MINITAB 的输出结果中. 你发现了多重共线性的迹象吗？如果是这样，该模型应如何修改？

Analysis of Variance

Source	DF	Seq SS	Contribution	Adj SS	Adj MS	F-Value	P-Value
Regression	6	155269735	92.48%	155269735	25878289	122.96	0.000
RPM	1	119598530	71.23%	5265815	5265815	25.02	0.000
CPRATIO	1	22745478	13.55%	10465	10465	0.05	0.824
INLET-TEMP	1	9020839	5.37%	8133167	8133167	38.65	0.000
EXH-TEMP	1	2915998	1.74%	3504875	3504875	16.65	0.000
AIRFLOW	1	774427	0.46%	449995	449995	2.14	0.149
POWER	1	214462	0.13%	214462	214462	1.02	0.317
Error	60	12627473	7.52%	12627473	210458		
Total	66	167897208	100.00%				

Model Summary

S	R-sq	R-sq(adj)	PRESS	R-sq(pred)
458.757	92.48%	91.73%	16699871	90.05%

Coefficients

Term	Coef	SE Coef	95% CI	T-Value	P-Value	VIF
Constant	14314	1112	(12089, 16539)	12.87	0.000	
RPM	0.0806	0.0161	(0.0484, 0.1128)	5.00	0.000	4.01
CPRATIO	−6.8	30.4	(−67.5, 54.0)	−0.22	0.824	5.21
INLET-TEMP	−9.51	1.53	(−12.57, −6.45)	−6.22	0.000	13.85
EXH-TEMP	14.15	3.47	(7.22, 21.09)	4.08	0.000	7.35
AIRFLOW	−2.55	1.75	(−6.05, 0.94)	−1.46	0.149	49.14
POWER	0.00426	0.00422	(−0.00418, 0.01269)	1.01	0.317	49.77

Regression Equation

HEATRATE = 14314 + 0.0806 RPM − 6.8 CPRATIO − 9.51 INLET-TEMP + 14.15 EXH-TEMP − 2.55 AIRFLOW + 0.00426 POWER

练习 7.21 的 MINITAB 输出结果

7.22 对数转换. 考虑下表中显示的数据.

🔘 **EX7_22**

x	54	42	28	38	25	70	48	41	20	52	65
y	6	16	33	18	41	3	10	14	45	9	5

(a) 将点绘制在散点图上. x 和 y 之间存在什么样的关系?

(b) 对于每个观测值,计算 $\ln x$ 和 $\ln y$. 在散点图上绘制对数转换后的数据点, $\ln x$ 和 $\ln y$ 之间存在什么样的关系?

(c) (b) 小题的散点图表明转换模型

$$\ln y = \beta_0 + \beta_1 \ln x + \varepsilon$$

可能是合适的. 将数据与转换后的模型进行拟合,该模型是否充分? $(\alpha = 0.05)$

(d) 利用转换后的模型预测 $x = 30$ 时 y 的值.(提示:使用逆变换 $y = e^{\ln y}$.)

7.23 房地产数据的多重共线性. D.Hamilton 用一个例子说明了多重共线性问题,使用的数据显示在下表中. 随机选择住宅地产,将土地估价 x_1、升值空间估计 x_2 以及销售价格 y 显示在下表中(所有的测量单位都是千美元).

(a) 计算 y 和 x_1 之间的相关系数. 是否有证据表明销售价格与土地估价之间存在线性关系?

(b) 计算 y 和 x_2 之间的相关系数. 是否有证据表明销售价格和升值空间估计之间存在线性关系?

(c) 基于(a)和(b)小题的结果,你认为模型 $E(y) = \beta_0 + \beta_1 x_1 + \beta_2 x_2$ 对预测销售价格有用吗?

(d) 使用统计软件拟合(c)小题中的模型,并检验模型的充分性. 要特别注意 R^2 的值. 这个结果和你对(c)小题的回答一致吗?

(e) 计算 x_1 与 x_2 的相关系数. 结果意味着什么?

(f) 许多研究人员为了避免多重共线性问题,总是从模型中保留一个"冗余"变量而删除其余所有"冗余"变量. 对于这个练习,你会推荐这个策略吗?请加以解释.(Hamilton 指出,在这种情况下,这种策略无异于"将婴儿和洗澡水一起倒掉".)

🔘 **HAMILTON**

x_1	x_2	y	x_1	x_2	y	x_1	x_2	y
22.3	96.6	123.7	28.3	85.2	130.3	33.9	50.5	112.0
25.7	89.4	126.6	30.2	80.4	131.3	23.5	85.1	115.6
38.7	44.0	120.0	21.4	90.5	114.4	27.6	65.9	108.3
31.0	66.4	119.3	30.4	77.1	128.6	39.0	49.0	126.3
33.9	49.1	110.6	32.6	51.1	108.4	31.6	69.6	124.6

资料来源:Hamilton, D. "Sometimes $R^2 > r_{yx_1}^2 + r_{yx_2}^2$: Correlated variables are not always redundant," *American Statistician*, Vol. 41, No. 2, May 1987, pp. 129–132.

🔘**BUBBLE**

7.24　过冷流动沸腾时的气泡特性 . 参见 *Heat Transfer Engineering*（Vol. 34, 2013）中对过冷流动沸腾时的气泡特性的研究，见练习 4.13. 回想一下，在不同的质量通量（千克 /（平方米·秒））和热流密度（兆瓦 / 平方米）水平下进行实验，气泡直径（毫米）和气泡密度（升 / 平方米）这两项特性被测量和记录 . 这些数据保存在文件中 . 考虑将气泡直径 y 建模为关于质量通量 x_1、热流密度 x_2 和气泡密度 x_3 的函数 .

（a）计算每对自变量之间的相关系数 . 有多重共线性的迹象吗？如果有，你将如何解决这个问题？

（b）假设当质量通量为 406 千克 /（平方米·秒）和热流密度为 1.5 兆瓦 / 平方米时，研究者希望利用回归模型预测气泡的直径 . 关于这个预测你会对研究者提出怎样的建议？

7.25　四阶多项式 . 为了模拟因变量 y 和自变量 x 之间的关系，研究人员测量了五个不同 x 值时对应的 y 值 . 基于数学领域的专长，研究人员意识到可以拟合四阶多项式模型

$$E(y) = \beta_0 + \beta_1 x + \beta_2 x^2 + \beta_3 x^3 + \beta_4 x^4$$

它将穿过所有 5 个点，得到 SSE = 0 . 研究人员对模型的完美拟合感到高兴，并急切地开始使用它进行推断 . 研究人员在进行推断时会遇到什么问题？

参考文献

Draper, N., and Smith, H. *Applied Regression Analysis*, 3rd ed. New York: Wiley, 1998.

Kutner, M., Nachtsheim, C., Neter, J., and Li, W. *Applied Linear Statistical Models*, 5th ed. New York: McGraw-Hill/Irwin, 2005.

Montgomery, D., Peck, E., and Vining, G. *Introduction to Linear Regression Analysis*, 5th ed. New York: Wiley, 2012.

Mosteller, F., and Tukey, J. W. *Data Analysis and Regression: A Second Course in Statistics*. Reading, Mass.: Addison-Wesley, 1977.

第8章 残差分析

目标

1. 说明如何使用残差来检验模型假设的偏差.
2. 建议一些处理这些问题的方法.

8.1 引言

我们反复指出,与回归分析相关的许多推断的有效性取决于误差项 ε 是否满足某些假设.因此,当我们对一个回归系数或一组回归系数进行假设检验时,或当我们为 y 的未来值计算一个预测区间时,我们必须假设:(1)ε 服从正态分布,(2)其均值为 0,(3)其方差 σ^2 是常数,(4)每一对误差项是不相关的.⊖幸运的是,经验表明:只要与假设的偏差不太大,最小二乘回归分析就能产生可靠的检验统计量和置信区间.本章的目的是为你提供图形化工具和统计检验方法,这些工具将有助于识别与基本假设产生重大偏差的情况.此外,这些工具将帮助你评估模型的效用,在某些情况下,可能会对模型提出修改建议,以便更好地描述响应变量均值.

首先,在 8.2 节中,我们将定义回归残差,并给出残差的一些性质,这些性质将有助于检验假设中存在的问题.在 8.3 节中,我们展示了如何绘制残差图来揭示模型的不足之处.在 8.4 节中,我们将研究这些图,并用一个简单的方法来检验自变量在不同水平上的异方差.检验正态性假设的残差图分析是 8.5 节的主要内容.在 8.6 节中,残差图用于检验异常值(即与其他观测值相比异常大或异常小的观测值);并提出测量这些异常值对拟合回归模型的影响的方法.最后,我们将在 8.7 节中讨论使用残差来检验误差项的时间序列相关性.

8.2 回归残差

多元回归模型中的误差项通常是未知的.要了解这一点,请参考模型

$$y = \beta_0 + \beta_1 x_1 + \cdots + \beta_k x_k + \varepsilon$$

对误差项进行求解:

$$\varepsilon = y - (\beta_0 + \beta_1 x_1 + \cdots + \beta_k x_k)$$

⊖ 我们假设(4.2 节)与线性模型相关的随机误差是相互独立的.如果两个随机变量是相互独立的,那么(证明省略)它们将不相关.除正态分布的随机变量外,一般情况下反向推导是不正确的.如果两个正态分布的随机变量不相关,则说明它们也是相互独立的.

虽然因变量的值和自变量 $x_1, x_2, \cdots, x_k$ 已知，但回归系数 $\beta_0, \beta_1, \cdots, \beta_k$ 的真实值未知．因此，无法精确计算 ε 的值．

利用数据得到回归系数的最小二乘估计值 $\hat{\beta}_0, \hat{\beta}_1, \cdots, \hat{\beta}_k$ 后，利用相应的**回归残差**，即 y 的观测值与预测值之间的偏差，可以估计出与每个 y 值有关的 ε 值：

$$\hat{\varepsilon}_i = y_i - \hat{y}_i$$

为此，我们必须将 $x_1, x_2, \cdots, x_k$ 的值依次代入预测方程中，得到每个数据点的 $\hat{y}$，然后用 y 的观测值减去该值．

定义 8.1 **回归残差**是因变量的观测值减去预测值，即

$$\hat{\varepsilon} = y - \hat{y} = y - (\hat{\beta}_0 + \hat{\beta}_1 x_1 + \cdots + \hat{\beta}_k x_k)$$

简单直线模型的真实误差 ε 和残差 $\hat{\varepsilon}$ 如图 8.1 所示．

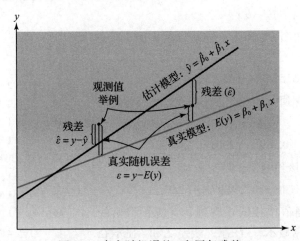

图 8.1 真实随机误差 ε 和回归残差 $\hat{\varepsilon}$

由于残差估计的是真实随机误差，所以它们被用来检验回归分析的基本假设．这种检验通常被称为**残差分析**．残差的两个有用性质总结在下框中．

回归残差的性质

1. 残差的均值等于 0．这一性质是由于观察到的所有 y 值与其最小二乘预测的 $\hat{y}$ 值之差的和等于 0：

$$\sum_{i=1}^{n} \hat{\varepsilon}_i = \sum_{i=1}^{n} (y_i - \hat{y}_i) = 0$$

2. 残差的标准差等于拟合回归模型的标准差 s．这一性质是由于残差平方和等于 SSE，再除以误差自由度，等于拟合回归模型的方差 s^2．方差的平方根既是残差的标准差，又是回归模型的标准差：

$$\sum_{i=1}^{n} \varepsilon_i^2 = \sum_{i=1}^{n} (y_i - \hat{y}_i)^2 = \text{SSE}$$

$$s = \sqrt{\frac{\sum \varepsilon_i^2}{n-(k+1)}} = \sqrt{\frac{SSE}{n-(k+1)}}$$

例 8.1 表 8.1 中的数据代表 20 名奥运会运动员的胆固醇水平（毫克/升）和平均每日饱和脂肪摄入量（毫克）. 考虑建立胆固醇水平 y 与脂肪摄入量 x 有关的回归模型. 分别计算以下模型的回归残差.

（a）直线（一阶）模型

（b）二次（二阶）模型

对于这两个模型，证明残差之和均为 0.

解 （a）一阶模型

$$y = \beta_0 + \beta_1 x + \varepsilon$$

的 SAS 输出结果，如图 8.2 所示. 最小二乘模型（高亮显示）为

$$\hat{y} = 515.705 + 0.569\ 2x$$

因此，计算第一个观测值 $x = 1\ 290$，$y = 1\ 182$ 的残差，需要先计算预测值：

$$\hat{y} = 515.705 + 0.569\ 2(1\ 290) = 1\ 249.97$$

然后从观测值中减去该预测值，得到 $\hat{\varepsilon}$ 为

$$\hat{\varepsilon} = y - \hat{y} = 1\ 182 - 1\ 249.97 = -67.97$$

对其他九个观测值按相同步骤进行计算，得出的残差值见图 8.2（高亮显示）. 注意，残差之和（显示在 SAS 输出结果的底部）为 0.

（b）二阶模型

$$y = \beta_0 + \beta_1 x + \beta_2 x^2 + \varepsilon$$

的 SAS 输出结果，如图 8.3 所示. 最小二乘模型是

$$\hat{y} = -1\ 159.35 + 2.343\ 94x - 0.000\ 439x^2$$

对于第一个观测值 $x = 1\ 290, y = 1\ 182$，预测的胆固醇水平为

$$\hat{y} = -1\ 159.35 + 2.343\ 94(1\ 290) - 0.000\ 439(1\ 290)^2 = 1\ 133.8$$

回归残差为

$$\hat{\varepsilon} = y - \hat{y} = 1\ 182 - 1\ 133.8 = 48.2$$

图 8.3 高亮显示了二阶模型的所有回归残差.[注] 同样，你可以看到（在 SAS 输出结果的底部）残差之和为 0.

⊖ 图 8.2 和图 8.3 所示的残差是使用统计软件生成的. 因此，由于舍入误差，报告的结果与手动计算的残差略有不同.

⊘ **OLYMPIC**

表 8.1　20 名奥运会运动员数据

运动员	脂肪摄入量 x（毫克）	胆固醇水平 y（毫克/升）
1	1 290	1 182
2	1 350	1 172
3	1 470	1 264
4	1 600	1 493
5	1 710	1 571
6	1 840	1 711
7	1 980	1 804
8	2 230	1 840
9	2 400	1 956
10	2 930	1 954
11	1 200	1 055
12	1 375	1 241
13	1 410	1 254
14	1 560	1 377
15	1 600	1 465
16	1 950	1 741
17	2 050	1 810
18	2 250	1 893
19	2 600	1 972
20	2 760	1 935

The REG Procedure
Model: MODEL1
Dependent Variable: CHOLES

Number of Observations Read	20
Number of Observations Used	20

Analysis of Variance					
Source	DF	Sum of Squares	Mean Square	F Value	Pr > F
Model	1	1617913	1617913	122.37	<.0001
Error	18	237980	13221		
Corrected Total	19	1855893			

Root MSE	114.98304	R-Square	0.8718
Dependent Mean	1584.50000	Adj R-Sq	0.8646
Coeff Var	7.25674		

Parameter Estimates					
Variable	DF	Parameter Estimate	Standard Error	t Value	Pr > |t|
Intercept	1	515.70497	99.97886	5.16	<.0001
FAT	1	0.56919	0.05145	11.06	<.0001

Output Statistics				
Obs	FAT	Dependent Variable	Predicted Value	Residual
1	1290	1182	1250	−67.9590
2	1350	1172	1284	−112.1104
3	1470	1264	1352	−88.4131
4	1600	1493	1426	66.5923
5	1710	1571	1489	81.9815
6	1840	1711	1563	147.9869
7	1980	1804	1643	161.3004
8	2230	1840	1785	55.0031
9	2400	1956	1882	74.2409
10	2930	1954	2183	−229.4293
11	1200	1055	1199	−143.7320
12	1375	1241	1298	−57.3401
13	1410	1254	1318	−64.2617
14	1560	1377	1404	−26.6401
15	1600	1465	1426	38.5923
16	1950	1741	1626	115.3761
17	2050	1810	1683	127.4572
18	2250	1893	1796	96.6193
19	2600	1972	1996	−23.5969
20	2760	1935	2087	−151.6672

Sum of Residuals	0
Sum of Squared Residuals	237980
Predicted Residual SS (PRESS)	327395

图 8.2　一阶模型的 SAS 输出结果

The REG Procedure
Model: MODEL1
Dependent Variable: CHOLES

Number of Observations Read	20
Number of Observations Used	20

Analysis of Variance					
Source	DF	Sum of Squares	Mean Square	F Value	Pr > F
Model	2	1834730	917365	736.92	<.0001
Error	17	21163	1244.86963		
Corrected Total	19	1855893			

Root MSE	35.28271	R-Square	0.9886
Dependent Mean	1584.50000	Adj R-Sq	0.9873
Coeff Var	2.22674		

Parameter Estimates					
Variable	DF	Parameter Estimate	Standard Error	t Value	Pr > |t|
Intercept	1	−1159.35021	130.57920	−8.88	<.0001
FAT	1	2.34394	0.13540	17.31	<.0001
FATSQ	1	−0.00043899	0.00003326	−13.20	<.0001

Output Statistics				
Obs	FAT	Dependent Variable	Predicted Value	Residual
1	1290	1182	1134	48.1962
2	1350	1172	1205	−32.9035
3	1470	1264	1338	−73.6207
4	1600	1493	1467	25.8697
5	1710	1571	1565	5.8741
6	1840	1711	1667	43.7577
7	1980	1804	1761	43.3803
8	2230	1840	1885	−44.5632
9	2400	1956	1938	18.4995
10	2930	1954	1940	14.3268
11	1200	1055	1021	33.7723
12	1375	1241	1234	7.4044
13	1410	1254	1273	−18.8425
14	1560	1377	1429	−51.8616
15	1600	1465	1467	−2.1303
16	1950	1741	1742	−1.0590
17	2050	1810	1801	9.1448
18	2250	1893	1892	0.8919
19	2600	1972	1967	4.7060
20	2760	1935	1966	−30.8428

Sum of Residuals	0
Sum of Squared Residuals	21163
Predicted Residual SS (PRESS)	28812

图 8.3　二阶（二次）模型的 SAS 输出结果　■

正如我们将在后面的节中了解到的, 回归残差的图形显示对于检验假设偏离非常有用. 例如, 在纵轴上表示回归残差, 横轴上表示自变量之一, 或预测值 $\hat{y}$ (即自变量的线性函数). 如果满足有关误差项 ε 的假设, 我们期望看到的残差图不会呈现趋势波动, 即没有显著增加或减少的变化, 仅有少数残差 (约 5%) 距离 0 超过 2 个估计标准差 $(2s)$.

8.3 检验拟合不当

考虑一般线性模型:

$$y = \beta_0 + \beta_1 x_1 + \beta_2 x_2 + \cdots + \beta_k x_k + \varepsilon$$

假设该模型指定正确 (即模型中的项准确地表示了 y 与自变量之间的真实关系). 在 4.2 节中, 我们对随机误差项 ε 的第一个假设是, 对于任意给定的 $x_1, x_2, \cdots, x_k$ 值, $E(\varepsilon) = 0$. 回想一下, 这个假设意味着

$$E(y) = \beta_0 + \beta_1 x_1 + \beta_2 x_2 + \cdots + \beta_k x_k$$

现在, 如果一个分析师假设了一个指定错误的模型, 均值用 $E_m(y)$ 表示, 则 $E(y) \neq E_m(y)$. 假设指定错误的模型方程为 $y = E_m(y) + \varepsilon$, 则 $\varepsilon = y - E_m(y)$. 很容易看出, 对于指定错误的模型, $E(\varepsilon) = E(y) - E_m(y) \neq 0$. 也就是说, 对于该模型, $E(\varepsilon) = 0$ 的假设将被推翻.

尽管在大部分情况下, 指定错误的模型与样本数据集相拟合的效果很差, 但也可能有例外. 一个指定错误的模型可能会产生一个显著的全局 F 值; 如果不进一步调查, 一个分析师可能不会发觉模型 "拟合不当" 的问题.

在本节中, 我们将演示残差图如何检验拟合不当的情况 (即模型的确定性部分 $E(y)$ 是否被错误指定). 如下框中所示, 如果残差图表现出显著的趋势或模式, 则很可能违反了 $E(\varepsilon) = 0$ 的假设. 我们还可通过了解趋势或模式的本质, 从而提出修改模型的解决方法.

> **用残差检验模型拟合不当**
>
> 1. 绘制纵轴为回归残差 $\hat{\varepsilon}$, 横轴为每个自变量 $x_1, x_2, \cdots, x_k$ 的残差图.
>
> 2. 绘制纵轴为回归残差 $\hat{\varepsilon}$, 横轴为预测值 $\hat{y}$ 的残差图.
>
> 3. 在上述图中, 寻找显著的趋势变化, 或超过 5% 的残差位于 0 的 $2s$ 范围之外. 这些趋势表明模型中存在拟合不当的问题.

例 8.2 参考例 8.1, 以及保存在 OLYMPIC 文件中的胆固醇数据. 在 (a) 小题中, 我们使用 SAS 计算了一阶模型 $E(y) = \beta_0 + \beta_1 x$ 的残差, 其中 $y =$ 奥运会运动员的胆固醇水平, $x =$ 脂肪摄入量. 根据脂肪摄入量绘制该模型的残差图 (即横轴为 x 值). 该图暗示了什么一阶模型可能的拟合不当? 将如何修改模型?

解 利用 SAS 绘制一阶模型的残差 (见图 8.2 所示的 SAS 输出结果) 与其相对应的脂肪摄入量 x 之间的残差图, 如图 8.4 所示. 该图的独特之处在于残差关于其均值呈抛物线分布 (即所有残差对于脂肪摄入量中等的运动员都是正的, 对于脂肪摄入量较高或较低的运动员都是负的). 残差中的这一明显趋势暗示着, $E(\varepsilon) = 0$ 的假设因为模型被错误指定而未被

满足.

　　此外, 抛物线趋势表明, 二阶 (二次) 项的加入可以提高模型的拟合程度. 为什么呢? 图 8.5 是带有最小二乘直线的胆固醇数据的 MINITAB 散点图. 首先要注意到数据变化呈现曲线趋势. 这一曲线趋势导致了高、低脂肪摄入水平 x 的负残差 (y 值低于预测值或拟合线), 中间水平 x 的正残差 (y 值高于拟合线). 因此将数据与二阶模型相拟合, 我们可以消除掉这些残差趋势.

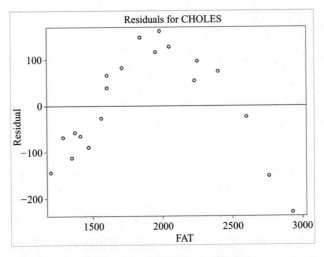

图 8.4　一阶模型的 SAS 残差图

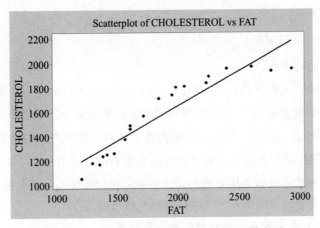

图 8.5　带有最小二乘直线的 MINITAB 散点图

　　例 8.3　再次参考例 8.1, 胆固醇数据保存在 OLYMPIC 文件中. 在 (b) 小题中, 我们使用 SAS 得到二次模型 $E(y) = \beta_0 + \beta_1 x + \beta_2 x^2$ 的残差. 为该模型构造一个类似于例 8.2 的残差图. 该图对二次模型的拟合有何指导意义?

　　解　利用 SAS 绘制二阶模型的残差 (见图 8.3 所示的 SAS 输出结果) 与其相对应的脂肪摄入量 x 之间的残差图, 如图 8.6 SAS 输出结果左侧所示. 残差图没有发现存在明显的趋势．此外，所有残差都在其均值 (0) 的 $2s$ 范围内，且均值周围的变化对于偏小的 x 值和偏大的 x 值都显示一致．显然，二阶模型的残差图不再呈现图 8.4 中的抛物线趋势，表明针对胆固醇数据二次模型提供了更好的拟合．事实上，通过模型的 SAS 输出结果可知（图 8.3），二次项系数 β_2 非常显著．对于这个模型，$E(\varepsilon)=0$ 的假设是被满足的．

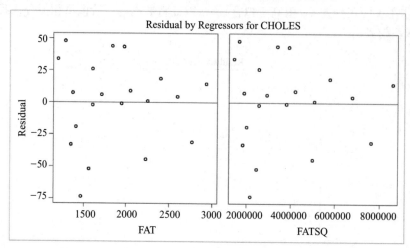

图 8.6　二阶模型的 SAS 残差图

另一种检验多个自变量模型拟合不当的方法是构造偏残差图．模型中第 j 个自变量 x_j 的**偏残差**计算如下：

$$\hat{\varepsilon}^* = y - (\hat{\beta}_0 + \hat{\beta}_1 x_1 + \hat{\beta}_2 x_2 + \cdots + \hat{\beta}_{j-1} x_{j-1} + \hat{\beta}_{j+1} x_{j+1} + \cdots + \hat{\beta}_k x_k)$$
$$= \hat{\varepsilon} + \hat{\beta}_j x_j$$

式中，$\hat{\varepsilon}$ 是一般的回归残差．

偏残差测量的是在去除其他自变量 $(x_1, x_2, \cdots, x_{j-1}, x_{j+1}, \cdots, x_k)$ 后，x_j 对因变量 y 的影响．如果在直线模型中将偏残差 $\hat{\varepsilon}^*$ 关于 x_j 进行回归分析，得到的最小二乘斜率等于 $\hat{\beta}_j$，即从完整模型中获得的 β 估计值．因此，当用 x_j 绘制偏残差图时，这些点会分散在斜率等于 $\hat{\beta}_j$ 的直线附近．这条线周围的异常偏差或趋势将会暗示变量 x_j 拟合不当．

偏残差图往往比普通的残差图更能显示出 y 和 x_j 之间的关系．特别是，偏残差图通常更精确地指导如何修改模型，⊖ 将在下一个例子中具体说明．

定义 8.2　第 j 个自变量 x_j 的偏回归残差计算如下：

$$\hat{\varepsilon}^* = y - (\hat{\beta}_0 + \hat{\beta}_1 x_1 + \hat{\beta}_2 x_2 + \cdots + \hat{\beta}_{j-1} x_{j-1} + \hat{\beta}_{j+1} x_{j+1} + \cdots + \hat{\beta}_k x_k)$$
$$= \hat{\varepsilon} + \hat{\beta}_j x_j$$

式中，$\hat{\varepsilon} = y - \hat{y}$ 是一般的回归残差（见定义 8.1）．

⊖　偏残差图显示了预测变量在相关研究范围内的正确函数形式，除非存在严重的多重共线性．参见 Mansfield and Conerly(1987)，对残差图和偏残差图的使用做了详细的讨论．

例 8.4　一家连锁超市想调查价格 p 对某品牌咖啡周需求量 y 的影响. 11 个价格被随机分配给连锁超市,并使用相同的手段进行广告宣传. 几周后,连锁超市进行了同样的实验,但没有使用广告. 研究数据如表 8.2 所示.

建立模型:

$$E(y) = \beta_0 + \beta_1 p + \beta_2 x_2$$

其中

$$x_2 = \begin{cases} 1, & \text{如果使用广告} \\ 0, & \text{如果没有使用广告} \end{cases}$$

（a）将数据与模型相拟合. 该模型是否充分预测周需求量 y?

（b）绘制残差与 p 的散点图. 你发现了什么趋势?

（c）绘制自变量 p 的偏残差图. 该图揭示了什么?

（d）拟合模型 $E(y) = \beta_0 + \beta_1 x_1 + \beta_2 x_2$,其中 $x_1 = 1/p$. 模型的预测能力提高了吗?

解　（a）回归分析的 SPSS 输出结果,如图 8.7 所示. 检验模型充分性（即 H_0: $\beta_1 = \beta_2 = 0$）的 F 值（阴影部分）表示为 $F = 373.71$,相应的 p 值（阴影部分）为 0.000. 因此,（$\alpha = 0.01$）有足够的证据表明,该模型有助于预测周需求量 y. 此外,判定系数 $R^2 = 0.975$,这意味着该模型解释了每周需求量中约 97.5% 的样本变化.

然而,回忆例 7.8 中所述,我们通过转换自变量 $x_1 = 1/p$ 拟合了一个模型. 也就是说,我们预期周需求量 y 和价格 p 之间的关系. 以曲线形式降低,并且随着 p 的增加而趋近于（但永远不会达到）0（见图 7.11d）. 如果存在这种关系,（价格未转换的）模型虽然在统计上有助于预测需求 y,但在实际情况下是不合适的.

（b）（a）小题模型的回归残差保存在 SPSS 中,且绘制价格 p 的残差图,如图 8.8 中所示. 请注意,该图存在明显的抛物线趋势,这意味着拟合不当. 因此,残差图支持我们的假设,即周需求量 – 价格的关系应为曲线,而不是线性. 然而单从图中看,对价格的适当转换（即 $1/p$）并不明显. 事实上,根据图 8.8 中曲线的性质可能会得出结论:将二次项 $\beta_3 p^2$ 添加到模型中可以解决问题. 一般来说,残差图会检测曲率是否存在,但可能无法显示适当的转换.

（c）大多数统计包都有自动计算偏残差的选项. 关于自变量 p 的偏残差图 SPSS 输出结果,如图 8.9 所示. SPSS（SAS 也一样）通过（分别）计算因变量 y 对广告 x_2 的残差,以及价格 p 对 x_2 的残差,计算价格 p 的偏残差. 这些残差关于价格 p 的散点图,与定义 8.2 的偏残差图相似. 可以看到,图 8.9 的偏残差图也显示了曲线趋势,但除此之外,还显示了周需求量 – 价格关系的正确函数形式. 请注意,随着 p 的增加,曲线逐渐减小并趋于（但从未达到）0. 这表明价格的适当转换形式是 $1/p$ 或 e^{-p}（见图 7.11c 和图 7.11d）.

⊙ **COFFEE2**

表 8.2　例 8.4 的数据

周需求量 y（磅）	价格 p（美元/磅）	广告 x_2
1 190	3.0	1
1 033	3.2	1
897	3.4	1
789	3.6	1
706	3.8	1
595	4.0	1
512	4.2	1
433	4.4	1
395	4.6	1
304	4.8	1
243	5.0	1
1 124	3.0	0
974	3.2	0
830	3.4	0
702	3.6	0
619	3.8	0
529	4.0	0
451	4.2	0
359	4.4	0
296	4.6	0
247	4.8	0
194	5.0	0

（d）进行转换，令 $x_1 = 1/p$，我们将调整数据重新拟合模型，SPSS 的输出结果如图 8.10 所示．检验 H_0：$\beta_1 = \beta_2 = 0$ 的 p 值很小 (0.000 1)，表明该模型充分预测 y．虽然判定系数仅略有增加（从 $R^2 = 0.975$ 到 $R^2 = 0.999$），但模型标准差显著降低（从 $s = 49.876$ 到 $s = 11.097$）．因此，虽然价格未转换的模型可以预测咖啡的每周需求量在真实值的 $2s = 2(50) = 100$ 磅范围之内，但转换后的模型可以预测需求量在真实值的 $2(11) = 22$ 磅范围之内．

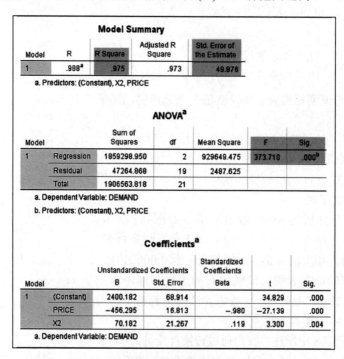

Model Summary

Model	R	R Square	Adjusted R Square	Std. Error of the Estimate
1	.988[a]	.975	.973	49.876

a. Predictors: (Constant), X2, PRICE

ANOVA[a]

Model		Sum of Squares	df	Mean Square	F	Sig.
1	Regression	1859298.950	2	929649.475	373.710	.000[b]
	Residual	47264.868	19	2487.625		
	Total	1906563.818	21			

a. Dependent Variable: DEMAND

b. Predictors: (Constant), X2, PRICE

Coefficients[a]

Model		Unstandardized Coefficients		Standardized Coefficients	t	Sig.
		B	Std. Error	Beta		
1	(Constant)	2400.182	68.914		34.829	.000
	PRICE	−456.295	16.813	−.980	−27.139	.000
	X2	70.182	21.267	.119	3.300	.004

a. Dependent Variable: DEMAND

图 8.7　需求模型的 SPSS 回归输出结果

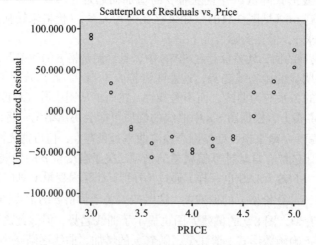

图 8.8　需求模型的 SPSS 残差图

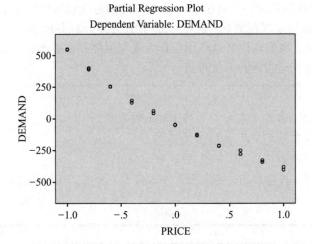

图 8.9　需求模型中价格的 SPSS 偏残差图

Model Summary[b]

Model	R	R Square	Adjusted R Square	Std. Error of the Estimate
1	.999[a]	.999	.999	11.097

a. Predictors: (Constant), X2, X1

b. Dependent Variable: DEMAND

ANOVA[a]

Model		Sum of Squares	df	Mean Square	F	Sig.
1	Regression	1904223.915	2	952111.958	7731.145	.000[b]
	Residual	2339.903	19	123.153		
	Total	1906563.818	21			

a. Dependent Variable: DEMAND

b. Predictors: (Constant), X2, X1

Coefficients[a]

Model		Unstandardized Coefficients		Standardized Coefficients	t	Sig.
		B	Std. Error	Beta		
1	(Constant)	-1217.343	14.898		-81.711	.000
	X1	6986.507	56.589	.992	123.460	.000
	X2	70.182	4.732	.119	14.831	.000

a. Dependent Variable: DEMAND

图 8.10　转换价格后的需求模型的 SPSS 回归输出结果 ■

　　残差图（或偏残差图）可用于指导改进潜在模型，但它们不能代替模型各项检验统计量来确定其显著性．因此，关于二阶项是否为胆固醇模型（例 8.1）提供信息，是通过原假设 $H_0 : \beta_2 = 0$ 的 t 检验来判断的．如图 8.2 所示，适当的检验统计量表明，二阶项确实有助于

预测胆固醇水平 y. 我们对这一统计推断有信心，是因为我们知道发生第 I 类错误（当原假设实际为真，而检验结果却拒绝它）的概率 α. 相比之下，残差图的决策则较为主观，其可靠性无法量化. 因此，我们建议将这些图仅作为发现可能存在的潜在问题的指标. 对模型充分性的最终判断应基于适当的检验统计量. ⊖

练习 8.3

8.1　计算和绘制残差. 考虑下表中所示的 x 和 y 的数据.

（a）将数据与模型 $E(y) = \beta_0 + \beta_1 x$ 拟合.

（b）计算模型的残差.

（c）绘制残差与 x 的散点图. 你发现了什么趋势？对此，改进模型你有何建议？

🔘 **EX8_1**

x	−2	−2	−1	−1	0	0	1	1	2	2	3	3
y	1.1	1.3	2.0	2.1	2.7	2.8	3.4	3.6	4.0	3.9	3.8	3.6

8.2　计算和绘制残差. 考虑下表中所示的 x 和 y 的数据.

（a）将数据与模型 $E(y) = \beta_0 + \beta_1 x$ 拟合.

（b）计算模型的残差.

（c）绘制残差与 x 的散点图. 你发现了什么趋势？对此，改进模型你有何建议？

🔘 **EX8_2**

x	2	4	7	10	12	15	18	20	21	25
y	5	10	12	22	25	27	39	50	47	65

8.3　新轮胎磨损试验. 参考例 3.2. 回想一下，一个新型轮胎的制造商测试了轮胎在不同压力下的磨损情况，结果如下表所示.

（a）将数据与直线模型 $y = \beta_0 + \beta_1 x + \varepsilon$ 拟合.

（b）计算模型的残差.

（c）绘制残差与 x 的散点图. 你发现了趋势吗？对此，改进模型你有何建议？

（d）使用统计软件包将数据与二次模型 $y = \beta_0 + \beta_1 x + \beta_2 x^2 + \varepsilon$ 拟合. 二次项的增加是否有效改进模型？

🔘 **TIRES**

压力 x（磅力 / 平方英寸）	汽油里程数 y（千英里）	压力 x（磅力 / 平方英寸）	汽油里程数 y（千英里）
30	29.5	33	37.6

⊖ 一般确定直线模型是否与数据充分拟合的方法是检验原假设 $H_0: E(y) = \beta_0 + \beta_1 x$ 与备择假设 $H_a: E(y) \neq \beta_0 + \beta_1 x$. 你可以看到这个被称为拟合不当的检验，但并不限制备择假设是一个二阶模型. 在 x 值重复时（即当样本数据在 x 的不同水平上包含两个或多个观测值时），拟合不当检验更为合适. 然而，当数据为观测数据时，重复很少发生.（注意，表 8.1 中没有重复的 x 值.）有关如何进行拟合不当检验的详细信息，请阅读本章末尾所列的参考文献.

（续）

压力 x（磅力/平方英寸）	汽油里程数 y（千英里）	压力 x（磅力/平方英寸）	汽油里程数 y（千英里）
30	30.2	34	37.7
31	32.1	34	36.1
31	34.5	35	33.6
32	36.3	35	34.2
32	35.0	36	26.8
33	38.2	36	27.4

8.4 **由腰果壳制成的橡胶添加剂.** 参考 *Industrial & Engineering Chemistry Research*(May 2013) 关于将腰果壳副产品腰果酚作为天然橡胶添加剂的研究，见练习 4.7. 回顾将腰果酚接枝到天然乳胶上，并对其化学性质进行实验，数据在下表中. 研究人员建立接枝效率 y（%）关于引发剂浓度 x_1（每百份树脂中的数量）、腰果酚浓度 x_2（每百份树脂中的数量）、反应温度 x_3（℃）和反应时间 x_4（小时）的一阶函数. SAS 输出结果分别显示了四个自变量的模型残差图. 你建议研究人员如何改进模型，并加以解释.

⊙ **GRAFTING**

序号	接枝效率 y	引发剂浓度 x_1	腰果酚浓度 x_2	反应温度 x_3	反应时间 x_4
1	81.94	1	5	35	6
2	52.38	1	10	50	8
3	54.62	1	15	65	10
4	84.92	2	5	50	10
5	78.93	2	10	65	6
6	36.47	2	15	35	8
7	67.79	3	5	65	8
8	43.96	3	10	35	10
9	42.85	3	15	50	6

资料来源：Mohapatra, S., & Nando, G.B. Chemical Modification of Natural Rubber in the Latex Stage by Grafting Cardanol, a Waste from the Cashew Industry and a Renewable Resource," *Industrial & Engineering Chemistry Research*, Vol. 52, No. 17, May 2013 (Tables 2 and 3).

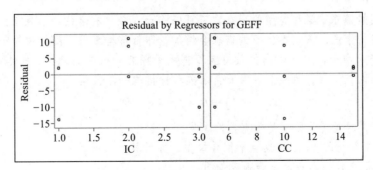

练习 8.4 的 SAS 输出结果

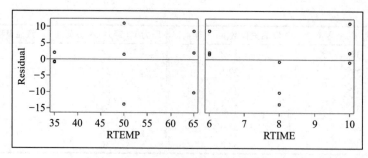

练习 8.4 的 SAS 输出结果 （续）

8.5 硅晶片微芯片失效时间. 参考美国国家半导体研究院关于使用锡铅焊料凸块制造硅晶片集成电路芯片的研究，见练习 4.43. 在不同的焊接温度（℃）下测定了 22 个微芯片的失效时间（以小时为单位），数据显示在下表中. 回想一下，研究人员想根据焊料温度 x 来预测失效时间 y. 将数据与直线模型 $E(y) = \beta_0 + \beta_1 x$ 拟合，并根据焊料温度绘制残差图. 你是否检测到模型拟合不当的问题？在练习 4.43c 中，你发现失效时间与焊料温度之间存在向上弯曲关系. 上述结论与残差图检验结果一致吗？请加以解释.

WAFER

温度（℃）	失效时间（小时）	温度（℃）	失效时间（小时）	温度（℃）	失效时间（小时）
165	200	152	500	132	4 800
162	200	147	500	132	5 000
164	1 200	149	1 100	134	5 200
158	500	149	1 150	134	5 400
158	600	142	3 500	125	8 300
159	750	142	3 600	123	9 700
156	1 200	143	3 650		
157	1 500	133	4 200		

资料来源：Gee, S., & Nguyen, L. "Mean time to failure in wafer level–CSP packages with SnPb and SnAgCu solder bumps," International Wafer Level Packaging Conference, San Jose, CA, Nov. 3–4, 2005 (adapted from Figure 7).

8.6 稀有宝石的需求. 某种类型的稀有宝石可以作为众多拥有者的身份象征. 从理论上讲，随着价格的上涨，人们对宝石的需求会增加，即低价格需求下降，中等价格需求平稳，高价格需求增长，因为以高价获得宝石将赋予拥有者很高的地位. 虽然二次模型似乎与上述理论更拟合，但先假设宝石需求关于价格的一阶模型：

$$y = \beta_0 + \beta_1 x + \varepsilon$$

其中 y 是需求量（千），x 是每克拉的零售价（美元）.

（a）用表中给出的 12 个数据点来拟合模型，并计算回归残差.

（b）根据每克拉的零售价 x 绘制残差图.

（c）你能观察出残差图中的任何趋势吗？如果能，这暗示了什么？

GEM

x	100	700	450	150	500	800	70	50	300	350	750	700
y	130	150	60	120	50	200	150	160	50	40	180	130

BOILERS

8.7 **安装锅炉汽包.** 参考练习 4.79 中安装锅炉汽包所需的小时数研究. 回顾一下, 36 台锅炉的数据被用于拟合模型

$$E(y) = \beta_0 + \beta_1 x_1 + \beta_2 x_2 + \beta_3 x_3 + \beta_4 x_4$$

其中

$$y = 小时数$$
$$x_1 = 锅炉容量（千磅/小时）$$
$$x_2 = 设计压力（磅/平方英寸）$$
$$x_3 = \begin{cases} 1, & 如果工业现场安装 \\ 0, & 如果公用设施现场安装 \end{cases}$$
$$x_4 = \begin{cases} 1, & 如果是蒸汽类 \\ 0, & 如果是泥浆类 \end{cases}$$

（a）计算模型的残差.

（b）绘制残差与 x_1 的散点图. 你发现了趋势？对此, 改进模型你有何建议？

（c）绘制残差与 x_2 的散点图. 你发现了趋势？对此, 改进模型你有何建议？

（d）绘制 x_1 的偏残差图, 并解释结果.

（e）绘制 x_2 的偏残差图, 并解释结果.

BDYIMG

8.8 **电视真人秀和整容手术.** 参考 *Body Image: An International Journal of Research* (March 2010) 关于真人秀节目对整容手术意愿影响的研究, 见练习 7.17. 研究的模拟数据保存在 BDYIMG 文件中. 回想一下, 拟合一阶模型 $E(y) = \beta_0 + \beta_1 x_1 + \beta_2 x_2 + \beta_3 x_3 + \beta_4 x_4$, 其中 $y =$ 整容手术意愿, x_1 是性别的虚拟变量, $x_2 =$ 自尊, $x_3 =$ 身体满意度, $x_4 =$ 对真人秀节目的印象.

（a）计算模型中的残差, 并验证残差之和为 0.

（b）分别绘制残差关于三个定量自变量 x_2, x_3 和 x_4 的散点图. 通过这些图帮助你确定是否应该将二次项添加到模型中.

8.4　检验异方差

回想一下, 对于回归推断有效性, 一个必要的基本假设为: 对于所有自变量水平, 误差项 ε 的方差 σ^2 是常数. 满足这一性质的方差称为**同方差**. 自变量水平不同时, 不等的方差

称为**异方差**. 大量统计检验异方差的方法日趋成熟. 残差图往往也会揭示异方差的存在. 在本节中，我们将展示如何使用残差图来检测偏离的同方差假设，然后给出一个简单检验来识别异方差. 此外，我们会对模型的修改提出一些建议，以纠正这种情况.

当数据不具有同方差时，原因通常是响应变量 y 的方差是关于其均值 $E(y)$ 的函数. 一些例子如下：

1. 如果响应变量 y 是一个服从泊松分布的计数数据，那么方差将等于均值 $E(y)$. 泊松数据通常是某单位体积、面积、时间等的计数. 例如，员工每月的病假天数很可能是泊松随机变量. 如果响应变量的方差与 $E(y)$ 成比例，则回归残差会呈现与 $\hat{y}$（即 $E(y)$ 的最小二乘估计）有关的模式，如图 8.11 所示.

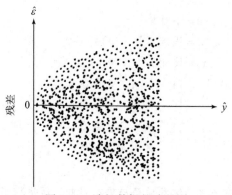

图 8.11　泊松数据的残差图

2. 许多响应变量是由**二项实验**归纳产生的比例（或百分比）. 例如，随机抽取的 100 名罪犯中重复犯罪的人数比例就是二项响应变量的一个例子. 二项比例的方差是关于真实比例（均值）和样本量的函数. 事实上，如果观察到的比例 $y_i = \hat{p}_i$ 是由样本量为 n_i 和真实概率为 p_i 的二项分布产生的，则 y_i 的方差为

$$\mathrm{Var}(y_i) = \frac{p_i(1-p_i)}{n_i} = \frac{E(y_i)[1-E(y_i)]}{n_i}$$

二项数据的残差会呈现与 $\hat{y}$ 有关的模式，如图 8.12 所示.

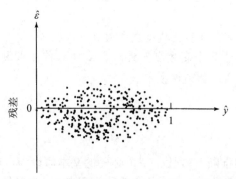

图 8.12　二项数据（比例或百分比）的残差图

3. 在我们建立的所有模型中，均假定随机误差分量满足**可加性**. 加法误差是指响应变量等于均值 $E(y)$ 加上随机误差，即

$$y = E(y) + \varepsilon$$

另一种有用的模型类型是**乘法模型**，尤其适用于商业和经济数据. 在该模型中，响应变量被写成其均值与随机误差分量的乘积，即

$$y = [E(y)]\varepsilon$$

响应变量的方差将与均值的平方成正比

$$\text{Var}(y) = [E(y)]^2 \sigma^2$$

其中 σ^2 是 ε 的方差. 数据受乘法误差影响产生的残差会呈现与 $\hat{y}$ 有关的模式，如图 8.13 所示.

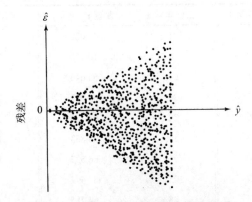

图 8.13   受乘法误差影响的数据残差图

当 y 的方差是其均值的函数时，我们通常可以通过将响应变量转换成具有常数方差的新响应变量来满足同方差的最小二乘假设，此方法被称为**方差稳定转换**. 例如，如果响应变量 y 是一个服从泊松分布的计数变量，则可转换成原响应变量的平方根，即 $\sqrt{y}$，其方差近似为常数.⊖因此，如果响应变量是泊松随机变量，我们会令

$$y^* = \sqrt{y}$$

然后拟合模型

$$y^* = \beta_0 + \beta_1 x_1 + \cdots + \beta_k x_k + \varepsilon$$

⊖ 泊松响应变量的平方根转换是通过求 $1/\sqrt{E(y)}$ 的积分得到的. 通常，可以证明（省略证明）任意响应变量 y 的适当转换为

$$y^* = \int \frac{1}{\sqrt{V(y)}} \mathrm{d}y$$

其中 $V(y)$ 是 y 的方差表达式.

该模型将近似满足同方差的最小二乘假设.

类似的转换还包括适用于百分比和比例（二项数据）或受乘法误差影响的数据，如表8.3所示.

转换后的响应变量将（至少近似地）满足同方差的假设.

例8.5 表8.4中的数据是50名社会工作者的薪资y和工作年限x. 二阶模型$E(y) = \beta_0 + \beta_1 x + \beta_2 x^2$采用MINITAB对数据进行拟合. 回归分析的输出结果如图8.14所示. 图8.15是残差与$\hat{y}$的散点图，请加以解释.

表 8.3　异方差响应变量的稳定转换

响应变量的类型	方差	稳定转换
泊松分布	$E(y)$	$\sqrt{y}$
二项比例	$\dfrac{E(y)[1-E(y)]}{n}$	$\sin^{-1}\sqrt{y}$
乘法模型	$[E(y)]^2\sigma^2$	$\ln(y)$

🖴 **SOCWORK**

表 8.4　50名社会工作者的薪资及工作年限数据

工作年限 x	薪资 y（美元）	工作年限 x	薪资 y（美元）	工作年限 x	薪资 y（美元）
7	26 075	21	43 628	28	99 139
28	79 370	4	16 105	23	52 624
23	65 726	24	65 644	17	50 594
18	41 983	20	63 022	25	53 272
19	62 309	20	47 780	26	65 343
15	41 154	15	38 853	19	46 216
24	53 610	25	66 537	16	54 288
13	33 697	25	67 447	3	20 844
2	22 444	28	64 785	12	32 586
8	32 562	27	61 581	23	71 235
20	43 076	27	70 678	20	36 530
21	56 000	20	51 301	19	52 745
18	58 667	18	39 346	27	67 282
7	22 210	1	24 833	25	80 931
2	20 521	26	65 929	12	32 303
18	49 727	20	41 721	11	38 371
11	33 233	26	82 641		

解 图8.14的输出结果表明，二阶模型对数据提供了足够的拟合. R_a^2值为0.808，表明该模型为$\bar{y}$解释了约81%的y值变化. 整体模型全局F值$F = 103.99$，相关的p值 = 0.000，检验结果高度显著，表明该模型为y的预测提供了一定的信息. 如图8.15所示的残差与预测值$\hat{y}$的散点图揭示了一个潜在的问题. 注意：残差的变化类似圆锥形；残差大小随薪资的增加而增加. 这个残差图表明乘法模型可能是合适的. 在下一个例子中，我们将进一步探讨这种可能性.

Regression Analysis: SALARY versus EXP, EXPSQ

Analysis of Variance

Source	DF	Adj SS	Adj MS	F-Value	P-Value
Regression	2	13723582237	6861791118	103.99	0.000
Error	47	3101279310	65984666		
Total	49	16824861546			

Model Summary

S	R-sq	R-sq(adj)
8123.09	81.57%	80.78%

Coefficients

Term	Coef	SE Coef	T-Value	P-Value
Constant	20242	4423	4.58	0.000
EXP	522	617	0.85	0.401
EXPSQ	53.0	19.6	2.71	0.009

Regression Equation

SALARY = 20242 + 522 EXP + 53.0 EXPSQ

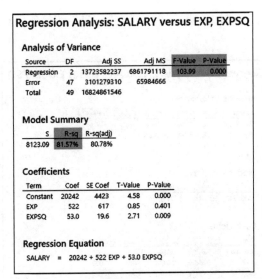

图 8.14 薪资二阶模型的 MINITAB 回归输出结果

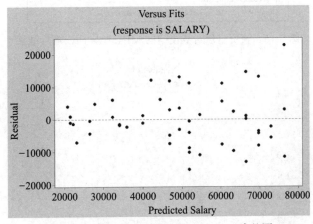

图 8.15 薪资二阶模型的 MINITAB 残差图 ■

例 8.6 再次使用表 8.4 中的薪资和工作年限数据．对因变量使用自然对数转换，并用二阶模型

$$\ln(y) = \beta_0 + \beta_1 x + \beta_2 x^2 + \varepsilon$$

将 $\ln(y)$ 与工作年限 x 联系起来，并评估该模型的充分性．

解 图 8.16 中的 MINITAB 输出结果，显示了 $n=50$ 个观测值的回归分析．用于计算残差的预测方程为

$$\widehat{\ln(y)} = 9.842\,89 + 0.049\,69x + 0.000\,009\,4x^2$$

图 8.17 的残差图表明对数转换显著降低了异方差．[⊖]注意：圆锥形已经消失；残差方差

⊖ 残差的输出结果被省略．

没有随着平均薪资的增加而增加的明显趋势．因此，我们相信使用对数模型的推论比使用未转换模型的推论更可靠．

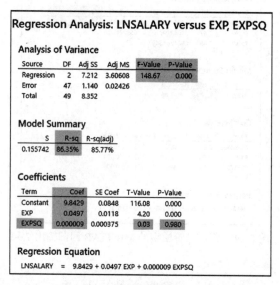

图 8.16　薪资自然对数模型的 MINITAB 回归输出结果

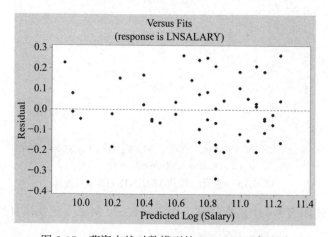

图 8.17　薪资自然对数模型的 MINITAB 残差图

为了评估模型充分性，我们首先注意到 $R_a^2 = 0.858$ ，意味着 ln(薪资) 86% 的变化可以由模型来解释．整体模型全局 F 值（$F = 148.67$）及其相关的 p 值（ p 值 = 0.000 ）表明，使用 ln(薪资) 作为预测因子的模型，显著优于使用样本均值的模型．

虽然 β_2 的估计值很小，我们仍应该检查确定数据是否提供了足够的证据，表明二阶项为预测 ln(薪资) 提供了信息．提出假设

$$H_0: \quad \beta_2 = 0$$
$$H_a: \quad \beta_2 \neq 0$$

如图 8.16 所示，t 统计量 $t = 0.03$．检验的 p 值为 0.98，大于 $\alpha = 0.10$．因此，没有足够的证据证明二阶项有助于预测 ln(薪资)．没有迹象表明二阶模型在预测 ln(薪资) 方面，比直线模型

$$\ln(y) = \beta_0 + \beta_1 x + \varepsilon$$

有改进．

一阶模型的 MINITAB 输出结果，如图 8.18 所示，一阶模型的预测方程为

$$\widehat{\ln(y)} = 9.8413 + 0.049\,98x$$

$R_a^2 = 0.861$ 与二阶模型得到的 R_a^2 的值近似相等．由图 8.18 计算得到 F 统计量 $F = 303.66$ （ p 值 $=0.000$ ）表明该模型对 $\ln(y)$ 的预测有显著的贡献．

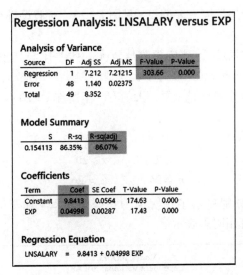

图 8.18　薪资自然对数一阶模型的 MINITAB 回归输出结果　∎

当用例 8.6 的转换模型预测 $\ln(y)$ 的值时，y 的预测值为反对数，即 $\hat{y} = e^{\widehat{\ln y}}$．将预测区间的端点转换为原来的尺度，该区间才具有意义．重复此步骤，区间将包含 $100(1 - \alpha)\%$ 的观察到的 y 值．

不幸的是，你不能使用反对数来找到均值 $E(y)$ 的置信区间，因为 $\ln(y)$ 的均值不等于 y 均值的自然对数．实际上，一个随机变量 y 的对数均值的反对数叫作它的**几何均值**．$^{\ominus}$ 因此，转换后的响应均值置信区间的端点的反对数计算的是几何均值的置信区间．对其他类型的转换也需要小心处理．一般情况下，预测区间可以在保留其意义的情况下转换回原来的尺度，但转换后的响应均值的置信区间不能保留其意义．

上述例子说明，在实际应用中，残差图可以作为检测异方差的一种强有力的技术．此外，残差所表现出的模式通常会给出适当的方差稳定转换建议．但是请记住，没有可靠性的

$\ominus$　根据定义，几何均值是 $\bar{y}_G = \{\prod y_i\}^{1/n}$．接着．$\ln(\bar{y}_G) = \ln\{\prod y_i\}^{1/n} = (1/n)\sum \ln(y_i) = \overline{\ln(y)}$．因此，$\exp\{\overline{\ln(y)}\} = \bar{y}_G$．

量化可以体现在图形技术导出的推断中.出于这个原因,你依旧需要依赖统计检验.

在回归分析中多种针对异方差的检验方法日趋成熟.一种比较简单的技术是使用 F 检验(在第 1 章中已介绍)来比较总体方差.该方法首先要求将样本数据分成两部分,用回归模型分别拟合两部分的数据.如果回归模型拟合一部分的数据,观测结果产生的 MSE 显著小于或大于拟合另一部分的数据时产生的 MSE,就有证据表明,模型中变量 x 所有水平的同方差假设被违反.(回想一下,MSE(即均方误差)估计 σ^2(随机误差项的方差).)数据如何划分取决于你所怀疑的方差不同之处.我们用一个例子来说明这个过程.

例 8.7 参照表 8.4 中的数据,分析社会工作者薪资 y 与工作年限 x 的关系模型,二次模型为

$$E(y) = \beta_0 + \beta_1 x + \beta_2 x^2$$

该模型的残差图表示可能违反同方差假设(见图 8.15).对假设进行统计检验,确定是否存在异方差($\alpha = 0.05$).

解 图 8.15 的残差图显示,薪资预测值较大的残差比与其预测值较小的残差变化更大.因此,我们基于 $\hat{y}$ 值或者 x 值(因为拟合模型中 $\hat{y}$ 随着 x 的增加而增加)划分样本量.由表 8.4 中数据可知,在 50 个观测值 x 中,大约有一半落在 $x = 20$ 以下.因此,我们将数据分为以下两个子样本

子样本1	子样本2
$x < 20$	$x \geq 20$
$n_1 = 24$	$n_2 = 26$

图 8.19a 和图 8.19b 分别显示了二次模型拟合子样本 1 和子样本 2 的 SAS 输出结果.MSE 的值在输出结果中都用阴影表示.

Model: MODEL1
Dependent Variable: SALARY

SUBSAMPLE=1

Number of Observations Read	24
Number of Observations Used	24

Analysis of Variance

Source	DF	Sum of Squares	Mean Square	F Value	Pr > F
Model	2	3231196786	1615598393	51.16	<.0001
Error	21	663116951	31576998		
Corrected Total	23	3894313737			

Root MSE	5619.34139	R-Square	0.8297
Dependent Mean	37153	Adj R-Sq	0.8135
Coeff Var	15.12498		

Parameter Estimates

Variable	DF	Parameter Estimate	Standard Error	t Value	Pr > |t|
Intercept	1	20372	3817.87780	5.34	<.0001
EXP	1	263.17043	861.86817	0.31	0.7631
EXPSQ	1	76.76912	40.01402	1.92	0.0687

图 8.19 a)薪资模型:子样本 1(工作年限 < 20 年)的 SAS 回归输出结果

Model: MODEL1
Dependent Variable: SALARY

SUBSAMPLE=2

Number of Observations Read	26
Number of Observations Used	26

Analysis of Variance

Source	DF	Sum of Squares	Mean Square	F Value	Pr > F
Model	2	2930781596	1465390798	15.47	<.0001
Error	23	2178353538	94711023		
Corrected Total	25	5109135134			

Root MSE	9731.95887	R-Square	0.5736
Dependent Mean	62187	Adj R-Sq	0.5366
Coeff Var	15.64951		

Parameter Estimates

Variable	DF	Parameter Estimate	Standard Error	t Value	Pr > |t|
Intercept	1	−19330	168798	−0.11	0.9098
EXP	1	3004.76433	14415	0.21	0.8367
EXPSQ	1	16.85876	304.22229	0.06	0.9563

图 8.19　b) 薪资模型：子样本 2（工作年限 ⩾ 20 年）的 SAS 回归输出结果（续）

提出原假设和备择假设

$$H_0 : \frac{\sigma_1^2}{\sigma_2^2} = 1 \text{ （满足同方差假设）}$$

$$H_a : \frac{\sigma_1^2}{\sigma_2^2} \neq 1 \text{ （违背同方差假设）}$$

其中

$$\sigma_1^2 = \text{子样本 1 随机误差项 } \varepsilon \text{ 的方差（即 } x < 20 \text{）}$$

$$\sigma_2^2 = \text{子样本 2 随机误差项 } \varepsilon \text{ 的方差（即 } x \geqslant 20 \text{）}$$

双尾检验的检验统计量：

$$F = \frac{\text{大的} s^2}{\text{小的} s^2} = \frac{\text{大的 MSE}}{\text{小的 MSE}} \text{ （见 1.11 节）}$$

其中 F 分布基于与相对较大的 MSE 相关的 v_1=df（误差）和与相对较小的 MSE 相关的 v_2=df（误差）. 回想一下，对于二次模型，df（误差）= $n - 3$.

从图 8.19a 和图 8.19b 所示的输出结果中，我们得到

$$\text{MSE}_1 = 31\,576\,998 \text{ 和 } \text{MSE}_2 = 94\,711\,023$$

因此，检验统计量为

$$F = \frac{\text{MSE}_2}{\text{MSE}_1} = \frac{94\,711\,023}{31\,576\,998} = 3.00$$

由于子样本 2 的 MSE 位于检验统计量的分子中，所以这个 F 值基于 $n_2 - 3 = 26 - 3 = 23$

个分子自由度和 $n_1 - 3 = 24 - 3 = 21$ 个分母自由度. $\alpha = 0.05$ 的双尾检验 $v_1 = 23$ 和 $v_2 = 21$，临界值为（查阅附录 D 中表 5）得大约 $F_{0.025} = 2.37$.

由于计算值 $F = 3.00$ 超过临界值，$(\alpha = 0.05)$ 有足够的证据表明方差不同.[⊖]因此，本检验支持上述例子中通过观察残差图而得出的结论.　■

例 8.7 中所描述的异方差检验在模型中只出现一个自变量时很容易应用. 但对于包含多个不同自变量的多元回归模型，选择变量 x 的水平来划分数据，即使有可能实现，也是比较困难的. 如果你需要对多元回归模型中的异方差进行统计检验，你可能需要使用其他更复杂的检验.[⊖]有关如何进行这些检验的详细信息，请参阅本章末尾的参考文献.

练习 8.4

8.9　绘制残差图. 参见练习 8.1，根据一阶模型，绘制 $\hat{y}$ 的残差图. 你能发现什么趋势吗？如果能，那么这个图形模式暗示了模型什么？

8.10　绘制残差图. 参见练习 8.2. 根据一阶模型，绘制 $\hat{y}$ 的残差. 你能发现什么趋势吗？如果能，那么这个图形模式暗示了模型什么？

8.11　测量月球轨道. 参考 *American Journal of Physics* (April 2014) 的研究，见练习 3.9. 回想一下，这些照片被用来测量月球在地平线上不同距离或高度（以度为单位）的角度大小（以像素为单位）. 13 个不同高度的数据记录在下表中. 在练习 3.9 中，已构建角度大小 y 关于地平线以上高度 x 的一阶模型.

💿 **MOON**

角度	高度	角度	高度	角度	高度
321.9	17	324.4	42	326.9	63
322.3	18	325.0	49	326.0	67
322.4	26	325.7	52	325.8	73
323.2	32	325.8	57		
323.4	38	325.0	60		

（a）计算一阶模型的残差和预测值，并绘制残差图. 你观察到了什么模式？这对于误差方差恒定的假设意味着什么？

（b）将数据集分为两个子样本，一个子样本的高度大于 50 度，另一个子样本的高度小于 50 度，将一阶模型分别拟合到两个子样本中，得到相应的 MSE 值. 利用这些信息进行异方差检验. 检验是否支持你在（a）小题中的结论？

💿 **ASWELLS**

8.12　地下水中的砷. 参考 *Environmental Science and Technology* (January 2005) 研究商用试

⊖　大多数统计检验要求样本中的观测值是独立的. 对于这个 F 检验，观测值是残差. 即使满足误差独立的标准最小二乘假设，回归残差也是相关的. 幸运的是，在模型中当 n 大于参数 β 的个数时，残差的相关性会减少，在大多数情况下可以被忽略.

⊖　例如，拟合残差绝对值关于自变量的函数模型，即 $E\{|\hat{\varepsilon}_i|\} = \beta_0 + \beta_1 x_1 + \beta_2 x_2 + \cdots + \beta_k x_k$. 一个不显著的全局 F 值表示同方差假设被满足. 而显著的 F 值则表示改变 x 的值会导致更大（或更小）的残差.

剂盒检测地下水中砷含量的可靠性，见练习 4.14. 回想一下，你已构建砷含量 y 关于纬度 x_1、经度 x_2 和深度 x_3 的一阶函数模型. 通过绘制残差与砷含量预测值之间的散点图，来检验误差方差恒定的假设，并解释结论.

💿 **GASTURBINE**

8.13 **燃气轮机冷却方法.** 参见 *Journal of Engineering for Gas Turbines and Power* (January 2005) 关于燃气轮机高压进气雾化方法的研究，见练习 7.21. 现在考虑燃气轮机热耗率 y 关于转速 x_1 和循环压力比 x_2 的交互模型 $E(y) = \beta_0 + \beta_1 x_1 + \beta_2 x_2 + \beta_3 x_1 x_2$. 将模型与数据相拟合，然后根据热耗率预测值绘制残差图. 误差方差恒定的假设被满足了吗？如果不满足，建议如何修改模型.

8.14 **夏威夷房产的公平市场价值.** 1980 年以前，夏威夷的私人业主必须租赁他们房屋所建的土地，因为法律（可以追溯到岛上的封建时代）规定土地由房地产公司拥有. 然而，1980 年以后，一项新法律开始宣告实施，公民能够购买自己的土地. 为了遵守1980 年的法律，夏威夷的一个大型房地产公司想要使用回归分析来估计其土地的公平市场价值. 它的第一个提议是使用二次模型

$$E(y) = \beta_0 + \beta_1 x + \beta_2 x^2$$

其中，

$$y = 租赁费用（即产权售价）$$
$$x = 地产面积（平方英尺）$$

下表中收集了某一街区 20 套地产的销售数据，用于拟合该模型. 最小二乘预测方程为

$$\hat{y} = -44.094\,7 + 11.533\,9x - 0.063\,78x^2$$

（a）计算模型的预测值和相应的残差.

（b）绘制残差与 $\hat{y}$ 的散点图. 你能发现什么趋势吗？如果能，这个趋势暗示了模型什么？

（c）进行异方差检验.（提示：将数据分为 $x \leq 12$ 和 $x > 12$ 的两个子样本，并将模型分别拟合到两个子样本中.）

（d）根据（b）小题及（c）小题所得的结果，房地产公司下一步如何操作？

💿 **HAWAII**

房产编号	租赁费用 y（千美元）	面积 x（千）	房产编号	租赁费用 y（千美元）	面积 x（千）
1	70.7	13.5	11	148.0	14.5
2	52.7	9.6	12	85.0	10.2
3	87.6	17.6	13	171.2	18.7
4	43.2	7.9	14	97.5	13.2
5	103.8	11.5	15	158.1	16.3
6	45.1	8.2	16	74.2	12.3
7	86.8	15.2	17	47.0	7.7
8	73.3	12.0	18	54.7	9.9
9	144.3	13.8	19	68.0	11.2
10	61.3	10.0	20	75.2	12.4

8.15 **装配线故障.** 生产钢罐的机器发生故障将带来高昂的损失.故障越多,生产的钢罐就越少,公司的利润也就越少.为了帮助预测利润损失,钢罐公司的所有者希望找到一个模型来预测装配线上的故障数量.该公司统计人员提出的模型如下:

$$y = \beta_0 + \beta_1 x_1 + \beta_2 x_2 + \beta_3 x_3 + \beta_4 x_4 + \varepsilon$$

其中,

$$y 是每 8 小时轮班的故障数$$

$$x_1 = \begin{cases} 1, & \text{如果下午轮班} \\ 0, & \text{如果下午不轮班} \end{cases} \quad x_2 = \begin{cases} 1, & \text{如果午夜轮班} \\ 0, & \text{如果午夜不轮班} \end{cases}$$

$$x_3 是工厂的温度(℉)$$

$$x_4 是装配线上没有经验的员工数量$$

用最小二乘法拟合模型后,根据 $\hat{y}$ 绘制残差图,如下图所示.

(a) 你是否能从残差图中发现什么趋势?关于最小二乘假设,上述趋势暗示了什么?

(b) 在(a)小题中已知响应变量 y 的特性和残差图的趋势,你会推荐如何修改模型?

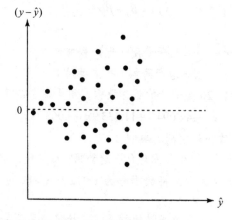

8.16 **装配线故障(续).** 参考练习 8.15. 转换后模型为

$$y^* = \sqrt{y} = \beta_0 + \beta_1 x_1 + \beta_2 x_2 + \beta_3 x_3 + \beta_4 x_4 + \varepsilon$$

进行回归分析,生成预测方程

$$\hat{y}^* = 1.3 + 0.008 x_1 - 0.13 x_2 + 0.002\,5 x_3 + 0.26 x_4$$

(a) 如果工厂当时温度是 87 ℉,且装配线上只有一名没有经验的工人,则用该方程预测午夜轮班的故障次数.

(b) 当 $x_1 = 0$, $x_2 = 0$, $x_3 = 90℉$, $x_4 = 2$ 时,y^* 的 95% 预测区间为 (1.965, 2.125). 对于相同的自变量值,计算 y 的 95% 预测区间,其中 y 为每 8 小时轮班的故障数.

(c) 当 $x_1 = 0$, $x_2 = 0$, $x_3 = 90℉$, $x_4 = 2$ 时,$E(y^*)$ 的 95% 置信区间为 (1.987, 2.107). 仅利用本小题给出的信息,能否计算 $E(y)$ 的 95% 置信区间?并加以解释.

8.17 **购买服务合同.** 零售电器商店的经理想要对购买特定电器服务合同的消费者比例建

模.由于经理认为比例 y 会随着电器的使用年限 x（以年为单位）的增加而减小，所以考虑拟合一阶模型

$$E(y) = \beta_0 + \beta_1 x$$

我们联系了 50 名新电器的购买者，询问他们购买服务合同的意向.我们还联系了 50 名使用电器 1 年的消费者和 50 名使用了电器 2 年、50 名使用 3 年和 50 名使用 4 年的消费者.一年后，另一项调查以同样的方式进行.消费者决定购买服务合同的比例如下表所示.

⊙ **APPLIANCE**

电器使用年限 x（年）	0	0	1	1	2	2	3	3	4	4
购买服务合同的比例 y	0.94	0.96	0.7	0.76	0.6	0.4	0.24	0.3	0.12	0.1

（a）使用数据拟合一阶模型.

（b）计算残差，绘制残差与 $\hat{y}$ 的散点图.

（c）关于 y 的方差，（b）小题的残差图能暗示什么信息？

（d）解释你将如何令方差稳定.

（e）使用适当的方差稳定转换方法重新拟合模型.绘制转换后的模型残差图，并与（b）小题的残差图进行比较.同方差的假设能被满足吗？

8.5　检验正态性假设

回顾 4.2 节，回归分析中的所有推断过程都基于一个基本假设：对于任意自变量，随机误差 ε 服从正态分布，均值为 0，方差为 σ^2，且所有成对误差都相互独立.在实际应用回归分析时，这些假设中的正态性假设，其限制是最小的.也就是说，适度偏离正态性假设，对与统计检验相关的第 I 类错误率和与置信区间有关的置信系数的影响不大.

虽然可以使用检验来检查正态性假设（例如参考 Stephens，1974），但是当假设被违反时，这些检验的势往往较低.[一]因此，本节只讨论图形技术.确定数据是否违反正态性假设的最简单方法是用统计软件计算残差的频数或频率分布.如果这个分布没有严重偏斜，则可以有理由确信与推断相关的可靠性度量将如第 4 章所述.然而这种可视化检查并不是万无一失的，因为我们把自变量所有设定的残差集中在一起.可以想象（但不可能）残差的分布可能对于一些自变量的值是向左倾斜，而对于另一些自变量的值是向右倾斜.将这些残差合并到一个频率分布中，则可以得到一个相对对称的分布.但就如上所述，我们认为这种情况不太可能发生，所以这种图形检查非常有用.

为了说明这一点，考虑例 8.6 ln(薪资) 模型中计算的 $n = 50$ 个残差.[二]残差的 MINITAB

⊖　检验的势定义为 P（拒绝 $H_0 \mid H_0$ 错误）.正态性检验的原假设为 H_0：误差呈正态分布.因此，低的势意味着当非正态误差实际上存在时，检测到正态误差的可能性很低.

⊜　残差的输出结果被省略.

直方图和茎叶图分别如图 8.20 和图 8.21 所示．这两幅图都表明，该分布呈丘状且适当对称．因此，使用这些数据不太可能违反正态性假设．

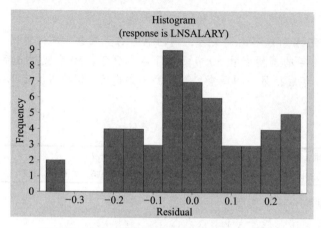

图 8.20　薪资对数模型残差的 MINITAB 直方图

```
Stem-and-leaf of RESIDUAL   N = 50
1     -3  5
2     -3  3
2     -2
5     -2  000
10    -1  87665
12    -1  11
18    -0  976655
(8)   -0  44442221
24     0  0122344
17     0  5778
13     1  044
10     1  688
7      2  11234
2      2  66
Leaf Unit = 0.01
```

图 8.21　薪资对数模型残差的 MINITAB 茎叶图

检验正态性假设的第三种图形技术是构造**正态概率图**．在正态概率图中，残差是根据在正态性假设下残差的期望值绘制的．(这些期望值有时被称为**正态分数**．) 当误差实际上是正态分布时，残差值将近似等于它的期望值．因此，正态概率图上的线性趋势表明基本满足正态性假设，而非线性趋势则表明该假设很有可能被违反．

大多数统计软件包都有绘制正态概率图的程序．[⊖]

⊖ 为了在不借助统计软件的情况下找到残差的正常分数，首先按升序排列残差，其中 $\hat{\varepsilon}_i$ 代表第 i 个残差．然后，对于每个残差，计算相应的尾部面积（标准正态分布的尾部面积），

$$A=\frac{i-0.375}{n+0.25}$$

其中 n 是样本量．最后，用以下公式计算正态下 $\hat{\varepsilon}_i$ 的估计值（即正态分数）

$$E(\hat{\varepsilon}_i)\approx\sqrt{\text{MSE}}[Z(A)]$$

其中 MSE = 拟合模型的均方误差，$Z(A)$ = 标准正态分布 z 值，该值截断分布下尾 A 的面积．

图 8.22 显示了例 8.6 残差的 MINITAB 正态概率图. 请注意, 这些点近似地落在一条直线附近, 这表明正态性假设很可能被满足. MINITAB 图的右侧还显示了检验正态误差原假设的 p 值. p 值 (0.518) 较大, 因此支持误差正态性假设.

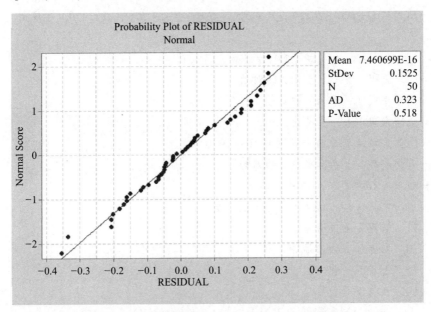

图 8.22　薪资对数模型残差的 MINITAB 正态概率图

随机误差服从非正态分布往往伴随着异方差现象. 这两种情况都可以通过 8.4 节的方差稳定转换来修正. 例如, 如果频率分布 (或茎叶图) 显示的残差是极度向右倾斜 (就像泊松数据), y 进行平方根变换将 (近似) 稳定方差, 同时也将减少残差分布的倾斜程度. 因此, 对于自变量的任意给定值, 平方根变换将使 y 的较大值比较小值减小的幅度更大. 这有助于减少或消除正偏斜的影响.

对于误差是同方差但非正态分布的情况, 可以使用正态化转换. 这一系列因变量转换可包括 $\sqrt{y}$ 和 $\ln(y)$ (8.4 节所述), 以及 y^2、$1/\sqrt{y}$ 和 $1/y$ 等简单转换. Box 和 Cox(1964) 开发了一个程序, 用于选择适当的转换. 想要了解 Box-Cox 方法的详细信息, 请阅读参考文献.

请注意, 如果样本量相当大, 回归对于非正态误差也是稳健的. 也就是说, 对于较大的 n, 即使不完全满足误差正态性假设, 回归分析得到的推断往往也是有效的. 然而, 如果误差来自重尾分布, 则回归结果可能对一小部分数据敏感, 从而导致无效的推断. 因此, 当回归残差的分布极度倾斜时, 才需要对其进行正态化转换.

练习 8.5

8.18　非正态残差和稳健性. 当何种情况时, 非正态残差的最小二乘回归也是稳健的?

8.19　世界城市人口. 在 *Economic Development and Cultural Change* 中, L. De Cola 对塑造

世界各国城市规模分布的地缘政治和社会经济过程进行了广泛的调查. 研究的目的之一是确定影响每个国家最大城市人口规模的因素. 使用从 126 个国家收集来数据, De Cola 通过拟合对数模型

$$E(y) = \beta_0 + \beta_1 x_1 + \beta_2 x_2 + \beta_3 x_3 + \beta_4 x_4 + \beta_5 x_5 + \beta_6 x_6 + \beta_7 x_7 + \beta_8 x_8 + \beta_9 x_9 + \beta_{10} x_{10}$$

其中

y = 该国最大城市的人口（千）的对数

x_1 = 国家面积（千平方千米）的对数

x_2 = 国家半径（百千米）的对数

x_3 = 全国人口（千）的对数

x_4 = 全国人口年变化百分比（1960—1970 年）

x_5 = 人均能耗（千克标准煤）的对数

x_6 = 城市人口占国家人口的百分比

x_7 = 该国家二大城市的人口（千）的对数

$x_8 = \begin{cases} 1, & \text{如果是海港城市} \\ 0, & \text{如果不是海港城市} \end{cases}$

$x_9 = \begin{cases} 1, & \text{如果是首都} \\ 0, & \text{如果不是首都} \end{cases}$

$x_{10} = \begin{cases} 1, & \text{如果城市数据来自大都市区} \\ 0, & \text{如果城市数据不来自大都市区} \end{cases}$

注意：所有的对数都以 10 为底.

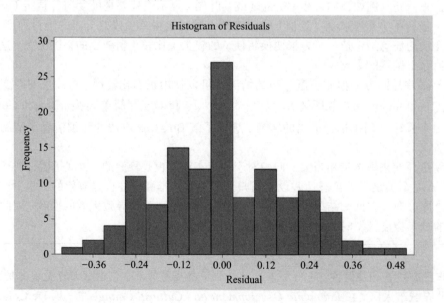

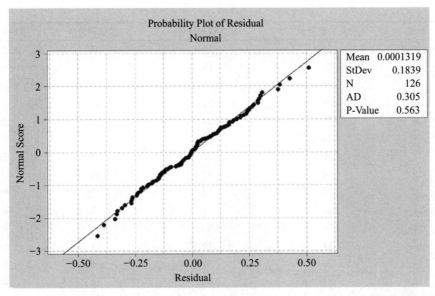

城市	残差	排名
曼谷	0.510	126
巴黎	0.228	110
伦敦	0.033	78
华沙	−0.132	32
拉各斯	−0.392	2

资料来源: De Cola, L. " Statistical determinants of the population of a nation's largest city," *Economic Development and Cultural Change*, Vol. 3, No. 1, Oct. 1984, pp. 71–98.

（a）上表是从全部样本中选出的五个城市残差，任选其中一个城市，并在正态性假设下计算估计的期望残差（见前文脚注）. 假设 MSE = 0.01 .

（b）所有残差的 MINITAB 图，如图所示. 是否满足误差正态性假设？

8.20 情商与团队表现 . 请参阅 *Engineering Project Organizational Journal* (Vol. 3, 2013) 中团队成员个体情商与团队表现的关系研究，见练习 **4.25**. 回想一下，建筑工业概论课程的学生完成了一项情商测试，并获得了个人内部评分、压力管理评分和情绪评分. 然后将学生分成 $n=23$ 个小组去完成小组项目，每个小组获得一个项目平均得分 y. 每个小组的三个自变量：个人内部评分范围 x_1、压力管理评分范围 x_2 和情绪评分范围 x_3. 这些数据（根据本文提供的信息进行模拟）记录在下表中. 回想一下，拟合项目评分的一阶模型为 $E(y) = \beta_0 + \beta_1 x_1 + \beta_2 x_2 + \beta_3 x_3$，计算模型残差，并检验是否满足误差正态性假设.

🔘 **TEAMPERF**

小组	个人内部评分	压力管理评分	情绪评分	项目平均得分
1	14	12	17	88.0

（续）

小组	个人内部评分	压力管理评分	情绪评分	项目平均得分
2	21	13	45	86.0
3	26	18	6	83.5
4	30	20	36	85.5
5	28	23	22	90.0
6	27	24	28	90.5
7	21	24	38	94.0
8	20	30	30	85.5
9	14	32	16	88.0
10	18	32	17	91.0
11	10	33	13	91.5
12	28	43	28	91.5
13	19	19	21	86.0
14	26	31	26	83.0
15	25	31	11	85.0
16	40	35	24	84.0
17	27	12	14	85.5
18	30	13	29	85.0
19	31	24	28	84.5
20	25	26	16	83.5
21	23	28	12	85.0
22	20	32	10	92.5
23	35	35	17	89.0

ASWELLS

8.21 地下水中的砷 . 参考 *Environmental Science and Technology* (January 2005) 检验地下水中的砷含量的商用试剂盒可靠性的研究，见练习 8.12. 用残差图检验砷含量 y 的一阶模型的正态误差假设，是否满足正态性假设？如果不满足，应如何修改模型 .

GASTURBINE

8.22 燃气轮机冷却方法 . 参考 *Journal of Engineering for Gas Turbines and Power* (January 2005) 中关于燃气轮机发动机高压进气雾化方法的研究，见练习 8.13. 利用残差图检验热耗率 y 交互模型的正态误差假设，正态性假设是否被近似满足？如果不满足，请建议如何修改模型 .

HAWAII

8.23 夏威夷房产的公平市场价值 . 参阅练习 8.14 及有关夏威夷地产价值的数据 . 使用本节中描述的图形技术检验正态性假设 .

BOILERS

8.24 安装锅炉汽包 . 参考练习 4.79 和锅炉汽包的数据 . 使用本节中描述的图形技术检验正态性假设 .

8.6　检测异常值并识别有影响的观测值

本节我们从定义**标准化残差**开始，标准化残差的定义是残差值除以模型的标准差 s. 由于我们假设残差的均值为 0，标准差的估计值为 s，因此从定义 8.3 可以看出，标准化残差就是残差值的 z 分数（见 1.6 节）.

定义 8.3　第 i 个观测值的**标准化残差** z_i，是通过观测值的残差值除以 s 计算得出的，即

$$z_i = \hat{\varepsilon}_i / s = (y_i - \hat{y}_i) / s$$

虽然我们期望几乎所有的回归残差都在其均值 0 的 3 个标准差之内，但有时一个或多个残差在这个区间之外. 残差非常大或非常小（例如超过 0 的 3 个标准差）的观测值称为**异常值**. 因此，标准化残差超过绝对值 3 的观测值被认为是异常值.

定义 8.4　残差大于 $3s$（绝对值）或标准化残差大于 3（绝对值）的观测值被认为是**异常值**.

注：作为标准化残差的一种替代方法，一些统计软件包计算**学生化残差**，之所以这样命名，是因为它们近似服从学生 t 分布.

定义 8.5　第 i 个观测值的**标准化残差**为 z_i^*，

$$z_i^* = \frac{\hat{\varepsilon}_i}{s\sqrt{1 - h_i}} = \frac{(y_i - \hat{y}_i)}{s\sqrt{1 - h_i}}$$

其中 h_i（称为杠杆值）在定义 8.6 中被定义.

异常值通常可以归因于以下原因之一. 与异常值相关的测量很可能无效. 例如，用于生成测量值的实验过程可能发生了故障，实验者可能错误地记录了测量值，或者数据输入计算机时可能被错误地编码等. 通过仔细检查实验和编码过程，如果存在上述问题应该能够发现，这样我们就可以从数据集中消除错误的观测值，如下例所示.

例 8.8　表 8.5 显示了四个城市中每家快餐店的周销售额 y，单位为千美元. 其目标是建立销售额 y 关于交通流量的函数模型，并根据不同城市之间可能由于规模或其他市场条件而产生的变化进行调整. 我们期望平均销售额 $E(y)$ 和交通流量之间存在一阶（线性）关系. 此外，我们认为，平均销售额水平因城市而异，但各城市因交通流量每单位的增长而导致的平均销售额变化将保持不变（即交通流量因子与城市因子之间不存在交互作用），故模型为

$$E(y) = \beta_0 + \beta_1 x_1 + \beta_2 x_2 + \beta_3 x_3 + \beta_4 x_4$$

其中

$$x_1 = \begin{cases} 1, & \text{如果是城市1} \\ 0, & \text{如果不是} \end{cases} \qquad x_2 = \begin{cases} 1, & \text{如果是城市2} \\ 0, & \text{如果不是} \end{cases}$$

$$x_3 = \begin{cases} 1, & \text{如果是城市3} \\ 0, & \text{如果不是} \end{cases} \qquad x_4 = \text{交通流量}$$

（a）用数据拟合模型，并评估整体模型的充分性.

（b）绘制模型的残差图，以检查是否有异常值.

（c）根据研究结果，对（b）小题的模型进行必要的修改，然后重新拟合模型．

💿 **FASTFOOD**

表 8.5　快餐销售数据

城市	交通流量（千辆车）	周销售额 y（千美元）	城市	交通流量（千辆车）	周销售额 y（千美元）
1	59.3	6.3	3	75.8	8.2
1	60.3	6.6	3	48.3	5.0
1	82.1	7.6	3	41.4	3.9
1	32.3	3.0	3	52.5	5.4
1	98.0	9.5	3	41.0	4.1
1	54.1	5.9	3	29.6	3.1
1	54.4	6.1	3	49.5	5.4
1	51.3	5.0	4	73.1	8.4
1	36.7	3.6	4	81.3	9.5
2	23.6	2.8	4	72.4	8.7
2	57.6	6.7	4	88.4	10.6
2	44.6	5.2	4	23.2	3.3

解　（a）回归分析的 MINITAB 输出结果如图 8.23 所示．回归分析表明，交通流量一阶模型不能很好地解释平均销售额．判定系数 R^2（高亮显示）表明，模型仅解释了销售额 y 关于其均值 $\overline{y}$ 的总偏差平方和中 25.9% 的样本变化．全局 F 值 1.66（用阴影表示）相对应的显著性水平为 0.200，表明该模型对预测销售额不显著．

（b）分别绘制学生化残差和交通流量、学生化残差和不同城市的残差图，如图 8.24 和图 8.25 所示，虚线定位残差的均值 (0)．正如你所看到的，残差图可视化结果非常直观．图 8.24 中关于交通流量的残差图和图 8.25 中关于城市的残差图都表明存在一个异常值．在城市 3 的一次观测中（第 13 个观测值），交通流量为 75.8，学生化残差值为 4.36.（在图 8.23 MINITAB 输出结果中阴影部分显示了这个观测值）．进一步检查与此残差相关的观测结果，发现输入计算机的销售值 82.0 与表 8.5 对应的销售值 8.2 不一致．当数据输入到 MINITAB 中时，小数点明显被错误地省略了．

（c）如果将正确的 y 值 8.2 代替错误值 82.0，则回归分析的结果如图 8.26 所示．所研究的学生化残差随交通流量和不同城市的变化情况，分别如图 8.27 和图 8.28 所示．修正后的 MINITAB 输出结果表明了单个异常值会对回归分析产生显著影响．现在 R^2 的值是 0.979，检验模型充分性的 F 值为 222.17，充分体现了模型的强大预测能力．进一步分析表明，各城市间的平均销售额存在显著差异，并且预计交通流量每增加 1 000 辆车，估计每周平均销售额增加 104 美元（$\hat{\beta}_4 = 0.104$）．β_4 95% 的置信区间（输出结果的阴影部分显示）为 (0.095, 0.112). 因此，我们有 95% 的信心认为，交通流量每增加 1 000 辆车，平均销售额增长 95 美元至 113 美元．

Regression Analysis: SALES versus X1, X2, X3, TRAFFIC

Analysis of Variance

Source	DF	Adj SS	Adj MS	F-Value	P-Value
Regression	4	1470	367.4	1.66	0.200
Error	19	4194	220.7		
Total	23	5664			

Model Summary

S	R-sq	R-sq(adj)
14.8576	25.95%	10.36%

Coefficients

Term	Coef	SE Coef	T-Value	P-Value
Constant	−16.5	13.2	−1.25	0.226
X1	1.11	8.42	0.13	0.897
X2	6.1	11.7	0.53	0.605
X3	14.49	9.29	1.56	0.135
TRAFFIC	0.363	0.168	2.16	0.044

Regression Equation

SALES = −16.5 + 1.11 X1 + 6.1 X2 + 14.49 X3 + 0.363 TRAFFIC

Fits and Diagnostics for All Observations

Obs	SALES	Fit	Resid	Std Resid	
1	6.30	6.17	0.13	0.01	
2	6.60	6.53	0.07	0.01	
3	7.60	14.44	−6.84	−0.51	
4	3.00	−3.63	6.63	0.50	
5	9.50	20.21	−10.71	−0.87	
6	5.90	4.28	1.62	0.12	
7	6.10	4.39	1.71	0.12	
8	5.00	3.26	1.74	0.12	
9	3.60	−2.04	5.64	0.42	
10	2.80	−1.75	4.55	0.39	
11	6.70	10.59	−3.89	−0.33	
12	5.20	5.87	−0.67	−0.06	
13	82.00	25.54	56.46	4.36	R
14	5.00	15.56	−10.56	−0.77	
15	3.90	13.05	−9.15	−0.67	
16	5.40	17.08	−11.68	−0.85	
17	4.10	12.91	−8.81	−0.64	
18	3.10	8.77	−5.67	−0.42	
19	5.40	15.99	−10.59	−0.77	
20	8.40	10.07	−1.67	−0.13	
21	9.50	13.04	−3.54	−0.27	
22	8.70	9.81	−1.11	−0.08	
23	10.60	15.62	−5.02	−0.39	
24	3.30	−8.04	11.34	1.03	

R Large residual

图 8.23　快餐销售模型的 MINITAB 回归输出结果

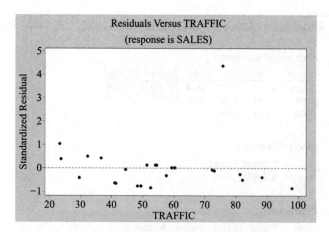

图 8.24　残差与交通流量的 MINITAB 图

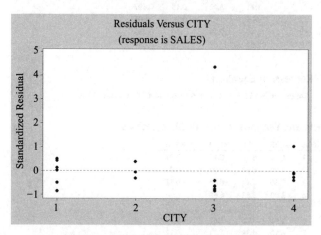

图 8.25　残差与城市的 MINITAB 图

Regression Analysis: SALES versus X1, X2, X3, TRAFFIC

Analysis of Variance

Source	DF	Adj SS	Adj MS	F-Value	P-Value
Regression	4	116.656	29.1639	222.17	0.000
Error	19	2.494	0.1313		
Total	23	119.150			

Model Summary

S	R-sq	R-sq(adj)
0.362307	97.91%	97.47%

图 8.26　修正数据后快餐销售模型的 MINITAB 回归输出结果

Coefficients

Term	Coef	SE Coef	95% CI	T-Value	P-Value	VIF
Constant	1.083	0.321	(0.412, 1.755)	3.37	0.003	
X1	−1.216	0.205	(−1.646, −0.786)	−5.92	0.000	1.81
X2	−0.531	0.285	(−1.127, 0.065)	−1.86	0.078	1.62
X3	−1.077	0.227	(−1.551, −0.602)	−4.75	0.000	1.94
TRAFFIC	0.10367	0.00409	(0.09510, 0.11224)	25.32	0.000	1.22

Regression Equation

SALES = 1.083 − 1.216 X1 − 0.531 X2 − 1.077 X3 + 0.10367 TRAFFIC

Fits and Diagnostics for All Observations

Obs	SALES	Fit	Resid	Std Resid	
1	6.300	6.015	0.285	0.83	
2	6.600	6.119	0.481	1.41	
3	7.600	8.379	−0.779	−2.38	R
4	3.000	3.216	−0.216	−0.67	
5	9.500	10.028	−0.528	−1.75	
6	5.900	5.476	0.424	1.24	
7	6.100	5.507	0.593	1.74	
8	5.000	5.186	−0.186	−0.55	
9	3.600	3.672	−0.072	−0.22	
10	2.800	2.999	−0.199	−0.70	
11	6.700	6.524	0.176	0.61	
12	5.200	5.176	0.024	0.08	
13	8.200	7.865	0.335	1.06	
14	5.000	5.014	−0.014	−0.04	
15	3.900	4.299	−0.399	−1.19	
16	5.400	5.450	−0.050	−0.15	
17	4.100	4.257	−0.157	−0.47	
18	3.100	3.076	0.024	0.07	
19	5.400	5.139	0.261	0.78	
20	8.400	8.662	−0.262	−0.81	
21	9.500	9.512	−0.012	−0.04	
22	8.700	8.589	0.111	0.34	
23	10.600	10.248	0.352	1.13	
24	3.300	3.489	−0.189	−0.70	

R Large residual

图 8.26 修正数据后快餐销售模型的 MINITAB 回归输出结果（续）

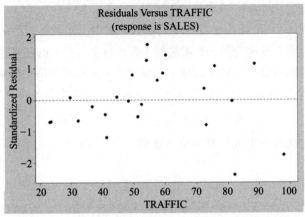

图 8.27 修正数据后残差与交通流量的 MINITAB 图

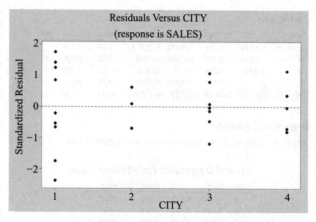

图 8.28　修正数据后残差与城市的 MINITAB 图

异常值不能总是由数据输入或记录错误来解释．非常大或很小的残差可能是由于随机误差、偶然性或其他未知原因导致的概率分布的偏态（非正态性）．尽管一些分析人士主张不管是否可以确定其原因，都要消除异常值，而另一些人则鼓励只对那些可以追溯到特定原因的异常值进行纠正．最好的哲学选择可能是在这两个极端之间妥协．例如，在决定一个异常值的命运之前，你可能需要先确定它对回归分析有多大的影响．当一个精确的异常值（即不是由于记录或测量错误而产生的异常值）对回归分析有显著影响时，可能是模型的原因而非异常值的原因．遗漏重要的自变量或高阶项可能是该模型不能很好地预测边缘观测值的原因．一些复杂的数值技术可以用来识别有影响的边缘观测值．我们将对其中一些方法进行简要讨论，并通过一个例子来结束本节．

杠杆值

这个过程基于一个回归分析结果（证明略），即第 i 个观测值的预测值 $\hat{y}_i$ 可以写成关于 n 个观测值 $y_1, y_2, \cdots, y_n$ 的线性函数：

$$\hat{y}_i = h_1 y_1 + h_2 y_2 + \cdots + h_i y_i + \cdots + h_n y_n, i = 1, 2, \cdots, n$$

其中观测值的权重 $h_1, h_2, \cdots, h_n$ 是关于自变量的函数．其中，系数 h_i 衡量的是观测值 y_i 对其预测值 $\hat{y}_i$ 的影响．这个值 h_i 被称为第 i 个观测值（关于自变量值）的**杠杆值**．因此，杠杆值可以用来识别有影响的观测值——杠杆值越大，观测值 y 对其预测值的影响越大．

定义 8.6　第 i 个观测值的**杠杆值**是权重 h_i，在以下公式中与 y_i 有关：

$$\hat{y}_i = h_1 y_1 + h_2 y_2 + h_3 y_3 + \cdots + h_i y_i + \cdots + h_n y_n$$

其中，$h_1, h_2, h_3, \cdots, h_n$ 是模型中关于自变量 x 值的函数．$\ominus$杠杆值 h_i 衡量的是 y_i 对其预测值 $\hat{y}_i$ 的影响．

$\ominus$　在矩阵表示法中，杠杆值是矩阵 H（称为帽子矩阵）的对角线，其中 $H = X(X'X)^{-1}X'$.关于矩阵乘法和回归中 X 矩阵定义的详细信息见附录 B.

如果没有计算机的帮助，计算多元回归模型的杠杆值将极其困难．幸运的是，本书中讨论的大多数统计软件包都有计算每个观测值的杠杆值的选项．一个观测值的杠杆值通常与所有 n 个观测值的平均杠杆值 $\bar{h}$ 进行比较，其中

$$\bar{h} = \frac{k+1}{n} = \frac{\text{模型中参数} \beta \text{的个数（不包括} \beta_0 \text{）}}{n}$$

一个好的经验法则[⊖]是，如果一个观测值 y_i 的杠杆值 h_i 大于两倍的 $\bar{h}$，则认为该观测值 y_i 具有影响力，即

$$h_i > \frac{2(k+1)}{n}$$

利用杠杆值检验影响力的经验法则

如果下面的关系成立，则 y_i 的观测值对其预测值具有影响力

$$h_i > \frac{2(k+1)}{n}$$

其中 h_i 是第 i 个观测值的杠杆值，$k = $ 模型中参数 β 的个数（不包括 β_0）．

折刀法

识别有影响的观测值的另一种方法是一次删除一个观测值，每次用剩余的 $n-1$ 个观测值重新拟合回归模型．这个方法基于一个称为**折刀法 (Jackknife)**[⊖]的统计过程．折刀法应用于回归的基本原理是将所有 n 个观测值的回归结果与删除第 i 个观测值的回归结果进行比较，从而确定某个特定的观测值对分析的影响有多大．利用折刀法，许多不同的量化影响的计算方法可供选择．

删除残差 $d_i = y_i - \hat{y}_{(i)}$，即测量删除第 i 个观测值后的模型中观测值 y_i 和预测值 $\hat{y}_{(i)}$ 之间的差．[符号 (i) 通常用于表示观测值 y_i 已从回归分析中删除．] 具有异常大（绝对值）的删除残差的观测值被认为对拟合模型有很大的影响．

定义 8.7　删除残差用 d_i 表示，指第 i 个观测值从分析中删除后所得到的观测值 y_i 与预测值 $\hat{y}_{(i)}$ 之差，即

$$d_i = y_i - \hat{y}_{(i)}$$

与删除残差密切相关的一个度量值是基于所有 n 个观测值拟合模型的预测值与 y_i 被删除后模型的预测值之差 [例如 $\hat{y}_i - \hat{y}_{(i)}$]．当 $y_i - \hat{y}_{(i)}$ 的值相较于预测值 $\hat{y}_i$ 较大时，则认为观测值 y_i 影响回归模型的拟合效果．

⊖　这个结果的证明超出了本书的范围．可参考本章末尾的参考文献．[参见 Kutner, Nachtsheim, Neter, and Li (2005).]

⊖　这种方法的名字来源于童子军用的折刀，当各种特殊技术不适用时，它可以作为一种方便的工具．[参见 Belsley, Kuh, and Welsch(2004).]

第三种使用折刀法识别有影响的观测值的方法是，针对模型中的每个参数 β，计算基于所有 n 个观测值的参数估计值与仅基于 $n-1$ 个观测值（观测值已被删去）的参数估计值之间的差. 例如，考虑直线模型 $E(y) = \beta_0 + \beta_1 x$. 用 $\hat{\beta}_0 - \hat{\beta}_0^{(i)}$ 和 $\hat{\beta}_1 - \hat{\beta}_1^{(i)}$ 来衡量第 i 个观测值 y_i 对参数估计的影响. [使用前面定义的 (i) 符号，$\hat{\beta}^{(i)}$ 表示分析中省略第 i 个观测值时系数 β 的估计值.] 如果参数估计值发生剧烈变化（即如果绝对差异很大），则 y_i 被认为是有影响的观测值.

本书中讨论的每个统计软件包都有一个折刀法例程，它可以生成我们所描述的一个或多个度量值.

库克距离

R.D.Cook (1979) 提出了一种测量边缘观测值对估计系数 β 的总体影响的方法. 对于第 i 个观测值的库克距离 D_i 计算公式如下所示：

$$D_i = \frac{(y_i - \hat{y}_i)^2}{(k+1)\text{MSE}}\left[\frac{h_i}{(1-h_i)^2}\right]$$

注意，D_i 取决于第 i 个观测值的残差 $(y_i - \hat{y}_i)$ 和杠杆值 h_i. 虽然从公式中不能明显看出，但 D_i 是 $\hat{\beta}_0$ 与 $\hat{\beta}_0^{(i)}$、$\hat{\beta}_1$ 与 $\hat{\beta}_1^{(i)}$、$\hat{\beta}_2$ 与 $\hat{\beta}_2^{(i)}$（依次类推）之间距离的一个汇总度量. 一个较大值的 D_i 表明观测值 y_i 对估计系数 β 有很大的影响（因为残差、杠杆值或两者都很大）. D_i 值可以与自由度为 $v_1 = k+1$ 和 $v_2 = n-(k+1)$ 的 F 分布值进行比较. 通常，D_i 值在 F 分布的第 50 百分位数或以上时被认为是有影响的观测值. 与其他测量影响的数值一样，大多数统计软件包中都提供了计算库克距离的选项.

例 8.9 现在我们回到例 8.8 的快餐销售模型中，在这个模型中，我们使用残差图检验到了一个异常值. 回想一下，这个异常值是由于第 13 个观测值（用 y_{13} 表示）的周销售额输入错误造成的. 运行 SAS 回归分析并选择生成影响诊断的选项. （**影响诊断**是衡量观测值对回归分析影响程度的数字. ）得到的 SAS 输出结果如图 8.29 所示，在输出结果中找到并解释 y_{13} 的影响值.

解 影响诊断显示在图 8.29 的 SAS 输出结果的底部，每个观测值的杠杆值显示在列标题 **Hat Diag H** 下方. y_{13} 的杠杆值（输出结果的阴影部分）是 $h_{13} = 0.239\,4$，而所有 $n=24$ 个观测值的平均杠杆值是

$$\bar{h} = \frac{k+1}{n} = \frac{5}{24} = 0.208\,3$$

由于杠杆值 0.239 4 未超过 $2\bar{h} = 0.416\,6$，所以我们不认为 y_{13} 是一个有影响的观测值. 起先，这个结果可能看起来令人感到困惑，因为我们已经知道错误输入的 y_{13} 值对回归分析有显著影响. 但是，请记住，杠杆值 $h_1, h_2, \cdots, h_{24}$ 只是关于自变量的函数. 由于我们知道 x_1, x_2, x_3 和 x_4 的值是正确编码的，相对较小的杠杆值 0.239 4 仅暗示第 13 个观测值相对于所有自变量来说并不是一个异常值.

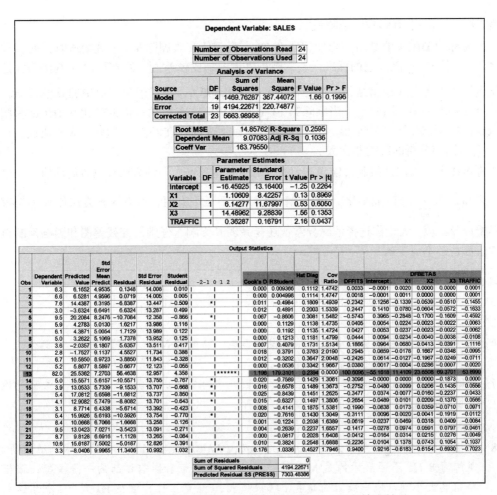

图 8.29　带有影响诊断的快餐销售模型的 SAS 回归输出结果

较好的综合衡量 y_{13} 对拟合回归模型影响的方法是库克距离 D_{13}. 回想一下库克距离是关于杠杆值和残差的函数. 此时 $D_{13} = 1.196$（阴影部分）在 **Cook's D** 列标题下显示. 可以看出，D_{13} 值远远大于输出结果中的其他 D 值. [事实上，$D_{13} = 1.196$ 落在 F 分布的第 65 百分位数，其中自由度 $v_1 = k + 1 = 5, v_2 = n - (k + 1) = 24 - 5 = 19$.] 这意味着观测值 y_{13} 对模型参数的估计有实质的影响.

与折刀法删除残差相关的统计量是**学生化删除残差**，显示在列标题 **Rstudent** 下面.

定义 8.8　学生化删除残差用 d_i^* 表示，计算方法为删除残差 d_i 除以标准误差 s_{d_i}：

$$d_i^* = \frac{d_i}{s_{d_i}}$$

在 4.2 节的假设下，学生化删除残差 d_i^* 的抽样分布近似于 $(n-1) - (k+1)$ df 下的学生 t 分布. 注意，y_{13}（输出结果阴影部分显示）的学生化删除残差为 $d_{13}^* = 179.3101$. 这个非常大

的值表明 y_{13} 是一个有影响的观测值.

列名称为 **Dffits** 中给出了当使用所有 24 个观测值和当删除第 i 个观测值时,两者预测值之差. 差值 $\hat{y}_i - \hat{y}_{(i)}$ 除以它的标准误差,则可以更容易比较差值. 对于第 13 个观测值,这个按比例缩小的差值(输出结果的阴影部分)是 100.609 6,相对于预测值中的其他差值,这是一个非常大的值. 同样地,当删除第 13 个观测值时,参数估计值的变化在 **Dffits** 右侧的 **Dfbetas** 列(阴影部分)中给出.(每个差值也除以适当的标准误差.)这些巨大差值进一步证明,y_{13} 对回归分析的影响非常大.

　　许多技术可以用来限制边缘观测值对回归分析的影响. 一种方法计算 β 估计值,使绝对偏差之和,即 $\sum_{i=1}^{n} |y_i - \hat{y}_i|$ 最小化. ⊖ 因为偏差 $(y_i - \hat{y}_i)$ 不是平方值,所以这种方法比最小二乘法更不重视异常值. 无论你选择消除异常值还是减弱其影响,仔细研究残差图和影响诊断对于异常值都是必不可少的.

练习 8.6

8.25 **检测异常值**. 参考练习 8.1 中的数据和模型. 模型的 MSE 是 0.126 7. 绘制残差与 $\hat{y}$ 的散点图,并找出图中的异常值.

8.26 **检测异常值**. 参考练习 8.2 中的数据和模型. 模型的 MSE 为 17.255 7. 绘制残差与 $\hat{y}$ 的散点图,并找出图中的异常值.

8.27 **影响诊断**. 写出三种不同的方法来识别回归中有影响的观测值. 每一种方法都能检测到同样的有影响的观测值吗?请加以解释.

⊙ **MOON**

8.28 **测量月球的轨道**. 参考 *American Journal of Physics* (April 2014) 对月球轨道的研究,见练习 8.11. 下面展示的是 MINITAB 输出结果中带有影响诊断的一阶模型,该模型将角度大小 y 与地平线上的高度 x 联系起来.(注意:杠杆值在 **HI** 列中. 利用这些信息来找出任何有影响的观测值.)

Fits and Diagnostics for All Observations

Obs	ANGLE	Fit	SE Fit	95% CI	Resid	Std Resid	Del Resid	HI
1	321.900	322.054	0.299	(321.395, 322.713)	−0.154	−0.32	−0.30	0.276703
2	322.300	322.137	0.292	(321.495, 322.780)	0.163	0.33	0.32	0.263020
3	322.400	322.804	0.235	(322.286, 323.322)	−0.404	−0.78	−0.77	0.171029
4	323.200	323.305	0.199	(322.866, 323.743)	−0.105	−0.20	−0.19	0.122419
5	323.400	323.805	0.172	(323.426, 324.183)	−0.405	−0.75	−0.73	0.091282
6	324.400	324.138	0.161	(323.783, 324.493)	0.262	0.48	0.46	0.080231
7	325.000	324.722	0.161	(324.368, 325.075)	0.278	0.51	0.49	0.079578
8	325.700	324.972	0.168	(324.603, 325.341)	0.728	1.34	1.39	0.086578
9	325.800	325.389	0.187	(324.977, 325.801)	0.411	0.76	0.75	0.107952
10	325.000	325.639	0.203	(325.193, 326.085)	−0.639	−1.20	−1.23	0.126601
11	326.900	325.889	0.220	(325.405, 326.374)	1.011	1.93	2.25	0.149617
12	326.000	326.223	0.246	(325.681, 326.765)	−0.223	−0.43	−0.42	0.187101
13	325.800	326.723	0.289	(326.087, 327.359)	−0.923	−1.88	−2.18	0.257887

练习 8.28 的 MINITAB 输出结果

⊖ 绝对偏差法需要线性规划技术,这超出了本书的范围. 有关如何应用这种方法的详细信息,请参阅本章末尾给出的参考文献.

Obs	Cook's D	DFITS
1	0.02	−0.18824
2	0.02	0.19071
3	0.06	−0.34751
4	0.00	−0.06991
5	0.03	−0.23134
6	0.01	0.13642
7	0.01	0.14445
8	0.08	0.42922
9	0.04	0.26058
10	0.10	−0.46786
11	0.33	0.94572
12	0.02	−0.20026
13	0.62	−1.28488

练习 8.28 的 MINITAB 输出结果（续）

🖴 **QUASAR**

8.29　类星体的深空探测. 参考 *Astronomical Journal* 上关于深空探测到的类星体的研究，见练习 4.96. 下面的模型与收集到的 90 个类星体的数据相拟合：

$$E(y) = \beta_0 + \beta_1 x_1 + \beta_2 x_2 + \beta_3 x_3 + \beta_4 x_4$$

其中

$y = $ 静止帧等效宽度

$x_1 = $ 红移范围

$x_2 = $ 线通量

$x_3 = $ 线亮度

$x_4 = \mathrm{AB}_{1450}$ 量级

显示影响诊断的 SPSS 部分输出结果显示在下图中 . 你有发现任何有影响的观测值吗？

QUASAR	RFEWIDTH	zDELRES	COOKSD	LEVERAGE	zDIFFITS
1	117	−1.49140	.11570	.17631	−.78353
2	82	−.71142	.00685	.02192	−.18278
3	33	2.79116	.40406	.21782	1.64508
4	92	−.77375	.07423	.33791	−.60306
5	114	−.72387	.01380	.07392	−.25955
6	50	.46196	.01327	.18994	.25244
7	43	.58823	.00896	.07133	.20820
8	259	10.35824	2.40433	.37436	8.71278
9	58	.04929	.00011	.14268	.02330
10	126	−.06962	.00022	.13774	−.03237
11	42	−.03333	.00011	.27204	−.02245
12	146	.08399	.00098	.35741	.06821
13	124	.10748	.00068	.17873	.05687
14	75	−.19835	.00073	.04081	−.05881
15	85	−.75670	.00828	.02607	−.20126
16	109	−.50920	.01986	.22942	−.30922
17	55	−.41044	.00528	.09069	−.15914
18	91	−.26351	.00283	.12271	−.11616
19	116	−.62721	.01395	.10675	−.26011
20	75	−.16098	.00152	.17770	−.08492
21	63	.11697	.00031	.05825	.03861
22	46	.58346	.02083	.18833	.31738
23	55	−.52181	.01355	.15343	−.25554
24	99	−.66774	.03060	.21018	−.38571
25	53	.14011	.00038	.04355	.04231

练习 8.29 的 SPSS 输出结果

GFCLOCKS

8.30 古董钟的价格. 参考落地钟的例子，见例 4.1. 预测拍卖价格 y 关于时钟年限 x_1 和竞拍者数量 x_2 的最小二乘模型为

$$\hat{y} = -1339 + 12.74x_1 + 85.95x_2$$

(a) 利用该方程计算表 4.1 中所列的不同价格的残差.

(b) 计算残差的均值和方差. 均值应等于 0, 方差应接近图 4.3 所示的 SAS 输出结果中给出的 MSE 值.

(c) 分别计算落在 0 的两个估计标准差 $(2s)$ 之外的残差比例和落在 0 的三个估计标准差 $(3s)$ 之外的残差比例.

(d) 重新分析进行影响诊断, 解释输出结果中的影响值.

8.31 世界城市人口. 参照练习 8.19 中关于世界最大城市人口的研究. 每个国家最大城市人口 (以千为单位) 的自然对数的多元回归模型与 126 个国家的数据相拟合, 结果是 $s = 0.19$. 下图为标准化残差的 MINITAB 茎叶图. 识别出图中的异常值.

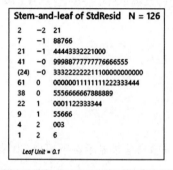

练习 8.31 的 MINITAB 输出结果

8.32 模拟员工的误工时数. 一家大型制造企业希望确定员工每年误工时数 y 和员工年薪 x 之间是否存在关系. 15 名员工样本数据见下表.

(a) 用数据拟合一阶模型 $E(y) = \beta_0 + \beta_1 x$.

(b) 绘制回归残差图. 你发现了什么?

(c) 在查阅员工档案后, 公司发现第 13 号员工已被解雇, 但他的名字并没有从在职人员工资册中删除. 这就解释了为什么那个员工的误工时数累计值那么高 (543 小时). 鉴于这一事实, 你对这一异常值有何建议?

(d) 计算第 13 号员工观测值对回归分析的影响程度.

(e) 将模型重新拟合排除异常值后的数据, 并将拟合结果与 (a) 小题的结果进行比较.

MISSWORK

员工	误工时数 y	年薪 x（千美元）	员工	误工时数 y	年薪 x（千美元）
1	49	12.8	9	191	7.8
2	36	14.5	10	6	15.8

（续）

员工	误工时数 y	年薪 x（千美元）	员工	误工时数 y	年薪 x（千美元）
3	127	8.3	11	63	10.8
4	91	10.2	12	79	9.7
5	72	10.0	13	543	12.1
6	34	11.5	14	57	21.2
7	155	8.8	15	82	10.9
8	11	17.2			

🔘 **ASWELLS**

8.33 **地下水中的砷 .** 参考 *Environmental Science and Technology* (January 2005) 检验地下水砷含量的商用试剂盒可靠性研究，见练习 8.12. 找出砷含量 y 的一阶模型中的任何异常值 . 这些异常值中是否存在有影响的观测值？如果存在，你的建议是什么？

🔘 **GASTURBINE**

8.34 **燃气轮机冷却方法 .** 参见 *Journal of Engineering for Gas Turbines and Power* (January 2005) 关于燃气轮机发动机高压进气雾化方法的研究，见练习 8.13. 找出热耗率 y 交互模型中的任何异常值，这些异常值中是否存在有影响的观测值？如果存在，你的建议是什么？

8.7　检验残差自相关性：Durbin-Watson 检验

　　许多类型的数据都是在有规律的时间间隔内被观测到的 . 例如，消费者价格指数（CPI）按月计算并公布，大多数大公司的利润按季度公布，《财富》500 强企业名单按年公布 . 像这样随着时间的推移而观测到的数据，称为**时间序列** . 我们经常想要构建因变量和自变量是时间序列数据的回归模型 .

　　时间序列的回归模型可能会带来一个特殊的问题 . 由于时间序列往往遵循经济趋势和季节性周期，因此时间序列中 t 时刻的值通常对 $(t+1)$ 时刻的值有参考意义 . 也就是说在时间序列中，t 时刻的值与 $(t+1)$ 时刻的值**相关** . 如果在回归分析中将该序列作为因变量，则随机误差是相关的 . 这会导致 β 估计值的标准误差，被之前给出的公式严重低估 . 因此，我们不能应用标准最小二乘法，也无法确定其推断有效性 . 考虑到时间序列回归模型中的残差相关性，调整模型的方法将在第 10 章中介绍 . 在本节中，我们展示一种检验残差相关性的方法 .

　　见表 8.6 中的时间序列数据，即一家公司 35 年的历史销售数据 . 一阶线性模型

$$y = \beta_0 + \beta_1 t + \varepsilon$$

的 SAS 输出结果，如图 8.30 所示 . 模型拟合数据的效果似乎非常好，因为 $R^2 = 0.98$ 和 F 值 (1 615.72) 说明模型非常显著 . 任意 α 水平均大于 0.000 1(33df 的 $t = 40.2$)，故系数 β_1 为正的假设被接受 .

表 8.6 某公司年销售收入

t 年	销售额 y（千美元）	t 年	销售额 y（千美元）	t 年	销售额 y（千美元）
1	4.8	13	48.4	25	100.3
2	4.0	14	61.6	26	111.7
3	5.5	15	65.6	27	108.2
4	15.6	16	71.4	28	115.5
5	23.1	17	83.4	29	119.2
6	23.3	18	93.6	30	125.2
7	31.4	19	94.2	31	136.3
8	46.0	20	85.4	32	146.8
9	46.1	21	86.2	33	146.1
10	41.9	22	89.9	34	151.4
11	45.5	23	89.2	35	150.9
12	53.5	24	99.1		

The REG Procedure
Model: Linear_Regression_Model
Dependent Variable: SALES

Number of Observations Read	35
Number of Observations Used	35

Analysis of Variance

Source	DF	Sum of Squares	Mean Square	F Value	Pr > F
Model	1	65875	65875	1615.72	<.0001
Error	33	1345.45355	40.77132		
Corrected Total	34	67221			

Root MSE	6.38524	R-Square	0.9800
Dependent Mean	77.72286	Adj R-Sq	0.9794
Coeff Var	8.21540		

Parameter Estimates

Variable	DF	Parameter Estimate	Standard Error	t Value	Pr > |t|
Intercept	1	0.40151	2.20571	0.18	0.8567
T	1	4.29563	0.10687	40.20	<.0001

Durbin-Watson D	0.821
Number of Observations	35
1st Order Autocorrelation	0.590

图 8.30 年销售模型的 SAS 回归输出结果

用 MINITAB 绘制残差 $\hat{\varepsilon} = y - (\hat{\beta}_0 + \hat{\beta}_1 t)$ 关于自变量 t 的散点图，如图 8.31 所示．注意，残差有明显的正负周期趋势．也就是说，如果 t 年的残差是正的，那么 $t+1$ 年的残差有为正的趋势．这些周期表明残差之间可能存在正相关．

对于大多数经济时间序列模型，我们提出原假设和备择假设

$$H_0：残差不相关$$

$$H_a：残差正相关$$

进行检验．由于残差正相关假设与经济趋势和季节周期相一致．

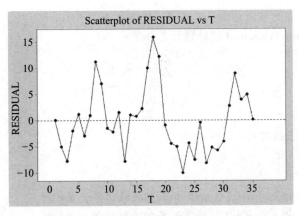

图 8.31   年销售模型的 MINITAB 残差图

使用 **Durbin-Watson** d **统计量**检验残差相关性的存在. 这个统计量由下列公式计算

$$d = \frac{\sum_{t=2}^{n}(\hat{\varepsilon}_t - \hat{\varepsilon}_{t-1})^2}{\sum_{t=1}^{n}\hat{\varepsilon}_t^2}$$

其中 n 是观测个数，$(\hat{\varepsilon}_t - \hat{\varepsilon}_{t-1})$ 表示一对连续残差之间的差. 通过展开 d 的分子，公式可以变形为

$$d = \frac{\sum_{t=2}^{n}\hat{\varepsilon}_t^2}{\sum_{t=1}^{n}\hat{\varepsilon}_t^2} + \frac{\sum_{t=2}^{n}\hat{\varepsilon}_{t-1}^2}{\sum_{t=1}^{n}\hat{\varepsilon}_t^2} - \frac{2\sum_{t=2}^{n}\hat{\varepsilon}_t\hat{\varepsilon}_{t-1}}{\sum_{t=1}^{n}\hat{\varepsilon}_t^2} \approx 2 - \frac{2\sum_{t=2}^{n}\hat{\varepsilon}_t\hat{\varepsilon}_{t-1}}{\sum_{t=1}^{n}\hat{\varepsilon}_t^2}$$

如果残差不相关，则

$$\sum_{t=2}^{n}\hat{\varepsilon}_t\hat{\varepsilon}_{t-1} \approx 0$$

表示 $\hat{\varepsilon}_t$ 和 $\hat{\varepsilon}_{t-1}$ 之间没有关系，d 的值将接近 2. 如果残差高度正相关，则

$$\sum_{t=2}^{n}\hat{\varepsilon}_t\hat{\varepsilon}_{t-1} \approx \sum_{t=2}^{n}\hat{\varepsilon}_t^2$$

(因为 $\hat{\varepsilon}_t \approx \hat{\varepsilon}_{t-1}$), d 的值将接近于 0:

$$d \approx 2 - \frac{2\sum_{t=2}^{n}\hat{\varepsilon}_t\hat{\varepsilon}_{t-1}}{\sum_{t=1}^{n}\hat{\varepsilon}_t^2} \approx 2 - \frac{2\sum_{t=2}^{n}\hat{\varepsilon}_t^2}{\sum_{t=1}^{n}\hat{\varepsilon}_t^2} \approx 2 - 2 = 0$$

如果残差高度负相关，那么 $\hat{\varepsilon}_t \approx -\hat{\varepsilon}_{t-1}$ ，因此

$$\sum_{t=2}^{n}\hat{\varepsilon}_t\hat{\varepsilon}_{t-1} \approx -\sum_{t=2}^{n}\hat{\varepsilon}_t^2$$

d 近似等于 4. 因此, d 的取值范围从 0 到 4, 其解释如下所示.

定义 8.9 **Durbin-Watson d 统计量**计算如下:

$$d = \frac{\sum_{t=2}^{n} (\hat{\varepsilon}_t - \hat{\varepsilon}_{t-1})^2}{\sum_{t=1}^{n} \hat{\varepsilon}_t^2}$$

d 统计量具有以下性质:

1. d 范围: $0 \leqslant d \leqslant 4$.

2. 如果残差不相关, $d \approx 2$.

3. 如果残差是正相关, $d < 2$, 并且如果相关性很强, $d \approx 0$.

4. 如果残差是负相关, $d > 2$, 并且如果相关性很强, $d \approx 4$.

因此, 我们要求用 SAS 计算年销售模型中的 d 值. 图 8.30 底部高亮显示了 $d = 0.821$. 为了确定该值是否接近 0, 从而得出总体中是否存在残差正相关, 我们需要为检验找到拒绝域. Durbin 和 Watson(1951) 给出了 d 统计量下尾值表, 见本书附录 D 的表 7 ($\alpha = 0.05$) 和表 8 ($\alpha = 0.01$).

表 8.7 复制了附录 D 表 7 的部分数据. 对于销售示例而言, 我们有 $k = 1$ 个自变量和 $n = 35$ 个观测值. 对于残差正相关的单尾检验, 当 $\alpha = 0.05$, 查表得 (阴影) $d_L = 1.40$ 和 $d_U = 1.52$. 这些值的含义如图 8.32 所示. 由于 d 抽样分布的复杂性, 不像对 z, t, F 和其他检验统计量一样, 不可能简单地指定一个点作为拒绝域和非拒绝域之间的边界, 而是规定了上限 (d_U) 和下限 (d_L). 因此, 当 $\alpha = 0.05$ 时小于 d_L 的 d 值确实提供了残差正相关的有力证据 (回忆一下, 小的 d 值表示正相关). 在 $\alpha = 0.05$ 时大于 d_U 的 d 值不能提供正相关的证据, 但 d_L 和 d_U 之间的 d 值在 $\alpha = 0.05$ 时可能是显著的. 如果 $d_L < d < d_U$, 我们需要更多的信息才能得出关于残差相关性存在的任何其他结论. 下框中给出了 Durbin-Watson 检验的总结.

表 8.7 附录 D 中表 7 的部分数据 ($\alpha = 0.05$)

n	$k=1$		$k=2$		$k=3$		$k=4$		$k=5$	
	d_L	d_U	d_L	d_U	d_L	d_U	d_L	d_U	d_L	d_U
31	1.36	1.50	1.30	1.57	1.23	1.65	1.16	1.74	1.09	1.83
32	1.37	1.50	1.31	1.57	1.24	1.65	1.18	1.73	1.11	1.82
33	1.38	1.51	1.32	1.58	1.26	1.65	1.19	1.73	1.13	1.81
34	1.39	1.51	1.33	1.58	1.27	1.65	1.21	1.73	1.15	1.81
35	1.40	1.52	1.34	1.58	1.28	1.65	1.22	1.73	1.16	1.80
36	1.41	1.52	1.35	1.59	1.29	1.65	1.24	1.73	1.18	1.80
37	1.42	1.53	1.36	1.59	1.31	1.66	1.25	1.72	1.19	1.80
38	1.43	1.54	1.37	1.59	1.32	1.66	1.26	1.72	1.21	1.79
39	1.43	1.54	1.38	1.60	1.33	1.66	1.27	1.72	1.22	1.79
40	1.44	1.54	1.39	1.60	1.34	1.66	1.29	1.72	1.23	1.79

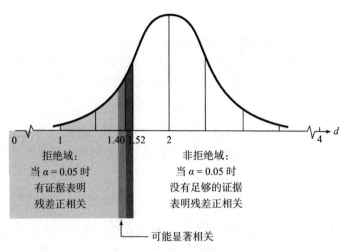

0   1   1.40 1.52   2   4 d

拒绝域：
当 $\alpha = 0.05$ 时
有证据表明
残差正相关

非拒绝域：
当 $\alpha = 0.05$ 时
没有足够的证据
表明残差正相关

可能显著相关

图 8.32　Durbin-Watson d 检验的拒绝域：销售示例

Durbin-Watson d 检验残差自相关性

下尾检验	双尾检验	上尾检验
H_0：残差不相关	H_0：残差不相关	H_0：残差不相关
H_a：残差正相关	H_a：残差正或负相关	H_a：残差负相关

检验统计量：

$$d = \frac{\sum_{t=2}^{n}(\hat{\varepsilon}_t - \hat{\varepsilon}_{t-1})^2}{\sum_{t=1}^{n}\hat{\varepsilon}_t^{\,2}}$$

拒绝域：	拒绝域：	拒绝域：
$d < d_{L,\alpha}$	$d < d_{L,\alpha/2}$ 或 $(4-d) < d_{L,\alpha/2}$	$(4-d) < d_{L,\alpha}$
非拒绝域：	非拒绝域：	非拒绝域：
$d > d_{U,\alpha}$	$d > d_{U,\alpha/2}$ 或 $(4-d) > d_{U,\alpha/2}$	$(4-d) > d_{U,\alpha}$
不确定区域：	不确定区域：	不确定区域：
$d_{L,\alpha} \leq (4-d) \leq d_{U,\alpha}$	任何其他结果	$d_{L,\alpha} < (4-d) < d_{U,\alpha}$

式中，$d_{L,\alpha}$ 和 $d_{U,\alpha}$ 分别是下限值和上限值，与 k 个自变量和 n 个观测值相对应．

假设：残差服从正态分布．

如销售示例的输出结果（图 8.30）所示，d 的计算值 0.821 小于表中 d_L 的值 1.40. 因此，我们可得出结论，销售直线模型的残差是正相关的．

负相关检验和双尾检验可以通过利用 d 统计量的抽样分布关于均值 2 的对称性进行检验（见图 8.32）. 也就是说，我们将 $(4-d)$ 与 d_L 和 d_U 进行比较，得出以下结论：如果 $(4-d) < d_L$，则残差是负相关的；如果 $(4-d) > d_U$，则没有足够的证据得出残差是负相关的；

如果 $d_L < (4-d) < d_U$，残差负相关检验可能具有显著性．

一旦有强有力的证据表明残差存在相关性，例如上述的销售示例，就会对最小二乘结果和从中得出的任何推断产生怀疑．在第 10 章中，我们将介绍一种时间序列模型，该模型考虑了随机误差的相关性，从而提高了模型的拟合度和推断的可靠性．

练习 8.7

8.35 回归误差相关性． 当误差相关时，进行最小二乘回归会导致什么后果？

8.36 Durbin-Watson d 值． 根据附录 D 中表 7 和表 8，分别找出下列情况下的 d_L 和 d_U 值：

(a) $n = 30$，$k = 3$，$\alpha = 0.05$

(b) $n = 40$，$k = 1$，$\alpha = 0.01$

(c) $n = 35$，$k = 5$，$\alpha = 0.05$

8.37 公司慈善捐赠． 公司捐赠给慈善组织的金额通常会受到公司财务状况的限制，衡量财务状况程度的一个指标是受限资产与公司总资产的比率．发表在 *Journal of Management Accounting Research*(Vol. 27, 2015) 上的一项研究调查了捐赠金额与这一比率之间的关系．收集了近 10 年来向 115 333 个慈善机构捐款的数据，得到了 419 225 个样本．研究人员拟合了二次模型：

$$E(y_t) = \beta_0 + \beta_1 x_{t-1} + \beta_2 (x_{t-1})^2$$

式中，y_t = 第 t 年公司向慈善机构捐款总额的自然对数，x_{t-1} = 第 $t-1$ 年受限资产与公司总资产的比率．(注：本模型是研究人员实际拟合模型的简化版本．)

(a) 研究人员担心回归误差中可能存在一阶自相关．因此，他们进行了一项一阶正自相关检验（类似于 Durbin-Watson 检验），给出该检验的原假设和备择假设．

(b) 自相关检验的 p 值 < 0.0001．研究人员可以从这个检验中得出什么结论？他们应该如何进行？

8.38 预测总统选举． 西佛罗里达大学的研究人员利用回归分析建立了一个预测总统选举结果的模型 (*Political Analysis,* Vol. 17, 2009)．研究的因变量为 y_t = 现任政党候选人在 t 选举年赢得的两党选票的百分比．模型中包含的自变量与下面列出的自变量相似．

执政党在 t 选举年的财政政策：$x_{1t} = \{1$，如果扩张；0，如果不扩张 $\}$

执政党任期：$x_{2t} = t$ 选举年之前的连续任期数

t 选举年的执政党：$x_{3t} = \{1$，如果是民主党；0，如果是共和党 $\}$

t 选举年 GDP 趋势：$x_{4t} =$ 上届政府 GDP 大于 3.2% 的季度数

GDP 增长率：$x_{5t} = t$ 选举年前三季度 GDP 增长率

模型的 Durbin-Watson d 统计量为 $d = 1.77$．模型中是否存在误差正相关的证据（$\alpha = 0.05$）？请加以解释．

8.39 零售银行的存款份额． 发表在 *Journal of Professional Services Marketing* (Vol. 5, 1990) 上的探索性研究调查了零售银行存款份额与几个营销变量之间的关系．收集了 9 家零售银行机构连续五年的季度存款份额数据．分析模型如下：

$$y_t = \beta_0 + \beta_1 P_{t-1} + \beta_2 S_{t-1} + \beta_3 D_{t-1} + \varepsilon_t$$

其中

$$y_t = t\,季度银行存款份额,\ t = 1, 2, \cdots, 20$$
$$P_{t-1} = 第\,t-1\,季度有关促销活动的支出$$
$$S_{t-1} = 第\,t-1\,季度有关服务活动的支出$$
$$D_{t-1} = 第\,t-1\,季度与分销有关活动的支出$$

每一家银行都有一个单独的模型，结果如表所示.

银行	R^2	全局 F 检验的 p 值	Durbin-Watson d 值
1	0.914	0.000	1.3
2	0.721	0.004	3.4
3	0.926	0.000	2.7
4	0.827	0.000	1.9
5	0.270	0.155	0.85
6	0.616	0.012	1.8
7	0.962	0.000	2.5
8	0.495	0.014	2.3
9	0.500	0.011	1.1

注：所示的 d 值是根据文章提供的其他信息近似得出的.

(a) 解释每家银行的 R^2 值.

(b) 检验每家银行的模型整体充分性.

(c) 对每家银行进行 Durbin-Watson d 检验，并解释检验的实际意义.

8.40　预测汽车销量. 对美国汽车销售进行预测，能为大型汽车公司的财务和战略规划提供依据. 对乘用车和轻型卡车月总销量 y（千辆）建立如下预测模型：

$$E(y) = \beta_0 + \beta_1 x_1 + \beta_2 x_2 + \beta_3 x_3 + \beta_4 x_4 + \beta_5 x_5$$

其中

$$x_1 = 普通汽油月平均零售价$$
$$x_2 = 每季度国民生产总值的年度变化百分比$$
$$x_3 = 每月消费者信心指数$$
$$x_4 = 每月报废车辆总数（百万辆）$$
$$x_5 = 车辆的季节性$$

该模型拟合了 12 年（即 $n = 144$ 个月）内收集的月度数据，结果如下：

$$\hat{y} = -676.42 - 1.93 x_1 + 6.54 x_2 + 2.02 x_3 + 0.08 x_4 + 9.82 x_5$$
$$R^2 = 0.856$$
$$\text{Durbin-Watson } d = 1.01$$

（a）是否有足够的证据表明模型有助于 y 的预测 $(\alpha = 0.05)$？

（b）是否有足够的证据表明回归误差是正相关的 $(\alpha = 0.05)$？

（c）根据（b）小题的结果，对模型充分性和推断有效性进行评价.

8.41 美元的购买力. 下表的数据显示了 1980 年至 2017 年消费者使用美元的购买力（与 1982 年相比）. 一阶模型

$$y_t = \beta_0 + \beta_1 t + \varepsilon$$

用最小二乘法拟合数据. 下面还显示了 MINITAB 输出结果和回归残差图.

（a）观察回归残差与 t 的散点图. 残差有长期正负走向的趋势吗？你把这种现象归因于什么？

（b）在输出结果上找到 Durbin-Watson d 统计量，并检验时间序列残差不相关的原假设 $(\alpha = 0.10)$.

（c）为了使（b）小题的检验有效，必须满足什么假设？

🔘 **BUYPOWER**

年份	t	美元购买力	年份	t	美元购买力
1980	1	1.158	1999	20	0.594
1981	2	1.062	2000	21	0.575
1982	3	1.000	2001	22	0.566
1983	4	0.985	2002	23	0.553
1984	5	0.949	2003	24	0.543
1985	6	0.913	2004	25	0.525
1986	7	0.904	2005	26	0.508
1987	8	0.866	2006	27	0.496
1988	9	0.830	2007	28	0.476
1989	10	0.793	2008	29	0.476
1990	11	0.747	2009	30	0.463
1991	12	0.725	2010	31	0.456
1992	13	0.705	2011	32	0.443
1993	14	0.686	2012	33	0.436
1994	15	0.668	2013	34	0.429
1995	16	0.651	2014	35	0.426
1996	17	0.631	2015	36	0.423
1997	18	0.620	2016	37	0.414
1998	19	0.610	2017	38	0.406

资料来源：U.S. Bureau of Labor Statistics.

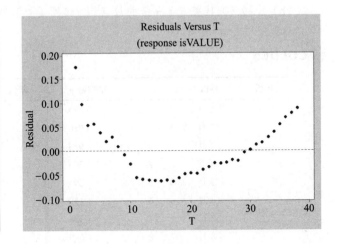

Regression Analysis: VALUE versus T

Analysis of Variance

Source	DF	Adj SS	Adj MS	F-Value	P-Value
Regression	1	1.4747	1.47471	454.88	0.000
Error	36	0.1167	0.00324		
Total	37	1.5914			

Model Summary

S	R-sq	R-sq(adj)
0.0569386	92.67%	92.46%

Coefficients

Term	Coef	SE Coef	T-Value	P-Value
Constant	1.0006	0.0188	53.10	0.000
T	−0.017965	0.000842	−21.33	0.000

Regression Equation

VALUE = 1.0006 - 0.017965 T

Durbin-Watson Statistic

Durbin-Watson Statistic = 0.105868

练习 8.41 的 MINITAB 输出结果

8.42　有效的人寿保单. 下表列出了 1985 年至 2016 年针对美国居民生命的所有有效的人寿保单（以百万计）.

（a）将简单线性回归模型 $E(Y_t) = \beta_0 + \beta_1 t$ 与 1985—2016 年的数据 $(t = 1, 2, \cdots, 32)$ 相拟合，并加以解释.

（b）求出并绘制与 t 相关的回归残差图. 该图是否表明残差存在自相关，请加以解释.

（c）用 Durbin Watson 检验回归误差是否存在正自相关 $(\alpha = 0.05)$.

（d）根据（b）小题的结果，对模型的充分性和推断的有效性进行评价.

💿 **LIFEINS**

年份	保单量 （以百万计）	年份	保单量 （以百万计）	年份	保单量 （以百万计）	年份	保单量 （以百万计）
1985	386	1993	363	2001	377	2009	291
1986	391	1994	366	2002	375	2010	284
1987	395	1995	370	2003	379	2011	286
1988	391	1996	355	2004	373	2012	272
1989	394	1997	351	2005	373	2013	275
1990	389	1998	358	2006	375	2014	278
1991	375	1999	367	2007	374	2015	281
1992	366	2000	369	2008	335	2016	291

资料来源：U.S. Census Bureau.

8.43　销售新感冒药. 一家位于新泽西的制药公司最近推出了一种叫作 Coldex 的新型感冒药.（出于专利原因，不透露产品的实际名称.）现在美国的药店和超市均有销售. 产品上市前两年的月销售额见下表，考虑简单线性回归模型 $E(y_t) = \beta_0 + \beta_1 t$，其中 y_t 为 t 月销售额.

（a）将简单线性模型与数据相拟合. 这个模型在统计上对预测月销售额有用吗？

（b）绘制回归残差与 t 月份的散点图. 该图是否表明残差存在相关性，并加以解释.

（c）使用 Durbin-Watson 检验误差相关性.

💿 **COLDEN**

年份	月份	t	销售额 y_t	年份	月份	t	销售额 y_t
	1 月	1	3 394		1 月	13	4 568
	2 月	2	4 010		2 月	14	3 710
	3 月	3	924		3 月	15	1 675
	4 月	4	205		4 月	16	999
	5 月	5	293		5 月	17	986
1	6 月	6	1 130	2	6 月	18	1 786
	7 月	7	1 116		7 月	19	2 253
	8 月	8	4 009		8 月	20	5 237
	9 月	9	5 692		9 月	21	6 679
	10 月	10	3 458		10 月	22	4 116
	11 月	11	2 849		11 月	23	4 109
	12 月	12	3 470		12 月	24	5 124

资料来源：Personal communication from Carol Cowley, Carla Marchesini, and Ginny Wilson, Rutgers University, Graduate School of Management.

8.44 **预测汇率**. T. C. Chiang 考虑了几种预测美元未来汇率的时间序列模型（*Journal of Financial Research*, Summer 1986）. 金融分析师普遍认为，远期（90 天）汇率是未来即期汇率的一个有用预测指标. T. C. Chiang 用 81 个月的英镑汇率数据来拟合以下模型

$$E(y_t) = \beta_0 + \beta_1 x_{t-1}$$

其中

$$y_t = t \text{ 月的 ln （即期汇率）}$$

$$x_t = t \text{ 月的 ln （远期汇率）}$$

最小二乘法得出以下结果：

$$\hat{y}_t = -0.009 + 0.986 x_{t-1} (t = 41.9)$$

$$s = 0.0249 \quad R^2 = 0.957 \quad \text{Durbin-Watson } d = 0.962$$

（a）该模型对预测英镑未来的即期汇率有用吗（$\alpha = 0.05$）？

（b）解释 s 和 R^2 的值.

（c）是否有证据表明残差之间存在正自相关（$\alpha = 0.05$）？

（d）根据（a）～（c）小题的结果，你是否建议使用最小二乘模型预测即期汇率？

快速总结

关键符号及公式

残差

$$\hat{\varepsilon} = y - \hat{y}$$

x_j 的偏残差

$$\hat{\varepsilon}^* = \hat{\varepsilon} + \hat{\beta}_j x_j$$

标准化残差

$$z_i = \hat{\varepsilon}_i / s$$

学生化残差

$$z_i^* = \frac{(y_i - \hat{y}_i)}{s\sqrt{1 - h_i}}$$

x_j 的杠杆值

h_j，其中 $\hat{y}_i = h_1 y_1 + h_2 y_2 + \cdots + h_j y_j + \cdots + h_n y_n$

折刀法的预测值

$$\hat{y}_{(i)}$$

删除残差

$$d_i = y_i - \hat{y}_{(i)}$$

删除残差的标准差

$$s_{d_i}$$

学生化删除残差

$$d_i^* = (y_i - \hat{y}_{(i)}) / s_{d_i}$$

库克距离

$$D_i = \frac{(y_i - \hat{y}_i)^2}{(k+1)\text{MSE}} \left[\frac{h_i}{(1 - h_i)^2} \right]$$

Durbin-Watson 统计量

$$d = \frac{\sum_{t=2}^{h} (\hat{\varepsilon}_t - \hat{\varepsilon}_{t-1})^2}{\sum_{t=1}^{h} \hat{\varepsilon}_t^2}$$

关键思想

残差的性质

1. 均值为 0

2. 标准差等于回归模型的标准差 s

使用残差图检查假设

假设	图形技术
1) $E(\varepsilon) = 0$	绘制 $\hat{\varepsilon}$ 与 x_i（寻找趋势）
2) Var(ε) 为常数	绘制 $\hat{\varepsilon}$ 与 $\hat{y}$（寻找异方差模式）
3) ε 的正态性	$\hat{\varepsilon}$ 的直方图、茎叶图或正态概率图（寻找极端偏斜）
4) ε 的独立性	绘制 $\hat{\varepsilon}$ 与时间的关系图（寻找振荡趋势）

y 的方差稳定转换

数据类型	转换
泊松	$y^* = \sqrt{y}$
二项	$y^* = \sin^{-1} \sqrt{y}$
乘法	$y^* = \ln(y)$

异常值

标准化残差绝对值大于 3，即 $| \hat{\varepsilon} / s | > 3$. 在分析中需要删除异常值之前，一定要检查它们.

检验影响

杠杆值：当杠杆值 $h_j > 2(k+1)/n$ 时，第 j 个观测值有影响.

折刀法：如果学生化删除残差 d_i^* 很大（例如超过 3），那么第 j 个观测值有影响.

库克距离：如果 D_i 很大（例如超过模型 F 分布的第 50 百分位数），则第 j 个观测值有影响.

残差自相关性检验

运用 Durbin-Watson 检验.

补充练习

8.45　解释残差图. 识别以下五个残差图中每个图的问题.

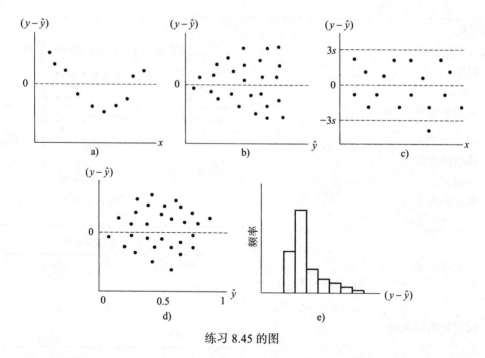

练习 8.45 的图

8.46 **改进海军舰队的成本 .** 海军基地舰队正在考虑改进或增加其 48 架标准飞机 . 关于飞机类型和数量的最终决定取决于改装舰队的成本与效率 . 因此，海军基地希望建立一个模型，其中十年后舰队效率计划提高的百分比 y 是关于改进舰队成本 x 的函数 . 第一个建议是使用二次模型：

$$E(y) = \beta_0 + \beta_1 x + \beta_2 x^2$$

下表中提供的数据是从 10 个海军基地收集获得的，这些最近扩大其舰队的海军基地的规模与以上基地规模相似 .

（a）将模型与数据相拟合，然后绘制残差与变量 x 的散点图 . 你是否能发现任何趋势? 是否存在异常值?

（b）获取模型的影响诊断 . 是否存在对分析有较大影响的观测值?

🔘 **NAVALFLEET**

计划提高的百分比 y	改进成本 x（百万美元）	计划提高的百分比 y	改进成本 x（百万美元）
18	125	3	90
32	160	30	140
9	80	10	85
37	162	25	150
6	110	2	50

8.47 **城市空气样本分析 .** 东京都市大学的化学工程师分析了城市空气样本中是否存在低分子量的二羧酸 (*Environmental Science and Engineering*，October 1993). 下表列出了从

东京市区采集的 19 个空气样本的二羧酸（占总碳的百分比）和氧化剂浓度 (ppm). 考虑建立二羧酸百分比 y 关于氧化剂浓度 x 的直线模型，并评估回归假设的有效性.

🔘 AIRTOKYO

二羧酸（%）	氧化剂（ppm）	二羧酸（%）	氧化剂（ppm）
0.85	78	0.50	32
1.45	80	0.38	28
1.80	74	0.30	25
1.80	78	0.70	45
1.60	60	0.80	40
1.20	62	0.90	45
1.30	57	1.22	41
0.20	49	1.00	34
0.22	34	1.00	25
0.40	36		

资料来源：Kawamura, K., and Ikushima, K. " Seasonal changes in the distribution of dicarboxylic acids in the urban atmosphere," *Environmental Science and Technology*, Vol. 27, No. 10, Oct.1993, p. 2232(data extracted from Figure 4).

8.48　新药产生的利润 . 一家生产新型高血压药的领先制药公司希望对该产品产生的年收入进行建模. 公司研究人员利用过去 15 年收集的数据来拟合模型

$$E(y_t) = \beta_0 + \beta_1 x_t + \beta_2 t$$

其中

$$y_t = 第 t 年收入（百万美元）$$
$$x_t = 第 t 年每粒药丸成本$$
$$t = 第(1,2,\cdots,15)年$$

公司统计学家怀疑误差独立性假设可能被违反，并且事实上回归残差是正相关的. 当 Durbin-Watson 检验统计量 $d = 0.776$ ，用 $\alpha = 0.05$ 来检验此结果.

🔘 FACTORS

8.49　照顾医院病人 . 参照冠心病患者的研究，见练习 3.74. 回顾使用简单线性回归对住院时间 y 和患者因素数 x 进行建模，并对该模型进行完整的残差分析.

8.50　预测缺勤率 . 一家开业五年的印刷厂的领班，正在安排下一年的工作量. 他必须估计可工作的员工人数. 他请公司统计员预测明年的缺勤率. 由于已知存在季度波动，建议采用以下模型：

$$E(y) = \beta_0 + \beta_1 x_1 + \beta_2 x_2 + \beta_3 x_3 + \varepsilon$$

其中

$$y = 缺勤率 = \frac{缺勤员工总数}{员工总数}$$

$$x_1 = \begin{cases} 1, & \text{如果是第1季度（1月至3月）} \\ 0, & \text{如果不是} \end{cases}$$

$$x_2 = \begin{cases} 1, & \text{如果是第2季度（4月至6月）} \\ 0, & \text{如果不是} \end{cases}$$

$$x_3 = \begin{cases} 1, & \text{如果是第3季度（7月至9月）} \\ 0, & \text{如果不是} \end{cases}$$

（a）根据下表中给出的数据拟合模型.

（b）考虑响应变量 y 的性质.你认为是否可能违反关于 ε 的一些基本假设，并加以解释.

（c）建立一个可近似稳定误差项 ε 方差的替代模型.

（d）拟合替代模型.检查 R^2 以确定模型的充分性是否得到改善.

PRINTSHOP

年份	第 1 季度	第 2 季度	第 3 季度	第 4 季度
1	0.06	0.13	0.28	0.07
2	0.12	0.09	0.19	0.09
3	0.08	0.18	0.41	0.07
4	0.05	0.13	0.23	0.08
5	0.06	0.07	0.30	0.05

8.51 纯种马的繁殖. 对于潜在买家来说，纯种马的繁殖能力有时比赛跑能力更重要.通常，马的寿命越长，其用于繁殖的价值就越大.在销售一群马之前，饲养者希望能够预测它们的寿命.饲养者的认为纯种马的妊娠期可能是其寿命的一个指标.下表中的信息由该地区的各个马厩提供给饲养者的.（注意，由于季节和饲料因素，马的妊娠期变化很大.）考虑一阶模型

$$y = \beta_0 + \beta_1 x + \varepsilon$$

其中 $y = $ 寿命（年），$x = $ 妊娠期（月）.

（a）用数据拟合模型.

（b）通过解释 F 统计量和 R^2 来检查模型的充分性.

（c）绘制残差与妊娠期 x 的散点图.

（d）检查并识别 $0 \pm 2s$ 或 $0 \pm 3s$ 范围以外的残差值.

（e）饲养者已得知，3 号马（7 岁）寿命短是由于一种非常罕见的疾病.去除 3 号马的数据并重新拟合最小二乘直线.忽略这个观测结果是否改善了模型？

HORSES

编号	妊娠期 x（天）	寿命 y（年）	编号	妊娠期 x（天）	寿命 y（年）
1	403	30	5	265	21
2	279	22	6	356	27
3	307	7	7	298	25
4	416	31			

8.52 **电视市场份额分析.** 下表中的数据是过去一年大部分时间内某产品的月度市场份额. 研究发现, 与电视广告支出相关的市场份额的最小二乘直线为

$$\hat{y} = -1.56 + 0.687x$$

🔘 **TVSHARE**

月份	市场份额 y(%)	电视广告支出 x(千美元)	月份	市场份额 y(%)	电视广告支出 x(千美元)
1月	15	23	7月	14	24
2月	17	27	9月	16	26
3月	17	25	10月	14	23
5月	13	21	12月	15	25
6月	12	20			

（a）按照本章所述的方法, 计算并绘制回归残差图.

（b）响应变量 y, 即市场份额, 用百分比记录. 什么迹象使你相信关于同方差的最小二乘假设? 残差图是否证实了这个假设?

（c）残差图的趋势表明了稳定方差怎样的转换? 利用转换后的响应变量重新建立一阶模型. 计算并绘制新的回归残差图. 是否有证据表明转换成功地稳定了误差项 ε 的方差?

8.53 **公众对健康风险的认知.** 参考 *Journal of Experimental Psychology: Learning, Memory, and Cognition* (July 2005) 关于人们判断传染性疾病风险能力的研究, 见练习 4.45. 回想一下, 研究人员让德国大学生估计某年中感染某种疾病的人数. 表中再现了 $n=24$ 种感染病样本中的中位数估计发病率以及实际发病率. 回想一下, 拟合二次模型 $E(y) = \beta_0 + \beta_1 x + \beta_2 x^2$, 其中 $y=$ 实际发病率, $x=$ 估计发病率. 识别此回归分析中的所有异常值. 这些异常值有影响吗? 如果有, 研究人员应该如何做?

🔘 **INFECTION**

感染病	实际发病率	估计发病率	感染病	实际发病率	估计发病率
小儿麻痹症	0.25	300	鹦鹉热	119	225
白喉	1	1 000	伤寒	152	200
沙眼	1.75	691	Q热病	179	200
兔热病	2	200	疟疾	936	400
霍乱	3	17.5	梅毒	1 514	1 500
麻风病	5	0.8	痢疾	1 627	1 000
破伤风	9	1 000	淋病	2 926	6 000
出血热	10	150	脑膜炎	4 019	5 000
旋毛虫病	22	326.5	肺结核	12 619	1 500
波状热	23	146.5	肝炎	14 889	10 000
韦氏病	39	370	肠胃炎	203 864	37 000
气性坏疽	98	400	肉毒杆菌中毒	15	37 500

资料来源: Hertwig, R., Pachur, T., and Kurzenhauser, S. " Judgments of risk frequencies: Tests of possible cognitive mechanisms," *Journal of Experimental Psychology: Learning, Memory, and Cognition*, Vol. 31, No. 4, July 2005 (Table 1). Copyright © 2005 American Psychological Association, reprinted with permission.

参考文献

Barnett, V., and Lewis, T. *Outliers in Statistical Data*, 3rd ed. New York: Wiley, 1994.

Belsley, D. A., Kuh, E., and Welsch, R. E. *Regression Diagnostics: Identifying Influential Data and Sources of Collinearity*. New York: Wiley, 2004.

Box, G. E. P., and Cox, D. R. "An analysis of transformations." *Journal of the Royal Statistical Society, Series B*, 1964, Vol. 26, pp. 211–243.

Breusch, T. S., and Pagan, A. R. (1979), "A simple test for heteroscedasticity and random coefficient variation." *Econometrica*, Vol. 47, pp. 1287–1294.

Cook, R. D. "Influential observations in linear regression." *Journal of the American Statistical Association*, 1979, Vol. 74, pp. 169–174.

Cook, R. D., and Weisberg, S. *Residuals and Influence in Regression*. New York: Chapman and Hall, 1982.

Draper, N., and Smith, H. *Applied Regression Analysis*, 3rd ed. New York: Wiley, 1998.

Durbin, J., and Watson, G. S. "Testing for serial correlation in least squares regression, I." *Biometrika*, 1950, Vol. 37, pp. 409–428.

Durbin, J., and Watson, G. S. "Testing for serial correlation in least squares regression, II." *Biometrika*, 1951, Vol. 38, pp. 159–178.

Durbin, J., and Watson, G. S. "Testing for serial correlation in least squares regression, III." *Biometrika*, 1971, Vol. 58, pp. 1–19.

Granger, C. W. J., and Newbold, P. *Forecasting Economic Time Series*, 2nd ed. New York: Academic Press, 1986.

Kutner, M., Nachtsheim, C., Neter, J., and Li, W. *Applied Linear Statistical Models*, 5th ed. New York: McGraw-Hill/Irwin, 2005.

Larsen, W. A., and McCleary, S. J. "The use of partial residual plots in regression analysis." *Technometrics*, Vol. 14, 1972, pp. 781–790.

Mansfield, E. R., and Conerly, M. D. "Diagnostic value of residual and partial residual plots." *American Statistician*, Vol. 41, No. 2, May 1987, pp. 107–116.

Mendenhall, W. *Introduction to Linear Models and the Design and Analysis of Experiments*. Belmont, Calif.: Wadsworth, 1968.

Montgomery, D. C., Peck, E. A., and Vining, G. G. *Introduction to Linear Regression Analysis*, 5th ed. New York: Wiley, 2012.

Stephens, M. A. "EDF statistics for goodness of fit and some comparisons." *Journal of the American Statistical Association*, 1974, Vol. 69, pp. 730–737.

案例研究 4　对加利福尼亚州降雨量的分析

背景

在本案例研究中，我们着重于回归分析在地理学中的应用．P.J. Taylor 在 *Geography* (July 1980) 上发表文章，尝试以一种"非纯技术"的方式向研究地理的学者描述多元回归的方法．Taylor 选择调查研究加利福尼亚州年平均降水量的变化，这是一个可以通过多元回归分析来解决的典型问题．在本案例研究中，我们使用 Taylor 的数据建立关于年平均降水量 y 的模型，然后检验残差，即预测降水量与实际降水量之间的偏差，从而检测（正如 Taylor 所研究的）回归模型中遗漏的重要自变量．

数据

加利福尼亚州有许多气象站．每个气象站的众多任务之一是监测每天的降雨量．这些信息被用来计算每个站点的年平均降水量．

表 CS4.1 列出了分布在全州的 30 个气象站的年平均降水量（英寸）．（以上是 Taylor 所分析的数据．）除年平均降水量 y 外，该表还列出了被（加利福尼亚州地理学家）认为对各站点降雨量影响最大的三个自变量，如下所示：

1. 气象站海拔 x_1（英尺）
2. 气象站纬度 x_2（度）
3. 气象站距太平洋海岸距离 x_3（英里）

年平均降水量模型

表 CS4.1　加利福尼亚州 30 个气象站的数据

气象站	年平均降水量 y（英寸）	海拔 x_1（英尺）	纬度 x_2（度）	距海岸距离 x_3（英里）	阴影 x_4
1.Eureka	39.57	43	40.8	1	W
2.Red Bluff	23.27	341	40.2	97	L
3.Thermal	18.20	4 152	33.8	70	L
4.Fort Bragg	37.48	74	39.4	1	W
5.Soda Springs	49.26	6 752	39.3	150	W
6.San Francisco	21.82	52	37.8	5	W
7.Sacramento	18.07	25	38.5	80	L

（续）

气象站	年平均降水量 y（英寸）	海拔 x_1（英尺）	纬度 x_2（度）	距海岸距离 x_3（英里）	阴影 x_4
8.San Jose	14.17	95	37.4	28	L
9.Giant Forest	42.63	6 360	36.6	145	W
10.Salinas	13.85	74	36.7	12	L
11.Fresno	9.44	331	36.7	114	L
12.Pt.Piedras	19.33	57	35.7	1	W
13.Paso Robles	15.67	740	35.7	31	L
14.Bakersfield	6.00	489	35.4	75	L
15.Bishop	5.73	4 108	37.3	198	L
16.Mineral	47.82	4 850	40.4	142	W
17.Santa Barbara	17.95	120	34.4	1	W
18.Susanville	18.20	4 152	40.3	198	L
19.Tule Lake	10.03	4 036	41.9	140	L
20.Needles	4.63	913	34.8	192	L
21.Burbank	14.74	699	34.2	47	W
22.Los Angeles	15.02	312	34.1	16	W
23.Long Beach	12.36	50	33.8	12	W
24.Los Banos	8.26	125	37.8	74	L
25.Blythe	4.05	268	33.6	155	L
26.San Diego	9.94	19	32.7	5	W
27.Daggett	4.25	2 105	34.1	85	L
28.Death Valley	1.66	−178	36.5	194	L
29.Crescent City	74.87	35	41.7	1	W
30.Colusa	15.95	60	39.2	91	L

作为分析加利福尼亚州年平均降水量的初步尝试，Taylor 首先考虑以下一阶模型：

模型 1
$$E(y) = \beta_0 + \beta_1 x_1 + \beta_2 x_2 + \beta_3 x_3$$

CALIRAIN

模型 1 假设年平均降水量 y 与各自变量呈线性关系，且每个 x 对 y 的影响相对独立于其他自变量 x（即没有交互作用）.

将该模型与表 CS4.1 的数据拟合，得到如图 CS4.1 所示的 MINITAB 输出结果. 输出结果上的关键数字用阴影表示，并得到解释如下。

全局 $F = 13.02$（p 值 =0.000）：在任何显著性水平下（$\alpha > 0.0001$），我们拒绝原假设 H_0：$\beta_1 = \beta_2 = \beta_3 = 0$. 有充分的证据表明，该模型在预测年平均降水量 y 时具有统计显著性.

$R_a^2 = 0.554$：考虑样本量和模型中参数 β 的数量，对于大约 55% 的样本，年平均降水量的变化可以由一阶模型中的海拔 x_1、纬度 x_2 和距太平洋海岸距离 x_3 来解释.

$s = 11.098$：各气象站约 95% 的实际年平均降水量将落在一阶模型预测值的 $2s = 22.2$ 英寸范围之内.

Regression Analysis: Precip versus Altitude, Latitude, Distance

Analysis of Variance

Source	DF	Adj SS	Adj MS	F-Value	P-Value
Regression	3	4809	1603.1	13.02	0.000
Error	26	3202	123.2		
Total	29	8012			

Model Summary

S	R-sq	R-sq(adj)
11.0980	60.03%	55.42%

Coefficients

Term	Coef	SE Coef	T-Value	P-Value	VIF
Constant	−102.4	29.2	−3.50	0.002	
Altitude	0.00409	0.00122	3.36	0.002	1.54
Latitude	3.451	0.795	4.34	0.000	1.06
Distance	−0.1429	0.0363	−3.93	0.001	1.49

Regression Equation

Precip = −102.4 + 0.00409 Altitude + 3.451 Latitude − 0.1429 Distance

图 CS4.1　模型 1 的 MINITAB 回归输出结果

$\hat{\beta}_1 = 0.00409$：当纬度 x_2 和距海岸距离 x_3 保持不变时，气象站的海拔 x_1 每增加 1 英尺，年平均降水量 y 就会增加 0.0041 英寸．

$\hat{\beta}_2 = 3.451$：当海拔 x_1 和距海岸距离 x_3 保持不变时，气象站的纬度 x_2 每增加 1 度，年平均降水量 y 就会增加 3.45 英寸．

$\hat{\beta}_3 = -0.143$：当海拔 x_1 和纬度 x_2 保持不变时，气象站距太平洋海岸距离 x_3 每增加 1 英里，年平均降水量 y 就会减少 0.143 英寸．

注意：模型中三个自变量的 t 检验都非常显著（p 值 < 0.01），这些变量的方差膨胀因子都很小（表明多重共线性非常小）．因此，一阶模型对气象站的年平均降水量具有较好的预测能力．

如果不做进一步分析，我们能肯定不存在额外自变量或高阶项来改进预测方程吗？答案当然是否定的．在下节中，我们将使用残差分析来协助找到一个更好的模型．

模型的残差分析

利用第 8 章讨论的图来分析模型 1 的残差．图 CS4.2 中的 MINITAB 输出结果显示了标准化残差的直方图和正态概率图．除个别异常值外，回归误差近似服从正态分布．

图 CS4.3 所示的 MINITAB 输出结果是残差与预测降雨量 $\hat{y}$ 以及每个自变量之间关系的散点图．除了个别不寻常的观测值（异常值），这些图没有显示出明显的模式或趋势．因此，为了提高模型的拟合度或为了稳定误差方差，似乎没有必要对自变量进行变换．

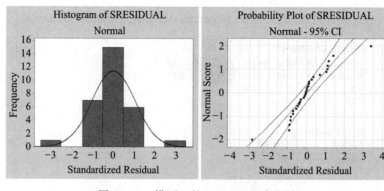

图 CS4.2　模型 1 的 MINITAB 残差图

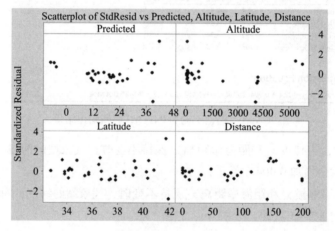

图 CS4.3　模型 1 的更多 MINITAB 残差图

　　从表面上看，残差图似乎暗示一阶模型的任何调整都无法改善预测方程. 然而，Taylor 根据地理学知识和回归技术更仔细地研究了图 CS4.3. 他发现图 CS4.3 所示的残差实际上呈现出一种相当一致的模式. Taylor 注意到，位于加利福尼亚山脉向西斜坡上的气象站的残差总是正的，而位于山脉背风面的气象站的残差总是负的.

　　为了更清楚地显示 Taylor 所观察到的结果，我们绘制了模型 1 关于 $\hat{y}$ 的残差，并用不同的符号标记"W"和"L". 表 CS4.1 中编号 1、4、5、6、9、12、16、17、21、22、23、26 和 29 的气象站均位于向西斜坡，因此用"W"表示；其余气象站标记为"L"，因为它们都在背风面. 修改后的残差图（每个点用"W"或"L"表示）显示在 MINITAB 输出结果中，如图 CS4.4 所示. 可以看到，除了个别点，"W"点（用方形表示）有正残差（意味着最小二乘模型低估了降水量），而"L"点（用圆圈表示）有负残差（意味着最小二乘模型预测的降水量过高）. 用 Taylor 的话来说，图 CS4.4 所示的结果显示了非常清晰的山脉阴影效应，加利福尼亚州正是以山脉闻名. 因此，我们似乎可以通过添加一个表示阴影效应的变量来改进模型的拟合效果.

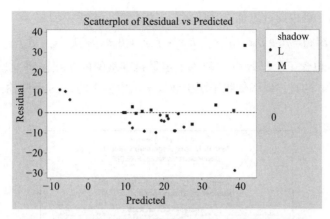

图 CS4.4　带有阴影效应的模型 1 的 MINITAB 残差图

模型优化

为了解释加利福尼亚州山脉的阴影效应，考虑设置虚拟变量

$$阴影: x_4 = \begin{cases} 1, & 如果站点位于背风面 \\ 0, & 如果站点位于向西面 \end{cases}$$

模型 2　带有阴影效应的模型形式：

$$E(y) = \beta_0 + \beta_1 x_1 + \beta_2 x_2 + \beta_3 x_3 + \beta_4 x_4$$

与模型 1 一样，模型 2 假设降水量与海拔 x_1、降水量与纬度 x_2、降水量与距海岸距离 x_3 之间存在线性关系. 然而，这些直线的截距将取决于阴影效应（即站点的位置是背风面或向西面）.

模型 2 的 SAS 回归输出结果如图 CS4.5 所示. 注意，模型 2 的 R_a^2 为 0.696 3，比模型 1 增加了约 15%. 这意味着阴影效应模型（模型 2）比无阴影效应模型（模型 1）对样本年平均降水量变化的解释程度增加约 15%.

这是一个统计显著的增长吗？为了回答这个问题，我们通过提出假设来检验阴影效应：

$$H_0: \beta_4 = 0$$
$$H_a: \beta_4 \neq 0$$

图 CS4.5 中阴影部分的检验统计量为 $t = -3.63$，双尾 p 值（阴影部分）为 $p = 0.001\,3$. 因此，当（$\alpha = 0.01$ 时）有足够的证据认为 $\beta_4 \neq 0$，即阴影效应有助于预测年平均降水量.

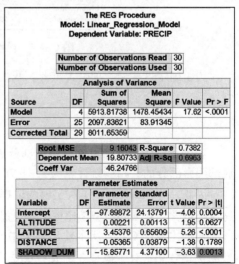

图 CS4.5　模型 2 的 SAS 回归输出结果

模型 3 模型 2 可以通过添加交互项来加以优化吗？考虑模型 3：

$$E(y) = \beta_0 + \beta_1 x_1 + \beta_2 x_2 + \beta_3 x_3 + \beta_4 x_4 + \beta_5 x_1 x_4 + \beta_6 x_2 x_4 + \beta_7 x_3 x_4$$

注意：模型 3 包含了阴影效应 x_4 和每个定量自变量间的交互作用。此模型中 y 关于 x_1、y 关于 x_2 和 y 关于 x_3 的直线斜率依赖于阴影效应 x_4。模型 3 的 SAS 回归输出结果如图 CS4.6 所示。

The REG Procedure
Model: Linear_Regression_Model
Dependent Variable: PRECIP

Number of Observations Read	30
Number of Observations Used	30

Analysis of Variance

Source	DF	Sum of Squares	Mean Square	F Value	Pr > F
Model	7	6921.64038	988.80577	19.96	<.0001
Error	22	1090.01319	49.54605		
Corrected Total	29	8011.65359			

Root MSE	7.03890	R-Square	0.8639
Dependent Mean	19.80733	Adj R-Sq	0.8207
Coeff Var	35.53682		

Parameter Estimates

Variable	DF	Parameter Estimate	Standard Error	t Value	Pr > |t|
Intercept	1	−160.70358	25.78066	−6.23	<.0001
ALTITUDE	1	0.00453	0.00418	1.08	0.2897
LATITUDE	1	5.14128	0.69811	7.36	<.0001
DISTANCE	1	−0.13008	0.17571	−0.74	0.4669
SHADOW_DUM	1	127.14457	37.57712	3.38	0.0027
SHAD_ALT	1	−0.00372	0.00433	−0.86	0.3992
SHAD_LAT	1	−3.78713	1.01911	−3.72	0.0012
SHAD_DIST	1	0.07079	0.17842	0.40	0.6954

Test SHAD_INTERACT Results for Dependent Variable PRECIP

Source	DF	Mean Square	F Value	Pr > F
Numerator	3	335.94100	6.78	0.0021
Denominator	22	49.54605		

图 CS4.6 模型 3 的 SAS 回归输出结果

为了确定这些交互项是否重要，我们提出假设加以检验：

$$H_0 : \quad \beta_5 = \beta_6 = \beta_7 = 0$$

$$H_a : \quad 至少一个 \beta \neq 0$$

利用 4.13 节中介绍的嵌套模型部分 F 检验，对模型 2 和模型 3 进行检验比较。图 CS4.6 底部阴影部分的 F 检验统计量为 $F = 6.78$，相关的 p 值（阴影部分）为 $p = 0.0021$。

因此，（当 $\alpha = 0.01$ 时）有足够的证据拒绝 H_0，得出至少有一个交互项 β 不为零的结论。这说明包含交互项的模型 3 比模型 2 更能预测年平均降水量。

通过比较图 CS4.6 所示输出结果中的 R_a^2 和 s，可以明显看出模型 3 相对于之前两个模型的优化效果。对于模型 3 的 $R_a^2 = 0.8207$，比模型 2 和模型 1 分别增加了 12% 和 27%。模型 3 的标准差为 $s = 7.04$，而模型 2 的标准差为 $s = 9.16$，模型 1 的标准差为 $s = 11.1$。因此，在实际应用中，我们期望模型 3 预测一个气象站的年平均降水量在其真实值的 14 英寸误差范围以内（相比而言，模型 1 的预测误差范围为 22 英寸，模型 2 的预测误差范围为 18 英寸）。显然，一个包含阴影效应与海拔、纬度和距海岸距离间交互作用的模型，能够更有效地预测年平均降水量 y.

结论

我们已经演示了残差分析如何帮助分析人员找到回归模型中最初遗漏的重要自变量。然而在应用这种技术时需要对问题、数据和潜在的重要预测变量有深入的了解。如果不知道加利福尼亚州存在阴影效应，Taylor 就无法深入分析残差图 CS4.3，因此也就看不到它在改善模型拟合方面的潜力。

后续思考

 CALIRAIN

1. 对模型 1 的残差进行离群分析。识别任何有影响的观测值，并建议如何处理这些观测值。

2. 分析确定定量变量（海拔 x_1、纬度 x_2、距海岸距离 x_3）间的交互作用是否有助于优化模型拟合。

参考文献

Taylor, P. J. "A pedagogic application of multiple regression analysis." *Geography*, July 1980, Vol. 65, pp. 203–212.

案例研究 5　对公开拍卖中公寓销售价格影响因素的研究

背景

　　本案例包含对影响海滨公寓销售价格的部分因素的调查．这是 Herman Kelting（1979）对同一数据进行分析的延伸，他证明了回归分析可以成为评估佛罗里达东海岸新兴公寓市场的有力工具．

　　该销售数据来源于一个新的海滨公寓综合体，其由两座相连的八层建筑组成．这个综合体有 200 个大小相等的公寓（每个大约 500 平方英尺）．各建筑设施的布局位置，例如距离海滨、游泳池、停车场等的位置，如图 CS5.1 所示，其中包含了你需要留意的该综合体的一些特征．朝南的公寓被称为海景公寓，即面向沙滩和大海，而且 1 号楼的公寓可以很好地看到游泳池．大楼后侧的公寓被称为湾景，其面向停车场和一片最终与海湾接壤的土地．从这些公寓的高楼层眺望，大部分是繁茂树木和沙质地形，海湾非常遥远，几乎看不到．

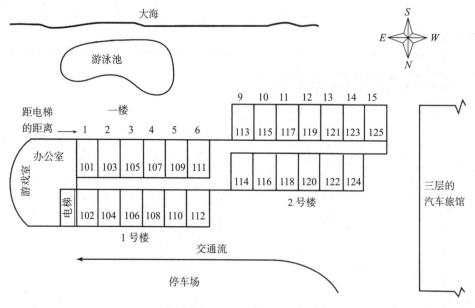

图 CS5.1　公寓综合体布局图

　　综合体内唯一的电梯、办公室和游戏室均位于 1 号楼的东侧．出入 2 号楼较高楼层的住户可能会穿过通道乘坐电梯，从而进入相应楼层．因此，较高楼层和离电梯较远的公寓往往会不太方便，因为他们在搬运行李及日用品时需要花费更多的力气，且离游戏室、办公室和游泳池也远．但这些公寓也有一个优势，就是通过走廊的人流量最少，因此私密性最好．

较低楼层的海景公寓最适合性格活跃的人士居住，其通向沙滩、大海和游泳池，很容易到达游戏室和停车场．

查看图 CS5.1，你将看到综合体中间的一些公寓（编号为 _11 和 _14 的公寓）的部分视野被阻挡．我们认为这是一个不利的条件．稍后我们会向你展示这一预期的正确性，这些海景公寓的售价低于相邻的海景公寓．

这个综合体是在经济衰退期间建成的，因而销售缓慢，开发商被迫在开业大约 18 个月后，在拍卖会上出售了大部分公寓．许多未售出的公寓由开发商装修并在拍卖前出租．

这个公寓综合体特别适合我们的研究．位于综合体一端的唯一电梯，为 2 号楼顶层的居住者带来了非常大的不便利性和高私密性．因此，这些数据提供了一个很好的机会来调查销售价格、公寓高度（楼层数）、公寓与电梯之间的距离以及有无海景之间的关系．每一套公寓是否有家具也有助于我们研究家具供应情况对售价的影响．最后，拍卖数据完全由买方决定，因此是面向消费者的，而大多数其他房地产销售数据在很大程度上是由卖方和经纪人决定的．

数据

拍卖会上共售出的 106 套公寓，除了售价（以数百美元计），还分别记录了以下数据．

1. 楼层高度：公寓的楼层位置，这个变量 x_1 可以取 1, 2, …, 8.

2. 距电梯的距离：这个距离沿综合体的长度测量，用公寓数量表示距离．在 2 号楼的公寓上增加了两个单位的距离，以计算两座建筑之间连接区域的步行距离．因此，105 号公寓距电梯的距离为 3，113 号公寓距电梯的距离为 9. 这个变量 x_2 可以取 1, 2, …, 15.

3. 海景：记录每套公寓是否有海景．模型中引入一个虚拟变量 x_3：如果有海景，$x_3 = 1$；如果没有海景，$x_3 = 0$．请注意，没有海景的公寓将面对停车场．

4. 末端公寓：我们预计靠近海景一侧的末端公寓（编号以 11 结尾）可看到的景观会有所减少，从而会使售价降低．这些末端公寓的部分海景被 2 号楼挡住了．模型中引入一个虚拟变量 x_4：如果该公寓编号以 11 结尾，$x_4 = 1$；如果不是，$x_4 = 0$．

5. 家具：每套公寓都记录有无家具．这个定性变量通过在模型中引入一个虚拟变量 x_5 表示：如果提供了家具，$x_5 = 1$；如果没有提供，$x_5 = 0$．

🔘 CONDO

分析中使用的原始数据保存在 CONDO 文件中．

模型

案例共包括五个自变量：两个定量变量（楼层高度 x_1 和距电梯的距离 x_2）和三个定性变量（海景、末端公寓和家具）．我们假设平均销售价格与这五个因子相关的四个模型．模型

编号为 $1 \sim 4$，按顺序建立模型，模型 1 是最简单的，模型 4 是最复杂的．模型 2 和 3 均包含前面模型的所有条件，以及我们认为能提高其预测能力的新条件．模型 2 包含模型 1 中的所有条件及一些新条件，因此它应该能够与模型 1 一样预测或者更好地预测平均销售价格．类似地，模型 3 应该与模型 2 预测得一样好甚至更好．模型 4 并没有把所有的条件都包含在模型 3 中，因为我们把楼层高度作为一个定性自变量引入模型 4 中．因此，模型 4 包含模型 3 的所有预测能力，如果我们的理论假设是正确的，那么它可能是对模型 3 的优化．下面的讨论将解释这个顺序模型构建过程中所使用的逻辑．

我们可以假设的最简单推测是这五个因子以相互独立的方式影响价格，且两个定量因素对销售价格的影响是线性的．因此，我们假设一组平面，除了它们的 y 轴截距，每个平面都是相同的．我们预计海景公寓的售价将高于湾景公寓的售价，对应于末端公寓（编号 _11）的售价将低于非末端公寓，带家具的公寓售价将高于没有家具的公寓．

模型 1 一阶主效应

$$E(y) = \beta_0 + \beta_1 x_1 + \beta_2 x_2 + \beta_3 x_3 + \beta_4 x_4 + \beta_5 x_5$$

其中

$x_1 = $ 楼层高度 $(x_1 = 1, 2, \cdots, 8)$

$x_2 = $ 距电梯的距离 $(x_2 = 1, 2, \cdots, 15)$

$x_3 = \begin{cases} 1, & \text{如果有海景} \\ 0, & \text{如果没有海景} \end{cases}$ $\quad x_4 = \begin{cases} 1, & \text{如果是末端公寓} \\ 0, & \text{如果不是末端公寓} \end{cases}$ $\quad x_5 = \begin{cases} 1, & \text{如果有家具} \\ 0, & \text{如果无家具} \end{cases}$

我们考虑的第二个推测是楼层高度和距电梯的距离对销售价格的影响可能不是线性的．因此，我们构造了模型 2，它与模型 1 相似，但包含了 x_1 和 x_2 的二阶项．该模型设想 x_1 和 x_2 中 $E(y)$ 具有相同形状的单一二阶响应面，而忽略景观、末端公寓以及家具的影响．用其术语表示为：模型 2 假设定性因子（海景、末端公寓和家具）和定量因子（楼层高度和距电梯的距离）之间没有交互作用．

模型 2 二阶主效应

$$E(y) = \beta_0 + \overbrace{\beta_1 x_1 + \beta_2 x_2 + \beta_3 x_1 x_2 + \beta_4 x_1^2 + \beta_5 x_2^2}^{\text{楼层和距离的二阶模型}} + \overbrace{\beta_6 x_3}^{\text{海景}} + \overbrace{\beta_7 x_4}^{\text{末端公寓}} + \overbrace{\beta_8 x_5}^{\text{家具}}$$

模型 2 可能有一个严重的缺点．其假设海景公寓和湾景公寓的平均销售价格 $E(y)$ 与 x_1，x_2 之间的二阶响应面形状相同．由于我们认为完全不同的偏好模式很有可能决定这两类公寓的购买情况，因此我们将构建一个模型，提供两个完全不同的二阶响应面：一个用于海景公寓，一个用于湾景公寓．此外，我们假设两个定性因子（末端公寓和家具）的效应是相加的（即它们的存在或不存在，只会令平均销售价格响应面向上或向下移动一个固定的数量）．因此，假设模型 3 如下：

模型 3 二阶且与海景交互

$$E(y) = \beta_0 + \overbrace{\beta_1 x_1 + \beta_2 x_2 + \beta_3 x_1 x_2 + \beta_4 x_1^2 + \beta_5 x_2^2}^{\text{楼层和距离的二阶模型}} + \overbrace{\beta_6 x_3}^{\text{海景}} + \overbrace{\beta_7 x_4}^{\text{末端公寓}} + \overbrace{\beta_8 x_5}^{\text{家具}} +$$

$$\overbrace{\beta_9 x_1 x_3 + \beta_{10} x_2 x_3 + \beta_{11} x_1 x_2 x_3 + \beta_{12} x_1^2 x_3 + \beta_{13} x_2^2 x_3}^{\text{二阶模型与海景的交互作用}}$$

作为第四种可能性，我们构建了一个类似于模型 3 的模型，但将包含八个水平的定性因子楼层高度引入其中．这需要设置七个虚拟变量：

$$x_6 = \begin{cases} 1, & \text{如果是一楼} \\ 0, & \text{如果不是一楼} \end{cases}$$

$$x_7 = \begin{cases} 1, & \text{如果是二楼} \\ 0, & \text{如果不是二楼} \end{cases}$$

$$\vdots$$

$$x_{12} = \begin{cases} 1, & \text{如果是七楼} \\ 0, & \text{如果不是七楼} \end{cases}$$

模型 4　包含楼层高度的虚拟变量模型：

$$E(y) = \beta_0 + \underbrace{\beta_1 x_2 + \beta_2 x_2^2}_{\text{距离的二阶}} +$$

$$\underbrace{\beta_3 x_3}_{\text{海景}} + \underbrace{\beta_4 x_4}_{\text{末端公寓}} + \underbrace{\beta_5 x_5}_{\text{家具}} +$$

$$\underbrace{\beta_6 x_6 + \beta_7 x_7 + \beta_8 x_8 + \beta_9 x_9 + \beta_{10} x_{10} + \beta_{11} x_{11} + \beta_{12} x_{12}}_{\text{楼层的主效应}} +$$

$$\underbrace{\beta_{13} x_2 x_6 + \beta_{14} x_2 x_7 + \cdots + \beta_{19} x_2 x_{12} + \beta_{20} x_2^2 x_6 + \beta_{21} x_2^2 x_7 + \cdots + \beta_{26} x_2^2 x_{12}}_{\text{距离-楼层交互作用}} +$$

$$\underbrace{\beta_{27} x_2 x_3 + \beta_{28} x_2^2 x_3}_{\text{距离-海景交互作用}} + \underbrace{\beta_{29} x_3 x_6 + \beta_{30} x_3 x_7 + \cdots + \beta_{35} x_3 x_{12}}_{\text{楼层-海景交互作用}} +$$

$$\underbrace{\beta_{36} x_2 x_3 x_6 + \beta_{37} x_2 x_3 x_7 + \cdots + \beta_{42} x_2 x_3 x_{12} + \beta_{43} x_2^2 x_3 x_6 + \beta_{44} x_2^2 x_3 x_7 + \cdots + \beta_{49} x_2^2 x_3 x_{12}}_{\text{距离-海景-楼层交互作用}}$$

将楼层高度作为一个定性因子的原因有两个：

1. 较高楼层的公寓视野较好，但通往户外的通道较少．后一个特性对于这些公寓来说可能是一个特别不受欢迎的特性．

2. 附近一家三层的汽车旅馆挡住了一些较低楼层湾景公寓的视线．

如果我们的假设是正确的，如果这些特征会对这些公寓的销售价格产生抑制作用，那么楼层高度与平均销售价格之间的关系就不会是二阶的（平滑的曲线关系）．将楼层高度作为一个定性因子，可以更好地拟合这种不规则的关系，从而优化预测方程．因此，模型 4 与模型 3 是相同的，只是模型 4 包含了楼层高度的 7 个主效应项（与模型 3 中包含的 2 个效应项形成对比），模型 4 还包含了这些变量与模型 3 中包含的其他变量之间的交互作用．$^\ominus$我们将随后说明，没有任何证据显示模型 4 比模型 3 对于预测 y 贡献了更多的信息．

$\ominus$　模型 4 中的一些项是不可估计的，因为自变量的某些组合没有完成销售．这就是为什么图 CS5.5 中的 SAS 输出结果显示模型仅有 41 个 df.

回归分析

本节将对前面描述的四个模型进行回归分析.你将看到,我们是以一定的顺序在构建模型.在每种情况下,我们使用部分 F 检验来确定该模型是否比之前的模型提供更多的销售价格预测信息.这种方法比逐步后退法更为保守.在逐步后退法中,你将假定模型 4 是适当的模型,然后检验并可能删除项.但删除项的风险尤其大,因为这样做是默认接受原假设.因此,你将冒着从模型中删除重要项的风险,且犯第 II 类错误的概率是未知的.

不要被单一 t 检验的分析结果过度影响.正如你将看到的,可能一组项的每个 t 值在统计上都不显著,但仍为 y 的预测提供信息.这是因为 t 检验关注的是当所有其他项都保留在模型中时,单个项的贡献.因此,如果一组项提供了重叠的信息,那么即使作为一个整体能为 y 的预测提供信息,但这些项中的单个项都可能不具有统计意义.

将模型 1、2、3、4 分别与数据进行拟合,SAS 回归分析软件的输出结果分别如图 CS5.2、图 CS5.3、图 CS5.4、图 CS5.5 所示.表 CS5.1 提供了包含这些模型关键结果(例如 R_a^2 和 s)的汇总.

The REG Procedure
Model: Linear_Regression_Model
Dependent Variable: PRICE100

Number of Observations Read	106
Number of Observations Used	106

Analysis of Variance

Source	DF	Sum of Squares	Mean Square	F Value	Pr > F
Model	5	23534	4706.82958	47.98	<.0001
Error	100	9810.07851	98.10079		
Corrected Total	105	33344			

Root MSE	9.90458	R-Square	0.7058
Dependent Mean	191.81132	Adj R-Sq	0.6911
Coeff Var	5.16371		

Parameter Estimates

Variable	DF	Parameter Estimate	Standard Error	t Value	Pr > |t|
Intercept	1	177.70349	4.16842	42.63	<.0001
FLOOR	1	−0.71514	0.53077	−1.35	0.1809
DIST	1	−0.87325	0.24495	−3.57	0.0006
VIEW	1	31.27285	2.23121	14.02	<.0001
END	1	−17.80782	3.98195	−4.47	<.0001
FURNISH	1	9.98376	2.05150	4.87	<.0001

图 CS5.2　模型 1 的 SAS 回归输出结果

表 CS5.1　模型 1、2、3 和 4 的回归结果汇总

模型	df(模型)	SSE	df(误差)	MSE	R_a^2	s
1	5	9 810	100	98.1	0.691	9.90
2	8	9 033	97	93.1	0.707	9.65
3	13	7 844	92	85.3	0.732	9.23
4	41	5 207	64	81.4	0.744	9.02

查看图 CS5.2 中的一阶模型（模型 1）的 SAS 输出结果，你可以看到用于检验原假设

$$H_0: \quad \beta_1 = \beta_2 = \cdots = \beta_5 = 0$$

的 F 统计量值为 47.98. 统计的显著性水平为 $\alpha = 0.0001$. 因此，有充分的证据表明，整体模型为 y 的预测提供了信息，即五个因子中至少有一个因子为销售价格的预测提供了信息.

如果检查单个参数的 t 检验，你会发现除了与楼层高度 x_1 相关的参数 β_1 的检验（p 值 = 0.180 9），其余都具有统计显著性. 楼层高度 x_1 未能作为一个重要的信息贡献者，这与我们的直觉相悖，这说明在回归分析中不谨慎地解释 t 检验结果时可能存在陷阱. 直觉上，我们认为楼层高度是一个重要因子. 你可能会说，较高楼层的公寓视野更好，因此平均售价应该更高. 或者，你可能会说，较低楼层的公寓更接近游泳池和大海，因此应该有更大的需求. 那么，为什么楼层高度的 t 检验在统计上不显著呢？答案是上述两个论点都是正确的，一个适用于海景，另一个适用于海湾. 你稍后将会发现楼层高度和景观之间存在交互作用. 较低楼层的海景公寓售价高于较高楼层的海景公寓. 相比之下，位于较高楼层的湾景公寓售价要高于位于较低楼层的湾景公寓. 这两种对比效应往往相互抵消（因此我们没有在模型中加入交互项），所以给人一种错误的印象，即楼层高度不是预测平均售价的重要变量.

当然，我们继续分析，下一步是确定模型 2 是否优于模型 1.

楼层高度 x_1 和距电梯的距离 x_2 是否与销售价格呈曲线关系？也就是说，我们是否应该用二阶响应面而不是一阶响应面来将 $E(y)$ 与 x_1 和 x_2 联系起来？为了回答这个问题，我们研究了从模型 1 到模型 2 SSE 的下降. 原假设"模型 2 对 y 的预测贡献并不比模型 1 的贡献大"等价于检验

$$H_0: \quad \beta_3 = \beta_4 = \beta_5 = 0$$

其中 β_3，β_4 和 β_5 出现在模型 2 中. 因为 df 为 3 和 97，检验的 F 统计量为

$$F = \frac{(\text{SSE}_1 - \text{SSE}_2)/H_0 \text{中} \beta \text{的个数}}{\text{MSE}_2} = \frac{(9\,810 - 9\,033)/3}{93.1}$$
$$= 2.78$$

这个值以及检验对应的 p 值显示在图 CS5.3 的底部（阴影部分）. 由于 $\alpha = 0.05$ 大于假定 p 值 = 0.045 2，我们拒绝 H_0. 有证据表明，模型 2 比模型 1 对 y 的预测贡献更大. 这告诉我们，有证据表明平均售价 $E(y)$ 与楼层高度 x_1 和距电梯的距离 x_2 呈曲线关系.

你们应该还记得模型 2 和模型 3 的不同之处在于：模型 3 允许两个不同形状的二阶曲面，一个用于海景公寓，另一个用于湾景公寓；模型 2 使用一个响应面来表示两种类型的公寓. 因此，我们希望检验原假设：对于海景和湾景公寓，单一的二阶曲面充分描述了 $E(y)$ 与楼层高度 x_1 和距电梯的距离 x_2 之间的关系（即模型 2 对 $E(y)$ 建立了充分的模型）；备择假设则为需要两个不同二阶曲面，即模型 3. 因此，

$$H_0: \quad \beta_9 = \beta_{10} = \cdots = \beta_{13} = 0$$

其中 $\beta_9, \beta_{10}, \cdots, \beta_{13}$ 是模型 3 中的参数. 因为 df 为 5 和 92，检验的 F 统计量为

$$F = \frac{(\text{SSE}_2 - \text{SSE}_3)/H_0 \text{中} \beta \text{的个数}}{\text{MSE}_3} = \frac{(9\,033 - 7\,844)/5}{85.3} = 2.79$$

The REG Procedure
Model: Linear_Regression_Model
Dependent Variable: PRICE100

Number of Observations Read	106
Number of Observations Used	106

Analysis of Variance

Source	DF	Sum of Squares	Mean Square	F Value	Pr > F
Model	8	24311	3038.84678	32.63	<.0001
Error	97	9033.45215	93.12837		
Corrected Total	105	33344			

Root MSE	9.65030	R-Square	0.7291
Dependent Mean	191.81132	Adj R-Sq	0.7067
Coeff Var	5.03114		

Parameter Estimates

Variable	DF	Parameter Estimate	Standard Error	t Value	Pr > |t|
Intercept	1	194.59573	7.66067	25.40	<.0001
FLOOR	1	−6.83830	2.45493	−2.79	0.0064
DIST	1	−2.64122	1.22794	−2.15	0.0340
FLR_DIST	1	0.04384	0.13564	0.32	0.7472
FLOORSQ	1	0.58394	0.23786	2.45	0.0159
DISTSQ	1	0.11426	0.07714	1.48	0.1418
VIEW	1	30.42124	2.19627	13.85	<.0001
END	1	−16.80585	4.10416	−4.09	<.0001
FURNISH	1	11.27207	2.05390	5.49	<.0001

Test SECOND_ORDER Results for Dependent Variable PRICE100

Source	DF	Mean Square	F Value	Pr > F
Numerator	3	258.87545	2.78	0.0452
Denominator	97	93.12837		

图 CS5.3　模型 2 的 SAS 回归输出结果

这个值及其相关的 p 值显示在图 CS5.4 的底部（阴影部分）．由于 $\alpha = 0.05$ 大于假定 p 值 = 0.021 6，我们拒绝 H_0 并得出结论．有证据表明，我们需要两个不同的二阶曲面来将 $E(y)$ 与 x_1 和 x_2 联系起来，每个曲面分别对应海景公寓和湾景公寓．

最后，我们需要确定模型 4 是否优于模型 3，也就是说，我们是否可以通过在模型中输入 8 层楼高作为定性因子来获得预测 y 的信息？虽然模型 3 和模型 4 不是嵌套模型，但我们可以使用部分 F 检验对它们进行比较．用 F 统计量检验原假设"模型 4 和模型 3 比没有提供更多的预测信息"，将从模型 3 到模型 4 的 SSE 下降与 s_4^2 进行比较．df 为 28（模型 4 和模型 3 中参数数量的差）和 64，该 F 统计量为

$$F = \frac{(\mathrm{SSE}_3 - \mathrm{SSE}_4) / H_0 中 \beta 的个数}{\mathrm{MSE}_4} = \frac{(7\ 844 - 5\ 207) / 28}{81.4} = 1.16$$

由于检验的 p 值没有显示在图 CS5.5 中，我们将通过寻找拒绝域来进行检验．查阅附录 D 中的表 4，你将发现基于 28 df 和 64 df 的 $F_{0.05}$ 临界值大约是 1.65．由于计算的 F 值小于临界值，没有足够的证据表明模型 4 比模型 3 有显著的改进．

The REG Procedure
Model: Linear_Regression_Model
Dependent Variable: PRICE100

Number of Observations Read	106
Number of Observations Used	106

Analysis of Variance

Source	DF	Sum of Squares	Mean Square	F Value	Pr > F
Model	13	25500	1961.56185	23.01	<.0001
Error	92	7843.92233	85.26003		
Corrected Total	105	33344			

Root MSE	9.23364	R-Square	0.7648
Dependent Mean	191.81132	Adj R-Sq	0.7315
Coeff Var	4.81392		

Parameter Estimates

Variable	DF	Parameter Estimate	Standard Error	t Value	Pr > |t|
Intercept	1	142.05564	27.95942	5.08	<.0001
FLOOR	1	8.79374	9.41542	0.93	0.3528
DIST	1	−4.00545	3.03226	−1.32	0.1898
FLR_DIST	1	0.32600	0.34146	0.95	0.3422
FLOORSQ	1	−0.58321	0.80662	−0.72	0.4715
DISTSQ	1	0.11069	0.16598	0.67	0.5065
VIEW	1	84.52959	28.85730	2.93	0.0043
END	1	−16.30753	4.00143	−4.08	<.0001
FURNISH	1	12.56003	2.04377	6.15	<.0001
FLR_VIEW	1	−14.11343	9.74820	−1.45	0.1511
DIS_VIEW	1	0.36326	3.34173	0.11	0.9137
F_D_VIEW	1	−0.29131	0.37258	−0.78	0.4363
FLRSQ_VU	1	0.95473	0.84502	1.13	0.2615
DISSQ_VU	1	0.06503	0.19068	0.34	0.7338

Test VIEW_INTERACT Results for Dependent Variable PRICE100

Source	DF	Mean Square	F Value	Pr > F
Numerator	5	237.90596	2.79	0.0216
Denominator	92	85.26003		

图 CS5.4　模型 3 的 SAS 回归输出结果

Dependent Variable: PRICE100

Source	DF	Sum of Squares	Mean Square	F Value	Pr > F
Model	41	28137.47687	686.27992	8.44	<.0001
Error	64	5206.74955	81.35546		
Corrected Total	105	33344.22642			

R-Square	Coeff Var	Root MSE	PRICE100 Mean
0.843849	4.702395	9.019726	191.8113

图 CS5.5　模型 4 的部分 SAS 回归输出结果

　　通过对前面讨论的四种假设进行检验，有证据表明模型 3 是四种模型中最好的. 该模型的 R_a^2 表明，大约 73% 的样本销售价格变化可以用模型加以解释. 我们检查模型 3 的预测方程，看看它告诉我们平均销售价格 $E(y)$ 和我们研究中使用的五个因素之间存在什么关系。但首先，重要的是检查模型 3 的残差，以确定关于随机误差项的标准最小二乘假设是否满足.

模型 3 的残差分析

最小二乘法关于随机误差项 ε 的四个标准假设如下：

1. 均值为 0.
2. 对于自变量的所有设定，方差 σ^2 是恒定的.
3. 误差服从正态分布.
4. 误差是独立的.

如果违反了其中一个或多个假设，那么从模型 3 回归分析得到的任何推论都是存疑的.假设 1 不可能被违反，因为最小二乘法保证残差的均值为 0. 假设 4 也是如此，因为销售价格数据不是一个时间序列.然而，验证假设 2 和假设 3 需要对模型 3 的残差进行彻底的检查.

回想一下，我们可以通过根据预测值绘制残差来检查异方差误差（即方差不等的误差）.这个 MINITAB 残差图如图 CS5.6 所示.如果方差不是恒定的，我们将在图 CS5.6 中看到一个锥形的模式（因为响应变量是销售价格），残差的分布随着 $\hat{y}$ 的增加而增加.但是，请注意，除了出现在图顶部的一个点，残差似乎随机分布在 0 附近.因此，假设 2 似乎得到了满足.

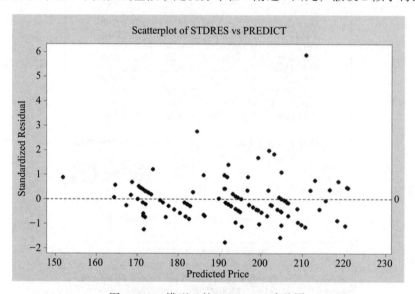

图 CS5.6　模型 3 的 MINITAB 残差图

为了检验正态性假设（假设 3），我们生成了残差的 MINITAB 直方图，见图 CS5.7. 很明显，残差的分布不是正态的，而是向右偏的.此时，我们可以选择对响应变量使用转换（类似于 8.4 节中讨论的方差稳定转换）来标准化残差.然而，非正态误差分布往往是由于存在单个异常值.如果消除（或纠正）了这个异常值，则可能满足正态性假设.

现在我们重新检查图 CS5.6，即标准化残差的 MINITAB 图. 在 8.5 节中，我们将异常值定义为标准化残差（绝对值）超过 3，可疑异常值定义为标准化残差（绝对值）在 2 到 3 之间.因此，我们可以使用图 CS5.6 来检测异常值.请注意，有一个异常值和一个可疑异常值，均具有较大的正标准化残差（分别约为 6 和 3）.我们是否应该从分析中自动删除这两个观测值并重新拟合模型 3?尽管许多分析人士采用这种方法，但在决定消除这些观测值之前，我们应该仔细研究它们. 我们可能会发现一个可纠正的记录（或编码）错误，或者可能会发现异常值影响很大，并且是由于一个不充分的模型造成的（在这种情况下，需要修正的是模型，而不是数据）.

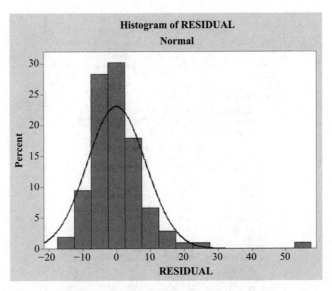

图 CS5.7　模型 3 残差的 MINITAB 直方图

对模型 3 残差的 SAS 输出结果（未显示）进行检查后发现，有问题的两个观测值编号为 35 和 49（其中观测值编号为 1 ～ 106）. 这两个数据点的销售价格、楼层高度等都被正确记录和编码. 为了确定这些异常值对分析的影响程度，使用 SAS 软件生成了影响诊断. 结果汇总在表 CS5.2 中.

表 CS5.2　模型 3 中两个异常值的影响诊断

观测值	响应 y	预测值 $\hat{y}$	残差 $y-\hat{y}$	杠杆值 h	库克距离 D
35	265	210.77	54.23	0.060 5	0.169
49	210	184.44	25.56	0.160 7	0.125

根据 8.6 节中给出的"经验法则"，两个观测值都没有对分析造成很强的影响. 两个杠杆值 h 均低于 $2(k+1)/n = 2(14)/106 = 0.264$，表明观测值对它们的 x 值影响不大，且库克距离 D 值都低于 0.96（F 分布的第 50 个百分位数，其中基于 $v_1 = k+1 = 14$ 和 $v_2 = n-(k+1) = 106-14 = 92$ 个自由度），这意味着它们对回归结果（例如对 β 的估计值）没有较强的整体影响性. 因此，如果我们将这些异常值从数据中去除并重新拟合模型 3，最小二乘预测方程不会受到太大影响，且可能会更接近于满足正态性假设.

调整后模型的 SAS 输出结果如图 CS5.8 所示. 注意 df(error) 从 92 减少到 90（因为我们去除了两个异常值），β 的估计值保持相对不变. 而模型标准差从 9.23 下降到 6.60，R_a^2 从 0.73 增长到 0.84，这意味着经过修正的模型将更准确地预测销售价格. 调整后的模型残差图如图 CS5.9 所示，残差直方图如图 CS5.10 所示．残差图（图 CS5.9）中没有证据显示有异常值，残差的直方图（图 CS5.10）近似正态分布．

The REG Procedure
Model: Linear_Regression_Model
Dependent Variable: PRICE100

Number of Observations Read	104
Number of Observations Used	104

Analysis of Variance					
Source	DF	Sum of Squares	Mean Square	F Value	Pr > F
Model	13	23655	1819.64590	41.77	<.0001
Error	90	3921.13212	43.56813		
Corrected Total	103	27577			

Root MSE	6.60062	R-Square	0.8578
Dependent Mean	190.93269	Adj R-Sq	0.8373
Coeff Var	3.45704		

Parameter Estimates					
Variable	DF	Parameter Estimate	Standard Error	t Value	Pr > |t|
Intercept	1	151.73426	20.09147	7.55	<.0001
FLOOR	1	3.76115	6.84884	0.55	0.5843
DIST	1	−1.93178	2.22898	−0.87	0.3884
FLR_DIST	1	0.25242	0.24477	1.03	0.3052
FLOORSQ	1	−0.15321	0.58763	−0.26	0.7949
DISTSQ	1	0.00420	0.12159	0.03	0.9725
VIEW	1	77.52403	20.73006	3.74	0.0003
END	1	−14.99258	2.86477	−5.23	<.0001
FURNISH	1	10.89332	1.47165	7.40	<.0001
FLR_VIEW	1	−10.91058	7.08792	−1.54	0.1272
DIS_VIEW	1	−1.79122	2.44305	−0.73	0.4653
F_D_VIEW	1	−0.24675	0.26701	−0.92	0.3579
FLRSQ_VU	1	0.72313	0.61542	1.18	0.2431
DISSQ_VU	1	0.20033	0.13878	1.44	0.1523

图 CS5.8　剔除异常值后模型 3 的 SAS 回归输出结果

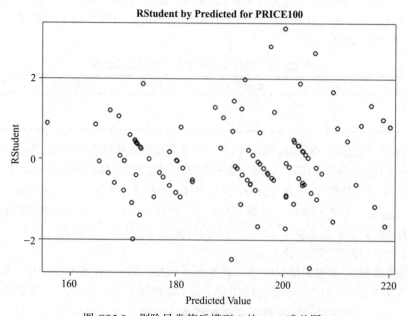

图 CS5.9　剔除异常值后模型 3 的 SAS 残差图

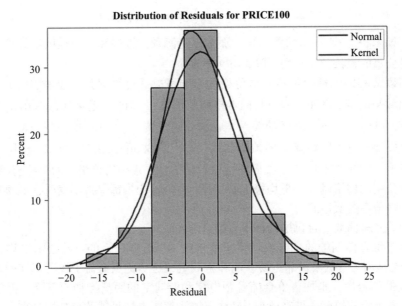

图 CS5.10　剔除异常值后模型 3 残差的 SAS 直方图

模型 3　回归分析告诉我们什么

我们确定了（两个观测值删除后的）模型 3，其将平均销售价格 $E(y)$ 与五个因子联系起来：两个定量因子（楼层高度 x_1 和距电梯的距离 x_2）和三个定性因子（海景、末端公寓和家具）。该模型假设了两个不同的二阶曲面，它们的平均售价 $E(y)$ 与 x_1 和 x_2 相关，一个用于海景公寓，一个用于湾景公寓。两个定性因子（末端公寓和家具）引起的平均销售价格的变化，对于所有 x_1 和 x_2 值的组合都是相同的。换句话说，为其中一个虚拟变量赋值 1 将使估计的平均销售价格增加（或减少）相同的数值。净效应是将二阶曲面向上或向下移动，其方向取决于具体定性因子的水平。由于定性因子已给定，平均销售价格的估计值增加（或减少）取决于与其虚拟变量相关的参数 β 的估计值。

例如，由图 CS5.8 得到的预测方程为（参数估计值四舍五入）

$$\hat{y} = 151.7 + 3.76x_1 - 1.93x_2 +$$
$$0.25x_1x_2 - 0.15x_1^2 + 0.004x_2^2 +$$
$$77.52x_3 - 14.99x_4 + 10.89x_5 -$$
$$10.91x_1x_3 - 1.79x_2x_3 - 0.25x_1x_2x_3 +$$
$$0.72x_1^2x_3 + 0.20x_2^2x_3$$

由于末端公寓和家具的虚拟变量分别为 x_4 和 x_5，因此这些定性因子对平均销售价格变化的估计值为

$$末端公寓(x_4=1): \quad \hat{\beta}_7 \times (100美元) = -1499美元$$

提供家具$(x_5 = 1)$：$\hat{\beta}_8 \times (100美元) = 1089美元$

因此，如果将 $x_4 = 1$ 代入预测方程，那么不论海景、楼层和是否提供家具等因子的影响如何，最终公寓的售价预计平均下降 1 499 美元．

楼层高度 x_1 和距电梯的距离 x_2 对价格的影响可以通过绘制其他变量固定时，$\hat{y}$ 关于另一变量的函数来确定．例如，假设我们希望确定湾景 $(x_3 = 0)$、无家具 $(x_5 = 0)$ 的非末端公寓 $(x_4 = 0)$，其价格 $\hat{y}$ 与 x_1 和 x_2 之间的关系．通过分别设置 $x_1 = 1$，$x_1 = 2$，…，$x_1 = 8$，可以绘制不同楼层时 $\hat{y}$ 关于距电梯的距离 x_2 的预测曲线．这些曲线如图 CS5.11 所示．楼层高度由图右侧的符号表示．在图 CS5.11 中，我们还可以看到估计平均销售价格中的一些有趣规律：

1. 湾景公寓的楼层越高，平均售价就越高．当其他变量都保持不变时，低矮楼层可以看到停车场，是最不受欢迎的．

2. 这种关系呈曲线，且每层楼都不一样．

3. 与位于综合体西端的二楼或三楼公寓相比，靠近办公室的一楼公寓平均售价估计值更高．也许这是因为这些公寓靠近游泳池和游戏室，这些优点掩盖了视野不好的缺点．

4. 在较低的楼层，平均售价会随着距电梯和游戏室的距离增加而下降，但随着楼层一层一层往上，下降的幅度会越来越小．最终，请注意距电梯最远的最高层公寓，其平均售价估计值将大幅上涨．这些公寓的人员流通最少，因此是最私密的．因此，对其高价的一个可能解释是，相对于他们认为不便带来的负面价值，买方更看重私密性．另外一个解释可能是，综合体两端的公寓售价普遍较高，因为它们拥有更多的窗户．

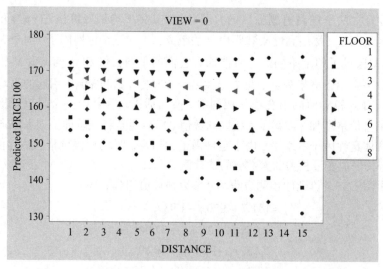

图 CS5.11   预测价格与距电梯的距离的 MINITAB 图（湾景公寓）

一组类似的曲线如图 CS5.12 所示，用于海景公寓 $(x_3 = 1)$．你将注意到这些曲线与图 CS5.11 中湾景公寓的曲线之间的一些惊人差异．（这些差异解释了为什么我们需要两个单独的二阶曲面来描述这两组公寓．）综合体海景一侧对楼层的偏好完全颠倒过来了：楼层越低，预计的平均售价就越高．显然，选择海景公寓的人主要关心的是去大海、游泳池、沙滩和游戏室的便捷性．请注意，电梯附近的公寓估计平均售价最高．公寓价格会随距电梯的距离越近先下降，然后上升．对这一现象的解释与我们在湾景公寓中的解释类似．靠近电梯的公寓更容易到达，且更接近娱乐设施．那些离电梯最远的人享有最大的私密性．靠近综合体中间的公寓便捷性和私密性较低．请注意，电梯附近公寓的估计平均售价高于综合体西端附近的公寓，这表明便捷性对价格的影响大于私密性．

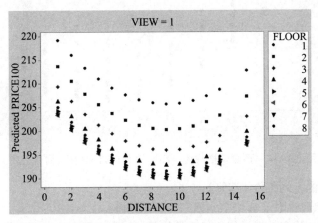

图 CS5.12　预测价格与距电梯的距离的 MINITAB 图（海景公寓）

与其研究 $\hat{y}$ 与距电梯的距离 x_2 之间的函数关系，你可能更想知道 $\hat{y}$ 与楼层高度 x_1 之间的关系．图 CS5.13 中的湾景公寓和图 CS5.14 中的海景公寓显示了估计的平均销售价格曲线．为了避免图中出现拥挤，我们只显示了距电梯的距离 $x_2 = 1$、5、10 和 15 时的曲线．表示这些距离的符号显示在图的右侧．我们将留给你和房地产专家来推断这些曲线的实际含义．

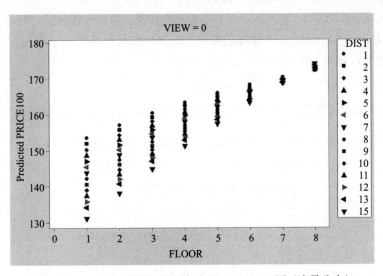

图 CS5.13　预测价格与楼层高度的 MINITAB 图（湾景公寓）

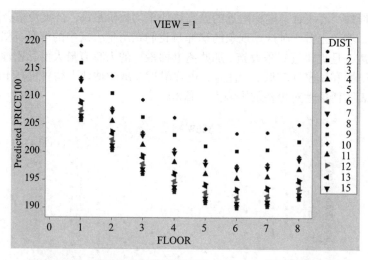

图 CS5.14　预测价格与楼层高度的 MINITAB 图（海景公寓）

比较两类公寓的平均售价（选修）

（注：本节要求理解附录 B 中多元回归分析的矩阵．）

比较两种类型的公寓的平均售价似乎是徒劳的，因为所有公寓都已售出，而且我们将永远无法收集在相同经济环境下出售这些公寓的数据．不过，这些定价信息可能对房地产估价师或新建类似综合体的开发商有用．我们将假设比较是有借鉴意义的，并向你展示如何实现它．

假设你想估算两个不同地点以及有无家具的公寓平均售价之差．例如，假设你希望估算位于 1 号楼东端的一楼海景和湾景公寓的平均售价之间的差异（图 CS5.1 中的 101 和 102 公寓）．这两套公寓都提供了最大的便捷性，但是它们拥有不同的景观．我们假设两者都提供了家具．一楼湾景公寓的平均售价 $E(y)$ 的估计值为 $x_1 = 1$，$x_2 = 1$，$x_3 = 0$，$x_4 = 0$，$x_5 = 1$ 时的 $\hat{y}$ 值．同样，将 $x_1 = 1$，$x_2 = 1$，$x_3 = 1$，$x_4 = 0$，$x_5 = 1$ 代入预测方程，得到一楼海景公寓的 $E(y)$ 估计值．

我们假设 $\hat{y}_o$ 和 $\hat{y}_b$ 分别代表一楼海景和湾景公寓的估计平均售价．那么这两套公寓的平均售价之差的估计量是

$$\ell = \hat{y}_o - \hat{y}_b$$

我们用符号 ℓ 来表示这个估计量，由于它是参数估计量 $\hat{\beta}_0$，$\hat{\beta}_1$，$\cdots$，$\hat{\beta}_{13}$ 的线性函数，也就是说，

$$
\begin{aligned}
\hat{y}_o = &\ \hat{\beta}_0 + \hat{\beta}_1(1) + \hat{\beta}_2(1) + \hat{\beta}_3(1)(1) + \hat{\beta}_4(1)^2 + \hat{\beta}_5(1)^2 + \\
&\ \hat{\beta}_6(1) + \hat{\beta}_7(0) + \hat{\beta}_8(1) + \hat{\beta}_9(1)(1) + \hat{\beta}_{10}(1)(1) + \\
&\ \hat{\beta}_{11}(1)(1)(1) + \hat{\beta}_{12}(1)^2(1) + \hat{\beta}_{13}(1)^2(1)
\end{aligned}
$$

$$
\begin{aligned}
\hat{y}_b = &\ \hat{\beta}_0 + \hat{\beta}_1(1) + \hat{\beta}_2(1) + \hat{\beta}_3(1)(1) + \hat{\beta}_4(1)^2 + \hat{\beta}_5(1)^2 + \\
&\ \hat{\beta}_6(0) + \hat{\beta}_7(0) + \hat{\beta}_8(1) + \hat{\beta}_9(1)(0) + \hat{\beta}_{10}(1)(0) + \\
&\ \hat{\beta}_{11}(1)(1)(0) + \hat{\beta}_{12}(1)^2(0) + \hat{\beta}_{13}(1)^2(0)
\end{aligned}
$$

所以

$$\ell = \hat{y}_o - \hat{y}_b = \hat{\beta}_6 + \hat{\beta}_9 + \hat{\beta}_{10} + \hat{\beta}_{11} + \hat{\beta}_{12} + \hat{\beta}_{13}$$

附录 B 的 B.7 节给出，估计量 $\hat{\beta}_0, \hat{\beta}_1, \cdots, \hat{\beta}_k$ 的线性函数平均值的 95% 置信区间为

$$\ell \pm (t_{0.025}) s \sqrt{a'(X'X)^{-1}a}$$

在我们的案例中，$\ell = \hat{y}_o - \hat{y}_b$ 是两套公寓均值之差 $E(y_o) - E(y_b)$ 的估计值；s 为模型 3 回归分析中标准差的最小二乘估计（见图 CS5.8）；$(X'X)^{-1}$ 是模型 3 回归分析的逆矩阵，如图 CS5.15 所示. 矩阵 a 是包含元素 $a_0, a_1, a_2, \cdots, a_{13}$ 的列矩阵，其中 $a_0, a_1, a_2, \cdots, a_{13}$ 是线性函数中 $\hat{\beta}_0, \hat{\beta}_1, \cdots, \hat{\beta}_{13}$ 的系数，也就是说，

$$\ell = a_0 \hat{\beta}_0 + a_1 \hat{\beta}_1 + \ldots + a_{13} \hat{\beta}_{13}$$

由于线性函数是

$$\ell = \hat{\beta}_6 + \hat{\beta}_9 + \hat{\beta}_{10} + \hat{\beta}_{11} + \hat{\beta}_{12} + \hat{\beta}_{13}$$

由此可知，$a_6 = a_9 = a_{10} = a_{11} = a_{12} = a_{13} = 1$ 和 $a_0 = a_1 = a_2 = a_3 = a_4 = a_5 = a_7 = a_8 = 0$.

把 ℓ 中的 $\hat{\beta}_6, \hat{\beta}_9, \hat{\beta}_{10}, \cdots, \hat{\beta}_{13}$（在图 CS5.8 中给出）替换成对应的值，则

$$\ell = \hat{y}_o - \hat{y}_b = \hat{\beta}_6 + \hat{\beta}_9 + \hat{\beta}_{10} + \hat{\beta}_{11} + \hat{\beta}_{12} + \hat{\beta}_{13}$$
$$= 77.52 - 10.91 - 1.79 - 0.25 + 0.72 + 0.20 = 65.49$$

即 6 549 美元.

置信区间所需的 $t_{0.025}$ 值大约等于 1.96（因为自由度很大），图 CS5.8 中给出的 s 值为 $s = 6.60$.

最后，矩阵乘积 $a'(X'X)^{-1}a$ 可通过将矩阵 a（如前所述）与图 CS5.15 中给出的矩阵 $(X'X)^{-1}$ 相乘得到. 可以证明（证明省略）这一矩阵乘积是图 CS5.15 矩阵 $(X'X)^{-1}$ 中所有高亮显示的元素之和. 将这些值代入公式，得到了置信区间

$$\overset{\ell}{\overbrace{\hat{y}_o - \hat{y}_b}} \pm t_{0.025} s \sqrt{a'(X'X)^{-1}a} = 65.49 \pm (1.96)(6.60)\sqrt{4.55}$$
$$= 65.49 \pm 27.58 = (37.91, 93.07)$$

因此，我们估计一楼海景和湾景公寓（101 和 102 公寓）的平均售价差异在 3 791 美元至 9 307 美元之间.

Inverse Matrix of X'X													
	Intercept	FLOOR	DIST	FLR_DIST	FLOORSQ	DISTSQ	VIEW	END	FURNISH	FLR_VIEW	DIS_VIEW	F_D_VIEW	FLRSQ_VU	DISSQ_VU
Intercept	9.2651939926	-2.992278509	-0.256509984	0.0170883115	0.2368571042	0.0133588561	-9.261052131	-0.003509088	-0.036216143	2.9939400548	0.2609271215	-0.016875095	-0.237301892	-0.013735053
FLOOR	-2.992278509	1.076279902	-0.005854674	0.0023211328	-0.090368025	-0.001568449	2.9935687455	-0.00109321	-0.011281739	-1.0761104	0.0072306621	-0.002254713	0.0902294686	0.0014512596
DIST	-0.256509984	-0.005854674	0.1140368456	-0.008968213	0.004048291	-0.004451619	0.2560234919	0.000412168	0.0042534497	0.005659128	-0.114555671	0.0089431694	-0.003996047	0.0044958064
FLR_DIST	0.0170883115	0.0023211328	-0.008968213	0.0013751281	-0.000755996	0.000311222	-0.017075652	-0.000010725	-0.000110692	0.008981714	-0.001374476	0.0007546363	0.0007546363	-0.000022272
FLOORSQ	0.2368571042	-0.090368025	0.004048291	-0.000755996	0.0079255903	0.0001270988	-0.23705016	0.0001635619	0.0016880681	0.090290579	-0.004254178	0.0007460576	-0.007904858	-0.000109564
DISTSQ	0.0133588561	-0.001568449	-0.004451619	0.000311222	0.0001270988	0.0003393423	-0.013335485	-0.000019801	-0.000020436	0.001577251	0.0044765442	-0.000229609	0.0001229609	-0.000341465
VIEW	-9.261052131	2.9935687455	0.2560234919	-0.017075652	-0.23705016	-0.013335485	9.863521382	-0.003460162	0.0305310915	-3.162628076	-0.325308972	0.021132973	0.2497183294	0.0159493901
END	-0.003509088	-0.00109321	0.000412168	-0.000010725	0.0001635619	-0.000019801	-0.003460162	0.18836971	0.0048165173	0.0123690474	-0.020075044	-0.000318277	-0.000886821	0.0015437548
FURNISH	-0.036216143	-0.011281739	0.0042534497	-0.000110692	0.0016880681	-0.000020436	0.0305310915	0.0048165173	0.0497096845	0.0048165173	-0.010316741	-0.001077559	-0.001077559	0.000720721
FLR_VIEW	2.9939400548	-1.0761104	0.005659128	0.008981714	0.090290579	0.001577251	-3.162628076	0.0123690474	0.0090011283	1.1531084299	-0.004259676	0.01316741	-0.097391471	-0.001457361
DIS_VIEW	0.2609271215	0.0072306621	-0.114555671	-0.004254178	-0.004254178	0.0044765442	-0.325308972	-0.020075044	-0.010316741	-0.004259676	0.1369922565	-0.0097204	0.0044120185	-0.005677362
F_D_VIEW	-0.016875095	-0.002254713	0.0089431694	-0.001374476	0.0007460576	-0.000229609	0.021132973	-0.000318277	-0.001077559	0.01316741	-0.0097204	0.0166363944	0.0008636949	-0.000017251
FLRSQ_VU	-0.237301892	0.0902294686	-0.003996047	0.0007546363	-0.007904858	0.000229609	0.2497183294	-0.000886821	-0.001077559	-0.097391471	0.0044120185	-0.0008636949	0.0086931319	0.0001387383
DISSQ_VU	-0.013735053	0.0014512596	0.0044958064	-0.000022272	-0.000109564	-0.000341465	0.0159493901	0.0015437548	0.000720721	-0.001457361	-0.005677362	-0.000017251	0.0001387393	0.0004420689

图 CS5.15　模型 3 中矩阵 $(X'X)^{-1}$ 的 SAS 输出结果

你可以使用上面描述的技术来比较任意一对公寓的平均售价.

结论

你可能提出一个比模型 3 更好的平均销售价格模型，但我们认为模型 3 已经实现了与数据的较好拟合. 此外，它还揭示了一些关于海景公寓买家偏好的有趣信息.

海景公寓优先选择较低楼层；公寓离电梯和游泳池越近，估计价格就越高. 一些偏好私密性的买家通常选择高层最西边的公寓.

湾景一侧（背靠大海的一侧）倾向选择较高楼层，最大限度地优先考虑电梯附近的公寓（便捷性好），在较小程度上会考虑最西边公寓的私密性.

后续思考

🔵 **CONDO**

1. 这个综合体共有 209 套公寓，其中 106 套在拍卖会上售出，其余公寓（有些甚至不止一次售出）以开发商的固定价格售出. 本案例研究分析了 106 套拍卖公寓的数据. CONDO 文件中的数据包含所有的 209 套公寓. 将模型 1、2 和 3 分别与 209 套公寓数据进行拟合.

2. 假设一些你认为可能比模型 3 更好的模型. 例如，考虑定性变量销售方法（拍卖或固定价格）. 将模型与 CONDO 数据集进行拟合. 检验一下，看看它们是否真的比模型 3 在预测销售价格方面提供了更多的信息.

参考文献

Kelting, H. "Investigation of condominium sale prices in three market scenarios: Utility of stepwise, interactive, multiple regression analysis and implications for design and appraisal methodology." Unpublished paper, University of Florida, Gainesville, 1979.

第9章 回归中的特殊主题（选修）

目标
1. 介绍一些特殊的回归技术来解决需要更先进的分析方法的问题.
2. 学习何时适合应用这些特殊方法.

9.1 引言

第 3 ～ 8 章中介绍了回归分析中的基本方法. 了解这些方法有利于成功地将回归分析应用于实践中遇到的各种问题. 然而，有些研究可能需要更复杂的技术. 在这一章中，我们将介绍回归分析中的几个特殊主题. 9.2 节的主题是研究在自变量的不同范围内，拟合不同的确定性模型的方法，称为分段线性回归. 9.3 节中，我们将讨论反向预测，这是一种通过响应的固定值预测自变量值的技术. 9.4 节的主题是介绍另一种解决异方差问题的方法，称为加权最小二乘法. 在 9.5 节和 9.6 节中，我们会介绍一些定性因变量的建模方法，包括 logistic 回归. 在 9.7 节中，我们提出了一种离散计数型因变量的建模方法，称为泊松回归. 处理多重共线性问题的岭回归和 LASSO 回归是 9.8 节的主题. 最后在 9.9 和 9.10 节中，我们将讨论一些稳健回归和非参数回归方法.

9.2 分段线性回归

有些时候，因变量 y 和自变量 x 之间线性关系的斜率，在 x 的不同区间范围内可能不同. 所以线性模型 $E(y) = \beta_0 + \beta_1 x_1$ 在整个 x 的取值范围内斜率（用 β_1 表示）唯一，这会导致数据拟合效果不佳. 例如，我们知道混凝土的抗压强度 y 取决于水与水泥混合的比例 x. 某种特定类型的混凝土，当以不同的水灰比（百分比）分批混合时，可能产生的抗压强度（磅/平方英寸）如图 9.1 所示. 注意，当水灰比大于 70% 时，其抗压强度下降的速度要快得多. 即当 $x = 70$ 时，抗压强度 y 与水灰比 x 的直线斜率会发生变化.

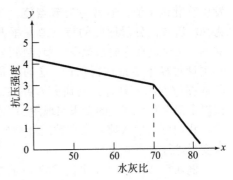

图 9.1 抗压强度 y 与水灰比 x 的关系示意图

x 取值范围不同时，其对应的线性关系也不同的模型称为**分段线性回归模型**. 顾名思义，线性回归模型是分段拟合的. 针对上述例子，分段模型将由 $x \leqslant 70$ 和 $x > 70$ 两部分组成. 模型可以表示为

$$y = \beta_0 + \beta_1 x_1 + \beta_2 (x_1 - 70) x_2 + \varepsilon$$

其中

$$x_1 = 水灰比 x$$

$$x_2 = \begin{cases} 1, & x_1 > 70 \\ 0, & x_1 \leqslant 70 \end{cases}$$

虚拟变量 x_2 的值决定分段的斜率和 y 轴截距. 例如，当 $x_1 \leqslant 70$ 时，则 $x_2 = 0$，方程为

$$y = \beta_0 + \beta_1 x_1 + \beta_2 (x_1 - 70)(0) + \varepsilon$$
$$= \underbrace{\beta_0}_{y轴截距} + \underbrace{\beta_1}_{斜率} x_1 + \varepsilon$$

相反，如果 $x_1 > 70$，则 $x_2 = 1$，方程为

$$y = \beta_0 + \beta_1 x_1 + \beta_2 (x_1 - 70)(1) + \varepsilon$$
$$= \beta_0 + \beta_1 x_1 + \beta_2 x_1 - 70 \beta_2 + \varepsilon$$

等价于

$$y = \underbrace{(\beta_0 - 70 \beta_2)}_{y轴截距} + \underbrace{(\beta_1 + \beta_2)}_{斜率} x_1 + \varepsilon$$

所以 β_1 和 $(\beta_1 + \beta_2)$ 分别代表线性模型在 x 的两个区间 $x \leqslant 70$ 和 $x > 70$ 上的斜率. 同样，β_0 和 $(\beta_0 - 70 \beta_2)$ 代表各自的 y 轴截距. 这两条直线的斜率和 y 轴截距如图 9.2 所示.（注意：斜率发生变化的 x 值，通常称为**节点值**，在本例中为 70. 通常，分段回归的节点值是根据理论建立的. 在缺乏理论的情况下，节点值是未知的，必须通过样本数据进行估计. 这通常是通过绘制数据散点图直观地进行研究，并在 x 轴上定位斜率似乎发生变化的点来实现的.）

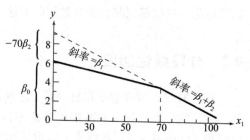

图 9.2　分段线性回归的斜率和 y 轴截距

我们可以通过使用大多数统计软件包中的标准多元回归程序来拟合分段回归模型，对自变量进行适当的转换.

例 9.1　研究表 9.1 中记录的 18 批次水泥的抗压强度 y 和水灰比 x 数据.（水灰比的计算方法是将混合料中使用的水的重量除以水泥重量.）将表 9.1 中的数据与以下分段线性回归模型进行拟合，并加以解释.

分段线性回归模型：$E(y) = \beta_0 + \beta_1 x_1 + \beta_2 x_2^*$

🔘 **CEMENT**

表 9.1　18 批次水泥抗压强度及水灰比数据

批次	抗压强度 y （磅 / 平方英寸）	水灰比 x_1（%）	批次	抗压强度 y （磅 / 平方英寸）	水灰比 x_1（%）
1	4.67	47	10	2.21	73
2	3.54	68	11	4.10	60
3	2.25	75	12	1.13	85
4	3.82	65	13	1.67	80
5	4.50	50	14	1.59	75
6	4.07	55	15	3.91	63
7	0.76	82	16	3.15	70
8	3.01	72	17	4.37	50
9	4.29	52	18	3.75	57

其中

$$x_2^* = (x_1 - 70)x_2 \text{ 和 } x_2 = \begin{cases} 1, & x_1 > 70 \\ 0, & x_1 \leqslant 70 \end{cases}$$

解　分段线性回归模型的 SAS 输出结果如图 9.3 所示. 最小二乘预测方程（阴影部分）为

$$\hat{y} = 7.79198 - 0.06633x_1 - 0.10119x_2^*$$

全局 F 值 (114.44) 和对应的 p 值（< 0.0001）表明，整体模型对预测抗压强度 y 具有统计显著性. 由于 $R_a^2 = 0.9303$，我们知道该模型解释了约 93% 的抗压强度样本变化；$s = 0.32862$ 意味着该模型预测的抗压强度将在其真实值的 $2s = 0.66$ 磅 / 平方英寸的区间范围内. 对 β_1 和 β_2 的 t 检验表明两者均显著不为 0. 结果表明，该方法对预测混凝土抗压强度具有较好的统计意义和实用价值.

根据 β 估计值，我们可以确定在 x 的两个区间内，抗压强度随水灰比 x_1 的变化率. 当 $x_1 \leqslant 70$

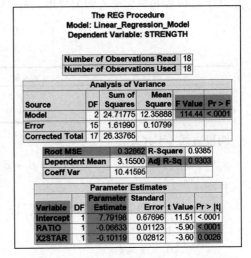

图 9.3　分段线性回归模型的 SAS 输出结果

（即 $x_2 = 0$）时，直线斜率为 $\hat{\beta}_1 = -0.06633$. 因此，对于水灰比小于或等于 70%，我们估计每增加 1% 的水灰比，平均抗压强度将下降 0.066 磅 / 平方英寸. 而当 $x_1 > 70$（即 $x_2 = 1$）时，直线斜率为 $\hat{\beta}_1 + \hat{\beta}_2 = -0.06633 + (-0.10119) = -0.16752$. 因此，当水灰比大于 70% 时，我们估计每增加 1% 的水灰比，平均抗压强度将下降 0.168 磅 / 平方英寸. ■

分段回归不仅针对两段区间，也不仅限于直线. 一个或多个区间可能需要二次或高阶模型拟合. 此外，也可以使用分段回归模型来考虑回归函数中的不连续或跳跃部分. 这样的模型需要引入额外的虚拟变量. 下框中显示了几个不同的分段线性回归模型，这些模型将 y 与自变量 x 联系起来.

---

y 关于自变量 x_1 的分段线性回归模型

两段直线（连续）：

$$E(y) = \beta_0 + \beta_1 x_1 + \beta_2(x_1 - k)x_2$$

其中

k = 节点值（即斜率变化时自变量 x_1 的值）

$$x_2 = \begin{cases} 1, & x_1 > k \\ 0, & x_1 \leq k \end{cases}$$

	$x_1 \leq k$	$x_1 > k$
y 轴截距	β_0	$\beta_0 - k\beta_2$
斜率	β_1	$\beta_1 + \beta_2$

三段直线（连续）：

$$E(y) = \beta_0 + \beta_1 x_1 + \beta_2(x_1 - k_1)x_2 + \beta_3(x_1 - k_2)x_3$$

其中 k_1 和 k_2 是自变量 x_1 的节点值，$k_1 < k_2$，并且

$$x_2 = \begin{cases} 1, & x_1 > k_1 \\ 0, & x_1 \leq k_1 \end{cases} \qquad x_3 = \begin{cases} 1, & x_1 > k_2 \\ 0, & x_1 \leq k_2 \end{cases}$$

	$x_1 \leq k_1$	$k_1 < x_1 \leq k_2$	$x_1 > k_2$
y 轴截距	β_0	$\beta_0 - k_1\beta_2$	$\beta_0 - k_1\beta_2 - k_2\beta_3$
斜率	β_1	$\beta_1 + \beta_2$	$\beta_1 + \beta_2 + \beta_3$

两段直线（不连续）：

$$E(y) = \beta_0 + \beta_1 x_1 + \beta_2(x_1 - k)x_2 + \beta_3 x_2$$

其中

k = 节点值（即斜率变化时自变量 x_1 的值，也就是不连续点）

$$x_2 = \begin{cases} 1, & x_1 > k \\ 0, & x_1 \leq k \end{cases}$$

	$x_1 \leq k$	$x_1 > k$
y 轴截距	β_0	$\beta_0 - k\beta_2 + \beta_3$
斜率	β_1	$\beta_1 + \beta_2$

在分段线性回归模型中，充分性检验、单个参数 β 的检验及其置信区间计算、$E(y)$ 的置信区间计算和 y 的预测区间计算方法均与之前章节所述相同.

🖸 READSCORES

例 9.2 加州大学洛杉矶分校的学术技术服务部为学生提供关于统计软件使用的教程. 使用 130 名儿童和青少年的年龄和阅读测试分数数据进行分段回归. 考虑线性模型 $E(y) = \beta_0 + \beta_1 x_1$，其中 $y = $ 阅读分数（分），$x_1 = $ 年龄（岁）.

（a）将 READSCORES 文件中保存的数据与线性模型相拟合. 绘制包含最小二乘法预测方程的数据散点图，并对模型充分性进行评估.

（b）考虑使用二次模型作为预测阅读分数的另一种模型，评估该模型的拟合程度.

（c）现在考虑使用分段线性回归模型来预测阅读分数. 利用（a）小题的图，估计分段线性回归模型的节点值.

（d）将数据与分段线性回归模型相拟合，并评估模型充分性. 将结果与线性模型 [（a）小题] 和二次模型 [（b）小题] 进行比较.

解 （a）我们使用 MINITAB 分析保存在 READSCORES 文件中的数据. 数据绘制如图 9.4 所示，MINITAB 回归结果如图 9.5 所示. 最小二乘预测方程（在图 9.5 的结果中高亮显示，如图 9.4 所示）为

$$\hat{y} = -13.45 + 2.96 x_1$$

检验 H_0：$\beta_1 = 0$ 时的 p 值约为 0，表明该模型对预测阅读分数 y 在统计上显著. 此外，$R^2 = 0.689$ 的决定系数表明，阅读分数中近 70% 的样本变化可以用年龄 x_1 的线性关系来解释. 此外，估计模型的标准差 $s = 10$，意味着我们可以使用该模型预测的阅读分数在其真实值的 20 分区间范围以内.

虽然数据与线性模型拟合较好，但从图 9.4 中可以看出，最小二乘直线周围的点变化较大. 数据中存在非线性，不能简单地用线性模型来解释. 因此，值得寻找一个更合适的模型.

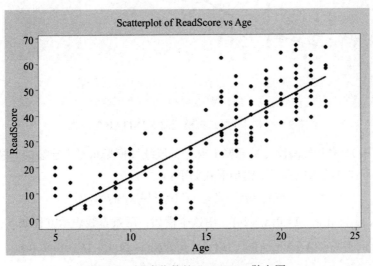

图 9.4 阅读分数的 MINITAB 散点图

（b）二次模型 $E(y)=\beta_0+\beta_1 x_1+\beta_2 x_1^2$ 也适合用 MINITAB 软件对数据进行拟合．最小二乘曲线与模型结果如图 9.6 所示．与线性模型相比，R^2 增加到 0.713，而 s 下降到 9.7，因此用二次模型拟合数据确实略有改进．但图 9.6 所示的最小二乘曲线周围的数据变化仍很大，我们将继续寻找更好的模型．

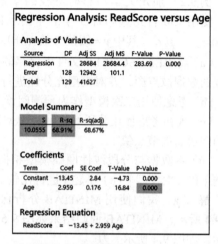

（c）更仔细地观察图 9.4 或图 9.6，你会发现在大约 15 岁时，孩子们的阅读分数发生了巨大的变化．事实上，14 岁及以下儿童的阅读分数随年龄的变化率似乎与 15 岁或以上儿童有很大的不同．也就是说，这两组儿童的直线斜率似乎不同．如果是这样，分段线性回归模型对数据的拟合程度可能比（a）、（b）两小题中的模型要好得多，分段线性回归模型的估计节点值为 14 岁．

图 9.5　阅读分数线性模型的 MINITAB 输出结果

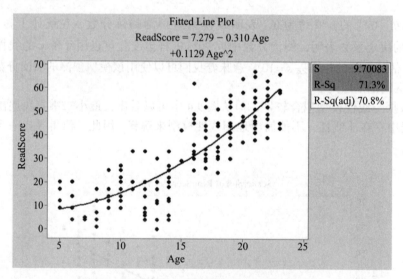

图 9.6　阅读分数二次模型的 MINITAB 散点图

（d）由于从 15 岁开始阅读分数急剧上升，分段线性模型将是不连续的．根据框内公式，对于 $x_1=14$ 处不连续的两段直线，模型形式如下：

$$E(y)=\beta_0+\beta_1 x_1+\beta_2(x_1-14)x_2+\beta_3 x_2$$

其中 $x_1=$ 年龄，$x_2=\{1,\ x_1>14;\ 0,\ x_1\leqslant14\}$．用这个模型，两条直线表示方程如下：

年龄 $\leqslant14$（即 $x_2=0$）：$E(y)=\beta_0+\beta_1 x_1+\beta_2(x_1-14)(0)+\beta_3(0)$

$$=\underbrace{\beta_0}_{y\text{轴截距}}+\underbrace{\beta_1}_{\text{斜率}} x_1$$

年龄 >14（即 $x_2 = 1$）：$E(y) = \beta_0 + \beta_1 x_1 + \beta_2 (x_1 - 14)(1) + \beta_3(1)$

$$= \underbrace{(\beta_0 - 14\beta_2 + \beta_3)}_{y\text{轴截距}} + \underbrace{(\beta_1 + \beta_2)}_{\text{斜率}} x_1$$

我们使用 SAS 将这个分段模型与数据进行拟合，输出结果如图 9.7 所示．全局 F 检验（高亮显示）表明，该模型在统计上对预测阅读分数是显著的．14 岁及以下（即检验 H_0：$\beta_1 = 0$，输出结果底部高亮显示）并不显著（p 值 $=0.130\,5$）．然而，15 岁及以上人群的 t 检验（即检验 H_0：$\beta_1 + \beta_2 = 0$，在"**slope > 14**"行中高亮显示）具有统计显著性（p 值 $<0.000\,1$）．这两条直线的斜率估计值显示在 MINITAB 图中，如图 9.8 所示．

The GLM Procedure

Dependent Variable: SCORE

Source	DF	Sum of Squares	Mean Square	F Value	Pr > F
Model	3	31840.24688	10613.41563	136.64	<.0001
Error	126	9786.64542	77.67179		
Corrected Total	129	41626.89231			

R-Square	Coeff Var	Root MSE	SCORE Mean
0.764896	27.46191	8.813160	32.09231

Source	DF	Type I SS	Mean Square	F Value	Pr > F
AGE	1	28684.44113	28684.44113	369.30	<.0001
AGE14X2	1	1433.31177	1433.31177	18.45	<.0001
X2	1	1722.49398	1722.49398	22.18	<.0001

Source	DF	Type III SS	Mean Square	F Value	Pr > F
AGE	1	179.911904	179.911904	2.32	0.1305
AGE14X2	1	750.958276	750.958276	9.67	0.0023
X2	1	1722.493985	1722.493985	22.18	<.0001

Parameter	Estimate	Standard Error	t Value	Pr > |t|
intercept>14	–3.38756934	8.72307637	–0.39	0.6984
slope>14	2.53221448	0.45207342	5.60	<.0001

Parameter	Estimate	Standard Error	t Value	Pr > |t|
Intercept	8.31468778	4.45715945	1.87	0.0644
AGE	0.62843479	0.41291620	1.52	0.1305
AGE14X2	1.90377969	0.61226642	3.11	0.0023
X2	14.95065849	3.17477622	4.71	<.0001

图 9.7　阅读分数分段线性模型的 SAS 输出结果

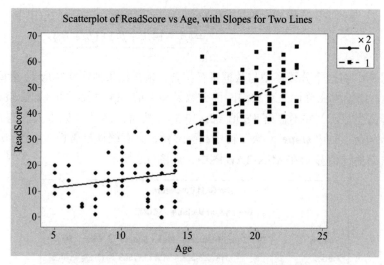

图 9.8　阅读分数分段线性拟合的 MINITAB 图

注意，分段线性模型中 $R^2 = 0.765$ 和 $s = 8.8$. 这两个值相对线性模型 [（a）小题] 和二次模型 [（b）小题] 的相应值有所提高 . ■

练习 9.2

9.1　分段回归：两段直线 . 考虑 y 和 x 之间连续的两段线性关系，以 $x = 15$ 为斜率变化点 .

（a）为 y 指定适当的分段线性回归模型 .

（b）用系数 β 表示 $x \leqslant 15$ 和 $x > 15$ 时的 y 轴截距和斜率 .

（c）解释如何确定模型中的两个斜率实际上是不同的 .

9.2　分段回归：三段直线 . 考虑 y 和 x 之间连续的三段直线关系，以 $x = 1.45$ 和 $x = 5.20$ 为斜率变化点 .

（a）为 y 指定适当的分段线性回归模型 .

（b）用系数 β 表示以下各区间的 y 轴截距和斜率：$x \leqslant 1.45$，$1.45 < x \leqslant 5.20$ 以及 $x > 5.20$.

（c）解释如何确定模型中的三个斜率实际上至少有两个是不同的 .

9.3　不连续的分段回归 . 考虑 y 与 x 之间不连续的两段直线关系，以 $x = 320$ 为斜率变化点 .

（a）为 y 指定适当的分段线性回归模型 .

（b）用系数 β 表示 $x \leqslant 320$ 和 $x > 320$ 时的 y 轴截距和斜率 .

（c）解释如何确定该模型所建议的两条直线实际上不同 .

9.4　从儿童到成人的体重指数 . *BMC Medical Research Methodology* (June 2017) 上的一篇文章采用分段线性回归的方法，对从儿童到成人的体重指数 BMI 进行建模 . 使用的自变量是受试者的年龄 AGE 和变化点 CP（即向不同生长速度转变的年龄）. 这里给出其中一个模型方程：

$$E(\text{BMI}) = \beta_0 + \beta_1 (\text{AGE}) x_2 + \beta_2 (\text{AGE} - \text{CP}) x_1$$

其中 $x_1 = \begin{cases} 1, & \text{AGE} > \text{CP} \\ 0, & \text{AGE} \leqslant \text{CP} \end{cases}$ 且 $x_2 = \begin{cases} 1, & \text{AGE} < \text{CP} \\ 0, & \text{AGE} \geqslant \text{CP} \end{cases}$.

（a）用模型参数表示，尚未过渡到不同生长速度的受试者（即当年龄小于变化点时），体重指数与年龄之间的斜率是多少？

（b）用模型参数表示，对于已经转变为不同生长速度的受试者（即当年龄超过变化点时），体重指数与年龄之间的斜率是多少？

9.5 数据挖掘中的分段线性回归. 在数据挖掘中，回归分析是一种有效的预测工具. *Expert Systems with Applications*（February 2017）发表了一篇研究分段线性回归模型预测精度的文章. 研究人员试图研究确定在分段回归中使用的最佳节点值. 其中一个例子是帆船的水动力性能关于船体长度的函数. 考虑一个连续的分段模型，模型中有三段不同的直线.

（a）给出性能 y 关于船体长度 x 的函数的完整方程，节点值分别为 50 英尺和 100 英尺.

（b）利用模型参数分别表示三段直线的 y 轴截距和斜率.

（c）调整（a）小题的模型，使之有四段连续直线，节点值分别为 50、75 和 100 英尺.

9.6 植物组织中的活细胞. 在生物学中，研究人员经常通过生长实验来确定在一定时期内生长的细胞数量. 下表中的数据表示将植物标本置于高温下若干小时后，植物组织中活细胞的数量.

（a）绘制小时数 x 和细胞数 y 的关系图. 有哪些明显的趋势？

（b）提出细胞数的分段线性模型，并指出表示节点值的 x 值.

（c）用数据拟合（b）小题的模型.

（d）用 $\alpha = 0.05$ 检验模型的整体充分性.

（e）当小时数少于 70 时，细胞数的估计值是多少？超过 70 时，细胞数的估计值是多少？

（f）进行检验来确定（e）小题的两个估计值是否在统计上有所不同（$\alpha = 0.05$）.

💿 **GROWTH**

小时数 x	细胞数 y	小时数 x	细胞数 y
1	2	70	18
5	3	80	16
10	4	90	18
20	5	100	20
30	4	110	14
40	6	120	12
45	8	130	13
50	9	140	9
60	10		

9.7 顾客满意度研究. 某大学一组金融学教授试图研究某产品的顾客满意度 y 与产品性能 x 之间的关系，并以 10 分制对产品性能进行了评估. 研究人员发现，在不同的性能范围

内，线性关系是不同的．因此，他们拟合了一个分段线性回归模型，该模型假设三条连续直线：一条在 $0 < x \leqslant 4$ 范围内，一条在 $4 < x \leqslant 7$ 范围内，一条在 $7 < x \leqslant 10$ 范围内．

（a）指出分段模型的节点值．

（b）写出假设模型的方程．

（c）利用模型参数表示三种性能范围内每一种的线性斜率表达式．

（d）对于"提供适当服务"属性，三个性能等级范围内的估计斜率分别为 5.05、0.59 和 1.45，请解释这些值．

🖴 BEDLOAD

9.8 河流泥沙输送．河流中粗大的沉积物通过滚动、滑动或弹跳等方式与河床间断接触而被携带，称为河床负荷．河床负荷在河流中的输送速率随水流条件、河流坡度、水深、泥沙重量等因素发生显著变化．在美国洛基山研究站农业部林业局 2007 年的一份技术报告中，采用分段回归方法建模河床负荷输送速率（千克/秒）关于河流流量（立方米/秒）的函数．该研究的数据来源于科罗拉多州海登溪融雪径流期间，数据保存在 BEDLOAD 文件中．

（a）MINITAB 数据散点图如下所示．洛基山脉研究站的分析人员认为，当流量为 1.5 立方米/秒或更高时，河床负荷输送速率随流量变化而显著增加．从图中可以看出这一点吗？

（b）假设节点值在流量为 1.5 立方米/秒处的河床负荷输送速率分段线性回归模型．

（c）将 BEDLOAD 文件内的数据与分段模型相拟合，整体评估模型的充分性．

（d）流量小于 1.5 立方米/秒时，每增加 1 立方米/秒，河床负荷输送速率的估计变化值是多少？流量为 1.5 立方米/秒或更高时呢？

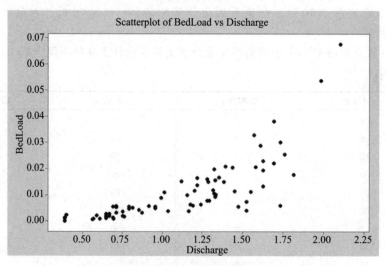

练习 9.8 的 MINITAB 散点图

9.9 等离子喷涂涂层的附着力．材料工程师测试等离子喷涂涂层的附着力性能（*Journal of Thermal Spray Technology*, December 1999）．对 20 块钢进行喷砂，即喷上一层等离子涂层，然后每一块钢都被重载压缩，直到涂层产生裂纹为止．分别记录产生裂纹所需的荷载和裂纹长度．实验数据（自然对数）列在下表中，目的是通过荷载来预测裂缝长度．

(a) 绘制数据图．你认为分段线性模型能很好地拟合数据吗？如果能，请指出估计的节点值．

(b) 写出假设的分段线性回归模型方程．

(c) 用数据拟合模型并评估模型充分性．

PLASMA

样本	LN（裂纹长度）	LN（荷载）	样本	LN（裂纹长度）	LN（荷载）
1	3.35	2.25	11	4.70	3.75
2	3.45	2.25	12	4.80	3.75
3	3.60	2.75	13	4.75	3.75
4	3.75	2.90	14	4.90	3.80
5	3.80	2.90	15	4.85	3.80
6	3.85	2.90	16	4.85	3.80
7	3.90	3.20	17	5.05	3.85
8	4.10	3.55	18	5.10	3.85
9	4.50	3.70	19	5.25	3.90
10	4.55	3.70	20	5.15	3.90

资料来源：Godoy, C., and Batista, J. C. A. "Adhesion evaluation of plasma sprayed coatings using piecewise linear regression analysis," *Journal of Thermal Spray Technology*, Vol.8, No.4, December 1999 (adapted from Figure 9.4).

9.3 反向预测

通常，回归的目标是在一个变量具有特定值时，预测另一个变量的值．对于大多数简单线性回归问题，我们研究的是给定 x 值时预测 y 的值．我们在 3.9 节中给出了当 $x = x_p$ 时，y 的预测区间的公式．在本节中，我们将讨论**反向预测**，即用因变量 y 的给定值来预测 x 值．

反向预测在工程和物理科学、医学研究和商业中有许多应用．例如，当校准一种新仪器时，科学家经常寻找近似的测量值 y，这些测量值易获得且便宜，而且与精确的测量值 x 相关，但精确值较昂贵且耗时．如果回归分析表明，x 和 y 高度相关，那么科学家可以选择使用快速和廉价的近似测量值，也就是说，用 $y = y_p$ 来估计未知精确测量值 x．（在这种情况下，反向预测问题有时被称为**线性校准**问题．）医生经常使用反向预测来确定所需的药物剂量．假设对高血压患者进行回归分析，发现血压降低量 y 与新药剂量 x 呈线性关系．于是治疗新病人的医生可能想要确定药的剂量 x，使病人的血压降低到 $y = y_p$．在商务领域中也能运用反向预测，以一家销售特定产品的公司为例．假设公司每月的市场份额 y 与其每月的电视广告支出 x 呈线性关系．对于某特定月份，公司可能想要知道它必须在广告 x 上花费多少，才能获得特定的市场份额 $y = y_p$．

经典的反向预测方法首先是拟合常用的线性模型：

$$y = \beta_0 + \beta_1 x + \varepsilon$$

以 n 个数据点为样本，得到最小二乘预测方程

$$\hat{y} = \hat{\beta}_0 + \hat{\beta}_1 x$$

求解 x 的最小二乘预测方程，我们有

$$x = \frac{\hat{y} - \hat{\beta}_0}{\hat{\beta}_1}$$

设 y_p 为未来 y 的观测值，x 未知，于是给出 x 的一个点估计值

$$\hat{x} = \frac{y_p - \hat{\beta}_0}{\hat{\beta}_1}$$

尽管没有确切的 $\hat{x}$ 的标准误差表达式（表示为 $s_{\hat{x}}$），我们可以利用给定 x 值的 y 的预测区间的公式（见 3.9 节）进行代数运算，从而得出给定 y 值时，其对应的 x 值的预测区间．可以证明（证明省略），当 $y = y_p$ 时，x 的一个近似 $(1-\alpha)100\%$ 的预测区间为

$$\hat{x} \pm t_{\alpha/2} s_{\hat{x}} \approx \hat{x} \pm t_{\alpha/2}\left(\frac{s}{\hat{\beta}_1}\right)\sqrt{1 + \frac{1}{n} + \frac{(\hat{x} - \overline{x})^2}{\mathrm{SS}_{xx}}}$$

其中 t 分布基于 $(n-2)$ 个自由度，$s = \sqrt{\mathrm{MSE}}$，以及

$$\mathrm{SS}_{xx} = \sum x^2 - n(\overline{x})^2$$

只要量

$$D = \left(\frac{t_{\alpha/2}s}{\hat{\beta}_1}\right)^2 \cdot \frac{1}{\mathrm{SS}_{xx}}$$

很小，这个近似就是合适的．在下列方框中总结了在反向预测中构造 x 的近似置信区间的过程．

反向预测：在简单线性回归中，当 $y = y_p$ 时，x 的近似 $(1-\alpha)100\%$ 的预测区间

$$\hat{x} \pm t_{\alpha/2}\left(\frac{s}{\hat{\beta}_1}\right)\sqrt{1 + \frac{1}{n} + \frac{(\hat{x} - \overline{x})^2}{\mathrm{SS}_{xx}}}$$

其中

$$\hat{x} = \frac{y_p - \hat{\beta}_0}{\hat{\beta}_1}$$

$\hat{\beta}_0$ 和 $\hat{\beta}_1$ 分别是最小二乘直线的 y 轴截距和斜率．

$$n = \text{样本量}$$

$$\bar{x} = \frac{\sum x}{n}$$

$$SS_{xx} = \sum x^2 - n(\bar{x})^2$$

$$s = \sqrt{MSE}$$

其中 t 分布基于 $(n-2)$ 个自由度.

注：当量

$$D = \left(\frac{t_{\alpha/2} s}{\hat{\beta}_1}\right)^2 \frac{1}{SS_{xx}}$$

很小时，此近似是恰当的.[⊖]

COPIERS

例 9.3 一家销售彩色激光喷射复印机的公司定期在电视上做广告.该公司希望知道一个月内必须在电视广告上花费多少，才能获得 10% 的市场份额.过去一年内，该公司每月电视广告支出金额 x 决定了其每月底的市场份额 y.12 个月的数据见表 9.2.

（a）用数据拟合线性模型 $y = \beta_0 + \beta_1 x + \varepsilon$.

（b）是否有证据显示电视广告支出 x 与市场份额 y 呈线性关系（用 $\alpha = 0.05$ 检验）？

（c）使用反向预测来估计公司要获得 $y = 10\%$ 的市场份额，在某月必须花费在电视广告上的金额 x.为每月电视广告支出 x 构建一个约 95% 的预测区间.

表 9.2　例 9.3 中一家公司 12 个月的市场份额和电视广告支出

月份	市场份额 y（百分比）	电视广告支出 x（千美元）	月份	市场份额 y（百分比）	电视广告支出 x（千美元）
一月	7.5	23	七月	9.5	27
二月	8.5	25	八月	10.0	31
三月	6.5	21	九月	8.5	28
四月	7.0	24	十月	11.0	32
五月	8.0	26	十一月	10.5	30
六月	6.5	22	十二月	9.0	29

解（a）用于简单线性回归的 MINITAB 输出结果如图 9.9 所示.最小二乘直线（阴影部分）为：

$$\hat{y} = -1.975 + 0.397x$$

图 9.10 中绘制了最小二乘直线和 12 个数据点.

（b）为了确定电视广告支出 x 是否与市场份额 y 线性相关，我们提出假设进行检验

$$H_0: \quad \beta_1 = 0$$

⊖ Kutner, Nachtsheim, Neter 和 Li(2005) 等人建议当 D 小于 0.1 时使用近似值.

$$H_a: \quad \beta_1 \neq 0$$

图 9.9 中阴影部分的检验统计量 $t = 9.12$，检验的相关 p 值为 $p = 0.000$（同样是阴影部分）．因此，有足够的证据 $(\alpha = 0.01)$ 表明，电视广告支出 x 和市场份额 y 是线性相关的．

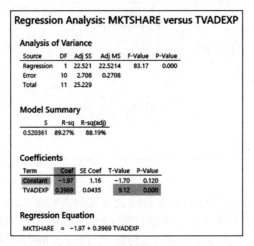

图 9.9　市场份额线性模型的 MINITAB 输出结果

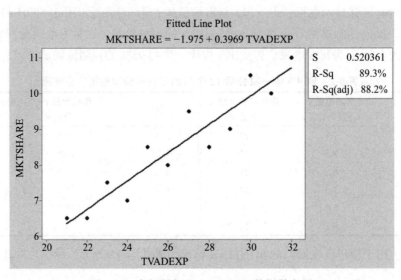

图 9.10　市场份额的 MINITAB 数据散点图

> **警告**：当没有足够的证据拒绝原假设 H_0：$\beta_1 = 0$ 时，你应该避免使用反向预测．当 x 和 y 不存在线性相关时，所做的反向预测可能会导致错误的结果．因此，在进行反向预测之前，应该先进行模型充分性检验，以确保 x 和 y 是线性相关的．

（c）由于模型被证明是充分的，我们可以使用该模型通过 y 值来预测 x 值．例如，我们想估算当市场份额为 $y_p = 10\%$ 时，电视广告支出 x。

将 $y_p = 10$，$\hat{\beta}_0 = -1.975$，$\hat{\beta}_1 = 0.397$ 代入方框给出的 $\hat{x}$ 的公式中，我们得到

$$\hat{x} = \frac{y_p - \hat{\beta}_0}{\hat{\beta}_1} = \frac{10 - (-1.975)}{0.397} = 30.16$$

因此，我们得知估计该公司在某月电视广告上花费 30 160 美元时，能获得 10% 的市场份额。

在我们为 x 构造一个近似 95% 的预测区间之前，要检查这个近似是否合适，也就是这个量

$$D = \left(\frac{t_{\alpha/2}s}{\hat{\beta}_1}\right)^2 \cdot \frac{1}{\mathrm{SS}_{xx}}$$

是否很小。其中 $\alpha = 0.05$，当 $n - 2 = 12 - 2 = 10$ 个自由度时 $t_{\alpha/2} = t_{0.025} = 2.228$。从图 9.9 的输出结果中可知 $s = 0.520$ 和 $\hat{\beta}_1 = 0.397$，输出结果中没有显示 SS_{xx} 的值，故计算如下：

$$\begin{aligned} \mathrm{SS}_{xx} &= \sum x^2 - n(\bar{x})^2 \\ &= 8\,570 - 12\left(\frac{318}{12}\right)^2 \\ &= 8\,570 - 8\,427 \\ &= 143 \end{aligned}$$

把这些值代入 D 的公式，我们得到

$$\begin{aligned} D &= \left(\frac{t_{\alpha/2}s}{\hat{\beta}_1}\right)^2 \cdot \frac{1}{\mathrm{SS}_{xx}} \\ &= \left[\frac{(2.228)(0.520)}{0.397}\right]^2 \cdot \frac{1}{143} = 0.06 \end{aligned}$$

由于 D 的值很小（即小于 0.1），我们可以用方框中给出的近似 95% 的预测区间公式计算：

$$\hat{x} \pm t_{\alpha/2}\left(\frac{s}{\hat{\beta}_1}\right)\sqrt{1 + \frac{1}{n} + \frac{(\hat{x} - \bar{x})^2}{\mathrm{SS}_{xx}}}$$

$$\begin{aligned} &= 30.16 \pm (2.228)\frac{0.520}{0.397}\sqrt{1 + \frac{1}{12} + \frac{\left(30.16 - \dfrac{318}{12}\right)^2}{143}} \\ &= 30.16 \pm (2.92)(1.085) \\ &= 30.16 \pm 3.17 \end{aligned}$$

即 (26.99, 33.33)。因此，利用 95% 的预测区间，我们估计获得 10% 的市场份额所需要的每月电视广告支出在 26 999 美元到 33 330 美元之间。■

> **警告**：当做出反向预测时，分析人员应当警惕外推问题。也就是说，避免对超出样本数据范围的 y_p 值进行 x 的反向预测。

反向预测问题的另一种用途是将 x 回归到 y 上，即拟合模型（称为**反向估计模型**）

$$x = \beta_0 + \beta_1 y + \varepsilon$$

然后使用 3.9 节给出的预测区间的标准公式．然而在理论上，这种方法要求 x 是一个随机变量．但在许多应用中，x 的值是预先设定的（即受控的），因此不是随机变量．（例如例 9.3 中的公司每个月的广告支出额 x 是已确定的．）因此，上述反向模型可能违反了第 4 章给出的标准最小二乘假设．尽管存在诸如此类的警告，一些研究人员仍提倡使用反向模型，但其他研究人员在经典方法上加以修改，研发了其他估计 x 值的方法．请参阅本章末尾给出的参考文献，以获得关于各种反向预测方法的详细信息．

练习 9.3

MOON

9.10　测量月球轨道. 参见 *American Journal of Physics*
(April 2014) 对月球轨道照片的研究，见练习 3.9. 这些照片被用来测量月球在地平线以上不同距离或高度（度）的角度大小（像素）．13 个不同高度的数据保存在 MOON 文件中．右面显示了角度大小 y（像素）与地平线以上高度 x（度）之间的简单线性回归的 SAS 输出结果．利用这些信息来估计预测的角度大小为 325 像素的地平线以上高度．

9.11　水球运动员比赛表现. 参见 *Biology of Sport*（Vol. 31, 2014）对顶级水球运动员生理特性的研究，见练习 3.10. 回想一下，我们在比赛期间收集了 8 名奥运会男子水球运动员的数据，并将其用于拟合线性模型，

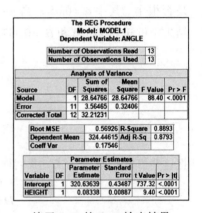

练习 9.10 的 SAS 输出结果

其中 $y =$ 四个季度比赛的平均心率（表示为最大心率的百分比），$x =$ 最大摄氧量．下表显示了相应的数据及 SPSS 输出结果．使用反向预测来估计当产生平均心率为最大心率的 75% 时，最大摄氧量 x 的值．计算 x 估计值的 95% 置信区间并解释结果．

POLO

运动员	平均心率（%）	最大摄氧量
1	55	148
2	54	157
3	70	160
4	67	179
5	74	179
6	77	180
7	78	194
8	85	197

Model Summary

Model	R	R Square	Adjusted R Square	Std. Error of the Estimate
1	.896[a]	.803	.770	5.269

a. Predictors: (Constant), VO2MAX

ANOVA[a]

Model		Sum of Squares	df	Mean Square	F	Sig.
1	Regression	677.452	1	677.452	24.406	.003[b]
	Residual	166.548	6	27.758		
	Total	844.000	7			

a. Dependent Variable: HRPCT

b. Predictors: (Constant), VO2MAX

Coefficients[a]

Model		Unstandardized Coefficients B	Std. Error	Standardized Coefficients Beta	t	Sig.
1	(Constant)	−27.237	19.771		−1.378	.217
	VO2MAX	.558	.113	.896	4.940	.003

a. Dependent Variable: HRPCT

练习 9.11 的 SPSS 输出结果

9.12　橙汁的甜度．参考橙汁的甜度指数与果汁中水溶性果胶含量之间关系的研究，见练习 3.13．下表显示了 24 次生产运行的数据，然后用 MINITAB 输出了甜度指数 y 与果胶含量 x 之间线性模型的最小二乘回归结果．使用反向预测来估计产生 $y = 5.8$ 的甜度指数所需要的果胶含量 x．计算 x 估计值的 95% 预测区间并解释结果．

OJUICE

序号	甜度指数	果胶含量（ppm）	序号	甜度指数	果胶含量（ppm）
1	5.2	220	13	5.8	306
2	5.5	227	14	5.5	259
3	6.0	259	15	5.3	284
4	5.9	210	16	5.3	383
5	5.8	224	17	5.7	271
6	6.0	215	18	5.5	264
7	5.8	231	19	5.7	227
8	5.6	268	20	5.3	263
9	5.6	239	21	5.9	232
10	5.9	212	22	5.8	220
11	5.4	410	23	5.8	246
12	5.6	256	24	5.9	241

```
Regression Analysis: SweetIndex versus Pectin

Analysis of Variance

Source       DF   Adj SS   Adj MS   F-Value   P-Value
Regression    1   0.3014   0.30140    6.52     0.018
Error        22   1.0169   0.04622
Total        23   1.3183

Model Summary

      S      R-sq   R-sq(adj)
0.214998   22.86%    19.36%

Coefficients

Term        Coef     SE Coef   T-Value   P-Value
Constant    6.252    0.237      26.42     0.000
Pectin     -0.002311 0.000905   -2.55     0.018

Regression Equation

SweetIndex = 6.252 − 0.002311 Pectin
```

9.13 **液体泄漏的扩散速度.** 参考 *Chemicial Engineering Progress*（January 2005）关于 50 加仑泄漏的甲醇液体在室外水平地面上扩散速率的研究，见练习 3.16. 下表中显示了在指定时间（分钟）内多次泄漏的质量（磅）的实验数据. 回想一下，使用简单线性回归来建立一个泄漏质量 y 关于时间 x 的函数模型. 工程师想知道质量达到 5 磅时所需的时间. 使用反向预测来计算时间 x 的 95% 预测区间.

LIQUIDSPILL

时间（分钟）	质量（磅）	时间（分钟）	质量（磅）	时间（分钟）	质量（磅）
0	6.64	14	3.15	30	0.98
1	6.34	16	2.79	35	0.60
2	6.04	18	2.45	40	0.34
4	5.47	20	2.14	45	0.17
6	4.94	22	1.86	50	0.06
8	4.44	24	1.60	55	0.02
10	3.98	26	1.37	60	0.00
12	3.55	28	1.17		

资料来源：Barry, J. "Estimating rates of spreading and evaporation of volatile liquids," *Chemical Engineering Progress,* Vol. 101, No. 1, January 2005.

9.14 **住宅遭受火灾损坏.** 表 3.6 的数据如下所示. 使用反向预测来估计造成 $y = 18\ 200$ 美元住宅火灾损失的最近消防站的距离 x，并建立 x 的 90% 预测区间.

FIREDAM

离消防站的距离 x（英里）	火灾损失金额 y（千美元）	离消防站的距离 x（英里）	火灾损失金额 y（千美元）
3.4	26.2	3.1	27.5
1.8	17.8	5.5	36.0
4.6	31.3	0.7	14.1
2.3	23.1	3.0	22.3

（续）

离消防站的距离 x（英里）	火灾损失金额 y（千美元）	离消防站的距离 x（英里）	火灾损失金额 y（千美元）
2.6	19.6	6.1	43.2
4.3	31.3	4.8	36.4
2.1	24.0	3.8	26.1
1.1	17.3		

9.15 **新药研究.** 一家制药公司开发了一种新药，旨在减少吸烟者对烟草的依赖. 由于某些剂量的药物可能会将一个人的脉搏率降低到危险的低水平，制药公司的产品测试部门想要建立一个关于脉搏率下降量 y（跳动次数 / 分钟）与剂量 x（立方厘米）之间的关系模型. 随机选取 8 名患者，按不同剂量给药，30 分钟后记录每例患者的脉搏率下降情况，结果如下表所示.

（a）用数据拟合线性模型 $E(y) = \beta_0 + \beta_1 x$.

（b）对模型进行充分性检验（$\alpha = 0.05$）.

（c）使用反向预测来估计病人的脉搏率下降量为 $y = 10$（跳动次数 / 分钟）时的剂量 x. 计算估计值 x 的 95% 的预测区间.

💿 **PULSEDRUG**

患者	剂量 x （立方厘米）	脉搏率下降量 y （跳动次数 / 分钟）	患者	剂量 x （立方厘米）	脉搏率下降量 y （跳动次数 / 分钟）
1	2.0	12	5	3.0	16
2	4.0	20	6	3.5	20
3	1.5	6	7	2.5	13
4	1.0	3	8	3.0	18

9.4 加权最小二乘法

在 8.3 节中，我们研究了异方差误差（即具有非恒定方差的回归误差）的问题. 我们了解到这个问题通常是通过对因变量应用方差稳定转换（例如 $\sqrt{y}$ 或 y 的自然对数）来解决的. 当这类转换不能有效地稳定误差方差时，则需要使用其他方法.

在本节中，我们将考虑一种称为**加权最小二乘法**的技术. 加权最小二乘法可应用于以下方面：

1. 稳定 ε 的方差来满足标准回归方差齐性假设.

2. 在回归分析中减弱异常观测值的影响.

3. 在时间序列分析中给予较近观测值更大的权重（第 10 章的主题）.

虽然以上应用可能相互联系，但是我们在本节中对加权最小二乘的讨论旨在针对第一个方面.

考虑一般线性模型

$$y = \beta_0 + \beta_1 x_1 + \beta_2 x_2 + \cdots + \beta_k x_k + \varepsilon$$

回忆一下（4.3 节），为获得未知参数 β 的最小二乘估计，我们通过 $\hat{\beta}_0, \hat{\beta}_1, \cdots, \hat{\beta}_k$ 来降低

$$\text{SSE} = \sum_{i=1}^{n}(y_i - \hat{y}_i)^2 = \sum_{i=1}^{n}[y_i - (\hat{\beta}_0 + \hat{\beta}_1 x_{1i} + \hat{\beta}_2 x_{2i} + \cdots + \hat{\beta}_k x_{ki})]^2$$

的值．最小二乘法在计算 β 的估计值时默认它们权重相等．对于**加权最小二乘法**，我们希望调整一些观测值的权重大于其他观测值．要做到这一点，我们需要最小化

$$\text{WSSE} = \sum_{i=1}^{n} w_i (y_i - \hat{y}_i)^2$$

$$= \sum_{i=1}^{n} w_i [y_i - (\hat{\beta}_0 + \hat{\beta}_1 x_{1i} + \hat{\beta}_2 x_{2i} + \cdots + \hat{\beta}_k x_{ki})]^2$$

其中 w_i 为第 i 次观测的权重．得到的参数估计称为**加权最小二乘估计**（注意：普通最小二乘法为每个观测值分配了 $w_i = 1$ 的权重）．

定义 9.1 **加权最小二乘回归**是通过最小化 $\text{WSSE} = \sum_{i=1}^{n} w_i (y_i - \hat{y}_i)^2$ 获得 β 的估计值，其中 w_i 为第 i 次观测的权重．β 估计值称为**加权最小二乘估计值**．

定义 9.2 对于每次观测，通过计算

$$\sqrt{w_i}(y_i - \hat{y}_i)$$

得到了**加权最小二乘的残差**，其中 $\hat{y}_i$ 是加权最小二乘回归中使用权重 w_i 所得到的 y 的预测值．

大多数统计软件包的回归例程都有进行加权最小二乘分析的选项，但都需要设定权重 w_i．当使用加权最小二乘法作为方差稳定性技术时，第 i 次观测的权重应该是观测误差项的方差 σ_i^2 的倒数，也就是

$$w_i = \frac{1}{\sigma_i^2}$$

因此，与误差方差较小的观测值相比，误差方差较大的观测值获得的权重较小（从而对分析的影响也会较小）．

在实践中，实际方差 σ_i^2 通常是未知的．幸运的是，在许多应用中，误差方差 σ_i^2 与一个或多个自变量的水平成正比．这将允许我们确定合适的权重并加以使用．例如，在一个简单线性回归问题中，假设我们知道误差方差 σ_i^2 与自变量 x_i 的值按比例增加，也就是说

$$\sigma_i^2 = k x_i$$

其中 k 是某个未知常数．那么合适的权重（尽管未知）为

$$w_i = \frac{1}{k x_i}$$

幸运的是，可以证明（证明省略）k 可以被忽略，并且权重分配如下：

$$w_i = \frac{1}{x_i}$$

如果在进行分析之前不知道 σ_i^2 和 x_i 之间的函数关系，权重可以根据一个普通的（未加权的）最小二乘拟合结果来估计．例如，在简单线性回归中，一种方法是根据自变量 x 的值将回归残差划分为几个大小近似相等的组，计算每组观测残差的方差．检查残差方差与 x 的几个不同函数（例如 x、x^2 和 $\sqrt{x}$）之间的关系，可能会发现合适的权重．

例 9.4 美国交通部（DOT）的一名官员正在调查该州公路建设承包商之间串通投标的可能性．调查的一个方面将涉及研究一项工作的中标价格 y（最低价）与新道路建设长度 x（衡量工作规模的指标）之间的关系．表 9.3 所列的数据由运输部提供，包含 11 个新道路建设工作的样本，投标人数大致相同．

（a）用最小二乘法拟合线性模型

$$E(y) = \beta_0 + \beta_1 x$$

（b）计算并绘制 x 的回归残差．你是否发现任何异方差的证据？

（c）利用下面所述方法，求出用加权最小二乘稳定误差方差所需的近似权重．

简单线性回归确定加权最小二乘的权重

1. 根据自变量 x 的值将数据分成几组，每组的样本量大致相等．
   （a）如果数据被复制（即每个 x 值都有多个观测值）并且是平衡的（即每个 x 值都有相同个观测值），然后为 x 的每个值创建一个组．
   （b）如果数据没有被复制，则根据"最近邻"对数据进行分组，即 x 的取值范围（如 $0 \leq x < 5, 5 \leq x < 10, 10 \leq x < 15$ 等）．
2. 计算各组残差的样本均值 $\bar{x}$ 和样本方差 s^2．
3. 对于每一组，通过计算比值 $s^2 / f(\bar{x})$，将方差 s^2 与 $\bar{x}$ 的不同函数进行比较（如 $f(\bar{x}) = \bar{x}$，$f(\bar{x}) = \bar{x}^2$ 以及 $f(\bar{x}) = \sqrt{\bar{x}}$）．
4. 找出适合的 $\bar{x}$ 的函数，即它在组间的比值几乎是恒定的．
5. 计算各组的适当权重为 $1 / f(\bar{x})$．

 DOT11

表 9.3　例 9.4 新道路建设工作的样本数据

工作	道路长度 x（英里）	中标价格 y（千美元）	工作	道路长度 x（英里）	中标价格 y（千美元）
1	2.0	10.1	7	7.0	71.1
2	2.4	11.4	8	11.5	132.7
3	3.1	24.2	9	10.9	108.0
4	3.5	26.5	10	12.2	126.2
5	6.4	66.8	11	12.6	140.7
6	6.1	53.8			

（d）利用（c）小题确定的权重进行加权最小二乘法分析．

（e）绘制 x 加权最小二乘残差（见定义 9.2），以确定方差是否稳定．

解 （a）采用 MINITAB 进行简单线性回归分析，输出结果如图 9.11 所示．最小二乘所

在行（输出结果上的阴影部分）为

$$\hat{y} = -15.11 + 12.07x$$

注意，当 $p = 0.000$ 时，模型在统计上是显著的（拒绝 H_0： $\beta_1 = 0$）.

（b）回归残差计算显示在 MINITAB 输出结果的底部. 预测变量 x 的残差图如图 9.12 所示. 残差图表明，残差方差随道路长度 x 的增加而增大，说明存在异方差. 需要加权最小二乘法来稳定方差.

（c）要应用加权最小二乘法，我们必须先确定权重. 由于不清楚误差方差与 x 的何种函数成正比，我们将使用方框中描述的过程来估计权重.

首先，我们必须根据自变量 x 的值把数据分成几组. 理想情况下，我们对于每个不同的 x 值形成一组数据点. 但是，除非复制每个 x 值，否则无法计算出所有的组间残差方差. 因此，我们采用 "最近邻" 方法对数据进行分组. 一种选择是使用三组，$2 \leqslant x \leqslant 4$，$6 \leqslant x \leqslant 7$ 和 $10 \leqslant x \leqslant 13$. 这些组的观测值数量大致相同（分别为 4、3 和 4 个观测值）.

接下来，我们计算各组残差的样本方差 s_j^2. 三种残差方差见表 9.4. 将这些方差与 $\bar{x}$ 的三个不同函数 $\bar{x}(\bar{x}, \bar{x}^2$ 和 $\sqrt{\bar{x}})$ 进行比较，如表 9.4 所示，其中 $\bar{x}_j$ 为 j 组的平均道路长度 x，$j = 1, 2, 3.$

Regression Analysis: BIDPRICE versus LENGTH

Analysis of Variance

Source	DF	Adj SS	Adj MS	F-Value	P-Value
Regression	1	24557.9	24557.9	850.45	0.000
Error	9	259.9	28.9		
Total	10	24817.8			

Model Summary

S	R-sq	R-sq(adj)
5.37367	98.95%	98.84%

Coefficients

Term	Coef	SE Coef	T-Value	P-Value
Constant	−15.11	3.34	−4.52	0.001
LENGTH	12.069	0.414	29.16	0.000

Regression Equation

BIDPRICE = −15.11 + 12.069 LENGTH

Fits and Diagnostics for All Observations

Obs	BIDPRICE	Fit	Resid	Std Resid
1	10.10	9.02	1.08	0.23
2	11.40	13.85	−2.45	−0.52
3	24.20	22.30	1.90	0.39
4	26.50	27.13	−0.63	−0.13
5	66.80	62.13	4.67	0.91
6	53.80	58.51	−4.71	−0.92
7	71.10	69.37	1.73	0.34
8	132.70	123.68	9.02	1.89
9	108.00	116.44	−8.44	−1.73
10	126.20	132.13	−5.93	−1.27
11	140.70	136.95	3.75	0.82

图 9.11　中标价格线性模型的 MINITAB 输出结果

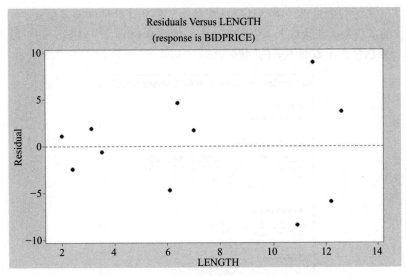

图 9.12　中标价格回归的 MINITAB 残差图

表 9.4　例 9.4 的 $\bar{x}$ 的三个函数的残差方差比较

组	x 的范围	$\bar{x}_j$	s_j^2	$s_j^2 / \bar{x}_j$	$s_j^2 / \bar{x}_j^2$	$s_j^2 / \sqrt{\bar{x}_j}$
1	$2 \leqslant x \leqslant 4$	2.75	3.72	1.35	0.49	2.24
2	$6 \leqslant x \leqslant 7$	6.5	23.01	3.54	0.54	9.02
3	$10 \leqslant x \leqslant 13$	11.8	67.03	5.68	0.48	19.51

注意，$s_j^2 / \bar{x}_j^2$ 的比值对于这三组中的每一组都产生了接近 0.5 的值．这一结果表明，各组残差方差与 $\bar{x}^2$ 成正比，即

$$\sigma_j^2 = k\bar{x}_j^2, \ j = 1,2,3$$

其中 k 近似为 0.5．因此，对每一组的权重的合理近似为

$$w_j = \frac{1}{\bar{x}_j^2}$$

在这种加权方案下，与 x 值较小的观测值相比，当长度 x 较大时，对回归残差的影响较小．

（d）利用权重对表 9.3 数据进行加权最小二乘分析

$$w_{ij} = \frac{1}{\bar{x}_j^2}$$

其中 w_{ij} 为 j 组观测值 i 的权重．加权最小二乘估计值显示在图 9.13 的 MINITAB 输出结果中．预测方程（阴影部分）为

$$\hat{y} = -15.27 + 12.12x$$

注意模型充分性检验 H_0：$\beta_1 = 0$，当 $p = 0.000$ 时，即为显著的．模型的标准误差 s（0.669）也显著小于未加权最小二乘分析的 s（5.37）．最后结果与预期一致，因为在异方差

存在的情况下，未加权的最小二乘估计比加权最小二乘估计的抽样误差更大.

（e）对 x 的加权最小二乘残差 MINITAB 图，如图 9.14 所示.在残差图中没有明显地表明加权最小二乘法修正了方差不等的问题.

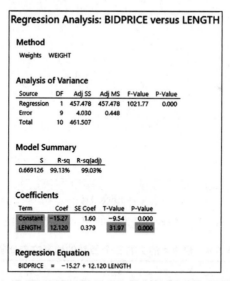

图 9.13　中标价格加权最小二乘模型的 MINITAB 输出结果

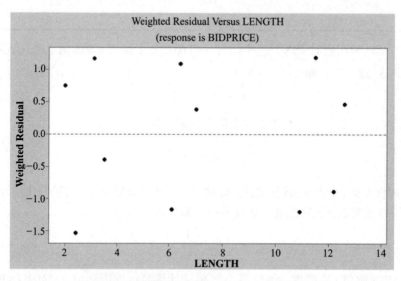

图 9.14　中标价格回归的 MINITAB 加权残差图

在结束本节之前，我们提到了例 9.4 中所示的"最近邻"技术，它并不总是能够成功地找到加权最小二乘法的近似最优权重.首先，可能不容易确定数据点的合适分组，特别是在回归中包含多个自变量的情况下.其次，自变量的残差方差与某些预选函数之间的关系可能存在组间不一致.换句话说，除非找到 x 的正确函数（或近似函数），否则很难确定权重.使用更复杂的技术来确定加权最小二乘中的权重是可行的.有关如何使用这些技术的详细信息，请参阅本章末尾给出的参考文献.

练习 9.4

9.16 **确定加权最小二乘中的权重.** 考虑线性模型 $y_i = \beta_0 + \beta_1 x_i + \varepsilon_i$，使用加权最小二乘回归给出适当的权重 w_i，假设下列函数与随机误差的方差 ε_i（即 σ_i^2）成正比.

(a) x_i^2

(b) $\sqrt{x_i}$

(c) x_i

(d) $\dfrac{1}{n_i}$，其中 n_i 为在水平 x_i 的观测值个数

(e) $\dfrac{1}{x_i}$

9.17 **质量控制研究.** 批量生产橡胶垫片的机器可以设定三种不同的速度之一：每分钟 100、150 或 200 个垫片.作为质量控制研究的一部分，这台机器在三种速度下的不同时间点被监测，并记录每小时产生的次品数，数据见下表.由于次品数量 y 被认为与速度 x 呈线性关系，因此提出了以下线性模型：

$$y = \beta_0 + \beta_1 x + \varepsilon$$

(a) 用最小二乘法拟合模型.有证据表明这个模型对预测 y 有用吗（用 $\alpha = 0.05$ 检验）？

(b) 根据 x 绘制最小二乘模型的残差.关于标准最小二乘的方差齐性假设，图中揭示了什么？

(c) 估计加权最小二乘回归中使用的适当权重（提示：计算 x 每一水平的最小二乘残差的方差）.

(d) 利用加权最小二乘对模型进行修正.将加权最小二乘法斜率的标准差与未加权最小二乘法斜率的标准差进行比较.

(e) 根据 x 绘制加权残差图，以确定使用加权最小二乘法是否纠正了方差不等的问题.

💿 **GASKETS**

练习 9.17 的数据

机器速度 x（垫片数 / 分钟）	次品的数量 y	机器速度 x（垫片数 / 分钟）	次品的数量 y
100	15	150	35
100	23	150	24
100	11	200	26
100	14	200	48
100	18	200	27
150	19	200	38
150	29	200	39
150	20		

9.18 **社会工作者薪资**. 回顾例 8.5, 表 8.4 中给出了 50 名社会工作者的薪资 y 和工作年限 x (为方便起见, 现将数据复制如下). 回想一下, 最小二乘法拟合二次模型 $E(y) = \beta_0 + \beta_1 x + \beta_2 x^2$, 产生回归残差方差不等的现象 (见图 8.15). 用加权最小二乘法对该问题进行优化 (提示: 使用本节中概述的 "最近邻" 方法估计权重).

🖸 **SOCWORK**

工作年限 x	薪资 y(美元)	工作年限 x	薪资 y(美元)	工作年限 x	薪资 y(美元)	工作年限 x	薪资 y(美元)
7	26 075	28	64 785	7	22 210	26	65 343
28	79 370	26	61 581	2	20 521	19	46 216
23	65 726	27	70 678	18	49 727	16	54 288
18	41 983	20	51 301	11	33 233	3	20 844
19	62 309	18	39 346	21	43 628	12	32 586
15	41 154	1	24 833	4	16 105	23	71 235
24	53 610	26	65 929	24	65 644	20	36 530
13	33 697	20	41 721	20	63 022	19	52 745
2	22 444	26	82 641	20	47 780	27	67 282
8	32 562	28	99 139	15	38 853	25	80 931
20	43 076	23	52 624	25	66 537	12	32 303
21	56 000	17	50 594	25	67 447	11	38 371
18	58 667	25	53 272				

🖸 **ASWELLS**

9.19 **地下水中的砷**. 参考 *Environmental Science and Technology* (January 2005) 研究商用试剂盒测试地下水中砷的可靠性, 见练习 8.12. 考虑简单线性模型 $E(y) = \beta_0 + \beta_1 x$, 其中, $y =$ 砷含量 (ppm) 和 $x =$ 深度 (英尺).

(a) 将模型与保存在 ASWELLS 文件中的数据相拟合. 绘制一个残差图来检验一个误差方差恒定的假设. 你观察到了什么?

(b) 采用最近邻法, 根据深度 x 将数据分为三组. 然后, 使用本节中所述的技术, 找到加权最小二乘回归的合适权重.

(c) 将 (b) 小题的权重应用到加权最小二乘中, 并用此拟合模型. 绘制加权残差图, 检验误差方差恒定的假设. 你观察到了什么?

🖸 **GASTURBINE**

9.20 **燃气轮机冷却方法**. 参考 *Journal of Engineering for Gas Turbines and Power* (January 2005) 关于燃气轮机发动机高压进气雾化方法的研究, 见练习 8.13. 考虑简单线性模型 $E(y) = \beta_0 + \beta_1 x$, 其中 $y =$ 热耗率, $x =$ 进气温度.

(a) 将模型与 GASTURBINE 文件中保存的数据相拟合. 绘制一个残差图来检验一个误差方差恒定的假设. 你观察到了什么?

(b) 采用最近邻法, 将进气温度 x 数据分为五组. 然后, 使用本节所述的方法, 找到加权最小二乘回归的合适权重.

（c）利用加权最小二乘和（b）小题的权重拟合模型，绘制加权残差图，检验误差方差恒定的假设.你观察到了什么？

9.5 定性因变量建模

对于本文前面部分讨论的所有模型，响应变量（因变量）y 都是一个定量变量.在本节中，我们将考虑模型中的响应变量 y 是**包含两个水平的定性变量**，或者称为**二项变量**.

例如，医生可能希望将一种新手术的成功或失败与患者的特征（如年龄和疾病的严重程度）联系起来.对医生来说感兴趣的研究变量是手术成功或失败.同样，州司法部长调查道路施工合同投标人之间的串谋行为，可能想要确定与合同相关的哪些变量（如投标人数、投标金额和材料成本）是确定投标是否为操纵性的有用指标（即投标价格是否故意高于公平市价）.这里，响应变量的值为操纵性投标或者是竞争性投标.

与定性自变量一样，我们使用**虚拟变量**（即编码 0-1）来表示定性响应变量.例如，企业家研究的响应变量为

$$y = \begin{cases} 1, & \text{如果新业务成功} \\ 0, & \text{如果新业务失败} \end{cases}$$

其中 0 和 1 任意分配给两个水平.线性统计模型采用一般的形式

$$y = \beta_0 + \beta_1 x_1 + \beta_2 x_2 + \ldots + \beta_k x_k + \varepsilon$$

但是，当响应变量为二项时，预期的响应变量

$$E(y) = \beta_0 + \beta_1 x_1 + \beta_2 x_2 + \ldots + \beta_k x_k$$

具有特殊的意义.可以证明[⊖] $E(y) = \pi$，其中 π 是当 $x_1, x_2, \cdots, x_k$ 为给定值时，$y = 1$ 的概率.因此，对于企业家而言，响应变量均值 $E(y)$ 表示具有特定相关特征的企业家创建新业务的成功可能性.

当使用普通最小二乘法来拟合具有二项响应变量的模型时，会遇到一些众所周知的问题.下面将讨论这些问题及其解决方案.

问题 1 非正态误差：由于响应变量 y 和随机误差 ε 只能取两个值，因此违背了标准最小二乘的正态误差假设.为此，考虑简单模型 $y = \beta_0 + \beta_1 x + \varepsilon$，然后我们可以写成

$$\varepsilon = y - (\beta_0 + \beta_1 x)$$

因此，当 $y = 1$ 时，$\varepsilon = 1 - (\beta_0 + \beta_1 x)$；当 $y = 0$ 时，$\varepsilon = -\beta_0 - \beta_1 x$.

然而，当样本量 n 较大时，即使误差是非正态的，由最小二乘预测方程得出的任何推

⊖ 结果是随机变量期望定理的一个简单应用.设 $\pi = P(y = 1)$ 和 $1 - \pi = P(y = 0)$，$0 \leqslant \pi \leqslant 1$.那么根据定义，$E(y) = \sum_y y_i \cdot p(y) = (1)P(y=1) + (0)P(y=0) = P(y=1) = \pi$.熟悉离散随机变量的学生可将 y 识别为**伯努利随机变量**（例如 $n=1$ 的二项随机变量）.

断在大多数实际情况下仍然有效 .[一]

  问题 2 不等方差：可以认为[一]随机误差的方差 σ^2 是 π 的函数，响应变量 y 的概率 等于 1.明确地说，

$$\sigma^2 = V(\varepsilon) = \pi(1 - \pi)$$

则对于线性统计模型，

$$\pi = E(y) = \beta_0 + \beta_1 x_1 + \beta_2 x_2 + \cdots + \beta_k x_k$$

这意味着 σ^2 不是常数，实际上取决于自变量的值，因此也就违反了标准最小二乘的等方差假设 . 这个问题的一个解决方案是使用加权最小二乘法（见 9.4 节），其中权重与 σ^2 成反比，即

$$w_i = \frac{1}{\sigma_i^2}$$

$$= \frac{1}{\pi_i(1 - \pi_i)}$$

不幸的是，真实比例

$$\pi_i = E(y_i)$$
$$= \beta_0 + \beta_1 x_{1i} + \beta_2 x_{2i} + \ldots + \beta_k x_{ki}$$

是未知的，因为 β_0，β_1，$\cdots$，β_k 都是未知的总体参数 . 然而，一种称为**两阶段最小二乘法**的技术可以用来克服这一困难 . 两阶段最小二乘法，顾名思义，通过以下两个步骤进行分析：第一阶段 使用普通最小二乘法拟合回归模型，得到预测值 $\hat{y}_i$，$i = 1, 2, \cdots, n$. 回想一下，二项模型 $\hat{y}_i$ 的估计值 π_i.

  第二阶段 使用加权最小二乘法重新拟合回归模型，其中估计权重计算如下：

$$w_i = \frac{1}{\hat{y}_i(1 - \hat{y}_i)}$$

如有需要，可以进一步迭代修改每个步骤的权重 . 然而，在大多数实际问题中，第一阶段得到的估计值 π_i 足以用于加权最小二乘法 .

  问题 3 预测响应变量将限制在 0 和 1 之间：由于预测值 $\hat{y}$ 的估计值 $E(y) = \pi$，响应变量 y 的概率等于 1，因此我们希望 $\hat{y}$ 具有 $0 \leqslant \hat{y} \leqslant 1$ 的性质 . 但是，不能保证回归分析预测值总是在此范围内 . 回归可能导致无意义的结果（即概率为负或大于 1）. 为了避免这个问题，你可能需要将响应函数均值 $E(y)$ 与另一个模型相拟合，该函数自动介于 0 和 1 之间 .（我们在下一节中介绍此类模型 .）

  综上所述，本节的目的是介绍使用二项响应变量拟合线性模型会产生的一些问题，并提出避免这些问题的解决方法 . 另一种是专门为拟合二项响应变量而设计的模型，称为

 ⊖ 这一性质是由于在一般的条件下模型参数的最小二乘估计的渐近正态性 .

 ⊜ 通过伯努利随机变量的期望值的性质可知，$V(y) = E(y^2) - [E(y)^2] = \sum y^2 \cdot p(y) - (\pi)^2 = (1)^2 P(y = 1) + (0)^2 P(y = 0) - \pi^2 = \pi - \pi^2 = \pi(1 - \pi)$. 在回归中，$V(\varepsilon) = V(y)$，因此结果如下所示 .

logistic 回归模型 . logistic 回归模型是 9.6 节的主题 .

练习 9.5

9.21 **二项响应变量建模问题** . 讨论拟合多元回归模型相关的问题，其中响应变量 y 为 0 或 1.

9.22 **使用数码记事本** . 一家数码记事本的零售商进行了一项研究，将这些设备的所有权与拥有者的年收入联系起来 . 随机抽样的 20 户家庭数据用以拟合线性模型 $E(y) = \beta_0 + \beta_1 x$ ，其中

$$y = \begin{cases} 1, & \text{如果拥有数码记事本} \\ 0, & \text{如果没有} \end{cases}$$

$$x = \text{年收入（美元）}$$

数据见下表 . 使用两阶段最小二乘法拟合模型 . 模型对预测 y 有用吗？（使用 $\alpha = 0.05$ 检验）

💿 **PALMORG**

家庭	y	x （美元）	家庭	y	x （美元）
1	0	36 300	11	1	42 400
2	0	31 200	12	0	30 600
3	0	56 500	13	0	41 400
4	1	41 700	14	0	28 300
5	1	60 200	15	1	47 500
6	0	32 400	16	0	35 700
7	0	35 000	17	0	32 100
8	0	29 200	18	1	79 600
9	1	56 700	19	1	40 200
10	0	82 000	20	0	53 100

9.23 **雇佣中的性别歧视** . 假设你正在调查一家特定公司雇佣行为中的性别歧视行为 . 一个平等人权组织声称，具有相同背景、经验和其他资格的女性相比男性而言，更不可能被雇佣 . 下表收集了 28 位申请者的信息数据，用于拟合模型 $E(y) = \beta_0 + \beta_1 x_1 + \beta_2 x_2 + \beta_3 x_3$ ，其中

$$y = \begin{cases} 1, & \text{如果被雇佣} \\ 0, & \text{如果没有} \end{cases}$$

$$x_1 = \text{高等教育年限（4,6 或 8）}$$

$$x_2 = \text{工作年限}$$

$$x_3 = \begin{cases} 1, & \text{如果申请者为男性} \\ 0, & \text{如果申请者为女性} \end{cases}$$

(a) 解释多元回归模型中的每个 β 的含义 .

(b) 用两阶段最小二乘法拟合多元回归模型（提示：将第一阶段中的负预测值替换为 0.01）.

(c) 进行模型充分性检验（$\alpha = 0.05$）.

（d）是否有足够的证据表明性别是就业与否的重要预测因子（$\alpha = 0.05$）？

（e）当 $x_1 = 4$，$x_2 = 3$，$x_3 = 0$ 时，计算响应变量均值 $E(y)$ 的 95% 置信区间，并加以解释.

🔵 **DISCRIM**

练习 9.23 的数据

雇佣状态 y	教育 x_1（年）	经验 x_2（年）	性别 x_3	雇佣状态 y	教育 x_1（年）	经验 x_2（年）	性别 x_3
0	6	2	0	1	4	5	1
0	4	0	1	0	6	4	0
1	6	6	1	0	8	0	1
1	6	3	1	1	6	1	1
0	4	1	0	0	4	7	0
1	8	3	0	0	4	1	1
0	4	2	1	0	4	5	0
0	4	4	0	0	6	0	1
0	6	1	0	1	8	5	1
1	8	10	0	0	4	9	0
0	4	2	1	0	8	1	0
0	8	5	0	0	6	1	1
0	4	2	1	1	4	10	1
0	6	7	0	1	6	12	0

9.6 logistic 回归

通常情况下，定性二项响应变量 y 与单个预测变量 x 之间呈曲线关系. 实际中经常遇到的一种特殊曲线模式，如图 9.15 所示的 S 形曲线. 曲线上的点代表 x 值与其对应的 $\pi = P(y=1)$ 的值. 解释这种曲率的模型是 **logistic**（或 **logit**）回归模型

$$E(y) = \frac{\exp(\beta_0 + \beta_1 x)}{1 + \exp(\beta_0 + \beta_1 x)}$$

logistic 模型最初是为**生存分析**而开发的，其中响应变量 y 通常为 0 或 1，这取决于实验单位（例如患者）是否"存活". 注意，图 9.15 所示的曲线在 0 和 1 处有渐近线，即响应变量均值 $E(y)$ 永远不会低于 0 或高于 1. 因此，logistic 模型确保估计响应变量 $\hat{y}$（即 $y=1$ 的估计概率）介于 0 和 1 之间.

logistic 模型的一般形式在下框中表示.

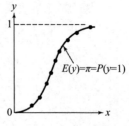

图 9.15 logistic 模型
$E(y)$ 的曲线图

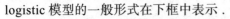

二项因变量的 logistic 回归模型

$$E(y) = \frac{\exp(\beta_0 + \beta_1 x_1 + \beta_2 x_2 + \cdots + \beta_k x_k)}{1 + \exp(\beta_0 + \beta_1 x_1 + \beta_2 x_2 + \cdots + \beta_k x_k)}$$

其中

$$y = \begin{cases} 1, & \text{如果A事件发生} \\ 0, & \text{如果B事件发生} \end{cases}$$

$$E(y) = P(\text{A事件发生}) = \pi$$

$x_1, x_2, \cdots, x_k$ 是定量或定性自变量.

注意，一般的 logistic 模型不是参数 β 的线性函数（见 4.1 节）. 获取**非线性回归模型**（如 logistic 模型）的参数估计在数值上是一个烦琐的过程，通常需要复杂的计算机程序运算. 在本节中，我们将简要讨论此问题的两种解决方法，并给出第二种方法的计算机输出结果示例.

1. 变换形式后进行最小二乘估计：拟合模型的一种方法涉及对响应均值 $E(y)$ 转换形式. 回想一下（9.5 节），对于二项响应变量 $E(y) = \pi$，其中 π 表示 $y = 1$ 时的概率 . logistic 模型为

$$\pi = \frac{\exp(\beta_0 + \beta_1 x_1 + \beta_2 x_2 + \cdots + \beta_k x_k)}{1 + \exp(\beta_0 + \beta_1 x_1 + \beta_2 x_2 + \cdots + \beta_k x_k)}$$

意味着（证明省略）

$$\ln\left(\frac{\pi}{1-\pi}\right) = \beta_0 + \beta_1 x_1 + \beta_2 x_2 + \cdots + \beta_k x_k$$

令

$$\pi^* = \ln\left(\frac{\pi}{1-\pi}\right)$$

转换后的 logistic 模型

$$\pi^* = \beta_0 + \beta_1 x_1 + \beta_2 x_2 + \cdots + \beta_k x_k$$

呈线性关系，故模型中的参数 β 可以应用最小二乘法.

注意：由于 $\pi = P(y=1)$，所以 $1 - \pi = P(y=0)$. 比率

$$\frac{\pi}{1-\pi} = \frac{P(y=1)}{P(y=0)}$$

称之为事件 $y = 1$ 发生的**几率** .（例如，如果 $\pi = 0.8$，则 $y = 1$ 发生的几率为 $0.8 / 0.2 = 4$，或 4 比 1.）转换后的模型 π^* 是 $y = 1$ 发生几率的自然对数的模型，通常称为**对数几率模型**.

定义 9.3　在具有二项响应变量 y 的 logistic 回归中，我们定义**事件（$y=1$）发生的几率**如下：

$$\text{几率} = \frac{\pi}{1-\pi} = \frac{P(y=1)}{P(y=0)}$$

虽然这个转换成功地将响应函数线性化，但仍存在两个问题. 首先，由于真实概率 π 未知，因此回归输入所需的对数几率 π^* 值也未知. 为了进行最小二乘分析，我们必须对自变

量的每一个组合估计 π^* 值 . 一个较好的估计量为

$$\pi^* = \ln\left(\frac{\hat{\pi}}{1-\hat{\pi}}\right)$$

式中，$\hat{\pi}$ 是对于 x 的特定组合事件为 1 的样本比例 . 然而，为了获得这些估计值，我们必须在自变量的各个组合水平上重复观测响应变量 y. 因此，最小二乘转换方法仅限于在实际业务环境中很少发生的重复实验中运用 .

第二个问题与不等方差有关 . 转换后 logistic 模型的误差方差与 $\pi(1-\pi)$ 成反比 . 由于 π 或 $E(y)$ 是自变量的函数，回归误差为异方差 . 为了稳定方差，应使用加权最小二乘法 . 这项技术还要求对 x 的每一个组合都有可复制的观测值，而且每个组合所需的观测值个数相对较大 . 如果实验是重复性的，且在自变量各组合水平上的观测值个数为 n_j（较大），则适当权重为

$$w_j = n_j \hat{\pi}_j (1-\hat{\pi}_j)$$

其中

$$\hat{\pi}_j = \frac{x在j组合时事件1的个数}{n_j}$$

2. 最大似然估计：logistic 模型中估计 β 参数，还有一种常用的统计技术，称为**最大似然估计** . 与最小二乘估计一样，最大似然估计也具有一定的期望性质 .[⊖]（事实上，当线性回归模型的误差为正态分布时，最小二乘估计和最大似然估计是等效的 .）许多的统计计算机软件包可运用最大似然估计来拟合 logistic 回归模型 . 因此，使用最大似然法（而不是转换法）拟合 logistic 回归模型的一个实际优势是计算机程序很容易实现，另一个优点是不需要通过复制数据就可以应用最大似然估计 .

logistic 模型参数的最大似然估计具有不同于最小二乘回归中的标准 F 分布和 t 分布的分布性质 . 在一定条件下，检验单个参数和整体模型充分性的检验统计量近似服从**卡方分布**（χ^2 分布）. χ^2 分布类似于 F 分布，它取决于自由度且是非负的，如图 9.16 所示 .（附录 D 的表 9 给出了 α 和自由度不同值时的 χ^2 分布临界值表 .）我们通过举例说明最大似然估计在 logistic 回归中的应用 .

例 9.5 考虑道路施工承包商之间串通投标（即非竞争性投标）的问题 . 承包商有时会计划设定高于公平市场（或竞争

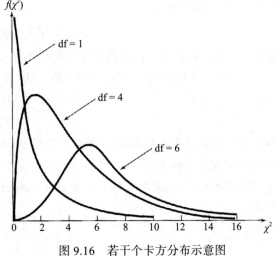

图 9.16 若干个卡方分布示意图

⊖ 关于如何获得最大似然估计量及其分布特性的详细信息，请参考本章末尾的参考文献 .

性）价格的投标价格．假设调查员已经获得 31 份合同样本的投标状态（操纵性或竞争性）信息．此外，每个合同还记录了两个被认为与投标状态有关的变量：投标人数量 x_1，中标（最低）投标和预计竞争性投标（称为工程师估算）之间的差 x_2（以估算百分比表示）．数据出现在表 9.5 中，响应变量 y 记录如下：

$$y = \begin{cases} 1, & \text{如果是操纵性投标} \\ 0, & \text{如果是竞争性投标} \end{cases}$$

计数可知，12 份合同是操纵性（ $y=1$ ），19 份是竞争性（ $y=0$ ）． $E(y) = \pi = P(y=1)$ 的适当模型是 logistic 模型

$$\pi = \frac{\exp(\beta_0 + \beta_1 x_1 + \beta_2 x_2)}{1 + \exp(\beta_0 + \beta_1 x_1 + \beta_2 x_2)}$$

或者，模型可以写为 $\pi^* = \beta_0 + \beta_1 x_1 + \beta_2 x_2$，其中 $\pi^* = \ln\left(\dfrac{\pi}{1-\pi}\right)$．用 SAS 的 logistic 回归方法对模型进行拟合．输出结果如图 9.17 所示，请解释相应结果．

表 9.5　31 个道路施工投标合同的样本数据

合同	投标状态 y	投标人数量 x_1	中标投标与工程师估算的差 x_2(%)	合同	投标状态 y	投标人数量 x_1	中标投标与工程师估算的差 x_2(%)
1	1	4	19.2	17	0	10	6.6
2	1	2	24.1	18	1	5	−2.5
3	0	4	−7.1	19	0	13	24.2
4	1	3	3.9	20	0	7	2.3
5	0	9	4.5	21	1	3	36.9
6	0	6	10.6	22	0	4	−11.7
7	0	2	−3.0	23	1	3	22.1
8	0	11	16.2	24	1	3	10.4
9	1	6	72.8	25	0	2	9.1
10	0	7	28.7	26	0	5	2.0
11	1	3	11.5	27	0	6	12.6
12	1	2	56.3	28	1	5	18.0
13	0	5	−0.5	29	0	3	1.5
14	0	3	−1.3	30	1	4	27.3
15	0	3	12.9	31	0	10	−8.4
16	0	8	34.1				

解　分析 logistic 回归模型的方法反映了我们在第 4 章中概述的评估最小二乘多元回归模型的方法．首先，对整体模型的充分性进行检验，然后检查和解释模型参数．如果认为该模型在统计上有用，则通过解释几种不同的模型拟合统计来评估该模型的实用性．最后，如果有必要，使用模型进行预测．

整体模型充分性检验：对于这个 logistic 回归应用程序，整体模型充分性检验原假设

H_0： $\beta_1 = \beta_2 = 0$ 与备择假设 H_a：至少一个 $\beta \neq 0$．检验统计量近似服从 χ^2 分布，$k = 2$ 个自由度，其中 k 是模型中参数 β 的个数（不包括 β_0）．该值在输出结果（**LikelihoodRatio** 所在行的阴影部分）中表示为 $\chi^2 = 18.537\,7$，观察到的显著性水平（阴影部分）$p < 0.000\,1$．根据检验的 p 值，我们可以拒绝 H_0，得出系数 β 中至少有一个不为零．因此，该模型在统计上适合预测投标状态 y．

解释 / 检验模型参数：β_0，β_1 和 β_2（输出结果中阴影部分）的最大似然估计值为 $\hat{\beta}_0 = 1.421\,1$，$\hat{\beta}_1 = -0.755\,3$ 和 $\hat{\beta}_2 = 0.112\,2$．因此，操纵性投标的概率预测方程 [例如 $\pi = P(y = 1)$] 为

$$\hat{y} = \frac{\exp(1.4211 - 0.755\,3 x_1 + 0.112\,2 x_2)}{1 + \exp(1.4211 - 0.755\,3 x_1 + 0.112\,2 x_2)}$$

总的来说，logistic 模型中的系数 $\hat{\beta}_i$ 估计值指的是，保持模型中所有其他 x 不变，当 x_i 每增加 1 个单位时其所对应的对数几率的变化．系数 $e^{\hat{\beta}}$ 为其反对数，然后估计几率比值为

$$\frac{\pi_{x+1} / (1 - \pi_{x+1})}{\pi_x / (1 - \pi_x)}$$

式中，π_x 是 x 值固定时 $P(y = 1)$ 的值．⊖ 通常，分析师计算 $(e^{\hat{\beta}}) - 1$，指的是其他 x 不变时，x_i 每增加 1 个单位，概率 $\pi = P(y = 1) / P(y = 0)$ 增加（或减少）百分比的估计值．

这导致对 β 估计值的解释如下：

$\hat{\beta}_1 = -0.755\,3$；$e^{\hat{\beta}_1} = 0.47$；$e^{\hat{\beta}_1} - 1 = -0.53$：保持 **DOTEST** ($x_2$) 固定不变，投标人数量 x_1 每增加 1 个，我们估计操纵性合同的几率降低 53%．

$\hat{\beta}_2 = 0.112\,2$；$e^{\hat{\beta}_2} = 1.12$；$e^{\hat{\beta}_2} - 1 = 0.12$：保持 **NUMBIDS**（投标人数量 x_1）不变，**DOTEST** (x_2) 每增加 1%，我们估计操纵性合同的几率增加 12%．

---

logistic 模型中参数 β 的解释

$$\pi^* = \beta_0 + \beta_1 x_1 + \beta_2 x_2 + \cdots + \beta_k x_k$$

其中

$$\pi^* = \ln\left(\frac{\pi}{1 - \pi}\right)$$

$\pi = P(y = 1)$

$\beta_i =$ 保持所有其他 x 不变，x_i 每增加 1 个单位，对数几率 π^* 的变化．

$e^{\beta_i} - 1 =$ 保持所有其他 x 不变，x_i 每增加 1 个单位，几率 $\pi/(1 - \pi)$ 的变化百分比．

⊖ 为此，考虑模型 $\pi^* = \beta_0 + \beta_1 x$，其中 $x = 1$ 或 $x = 0$．当 $x = 1$ 时，我们得到 $\pi_1^* = \beta_0 + \beta_1$；当 $x = 0$ 时，$\pi_0^* = \beta_0$．现在用 $\ln[\pi_1 / (1 - \pi_1)]$ 替换 π_1^*，取方程两边的反对数．然后我们得到 $\pi_1 / (1 - \pi_1) = e^{\beta_0} e^{\beta_1}$ 和 $\pi_0 / (1 - \pi_0) = e^{\beta_0}$．因此，几率比值为

$$\frac{\pi_1 / (1 - \pi_1)}{\pi_0 / (1 - \pi_0)} = e^{\beta_1}$$

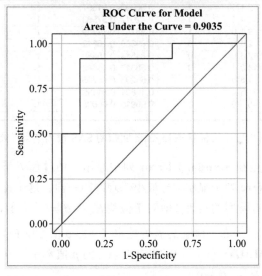

Probability modeled is STATUS=1.

Model Convergence Status

Convergence criterion (GCONV=1E-8) satisfied.

Model Fit Statistics

Criterion	Intercept Only	Intercept and Covariates
AIC	43.381	28.843
SC	44.815	33.145
-2 Log L	41.381	22.843

R-Square	0.4501	Max-rescaled R-Square	0.6109

Testing Global Null Hypothesis: BETA=0

Test	Chi-Square	DF	Pr > ChiSq
Likelihood Ratio	18.5377	2	<.0001
Score	13.4661	2	0.0012
Wald	6.4289	2	0.0402

Analysis of Maximum Likelihood Estimates

Parameter	DF	Estimate	Standard Error	Wald Chi-Square	Pr > ChiSq
Intercept	1	1.4211	1.2867	1.2198	0.2694
NUMBIDS	1	-0.7553	0.3388	4.9703	0.0258
DOTEST	1	0.1122	0.0514	4.7666	0.0290

Odds Ratio Estimates

Effect	Point Estimate	95% Wald Confidence Limits	
NUMBIDS	0.470	0.242	0.913
DOTEST	1.119	1.012	1.237

Association of Predicted Probabilities and Observed Responses

Percent Concordant	90.4	Somers' D	0.807
Percent Discordant	9.6	Gamma	0.807
Percent Tied	0.0	Tau-a	0.396
Pairs	228	c	0.904

ROC Curve for Model
Area Under the Curve = 0.9035

图 9.17 投标状态 logistic 回归的 SAS 输出结果

Hosmer and Lemeshow Goodness-of-Fit Test		
Chi-Square	DF	Pr > ChiSq
10.4878	8	0.2324

Classification Table									
Prob Level	Correct		Incorrect		Percentages				
	Event	Non-Event	Event	Non-Event	Correct	Sensitivity	Specificity	False POS	False NEG
0.500	9	16	3	3	80.6	75.0	84.2	25.0	15.8

Regression Analysis Predictions

STATUS	NUMBIDS	DOTEST	_FROM_	_INTO_	IP_0	IP_1	_LEVEL_	lower_STATUS	upper_STATUS
1	4	19.2	1	1	0.36490	0.63510	1	0.32984	0.86023
1	2	24.1	1	1	0.06821	0.93179	1	0.53645	0.99384
0	4	−7.1	0	0	0.91658	0.08342	1	0.01043	0.44012
1	3	3.9	1	0	0.60042	0.39958	1	0.15869	0.70133
0	9	4.5	0	0	0.99240	0.00760	1	0.00016	0.26829
0	6	10.6	0	0	0.87229	0.12771	1	0.02582	0.44709
0	2	−3.0	0	0	0.60494	0.39506	1	0.10273	0.78837
0	11	16.2	0	0	0.99375	0.00625	1	0.00007	0.36815
1	6	72.8	1	1	0.00632	0.99368	1	0.35196	0.99998
0	7	28.7	0	0	0.65608	0.34392	1	0.06138	0.80777
1	3	11.5	1	1	0.39043	0.60957	1	0.31578	0.84081
1	2	56.3	1	1	0.00197	0.99803	1	0.69691	0.99999
0	5	−0.5	0	0	0.91770	0.08230	1	0.01254	0.38784
0	3	−1.3	0	0	0.72922	0.27078	1	0.07453	0.63132
0	3	12.9	0	1	0.35375	0.64625	1	0.34076	0.86589
0	8	34.1	0	0	0.68897	0.31103	1	0.03168	0.86168
0	10	6.6	0	0	0.99547	0.00453	1	0.00006	0.26606
1	5	−2.5	1	0	0.93314	0.06686	1	0.00852	0.37405
0	13	24.2	0	0	0.99661	0.00339	1	0.00001	0.45718
0	7	2.3	0	0	0.97361	0.02639	1	0.00166	0.30643
1	3	36.9	1	1	0.03573	0.96427	1	0.54748	0.99834
0	4	−11.7	0	0	0.94848	0.05152	1	0.00412	0.41605
1	2	22.1	1	1	0.08393	0.91607	1	0.51883	0.99103
1	3	10.4	1	1	0.42017	0.57983	1	0.29466	0.82010
0	2	9.1	0	1	0.28261	0.71739	1	0.33903	0.92627
0	5	2.0	0	0	0.89388	0.10612	1	0.02005	0.40786
0	6	12.6	0	0	0.84514	0.15486	1	0.03485	0.48182
1	5	18.0	1	0	0.58317	0.41683	1	0.17873	0.70127
0	3	1.5	0	0	0.66295	0.33705	1	0.11481	0.66587
1	4	27.3	1	1	0.18801	0.81199	1	0.40058	0.96541
0	10	−8.4	0	0	0.99915	0.00085	1	0.00000	0.15847

图 9.17　投标状态 logistic 回归的 SAS 输出结果（续）

估计值 β 的标准误差在 **Standard Error** 列中显示，估计值 β 与其各自标准误差的（平方）比在 **Wald Chi-Square** 列中显示．与最小二乘回归一样，这个比率提供了一个检验统计量，用于检验每个变量对模型的贡献（即对于检验 H_0：$\beta_i = 0$）．在 logistic 回归中 $(\hat{\beta}_i / s_{\hat{\beta}_i})^2$ 近似服从自由度为 1 的 χ^2 分布．检验的显著性水平（即 p 值）在 **Pr>Chi-Square** 列中显示．注意：两个自变量 **NUMBIDS**（x_1）和 **DOTEST**（x_2）的 p 值都小于 0.03（意味着当 $\alpha = 0.05$，我们拒绝 H_0：$\beta_1 = 0$ 和 H_0：$\beta_2 = 0$）．

模型拟合统计：logistic 回归 SAS 输出结果提供了几种不同的模型拟合统计．其中一个

被称为 **Hosmer and Lemeshow** χ^2 "**拟合优度**" 或 "**拟合不当**" 检验，提出以下假设：

$$H_0 \text{：模型是适合的（即模型与数据充分拟合）}$$

$$H_a \text{：模型并不适当（即模型拟合不充分）}$$

如果模型指定错误（即省略重要项或包含不重要项），检验的 p 值将很小（例如小于 $\alpha = 0.05$），导致分析师拒绝充分拟合的原假设．此时 χ^2 检验的 p 值（在 SAS 输出结果上高亮显示）是 0.232 4．因此，在 $\alpha = 0.05$ 时，没有足够的证据来表明 logistic 回归模型拟合不充分．

logistic 回归中产生的另一个拟合统计量类似于 R^2，即最小二乘回归中的变异系数．虽然这个统计值在 0 到 1 之间，但在 logistic 回归中，这个伪 R^2 的值不能理解为模型解释的因变量 y 的方差比例．相反，它是一个反映模型拟合优度的统计：靠近 1 的 R^2 值表示一个极好的拟合，而接近 0 的 R^2 值表示一个较差的拟合．在 logistic 回归中，有几个基于似然衡量的不同公式用于计算这个统计量 R^2，其中一个公式在 SAS 输出结果的顶部附近被称为 "**Max-rescaled R-square**"．该值为 0.61，表明该模型与数据的拟合度适中．（当然，这种解释较为主观，取决于分析师的判断．）

预测：如果我们认为 logistic 模型在统计上和实际上都有用，那么我们将使用它来预测 $\pi = P(y=1) = P$（操纵性投标合同）．SAS 输出结果的底部给出了预测值以及分析中使用的每个观测值的 95% 的预测下限和上限．$x_1 = 3$ 个投标人和中标投标比工程师估计多出 $x_2 = 11.5\%$ 的合同 π 的 95% 预测区间在输出结果中用阴影部分表示．我们估计 π，这个特定合同操纵性的概率在 0.315 78 和 0.840 81 之间．请注意，所有预测值和限制都在 0 和 1 之间，这是 logistic 模型的一个特性．

最后，我们希望使用预测概率来确定未来合同是否为操纵性合同．例如，如果操纵性合同的预测概率 $\hat{\pi}$ 超过 0.5，我们可以认为未来合同为操纵合同．如果 $\hat{\pi}$ 小于 0.5，那么我们将假设合同是竞争性投标．这个 0.5 的 "概率分界" 或 "概率水平"，是分析师的一个选择．为了帮助分析师做出这一选择，SAS logistic 回归输出为所选概率水平生成一个 "**Classification Table**"．将数据中每个合同的操纵预测概率与 0.5 的概率水平进行比较，并对每个合同的投标状态（操纵性或竞争性）进行预测．SAS 跟踪正确预测的合同数量．（记住，我们已知所有抽样合同的状态：12 个是操纵性合同，19 个是竞争性合同．）在 SAS 表中，"Event" 是指实际为操纵性合同 $(y=1)$，"Non-event" 是指实际为竞争性合同 $(y=0)$．从 SAS 输出结果中，你可以看到 12 个操纵合同中有 9 个是正确预测的，而 19 个竞争性合同中有 16 个是正确预测的．这些预测的准确性总结在 "**Sensitivity**"（灵敏度）和 "**Specificity**"（特异度）栏中．灵敏度计算为操纵性合同 (Event) 的准确率（或 "命中率"）：$9/12 = 0.75$；特异度计算为竞争性合同 (Non-event) 的命中率：$16/19 = 0.842$．因此，使用 0.5 的概率分界时，操纵性合同的命中率为 75%，竞争性合同的命中率为 84.2%．如果这些命中率令人不满意，那么研究人员可以选择不同的概率分界并重新计算命中率．如果任何一个概率分界值都不能得出期望的精度水平，那么该模型不应用于预测．

两种命中率的图形显示在 SAS 输出结果的中间．该图被称为**受试者工作特征曲线**（**ROC**），根据不同的概率分界值（范围从 0 到 1），以灵敏度为纵坐标和（1−特异度）为横坐标绘制的曲线. 由于具有良好预测能力的模型将产生高灵敏度和高特异度（即较低的 1−特异度），因此 ROC 曲线也越接近图左上角. 在这种情况下，ROC 曲线下的面积将很高（等于或大于 0.9）. 对于这个 logistic 模型，SAS 中显示面积为 0.903 5.

例 9.6 参考例 9.5. 操纵投标的调查员希望通过加入投标人数量 x_1 和中标价格与交通部估计价格的差 x_2 的高阶项来改进投标状态 y 的模型. 其中 $\pi = P(y=1)$ 和 $\pi^* = \ln[\pi/(1-\pi)]$. 考虑完整的二阶 logistic 回归模型

$$\pi^* = \beta_0 + \beta_1 x_1 + \beta_2 x_2 + \beta_3 x_1 x_2 + \beta_4 x_1^2 + \beta_5 x_2^2$$

将该模型与表 9.4 中的数据相拟合，然后确定是否有高阶项可显著改善模型.

解 确定是否任何高阶项显著改善模型的一种方法是检验原假设

$$H_0: \ \beta_3 = \beta_4 = \beta_5 = 0$$

使用与 4.13 节中讨论的嵌套模型比较技术类似的方法来进行检验. 可知

完整模型： $\pi^* = \beta_0 + \beta_1 x_1 + \beta_2 x_2 + \beta_3 x_1 x_2 + \beta_4 x_1^2 + \beta_5 x_2^2$

简化模型： $\pi^* = \beta_0 + \beta_1 x_1 + \beta_2 x_2$

检验 logistic 回归中参数 β 子集的检验统计量不是基于 F 统计量，而是卡方分布. 事实上，检验统计量是检验两个模型整体充分性的整体 χ^2 值之间的差，即 $\chi^2 = \chi^2_{(完整)} - \chi^2_{(简化)}$. 该卡方值的自由度基于两个模型的自由度之间的差，即 $\mathrm{df} = \mathrm{df}_{(完整)} - \mathrm{df}_{(简化)}$.

我们使用 SAS 将整个模型与数据进行拟合. 生成的 SAS 部分输出结果如图 9.18 所示. 输出结果上高亮显示的完整模型卡方值为 $\chi^2_{(完整)} = 27.56$，其中 df 为 5. 简化模型的卡方值（从例 9.5 中获得）是 $\chi^2_{(简化)} = 18.54$，其中 df 为 2. 因此，检验 $H_0: \ \beta_3 = \beta_4 = \beta_5 = 0$ 的检验统计量： $\chi^2 = \chi^2_{(完整)} - \chi^2_{(简化)} = 27.56 - 18.54 = 9.02$.

当 $\alpha = 0.01$，临界值（从附录 D 表 9 中可知）为：$x^2_{(3df)} = 11.344\,9$；因此，检验的拒绝域为 $\chi^2 > 11.344\,9$.

检验统计值不在拒绝域中，故我们的结论如下：

结论：没有足够的证据来拒绝 H_0，也就是说，没有足够的证据来得出结论，即投标人数量 x_1 和中标价格与交通部估计价格的差 x_2 的高阶项在 logistic 回归模型中在统计上是有用的预测因子.（注意：在 SAS 中进行的类似实验的 p 值如图 9.18 底部所示. 这个值 0.474 2 也得出了相同的结论.）

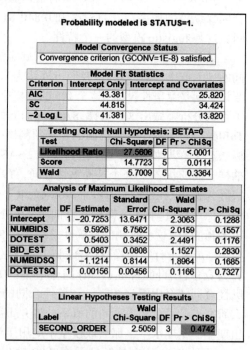

Probability modeled is STATUS=1.

Model Convergence Status	
Convergence criterion (GCONV=1E-8) satisfied.	

Model Fit Statistics		
Criterion	Intercept Only	Intercept and Covariates
AIC	43.381	25.820
SC	44.815	34.424
−2 Log L	41.381	13.820

Testing Global Null Hypothesis: BETA=0			
Test	Chi-Square	DF	Pr > ChiSq
Likelihood Ratio	27.5606	5	<.0001
Score	14.7723	5	0.0114
Wald	5.7009	5	0.3364

Analysis of Maximum Likelihood Estimates					
Parameter	DF	Estimate	Standard Error	Wald Chi-Square	Pr > ChiSq
Intercept	1	−20.7253	13.6471	2.3063	0.1288
NUMBIDS	1	9.5926	6.7562	2.0159	0.1557
DOTEST	1	0.5403	0.3452	2.4491	0.1176
BID_EST	1	−0.0867	0.0808	1.1527	0.2830
NUMBIDSQ	1	−1.1214	0.8144	1.8964	0.1685
DOTESTSQ	1	0.00156	0.00456	0.1166	0.7327

Linear Hypotheses Testing Results			
Label	Wald Chi-Square	DF	Pr > ChiSq
SECOND_ORDER	2.5059	3	0.4742

图 9.18 投标状态的完整二阶 logistic 回归模型的 SAS 输出

　　根据这个嵌套模型检验的结果，研究者将使用一阶（简化）模型 $\pi^* = \beta_0 + \beta_1 x_1 + \beta_2 x_2$ 预测操纵性合同的概率. ∎

　　总之，我们提出了两种拟合 logistic 回归模型的方法. 如果复制了数据，你可能需要应用转换法. 最大似然估计方法可以应用于任何数据集，但你需要通过 logistic 回归程序的统计软件包（如 MINITAB、R、SAS 或 SPSS）.

　　本节仅作为 logistic 回归的概述. 使用这两种方法拟合 logistic 回归模型的许多细节都已被省略. 在进行 logistic 回归分析之前，我们强烈建议你阅读本章末尾给出的参考文献.

练习 9.6

💿 **PALMORG**

9.24　使用数码记事本. 参考练习 9.22 建立 $y = \{1,$ 如果拥有数码记事本；$0,$ 如果没有 $\}$ 关于年收入 x 的函数.

(a) 定义此题中的 π.

(b) 为这个问题定义"几率".

(c) 用 20 户家庭随机抽样数据拟合 logit 模型

$$E(y) = \frac{\exp(\beta_0 + \beta_1 x)}{1 + \exp(\beta_0 + \beta_1 x)}$$

logistic 回归的 SPSS 输出结果如下，请加以解释.

Omnibus Tests of Model Coefficients

		Chi-square	df	Sig.
Step 1	Step	2.929	1	.087
	Block	2.929	1	.087
	Model	2.929	1	.087

Model Summary

Step	−2 Log likelihood	Cox & Snell R Square	Nagelkerke R Square
1	22.969[a]	.136	.188

a. Estimation terminated at iteration number 4 because parameter estimates changed by less than .001.

Classification Table[a]

			Predicted		
			OWN		Percentage Correct
Observed			0	1	
Step 1	OWN	0	12	1	92.3
		1	5	2	28.6
	Overall Percentage				70.0

a. The cut value is .500

Variables in the Equation

		B	S.E.	Wald	df	Sig.	Exp(B)
Step 1[a]	INCOME	.000	.000	2.453	1	.117	1.000
	Constant	−3.112	1.675	3.454	1	.063	.044

a. Variable(s) entered on step 1: INCOME.

练习 9.24 的 SPSS 输出结果

9.25 **山弯构造发展的研究 .** 在 *Tectonics*（October 2004）中，地质学家发表了他们对阿巴拉契亚山脉中部山弯构造（弯曲山脉）形成的研究 . 对位于宾夕法尼亚州和马里兰州的两个推覆体（水平移动距离较大的岩石薄片）进行比较研究 . 采集两处山缘岩石样品，分别测定大矿物颗粒中保存的叶理相交轴（FIA）（以度为单位）. 考虑建立 $y = \{1,$ 马里兰推覆体；0，宾夕法尼亚推覆体 $\}$ 关于 $x = $ FIA 的 logistic 回归模型 .

(a) 定义此题中的 π .

(b) 写出模型的方程 .

(c) 给出模型中 β_1 值的实际解释 .

(d) 利用参数 β 表示，当岩石样品的 FIA 为 80° 时，岩石样品来自马里兰推覆体的预测概率 .

9.26 **雁的飞行响应 .** 在阿拉斯加的一个河口，海上石油开采导致了该地空中交通增加，主要是指该地区的大型直升机增多 . 美国鱼类和野生动物管理局委托一项研究，调查这些直升机对太平洋黑雁群的影响，这些黑雁群在秋季迁徙之前栖息在河口（*Statistical Case Studies: A Collaboration Between Academe and Industry*,1998）. 两架大型直升机在河口上空反复飞行，飞行高度不同，与群鸟的横向距离也不同 . 记录了 464 次直升机飞越的飞行响应（记录为"低"或"高"）、高度 x_1（百米）和横向距离 x_2（百米），并保存在 PACGEESE 文件中 .（前 10 次飞越的数据见下表 .）使用 MINITAB 拟合 logistic 回归模型 $\pi^* = \beta_0 + \beta_1 x_1 + \beta_2 x_2$，其中高响应为 $y = 1$，低响应为 $y = 0$；$\pi = P(y=1)$ 和 $\pi^* = \ln[\pi/(1-\pi)]$. 输出结果显示在下方 .

PACGEESE（前 10 条数据显示如下）

飞越	高度	横向距离	飞行响应
1	0.91	4.99	高
2	0.91	8.21	高
3	0.91	3.38	高
4	9.14	21.08	低
5	1.52	6.60	高
6	0.91	3.38	高
7	3.05	0.16	高
8	6.10	3.38	高
9	3.05	6.60	高
10	12.19	6.60	高

资料来源：Erickson, W., Nick, T., and Ward, D. "Investigating flight response of Pacific brant to helicopters at Izembek Lagoon, Alaska by using logistic regression," *Statistical Case Studies: A Collaboration Between Academe and Industry*, ASA-SIAM Series on Statistics and Applied Probability, 1998. Copyright © 1998 Society for Industrial and Applied Mathematics. Reprinted with permission. All rights reserved.

Response Information

Variable	Value	Count	
RESPONSE	1	285	(Event)
	0	179	
	Total	464	

Deviance Table

Source	DF	Adj Dev	Adj Mean	Chi-Square	P-Value
Regression	2	259.181	129.590	259.18	0.000
ALTITUDE	1	9.379	9.379	9.38	0.002
LATERAL	1	252.475	252.475	252.48	0.000
Error	461	359.629	0.780		
Total	463	618.810			

Model Summary

Deviance R-Sq	Deviance R-Sq(adj)	AIC
41.88%	41.56%	365.63

Coefficients

Term	Coef	SE Coef	VIF
Constant	2.395	0.306	
ALTITUDE	0.1965	0.0674	1.04
LATERAL	−0.2388	0.0225	1.04

Odds Ratios for Continuous Predictors

	Odds Ratio	95% CI
ALTITUDE	1.2172	(1.0664, 1.3892)
LATERAL	0.7875	(0.7536, 0.8230)

Prediction for RESPONSE

Settings

Variable	Setting
ALTITUDE	0.91
LATERAL	4.99

Prediction

Fitted Probability	SE Fit	95% CI
0.799388	0.0341107	(0.724238, 0.858072)

练习 9.26 的 MINITAB 输出结果

(a) 整体 logit 模型在统计上有助于预测雁的飞行响应吗 $(\alpha = 0.01)$?

(b) 检验以确定雁的飞行响应是否取决于直升机的高度 $(\alpha = 0.01)$.

(c) 检验以确定雁的飞行响应是否取决于直升机与雁群的横向距离 $(\alpha = 0.01)$

(d) 预测直升机在 $x_1 = 600$ 米的高度和 $x_2 = 300$ 米的横向距离飞越河口时，雁群高飞行响应的概率.

🔘**DISCRIM**

9.27 雇佣中的性别歧视. 参见练习 9.23. 使用 DISCRIM 文件中的数据来拟合 logit 模型

$$E(y) = \frac{\exp(\beta_0 + \beta_1 x_1 + \beta_2 x_2 + \beta_3 x_3)}{1 + \exp(\beta_0 + \beta_1 x_1 + \beta_2 x_2 + \beta_3 x_3)}$$

令

$$y = \begin{cases} 1, & \text{如果被雇佣} \\ 0, & \text{如果未被雇佣} \end{cases}$$

$$x_1 = \text{高等教育年限（4,6或8）}$$

$$x_2 = \text{工作年限}$$

$$x_3 = \begin{cases} 1, & \text{如果是男性申请人} \\ 0, & \text{如果是女性申请人} \end{cases}$$

（a）进行模型充分性检验（$\alpha = 0.05$）.

（b）是否有足够的证据表明性别是就业状况的重要预测因子（$\alpha = 0.05$）？

（c）当 $x_1 = 4, x_2 = 0, x_3 = 1$ 时，计算响应变量均值 $E(y)$ 的 95% 置信区间，并加以解释.

MTBE

9.28 井中的地下水污染. 新罕布什尔州许多县强制使用重新调配的汽油，导致地下水污染增加. 参考 *Environmental Science and Technology* (January 2005) 对新罕布什尔州 Private 和 Public 油井中甲基叔丁基醚 (MTBE) 污染的相关因素的研究，见练习 6.11. 收集了 223 口井的样本数据，并保存在 MTBE 文件中. 回想一下，MTBE 水平的潜在预测（微克 / 升）的列表包括井类别（Private 或 Public），含水层（Bedrock 或 Unconsol），pH 值（标准单位），井深（米），溶解氧量（毫克 / 升），井距离最近来源的距离（米），以及分配给工业的毗邻用地的百分比. 对于本练习，如果发现 MTBE 的"可检测水平"，则因变量 $y = 1$；如果发现 MTBE 的水平为"低于极限"，则因变量 $y = 0$. 根据练习 6.11 中所述的自变量，建立 MTBE"可检测水平"概率的 logistic 回归模型，并解释 logistic 回归结果. 你认可使用这个模型吗？并加以解释.

PONDICE

9.29 融冰池的特征. 请参阅练习 1.16 美国国家冰雪数据中心（NSIDC）收集加拿大北极地区融冰池的数据，数据保存在 PONDICE 文件中. 研究融冰池的环境工程师对每个池子观察到的冰的类型这一变量感兴趣. 回想一下，冰的类型分为一年冰（first-year ice）、多年冰（multi-year ice）或陆上冰（landfast ice）. 特别是，对于非一年期的冰，工程师们正在寻找有助于预测冰类型是多年冰还是陆上冰的冰池特征. 假设影响冰类型的三个池子特征分别是深度 x_1、宽带地表反照率 x_2 和可见地表反照率 x_3. 工程师们希望在 logistic 回归分析中使用这三个特征作为冰类型的预测因子，其中 $y = \{1,$ 是陆上冰，0, 是多年冰 \}.

（a）定义这个 logistic 回归分析中的 π.

（b）写出 π 关于 x_1、x_2 和 x_3 的一阶主效应 logistic 函数模型.

（c）将（b）小题模型与 PONDICE 文件中保存的数据相拟合，并写出预测方程.（注：确保已删除数据文件中与一年冰相对应的观测值.）

（d）对整体模型充分性进行检验.

(e) 写出 π 关于 x_1，x_2 和 x_3 的 logistic 模型，它包含了自变量之间所有可能的成对交互作用．

(f) 将（e）小题模型与 PONDICE 文件中保存的数据相拟合，并写出预测方程．

(g) 通过适当的嵌套模型检验比较（b）和（e）小题的模型，并得出结论．

🔵 **PACKSHAPE**

9.30 **包装设计对口味的影响．** 食品的包装设计连同伴随声音，能影响消费者对产品味道的评价吗？一组实验心理学家报告了一项研究，该研究检验了圆形或棱角状的包装形状以及高低音调的声音如何传递有关产品味道（甜味和酸味）的信息（*Food Quality and Preference*, June 2014）．研究参与者可观察计算机显示器上的两种包装之一：圆形低音调或棱角状高音调．一半的参与者观察了圆形包装，一半的参与者观察了棱角状包装．

在观察了产品包装后，每个参与者都对包装是否更适合甜味或酸味食品进行了评价．80 名参与者的样本数据保存在 PACKSHAPE 文件中．（这些数据是根据本文报道的结果进行模拟的．）根据所显示的包装类型，请建立一个 logistic 回归模型，以确定选择甜味食品的可能性，并解释相应回归结果．

9.7 泊松回归

考虑对一个离散因变量建模，该变量表示在特定时间段或特定面积或体积内发生的稀有事件的数量．这些是**计数数据**的例子，比如一个制造工厂的每月工业事故的数量，在超市收银台单位时间内到达的顾客数量，保险公司每天接收的死亡申索数目，质量检验员在一辆新车上发现明显的表面缺陷（划痕、凹痕等）的数量，以及一个公司会计记录每 100 张发票的错误数量等等．

计数数据通常遵循**泊松分布**（以 18 世纪物理学家和数学家 Siméon Poisson 的名字命名）．变量 y 的泊松分布的一个性质是 $E(y) = \text{Var}(y)$．当这个泊松变量的均值接近于 0 时（计数稀有事件时很可能发生），其分布将不服从正态分布．如图 9.19 所示的 MINITAB 图，它显示了一个均值和方差均为 0.5 的泊松变量带有正态曲线的直方图．注意，计数 y 永远不可能是负值，不像均值和方差相同正态分布．

如果试图使用普通最小二乘回归对均值较低的计数数据进行建模，不仅会违反正态误差的假设，而且很可能还会违反误差方差恒定的假设．（参见 8.3 节中所介绍．）这些行为通常会导致模型 β 的标准误差和显著性检验存在偏差或错误．⊖

另一种方法是使用**泊松回归**对计数变量建模．一种常用的泊松回归模型形式为：

$$E(y) = e^{\beta_0} \cdot e^{\beta_1 x_1} \cdot e^{\beta_2 x_2} \cdot \cdots \cdot e^{\beta_k x_k}$$
$$= \exp\{\beta_0 + \beta_1 x_1 + \beta_2 x_2 + \beta_3 x_3 + \cdots + \beta_k x_k\}$$

注意，这个方程不是参数 β 的线性函数（见 4.1 节）．而是利用自然对数函数对方程两边进行转换，得到

⊖ 研究人员发现，对均值相对较高的计数数据（如 10 或更高）进行最小二乘回归，结果趋向有效．

$$\ln\{E(y)\} = \beta_0 + \beta_1 x_1 + \beta_2 x_2 + \beta_3 x_3 + \cdots + \beta_k x_k$$

其中 $\ln\{E(y)\}$ 表示 $E(y)$ 的自然对数. 许多分析师倾向于以这种形式编写泊松回归模型, 方程的右边是参数 β 的一个线性函数.

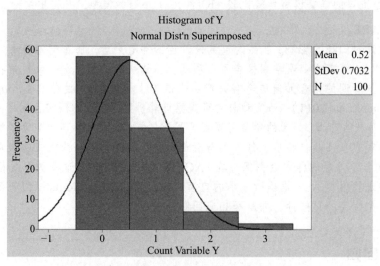

图 9.19　泊松变量 y 的 MINITAB 直方图

　　泊松模型中参数 β 的估计值可以通过应用最大似然估计得到（参见 9.6 节）. 可用许多统计软件包中的最大似然估计来拟合泊松回归模型. 与 logistic 回归一样, 泊松模型中参数的最大似然估计近似服从卡方 (χ^2) 分布. 通过一个例子说明最大似然估计在泊松回归中的应用.

计数数据的泊松回归模型

$$E(y) = e^{\beta_0} \cdot e^{\beta_1 x_1} \cdot e^{\beta_2 x_2} \cdot \cdots \cdot e^{\beta_k x_k}$$
$$= \exp\{\beta_0 + \beta_1 x_1 + \beta_2 x_2 + \beta_3 x_3 + \cdots + \beta_k x_k\}$$

其中 y 为单位时间、面积或体积内发生的事件数量, 服从泊松分布⊖, 以及 x_1, x_2, $\cdots$, x_k 是定量或定性的自变量.

　　模型参数解释:

　　$\exp(\beta_j)$ 表示 x_j 每增加 1 个单位, y 的乘法变化.

　　$\{\exp(\beta_j) - 1\}100$ 表示 x_j 每增加 1 个单位, y 较原先值的变化百分比.

　　例 9.7　表 9.6 列出了 4 年间（2014 年至 2017 年）美国银行每月的倒闭数量, 消费者价格指数（CPI）和美国银行总资产（以十亿美元计）. 一位金融分析师假设, 每月的银行倒闭数量可以用银行总资产（TA）来预测, TA 是根据某基准期和当月的 CPI 进行调整的. 具

　　⊖　泊松随机变量 y 的概率分布由公式给出:

　　　　$p(y) = \lambda^y e^{-\lambda}/y!$, 其中 $E(y) = \mathrm{var}(y) = \lambda$

体来说，他们计算特定月 j 和基准期 b 的调整总资产（ADJTA）公式如下：

$$(\text{ADJTA}_j) = (\text{CPI}_b / \text{CPI}_j)(\text{TA}_j)$$

调整总资产（以 2014 年 1 月为基准期）计算结果如表 9.6 所示．

（a）解释为什么泊松回归比最小二乘回归更适合对银行月度倒闭数量进行建模．

（b）将泊松回归模型与数据拟合，检验分析师的假设，并解释模型参数的估计值．

解 （a）对于这项分析，研究的因变量是银行每月倒闭数量 y．由于银行倒闭是一种稀有事件，我们认为 y 服从泊松分布，其中 $E(y) = \text{Var}(y)$．图 9.20 是 MINITAB 的输出结果，它显示了银行每月倒闭数量的描述性统计．可以看到均值 (0.813) 几乎等于方差 (0.879)，由于最小二乘回归模型需假设模型误差（和因变量）服从正态分布，因此泊松回归更适合此数据．

💿 **BANKS**

表 9.6　美国银行月度破产情况

年份	月份	倒闭	CPI	总资产	调整总资产
2014	1 月	3	233.9	14 121.0	14 121.0
	2 月	2	234.8	14 257.0	14 202.3
	3 月	0	236.3	14 339.7	14 194.1
	4 月	1	237.0	14 393.0	14 204.7
	5 月	3	237.9	14 517.8	14 273.7
	6 月	3	238.3	14 651.9	14 381.3
	7 月	2	238.2	14 776.1	14 509.3
	8 月	0	237.8	14 852.9	14 609.3
	9 月	0	238.0	14 933.3	14 676.1
	10 月	2	237.4	14 975.0	14 754.2
	11 月	1	236.2	15 082.7	14 935.8
	12 月	1	234.8	15 049.6	14 991.9
2015	1 月	3	233.7	15 213.5	15 226.5
	2 月	2	234.7	15 264.0	15 212.0
	3 月	0	236.1	15 346.2	15 203.2
	4 月	0	236.6	15 362.7	15 187.4
	5 月	1	237.8	15 339.2	15 087.6
	6 月	0	238.6	15 304.3	15 002.8
	7 月	1	238.6	15 360.8	15 058.2
	8 月	0	238.3	15 465.3	15 179.8
	9 月	0	237.9	15 402.3	15 143.3
	10 月	2	237.8	15 594.7	15 339.0
	11 月	0	237.3	15 640.1	15 416.0
	12 月	0	236.5	15 575.3	15 404.1
2016	1 月	0	236.9	15 661.6	15 463.3
	2 月	0	237.1	15 745.8	15 533.3

（续）

年份	月份	倒闭	CPI	总资产	调整总资产
	3 月	1	238.1	15 729.5	15 452.0
	4 月	1	239.3	15 823.7	15 466.6
	5 月	1	240.2	15 881.6	15 465.0
	6 月	0	241.0	15 930.1	15 460.8
	7 月	0	240.6	16 013.1	15 567.2
	8 月	1	240.8	16 094.4	15 633.2
	9 月	1	241.1	16 078.9	15 598.7
	10 月	0	241.7	16 029.8	15 512.5
	11 月	0	241.4	16 105.0	15 604.6
	12 月	0	241.4	16 078.1	15 578.5
2017	1 月	2	242.8	16 105.5	15 515.2
	2 月	0	243.6	16 196.7	15 551.8
	3 月	1	243.8	16 218.5	15 559.9
	4 月	1	244.5	16 225.9	15 522.5
	5 月	2	244.7	16 236.6	15 520.0
	6 月	0	245.0	16 254.4	15 518.0
	7 月	0	244.8	16 357.5	15 629.1
	8 月	0	245.5	16 523.7	15 743.0
	9 月	0	246.8	16 539.9	15 675.4
	10 月	1	246.7	16 588.3	15 727.6
	11 月	0	246.7	16 748.3	15 879.4
	12 月	1	246.5	16 788.5	15 930.3

资料来源：Federal Deposit Insurance Corporation; Federal Reserve Bank of St. Louis; Bureau of Labor Statistics.

（b）金融分析师的假设是，调整总资产和月份都将是银行倒闭数量 y 的有用预测因子．注意，调整总资产是一个定量自变量，而月份（12 个水平）是一个定性自变量．因此，需要设立 11 个虚拟变量来表示月份．我们随机选择 12 月作为基准水平．因此，泊松回归模型为

Descriptive Statistics: Failures

Statistics

Variable	N	Mean	Variance	Minimum	Median	Maximum
Failures	48	0.813	0.879	0.000	1.000	3.000

图 9.20　银行每月倒闭数量的 MINITAB 描述性统计

$$E(y) = e^{\beta_0} \cdot e^{\beta_1 x_1} \cdot e^{\beta_2 x_2} \cdot \cdots \cdot e^{\beta_{12} x_{12}}$$

其中 x_1 = 调整总资产，x_2 = {1，如果是 1 月；0，如果不是 }，x_3 = {1，如果是 2 月；0，如果不是 }，x_4 = {1，如果是 3 月；0，如果不是 }，……，x_{12} = {1，如果是 11 月；0，如果不是 }．或者，我们可以将模型写成 β 的线性函数形式：

$$\ln\{E(y)\} = \beta_0 + \beta_1 x_1 + \beta_2 x_2 + \beta_3 x_3 + \cdots + \beta_{12} x_{12}$$

利用 SAS 方法对泊松回归模型进行最大似然拟合．SAS 的输出结果如图 9.21 所示，查看其中表名为" Analysis of Maximum Likelihood Parameter Estimates"（最大似然参数估计

分析）的表. 例如, β_1 的估计值（高亮）是 $-0.000\,8$. 这意味着调整总资产 x_1 每增加 1 个单位（即 10 亿美元）, 银行每月倒闭数量的自然对数将减少 $0.000\,8$. 通过计算可得 $e^{-0.000\,8} = 0.999$（参见 4.10 节）. 这个值代表了调整总资产每增加 10 亿美元, 银行倒闭数量估计的乘法变化量. 由于该值小于 1, 我们得出的结论是, 随着调整总资产的增加, 银行月度倒闭数减少. 事实上, 我们估计, 调整后的总资产每增加 10 亿美元, 每月银行倒闭的数量将减少 $100(0.999 - 1)\% = 0.1\%$.

每个模型参数的置信区间也显示在 SAS 表中. 你可以看到 β_1 的 95% 置信区间为 $(-0.001\,4, -0.000\,2)$. 将置信区间的端点转换为乘法变化量, 得到 $e^{-0.001\,4} = 0.998\,6$ 和 $e^{-0.000\,2} = 0.999\,8$. 1 减去变化量, 然后乘以 100%, 得到从 -0.14% 到 -0.02% 的百分比变化量. 因此, 我们有 95% 的信心认为, 调整总资产 x_1 每增加 10 亿美元, 每月银行倒闭数量将减少 0.02% 至 0.14%.

图 9.21 中的 SAS 表还显示了各个模型参数的假设检验结果. 最大似然估计运用 χ^2 检验, 而不是 t 检验（如最小二乘回归）, 来检验原假设 H_0: $\beta_j = 0$, 相关的 p 值在表的最后一列中显示. 可以看到检验 H_0: $\beta_1 = 0$ 时, 相关的 p 值 $=0.009\,1$. 因此, 在 $\alpha = 0.05$ 时, 有足够的证据表明, 调整总资产 x_1 在统计上是预测银行倒闭数量的有用因子, 从而支持金融分析师的假设.（注意: 95% 置信区间不包含 0 也支持这一理论.）

为了确定月份的虚拟变量是否有助于预测银行倒闭的数量, 我们需要检验 H_0: $\beta_2 = \beta_3 = \beta_4 = \cdots = \beta_{12} = 0$. 此模型参数子集的检验利用 4.13 节中的嵌套模型思想进行. 在这里, 完整的模型是同时包含调整总资产和月份虚拟变量的模型, 而简化模型只包含调整总资产. 泊松回归中最大似然估计需要进行似然比 χ^2 检验, 而不是 F 检验. 检验的 p 值在 SAS 输出结果底部名为 "LR Statistics for Type 3 Analysis" 表的 "MONTH" 行中. 注意, 检验涉及 11 个自由度, 对应 11 个月的虚拟变量. 因为 p 值 $= 0.360\,6$ 大于 $\alpha = 0.05$, 没有足够的证据可以得出月份能有效预测银行倒闭数量. 同样的推理可用于对单个参数 β 进行 11 个 χ^2 检验. 然而, 正如我们在第 4 章中所述, 这种多重检验策略会导致至少犯一次第 I 类错误的概率很高. 嵌套模型似然比检验是比较安全的检验方法.

在第 4 章讨论模型参数的最小二乘回归检验时, 我们强调了对整体模型充分性进行检验的重要性, 即全局 F 检验模型中的原假设为所有的 β_i（不含 β_0）等于 0. 对于这个泊松回归模型, SAS 不提供对原假设 H_0: $\beta_1 = \beta_2 = \beta_3 = \beta_4 = \cdots = \beta_{12} = 0$ 的检验.（其他统计软件例程, 如 MINITAB, 确实提供了对整体模型充分性的检验.）相反, SAS 提供了拟合优度 χ^2 模型检验, 基于 $n - (k+1)$ 个自由度, k 是自变量的数量. 这与 9.6 节的 logistic 回归模型的拟合不当检验相似, 该检验的原假设是 H_0: 模型是适合的. χ^2 值较大可以让你拒绝原假设并得出结论, 该模型并不合适. 而良好的拟合模型, χ^2 / df 之比约为 1. 这个比值在 SAS 输出结果中（Pearson Chi-square 行中高亮显示）为 $0.928\,6$. 检验的 p 值（在图 9.21 的底部高亮显示）是 0.598. 由于 $\alpha = 0.05$ 小于 p 值 $= 0.598$, 我们不能拒绝 H_0; 因此, 没有足够的证据表明泊松回归模型拟合不当. ∎

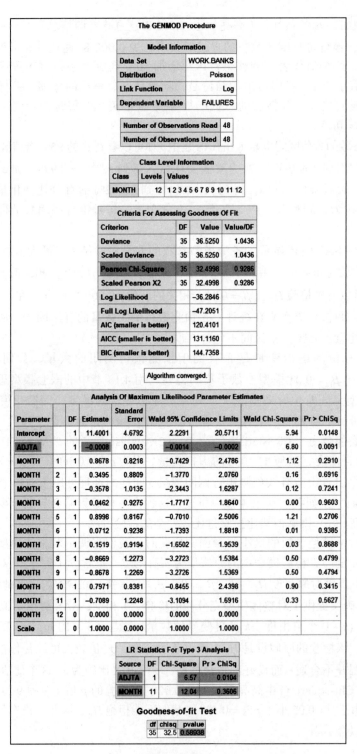

图 9.21　银行每月倒闭的泊松回归模型的 SAS 输出

与 logistic 回归一样，本节仅对泊松回归模型进行了概略介绍．许多拟合泊松回归模型相关的注意事项被省略．（例如，如果模型残差的方差超过预测均值时，就需要对泊松模型进行修改，这称为过度分散问题．）在进行泊松回归分析之前，强烈建议你阅读本章末尾列出的参考文献．

练习 9.7

🔘 **FACTORS**

9.31 **照顾住院病人．**参照 Bayonet Point 医院用于冠心病患者护理的医疗物品的研究，见练习 3.74．回想一下，这些医疗物品（如针、尿布、敷料、药物、便盆）被统称为因素．在练习 3.74 中，拟合了一个一阶最小二乘回归模型，该模型将每个患者的因素数 x 与患者的住院时长 y（天）联系起来，使用随机抽取的 50 名冠状动脉患者的样本数据．

(a) 求因变量 y（即住院时长）的均值和方差．

(b) 解释为什么住院时长可能遵循泊松概率分布．使用最小二乘回归模型预测 y 可能会出现什么问题？

(c) 写出 y 关于自变量 x 的泊松回归模型方程．

(d) 将 (c) 小题的泊松模型与 FACTORS 文件中的数据相拟合．

(e) 评价模型的整体拟合．

(f) 给出模型中 β_1 估计值的实际解释．

9.32 **鸟类争夺巢洞．**两种掠食性鸟类，捕蝇鸟和山雀，会在繁殖季节争夺瑞典哥特兰岛上的巢洞．在山雀占据的巢洞中往往会发现死的捕蝇鸟．一项实地研究（*The Condor,* May 1995）调查了捕蝇鸟死亡风险是否与两种鸟类争夺筑巢地点的竞争程度有关．下表提供了岛上 14 个不同地点（地块）捕蝇鸟被杀数量 y 以及巢洞山雀占用率 x（即山雀占巢洞的百分比）．建立 $E(y)$ 关于自变量 x 的泊松回归模型．MINITAB 的输出结果如下所示，查找并解释输出结果上的关键数据．

🔘 **CONDOR2**

不同地点	捕蝇鸟被杀数量 y	巢洞山雀占用率 x(%)	不同地点	捕蝇鸟被杀数量 y	巢洞山雀占用率 x(%)
1	0	24	8	1	38
2	0	33	9	1	40
3	0	34	10	2	31
4	0	43	11	2	43
5	0	50	12	3	55
6	1	35	13	4	57
7	1	35	14	5	64

资料来源：Merila, J., and Wiggins, D. A. "Interspecific competition for nest holes causes adult mortality in the collard flycatcher," *The Condor*, Vol.97 ,No.2,May 1995,p.449(Figure 2),Cooper Ornithological Society.

Deviance Table					
Source	DF	Adj Dev	Adj Mean	Chi-Square	P-Value
Regression	1	12.30	12.296	12.30	0.000
TITOCC	1	12.30	12.296	12.30	0.000
Error	12	12.76	1.063		
Total	13	25.05			

Model Summary

Deviance R-Sq	Deviance R-Sq(adj)	AIC
49.08%	45.09%	39.72

Coefficients

Term	Coef	SE Coef	VIF
Constant	−2.79	1.03	
TITOCC	0.0684	0.0198	1.00

Regression Equation

KILLED = exp(Y')

Y' = −2.79 + 0.0684 TITOCC

Goodness-of-Fit Tests

Test	DF	Estimate	Mean	Chi-Square	P-Value
Deviance	12	12.75873	1.06323	12.76	0.387
Pearson	12	10.18111	0.84843	10.18	0.600

9.33　模拟蝴蝶视线. *Journal of Physics: Conference Series*（Vol. 890, 2017）发表了一篇关于蝴蝶前往马六甲亚辛特定地区的研究. 研究人员使用泊松回归来模拟蝴蝶到访次数 y 关于蝴蝶种类的函数. 五种不同的凤蝶科、粉蝶科、蛱蝶科、灰蝶科和弄蝶科被研究. 因此，在模型中设定了四个虚拟变量，以弄蝶科为基准水平.

(a) 写出 $E(y)$ 的泊松回归模型方程.

(b) 模型的拟合优度检验结果为以下：$\chi^2 = 664$，df $= 126$，p 值 $= 0.001$. 请结合实际加以解释.

(c) 与凤蝶科物种有关的虚拟变量的 β 估计值为 0.368. 请结合实际加以解释.

9.34　匈牙利农村自杀事件. *Corvinus Journal of Sociology and Social Policy*（Vol. 5, 2014）上发表的一篇文章调查了匈牙利农村的自杀事件. 利用 5 年的数据，试图建立一个村庄的自杀人数 y 关于被剥夺的综合衡量值 x 的函数.（净迁移、电力消耗、汽车拥有量、失业和福利接受共同组成被剥夺的综合衡量值.）由于因变量的特性，采用泊松回归模型对 2 869 个村庄的数据进行拟合. β 乘以 x 的估计值是 0.114 8. 研究人员将这一数值解释为：衡量值 x 每增加 1 个单位，自杀人数就会增加 12.2%. 你同意吗？请解释你的结论.

9.35　大学生饮酒情况. 用泊松回归分析计数数据是在 *Journal of Personality Assessment*（Vol. 91, 2009）上发表的一篇文章主题. 例如，研究人员考虑为大学生在周六晚上饮酒的数量 y 建立模型. 一份包含 8 题的问卷被用来确定 400 名参与研究的学生的感觉寻求水平. 感觉寻求水平分值从 8 分到 56 分. 该模型除了将感觉寻求水平作为自变量，还包含了学生性别这一虚拟变量.

(a) 写出泊松回归模型方程.

(b) 感觉寻求水平自变量的 β 估计值为 0.231 5，请结合实际加以解释.

(c) 整体模型充分性的卡方检验（即检验 H_0：$\beta_1 = \beta_2 = 0$）的检验统计量 $\chi^2 = 227.3$，

p 值 <0.000 1，请解释这个结果.

(d) 现在考虑建立包括性别和感觉寻求水平之间交互作用的 y 的泊松模型. 你应该如何确定交互项是否应该保存在模型中？

(e) 假设交互作用很重要. 就模型参数而言，男性的感觉寻求水平每提高 1 个百分点，饮酒人数的比例会发生多大的变化？对于女性呢？

9.8 岭回归与 LASSO 回归

当回归中样本数据表现多重共线性时，系数 β 的最小二乘估计可能会受到极端的舍入误差和膨胀的标准误差的影响（见 7.5 节）. 由于它们的大小和符号在不同的样本间可能会发生很大的变化，所以最小二乘估计是不稳定的. 在多重共线性存在的情况下，稳定回归系数的一种方法是**岭回归**.

岭回归是对最小二乘方法的一种改良，允许对回归系数进行有偏估计. 乍一看，有偏估计似乎并不是很吸引人. 但请考虑以下回归系数 β 两种不同估计量的抽样分布，如图 9.22 所示，一个是无偏的，另一个有偏的.

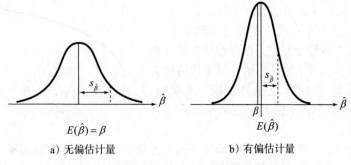

a) 无偏估计量 b) 有偏估计量

图 9.22　回归系数 β 两种估计量的抽样分布

图 9.22a 显示了一个具有相当大方差的 β 的无偏估计量. 相比之下，图 9.22b 中所示的估计量有轻微的偏差，但方差要小得多. 在这种情况下，我们宁可选择有偏估计量而不是无偏估计量，因为它能更精确地估计 β 真值（例如更狭窄的 β 的置信区间）. 一种好的 β 估计量的衡量方法是计算 $\hat{\beta}$ 的**均方误差**，用 $\mathrm{MSE}(\hat{\beta})$ 来表示，$\mathrm{MSE}(\hat{\beta})$ 被定义为

$$\mathrm{MSE}(\hat{\beta}) = E[(\hat{\beta} - \beta)^2]$$
$$= V(\hat{\beta}) + [E(\hat{\beta}) - \beta]^2$$

差值 $E(\hat{\beta}) - \beta$ 被称为 $\hat{\beta}$ 的**偏差**. 因此，$\mathrm{MSE}(\hat{\beta})$ 是 $\hat{\beta}$ 的方差和 $\hat{\beta}$ 的偏差的平方之和：

$$\mathrm{MSE}(\hat{\beta}) = V(\hat{\beta}) + (\hat{\beta}\text{的偏差})^2$$

令 $\hat{\beta}_{\mathrm{LS}}$ 表示 β 的最小二乘估计值. 然后，因为 $E(\hat{\beta}_{\mathrm{LS}}) = \beta$，偏差为 0，以及

$$\mathrm{MSE}(\hat{\beta}_{\mathrm{LS}}) = V(\hat{\beta}_{\mathrm{LS}})$$

我们之前说最小二乘回归系数的方差 $MSE(\hat{\beta}_{LS})$，在存在多重共线性时会相当大．岭回归的思路是引入少量偏差的岭估计量 β，用 $\hat{\beta}_R$ 表示，其均方误差明显小于相应的最小二乘均方误差，即

$$MSE(\hat{\beta}_R) < MSE(\hat{\beta}_{LS})$$

通过这种方式，岭回归将得出系数 β 的更窄的置信区间，所以是更稳定的估计．

尽管岭回归的原理机制超出了本书的范围，但是我们可利用一些更复杂的软件包（包括 SAS）进行此类分析．要获得岭回归系数，使用者必须指定一个偏置常数 c 的值，其中 $c \geq 0$．$^{\ominus}$ 研究表明，随着 c 值的增大，岭估计的偏差增大，而方差减小．其思想是选择 c，使岭估计的总均方误差小于最小二乘估计的总均方误差．虽然存在着这样的 c，但遗憾的是，最优解是未知的．

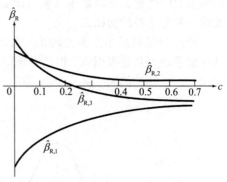

人们提出了选择 c 值的各种方法．一种常用的图形技术是使用**岭迹法**．计算了 $0 \sim 1$ 范围内不同 c 值的岭回归系数的估计值，并绘制了曲线．模型中每个自变量的图被覆盖，形成岭线轨迹．图 9.23 显示了一个包含三个自变量的模型的岭线轨迹示例．起初，当 c 从 0 开始增加时，估计系数可能会剧烈波动（特别是当存在严重的多重共线性时）．不过，岭估计最终将趋于稳定．在仔细检查岭线轨迹之后，分析人员选择 c 的最小值，对于该值所有岭估计都是稳定的．因此 c 的选择是较为主观的．（注意：尽可能选择小的 c 值可以使最小二乘估计量的偏差最小化．）

图 9.23　带有三个自变量的回归系数 β 的岭迹图

除岭线轨迹外，一些研究人员还研究不同偏置常数 c 值的方差膨胀因子（VIF）．与估计系数一样，随着 c 值的增加，VIF 开始趋于稳定．通常选择 VIF 都很小时（例如，大约为 1）的偏置常数 c．

（使用岭迹、VIF 或其他一些分析技术）一旦确定了 c 的值，就可以使用相应的岭估计代替最小二乘估计．如果选择了 c 的最优值（或接近最优值），则新估计值将会减少方差（导致 β 的置信区间变窄）．同时，多重共线性相关的一些其他问题（例如 参数 β 的错误符号）会被修正．

💿 **FTCCIGAR**

例 9.8　参考例 7.5 美国联邦贸易委员会（FTC）对香烟烟雾产生的有害物质的研究．

$\ominus$　在矩阵表示法中，岭估计量 $\hat{\beta}_R$ 计算如下：

$$\hat{\beta}_R = (X'X + cI)^{-1}X'Y$$

当 $c = 0$ 时，得到最小二乘估计量

$$\hat{\beta}_{LS} = (X'X)^{-1}X'Y$$

有关回归分析的矩阵原理的详细信息见附录 B．

FTCCIGAR 文件中的数据包含 25 个香烟品牌样本中每一种香烟的焦油含量 x_1、尼古丁含量 x_2、重量 x_3 和一氧化碳含量 y. 回想一下，我们拟合这个模型 $E(y) = \beta_0 + \beta_1 x_1 + \beta_2 x_2 + \beta_3 x_3$，同时发现了多重共线性的几个特征. 图 9.24 中的 SAS 输出结果显示了几个高 VIF 值和两个负的 β 估计值.（请记住，联邦贸易委员会知道这三个自变量都与一氧化碳含量呈正相关.）将岭回归应用于 FTCCIGAR 文件中的数据，以解决多重共线性问题. 给出偏置常数 c 的最优估计值，并用该值求出模型中各参数 β 的岭估计值.

Dependent Variable: CO

Number of Observations Read	25
Number of Observations Used	25

Analysis of Variance

Source	DF	Sum of Squares	Mean Square	F Value	Pr > F
Model	3	495.25781	165.08594	78.98	<.0001
Error	21	43.89259	2.09012		
Corrected Total	24	539.15040			

Root MSE	1.44573	R-Square	0.9186
Dependent Mean	12.52800	Adj R-Sq	0.9070
Coeff Var	11.53996		

Parameter Estimates

Variable	DF	Parameter Estimate	Standard Error	t Value	Pr > |t|	Variance Inflation
Intercept	1	3.20219	3.46175	0.93	0.3655	0
TAR	1	0.96257	0.24224	3.97	0.0007	21.63071
NICOTINE	1	-2.63166	3.90056	-0.67	0.5072	21.89992
WEIGHT	1	-0.13048	3.88534	-0.03	0.9735	1.33386

图 9.24　一氧化碳回归模型的 SAS 输出结果

解　我们使用 SAS 回归程序中的 RIDGE 选项为模型生成一个岭迹图，如图 9.25 所示.（注意，SAS 使用符号 k 作为偏置常数，而不是 c.）你可以看到当常数是 $c = 0.1$ 时，β 估计值开始趋于稳定. 此外，对于这个常量，尼古丁含量 x_2 和重量 x_3 的 β 估计值现在是正值，因此更有意义.

在 SAS 输出结果中列出了不同偏置常数时的与每个自变量相关联的 VIF，如图 9.26a 所示. 注意，对于偏置常数 $c = 0.1$（阴影部分），VIF 都大约等于 1. 同时图 9.26b 显示，对于这个偏置常数，模型的标准差 (RMSE) 为 $s = 1.585$（高亮显示），仅略高于原始最小二乘模型的 s 值. 图 9.26b 还给出了模型的 β 的岭估计值（高亮显示）. 由此得到岭回归预测方程：

$$\hat{y} = 1.905 + 0.483 x_1 + 4.29 x_2 + 0.988 x_3$$

警告：你不应该假定岭回归是解决多重共线性或不良数据的万能药. 虽然在存在多重共线性的情况下，岭回归估计可能优于最小二乘估计，但偏置常数 c 的选择显得至关重要. 遗憾的是，关于岭回归的很多争论都集中在如何找到 c 的最优值上. 此外，当从数据中估计 c 时，岭估计量的精确分布特性是未知的. 基于这些原因，一些统计学家建议岭回归仅作为一种探索性的数据分析工具，用于识别不稳定的回归系数，而不是用于线性回归模型中的参数估计和假设检验.

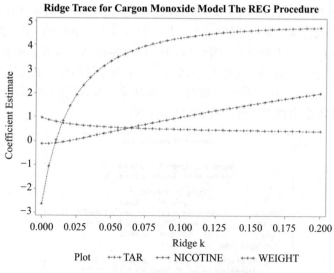

图 9.25　一氧化碳模型的 SAS 岭迹图

Listing of Ridge VIFs			
Obs	_RIDGE_	TAR	NICOTINE	WEIGHT
2	0.000	21.6307	21.8999	1.33386
4	0.005	14.7765	14.9551	1.31300
6	0.010	10.7667	10.8923	1.29308
8	0.015	8.2197	8.3118	1.27385
10	0.020	6.5014	6.5709	1.25517
12	0.025	5.2873	5.3410	1.23700
14	0.030	4.3976	4.4397	1.21927
16	0.035	3.7260	3.7595	1.20197
18	0.040	3.2065	3.2333	1.18507
20	0.045	2.7962	2.8177	1.16856
22	0.050	2.4664	2.4838	1.15241
24	0.055	2.1972	2.2112	1.13661
26	0.060	1.9745	1.9859	1.12116
28	0.065	1.7882	1.7973	1.10603
30	0.070	1.6307	1.6378	1.09123
32	0.075	1.4962	1.5017	1.07673
34	0.080	1.3804	1.3846	1.06254
36	0.085	1.2799	1.2830	1.04863
38	0.090	1.1922	1.1943	1.03502
40	0.095	1.1151	1.1163	1.02167
42	0.100	1.0469	1.0474	1.00860
44	0.105	0.9863	0.9862	0.99578
46	0.110	0.9322	0.9315	0.98322
48	0.115	0.8836	0.8824	0.97091
50	0.120	0.8398	0.8382	0.95883
52	0.125	0.8002	0.7982	0.94699
54	0.130	0.7642	0.7619	0.93538
56	0.135	0.7313	0.7288	0.92399
58	0.140	0.7013	0.6985	0.91281
60	0.145	0.6738	0.6708	0.90185
62	0.150	0.6485	0.6453	0.89109
64	0.155	0.6251	0.6217	0.88053
66	0.160	0.6035	0.6000	0.87016
68	0.165	0.5834	0.5798	0.85999
70	0.170	0.5648	0.5610	0.85000

a）一氧化碳岭回归模型 SAS 的

Listing of Ridge Beta Estimates					
Obs	_RIDGE_	_RMSE_	Intercept	TAR	NICOTINE	WEIGHT
3	0.000	1.44573	3.20219	0.96257	-2.63166	-0.13048
5	0.005	1.45161	3.04372	0.86232	-1.06039	-0.12421
7	0.010	1.46274	2.91877	0.79125	0.03324	-0.09473
9	0.015	1.47470	2.81471	0.73925	0.83620	-0.05175
11	0.020	1.48610	2.72473	0.69857	1.44920	-0.00051
13	0.025	1.49656	2.64483	0.66604	1.93124	0.05596
15	0.030	1.50606	2.57248	0.63938	2.31922	0.11578
17	0.035	1.51466	2.50602	0.61707	2.63736	0.17770
19	0.040	1.52248	2.44431	0.59810	2.90226	0.24091
21	0.045	1.52965	2.38653	0.58173	3.12563	0.30482
23	0.050	1.53625	2.33207	0.56743	3.31602	0.36903
25	0.055	1.54238	2.28049	0.55481	3.47975	0.43323
27	0.060	1.54811	2.23142	0.54356	3.62167	0.49720
29	0.065	1.55350	2.18460	0.53346	3.74551	0.56079
31	0.070	1.55861	2.13980	0.52432	3.85418	0.62386
33	0.075	1.56347	2.09684	0.51600	3.95004	0.68633
35	0.080	1.56814	2.05557	0.50837	4.03496	0.74813
37	0.085	1.57263	2.01586	0.50136	4.11048	0.80920
39	0.090	1.57697	1.97761	0.49486	4.17786	0.86950
41	0.095	1.58119	1.94073	0.48883	4.23815	0.92902
43	0.100	1.58530	1.90513	0.48320	4.29223	0.98771
45	0.105	1.58933	1.87075	0.47793	4.34083	1.04558
47	0.110	1.59327	1.83751	0.47298	4.38460	1.10262
49	0.115	1.59716	1.80538	0.46832	4.42406	1.15881
51	0.120	1.60098	1.77430	0.46391	4.45969	1.21416
53	0.125	1.60477	1.74421	0.45974	4.49188	1.26866
55	0.130	1.60852	1.71509	0.45577	4.52097	1.32233
57	0.135	1.61223	1.68690	0.45199	4.54728	1.37517
59	0.140	1.61592	1.65959	0.44839	4.57108	1.42718
61	0.145	1.61959	1.63315	0.44495	4.59258	1.47837
63	0.150	1.62324	1.60753	0.44165	4.61201	1.52876
65	0.155	1.62689	1.58271	0.43848	4.62954	1.57834
67	0.160	1.63052	1.55867	0.43544	4.64534	1.62713
69	0.165	1.63414	1.53537	0.43252	4.65956	1.67515
71	0.170	1.63777	1.51281	0.42970	4.67233	1.72239
73	0.175	1.64139	1.49095	0.42697	4.68375	1.76887

b）一氧化碳岭回归模型的 β 估计值和 RMSE 的 SAS 列表

图　9.26

与岭回归有关的另一种回归算法日益流行. **LASSO** 是 "**Least Absolute Shrinkage Selection Operator**" 的首字母缩写，它是一种既能解决多重共线性问题，又能作为变量选择工具的技术. 岭回归和 LASSO 回归的主要区别在于估计模型参数的方法不同. 它们的目标都是在满足某个约束条件下，最小化 SSE. 在岭回归中，约束条件是 $\sum(\hat{\beta}_J)^2 < c$. 在 LASSO 中，约束条件是 $\sum|\hat{\beta}_J| < c$. 研究人员发现，当模型中存在大量自变量时，LASSO 方法相对更有用. 该方法从本质上将那些对预测 y 最不重要的自变量的 β 估计值缩减为 0. 对于非零 β 估计值，这种缩减也同时降低了估计的方差.

例如，将 LASSO 回归（使用 SAS 的 GLMSELECT 程序）应用于预测一氧化碳 y 关于焦油 x_1、尼古丁 x_2 和重量 x_3 的模型，得到 SAS 输出结果，如图 9.27 所示. 你可以看到，该技术所选择的唯一变量是焦油含量 x_1. LASSO 方法将尼古丁和重量这两个自变量的 β 估计值缩减到 0. 还值得注意的是 LASSO 回归中焦油的 β_1 为 0.797，相较于原先最小二乘估计的 0.963 有明显的降低.

岭回归和 LASSO 回归是复杂的方法，当数据中存在不规则性（如多重共线性时）就会用到它们. 请参阅参考文献以了解更多关于这些技术的信息.

9.9　稳健回归

当误差 ε 是非正态时，考虑使用最小二乘法的线性回归模型

$$y = \beta_0 + \beta_1 x_1 + \beta_2 x_2 + \cdots + \beta_k x_k + \varepsilon$$

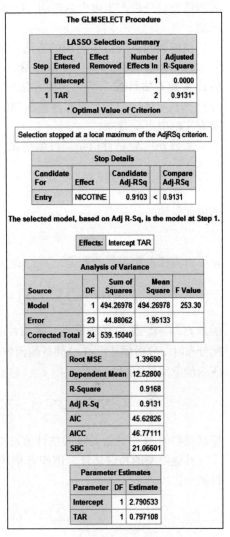

图 9.27　一氧化碳 LASSO 回归模型的 SAS 输出结果

的拟合问题. 在实践中，对正态性假设仅适度偏离时，往往对最小二乘结果的有效性影响较小（见 8.4 节）. 然而，当 ε 是**重尾**（长尾）分布时，与正态分布相比，最小二乘的方法可能就不合适. 例如，图 9.28 所示的重尾误差分布很可能产生异常值，对回归分析影响较大. 此外，由于它们倾向于"拉伸"最小二乘，使其在方向上有更多的拟合，因此这些异常值往往预期的残差还小，且更难以检测.

对于遵循非正态分布的误差，可以使用**稳健回归**方法. 回归分析中，术语"稳健"描述的是一种在满足正态性假设时，用其估计参数 β 的效果几乎和最小二乘估计一样好，而重

尾分布时，其估计效果明显更好的技术．设计稳健回归是为了抑制异常值的影响，否则这些观测值会对分析产生很大的影响．这些有显著影响的观测值相对的残差也较大，因此较容易识别．

稳健回归存在许多不同的方法．它们大致可以分为三大类：**M 估计量**、**R 估计量**和 **L 估计量**．以上三种方法中，M 估计量所估计的系数 β 在稳健回归的研究文献中更受青睐．

系数 β 的 M 估计值是通过最小化

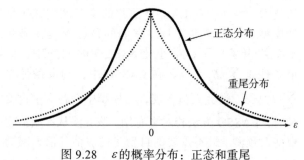

图 9.28　ε 的概率分布：正态和重尾

$$\sum_{i=1}^{n} f(\hat{\varepsilon}_i)$$

的值而得到的，其中，

$$\hat{\varepsilon}_i = y_i - (\hat{\beta}_0 + \hat{\beta}_1 x_{1i} + \hat{\beta}_2 x_{2i} + \cdots + \hat{\beta}_k x_{ki})$$

是不可直接观察得到的残差，$f(\hat{\varepsilon}_i)$ 是关于这些残差的函数．注意，因为我们希望最小化

$$\sum_{i=1}^{n} f(\hat{\varepsilon}_i) = \sum_{i=1}^{n} \hat{\varepsilon}_i^2 = \sum_{i=1}^{n} [y_i - (\hat{\beta}_0 + \hat{\beta}_1 x_{1i} + \hat{\beta}_2 x_{2i} + \cdots + \hat{\beta}_k x_{ki})]^2 = \text{SSE}$$

函数 $f(\hat{\varepsilon}_i) = \hat{\varepsilon}_i^2$ 满足普通最小二乘估计的条件，因此当误差正态时是可应用的．当误差为重尾分布时，分析师选择 $f(\hat{\varepsilon}_i)$ 的其他函数来减少分布尾部的误差权重．例如，当误差服从图 9.28 所示的重尾分布时，函数 $f(\hat{\varepsilon}_i) = |\hat{\varepsilon}_i|$ 是合适的．故在最小化

$$\sum_{i=1}^{n} f(\hat{\varepsilon}_i) = \sum_{i=1}^{n} |\hat{\varepsilon}_i| = \sum_{i=1}^{n} |y_i - (\hat{\beta}_0 + \hat{\beta}_1 x_{1i} + \hat{\beta}_2 x_{2i} + \cdots + \hat{\beta}_k x_{ki})|$$

稳健回归的 M 估计量计算的估计值是通过**绝对偏差法**得到（见 8.5 节）．

其他类型的稳健估计，例如 R 估计和 L 估计，应用的是其他不同的方法．R 估计量是通过最小化

$$\sum_{i=1}^{n} [y_i - (\hat{\beta}_0 + \hat{\beta}_1 x_{1i} + \hat{\beta}_2 x_{2i} + \cdots + \hat{\beta}_k x_{ki})] R_i$$

的值得到的．其中 R_i 是残差按升序排列时第 i 个残差的秩．L 估计类似于 R 估计，当数据排序后，它使用数据的位置度量（如样本的中位数）来估计回归系数．

计算稳健估计（M、R 或 L 估计）的估计值都相当复杂，需要使用计算机程序．包括 SAS 和 R 在内的许多统计软件包都有稳健回归的程序．

🔁 FASTFOOD

例 9.9　参考例 8.8，数据为四个不同城市的快餐店的周销售额．我们拟合模型 $E(y) = \beta_0 + \beta_1 x_1 + \beta_2 x_2 + \beta_3 x_3 + \beta_4 x_4$，其中

$$y = 周销售额（数千美元）$$

$$x_1 = \begin{cases} 1, & \text{如果是城市1} \\ 0, & \text{如果不是} \end{cases} \quad x_2 = \begin{cases} 1, & \text{如果是城市2} \\ 0, & \text{如果不是} \end{cases}$$

$$x_3 = \begin{cases} 1, & \text{如果是城市3} \\ 0, & \text{如果不是} \end{cases} \quad x_4 = \text{交通流量（千辆车）}$$

回想一下保存在 FASTFOOD 文件中的数据，由于输入错误，其包含了一个异常的观测值．数据集中的第 13 个观测值，周销售额被错误地记录成 82，而不是正确值 8.2. 在这个例子中，我们假设该周的销售额是 82 000 美元．也就是说，假设不存在输入错误．

模型的 SAS 输出结果，如图 9.29 所示．请注意，整体模型在统计上对预测周销售额没有帮助（全局 F 检验的 p 值为 0.199 6），且 R^2 值只有大概 0.26. 我们知道影响检验结果的原因是第 13 个观测值（参见例 8.8）是一个异常值．然而，已假设这个观测值的数据是被正确记录的，如果想进一步的调查研究城市中周销售额的情况，单纯从分析中删除异常值是不明智的．因此我们将使用稳健回归的方法来减弱这个异常值所带来的影响．

使用稳健回归中的 M 估计，将模型与修改后的 FASTFOOD 文件中的数据进行拟合．评估模型拟合情况．

Dependent Variable: SALES

Number of Observations Read	24
Number of Observations Used	24

Analysis of Variance

Source	DF	Sum of Squares	Mean Square	F Value	Pr > F
Model	4	1469.76287	367.44072	1.66	0.1996
Error	19	4194.22671	220.74877		
Corrected Total	23	5663.98958			

Root MSE	14.85762	R-Square	0.2595
Dependent Mean	9.07083	Adj R-Sq	0.1036
Coeff Var	163.79550		

Parameter Estimates

Variable	DF	Parameter Estimate	Standard Error	t Value	Pr > |t|
Intercept	1	−16.45925	13.16400	−1.25	0.2264
X1	1	1.10609	8.42257	0.13	0.8969
X2	1	6.14277	11.67997	0.53	0.6050
X3	1	14.48962	9.28839	1.56	0.1353
TRAFFIC	1	0.36287	0.16791	2.16	0.0437

图 9.29　快餐店销售额最小二乘回归模型的 SAS 输出结果

解　我们使用 SAS 中的 ROBUSTREG 程序来拟合模型．（在这个过程中，默认使用的估计方法是 M 估计．）生成的 SAS 输出结果如图 9.30 所示．首先，注意 β 估计值的显著性检验（输出结果中高亮显示）表明，当 $\alpha = 0.10$ 时，4 个自变量在统计上对预测每周销售额均有意义．其次，R^2 值（也高亮显示）为 0.799，比使用最小二乘回归时的对应值有明显的增加．最后，尽管第 13 个观测值仍显示为一个异常值（在输出结果"Diagnostics"处高亮显示），但稳健估计方法成功地抑制这个数据点的影响，使我们能够识别出模型在预测快餐销售时的效用．

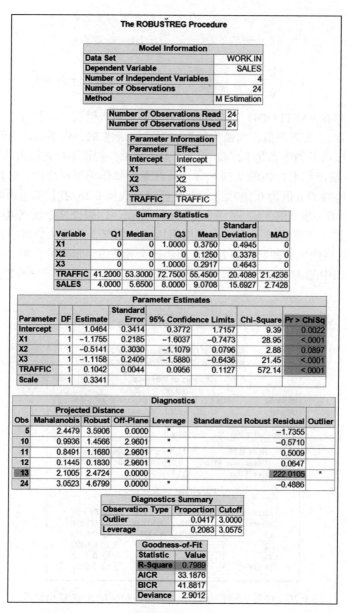

图 9.30　快餐店销售额稳健回归模型的 SAS 输出结果

　　稳定回归当前的研究领域，主要集中在系数 β 稳健估计的分布上．目前，关于稳健的置信区间、预测区间和假设检验程序的信息很少．因此，一些研究人员建议将稳健回归与最小二乘方法结合使用，并将其作为对最小二乘方法的检验．如果两个步骤的结果基本相同，则使用最小二乘拟合，因为可以对回归系数进行置信区间计算和假设检验．而如果这两种分析产生了完全不同的结果，则使用稳健拟合来识别异常值．仔细检查这些数据点可能会暴露使用最小二乘拟合所存在的问题．

9.10　非参数回归模型

回想一下，在 4.1 节中，一般多元回归模型所假设的线性形式为

$$E(y) = \beta_0 + \beta_1 x_1 + \beta_2 x_2 + \beta_3 x_3 + \cdots + \beta_k x_k$$

也就是说，该模型是作为未知 β 的线性函数提出的，并且使用最小二乘法来估计这些 β 值. 在可能违反线性假设的情况下（例如二项响应变量 y ），可以使用**非参数回归模型**.

在非参数回归中，分析者不需要假设性地提出 y 和 x_i 之间存在的特殊函数关系. 相反，线性项 $\beta_i x_i$ 被 x_i 的平滑函数所取代，该平滑函数是通过可视化探索数据进行估计的. 非参数回归模型的一般形式是

$$E(y) = s_0 + s_1(x_1) + s_2(x_2) + s_3(x_3) + \cdots + s_k(x_k)$$

其中 $s_1(x_1)$ 是一个平滑的函数，它与 y 和 x_1 有关；$s_2(x_2)$ 是一个平滑的函数，它与 y 和 x_2 有关，以此类推. 平滑函数 $s_i(x_i)$，或者通常所说的"**smoother**"函数，总结了 y 和 x_i 之间的关系趋势. 图 9.31 显示了收集到的多发性硬化症（MS）患者恶化次数 y 和年龄 x 的数据散点图. 图中所示的平滑函数 $s(x)$ 代表了数据的可能趋势.

多种非参数估计的平滑方法被提出，其中包括**立方平滑样条函数**和**薄板平滑样条函数**，其中"样条"一词用来描述通过复合数学优化技术得到的平滑曲线. 关于这些非参数方法的详细信息不在本书的介绍范围内. 如果你想更多地了解相关信息，请参阅本章末尾的参考文献.

正如你所猜想的，与稳健回归一样，非参数回归模型也需要复杂的计算机软件来进行拟合. SAS 中有非参数回归的程序.（参见本书附带的 SAS 教程.）虽然非参数模型可

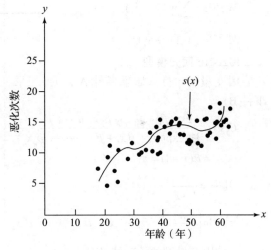

图 9.31　MS 患者的数据散点图

以作为一般线性模型的替代，但这两个模型实际上有两个不同的分析目的. 第 3～8 章的线性统计模型强调对模型参数的估计和推断. 相比之下，非参数回归模型更适合探索和可视化研究变量之间的关系.

快速总结
关键公式
　　分段线性回归模型
　　两段直线（连续）

$$E(y) = \beta_0 + \beta_1 x_1 + \beta_2 (x_1 - k) x_2$$

其中 $x_2 = \{1,\ 当 x_1 > k;\ 0,\ 当 x_1 \leqslant k\}$

三段直线（连续）

$$E(y) = \beta_0 + \beta_1 x_1 + \beta_2 (x_1 - k_1) x_2 + \beta_3 (x_1 - k_2) x_3$$

其中 $x_2 = \{1,$ 当 $x_1 > k_1; 0,$ 当 $x_1 \le k_1\}$

$\qquad x_3 = \{1,$ 当 $x_1 > k_2; 0,$ 当 $x_1 \le k_2\}$

两段直线（不连续）

$$E(y) = \beta_0 + \beta_1 x_1 + \beta_2 (x_1 - k) x_2 + \beta_3 x_2$$

其中 $x_2 = \{1,$ 当 $x_1 > k; 0,$ 当 $x_1 \le k\}$

反向预测：当 $y = y_p$ 时，x 的预测区间

$$\hat{x} \pm (t_{\alpha/2}) \left(\frac{s}{\hat{\beta}_1} \right) \sqrt{1 + \frac{1}{n} + \frac{(\hat{x} - \bar{x})^2}{\text{SS}_{xx}}}$$

其中 $\hat{x} = \dfrac{y_p - \hat{\beta}_0}{\hat{\beta}_1}$, $\text{SS}_{xx} = \sum x^2 - n(\bar{x})^2$, $s = \sqrt{\text{MSE}}$

加权最小二乘法

$$\text{WSSE} = \sum_{i=1}^{n} w_i (y_i - \hat{y}_i)^2$$

残差 $= \sqrt{w_i}(y_i - \hat{y}_i)$

logistic 回归模型

因变量 $y = \{1,$ 如果事件 A；0，如果事件 B$\}$

$$E(y) = \frac{\exp(\beta_0 + \beta_1 x_1 + \beta_2 x_2 + \cdots + \beta_k x_k)}{1 + \exp(\beta_0 + \beta_1 x_1 + \beta_2 x_2 + \cdots + \beta_k x_k)}$$

$$= P(y = 1) = \pi$$

几率 $= \dfrac{\pi}{1 - \pi}$

$$\pi^* = \ln\left(\frac{\pi}{1 - \pi} \right) = \beta_0 + \beta_1 x_1 + \beta_2 x_2 + \cdots + \beta_k x_k$$

比较嵌套模型的检验统计量

$$\chi^2 = \chi^2_{(完整)} - \chi^2_{(简化)}, \quad df = g$$

泊松回归模型

因变量 $y =$ 计数数据，且服从泊松分布

$$E(y) = e^{\beta_0} \cdot e^{\beta_1 x_1} \cdot e^{\beta_2 x_2} \cdots e^{\beta_k x_k}$$

$$= \exp(\beta_0 + \beta_1 x_1 + \beta_2 x_2 + \beta_3 x_3 + \cdots + \beta_k x_k)$$

反向预测

1. 当 $D = \left[\dfrac{(t_{\alpha/2}) \cdot s}{\hat{\beta}_1} \right]^2 \cdot \dfrac{1}{\text{SS}_{xx}}$ 很小时，近似有效.

2. 当线性模型对预测 y 没有统计意义时，应该避免使用.

3. 当 y_p 值超出样本 y 值范围时，应该避免使用.

加权最小二乘法（WLS）

1. 稳定随机误差方差 ε.

2. 减少异常观测值的影响.

3. 在时间序列数据中给予较近观测值更大的权重或修正量.

确定加权最小二乘法中的权重

1. 将残差分成几个样本量大小大致相同的组.

2. 确定每组残差的 $\bar{x}$ 和 s^2.

3. 对于每个组，通过计算比值 $s^2 / f(\bar{x})$，将 s^2 与 $\bar{x}$ 的不同函数进行比较（如 $f(\bar{x}) = \bar{x}$，$f(\bar{x}) = \bar{x}^2$ 和 $f(\bar{x}) = \sqrt{x}$）.

4. 确定适合的 $\bar{x}$ 的函数，即它在组间的比值最好是恒定的.

5. 各组的适当权重为 $1/f(\bar{x})$.

最小二乘二项回归模型的问题

1. 非正态误差.

2. 异方差误差（即不等方差误差）.

3. 预测值 y 可能不在 0 到 1 的区间内.

在 logistic 回归模型中解释 β

保持所有其他 x 不变时，x_i 每增加 1 个单位，$\beta_i =$ 对数几率的变化.

保持所有其他 x 不变时，x_i 每增加 1 个单位，$e_i^\beta - 1 =$ 几率的变化百分比.

在泊松回归模型中解释 β

β_j 表示 x_j 每增加 1 个单位，$\ln(y)$ 的变化.

$\exp(\beta_j)$ 表示 x_j 每增加 1 个单位，y 的乘法变化.

$\{\exp(\beta_j) - 1\}100$ 表示 x_j 每增加 1 个单位，y 较原先值的变化百分比.

岭回归

1. 在多重共线性的情况下稳定 β 估计值.

2.可令 β 估计值的置信区间更窄（方差更小）.

3.在 β 估计中引入偏差.

4.当 $\sum\left(\hat{\beta}_J\right)^2<c$ 时，最小化 SSE.

岭回归中偏置常数的估计

1.计算不同 c 值的 β 估计值，并绘制结果图（即岭迹图）.

2.在稳定估计值和 / 或方差膨胀因子的前提下，选择 c 的最小值.

LASSO 回归

1.在多重共线性的情况下稳定 β 估计值.

2.当 $\sum|\hat{\beta}_J|<c$ 时，最小化 SSE.

3.尤其存在大量的潜在预测因子时，用于变量选择.

稳健回归

1.当误差分布非正态（重尾）时使用.

2.当数据中出现异常观测值时使用.

3.关于置信区间和假设检验的信息很少.

稳健回归估计方法

1.M 估计：最小化误差函数的和，其中函数对误差概率分布尾部的误差权重较小（例如绝对偏差法）.

2.R 估计：在最小化过程中将残差进行排列得到的.

3.L 估计：使用中位数而不是均值作为最小化过程中位置的度量.

非参数回归

1.使用 x_i 的平滑函数（即 "smoother" 函数）将 y 与 x_i 关联起来.

2.使用样条曲线（即通过复杂数学优化获得的平滑曲线）估计平滑度.

3.最适合探索研究变量之间的关系.

参考文献

Agresti, A. *Categorical Data Analysis*. (3rd ed.) New York: Wiley, 2013.

Andrews, D. F. "A robust method for multiple linear regression." *Technometrics*, Vol. 16, 1974, pp. 523–531.

Cameron, A. C., and Trivedi, P. K. *Regression analysis of count data*. New York: Cambridge University Press, 1998.

Chatterjee, S., and Mächler, M. "Robust regression: A weighted least squares approach." *Communications in Statistics, Theory, and Methods*, Vol. 26, 1995, pp. 1381–1394.

Conniffe, D., and Stone, J. "A critical review of ridge regression." *Statistician*, Vol. 22, 1974, pp. 181–187.

Cox, D. R. *The Analysis of Binary Data*. London: Methuen, 1970.

Draper, N. R., and Van Nostrand, R. C. "Ridge regression and James–Stein estimation: Review and comments." *Technometrics*, Vol. 21, 1979, p. 451.

Geisser, S. "The predictive sample reuse method with applications." *Journal of the American Statistical Association*, Vol. 70, 1975, pp. 320–328.

Gibbons, D. I., and McDonald, G. C. "A rational interpretation of the ridge trace." *Technometrics*, Vol. 26, 1984, pp. 339–346.

Graybill, F. A. *Theory and Application of the Linear Model*. North Scituate, Mass.: Duxbury Press, 1976.

Greene, W. H. "Models for Event Counts and Duration." *Econometric Analysis* (8th ed.). Upper Saddle River: Prentice Hall, 2008.

Halperin, M., Blackwelder, W. C., and Verter, J. I. "Estimation of the multivariate logistic risk function: A comparison of the discriminant function and maximum likelihood approaches." *Journal of Chronic Diseases*, Vol. 24, 1971, pp. 125–158.

Härdle, W. *Applied Nonparametric Regression*. New York: Cambridge University Press, 1992.

Hastie, T., and Tibshirani, R. *Generalized Additive Models*. New York: Chapman and Hall, 1990.

Hastie, T., Tibshirani, R. & Wainwright, M. *Statistical Learning with Sparsity: The Lasso and Generalizations*. CRC Press, 2015.

Hauck, W. W., and Donner, A. "Wald's test as applied to hypotheses in logit analysis." *Journal of the American Statistical Association*, Vol. 72, 1977, pp. 851–853.

Hill, R. W., and Holland, P. W. "Two robust alternatives to least squares regression." *Journal of the American Statistical Association*, Vol. 72, 1977, pp. 828–833.

Hoerl, A. E., and Kennard, R. W. "Ridge regression: Biased estimation for nonorthogonal problems." *Tech-*

nometrics, Vol. 12, 1970, pp. 55–67.

Hoerl, A. E., Kennard, R. W., and Baldwin, K. F. "Ridge regression: Some simulations." *Communications in Statistics*, Vol. A5, 1976, pp. 77–88.

Hogg, R. V. "Statistical robustness: One view of its use in applications today." *American Statistician*, Vol. 33, 1979, pp. 108–115.

Hosmer, D. W., Lemeshow, S. & Sturdivant, R. *Applied Logistic Regression.* (3rd ed.) New York: Wiley, 2013.

Huber, P. J. *Robust Statistics.* New York: Wiley, 1981.

Kutner, M., Nachtsheim, C., Neter, J., and Li, W., *Applied Linear Statistical Models*, 5th ed. New York: McGraw-Hill, 2005.

McDonald, G. C. "Ridge Regression." *WIREs Computational Statistics*, Vol. 1, 2009, pp. 93–100.

Montgomery, D., Peck, E. and Vining, G. *Introduction to Linear Regression Analysis*, 4th ed. New York: Wiley, 2006.

Mosteller, F., and Tukey, J. W. *Data Analysis and Regression: A Second Course in Statistics.* Reading, Mass.: Addison-Wesley, 1977.

Obenchain, R. L. "Classical *F*-tests and confidence intervals for ridge regression." *Technometrics*, Vol. 19, 1977, pp. 429–439.

Rousseeuw, P. J., and Leroy, A. M. *Robust Regression and Outlier Detection.* New York: Wiley, 1987.

Ruppert, D. "Computing S Estimators for Regression and Multivariate Location/Dispersion." *Journal of Computational and Graphical Statistics*, Vol. 1, 1992, pp. 253–270.

Ryan, T.P. *Modern Regression Methods.* Hoboken, N.J.: Wiley, 2009.

Snee, R. D. "Validation of regression models: Methods and examples." *Technometrics*, Vol. 19, 1977, pp. 415–428.

Stone, C. J. "Additive regression and other nonparametric models." *Annals of Statistics*, Vol. 13, 1985, p. 689–705.

Tibshirani, R. "Regression Shrinkage and Selection via the Lasso." *Journal of the Royal Statistical Society. Series B (methodological)*, Vol. 58, No. 1, 1996, p. 267–288.

Tsiatis, A. A. "A note on the goodness-of-fit test for the logistic regression model." *Biometrika*, Vol. 67, 1980, pp. 250–251.

Wahba, G. *Spline models for observational data*, Philadelphia: Society for Industrial and Applied Mathematics, 1990.

Walker, S. H., and Duncan, D. B. "Estimation of the probability of an event as a function of several independent variables." *Biometrika*, Vol. 54, 1967, pp. 167–179.

Yohai, V. J., and Zamar, R. H. "Optimal locally robust M estimate of regression." *Journal of Statistical Planning and Inference*, Vol. 64, 1997, pp. 309–323.

Yohai, V. J., Stahel, W. A., and Zamar, R. H. "A Procedure for Robust Estimation and Inference in Linear Regression." *Directions in Robust Statistics and Dragnostics, Part II*, New York: Springer-Verlag, 1991.

Zaman, A., Rousseeuw, P. J., and Orhan, M. "Econometric applications of high-breakdown robust regression techniques." *Econometrics Letters*, Vol. 71, 2001, pp. 1–8.

第10章 时间序列建模与预测导论

目标

1. 介绍时间序列数据.
2. 提出预测时间序列的描述性方法.
3. 提出预测时间序列的推理模型.
4. 介绍具有自相关误差的时间序列模型.

10.1 什么是时间序列?

在许多商业和经济研究中,响应变量 y 是按时间顺序进行测量的. 例如,我们可以记录某个特定地区每月新屋开工数 y. 这个数据集合被称为**时间序列**. 时间序列的其他例子包括美国每季度高速公路死亡人数、公司的年销售额以及记录每月末的基准利率值.

定义 10.1 **时间序列**是通过观察在时间周期点上的响应变量而获得的数据集合.

定义 10.2 如果对一个变量进行重复观测产生一个时间序列,该变量称为**时间序列变量**. 我们用 y_t 表示变量在 t 时刻的值.

如果你要建立一个模型,将一段时间内的新屋开工数与基准利率联系起来,这个模型被称为**时间序列模型**,因为因变量新屋开工数和自变量基准利率,都是按时间顺序测量的. 此外,时间本身可能在这种模型中发挥重要作用,因为与不同时间点相关的经济趋势和季节性周期几乎肯定会影响这两个时间序列.

时间序列模型的构建是对商业和经济分析的一个重要方面,因为商业和经济研究人员最感兴趣的变量多数都是时间序列. 本章是对时间序列建模和预测时间序列未来值有关的非常复杂和庞大领域的简要介绍.

10.2 时间序列分量

研究人员通常通过确定时间序列值中的四种变化或变异来描述时间序列 y_t 的性质. 这四个分量通常被称为:(1)长期趋势,(2)循环波动,(3)季节变化和(4)剩余效应. 时间序列的组成部分是最容易通过图形识别和解释的.

图 10.1a 显示了时间序列的**长期趋势**. 长期分量描述变量的值在很长一段时间内增加或减少的趋势. 在图 10.1a 中,长期趋势呈现自然递增. 然而,这并不意味着时间序列总是在月复月和年复年的上升. 你可以看到,尽管这个序列是波动的,但在这段时间内,趋势是增加的.

时间序列的**循环波动**，如图 10.1b 所示，大致描述了由当时的商业和经济状况引起的长期趋势的波动．这些波动有时被称为**商业循环**．在经济普遍扩张时期，商业循环高于长期趋势，而在经济衰退时期，商业活动可能衰退而低于长期趋势．你可以看到，循环变化并不遵循任何明确的趋势，更多可能是以一种不可预测的方式变化．

时间序列中的**季节变化**描述了每年特定时间段（例如每月或季节性）反复出现的波动．从图 10.1c 中可以看出，一年之内时间序列的变化规律往往是年复一年的重复，呈现出波浪形或振荡的曲线．

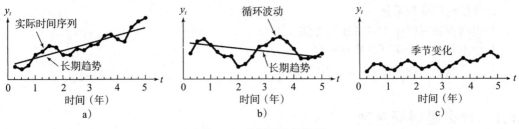

图 10.1　时间序列的分量

最后一个分量是**剩余效应**，是在长期的、循环的和季节的分量被移除之后剩下的部分．这一组成部分不是系统性的，可能是由于不可预测的影响，如战争和政治动荡、飓风和干旱，以及人类行为的随机性所导致的．因此，剩余效应表示时间序列的随机误差分量．

定义 10.3　时间序列的**长期趋势** (T_t) 是指时间序列在很长一段时间内呈增加或减少的趋势．这也被称为**长期趋势**．

定义 10.4　时间序列的**循环波动** (C_t) 是由于当时的商业和经济状况而引起的关于长期趋势的波动或振荡模式．它也被称为**商业循环**．

定义 10.5　时间序列的**季节变化** (S_t) 描述了在一年的特定时间内（如每月或季节性）反复出现的波动．

定义 10.6　时间序列的**剩余效应** (R_t) 是剔除长期、循环和季节分量后的剩余效应．

在时间序列的许多实际应用中，目标是预测该序列的某些未来值或数值．为了获得预测，必须使用某种可以预测未来的模型来描述时间序列．最广泛使用的模型之一是**加法模型**[⊖]．

$$y_t = T_t + C_t + S_t + R_t$$

其中 T_t，C_t，S_t，R_t 分别代表时间序列变量 y_t 的长期趋势、循环波动、季节变化和剩余效应．目前存在多种方法来估计模型的分量和预测时间序列．这些方法从依赖于平滑时间序列模式的简单**描述技术**，到结合回归分析和专门的时间序列模型的复杂**推理模型**．10.3 节介绍了几种描述性预测技术，10.4 节讨论了使用第 4 章的一般线性回归模型进行预测．本章的其余部分将致力于更复杂和更强大的时间序列模型．

⊖　另一个有用的模型是**乘法模型** $y_t = T_t C_t S_t R_t$．回想一下（4.12 节），该模型可以通过取自然对数后，以加法模型的形式进行编写：

$$\ln y_t = \ln T_t + \ln C_t + \ln S_t + \ln R_t$$

10.3 使用平滑技术进行预测（选修）

有多种描述方法可以用来识别和描述时间序列．通常，这些方法都试图在短时间内消除时间序列的快速波动，以便可以看到长期趋势．因此，它们有时被称为**平滑技术**．一旦确定了长期趋势，就很容易预测时间序列的未来值．在本节中，我们将介绍三种比较流行的平滑技术．

移动平均法

一种广泛使用的平滑技术是**移动平均法**．t 时刻的移动平均值 M_t 是通过对相邻时间段的时间序列值计算平均值而得到的．移动平均值有助于确定时间序列的长期趋势，因为平均值修正了短期（循环性或季节性）变化的影响．也就是说，用移动平均值绘制的曲线会产生一条"平滑"的时间序列曲线，能清晰地描绘出长期趋势．

例如，考虑位于美国南部的一家公司在 2015—2018 年的季度电力负荷，如表 10.1 所示．季度时间序列的 MINITAB 图（图 10.2）显示了明显的季节性变化（即每年重复性波动）．季度电力负荷在夏季（第三季度）最高，冬季（第一季度）又有一个较小的高峰，在春季和秋季（第二季度和第四季度）最低．为了清楚地识别这一序列的长期趋势，我们需要平均或"平滑"这些季节性波动．为此，我们采用移动平均法．

 QTRPOWER

表 10.1 2015—2018 年季度电力负荷

年份	季度	时间 t	电力负荷 y_t（兆瓦）	年份	季度	时间 t	电力负荷 y_t（兆瓦）
2015	I	1	103.5	2017	I	9	144.5
	II	2	94.7		II	10	137.1
	III	3	118.6		III	11	159.0
	IV	4	109.3		IV	12	149.5
2016	I	5	126.1	2018	I	13	166.1
	II	6	116.0		II	14	152.5
	III	7	141.2		III	15	178.2
	IV	8	131.6		IV	16	169.0

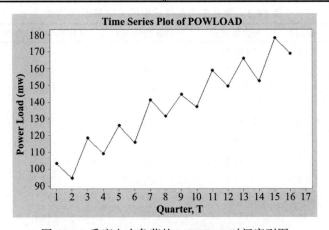

图 10.2 季度电力负荷的 MINITAB 时间序列图

计算季度数据移动平均值的第一步是将 2015 年的四个季度的观测时间值 y_t（在本例中为季度电力负荷）相加. 对表 10.1 中的值求和，我们得到

$$y_1 + y_2 + y_3 + y_4 = 103.5 + 94.7 + 118.6 + 109.3 = 426.1$$

此数据之和称为 **4 项移动总和**，我们用符号 L_t 表示. 通常使用下标 t 表示四个季度的中点处的时间段. 因为对于该总和，中点在 $t=2$ 和 $t=3$ 之间，所以我们采用"将其下降一行"移到 $t=3$ 的传统方法. 因此，我们的第一个 4 项移动总和是 $L_3 = 426.1$.

通过消去求和中的第一个量 $y_1 = 103.5$，并在时间序列中添加下一个值 $y_5 = 126.1$，找到下一个移动总和. 这使得我们能够在相邻时间段的总和中保留四个季度. 因此，我们有

$$L_4 = y_2 + y_3 + y_4 + y_5 = 94.7 + 118.6 + 109.3 + 126.1 = 448.7$$

在时间序列中持续"移动"4 项总和的过程，直到我们包含最后一个值为止，我们发现：

$$L_5 = y_3 + y_4 + y_5 + y_6 = 118.6 + 109.3 + 126.1 + 116.0 = 470.0$$
$$L_6 = y_4 + y_5 + y_6 + y_7 = 109.3 + 126.1 + 116.0 + 141.2 = 492.6$$
$$\vdots$$
$$L_{15} = y_{13} + y_{14} + y_{15} + y_{16} = 166.1 + 152.5 + 178.2 + 169.0 = 665.8$$

表 10.2 中的相应列给出了完整的 4 项移动总和. 请注意，在形成移动总和时，有三个数据点将"丢失".

在计算 4 项移动总和后，第二步是通过将每个移动总和除以 4 来确定 **4 项移动平均值**，用 M_t 表示. 例如，季度电力负荷数据的 4 项移动平均值的前三个值是

$$M_3 = \frac{y_1 + y_2 + y_3 + y_4}{4} = \frac{L_3}{4} = \frac{426.1}{4} = 106.5$$

$$M_4 = \frac{y_2 + y_3 + y_4 + y_5}{4} = \frac{L_4}{4} = \frac{448.7}{4} = 112.2$$

$$M_5 = \frac{y_3 + y_4 + y_5 + y_6}{4} = \frac{L_5}{4} = \frac{470.0}{4} = 117.5$$

表 10.2　季度电力负荷数据的 4 项移动平均值

年份	季度	时间 t	电力负荷 y_t	4 项移动总和 L_t	4 项移动平均值 M_t	比率 y_t/M_t
2015	I	1	103.5	—	—	—
	II	2	94.7	—	—	—
	III	3	118.6	426.1	106.5	1.113
	IV	4	109.3	448.7	112.2	0.974
2016	I	5	126.1	470.0	117.5	1.073
	II	6	116.0	492.6	123.2	0.942
	III	7	141.2	514.9	128.7	1.097
	IV	8	131.6	533.3	133.3	0.987
2017	I	9	144.5	554.4	138.6	1.043
	II	10	137.1	572.2	143.1	0.958
	III	11	159.0	590.1	147.5	1.078

（续）

年份	季度	时间 t	电力负荷 y_t	4 项移动总和 L_t	4 项移动平均值 M_t	比率 y_t/M_t
2017	IV	12	149.5	611.7	152.9	0.978
2018	I	13	166.1	627.1	156.8	1.059
	II	14	152.5	646.3	161.6	0.944
	III	15	178.2	665.8	166.5	1.071
	IV	16	169.0	—	—	—

（利用 MINITAB）绘制原始的电力负荷时间序列和 4 项移动平均值，如图 10.3 中所示. 注意，移动平均已经使时间序列平滑了，也就是说，平均方法已经修正了短期或季节性变化所造成的影响. 4 项移动平均值的图清晰地描述了时间序列的长期趋势分量.

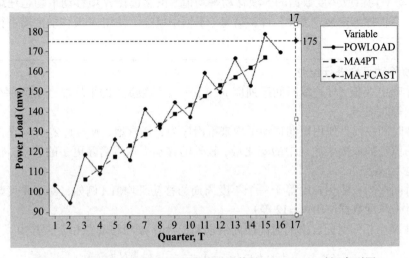

图 10.3　季度电力负荷和 4 项移动平均值的 MINITAB 时间序列图

除了确定长期趋势，移动平均值还为我们提供了一个衡量时间序列中季节性影响的指标. 每个季度观测到的电力负荷 y_t 与 4 项移动平均值 M_t 之比，衡量了该季度的季节效应（主要归因于温差）. 比率 y_t / M_t 见表 10.2 的最后一列. 请注意，这个比率在第一季度和第三季度始终大于 1，在第二季度和第四季度始终小于 1. 一个特定季度比率的平均值乘以 100，即为该季度的**季节指数**. 例如，第一季度的季节指数为

$$100\left(\frac{1.073 + 1.043 + 1.059}{3}\right) = 105.8$$

表示第一季度的时间序列平均值为该时间段总的移动平均值的 105.8%.

为了预测时间序列的未来值，只需将图上的移动平均值 M_t 简单地扩展到未来某个时间段⊖. 例如，将季度电力负荷的移动平均的图形扩展到 2019 年第一季度 $(t=17)$，得出移动平均值约 $M_{17} = 175$（见图 10.3）. 因此，如果在时间序列上没有季节性变化，我们预计

⊖　一些统计软件包（例如 MINITAB）将会把最后一个移动平均值作为未来某个时间段的预测值.

2019 年第一季度的电力负荷大约为 175 兆瓦 . 最后因季节变化而调整预测，将未来移动平均值 $M_{17} = 175$ 与第一季度的季节指数除以 100 相乘：

$$F_{17} = M_{17}\left(\frac{\text{第一季度季节指数}}{100}\right)$$

$$= 175\left(\frac{105.8}{100}\right)$$

$$\approx 185$$

其中 F_{17} 是 y_{17} 的预测值 . 因此，2019 年第一季度电力负荷的移动平均值预测约为 185 兆瓦 .

移动平均不仅限于 4 项 . 例如，你可能希望计算每日数据的 7 项移动平均值、月度数据的 12 项移动平均值或年度数据的 5 项移动平均值 . 虽然选择 N 项移动平均是任意的，但是 N 的值太大会使序列末尾"丢失"许多信息 . 下框中概述了使用 N 项移动平均进行预测的一般步骤 .

使用 N 项移动平均进行预测

1. 选择并确定 N 值（即连续时间序列值 $y_1, y_2, \cdots, y_N$ 的数量）的平均数 .（时间序列的值必须间隔相等时间 .）

非季节性时间序列：使用短期移动平均来平滑序列，通常地，$N = 1, 2, 3, 4$ 或 5 .（注意：你选择的值一般取决于序列中的变化量 . 较长的移动平均将消除更多的波动，但对序列的变化也不敏感 .）

季节性时间序列：使用长度等于一个年度周期的移动平均值（例如，对于季度数据使用 $N = 4$，对于月度数据使用 $N = 12$ 等）.

2. 通过对 N 个相邻时间段内的时间序列值求和，计算 N 项移动总和 L_t，其中

$$L_t = \begin{cases} y_{t-(N-1)/2} + \cdots + y_t + \cdots + y_{t+(N-1)/2}, & \text{如果} N \text{是奇数} \\ y_{t-N/2} + \cdots + y_t + \cdots + y_{t+N/2-1}, & \text{如果} N \text{是偶数} \end{cases}$$

3. 计算 N 项移动平均值 M_t，用相应的移动总和除以 N：

$$M_t = \frac{L_t}{N}$$

4. 绘制以时间 t 为横轴，以移动平均值 M_t 为纵轴的关系图 .（这张图应该显示出一条平滑的曲线，可以确定时间序列的长期趋势 . ⊖）将该图扩展到未来一段时间，得到 M_t 的预测值 .

5. 对于未来时间段 t，y_t 的预测值是

$$F_t = \begin{cases} M_t, & \text{如果时间序列中很少或没有季节变化} \\ M_t\left(\dfrac{\text{季节指数}}{100}\right), & \text{如果时间序列中存在季节变化} \end{cases}$$

⊖ 当 N 值很小时，曲线可能不会很平滑 . 然而，移动平均将比原始时间序列的曲线更平滑（或变化更少）.

> 其中特定季度（或月份）的季节指数是该季度（或月份）过去比率
>
> $$\frac{y_t}{M_t}(100)$$
>
> 的平均值.

指数平滑法

使用移动平均预测时间序列未来值的一个问题是，序列两端的值会丢失，因此需要我们主观地将移动平均图形扩展到未来. 由于未来 t 时的移动平均要求我们需要知道该序列的一个或多个未来值，因此无法精确计算预测值. **指数平滑法**是一种可以明确计算预测值的技术. 与移动平均法一样，指数平滑法弱化（或平滑）了大部分剩余效应. 然而，指数平滑仅针对时间序列的过去值和当前值进行平均.

为了得到指数平滑时间序列，我们首先需要在 0 和 1 之间选择一个权重值 w，称为**指数平滑常数**. 指数平滑序列记作 E_t，计算如下：

$$E_1 = y_1$$
$$E_2 = wy_2 + (1-w)E_1$$
$$E_3 = wy_3 + (1-w)E_2$$
$$\vdots$$
$$E_t = wy_t + (1-w)E_{t-1}$$

你可以看到，t 时刻的指数平滑值是当前时刻序列值 y_t 和上一时段的指数平滑值 E_{t-1} 的加权平均值. w 值越小，对当前值 y_t 的权重就越小，而 w 值越大，对 y_t 的权重就越大.

例如，假设我们想要使用指数平滑常数 $w = 0.7$ 平滑表 10.1 中给出的季度电力负荷. 则

$$E_1 = y_1 = 103.5$$
$$E_2 = 0.7y_2 + (1-0.7)E_1$$
$$\quad = 0.7(94.7) + 0.3(103.5) = 97.34$$
$$E_3 = 0.7y_3 + (1-0.7)E_2$$
$$\quad = 0.7(118.6) + 0.3(97.34) = 112.22$$
$$\vdots$$

使用 MINITAB 获得的所有季度电力负荷的指数平滑值（使用 $w = 0.7$）在输出结果中高亮显示，如图 10.4 所示. 在 MINITAB 输出结果图中显示了实际时间序列值和平滑时间序列值，如图 10.5 所示.

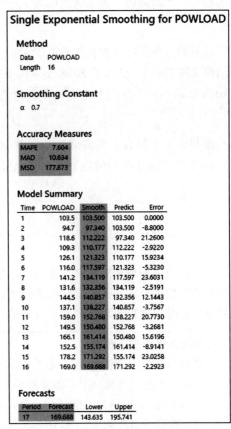

Single Exponential Smoothing for POWLOAD

Method

Data	POWLOAD
Length	16

Smoothing Constant

α 0.7

Accuracy Measures

MAPE	7.604
MAD	10.634
MSD	177.873

Model Summary

Time	POWLOAD	Smooth	Predict	Error
1	103.5	103.500	103.500	0.0000
2	94.7	97.340	103.500	-8.8000
3	118.6	112.222	97.340	21.2600
4	109.3	110.177	112.222	-2.9220
5	126.1	121.323	110.177	15.9234
6	116.0	117.597	121.323	-5.3230
7	141.2	134.119	117.597	23.6031
8	131.6	132.356	134.119	-2.5191
9	144.5	140.857	132.356	12.1443
10	137.1	138.227	140.857	-3.7567
11	159.0	152.768	138.227	20.7730
12	149.5	150.480	152.768	-3.2681
13	166.1	161.414	150.480	15.6196
14	152.5	155.174	161.414	-8.9141
15	178.2	171.292	155.174	23.0258
16	169.0	169.688	171.292	-2.2923

Forecasts

Period	Forecast	Lower	Upper
17	169.688	143.635	195.741

图 10.4　指数平滑季度电力负荷的
MINITAB 输出结果

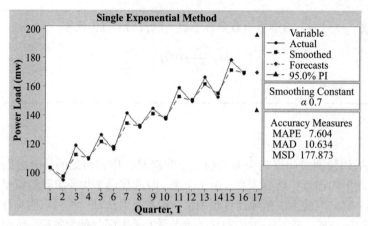

图 10.5　指数平滑季度电力负荷的 MINITAB 图

指数平滑预测是利用最近的指数平滑值 E_t 预测得到的. 换句话说, 如果 n 是观测值 y_t 的最后一个时间段, 则未来时间段 t 的预测值为

$$F_t = E_n$$

可以看到, 预测方程的右边不取决于 t; 因此, F_t 用于预测 y_t 的所有未来值. MINITAB 输出结果 (图 10.4), 显示了 2018 年第四季度 $(t=16)$ 的平滑值为 $E_{16}=169.688$. 因此, 该值代表 2019 年第一季度 $(t=17)$ 电力负荷预测值, 即

$$F_{17} = E_{16} = 169.688$$

此预测显示在图 10.4 的底部, 并在图 10.5 中以图形形式显示. 对 2019 年第二季度 $(t=18)$、2019 年第三季度 $(t=19)$ 以及所有其他未来时间段的预测都是相同的:

$$F_{18} = 169.688$$
$$F_{19} = 169.688$$
$$F_{20} = 169.688$$
$$\vdots$$

这指出了指数平滑预测技术的一个缺点. 由于指数平滑预测所有未来值都是常数, 则意味着趋势或季节性的任何变化都未被考虑在内. 因此, 只有当时间序列的趋势和季节成分相对不显著时, 指数平滑预测才是合适的.

使用指数平滑进行预测

1. 数据由 n 个间隔相等的时间序列值 $y_1, y_2, \cdots, y_n$ 组成.

2. 在 0 到 1 之间选择一个平滑常数 w. (w 值越小, 该序列当前值的权重就越小, 生成的序列越平滑. w 值越大, 赋予该序列当前值的权重更大, 从而产生一个变动较大的序列.)

3. 计算指数平滑序列 E_t, 如下所示⊖:

⊖　或者, 第一个 "平滑值" E_1 可以是整个序列中 y_t 的平均值.

$$E_1 = y_1$$
$$E_2 = wy_2 + (1-w)E_1$$
$$E_3 = wy_3 + (1-w)E_2$$
$$\vdots$$
$$E_n = wy_n + (1-w)E_{n-1}$$

4. 未来任何时间段 t 的预测是

$$F_t = E_n, \quad t = n+1, \ n+2, \cdots$$

Holt-Winters 预测模型

指数平滑预测方法的一个缺点是没有考虑时间序列的长期趋势和季节分量. **Holt-Winters 预测模型**是指数平滑法的扩展，该方法明确地识别了时间序列中的趋势和季节变化.

考虑一个带有趋势分量但很少或没有季节性变化的时间序列. 那么 y_t 的 Holt-Winters 模型是

$$E_t = wy_t + (1-w)(E_{t-1} + T_{t-1})$$
$$T_t = v(E_t - E_{t-1}) + (1-v)T_{t-1}$$

其中 E_t 是指数平滑序列，T_t 是趋势分量，w 和 v 是介于 0 和 1 之间的平滑常数. 注意，趋势分量 T_t 是平滑值最近变化（$E_t - E_{t-1}$ 的差值）和上一时间段的趋势估计值 (T_{t-1}) 的加权平均值. 当时间序列存在季节变化时，采用 Holt-Winters 模型

$$E_t = w(y_t / S_{t-P}) + (1-w)(E_{t-1} + T_{t-1})$$
$$T_t = v(E_t - E_{t-1}) + (1-v)T_{t-1}$$
$$S_t = u(y_t / E_t) + (1-u)S_{t-P}$$

其中 S_t 是季节分量，u 是介于 0 到 1 之间的常数，P 是一个循环周期（通常是一年）中的时间段数. 季节分量 S_t 是比值 y_t / E_t（即实际时间序列值与平滑值的比值）和上一个循环的季节分量的加权平均值. 例如，对于季度电力负荷，$P=4$（一年四个季度），2016 年第三季度 ($t=7$) 的季节分量为 y_7 / E_7 与 2015 年第三季度 ($t=3$) 的季节分量的加权平均值，即

$$S_7 = u(y_7 / E_7) + (1-u)S_3$$

使用 Holt-Winters 模型进行预测

仅含趋势分量：

1. 数据由 n 个等间距的时间序列值 $y_1, y_2, \cdots, y_n$ 组成.

2. 选择平滑常数 w 和 v，其中 $0 \leqslant w \leqslant 1$ 和 $0 \leqslant v \leqslant 1$.

3. 计算指数平滑成分 E_t 和趋势成分 T_t，$t=2, 3, \cdots, n$：

$$E_t = \begin{cases} y_2, & t = 2 \\ wy_t + (1-w)(E_{t-1} + T_{t-1}), & t > 2 \end{cases}$$

$$T_t = \begin{cases} y_2 - y_1, & t = 2 \\ v(E_t - E_{t-1}) + (1-v)T_{t-1}, & t > 2 \end{cases}$$

（注意：未定义 E_1 和 T_1. ）

4. 未来 t 时段的预测值：

$$F_t = \begin{cases} E_n + T_n, & t = n+1 \\ E_n + 2T_n, & t = n+2 \\ \vdots \\ E_n + kT_n, & t = n+k \end{cases}$$

含趋势和季节分量：

1. 数据由 n 个等间距的时间序列值 $y_1, y_2, \cdots, y_n$ 组成.

2. 选择平滑常数 w，v 和 u，其中 $0 \leqslant w \leqslant 1$，$0 \leqslant v \leqslant 1$，$0 \leqslant u \leqslant 1$.

3. 确定一个循环周期中的时间段数 P. 通常，对于季度数据 $P=4$，对于每月数据 $P=12$.

4. 计算指数平滑分量 E_t、趋势分量 T_t 和季节分量 S_t，$t=2, 3, \cdots, n$：

$$E_t = \begin{cases} y_2, & t = 2 \\ wy_t + (1-w)(E_{t-1} + T_{t-1}), & t = 3, 4, \cdots, P+2 \\ w\left(\dfrac{y_t}{S_{t-P}}\right) + (1-w)(E_{t-1} + T_{t-1}), & t > P+2 \end{cases}$$

$$T_t = \begin{cases} y_2 - y_1, & t = 2 \\ v(E_t - E_{t-1}) + (1-v)T_{t-1}, & t > 2 \end{cases}$$

$$S_t = \begin{cases} \dfrac{y_t}{E_t}, & t = 2, 3, \cdots, P+2 \\ u(y_t / E_t) + (1-u)S_{t-P}, & t > P+2 \end{cases}$$

（注意：未定义 E_1，T_1 和 S_1. ）

5. 未来 t 时段的预测值：

$$F_t = \begin{cases} (E_n + T_n)S_{n+1-P}, & t = n+1 \\ (E_n + 2T_n)S_{n+2-P}, & t = n+2 \\ \vdots \\ (E_n + kT_n)S_{n+k-P}, & t = n+k \end{cases}$$

利用 Holt-Winters 模型预测未来时间段 $t=n+1$，$n+2$，$\cdots$，通过对最近的指数平滑分量求和，并结合趋势影响对预期增长（或下降）进行估计得到. 对于季节模型，预测值要乘以季节分量的最近估计值（类似于移动平均法）.

Holt-Winters 的预测方法在上述方框中进行了总结. 如例 10.1 所示，这些计算过程可能会变得相当烦琐. 大多数时间序列分析师将使用统计软件包来应用 Holt-Winters 预测方法.

尽管 SAS、MINITAB 和 SPSS 的初始计算公式略有不同，但它们都有生成 Holt-Winters 预测的选项.

例 10.1 参照表 10.1 中列出的 2015—2018 年季度电力负荷. 使用同时包含趋势和季节分量的 Holt-Winters 预测模型预测 2019 年公用事业公司的季度电力负荷. 使用平滑常数 $w=0.7$, $v=0.5$, $u=0.5$.

解 首先要注意，对于季度时间序列，$P=4$. 根据框中给出的 E_t, T_t 和 S_t 的公式，我们计算出

$$E_2 = y_2 = 94.7$$
$$T_2 = y_2 - y_1 = 94.7 - 103.5 = -8.8$$
$$S_2 = \frac{y_2}{E_2} = \frac{94.7}{94.7} = 1$$
$$E_3 = 0.7y_3 + (1-0.7)(E_2 + T_2)$$
$$= 0.7(118.6) + 0.3(94.7 - 8.8) = 108.8$$
$$T_3 = 0.5(E_3 - E_2) + (1-0.5)T_2$$
$$= 0.5(108.8 - 94.7) + 0.5(-8.8) = 2.6$$
$$S_3 = y_3 / E_3 = 118.6 / 108.8 = 1.090$$
$$E_4 = 0.7y_4 + (1-0.7)(E_3 + T_3)$$
$$= 0.7(109.3) + 0.3(108.8 + 2.6) = 109.9$$
$$T_4 = 0.5(E_4 - E_3) + (1-0.5)T_3$$
$$= 0.5(109.9 - 108.8) + 0.5(2.6) = 1.9$$
$$S_4 = y_4 / E_4 = 109.3 / 109.9 = 0.994$$
$$\vdots$$

2019 年第一季度的预测（即 y_{17}）：

$$F_{17} = (E_{16} + T_{16})S_{17-4}$$
$$= (E_{16} + T_{16})S_{13} = (168.7 + 4.7)(1.044)$$
$$= 181.0$$

（请记住，从 $t = P+3 = 7$ 开始，方框中显示的 E_t 和 S_t 的公式略有不同.）所有的 E_t, T_t, S_t 的值如表 10.3 所示. 同样，对 y_{18}, y_{19} 和 y_{20}（分别为第二、第三和第四季度）的预测是

$$F_{18} = (E_{16} + 2T_{16})S_{18-4}$$
$$= (E_{16} + 2T_{16})S_{14} = [168.7 + 2(4.7)](0.959)$$
$$= 170.8$$
$$F_{19} = (E_{16} + 3T_{16})S_{19-4}$$
$$= (E_{16} + 3T_{16})S_{15} = [168.7 + 3(4.7)](1.095)$$
$$= 200.2$$
$$F_{20} = (E_{16} + 4T_{16})S_{20-4}$$
$$= (E_{16} + 4T_{16})S_{16} = [168.7 + 4(4.7)](0.999)$$
$$= 187.3$$

表 10.3 季度电力负荷 Holt-Winters 模型数据

年份	季度	时间 t	电力负荷 y_t	$E_t(w=0.7)$	$T_t(v=0.5)$	$S_t(u=0.5)$
2015	I	1	103.5	—	—	—
	II	2	94.7	94.7	−8.8	1.000
	III	3	118.6	108.8	2.6	1.090
	IV	4	109.3	109.9	1.9	0.994
2016	I	5	126.1	121.8	6.9	1.035
	II	6	116.0	119.8	2.5	0.968
	III	7	141.2	127.4	5.1	1.100
	IV	8	131.6	132.3	5.0	0.995
2017	I	9	144.5	138.9	5.8	1.038
	II	10	137.1	142.6	4.8	0.965
	III	11	159.0	145.4	3.8	1.097
	IV	12	149.5	149.9	4.2	0.996
2018	I	13	166.1	158.2	6.3	1.044
	II	14	152.5	160.0	4.1	0.959
	III	15	178.2	162.9	3.5	1.095
	IV	16	169.0	168.7	4.7	0.999

使用上述预测方法中的任何一种，当可以观测到时间序列的未来值时，就可以计算出**预测误差**. 预测误差定义为实际未来值与 t 时间预测值之间的差值 $(y_t - F_t)$. 将所有预测误差汇总成一个汇总统计量，来评估预测方法的整体精度是有用的. 方框中给出了三种常用的评估预测准确性的公式，即**平均绝对百分比误差（MAPE）、平均绝对偏差（MAD）和均方根误差（RMSE）**. MAPE 和 MAD 都是对预测误差分布"中心"的汇总度量，RMSE 是对分布"变化"的度量.

---

m 个预测值的整体预测准确性的度量

平均绝对百分比误差：$\mathrm{MAPE} = \dfrac{\sum\limits_{t=1}^{m} \left|\dfrac{y_t - F_t}{y_t}\right|}{m} \times 100$

平均绝对偏差：$\mathrm{MAD} = \dfrac{\sum\limits_{t=1}^{m} |y_t - F_t|}{m}$

均方根误差：$\mathrm{RMSE} = \sqrt{\dfrac{\sum\limits_{t=1}^{m} (y_t - F_t)^2}{m}}$

例 10.2 参照季度电力负荷数据，见表 10.1. 表 10.4 列出了 2019 年四个季度指数平滑和 Holt-Winters 模型的预测值，以及该年度的实际季度电力负荷（之前没有给出）. 计算两种预测方法的 MAD 和 RMSE. 哪种方法预测更准确？

解 第一步是计算两种方法的预测误差，即 $y_t - F_t$. 例如，对于第一季度 $(t = 17)$ 的指数平滑法，$y_{17} = 181.5$，$F_{17} = 169.7$. 因此，预测误差为 $y_{17} - F_{17} = 181.5 - 169.7 = 11.8$. 其余指数平

滑法和 Holt-Winters 预测法的预测误差如表 10.4 所示.

表 10.4　2019 年预测值及实际季度电力负荷

季度	时间 t	实际电力负荷 y_t	指数平滑		Holt-Winters	
			预测 F_t	误差 $(y_t - F_t)$	预测 F_t	误差 $(y_t - F_t)$
I	17	181.5	169.7	11.8	181.0	0.5
II	18	175.2	169.7	5.5	170.8	4.4
III	19	195.0	169.7	25.3	200.2	−5.2
IV	20	189.3	169.7	19.6	187.3	2.0

两种方法的 MAD 和 RMSE 计算如下:

指数平滑法:

$$\text{MAPE} = \frac{\left|\frac{11.8}{181.5}\right| + \left|\frac{5.5}{175.2}\right| + \left|\frac{25.3}{195.0}\right| + \left|\frac{19.6}{189.3}\right|}{4} \times 100 = 8.24\%$$

$$\text{MAD} = \frac{|11.8| + |5.5| + |25.3| + |19.6|}{4} = 15.55$$

$$\text{RMSE} = \sqrt{\frac{(11.8)^2 + (5.5)^2 + (25.3)^2 + (19.6)^2}{4}} = 17.27$$

Holt-Winters 法:

$$\text{MAPE} = \frac{\left|\frac{0.5}{181.5}\right| + \left|\frac{4.4}{175.2}\right| + \left|\frac{-5.2}{195.0}\right| + \left|\frac{2.0}{189.3}\right|}{4} \times 100 = 1.63\%$$

$$\text{MAD} = \frac{|0.5| + |4.4| + |-5.2| + |2.0|}{4} = 3.03$$

$$\text{RMSE} = \sqrt{\frac{(0.5)^2 + (4.4)^2 + (-5.2)^2 + (2.0)^2}{4}} = 3.56$$

Holt-Winters 法中的 MAPE、MAD 和 RMSE 值分别约为指数平滑法相应值的五分之一. 总的来说, Holt-Winters 法比指数平滑法更能得到准确的预测. 当然, 这是意料之中的, 因为 Holt-Winters 法考虑了电力负荷的长期趋势和季节变化, 而指数平滑法没有考虑这些因素. ■

[注意: 大多数统计软件包将自动计算数据集中所有 n 个观测值的 MAPE、MAD 和 RMSE (也称为均方偏差或 MSD) 的值. 例如, 见图 10.4 MINITAB 输出结果顶部的高亮显示.]

我们用注释结束本节. 使用平滑技术 (移动平均法、指数平滑法或 Holt-Winters 模型) 进行预测的一个主要缺点是, 在得到未来观测值之前不知道预测误差 (或可靠度). 虽然预测误差可以在观测到时间序列的未来实际值之后被计算出来 (如例 10.2), 但我们更希望在观测到实际值之前对预测的准确性进行一些度量. 一种方法是计算数据集中所有 n 个观测值的预测和预测误差, 并使用这些 "过去" 的预测误差估计所有预测误差的标准差 (即预测的标准误差). 对这个标准误差的粗略估计值是 RMSE 的值, 任何未来预测的 95% 预测区间为

$$F_t \pm 2(\text{RMSE})$$

（如图 10.4 所示，MINITAB 输出结果的底部显示了这样的区间 .）然而，由于平滑法预测误差的理论分布特性尚不清楚，许多分析人士认为平滑法是描述过程，而不是推断过程 .

在前面几章内容中，我们了解到使用推断回归模型进行预测伴随着众所周知的可靠性度量 . 预测值的标准误差允许我们构造 95% 的预测区间 . 在本章的其余部分中，我们将讨论推断时间序列预测模型 .

练习 10.3

10.1　季度房屋开工 . 下表记录了自 2014 年至 2016 年美国单户家庭房屋开工数（以千户为单位）的季度数据 .

(a) 绘制季度时间序列图 . 你能发现长期趋势吗？你能发现任何季节变化吗？

(b) 计算季度房屋开工数的 4 项移动平均值 .

(c) 在（a）小题图所使用的同一组坐标轴上画出 4 项移动平均值 . 长期趋势是否更为明显？移动平均法消除或平滑了哪些影响或者效应？

(d) 计算第一季度房屋开工数的季节指数 .

(e) 计算第二季度房屋开工数的季节指数 .

(f) 使用移动平均方法预测 2017 年第一季度和第二季度的房屋开工数量 .

💿 **QTRHOUSE**

年份	季度	房屋开工数（千户）	年份	季度	房屋开工数（千户）	年份	季度	房屋开工数（千户）
2014	1	134	2015	1	140	2016	1	170
	2	183		2	205		2	218
	3	178		3	206		3	206
	4	154		4	166		4	187

资料来源：U.S. Bureau of the Census, 2018.

10.2　季度房屋开工（续）. 参见练习 10.1 中的季度房屋开工数据 .

(a) 用平滑常数 $w = 0.2$ 计算房屋开工数量的指数平滑序列 .

(b) 利用（a）小题的指数平滑序列预测 2017 年前两个季度的房屋开工数量 .

(c) 使用包含趋势和季节分量的 Holt-Winters 预测模型预测 2017 年前两个季度的房屋开工数量 . 平滑常数分别为 $w = 0.2$，$v = 0.5$，$u = 0.7$.

10.3　季度房屋开工（续）. 请参见练习 10.1 和 10.2. 2017 年第一季度和第二季度实际开工数（以千计）分别为 181 和 238.

(a) 分别计算移动平均法、指数平滑法和 Holt-Winters 预测模型的 MAD 值，并加以比较预测准确性 .

(b) 重复（a）小题，但换成计算 RMSE 值 .

(c) 评论哪种预测方法更准确 .

10.4　OPEC 原油进口 . 下表的数据是 2000 年至 2016 年从石油输出国组织（OPEC）进口到美国的原油量（百万桶）.

(a) 绘制年度时间序列图 . 你能发现长期趋势吗？

(b) 计算和绘制 OPEC 年度石油进口量的 3 项移动平均值 .

(c) 平滑常数 $w=0.3$ 时，计算并绘制 OPEC 年度石油进口量的指数平滑序列.

(d) 使用移动平均法预测 OPEC 2017 年的石油进口量.

(e) 使用 $w=0.3$ 的指数平滑法预测 OPEC 2017 年的石油进口量.

(f) 使用 Holt-Winters 预测模型预测 OPEC 2017 年的石油进口量（平滑常数 $w=0.3$ 和 $v=0.8$）.

(g) 2017 年实际原油进口总量为 12.27 亿桶. 计算（d）～（f）小题的预测误差. 哪种方法能得到最准确的短期预测？

OPEC

年份	t	进口量 Y_t（百万桶）	年份	t	进口量 Y_t（百万桶）	年份	t	进口量 Y_t（百万桶）
2000	1	1 904	2006	7	2 014	2012	13	1 563
2001	2	2 018	2007	8	2 183	2013	14	1 358
2002	3	1 681	2008	9	2 179	2014	15	1 181
2003	4	1 884	2009	10	1 743	2015	16	1 056
2004	5	2 086	2010	11	1 791	2016	17	1 261
2005	6	2 039	2011	12	1 663			

资料来源：U.S. Energy Information Administration, 2018.

10.5 消费者价格指数. 消费者价格指数（CPI）衡量的是商品和服务价格相对于基准年的上涨（或下跌）. 2000 年至 2017 年的 CPI（以 1984 年为基准年）见下表.

(a) 绘制时间序列图. 你观察到长期趋势了吗？

(b) 计算并绘制 CPI 的 5 项移动平均值，并用移动平均法来预测 2020 年的 CPI.

(c) 计算并绘制 CPI 的指数平滑序列（平滑常数 $w=0.4$），并用指数平滑值预测 2020 年的 CPI.

(d) 采用 Holt-Winters 预测模型预测 2020 年的 CPI（平滑常数 $w=0.4$ 和 $v=0.5$）.

CPI

年份	CPI	年份	CPI	年份	CPI
2000	172.2	2006	201.6	2012	229.6
2001	177.1	2007	207.3	2013	233.0
2002	179.9	2008	215.3	2014	236.7
2003	184.0	2009	214.5	2015	237.0
2004	188.9	2010	218.1	2016	240.0
2005	195.3	2011	224.9	2017	244.7

资料来源：*Survey of Current Business*, U.S. Department of Commerce ,Bureau of Economic Analysis.

10.6 标准普尔 500 指数. 标准普尔 500 指数是一种股票市场指数. 与道琼斯工业平均指数一样，它也是股市活动的一个指标. 下表是 2008—2017 年标准普尔 500 指数的季度末值.

(a) 计算季度标准普尔 500 指数的 4 项移动平均值.

(b) 在同一图上绘制季度指数和 4 项移动平均值. 你能确定时间序列的长期趋势吗？你能辨别出长期趋势的季节变化吗？

(c) 用移动平均法对 2018 年第一季度标准普尔 500 指数进行预测.

(d) 用平滑常数 $w=0.3$ 计算并绘制标准普尔 500 指数季度指数平滑序列.

(e) 用 $w=0.3$ 的指数平滑法预测 2018 年第一季度的标准普尔 500 指数.

(f) 使用包含趋势和季节分量的 Holt-Winters 预测模型预测 2018 年第一季度标准普尔 500 指数. 平滑常数分别为 $w=0.3$, $v=0.8$, $u=0.5$.

💿 SP500

年份	季度	标准普尔 500 指数	年份	季度	标准普尔 500 指数
2008	1	1 322.70	2013	1	1 569.19
	2	1 280.00		2	1 606.28
	3	1 166.36		3	1 681.55
	4	903.25		4	1 848.36
2009	1	797.87	2014	1	1 872.34
	2	919.32		2	1 960.23
	3	1 057.08		3	1 972.29
	4	1 115.10		4	2 058.90
2010	1	1 169.43	2015	1	2 067.89
	2	1 030.71		2	2 063.11
	3	1 141.20		3	1 920.03
	4	1 257.64		4	2 043.94
2011	1	1 325.83	2016	1	2 059.74
	2	1 320.64		2	2 098.86
	3	1 131.42		3	2 168.27
	4	1 257.60		4	2 238.83
2012	1	1 408.47	2017	1	2 362.72
	2	1 362.16		2	2 423.41
	3	1 440.67		3	2 519.36
	4	1 426.19		4	2 673.61

资料来源: Standard & Poor's, 2018.

10.7 **黄金年价格.** 黄金价格被一些金融分析师用作投资者通胀预期的晴雨表, 随着对通胀的担忧加剧, 黄金价格往往会上涨. 下表显示了 2000 年至 2017 年黄金的年平均价格 (美元 / 盎司).

(a) 利用 2000—2014 年的数据, 计算黄金价格时间序列的 3 项移动平均值. 在同一图上绘制黄金价格和 3 项移动平均值. 你能从中发现长期趋势或循环波动吗?

(b) 用移动平均法预测 2015 年、2016 年和 2017 年的黄金价格.

(c) 用 2000—2014 年的数据, 用平滑常数 $w=0.8$ 计算并绘制黄金价格的指数平滑序列.

(d) 用指数平滑法预测 2015 年、2016 年和 2017 年的黄金价格.

(e) 利用 2000—2014 年的数据和 Holt-Winters 预测模型, 预测 2015 年、2016 年和 2017 年的黄金价格. 平滑常数分别为 $w=0.8$ 和 $v=0.4$.

(f) 根据 2015 年、2016 年、2017 年的实际金价, 对 (b)、(d)、(e) 小题三种预测方法的精度进行评估.

GOLDYR

年份	价格（美元／盎司）	年份	价格（美元／盎司）	年份	价格（美元／盎司）
2000	279	2007	695	2014	1 266
2001	271	2008	872	2015	1 160
2002	310	2009	972	2016	1 251
2003	363	2010	1 225	2017	1 257
2004	410	2011	1 572		
2005	445	2012	1 669		
2006	603	2013	1 411		

资料来源：World Gold Council.

10.4 预测：回归方法

许多公司利用过去的销售额来预测未来的销售额．假设一家体育用品批发经销商想预测未来 5 年的销售收入．由于预测不准确可能会给经销商造成严重的后果，因此需要对预测的可靠性进行度量．为了进行此类预测并评估其可靠性，需要构建一个**推断时间序列预测模型**．第 4 章中我们所熟悉的一般线性回归模型代表了一种推断模型，因为它允许我们计算预测区间．

为介绍回归预测技术，我们将重新使用一家公司（例如体育用品经销商）35 年经营期内的年销售额（千美元）数据．表 8.6 中的数据将重复出现在表 10.5 中．数据的 SAS 图（图 10.6）呈现线性增长趋势，因此一阶（直线）模型

$$E(y_t) = \beta_0 + \beta_1 t$$

对于描述长期趋势似乎是合理的．模型的 SAS 输出结果如图 10.7 所示．该模型显然能很好地拟合数据，$R^2 = 0.98$，$F=1615.72$（p 值 <0.0001），$s=6.385\ 24$．如图 10.7 所示（系数为阴影部分）的最小二乘预测方程为

$$\hat{y}_t = \hat{\beta}_0 + \hat{\beta}_1 t = 0.401\ 51 + 4.295\ 63t$$

我们可以使用 3.9 节中给出的公式或通过统计软件获得第 36～40 年的销售预测值和相应的 95% 预测区间．这些值显示在 SAS 输出结果的底部，如图 10.7 所示．例如，对于 $t=36$，我们得到 $\hat{y}_{36}=155.044$，95% 的预测区间为 (141.300，168.788)．也就是说，我们预测 $t=36$ 年的销售收入有 95% 的可能将落在 141 300 美元至 168 788 美元之间．

 SALES35

表 10.5 公司年销售收入

t	y_t（千美元）	t	y_t（千美元）	t	y_t（千美元）
1	4.8	13	48.4	25	100.3
2	4.0	14	61.6	26	111.7
3	5.5	15	65.6	27	108.2
4	15.6	16	71.4	28	115.5
5	23.1	17	83.4	29	119.2
6	23.3	18	93.6	30	125.2
7	31.4	19	94.2	31	136.3
8	46.0	20	85.4	32	146.8
9	46.1	21	86.2	33	146.1
10	41.9	22	89.9	34	151.4
11	45.5	23	89.2	35	150.9
12	53.5	24	99.1		

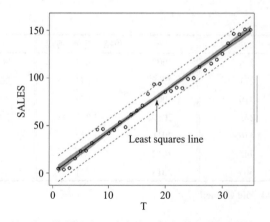

图 10.6　带有最小二乘直线的销售数据 SAS 散点图

	Regression Analysis Predictions				
T	SALES	PRED_SALES	LOWER95CLI	UPPER95CLI	RESIDUAL
1	4.8	4.697	−8.987	18.381	0.1029
2	4.0	8.993	−4.634	22.619	−4.9928
3	5.5	13.288	−0.284	26.861	−7.7884
4	15.6	17.584	4.062	31.106	−1.9840
5	23.1	21.880	8.405	35.355	1.2203
6	23.3	26.175	12.744	39.606	−2.8753
7	31.4	30.471	17.080	43.861	0.9291
8	46.0	34.767	21.413	48.120	11.2334
9	46.1	39.062	25.743	52.382	7.0378
10	41.9	43.358	30.068	56.647	−1.4578
11	45.5	47.653	34.391	60.916	−2.1534
12	53.5	51.949	38.709	65.189	1.5509
13	48.4	56.245	43.025	69.465	−7.8447
14	61.6	60.540	47.337	73.744	1.0597
15	65.6	64.836	51.645	78.027	0.7640
16	71.4	69.132	55.949	82.314	2.2684
17	83.4	73.427	60.250	86.604	9.9728
18	93.6	77.723	64.548	90.898	15.8771
19	94.2	82.018	68.842	95.195	12.1815
20	85.4	86.314	73.132	99.496	−0.9141
21	86.2	90.610	77.418	103.801	−4.4097
22	89.9	94.905	81.702	108.109	−5.0054
23	89.2	99.201	85.981	112.421	−10.0010
24	99.1	103.497	90.257	116.736	−4.3966
25	100.3	107.792	94.530	121.055	−7.4923
26	111.7	112.088	98.798	125.377	−0.3879
27	108.2	116.384	103.064	129.703	−8.1835
28	115.5	120.679	107.326	134.033	−5.1792
29	119.2	124.975	111.584	138.365	−5.7748
30	125.2	129.270	115.839	142.701	−4.0704
31	136.3	133.566	120.091	147.041	2.7339
32	146.8	137.862	124.339	151.384	8.9383
33	146.1	142.157	128.585	155.730	3.9427
34	151.4	146.453	132.826	160.080	4.9471
35	150.9	150.749	137.065	164.432	0.1514
36	.	155.044	141.300	168.788	.
37	.	159.340	145.532	173.147	.
38	.	163.635	149.761	177.510	.
39	.	167.931	153.987	181.875	.
40	.	172.227	158.210	186.243	.

Dependent Variable: SALES

Number of Observations Read	40
Number of Observations Used	35
Number of Observations with Missing Values	5

Analysis of Variance

Source	DF	Sum of Squares	Mean Square	F Value	Pr > F
Model	1	65875	65875	1615.72	<.0001
Error	33	1345.45355	40.77132		
Corrected Total	34	67221			

Root MSE	6.38524	R-Square	0.9800
Dependent Mean	77.72286	Adj R-Sq	0.9794
Coeff Var	8.21540		

Parameter Estimates

Variable	DF	Parameter Estimate	Standard Error	t Value	Pr > |t|
Intercept	1	0.40151	2.20571	0.18	0.8567
T	1	4.29563	0.10687	40.20	<.0001

图 10.7　年销售收入线性模型的 SAS 输出结果

　　注意当我们尝试预测更远的未来值时，$t = 36, 37, \cdots, 40$ 的预测区间也会逐渐变宽．凭直觉我们知道，我们预测的未来越远，我们对预测的准确性就越不确定，因为商业和经济状况的一些意外变化可能导致模型不适用．由于我们对 $t = 40$ 的预测比 $t = 36$ 的预测的置信度低，所以如果要达到 95% 的置信水平，必须扩大 $t = 40$ 的预测区间．基于这个原因，时间序列预测（不论预测方法如何）通常都局限于短期．

　　多元回归模型也可以用来预测具有季节变化的时间序列的未来值，我们将举例说明．

　　例 10.3　见表 10.1 所列出的 2015—2018 年季度电力负荷．

　　（a）提出一个季度电力负荷 y_t 模型，该模型将同时考虑该序列中的长期趋势和季节变化．

　　（b）将模型与数据进行拟合，利用最小二乘预测方程预测该公司 2019 年各季度用电负荷，构建并计算其 95% 的预测区间．

　　解　（a）描述时间序列中季节变化的一种常见方法是使用虚拟变量．[⊖]对于季度数据，包含趋势和季节分量的模型是

$$E(y_t) = \beta_0 + \underbrace{\beta_1 t}_{长期趋势} + \underbrace{\beta_2 Q_1 + \beta_3 Q_2 + \beta_4 Q_3}_{季节分量}$$

其中

$$t = 时间段，从 2015 年第一季度的 t = 1 到 2018 年第四季度的 t = 16$$
$$y_t = t 时间的电力负荷（兆瓦）$$

$$Q_1 = \begin{cases} 1, & 如果是第一季度 \\ 0, & 如果不是第一季度 \end{cases} \qquad Q_2 = \begin{cases} 1, & 如果是第二季度 \\ 0, & 如果不是第二季度 \end{cases}$$

$$Q_3 = \begin{cases} 1, & 如果是第三季度 \\ 0, & 如果不是第三季度 \end{cases} \qquad 基准水平 = 第四季度$$

与季节性虚拟变量相关的系数 β 决定了每季度电力负荷相对于基准水平季度（即第四季度）的平均增加量（或减少量）．

　　（b）该模型使用 SAS 多元回归程序拟合表 10.1 中的数据．生成的 SAS 输出结果如图 10.8 所示．注意，该模型似乎很好地拟合数据：$R^2 = 0.9972$，表明该模型能解释 4 年期间电力负荷 99.7% 的样本变化；$F = 968.96$ 有力地支持了模型具有显著性的假设（p 值 < 0.0001）；标准差，即 **Root MSE** $= 1.53242$，意味着模型预测值精确到大约 $\pm 2(1.53)$，即大约 ± 3.06 兆瓦范围内．

　　图 10.8 输出结果的底部显示了 2019 年电力负荷的预测值和相应的 95% 预测区间．例如，2019 年第一季度电力负荷预测值为 184.7 兆瓦，其 95% 的预测区间为 (180.5, 188.9)．因此，依据 95% 的预测区间，我们预计 2019 年第一季度的电力负荷将在 180.5 ～ 188.9 兆瓦之间．回顾例 10.2 的表 10.4，2019 年的实际季度电力负荷分别为 181.5、175.2、195.0 和 189.3．注意，每一个都在其各自的 95% 预测区间内，如图 10.8 所示．　■

　　⊖　另一种描述季节变化的方法是使用三角函数（正弦和余弦）项．我们将在 10.7 节中讨论带有三角函数项的季节模型．

Dependent Variable: POWLOAD

Number of Observations Read	20
Number of Observations Used	16
Number of Observations with Missing Values	4

Analysis of Variance

Source	DF	Sum of Squares	Mean Square	F Value	Pr > F
Model	4	9101.67800	2275.41950	968.96	<.0001
Error	11	25.83138	2.34831		
Corrected Total	15	9127.50938			

Root MSE	1.53242	R-Square	0.9972
Dependent Mean	137.30625	Adj R-Sq	0.9961
Coeff Var	1.11606		

Parameter Estimates

Variable	DF	Parameter Estimate	Standard Error	t Value	Pr > |t|
Intercept	1	90.20625	1.14931	78.49	<.0001
T	1	4.96438	0.08566	57.95	<.0001
Q1	1	10.09313	1.11364	9.06	<.0001
Q2	1	−4.84625	1.09704	−4.42	0.0010
Q3	1	14.36438	1.08696	13.22	<.0001

Output Statistics

Obs	YEAR_QTR	Dependent Variable	Predicted Value	Std Error Mean Predict	95% CL Predict		Residual
1	2015_1	103.5	105.2638	0.9226	101.3268	109.2007	−1.7637
2	2015_2	94.7	95.2887	0.9226	91.3518	99.2257	−0.5887
3	2015_3	118.6	119.4638	0.9226	115.5268	123.4007	−0.8637
4	2015_4	109.3	110.0637	0.9226	106.1268	114.0007	−0.7637
5	2016_5	126.1	125.1213	0.7851	121.3315	128.9110	0.9788
6	2016_6	116.0	115.1462	0.7851	111.3565	118.9360	0.8538
7	2016_7	141.2	139.3212	0.7851	135.5315	143.1110	1.8788
8	2016_8	131.6	129.9212	0.7851	126.1315	133.7110	1.6788
9	2017_9	144.5	144.9788	0.7851	141.1890	148.7685	−0.4787
10	2017_10	137.1	135.0038	0.7851	131.2140	138.7935	2.0962
11	2017_11	159.0	159.1787	0.7851	155.3890	162.9685	−0.1787
12	2017_12	149.5	149.7787	0.7851	145.9890	153.5685	−0.2787
13	2018_13	166.1	164.8363	0.9226	160.8993	168.7732	1.2637
14	2018_14	152.5	154.8612	0.9226	150.9243	158.7982	−2.3612
15	2018_15	178.2	179.0362	0.9226	175.0993	182.9732	−0.8362
16	2018_16	169.0	169.6362	0.9226	165.6993	173.5732	−0.6362
17	2019_17	.	184.6938	1.1493	180.4777	188.9098	.
18	2019_18	.	174.7188	1.1493	170.5027	178.9348	.
19	2019_19	.	198.8938	1.1493	194.6777	203.1098	.
20	2019_20	.	189.4937	1.1493	185.2777	193.7098	.

图 10.8 季度电力负荷模型的 SAS 输出结果

许多描述性预测技术通过为特定应用提供良好的预测，而证明了它们的优点．然而，使用回归方法进行预测的优势更为显而易见：回归分析通过预测区间为我们提供了每个预测值的可靠性度量．然而，使用多元回归模型预测时间序列存在两个问题．

问题 1：我们使用最小二乘预测方程来预测自变量 t 观测区域以外的值．例如，在例 10.3 中，我们通过 t 值为 1 到 16 时的电力负荷观测值，来预测 t 值为 17 至 20（2019 年的四个季度）的未来值．如第 7 章所述，在观测数据范围之外使用最小二乘回归模型进行预测是有风险的，因为一些不寻常的经济、政治等变化可能使模型不再适合预测未来的事件．因为总是会涉及对时间序列未来值的预测，所以这个问题显然是无法避免的，但预测分析人员需要对预测风险性有清晰的认识．

问题 2：回顾关于多元回归模型随机误差的标准假设（4.2 节）．我们假设误差的均值为 0，方差为常数，服从正态概率分布，且相对独立．相对独立的假设在短期趋势的时间序列中经常被打破．以图 10.6 的销售收入数据图为例，请注意，观察到的销售额往往在正负方向上偏离最小二乘直线．也就是说，如果 t 年观察销售额与预测销售额之间的差额为正的（或负的），则 $t+1$ 年的差额就会倾向于正的（或负的）．由于年销售额是系统性变化，这就意味着误差是相关的．事实上，**Durbin-Watson** 检验（见 8.6 节）支持这一推断．违反这一回归假设可能导致预测结果不可靠．

时间序列模型是专门为在已知误差相关时进行预测而开发的．这些模型包括一个**自回归项**，用于解释循环、季节或其他短期效应导致的相关误差．时间序列自回归模型是 10.5 节～ 10.11 节的主题．

练习 10.4

10.8　按揭贷款利率．商业贷款机构设定按揭贷款利率的水平往往对住宅和商业房地产的购买量、出售量和建设量有重大影响．下表中的数据为 1995—2017 年期间 30 年期常规固定利率贷款的年平均按揭贷款利率．

（a）拟合简单回归模型

$$E(y_t) = \beta_0 + \beta_1 t$$

其中 t 是自 1995 年以来的年数（即 $t=0,1,\cdots,22$）．

（b）预测 2018 年平均按揭贷款利率，并计算此预测值的 95% 预测区间．

💿 **INTRATE30**

年份	利率（%）	年份	利率（%）	年份	利率（%）
1995	7.93	2003	5.83	2011	4.45
1996	7.81	2004	5.84	2012	3.66
1997	7.60	2005	5.87	2013	3.98
1998	6.94	2006	6.41	2014	4.17
1999	7.44	2007	6.34	2015	3.85
2000	8.05	2008	6.03	2016	3.65
2001	6.97	2009	5.04	2017	3.99
2002	6.54	2010	4.69		

资料来源：Freddie Mac，2018.

10.9 天然气价格. 下表中列出了 2000—2017 年向居民用户提供的天然气年价格（美元 / 千立方英尺）. 提出一个简单线性回归模型 $E(y_t) = \beta_0 + \beta_1 t$，用于预测天然气年价格，其中 t 为 2000 年以来的年数.

NATGAS

年份	价格（美元 / 千立方英尺）	年份	价格（美元 / 千立方英尺）	年份	价格（美元 / 千立方英尺）
2000	7.76	2006	13.73	2012	10.65
2001	9.63	2007	13.08	2013	10.32
2002	7.89	2008	13.89	2014	10.97
2003	9.63	2009	12.14	2015	10.38
2004	10.75	2010	11.39	2016	10.05
2005	12.70	2011	11.03	2017	10.98

资料来源：U.S. Energy Information Administration, 2018.

(a) 计算 β 最小二乘估计值并加以解释.

(b) 评估模型拟合效果.

(c) 计算并解释 2018 年和 2019 年的 95% 预测区间.

(d) 描述使用此简单线性回归模型预测天然气年价格所涉及的问题. 针对模型，你有何建议？

10.10 有效人寿保险单. 下表列出了 1990—2016 年对美国居民有效的所有人寿保险单（以百万计）.

(a) 使用最小二乘法将简单回归模型与数据相拟合.

(b) 预测 2017 年和 2018 年有效的人寿保险单数量.

(c) 为（b）小题的预测值建立 95% 的预测区间.

(d) 请自行上网搜查 2017 年和 2018 年有效人寿保险单的实际数量，检查预测的准确性.

LIFE

年份	保险单	年份	保险单	年份	保险单
1990	389	1999	367	2008	335
1991	375	2000	369	2009	291
1992	366	2001	377	2010	284
1993	363	2002	375	2011	286
1994	366	2003	379	2012	272
1995	370	2004	373	2013	275
1996	355	2005	373	2014	278
1997	351	2006	375	2015	281
1998	358	2007	374	2016	291

资料来源：U.S. Census Bureau, 2018.

10.11 图形计算器销售. 下表显示了校园书店某品牌图形计算器的季度销售指数. 季度以学

年为周期循环,第一季度代表秋季,第二季度代表冬季,第三季度代表春季,第四季度代表夏季.

将时间变量定义为 $t=1$,2014年第一季度; $t=2$,2014年第二季度;等等.设置以下季节性虚拟变量:

$$Q_1 = \begin{cases} 1, & \text{如果是第一季度} \\ 0, & \text{如果不是第一季度} \end{cases}$$

$$Q_2 = \begin{cases} 1, & \text{如果是第二季度} \\ 0, & \text{如果不是第二季度} \end{cases}$$

$$Q_3 = \begin{cases} 1, & \text{如果是第三季度} \\ 0, & \text{如果不是第三季度} \end{cases}$$

🖸 GRAPHICAL

年份	第一季度	第二季度	第三季度	第四季度	年份	第一季度	第二季度	第三季度	第四季度
2014	438	398	252	160	2017	593	576	456	398
2015	464	429	376	216	2018	636	640	526	498
2016	523	496	425	318					

(a) 建立 $E(y_t)$ 关于 t, Q_1, Q_2 和 Q_3 的函数回归模型.

(b) 计算并解释最小二乘估计值,并评估模型有效性.

(c) 当回归模型适用于时间序列数据时,关于随机误差的假设中哪项是存疑的?

(d) 计算2019年各季度销售额的预测值和其95%的预测区间,并加以解释.

10.12　标准普尔500指数. 参考练习10.6中给出的季度标准普尔500指数.

(a) 建立一个包含趋势和季节变化的时间序列模型.

(b) 将(a)小题中的模型与数据相拟合.

(c) 使用(b)小题的最小二乘模型来预测2018年4个季度的标准普尔500指数.计算其预测值的95%预测区间.

10.13　本地房屋销售. 一位在大城市工作的房地产经纪人想要研究她所在公司每周出售的独栋房屋数量的长期趋势.过去15周所收集到的公司房屋销售数据,如下表所示.

🖸 HOMESALES

周数 t	房屋出售 y_t	周数 t	房屋出售 y_t	周数 t	房屋出售 y_t
1	59	6	137	11	88
2	73	7	106	12	75
3	70	8	122	13	62
4	82	9	93	14	44
5	115	10	86	15	45

(a) 绘制时间序列.从可视化的角度是否存在二次趋势?

(b) 房地产经纪人关于每周时间序列的长期趋势假设模型 $E(y_t) = \beta_0 + \beta_1 t + \beta_2 t^2$.使用最小二乘法将模型与数据相拟合.

(c) 在（a）小题的图上绘制最小二乘模型．二次模型能很好地描述长期趋势吗？

(d) 基于该模型预测第 16 周的房屋销售量的 95% 预测区间．

10.14 **预测总统选举**．西佛罗里达大学的研究人员利用回归分析建立了一个预测总统选举结果的模型（*Political Analysis*, Vol. 17, 2009）．想要研究的因变量是 $y_t =$ 执政党候选人在 t 选举年赢得两党选票的百分比．模型中所包含的自变量与下表中列出的类似：

执政党在 t 选举年的财政政策：$x_{1t} = \{1$，如果扩张；0，如果不扩张$\}$

执政党任期：$x_{2t} = t$ 选举年前的连续任期数

t 选举年的执政党：$x_{3t} = \{1$，如果是民主党；0，如果是共和党$\}$

t 选举年的国内生产总值（GDP）趋势：$x_{4t} =$ 上一届政府 GDP>3.2% 的季度数

GDP 增长率：$x_{5t} = t$ 选举年前三季度 GDP 增长率

(a) 建立一个 $E(y_t)$ 关于 5 个自变量的一阶函数回归模型．

(b) 将（a）小题的模型拟合 $n=24$ 个选举年（1916 年至 2008 年）收集的数据．拟合系数为 $R^2 = 0.91$，请结合实际解释这个结果．

(c) 用 R^2 值计算 F 统计量检验模型整体充分性（$\alpha = 0.05$）．

(d) x_{1t} 的估计值 β 为 -4.08（p 值 <0.05），请结合实际解释这个结果．

(e) x_{2t} 的估计值 β 为 -3.41（p 值 <0.05），请结合实际解释这个结果．

(f) x_{3t} 的估计值 β 为 -4.84（p 值 <0.05），请结合实际解释这个结果．

(g) x_{4t} 的估计值 β 为 0.92（p 值 <0.05），请结合实际解释这个结果．

(h) x_{5t} 的估计值 β 为 0.66，请结合实际解释这个结果．

(i) 模型的标准差为 $s = 2.36$，请结合实际解释这个结果．

(j) 你是否建议研究人员使用这个模型来预测未来总统选举的结果？并加以解释．

10.15 **银行延迟期望损失确认**．商业银行发放贷款的成功与否往往取决于银行多快地确认贷款是否会违约（导致损失）．银行确认的时间越长，银行就越容易受到冲击．*Journal of Accounting Research*（June 2015）上的一篇论文调查了银行延迟期望损失确认（DELR）与银行流动性风险的关联程度．流动性风险 y_t 是指银行流动性在 t 季度随市场的变化率．DELR x_{1t} 的测量方法是在不良贷款滞后变化的基础上，结合在 t 季度增加不良贷款的当前情况和未来变化，从而解释当前贷款损失的变化趋势．还测量了其他几个变量，包括贷款增长率 x_{2t}（贷款变化占 t 季度的百分比）、t 季度的市净率 x_{3t} 和消费者未偿贷款率 x_{4t}（未偿消费贷款总额除以 t 季度未偿贷款总额）．

(a) 建立一个 t 季度流动性风险关于上一季度 DELR 的线性函数回归模型．

(b) 将贷款增长率、市净率和未偿贷款率添加到（a）小题的模型中．假设 t 季度的流动性风险与上一季度这些变量呈线性相关．

(c) 在回归模型中添加项，从而能解释一年内不同季度之间的变化．

10.5　自相关和自回归误差模型

在第 8 章中，我们提出了在回归分析中检测残差相关性的 Durbin-Watson 检验. 当响应变量是时间序列变量时，残差相关性非常常见. 回归模型的残差与时间序列响应变量的相关性称为**自相关**，因为在不同时间点，同一时间序列模型的残差之间存在相关性.

自相关的一个特例是相邻残差相隔一个时间段（例如 t 时间和 $t+1$ 时间）是相关的，在商业和经济现象中有诸多应用. 这种相关性称为**一阶自相关**. 一般来说，相隔 m 个时间段的时间序列残差之间的相关性是 m 阶自相关.

定义 10.7　**自相关**是在不同时间点时间序列的残差之间的相关关系. 间隔一个时间段（在 t 和 $t+1$ 时间点）的相邻残差相关关系称为**一阶自相关**. 一般来说，当 t 和 $(t+m)$ 时间点的残差相关时，称为 m **阶自相关**.

为了解残差自相关如何影响回归模型，我们将假设一个类似于第 4 章中线性统计模型的模型

$$y_t = E(y_t) + R_t$$

其中 $E(y_t)$ 是回归模型

$$E(y_t) = \beta_0 + \beta_1 x_1 + \cdots + \beta_k x_k$$

R_t 代表随机残差. 我们假设残差 R_t 的均值为 0，方差为常量 σ^2，残差存在自相关. 自相关对一般线性模型的影响取决于自相关特性. 最常见的特性之一是连续时间点残差之间的自相关为正. 因此，当 t 时间点的残差 R_t 表明观测值 y_t 大于均值 $E(y_t)$，那么 $(t+1)$ 时间点的残差将有一个为正的趋势（概率大于 0.5）. 举个例子，用一个线性模型来模拟每月的经济指数（例如消费者价格指数），就会出现这种情况. 在经济衰退时期，该指数的观测值往往会低于该期间大多数或所有月份的线性预测值. 同样，在极端通货膨胀时期，残差可能为正值，因为指数的观测值将高于线性模型. 在这两种情况下，连续时间点的残差往往具有相同的符号，这意味着它们存在**正相关**.

对于残差自相关而言的第二个常见特性是，随着时间点之间间隔的增加，两个不同时间点的残差值 R 自相关程度会迅速减小. 因此，随着时间点之间的间隔 m 变大，R_t 和 R_{t+m} 之间的自相关程度变小（即变弱）.

一阶自回归误差模型是当时间点之间的间隔增加时，正自相关程度迅速减小的残差模型：

$$R_t = \phi R_{t-1} + \varepsilon_t, -1 < \phi < 1$$

其中，残差 ε_t 被称为**白噪声**，与所有其他残差都不相关. 因此，残差值 R_t 等于前一个残差 R_{t-1} 乘以常数 ϕ 后再加上随机误差. 一般来说，常数 ϕ 在 –1 和 1 之间，ϕ 的数值决定符号（正或负）和自相关程度. 事实上，可以证明（证明省略），间隔 m 个时间段的两个残差 R_t 和 R_{t+m} 之间的自相关程度（缩写 AC）为

$$AC(R_t, R_{t+m}) = \phi^m$$

由于 ϕ 的绝对值小于 1，则 R_t 与 R_{t+m} 之间的自相关程度 ϕ^m 随 m 的增大而减小. 这意味着 R_t 的相邻值（即 $m=1$）具有最高的相关性，并且相关性随着时间间隔 m 的增加而迅速减小.

这指出了自回归时间序列模型的一个性质,自相关函数中的 R 值大小取决于时间间隔 m,而不是时间 t. 具有此特性的时间序列模型被称之为**平稳**.

定义 10.8 **平稳时间序列模型**中的回归残差具有均值为 0、方差为常数和自相关程度仅取决于时间间隔的特性.

一阶自回归模型中不同 ϕ 取值的自相关函数,如图 10.9 所示. 注意,ϕ 的正值表示所有残差正自相关,而 ϕ 的负值意味着相邻残差间为负相关,残差间隔两个时间点为正相关,残差间隔三个时间点为负相关,以此类推. 当然,适当的模式将取决于具体的应用,但正自相关模式较为常见.

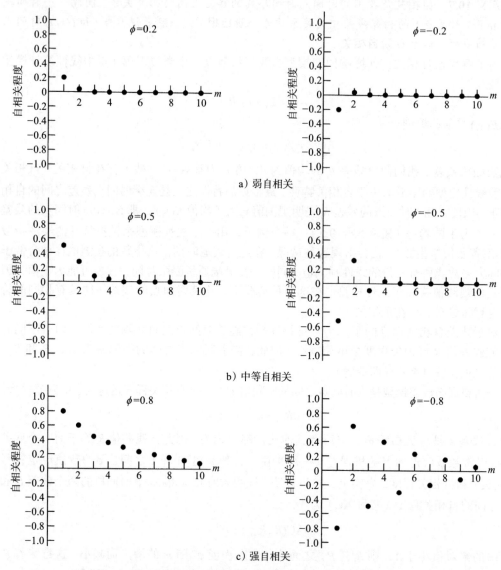

图 10.9 一阶自回归误差模型中不同 ϕ 取值的自相关函数:$R_t = \phi_1 R_{t-1} + \varepsilon_t$

尽管一阶自回归误差模型可以很好地表示多种自相关模式，但针对更复杂的情形可以使用高阶自回归模型来描述．一个 p 阶自回归误差模型的一般形式是

$$R_t = \phi_1 R_{t-1} + \phi_2 R_{t-2} + \cdots + \phi_p R_{t-p} + \varepsilon_t$$

这一模型包含 p 个参数 $\phi_1, \phi_2, \cdots, \phi_p$，允许残差时间序列在显示的自相关模式中有更大的灵活性．当使用自回归模型描述残差自相关时，观测到的自相关程度将用于估计这些参数．估计这些参数的方法将在 10.8 节中介绍．

练习 10.5

10.16   求自相关程度． 假设时间序列模型的随机部分遵循一阶自回归模型 $R_t = \phi R_{t-1} + \varepsilon_t$，其中 ε_t 是白噪声．考虑模型分别取 4 个不同的 ϕ 值：$\phi = 0.9$，$\phi = -0.9$，$\phi = 0.2$ 和 $\phi = -0.2$.

（a）分别计算 4 个 ϕ 值不同的模型中，前 10 个自相关程度 $\mathrm{AC}(R_t, R_{t+m})$，$m = 1, 2, 3, \cdots, 10$.

（b）根据不同 ϕ 值，分别绘制 R 值关于时间间隔 m 的自相关图．

（c）检查每个图中相关程度减小的速率．这暗示了什么？

10.17   非一阶自回归模型． 当使用时间序列分析季度数据（存在季节性影响的数据）时，很可能模型的随机分量 R_t 也表现出与因变量相同的季节变化．在这些情况下，相关误差项 R_t 有时假定为以下非一阶自回归模型：

$$R_t = \phi R_{t-4} + \varepsilon_t$$

其中 $|\phi| < 1$，ε_t 是白噪声．该模型的自相关函数由下式给出：

$$\mathrm{AC}(R_t, R_{t+m}) = \begin{cases} \phi^{m/4}, & m = 4, 8, 12, 16, 20, \cdots \\ 0, & \text{其他} \end{cases}$$

（a）用常数 $\phi = 0.5$ 计算模型的前 20 个自相关程度（$m = 1, 2, \cdots, 20$）.

（b）绘制 R 值与时间间隔 m 的自相关图．将相关性降低的速率与一阶模型 $R_t = 0.5 R_{t-1} + \varepsilon_t$ 进行比较．

10.18   识别自回归模型． 参见右图中所示的自相关模式．编写一个符合此模式的一阶自回归模型．

10.19   编写自回归模型方程． 写出四阶自回归模型的一般形式．

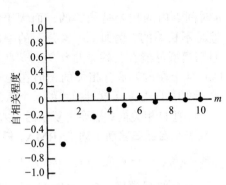

10.6   其他自相关误差模型（选修）

自相关残差模型除自回归模型外，还存在其他许多模型形式，但是自回归模型在诸多应用中为自相关模式提供了一个很好的近似．回想一下，自回归模型的自相关程度随着残差之间的时间间隔 m 的增加而迅速减小．偶尔，残差自相关程度似乎会突然从对应小数值 m

的非 0 变化为对应大数值 m 的 0. 例如，相邻残差 $(m=1)$ 可能是相关的，而相距较远 $(m>1)$ 的残差是不相关的．这种模式可以用**一阶移动平均模型**来描述：

$$R_t = \varepsilon_t + \theta\varepsilon_{t-1}$$

请注意，残差 R_t 是当前和以前的不相关（白噪声）残差的线性函数．可以看出，这个模型的自相关程度是

$$AC(R_t,\ R_{t+m}) = \begin{cases} \dfrac{\theta}{1+\theta^2}, & m=1 \\ 0, & m>1 \end{cases}$$

该模式的图形描述，如图 10.10 所示．

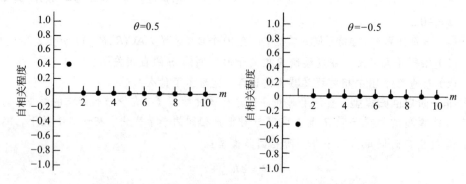

图 10.10　一阶移动平均模型 $R_t = \varepsilon_t + \theta\varepsilon_{t-1}$ 的自相关程度

一般来说，一个 q 阶移动平均模型为

$$R_t = \varepsilon_t + \theta_1\varepsilon_{t-1} + \theta_2\varepsilon_{t-2} + \cdots + \theta_q\varepsilon_{t-q}$$

q 时间点内的残差是相关的，而大于 q 时间点的残差是不相关的．例如，一家公司的季度每股收益的回归模型可能存在残差自相关，这些残差在 1 年内（$m=4$ 个季度）是自相关的，但在相隔较远时不相关．图 10.11 显示了这种模式的一个示例．

一些自相关模式需要更复杂的残差模型．更一般的模型是**自回归移动平均（ARMA）模型**

$$R_t = \phi_1 R_{t-1} + \cdots + \phi_p R_{t-p} + \varepsilon_t + \theta_1\varepsilon_{t-1} + \theta_2\varepsilon_{t-2} + \cdots + \theta_q\varepsilon_{t-q}$$

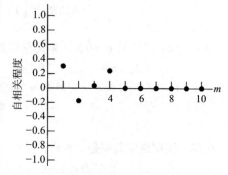

图 10.11　四阶移动平均模型的自相关程度

与自回归模型一样，ARMA 模型也具有自相关关系，自相关程度随着残差之间的时间间隔 m 的增大而减小，并且 ARMA 模型描述的模式比自回归或移动平均模型更为普遍．

在 10.8 节中，我们将提出一种自回归残差模型参数估计的方法．而当残差为移动平均或 ARMA 时，拟合时间序列模型的方法较为复杂．有关这些方法的详细信息，请参阅本章末尾的参考文献．

10.7　构建时间序列模型

回想一下，时间序列模型的一般形式是

$$y_t = E(y_t) + R_t$$

我们假设 y_t 的期望值为

$$E(y_t) = \beta_0 + \beta_1 x_1 + \beta_2 x_2 + \cdots + \beta_k x_k$$

其中 $x_1, x_2, \cdots, x_k$ 是自变量，它们本身可能是时间序列，残差分量 R_t 解释了残差中的自相关模式．因此，时间序列模型由两部分模型组成：一个模型用于确定性分量 $E(y_t)$，另一个模型用于自相关残差 R_t．

选取确定性分量

模型确定性分量的选择方式与前几章的回归模型完全相同，只是一些自变量可能是时间序列变量，也可能是时间的三角函数（如 $\sin t$ 或 $\cos t$）．如 10.2 节中所描述的，将确定性分量视为由趋势 T_t、循环 C_t 和季节 S_t 效应组合可能会有所帮助．

例如，我们可能想要建立房屋开工数量 y_t 关于基准利率 x_t 的函数模型．那么，y_t 均值的一个模型可以是

$$E(y_t) = \beta_0 + \beta_1 x_t$$

其中，房屋开工平均数是系数 β_1 乘以基准利率再加上常数 β_0．也可能是二阶关系，

$$E(y_t) = \beta_0 + \beta_1 x_t + \beta_2 x_t^2$$

这使得平均房屋数量的增长率将随着基准利率的变化而变化．

还可能建立房屋开工平均数量关于基准利率和年份 t 的函数模型．则模型为

$$E(y_t) = \beta_0 + \beta_1 x_t + \beta_2 t + \beta_3 x_t t$$

意味着房屋开工平均数关于基准利率 x_t 呈线性增长，但增长率取决于时间 t 年．如果我们想调整时间 t 带来的季节（循环）效应，我们可以利用 t 的三角函数将时间引入模型．之后针对这一主题将进行更详细的解释．

$E(y_t)$ 的另一种重要模型形式是**滞后自变量模型**．滞后是指将两个不同时间点的因变量和自变量观测值进行配对，自变量对应的时间滞后于因变量的时间．例如，假设我们认为每月房屋开工平均数是关于上个月基准利率的函数．因此，我们将 y_t 建模为关于滞后自变量基准利率 x_{t-1} 的线性函数

$$E(y_t) = \beta_0 + \beta_1 x_{t-1}$$

或者，二阶函数

$$E(y_t) = \beta_0 + \beta_1 x_{t-1} + \beta_2 x_{t-1}^2$$

在这个例子中，自变量基准利率 x_t，比响应变量 y_t 滞后 1 个月．

许多时间序列具有明显的季节性规律. 零售额通常在圣诞节、春季和秋季最高，冬季和夏季相对平缓. 能源在夏季和冬季消耗最高，春季和秋季最低. 青少年失业率在夏季学校不上课的时间会上升，而在临近圣诞节会降低，因为许多企业需要雇佣兼职员工.

当一个时间序列的季节性以年复一年相对一致的模式表现出来时，我们可以在 $E(y_t)$ 模型中使用三角函数项对该模式进行建模. 例如，一个均值为 $E(y_t)$ 的月度序列模型可能是

$$E(y_t) = \beta_0 + \beta_1 \left(\cos \frac{2\pi}{12} t \right) + \beta_2 \left(\sin \frac{2\pi}{12} t \right)$$

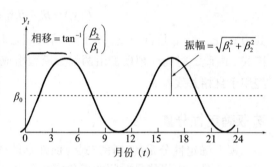

图 10.12 季节性时间序列模型

该模型如图 10.12 所示. 注意，该模型是**循环**的，**周期**为 12 个月. 也就是说，均值 $E(y_t)$ 每 12 个月完成一个循环，然后在接下来的 12 个月重复相同的循环. 因此，该系列的**预期峰值和谷值**逐年保持不变. 系数 β_1 和 β_2 决定了模型的**振幅**和**相移**. 振幅是季节效应的大小，而相移则位于时间上的峰值和谷值. 例如，如果我们假设月份 1 是 1 月，图 10.12 中描述的时间序列均值在每年 4 月有一个峰值，而在 10 月有一个谷值.

如果数据是月度或季度的，我们可以将季节视为一个定性自变量（参见例 10.3），并编写模型如下

$$E(y_t) = \beta_0 + \beta_1 S_1 + \beta_2 S_2 + \beta_3 S_3$$

其中

$$S_1 = \begin{cases} 1, & \text{如果季节是春季}(\text{II}) \\ 0, & \text{如果不是} \end{cases} \qquad S_2 = \begin{cases} 1, & \text{如果季节是夏季}(\text{III}) \\ 0, & \text{如果不是} \end{cases}$$

$$S_3 = \begin{cases} 1, & \text{如果季节是秋季}(\text{IV}) \\ 0, & \text{如果不是} \end{cases}$$

因此，S_1、S_2 和 S_3 是描述季节四个水平的虚拟变量，以冬季（I）为基准水平. 系数 β 决定了每个季节的均值 y_t，如图 10.13 所示. 请注意，对于虚拟变量模型和三角函数模型而言，我们假定每年的季节性影响都大致相同. 如果它们随着时间变化增加或减少，则可能需要考虑季节效应与时间之间的相互作用.（在 10.10 节将举例说明.）

确定性时间序列模型的适当形式将取决于理论和数据. 经济学理论通常提供几个看起来合理的模型，将响应均值与一个或多个自变量联系起来. 然后使用这些数据来确定哪种模型（如果有的话）最合适. 这个过程通常是一个迭代过程，从基于理论概念的

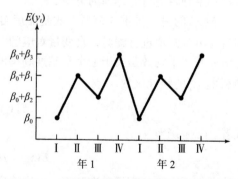

图 10.13 含虚拟变量的季度数据的季节模型

初步模型开始，使用数据来完善和修改这些概念，通过收集额外的数据来检验修改后的理论等.

选取残差分量

残差分量 R_t 的适当形式取决于残差中的自相关模式（见 10.5 节和 10.6 节）. 10.5 节中的自回归模型对于时间序列建模这一方面非常有用. p 阶自回归模型的一般形式是

$$R_t = \phi_1 R_{t-1} + \phi_2 R_{t-2} + \cdots + \phi_p R_{t-p} + \varepsilon_t$$

其中，ε_t 为白噪声（即不相关的误差）. 回想一下，"自回归"这个名字来源于这样一个事实，即 R_t 对其自身的过去值进行回归. 随着阶数 p 的增加，可以对更复杂的自相关函数进行建模. 还有其他几种模型可以用于研究随机分量，但自回归模型相对灵活，在商业预测中比其他模型应用更为广泛.

最简单的自回归误差模型是**一阶自回归模型**

$$R_t = \phi R_{t-1} + \varepsilon_t$$

回想一下，随着时间点间隔的增加，两个不同时间点的残差之间的自相关程度将减小. 由于许多商业和经济领域的时间序列都具有这一性质，所以一阶自回归模型是残差成分的一种常用模型选择.

总而言之，我们描述了构建时间序列的常用方法：

1. 为 $E(y_t)$ 的趋势、季节和循环分量建立一个回归模型. 该模型可以是趋势的多项式（通常是线性或二次模型），带有三角函数项或季节（循环）效应的虚拟变量. 模型还可以包括其他时间序列变量作为自变量. 例如，去年的通货膨胀率可以作为今年国内生产总值（GDP）的预测指标.

2. 然后为模型的随机分量（剩余效应）构建一个模型. 在实践中广泛使用的模型是一阶自回归误差模型

$$R_t = \phi R_{t-1} + \varepsilon_t$$

当自相关模式比较复杂时，采用 p 阶自回归模型的一般形式

$$R_t = \phi_1 R_{t-1} + \phi_2 R_{t-2} + \cdots + \phi_p R_{t-p} + \varepsilon_t$$

3. 将这两个分量结合起来，以便模型可用于预测：

$$y_t = E(y_t) + R_t$$

通过计算预测区间来衡量预测的可靠性. 在接下来的两节中，我们将演示时间序列模型如何拟合数据并用于预测. 在 10.10 节中，我们会通过一个示例阐述如何将季节性时间序列模型与一组数据进行拟合.

练习 10.7

10.20　对股票价格建模. 假设你对购买百事可乐公司（PepsiCo）的股票感兴趣. 你的经纪人已经告诉你，你最好的策略是在价格大幅上涨的情况下卖出股票. 因此，你对短

期投资感兴趣. 在购买之前, 你希望对百事可乐 (PepsiCo) 的收盘价 y_t 关于时间 t (以天为单位) 进行建模.

(a) 为模型的确定性分量 $E(y_t)$ 建立一个一阶模型.

(b) 若过去一个月的每日收盘价格图呈现二次趋势, 请为 $E(y_t)$ 建立一个合理的模型.

(c) 由于百事可乐 $(t+1)$ 日收盘价与 t 日收盘价高度相关, 你的经纪人认为模型的随机误差成分不是白噪声. 根据这些信息, 假设一个误差项 R_t 的模型.

10.21 对 GDP 建模. 经济学家希望建立国内生产总值 (GDP) 随时间 (以年为单位) 以及某些个人消费支出的函数模型. 令 t = 时间 (年), 令

$y_t = t$ 时的 GDP

$x_{1t} = t$ 时的耐用品

$x_{2t} = t$ 时的非耐用品

$x_{3t} = t$ 时的服务

(a) 经济学家认为 y_t 与自变量 x_{1t}, x_{2t}, x_{3t} 和 t 之间呈线性关系, 写出 $E(y_t)$ 的一阶模型.

(b) 当自变量和时间之间存在交互作用时, 重新建立模型.

(c) 假设随机误差分量 R_t 的模型. 解释为什么该模型合适.

10.22 超售航班机票. 航空公司有时会由于 "未出席" 乘客 (即购买了机票但未登机的乘客) 的现象而超额销售航班机票. 航空公司主管希望能够利用过去 3 年的数据, 预测从迈阿密到纽约的航班在未来一年内放弃登机乘客的月累积量. 假设 y_t = 第 t 月内的未登机乘客数.

(a) 建立 $E(y_t)$ 的模型, 该模型将设置季节虚拟变量, 以考虑数据中可能存在的季节性 (秋季、冬季、春季、夏季) 变化.

(b) 假设一个误差项 R_t 的模型.

(c) 为 y_t 建立完整时间序列模型 (包括随机误差项).

(d) 假设航空公司主管认为数据的季节性变化不是每年不变的, 换句话说, 时间和季节之间存在交互作用, 通过添加交互项重新建立该模型.

10.23 猪的市场价格. 一位农民对建立家畜市场上猪的日价格模型很感兴趣. 农民知道价格随时间 (天) 而变化, 并且有理由相信存在季节性影响.

(a) 为 $E(y_t)$ 建立一个带有三角函数项的季节性时间序列模型, 其中 y_t = 第 t 天猪的售价 (美元).

(b) 解释参数 β.

(c) 在模型中加入时间和三角函数分量之间的交互项. 交互项的存在意味着什么?

(d) 假设模型的随机误差分量 R_t 是白噪声, 这合理吗? 并加以解释. 假设一个更合适的 R_t 模型.

10.24 模拟云顶高度. 导致天气相关事故和飞机飞行延迟的一个因素是云顶高度. *Canadian Journal of Statistic* (December 2017) 上发表了一篇关于模拟每小时云顶高度 (百英

尺）的文章．美国国家大气研究中心在旧金山收集了 $n=716$ 个每小时观测数据．研究人员将建立云顶高度的自然对数 y_t 关于 t 小时和自回归误差项 R_t 的函数模型．

（a）建立一个 $E(y_t)$ 模型，假设其与 t 呈曲线关系．

（b）建立 R_t 的一阶自回归模型．

（c）利用（a）小题和（b）小题的模型为 y_t 编写完整的时间序列自回归模型．

10.8 拟合具有自回归误差的时间序列模型

我们提出了一个时间序列模型的一般形式：

$$y_t = E(y_t) + R_t$$

其中

$$E(y_t) = \beta_0 + \beta_1 x_1 + \cdots + \beta_k x_k$$

并且建立 R_t 的自回归模型

$$R_t = \phi_1 R_{t-1} + \phi_2 R_{t-2} + \cdots + \phi_p R_{t-p} + \varepsilon_t$$

现在我们要研究回归模型参数 $\beta_0, \beta_1, \cdots, \beta_k$ 的估计量，自回归模型参数 $\phi_1, \phi_2, \cdots, \phi_p$ 的估计量．最终的目标是利用该模型预测 y_t 的未来值，以及对模型本身的结构进行推断．

我们将通过一个简单的例子介绍一种时间序列模型的拟合技术．参考表 10.5 中的数据，一家公司在其 35 年经营中的年销售额，目标是预测未来第 36～40 年的销售额．在 10.4 节中，我们使用简单线性模型

$$E(y_t) = \beta_0 + \beta_1 t$$

预测平均销售额．

β_0 和 β_1 的最小二乘估计值显示在 SAS 输出结果中，如图 10.14 所示．虽然该模型对于预测年销售额是有用的（ H_0 ： $\beta_1=0$ 的 p 值小于 0.000 1 ），而对于 $\alpha=0.05$ ， $n=35$ 和 $k=1$ 的自变量，Durbin-Watson 统计量 $d=0.821$ ，小于附录 D 表 7 中的临界值 $d_L=1.40$ ．因此，有证据表明残差是正相关的．图 10.15 中的最小二乘残差随着时间的推移，显示出正自相关的模式．残差趋向于聚集在正的和负的中；如果在时间 t 的残差是正的，则在时间 $(t+1)$ 的残差趋于正值．

当存在自相关残差时，拟合最小二乘模型的结果是什么？即使残差存在自相关， β_0 和 β_1 的最小二乘估计量仍然是无偏的，即 $E(\hat{\beta}_0) = \beta_0$

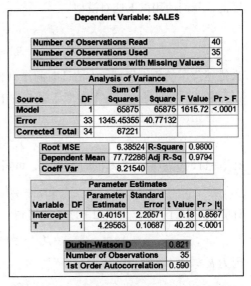

图 10.14 年销售收入模型的 SAS 输出结果

和 $E(\hat{\beta}_1) = \beta_1$. 当残差为正自相关时，最小二乘法给出的标准误差通常小于真正的标准误差．所以第 4 章中所介绍的方法在计算 t 值时（当误差不相关时适用）通常会膨胀，并且会导致比选择的显著性水平 α 值更高的第 I 类错误率 (α)．因此，标准最小二乘方法应用于时间序列常常会产生误导性的统计检验结果，从而导致对模型的预测能力的评价过于乐观．寻求专门研究自相关残差方法的第二个原因是，如果我们能成功地建立残差自相关模型，我们应该可以得到比最小二乘模型更小的 MSE 和相应更窄的预测区间．

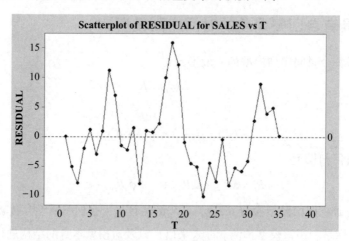

图 10.15　年销售收入模型的 MINITAB 残差图

为了解释自相关残差，我们假设一阶自回归模型为

$$R_t = \phi R_{t-1} + \varepsilon_t$$

因此，我们使用以下这对模型

$$y_t = \beta_0 + \beta_1 t + R_t$$
$$R_t = \phi R_{t-1} + \varepsilon_t$$

来描述公司的年销售额．为估计时间序列模型参数（β_0, β_1 和 ϕ），需要对最小二乘法进行修正．为此，我们将使用一个类似于第 8 章中讨论的方差稳定转换的方法．

首先，我们将模型

$$y_t = \beta_0 + \beta_1 t + R_t \tag{10.1}$$

在 $(t-1)$ 时间点时，左右同时乘以 ϕ，可得

$$\phi y_{t-1} = \phi \beta_0 + \phi \beta_1 (t-1) + \phi R_{t-1} \tag{10.2}$$

计算式（10.1）和式（10.2）之差，可得

$$y_t - \phi y_{t-1} = \beta_0(1-\phi) + \beta_1[t - \phi(t-1)] + (R_t - \phi R_{t-1})$$

因为 $R_t = \phi R_{t-1} + \varepsilon_t$，所以

$$y_t^* = \beta_0^* + \beta_1 t^* + \varepsilon_t$$

式中 $y_t^* = y_t - \phi y_{t-1}$，$t^* = t - \phi(t-1)$，$\beta_0^* = \beta_0(1-\phi)$. 因此，我们可以利用转换的因变量 y_t^* 和转换的自变量 t^* 来获得 β_0^* 和 β_1 的最小二乘估计值. 残差 ε_t 是不相关的，所以满足最小二乘估计所需的假设. 原始截距 β_0 估计量为

$$\hat{\beta}_0 = \frac{\hat{\beta}_0^*}{1-\phi}$$

这种转换模型似乎解决了一阶自回归残差问题. 然而，进行转换需要知道参数 ϕ 的值. 此外，我们将失去最初的观测值，因为 y_t^* 和 t^* 的值只能在 $t \geq 2$ 时计算. $t=1$ 时的估计和修整的方法将不在此详述. [参见 Anderson (1971) 或 Fuller (1996)]. 我们将介绍 SAS 统计软件包中执行转换并输出的模型参数 β_0、β_1 和 ϕ 的估计值.

与销售数据相拟合的线性自回归时间序列模型的 SAS 输出结果，如图 10.16 所示. 模型的确定性分量的 β_0 和 β_1 的估计值（在输出结果的底部高亮显示）为 $\hat{\beta}_0 = 0.405\ 8$ 和 $\hat{\beta}_1 = 4.295\ 9$. 一阶自回归模型参数 ϕ 的估计值（在输出结果的中间高亮显示）为 $-0.589\ 624$. 然而根据 SAS 时间序列模型中的定义，我们模型中的参数估计值将取 ϕ 的相反符号. 所以，你必须将 SAS 输出结果上显示的估计值乘以 (-1) 来获得 ϕ 的估计值：$\hat{\phi} = (-1)(-0.589\ 624) = 0.589\ 624$. 因此，拟合的模型为：

$$\hat{y}_t = 0.405\ 8 + 4.295\ 9t + \hat{R}_t, \quad \hat{R}_t = 0.589\ 624\hat{R}_{t-1}$$

注意，两个 R^2 值也显示在 SAS 输出结果的底部，如图 10.16 所示. 标记为 **Regress R-Square** 的值不是基于原始时间序列变量 y_t 的 R^2 值，而是基于转换变量 y_t^* 的值. 当我们在本章中提到 R^2 时，我们总是指基于原始时间序列变量的 R^2 值. 对于转换后的时间序列变量，该值通常大于 R^2，在输出结果中作为 **Total R-Square** 显示. 因此，时间序列自回归模型得到

$$\text{MSE} = 27.427\ 67 \quad \text{和} \quad R^2 = 0.986\ 9$$

表 10.6 给出了最小二乘法（图 10.7）和自回归（图 10.16）软件输出结果的比较. 注意，自回归模型降低了 MSE 的同时增加了 R^2. β_0 和 β_1 的估计量变化很小，但估计的标准误差显著增加，从而降低了检验 H_0：$\beta_1 = 0$ 的 t 值. 无论采用哪种方法，销售收入 y_t 与 t 年之间的线性关系都具有显著的预测价值.

表 10.6　最小二乘法和时间序列结果的比较

	最小二乘法	自回归
R^2	0.980	0.987
MSE	40.77	27.43
$\hat{\beta}_0$	0.401 5	0.405 8
$\hat{\beta}_1$	4.295 6	4.295 9
$\hat{\beta}_0$ 的标准误差	2.205 7	3.997 0
$\hat{\beta}_1$ 的标准误差	0.106 9	0.189 8
H_0：$\beta_1 = 0$ 的 t 统计量	40.20 $(p < 0.000\ 1)$	22.63 $(p < 0.000\ 1)$
$\hat{\phi}$	—	0.589 6
H_0：$\hat{\phi} = 0$ 的 t 统计量	—	4.13

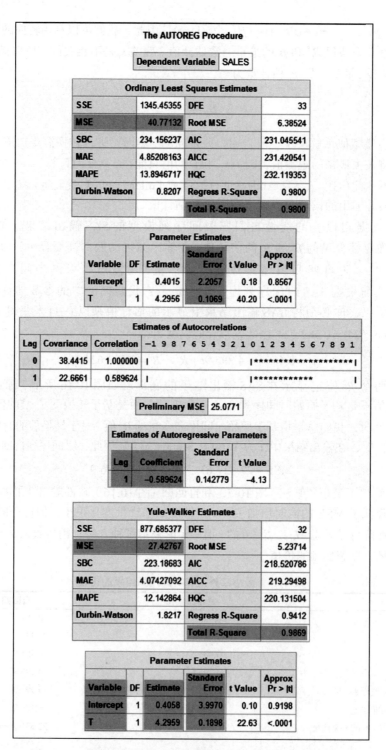

图 10.16　具有自回归误差的年销售收入模型的 SAS 输出结果

你可以看到，存在残差自相关的情况下，使用最小二乘法对标准误差的低估可能会导致模型中包含不重要的自变量，因为 t 值通常会被夸大.

是否存在正的自相关残差？假设 H_0：　$\phi = 0$ 的近似 t 检验[⊖]得出 $t = 4.13$. 当自由度为 32，该值在小于 $\alpha = 0.01$ 时显著. 因此 Durbin-Watson d 检验的结果得到了证实：有充分的证据表明残差自相关为正.[⊖] 此外，一阶自回归模型似乎能很好地描述这种残差相关性.

以下方框中总结了将时间序列模型拟合到一组数据的步骤. 模型一旦被估计，就可用来预测时间序列 y_t 的未来值.

时间序列模型拟合步骤

1. 用最小二乘法获得参数 β 的初始估计值. 不要使用 t 检验或 F 检验来评估参数，因为它们的标准误差估计值可能有偏差（通常被低估）.
2. 分析残差以确定它们是否存在自相关. Durbin-Watson 检验是做出这种判断的一种方法.
3. 如果有证据表明存在自相关，则建立残差模型. 自回归模型是一种有用的模型. 关于更多类型的残差模型和识别最合适模型的方法，请参考本章末尾的参考文献.
4. 根据残差模型，重新估计参数 β. 如果使用自回归模型，这将涉及一个简单的变换；常用的统计软件包中均包含计算机程序加以完成.

练习 10.8

10.25 **季度 GDP 值.** 国内生产总值（GDP）是衡量美国总产出的指标，因此是衡量美国经济的重要指标. 下表给出了 2011 年至 2017 年的季度 GDP 值（十亿美元）. 令 y_t 为 t 季度的 GDP，$t = 1, 2, 3, \cdots, 28$.

(a) 假设季度 GDP 的时间序列模型包含线性长期趋势和自相关残差.

(b) 时间序列模型 $y_t = \beta_0 + \beta_1 t + \phi R_{t-1} + \varepsilon_t$ 的 SAS 输出结果也显示在下面. 写出最小二乘预测方程.

(c) 解释模型参数 β_0, β_1 和 ϕ 的估计值.

(d) 解释 R^2 和 s 的值.

💿 **QTRGDP**

年份	季度	GDP	年份	季度	GDP
	1	14 881.30		1	15 491.88
2011	2	14 989.56	2013	2	15 521.56
	3	15 021.15		3	15 641.34
	4	15 190.25		4	15 793.93
	1	15 291.04		1	15 757.57
2012	2	15 362.42	2014	2	15 935.83
	3	15 380.80		3	16 139.51
	4	15 384.25		4	16 220.22

⊖　这个 t 检验的解释被省略. 有关此检验的详细信息，请参阅本章末尾的参考文献.
⊖　由于可以证明（证明省略）$\hat{\phi} \approx 1 - d/2$，其中 d 是 Durbin-Watson 统计量的值，此为预期结果.

（续）

年份	季度	GDP	年份	季度	GDP
	1	16 349.97		1	16 903.24
2015	2	16 460.89	2017	2	17 031.08
	3	16 527.59		3	17 163.89
	4	16 547.62		4	17 286.50
	1	16 571.57			
2016	2	16 663.52			
	3	16 778.15			
	4	16 851.42			

资料来源：U.S. Department of Commerce, Bureau of Economic Analysis, 2018.

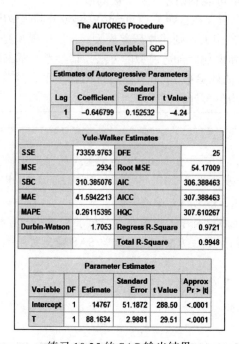

练习 10.25 的 SAS 输出结果

INTRATE30

10.26　按揭贷款利率. 参见练习 10.8 和按揭贷款利率数据.

（a）假设考虑残差自相关的年平均按揭贷款利率 y_t 的时间序列模型.

（b）拟合（a）小题的自回归时间序列模型，解释模型参数的估计值.

10.27　每月黄金价格. 黄金价格的波动反映了美元的升值或贬值. 下表显示了 2010 年至 2017 年的月度黄金价格. 假设建立月度价格 y_t 关于 t 的函数模型，其中 t 表示月份（即 $t = 1, 2, 3, \cdots, 96$）.

（a）绘制数据的散点图. 你能观察到一个长期的趋势吗？

（b）建立一个包含长期二次趋势和自相关残差的时间序列模型.

（c）拟合（b）小题的时间序列模型．计算并解释（i）模型参数的估计值，（ii）R^2 的值，（iii）长期二次趋势的检验．

GOLDMON

年份	月份	价格（美元）	年份	月份	价格（美元）
2010	1 月	1 118.0	2013	1 月	1 671.8
	2 月	1 095.4		2 月	1 627.6
	3 月	1 113.3		3 月	1 593.1
	4 月	1 148.7		4 月	1 487.9
	5 月	1 205.4		5 月	1 414.0
	6 月	1 232.9		6 月	1 343.3
	7 月	1 193.0		7 月	1 285.5
	8 月	1 215.8		8 月	1 351.7
	9 月	1 271.1		9 月	1 348.6
	10 月	1 342.0		10 月	1 316.6
	11 月	1 369.9		11 月	1 275.9
	12 月	1 390.6		12 月	1 221.5
2011	1 月	1 356.4	2014	1 月	1 244.3
	2 月	1 372.7		2 月	1 299.6
	3 月	1 424.0		3 月	1 336.1
	4 月	1 473.8		4 月	1 298.5
	5 月	1 510.4		5 月	1 288.7
	6 月	1 528.7		6 月	1 279.1
	7 月	1 572.8		7 月	1 310.6
	8 月	1 775.8		8 月	1 295.1
	9 月	1 771.9		9 月	1 236.6
	10 月	1 665.2		10 月	1 222.5
	11 月	1 739.0		11 月	1 175.3
	12 月	1 652.3		12 月	1 200.6
2012	1 月	1 652.2	2015	1 月	1 250.8
	2 月	1 742.1		2 月	1 227.1
	3 月	1 673.8		3 月	1 178.6
	4 月	1 649.7		4 月	1 198.9
	5 月	1 591.2		5 月	1 198.6
	6 月	1 598.8		6 月	1 181.5
	7 月	1 589.9		7 月	1 128.3
	8 月	1 630.3		8 月	1 117.9
	9 月	1 744.8		9 月	1 124.8
	10 月	1 746.6		10 月	1 159.3
	11 月	1 721.6		11 月	1 086.4
	12 月	1 684.8		12 月	1 068.3

（续）

年份	月份	价格（美元）	年份	月份	价格（美元）
2016	1 月	1 097.9	2017	1 月	1 192.1
	2 月	1 199.5		2 月	1 234.2
	3 月	1 245.1		3 月	1 231.4
	4 月	1 242.3		4 月	1 266.9
	5 月	1 261.0		5 月	1 246.0
	6 月	1 276.4		6 月	1 260.3
	7 月	1 336.7		7 月	1 236.8
	8 月	1 340.2		8 月	1 283.0
	9 月	1 326.6		9 月	1 314.1
	10 月	1 266.6		10 月	1 279.5
	11 月	1 238.3		11·月	1 281.9
	12 月	1 157.4		12 月	1 264.5

资料来源：*Standard & Poor's Statistics*, 2018.

10.9 时间序列自回归模型预测

通常，拟合时间序列模型的最终目的是预测序列的未来值. 我们将演示简单模型

$$y_t = \beta_0 + \beta_1 x_t + R_t$$

带有一阶自回归残差

$$R_t = \phi R_{t-1} + \varepsilon_t$$

的分析技术. 我们将利用 10.8 节中所阐述的方法，假设数据 $(y_1, x_1), (y_2, x_2), \cdots, (y_n, x_n)$ 来获得 β_0, β_1 和 ϕ 的估计值. 为预测 y_{n+1} 值，根据模型

$$y_{n+1} = \beta_0 + \beta_1 x_{n+1} + R_{n+1}$$

其中

$$R_{n+1} = \phi R_n + \varepsilon_{n+1}$$

结合这些，我们得到

$$y_{n+1} = \beta_0 + \beta_1 x_{n+1} + \phi R_n + \varepsilon_{n+1}$$

从这个方程中，我们通过估计每个未知参数并设 ε_{n+1} 的期望值为 0，可得 y_{n+1} 的预测值，表示为 F_{n+1} [⊖]：

$$F_{n+1} = \hat{\beta}_0 + \hat{\beta}_1 x_{n+1} + \hat{\phi} \hat{R}_n$$

⊖ 注意，预测需要知道 x_{n+1} 的值. 当 x_t 本身是一个时间序列时，x_{n+1} 未来值通常是未知的，也必须进行估计. 通常，（例如例 10.4）$x_t = t$，在这种情况下，未来的时间段（例如 $t = n+1$）是已知的，不需要被估计.

其中 $\hat{\beta}_0$，$\hat{\beta}_1$ 和 $\hat{\phi}$ 是基于 10.8 节中提出的时间序列模型拟合方法所得的估计值. 残差 R_n 的表达式为

$$R_n = y_n - (\beta_0 + \beta_1 x_n)$$

所以其估计值 $\hat{R}_n$ 为

$$\hat{R}_n = y_n - (\hat{\beta}_0 + \hat{\beta}_1 x_n)$$

y_{n+2} 的预测结果同理可得，y_{n+2} 的实际值为

$$y_{n+2} = \beta_0 + \beta_1 x_{n+2} + R_{n+2}$$
$$= \beta_0 + \beta_1 x_{n+2} + \phi R_{n+1} + \varepsilon_{n+2}$$

$t = n+2$ 时的预测值是

$$F_{n+2} = \hat{\beta}_0 + \hat{\beta}_1 x_{n+2} + \hat{\phi} \hat{R}_{n+1}$$

残差 R_{n+1}（以及所有未来残差）现在可以从递归关系中获得：

$$R_{n+1} = \phi R_n + \varepsilon_{n+1}$$

所以

$$\hat{R}_{n+1} = \hat{\phi} \hat{R}_n$$

因此，预测 y 的未来值是一个迭代过程，每一次新的预测都要利用之前的残差来获得对未来时间段的估计残差. 下框中概述了使用一阶自回归残差的时间序列模型的一般预测过程.

基于一阶自回归残差的时间序列模型的预测

$$y_t = \beta_0 + \beta_1 x_{1t} + \beta_2 x_{2t} + \cdots + \beta_k x_{kt} + R_t$$
$$R_t = \phi R_{t-1} + \varepsilon_t$$

步骤 1. 使用统计软件包获得估计模型

$$\hat{y}_t = \hat{\beta}_0 + \hat{\beta}_1 x_{1t} + \hat{\beta}_2 x_{2t} + \cdots + \hat{\beta}_k x_{kt} + \hat{R}_t, t = 1, 2, \cdots, n$$
$$\hat{R}_t = \hat{\phi} \hat{R}_{t-1}$$

步骤 2. 计算数据中的最后时间点（即 $t = n$）的估计残差如下：

$$\hat{R}_n = y_n - \hat{y}_n$$
$$= y_n - (\hat{\beta}_0 + \hat{\beta}_1 x_{1n} + \hat{\beta}_2 x_{2n} + \cdots + \hat{\beta}_k x_{kn})$$

步骤 3. y_{n+1} 的预测值为

$$F_{n+1} = \hat{\beta}_0 + \hat{\beta}_1 x_{1, n+1} + \hat{\beta}_2 x_{2, n+1} + \cdots + \hat{\beta}_k x_{k, n+1} + \hat{\phi} \hat{R}_n$$

其中 $\hat{R}_n$ 可由步骤 2 得到.

步骤 4. y_{n+2} 的预测值为

$$F_{n+2} = \hat{\beta}_0 + \hat{\beta}_1 x_{1, n+2} + \hat{\beta}_2 x_{2, n+2} + \cdots + \hat{\beta}_k x_{k, n+2} + (\hat{\phi})^2 \hat{R}_n$$

以此类推，之后 m 个时间段的预测值为

$$F_{n+m} = \hat{\beta}_0 + \hat{\beta}_1 x_{1,n+m} + \hat{\beta}_2 x_{2,n+m} + \cdots + \hat{\beta}_k x_{k,n+m} + (\hat{\phi})^m \hat{R}_n$$

例 10.4 假设我们想根据表 10.5 中的数据来预测公司的销售额. 在 10.8 节中，我们拟合回归 – 自回归模型

$$y_t = \beta_0 + \beta_1 t + R_t \qquad\qquad R_t = \phi R_{t-1} + \varepsilon_t$$

通过 35 年的销售数据，我们获得估计模型为

$$\hat{y}_t = 0.405\,8 + 4.295\,9t + \hat{R}_t \qquad\qquad \hat{R}_t = 0.589\,6\hat{R}_{t-1}$$

综上，

$$\hat{y}_t = 0.405\,8 + 4.295\,9t + 0.589\,6\hat{R}_{t-1}$$

（a）使用拟合模型分别预测 $t=36, 37$ 和 38 的年销售额.

（b）为上述预测值计算大约 95% 的预测区间.

解 （a）预测第 36 年销售额，需要对最后的残差 R_{35} 进行估计

$$
\begin{aligned}
\hat{R}_{35} &= y_{35} - [\hat{\beta}_0 + \hat{\beta}_1(35)] \\
&= 150.9 - [0.405\,8 + 4.295\,9(35)] \\
&= 0.137\,7
\end{aligned}
$$

预测下一年（即第 36 年）的销售额为

$$
\begin{aligned}
F_{36} &= \hat{\beta}_0 + \hat{\beta}_1(36) + \hat{\phi}\hat{R}_{35} \\
&= 0.405\,8 + 4.295\,9(36) + (0.589\,6)(0.137\,7) \\
&= 155.14
\end{aligned}
$$

使用方框中的公式，之后第二年（即第 37 年）的销售额为

$$
\begin{aligned}
F_{37} &= \hat{\beta}_0 + \hat{\beta}_1(37) + (\hat{\phi})^2 \hat{R}_{35} \\
&= 0.405\,8 + 4.295\,9(37) + (0.589\,6)^2(0.137\,7) \\
&= 159.40
\end{aligned}
$$

同样，预测之后第三年的销售额（即第 38 年的销售预测）为

$$
\begin{aligned}
F_{38} &= \hat{\beta}_0 + \hat{\beta}_1(38) + (\hat{\phi})^3 \hat{R}_{35} \\
&= 0.405\,8 + 4.295\,9(38) + (0.589\,6)^3(0.137\,7) \\
&= 163.68
\end{aligned}
$$

一些统计软件包（例如 SAS）具有建立自回归模型计算预测值的选项. 这三个预测值 F_{36}，F_{37} 和 F_{38} 显示在 SAS 输出结果的底部（阴影部分），在 FORECAST 列中，如图 10.17 所示.

我们可以通过这种方式来预测未来某年销售额. 然而，

T	SALES	FORECAST	LCL95	UCL95
1	4.8	4.702	−10.644	20.048
2	4.0	9.056	−1.996	20.108
3	5.5	10.347	−0.673	21.367
4	15.6	12.994	2.004	23.984
5	23.1	20.712	9.750	31.675
6	23.3	26.897	15.961	37.834
7	31.4	28.778	17.865	39.692
8	46.0	35.317	24.425	46.210
9	46.1	45.689	34.815	56.563
10	47.9	47.511	36.653	58.368
11	45.5	46.797	35.954	57.641
12	53.5	50.683	39.851	61.515
13	48.4	57.163	46.340	67.985
14	61.6	55.919	45.103	66.734
15	65.6	65.465	54.654	76.275
16	71.4	69.586	58.778	80.394
17	83.4	74.769	63.961	85.577
18	93.6	83.607	72.797	94.417
19	94.2	91.384	80.570	102.199
20	85.4	93.501	82.680	104.322
21	86.2	90.075	79.245	100.906
22	89.9	92.310	81.468	103.152
23	89.2	96.254	85.399	107.110
24	99.1	97.605	86.733	108.477
25	100.3	105.205	94.315	116.095
26	111.7	107.675	96.765	118.586
27	108.2	116.160	105.226	127.094
28	115.5	115.859	104.900	126.818
29	119.2	121.927	110.940	132.913
30	125.2	125.871	114.855	136.887
31	136.3	131.172	120.124	142.220
32	146.8	139.480	128.398	150.561
33	146.1	147.434	136.316	158.551
34	151.4	148.784	137.628	159.940
35	150.9	153.672	142.475	164.868
36	.	155.140	143.901	166.379
37	.	159.403	145.743	173.062
38	.	163.679	148.875	178.484

图 10.17 使用带有自回归误差的一阶模型预测年销售额的 SAS 列表

随着未来时间间隔的增加，误差也有可能增加. 预测误差来源于以下三个主要原因：

1. 模型的形式有可能在未来的某个时间发生变化. 这是一个特别难以量化的误差来源，因为我们通常不知道模型何时或是否会发生变化，或变化的程度. 模型形式可能发生变化是我们一直提醒读者避免在自变量的观测值范围之外进行预测的主要原因. 然而，时间序列预测留给我们很少的方法去选择，从定义上的角度来说，就是预测未来某时刻的值.

2. 预测误差的第二个来源是方差为 σ^2 的不相关残差 ε_t. 对于一阶自回归残差，预测下一时间点的预测方差为 σ^2，而预测之后第二时间点的预测方差为 $\sigma^2(1+\phi^2)$，一般来说，对于之后 m 个时间点，预测方差⊖为 $\sigma^2(1+\phi^2+\phi^4+\cdots+\phi^{2(m-1)})$. 因此，预测方差随着时间间隔的增加而增加. 这些方差能够建立约 95% 的预测区间（见下框）.

3. 误差的第三个来源归因于模型参数估计的误差. 此影响通常小于其他原因，并且在构建预测区间时通常被忽略.

（b）为构建预测区间，我们首先通过时间序列回归分析中的误差均方 MSE 来估计 σ^2. 为预测第 36 年的销售数据，构建约 95% 的预测区间：

$$
\begin{aligned}
F_{36} &\pm 2\sqrt{\text{MSE}} \\
&= 155.1 \pm 2\sqrt{27.427\ 67} \\
&= 155.1 \pm 10.5
\end{aligned}
$$

即 (144.6,165.6). 因此，我们预测第 36 年的销售额将在 145 000 美元至 165 000 美元之间.

第 37 年约 95% 的预测区间是

$$
\begin{aligned}
F_{37} &\pm 2\sqrt{\text{MSE}(1+\phi^2)} \\
&= 159.4 \pm 2\sqrt{27.427\ 67[1+(0.589\ 6)^2]} \\
&= 159.4 \pm 12.2
\end{aligned}
$$

即 (147.2,171.6). 请注意，此区间比第 36 年的预测区间大. 随着我们更进一步的预测尝试，区间将持续扩大.

用时间序列自回归模型计算准确 95% 的预测区间的公式很复杂，超出了本文的讨论范围. 然而，我们可以使用统计软件包来得到它们. 如图 10.17 所示，在 SAS 输出结果的底部 **LCL95** 和 **UCL95** 列中，显示了第 36 ～ 38 年准确 95% 的预测区间. 注意，准确预测区间比近似区间大. 我们再次强调，这些预测和区间准确性基于模型形式在预测期内没有变化的假设. 例如，如果公司在第 37 年与另一家公司合并，销售模型肯定会有改变，因此，第 37 年以前的预测区间可能是无用的. ■

利用一阶自回归残差的时间序列模型建立约 95% 的预测区间

下一个时间点预测：

$$
\hat{y}_{n+1} \pm 2\sqrt{\text{MSE}}
$$

之后两个时间点预测：

⊖　参见 Fuller(1996).

$$\hat{y}_{n+2} \pm 2\sqrt{\text{MSE}(1+\hat{\phi}^2)}$$

之后三个时间点预测：

$$\hat{y}_{n+3} \pm 2\sqrt{\text{MSE}(1+\hat{\phi}^2+\hat{\phi}^4)}$$

$$\vdots$$

之后 m 个时间点预测：

$$\hat{y}_{n+m} \pm 2\sqrt{\text{MSE}(1+\hat{\phi}^2+\hat{\phi}^4+\cdots+\hat{\phi}^{2(m-1)})}$$

（注意：用 MSE 估计 σ^2，即不相关残差 ε_t 的方差．）

值得注意的是，预测过程明确地使用残差自相关．其结果比第 4 章的标准最小二乘法（忽略了残差相关性）得到的预测结果更好．一般情况下，时间序列预测的预测区间比最小二乘预测的预测区间要小．$^{\ominus}$因此，当存在自相关时，使用时间序列模型的最终结果是，可以获得更可靠的系数 β 估计值、更小的残差方差和更准确的时间序列未来值预测区间．

练习 10.9

10.28　计算预测值． 年度时间序列模型 $y_t = \beta_0 + \beta_1 t + \phi R_{t-1} + \varepsilon_t$ 拟合了 $n=30$ 年收集的数据，其结果如下：

$$\hat{y}_t = 10 + 2.5t + 0.64\hat{R}_{t-1}$$
$$y_{30} = 82 \qquad \text{MSE} = 4.3$$

（a）计算 $t=31$，$t=32$ 和 $t=33$ 时 y_t 的预测值．

（b）为（a）小题中获得的预测值建立约 95% 的预测区间．

10.29　计算预测值． 季度时间序列模型 $y_t = \beta_0 + \beta_1 t + \beta_2 t^2 + \phi R_{t-1} + \varepsilon_t$ 拟合了 $n=48$ 个季度所收集的数据，结果如下：

$$\hat{y}_t = 220 + 17t - 0.3t^2 + 0.82\hat{R}_{t-1}$$
$$y_{48} = 350 \qquad \text{MSE} = 10.5$$

（a）计算 $t=49$，$t=50$ 和 $t=51$ 时 y_t 的预测值．

（b）为（a）小题中计算的预测值建立大约 95% 的预测区间．

🌐 **QTRGDP**

10.30　季度 GDP 值． 在练习 10.25 中拟合时间序列模型预测 2018 年四个季度的 GDP，并计算约 95% 的预测区间．去图书馆（或搜索互联网）查找 2018 年的 GDP 真实值．预测区间是否包含 2018 年 GDP 真实值？

🌐 **INTRATE30**

10.31　按揭贷款利率． 在练习 10.26 中拟合时间序列模型预测 2018 年平均按揭贷款利率．

$\ominus$　当 n 较大时，时间序列所有未来值的约 95% 的预测区间从标准最小二乘法计算所得缩减到 $\hat{y}_t \pm 2\sqrt{\text{MSE}}$．这些区间实际上比从时间序列分析产生的准确预测区间小．

预测约 95% 的置信区间.

⊚ GOLDMON

10.32　每月黄金价格. 在练习 10.27 中拟合时间序列模型预测 2018 年 1 月和 2 月的黄金价格. 计算约 95% 的预测区间. 这些区间是否包含真实的黄金价格?(去图书馆或上网查询 2018 年 1 月和 2 月的实际黄金价格.) 如果不包含,请给出一个合理的解释.

⊚ GOLDYR

10.33　黄金年价格. 参考练习 10.7,2000—2017 年黄金价格序列.

(a) 根据时间序列图假设 $E(y_t)$ 的确定性模型.

(b) 你希望 (a) 小题模型中的随机误差项不被修正吗?请加以解释.

(c) 假设存在相关误差项 R_t 的模型.

(d) 将 (a)、(c) 小题的两个模型结合起来,构建时间序列预测模型.

(e) 将 (d) 小题的时间序列模型与数据相拟合.

(f) 使用 (e) 小题拟合的时间序列模型对 2018 年度的黄金价格进行预测,并建立约 95% 的预测区间.

10.10　季节性时间序列模型:示例

我们在前文中已用一个简单的回归模型来说明残差自相关时的模型估计和预测方法. 在这一节中,我们通过一个实际案例来阐述一个残差自回归的 $E(y_t)$ **季节模型**.

严重的水资源短缺将对商业和社区造成严重后果. 提前几个月预测用水量是避免这种短缺的关键. 假设已获得一个社区过去 15 年每月的用水量记录. 图 10.18 显示了过去 6 年间的 y_t 时间序列图. 注意,数据中出现了明显的增长趋势和季节效应. 用水量似乎总在夏季达到峰值,在冬季下降. 因此,我们不妨提出以下模型:

$$E(y_t) = \beta_0 + \beta_1 t + \beta_2 \left(\cos \frac{2\pi}{12} t \right) + \beta_3 \left(\sin \frac{2\pi}{12} t \right)$$

由于季节效应的振幅(即峰谷的幅度)似乎随时间而增加,我们在模型中加入了时间和三角函数之间的交互作用,模型为

$$E(y_t) = \beta_0 + \beta_1 t + \beta_2 \left(\cos \frac{2\pi}{12} t \right) + \beta_3 \left(\sin \frac{2\pi}{12} t \right) + \beta_4 t \left(\cos \frac{2\pi}{12} t \right) + \beta_5 t \left(\sin \frac{2\pi}{12} t \right)$$

随机分量 R_t 的模型必须考虑短期的循环效应,例如在一个特别炎热的夏天,如果用水量 y_t 超过 7 月份的预期用水量 $E(y_t)$,我们就预计 8 月份也会发生同样的情况. 因此,我们提出了随机分量的一阶自回归模型[⊖]:

$$R_t = \phi R_{t-1} + \varepsilon_t$$

⊖　更复杂的时间序列模型可能更合适. 我们使用简单的一阶自回归模型,以便读者更容易地遵循建模过程.

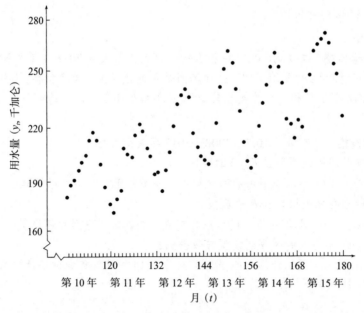

图 10.18　用水量的时间序列图

现在我们将模型与时间序列 y_t 相拟合，其中 y_t 的单位为千加仑．SAS 输出结果如图 10.19 所示．估计模型为

$$\hat{y}_t = 100.083\,2 + 0.826\,3t - 10.801\,1\left(\cos\frac{2\pi}{12}t\right) - 7.085\,8\left(\sin\frac{2\pi}{12}t\right) -$$

$$0.055\,6t\left(\cos\frac{2\pi}{12}t\right) - 0.029\,6t\left(\sin\frac{2\pi}{12}t\right) + \hat{R}_t$$

$$\hat{R}_t = 0.661\,7\hat{R}_{t-1}$$

MSE $= 23.135$. R^2 的值为 0.99，表明模型能够很好地拟合数据．

　　我们现在使用此模型来预测未来 12 个月的用水量．第一个月的预测如下，末期残差值（部分输出结果未显示）是 $\hat{R}_{180} = -1.324\,7$．那么预测下一时间点的公式是

$$F_{181} = \hat{\beta}_0 + \hat{\beta}_1(181) + \hat{\beta}_2\left(\cos\frac{2\pi}{12}181\right) + \hat{\beta}_3\left(\sin\frac{2\pi}{12}181\right) +$$

$$\hat{\beta}_4(181)\left(\cos\frac{2\pi}{12}181\right) + \hat{\beta}_5(181)\left(\sin\frac{2\pi}{12}181\right) + \hat{\phi}\hat{R}_{180}$$

代入图 10.20 所示的 $\hat{\beta}_0$, $\hat{\beta}_1, \cdots, \hat{\beta}_5$ 和 $\hat{\phi}$ 的值，我们得到 $F_{181} = 238.0$．该预测值 95% 的预测范围为 $\pm 2\sqrt{\text{MSE}} = \pm 2\sqrt{23.135} = \pm 9.6$ ⊖．也就是说，我们预测下月的用水量将在实际用水量的 9 600 加仑范围内．然后在未来的 11 个月重复这一预测过程．预测值及其预测区间如图 10.20 所示．图中还显示了第 16 年的实际用水量．注意，当我们试图预测未来值时，预测区间会

――――――

⊖　在计算预测可靠性时，忽略了参数估计的误差．对于这个长度的序列，这些误差应该很小．

变大. 预测区间的这种性质使得长期预测结果非常不可靠.

　　时间序列建模技术具有多样性和复杂性, 本章中仅进行了导论性介绍, 目的是帮助读者建立时间序列建模对于业务预测是一个有用且强大的工具这一印象. 成功地构建时间序列模型需要大量的经验, 而且本书致力于这个主题 (参见本章末尾的参考文献).

The AUTOREG Procedure

Dependent Variable　　USAGE

Estimates of Autoregressive Parameters

Lag	Coefficient	Standard Error	t Value
1	−0.661679	0.055885	−11.84

Yule-Walker Estimates

SSE	4025.513	DFE	174
MSE	23.135	Root MSE	4.810
SBC	1023.591	AIC	1002.941
Regress R-Square	0.9431	Total R-Square	0.9900
Durbin-Watson	0.5216		

Variable	DF	Estimate	Standard Error	t Value	Approx Pr > |t|
Intercept	1	100.0832	2.0761	48.21	<.0001
T	1	0.8263	0.0198	41.74	<.0001
COS	1	−10.8011	1.8559	−5.82	<.0001
SIN	1	−7.0858	1.8957	−3.74	.0003
COS_T	1	−0.0556	0.0177	−3.14	.0020
SIN_T	1	−0.0296	0.0182	−1.63	.1049

图 10.19　用水量时间序列模型的 SAS 输出

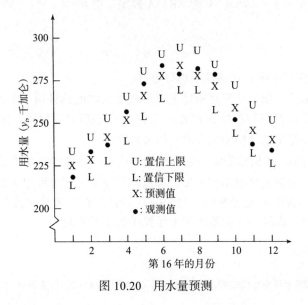

图 10.20　用水量预测

警告：人们提出了许多过于简化的预测方法．它们通常由趋势或季节模式到未来时间段的图形扩展组成．虽然这些图形技术很容易理解，直观上具有吸引力，但仍应该避免使用．这些预测无法量化可靠性，据此预测作出的决策风险非常高．

10.11 使用因变量的滞后值进行预测（选修）

在 10.7 节中，我们讨论了时间序列模型确定性成分 $E(y_t)$ 的各种选择．模型都是关于自变量 t, x_t, x_{t-1} 和季节虚拟变量的函数．通常情况下，通过在模型中加入因变量的滞后值，可以提高 y_t 的预测效果．例如，由于股票在 t 日的价格与前一天（即在第 $t-1$ 天）的价格高度相关．$E(y_t)$ 一个有用的模型为

$$E(y_t) = \beta_0 + \beta_1 y_{t-1}$$

y_t 值滞后的模型往往与 4.2 节中概述的标准回归假设相矛盾；因此，必须使用专门的方法对其进行拟合．

Box 和 Jenkins(1977) 提出了一种基于 y_t 的过去值和随机误差 ε_t 的过去值的时间序列模型分析方法．一般模型记为 **ARMA(p,q)**，形式为

$$y_t + \phi_1 y_{t-1} + \phi_2 y_{t-2} + \cdots + \phi_p y_{t-p} = \varepsilon_t + \theta_1 \varepsilon_{t-1} + \theta_2 \varepsilon_{t-2} + \cdots + \theta_q \varepsilon_{t-q}$$

注意，等式的左边是 y_t 的 **p 阶自回归模型**（参见 10.5 节），而等式的右边是随机误差 ε_t 的 **q 阶移动平均模型**（见 10.6 节）．

ARMA(p, q) 模型分析分为三个阶段：（1）识别，（2）估计，（3）预测．在识别阶段，通过样本数据确定 p 和 q 的值．即确定自回归部分和移动平均部分的阶数[⊖]．例如，分析人员可能找到最佳模型是 p = 2 和 q = 0 的 ARMA 模型．将 p = 2，q = 0 代入上述方程，得到 ARMA(2, 0) 模型

$$y_t + \phi_1 y_{t-1} + \phi_2 y_{t-2} = \varepsilon_t$$

注意，由于 q = 0，模型中不存在移动平均分量．

一旦确定模型形式，第二个阶段就需要获得模型参数的估计值．在 ARMA(2, 0) 模型的情况下，我们需要估计自回归参数 ϕ_1 和 ϕ_2．之后进行模型显著性检验，如果模型被认为是显著的，则在第三阶段使用估计模型来预测 y_t 的未来值．

分析 y_t 的 ARMA(p, q) 模型需要一定程度的专业知识，超出了本书的范围．即使有了这样的专业知识水平，分析人员也需要借助计算机程序加以完成．使用 ARMA(p, q) 模型进行识别、估计和预测的程序可通过 SAS、SPSS 和 MINITAB 等统计软件包获得．但是，在尝试运行这些程序之前，你应该先浏览本章末尾提供的参考文献．

⊖ 这一步需要仔细检查样本自相关图．图中的某些模式（如图 10.9 ～图 10.12 所示）允许分析人员识别 p 和 q．

快速总结

关键公式

时间序列模型

$$y_t = T_t + C_t + S_t + R_t$$

指数平滑法

$$E_t = wY_t + (1-w)E_{t-1}$$

预测：$F_{n+k} = E_n$

Holt–Winters 法

$$E_t = wY_t + (1-w)(E_{t-1} + T_{t-1})$$
$$T_t = v(E_t - E_{t-1}) + (1-v)T_{t-1}$$

预测：$F_{n+k} = E_n + T_k$

移动平均法

$M_t = L_t / N$，其中

$$L_t = \begin{cases} y_{t-\frac{N-1}{2}} + \cdots + y_t + \cdots + y_{t+\frac{N-1}{2}}, \\ \text{如果}N\text{是奇数} \\ y_{t-\frac{N}{2}} + \cdots + y_t + \cdots + y_{t+\frac{N}{2}-1}, \\ \text{如果}N\text{是偶数} \end{cases}$$

预测：$F_n = \begin{cases} M_n, \\ \text{如果没有季节变化} \\ M_n\left(\dfrac{\text{季节指数}}{100}\right), \\ \text{如果有季节变化} \end{cases}$

平均绝对偏差

$$\text{MAD} = \frac{\sum\limits_{t=1}^{m} |y_t - F_t|}{m}$$

平均绝对百分比误差

$$\text{MAPE} = \frac{\sum\limits_{t=1}^{m} \left|\dfrac{y_t - F_t}{y_t}\right|}{m} \times 100$$

均方根误差

$$\text{RMSE} = \sqrt{\frac{\sum\limits_{t=1}^{m} (y_t - F_t)^2}{m}}$$

AR(p) 误差模型

$$R_t = \phi_1 R_{t-1} + \phi_2 R_{t-2} + \cdots + \phi_p R_{t-p} + \varepsilon_t$$

MA(q) 误差模型

$$R_t = \varepsilon_t + \theta_1 \varepsilon_{t-1} + \theta_2 \varepsilon_{t-2} + \cdots + \theta_q \varepsilon_{t-q}$$

AR(1) 误差模型的 95% 预测区间

$$\hat{y}_{n+m} \pm 2\sqrt{\text{MSE}(1 + \phi^2 + \phi^4 + \cdots + \phi^{2(m-1)})}$$

关键符号

y_t t 时间点的时间序列值

T_t t 时间点的长期趋势

C_t t 时间点的循环波动（商业循环）

S_t t 时间点的季节变化

R_t t 时间点的剩余效应

M_t t 时间点的移动平均值

N （时间序列值）移动平均的项数

E_t t 时间点的指数平滑值

MAD   预测误差的平均绝对偏差

MAPE   预测误差的平均绝对百分比

RMSE   均方根预测误差

AC   两个时间序列残差之间的自相关

关键思想

时间序列成分

1. 长期趋势

2. 循环波动（商业循环）

3. 季节变化

4. 剩余效应

时间序列预测方法

1. 描述性：

移动平均法（考虑长期和季节性趋势）

指数平滑法（适用于很少或没有长期或季节性趋势）.

Holt-Winters 法（考虑短期和季节性趋势）.

2. 推断性：

最小二乘回归（带有 95% 的预测区间）

具有自相关误差成分的时间序列模型.

预测精度的度量

1. MAD

2. MAPE

3. RMSE

最小二乘回归预测的问题

1. 预测观测区域以外的时间点.

2. 误差存在自相关.

自相关

不同时间点的时间序列误差之间的相关性.

补充练习

💿 **INTRATE30**

10.34 按揭贷款利率 . 参考练习 10.8 和 1995—2017 年 30 年期常规固定利率贷款的年平均按揭贷款利率数据. 使用以下不同方法预测 2018 年平均按揭贷款利率. 将结果与练习 10.8 b 中得到的预测值进行比较.

(a)3 项移动平均法

(b)指数平滑法 $(w = 0.2)$

(c)Holt-Winters 趋势模型 $(w = 0.2, v = 0.5)$

(d)一阶自回归线性模型(得到约 95% 的预测区间).

10.35 酒店客房入住率 . 客房入住率的趋势是衡量住宿(酒店 / 汽车旅馆)行业经济健康的一个传统指标. 下表列出了 Georgia 的 Atlanta 和 Arizona 的 Phoenix 城市中酒店和汽车旅馆的月平均入住率. 令 $y_t = t$ 月 Phoenix 的入住率.

(a)为 $E(y_t)$ 提出一个模型,该模型将考虑月度序列中可能出现的季节变化.(提示:设置包含 12 个月虚拟变量的模型,例如 1 月、2 月等.)

(b)使用数据拟合 (a) 小题的模型.

(c)检验每月虚拟变量是有效预测入住率的假设.(提示:进行部分 F 检验.)

(d)使用 (b) 小题中的拟合最小二乘模型,以 95% 的预测区间预测第三年 1 月 Phoenix 的入住率.

(e)重复 (a) ～ (d) 小题步骤以研究 Atlanta 月入住率.

(f)修改 (a) 小题的模型,其中一阶残差相关.

(g)将 (a) 小题中的模型与每个城市的数据相拟合,并加以解释结果.

(h)你是否建议使用该模型预测第三年的月入住率?并加以解释.

💿 **ROOMOCC**

第一年	入住率(%)		第二年	入住率(%)	
月份	**Atlanta**	**Phoenix**	月份	**Atlanta**	**Phoenix**
1	59	67	1	64	72
2	63	85	2	69	91
3	68	83	3	73	87
4	70	69	4	67	75
5	63	63	5	68	70
6	59	52	6	71	61

（续）

第一年	入住率（%）		第二年	入住率（%）	
月份	**Atlanta**	**Phoenix**	月份	**Atlanta**	**Phoenix**
7	68	49	7	67	46
8	64	49	8	71	44
9	62	56	9	65	63
10	73	69	10	72	73
11	62	63	11	63	71
12	47	48	12	47	51

10.36 **经验与生产力的关系**. 研究人员已经进行了大量的研究来检验企业中经验和生产力之间的关系. 但在此研究中遇到的难点是个人产出往往难以衡量. G. A. Krohn 开发了一种可以用来估计经验－生产率关系的技术（*Journal of Business and Economic Statistics,* October 1983）. Krohn 建立职业棒球大联盟球员在 t 年的击球平均数 y_t 关于球员在 t 年的年龄 x_t 和一个自回归误差项 R_t 的函数模型.

（a）根据 Krohn 的假设，为 $E(y_t)$ 建立一个与 x_t 呈曲线关系的模型.

（b）建立 R_t 的一阶自回归模型.

（c）利用（a）小题和（b）小题的模型写出 y_t 完整的时间序列自回归模型.

10.37 **美国精酿啤酒年产量**. 尽管过去几年美国的啤酒总产量有所下降，但精酿啤酒的产量却大幅增长. 下表列出了 2004—2017 年美国精酿啤酒产量（百万桶）. 假设你对预测 2020 年美国精酿啤酒产量感兴趣.

💿 **CRAFT**

年份	精酿啤酒产量	年份	精酿啤酒产量	年份	精酿啤酒产量
2004	5.83	2009	9.07	2014	22.16
2005	6.29	2010	10.13	2015	24.52
2006	7.10	2011	11.46	2016	24.45
2007	7.98	2012	13.24	2017	25.35
2008	8.49	2013	15.51		

资料来源：Brewer's Association, Boulder, CO, 2018.

（a）为数据绘制时间序列图，是否可以观察出长期趋势？

（b）假设一个包含趋势项的产量 y_t 模型.

（c）使用最小二乘法将模型与数据相拟合.

（d）在（a）小题图中绘制最小二乘模型，并将曲线延伸到预测 y_{17}，即 2020 年美国啤酒产量（以百万桶计）. 你认为这个预测是否可靠？

（e）计算并绘制（a）小题模型的残差. 通过图形是否有证据表明存在残差自相关？

（f）如何检验以确定是否存在残差自相关？假设可使用计算机软件包进行检验计算（$\alpha = 0.05$）.

（g）假设一个时间序列模型可解释残差自相关. 将模型与数据相拟合，并解释结果.

（h）计算 2020 年美国啤酒产量的 95% 预测区间. 为什么这一预测比（b）小题更合适？

10.38 自相关的检验. 假设你要拟合时间序列模型

$$E_t = \beta_0 + \beta_1 t + \beta_2 t^2$$

在 10 年期间（$n = 40$ 个季度）收集的季度时间序列数据.

(a) 检验残差正自相关假设. 指定 H_0、H_a、检验统计量和拒绝域（$\alpha = 0.05$）.

(b) 假设 Durbin-Watson d 统计量为 1.14. 合理的结论是什么？

10.39 建立公司的月收入模型. 假设一家注册会计师事务所想要对其月收入 y_t 进行建模. 公司正以越来越快的速度发展，因此将建立平均收入关于 t 的二阶函数模型. 此外，由于办理纳税申报，每年的 1 月至 4 月，平均月收入都会有显著增长.

(a) 建立一个 $E(y_t)$ 关于时间 t 的二阶函数和 1 月至 4 月平均收入会显著增长的模型.

(b) 假设 1 月至 4 月的增长幅度每年都在增加，如何将这些信息纳入模型？假设已收集 5 年的月度数据.

💿 **OPEC**

10.40 OPEC 原油进口. 参照 OPEC 年度石油进口量数据，见练习 10.4.

(a) 绘制时间序列图.

(b) 假设建立年度石油进口量 y_t 的线性自回归时间序列模型.

(c) 将上述模型与数据相拟合，并解释结果.

(d) 根据输出结果，写出调整后 y_t 的最小二乘预测方程.

(e) 预测 2019 年从 OPEC 进口到美国的外国原油数量，构建并计算预测值的大约 95% 的预测区间.

10.41 伦敦股票回报率. *Journal of Business*（Vol.60,1987）发表了伦敦证券交易所股票交易收益的季节性分析，其目的之一是确定 1965 年开征资本利得税是否会影响收益率. 将以下模型与 1956—1980 年收集的数据相拟合：

$$y_t = \beta_0 + \beta_1 D_t + \varepsilon_t$$

其中，y_t 是 t 年交易所回报率最大和最小的两支股票在 4 月份的回报率之差，D_t 是一个虚拟变量，在税后期间（1966—1980 年）取 1，在税前期间（1956—1965 年）取 0.

(a) 解释 β_1 的值.

(b) 解释 β_0 的值.

(c) 最小二乘预测方程为 $\hat{y}_t = -0.55 + 3.08 D_t$. 用这个方程来估计两支股票在税前 4 月份的回报率的平均差值.

(d) 重复（c）小题，分析税后期间.

10.42 退休保障收入. 《雇员退休收入保障法》(ERISA) 最初是为了提高退休保障收入而制定的. J.Ledolter（艾奥瓦大学）和 M.L.Power（艾奥瓦州立大学）调查了 ERISA 对私人退休计划数量增长的影响（*Journal of Risk and Insurance*, December 1983）. 利用季度数据（$n = 107$ 个季度），J.Ledolter 和 M.L.Power 对养老金资格数量和利润分享计划资格数量的季度时间序列模型进行拟合. 所研究的几个模型之一是二次模型 $E(y_t) = \beta_0 + \beta_1 t + \beta_2 t^2$，其中 y_t 是第 t 季度因变量（养老金资格数量或利润分享计划资格数量）的对数．以下概述了所取得的成果（本练习中有适当修改）：

养老金计划资格数量：

$$\hat{y}_t = 6.19 + 0.039t - 0.000\,24t^2$$
$$t(检验H_0: \quad \beta_2 = 0) = -1.39$$

利润分享计划资格数量：

$$\hat{y}_t = 6.22 + 0.035t - 0.000\,21t^2$$
$$t(检验H_0: \quad \beta_2 = 0) = -1.61$$

(a) 是否有证据表明，随着时间的推移，养老金计划资格的季度数量减少（$\alpha = 0.05$）？（提示：$H_0: \quad \beta_2 = 0$，而 $H_a: \quad \beta_2 < 0.$）

(b) 预测第 108 个季度养老金计划资格的数量．（提示：由于 y_t 是养老金计划资格数量的对数，要获得预测，请使用 $\hat{y}_{108}$ 的反对数，即 $e^{\hat{y}_{108}}.$）

(c) 是否有证据表明，随着时间的推移，利润分享计划资格数量减少？使用 $\alpha = 0.05$ 进行检验．（提示：$H_0: \quad \beta_2 = 0$，而 $H_a: \quad \beta_2 < 0.$）

(d) 预测第 108 个季度利润分享计划资格数量．（提示：由于 y_t 是利润分享计划资格数量的对数，要获得预测，请使用 $\hat{y}_{108}$ 的反对数，即 $e^{\hat{y}_{108}}.$）

10.43　退休保障收入． 参见练习 10.42. Ledolter 和 Power 还为养老金计划终止数量和利润分享计划终止数量建立了季度时间序列模型．为了说明残差相关性，他们拟合了 $y_t = \beta_0 + \beta_1 t + \phi R_{t-1} + \varepsilon_t$ 形式的线性自回归模型．结果如下：

养老金计划：

$$\hat{y}_t = 3.54 + 0.039t + 0.40\hat{R}_{t-1} \qquad \text{MSE} = 0.044\,0$$

利润分享计划：

$$\hat{y}_t = 3.45 + 0.038t + 0.22\hat{R}_{t-1} \qquad \text{MSE} = 0.040\,2$$

(a) 解释养老金计划终止的模型参数估计．

(b) 解释利润分享计划终止的模型参数估计．

(c) 预测第 108 个季度养老金计划终止的数量．假设 $y_{107} = 7.5$.（提示：养老金计划终止的预测数量为 $e^{\hat{y}_{108}}.$）

(d) 计算（c）小题中预测值约 95% 的置信区间．（提示：首先计算 y_{108} 的上下置信限，然后取反对数．）

(e) 重复（c）小题和（d）小题，预测第 108 个季度利润分享计划终止的数量．假设 $y_{107} = 7.6$.

参考文献

Abraham, B., and Ledholter, J. *Statistical Methods for Forecasting.* New York: Wiley, 1983 (paperback, 2005; online, 2008).

Anderson, T. W. *The Statistical Analysis of Time Series.* New York: Wiley, 1971 (paperback, 1994).

Ansley, C. F., Kohn, R., and Shively, T. S. "Computing *p*-values for the generalized Durbin–Watson and other invariant test statistics." *Journal of Econometrics*, Vol. 54, 1992.

Baillie, R. T., and Bollerslev, T. "Prediction in dynamic models with time-dependent conditional variances." *Journal of Econometrics*, Vol. 52, 1992.

Box, G. E. P., Jenkins, G. M., and Reinsel, G. C. *Time Series Analysis: Forecasting and Control*, 4th ed. New York: Wiley, 2008.

Chipman, J. S. "Efficiency of least squares estimation of linear trend when residuals are autocorrelated." *Econometrica*, Vol. 47, 1979.

Cochrane, D., and Orcutt, G. H. "Application of least squares regression to relationships containing autocorrelated error terms." *Journal of the American Statistical Association*, Vol. 44, 1949, 32–61.

Durbin, J., and Watson, G. S. "Testing for serial correlation in least squares regression, I." *Biometrika*, Vol. 37, 1950, 409–428.

Durbin, J., and Watson, G. S. "Testing for serial correlation in least squares regression, II." *Biometrika*, Vol. 38, 1951, 159–178.

Durbin, J., and Watson, G. S. "Testing for serial correlation in least squares regression, III." *Biometrika*, Vol. 58, 1971, 1–19.

Engle, R. F., Lilien, D. M., and Robins, R. P., "Estimating time varying risk in the term structure: The ARCH-M model." *Econometrica*, Vol. 55, 1987.

Evans, M. *Practical Business Forecasting*. New York: Wiley-Blackwell, 2002.

Fuller, W. A. *Introduction to Statistical Time Series*, 2nd ed. New York: Wiley, 1996. (online, 2008).

Gallant, A. R., and Goebel, J. J. "Nonlinear regression with autoregressive errors." *Journal of the American Statistical Association*, Vol. 71, 1976.

Godfrey, L. G. "Testing against general autoregressive and moving average error models when the regressors include lagged dependent variables." *Econometrica*, Vol. 46, 1978, 1293–1301.

Granger, C. W. J., and Newbold, P. *Forecasting Economic Time Series*, 2nd ed. New York: Academic Press, 1986.

Greene, W. H. *Econometric Analysis*, 7th ed. Upper Saddle River, N.J.: Prentice Hall, 2008.

Hamilton, J. D. *Time Series Analysis*. Princeton, NJ.: Princeton University Press, 1994.

Harvey, A. *Time Series Models*, 2nd ed. Cambridge, Mass. MIT Press, 1993.

Johnston, J. *Econometric Methods*, 2nd ed. New York: McGraw-Hill, Inc., 1972.

Jones, R. H. "Maximum likelihood fitting of ARMA models to time series with missing observations." *Technometrics*, Vol. 22, 1980.

Judge, G. G., Griffiths, W. E., Hill, R. C., and Lee, T. C. *The Theory and Practice of Econometrics*, 2nd ed. New York: Wiley, 1985.

McLeod, A. I., and Li, W. K. "Diagnostic checking ARMA time series models using squared-residual autocorrelations." *Journal of Time Series Analysis*, Vol. 4, 1983.

Maddala, G. S., and Lahiri, K. *Introduction to Econometrics*, 4th ed. New York: Wiley, 2010.

Makridakis, S., et al. *The Forecasting Accuracy of Major Time Series Methods*. New York: Wiley, 1984.

Nelson, C. R. *Applied Time Series Analysis for Managerial Forecasting*. San Francisco: Holden-Day, 1990.

Nelson, D. B. "Stationarity and persistence in the GARCH(1,1) model." *Econometric Theory*, Vol. 6, 1990.

Nelson, D. B., and Cao, C. Q. "Inequality constraints in the univariate GARCH model." *Journal of Business & Economic Statistics*, Vol. 10, 1992.

Park, R. E., and Mitchell, B. M. "Estimating the autocorrelated error model with trended data." *Journal of Econometrics*, Vol. 13, 1980.

Shively, T. S. "Fast evaluation of the distribution of the Durbin–Watson and other invariant test statistics in time series regression. *Journal of the American Statistical Association*, Vol. 85, 1990.

Theil, H. *Principles of Econometrics*. New York: Wiley, 1971.

White, K. J. "The Durbin–Watson test for autocorrelation in nonlinear models." *Review of Economics and Statistics*, Vol. 74, 1992.

Willis, R. E. *A Guide to Forecasting for Planners*. Englewood Cliffs, NJ.: Prentice Hall, 1987.

案例研究 6　建立每日用电需求高峰模型

背景

为保障有效运作，电力公司希望能够预测每日用电需求高峰．需求（或负荷）定义为电能输送给用户的速率（以兆瓦为单位）．由于需求通常以小时为单位记录，每日用电需求高峰指的是 24 小时中每小时的最大需求值．电力公司正在不断开发和完善每日需求峰值的统计模型．

每日需求峰值模型具有双重目的．首先，这些模型能提供短期需求预测，将有助于电力能源的经济规划和调度．其次，将需求峰值与一个或多个天气变量所联系起来的模型，可提供在一组相应天气条件下历史需求峰值的估计值．也就是说，变化的天气条件作为需求峰值变化的主要原因，该模型可用于回答经常被问及的问题，"如果天气正常，那么每日需求峰值会是多少？"第二个应用通常被称为气象标准化，它主要是一种回溯分析（例如调整历史数据）而不是为了预测（Jacob, 1985）．

由于峰值需求是按时间（单位为天）记录的，因变量为一个时间序列，因此对每日需求峰值建模的一种方法是使用时间序列模型．本案例研究提供了一项研究的关键结果，该研究旨在比较几种不同的建模方法，为佛罗里达州城市区域提供电力服务的公司建立适合的每日需求峰值模型．在本案例研究中，我们重点研究了原始研究中提出的两个时间序列模型和一个多元回归模型．接下来，我们将演示如何使用其中一个时间序列模型预测每日高峰需求（回溯分析将留作练习以供读者思考）．

数据

本案例所研究的数据从 11 月 1 日起到第二年的 10 月 31 日止，电力公司记录了每日需求高峰观测值，以及已知影响需求的几个因素[⊖]．一般假定需求由两部分组成：（1）不受温度变化影响的非天气敏感"基本"需求和（2）对温度变化高度敏感的天气敏感需求．

影响非天气敏感需求的有关设备（如冰箱、发电机、灯和计算机）使用的主要因素是星期几．通常情况下，由于商业和工业活动减少，星期六的需求高峰值低于平日，由于商业和工业活动进一步的减少，星期日和节假日的需求高峰值甚至更低．

影响对天气敏感的电器设备（如暖气和空调）使用的最重要因素是温度．在冬季，由于气温下降到舒适的水平以下，用户开启他们的电加热设备，从而增加了对电力系统的需求水平．同样，在夏季，随着气温攀升至舒适水平以上，空调的使用推动了需求的上升．由于

⊖　由于保密，本文不能披露相应数据．

该电力公司服务于佛罗里达州的 32 个县，因此需要从多个气象站获取温度情况．通过公司服务区内的三个主要气象站，采集并记录每个气象站每天需求高峰时的温度值．这三个每日气温的加权平均值代表整个服务区的同期气温（即需求高峰时的温度），权重值与三个气象站周围的天气区所占总电力销售的百分比成比例．

综上所述，一年 365 天的各自变量值和因变量 y_t 的记录如下：

因变量：

$y_t =$ 第 t 天用电需求高峰观测值（以兆瓦为单位）

自变量：

星期几：工作日、星期六或星期日 / 节假日．

温度：同期温度（以华氏度为单位），即第 t 天需求高峰时记录的温度，三个气象站的每日温度加权平均值计算所得．

模型

在任何建模过程中，绘制数据散点图通常是有帮助的．图 CS6.1 显示了 11 月 1 日至次年 10 月 31 日的每日电力需求峰值 y_t 散点图．从图中可以明显地看出季节性天气对需求峰值的影响．考虑季节性变化的一种方法是在模型加入月份或三角函数项虚拟变量（参见 10.7 节）．然而，由于温度是天气的一个强有力的指标，电力公司选择了一个简单的模型，认为温度是其唯一的季节性天气变量．

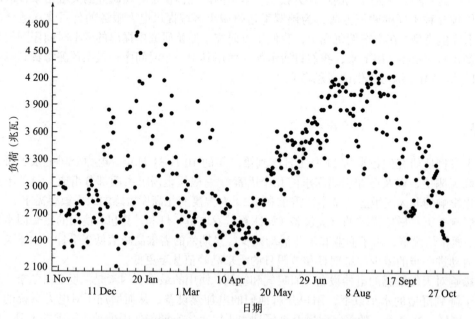

图 CS6.1　11 月至次年 10 月每日电力需求峰值散点图

图 CS6.2 是每日需求峰值与同期温度的散点图．注意两个变量之间呈现非线性关系．在寒冷的冬季，需求高峰与气温成反比，较低的温度导致加热设备的使用量增加，从而有较高的需求峰值．相比之下，夏季月份的需求峰值与气温呈显著正相关，较高的温度产生较高的峰值需求，因为空调使用量增加．有人可能认为二阶（二次）模型是一个很好的选择，需求峰值的 U 型分布如图 CS6.2 所示．然而，该公司基于如下两个原因拒绝此模型：

1. 二次模型呈对称形状（即抛物线），因此不允许对冬季和夏季需求高峰 – 温度关系进行独立估计．

2. 理论上，存在一个舒适的温度范围，其中需求峰值被假定为仅由非天气敏感的基本需求组成．在此范围内，温度变化不会刺激产生任何额外的加热或冷却电力负荷使用量，因此，对需求没有影响．二次模型拟合的 U 型抛物线底部缺乏线性特性，会导致在舒适的温度范围区间的两端高估需求峰值，以及在舒适的温度范围的中间区域低估需求峰值（见图 CS6.3）．

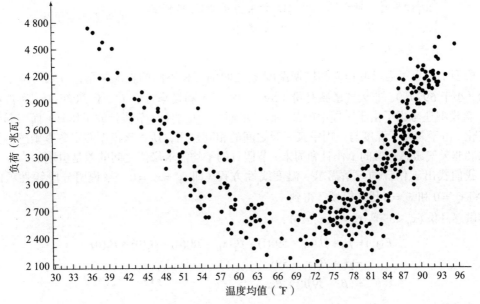

图 CS6.2　11 月至次年 10 月的每日需求峰值与温度的关系

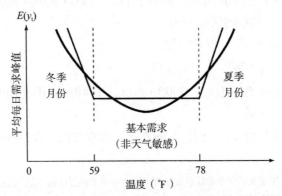

图 CS6.3　平均每日需求峰值与温度的理论关系

解决方案是利用分段线性回归模型（见 9.2 节）对每日需求峰值进行建模. 这种方法的优点是允许需求峰值 – 温度关系在一些预先指定的温度范围内进行变化，并提供了一种将各区间连接起来的方法.

以分段线性模型为基本模型结构，建立每日需求峰值模型如下：

模型 1 $$y_t = \beta_0 + \underbrace{\beta_1(x_{1t} - 59)x_{2t} + \beta_2(x_{1t} - 78)x_{3t}}_{温度} + \underbrace{\beta_3 x_{4t} + \beta_4 x_{5t}}_{星期几} + \varepsilon_t$$

其中

$x_{1t} = $ 第 t 天的同期温度

$$x_{2t} = \begin{cases} 1, & 当 x_{1t} < 59 \\ 0, & 如果不是 \end{cases} \qquad x_{3t} = \begin{cases} 1, & 当 x_{1t} > 78 \\ 0, & 如果不是 \end{cases}$$

$$x_{4t} = \begin{cases} 1, & 如果为星期六 \\ 0, & 如果不是 \end{cases} \qquad x_{5t} = \begin{cases} 1, & 如果为星期日 / 节假日 \\ 0, & 如果不是 \end{cases} \qquad （基准水平＝工作日）$$

$\varepsilon_t = $ 不相关的误差项

模型 1 提出了需求峰值 y_t 和同期温度 x_{1t} 之间的三种不同的直线关系，分别对应于冬季月份（小于 59 ℉）、非天气敏感月份（59 ~ 78 ℉）和夏季月份（大于 78 ℉）三种温度范围⊖. 该模型还考虑了由于一周中的某一天（星期六、星期日 / 节假日或工作日）而引起的需求变化. 由于忽略了温度与一周中某一天之间的相互作用，所以该模型假定冬季敏感、夏季敏感和非天气敏感月份的工作日和周末 / 节假日的平均需求峰值之间的差是恒定的.

我们找出工作日的三条需求 – 温度线性方程（即 $x_{4t} = x_{5t} = 0$）来说明分段线性项的结构. 将 $x_{4t} = 0$ 和 $x_{5t} = 0$ 代入模型，得到

冬季敏感月份 $(x_{1t} < 59℉,\ x_{2t} = 1,\ x_{3t} = 0)$：

$$\begin{aligned} E(y_t) &= \beta_0 + \beta_1(x_{1t} - 59)(1) + \beta_2(x_{1t} - 78)(0) + \beta_3(0) + \beta_4(0) \\ &= \beta_0 + \beta_1(x_{1t} - 59) \\ &= (\beta_0 - 59\beta_1) + \beta_1 x_{1t} \end{aligned}$$

夏季敏感月份 $(x_{1t} > 78℉,\ x_{2t} = 0,\ x_{3t} = 1)$：

$$\begin{aligned} E(y_t) &= \beta_0 + \beta_1(x_{1t} - 59)(0) + \beta_2(x_{1t} - 78)(1) + \beta_3(0) + \beta_4(0) \\ &= \beta_0 + \beta_2(x_{1t} - 78) \\ &= (\beta_0 - 78\beta_2) + \beta_2 x_{1t} \end{aligned}$$

非天气敏感月份 $(59℉ \leqslant x_{1t} \leqslant 78℉,\ x_{2t} = x_{3t} = 0)$：

$$\begin{aligned} E(y_t) &= \beta_0 + \beta_1(x_{1t} - 59)(0) + \beta_2(x_{1t} - 78)(0) + \beta_3(0) + \beta_4(0) \\ &= \beta_0 \end{aligned}$$

请注意，冬季敏感月份（$x_{1t} < 59℉$）的需求 – 温度直线的斜率为 β_1（我们预计为负），

⊖ 温度值 59 ℉ 和 78 ℉ 定义了冬季和夏季敏感需求与基本需求的温度临界值. 这些 "节点值" 是通过可视化方法观察图 CS6.2 所确定的.

而夏季敏感月份（$x_{1t} > 78℉$）的斜率为 β_2（我们预计为正）. 截距项 β_0 表示非天气敏感期（$59℉ \leqslant x_{1t} \leqslant 78℉$）观测到的日平均需求峰值. 还需注意，非天气敏感月份的需求峰值不取决于温度 x_{1t}.

模型 1 是一个多元回归模型，基于独立误差（即 ε_t 不相关）的标准回归假设. 鉴于数据是以时间序列的形式存在，这可能是一个致命的缺陷. 考虑可能存在自相关的残差，提出以下两种时间序列模型：

模型 2　$y_t = \beta_0 + \beta_1(x_{1t} - 59)x_{2t} + \beta_2(x_{1t} - 78)x_{3t} + \beta_3 x_{4t} + \beta_4 x_{5t} + R_t$

$R_t = \phi_1 R_{t-1} + \varepsilon_t$

模型 2 提出了一对回归 – 自回归的每日需求峰值 y_t 模型. 确定性成分 $E(y_t)$ 与模型 1 的确定性成分相同，但随机误差成分采用一阶自回归模型. 回想一下（见 10.5 节），当残差之间的相关性随着时间间隔（以天数为单位）的增加而减小时，一阶自回归模型是合适的.

模型 3　$y_t = \beta_0 + \beta_1(x_{1t} - 59)x_{2t} + \beta_2(x_{1t} - 78)x_{3t} + \beta_3 x_{4t} + \beta_4 x_{5t} + R_t$

$R_t = \phi_1 R_{t-1} + \phi_2 R_{t-2} + \phi_5 R_{t-5} + \phi_7 R_{t-7} + \varepsilon_t$

模型 3 将模型 2 的一阶自回归误差模型扩展为滞后 1、2、5、7 天的七阶自回归模型. 理论上，第 t 天的需求峰值与第 $t+1$ 天的需求峰值高度相关. 然而相隔 2 天，5 天，或 1 周（7 天）的需求也有可能显著相关. 提出这种更为普遍的误差模型是为了解释除日变化外，需求峰值的周变化也可能出现残差相关性.

回归和自回归分析

模型 1 的多元回归计算机输出结果如图 CS6.4 所示，最小二乘拟合图如图 CS6.5 所示. 模型似乎良好地拟合了数据，$R^2 = 0.830\,7$，$F = 441.73$（$p = 0.000\,1$ 时显著）. $s = 245.585$ 意味着我们可以预测每日需求峰值，精确到其真实值的 $2s \approx 491$ 兆瓦范围内. 然而，我们必须注意，不要轻易得出如下结论，即该模型对于预测需求峰值是有效的. 回想一下，存在残差自相关的情况下，会导致低估回归系数的标准误差，从而影响检验原假设 H_0：$\beta_i = 0$ 的 t 统计量. 在最坏的情况下，可能导致错误的结论，即参数 β 与 0 存在显著差异. 在最好的情况下，结果虽然显著，但对模型的预测能力给出了过于乐观的看法.

为了确定多元回归模型的残差是否为正自相关，我们进行了 Durbin-Watson 检验：

H_0：残差不相关

H_a：残差正相关

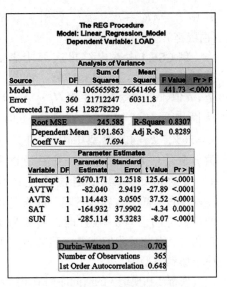

图 CS6.4　模型 1 每日需求峰值的 SAS 回归输出结果

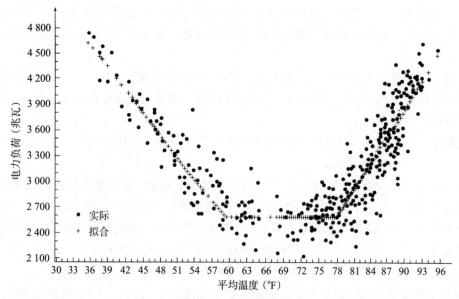

图 CS6.5　每日需求峰值与温度：实际数据散点图拟合分段线性模型

回想一下，Durbin-Watson 检验是专门检测残差 R_t 是否存在一阶自相关的技术方法．因此，原假设和备择假设分别为

$$H_0:\ \phi_1 = 0$$

$$H_a:\ \phi_1 > 0$$

其中 $R_t = \phi_1 R_{t-1} + \varepsilon_t$，$\varepsilon_t =$ 不相关误差（白噪声）．

图 CS6.4 中输出结果底部阴影部分的检验统计量是 $d = 0.705$．回想一下，d 值较小会令我们拒绝 $H_0:\ \phi_1 = 0$，从而接受 $H_a:\ \phi_1 > 0$．对于 $\alpha = 0.01$，$n = 365$，$k = 4$（模型中除 β_0 外的参数 β 个数），临界值下限（见附录 D 表 8）大约是 $d_L = 1.46$．当检验统计值（$d = 0.705$）低于临界值下限，即有足够的证据证明，当 $\alpha = 0.01$ 时，残差为正自相关．因此，我们需要将残差自相关项添加到模型中．

模型 2 和模型 3 的时间序列输出结果分别如图 CS6.6 和图 CS6.7 所示．表 CS6.1 汇总了上述三个模型的结果．

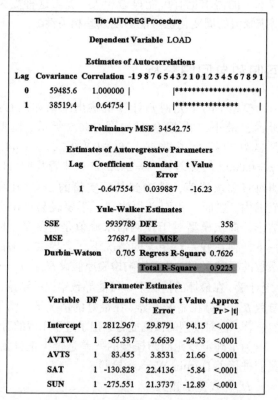

图 CS6.6　模型 2 每日需求峰值的 SAS 自回归输出结果

```
                    The AUTOREG Procedure
                  Dependent Variable: LOAD

                Estimates of Autocorrelations

Lag   Covariance  Correlation  -1 9 8 7 6 5 4 3 2 1 0 1 2 3 4 5 6 7 8 9 1
 0     59485.6     1.00000  |                      |*********************|
 1     38519.4     0.64754  |                      |*************        |
 2     35741.0     0.60083  |                      |************         |
 3     32868.2     0.55254  |                      |***********          |
 4     29917.9     0.50294  |                      |**********           |
 5     31340.9     0.52686  |                      |***********          |
 6     30061.9     0.50536  |                      |**********           |
 7     31503.0     0.52967  |                      |***********          |

                 Preliminary MSE =   28841.4

            Estimates of the Autoregressive Paramenters

                                   Standard
           Lag     Coefficient       Error      t Value
            1       -0.367936       0.049902      -7.37
            2       -0.207028       0.051722      -4.00
            3        0.000000       0.000000
            4        0.000000       0.000000
            5       -0.135264       0.049072      -2.76
            6        0.000000       0.000000
            7       -0.153385       0.048430      -3.17

                    Yule-Walker Estimates

       SSE             8329842        DFE              356
       MSE             23398.4        Root MSE       152.97
       Regress R-Square  0.8112       Total R-Square  0.9351

                               Standard              Approx
Variable     DF      Estimate     Error    t Value   Pr > |t|

Intercept     1      2809.950    58.2346     48.25    <.0001
AVTW          1       -71.282     2.2621    -31.51    <.0001
AVTS          1        79.120     4.1806     18.93    <.0001
SAT           1      -150.524    23.4728     -6.41    <.0001
SUN           1      -262.273    21.6832    -12.10    <.0001
```

图 CS6.7   模型 3 每日需求峰值的 SAS 七阶自回归输出结果

模型 2 中加入一阶自回归误差项后，模型的拟合性得到了极大的提高. R^2 值从模型 1 的 0.83 增加到 0.92，标准差 s 从 245.6 下降到 166.4. 这些结果支持了 Durbin-Watson 检验得出的结论，即一阶自回归滞后参数 ϕ_1 与 0 有显著差异.

表 CS6.1   模型 1、模型 2 和模型 3 的结果汇总

	模型 1	模型 2	模型 3
R^2	0.830 7	0.922 5	0.935 1
MSE	60 312	27 687	23 398
s	245.585	166.4	153.0

推广到更一般的自回归误差模型（模型 3）是否比一阶自回归模型（模型 2）更接近残差中的相关模式？为了检验这个假设，需要提出原假设 H_0：$\phi_2 = \phi_5 = \phi_7 = 0$，并进行检验. 虽然我们在本书中省略了对自回归参数检验的阐述，⊖但是我们仍可以通过再次比较两个模型的 R^2 和 s 值，从实践的角度得出结论. 由模型 3 提出的更复杂的自回归模型使 R^2 略有增加（模型 3 的 0.935 与模型 2 的 0.923 相比），s 值略有减少（模型 3 的 153.0 与模型 2 的

⊖ 有关自回归参数检验的详细信息，请参见 Fuller(1996).

166.4 相比). 额外的滞后参数, 虽然在统计上可能是显著的, 但在实际中可能并不显著. 因此, 分析人员可能会更倾向选择模型 2 提出的一阶自回归模型, 因为它在实际应用中预测每日需求峰值更容易 (对管理者也更具解释性), 而与此同时产生的近似预测误差 (以 $2s$ 衡量), 仅比模型 3 稍大一点.

为了便于说明, 在下一节中, 我们使用模型 2 来预测每日需求峰值.

预测每日用电高峰

假设电力公司决定使用模型 2 来预测次年 11 月前七天的每日需求峰值. 从图 CS6.6 获得的估计模型[⊖]如下:

$$\hat{y}_t = 2\,812.967 - 65.337(x_{1t} - 59)x_{2t} + 83.455(x_{1t} - 78)x_{3t} - 130.828x_{4t} - 275.551x_{5t} + \hat{R}_t$$
$$\hat{R}_t = 0.647\,5\hat{R}_{t-1}$$

对次年 11 月 1 日 ($t=366$) 进行预测, 需要得知残差 R_{365} 的估计值, 其中 $\hat{R}_{365} = y_{365} - \hat{y}_{365}$. 本年 11 月至次年 10 月这一时期 ($t = 365$) 的最后一天是 10 月 31 日, 即星期一. 在这一天, 需求峰值记录为 $y_{365} = 2\,752$ 兆瓦, 同期的温度记录为 $x_{1,365} = 77℉$. 将虚拟变量的适当值代入 $\hat{y}_t$ 公式中 (即 $x_{2t} = 0$, $x_{3t} = 0$, $x_{4t} = 0$, $x_{5t} = 0$), 我们得到

$$\begin{aligned}
\hat{R}_{365} &= y_{365} - \hat{y}_{365} \\
&= 2752 - [2\,812.967 - 65.337(77 - 59)(0) + 83.455(77 - 78)(0) - 130.828(0) - 275.551(0)] \\
&= 2752 - 2\,812.967 \\
&= -60.967
\end{aligned}$$

则预测 11 月 1 日星期二需求峰值的公式是

$$\begin{aligned}
\hat{y}_{366} &= 2\,812.967 - 65.337(x_{1,366} - 59)x_{2,366} + 83.455(x_{1,366} - 78)x_{3,366} - \\
&\quad 130.828x_{4,366} - 275.551x_{5,366} + \hat{R}_{366}
\end{aligned}$$

其中

$$\hat{R}_{366} = \hat{\phi}_1\hat{R}_{365} = (0.647\,5)(-60.967) = -39.476$$

请注意, 预测峰值需要对当天的同期温度进行估计, 即 $\hat{x}_{1,366}$. 如果电力公司期望在正常天气条件下预测需求峰值, 则可以从当天的历史数据中获得该估计值. 或者, 电力公司可以选择利用气象专家当天的天气预报. 对于本例, 假设 $\hat{x}_{1,366} = 76℉$ (记录的实际温度). 令 $x_{2,366} = x_{3,366} = 0$ (因为 $59℉ \leqslant \hat{x}_{1,366} \leqslant 78℉$) 和 $x_{4,366} = x_{5,366} = 0$ (因为目标日是星期二). 将这些值和 $\hat{R}_{366}$ 的值代入方程, 我们得到

$$\begin{aligned}
\hat{y}_{366} &= 2\,812.967 - 65.337(76 - 59)(0) + 83.455(76 - 78) \\
&\quad (0) - 130.828(0) - 275.551(0) - 39.476 \\
&= 2\,773.49
\end{aligned}$$

⊖ 记住, $\hat{\phi}_1$ 的估计值是通过将 SAS 输出结果乘以 (-1) 得到的.

同理，预测 11 月 2 日星期三 $(t = 367)$ 的需求峰值：

$$\hat{y}_{367} = 2\,812.967 - 65.337(x_{1,367} - 59)x_{2,367} + 83.455(x_{1,367} - 78)x_{3,367} - 130.828x_{4,367} - 275.551x_{5,367} + \hat{R}_{367}$$

其中

$\hat{R}_{367} = \hat{\phi}_1 \hat{R}_{366} = (0.647\,5)(-39.476) = -25.561$，且 $x_{4,367} = x_{5,367} = 0$. 估计同期温度 $\hat{x}_{1,367} = 77\text{℉}$（记录的实际温度），则 $x_{2,367} = 0$ 和 $x_{3,367} = 0$. 将这些值代入预测方程，我们得到

$$\hat{y}_{367} = 2\,812.967 - 65.337(77 - 59)(0) + 83.455(77 - 78)(0) - 130.828(0) - 275.551(0) - 25.561$$
$$= 2\,812.967 - 25.561$$
$$= 2\,787.41$$

上述两个预测值的约 95% 的预测区间计算如下：

11 月 1 日（星期二）：

$$\hat{y}_{366} \pm 1.96\sqrt{\text{MSE}}$$
$$= 2\,773.49 \pm 1.96\sqrt{27\,687.44}$$
$$= 2\,773.49 \pm 326.14，\ 即(2\,447.35, 3\,099.63)$$

11 月 2 日（星期三）：

$$\hat{y}_{367} \pm 1.96\sqrt{\text{MSE}(1 + \hat{\phi}_1^2)}$$
$$= 2\,787.41 \pm 1.96\sqrt{(27\,687.44)[1 + (0.647\,5)^2]}$$
$$= 2\,787.41 \pm 388.53，\ 即(2\,398.88, 3\,175.94)$$

次年 11 月前七天的预测值、约 95% 的预测区间和实际每日需求峰值见表 CS6.2. 注意，实际需求峰值 y_t 在 7 天内均落在相应的预测区间内. 因此，该模型似乎有助于对每日需求峰值进行短期预测. 当然，如果预测区间范围非常宽，则结果不具有实际价值. 例如，即使 y_t 在预测区间内，预测误差 $y_t - \hat{y}_t$（以实际值 y_t 的百分比测量）可能很大. 多种衡量方法，如预测误差百分比，可以用来评估预测的准确性. 有关这些技术的详细信息，请参阅第 10 章末尾给出的参考文献.

表 CS6.2　次年 11 月前七天的需求峰值预测值和实际值

日期	第 t 天	预测值 $\hat{y}_t$	约 95% 的预测区间	实际峰值 y_t	实际温度 x_{1t}
11 月 1 日星期二	366	2 773.49	(2 447.35, 3 099.63)	2 799	76
11 月 2 日星期三	367	2 787.41	(2 398.88, 3 175.94)	2 784	77
11 月 3 日星期四	368	2 796.42	(2 384.53, 3 208.31)	2 845	77
11 月 4 日星期五	369	2 802.25	(2 380.92, 3 223.58)	2 701	76
11 月 5 日星期六	370	2 675.20	(2 249.97, 3 100.43)	2 512	72
11 月 6 日星期日	371	2 532.92	(2 106.07, 2 959.77)	2 419	71
11 月 7 日星期一	372	2 810.06	(2 382.59, 3 237.53)	2 749	68

结论

本研究案例通过时间序列方法来建立模型用以预测大型电力公司的每日需求峰值. 对数据进行图形分析, 从而确定分段线性回归模型, 将需求峰值与温度和星期几联系起来. 多元回归模型虽然较好地拟合了数据, 但同时也表现出较强的残差正自相关特征.

两种自回归时间序列模型被提出, 用以解释自相关误差. 两种模型都表明模型拟合效果显著提高. 这两种方法都可以用来对每日需求峰值进行可靠的短期预测, 或用于气象标准化(即估计正常天气情况下的需求峰值).

后续思考

1. 在本研究案例中所讨论的三个模型都做出了一个基本假设, 即需求峰值 – 温度关系与星期几无关. 请考虑建立一个温度和星期几之间存在交互作用的模型. 说明交互作用对需求峰值与温度之间线性关系的影响. 解释如何检验交互项的显著性.

2. 考虑使用模型 2 研究气象标准化的问题. 假设 3 月 5 日星期六 ($t = 125$) 是异常寒冷的一天, 气温 $x_{1,125} = 25℉$. 通常情况下 3 月 5 日在佛罗里达州电力服务区域的温度范围为 $40 \sim 50℉$. 将 $x_{1,125} = 45℉$ 代入预测方程, 以获得 3 月 5 日正常天气条件下的需求峰值估计值. 计算估计值约 95% 的预测区间. (提示: 使用 $\hat{y}_{125} \pm 1.96\sqrt{\text{MSE}}$.)

参考文献

Fuller, W. A. *Introduction to Statistical Time Series*, 2nd ed. New York: Wiley, 1996.

Jacob, M. F. "A time series approach to modeling daily peak electricity demands." Paper presented at the SAS Users Group International Annual Conference, Reno, Nevada, 1985.

第 11 章　实验设计原理

目标
1. 旨在呈现比较两个或更多总体均值的实验设计.
2. 解释实验设计中的统计原理.

11.1　引言

在第 7 章中，我们了解到对观测数据进行回归分析有一定的局限性. 特别是，在自变量 x 和响应变量 y 之间建立因果关系是很困难的，因为其他相关自变量的值（模型中的自变量和模型中遗漏的自变量）都不受控制. 回想一下，实验数据是在观察 y 值之前使用 x 值的集合所收集到的数据（即，x 的值是可控的）. 对于实验数据，我们通常选择几个 x 值的不同组合，以便我们可以比较响应变量的均值 $E(y)$.

事先确定 x 值集合中样本数据的过程称为**实验设计**. 比较总体均值的统计过程称为**方差分析**. 本章的目的是介绍实验设计中的一些关键内容. 第 12 章将主要介绍如何利用方差分析对这些实验的数据进行分析.

11.2　实验设计术语

实验设计的研究起源于 20 世纪初英国统计学家费希尔（R. A. Fisher）. 在早年，它仅与农业实验有关. 农业实验设计的必要性非常明显：对大多数农作物新品种的产量进行一次观察，需要经历整整一年的时间. 因此，为了节省时间和金钱，人们开始研究如何使用更小的样本获得更多信息. 类似的动机导致其随后被接受并广泛应用于科学实验的所有领域. 尽管如此，与实验设计相关的术语清楚地表明了它与生物科学的早期联系.

我们将收集样本数据的过程称为**实验**，将测量的（因）变量称为**响应变量** y. 抽样过程的规划称为实验**设计**. 用于测量响应变量 y 的对象称为**实验单位**.

定义 11.1　收集样本数据的过程称为**实验**.

定义 11.2　收集样本的规划称为**实验设计**.

定义 11.3　实验中测量的变量称为**响应变量**.

定义 11.4　测量响应变量 y 的对象称为**实验单位**.

可能与响应变量 y 有关的自变量称为**因子**. 实验中的某因子假定的值（程度设置），称为**水平**. 用于观测响应变量的因子水平的组合称为**处理**.

定义 11.5 与响应变量 y 相关的自变量，无论是定量的还是定性的，都称为**因子**.

定义 11.6 一个因子的程度设置（即一个因子在实验中假定的值）称为**水平**.

定义 11.7 一个**处理**指是某个实验中所涉及因子的水平的特定组合.

例 11.1 实验设计举例 *American Journal of Political Science*（April 2014）发表了一项关于女性在混合性别审议群体中的影响的研究. 具体来说，他们调查了混合性别群体构成和决策规则类型对女性参与裁决水平的影响. 研究人员将受试者随机分配到几个 5 人决策组之中. 各组性别构成如下所示：0 名女性、1 名女性、2 名女性、3 名女性、4 名女性、5 名女性. [注：女性数量为 0（即都为男性）的组被认为是本次研究的"对照组".] 然后，每个组被随机分配使用两种决策规则之一：一致或多数规则. 为性别构成和决策规则的 $6 \times 2 = 12$ 个组合各创建 2 个组，共计 24 个组. 对每一组进行测量的研究变量是在审议期间每 1 000 个字数中女性就某个主题所发言的字数. 图 11.1 是这个实验的总体设计. 对于这个实验，需确定

（a）实验单位

（b）响应变量 y

（c）因子

（d）因子的水平

（e）处理

		群体性别组成（# 女性）					
		0	1	2	3	4	5
规则	一致同意	组 11	组 1	组 4	组 6	组 17	组 18
		组 19	组 21	组 12	组 13	组 20	组 22
	多数表决	组 5	组 3	组 8	组 7	组 2	组 10
		组 16	组 23	组 14	组 9	组 24	组 15

图 11.1 例 11.1 实验设计安排

解 （a）由于数据是从 24 组中进行收集的，所以以每个组即为实验单位.

（b）研究变量（即响应变量）是 $y=$ 每 1 000 个字数中女性就某个主题所发言的字数. 注意，响应变量是一个定量变量.

（c）由于我们研究群体性别构成和决策规则对响应变量的影响，所以群体性别构成和决策规则是实验中的因子. 注意，一个因子（群体性别构成）是定量变量，而另一个因子（决策规则）是定性变量. 通常，这些因子可以是定量的或定性的.

（d）在这个实验中，群体性别构成（女性人数）有 0、1、2、3、4、5 共 6 个水平，决策规则有一致同意和多数表决两个水平.

（e）从图 11.1 中可以看到，数据是从 12 个群体性别构成 – 决策规则组合中收集到的，因此共有 12 种处理：（0，一致同意）、（0，多数表决）、（1，一致同意）、（1，多数表决）、（2，一致同意）、（2，多数表决）、（3，一致同意）、（3，多数表决）、（4，一致同意）、（4，多数表决）、（5，一致同意）和（5，多数表决）. "处理"一词用来描述实验中包含的因子的水平组合，因为许多实验涉及"处理"或做一些改变实验单位性质的事情. 因此，我们可将 6 个群体性别构成和 2 个决策规则的组合视为本研究中实验单位的处理. ■

现在你已了解了一些专业术语，分为以下四个步骤去思考实验设计会很有帮助.

第一步：选择实验中要包含的因子，并确定作为研究对象的因变量. 通常，目标因变量是与因子水平组合（即处理）相对应的总体均值.

第二步：确定处理（实验中要包括的因子水平的组合）.

第三步：确定每个处理的观测次数（样本量）.（这通常取决于你所希望的标准误差.）

第四步：计划如何将处理分配到实验单位中. 也就是说，决定使用哪种设计.

通过遵循这些步骤，你可以控制实验中的信息量．我们将在 11.3 节中具体解释其如何完成．

11.3　控制实验中的信息

获取良好的实验数据的问题类似于通信工程师所面临的问题．任何信号的接收，无论是口头的还是其他方式，都取决于信号的容量和背景噪音的数量．信号的容量越大，发送给接收器的信息量就越大．相反，当背景噪声很大时，传输的信息量会减少．这些关于影响实验中信息的因子的直觉想法得到了以下事实的支持：大多数目标参数估计的标准误差与 σ（数据变异或噪声的度量）成正比，与样本量（信号容量的度量）成反比．为了说明这一点，举一个简单的例子，我们用样本均值 $\bar{y}$ 来估计总体均值 μ. $\bar{y}$ 的抽样分布的标准误差为

$$\sigma_{\bar{y}} = \frac{\sigma}{\sqrt{n}} \quad (\text{见 1.7 节})$$

对于固定样本量 n，度量测量值总体中的**变异性（噪声）**的 σ 值越小，标准误差 $\sigma_{\bar{y}}$ 就越小．类似地，在给定实验中增加样本量 n（**信号容量**），可以降低 $\sigma_{\bar{y}}$.

实验设计的前三个步骤——选择实验中包含的因子和处理，以及确定样本量的大小——决定了信号容量．你必须选择好处理，以便观测的 y 值能提供有关研究参数的信息．处理包含的样本量越大，实验中的信息量就越大．我们将在 11.5 节中展示一个增加设计容量的例子．

是否有可能观测 y 值而没有获得任何关于研究参数的信息呢？答案是肯定的．举例加以说明，尝试拟合一个一阶模型

$$E(y) = \beta_0 + \beta_1 x$$

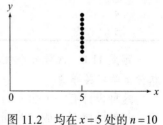

图 11.2　均在 $x=5$ 处的 $n=10$ 个响应变量的数据集

对于 $n=10$ 个数据点的集合，假设所有这些数据点都是针对单一的 x 值（比如 $x=5$）观测所得．数据点可能如图 11.2 所示．显然，这些数据点不可能拟合出一条直线．获得关于 β_0 和 β_1 的信息的唯一方法是在不同的 x 值下观测 y 值．因此，本例中 $n=10$ 个数据点中完全未包含关于参数 β_0 和 β_1 的信息．

实验设计中的第四步提供了降低实验噪声（或实验误差）的机会．正如我们在 11.4 节中所说明的那样，可以通过**区组**来减少或消除已知的数据变异来源，即在相对同质的实验材料**区组**中观测所有处理．当在每个区组内进行处理比较时，该区组产生的任何背景噪声都会被消除或降低，从而使我们能够更好地估计处理差异．

实验设计步骤总结

增加容量：1. 选择因子．
　　　　　2. 选择处理（因子水平的组合）．

> 降低噪声：3.确定每个处理的样本量.
> 　　　　　4.将处理分配给实验单位.

总之，可以把实验设计看作"降噪器"或"容量增加器".然而，我们将了解到大多数设计都是多功能的.也就是说，它们倾向于同时降低噪声和增加信号的容量.然而，我们会发现特定的设计严重倾向于其中一个或另一个目标.

11.4　降噪设计

实验设计中的降噪（即去除无关的实验变异）可以通过对实验单位进行适当的处理分配来实现.这个想法是在相对同质的实验单位区组内进行处理的比较.这类设计中最常见的是**随机区组设计**.

为了说明这一点，假设我们想比较女性长跑运动员在比赛前1小时饮用三种不同液体（例如果糖饮料、葡萄糖饮料和水）后成绩的平均时间.因此，我们要比较 μ_A、μ_B 和 μ_C 这三个均值，其中 μ_i 是饮用液体 i 后成绩的平均时间.设计实验的一种方法是选择15名女性跑步者（其中跑步者是实验单位），并为每名跑步者随机分配三种液体（处理）中的一种.这种设计称为**完全随机设计**（因为处理随机分配给实验单位），如表11.1所示.

表 11.1　$p=3$ 个处理的完全随机设计

跑步者	处理（液体）	跑步者	处理（液体）	跑步者	处理（液体）
1	B	6	A	11	C
2	A	7	B	12	A
3	B	8	C	13	B
4	C	9	A	14	C
5	C	10	A	15	B

定义 11.8　比较 p 个处理的**完全随机设计**是将处理随机分配给实验单位.

这种设计有一个明显的缺点，即根据跑步者的健康水平、年龄等因子，成绩时间会有很大的变化.一个优化后的设计（包含更多关于成绩平均时间的信息）只使用五名跑步者，并要求每名跑步者参加三场长跑，每场比赛前饮用不同的液体.这种随机区组设计明确了一个事实，即在长跑比赛中，成绩时间因跑步者而异.通过比较每名跑步者的三次成绩时间，我们可在比较中消除跑步者之间的差异.

我们刚才描述的随机区组设计如图11.3所示.图中显示有5名跑步者.每名跑步者都可以看作一个由三个实验单位组成的**区组**，一个单元对应于饮用的每种液体（A、B 和 C）.区组是**随机**的，因为处理（液体）是随机分配给区

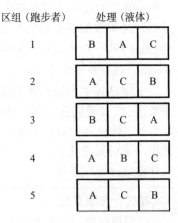

图 11.3　包含 $b=5$ 个区组和 $p=3$ 个处理的随机区组设计

组内的实验单位的．在我们的例子中，比赛前喝的液体是随机分配的，以避免其他未知和无法测量的变量带来的偏差，这些变量可能会影响运动员的成绩时间．

通常，用于比较 p 个处理的随机区组设计将包含 b 个相对同质的区组，每个区组包含 p 个实验单位．每个处理在每个区组中出现一次，p 个处理随机分配到每个区组的实验单位．

定义 11.9 涉及在 b 个区组中比较 p 个处理的**随机区组设计**，即每个区组包含 p 个相对同质的实验单位．p 个处理随机分配到每个区组的实验单位，且每个处理分配一个实验单位．

例 11.2 假设你想比较 4 名房产评估师 A、B、C 和 D 的能力．进行比较的一种方法是随机分配一些房产，例如 4 名评估师每人分得 40 个房产当中的 10 个．每位评估师都会对房产进行评估，然后我们记录 y 值，即估价与售价之差再除以售价所得的百分比．因此，y 值是指通过售价的百分比来衡量评估误差，我们所描述的实验单位的处理分配是完全随机设计．

（a）讨论在这个实验中使用完全随机设计会出现的问题．

（b）解释如何进行随机区组设计．

解 （a）使用完全随机设计进行评估实验会出现的问题，比如房产的性质可能会对平均百分比误差的比较产生影响．一些房产将比其他房产更容易进行评估，百分比误差的变异可能是基于这一事实，从而令处理均值的比较更加困难．

（b）为了消除由于房产间变异性而造成的评估影响，你可以考虑只选择 10 个房产，并要求每个评估师对这 10 个房产的价值进行评估．虽然在这种情况下可能不需要随机化，但可能需要（在时间上）随机分配评估的顺序．这种随机区组设计由 $p=4$ 个处理和 $b=10$ 个区组组成，如图 11.4 所示．

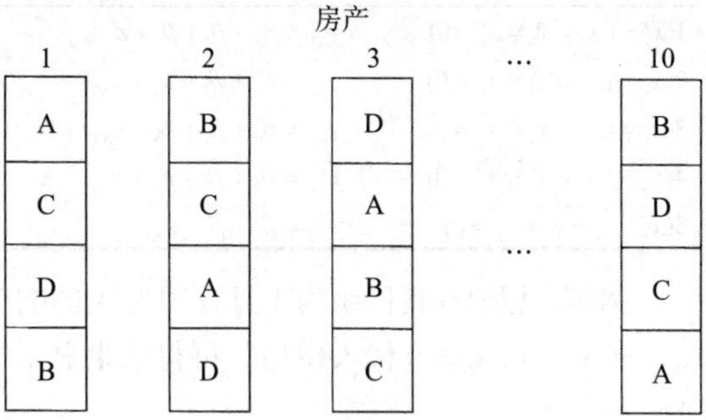

每个实验设计都可以用一个一般线性模型将响应变量 y 与实验中的因子（处理、区组等）联系起来．如果因子从本质上来说是定性的（通常情况是这样），模型将考虑包含虚拟变量．例如，表 11.1 中描述的完全随机设计．由于实验涉及三种处理（液体），我们需要引入两个虚拟变量．这种完全随机设计的模型如下：

$$y = \beta_0 + \beta_1 x_1 + \beta_2 x_2 + \varepsilon$$

其中

图 11.4 例 11.2 的随机区组设计示意图

$$x_1 = \begin{cases} 1, & \text{如果液体为A} \\ 0, & \text{其他} \end{cases} \qquad x_2 = \begin{cases} 1, & \text{如果液体为B} \\ 0, & \text{其他} \end{cases}$$

我们随机选择液体 C 作为基准水平．由第 5 章对虚拟变量模型的阐述可知，三种液体所对应的平均响应为

$$\mu_A = \beta_0 + \beta_1$$
$$\mu_B = \beta_0 + \beta_2$$

$$\mu_C = \beta_0$$

回想一下，$\beta_1 = \mu_A - \mu_C$ 且 $\beta_2 = \mu_B - \mu_C$. 因此，为了评估不同处理均值之间的差异，我们需要估计 β_1 和 β_2.

同样地，我们可以建立图 11.3 中随机区组设计的模型，如下所示：

$$y = \beta_0 + \underbrace{\beta_1 x_1 + \beta_2 x_2}_{\text{处理效应}} + \underbrace{\beta_3 x_3 + \beta_4 x_4 + \beta_5 x_5 + \beta_6 x_6}_{\text{区组效应}} + \varepsilon$$

其中

$$x_1 = \begin{cases} 1, & \text{如果液体为A} \\ 0, & \text{其他} \end{cases} \qquad x_2 = \begin{cases} 1, & \text{如果液体为B} \\ 0, & \text{其他} \end{cases}$$

$$x_3 = \begin{cases} 1, & \text{如果为1号跑步者} \\ 0, & \text{其他} \end{cases} \qquad x_4 = \begin{cases} 1, & \text{如果为2号跑步者} \\ 0, & \text{其他} \end{cases}$$

$$x_5 = \begin{cases} 1, & \text{如果为3号跑步者} \\ 0, & \text{其他} \end{cases} \qquad x_6 = \begin{cases} 1, & \text{如果为4号跑步者} \\ 0, & \text{其他} \end{cases}$$

除表示处理的项外，该模型还包括四个虚拟变量，用以代表五个区组（即不同的跑步者）. 请留意，我们随机选择了 5 号跑步者作为基准水平. 通过上述模型，我们可以将图 11.3 实验中的每个响应变量 y 写成关于 β 的函数，如表 11.2 所示.

表 11.2 图 11.3 所示的随机区组设计的响应变量

区组（跑步者）	处理（液体）		
	$A(x_1=1, x_2=0)$	$B(x_1=1, x_2=0)$	$C(x_1=1, x_2=0)$
$1(x_3=1, x_4=x_5=x_6=0)$	$y_{A1} = \beta_0 + \beta_1 + \beta_3 + \varepsilon_{A1}$	$y_{B1} = \beta_0 + \beta_2 + \beta_3 + \varepsilon_{B1}$	$y_{C1} = \beta_0 + \beta_3 + \varepsilon_{C1}$
$2(x_4=1, x_3=x_5=x_6=0)$	$y_{A2} = \beta_0 + \beta_1 + \beta_4 + \varepsilon_{A2}$	$y_{B2} = \beta_0 + \beta_2 + \beta_4 + \varepsilon_{B2}$	$y_{C2} = \beta_0 + \beta_4 + \varepsilon_{C2}$
$3(x_5=1, x_3=x_4=x_6=0)$	$y_{A3} = \beta_0 + \beta_1 + \beta_5 + \varepsilon_{A3}$	$y_{B3} = \beta_0 + \beta_2 + \beta_5 + \varepsilon_{B3}$	$y_{C3} = \beta_0 + \beta_5 + \varepsilon_{C3}$
$4(x_6=1, x_3=x_4=x_5=0)$	$y_{A4} = \beta_0 + \beta_1 + \beta_6 + \varepsilon_{A4}$	$y_{B4} = \beta_0 + \beta_2 + \beta_6 + \varepsilon_{B4}$	$y_{C4} = \beta_0 + \beta_6 + \varepsilon_{C4}$
$5(x_3=x_4=x_5=x_6=0)$	$y_{A5} = \beta_0 + \beta_1 + \varepsilon_{A5}$	$y_{B5} = \beta_0 + \beta_2 + \varepsilon_{B5}$	$y_{C5} = \beta_0 + \varepsilon_{C5}$

例如，想要获得区组为 1 且处理为 A 的响应变量 y（记为 y_{A1}），可以将 $x_1 = 1$, $x_2 = 0$, $x_3 = 1$, $x_4 = 0$, $x_5 = 0$, $x_6 = 0$ 代入模型，可得结果显示如下：

$$y_{A1} = \beta_0 + \beta_1 + \beta_3 + \varepsilon_{A1}$$

现在我们将通过表 11.2 来说明随机区组设计是如何减少实验噪声的. 由于每一种处理都出现在这五个区组中，所以每个处理有 5 个可测量的响应变量值. 计算表 11.2 中处理为 A 的五个响应变量的均值，我们得到

$$\bar{y}_A = \frac{y_{A1} + y_{A2} + y_{A3} + y_{A4} + y_{A5}}{5}$$

$$= [(\beta_0 + \beta_1 + \beta_3 + \varepsilon_{A1}) + (\beta_0 + \beta_1 + \beta_4 + \varepsilon_{A2}) + (\beta_0 + \beta_1 + \beta_5 + \varepsilon_{A3}) +$$

$$(\beta_0 + \beta_1 + \beta_6 + \varepsilon_{A4}) + (\beta_0 + \beta_1 + \varepsilon_{A5})] / 5$$

$$= \frac{5\beta_0 + 5\beta_1 + (\beta_3 + \beta_4 + \beta_5 + \beta_6) + (\varepsilon_{A1} + \varepsilon_{A2} + \varepsilon_{A3} + \varepsilon_{A4} + \varepsilon_{A5})}{}$$

$$= \beta_0 + \beta_1 + \frac{(\beta_3 + \beta_4 + \beta_5 + \beta_6)}{5} + \bar{\varepsilon}_A$$

同样地，得到处理为 B 和处理为 C 的响应变量均值：

$$\bar{y}_B = \frac{y_{B1} + y_{B2} + y_{B3} + y_{B4} + y_{B5}}{5}$$

$$= \beta_0 + \beta_2 + \frac{(\beta_3 + \beta_4 + \beta_5 + \beta_6)}{5} + \bar{\varepsilon}_B$$

$$\bar{y}_C = \frac{y_{C1} + y_{C2} + y_{C3} + y_{C4} + y_{C5}}{5}$$

$$= \beta_0 + \frac{(\beta_3 + \beta_4 + \beta_5 + \beta_6)}{5} + \bar{\varepsilon}_C$$

由于我们的目标是比较处理均值间的差异，因此我们感兴趣的是 $\bar{y}_A - \bar{y}_B$、$\bar{y}_A - \bar{y}_C$ 和 $\bar{y}_B - \bar{y}_C$，计算方法如下：

$$\bar{y}_A - \bar{y}_B = [\beta_0 + \beta_1 + (\beta_3 + \beta_4 + \beta_5 + \beta_6)/5 + \bar{\varepsilon}_A] -$$
$$[\beta_0 + \beta_2 + (\beta_3 + \beta_4 + \beta_5 + \beta_6)/5 + \bar{\varepsilon}_B]$$
$$= (\beta_1 - \beta_2) + (\bar{\varepsilon}_A - \bar{\varepsilon}_B)$$

$$\bar{y}_A - \bar{y}_C = [\beta_0 + \beta_1 + (\beta_3 + \beta_4 + \beta_5 + \beta_6)/5 + \bar{\varepsilon}_A] -$$
$$[\beta_0 + (\beta_3 + \beta_4 + \beta_5 + \beta_6)/5 + \bar{\varepsilon}_C]$$
$$= \beta_1 + (\bar{\varepsilon}_A - \bar{\varepsilon}_C)$$

$$\bar{y}_B - \bar{y}_C = [\beta_0 + \beta_2 + (\beta_3 + \beta_4 + \beta_5 + \beta_6)/5 + \bar{\varepsilon}_B] -$$
$$[\beta_0 + (\beta_3 + \beta_4 + \beta_5 + \beta_6)/5 + \bar{\varepsilon}_C]$$
$$= \beta_2 + (\bar{\varepsilon}_B - \bar{\varepsilon}_C)$$

通过比较上述处理均值间的差异，可以得出区组项的系数 β（β_3、β_4、β_5 和 β_6）均被抵消，仅留下关于处理项的系数 β（β_1 和 β_2）。也就是说，在比较处理均值差异时，不同区组间的实验噪声会被消除。$\bar{\varepsilon}_A - \bar{\varepsilon}_B$、$\bar{\varepsilon}_A - \bar{\varepsilon}_C$ 和 $\bar{\varepsilon}_B - \bar{\varepsilon}_C$ 是估计的误差，同时表示了倾向于掩盖处理均值之间真正差异的噪声。

如果我们采用表 11.1 的完全随机设计而不是随机区组设计，又会如何呢？由于每名跑步者被分配喝一种液体，因此每一个处理不会出现在每一个区组中。因此，当我们比较处理均值的差异时，跑步者和跑步者之间的差异（即区组效应）不会抵消。例如，$\bar{y}_A$ 与 $\bar{y}_C$ 的差值为：

$$\bar{y}_A - \bar{y}_C = \beta_1 + \underbrace{(区组项的系数 \beta 没有抵消) + (\bar{\varepsilon}_A - \bar{\varepsilon}_C)}_{估计误差}$$

所以，对于完全随机设计，估计误差会增加，因为其中包含未被抵消的区组效应系数（β_3、β_4、β_5 和 β_6）。这些增加估计误差的效应在随机区组设计中会被抵消，从而降低了实验中的噪声。

例 11.3 参考例 11.2，采用随机区组设计比较四个评估师的平均百分比误差。图 11.4

说明了该设计.

（a）建立随机区组设计模型.

（b）解释（a）小题当中的模型参数 β.

（c）如何使用（a）小题的模型来检验四个评估师的平均百分比误差之间是否存在差异？

解 （a）实验涉及 4 个水平的定性因子（评估师），即为实验中的处理. 实验的区组是 10 个房产. 因此，模型为

$$E(y) = \beta_0 + \underbrace{\beta_1 x_1 + \beta_2 x_2 + \beta_3 x_3}_{处理(评估师)} + \underbrace{\beta_4 x_4 + \beta_5 x_5 + \cdots + \beta_{12} x_{12}}_{区组(房产)}$$

其中，

$$x_1 = \begin{cases} 1, & \text{如果为评估师A} \\ 0, & \text{其他} \end{cases} \qquad x_2 = \begin{cases} 1, & \text{如果为评估师B} \\ 0, & \text{其他} \end{cases}$$

$$x_3 = \begin{cases} 1, & \text{如果为评估师C} \\ 0, & \text{其他} \end{cases} \qquad x_4 = \begin{cases} 1, & \text{如果为房产1} \\ 0, & \text{其他} \end{cases}$$

$$x_5 = \begin{cases} 1, & \text{如果为房产2} \\ 0, & \text{其他} \end{cases} \quad \cdots \quad x_{12} = \begin{cases} 1, & \text{如果为房产9} \\ 0, & \text{其他} \end{cases}$$

（b）请注意，已随机选择评估师 D 及房产 10 作为基准水平. 遵循 5.8 节的讨论，对系数 β 的解释如下：

$\beta_1 = \mu_A - \mu_D$ 基于给定的房产

$\beta_2 = \mu_B - \mu_D$ 基于给定的房产

$\beta_3 = \mu_C - \mu_D$ 基于给定的房产

$\beta_4 = \mu_1 - \mu_{10}$ 基于给定的评估师

$\beta_5 = \mu_2 - \mu_{10}$ 基于给定的评估师

$\vdots$

$\beta_{12} = \mu_9 - \mu_{10}$ 基于给定的评估师

（c）一种确定 4 名评估师的均值是否有差异的方法是检验原假设

$$H_0: \ \mu_A = \mu_B = \mu_C = \mu_D$$

从（b）小题的 β 解释来看，这个假设等价于检验

$$H_0: \ \beta_1 = \beta_2 = \beta_3 = 0$$

为了检验这一假设，我们将从完整模型中去掉处理项的系数 β（β_1, β_2, β_3）并拟合简化模型

$$E(y) = \beta_0 + \beta_4 x_4 + \beta_5 x_5 + \cdots + \beta_{12} x_{12}$$

然后进行嵌套模型部分 F 检验（见 4.13 节），其中

$$F = \frac{(\text{SSE}_{简化} - \text{SSE}_{完整})/3}{\text{MSE}_{完整}}$$

随机区组设计代表了最简单的降噪设计类型之一. 其他采用区组原理的更复杂的设计, 可以消除两个或多个方面上的趋势或变异. 当你想要消除两个变异来源时（即当你想在两个方面进行分组）, **拉丁方设计**将会很有用. **拉丁立方设计**允许你在三个方面进行分组. 当区组包含的实验单位少于处理的数量时, 区组内会发生进一步的变异. 通过将处理正确分配给特定数量的区组, 你仍然可以获得不含区组效应的一对处理之间差异的估计. 这些被称为**不完整区组设计**. 有关如何设置这些更复杂的区组设计的详细信息, 请阅读参考文献.

练习 11.4

11.1 **实验中的信息量.**
(a) 哪两个因子会影响一个实验中的信息量?
(b) 区组设计如何能增加实验中的信息量?

11.2 **会计与马基雅维里主义.** 参考发表在 *Behavioral Research in Accounting*（January 2008）关于会计从业人员马基雅维里特征的研究. 回顾练习 1.6, 马基雅维里特征描述的负面性格特征, 包括伪造、狡猾、口是心非、欺骗、不守信用等. 在一所西南大学的会计专业毕业生样本中, 研究人员为其中的每一个人都进行了马基雅维里主义（"Mach"）得分的衡量. 会计从业者的 Mach 得分被归类为高、中或低三个水平. 该研究的部分内容是希望调查 Mach 得分分类和性别对会计从业者平均收入的影响. 在这个实验中, 请指出:
(a) 实验单位
(b) 响应变量
(c) 因子
(d) 每个因子所包含的水平
(e) 处理

11.3 **鹦鹉的口味偏好.** *Applied Animal Behaviour Science*（October 2000）发表了一篇文章关于研究关在笼子里的鹦鹉的口味偏好. 加州大学戴维斯分校饲养的鹦鹉样本被随机分为三组实验组. 组 1 在笼子的两侧均喂纯净水; 组 2 在笼子的一侧喂纯净水, 另一侧喂蔗糖水; 组 3 在笼子的一侧喂纯净水, 在笼子的另一侧喂盐水. 研究人员所研究的变量是每只鹦鹉的液体总消耗量.
(a) 该研究的实验单位是什么?
(b) 该研究是否是一项好的设计实验? 所采用的设计类型是什么?
(c) 这项研究的因子有哪些?
(d) 请列出每个因子的水平.
(e) 研究中有多少个处理? 请加以列明.
(f) 确定响应变量.
(g) 建立设计实验的回归模型.

11.4 **公司的同行导师培训.** 经验丰富的员工提供一对一的支持并与经验不足的员工分享知识就是同行指导. *Journal of Managerial Issues*（Spring 2008）发表了一篇关于在一家大型软件公司进行同行导师培训的影响研究. 参与者是 222 名自愿参加为期一天的同行导师培训课程的员工. 研究的变量是员工在同行指导中的能力水平（以 7 分制衡量）. 在研究中三个不同时间衡量每个参与者的能力水平: 在培训前一周、培训两天后和培训两个月后. 这个实验的目的之一是比较三个时间段的平均能力水平.

(a) 确定响应变量.   (b) 确定实验中的因子（和因子水平）.

(c) 实验包括多少个处理?   (d) 采用什么类型的实验设计?

(e) 确定实验中的区组.

11.5 区组设计中的处理均值. 参照例 11.2、例 11.3 中的随机区组设计.

(a) 建立关于评估师 B 的百分比误差 y 的模型，对所有观测值求和以获得评估师 B 的均值.

(b) 针对评估师 D 重复 (a) 小题的运算.

(c) 证明 $\bar{y}_B - \bar{y}_D = \beta_2 + (\bar{\varepsilon}_B - \bar{\varepsilon}_D)$. 注意，区组项的系数 β 在计算这个差时被消去了.

11.6 口味测试量表. 在销售一种新食品之前，公司会使用一种数字口味测试量表来评估该食品的味道. 例如，一般的标记强度量表（gLMS）使用的评级范围从 -100（最不喜欢）到 100（最喜欢）. 这是发表在 *Journal of Food Science* (Feb. 2014) 上的一项关于食物量表的研究. 共有 200 名佛罗里达大学的学生和工作人员参与了这项研究. 每组测试了五种食品 / 饮料：黑咖啡（BC）、芝士蛋糕（CC）、葡萄柚汁（GF）、橙汁（OJ）和意大利辣香肠（PP）. 该研究的目的之一是比较五种食品 / 饮料的 gLMS 平均评级.

(a) 确定本实验的处理.

(b) 由于不同口味测试者的口味差异很大，所以采用了随机区组设计来减少 gLMS 评级中测试者之间的差异. 提供设计示意图.

(c) 建立随机区组设计的线性模型.

11.5 容量增加设计

在本节中，我们将重点关注如何正确选择包含两个或两个以上因子的处理，从而增加实验中提取的信息的"量". 我们讨论的容量增加设计通常被称为**因子设计**，因为它们涉及在实验中仔细选择**因子水平**的组合（即处理）.

假设有一家公用事业公司在非高峰时段（需求较少）向用户收取较低的用电费率. 该公司正在对几种不同时段的定价方案进行实验. 公司可以通过控制两个因子（即自变量）：定价比 x_1（即高峰与非高峰价格之比）和高峰期长度 x_2（以小时为单位）. 假设公用事业公司希望调查 200% 和 400% 两个水平的定价比，以及 6 小时和 9 小时两个水平的高峰期长度. 针对不同组合（即 x_1 和 x_2 的组合），公司将衡量用户满意度 y，从而比较各组合中的平均满意度. 公司应该如何选择确定实验中的处理?

一种将定价比和高峰期长度的水平组合分配给实验单位（用户）的设计是单因子分析法. 即每次只改变一个自变量，而保持其余自变量不变. 对于实验中的每个自变量，上述过程只重复一次. 这个方法看起来似乎非常符合逻辑，也与 11.4 节中介绍的区组概念一致（即在相同的条件下进行比较），但事实并非如此，我们将进行举例阐述.

针对定价比 (x_1) 和高峰期长度 (x_2) 采用单因子分析法，如图 11.5 所示. 当长度保持在 $x_2 = 6$ 小时不变时，我们观测到定价比分别为 $x_1 = 200\%$ 和 $x_1 = 400\%$ 时的响应变量 y，从

而有一对 y 值来估计改变定价比 (x_1) 后客户满意度的平均变化. 同样, 当定价比保持在 $x_1 = 200\%$ 时, 我们可以观测到高峰期长度 $x_2 = 9$ 小时的响应变量 y. 这一观测值, 与当 (200%, 6 小时) 时的观测值一起, 使我们能够估计由于高峰期长度 (x_2) 的变化而引起的客户满意度的平均变化. 三个处理 (200%, 6 小时)、(400%, 6 小时)、(200%, 9 小时) 如图 11.5 所示. 图中显示了每个处理的两个观测值. 这对于获得研究差异的标准差的估计值十分必要.

选择因子水平组合的第二种设计是像单因子分析法所示的那样, 选择上述的 3 个处理, 并额外确定第 4 个处理 (400%, 9 小时), 如图 11.6 所示. 换句话说, 我们同时改变变量 x_1 和 x_2.

上述两种设计中的哪一种会产生更多关于处理差异的信息? 令人惊讶的是, 图 11.6 的设计只通过 4 个观测值, 获得了比单因子分析法 (共 6 个观测值) 更准确的信息. 首先, 请注意, 当高峰期长度 (x_2) 保持不变时, 两种设计都计算出了当 $x_1 = 200\%$ 和 $x_1 = 400\%$ 时的响应变量 y 均值之差的估计值, 且当定价比 (x_1) 保持不变时, 两者都能计算出当 $x_2 = 6$ 和 $x_2 = 9$ 时的响应变量 y 均值之差的估计值. 但是响应变量 y 均值在 $x_1 = 200\%$ 和 $x_1 = 400\%$ 时的差是取决于 x_2 在哪个水平保持不变呢? 换句话说, 如果定价比 (x_1) 和高峰期长度 (x_2) 存在交互作用会怎样? 如果我们想要计算 $x_2 = 6$ 时的平均差值 $(\mu_{200} - \mu_{400})$ 和 $x_2 = 9$ 时的平均差值 $(\mu_{200} - \mu_{400})$. 这些差的估计值可以在第二个设计中获得, 如图 11.6 所示. 而由于从单因子分析法中没有 $x_1 = 400$ 和 $x_2 = 9$ 的响应均值估计值, 因此交互作用将无法被观察到.

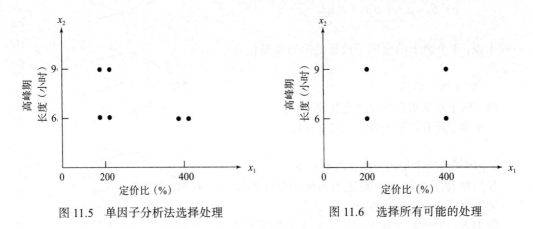

图 11.5 单因子分析法选择处理　　　　图 11.6 选择所有可能的处理

4.10 节和第 5 章强调了自变量之间交互作用的重要性. 如果存在交互作用, 我们就无法研究一个变量 (或因子) 独立于另一个变量从而对响应变量 y 产生影响. 因此, 我们需要能提供因子交互作用信息的实验设计.

实现这一目标的设计称为**因子实验**. 一个**全因子实验**是一个包括所有可能的因子水平组合作为处理的设计. 对于每日时段价格的实验, 我们有 2 个水平的定价比 (200% 和 400%) 和 2 个水平的高峰期长度 (6 小时和 9 小时). 因此, 一个全因子实验将包括 $(2 \times 2) = 4$ 个处理, 如图 11.6 所示, 称为 **2×2 因子设计**.

定义 11.10   **因子设计**是一种选择实验处理（即因子水平组合）的方法. 全因子实验是指包含所有因子水平组合的实验.

假设我们引入第三个因子季节，其包含 4 个水平，那么一个全因子实验将包括所有 $2 \times 2 \times 4 = 16$ 个关于定价比、高峰期长度和季节的组合. 由此得到的数据集被称为 **$2 \times 2 \times 4$ 因子设计**.

例 11.4   假设计划进行一项实验，比较在硫酸溶液中镍合金拉伸试样的屈服强度. 主要研究三个因子对平均强度的影响：3 个水平（A_1，A_2 和 A_3）的镍成分，3 个水平（B_1，B_2 和 B_3）的浸放时间，以及 2 个水平（C_1 和 C_2）的合金类型. 设计一个全因子实验，并指出 $3 \times 3 \times 2$ 因子设计的处理.

解   全因子实验包括镍成分、浸放时间和合金类型三个因子间所有可能的水平组合. 因此所有处理如下所示：$A_1B_1C_1$，$A_1B_1C_2$，$A_1B_2C_1$，$A_1B_2C_2$，$A_1B_3C_1$，$A_1B_3C_2$，$A_2B_1C_1$，$A_2B_1C_2$，$A_2B_2C_1$，$A_2B_2C_2$，$A_2B_3C_1$，$A_2B_3C_2$，$A_3B_1C_1$，$A_3B_1C_2$，$A_3B_2C_1$，$A_3B_2C_2$，$A_3B_3C_1$ 和 $A_3B_3C_2$. 这 18 个处理如图 11.7 所示. ∎

因子设计的线性统计模型包括实验中每个因子项（称为**主效应**）和因子间交互项. 例如，定价比 – 高峰期长度实验中的 2×2 因子模型，包含一个定量因子定价比 (x_1) 的一阶项，一个定量因子高峰期长度 (x_2) 的一阶项，和一个交互项：

$$y = \beta_0 + \underbrace{\beta_1 x_1 + \beta_2 x_2}_{\text{主效应}} + \underbrace{\beta_3 x_1 x_2}_{\text{交互作用}} + \varepsilon$$

一般来说，k 个因子的全因子设计的回归模型包含以下项：

  k 个因子的主效应
  两个因子水平组合的双向交互项
  三个因子所有水平组合的三向交互项
  $\vdots$
  k 个因子所有水平组合的 k 向交互项

我们将在下个例子中阐述如果因子是定性变量，该如何引入虚拟变量的问题.

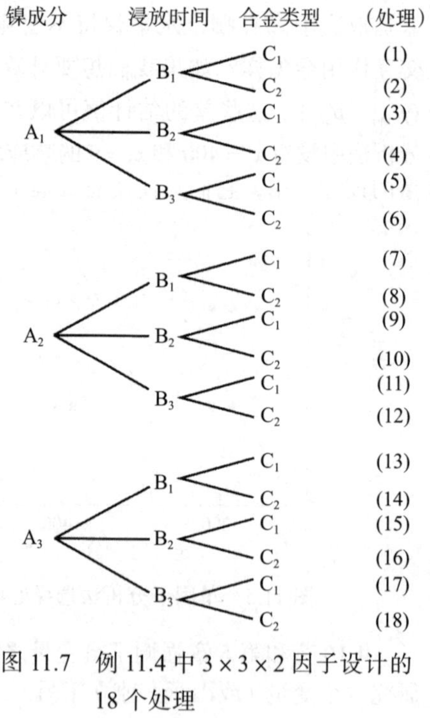

例 11.5   为例 11.4 建立一个 $3 \times 3 \times 2$ 因子实验的模型.

解   由于因子是定性变量，我们建立虚拟变量如下：

图 11.7   例 11.4 中 $3 \times 3 \times 2$ 因子设计的 18 个处理

$$x_1 = \begin{cases} 1, & \text{如果镍为} A_1 \\ 0, & \text{其他} \end{cases} \qquad x_2 = \begin{cases} 1, & \text{如果镍为} A_2 \\ 0, & \text{其他} \end{cases}$$

$$x_3 = \begin{cases} 1, & \text{如果浸放时间为} B_1 \\ 0, & \text{其他} \end{cases} \qquad x_4 = \begin{cases} 1, & \text{如果浸放时间为} B_2 \\ 0, & \text{其他} \end{cases}$$

$$x_5 = \begin{cases} 1, & \text{如果合金为} C_1 \\ 0, & \text{如果合金为} C_2 \end{cases}$$

那么合适的模型为

$$y = \beta_0 + \underbrace{\beta_1 x_1 + \beta_2 x_2}_{\text{镍主效应}} + \underbrace{\beta_3 x_3 + \beta_4 x_4}_{\text{浸放时间主效应}} + \underbrace{\beta_5 x_5}_{\text{合金主效应}} +$$

$$\underbrace{\beta_6 x_1 x_3 + \beta_7 x_1 x_4 + \beta_8 x_2 x_3 + \beta_9 x_2 x_4}_{\text{镍×浸放时间}} + \underbrace{\beta_{10} x_1 x_5 + \beta_{11} x_2 x_5}_{\text{镍×合金}} + \underbrace{\beta_{12} x_3 x_5 + \beta_{13} x_4 x_5}_{\text{浸放时间×合金}} +$$

$$\underbrace{\beta_{14} x_1 x_3 x_5 + \beta_{15} x_1 x_4 x_5 + \beta_{16} x_2 x_3 x_5 + \beta_{17} x_2 x_4 x_5}_{\text{镍×浸放时间×合金}}$$

需要注意的是, 例 11.5 中 $3 \times 3 \times 2$ 因子设计模型的参数个数为 18, 与实验中所包含的处理个数相等. 对于全因子实验, 情况总是如此. 因此, 如果我们用全模型去拟合单个重复的处理时 (即每个处理仅测量一个观测值 y), 我们将没有可用于估计误差方差 (σ^2) 的自由度. 解决这个问题的一种方法是向样本添加额外的数据点. 研究人员通常通过**重复**全部因子处理的观测值来实现这一点. 也就是说, 我们在实验中为每个处理收集两个或两个以上的观测值 y. 这将为估算 σ^2 提供足够的自由度.

全因子实验的一个潜在缺点是它可能存在大量的处理. 例如, 一个涉及 10 个因子且每个因子有两个水平的实验需要 $2^{10} = 1\,024$ 个处理! 这可能会发生在探索性研究中, 比如我们试图在大量的因子中确定影响响应变量 y 的重要因素. 在一个全因子实验中, 有几种增加容量的设计可用, 它们只使用总处理中的一小部分. 因此, 它们被称为**部分因子实验**. 部分因子实验可以估计低阶项的参数 β (例如主效应和双向交互项); 然而, 某些高阶项 (例如三向和四向交互项) 的 β 估计将与某些低阶项相同, 从而混淆了实验的结果. 因此, 需要大量的专业知识来运行和解释部分因子实验. 有关部分因子和其他更复杂的容量增加设计的详细信息, 请阅读参考文献.

练习 11.5

11.7 实验的信息量. 因子实验在何种意义上增加了实验中的信息量?

11.8 面包酵母与啤酒酵母. *Electronic Journal of Biotechnology* (December 15, 2003) 发表了一篇关于两种酵母提取物 (面包酵母和啤酒酵母) 比较的文章. 啤酒酵母是一种从啤酒厂获得的剩余副产品, 因此它比面包酵母更便宜. 在 4 种不同温度 (45℃, 48℃, 51℃和54℃) 下制备两种酵母提取物的样品, 并测量每一个酵母–温度组合的自溶率 (记录为百分比). 目的是分析研究酵母提取物和温度对平均自溶率的影响.

(a) 确定实验中的因子 (和因子水平).

(b) 确定响应变量.

(c) 实验包括多少个处理?

(d) 采用什么类型的实验设计?

11.9 考试成绩研究. 在 *Teaching of Psychology* (August 1998) 上, 一项研究调查了学生参加模拟考试是否会影响期末考试成绩. 宾夕法尼亚州立大学心理学导论课上的学生最初根据他们的班级排名被分为三组: 差、中、优. 在每一组中, 学生在期末考试前被随机分配参加复习课或参加模拟考试. 故六组分别为：（差，复习课）、（差，模拟考试）、（中，复习课）、（中，模拟考试）、（优，复习课）、（优，模拟考试）. 这项研究的一个目的是比较六组学生的平均期末考试成绩.

(a) 本研究的实验单位是什么？

(b) 该研究是否是一项设计实验？采用什么类型的设计？

(c) 这项研究的因子有哪些？

(d) 列出每个因子的水平.

(e) 研究中有多少个处理？请加以列明.

(f) 响应变量是什么？

11.10 **测试一种新的止痛药.** 扑热息痛是药物中的有效成分，旨在缓解轻度至中度疼痛和发烧. *Tropical Journal of Pharmaceutical Research* (June 2003) 研究了从 khaya gum 中提取的扑热息痛片的性质. 我们认为影响扑热息痛片性质的三个因子是（1）结合剂性质，（2）结合剂的浓度，（3）扑热息痛片的相对密度. 实验中，结合剂性质有 2 个水平（khaya gum 和 PVP），浓度有 2 个水平（0.5% 和 4.0%），相对密度有 2 个水平（高、低）. 研究中的因变量之一是溶解时间，即 50% 的片剂溶解时间（分钟）. 本研究的目的是确定结合剂性质、浓度和相对密度对平均溶解时间的影响.

(a) 确定研究中的因变量（响应变量）.

(b) 研究调查的因子有哪些？列出相应的水平.

(c) 研究中有多少个处理？请加以列明.

11.11 **买卖双方的动态关系描述.** 一篇发表在 *Industrial Marketing Management* (Jan. 2016) 上的文章调查了买方与卖方的动态关系，特别是一家大型软件开发公司（卖方）和一家大型移动通信公司（买方）之间的关系. 基于参与交易的两家公司的内部员工观点，研究人员确定了推动买卖双方动态的两个因子：（1）销售过程的适应性（高或低）和（2）购买过程的知识（高或低）. 适应性与知识的四种组合（带有买方－卖方适应动态的描述），如下表所示. 设计一个实验以确定这两个因子对最终销售价格的影响. 收集四种类型的买方－卖方动态适应的最终销售价格数据，并进行方差分析.

	高知识	低知识
高适应性	战略性适应	积极性适应
低适应性	被动性适应	临时性适应

(a) 确定所采用的实验设计.

(b) 响应变量是什么？

(c) 本实验中有多少个处理？请加以列明.

(d) 这个设计的实验是否可以检验因子间的交互作用？请加以解释.

(e) 建立本实验的线性模型.

11.12 **双因子的因子设计.** 假设一个有 2 个因子 A 和 B 的因子设计，每个因子包含 3 个水平. 假设我们选择以下处理（因子水平组合）包括在实验中：A_1B_1，A_2B_1，A_3B_1，A_1B_2，A_1B_3.

（a）这是一个全因子实验吗？请加以解释．

（b）解释为什么在这个实验中不可能研究 AB 间的交互作用．

11.13 **因子设计模型．** 建立全因子模型：

（a）一个 2×3 因子实验，其中两个因子均为定性变量．

（b）一个 $2 \times 3 \times 3$ 因子实验，其中包含 2 个水平的因子是定量变量，另外两个因子是定性变量．

11.14 **选择因子的水平．** 假设想要调查三个因子对某响应变量 y 的影响．解释为什么进行处理因子选择比单因子分析法（即每次只改变一个因子，而保持其余两个因子不变）好．

11.15 **区组设计的缺点．** 为什么随机区组设计不能用于研究两个定性因子对响应变量 y 的影响？

11.6 样本量的确定

在 1.8 节和 1.10 节中，我们演示了如何确定用于估计单个总体均值或比较两个总体均值的样本量．现在向你们阐述如何在设计实验中确定样本量．

如 11.3 节所述，实验中与特定总体参数相关的信息量的度量是参数估计值的标准误差．一个更实用的度量是参数置信区间的半宽度，其也是关于标准误差的函数．例如，总体均值的置信区间的半宽度（见 1.8 节）为

$$(t_{\alpha/2})s_{\bar{y}} = t_{\alpha/2}\left(\frac{s}{\sqrt{n}}\right)$$

同样地，关于 y 和 x 的直线模型中斜率 β_1 的置信区间的半宽度（在 3.6 节中给出）是

$$(t_{\alpha/2})s_{\hat{\beta}_1} = t_{\alpha/2}\left(\frac{s}{\sqrt{SS_{xx}}}\right) = t_{\alpha/2}\left(\sqrt{\frac{SSE}{n-2}}\right)\left(\frac{1}{\sqrt{SS_{xx}}}\right)$$

上述两个公式中，半宽度都是关于实验中样本量的函数，随着样本量 n 的增加，置信区间的半宽度变小．对于一般线性模型的参数 β_i 的置信区间、$E(y)$ 的置信区间和 y 的预测区间也是如此．由于每个设计实验都可以用一个线性模型来表示，因此这个结果可以用来近似地确定实验中的重复次数（即每个处理测量的观测值个数）．

例如，考虑一个由 3 个处理 A、B 和 C 组成的设计实验．假设我们要估计 $(\mu_B - \mu_C)$，即 B 组与 C 组处理均值之差．根据我们对设计实验线性模型的了解，我们知道这个差可以用模型中的参数 β 之一 β_2 来表示．单次重复实验 β_2 的置信区间为

$$\hat{\beta}_2 \pm (t_{\alpha/2})s_{\hat{\beta}_2}$$

如果我们重复完全相同的实验 r 次（我们称之为 **r 个复制**），可以证明（证明省略）β_2 的置信区间为

$$\hat{\beta}_2 \pm B, \quad \text{其中 } B = t_{\alpha/2}\left(\frac{s_{\hat{\beta}_2}}{\sqrt{r}}\right)$$

为了计算 r，我们首先将区间的半宽度设为可允许的最大值 B，然后我们近似计算 $t_{\alpha/2}$

和 $s_{\hat{\beta}_2}$，求解重复次数 r.

例 11.6   假设一个 2×2 因子实验研究了两个因子对照相机闪光灯输出光 y 的影响. 这两个因子（及其水平）是 $x_1 =$ 灯泡中所含箔的量（100 毫克和 200 毫克）和 $x_2 =$ 封口机的速度（每分钟 1.2 转和 1.3 转）. 2×2 因子实验的完整模型为

$$E(y) = \beta_0 + \beta_1 x_1 + \beta_2 x_2 + \beta_3 x_1 x_2$$

以 95% 的置信区间估计 β_3（交互作用 β）在其真实值的 0.3 以内，需要 2×2 因子实验具有多少次重复？

解   为求解重复次数 r，我们需要求解以下方程

$$t_{\alpha/2}\left(\frac{s_{\hat{\beta}_3}}{\sqrt{r}}\right) = B$$

可以看到，对于单个重复，我们需要估计 $s_{\hat{\beta}_3}$，即 $\hat{\beta}_3$ 的标准误差. 假设基于闪光灯制造商之前的实验，对于 95% 的置信区间，即 $\alpha = 0.05$ 和 $\alpha/2 = 0.025$，$s_{\hat{\beta}_3} \approx 0.2$. 题设要求区间的半宽度是 $B = 0.3$，可得

$$t_{0.025}\left(\frac{0.2}{\sqrt{r}}\right) = 0.3$$

$t_{0.025}$ 的自由度取决于样本量 $n = (2 \times 2)r = 4r$；因此，我们必须估计它的值. 实际上，由于模型包含 4 个参数，t 的自由度为 $df(误差) = n - 4 = 4r - 4 = 4(r-1)$. 因此至少我们需要 2 个重复，即我们将至少有 $4(2-1) = 4df$. 查阅附录 D 表 2，我们可知 $df = 4$ 时，$t_{0.025} = 2.776$. 我们将在计算中使用此 t 值.

将 $t = 2.776$ 代入方程，我们得到

$$\frac{2.776(0.2)}{\sqrt{r}} = 0.3$$

$$\sqrt{r} = \frac{(2.776)(0.2)}{0.3} = 1.85$$

$$r = 3.42$$

因为我们可以进行 3 次或 4 次重复（但不可能是 3.42 次），所以我们应该选择 4 次重复，以合理地确定我们能够将交互作用的系数 β_3 估计到其真实值的 0.3 范围以内. 具有 4 次重复的 2×2 因子设计，如表 11.3 所示. ■

表 11.3   具有 4 次重复的 2×2 因子设计

		箔材的量 x_1	
		100	200
机器	1.2	y 有 4 个观测值	y 有 4 个观测值
速度 x_2	1.3	y 有 4 个观测值	y 有 4 个观测值

练习 11.6

11.16   实验中的重复. 为什么在全因子实验中重复很重要？

11.17   估计重复次数. 考虑一个 2×2 因子设计. 需要多少次重复，才能在 90% 的置信区间内估计交互作用 β 在 2 个单位的范围内？假设交互作用 β 的估计值的标准误差（基

于单次重复）约为 3.

11.18　计算区组数. 对于具有 b 个区组的随机区组设计, 任何两个处理的均值之差的估计标准误差为 $s\sqrt{2/b}$. 使用此公式确定置信区间为 95% 时, 两个处理均值之差 $(\mu_A - \mu_B)$ 在 10 个单位以内所需的区组数. 假设 $s \approx 15$. [提示: 对于具有 k 个处理和 b 个区组的随机区组设计, df (误差) = $(k-1)(b-1)$.]

11.7　随机化的重要性

本章介绍的所有基本设计都涉及某种**随机化**. 在完全随机设计和基本的因子实验中, 处理被随机分配到实验单位. 在随机区组设计中, 区组是随机选择的, 每个区组内的处理也按随机顺序分配. 为什么要随机化？答案与我们对线性模型中的随机误差 ε 所做出的假设有关. 回顾（4.2 节）我们的假设, 即对于自变量的固定水平（即每个处理）, ε 服从均值为 0、方差 σ^2 为常数的正态分布. 此外, 我们假设与重复观测相关的随机误差在概率意义上是相互独立的.

事实上, 实验者很少知道过程中的所有重要变量, 也不知道模型的真正函数形式. 因此, 选择来拟合真实关系的函数形式只是一个近似值, 实验中包含的变量也只是总变量当中的一个子集. 因此, 随机误差 ε 是由于未能包括所有重要因子以及逼近函数的误差而导致的复合误差.

尽管在设计实验的过程中, 许多影响响应变量 y 的不可测量且重要的自变量并不是以完全随机的方式变化, 但是我们希望它们的累积效应能以随机的方式变化, 并且满足我们推断所依据的假设. 设计实验中的随机化具有将这些误差效应随机分配给处理的效果, 并有助于满足对 ε 的假设.

快速总结

关键公式

　计算用来估计 β_j 所表示的均值之差的重复次数 r

$$r = \left[\frac{(t_{\alpha/2})(s_{\hat{\beta}_j})}{B} \right]^2$$

其中 $B = 100(1-\alpha)\%$ 置信区间的一半宽度

$t_{\alpha/2}$ 基于模型的 df(误差)

$s_{\hat{\beta}_j} = \hat{\beta}_j$ 的标准误差

关键思想

　实验设计: 收集数据的计划流程

　实验设计步骤

　1. 选择确定因子

2. 选择确定因子的水平组合（即处理）

3. 确定每个处理的重复次数

4. 将处理分配给实验单位

分配处理的两种方法

1. 完全随机设计

2. 随机区组设计

实验设计中的信息量通过以下两项加以控制:

　1. 信号容量

　2. 数据中的噪声（随机变化）

　容量增加设计: 全因子实验（选择所有因子水平组合）

　降噪设计: 随机区组设计（将处理分配给实验单位的同质区组）

补充练习

11.19 信息量. 你如何衡量样本中与特定总体参数相关的信息量？

11.20 信号容量. 实验设计中的哪些步骤会影响与特定总体参数相关的信号量？

11.21 降低噪声. 在实验设计的哪个步骤中，你可能会减少无关和不受控制的变量所产生的变化？

11.22 比较设计. 解释完全随机设计和随机区组设计之间的区别.何时随机区组设计更有利？

11.23 实验处理. 考虑一个双因子的因子实验，其中一个因子有两个水平，另一个因子有四个水平，则实验共包括多少个处理？请列出它们.

11.24 全因子设计. 为 $2 \times 2 \times 4$ 因子实验写一个完整的因子模型，其中包含两个水平的两个因子都是定量的，而包含四个水平的第三个因子是定性的.如果对这个实验进行一次重复，有多少自由度可以用来估计 σ^2？

11.25 全因子设计（续）. 请参阅练习 11.24.假设建立一个关于 y 的模型，包含因子主效应而没有因子间交互作用.有多少自由度可用于估计 σ^2？

11.26 啤酒品牌市场份额. 零售店审计是对零售销售样本的定期审核，以监控特定产品的库存和采购情况.此类审计通常被营销研究人员用来估计市场份额.某研究中比较了用来估计啤酒品牌市场份额的两种不同审计方法.

(a) 识别实验中的处理.

(b) 由于品牌间估计市场份额存在差异，将采用随机区组设计.解释如果研究中包括 10 种啤酒品牌，如何将这些处理分配给实验单位.

(c) 建立随机区组设计的线性模型.

11.27 视觉搜索中的反应时间. 许多对认知要求很高的工作（例如，空中交通管制员、雷达/声呐操作员）需要有效地处理视觉信息.佐治亚理工大学的研究人员调查了影响执行视觉搜索任务的受试者反应时间的变量 (*Human Factors*, June 1993).使用以下两种方法之一对大学生在计算机上进行训练：连续一致或调整一致.然后每个学生被分配到六个不同的练习环节之一.最后，搜索任务的一致性被控制在四个等级：100%, 67%, 50% 或 33%.研究者的目标是比较分配到（训练方法）×（练习环节）×（任务一致性）＝$2 \times 6 \times 4 = 48$ 个实验条件时学生的平均反应时间.

(a) 写出实验中涉及的因子.

(b) 对于每个因子，说明其是定量的还是定性的.

(c) 这个实验共涉及多少种处理？请列出它们.

11.28 建筑物的位移比. 用于估计承受横向载荷的建筑物的可靠性的常用指标是位移比.已经开发了复杂的计算机程序，如 STAAD-Ⅲ，以根据梁刚度、柱刚度、层高、惯性矩等变量来估计位移比.纽约州立大学布法罗分校和中佛罗里达大学的土木工程师进行了一项实验，将 STAAD-Ⅲ 程序得到的位移比估计值与一个新的、更简单的微型计算机程序 DRIFT 得出的估计值进行比较 (*Microcomputers in Civil Engineering*, 1993).一栋 21 层楼的建筑数据被用于输入到程序之中.其中 STAAD-Ⅲ 进行了两次运行：运行 1 考虑了建筑柱的轴向变形，运行 2 未进行考虑.分析的目的是比较三次计算机运行估计的平均位移比（其中位移通过横向位移测量）.

(a) 识别实验中的处理.

(b) 由于横向位移在建筑物（楼层）之间变化很大，因此将采用随机区组设计来减少位移的水平间变化. 如果所有 21 个水平都包括在研究中，请用图表说明实验的设计.

(c) 建立随机区组设计的线性模型.

参考文献

Box G. E. P., Hunter, W. G., and Hunter, J. S. *Statistics for Experimenters: Design, Innovation, and Discovery*, 2nd ed. New York: Wiley, 2005.

Cochran, W. G., and Cox, G. M. *Experimental Designs*, 2nd ed. New York: Wiley, 1992 (paperback).

Davies, O. L. *The Design and Analysis of Industrial Experiments*, 2nd ed. New York: Hafner, 1967.

Kirk, R. E. *Experimental Design: Procedures for Behavioral Sciences*, 4th ed. Thousand Oaks, CA: Sage Publications, 2012.

Kutner, M., Nachtsheim, C., Neter, J., and Li, W. *Applied Linear Statistical Models*, 5th ed. Homewood, Ill.: Richard D. Irwin, 2004.

Mendenhall, W. *Introduction to Linear Models and the Design and Analysis of Experiments*. Belmont, Calif.: Wadsworth, 1968.

Montgomery, D.C. *Design and Analysis of Experiments*, 7th ed. New York: Wiley, 2008.

Winer, B. J., Brown, D. R., and Michels, K. M. *Statistical Principles in Experimental Design*, 3rd ed. New York: McGraw-Hill, 1991.

第12章 设计实验的方差分析

目标

1. 提出一种用于比较两种或两种以上总体均值的设计实验数据分析方法.
2. 定义方差分析与回归分析的关系,并确定它们的共同特征.
3. 在完全随机、随机区组和因子设计中应用方差分析检验.

12.1 引言

一旦收集了设计实验的数据,我们将使用样本信息来推断不同处理的总体均值.用于比较各处理均值的方法传统上称为**方差分析(ANOVA)**.方差分析的过程会提供一组公式,可计算上述推断的检验统计量和置信区间.

每个实验设计都有一组公式,这些公式源于20世纪初,早在计算机发明之前就已发展起来.这些公式的使用很容易,只是计算可能相对烦琐乏味.回顾第11章中所述,线性模型与每个实验设计相联系.利用回归分析和使用计算机对模型进行适当分析,就可得到与方差分析计算公式相同的推断.

在这一章中,重点将围绕使用回归方法分析设计实验中的数据.一些常见的实验设计,包括第11章中已提及的,将在本章中进行分析.我们将提供设计实验的方差分析计算公式,并阐述它们与回归之间的关系.首先,我们在12.2节中会解释方差分析及其公式的理论逻辑.

12.2 方差分析的理论逻辑

方差分析的理论概念可以通过以下这一简单的例子来解释.

假设一个实验的单因子含有两个水平(即两个处理).我们想要根据两个独立随机样本的均值(每个样本包含 $n_1 = n_2 = 5$ 个观测值)来判断这两个处理的均值是否不同, y 值如图 12.1 所示.注意,左边的五个空心点表示样本 1 的 y 值,右边的五个实心点表示样本 2 的 y 值.观察穿过两个样本均值 $\bar{y}_1$ 和 $\bar{y}_2$ 的水平线.你认为此图是否提供了足够的证据来说明相应的总体均值之间存在差异?

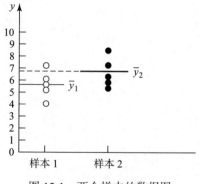

图 12.1 两个样本的数据图

如果你不确定图 12.1 中数据的总体均值是否不同，可检查图 12.2a 中不同的两组数据样本分布情况．假设基于这些数据分布，我们相信你也会认为这两个总体均值存在差异．图 12.2b 为另一组数据样本分布情况．基于这些数据，又似乎两个总体均值之间没有什么差异或者差异很小．

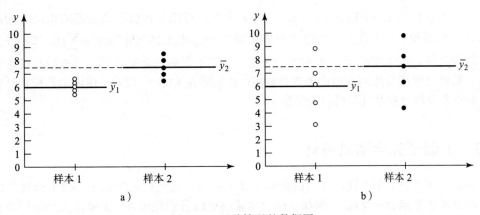

图 12.2　两种情况的数据图

图 12.1 和图 12.2 中的哪些个体是我们用来直观地决定总体均值之间是否存在差异的？答案就是我们直观地比较了样本均值的距离（变化）与两个样本中每个样本 y 值的变化．由于图 12.2a 中样本均值之间的变异相对于样本内的变异较大，因此我们推断总体均值之间存在差异．相反，在图 12.2b 中，样本均值之间的变异相对于样本内的变异较小，因此几乎没有证据表明均值之间存在显著差异．

样本组内变异由我们在 1.9 节中对独立随机样本 t 检验计算的合并 s^2 来度量，即

$$\text{样本组内变异：} s^2 = \frac{\sum_{i=1}^{n_1}\left(y_{i1}-\bar{y}_1\right)^2 + \sum_{i=1}^{n_2}\left(y_{i2}-\bar{y}_2\right)^2}{n_1 + n_2 - 2} = \frac{\text{SSE}}{n_1 + n_2 - 2}$$

其中，y_{i1} 表示样本 1 中的第 i 个观测值，而 y_{i2} 表示样本 2 中的第 i 个观测值．s^2 公式的分子通常用 **SSE** 表示，即**误差平方和**．与回归分析一样，SSE 指无法解释的变异性．在这里，它表示样本组内的均值之间无法解释的变异性．

样本组间变异的度量方法是计算单个样本均值与所有 10 个观测值的均值 $\bar{y}$ 的偏差平方和的加权和，再除以样本组数减 1，即

$$\text{样本组间变异：} \frac{n_1\left(\bar{y}_1-\bar{y}\right)^2 + n_2\left(\bar{y}_2-\bar{y}\right)^2}{2-1} = \frac{\text{SST}}{1}$$

其中，分子通常表示为 **SST**，即**处理平方和**，因为它衡量的是两种不同处理的样本均值之间的差异所解释的变异性．

对于本实验设计，SSE 与 SST 之和为 SS(Total)，即

$$\text{SS(Total)} = \sum\left(y_i - \bar{y}\right)^2$$

[注：SS(Total) 等价于回归中的 SS_{yy}．] 其比率

$$F = \frac{样本组间变异}{样本组内变异}$$

$$= \frac{\text{SST}/1}{\text{SSE}/(n_1 + n_2 - 2)}$$

服从自由度 (df) 为 $v_1 = 1$ 和 $v_2 = n_1 + n_2 - 2$ 的 F 分布，可用来检验不同处理的均值之间没有差异这一原假设. 平方和的可加性使早期的研究者意识到将 $\text{SS(Total)} = \sum (y_i - \bar{y})^2$ 进行**分解**，即分解成对应于实验因子和 SSE 的来源. 计算平方和的简单公式、可加性和检验统计量的一系列过程被自然而言地称为**方差分析**. 我们将在 12.3 ～ 12.6 节中演示几种常见实验设计的方差分析过程及其与回归的关系.

12.3 单因子完全随机设计

回忆一下（11.2 节）设计实验的前两个步骤：（1）确定研究的因子，（2）选择拟纳入实验的因子水平组合（处理）. 例如，假设你希望比较分别经历 A、B 和 C 三个培训项目的工人在制造操作中组装设备的时长. 则这个实验中包含了一个单因子——培训项目，且具有三个水平（A、B 和 C）. 由于培训项目是唯一的因子，这些水平代表不同的处理. 现在我们必须确定每个处理的样本量（步骤 3），并弄清楚如何将处理分配给实验单位，即特定的工人（步骤 4）.

正如我们在第 11 章学到的，最常见的将实验单位分配给处理的方法被称为**完全随机设计**. 为了说明这一点，假设我们希望获得关于这三种培训项目的组装平均时长的等量信息（即我们指定分配相同的工人数量给这三个培训项目）. 同样，假设我们使用 1.8 节（例 1.13）中的过程来选择样本量，并确定三个样本中每个样本的工人数量为 $n_1 = n_2 = n_3 = 10$. 然后采用完全随机设计，将 $n_1 + n_2 + n_3 = 30$ 名工人随机分配到三个处理中，每个处理分配 10 名工人. 随机分配是指针对任意观测值分配的概率均相等. 这消除了以某种系统方式分配工人时可能发生的偏差. 例如，一种有意识的分配可能会不小心将大部分手工灵巧的工人分配到培训项目 A 中，从而低估了与 A 相对应的真实平均组装时间.

例 12.1 说明了如何使用**随机数发生器**将 30 名工人分配到这三个处理.

例 12.1 考虑一个完全随机设计，包括三个处理（例如培训项目 A、B 和 C）和 $n = 30$ 个实验单位（例如组装工人）. 使用随机数发生器将处理分配给本设计的实验单位.

解 第一步是将实验单位（工人）从 1 到 30 进行编号. 然后，从 30 个数字中随机抽取前 10 个数字分配给培训项目 A，第二组 10 个随机选择的数字分配给培训项目 B，剩下的 10 个数字分配给培训项目 C. 可以用随机数表或计算机软件进行随机分配. 图 12.3 是 MINITAB 工作表，显示了使用 MINITAB "Random Data" 功能进行的随机分配. "Random" 列显示了随机选择的工人序号. 可以看到 MINITAB 随机分配工人序号 3，4，5，10，12，13，17，19，22 和 27 给培训项目 A，分配工人序号 1，2，6，7，14，18，20，21，23 和 30 给培训项目 B，以及分配工人序号 8，9，11，15，16，24，25，26，28 和 29 给培训项目 C.

例 12.2　假设一个饮料装瓶商想比较三种不同的广告展示方式对超市饮料销售的影响．请指出用于实验的实验单位，并解释如何使用完全随机设计来收集销售数据．

解　假设装瓶商有一份不同城市销售这款饮料的超市列表．如果我们决定以特定超市某月销售额（较前一个月）的增加额来衡量销售增加（或减少），那么实验单位就是特定超市的一个月时间段．因此，我们将会为 $n_1 + n_2 + n_3$ 家超市的每一家随机选择某一个月时间段，分配 n_1 家超市以 D_1 广告展示，n_2 家超市以 D_2 广告展示，n_3 家超市以 D_3 广告展示．

在某些实验情况下，由于实验单位本身的特性，我们无法随机地将处理分配给实验单位．例如，假设我们想比较化学、数学和社会学这三个系的教授的平均年薪．因此化学、数学和社会学这三个处理就不能被"分配"给教授（实验单位）．教授是归属于化学、数学或社会学系或其他某些系的成员，不能任意指定一个处理．相反，我们将需要把处理（系）视为总体，从中选择独立随机样本的实验单位（教授）．完全随机设计涉及对 p 个处理的均值进行比较，基于 $n_1, n_2, \cdots, n_p$ 个观测值的独立随机样本，观测值分别取自与处理 $1, 2, \cdots, p$ 相关的总体．定义 12.1 将重复对完全随机设计的定义（在 11.4 节中已给出），并给出了修改．完全随机设计整体布局如图 12.4 所示．

▪	CRD-Example12-1.MTW ***				
	C1	C2	C3	C4	C5
	Worker	Random	ProgramA	ProgramB	ProgramC
1	1	19	3	1	8
2	2	4	4	2	9
3	3	5	5	6	11
4	4	3	10	7	15
5	5	27	12	14	16
6	6	10	13	18	24
7	7	12	17	20	25
8	8	17	19	21	26
9	9	22	22	23	28
10	10	13	27	30	29
11	11	14			
12	12	18			
13	13	6			
14	14	1			
15	15	2			
16	16	21			
17	17	20			
18	18	23			
19	19	7			
20	20	30			
21	21	25			
22	22	11			
23	23	8			
24	24	15			
25	25	29			
26	26	28			
27	27	9			
28	28	26			
29	29	16			
30	30	24			

图 12.3　使用 MINITAB 将工人随机分配到三种培训项目

定义 12.1　**比较 p 个处理的完全随机设计**是将处理随机分配给实验单位，或者从 p 个总体中的每个总体分别抽取独立随机样本．

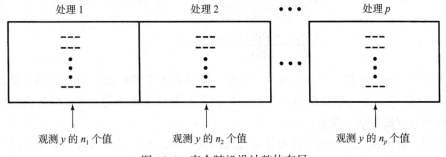

图 12.4　完全随机设计整体布局

从一个完全随机设计中收集数据，我们想推断 p 个处理的均值是否相等，其中 μ_i 为与处理 i 相关的观测值的总体均值，$i = 1, 2, \cdots, p$．待检验的原假设是 p 个处理的均值相等（即 $H_0:\ \mu_1 = \mu_2 = \cdots = \mu_p$），备择假设是至少两个处理的均值不等．关于响应变量 y 的适当线性模型为

$$E(y) = \beta_0 + \beta_1 x_1 + \beta_2 x_2 + \cdots + \beta_{p-1} x_{p-1}$$

其中

$$x_1 = \begin{cases} 1, & \text{如果是处理2} \\ 0, & \text{如果不是} \end{cases} \quad x_2 = \begin{cases} 1, & \text{如果是处理3} \\ 0, & \text{如果不是} \end{cases} \quad \cdots \quad x_{p-1} = \begin{cases} 1, & \text{如果是处理}p \\ 0, & \text{如果不是} \end{cases}$$

处理 1 是基准水平（可任意指定某处理为基准水平）. 回想一下，这个 0-1 编码系统意味着：

$$\beta_0 = \mu_1$$

$$\beta_1 = \mu_2 - \mu_1$$

$$\beta_2 = \mu_3 - \mu_1$$

$$\vdots$$

$$\beta_{p-1} = \mu_p - \mu_1$$

原假设 p 个处理的总体均值相等，等价于原假设所有处理均值之差为 0，即

$$H_0: \quad \beta_1 = \beta_2 = \cdots = \beta_{p-1} = 0$$

使用 4.13 节所介绍的回归技术来检验这一假设，也就是说，使用 F 统计量对嵌套简化模型

$$E(y) = \beta_0$$

的误差平方和 $\mathrm{SSE_R}$，与完整模型

$$E(y) = \beta_0 + \beta_1 x_1 + \beta_2 x_2 + \cdots + \beta_{p-1} x_{p-1}$$

的误差平方和 $\mathrm{SSE_C}$ 进行比较. F 统计量为

$$F = \frac{(\mathrm{SSE_R} - \mathrm{SSE_C}) / (H_0 \text{中参数} \beta \text{的个数})}{\mathrm{SSE_C} / [n - (\text{完整模型中参数} \beta \text{的个数})]}$$

$$= \frac{(\mathrm{SSE_R} - \mathrm{SSE_C}) / (p-1)}{\mathrm{SSE_C} / (n-p)}$$

$$= \frac{(\mathrm{SSE_R} - \mathrm{SSE_C}) / (p-1)}{\mathrm{MSE_C}}$$

其中 F 基于 $v_1 = (p-1)$ 和 $v_2 = (n-p)$ 个自由度. 如果 F 大于临界值上限 F_α，我们拒绝 H_0 并得出结论：$\beta_1, \beta_2, \cdots, \beta_{p-1}$ 中至少有一个处理均值存在差异，即不等于零（即我们的结论是，至少有两个处理均值是不同的）.

例 12.3　证明在完全随机设计中检验处理均值相等的 F 统计量等价于模型全局 F 检验.

解　因为简化模型只包含 β_0 项，β_0 的最小二乘估计是 $\bar{y}$，误差平方和为

$$\mathrm{SSE_R} = \sum (y - \bar{y})^2 = \mathrm{SS}_{yy}$$

我们在第 4 章中称其为总平方和. 对于完整模型，$(\mathrm{SSE_R} - \mathrm{SSE_C})$ 等于 $(\mathrm{SS}_{yy} - \mathrm{SSE})$. 因为在回归中 $(\mathrm{SS}_{yy} - \mathrm{SSE}) = \mathrm{SS}(\text{模型})$，而完整模型有 $(p-1)$ 项（β_0 除外），检验统计量

$$F = \frac{(\text{SSE}_R - \text{SSE}_C)/(p-1)}{\text{MSE}_C} = \frac{\text{SS(模型)}/(p-1)}{\text{MSE}} = \frac{\text{MS(模型)}}{\text{MSE}}$$

可以检验原假设

$$H_0: \quad \mu_1 = \mu_2 = \cdots = \mu_p$$

在完全随机设计中，F 统计量等价于检验该设计的完整模型整体显著性的统计量.

下框中总结了分析完全随机设计数据的回归方法. 注意，检验要求对 p 个处理的响应变量 y 进行分布假设，而且无论样本量为多少，这些假设都是必要的.（关于这些假设，我们将在 12.9 节中进一步讨论.）

---

p 个处理的完全随机设计的模型和 F 检验

完整模型：$E(y) = \beta_0 + \beta_1 x_1 + \beta_2 x_2 + \cdots + \beta_{p-1} x_{p-1}$

其中

$$x_1 = \begin{cases} 1, & \text{如果是处理2} \\ 0, & \text{如果不是} \end{cases} \quad x_2 = \begin{cases} 1, & \text{如果是处理3} \\ 0, & \text{如果不是} \end{cases} \quad \cdots \quad x_{p-1} = \begin{cases} 1, & \text{如果是处理} p \\ 0, & \text{如果不是} \end{cases}$$

$H_0: \quad \beta_1 = \beta_2 = \cdots = \beta_{p-1} = 0$（即 $H_0: \quad \mu_1 = \mu_2 = \cdots = \mu_p$）

$H_a:$ H_0 中至少有一个参数 β 不等于 0（即 $H_a:$ 至少有两个处理的均值不等）

检验统计量：$F = \dfrac{\text{MS(模型)}}{\text{MSE}}$

拒绝域：$F > F_\alpha$，其中 F 分布基于 $\nu_1 = (p-1)$ 和 $\nu_2 = (n-p)$ 个自由度.

假设：1. 所有 p 个处理对应的 p 个总体概率分布均服从正态分布.

2. p 个处理的总体方差相同.

例 12.4 社会学家经常通过实验来调查社会经济地位和学生在大学时的表现之间的关系. 社会经济地位一般分为三类：下层阶级、中产阶级和上层阶级. 研究比较那些分别来自下层阶级、中产阶级和上层阶级的新生平均绩点. 在学年结束时，从一所大学的档案中各随机抽取了 7 名来自这三个社会经济阶层的大学新生平均绩点（GPA）. 数据如表 12.1 所示. 这些数据是否提供了足够的证据来表明三个社会经济阶层的新生平均绩点存在差异（$\alpha=0.05$）？

💿 **GPA3**

表 12.1　三个社会经济阶层的平均学分绩点

	下层阶级	中产阶级	上层阶级
	2.87	3.23	2.25
	2.16	3.45	3.13
	3.14	2.78	2.44
	2.51	3.77	2.54
	1.80	2.97	3.27
	3.01	3.53	2.81
	2.16	3.01	1.36
样本均值	$\bar{y}_1 = 2.521$	$\bar{y}_2 = 3.249$	$\bar{y}_3 = 2.543$

解 这个实验涉及一个因子——社会经济阶层，包含三个水平.因此，一个完全随机设计有 $p=3$ 个处理.令 μ_L，μ_M 和 μ_U 分别代表社会经济地位为下层、中产和上层阶级的学生平均绩点.然后检验原假设和备择假设

$$H_0: \quad \mu_L = \mu_M = \mu_U$$

H_a：三个处理中至少有两个处理的均值不等.

$p=3$ 个处理的适当线性模型为

完整模型：$E(y) = \beta_0 + \beta_1 x_1 + \beta_2 x_2$

其中

$$x_1 = \begin{cases} 1, & \text{如果是中产阶级} \\ 0, & \text{如果不是} \end{cases}$$

$$x_2 = \begin{cases} 1, & \text{如果是上层阶级} \\ 0, & \text{如果不是} \end{cases}$$

换言之需要检验 H_0：$\beta_1 = \beta_2 = 0$.

完整模型的 SAS 回归输出结果如图 12.5 所示.用于检验模型整体充分性的 F 统计量（输出结果中的阴影部分）是 $F=4.58$，其中 F 分布基于 $v_1 = (p-1) = 3-1 = 2$ 和 $v_2 = (n-p) = 21-3 = 18$ 个自由度.当 $\alpha = 0.05$ 时的临界值（从附录 D 的表 4 中获得）是 $F_{0.05} = 3.55$（见图 12.6）.

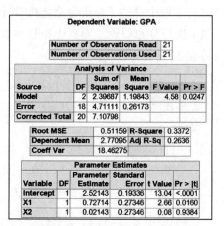

图 12.5　例 12.4 完全随机设计的 SAS 回归输出结果

由于 F 的计算值为 4.58，超过临界值 $F_{0.05} = 3.55$，因此我们拒绝 H_0 并推断出（显著性水平 $\alpha = 0.05$ 时），来自三个社会阶层的大学新生的平均绩点，至少有两个阶层不等.由于 $\alpha = 0.05$ 大于输出结果 $p = 0.024\ 7$（阴影），我们可得出同样的结论.

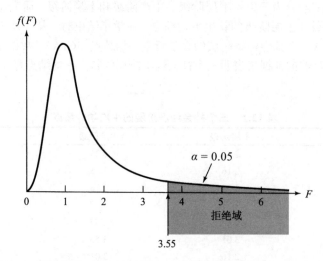

图 12.6　例 12.4 的拒绝域；分子自由度 $=2$，分母自由度 $=18$，$\alpha = 0.05$ 的 F 分布

例 12.4 中的数据分析也可以通过方差分析计算公式来完成. 在 12.2 节中, 已知方差分析中 $SS(Total) = \sum (y - \bar{y})^2$ 可分解为 SSE 和 SST 两部分 (参见图 12.7).

回想一下, SST 表示处理平方和, 量化由各处理之间存在的差异所解释的变化. 误差平方和 (SSE) 用以量化一种无法解释的变异性, 通过计算 p 个样本内变异性的汇总度量得到. 如果处理确实不同,

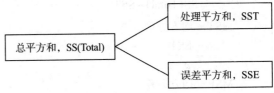

图 12.7 完全随机设计的 SS(Total) 划分

那么 SSE 应该远远小于 SST. 我们通过引入 F 统计量来比较这两个变异性来源:

$$F = \frac{SST / (p-1)}{SSE / (n-p)} = \frac{MST}{MSE}$$

其中 n 是观测总数. F 统计量的分子 $MST = SST / (p-1)$, 表示**均方处理**, 基于 $(p-1)$ 个自由度 (p 个处理中每个处理的自由度为 1, 减去自由度为 1 的总体均值估计). F 统计量的分母 $MSE = SSE / (n-p)$, 为**均方误差**, 基于 $(n-p)$ 个自由度 (n 个观测值中每个观测值的自由度为 1, 减去 p 个每个自由度为 1 的处理均值估计). 我们已经证明, 这个 F 统计量与回归模型中的全局 F 值相同.

下框中总结归纳了方差分析的计算公式.

完全随机设计的方差分析计算公式

所有 n 个测量值总和 $= \sum_{i=1}^{n} y_i$

所有 n 个测量值的均值 $= \bar{y}$

所有 n 个测量值的平方和 $= \sum_{i=1}^{n} y_i^2$

$CM = $ 均值校正

$$= \frac{(\text{所有观测值总和})^2}{\text{观测值总数}} = \frac{\left(\sum_{i=1}^{n} y_i\right)^2}{n}$$

$SS(Total) = $ 总平方和

$\qquad = (\text{所有观测值的平方和}) - CM$

$$= \sum_{i=1}^{n} y_i^2 - CM$$

$SST = $ 处理平方和

$\qquad = (\text{每个处理的平方除以该处理的观测数, 再汇总求和}) - CM$

$$= \frac{T_1^2}{n_1} + \frac{T_2^2}{n_2} + \cdots + \frac{T_p^2}{n_p} - CM$$

$$SSE = 误差平方和$$
$$= SS(Total) - SST$$
$$MST = 均方处理$$
$$= \frac{SST}{p-1}$$
$$MSE = 均方误差$$
$$= \frac{SSE}{n-p}$$
$$F = \frac{MST}{MSE}$$

例 12.5 回顾例 12.4，通过方差分析"平方和"分析法对表 12.1 中的数据进行分析（$\alpha=0.05$）.

解 我们将使用统计软件包的方差分析例程，而不是手工进行烦琐计算（我们把这个留作练习）. 本书讨论的所有三个软件包（SAS、MINITAB 和 SPSS）都有自动计算方差分析平方和和方差分析 F 统计量的程序.

MINITAB 方差分析输出结果如图 12.8 所示. 检验统计量 $F=4.58$（输出结果中的阴影部分）. 注意，此计算结果与例 12.4 回归方法得到的 F 值相同. 检验 p 值（阴影表示）为 $p=0.025$.（同样，此值与例 12.4 计算结果相同.）由于 $\alpha=0.05$ 大于 p 值，我们有足够的证据得出结论，即处理均值是不等的.

方差分析的结果通常以表格形式进行汇总. 完全随机设计的方差分析表的一般形式如下所示. 列名称**来源**表示变异来源，**df** 表示自由度，**SS** 表示平方和，**MS** 表示均方，**F** 值表示均方处理与均方误差比较的 F 统计量. 表 12.2 为例 12.5 由 MINITAB 输出结果得到的方差分析数据对应的方差分析汇总表.

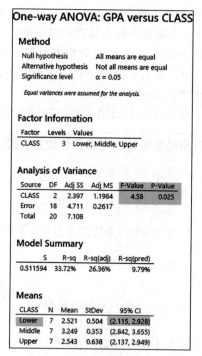

图 12.8 例 12.5 完全随机设计的 MINITAB 方差分析输出结果

完全随机设计的方差分析汇总表

来源	df	SS	MS	F
处理	$p-1$	SST	$MST = \dfrac{SST}{p-1}$	$F = \dfrac{MST}{MSE}$
误差	$n-p$	SSE	$MSE = \dfrac{SSE}{n-p}$	
总计	$n-1$	SS(Total)		

表 12.2   例 12.5 的方差分析汇总表

来源	df	SS	MS	F
社会阶层	2	2.40	1.198	4.58
误差	18	4.71	0.262	
总计	20	7.11		

由于完全随机设计涉及独立随机样本的选择，所以我们可以用 1.8 节的方法找到单个处理均值的置信区间，或者用 1.10 节的方法找到两个处理均值之差的置信区间. σ^2 的估计值将基于合并所有 p 个样本的平方和，即

$$MSE = s^2 = \frac{SSE}{n-p}$$

这与方差分析 F 检验的分母相同. 下框复述了 1.8 节和 1.10 节中计算置信区间的公式.

均值置信区间：完全随机设计

单个处理均值（例如处理 i）：$\bar{y}_i \pm t_{\alpha/2}\left(\dfrac{s}{\sqrt{n_i}}\right)$

两个处理均值之差（如处理 i 和 j）：$(\bar{y}_i - \bar{y}_j) \pm (t_{\alpha/2})s\sqrt{\dfrac{1}{n_i} + \dfrac{1}{n_j}}$

其中 $\bar{y}_i$ 为总体（处理）i 的样本均值，$s = \sqrt{MSE}$. 当 $\alpha/2$ 位于 t 分布的上尾且自由度为 $(n-p)$（方差分析中误差的自由度）时，$t_{\alpha/2}$ 可查（附录 D 中的表 2）t 表的值.

例 12.6   参考例 12.4. 计算来自下层阶级新生 GPA 均值 μ_L 的 95% 置信区间.

解   由表 12.2 可知，$MSE = 0.262$，则

$$s = \sqrt{MSE} = \sqrt{0.262} = 0.512$$

下层阶级新生样本的 GPA 均值为

$$\bar{y}_L = \frac{17.65}{7} = 2.521$$

其中，17.65 为下层阶级学生的 GPA 之和，见表 12.1. 查表可知当自由度为 18 时（与 MSE 的自由度相同），$t_{0.025}$ 值为 2.101. 因此，下层阶级新生的 GPA 均值 μ_L 的 95% 置信区间为

$$\bar{y}_L \pm (t_{\alpha/2})\frac{s}{\sqrt{n}} = 2.521 \pm (2.101)\frac{0.512}{\sqrt{7}}$$
$$= 2.521 \pm 0.407$$

即 (2.114, 2.928). 这个区间显示在图 12.8 的 MINITAB 输出结果上（阴影部分）.

请注意，这个置信区间相对较宽，而太宽的区间没有任何实际价值（考虑到 GPA 是按 4 分制衡量的）. 这个区间之所以如此之宽，是因为每个社会经济阶层之间存在着巨大的差异. 例如，新生的 GPA 从 1.8 到 3.14 不等. 数据变量越多，s 在置信区间内的值越大，置信区间就越宽. 因此，如果你想在更窄的置信区间内获得更准确的处理估计，就必须在每个社

会经济阶层中选取更多的新生样本数.

虽然我们可以使用方框中给出的公式来比较方差分析中的两个处理,但除非这两个处理是事先选定的 (即在进行方差分析之前),否则我们必须应用 12.7 节和 12.8 节中提出的一种比较方法,以获得有效结论.

练习 12.3

12.1　**鹦鹉的口味偏好.** 参照练习 11.3 中的完全随机设计. 回想一下,研究人员想要比较三个喂养组的鹦鹉平均液体消耗量. 使用计算机随机数发生器将鹦鹉随机分为三组. 假设研究中共有 15 只鹦鹉.

12.2　**方差分析汇总表.** 完全随机设计的方差分析表部分内容如下所示.

来源	df	SS	MS	F
处理	4	24.7	—	—
误差	—	—	—	
总计	34	62.4		

　(a) 完成方差分析表.

　(b) 实验涉及多少个处理?

　(c) 这些数据是否提供充分的证据表明不同的处理均值之间存在差异 ($\alpha = 0.10$)?

12.3　**两组完全随机设计.** 两个处理的完全随机设计数据如下表所示.

　(a) 提出适合用回归技术分析数据的线性模型.

　(b) 将 (a) 小题的模型与数据进行拟合并分析. (提示:你不必通过软件来拟合模型,可使用第 3 章提供的公式.)

💿 **EX12_3**

处理 1	处理 2	处理 1	处理 2
10	12	10	10
7	8	9	11
8	13	9	
11	10		

12.4　**两组完全随机设计 (续).** 参见练习 12.3.

　(a) 使用方差分析公式计算数据的 MST. 此数值量化的是何种变异性?

　(b) 使用方差分析公式计算数据的 MSE. 此数值量化的是何种变异性?

　(c) 与 MST 有关的自由度是多少?

　(d) 与 MSE 有关的自由度是多少?

　(e) 当显著性水平 $\alpha = 0.05$ 时,提出原假设 H_0: $\mu_1 = \mu_2$ 和备择假设为两个处理均值不等,计算检验统计量 (将该值与练习 12.3 中 (b) 小题使用回归技术得到的检验统计量进行比较).

　(f) 在方差分析表中汇总 (a) ~ (e) 小题的结果.

　(g) 说明当显著性水平 $\alpha = 0.05$ 时的拒绝域.

(h) 陈述适当结论.

12.5 **两组完全随机设计（续）.** 练习 12.3 和练习 12.4 提出的原假设 H_0: $\mu_1 = \mu_2$，是以独立随机抽样为前提的（回想一下，完全随机设计的定义）. 可使用 1.10 节中所述的学生 t 统计量加以检验.

(a) 提出原假设 H_0: $\mu_1 = \mu_2$ 和备择假设 H_a: $\mu_1 \neq \mu_2$，计算 t 统计量加以检验（$\alpha = 0.05$）.

(b) 可以看出（证明略），F 统计量的分子自由度 $v_1 = 1$ 和分母自由度 $v_2 = t^2$，其中 t 是当自由度为 v_2 时的学生 t 统计量. 证明（a）小题计算所得的 t 值平方，等于练习 12.3（b）和练习 12.4（e）中所计算的 F 值.

(c) 方差分析 F 检验是否用来比较两个总体均值 H_0: $\mu_1 = \mu_2$ 的单尾或双尾检验?（提示：虽然 t 检验可以用来检验 H_a: $\mu_1 < \mu_2$ 或者 H_a: $\mu_1 > \mu_2$，F 检验的备择假设是 H_a: 两个总体均值不等.）

12.6 **高风险保险决策.** *Journal of Economic Psychology* (September 2008) 发表了一项高风险实验的结果，实验对象（大学生）被问及他们愿意为一幅珍贵油画支付多少投保金额. 这幅画可能遭受火灾和盗窃等意外，因此需要投保. 研究变量是受试者愿意支付保险的金额（WTP）（千美元）. 实验的其中一个环节是将 252 名受试者随机分为三组. 第一组受试者 ($n_1 = 84$) 被告知画所面临的风险（包括火灾和盗窃），但没有告知风险发生的确切概率. 这些受试者被要求分别给出针对火灾和盗窃的 WTP 值. 第二组受试者 ($n_2 = 84$) 也被告知了风险（火灾和盗窃），但没有被告知风险发生的确切概率. 要求这些受试者给出一个同时涵盖火灾和盗窃的 WTP 值. 第 3 组受试者 ($n_3 = 84$) 被告知风险顺序（先发生火灾，后发生盗窃）. 在被告知发生火灾的确切概率后，受试者给出火灾的 WTP 值. 然后告知受试者发生盗窃的确切概率，并要求他们给出盗窃风险的 WTP 值. 研究人员调查研究这三组的平均总 WTP 值是否不同.

(a) 解释为何采用完全随机的实验设计.

(b) 指出设计实验中的因（响应）变量和处理.

(c) 提出研究人员研究的原假设和备择假设.

(d) 使用随机数发生器将 252 名受试者随机分配到三组中，确保每组分配 84 个受试者.

12.7 **在课堂中使用 Twitter.** Twitter 能被用来促进学生在大学课堂上的学习和参与度吗? 一项研究被发表在 *Journal of Marketing Education* (December 2015) 上. 411 名营销或时尚课程的大一本科生参与了这项研究. 第一天上课时，学生们被要求自我评估他们的 Twitter 技能水平，分别为 1、2、3、4 或 5，其中 1 = 差，5 = 优. 学生们随后被告知，在整个课程过程中，Twitter 将被用作交流和学习工具. Twitter 被定期要求使用，每个学生最终需提交一篇论文，描述他在 Twitter 上的实际活动和使用这项技能的个人学习成果. 在学期结束时，研究人员收集了每个学生的一些变量信息，包括实际提交的推文数量，以及学生是否会继续使用 Twitter 作为学习工具（以 5 分制量化）. 这些变量的均值分别在男性和女性的五个 Twitter 技能水平上进行了比较. 方差分析结果汇总如下表所示.

(a) 指出 4 次方差分析中, 每一次的指定响应变量、处理以及检验的原假设和备择假设.

(b) 当 $\alpha = 0.05$ 时, 结合实际具体解释每一个检验结果.

因变量		Twitter 技能水平					F	p 值
		1差	2	3	4	5优		
推文	男性	20.0	13.4	14.8	16.1	19.2	1.17	0.331
	女性	14.6	16.9	15.3	16.1	15.7	0.56	0.731
继续使用	男性	3.89	2.74	3.52	3.78	3.83	2.21	0.062
	女性	2.97	3.16	3.71	3.82	3.74	3.34	0.006

资料来源: B. West, H. Moore, and B. Barry, "Beyond the Tweet: Using Twitter to Enhance Engagement, Learning, and Success Among First-Year Students," *Journal of Marketing Education*, Vol. 37, No. 3, December 2015 (from Table 4).

TVADRECALL

12.8 电视广告记忆研究. 电视广告主试图在吸引最多观众的电视节目中宣传他们的产品. 带有暴力和性的电视节目会影响人们对广告的记忆吗? 为了回答这个问题, 艾奥瓦州立大学的教授 B. Bushman 和 A. Bonacci 进行了一项设计实验, 其中 324 名成年人被随机分配到三个观看组中, 每组 108 人 (*Journal of Applied Psychology,* June 2002). 一组观看带有暴力内容 (代码为 V) 的节目; 另一组观看带有色情内容 (代码为 S) 的节目; 最后一组观看的电视节目是中性的, 既没有 V 级, 也没有 S 级. 每个电视节目都插播了九个广告. 观看完节目后, 每位参与者对广告信息中品牌名称的记忆情况进行打分, 得分范围从 0 分 (无品牌记忆) 到 9 分 (记住所有品牌) 不等. 数据 (根据本文提供的信息进行模拟) 保存在文件中. 研究人员采用完全随机设计, 用方差分析比较了三个观看组的平均得分情况.

(a) 确定研究中的实验单位.

(b) 确定研究中的因 (响应) 变量.

(c) 确定研究中的因子和处理.

(d) 三组样本的平均记忆得分为 $\overline{y}_V = 2.08$, $\overline{y}_S = 1.71$, $\overline{y}_{中性} = 3.17$. 解释为什么不应该仅仅通过比较汇总统计数据来推断总体平均记忆得分的差异情况.

(e) 对数据进行方差分析, MINITAB 输出结果如右图所示. 在输出结果上找到检验统计量和 p 值.

(f) 解释 (e) 小题的结果 ($\alpha = 0.01$). 研究人员能对这三组电视广告观众得出何种结论?

One-way ANOVA: RECALL versus CONTENT

Method

Null hypothesis	All means are equal
Alternative hypothesis	Not all means are equal
Significance level	$\alpha = 0.05$

Equal variances were assumed for the analysis.

Factor Information

Factor	Levels	Values
CONTENT	3	NEUTRAL, SEX, VIOLENT

Analysis of Variance

Source	DF	Adj SS	Adj MS	F-Value	P-Value
CONTENT	2	123.3	61.633	20.45	0.000
Error	321	967.4	3.014		
Total	323	1090.6			

Model Summary

S	R-sq	R-sq(adj)	R-sq(pred)
1.73596	11.30%	10.75%	9.64%

12.9 媒体是否影响你对皮肤晒黑的态度? 皮肤科医生关于预防皮肤癌的主要建议是尽量少晒太阳. 然而, 在产品广告中使用的模特通常晒得很黑. 这样的广告会影响消费者

对晒黑的态度吗？加州大学和加州州立大学的研究人员设计了一项实验来调查这一现象，并在 *Basic and Applied Social Psychology* (May 2010) 上发表了他们的研究结果．大学生被随机分配到下列三种广告之一：（1）观看晒黑模特代言的产品广告；（2）观看未晒黑模特代言的产品广告；（3）观看无模特代言的产品广告（对照组）．研究的目的是确定在这三种情况下，人们对晒黑的平均态度是否有所不同．每个参与者的晒黑态度指数（0～5分）被记录下来，结果汇总见下表．

	晒黑模特	未晒黑模特	无模特
样本量	56	56	56
均值	2.40	2.11	2.50
标准差	0.85	0.73	0.82

资料来源：Based on H. Mahler et al., "Effects of Media Images on Attitudes Toward Tanning," *Basic and Applied Social Psychology,* Vol.32, No.2, May 2010(adapted from Table 1).

(a) 指出研究人员使用的实验设计类型．

(b) 指出设计的实验单位、因变量和处理．

(c) 提出检验的原假设以比较不同处理均值．

(d) 表中所示的样本均值明显不同．解释为什么研究人员不应该只使用样本均值来检验（c）小题假设．

(e) 研究人员对数据进行方差分析，结果如下：$F = 3.60$，p 值 $= 0.03$．检验（c）小题的假设，当 $\alpha = 0.05$ 时，给出相应结论．

(f) 从检验中得出的推断需要基于何种假设才能保证有效性？

12.10 **受污染地区房屋的条件价值评估．**条件价值评估法 (CV) 是一种评估房地产价值的方法，来自潜在房主的调查反馈．*Journal of Real Estate Research* (Vol. 27, 2005) 采用 CV 调查法来确定污染对房地产价值的影响．潜在房主是从七个州随机挑选出来的：肯塔基州、宾夕法尼亚州、俄亥俄州、亚拉巴马州、伊利诺伊州、南卡罗来纳州和得克萨斯州．每位房主都被要求评估位于地下储油罐石油泄漏污染地区 (LUST) 的房屋价值．研究因变量是 LUST 折扣百分比（即以百分比的形式表示当前房屋价值与 LUST 估计值之间的差异）．研究人员对七个州的平均 LUST 折扣百分比进行比较．

(a) 提出研究人员研究的原假设和备择假设．

(b) 下表为方差分析汇总表．使用提供的信息对（a）小题的假设进行检验（$\alpha = 0.10$).

练习 12.10 的方差分析表

来源	df	SS	MS	F 值	p 值
州	6	0.132 4	0.022 1	1.60	0.174
误差	59	0.814 5	0.013 8		
总计	65	0.946 9			

12.11 **疲劳驾驶时提高驾驶能力．**长途卡车司机经常被迫疲劳驾驶．一个额外的任务（词汇关联任务）能否提高疲劳驾驶能力？这是 *Human Factors*(May 2014) 研究中所关心的问题．研究人员使用驾驶模拟器来获取数据．40 名大学生被分配在模拟器中进行长距

离驾驶. 然而, 学生司机被分成四组, 每组 10 人. 第一组进行连续语音任务 (连续语音环境); 第二组只在驾驶结束时完成任务 (后期语音环境); 第三组完全没有执行任务 (无语音环境); 第四组听广播节目 (广播节目环境). 在模拟驾驶的最后, 司机被要求回忆他们在路上看到的广告牌. 下表列出了每个学生司机所能回忆的广告牌百分比. 利用 SPSS 输出结果来确定四组学生司机的平均回忆率是否不同 ($\alpha = 0.01$).

FATIGUE

连续语音	后期语音	无语音	广播节目	连续语音	后期语音	无语音	广播节目
14	57	64	37	60	52	39	46
63	64	83	45	43	58	56	59
10	66	54	87	4	92	73	45
29	18	59	62	36	85	78	45
37	95	60	14	47	47	73	50

ANOVA

RECALL

	Sum of Squares	df	Mean Square	F	Sig.
Between Groups	5921.700	3	1973.900	5.388	.004
Within Groups	13189.400	36	366.372		
Total	19111.100	39			

练习 12.11 的 SPSS 输出结果

12.12 **醉酒时的自控力恢复.** 咖啡或其他形式的刺激真的能让酒精中毒的人 "清醒" 吗? 滑铁卢大学的心理学家在 *Experimental and Clinical Psychopharmacology*(February 2005) 上对此理论进行了研究. 研究对象为 44 名健康男性大学生. 每个学生被要求记忆一个 40 个单词的列表 (绿色列表上的 20 个单词和红色列表上的 20 个单词). 然后这些学生被随机分配到四个不同的处理组 (每组 11 名学生). 其中有三组学生在完成单词填空任务前, 每人都要喝两杯含酒精的饮料. A 组只接受含酒精饮料; AC 组将含咖啡因的粉溶解在酒精饮料中; AR 组如果正确回答单词将获得金钱奖励; P 组 (对照组) 被告知他们会得到酒精饮料, 但实际上他们喝的是两杯含有碳酸的饮料 (表面滴几滴酒, 从而有酒精气味). 在喝完饮料休息 25 分钟后, 学生们完成单词填空任务. 他们的分数 (根据文章汇总信息进行模拟) 在下表中显示. (注: 任务得分表示绿色单词列表中正确答案比例与红色单词列表中错误答案比例之差.)

(a) 本研究采用何种实验设计?

(b) 帮助研究人员分析数据, 当 $\alpha = 0.05$ 时, 四组的平均任务得分是否有差异?

(c) 为确保推断的有效性, (b) 小题必须满足哪些假设?

DRINKERS

AR	AC	A	P	AR	AC	A	P
0.51	0.50	0.16	0.58	0.32	0.20	−0.35	0.44
0.58	0.30	0.10	0.12	0.53	0.21	0.31	0.20

（续）

AR	AC	A	P	AR	AC	A	P
0.52	0.47	0.20	0.62	0.50	0.15	0.16	0.42
0.47	0.36	0.29	0.43	0.46	0.10	0.04	0.43
0.61	0.39	−0.14	0.26	0.34	0.02	−0.25	0.40
0.00	0.22	0.18	0.50				

资料来源：Grattan-Miscio, K. E., and Vogel-Sprott, M. "Alcohol, intentional control, and inappropriate behavior: Regulation by caffeine or an incentive," *Experimental and Clinical Psychopharmacology*, Vol. 13, No. 1, February 2005 (Table 1). Copyright © 2005 American Psychological Association, reprinted with permission.

12.13 **温度对乙醇生产的影响.** 高温发酵是一种低成本、高产能的生物燃料生产方法. 然而，热应激在生产过程中会抑制乙醇生产量. 在 *Engineering Life Sciences*（March 2013）中，生化工程师进行了一系列实验来评估发酵过程中温度对乙醇生产的影响. 测定了不同温度时（30℃、35℃、40℃和45℃）下乙醇的最大抑制浓度（克/升）. 实验重复 3 次，数据如表所示（注：数据是基于期刊文章提供的信息模拟获得的）. 数据是否表明高温抑制了乙醇的平均浓度（$\alpha = 0.10$）.

💿 **FERMENT**

30℃	35℃	40℃	45℃
103.3	101.7	97.2	55.0
103.4	102.0	96.9	56.4
101.1	101.0	96.2	54.9

12.14 **蜂蜜能止咳吗?** 宾夕法尼亚州立大学的儿科研究人员进行了一项专门设计的研究，检验睡前服用一茶匙蜂蜜是否能缓解儿童咳嗽，研究结果发表在 *Archives of Pediatrics and Adolescent Medicine*（December 2007）上.（这个实验曾在练习 1.21 中描述.）105 名患有上呼吸道感染的儿童及其父母参与了这项研究. 在第一个晚上，父母给孩子们的咳嗽症状在五个不同方面打分，从 0 分（没有任何问题）到 6 分（非常严重）. 总症状评分（0 ~ 30 分）是 105 例患者的研究变量. 第二天晚上，家长们被要求在睡前给生病的孩子服用一定剂量的液体"药物"，父母不知道"药物"成分. 一些孩子服用了右美沙芬 (DM)，一种非处方咳嗽药；而另一些孩子则服用了类似剂量的蜂蜜. 第三组（对照组）家长完全没有给他们患病的孩子服用任何剂量的药物. 然后父母再一次对孩子的咳嗽症状进行评分，并确定每个孩子总咳嗽症状的改善程度. 研究数据（改善分数）如下表所示. 研究人员的目标是比较三个处理组的平均改善分数差异.

（a）指出上述过程所采用的实验设计类型. 处理是什么?

（b）对数据进行方差分析，并解释结果.

⊘ HONEYCOUGH

蜂蜜	12	11	15	11	10	13	10	4	15	16	9	14	10	6	10	8	11	12	12
剂量	8	12	9	11	15	10	15	9	13	8	12	10	8	9	5	12			
DM	4	6	9	4	7	7	7	9	12	10	11	6	3	4	9	12	7	6	8
剂量	12	12	4	12	13	7	10	13	9	4	10	15	9						
无剂量	5	8	6	1	0	8	12	8	7	7	1	6	7	7	12	7	9	7	9
（对照）	5	11	9	5	6	8	8	6	7	10	9	4	8	7	3	1	4	3	

资料来源：Paul, I. M., et al. "Effect of honey, dextromethorphan, and no treatment on nocturnal cough and sleep quality for coughing children and their parents," *Archives of Pediatrics and Adolescent Medicine*, Vol. 161, No. 12, Dec. 2007 (data simulated).

12.15 心脏病人的动物辅助治疗. 参考 *American Heart Association Conference* (November 2005) 关于动物辅助治疗是否能改善心力衰竭患者的生理反应的研究，见练习 1.32. 回忆一下 76 名心脏病患者被随机分为三组．T 组的每一名患者都由一名志愿者在一只受过训练的狗的陪伴下探访；V 组每名患者仅由一名志愿者探访；而 C 组的患者则完全没有被探访．每名患者的焦虑水平在访问前和访问后都被量化．下表给出了三组患者焦虑水平下降的汇总数据．采用方差分析比较三组患者焦虑水平的平均下降情况．虽然本文没有提供方差分析表，但是提供了足够的信息来重构它．

（a）通过所有组之和与总样本量来计算 CM.

（b）使用各组总和与各样本量计算 SST.

（c）使用合并平方和公式计算 SSE：

$$SSE = \sum (y_{i1} - \bar{y}_1)^2 + \sum (y_{i2} - \bar{y}_2)^2 + \sum (y_{i3} - \bar{y}_3)^2$$
$$= (n_1 - 1)s_1^2 + (n_2 - 1)s_2^2 + (n_3 - 1)s_3^2$$

（d）计算 SS(Total).

（e）根据上述数据，建立方差分析表.

（f）这些数据是否提供了充分的证据来表明三组患者焦虑水平的平均下降量存在差异（$\alpha = 0.05$）.

（g）建立适合使用回归方法分析数据的线性模型.

（h）利用表中资料求出最小二乘预测方程.

	样本量	平均下降量	标准差	组总和
T 组：志愿者 + 训练犬	26	10.5	7.6	273.0
V 组：只有志愿者	25	3.9	7.5	97.5
C 组：对照组（无探访）	25	1.4	7.5	35.0

资料来源：Cole, K., et al. "Animal assisted therapy decreases hemodynamics, plasma epinephrine and state anxiety in hospitalized heart failure patients," *American Heart Association Conference*, Dallas, Texas, Nov. 2005.

12.16 估算冰川漂移时间. *American Journal of Science* (January 2005) 在威斯康星州进行了

一项关于埋藏冰碛物（冰川漂移）化学成分的研究. 沉积物中铝和铍的含量与埋藏时间有关. 测定了 26 个埋藏样本的铝 / 铍比值. 从 5 个不同的钻孔位置（分别标记为 UMRB-1、UMRB-2、UMRB-3、SWRA 和 SD）中获得了相应的钻孔样本，数据如下表所示. 对数据进行方差分析，是否有足够的证据表明这五个钻孔的平均铝 / 铍比值之间存在差异（ $\alpha = 0.10$ ）.

⊙ TILLRATIO

UMRB-1	3.75	4.05	3.81	3.23	3.13	3.30	3.21
UMRB-2	3.32	4.09	3.90	5.06	3.85	3.88	
UMRB-3	4.06	4.56	3.60	3.27	4.09	3.38	3.37
SWRA	2.73	2.95	2.25				
SD	2.73	2.55	3.06				

资料来源：Adapted from *American Journal of Science*, Vol. 305, No. 1, Jan. 2005, p. 16 (Table 2).

⊙ ACCHW

12.17　会计专业学生的家庭作业辅导. *Journal of Accounting Education* (Vol. 25, 2007) 发表了一项研究，关于比较有助于会计专业学生完成家庭作业的不同方法. 共有 75 名初级会计水平学生参与实验，学习中级财务会计课程. 学生们需对课堂上没有涉及的知识点进行预习，然后每个人完成相关内容的家庭作业. 采用完全随机设计，随机分配学生接受三个不同程度的家庭作业协助中的一个：（1）给出完整答案，（2）检查答案中各个步骤的数字，（3）不提供任何帮助. 完成家庭作业后，所有的学生都要做一个关于此知识点的测试. 研究人员研究的响应变量是知识的获得（或测试分数的提高），量化测试后和测试前分数之间的差. 数据（通过文章发布的描述性统计模拟）保存在 ACCHW 文件中.

（a）提出在数据方差分析中检验的原假设和备择假设.

（b）用方差分析表汇总分析结果.

（c）结合实际，解释结果.

12.4　随机区组设计

随机区组设计是一种常用的降噪设计. 回想一下（定义 10.9），随机区组设计采用（尽可能匹配的）同质实验单位组来比较 p 个处理的总体均值. 随机区组设计的总体布局如图 12.9 所示. 注意，假设有 b 组相对同质的实验单位. 因为每个处理必须在每个区组中表示，每个区组包含 p 个实验单位. 虽然图 12.9 所示的 p 个处理在区组内按照一定顺序排序，但实践中它们将以随机顺序分配给实验单位（因此称为**随机区组设计**）.

随机区组设计的完整模型包含处理的 $(p-1)$ 个虚拟变量和区组的 $(b-1)$ 个虚拟变量. 因此，模型中的总项数（不包括 β_0）为 $(p-1)+(b-1)=p+b-2$，如下所示.

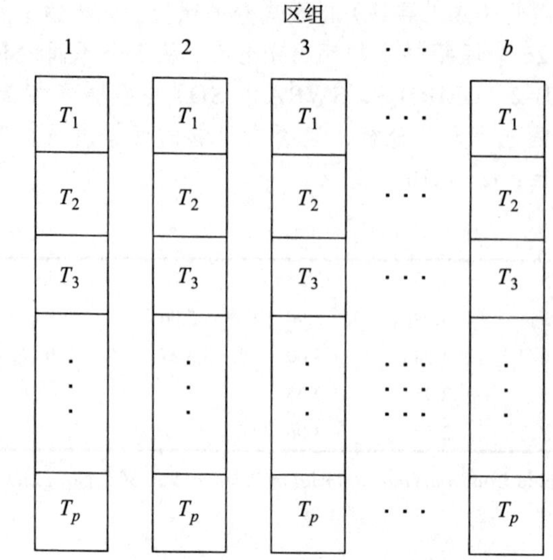

区组

图 12.9　随机区组设计的一般形式（处理用 T_p 表示）

完整模型：

$$E(y) = \beta_0 + \underbrace{\beta_1 x_1 + \beta_2 x_2 + \cdots + \beta_{p-1} x_{p-1}}_{\text{处理效应}} + \underbrace{\beta_p x_p + \cdots + \beta_{p+b-2} x_{p+b-2}}_{\text{区组效应}}$$

其中

$$x_1 = \begin{cases} 1, & \text{如果是处理} 2 \\ 0, & \text{如果不是} \end{cases}$$

$$x_2 = \begin{cases} 1, & \text{如果是处理} 3 \\ 0, & \text{如果不是} \end{cases} \cdots x_{p-1} = \begin{cases} 1, & \text{如果是处理} p \\ 0, & \text{如果不是} \end{cases}$$

$$x_p = \begin{cases} 1, & \text{如果是区组} 2 \\ 0, & \text{如果不是} \end{cases} x_{p+1} = \begin{cases} 1, & \text{如果是区组} 3 \\ 0, & \text{如果不是} \end{cases} \cdots x_{p+b-2} = \begin{cases} 1, & \text{如果是区组} b \\ 0, & \text{如果不是} \end{cases}$$

请注意，该模型不包括处理 – 区组的交互项．原因有以下两个．首先，添加这些项将会令 σ^2 估计值自由度为 0．其次，实验误差的定义就是一对处理均值之差不能在不同区组间保持相等．换句话说，在随机区组设计中，处理 – 区组交互作用和实验误差是同义的．

　　分析的主要目的是比较 p 个处理均值 $\mu_1, \mu_2, \cdots, \mu_p$．也就是说，我们要检验原假设

$$H_0: \mu_1 = \mu_2 = \mu_3 = \cdots = \mu_p$$

回想一下（11.3 节），这相当于检验完整模型中的所有处理参数是否等于 0，即

$$H_0: \beta_1 = \beta_2 = \cdots = \beta_{p-1} = 0$$

为运用回归进行这项检验，我们去除了处理项来拟合简化模型：

检验处理的简化模型

$$E(y) = \beta_0 + \underbrace{\beta_p x_p + \beta_{p+1} x_{p+1} + \cdots + \beta_{p+b-2} x_{p+b-2}}_{\text{区组效应}}$$

然后，我们使用"部分" F 统计量：

$$F = \frac{(\mathrm{SSE_R} - \mathrm{SSE_C}) / \text{被检验的参数}\,\beta\,\text{的个数}}{\mathrm{MSE_C}}$$

$$= \frac{(\mathrm{SSE_R} - \mathrm{SSE_C}) / (p-1)}{\mathrm{MSE_C}}$$

来比较两个模型（ $\mathrm{SSE_R}$ 和 $\mathrm{SSE_C}$ ）的 SSE，一个显著的 F 值暗示着处理均值不相等．

　　有时，实验者想确定区组是否能有效地消除外来的变异来源（即是否存在区组均值差异的证据）．事实上，如果区组之间没有差异，实验者将通过区组丢失信息，因为区组减少了与模型估计方差 s^2 相关的自由度．如果区组不能有效降低变异性，那么完整模型中的区组参数都将等于 0（即区组均值之间没有差异）．因此，我们要检验

$$H_0: \quad \beta_p = \beta_{p+1} = \cdots = \beta_{p+b-2} = 0$$

拟合一个去掉区组参数 β 的简化模型：

　　检验区组的简化模型

$$E(y) = \beta_0 + \underbrace{\beta_1 x_1 + \beta_2 x_2 + \cdots + \beta_{p-1} x_{p-1}}_{\text{处理效应}}$$

将第二个简化模型的 SSE 与通常情况下完整模型的 SSE 进行比较．一个显著的 F 检验意味着区组对消除（或减少）目标外来变异来源是有效的．

　　下框中总结了这两个检验．

---

p 个处理和 b 个区组的随机区组设计模型和方差分析 F 检验

　　完整模型： $E(y) = \beta_0 + \overbrace{\beta_1 x_1 + \beta_2 x_2 + \cdots + \beta_{p-1} x_{p-1}}^{(p-1)\text{个处理项}} + \overbrace{\beta_p x_p + \cdots + \beta_{p+b-2} x_{p+b-2}}^{(b-1)\text{个区组项}}$

其中

$$x_1 = \begin{cases} 1, & \text{如果是处理2} \\ 0, & \text{如果不是} \end{cases} \quad \cdots \quad x_{p-1} = \begin{cases} 1, & \text{如果是处理}\,p \\ 0, & \text{如果不是} \end{cases}$$

$$x_p = \begin{cases} 1, & \text{如果是区组2} \\ 0, & \text{如果不是} \end{cases} \quad \cdots \quad x_{p+b-2} = \begin{cases} 1, & \text{如果是区组}\,b \\ 0, & \text{如果不是} \end{cases}$$

比较处理均值的检验

　　$H_0: \quad \beta_1 = \beta_2 = \cdots = \beta_{p-1} = 0$

　　（即 H_0： p 个处理均值相等）

　　H_a： H_0 的参数 β 中至少有一个不等于0

　　（即 H_a：至少有两个处理均值不同）

简化模型： $E(y) = \beta_0 + \beta_p x_p + \beta_{p+1} x_{p+1} + \cdots + \beta_{p+b-2} x_{p+b-2}$

检验统计量：

$$F = \frac{(\text{SSE}_R - \text{SSE}_C)/(p-1)}{\text{SSE}_C/(n-p-b+1)}$$

$$= \frac{(\text{SSE}_R - \text{SSE}_C)/(p-1)}{\text{MSE}_C}$$

其中

$$\text{SSE}_R = 简化模型的\text{SSE}$$

$$\text{SSE}_C = 完整模型的\text{SSE}$$

$$\text{MSE}_C = 完整模型的\text{MSE}$$

拒绝域： $F > F_\alpha$ ，其中 F 分布基于自由度 $v_1 = (p-1)$ 和 $v_2 = (n-p-b+1)$

比较区组均值的检验

H_0 ： $\beta_p = \beta_{p+1} = \cdots = \beta_{p+b-2} = 0$

（即 H_0 ： b 个区组均值相等）

H_a ： H_0 中参数 β 中至少有一个不等于0

（即 H_a ：至少有两个区组的均值不相等）

简化模型： $E(y) = \beta_0 + \beta_1 x_1 + \beta_2 x_2 + \cdots + \beta_{p-1} x_{p-1}$

检验统计量：

$$F = \frac{(\text{SSE}_R - \text{SSE}_C)/(p-1)}{\text{SSE}_C/(n-p-b+1)}$$

$$= \frac{(\text{SSE}_R - \text{SSE}_C)/(p-1)}{\text{MSE}_C}$$

其中

$$\text{SSE}_R = 简化模型的\text{SSE}$$

$$\text{SSE}_C = 完整模型的\text{SSE}$$

$$\text{MSE}_C = 完整模型的\text{MSE}$$

拒绝域： $F > F_\alpha$ ，其中 F 分布基于自由度 $v_1 = (b-1)$ 和 $v_2 = (n-p-b+1)$

假设：

1. 一个区组中任何一对处理观测值之间的差异近似服从正态概率分布.

2. 差异的方差恒定，对所有成对的观测值都相同.

例 12.7 在提交施工项目的投标书之前，成本工程师要准备一份详细的分析，对完成该项目所需的人工和材料成本进行分析估计．这一估计值将取决于进行分析的工程师．过高的估计会降低公司投标价格被接受的概率，而过低的估计将会使公司利润减少，甚至导致在工作中出现亏损．一家雇用了三名成本工程师的公司想比较工程师们估计的平均水平．由于各项目间的成本都存在已知的变异性，所以每位工程师都随机选择四个项目进行成本估计．随机区组设计的数据（十万美元）如表 12.3 所示．

🔘 **COSTENG**

表 12.3 例 12.7 中随机区组设计的数据

		项目				处理均值
		1	2	3	4	
	1	4.6	6.2	5.0	6.6	5.60
工程师	2	4.9	6.3	5.4	6.8	5.85
	3	4.4	5.9	5.4	6.3	5.50
区组均值		4.63	6.13	5.27	6.57	

（a）解释为什么采用随机区组设计，并为该设计提供适当的线性模型．

（b）对数据进行方差分析，并检验以确定是否有足够的证据表明处理均值之间存在差异 $(\alpha = 0.05)$．

（c）检验以确定项目区组是否成功地减少了各项目之间成本估计的变异性 $(\alpha = 0.05)$．

解 （a）本实验的数据是根据随机区组设计收集的，由于项目成本存在已知变异性，因此相同项目的估计比不同项目间的估计更接近．因此，实验涉及三个处理（工程师）和四个区组（项目）．

实验设计的完整模型是

$$E(y) = \beta_0 + \underbrace{\beta_1 x_1 + \beta_2 x_2}_{\text{处理（工程师）}} + \underbrace{\beta_3 x_3 + \beta_4 x_4 + \beta_5 x_5}_{\text{区组（项目）}}$$

其中

$$y = \text{成本估计}$$

$$x_1 = \begin{cases} 1, & \text{如果是工程师2} \\ 0, & \text{如果不是} \end{cases} \qquad x_2 = \begin{cases} 1, & \text{如果是工程师3} \\ 0, & \text{如果不是} \end{cases}$$

基准水平 = 工程师1

$$x_3 = \begin{cases} 1, & \text{如果是区组2} \\ 0, & \text{如果不是} \end{cases} \quad x_4 = \begin{cases} 1, & \text{如果是区组3} \\ 0, & \text{如果不是} \end{cases} \quad x_5 = \begin{cases} 1, & \text{如果是区组4} \\ 0, & \text{如果不是} \end{cases}$$

基准水平 = 区组1

（b）我们使用 SAS 对数据进行方差分析．完整模型的 SAS 回归输出结果如图 12.10 所示．请注意，$SSE_C = 0.186\,67$，$MSE_C = 0.031\,11$（输出结果中阴影显示）．

为检验不同处理均值之间的差异，我们将提出原假设

$$H_0: \quad \mu_1 = \mu_2 = \mu_3$$

其中 $\mu_i =$ 工程师 i 的平均成本估计. 这等价于在完整模型中检验原假设

$$H_0: \quad \beta_1 = \beta_2 = 0$$

拟合简化模型

$$E(y) = \beta_0 + \underbrace{\beta_3 x_3 + \beta_4 x_4 + \beta_5 x_5}_{\text{区组（项目）}}$$

此简化模型的 SAS 输出结果如图 12.11 所示. 请注意，$\text{SSE}_R = 0.446\ 67$（输出结果中阴影显示）. 检验剩余步骤如下.

检验统计量：

$$F = \frac{(\text{SSE}_R - \text{SSE}_C)/(p-1)}{\text{MSE}_C} = \frac{(0.446\ 67 - 0.186\ 67)/2}{0.031\ 11} = 4.18$$

拒绝域：$F > 5.14$，（查附录 D 表 4）基于 $v_1 = (p-1) = 2\text{df}$ 和 $v_2 = (n-p-b+1) = 6\text{df}$ 的 F 分布可知 $F_{0.05} = 5.14$.

结论：由于 $F = 4.18$ 小于临界值 5.14，因此在显著性水平 $\alpha = 0.05$ 时，没有足够的证据表明三个成本工程师的平均估计值之间存在差异.

图 12.10 的 SAS 输出：

Dependent Variable: COST

Number of Observations Read	12
Number of Observations Used	12

Analysis of Variance

Source	DF	Sum of Squares	Mean Square	F Value	Pr > F
Model	5	7.02333	1.40467	45.15	0.0001
Error	6	0.18667	0.03111		
Corrected Total	11	7.21000			

Root MSE	0.17638	R-Square	0.9741
Dependent Mean	5.65000	Adj R-Sq	0.9525
Coeff Var	3.12183		

Parameter Estimates

Variable	DF	Parameter Estimate	Standard Error	t Value	Pr > |t|
Intercept	1	6.41667	0.12472	51.45	<.0001
X1	1	0.10000	0.12472	0.80	0.4533
X2	1	0.35000	0.12472	2.81	0.0309
X3	1	-1.93333	0.14402	-13.42	<.0001
X4	1	-0.43333	0.14402	-3.01	0.0237
X5	1	-1.30000	0.14402	-9.03	0.0001

Test ENGINEER Results for Dependent Variable COST

Source	DF	Mean Square	F Value	Pr > F
Numerator	2	0.13000	4.18	0.0730
Denominator	6	0.03111		

Test JOBS Results for Dependent Variable COST

Source	DF	Mean Square	F Value	Pr > F
Numerator	3	2.25444	72.46	<.0001
Denominator	6	0.03111		

图 12.10 例 12.7 的随机区组设计完整模型的 SAS 回归输出结果

图 12.11 的 SAS 输出：

Dependent Variable: COST

Number of Observations Read	12
Number of Observations Used	12

Analysis of Variance

Source	DF	Sum of Squares	Mean Square	F Value	Pr > F
Model	3	6.76333	2.25444	40.38	<.0001
Error	8	0.44667	0.05583		
Corrected Total	11	7.21000			

Root MSE	0.23629	R-Square	0.9380
Dependent Mean	5.65000	Adj R-Sq	0.9148
Coeff Var	4.18214		

Parameter Estimates

Variable	DF	Parameter Estimate	Standard Error	t Value	Pr > |t|
Intercept	1	6.56667	0.13642	48.13	<.0001
X3	1	-1.93333	0.19293	-10.02	<.0001
X4	1	-0.43333	0.19293	-2.25	0.0549
X5	1	-1.30000	0.19293	-6.74	0.0001

图 12.11 随机区组设计简化模型中检验处理的 SAS 回归输出结果

作为一个选择，SAS 可执行这个嵌套模型 F 检验. 检验统计量 $F = 4.18$ 高亮显示在 SAS

完整模型输出结果中，如图 12.10 所示．检验的 p 值（高亮显示）为 $p = 0.0730$．由于该值大于 $\alpha = 0.05$，结论为没有足够的证据来拒绝 H_0．

（c）为检验（a）小题完整模型中区组（项目）的有效性，提出原假设

$$H_0: \quad \beta_3 = \beta_4 = \beta_5 = 0$$

拟合简化模型为

$$E(y) = \beta_0 + \underbrace{\beta_1 x_1 + \beta_2 x_2}_{\text{处理（工程师）}}$$

上述简化模型的 SAS 输出结果如图 12.12 所示．请注意，$\text{SSE}_R = 6.95$（输出结果中阴影显示）．检验步骤如下．

检验统计量：

$$F = \frac{(\text{SSE}_R - \text{SSE}_C)/(b-1)}{\text{MSE}_C} = \frac{(6.95 - 0.18667)/3}{0.03111} = 72.46$$

拒绝域：$F > 4.76$，（查附录 D 的表 4）基于 $v_1 = (b-1) = 3\text{df}$ 和 $v_2 = (n-p-b+1) = 6\text{df}$ 的 F 分布可知 $F_{0.05} = 4.76$．

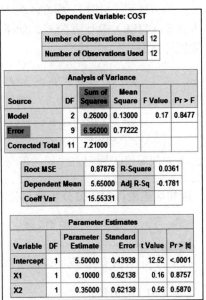

图 12.12　随机区组设计简化模型中检验区组的 SAS 回归输出结果

结论：由于 $F = 72.46$ 大于临界值 4.76，有足够的证据 $(\alpha = 0.05)$ 表明区组（项目）均值之间存在差异．因此，对项目进行区组有助于减少项目间成本估计的变异性．

运用 SAS 对区组进行嵌套模型 F 检验．结果 $F = 72.46$，p 值 < 0.0001，显示在 SAS 完整模型输出结果底部阴影部分，如图 12.10 所示．较小的 p 值证实了我们的结论：当 $\alpha = 0.05$ 时，有足够的证据来拒绝 H_0．

> **警告：** 区组均值相等检验的结果必须小心解释，特别是当检验统计量 F 的计算值不在拒绝域时．这并不一定意味着区组均值相等（或者说区组不重要）．得出这一结论就相当于接受原假设，但由于犯第 II 类错误的概率未知（即当 H_a 为真时接受 H_0），在实践中仍需谨慎避免做出此结论．换言之，即使区组均值差异检验的结论不确定，我们可能仍然希望在未来相似的实验中使用随机区组设计．如果实验者认为组内实验单位比组间实验单位同质性更强，则应该使用随机区组设计，不管区组均值检验是否显示其均值存在差异．

传统的方差分析方法分析从随机区组设计中收集的数据与完全随机设计相似．通过检查图 12.13，可以很容易地看到随机区组设计中 SS(Total) 的划分．注意，SS(Total) 现在分为三部分：

$$\text{SS(Total)} = \text{SSB} + \text{SST} + \text{SSE}$$

SST 和 SSB 的计算公式与完全随机设计中 SST 的计算公式具有相同模式 .

均方处理（MST）、均方区组（MSB）和均方误差（MSE）的计算公式，如下框所示 . 检验统计量为

$$F = \frac{MST}{MSE} 用于检验处理$$

$$F = \frac{MSB}{MSE} 用于检验区组$$

这些 F 值等价于回归方法的 "部分" F 统计量 .

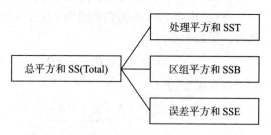

图 12.13　随机区组设计的总平方和分解图

随机区组设计的方差分析计算公式

$\sum\limits_{i=1}^{n} y_i =$ 所有 n 个观测值之和

$\sum\limits_{i=1}^{n} y_i^2 =$ 所有 n 个观测值的平方和

CM= 均值校正

$$= \frac{(\text{所有观测值之和})^2}{\text{观测值总数}} = \frac{\left(\sum\limits_{i=1}^{n} y_i\right)^2}{n}$$

SS(Total)= 总平方和

$\qquad$ =（所有观测值的平方和）$-$ CM

$$= \sum\limits_{i=1}^{n} y_i^2 - CM$$

SST = 处理平方和

$\qquad$ =（每个处理的平方除以该处理的观测数 b，再汇总求和）$-$ CM

$$= \frac{T_1^2}{b} + \frac{T_2^2}{b} + \cdots + \frac{T_p^2}{b} - CM$$

SSB = 区组平方和

$\qquad$ =（每个区组的平方除以该区组中的观测数 p，再汇总求和）$-$ CM

$$= \frac{B_1^2}{p} + \frac{B_2^2}{p} + \cdots + \frac{B_b^2}{p} - CM$$

SSE = 误差平方和 = SS(Total) $-$ SST $-$ SSB

$$MST = 均方处理 = \frac{SST}{p-1}$$

$$MSB = 均方区组 = \frac{SSB}{b-1}$$

$$MSE = 均方误差 = \frac{SSE}{n-p-b+1}$$

$$F = \frac{MST}{MSE} 用于检验处理$$

$$F = \frac{MSB}{MSE} 用于检验区组$$

例 12.8　参见例 12.7. 使用方差分析平方和对表 12.3 中的数据进行方差分析.

解　我们使用统计软件包代替手动计算（同样，我们把这留作练习）. 方差分析的 SPSS 输出结果如图 12.14 所示. 检验处理的 $F = 4.179$ 和检验区组的 $F = 72.464$，在输出结果中阴影显示. 注意，这些值与使用回归方法计算的 F 值相同，如例 12.7 所示. 检验的 p 值（阴影）得出的结论与例 12.7 中得出的结论相同. 例如，用于检验处理差异的 $p = 0.073$ 大于 $\alpha = 0.05$，所以没有足够的证据表明处理均值之间存在差异. ■

Tests of Between-Subjects Effects

Dependent Variable: COST

Source	Type III Sum of Squares	df	Mean Square	F	Sig.
Corrected Model	7.023ᵃ	5	1.405	45.150	.000
Intercept	383.070	1	383.070	12312.964	.000
ENGINEER	.260	2	.130	4.179	.073
JOB	6.763	3	2.254	72.464	.000
Error	.197	6	.031		
Total	390.280	12			
Corrected Total	7.210	11			

a. R Squared = .974 (Adjusted R Squared = .953)

图 12.14　随机区组设计的 SPSS 方差分析输出结果

与完全随机设计一样，随机区组设计的变异来源及其各自的自由度、平方和、均方在方差分析汇总表中显示. 随机区组设计的通用格式见下. 表 12.3 中数据的方差分析表见表 12.4.（这些数据在 SPSS 输出结果中阴影表示，如图 12.14 所示.）请注意，处理、区组和误差这三个变异来源的自由度之和等于 SS(Total) 的自由度. 同样，三个变异来源平方和之和等于 SS(Total).

随机区组设计的方差分析表的通用格式

来源	df	SS	MS	F
处理	$p-1$	SST	$MST = \dfrac{SST}{p-1}$	$F = \dfrac{MST}{MSE}$
区组	$b-1$	SSB	$MSB = \dfrac{SSB}{b-1}$	$F = \dfrac{MSB}{MSE}$
误差	$n-p-b+1$	SSE	$MSE = \dfrac{SSE}{n-p-b+1}$	
总计	$n-1$	SS(Total)		

表 12.4　例 12.8 方差分析汇总表

来源	df	SS	MS	F
处理（工程师）	2	0.260	0.130	4.18
区组（项目）	3	6.763	2.254	72.46
误差	6	0.187	0.031	
总计	11	7.210		

随机区组设计的一对处理均值或区组均值之间差异的置信区间如下框所示.

一对处理均值或区组均值差异 $(\mu_i - \mu_j)$ 的置信区间

处理均值：$(\overline{T}_i - \overline{T}_j) \pm (t_{\alpha/2}) s \sqrt{\dfrac{2}{b}}$

区组均值：$(\overline{B}_i - \overline{B}_j) \pm (t_{\alpha/2}) s \sqrt{\dfrac{2}{p}}$

其中

$$b = 区组数$$

$$p = 处理数$$

$$s = \sqrt{\text{MSE}}$$

$$\overline{T}_i = 处理i的样本均值$$

$$\overline{B}_i = 区组i的样本均值$$

$t_{\alpha/2}$ 基于 $(n - p - b + 1)$ 个自由度

例 12.9 参见例 12.7. 计算工程师 1 和 2 的平均成本估计之差的 90% 置信区间.

解 从例 12.7 中，我们可知 $b = 4, \overline{T}_1 = 5.60, \overline{T}_2 = 5.85, s^2 = \text{MSE}_C = 0.031\,11$. s^2 的自由度为 6，因此 $t_{\alpha/2}$ 的自由度也等于 6. $s = \sqrt{s^2} = \sqrt{0.031\,11} = 0.176$，$t_{\alpha/2} = t_{0.05} = 1.943$. 将这些值代入 $(\mu_1 - \mu_2)$ 的置信区间公式中，可得

$$(\overline{T}_1 - \overline{T}_2) \pm (t_{\alpha/2}) s \sqrt{\frac{2}{b}}$$

$$= (5.60 - 5.85) \pm (1.943)(0.176)\sqrt{\frac{2}{4}}$$

$$= -0.25 \pm 0.24$$

即 $(-0.49, -0.01)$. 由于数据单位为 $100\,000$ 美元，我们估计工程师 1 和工程师 2 对项目成本估计均值之差为 $-49\,000$ 美元到 $-1\,000$ 美元. [注：乍一看，这一结果可能会与比较处理均值的 F 检验结果相矛盾. 然而，F 检验的显著性水平值 (0.07) 意味着 $\alpha = 0.10$ 时均值之间存在显著差异，这与 90% 的置信区间未包含数值 0 的事实一致.] ■

当你在实验中对处理分组时，有一点非常重要. 回忆 11.3 节消除了区组效应. 这使我们能够使用方框中给出的公式，计算处理均值之间差异的置信区间. 但是，如果使用样本处理均值来估计单个处理均值，则区组效应不会消除. 因此，在区组设计中，获得单个处理均值（和相应的置信区间）无偏估计的唯一方法是从大量区组集合（总体）中随机选择区组，并将区组效应作为除随机误差外的第二个随机分量进行处理. 包含两个或多个随机分量的设计称为嵌套设计，超出了本书的范围. 有关此内容的详细信息，请参阅本章末尾的参考文献.

练习 12.4

12.18 **方差分析汇总表.** 随机区组设计的方差分析表如下所示.

来源	df	SS	MS	*F*
处理	3	27.1	—	—
区组	5	—	14.90	—
误差	—	33.4		
总计	—	—		

四个处理的样本均值如下:

$$\bar{y}_A = 9.7 \qquad \bar{y}_B = 12.1 \qquad \bar{y}_C = 6.2 \qquad \bar{y}_D = 9.3$$

(a) 填写完整方差分析表.

(b) 这些数据是否提供了足够的证据来说明处理均值之间存在差异 ($\alpha = 0.01$)?

(c) 这些数据是否提供了足够的证据来说明区组是这个实验中一个有用的设计策略? 并加以解释.

(d) 计算 ($\mu_A - \mu_B$) 的 95% 置信区间.

(e) 计算 ($\mu_B - \mu_D$) 的 95% 置信区间.

12.19 **高风险保险决策.** 参见 *Journal of Economic Psychology*(September 2008) 关于高风险保险决策研究, 见练习 12.6. 第二个实验只涉及第二组受试者. 在实验的 A 部分中, 这 84 名受试者被告知其拥有的一幅珍贵油画存在风险 (包括火灾和盗窃), 但没有被告知风险发生的确切概率. 然后, 受试者需给出他们愿意支付该油画的保险金额 (WTP). 在实验的 B 部分, 同样的受试者被告知其拥有的一件珍贵雕塑存在风险 (火灾和盗窃) 的确切概率. 然后, 受试者需给出他们针对该雕塑的 WTP 值. 研究人员对比较油画和雕塑的平均 WTP 值很感兴趣.

(a) 解释为什么实验设计采用随机区组设计.

(b) 识别设计的因变量 (响应变量)、处理和区组.

(c) 提出研究者的原假设和备择假设.

12.20 **公司的同行导师培训.** 同行指导是指经验丰富的员工提供一对一的支持并与经验不足的员工分享知识. *Journal of Managerial Issues* (Spring 2008) 发表了一篇关于一家大型软件公司同行导师培训影响的研究报告. 参与者是 222 名自愿参加为期一天的同行导师培训课程的员工. 研究的一个变量是员工在同行指导中的能力水平 (以 7 分制衡量). 在本研究中, 每名受训者在三个不同的时间点进行能力水平的测量: 培训前 1 周、培训 2 天后和培训 2 个月后. 实验的目的之一是比较三个不同时间点的平均能力水平.

(a) 解释为什么要通过随机区组设计分析数据, 并识别区组和处理.

(b) 实验的部分方差分析表如下所示. 解释为什么表中已有足够的信息来得出结论.

(c) 提出研究者的原假设.

(d) 得出适当的结论.

来源	df	SS	MS	F 值	p 值
时间点	2	—	—	—	0.001
区组	221	—	—	—	0.001
误差	442	—	—		
总计	665	—			

12.21 **植物和减压**. 植物治疗师相信植物可以减少人类的压力. 堪萨斯州立大学进行了一项研究以调查这一现象. 期末考试前两周，10 名大学生参加了一项实验，以确定在光线昏暗的房间里有活的植物、植物照片或无植物三种环境对学生放松程度的影响. 每位学生连续参与三个实验，分别体验有活的植物、植物照片和无植物（对照组）环境.⊖在每个环境中，每隔 20 分钟测量一次手指温度. 由于手指温度升高表示放松程度增加，因此将最高温度（华氏度）用作响应变量. 下表提供的实验数据采用 SPSS 的方差分析法进行分析. 通过 SPSS 输出结果进行相应推断.

💿 **PLANTS**

学生	活的植物	植物照片	无植物（对照组）
1	91.4	93.5	96.6
2	94.9	96.6	90.5
3	97.0	95.8	95.4
4	93.7	96.2	96.7
5	96.0	96.6	93.5
6	96.7	95.5	94.8
7	95.2	94.6	95.7
8	96.0	97.2	96.2
9	95.6	94.8	96.0
10	95.6	92.6	96.6

资料来源：Elizabeth Schreiber, Department of Statistics, Kansas State University, Manhattan, Kansas.

Tests of Between-Subjects Effects

Dependent Variable: TEMP

Source	Type III Sum of Squares	df	Mean Square	F	Sig.
Corrected Model	18.537[a]	11	1.685	.523	.863
Intercept	272176.875	1	272176.875	84413.380	.000
PLANT	.122	2	.061	.019	.981
STUDENT	18.415	9	2.046	.635	.754
Error	58.038	18	3.224		
Total	272253.450	30			
Corrected Total	76.575	29			

a. R Squared = .242 (Adjusted R Squared = -.221)

练习 12.21 的 SPSS 输出结果

12.22 **研究治疗阿尔茨海默病**. *eCAM* (November 2006) 对期刊文章中研究阿尔茨海默病

⊖ 针对此练习，实验过程被简化. 实际实验过程涉及 30 名学生连续参与了 12 个环境.

（AD）治疗有效性的研究方法质量进行检查. 抽取 13 篇研究论文样本，采用 Wong 量表从 9 个维度对方法质量进行量化，得分范围为 1 分（低质量）到 3 分（高质量）. 下表中的数据给出了 13 篇论文样本的各个维度得分（注：研究人员将这九个维度标记为 What-A，What-B，What-C，Who-A，Who-B，Who-C，How-A，How-B 和 How-C）.

（a）研究的目的之一是比较 9 个维度的平均 Wong 得分. 提出检验的原假设和备择假设.

（b）研究人员使用完全随机设计的方差分析来分析数据. 解释为什么随机区组设计的方差分析更为合适.

（c）数据的随机区组方差分析的 SAS 输出结果如下图所示（维度作为处理，论文作为区组），解释其检验的 *p* 值.

TREATAD2

论文	What-A	What-B	What-C	Who-A	Who-B	Who-C	How-A	How-B	How-C
1	3	3	2	2	2	3	2	2	3
2	3	3	2	1	3	2	3	2	2
3	2	2	3	1	2	2	1	2	3
4	2	3	3	2	1	3	2	1	2
5	2	3	2	2	2	3	1	3	2
6	2	3	2	1	1	1	2	2	1
7	2	3	2	2	1	3	2	2	2
8	2	2	2	1	2	3	3	2	3
9	1	2	2	2	2	3	1	1	1
10	2	3	2	1	2	2	2	3	3
11	2	2	1	1	1	2	3	2	3
12	2	3	3	2	1	3	1	2	3
13	3	3	2	2	1	3	2	2	3

资料来源：Chiappelli, F. et al. "Evidence-based research in complementary and alternative medicine Ⅲ: Treatment of patients with Alzheimer's disease," *eCAM*, Vol. 3, No. 4, Nov. 2006 (Table 1).

Dependent Variable: WONG					
Source	DF	Sum of Squares	Mean Square	F Value	Pr > F
Model	20	22.30769231	1.11538462	3.04	0.0001
Error	96	35.24786325	0.36716524		
Corrected Total	116	57.55555556			

R-Square	Coeff Var	Root MSE	WONG Mean
0.387585	28.70250	0.605942	2.111111

Source	DF	Type III SS	Mean Square	F Value	Pr > F
DIMENSION	8	15.86324786	1.98290598	5.40	<.0001
PAPER	12	6.44444444	0.53703704	1.46	0.1520

练习 12.22 的 SAS 输出结果

12.23 公路沿线的太阳能发电. *International Journal of Energy and Environmental Engineering* (December 2013) 上发表了一项研究，关于在国家公路上方安装太阳能电池板作为太

阳能的潜在来源. 利用计算机模拟估计安装在印度一条 200 千米的高速公路上的太
阳能电池板的月发电量 (千瓦时). 分别用四种
电池板进行月度发电量模拟:单层太阳能电池
板、相距 1 米的双层太阳能电池板、相距 2 米
的双层太阳能电池板和相距 3 米的双层太阳能
电池板. 12 个月的数据如下表所示,比较四种
不同电池板的平均太阳能发电值,进行随机区
组设计方差分析. MINITAB 分析结果如右图
所示.

Analysis of Variance for Energy

Source	DF	SS	MS	F	P
Condition	3	49730750	16576917	115.54	0.000
Month	11	90618107	8238010	57.42	0.000
Error	33	4734730	143477		
Total	47	145083587			

Model Summary

S	R-sq	R-sq(adj)
378.783	96.74%	95.35%

(a) 识别本实验的因变量、处理和区组.

(b) 为比较四种太阳能电池板所产生的平均太阳能发电值,你将提出何种原假设加
以检验?

(c) 对 (b) 小题的假设进行检验,计算 F 值和相关 p 值.

(d) 你能从分析中得出什么结论?

SOLPAN

月份	单层	双层		
		1 米	2 米	3 米
1 月	7 308	8 917	9 875	10 196
2 月	6 984	8 658	9 862	9 765
3 月	7 874	9 227	11 092	11 861
4 月	7 328	7 930	9 287	10 343
5 月	7 089	7 605	8 422	9 110
6 月	5 730	6 350	7 069	7 536
7 月	4 531	5 120	5 783	6 179
8 月	4 587	5 171	5 933	6 422
9 月	5 985	6 862	8 208	8 925
10 月	7 051	8 608	10 008	10 239
11 月	6 724	8 264	9 238	9 334
12 月	6 883	8 297	9 144	9 808

资料来源:Republished with permission of Springer, from P. Sharma and T.Harinarayana, "Solar
Energy Generation Potential Along National Highways," *International Journal of Energy
and Environmental Engineering*, Vol. 49, No. 1, December 2013 (Table 3). Permission
conveyed through Copyright Clearance Center, Inc.

12.24 **不相关的面部相似性对判断的影响.** 与以前遇到的人存在面部相似性可能是决策
中产生偏见的一个潜在原因. 例如,在工作面试中,面试官应该仅仅根据候选人的
资历来进行判断,而不是因为候选人是否与之前被拒绝的候选人长得相似. 发表在
Experimental Psychology (January 2014) 上的研究调查了不相关的面部相似性对判断
的影响. 受试者 (大学生) 接受培训,以 0 分 (完全不适合) 到 100 分 (非常适合)
评估员工是否适合该工作. 然后每个受试者对三个不同求职者分别进行打分. 每个

受试者可以看到求职者的照片以及简历文件.受试者不知道的是,三个求职者具有相同的资历,但其中一个求职者的照片被变换,看起来像在培训期间得到低分的人员(低表现变换),另一个求职者的照片也被变换,看起来像在培训期间得到高分的人员(高表现变换).第三位求职者的照片较为中立,即这张照片是受试者培训期间未见过的.表中提供了10个受试者的打分数据(根据文章中提供的信息进行模拟),分别对三位求职者依次进行评分.三位求职者的平均得分有差异吗?如果有,哪个候选人(低、中或高)获得最高的平均得分?

MORPH

受试者	低	中	高	受试者	低	中	高
1	52	55	57	6	43	47	50
2	46	55	49	7	47	48	44
3	61	61	64	8	54	56	59
4	52	45	53	9	77	82	91
5	26	25	30	10	41	50	49

12.25 **对拳击手的按摩治疗.** 8名业余拳击手参加了一项研究按摩对拳击成绩影响的实验(*British Journal of Sports Medicine*, April 2000). 使用以下四种不同的干预措施,记录每一种干预措施后的回合中,每个拳击手的拳击力量(以牛为单位): (M1)在第一轮回合比赛前进行运动按摩, (R1)在第一轮回合比赛前休息一段时间, (M5)在第五轮回合间进行运动按摩, (R5)在第五轮回合间休息一段时间.根据本文章提供的信息,获得的数据如下表所示.实验的主要目的是比较四种干预措施下的拳击力量均值.

(a) 建立适合本设计的完整模型.

(b) 建立适合检验四种干预措施的拳击力量均值差异的简化模型.

(c) 建立适合检验拳击手区组是否能有效消除不必要变异来源的简化模型.

BOXING

拳击手	干预			
	M1	**R1**	**M5**	**R5**
1	1 243	1 244	1 291	1 262
2	1 147	1 053	1 169	1 177
3	1 247	1 375	1 309	1 321
4	1 274	1 235	1 290	1 285
5	1 177	1 139	1 233	1 238
6	1 336	1 313	1 366	1 362
7	1 238	1 279	1 275	1 261
8	1 261	1 152	1 289	1 266

资料来源: Reproduced from *British Journal of Sports Medicine*, " Effects of massage on physiological restoration, perceived recovery, and repeated sports performance," Brian Hemmings, Marcus Smith, Jan Graydon, and Rosemary Dyson, Vol. 34, Issue 2, April 2000 (Table 3), with permission from BMJ Publishing Group Ltd.

12.26 **对拳击手的按摩治疗（续）.** 参见练习 12.25. 使用 MINITAB 将（a）、（b）和（c）小题的模型与表中的数据相拟合. MINITAB 输出结果显示在下图中.

(a) 构建方差分析汇总表.

(b) 是否有证据表明四种干预措施下的拳击力量均值存在差异 $(\alpha = 0.05)$？

(c) 有证据表明拳击手的拳击力量均值存在差异吗？也就是说，是否有证据表明，拳击手区组有效地消除了不必要的变异来源 $(\alpha = 0.05)$？

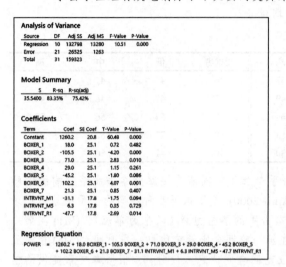

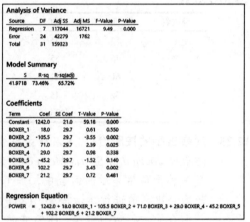

练习 12.25（a）中完整模型的 MINITAB 输出结果　练习 12.25（b）中简化模型的 MINITAB 输出结果

Analysis of Variance

Source	DF	Adj SS	Adj MS	F-Value	P-Value
Regression	3	15754	5251	1.02	0.397
Error	28	143569	5127		
Total	31	159323			

Model Summary

S	R-sq	R-sq(adj)
71.6063	9.89%	0.23%

Coefficients

Term	Coef	SE Coef	T-Value	P-Value
Constant	1271.5	25.3	50.22	0.000
INTRVNT_M1	-31.1	35.8	-0.87	0.392
INTRVNT_M5	6.3	35.8	0.17	0.863
INTRVNT_R1	-47.7	35.8	-1.33	0.193

Regression Equation

POWER = 1271.5 - 31.1 INTRVNT_M1 + 6.3 INTRVNT_M5 - 47.7 INTRVNT_R1

练习 12.25（c）中简化模型的 MINITAB 输出结果

TASTE

12.27 **口味测试量表.** 在比较食品可口性时，通常采用口味测试量表. 例如，使用享乐 9 分量表进行以下评分：1= 极度不喜欢，2= 非常不喜欢，3= 适度不喜欢，4= 轻微不喜欢，5= 既不喜欢也不讨厌，6= 轻微喜欢，7= 适度喜欢，8= 非常喜欢，9= 极度喜欢. 另一个通用标记强度量表（gLMS），则使用的评分范围从 –100（表示最不喜欢）到 100（表示最喜欢）. 在 *Journal of Food Science*（February 2014）上发表的一项研究中，这两个量表都应用于食品项目. 佛罗里达大学的学生和教职工对 5 种食品/饮料的进行口味评分：黑咖啡（BC）、芝士蛋糕（CC）、葡萄柚汁（GF）、橙汁（OJ）和意大利辣香肠（PP）. 一半 (n =200) 的受试者使用享乐 9 分量表，一半（n=200）的受试者使用 gLMS 对每种食物进行评分.（这些评分是根据文章中提供的信息模拟出来的，保存在 TASTE 文件中.）研究的目标之一是比较 5 种食品/饮料的享乐 9 分量表平均得分.

Dependent Variable = Hedonic 9-point Scale

The GLM Procedure

Source	DF	Sum of Squares	Mean Square	F Value	Pr > F
Model	203	3823.677000	18.835847	9.66	<.0001
Error	796	1552.114000	1.949892		
Corrected Total	999	5375.791000			

R-Square	Coeff Var	Root MSE	HG Mean
0.711277	25.60765	1.396385	5.463000

Source	DF	Type I SS	Mean Square	F Value	Pr > F
PRODUCT	4	3386.686000	846.671500	434.21	<.0001
TASTER	199	436.991000	2.195935	1.13	0.1369

Source	DF	Type III SS	Mean Square	F Value	Pr > F
PRODUCT	4	3386.686000	846.671500	434.21	<.0001
TASTER	199	436.991000	2.195935	1.13	0.1369

（a）解释为什么这些数据应该使用随机区组设计的方差分析. 识别此实验设计的处理、区组和因变量.

（b）方差分析的 SAS 输出结果如右所示，请结合实际加以解释.

（c）参考（b）小题，对 gLMS 评分表上的数据进行类似分析，并结合实际加以解释.

12.5 双因子因子实验

在 11.5 节中，我们了解到因子实验是一种容量增加设计，是研究两个或两个以上自变量（因子）对响应变量 y 均值的影响，本节主要分析双因子因子实验.

例如，假设我们想要将一个成品（比如一个新桌面）上的平均缺陷数量与两个因子（即喷漆枪的喷嘴类型和喷涂时间长度）联系起来. 进一步假设，我们想研究三种类型（三个水平）喷嘴（N_1, N_2 和 N_3）和两种长度（两个水平）喷涂时间（S_1 和 S_2）的每张办公桌的平均缺陷数量. 如果我们选择处理来进行实验，包括三个水平的喷嘴类型和两个水平的喷涂时间的所有组合（即，我们观察因子水平组合 $N_1S_1, N_1S_2, N_2S_1, N_2S_2, N_3S_1, N_3S_2$ 的缺陷数），我们的设计称为**完整的 3×2 因子实验**. 注意，设计将包含 3×2＝6 个处理.

回忆一下，因子实验是选择处理的有用方法，因为它们允许我们对因子之间的交互作用进行推断. 3×2 因子实验的完整模型包含 $(3−1)＝2$ 个喷嘴主效应项，$(2−1)＝1$ 个喷涂时间的主效应项，$(3−1)(2−1)＝2$ 个喷嘴和喷涂时间的交互项：

$$E(y) = \beta_0 + \underbrace{\beta_1 x_1 + \beta_2 x_2}_{\text{喷嘴主效应项}} + \underbrace{\beta_3 x_3}_{\text{喷涂时间主效应项}} + \underbrace{\beta_4 x_1 x_3 + \beta_5 x_2 x_3}_{\text{喷嘴×喷涂时间的交互项}}$$

模型中自变量（因子）的主效应无论类型如何（定量或定性），通常由虚拟变量表示. 然而，如果这些因子是定量的，那么主效应可以用 x, x^2, x^3 等项来表示（我们将在本节中稍后对此方法进行说明）. 在 3×2 因子实验中，我们定义了喷嘴类型和喷涂时间的虚拟变量如下：

$$x_1 = \begin{cases} 1, & \text{如果是喷嘴} N_1 \\ 0, & \text{如果不是} \end{cases} \quad x_2 = \begin{cases} 1, & \text{如果是喷嘴} N_2 \\ 0, & \text{如果不是} \end{cases} \quad \text{基准水平} = N_3$$

$$x_3 = \begin{cases} 1, & \text{如果喷涂时间} S_1 \\ 0, & \text{如果喷涂时间} S_2 \end{cases}$$

注意 3×2 的因子模型总共包含了 $3 \times 2 = 6$ 个参数 β. 如果在 $3 \times 2 = 6$ 个处理中，每个处理的响应变量 y 只收集到一个值，则模型 $n = 6$，完整模型的 df（误差）为 $(n-6) = 0$. 因此，对于因子实验，每个因子水平组合的观测值个数 r（即，因子实验的重复次数）至少为 2 或更多. 否则，没有可用的自由度来估计 σ^2 值.

为检验因子间的交互作用，我们从模型中删除交互项并拟合简化后的模型：

$$E(y) = \beta_0 + \underbrace{\beta_1 x_1 + \beta_2 x_2}_{\text{喷嘴主效应项}} + \underbrace{\beta_3 x_3}_{\text{喷涂时间主效应项}}$$

模型中不存在交互作用的原假设 $H_0: \beta_4 = \beta_5 = 0$，通过比较两个模型在"部分" F 统计量中的 SSE 值可加以检验. 一般情况下的交互作用检验步骤，被总结在下框中.

对于因子的主效应检验也以类似的方式进行. 先将研究的主效应项从完整模型中去掉，并对简化模型进行拟合，从而通过比较两种模型的 SSE 值加以检验.

在进行因子实验方差分析应用数值示例之前，我们必须了解因子的交互作用和主效应检验的实际意义. 我们将在例 12.10 中说明这些概念.

包含 a 个水平的因子 A 和 b 个水平的因子 B 的双因子因子实验的交互模型和方差分析 F 检验

完整模型：

$$E(y) = \beta_0 + \overbrace{\beta_1 x_1 + \cdots + \beta_{a-1} x_{a-1}}^{A\text{主效应项}} + \overbrace{\beta_a x_a + \cdots + \beta_{a+b-2} x_{a+b-2}}^{B\text{主效应项}} +$$

$$\overbrace{\beta_{a+b-1} x_1 x_a + \beta_{a+b} x_1 x_{a+1} + \cdots + \beta_{ab-1} x_{a-1} x_{a+b-2}}^{AB\text{的交互项}}$$

其中⊖，

$$x_1 = \begin{cases} 1, & \text{如果是因子} A \text{的第2水平} \\ 0, & \text{如果不是} \end{cases} \quad \cdots$$

$$x_{a-1} = \begin{cases} 1, & \text{如果是因子} A \text{的第} a \text{水平} \\ 0, & \text{如果不是} \end{cases} \quad \cdots$$

⊖ 注意：在一个实验中，自变量 $x_1, x_2, \cdots, x_{a+b-2}$ 代表这两个因子是定性变量. 如果有因子是定量变量，则可以选择用定量术语表示主效应，例如 x，x^2，x^3 等.

$$x_a = \begin{cases} 1, & \text{如果是因子}B\text{的第2水平} \\ 0, & \text{如果不是} \end{cases} \quad \cdots$$

$$x_{a+b-2} = \begin{cases} 1, & \text{如果是因子}B\text{的第}b\text{水平} \\ 0, & \text{如果不是} \end{cases} \quad \cdots$$

$$H_0: \quad \beta_{a+b-1} = \beta_{a+b} = \cdots = \beta_{ab-1} = 0$$

（即 H_0：因子 A 与 B 无交互作用）

H_a： H_0 中至少有一个参数 β 不等于 0

（即 H_a：因子 A 和 B 有交互作用）

简化模型：

$$E(y) = \beta_0 + \overbrace{\beta_1 x_1 + \cdots + \beta_{a-1} x_{a-1}}^{A\text{主效应项}} + \overbrace{\beta_a x_a + \cdots + \beta_{a+b-2} x_{a+b-2}}^{B\text{主效应项}}$$

检验统计量：

$$F = \frac{(\text{SSE}_R - \text{SSE}_C) / [(a-1)(b-1)]}{\text{SSE}_C / [ab(r-1)]}$$

$$= \frac{(\text{SSE}_R - \text{SSE}_C) / [(a-1)(b-1)]}{\text{MSE}_C}$$

其中，

$\text{SSE}_R = $ 简化模型的 SSE

$\text{SSE}_C = $ 完整模型的 SSE

$\text{MSE}_C = $ 完整模型的 MSE

$r = $ 重复次数（即，$a \times b$ 因子实验中每个组合的观测值 y 的个数）

拒绝域：$F > F_\alpha$，其中 F 分布基于 $v_1 = (a-1)(b-1)$ 和 $v_2 = ab(r-1)$ 个自由度

假设：

1. 任何因子水平组合的观测值的总体概率近似服从正态分布.

2. 概率分布的方差是恒定的，对于所有的因子水平组合都是一样的.

例 12.10　一家用橡胶、塑料和其他材料制作垫圈的公司想要比较两种不同类型的冲压机每小时生产的垫圈的平均数量. 实际上，制造商想要确定一种机器是否比另一种效率更高. 更重要的是确定在制造橡胶垫圈和塑料垫圈时，分别哪种机器更有效率. 为了回答上述问题，制造商决定使用三种垫圈材料（B_1, B_2 和 B_3）和两种类型的冲压机（A_1 和 A_2）进行一个 2×3 的因子实验. 每台机器对每一种垫圈材料运行 3 个时长为 1 小时的周期，则 18 个时长为 1 小时的周期随机分配给 6 种机器–材料组合（随机化的目的是消除不受控制的环境因子会对结果产生偏见的可能性）. 假设我们已经计算并绘制了六个处理均值. 图 12.15a 和图 12.15b 显示了六个均值的两个假想图. 冲压机 A_1 的三个均值采用实线段连接，冲压机 A_2 对应的三个均值采用虚线段连接. 这些图对两台冲压机的生产率意味着什么？

解 图 12.15a 表明，无论垫圈材料如何，冲压机 A_1 每小时生产的垫圈数量均多于冲压机 A_2，因此冲压机 A_1 较好.通过观察均值，冲压机 A_1 每小时生产的软木垫圈 B_1 比橡胶或塑料垫圈都多，但是，无论垫圈材料如何，两台冲压机生产的垫圈平均数量的差异几乎保持不变.因此，两台冲压机生产的垫圈平均数量的差异与冲压过程中使用何种垫圈材料无关.

与图 12.15a 相比，图 12.15b 显示当垫圈材料为软木 B_1 或塑料 B_3 时，冲压机 A_1 的生产率要大于冲压机 A_2 的生产率.但是对于垫圈材料为橡胶 B_2，却正好相反.对于这种材料，冲压机 A_2 平均每小时生产的垫圈比冲压机 A_1 多.因此，图 12.15b 说明了响应变量的均值与因子水平组合有关.当这种情况发生时，我们说这些因子间存在交互作用.因此，因子实验最重要的目标之一就是检测因子之间是否存在交互作用.

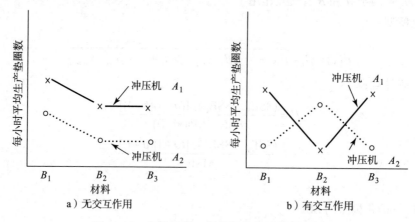

图 12.15　六种机器 – 材料组合方式的假想图

定义 12.2 在因子实验中，当因子 A 的平均水平差异取决于因子 B 的不同水平时，我们说因子 A 和因子 B 存在**交互作用**.如果差异与 B 的水平无关，那么 A 和 B 之间**没有交互作用**.

只有当各因子之间不存在交互作用时，主效应的检验才具有重要意义.通常，交互检验优先执行.如果存在因子间交互作用的证据，那么我们就不用对主效应进行检验（参见图 12.16）.相反，我们想把注意力仅集中在单个组合（处理）的均值时，也许定位一个最大或最小的组合较好.

例 12.11 一个制造商每天的原材料供应是波动的和有限的，其使用该材料以不同比例生产两种不同的产品.生产这两种产品所获得的原材料单位利润取决于产品的生产，即分配给它的原材料数量.其他因子，如工人生产率和机器故障，也会影响单位利润，但它们对利润的净影响是随机的，即无法控制的.制造商进行了一项实验，以研究原材料供应水平（S）及其分配给两条产品生产线的原材料比例（R）对原材料单位利润 y 的影响.最终的目标是能够确定比例 R 和原材料供应 S 的最优组合.实验选择的原材料供应水平分别为 15 吨、18 吨和 21 吨；两个产品线的原材料分配比例分别为 1∶2、1∶1 和 2∶1.因变量是原材料供应在生产中获得的单日利润（以美元计）.随机进行一个完整的 3×3 因子实验（即完全随机设计）.27 天的数据如表 12.5 所示.

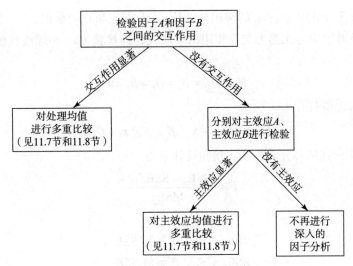

图 12.16　双因子因子实验的检验指南

🖸 RAWMATERIAL

表 12.5　例 12.11 的数据

		原料供应 (S)（吨）		
		15	**18**	**21**
	1 : 2	23, 20, 21	22, 19, 20	19, 18, 21
原材料分配比例 (R)	1 : 1	22, 20, 19	24, 25, 22	20, 19, 22
	2 : 1	18, 18, 16	21, 23, 20	20, 22, 24

（a）为实验建立一个完整模型．

（b）数据是否有充分的证据表明供应 S 与比例 R 之间存在交互作用（$\alpha=0.05$）？

（c）根据（b）小题的结果，我们是否应该对主效应进行检验？

　　解　（a）供应和比例这两个因子具有三个水平．因此，每个因子需要两个虚拟变量（主效应项的个数将比因子的水平数少一个）．这个 3×3 实验的完整因子模型是

$$E(y) = \beta_0 + \underbrace{\beta_1 x_1 + \beta_2 x_2}_{\text{供应主效应}} + \underbrace{\beta_3 x_3 + \beta_4 x_4}_{\text{比例主效应}} +$$

$$\underbrace{\beta_5 x_1 x_3 + \beta_6 x_1 x_4 + \beta_7 x_2 x_3 + \beta_8 x_2 x_4}_{\text{供应×比例交互作用}}$$

其中，

$$x_1 = \begin{cases} 1, & \text{如果供应是15吨} \\ 0, & \text{如果不是} \end{cases} \quad x_2 = \begin{cases} 1, & \text{如果供应是18吨} \\ 0, & \text{如果不是} \end{cases} \quad （\text{供应基准水平}=21\text{ 吨}）$$

$$x_3 = \begin{cases} 1, & \text{如果比例是}1:2 \\ 0, & \text{如果不是} \end{cases} \quad x_4 = \begin{cases} 1, & \text{如果比例是}1:1 \\ 0, & \text{如果不是} \end{cases} \quad （\text{比例基准水平}=2:1）$$

　　注意，模型的交互项是由各主效应项的乘积构成的，每个主效应项来自每个因子．例

如，交互项包含了 x_1 分别与 x_3 和 x_4 的乘积，以及 x_2 分别与 x_3 和 x_4 的乘积.

（b）为了检验供应与比例无交互作用的原假设，即检验（a）小题线性模型中不需要交互项的原假设：

$$H_0: \ \beta_5 = \beta_6 = \beta_7 = \beta_8 = 0$$

需要拟合简化模型

$$E(y) = \beta_0 + \beta_1 x_1 + \beta_2 x_2 + \beta_3 x_3 + \beta_4 x_4$$

并执行 4.13 节中所述的部分 F 检验，检验统计量为

$$F = \frac{(\text{SSE}_R - \text{SSE}_C)/4}{\text{MSE}_C}$$

其中

$$\text{SSE}_R = 简化模型的 \ \text{SSE}$$
$$\text{SSE}_C = 完整模型的 \ \text{SSE}$$
$$\text{MSE}_C = 完整模型的 \ \text{MSE}$$

均使用 SAS 将（a）小题完整模型和上述简化模型与表 12.5 中的数据相拟合. SAS 输出结果显示在图 12.17a 和图 12.17b 中. 输出结果阴影部分的有关数值为.

$$\text{SSE}_C = 43.333\,33\ （见图 12.17a）$$
$$\text{MSE}_C = 2.407\,41\ （见图 12.17a）$$
$$\text{SSE}_R = 89.555\,56\ （见图 12.17b）$$

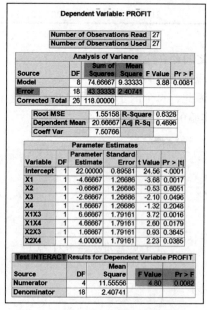

a) 完整因子模型的 SAS 回归输出结果　　b) 简化（主效应）因子模型的 SAS 回归输出结果

图 12.17

将这些数值代入检验统计量公式，得到

$$F = \frac{(\text{SSE}_R - \text{SSE}_C)/4}{\text{MSE}_C} = \frac{(89.555\,56 - 43.333\,33)/4}{2.407\,41} = 4.80$$

这个"部分"F值在 SAS 输出结果的底部阴影显示（图 12.17a），检验的 p 值为 0.008 2. 由于 $\alpha = 0.05$ 大于 p 值，因此我们拒绝 H_0 并得出结论，供应和比例存在交互作用.

（c）交互作用的存在，意味着平均利润取决于供应水平 S 和比例 R 的特定组合. 因此，检查这三种供应水平的均值是否不同或这三种比例水平的均值是否不同是毫无意义的（即，我们不需要对主效应进行检验）. 例如，提供最高平均利润的供应水平（在所有 R 水平上）可能与最大平均单位利润的供应 – 比例水平组合不同. ■

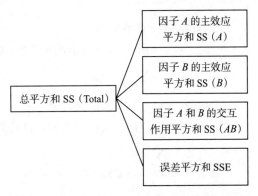

图 12.18　一个完整的双因子因子实验的总平方和的划分

传统的方差分析方法进行一个完整的双因子因子分析时，其中因子 A 有 a 个水平，因子 B 有 b 个水平. 总平方和 SS(Total) 可以分为四个部分：SS(A)，SS(B)，SS(AB) 和 SSE（见图 12.18）. 前两个平方和 SS(A) 和 SS(B) 称为**主效应平方和**，用以区别**交互作用平方和**，即 SS(AB).

由于方差分析的平方和和自由度具有可加性，方差分析表如下所示.

每个组合有 r 个观测值的 $a \times b$ 因子设计的方差分析表

来源	df	SS	MS	F
主效应 A	$(a-1)$	SS(A)	MS(A) = SS(A)/$(a-1)$	MS(A)/MSE
主效应 B	$(b-1)$	SS(B)	MS(B) = SS(B)/$(b-1)$	MS(B)/MSE
AB 交互作用	$(a-1)(b-1)$	SS(AB)	MS(AB) = SS(AB)	MS(AB)/MSE
误差	$ab(r-1)$	SSE	MSE = SSE/$[ab(r-1)]$	
总计	$abr-1$	SS(Total)		

（注意：$n = abr$）

注意，检验因子主效应和因子交互作用的 F 统计量是通过相关均方除以 MSE 得到的. 检验的分子 df 将等于被检验的变异来源的 df，分母 df 等于 df(误差). 这些 F 检验等价于回归中拟合完整和简化模型得到的 F 检验. ⊖

⊖ 只有当简化模型包含交互项时，方差分析汇总表中显示的主效应的方差分析 F 检验才与回归方法的方差分析 F 检验等价. 由于我们通常只在确定交互作用不显著的情况下才会对主效应进行检验，所以一些统计学家倾向于在进行主效应检验之前，从完整模型和简化模型中删除交互项. 例如，为了检验主效应 A，完整模型包含主效应 A 和主效应 B 的项，而简化模型只包含主效应 B 的项. 为了利用方差分析方法得到等效的结果，将 AB 交互作用平方和误差平方和"合并"，计算一个新的 MSE，公式如下：

$$\text{MSE} = \frac{\text{SS}(AB) + \text{SSE}}{n - a - b + 1}$$

下框对一个完整双因子因子实验的方差分析平方和的计算公式进行总结．

双因子因子实验的方差分析的计算公式

CM = 均值校正

$$= \frac{(\text{所有} n \text{个观测值之和})^2}{n}$$

$$= \frac{\left(\sum_{i=1}^{n} y_i \right)^2}{n}$$

SS(Total) = 总平方和

= 所有 n 个观测值的平方和 $-$ CM

$$= \sum_{i=1}^{n} y_i^2 - \text{CM}$$

SS(A) = 自变量 1 的主效应平方和

= ($A_1, A_2, \cdots, A_a$ 的平方和除以其单个总体观测值个数 br) $-$ CM

$$= \frac{\sum_{i=1}^{a} A_i^2}{br} - \text{CM}$$

SS(B) = 自变量 2 的主效应平方和

= ($B_1, B_2, \cdots, B_b$ 的平方和除以其单个总体观测值个数 ar) $-$ CM

$$= \frac{\sum_{j=1}^{b} B_j^2}{ar} - \text{CM}$$

SS(AB) = AB 交互作用平方和

= ($AB_{11}, AB_{12}, \cdots, AB_{ab}$ 的平方和除以单个总体观测值个数 r) $-$ SS(A) $-$ SS(B) $-$ CM

$$= \frac{\sum_{j=1}^{b} \sum_{i=1}^{a} AB_{ij}^2}{r} - \text{SS}(A) - \text{SS}(B) - \text{CM}$$

其中

a = 自变量 1 的水平数

b = 自变量 2 的水平数

r = 每对自变量 1 和 2 水平的观测值个数

n = 观测值总个数

$= a \times b \times r$

A_i = 自变量 1 在第 i 水平的所有观测值之和 $(i = 1, 2, \cdots, a)$

B_j = 自变量 2 在第 j 水平的所有观测值之和 $(j = 1, 2, \cdots, b)$

AB_{ij} = 自变量 1 在第 i 水平和自变量 2 在第 j 水平的所有观测值之和 $(i = 1, 2, \cdots, a;$ $j = 1, 2, \cdots, b)$

例 12.12 参考例 12.11.

（a）建立一个方差分析汇总表.

（b）采用传统方差分析法对供给 × 比例交互作用进行检验.

（c）通过绘制图 12.15 所示的样本平均利润来说明交互作用的性质，并加以解释.

解 （a）虽然方框中所述的公式很简单，但使用起来却很烦琐. 因此，我们使用统计软件包进行方差分析. 方差分析的 SAS 输出结果如图 12.19a 所示. SS(Total) 值在 SAS 输出结果的 **Corrected Total** 行 **Sum of Squares** 列中给出，SS(Total) = 118. 在输出结果的底部，分别在 **Anova SS**、**Mean Square** 和 **F-Value** 列中给出因子 S、R 和 $S \times R$ 交互作用的平方和、均方和 F 值. 这些值如表 12.6 所示.

表 12.6 例 12.12 方差分析表

来源	df	SS	MS	F
供应	2	20.22	10.11	4.20
比例	2	8.22	4.11	1.71
供应 × 比例的交互作用	4	46.22	11.56	4.80
误差	18	43.33	2.41	
总计	26	118.00		

（b）为了检验供应 × 比例交互作用的假设，我们使用检验统计量 $F = \dfrac{\mathrm{MS}(SR)}{\mathrm{MSE}} = \dfrac{11.56}{2.41} = 4.80$（如图 12.9a 的 SAS 输出结果阴影显示）. 检验的 p 值（SAS 输出结果阴影显示）是 0.008 2（这两个值与例 12.11 中使用回归得到的值相同）. 因为 p 值小于 $\alpha = 0.05$，得出结论：供应和比例间存在交互作用.

（c）图 12.19b 所示的样本平均利润的 MINITAB 图说明了供应 × 比例存在交互作用. 从图中可以看出，任何两个比例水平（例如 $R = 0.5$ 和 $R = 2$）的平均利润之差在不同的供应水平是不一样的. 例如，在 $S = 15$ 时，$R = 0.5$ 的均值最大，$R = 2$ 的均值最小；当 $S = 21$ 时，$R = 2$ 的均值最大，$R = 0.5$ 的均值最小. 因此，产生最大利润的原材料分配比例将取决于现有的供给水平. ■

a）完整因子设计的 SAS 方差分析输出结果

图 12.19

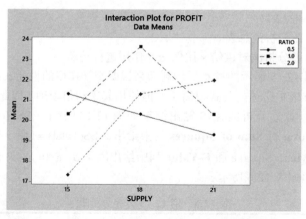

b）说明平均利润存在交互作用的 MINITAB 图

图 12.19（续）

在因子实验中，单个处理均值和两个处理均值之差的置信区间如下框所示．

因子实验中单个处理均值的 $100(1-\alpha)\%$ 置信区间

$$\bar{y}_{ij} \pm (t_{\alpha/2})\left(\frac{s}{\sqrt{r}}\right)$$

其中

$\bar{y}_{ij} =$ 第一个因子为 i 水平和第二个因子为 j 水平的处理均值

$r =$ 每个处理的观测值个数

$s = \sqrt{\text{MSE}}$

$t_{\alpha/2}$ 基于 $ab(r-1)$ 个自由度

因子实验中一对处理均值之差的 $100(1-\alpha)\%$ 置信区间

$$(\bar{y}_1 - \bar{y}_2) \pm (t_{\alpha/2})s\sqrt{\frac{2}{r}}$$

其中

$\bar{y}_1 =$ 第一个处理中 r 个观测值的样本均值

$\bar{y}_2 =$ 第二个处理中 r 个观测值的样本均值

$s = \sqrt{\text{MSE}}$

$t_{\alpha/2}$ 基于 $ab(r-1)$ 个自由度

例 12.13 参考例 12.11 和例 12.12．

（a）当 $S = 18$，$R = 1 : 1$ 时，计算原材料的平均单位利润估计值的 95% 置信区间．

（b）当 $(S = 18$，$R = 1 : 2)$ 和 $(S = 18, R = 1 : 1)$ 时，计算原材料的平均单位利润之差的 95% 置信区间．

解　(a) 当 $S=18$，$R=1:1$ 时，均值 $E(y)$ 的 95% 置信区间为

$$\bar{y} \pm (t_{0.025})\left(\frac{s}{\sqrt{r}}\right)$$

其中，$\bar{y}$ 是 $S=18$，$R=1:1$ 时，$r=3$ 的 y 值均值（见表 12.6），$t_{0.025}=2.101$ 基于 18 个自由度．代入公式，可得

$$\frac{71}{3} \pm (2.101)\left(\frac{1.55}{\sqrt{3}}\right) = 23.67 \pm 1.88$$

因此，当 $S=18$，$R=1:1$ 时，我们对原材料平均单位利润的区间估计是 21.79 美元到 25.55 美元．

(b) S 和 R 的两种不同水平组合的原材料平均单位利润之差的 95% 置信区间为

$$(\bar{y}_1 - \bar{y}_2) \pm (t_{0.025})s\sqrt{\frac{2}{r}}$$

其中，$\bar{y}_1$ 和 $\bar{y}_2$ 分别表示因子水平组合（$S=18$，$R=1:2$）和（$S=18$，$R=1:1$）时，$r=3$ 的 y 值均值．从表 12.6 中可以看出，这两个处理的三个观测值之和分别为 61 和 71．代入公式，可得

$$\left(\frac{61}{3} - \frac{71}{3}\right) \pm (2.101)(1.55)\sqrt{\frac{2}{3}} = -3.33 \pm 2.66$$

因此，两种因子水平组合的原材料平均单位利润之差的区间估计为（−5.99 美元，−0.67 美元）．负值表明，我们估计（$S=18$，$R=1:2$）的均值比（$S=18$，$R=1:1$）的均值小 0.67 到 5.99 美元．■

在本章中，我们提出了两种分析设计实验数据的方法：回归方法和传统方差分析法．在因子实验中，当两个因子都是定性变量时，两种方法得到的结果是相同的；然而，当至少有一个因子是定量变量，且使用 x、x^2 等定量项表示主效应时，回归将提供更多的信息．例如，例 12.12 中的方差分析法使我们仅仅能够为 9 种供应×比例水平组合估计平均单位利润值．它将无法估计因子实验 9 种水平组合以外的其他组合的响应均值．而使用定量项回归分析得到的预测方程，使我们能够估计（$S=17$，$R=1:1$）时的平均单位利润．这一估计值在例 12.12 的方差分析法中无法获得．

回归分析得到的预测方程还提供了传统方差分析法无法提供的其他信息．例如，我们可能希望估计当 S 和 R 为特定值时，S，R 或者两者同时变化一个单位的平均利润 $E(y)$ 的变化率．或者，我们可能想确定完整模型中的三阶和四阶项是否能为预测利润 y 提供额外的信息．

在下面一些示例中，我们将演示其中的一些分析步骤．

例 12.14　参考例 12.11 中 3×3 的因子设计和数据．由于供应和比例这两个因子本质上都是定量变量，所以我们可以用定量项（如 x，x^2，x^3 等）而不是使用虚拟变量来表示完整因子模型的主效应．与虚拟变量一样，定量主效应项个数将比定量因子的水平数少 1．其逻辑来自我们在 7.3 节中关于模型参数估计的讨论．在两个水平上，定量变量的主效应项是 x；

在三个水平上，定量变量的主效应项是 x 和 x^2.

（a）对供应和比例使用定量主效应，为因子设计建立完整模型.

（b）用模型拟合表 12.5 中的数据，结果表明，输出结果中交互作用的 F 检验值等价于使用虚拟变量的主效应检验值.

解 （a）现在供应（15 吨、18 吨和 21 吨）和比例（1∶2、1∶1 和 2∶1）都包含三个水平；因此，每个因子将有两个定量主效应项. 如果我们用 x_1 表示原材料的实际供应水平（以吨为单位），用 x_2 表示分配比例的实际分数（如 1/2、1 和 2），那么供应主效应项是 x_1 和 x_1^2，比例主效应项是 x_2 和 x_2^2. 因此，平均利润 $E(y)$ 的完整因子模型为

$$E(y) = \beta_0 + \underbrace{\beta_1 x_1 + \beta_2 x_1^2}_{\text{供应主效应}} + \underbrace{\beta_3 x_2 + \beta_4 x_2^2}_{\text{比例主效应}} + \underbrace{\beta_5 x_1 x_2 + \beta_6 x_1 x_2^2 + \beta_7 x_1^2 x_2 + \beta_8 x_1^2 x_2^2}_{\text{供应×比例交互作用}}$$

注意，模型中的项数（主效应和交互作用）与例 12.1 中虚拟变量模型的项数相同.

（b）完整模型［（a）小题］的 SAS 输出结果如图 12.20 所示. 首先，请注意 SSE = 43.333 33 和 MSE = 2.407 41（高亮显示）与图 12.17a 中虚拟变量模型输出结果相等. 第二，检验无交互作用原假设（H_0：$\beta_5 = \beta_6 = \beta_7 = \beta_8 = 0$）的部分 F 值（$F = 4.80$）在输出结果中间高亮显示，等价于图 12.17a 中的相应检验. 因此，无论你是使用带有虚拟变量的回归方法、带有定量主效应的回归方法，还是使用传统方差分析法检验因子间的交互作用，结果都是相同的. ■

例 12.15 请参阅例 12.14. 这些数据是否提供了足够的信息来表明完整因子模型中的三阶和四阶项为预测 y 提供了信息（$\alpha = 0.05$）？

解 如果三阶和四阶项确实提供了信息，那么完整因子模型中的参数 β_6，β_7 或 β_8 至少有一个不等于 0（即，它们在模型中是有用的）. 因此，提出原假设

$$H_0：\beta_6 = \beta_7 = \beta_8 = 0$$

备择假设

$$H_a：至少有一个 \beta 不等于 0$$

为了验证这一假设，我们将计算简化模型和完整模型之间 SSE 的下降值.

完整模型是指例 12.14 中的完整因子模型：

完整模型：$E(y) = \beta_0 + \beta_1 x_1 + \beta_2 x_1^2 + \beta_3 x_2 + \beta_4 x_2^2 + \beta_5 x_1 x_2 + \beta_6 x_1 x_2^2 + \beta_7 x_1^2 x_2 + \beta_8 x_1^2 x_2^2$

简化模型是完整模型去掉三阶和四阶项，也就是说，简化模型为二阶模型，如下所示：

简化模型：$E(y) = \beta_0 + \beta_1 x_1 + \beta_2 x_1^2 + \beta_3 x_2 + \beta_4 x_2^2 + \beta_5 x_1 x_2$

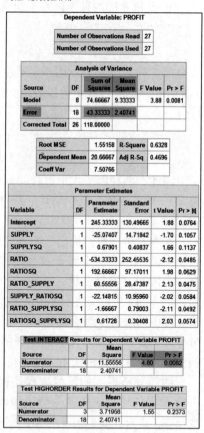

Dependent Variable: PROFIT

Number of Observations Read	27
Number of Observations Used	27

Analysis of Variance

Source	DF	Sum of Squares	Mean Square	F Value	Pr > F
Model	8	74.66667	9.33333	3.88	0.0081
Error	18	43.33333	2.40741		
Corrected Total	26	118.00000			

Root MSE	1.55158	R-Square	0.6328
Dependent Mean	20.66667	Adj R-Sq	0.4696
Coeff Var	7.50766		

Parameter Estimates

Variable	DF	Parameter Estimate	Standard Error	t Value	Pr > |t|
Intercept	1	245.33333	130.49665	1.88	0.0764
SUPPLY	1	-25.07407	14.71842	-1.70	0.1057
SUPPLYSQ	1	0.67901	0.40837	1.66	0.1137
RATIO	1	-534.33333	252.46535	-2.12	0.0485
RATIOSQ	1	192.66667	97.17011	1.98	0.0629
RATIO_SUPPLY	1	60.55556	28.47387	2.13	0.0475
SUPPLY_RATIOSQ	1	-22.14815	10.95960	-2.02	0.0584
RATIO_SUPPLYSQ	1	-1.66667	0.79003	-2.11	0.0492
RATIOSQ_SUPPLYSQ	1	0.61728	0.30408	2.03	0.0574

Test INTERACT Results for Dependent Variable PROFIT

Source	DF	Mean Square	F Value	Pr > F
Numerator	4	11.55556	4.80	0.0082
Denominator	18	2.40741		

Test HIGHORDER Results for Dependent Variable PROFIT

Source	DF	Mean Square	F Value	Pr > F
Numerator	3	3.71958	1.55	0.2373
Denominator	18	2.40741		

图 12.20　具有定量主效应的完整因子模型的 SAS 输出结果

（从图 12.20 中）回想一下，完整模型的 SSE 和 MSE 是 $\text{SSE}_{\text{C}} = 43.333\ 33$ 和 $\text{MSE}_{\text{C}} = 2.407\ 41$. 简化模型回归分析的 SAS 输出结果如图 12.21 所示. 简化模型的 SSE（阴影部分）为 $\text{SSE}_{\text{R}} = 54.492\ 06$.

Dependent Variable: PROFIT

Number of Observations Read	27
Number of Observations Used	27

Analysis of Variance

Source	DF	Sum of Squares	Mean Square	F Value	Pr > F
Model	5	63.50794	12.70159	4.89	0.0040
Error	21	54.49206	2.59486		
Corrected Total	26	118.00000			

Root MSE	1.61086	R-Square	0.5382
Dependent Mean	20.66667	Adj R-Sq	0.4283
Coeff Var	7.79447		

Parameter Estimates

Variable	DF	Parameter Estimate	Standard Error	t Value	Pr > |t|
Intercept	1	-27.81481	23.80152	-1.17	0.2557
SUPPLY	1	5.94444	2.64418	2.25	0.0354
RATIO	1	-7.76190	5.04523	-1.54	0.1389
RATIO_SUPPLY	1	0.74603	0.20295	3.68	0.0014
SUPPLYSQ	1	-0.18519	0.07307	-2.53	0.0193
RATIOSQ	1	-2.29630	1.33939	-1.71	0.1012

图 12.21　简化（二阶）因子模型的 SAS 回归输出结果

因此，进行嵌套模型 F 检验所需的检验统计量为

检验统计量：

$$F = \frac{(\text{SSE}_{\text{R}} - \text{SSE}_{\text{C}}) / (\text{被检验的参数} \beta \text{个数})}{\text{MSE}_{\text{C}}} = \frac{(54.492\ 06 - 43.333\ 33) / 3}{2.407\ 41} = 1.55$$

这个"部分"F 值也可以使用 SAS 选项获得，以及检验的 p 值为 0.237 3，均显示在 SAS 完整模型输出结果底部，见图 12.20.

结论：由于 $\alpha = 0.05$ 小于 p 值 = 0.237 3，我们不能拒绝原假设 $\beta_6 = \beta_7 = \beta_8 = 0$. 没有足够的证据（$\alpha = 0.05$）表明，三阶和四阶项的参数 $\beta_6, \beta_7, \beta_8$ 对预测 y 贡献了信息. 由于完整因子模型所提供的关于预测 y 的信息并未多于简化（二阶）模型，因此我们建议在实践中使用简化模型. ■

例 12.16　使用例 12.15 中的二阶模型，当 $S = 17$，$R = 1$ 时，计算原材料的平均单位利润的 95% 置信区间.

解　对于二阶模型，$E(y)$ 的 95% 置信区间显示在 SAS 输出结果中，如图 12.22 所示.

当 $S = 17$，$R = 1$ 时，$E(y)$ 的置信区间在输出结果的最后一行中显示. 可以看到区间是 (20.968 7, 23.724 4). 因此，我们估计当 $S = 17$，$R = 1$ 时，置信系数为 0.95 的平均单位利润将在 20.97 美元到 23.72 美元之间. 除此计算结果外，这个例题还说明了回归分析的强大功

能和通用性. 值得一提的是, 这一估计值无法从例 12.12 中的传统方差分析法中获得. 计算机软件的回归程序包可以很容易地进行编程, 使其自动计算置信区间等内容. ∎

				Dependent Variable: PROFIT				
				Output Statistics				
Obs	SUPPLY	RATIO	Dependent Variable	Predicted Value	Std Error Mean Predict	95% CL Mean		Residual
1	15	0.5	23	20.8254	0.8033	19.1549	22.4959	2.1746
2	15	0.5	20	20.8254	0.8033	19.1549	22.4959	-0.8254
3	15	0.5	21	20.8254	0.8033	19.1549	22.4959	0.1746
4	18	0.5	22	21.4444	0.6932	20.0029	22.8860	0.5556
5	18	0.5	19	21.4444	0.6932	20.0029	22.8860	-2.4444
6	18	0.5	20	21.4444	0.6932	20.0029	22.8860	-1.4444
7	21	0.5	19	18.7302	0.8033	17.0596	20.4007	0.2698
8	21	0.5	18	18.7302	0.8033	17.0596	20.4007	-0.7302
9	21	0.5	21	18.7302	0.8033	17.0596	20.4007	2.2698
10	15	1	22	20.8175	0.7006	19.3605	22.2744	1.1825
11	15	1	20	20.8175	0.7006	19.3605	22.2744	-0.8175
12	15	1	19	20.8175	0.7006	19.3605	22.2744	-1.8175
13	18	1	24	22.5556	0.6932	21.1140	23.9971	1.4444
14	18	1	25	22.5556	0.6932	21.1140	23.9971	2.4444
15	18	1	22	22.5556	0.6932	21.1140	23.9971	-0.5556
16	21	1	20	20.9603	0.7006	19.5034	22.4173	-0.9603
17	21	1	19	20.9603	0.7006	19.5034	22.4173	-1.9603
18	21	1	22	20.9603	0.7006	19.5034	22.4173	1.0397
19	15	2	18	17.3571	0.8590	15.5707	19.1436	0.6429
20	15	2	18	17.3571	0.8590	15.5707	19.1436	0.6429
21	15	2	16	17.3571	0.8590	15.5707	19.1436	-1.3571
22	18	2	21	21.3333	0.6932	19.8917	22.7749	-0.3333
23	18	2	23	21.3333	0.6932	19.8917	22.7749	1.6667
24	18	2	20	21.3333	0.6932	19.8917	22.7749	-1.3333
25	21	2	20	21.9762	0.8590	20.1897	23.7627	-1.9762
26	21	2	22	21.9762	0.8590	20.1897	23.7627	0.0238
27	21	2	24	21.9762	0.8590	20.1897	23.7627	2.0238
28	17	1	.	22.3466	0.6625	20.9687	23.7244	

图 12.22　简化 (二阶) 因子模型的置信区间的 SAS 输出结果

练习 12.5

12.28　方差分析汇总表. 对一个 3×2 因子实验进行方差分析, 每个处理有 4 个观测值, 产生如下所示的方差分析汇总表.

来源	df	SS	MS	F
A	—	100	—	—
B	1	—	—	—
AB	2	—	2.5	—
误差	—	—	2.0	
总计	—	700		

(a) 填写完整方差分析表.

(b) 对因子 A 和 B 的交互作用进行检验 ($\alpha = 0.05$).

(c) 对因子 A 主效应均值的差异进行检验 ($\alpha = 0.05$).

(d) 对因子 B 主效应均值的差异进行检验 ($\alpha = 0.05$).

12.29 **买卖双方的动态关系描述.** 参见练习 11.11 和 *Industrial Marketing Management* (January 2016) 对买卖关系动态的研究, 特别是针对大型软件开发公司 (卖方) 和大型移动通信公司 (买方) 之间的关系. 回想一下, 研究人员确定了推动买方和卖方动态的两个因子:(1) 销售过程的适应性 (高或低) 和 (2) 购买过程的知识 (高或低). 适应性和知识的四种组合 (结合买卖双方适应动态的描述) 如下表所示. 考虑一个实验, 从而确定这两个因子对最终销售价格的影响. 将收集四种组合的买方 - 卖方适应动态的最终销售价格数据, 从而进行方差分析.

	高知识	低知识
高适应	战略性适应	积极性适应
低适应	被动性适应	临时性适应

(a) 识别所使用的实验设计.

(b) 这个实验有多少个处理? 请加以列明.

(c) 如果发现因子间存在交互作用, 你能得出什么结论?

(d) 假设没有检测到因子间存在交互作用, 但检测到了因子知识的主效应. 你能得出什么结论?

12.30 **STEM 教师的工作满意度.** 科学、技术、工程和数学 (STEM) 学科的大学教师比非 STEM 学科的教师对他们的工作更满意吗? 如果是的话, 这种差异会因性别而不同吗? 这是发表在 *Journal of Women and Minorities in Science and Engineering* (Vol. 18, 2012) 上的一项研究中所感兴趣的内容. 在一所大型公立大学, 215 名教师参与了一项调查, 其中一项是关于教师对大学政策和流程的满意程度. 以 5 分制进行量化和记录, 1=非常不满意, 5=非常满意. 每个参与者根据性别 (男性或女性) 和学科 (STEM 或非 STEM) 进行分类. 因此, 采用 2 × 2 因子设计.

(a) 识别本实验的处理.

(b) 在这项研究中, 学科和性别存在交互作用意味着什么?

(c) 处理均值的图如右所示. 仅仅根据这张图, 你能认为学科和性别存在交互作用吗?

(d) 为本研究构建部分方差分析表 (写出变异来源和其对应自由度).

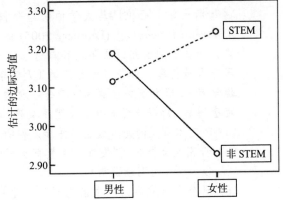

(e) 该期刊的文章报告了交互作用的 F 检验统计量为 $F = 4.10$ 与 p 值 = 0.04, 请解释结果.

12.31 **书籍阅读学习.** *Developmental Psychology* (November 2006) 发表了一篇文章, 研究幼儿从阅读书籍中学习的能力. 这项实验涉及 36 名儿童, 他们的年龄分别为 18 个月、24 个月和 30 个月. 孩子们被随机分配给三种不同书籍之一: 有彩色照片的书籍 (照片), 有彩色铅笔画的书籍 (图画), 没有照片或图画的书籍 (对照). 因此, 采用 3 × 3 因子实验 (年龄为 3 个水平, 阅读条件为 3 个水平). 进行一段时间的阅读后,对孩子们重现书中目标动作的能力进行评分．得分范围从 0（低）到 3（高）．构建关于评分的方差分析表如右所示．

(a) 填写表格中缺失的自由度 (df) 值．

(b) 本实验研究了多少个处理？请加以列明．

(c) 检验年龄和书籍的交互作用 ($\alpha = 0.05$)，并解释结果．

(d) 根据（c）小题的检验结果，你是否还需要进行年龄和书籍的主效应检验？

来源	df	F	p 值
年龄	—	11.93	< 0.001
书籍	—	23.64	< 0.001
年龄×书籍	—	2.99	< 0.05
误差	—		
总计	107		

12.32 **基于虚拟现实的康复系统．** 在 *Robotica* (Vol. 22, 2004) 中，研究人员描述了一项关于手部康复系统中三种虚拟现实（VR）显示设备有效性的研究．显示设备 A 为投影仪，设备 B 为台式计算机显示器，设备 C 为头戴式显示器．将 12 名非残疾的右撇子男性受试者随机分配到 3 台 VR 显示设备中，每组 4 名受试者．此外，在每组中随机分配两名受试者使用辅助侧位图像，另两名受试者不使用．因此，采用 3×2 因子设计，VR 显示设备分为 3 个水平 (A, B 或 C) 和辅助侧位图像分为两个水平（是或否）．每个受试者使用指定的 VR 系统进行"拾取和放置"程序，并测量碰撞频数（移动物体之间的碰撞次数）．

(a) 在本设计的方差分析表中列出变异来源和其相关自由度．

(b) 本实验研究了多少个处理？

(c) 因子方差分析得到检验的 *p* 值：显示器主效应 (0.045)、辅助侧位图像主效应 (0.003)、交互作用 (0.411)．请结合实际解释结果，其中 $\alpha = 0.05$．

12.33 **失眠与教育．** 许多员工忍受压力和慢性失眠的困扰．失眠与受教育状况有关吗？孟菲斯大学、亚拉巴马大学伯明翰分校和田纳西州大学的研究人员在 *Journal of Abnormal Psychology* (February 2005) 上调查研究这一现象．通过随机电话抽样的方式，选择田纳西州的成年人参与这项研究．除了睡眠状况（正常睡眠或慢性失眠），研究人员将每个参与者分为四类（大学毕业生、大学未毕业生、高中毕业生和高中辍学者）．研究所关注的因变量是一种被称为疲劳严重程度量表（FSS）的日间机能定量测量．数据分析采用 2×4 因子实验，睡眠状况和受教育水平作为影响因子．

(a) 确定本研究的处理数量，并加以列明．

(b) 研究人员报告，"失眠与受教育水平的交互作用无统计显著性"，请结合实际加以解释（用图表说明）．

(c) 研究人员发现，失眠症患者的样本平均 FSS 大于正常睡眠者的样本平均 FSS，且它们之间的差异具有统计显著性，请结合实际加以解释．

(d) 研究人员报告称，受教育水平的主效应在统计上是显著的，请结合实际加以解释．

12.34 **纸张颜色对考试成绩的影响．** 发表在 *Teaching Psychology* (May 1998) 上的一项研究调查了外部因素如何影响学生表现．心理学导论专业的学生被随机分配到四个不同形式的期中考试中．形式 1 是用蓝纸印刷且题目较难，而形式 2 也用蓝纸印刷但题目简单．形式 3 是用红纸印刷且题目较难，形式 4 是用红纸印刷但题目简单．研究人员感兴趣的是颜色（红色或蓝色）和题目（简单或困难）对平均考试分数的影响．

(a) 本研究采用何种实验设计？识别因子和处理.

(b) 建立适合分析本实验数据的完整模型.

(c) 研究人员进行了方差分析，发现颜色与题目之间存在显著的交互作用（p 值 <0.03），请加以解释.

(d) 下表列出四种考试形式的样本平均分数（正确百分比）.将四个均值绘制在一张图上，说明颜色×题目的交互作用.

形式	颜色	题目	平均分数	形式	颜色	题目	平均分数
1	蓝色	困难	53.3	3	红色	困难	39.3
2	蓝色	简单	80.0	4	红色	简单	73.6

12.35 **割草对公路通行的影响.** 在高速公路上，植被高度超过 30 厘米通常被认为存在公路通行安全隐患.为了维持一个安全的环境，应该间隔多久且在植被多高时对公路两侧的植被进行割除？这是发表在 *Landscape Ecology Journal* (January 2013) 上的一篇文章关注的问题.研究人员设计了一项实验，研究割草频数和割草长度对公路两侧植被平均高度的影响.每年割草频数分为三种：一次、两次或三次.割草长度也设置为 5 厘米、10 厘米或 20 厘米.选取高速公路右侧沿线 36 块土地为样本，每块土地随机分配 $3 \times 3 = 9$ 个割草频数×割草长度处理中的一个.实验单位被平均分配，每个处理应用于 4 块土地.年底测量每个地块的植被高度（厘米），模拟数据见下表.

(a) 设置割草长度、割草频数因子的虚拟变量，建立合适的线性模型进行数据分析.

(b) 对数据进行完整的方差分析.关于割草频数和割草长度对植被高度的影响，你能推断出什么？

(c) 重新构建线性模型，使用割草长度和割草频数的定量项.

(d) 用 (c) 小题的模型拟合数据，写出预测方程.

(e) 检验以确定割草长度和割草频数的三阶和四阶项是否可以从模型中去除.

💿 **MOW**

割草长度	割草频数	植被高度（厘米）			
5	1	19.3	17.3	15.0	16.7
10	1	16.0	15.6	16.9	15.0
20	1	16.7	17.9	15.9	13.7
5	2	22.4	20.8	24.5	21.7
10	2	23.9	23.6	21.7	23.8
20	2	24.7	26.3	27.2	26.4
5	3	18.6	17.9	16.1	19.4
10	3	22.2	25.6	21.8	23.6
20	3	27.0	25.3	23.8	28.0

12.36 **不同饲养系统的商品鸡蛋.** 在欧洲的商业鸡蛋生产中，使用了四种不同类型的饲养系统：笼子、谷仓、自由放养和有机.在 *Food Chemistry* (Vol. 106, 2008) 中研究了

这四种饲养系统的鸡蛋特性. 从四种系统中随机各抽取 6 枚 A 级商品鸡蛋, 共计 24 枚. 从每个系统中抽选的 6 个鸡蛋, 3 个中等重量 (M), 3 个较大重量 (L). 下表显示了 24 个样本鸡蛋的搅打能力数据 (溢出百分比). 研究人员想要研究系统和重量对鸡蛋平均搅打能力的影响.

(a) 识别本实验的因子和处理.

(b) 使用统计软件对数据进行方差分析. 在方差分析表中报告结果.

(c) 是否有证据表明系统与重量之间存在交互作用 (使用 $\alpha = 0.05$)? 并结合实际解释检验结果.

(d) 阐述系统的主效应检验结果 (使用 $\alpha = 0.05$), 并结合实际解释结果.

(e) 阐述重量的主效应检验结果 (使用 $\alpha = 0.05$), 并结合实际解释结果.

💿 **EGGS2**

系统	重量	溢出 (%)	系统	重量	溢出 (%)
笼子	M	495, 462, 488	谷仓	M	515, 516, 514
	L	502, 472, 474		L	526, 501, 508
自由放养	M	513, 510, 510	有机	M	532, 511, 527
	L	520, 531, 521		L	530, 544, 531

12.37 **消费者回收行为.** 消费者在什么情况下会把可循环再造的纸张弃置于垃圾内? 这是发表在 *Journal of Consumer Research* (December 2013) 上的一篇文章所关注的问题. 在其中一项研究中, 研究人员给 160 名大学生每人提供了一张纸和一把剪刀来进行实验. 一半的学生被随机分配一张特大号纸张, 另一半学生被随机分配半张纸. 在每一组中, 一半的学生被要求把纸剪成四张, 而另一半学生没有此要求. 在完成剪刀裁纸任务后, 所有的学生被要求用 5 分制来衡量该纸张像垃圾的程度 (而不是可回收的程度). 研究人员通过 2×2 因子设计分析数据, 纸张大小 (特大号或半张) 和纸张变形 (切纸与否) 为两个影响因子. 方差分析表如下所示.

(a) 识别本实验的处理.

(b) 有足够的证据表明纸张大小和纸张变形间存在交互作用吗 ($\alpha = 0.05$)? 请结合实际加以解释.

(c) 基于 (b) 小题的结果, 研究人员是否应该对纸张大小和纸张变形进行主效应检验? 请加以解释.

来源	df	F	p 值
大小	1	11.50	< 0.001
变形	1	22.07	< 0.001
大小×变形	1	7.52	< 0.010
误差	153		
总计	156		

12.38 **暴力歌词及其攻击性.** 在 *Journal of Personality and Social Psychology* (May 2003) 上, 心理学家调查了暴力歌词的潜在危害. 研究人员认为, 听一首歌词暴力的歌曲会导致更多的暴力想法和行为. 共有 60 名大学生参与了研究人员设计的一项实验. 一半的大学生是自愿参加实验的, 另一半学生是参与心理学导论课程中强制参加的. 每个学生将听一段歌曲, 一半的学生被随机分配一首歌词暴力的歌曲, 另一半学生则被分配一首歌词非暴力的歌曲. 因此, 本实验使用了 2×2 因子设计, 包括歌曲 (暴力或非暴力) 和分组 (自愿的或强制的). 听过歌曲后, 每位学生都被要求看

一组成对单词，并按 7 分制给每对单词的相似度打分．每对单词中都有一个具有攻击性意思的单词和一个模糊的单词．攻击性认知得分是根据平均每对单词得分获得的．（得分越高，受试者越容易将一个模糊的词与一个暴力的词联系起来．）模拟数据如下表所示．对数据进行完整的方差分析．

LYRICS

	自愿的					强制的				
暴力歌曲	4.1	3.5	3.4	4.1	3.7	3.4	3.9	4.2	3.2	4.3
	2.8	3.4	4.0	2.5	3.0	3.3	3.1	3.2	3.8	3.1
	3.4	3.5	3.2	3.1	3.6	3.8	4.1	3.3	3.8	4.5
非暴力歌曲	2.4	2.4	2.5	2.6	3.6	2.5	2.9	2.9	3.0	2.6
	4.0	3.3	3.7	2.8	2.9	2.4	3.5	3.3	3.7	3.3
	3.2	2.5	2.9	3.0	2.4	2.8	2.5	2.8	2.0	3.1

12.39 **考试成绩研究**．*Teaching of Psychology* (August 1998) 上发表了一篇关于练习测验是否有助于学生准备期末考试的研究报告．根据班级排名和是否参与练习测验或复习课，将心理学导论班的学生进行分组．实验设计为 3×2 因子设计，班级排名分为三个水平（低、中、高），考试准备分为两个水平（练习测验或复习课）．3×2＝6 个处理组合中每组各有 22 名学生．期末考试结束后，每个学生用 11 分制给自己的考试准备效果打分，分值从 0 分（毫无帮助）到 10 分（非常有帮助）不等．下表中列出了本实验的部分数据（根据文章提供的汇总统计模拟）．对帮助度评分数据进行完整的方差分析，（如果有必要的话）对组合均值进行多重比较．你的研究结果是否支持这一研究结论，即"所有水平的学生都能从练习测验中受益"？

PRACEXAM（数据文件中的前 5 个和后 5 个观测值）

考试准备	班级排名	帮助度评分	考试准备	班级排名	帮助度评分
练习测验	低	6	复习课	高	5
练习测验	低	7	复习课	高	2
练习测验	低	7	复习课	高	5
练习测验	低	5	复习课	高	4
练习测验	低	3	复习课	高	3
⋮	⋮	⋮			

资料来源：Balch, W. R. "Practice versus review exams and final exam performance," *Teaching of Psychology*, Vol. 25, No. 3, Aug. 1998 (adapted from Table 1).

12.40 **石墨的燃烧速率**．为研究人工石墨在潮湿空气中燃烧速率，研究人员进行了一项实验来研究氧气在水蒸气混合物中的扩散率．以 3 种不同摩尔分数的水（H_2O）和 9 种不同温度的氮水混合物为研究对象，进行了 3×9 的因子实验．数据显示如下表所示．

（a）解释为什么传统方差分析法（使用方差分析公式）不适用于分析这些数据．

（b）绘制数据图，以确定平均氧扩散率 $E(y)$ 的一阶或二阶模型是否更为合适．

(c) 建立平均氧扩散率 $E(y)$ 与温度 x_1 和摩尔分数 x_2 的交互模型.

(d) 假设温度和 H_2O 的摩尔分数不存在交互作用. 这对于 $E(y)$ 和 x_1、x_2 之间的关系意味着什么?

(e) 这些数据是否提供足够的证据表明温度和 H_2O 的摩尔分数存在交互作用 $(\alpha = 0.05)$? 结合 MINITAB 统计软件输出结果加以说明.

(f) 写出 $E(y)$ 的最小二乘预测方程.

(g) 将过程温度 1 300°K,摩尔分数 0.017 代入预测方程,计算平均氧扩散率.

(h) 如 MINITAB 输出结果所示,当温度为 1 300°K,摩尔分数为 0.017 时,找出平均氧扩散率的 95% 置信区间,并解释结果.

H2OVAPOR

温度(°K)	水的摩尔分数			温度(°K)	水的摩尔分数		
	0.002 2	**0.017**	**0.08**		**0.002 2**	**0.017**	**0.08**
1 000	1.68	1.69	1.72	1 500	3.38	3.39	3.45
1 100	1.98	1.99	2.02	1 600	3.78	3.79	3.85
1 200	2.30	2.31	2.35	1 700	4.19	4.21	4.27
1 300	2.64	2.65	2.70	1 800	4.63	4.64	4.71
1 400	3.00	3.01	3.06				

资料来源:Reprinted from *Combustion and Flame*, Vol. 50,Kiyoshi Matsui, Hiroshi Tsuji, and Atsushi Makino, "The effects of vapor concentration on the rate of combustion of an artificial graphite in humid air flow," pp. 12,Copyright © 1983, with permission from Elsevier.

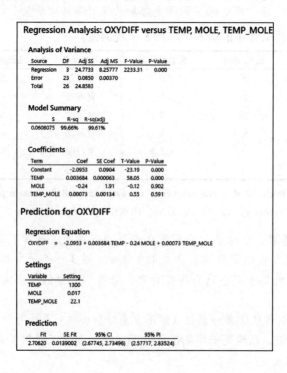

12.41 口味名称对消费者选择的影响. 消费者对颜色或名称模糊的产品反应良好吗？这是 *Journal of Consumer Research* (June 2005) 上发表的一篇文章所关注的问题. 作为参与一项实验的"奖励"，100 名消费者被告知，他们可以试吃桌上所放置的一些果冻豆. 一半的消费者被指定品尝口味名称描述普通的果冻豆（如西瓜绿），而另一半消费者被指定尝试口味名称描述模糊的果冻豆（如怪兽绿）. 在每一组中，让一半的消费者吃完果冻豆后就直接离开（低认知负荷状态），而针对另一半消费者则在吃果冻豆时用其他一些问题分散其注意力（高认知负荷状态）. 因此，我们使用了一个 2×2 因子实验，以口味名称（普通或模糊）和认知负荷（低或高）作为两个因子，四个处理各随机分配 25 名消费者. 因变量是每个消费者食用果冻豆的数量. 四个处理的均值和标准差见下表.

(a) 建立 2×2 实验的完整因子模型方程.

(b) 使用表中提供的信息得出模型参数估计值.（提示：模型参数可用处理均值表示.）

(c) 计算四个处理中，每个处理的 $n = 25$ 个观测值之和，然后计算均值校正 CM.

(d) 分别计算负荷、名称和负荷×名称交互的平方和.

(e) 计算每个处理的样本方差. 然后计算四个处理中每个样本内的误差平方和.

(f) 计算 SSE. [提示：SSE 是（e）小题四个处理的误差平方和的合并.]

(g) 得知 SS（负荷）、SS（名称）、SS（负荷×名称）和 SSE 之后，计算 SS(Total).

(h) 用方差分析表汇总计算结果，并加以解释. 当 $\alpha = 0.05$ 时，可作何种推断？用图形阐述你的结论.

(i) 说明推断有效时所需要的假设.

	模糊		普通	
	均值	标准差	均值	标准差
低负荷	18.0	15.0	7.8	9.5
高负荷	6.1	9.5	6.3	10.0

资料来源：Miller, E. G. and Kahn, B. E. "Shades of meaning: The effect of color and flavor names on consumer choice," *Journal of Consumer Research*, Vol.32, June 2005 (Table 1). Reprinted with permission of the University of Chicago Press.

12.6 更复杂的因子设计（选修）

此选修小节，将介绍一些有用的因子设计，它们比 12.5 节介绍的双因子因子设计更复杂. 这些设计一般称为 *k* 向数据分类. 当我们运行 *k* 个自变量的所有水平的组合时，就会出现 *k* 向数据分类. 这些自变量可以是因子或区组.

例如，考虑一个重复的 2×3×3 因子实验，其中 2×3×3＝18 个处理按照完全随机设计分配给实验单位. 由于对这三个因子的每一个组合（总共 18 个）都进行了检查，所以这种设计通常被称为三向数据分类. 类似地，如果我们将 (*k*−1) 因子因子实验的处理随机分配给随机区组设计的实验单位，也将产生 *k* 向数据分类. 例如，如果我们将一个完整的 2×3 因

子实验的 $2 \times 3 = 6$ 个处理分别分配给每个包含 6 个实验单位的区组，则数据也将按三向分类（即，根据两个因子和区组）进行排列.

计算 k 向数据分类方差分析的主效应和交互作用的平方和所需的公式很复杂，因此这里将不再列出. 如果你对计算公式感兴趣，请阅读本章末尾的参考文献. 与前面三节中的设计一样，我们为这些更复杂的设计提供适当的线性模型，并使用统计软件包的回归或标准方差分析输出来分析数据.

例 12.17 考虑一个 $2 \times 3 \times 3$ 因子实验，其中因子为定性变量，$r = 3$ 个实验单位随机分配到每个处理中.

（a）为设计编写适当的线性模型.

（b）在部分方差分析表中指出变异来源及其相关自由度.

解 （a）将三个定性因子表示为 A、B 和 C，其中 A 包含 2 个水平，B 和 C 分别包含 3 个水平. 因此实验的线性模型将包含 1 个主效应 A 的参数，2 个主效应 B 的参数和 2 个主效应 C 的参数，AB 交互作用和 AC 交互作用的参数各为 $(1)(2) = 2$ 个，BC 交互作用的参数为 $(2)(2) = 4$ 个，以及三向 ABC 交互作用的参数为 $(1)(2)(2) = 4$ 个. 三向交互项衡量的是双向交互效应从第三个因子的一个水平到另一个水平时，其仍保持不变的失效程度.

$$E(y) = \beta_0 + \underbrace{\beta_1 x_1}_{\text{A主效应}} + \underbrace{\beta_2 x_2 + \beta_3 x_3}_{\text{B主效应}} + \underbrace{\beta_4 x_4 + \beta_5 x_5}_{\text{C主效应}} +$$

$$\underbrace{\beta_6 x_1 x_2 + \beta_7 x_1 x_3}_{\text{A×B交互作用}} + \underbrace{\beta_8 x_1 x_4 + \beta_9 x_1 x_5}_{\text{A×C交互作用}} +$$

$$\underbrace{\beta_{10} x_2 x_4 + \beta_{11} x_2 x_5 + \beta_{12} x_3 x_4 + \beta_{13} x_3 x_5}_{\text{B×C交互作用}} +$$

$$\underbrace{\beta_{14} x_1 x_2 x_4 + \beta_{15} x_1 x_3 x_4 + \beta_{16} x_1 x_2 x_5 + \beta_{17} x_1 x_3 x_5}_{\text{A×B×C交互作用}}$$

其中

$$x_1 = \begin{cases} 1, & \text{如果是A的第1水平} \\ 0, & \text{如果不是} \end{cases} \qquad x_2 = \begin{cases} 1, & \text{如果是B的第1水平} \\ 0, & \text{如果不是} \end{cases}$$

$$x_3 = \begin{cases} 1, & \text{如果是B的第2水平} \\ 0, & \text{如果不是} \end{cases} \qquad x_4 = \begin{cases} 1, & \text{如果是C的第1水平} \\ 0, & \text{如果不是} \end{cases}$$

$$x_5 = \begin{cases} 1, & \text{如果是C的2水平} \\ 0, & \text{如果不是} \end{cases}$$

表 12.7 例 12.17 变异来源和自由度汇总表

来源	df
主效应 A	1
主效应 B	2
主效应 C	2
AB 交互作用	2
AC 交互作用	2
BC 交互作用	4
ABC 交互作用	4
误差	36
总计	53

（b）这些参数项的方差来源和其相应的自由度如表 12.7 所示.

SS(Total) 的自由度将始终等于 $(n-1)$，即 n 减去 β_0 的 1 个自由度. 由于所有变异来源的自由度相加必须等于 SS(Total) 的自由度，因此误差的自由度将等于 SS(Total) 的自由度减去主效应和交互作用的自由度之和，即 $(n-1) - 17$.

我们的实验将包含 $2 \times 3 \times 3 = 18$ 个处理，每个处理包含三个观测值，因此 $n = (18)(3) = 54$，误差自由度将等于 $53 - 17 = 36$.

如果使用统计软件对本实验的数据进行分析，则输出结果将显示我们构建的方差分析表，并将包括相关均方、F 检验统计量及其观察到的显著性水平. 每个 F 统计量代表来源均方与 $MSE = s^2$ 的比值.　■

例 12.18　一家晶体管制造商进行了一项实验，研究三个因子对每周工作 40 小时的生产率（通过量化生产产值，以千美元为单位）的影响. 因子如下：

(a) 每周工作天数（2 个水平）：连续 5 天 8 小时或连续 4 天 10 小时

(b) 轮班（2 个水平）：日班或夜班

(c) 茶歇次数（3 个水平）：0、1 或 2

实验经历 24 周，$2 \times 2 \times 3 = 12$ 个处理随机分配到 24 周中. 这个完全随机设计的数据如表 12.8 所示. 对数据进行方差分析.

◎ **TRANSISTOR1**

表 12.8　例 12.18 的数据

		日班			夜班		
		茶歇次数			茶歇次数		
		0	1	2	0	1	2
每周工作天数	4 天	94	105	96	90	102	103
		97	106	91	89	97	98
	5 天	96	100	82	81	90	94
		92	103	88	84	92	96

解　对数据进行方差分析. SAS 输出结果显示在图 12.23 的三个表格中.

图 12.23 的上表：SS(Total) 的值，显示在 **Corrected Total** 行中，为 1 091.833 333. 与该值相关的自由度的数量为 $(n-1) = (24-1) = 23$，该值由（方差分析中）两个变异来源自由度相加获得. 第一个来源 **Model**，其相关的参数个数为 11（β_0 除外），第二个来源是 **Error**. 这些值的自由度、平方和及均方显示在各自的列中. 例如，$MSE = 6.833\ 333$. 检验原假设

$$H_0: \quad \beta_1 = \beta_2 = \cdots = \beta_{11} = 0$$

的 F 统计量基于 $v_1 = 11$ 和 $v_2 = 12$ 个自由度，在输出结果中高亮显示为 $F = 13.43$. 在 **Pr > F** 下高亮显示的显著性水平小于 0.000 1. 这较小的显著性水平意味着：有充分的证据说明三个自变量（轮班、每周工作天数或茶歇次数）中至少有一个为预测平均生产率提供了信息.

图 12.23 的下表：为了确定哪些参数为预测 y 提供了有效信息，我们可将 SS(Model) 分解为对应于一系列主效应 **SHIFT（轮班）**、**DAYS（每周工作天数）** 和 **BREAKS（茶歇次数）**，双向交互作用 **SHIFT * DAYS**、**SHIFT * BREAKS**、**DAYS * BREAKS**，三向交互作用 **SHIFT * DAYS * BREAKS** 参数的分量. 请注意，这些来源的自由度总和为 11，即 **Model** 的自由度. 同样，上述各分量的平方和之和等于 SS(Model). 该表给出了检验每个变异来源的参数假设所对应的均方、F 值和观察得到的显著性水平 p 值. 可以看到，有充分的证据表

明 **SHIFT * BREAKS** 存在交互作用. 三个主效应相关的 F 检验值在显著性水平 $\alpha=0.05$ 时，具有显著的统计学意义. 这些结果的实际含义是，有证据表明，这三个自变量（轮班、每周工作天数或茶歇次数）都有助于预测生产率. **SHIFT * BREAKS** 交互作用意味着轮班不同时，茶歇次数对生产率的影响并不相同. 也就是说，某个轮班上获得最大生产率的茶歇次数，可能与另一个轮班上获得最大生产率的茶歇次数不同.

图 12.23 的中间表：SAS 输出结果在 **Root MSE** 下方显示了 $s = \sqrt{\text{MSE}} = 2.614\,065$. 该值将用于构建一个置信区间，以比较 12 个处理中一组均值之差. 一组均值之差 $(\mu_i - \mu_j)$ 的置信区间为

$$\bar{y}_i - \bar{y}_j \pm (t_{\alpha/2})s\sqrt{\frac{2}{r}}$$

其中 r 是完全随机设计中因子实验的重复次数. 在本例中，12 个处理（因子水平组合）中的每一个都有 $r = 2$ 个观测值.

在这个表中，SAS 还报告了 R^2 的值，这是一个衡量模型与实验数据拟合程度的指标. 当误差的自由度较大时，如至少 5 或 6 时，它具有重要价值. 误差自由度越大，其实际意义就越大. R^2 值显示在 **R-Square** 下，为 0.924\,897，因此，可知模型提供了一个相当好的数据拟合. 当然可以考虑通过添加新的自变量，或者通过在最初模型中添加高阶项来尝试优化模型.

Dependent Variable: PRODUCT

Source	DF	Sum of Squares	Mean Square	F Value	Pr > F
Model	11	1009.833333	91.803030	13.43	<.0001
Error	12	82.000000	6.833333		
Corrected Total	23	1091.833333			

R-Square	Coeff Var	Root MSE	PRODUCT Mean
0.924897	2.768647	2.614065	94.41667

Source	DF	Type III SS	Mean Square	F Value	Pr > F
SHIFT	1	48.1666667	48.1666667	7.05	0.0210
DAYS	1	204.1666667	204.1666667	29.88	0.0001
SHIFT*DAYS	1	8.1666667	8.1666667	1.20	0.2958
BREAKS	2	334.0833333	167.0416667	24.45	<.0001
SHIFT*BREAKS	2	385.5833333	192.7916667	28.21	<.0001
DAYS*BREAKS	2	8.0833333	4.0416667	0.59	0.5689
SHIFT*DAYS*BREAKS	2	21.5833333	10.7916667	1.58	0.2461

图 12.23 $2 \times 2 \times 3$ 因子分析的 SAS 方差分析输出结果

例 12.19   在生产制造过程中，可将粒状塑料加热至熔融状态，然后通过管口加压挤出制成塑料棒. 进行一项实验，试图研究挤压温度 (°F) 和压力（磅 / 平方英寸）两个因子对塑料棒挤出速率（英寸 / 秒）的影响. 进行一个完整的 2×2 因子实验（即每个因子处于 2 个水平）. 实验使用三批粒状塑料，每批（视为一个区组）分成四等份. 将每批次的四份粒状塑料随机分配到四个处理中，并对三个批次重复此操作，从而在三个区组中进行 2×2 因子实验. 数据见表 12.9，对这些数据进行方差分析.

💿 **RODMOLD**

表 12.9   例 12.19 的数据

		批次（区组）					
		1		**2**		**3**	
		压力		压力		压力	
		40	**60**	**40**	**60**	**40**	**60**
温度	200°F	1.35	1.74	1.31	1.67	1.40	1.86
	300°F	2.48	3.63	2.29	3.30	2.14	3.27

解   这个实验包括一个与批次（区组）、压力和温度有关的三向数据分类. 随机区组设

计（3 个区组）的 2 × 2 因子实验（4 个处理）的变异来源和自由度，如表 12.10 所示 .

表 12.10　例 12.19 的来源和自由度汇总表

来源	df	来源	df
压力（P）	1	压力 × 温度交互作用	1
温度（T）	1	误差	6
区组	2	总计	11

实验的线性模型

$$E(y)=\beta_0+\overbrace{\beta_1x_1}^{\text{P主效应}}+\overbrace{\beta_2x_2}^{\text{T主效应}}+\overbrace{\beta_3x_1x_2}^{\text{PT交互作用}}+\overbrace{\beta_4x_3+\beta_5x_4}^{\text{区组项}}$$

其中

$$x_1=\text{压力}\qquad x_2=\text{温度}$$

$$x_3=\begin{cases}1, & \text{如果是区组2}\\ 0, & \text{如果不是}\end{cases}\qquad x_4=\begin{cases}1, & \text{如果是区组3}\\ 0, & \text{如果不是}\end{cases}$$

方差分析的 SPSS 输出结果如图 12.24 所示 . 整体模型的 F 检验（输出结果顶部阴影显示）非常显著（p 值 =0.000）. 因此，有充分的证据表明区组均值或处理均值或两者都存在差异 . 继续分解模型来源，可以看到压力、温度和温度 × 压力交互作用的 F 统计量的值都非常显著（即它们观察到的显著性水平非常小）. 因此，所有的项（β_1x_1、β_2x_2 和 $\beta_3x_1x_2$）都为预测 y 提供了信息 .

Tests of Between-Subjects Effects

Dependent Variable: EXTRATE

Source	Type III Sum of Squares	df	Mean Square	F	Sig.
Corrected Model	7.149[a]	5	1.430	83.226	.000
Intercept	58.256	1	58.256	3390.818	.000
PRESSURE	1.688	1	1.688	98.222	.000
TEMP	5.044	1	5.044	293.590	.000
PRESSURE * TEMP	.361	1	.361	20.985	.004
BATCH	.057	2	.029	1.668	.265
Error	.103	6	.017		
Total	65.509	12			
Corrected Total	7.252	11			

a. R Squared = .986 (Adjusted R Squared = .974)

图 12.24　例 12.19 方差分析的 SPSS 输出结果

本实验采用随机区组设计 . 因此，我们假设塑料的挤出速率会因批次不同而不同 . 然而，用于检验区组（批次）均值之差的 F 检验在统计上并不显著（p 值 =0.2654），所以没有足够的证据表明塑料在批次之间的平均挤出速率存在差异 . 区组似乎没有在实验中提供更多的信息量 . ■

许多其他复杂的设计，如部分因子设计、拉丁方设计、分割图设计和不完全区组设计，都属于 k 向数据分类范畴 . 这些设计的布局和适合分析它们的线性模型，请参考本章末尾的参考文献 .

练习 12.6

12.42　方差分析汇总表 . 研究了纸浆、漂白剂和涂料三个因子对细胶纸白度的影响 . 实验中使用了三种纸浆（因子 A）、四种漂白剂（因子 B）和两种涂料（因子 C）. 为 3×4×2 个纸浆 – 漂白剂 – 涂料组合中的每个组合准备了 6 个纸样，并记录白度的测量值.

(a) 构建一个方差分析表，指出变异来源和其对应的自由度.

(b) 假设 MSE = 0.14，MS(AB) = 0.39，所有交互作用的均方值为 0.73. 这些数据是否提供了足够的证据来说明这三个因子之间存在交互作用？使用 $\alpha = 0.05$ 进行检验.

(c) 数据是否提供了足够的证据表明 AB 存在交互作用？使用 $\alpha = 0.05$ 进行检验. 结合实际看，AB 交互作用意味着什么？

(d) 假设 SS(A) = 2.35，SS(B) = 2.71，SS(C) = 0.72，计算 SS(Total) 值. 计算 R^2 并解释它的意义.

12.43 **测试一种新的止痛药.** 扑热息痛是用于减轻中度疼痛和发烧的药物中的活性成分. 从 khaya gum 中提取的扑热息痛片的性质研究发表在 *Tropical Journal of Pharmaceutical Research* (June 2003) 上. 被认为影响扑热息痛片性质的三个因子是（1）结合剂的性质，（2）结合剂的浓度，（3）片剂的相对密度. 在实验中，结合剂性质具有 2 个水平（khaya gum 和 PVP），结合剂的浓度设置 2 个水平（0.5% 和 4.0%），相对密度设置 2 个水平（低和高）. 研究中调查的一个因变量是片剂溶解时间，即片剂溶解 50% 所需的时间（分钟）. 研究的目的是确定结合剂性质、结合剂浓度和片剂相对密度对平均溶解时间的影响.

(a) 识别研究中的因变量（响应变量）.

(b) 研究中调查了哪些因子？请写出各自水平.

(c) 采用了何种实验设计类型？

(d) 在这项研究中有多少个可能的处理？请加以罗列说明.

(e) 建立适合该分析数据的线性模型.

(f) 当因子结合剂的浓度固定在 0.5% 时，与因子结合剂性质和片剂相对密度有关的处理组合，其样本平均溶解时间分别为：$\bar{y}_{\text{Gum/低}} = 4.70$，$\bar{y}_{\text{Gum/高}} = 7.95$，$\bar{y}_{\text{PVP/低}} = 3.00$ 和 $\bar{y}_{\text{PVP/高}} = 4.10$. 根据上述信息，结合剂性质和片剂相对密度之间存在交互作用吗？请加以解释.

12.44 **计算机介导通信研究.** 计算机介导通信（CMC）是一种涉及技术的交互形式（如即时消息、电子邮件）. *Journal of Computer-Mediated Communication* (April 2004) 发表了一项研究，调查比较通过 CMC 进行交流的人与面对面（FTF）交流的人之间的关系亲密程度. 参与者是 48 名大学生，其中一半被随机分配到 CMC 组（通过即时通信软件的"聊天"模式），一半分配给 FTF 组（在会议室面对面沟通）. 每组中的受试者被随机分配到一个高度模棱两可（HE）或低度模棱两可（LE）的任务中，该任务需要与小组成员进行沟通交流. 此外，研究人员还注意性别平衡，使得每个组别 – 任务组合中的男女人数相等；然后将这些受试者性别配对，分为男性 – 男性对、女性 – 女性对和男性 – 女性对. 因此，2（组别）×2（任务）×3（性别配对）=12 个处理中的每一个处理被分到两对受试者. 设计布局如下所示. 对每对受试者的研究变量即关系亲密度进行评分（7 分制）.

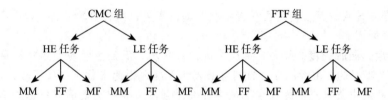

(a) 建立适合 2×2×3 因子设计的完整模型.

(b) 指出本设计方差分析表的变异来源和相关自由度.

(c) 研究人员没有发现三向交互作用在统计上显著.请结合实际解释这个结果.

(d) 研究人员发现组别和任务之间存在着显著的双向交互作用.请结合实际解释这个结果.

(e) 研究人员没有发现关于性别配对的主效应或交互效应在统计上显著.请结合实际解释这个结果.

12.45 **浮选硫化铜材料.** *Brazilian Journal of Chemical Engineering* (Vol. 22, 2005) 发表了一项研究,对硫化铜材料浮选过程中的 2 种发泡剂进行了比较. 2 种发泡剂为表面活性生物油(SABO)和松油(PO).采用 2×2×2×2 因子设计,研究了 4 个因子对浮选精矿中铜含量的影响. 4 个因子是发泡剂(SABO 或 PO)、发泡剂与矿物质量比(低或高)、捕收剂与矿物质量比(低或高)和液固比(低或高).在 2×2×2×2=16 个处理中,记录每个处理获得的铜百分比测量值 y.数据列在下表中.

🔷 **FOAM**

发泡剂与矿物质量比	捕收剂与矿物质量比	液固比	铜含量(%)	
			SABO	**PO**
低	低	低	6.11	6.96
高	低	低	6.17	7.31
低	高	低	6.60	7.37
高	高	低	7.15	7.52
低	低	高	6.24	7.17
高	低	高	6.98	7.48
低	高	高	7.19	7.57
高	高	高	7.59	7.78

资料来源:Brossard, L. E. et al. " The surface-active bio oil solution in sulfured copper mineral benefit," *Brazilian Journal of Chemical Engineering*, Vol. 22, No. 1, 2005 (Table 3).

(a) 建立适合 2×2×2×2 因子设计的完整模型.

(b) 请注意,在实验中没有重复实验(即 16 个处理中每个都只有一个观测值).这将如何影响(a)小题的模型分析?

(c) 为 $E(y)$ 建立一个模型,其中只包含主效应和双向交互项.

(d) 将(c)小题的模型与数据进行拟合.写出最小二乘预测方程.

(e) 对交互项进行检验($\alpha = 0.05$),并解释结果.

(f) 是否建议进行任何的主效应检验？如果需要，执行检验分析．如果不需要，请解释原因．

12.46 镍合金的屈服强度． 面对日益严峻的油井环境，石油生产商开始对耐腐蚀的高强度镍合金感兴趣．由于镍合金特别容易发生氢脆，因此进行了一项实验，以比较在 4% 硫酸溶液中阴极充电的镍合金试样的屈服强度，其中硫酸溶液中饱和二硫化碳是一种氢复合毒物．将两种合金类型铬镍铁合金（75% 的镍成分）和镍铬不锈钢（30% 的镍成分），在 2 种材料条件下（冷轧和冷拔）分别以 3 种不同的充电时间（0 天、25 天和 50 天）检验合金强度．为此，进行 $2 \times 2 \times 3$ 因子实验，其中合金类型为 2 个水平，材料条件为 2 个水平，充电时间为 3 个水平．为每个 $2 \times 2 \times 3 = 12$ 因子水平组合准备两个试样，屈服强度（千克/平方英寸）记录在下表中．数据的方差分析 SAS 输出结果如下图所示．

🔵 **NICKEL**

		合金类型							
		铬镍铁合金				镍铬不锈钢			
		冷轧		冷拔		冷轧		冷拔	
	0 天	53.4	52.6	47.1	49.3	50.6	49.9	30.9	31.4
充电时间	25 天	55.2	55.7	50.8	51.4	51.6	53.2	31.7	33.3
	50 天	51.0	50.5	45.2	44.0	50.5	50.2	29.7	28.1

(a) 是否有证据表明这三个因子之间存在交互作用？使用 $\alpha = 0.05$ 进行检验．（注：这意味着你必须检验所有交互参数．SSE 的降低适用于检验所有交互作用平方和的总和．）

(b) 在输出结果中进行双向交互项的 F 检验．在显著性水平为 0.05 时，有哪项交互项具有统计显著性？

Dependent Variable: YIELD					
Source	DF	Sum of Squares	Mean Square	F Value	Pr > F
Model	11	1931.734583	175.612235	258.73	<.0001
Error	12	8.145000	0.678750		
Corrected Total	23	1939.879583			

	R-Square	Coeff Var	Root MSE	YIELD Mean
	0.995801	1.801942	0.823863	45.72083

Source	DF	Type III SS	Mean Square	F Value	Pr > F
ALLOY	1	552.0004167	552.0004167	813.26	<.0001
MATERIAL	1	956.3437500	956.3437500	1408.98	<.0001
ALLOY*MATERIAL	1	339.7537500	339.7537500	500.56	<.0001
TIME	2	71.0408333	35.5204167	52.33	<.0001
TIME*ALLOY	2	7.9858333	3.9929167	5.88	0.0166
TIME*MATERIAL	2	4.1725000	2.0862500	3.07	0.0836
TIME*ALLOY*MATERIAL	2	0.4375000	0.2187500	0.32	0.7306

练习 12.46 的 SAS 输出结果

12.47 镍合金的屈服强度（续）． 参见练习 12.46．由于充电时间是一个定量因子，我们可以绘制四种合金类型–材料条件组合的屈服强度 y 与充电时间 x_1 的关系图．这暗示着建立平均强度 $E(y)$ 关于充电时间 x_1 的预测方程可能有用．建立模型

$$E(y) = \beta_0 + \beta_1 x_1 + \beta_2 x_1^2 + \beta_3 x_2 + \beta_4 x_3 + \beta_5 x_2 x_3 + \\ \beta_6 x_1 x_2 + \beta_7 x_1 x_3 + \beta_8 x_1 x_2 x_3 + \\ \beta_9 x_1^2 x_2 + \beta_{10} x_1^2 x_3 + \beta_{11} x_1^2 x_2 x_3$$

其中

$x_1 = $ 充电时间

$$x_2 = \begin{cases} 1, & \text{如果是铬镍铁合金} \\ 0, & \text{如果是镍铬不锈钢} \end{cases} \qquad x_3 = \begin{cases} 1, & \text{如果是冷轧} \\ 0, & \text{如果是冷拔} \end{cases}$$

（a）根据模型写出冷拔的镍铬不锈钢平均强度 $E(y)$ 与充电时间 x_1 之间的关系．

（b）根据模型写出冷拔的镍铬铁合金平均强度 $E(y)$ 与充电时间 x_1 之间的关系．

（c）根据模型写出冷轧的镍铬铁合金平均强度 $E(y)$ 与充电时间 x_1 之间的关系．

（d）将数据与模型进行拟合，写出最小二乘预测方程．

（e）根据（d）小题，分别写出合金类型和材料条件的四种组合的预测方程．

（f）根据（d）小题，绘制合金类型和材料条件四种组合的数据散点图及相应的预测方程．

12.48 **镍合金的屈服强度（续）.** 参考练习 12.46 和练习 12.47. 如果合金类型和材料条件的四种组合的平均强度 $E(y)$ 和充电时间 x_1 之间的关系相同，则 $E(y)$ 的适当模型为

$$E(y) = \beta_0 + \beta_1 x_1 + \beta_2 x_1^2$$

将模型拟合数据．利用回归结果和练习 12.47 中的信息，确定数据是否提供了足够的证据来说明在四种合金类型和材料条件的组合中，$E(y)$ 关于 x_1 的二阶模型存在差异．使用 $\alpha = 0.05$ 进行检验．

💿 **MEDWIRE**

12.49 **医用导丝制造质量.** *Quality Engineering* (Vol. 25,2013) 研究了影响心血管器械中医用导丝制造质量的因子. 采用完整的三因子因子设计，每个因子分为 2 个水平. 三个因子（和水平）是：导丝类型（Ⅰ或Ⅱ）、折角（窄或宽）和支承长度（短或长）. 相关的因变量是荷载与抗拉强度的比值. 实验被重复进行了三次，数据保存在 MEDWIRE 文件中. 右面是方差分析的 MINITAB 输出结果. 请完整的解释相应结果，阐述这些因子是否相互独立地影响荷载与抗拉强度的比值.

Analysis of Variance

Source	DF	Adj SS	Adj MS	F-Value	P-Value
MACHINE	1	0.2301	0.23010	4.09	0.060
ANGLE	1	4.1750	4.17500	74.24	0.000
LENGTH	1	0.3197	0.31970	5.69	0.030
MACHINE*ANGLE	1	2.8635	2.86350	50.92	0.000
MACHINE*LENGTH	1	0.1426	0.14260	2.54	0.131
ANGLE*LENGTH	1	0.6048	0.60484	10.76	0.005
MACHINE*ANGLE*LENGTH	1	0.4401	0.44010	7.83	0.013
Error	16	0.8997	0.05623		
Total	23	9.6756			

Model Summary

S	R-sq	R-sq(adj)	R-sq(pred)
0.237136	90.70%	86.63%	79.08%

12.50 **将腰果酚接枝到天然橡胶上.** 天然橡胶的化学性质改变有助于提高橡胶的耐候性. 腰果业的一种农副产品——腰果酚经常被接枝到天然橡胶上. 化学工程师对腰果酚接枝到天然橡胶这一新方法进行了研究，并在 *Industrial & Engineering Chemical Research* (May 1, 2013) 中发表了研究结果. 设计了一个实验来评估 4 个因子对接枝效率的影响（以百分比衡量）. 这 4 个因子及其水平为：引发剂浓度 (IC)：1、2 或 3（每百份树脂中的数量，phr）；腰果酚浓度 (CC)：5、10 或 15(phr)；反应温度：35℃、50℃ 或 65℃；反应时间：6 小时、8 小时或 10 小时．

CARDANOL

实验序号	处理				效率
	引发剂浓度	腰果酚浓度	温度	时间	
1	1	5	35	6	81.94
2	1	10	50	8	52.38
3	1	15	65	10	54.62
4	2	5	50	10	84.92
5	2	10	65	6	78.93
6	2	15	35	8	36.47
7	3	5	65	8	67.79
8	3	10	35	10	43.96
9	3	15	50	6	42.85

资料来源：Mohapatra, S. & Nando, G.B. " Chemical Modification of Natural Rubber in the Latex Stage by Grafting Cardanol, a Waste from the Cashew Industry and a Renewable Resource, " *Industrial & Engineering Chemical Research*, Vol. 52, No. 17, May 1, 2013 (Tables 2 and 3).

(a) 构建一个完整的 3×3×3×3 因子实验设计. 在这个设计中研究了多少个处理? 请加以列明.

(b) 建立 3×3×3×3 因子方差分析所需的完整模型方程.

(c) 为这个设计构造一个部分方差分析表, 写出变异来源和相关的自由度. 假设实验各重复两次.

(d) 由于资源有限, 研究人员没有进行全因子分析. 相反, 他们进行了一项正交部分因子设计, 只需要 9 个处理且实验组合仅重复一次. 这些处理和其响应变量 (接枝效率) 见上表. 此设计, 是否有可能调查所有因子间的交互作用?

(e) 使用回归方法将仅含有主效应的模型拟合到数据. 哪些因子对平均接枝效率有显著影响?

12.7 后续分析：Tukey 法的多重均值比较

许多实际实验是为了确定组合中的最大 (或最小) 均值. 例如, 假设一个化学家已经研发出五种化学溶液来去除金属中的腐蚀性物质, 化学家想确定哪种溶液能在一次使用中去除的腐蚀性物质最多. 类似地, 生产工程师可能想确定六台机器中的哪台或三个工组中的哪一组每小时的平均生产率最高. 股票经纪人可能想从四支股票中选出一支平均回报率最高的股票, 以此类推.

一旦在方差分析中发现, 例如五个处理均值之间存在差异, 选择均值最大的处理比较简单. 例如, 我们可以获得样本均值 $\bar{y}_1, \bar{y}_2, \cdots, \bar{y}_5$, 并通过为每对处理均值之差构造 $(1-\alpha)100\%$ 置信区间来比较它们. 但是, 存在与此过程相关的问题：$\mu_i - \mu_j$ **的置信区间及其对应的** α **值, 仅当两个处理 (** i **和** j **) 在实验前被选择时有效.** 当研究数据后可知, 不能使用置信区间来比较最大和最小的样本均值，因为它们的距离总是比随机选择的任何一对处理都要远．此外，**如果你构造一系列的置信区间，每一个置信区间都有 α 的可能性表示一对均值之差不存在差异，于是在一系列推断中至少出现一个第 I 类错误的风险将远远大于单个置信区间指定的 α 值．**

作为对方差分析的**后续**（或事后）**分析**的一部分，有许多程序用于比较和排序一组处理均值．我们将在本节中介绍一种方法，称为 **Tukey 多重比较法**，利用学生化极差

$$q = \frac{\bar{y}_{max} - \bar{y}_{min}}{s / \sqrt{n}}$$

（其中，$\bar{y}_{max}$ 和 $\bar{y}_{min}$ 分别是最大和最小的样本均值）以确定任何一对样本均值的差异是否意味着相应处理均值的差异．这个**多重比较过程**背后的逻辑是，如果我们为最大和最小样本均值之间的差异 $|\bar{y}_{max} - \bar{y}_{min}|$ 确定一个临界值，这意味着它们各自的处理均值存在差异，那么，任何其他的一对样本均值差异达到或超过这个临界值时，也意味着相应的处理均值存在差异．Tukey(1949) 过程选择了这个临界距离 ω，令犯一个或多个第 I 类错误的概率（如果一对处理均值实际上是相同的，而结论是两种处理均值存在差异）为 α．因此，犯第 I 类错误的风险适用于整个实验过程，即对实验中所有的成对均值进行比较，而不是只比较一次．因此，研究人员选择的 α 值被称为**实验误差率**（相对于**比较错误率**）．

Tukey 过程依赖于一个前提假设，即 p 个样本均值是基于独立的随机样本，每个样本包含相同数量的 n_t 个观测值．（当每个处理的观测值数量相等时，研究人员通常称之为**平衡设计**．）计算分析中的标准差 $s = \sqrt{MSE}$，距离 ω 为

$$\omega = q_\alpha(p, v) \frac{s}{\sqrt{n_t}}$$

统计量 $q_\alpha(p, v)$ 的列表值是学生化极差的临界值，该值位于 q 分布上尾的 α 值处．该临界值取决于 α，参与比较的处理均值的个数 p，与 MSE 相关的自由度数量 v，如下框所示．附录 D 的表 10 和表 11 分别给出了 $\alpha = 0.05$ 和 $\alpha = 0.01$ 的 $q_\alpha(p, v)$ 值．

Tukey 多重比较法：等样本量

　1. 选择所需的实验误差率 α．

　2. 计算

$$\omega = q_\alpha(p, v) \frac{s}{\sqrt{n_t}}$$

其中

　　$p =$ 样本均值个数（即处理数）

　　$s = \sqrt{MSE}$

　　$v =$ 与 MSE 相关联的自由度数量

　　$n_t = p$ 个样本中每个样本包含的观测值个数（每个处理中的观测值个数）

　　$q_\alpha(p, v) =$ 学生化极差的临界值（附录 D 表 10 和表 11）

> 3. 计算 p 个样本均值并对其进行排序.
>
> 4. 对于每对处理均值，计算处理均值之差并与 ω 进行比较.
>
> 5. 当一组处理均值之差小于 ω 时，在其上方画一横线加以表示. 一组未有上方横线连接的处理（即差值大于 ω）暗示着相关总体均值存在差异.
>
> 注意：与分析得出的所有推断相关的置信水平为 $(1-\alpha)$.

例 12.20　参考完全随机设计的方差分析，见例 12.4 和例 12.5. 回想一下，我们拒绝了来源于三个社会经济阶层的大学新生的平均绩点之间没有差异的原假设. 用 Tukey 法比较三个处理均值.

解　**步骤 1.** 对于这一后续分析，我们将选择实验误差率 $\alpha = 0.05$.

步骤 2. 从前面的例子来看，我们有 p=3 个处理，误差自由度 $v = 18$，$s = \sqrt{\mathrm{MSE}} = 0.512$，每个处理有 n_t=7 个观测值. 学生化极差的临界值（从附录 D 的表 10 中获得）为 $q_{0.05}(3,18) = 3.61$. 将这些值代入公式 ω，可得

$$\omega = q_{0.05}(3,18)\left(\frac{s}{\sqrt{n_t}}\right) = 3.61\left(\frac{0.512}{\sqrt{7}}\right) = 0.698$$

步骤 3. 三个社会经济阶层的样本均值（从表 12.1 中获得）按数值排序，

$$\bar{y}_L = 2.521 \qquad \bar{y}_U = 2.543 \qquad \bar{y}_M = 3.249$$

步骤 4. 每对处理均值之差为

$$\bar{y}_M - \bar{y}_L = 3.249 - 2.521 = 0.728$$

$$\bar{y}_M - \bar{y}_U = 3.249 - 2.543 = 0.706$$

$$\bar{y}_U - \bar{y}_L = 2.543 - 2.521 = 0.022$$

步骤 5. 根据临界值 $\omega = 0.70$，三个处理均值的排序如下：

样本均值：	2.521	2.543	3.249
处理：	下层	上层	中产

根据这些信息，我们推断中产阶级的新生平均绩点明显大于其他两个阶级的平均绩点，因为 $\bar{y}_M$ 分别与 $\bar{y}_L$ 和 $\bar{y}_U$ 的差超过了临界值. 而由于 $|\bar{y}_L - \bar{y}_U|$ 小于 ω，说明两者处理均值没有显著差异.

总而言之，Tukey 分析显示，中产阶级学生的平均绩点显著高于上层或下层学生的平均绩点，但上层和下层学生的平均绩点没有显著差异. 这些推断基于置信水平为 $(1-\alpha) = 0.95$ 的前提条件.

通过例 12.20 说明，Tukey 法的多重均值比较过程涉及大量计算. 大多数分析师往往会使用统计软件包来执行 Tukey 法. 图 12.25a、图 12.25b 和图 12.25c 分别显示了（例 12.20）Tukey 法分析的 SAS、MINITAB 和 SPSS 输出结果. 三个软件包中的每一个都以两种形式呈现结果：（1）用字母（或数字）降序竖直排列处理均值，表示哪些均值存在明显差异，以

及（2）计算所有可能的成对处理（i 和 j）的处理均值之差（$\mu_i - \mu_j$）的置信区间. 如图 12.25a 输出结果顶部所示，SAS 在左栏中为每个处理均值指定一个字母（A、B、C 等）；由同一个字母连接的处理均值没有显著差异. 从图 12.25a 可以看出，中产阶级的字母 (A) 与上层和下层阶级的字母 (B) 不同. 在图 12.25a 的输出结果底部，SAS 列出了每对处理均值之差的 Tukey 置信区间. 区间中包含 0 则意味着两个处理均值没有显著差异. 图 12.25a 底部包含 0 的唯一区间是上层和下层阶级比较的区间；因此，这两个处理的平均绩点没有显著差异. 所有涉及中产阶级的置信区间都表明中产阶级平均绩点大于上层或下层阶级的平均绩点.

　　MINITAB（图 12.25b）和 SPSS（图 12.25c）输出结果中都提供了类似的信息. 例如，图 12.25b 的顶部和图 12.25c 的底部确定了没有显著差异的处理均值. MINITAB 与 SAS 一样，也使用字母表示处理. SPSS 将无显著差异的均值按相同的子集数进行分组.

Tukey's Studentized Range (HSD) Test for GPA

Note: This test controls the Type I experimentwise error rate, but it generally has a higher Type II error rate than REGWQ.

Alpha	0.05
Error Degrees of Freedom	18
Error Mean Square	0.261729
Critical Value of Studentized Range	3.60930
Minimum Significant Difference	0.6979

Means with the same letter are not significantly different.

Tukey Grouping	Mean	N	CLASS
A	3.2486	7	Middle
B	2.5429	7	Upper
B			
B	2.5214	7	Lower

Tukey's Studentized Range (HSD) Test for GPA

Note: This test controls the Type I experimentwise error rate.

Alpha	0.05
Error Degrees of Freedom	18
Error Mean Square	0.261729
Critical Value of Studentized Range	3.60930
Minimum Significant Difference	0.6979

Comparisons significant at the 0.05 level are indicated by ***.

CLASS Comparison	Difference Between Means	Simultaneous 95% Confidence Limits		
Middle - Upper	0.7057	0.0078	1.4036	***
Middle - Lower	0.7271	0.0292	1.4251	***
Upper - Middle	-0.7057	-1.4036	-0.0078	***
Upper - Lower	0.0214	-0.6765	0.7193	
Lower - Middle	-0.7271	-1.4251	-0.0292	***
Lower - Upper	-0.0214	-0.7193	0.6765	

a）例 12.20Tukey 法的多重均值比较 SAS 输出结果

图 12.25

Tukey Pairwise Comparisons

Grouping Information Using the Tukey Method and 95% Confidence

CLASS	N	Mean	Grouping	
Middle	7	3.249	A	
Upper	7	2.543		B
Lower	7	2.521		B

Means that do not share a letter are significantly different.

Tukey Simultaneous Tests for Differences of Means

Difference of Levels	Difference of Means	SE of Difference	95% CI	T-Value	Adjusted P-Value
Middle - Lower	0.727	0.273	(0.029, 1.425)	2.66	0.040
Upper - Lower	0.021	0.273	(-0.677, 0.719)	0.08	0.997
Upper - Middle	-0.706	0.273	(-1.404, -0.008)	-2.58	0.047

Individual confidence level = 98.00%

b）例 12.20Tukey 法的多重均值比较 MINITAB 输出结果

Multiple Comparisons

Dependent Variable: GPA

Tukey HSD

(I) CLASS	(J) CLASS	Mean Difference (I-J)	Std. Error	Sig.	95% Confidence Interval	
					Lower Bound	Upper Bound
Lower	Middle	-.7271*	.27346	.040	-1.4251	-.0292
	Upper	-.0214	.27346	.997	-.7193	.6765
Middle	Lower	.7271*	.27346	.040	.0292	1.4251
	Upper	.7057*	.27346	.047	.0078	1.4036
Upper	Lower	.0214	.27346	.997	-.6765	.7193
	Middle	-.7057*	.27346	.047	-1.4036	-.0078

Based on observed means.
The error term is Mean Square(Error) = .262.

*. The mean difference is significant at the 0.05 level.

Homogeneous Subsets

GPA

Tukey HSD[a,b]

		Subset	
CLASS	N	1	2
Lower	7	2.5214	
Upper	7	2.5429	
Middle	7		3.2486
Sig.		.997	1.000

Means for groups in homogeneous subsets are displayed.
Based on observed means.
The error term is Mean Square(Error) = .262.

a. Uses Harmonic Mean Sample Size = 7.000.

b. Alpha = 0.05.

c）例 12.20Tukey 法的多重均值比较 SPSS 输出结果

图 12.25（续）

例 12.21 参见例 12.18. 在一个简单实验中，晶体管制造商研究了两个因子对每周工作 40 小时生产率的影响（产值以千美元计）. 这些因子是：

每周工作天数（2 个水平）：连续 5 天 8 小时或连续 4 天 10 小时

茶歇次数（3 个水平）：0、1 或 2

实验进行 12 周，2×3 = 6 个处理随机分配到 12 周中. 这项双因子因子实验的数据如表 12.11 所示.

（a）对数据进行方差分析.

（b）使用 Tukey 法的多重比较，来比较六种总体均值 ($\alpha = 0.05$).

💿 **TRANSISTOR2**

表 12.11 例 12.21 的数据

		茶歇次数		
		0	**1**	**2**
每周工作天数	4 天	101	104	95
		102	107	92
	5 天	95	109	83
		93	110	87

解 （a）2×3 因子方差分析的 SAS 输出结果如图 12.26 所示. 注意，每周工作天数 (L) 和茶歇次数 (B) 这两个因子之间的交互作用在 $\alpha = 0.01$ 时显著.（输出结果阴影显示 p 值 = 0.0051.）交互作用意味着在不同的茶歇次数 (B) 下，产生最高平均生产率的每周工作天数 (L) 可能有所不同，因此我们可忽略主效应的检验，并将研究重点放在单个处理的均值上.

（b）六个因子水平组合的样本均值在 SAS 输出结果中间高亮显示，如图 12.26 所示. 由于样本均值代表了晶体管生产中生产率的测量值，我们希望找到平均生产率最高的每周工作天数和茶歇次数.

存在交互作用的情况下，SAS 通过列出所有可能的处理均值所对应的 p 值，来显示 Tukey 法的多重比较结果. 这些 p 值显示在图 12.26 的底部. 首先，我们演示如何使用框中的公式进行多重比较. 然后我们解释如何使用 SAS 中显示的 p 值对均值进行排序.

排序的第一步是计算 ω 的值. 当 $p = 6$（我们对六个处理均值进行排序），$n_t = 2$（每个处理含有两个观测值），$\alpha = 0.05$，$s = \sqrt{MSE} = \sqrt{3.33} = 1.83$（其中 MSE 在图 12.26 中阴影表示）. 由于 MSE 基于 $v = 6$ 个自由度，查表得 $q_{0.05}(6,6) = 5.63$. ω 的值为

$$\omega = q_{0.05}(6,6)\left(\frac{s}{\sqrt{n_t}}\right)$$

$$= 5.63\left(\frac{1.83}{\sqrt{2}}\right)$$

$$= 7.27$$

因此，对于成对的样本均值之差大于 $\omega = 7.27$，其相对应的总体均值会被认为存在差

异．六个样本均值排序如下：

样本均值	85.0	93.5	94.0	101.5	105.5	109.5
处理（每周工作天数，茶歇次数）	(5,2)	(4,2)	(5,0)	(4,0)	(4,1)	(5,1)
SAS 输出结果上的编号：	6	3	4	1	2	5

Dependent Variable: PRODUCT

Source	DF	Sum of Squares	Mean Square	F Value	Pr > F
Model	5	811.6666667	162.3333333	48.70	<.0001
Error	6	20.0000000	3.3333333		
Corrected Total	11	831.6666667			

R-Square	Coeff Var	Root MSE	PRODUCT Mean
0.975952	1.859839	1.825742	98.16667

Source	DF	Type III SS	Mean Square	F Value	Pr > F
DAYS	1	48.0000000	48.0000000	14.40	0.0090
BREAKS	2	667.1666667	333.5833333	100.07	<.0001
DAYS*BREAKS	2	96.5000000	48.2500000	14.47	0.0051

The GLM Procedure
Least Squares Means
Adjustment for Multiple Comparisons: Tukey

DAYS	BREAKS	PRODUCT LSMEAN	LSMEAN Number
4	0	101.500000	1
4	1	105.500000	2
4	2	93.500000	3
5	0	94.000000	4
5	1	109.500000	5
5	2	85.000000	6

Least Squares Means for effect DAYS*BREAKS
Pr > |t| for H0: LSMean(i)=LSMean(j)
Dependent Variable: PRODUCT

i/j	1	2	3	4	5	6
1		0.3573	0.0329	0.0437	0.0329	0.0008
2	0.3573		0.0046	0.0057	0.3573	0.0002
3	0.0329	0.0046		0.9997	0.0010	0.0250
4	0.0437	0.0057	0.9997		0.0012	0.0192
5	0.0329	0.3573	0.0010	0.0012		<.0001
6	0.0008	0.0002	0.0250	0.0192	<.0001	

图 12.26　例 12.21 的 SAS 方差分析输出结果

将 $\omega = 7.27$ 作为判断两个处理均值之间是否存在差异的标准，在那些没有显著差异的均值上绘制横线．可以得出以下结论：

1. 有证据表明，每周工作 5 天且茶歇休息 2 次（即最小样本均值 85.0）所对应的处理总体均值与其他处理均值之间存在差异．因此，我们可以得出这样的结论：在每周工作天数和茶歇次数的所有水平组合中，工作 5 天且茶歇 2 次的平均生产率最低．

[注：这个推断也可以从 SAS 输出结果底部第 6 列中显示的 p 值推导出来，如图 12.26 所示．每个 p 值（通过 Tukey 调整获得）用来比较 (5,2) 处理均值和其他处理均值．由于所有 p 值均小于选择的实验误差率 $\alpha = 0.05$，因此 (5,2) 处理均值与其他处理均值相比存在显著差异．]

2. 每周工作 5 天且茶歇休息 1 次（即最大样本均值 109.5）所对应的处理总体均值显著大于其他四个最小样本均值所对应的处理. 但是，没有证据表明每周工作 5 天且茶歇休息 1 次的处理均值与每周工作 4 天且茶歇休息 1 次（即样本均值为 105.5）的处理均值之间存在明显差异.

[注：图 12.26 中底部第 5 列即 (5,1) 处理对应列，显示 Tukey 调整的 p 值支持这一推断. 唯一一个 p 值大于 0.05 是均值 5 与均值 2 的比较结果，其中均值 2 表示 (4,1) 处理.]

3. 没有证据表明，每周工作 4 天且茶歇休息 1 次的处理均值（样本均值为 105.5）和每周工作 4 天且茶歇休息 0 次的处理均值（样本均值为 101.5）之间存在明显差异. 不过，这两个处理的均值都显著大于对应于三个最小样本均值的处理.

[注：图 12.26 中底部第 2 列即 (4,1) 处理对应列，显示 Tukey 调整的 p 值支持这一推断. 比较均值 2 和均值 1 的 p 值大于 $\alpha = 0.05$，其中均值 1 表示 (4,0) 处理.]

4. 没有证据表明与样本均值 93.5 和 94.0 相对应的处理均值之间存在显著差异，即 (4,2) 和 (5,0) 处理均值之间不存在显著差异.

[注：图 12.26 中底部第 4 列即 (5,0) 处理和第 3 行即 (4,2) 处理的 Tukey 调整的 p 值大于 $\alpha = 0.05$，也可以支持这一推断.]

总之，处理均值似乎大致可分为四组，如下所示：

	处理（每周工作天数，茶歇次数）
第一组（最低平均生产率）	(5,2)
第二组	(4,2) 和 (5,0)
第三组	(4,0) 和 (4,1)
第四组（最高平均生产率）	(4,1) 和 (5,1)

请注意，由于样本均值 105.5 上存在重复的连接横条，因此我们无法确定每周工作 4 天且茶歇休息 1 次处理的归属. 也就是说，尽管有足够的证据表明处理 (4,0) 和 (5,1) 存在差异，但两者均未显示出与处理 (4,1) 有显著差异. Tukey 法保证在这些成对比较中产生一个或多个第 I 类错误的概率仅为 $\alpha = 0.05$.

请记住，Tukey 法的多重比较要求各处理的样本量相等. 当然，这对于分别在 12.4 节和 12.5 节中描述的随机区组设计和因子实验是满足的. 然而，在完全随机设计中，样本量可能不相等（见 12.3 节）. 在这种情况下，有必要修改 Tukey 的方法（有时称为 Tukey-Kramer 法），如下框中所述. 该方法要求计算实验中每对处理 (i, j) 的临界值 ω_{ij}，并根据 ω_{ij} 的适当值进行成对比较. 然而，当 Tukey 法用于样本量不等时，研究人员预先选择的 α 值仅近似于真实的实验误差率. 事实上，当应用于不等的样本量时，发现该方法比在相等的样本量情况下更为保守（即当存在两个处理均值时，不太可能检测到它们之间的差异）. 因此，当样本量不等时，研究人员有时会寻找多重比较的替代方法. 选修 12.8 节将介绍其中的两种方法.

一般来说，处理均值的多重比较只能作为方差分析的后续分析，也就是说，只有在我们进行了适当的方差分析 F 检验，并确定处理均值之间存在差异的充分证据之后，才能进行相应分析. 当方差分析 F 检验显示少数处理均值之间没有显著差异时，要小心使用多重

比较方法，因为可能会导致混淆和矛盾的结果．[⊖]

> **警告：** 在实践中，当相应的方差分析 F 检验不显著时，最好避免对少量处理均值进行多重比较；否则，可能会出现混淆和矛盾的结果．

不等样本量的 Tukey 法近似多重比较

1. 对于每对处理 (i, j)，计算

$$\omega_{ij} = q_\alpha(p, v) \frac{s}{\sqrt{2}} \sqrt{\frac{1}{n_i} + \frac{1}{n_j}}$$

其中

$p =$ 样本均值个数

$s = \sqrt{\text{MSE}}$

$v =$ 与 MSE 相关联的自由度

$n_i =$ 第 i 个处理中的观测值个数

$n_j =$ 第 j 个处理中的观测值个数

$q_\alpha(p, v) =$ 学生化极差临界值（附录D表10和表11）

2. 对 p 个样本均值进行排序，并在任何差异小于 ω_{ij} 的处理对 (i, j) 上绘制横线加以连接．任何一对样本均值没有连接（即差异大于 ω 值）则意味着相应总体均值存在差异．

注：该过程近似地认为研究人员选择的 α 值接近至少产生一个第 I 类错误的真实概率．

练习 12.7

12.51 媒体是否影响你对皮肤晒黑的态度？ 参考 *Basic and Applied Social Psychology* (May 2010) 关于产品广告是否影响消费者对晒黑态度的研究，见练习 12.9. 回想一下，大学生被随机分配到三种广告之一：（1）观看晒黑模特代言的产品广告；（2）观看未晒黑模特的产品广告；（3）观看无模特代言的产品广告（对照组）．方差分析 F 检验显示，不同条件下，人们对晒黑的平均态度不同．研究人员随后对这一分析进行了多重比较，实验误差率为 0.05. 结果如下表所示，请对结果加以解释，产品广告的类型是否会影响消费者对晒黑的态度？

均值：	2.11	2.40	2.50
条件：	未晒黑模特	晒黑模特	无模特

12.52 公司的同行导师培训． 参考 *Journal of Managerial Issues*(Spring 2008) 关于大型软件公司同行导师培训影响的研究报告，见练习 12.20. 采用随机区组设计（对员工进行

⊖ 当要进行多个处理均值比较时，一个临界的、不显著的 F 值（例如 $0.05 < p$ 值 < 0.10）可能掩盖某些均值之间的差异．在这种情况下，最好忽略 F 检验，直接进行多重比较．

分组），比较培训前 1 周、培训 2 天后和培训 2 个月后三个不同时间点员工的平均能力水平．下面总结了三个时间点均值的多重比较（使用 Tukey 法且实验误差率为 0.10）．请对结果加以解释．

样本均值：	3.65	4.14	4.17
时间点：	前 1 周	2 个月后	2 天后

12.53 比萨奶酪的烘焙特性．由于其独特的延展性，马苏里拉奶酪是比萨店最常用的比萨奶酪．与其他比萨奶酪相比，马苏里拉的烘焙特性如何？发表在 *Journal of Food Science* (August 2014) 上的一项研究，比较了七种不同的奶酪：马苏里拉奶酪、切达奶酪、科尔比奶酪、埃达姆奶酪、埃门塔尔奶酪、格鲁耶尔奶酪和波罗夫洛奶酪的特性．比萨饼分别与不同的奶酪一起烤，然后用数码摄像机拍摄记录比萨饼的图像．从这些图像中，研究人员计算出了颜色变化指数 (CCI)——一种通过采样数字像素来测量奶酪颜色均匀性的指标．采用完全随机设计，通过方差分析比较 7 种奶酪的平均 CCI 值．

(a) 识别这个实验的处理．

(b) 指出这个实验的因变量．

(c) 方差分析 F 检验的结果 p 值 < 0.05，请结合实际解释这个结果．

(d) 有多少种可能的不同奶酪配对组合？

(e) 选择实验误差率为 0.05，对数据进行多重比较，结果显示如下．你能从这些结果中得出哪些结论？

练习 12.53 的分析结果

平均 CCI 值：	0.10	0.15	0.15	0.18	0.19	0.30	3.62
奶酪：	科尔比奶酪	埃达姆奶酪	埃门塔尔奶酪	切达奶酪	格鲁耶尔奶酪	波罗夫洛奶酪	马苏里拉奶酪

12.54 书籍阅读学习．参考 *Developmental Psychology* (November 2006) 关于幼儿从阅读书籍中学习的能力的研究，见练习 12.31．回想一下，采用了 3×3 因子实验，年龄有 3 个水平，阅读条件有 3 个水平．在每个年龄阶段，研究人员对阅读书籍的平均分数进行了 Tukey 多重比较 ($\alpha = 0.05$)．结果总结如下表所示．从这个分析结果中你能得出什么结论？绘制有关均值的图来支持你的结论．

	0.40	0.75	1.20
年龄 =18 个月：	对照	图画	照片
	0.60	1.61	1.63
年龄 =24 个月：	对照	图画	照片
	0.50	2.20	2.21
年龄 =30 个月：	对照	图画	照片

12.55 医学期刊的写作风格．在发表研究结果时，大多数医学期刊建议作者使用"主动"

而不是"被动"的语态进行写作. *Applied Linguistics* (December 2013) 中研究了五个顶级医学期刊中不同写作风格使用被动语态的影响研究. 五种期刊分别是 *Annals of Internal Medicine*(AIM)、*British Medical Journal*(BMJ)、*Journal of the American Medical Association*(JAMA)、Lancet 和 *New England Journal of Medicine*(NEJM). 研究人员通过搜索从每个期刊中抽取了大量被动语态的段落,并记录了每段中每句的被动语态个数(NPPS). 对数据进行单向方差分析. 解释方差分析 $F = 35.5$(p 值 < 0.001).

NPPS 均值:	0.32	0.38	0.49	0.50	0.52
期刊:	BMJ	AIM	Lancet	JAMA	NEJM

12.56 **失眠与教育.** 参考 *Journal of Abnormal Psychology*(February 2005) 关于与失眠与受教育程度的研究,见练习 12.33. 在 2×4 因子实验中,失眠状态分为正常睡眠和慢性失眠两个水平,受教育水平分为四个水平(大学毕业生、大学未毕业生、高中毕业生和高中辍学者),只有受教育水平的主效应具有显著的统计意义. 回想一下,因变量是通过疲劳严重程度量表(FSS)测量并记录. 在后续分析中,使用 Tukey 法($\alpha = 0.05$) 比较四个教育水平的样本平均 FSS 值,结果如下所示. 由此你可得出何种结论?

均值:	3.3	3.6	3.7	4.2
受教育水平:	大学毕业生	大学未毕业生	高中毕业生	高中辍学者

💿 **MORPH**

12.57 **不相关的面部相似性对判断的影响.** 参考 *Experimental Psychology*(January 2014) 关于面部相似性对判断的影响研究,见练习 12.24. 回想一下,受试者(大学生)对三个不同求职者的适合性进行评估. 所有的求职者具有相同的资历,但是一个求职者的照片变换成与在培训期间被给予低分的人员相似(低表现变换),一个被变换成与在培训期间被给予高分的人员相似(高表现变换),最后一个是中立照片. 在练习12.24 中,你发现三位求职者的平均得分没有显著差异. 你是否应该运用 Tukey 多重比较法来确定哪位求职者(低、中、高)获得了最高的平均得分?请解释你的结论.

💿 **EGGS2**

12.58 **不同饲养系统的商品鸡蛋.** 参考 *Food Chemistry*(Vol.106,2008) 关于四种不同饲养系统的研究,见练习 12.36. 回想一下,你发现笼子、谷仓、自由放养和有机这四种饲养系统的鸡蛋的平均搅打能力(溢出百分比)不同. 使用 Tukey 法进行多重均值比较,实验误差率为 0.05. 结果将显示在下图的 SPSS 输出结果中.

(a) 在输出结果上找到 $(\mu_{笼子} - \mu_{谷仓})$ 的置信区间并解释该结果.

(b) 在输出结果上找到 $(\mu_{笼子} - \mu_{自由放养})$ 的置信区间并解释该结果.

(c) 在输出结果上找到 $(\mu_{笼子} - \mu_{有机})$ 的置信区间并解释该结果.

(d) 在输出结果上找到 $(\mu_{谷仓} - \mu_{自由放养})$ 的置信区间并解释该结果.

（e）在输出结果上找到 $(\mu_{谷仓} - \mu_{有机})$ 的置信区间并解释该结果．

（f）在输出结果上找到 $(\mu_{自由放养} - \mu_{有机})$ 的置信区间并解释该结果．

（g）根据（a）～（f）小题的结果，对饲养系统均值进行排名，并将实试验误差率作为可靠性的依据．

Multiple Comparisons

Dependent Variable:　OVERRUN

Tukey HSD

(I) HOUSING	(J) HOUSING	Mean Difference (I-J)	Std. Error	Sig.	95% Confidence Interval Lower Bound	95% Confidence Interval Upper Bound
BARN	CAGE	31.17*	6.365	.001	12.96	49.38
	FREE	-4.17	6.365	.912	-22.38	14.04
	ORGANIC	-15.83	6.365	.100	-34.04	2.38
CAGE	BARN	-31.17*	6.365	.001	-49.38	-12.96
	FREE	-35.33*	6.365	.000	-53.54	-17.12
	ORGANIC	-47.00*	6.365	.000	-65.21	-28.79
FREE	BARN	4.17	6.365	.912	-14.04	22.38
	CAGE	35.33*	6.365	.000	17.12	53.54
	ORGANIC	-11.67	6.365	.295	-29.88	6.54
ORGANIC	BARN	15.83	6.365	.100	-2.38	34.04
	CAGE	47.00*	6.365	.000	28.79	65.21
	FREE	11.67	6.365	.295	-6.54	29.88

Based on observed means.
The error term is Mean Square(Error) = 121.542.

*. The mean difference is significant at the 0.05 level.

Homogeneous Subsets

OVERRUN

Tukey HSD[a,b]

HOUSING	N	Subset 1	Subset 2
CAGE	6	482.17	
BARN	6		513.33
FREE	6		517.50
ORGANIC	6		529.17
Sig.		1.000	.100

Means for groups in homogeneous subsets are displayed.
Based on observed means.
The error term is Mean Square(Error) = 121.542.

a. Uses Harmonic Mean Sample Size = 6.000.

b. Alpha = 0.05.

练习 12.58 的 SPSS 输出结果

TREATAD2

12.59　研究治疗阿尔茨海默病．参考 *eCAM*(November 2006) 对期刊文章中研究阿尔茨海默病 (AD) 治疗有效性的研究方法质量进行检查，见练习 12.22. 将 13 篇研究论文进行分组，采用随机区组设计，比较了 What-A, What-B, What-C, Who-A, Who-B, Who-C, How-A, How-B 和 How-C 共 9 维度的研究方法的平均质量得分．

（a）SAS 输出结果显示了 9 个维度均值的 Tukey 多重比较结果．哪两种维度均值间存在显著差异？

（b）对（a）小题的结果加以解释．分析中使用的实验误差率为 0.05．

Tukey's Studentized Range (HSD) Test for WONG	
Note: This test controls the Type I experimentwise error rate, but it generally has a higher Type II error rate than REGWQ.	
Alpha	0.05
Error Degrees of Freedom	96
Error Mean Square	0.367165
Critical Value of Studentized Range	4.48824
Minimum Significant Difference	0.7543

Means with the same letter are not significantly different.

Tukey Grouping			Mean	N	DIMENSION
	A		2.6923	13	WHAT-B
	A				
B	A		2.5385	13	WHO-C
B	A				
B	A		2.3846	13	HOW-C
B	A				
B	A	C	2.1538	13	WHAT-C
B	A	C			
B	A	C	2.1538	13	WHAT-A
B	A	C			
B	A	C	2.0000	13	HOW-B
B		C			
B		C	1.9231	13	HOW-A
		C			
		C	1.6154	13	WHO-B
		C			
		C	1.5385	13	WHO-A

练习 12.59 的 SAS 输出结果

DRINKERS

12.60 **醉酒时的自控力恢复**．参考 *Experimental and Clinical Psychopharmacology*(February 2005) 中关于醉酒时恢复自我控制的研究，见练习 12.12．研究人员推断，如果咖啡因真的能恢复自我控制，那么 AC 组（酒精加咖啡因组）的学生在完成单词任务上的表现将与 P 组（对照组）的学生相同．同样，如果激励措施能帮助恢复自我控制，那么 AR 组（酒精加奖励组）的学生将表现得与 P 组学生相同．于是研究人员理论上认为，A 组（仅酒精组）的学生在完成单词任务方面的表现将比其他三组的学生差．根据 DRINKERS 文件中的数据，选择实验误差率为 0.05，对其进行 Tukey 多重比较．研究人员的理论是否得到支持？

12.8　其他多重比较方法（选修）

在这个选修小节中，我们将介绍另两种方法来替代 Tukey 法的处理均值多重比较．方法的选择将取决于所使用的实验设计类型和研究人员想要控制的特定实验误差率．

Scheffé 法

回想一下，Tukey 多重比较法是为了控制实验的误差率而设计的．（在实验中所有成对处理均值的比较中，出现至少一种第 I 类错误的概率．）因此，当你只对成对处理均值比较感兴趣时，应该使用 Tukey 法．

Scheffé（1953）法为一种更通用的方法，用于比较所有可能的处理均值的线性组合，称为**对比**．

定义 12.3　对比 L 是指设计实验中 p 个处理均值的线性组合，即

$$L = \sum_{i=1}^{p} c_i \mu_i$$

其中常数 c_1, c_2, $\cdots$, c_p 相加之和等于 0，即 $\sum_{i=1}^{p} c_i = 0$.

例如，在四个处理 (A、B、C、D) 的实验中，你可能需要比较以下对比，其中 μ_i 表示处理 i 的总体均值：

$$L_1 = \frac{\mu_A + \mu_B}{2} - \frac{\mu_C + \mu_D}{2}$$

$$L_2 = \mu_A - \mu_D$$

$$L_3 = \frac{\mu_B + \mu_C + \mu_D}{3} - \mu_A$$

对比 L_2 涉及对两个处理均值的比较，而 L_1 和 L_3 则涉及更复杂的处理间的比较. 因此，两两比较是一般对比时的特殊情况.

与 Tukey 法一样，研究人员使用 Scheffé 法选择的 α 值适用于整个过程，也就是说，适用于所有可能的对比的比较（不只是研究人员所考虑的那些对比）. 然而，与 Tukey 方法不同的是，不管样本量是否相等，至少有一个第 I 类错误 α 的概率都是精确的. 因此，在样本不相等的情况下，即使只对处理均值进行两两比较，也有研究人员更倾向于采用 Scheffé 法而不是 Tukey 法. 方框中概述了用于一般对比时的 Scheffé 法.

一般对比的 Scheffé 多重比较法

　　1. 对于每个对比 $L = \sum_{i=1}^{p} c_i \mu_i$，计算

$$\hat{L} = \sum_{i=1}^{p} c_i \bar{y}_i \text{ 和 } S = \sqrt{(p-1)(F_\alpha)(\text{MSE}) \sum_{i=1}^{p} \left(\frac{c_i^2}{n_i} \right)}$$

其中

　　$p =$ 样本（处理）均值的个数

　　MSE $=$ 均方误差

　　$n_i =$ 处理 i 的样本中观测值个数

　　$\bar{y}_i =$ 处理 i 的样本均值

　　$F_\alpha =$ 分子自由度为 $p-1$ 且分母自由度为 ν 的 F 分布临界值（附录 D 中的表 3、表 4、表 5 和表 6）

　　$\nu =$ 与 MSE 有关的自由度个数

　　2. 计算每个对比的置信区间 $\hat{L} \pm S$. 置信系数 $1 - \alpha$ 适用于整个过程（即适用于所有可能的对比的置信区间的整个集合）.

在含有四个处理的实验中，所有处理均值的两两比较中，相关的对比为 $L_1 = \mu_A - \mu_B$、

$L_2 = \mu_A - \mu_C$、$L_3 = \mu_A - \mu_D$，以此类推．注意，上述的每一个对比，$\sum c_i^2 / n_i$ 可化简为 $(1/n_i + 1/n_j)$，其中 n_i 和 n_j 分别是处理 i 和 j 的样本量．[例如，对于对比 L_1，$c_1 = 1$，$c_2 = -1$，$c_3 = c_4 = 0$，$\sum c_i^2 / n_i = (1/n_1 + 1/n_2)$．] 因此，一般对比中 S 的公式可化简，然后使用 12.7 节中的方法进行两两比较．下一个方框中显示了用于处理均值两两比较的 Scheffé 方法．

处理均值成对比较的 Scheffé 多重比较法

1. 对于每对处理 (i, j)，计算 Scheffé 的临界差：

$$S_{ij} = \sqrt{(p-1)(F_\alpha)(\mathrm{MSE})\left(\frac{1}{n_i} + \frac{1}{n_j}\right)}$$

其中

p = 样本（处理）均值的个数

MSE = 均方误差

n_i = 处理 i 的样本中观测值个数

n_j = 处理 j 的样本中观测值个数

F_α = 分子自由度为 $p-1$ 且分母自由度为 v 的 F 分布临界值（附录 D 表 3、表 4、表 5 和表 6）

v = 与 MSE 有关的自由度个数

2. 对 p 个样本均值进行排序，并在任何差异小于 S_{ij} 的处理对 (i, j) 的上方绘制横线．任何一对样本均值上方若无横线连接，意味着相应总体均值间存在差异．

例 12.22 参照例 12.4 和例 12.20 完全随机设计，比较三个社会经济阶层大学新生的平均绩点，在例 12.20 中，我们使用 Tukey 法对三个处理均值进行排序．进行多重比较时，选择实验误差率 $\alpha = 0.05$．其中 MSE = 0.262，$p = 3$ 个处理，$v = $ df（误差）= 18，三个处理均值分别为 $\bar{y}_L = 2.521$，$\bar{y}_M = 3.249$，和 $\bar{y}_U = 2.543$．

解 回想一下，在这个完全随机设计中，每个处理有 7 个观测值；对于所有的处理对 (i, j)，$n_i = n_j = 7$．

由于 p、F 和 MSE 的值是固定的，所以所有处理对 (i, j) 的临界差 S_{ij} 将是相等的．将上述值代入方框中给出的公式，临界差为

$$S_{ij} = \sqrt{(p-1)(F_{0.05})(\mathrm{MSE})\left(\frac{1}{n_i} + \frac{1}{n_j}\right)}$$

$$= \sqrt{(2)(3.55)(0.262)\left(\frac{1}{7} + \frac{1}{7}\right)} = 0.729$$

处理均值的差大于 $S = 0.729$，将意味着相应的总体均值之间存在显著差异．最大样本均值和最小样本均值之差 $(3.249 - 2.521) = 0.728$ 小于 $S = 0.729$．因此，我们得到以下排序：

样本均值:	2.521	2.543	3.249
处理:	下层	上层	中产

因此，Scheffé 法在实验误差率 $\alpha=0.05$ 的情况下，无法检验出三个社会经济阶层的平均绩点之间存在显著差异 .（注：这一推断得到了 Scheffé 分析 SAS 输出结果的证实，如图 12.27 所示 . 所有三个阶层的“**Scheffé Grouping**”都有相同的字母 A.） ■

注意，例 12.22 中 Scheffé 法计算的临界差 $S=0.729$ 值大于（例 12.20）Tukey 法的 $\omega=0.698$. 这意味着 Tukey 法生成的处理均值之差的置信区间要窄于 Scheffé 法生成的 . 因此，如果只进行样本量相等的两两处理均值比较时，应该优先选择 Tukey 法 . 另一方面来说，研究人员的目标是对一般对比进行比较时，Scheffé 法所生成的置信区间更窄（即相对小的临界差）.

The ANOVA Procedure

Scheffe's Test for GPA

Note: This test controls the Type I experimentwise error rate.

Alpha	0.05
Error Degrees of Freedom	18
Error Mean Square	0.261729
Critical Value of F	3.55456
Minimum Significant Difference	0.7291

Means with the same letter are not significantly different.			
Scheffe Grouping	**Mean**	**N**	**CLASS**
A	3.2486	7	Middle
A			
A	2.5429	7	Upper
A			
A	2.5214	7	Lower

图 12.27　例 12.22 平均绩点排序的 Scheffé 法 SAS 输出结果

Bonferroni 法

如上所述，在样本量不等时，Tukey 多重比较法是近似的 . 即先验选择的 α 值近似至少犯第 I 类错误的真实概率值 . Bonferroni 法却是一种精确的方法，适用于样本量相等或不相等的情况 [见 Miller(1981)]. 此外，Bonferroni 法涵盖了所有可能的处理均值比较，包括两两比较、一般对比，或两两比较和更复杂的对比的组合 .

Bonferroni 法基于以下结果（省略证明）：如果要进行 g 个比较，每个的置信系数为 $1-\alpha/g$，则犯一次或更多次第 I 类错误的整体概率（即实验误差率）最多为 α. 也就是说，使用 Bonferroni 法构造的区间集合的总体置信水平至少为 $1-\alpha$. 例如，如果要构造 $g=2$ 的置信区间，实验误差率至多为 $\alpha=0.05$，因此必须使用 $1-0.5/2=0.975$ 的置信水平构造单一区间 .

下框中显示了 Bonferroni 法用于一般对比的步骤 . 当只进行处理均值的两两比较时，Bonferroni 法的步骤如下面第二个框中所示 .

一般对比的 Bonferroni 多重比较法

1. 对于每个对比 $L=\sum_{i=1}^{p}c_i\mu_i$，计算

$$\hat{L}=\sum_{i=1}^{p}c_i\bar{y}_i$$

和

$$B=t_{\alpha/(2g)}s\sqrt{\sum_{i=1}^{p}\left(\frac{c_i^2}{n_i}\right)}$$

其中

p = 样本（处理）均值的个数

g = 对比的个数

$s = \sqrt{\text{MSE}}$

v= 与 MSE 有关的自由度个数

n_i = 处理 i 的样本中观测值个数

$\bar{y}_i$ = 处理 i 的样本均值

$t_{\alpha/(2g)}$ = 自由度为 v 和尾部面积为 $\alpha/(2g)$ 的 t 分布的临界值

2. 计算每个对比的置信区间 $\hat{L} \pm B$. 整个过程（即置信区间的整个集合）的置信系数至少为（$1-\alpha$）.

处理均值成对比较的 Bonferroni 多重比较法

1. 对于每对处理 (i, j)，计算

$$B_{ij} = t_{\alpha/(2g)}s\sqrt{\frac{1}{n_i} + \frac{1}{n_j}}$$

其中

p= 样本（处理）均值的个数

g= 成对比较的次数

（注：如果要进行所有成对比较，则 $g = p(p-1)/2$. ）

$s = \sqrt{\text{MSE}}$

v= 与 MSE 有关的自由度个数

n_i = 处理 i 的样本中观测值个数

n_j = 处理 j 的样本中观测值个数

$t_{\alpha/(2g)}$ = 自由度为 v 和尾部面积为 $\alpha/2g$ 的 t 分布的临界值（附录 D 中的表 2）

2. 对样本均值进行排序，并在样本均值之差小于 B_{ij} 的处理对 (i, j) 上方绘制横线 . 若一对均值上方没有横线，就意味着相应的总体均值存在差异 . 注意：所有推断分析都基于至少为 $(1-\alpha)$ 的置信水平 .

例 12.23 请参考例 12.22. 采用 Bonferroni 法对三个处理均值进行两两比较（$\alpha = 0.05$）.

解 根据例 12.22，已知所有处理对 (i,j) 的 $p = 3$，$s = \sqrt{0.262} = 0.512$，$v = 18$ 和 $n_i = n_j = 7$. 对于 $p = 3$ 个处理均值，成对比较的次数为

$$g = \frac{p(p-1)}{2} = \frac{3(2)}{2} = 3$$

因此，我们需要找到基于 $v = 18$ 个自由度的 t 分布的临界值 $t_{\alpha/(2g)} = t_{0.05/[2(3)]} = t_{0.008\,3}$. 虽然

附录 D 中的表 2 没有显示这个值，但它约等于 2.64. [注]将 $t_{0.008\ 3} \approx 2.64$ 代入 Bonferroni 法临界差公式 B_{ij}，对于任意处理对 (i,j)，可得

$$B_{ij} \approx (t_{0.008\ 3})s\sqrt{\frac{1}{n_i}+\frac{1}{n_j}} = (2.64)(0.512)\sqrt{\frac{1}{7}+\frac{1}{7}} = 0.722$$

使用 $B_{ij} = 0.722$ 来检验处理均值之差是否显著，我们得到以下结果：

样本均值：	2.521	2.543	3.249
处理：	下层	上层	中产

可以看到中产阶级的平均绩点比下层阶级的平均绩点要高得多. 但是，对于上层和下层阶级来说，均值对之间不存在显著差异. 对于中产和上层阶级来说，均值对之间也未存在显著差异. 换句话说，目前尚不清楚应该将上层阶级平均绩点和平均绩点最高（中产）的阶级分为一组，还是和平均绩点最低（下层）的阶级分为一组. [注：Bonferroni 法的 SAS 输出结果支持这些推断分析，如图 12.28 所示. 中产和上层阶级的处理具有相同的 Bonferroni 法分组字母 (A)，而上层和下层阶级的处理具有相同的字母 (B).] 上述分析所得出的全部推断都基于总体置信水平至少为 $(1-\alpha) = 0.95$. ∎

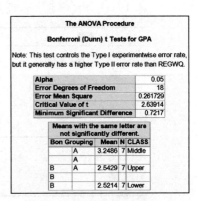

图 12.28　例 12.23 Bonferroni 法对 GPA 均值的多重比较的 SAS 输出结果

当将 Bonferroni 法应用于处理均值的两两比较时，与 Scheffé 法类似，相比于 Tukey 法，Bonferroni 法有更宽的置信区间（通过临界差的大小体现）.（在例 12.23 中，与 Tukey 法的 $\omega = 0.698$ 相比，Bonferroni 法的临界差为 $B \approx 0.722$.）因此，如果只对成对均值的比较感兴趣，Tukey 法更为合适. 然而，如果样本量不等或需要比较更复杂的对比，Bonferroni 法可能为首选. 然而，与 Tukey 法和 Scheffé 法不同的是，Bonferroni 法要求你事先知道要比较的对比个数. 此外，计算临界差 B 所需的 $t_{\alpha/(2g)}$ 值可能在大多数教材所提供的 t 表中查不到，因此你必须对其进行估计.

在这一节中，我们提出了两种方法来代替 Tukey 多重比较法. 你选择的技术将取决于一些因素，包括样本量和要进行比较的类型. 但是，请记住，还有许多其他方法可以进行多重比较，其中一种或多种技术可能更适合在你的特定情形中应用. 有关其他技术的详细信息，请参阅本章末尾给出的参考文献.

练习 12.8

12.61　公司的同行导师培训. 参见 *Journal of Managerial Issues* (Spring 2008) 关于大型软件公司同行导师培训影响的研究，见练习 12.52. 回想一下，实验的目的是比较三个时

间点的平均能力水平. 下表总结了 Tukey 法对三个时间点均值的多重比较（实验错误率为 0.10）.

(a) 你是否期望 Bonferroni 法多重比较过程在方法上产生更少或更显著的差异？并加以解释.

(b) 假设换成使用 Scheffé 法，重复回答（a）小题中的问题.

样本均值:	3.65	4.14	4.17
时间点:	前 1 周	2 个月后	2 天后

12.62 **消费者回收行为.** 参考 *Journal of Consumer Research* (December 2013)，见练习 12.37. 回想一下，研究人员用一个 2×2 因子设计分析数据，其中两个因子为纸张大小（特大号或半张）和纸张变形（切纸与否）. 部分方差分析结果复制如下.

来源	df	F	p 值
大小	1	11.50	< 0.001
变形	1	22.07	< 0.001
大小 × 变形	1	7.52	< 0.010
误差	153		
总计	156		

由于交互作用显著，采用多重比较法对四个处理均值进行排序 (EER = 0.05). 解释下列结果.

1.49	1.61	1.84	2.95
没有切纸	没有切纸	切纸	切纸
特大号	半张	特大号	半张

12.63 **牙科焦虑研究.** 在牙科诊所回忆一段牙科经历会增加你的焦虑程度吗？在发表于 *Psychological Reports* (August 1997) 的一项研究中，威滕伯格大学的研究人员随机将 74 名心理学本科学生分配到三种实验条件中的一种. 处于"幻灯片"条件的受试者观看了 10 张牙科诊所的幻灯片."调查问卷"条件下的受试者完成了完整的牙科病史调查问卷，其中一个问题要求他们描述他们最糟糕的牙科经历. 处于"对照"组的受试者没有接受任何实际的情形刺激. 所有学生完成牙科恐惧量表，分数从 27 分（无恐惧）到 135 分（极度恐惧）. 幻灯片、问卷和对照组的牙科恐惧均值分别为 43.1、53.8 和 41.8.

(a) 对数据进行完全随机设计的方差分析，结果为 $F = 4.43$，p 值 < 0.05. 请解释这些结果.

(b) 根据这篇文章，采用 Bonferroni 法对三种牙科恐惧均值排名 ($\alpha = 0.05$)，表明对照组和问卷组的牙科恐惧量表得分均值之间存在显著差异，但对照组和幻灯片组的均值之间没有显著差异. 绘制图表来体现上述结果，其中两者均值间没有横线连接说明没有显著差异.

HONEYCOUGH

12.64 **蜂蜜能止咳吗?** 参考 *Archives of Pediatrics and Adolescent Medicine* (December 2007) 关于缓解儿童咳嗽症状的研究, 见练习 12.14. 你是否同意以下说法(摘自文章): 蜂蜜可能是治疗儿童上呼吸道感染引起的咳嗽和睡眠困难的较好方法? 进行多重均值比较回答问题. 证明你选择的多重比较方法的合理性.

12.65 **决策中的内疚感.** 在 2007 年 1 月出版的 *Journal of Behavioral Decision Making* 杂志上, 研究了内疚感对决策者关注问题的影响. 77 名志愿者学生参与了部分实验, 在阅读/写作任务中, 他们被随机分配到三种情绪状态(内疚、愤怒或中立)中的一种.(注: 26 名学生被分配到 "内疚" 状态, 26 名被分配到 "愤怒" 状态, 25 名被分配到 "中立" 状态.) 在任务完成后, 学生们马上面临一个决策问题, 其中所描述的选择主要具有负面特征(例如, 花钱修理一辆非常旧的汽车). 在做出这个决定之前, 研究人员要求每位受试者列出可能的、更有效的替代选择. 然后, 研究人员用完全随机设计的方差分析方法, 比较了三种情绪状态下列出的备选的平均数量. 部分方差分析汇总表如下所示.

来源	df	*F* 值	*p* 值
情绪状态	2	22.68	0.001
误差	74		
总计	76		

(a) 你能从方差分析结果中得出什么结论?

(b) 解释为什么使用 Tukey 多重均值比较法来比较处理均值是不合适的.

(c) 采用 Bonferroni 多重均值比较法对数据进行处理, 实验误差率为 0.05. 请解释 0.05 的含义.

(d) 多重比较得出的结果如下所示. 你能从中得出什么结论?

样本均值:	1.90	2.17	4.75
情绪状态:	愤怒	中立	内疚

12.66 **全麦面包的化学性质.** 全麦面包含有大量的植酸, 会降低营养矿物质的吸收. *Journal of Agricultural and Food Chemistry* (January 2005) 发表了一项研究结果, 以确定酵母是否可以增加全麦面包的溶解度. 以全麦面粉为原料, 制作了四种面包: (1) 添加酵母, (2) 添加酸面团, (3) 不添加酵母或酸面团 (对照), (4) 添加乳酸. 收集每种面包类型在面团发酵过程中的可溶性镁含量(占总镁含量的百分比)的数据, 并使用单因子方差分析进行分析. 采用 Bonferroni 法对四种可溶性镁的平均水平进行两两比较.

(a) Bonferroni 法分析中进行了多少对比较?

(b) 分析的实验误差率为 0.05. 请解释这个值.

(c) 根据(b)小题的实验误差率, Bonferroni 法分析中每次比较使用的比较误差率是多少?

（d）Bonferroni 分析结果汇总如下所示. 哪一个处理镁的平均可溶性水平显著最高? 最低的是哪个处理?

均值	7%	12.5%	22%	27.5%
面包类型	对照	酵母	乳酸	酸面团

12.67 **估算冰川漂移时间.** 参考 *American Journal of Science* (January 2005) 对威斯康星州埋藏的冰碛物化学成分的研究，见练习 12.16. 数据重复显示在下表中. 使用多重比较法对五个钻孔（标为 UMRB-1、UMRB-2、UMRB-3、SWRA 和 SD）的平均铝／铍比值，实验误差率为 0.10. 识别处理均值间存在差异的钻孔.

TILLRATIO

UMRB-1:	3.75	4.05	3.81	3.23	3.13	3.30	3.21
UMRB-2:	3.32	4.09	3.90	5.06	3.85	3.88	
UMRB-3:	4.06	4.56	3.60	3.27	4.09	3.38	3.37
SWRA:	2.73	2.95	2.25				
SD:	2.73	2.55	3.06				

资料来源：Adapted from *American Journal of Science*, Vol. 305, No. 1, Jan. 2005, p. 16 (Table 2).

12.68 **培训方案评估.** (*Academy of Management Journal,* September 1987) 在一个非营利性的研究和发展组织中进行了一项实地实验，以研究员工对培训计划的期望、态度和决定. 特别是，为了研究确定管理人员对一个项目的评价受到他们收到的先前资料和他们参加培训项目的选择程度的影响. 先前资料和选择程度这两个因子分别有两个不同水平. 管理人员收到的有关培训项目的先前信息，要么是对该培训项目和收益的现实描述，要么是倾向于夸大项目益处的传统公告. 选择程度要么低（强制出席），要么高（来自上级要求出席的压力很小）. 21 名管理人员被随机分配到 $2 \times 2 = 4$ 个处理中的任意一个，因此采用 2×2 因子设计. 在培训项目结束时，每位管理人员都被要求对培训的满意度进行打分，7 分制量化（1＝不满意，7＝非常满意）. 对评分进行方差分析，结果如下显示在部分方差分析汇总表中.

来源	df	SS	MS	F
先前资料 (P)	1	—	1.55	—
选择程度 (D)	1	—	22.26	—
PD 交互作用	1	—	0.61	—
误差	80	—	1.43	
总计	83	—		

资料来源：Hicks, W. D., and Klimoski, R. J. " Entry into training programs and its effects on training outcomes: A field experiment," *Academy of Management Journal*, Vol. 30, No. 3, Sept. 1987, p.548.

（a）将方差分析汇总表填写完整.

（b）进行适当的方差分析 F 检验（$\alpha = 0.05$），并解释结果．

（c）下表显示了管理人员对四种先前资料和选择程度组合的样本平均满意评分．使用 Tukey 法对四种处理均值进行排序（$\alpha = 0.05$）．

（d）使用 Scheffé 法对四个处理均值的所有成对组合进行两两比较（$\alpha = 0.05$）．

（e）使用 Bonferroni 法对四种处理均值的所有成对组合进行两两比较（$\alpha = 0.05$）．

（f）比较（c）～（e）小题的结果．

		先前资料	
		现实描述	传统公告
选择程度	高	6.20	6.06
	低	5.33	4.82

资料来源：Hicks, W. D., and Klimoski, R. J. "Entry into training programs and its effects on training outcomes: A field experiment," *Academy of Management Journal*, Vol. 30, No. 3, Sept. 1987, p. 548.

12.9　检验方差分析假设

对于本章中讨论的每一个实验和设计，我们在相关方框中指明了用方差分析方法进行分析时的前提假设．例如，在 12.3 节的方框中，完全随机设计的假设是：（1）所有 p 个处理对应的响应 y 的 p 个概率分布均服从正态分布，（2）p 个处理的总体方差相同．类似地，对于随机区组设计和因子设计而言，处理的数据必须服从具有相等方差的正态概率分布．

这些假设等同于回归分析所需的假设（见 4.2 节）．当然，是因为每个设计背后的响应变量 y 的概率模型是第 4 章中所熟悉的一般线性回归模型．以下是检验方差分析假设可用方法的简要概述．

检验非正态总体

1. 对于每个处理，构造一个响应变量 y 的直方图、茎叶图或正态概率图．查看极度偏斜的分布．[注：对于相对较大的样本（如每个处理中包含 20 个或更多的观测值），方差分析与回归一样，相对于正态性假设是**稳健**的．也就是说，轻微偏离正态分布时对分析得出的推断有效性几乎没有影响．（如果每个处理的样本量都很小，那么这些图表的用处可能很有限．）]

2. 正式的正态性统计检验也可同样适用（例如 **Anderson-Darling 检验**、**Shapiro-Wilk 检验**或 **Kolmogorov-Smirnov 检验**）．原假设是指响应变量 y 服从正态概率分布．然而，这些检验对轻微偏离正态性很敏感．由于在大多数科学应用中，正态性假设不会得到完全满足，因此这些检验很可能导致拒绝原假设，因此在实践中的用处会比较有限．有关这些正式检验的更多信息，请参阅参考文献．

3. 如果响应变量的分布大大偏离正态性，则可能需要进行**正态化转换**．例如，对于极度偏斜的分布，响应变量 y 往往通过转换（如 $\ln(y)$ 或 $\sqrt{y}$），变成"正态化"数据，因为这些函数将分布尾部的观测值"拉"回到均值.

检验不等方差

1. 为每个处理，绘制一个关于 y 的箱图或**频数**（点）图，并观察扩散（变异性）的差异. 如果每个图中响应变量的变异性大致相同，则可能满足等方差假设.[注：方差分析对于**平衡设计**（即每个处理具有相同样本量的设计）的不等方差也是稳健的.]

2. 当每个处理的样本量很小时，频数图上只有几个数据点，因此很难检测出变化的差异. 在这种情况下，你可能需要使用一些合适的方差齐性检验的统计方法. 对于 p 个处理，原假设为 H_0：$\sigma_1^2 = \sigma_2^2 = \cdots = \sigma_p^2$，其中 σ_i^2 是指第 i 个处理的响应变量 y 的总体方差. 如果所有 p 个总体近似服从正态分布，则可以应用 **Bartlett 方差齐性检验**. 当数据来自正态分布（或接近正态分布）时，Bartlett 的检验效果很好. 然而，对于非正态数据，结果可能存在误导性. 在响应变量明显不服从正态分布的情况下，**Levene 检验**更为合适. 下框中显示了这些检验的步骤. 注意，使用 Bartlett 检验统计量需确定样本量是相等还是不等.

3. 当检测到不等方差时，可使用 8.3 节中所讨论的关于响应变量 y 的**方差稳定转换**方法.

Bartlett 方差齐性检验

H_0：$\sigma_1^2 = \sigma_2^2 = \cdots = \sigma_p^2$

H_a：至少有两个方差不同

检验统计量（样本量相等）：

$$B = \frac{(n-1)[p\ln\overline{s}^2 - \sum \ln s_i^2]}{1 + \dfrac{p+1}{3p(n-1)}}$$

其中

$n = n_1 = n_2 = \cdots = n_p$

$s_i^2 = $ 样本 i 的样本方差

$\overline{s}^2 = p$ 个样本方差的均值 $= \left(\sum s_i^2\right)/p$

$\ln x = x$ 的自然对数（即以 e 为底的对数）

检验统计量（样本量不等）：

$$B = \frac{\left[\sum (n_i - 1)\right]\ln\overline{s}^2 - \sum (n_i - 1)\ln s_i^2}{1 + \dfrac{1}{3(p-1)}\left[\sum \dfrac{1}{(n_i - 1)} - \dfrac{1}{\sum (n_i - 1)}\right]}$$

其中

$n_i = $ 样本 i 的样本量

$s_i^2 = $ 样本 i 的样本方差

$\bar{s}^2 = p$ 个样本方差的加权平均值 $= \dfrac{\sum (n_i - 1) s_i^2}{\sum (n_i - 1)}$

$\ln x = x$ 的自然对数（即以 e 为底的对数）

拒绝域：$B > \chi_\alpha^2$，其中 χ_α^2 位于自由度为（$p-1$）的 χ^2 分布上尾面积为 α 处

假设：

1. 从 p 个总体中抽取的样本随机且相互独立.

2. 所有 p 个总体均服从正态分布.

Levene 方差齐性检验

H_0：　$\sigma_1^2 = \sigma_2^2 = \cdots = \sigma_p^2$

H_a：　至少有两个方差不同

检验统计量：　$F = \text{MST} / \text{MSE}$

其中 MST 和 MSE 是通过 p 个处理的方差分析得到的，转换后的响应变量 $y_i^* = |y_i - Med_p|$，Med_p 是第 p 个处理的响应变量 y 的中位数.

拒绝域：$F > F_\alpha$，其中 F_α 为具有 $v_1 = (p-1)$ 和 $v_2 = (n-p)$ 个自由度且上尾面积为 α 的 F 分布值.

假设：

1. 从 p 个处理总体中抽取的样本随机且相对独立.

2. 响应变量 y 是一个连续的随机变量.

例 12.24　参考例 12.4 完全随机设计的方差分析. 回想一下，我们发现三个社会经济阶层大学新生的平均绩点之间存在差异. 检验此分析是否满足方差分析假设.

解　首先，我们来检验正态性假设. 对于本设计，每个处理（组）只有 7 个观测值，因此为每个处理构建图表（例如直方图或茎叶图）将不会提供很多信息. 退而求其次，我们可以合并这三个处理的数据，形成含有 21 个观测值的数据直方图. 响应变量 GPA 的 MINITAB 直方图如图 12.29 所示. 很明显，数据呈近似丘状分布. 这个结果同样可由图 12.30 所示的 GPA 的 MINITAB 正态概率图获得. 图 12.30 还显示了 Anderson-Darling 检验数据是否服从正态性的结果（高亮显示）. 由于检验的 p 值超过 0.10，没有充分的证据（$\alpha = 0.05$）认为数据服从非正态性. 因此，GPA 似乎服从正态分布.

接下来，我们检验方差相等的假设. GPA 的 MINITAB 点图如图 12.31 所示. 注意，每个图中响应变量的变异性大致相同；因此方差相等的假设似乎得到了满足. 为了正式检验原假设 H_0：　$\sigma_1^2 = \sigma_2^2 = \sigma_3^2$，我们同时进行了 Bartlett 和 Levene 方差齐性检验. 我们没有使用方框中显示的计算公式，而是使用统计软件包. 检验的 MINITAB 输出结果如图 12.32 所示. 两个检验的 p 值显示在输出结果的阴影部分中. 由于两个 p 值都超过 $\alpha = 0.05$，因此没有足够的证据来拒绝方差相等的原假设. 总而言之，该数据显示其满足方差相等的假设. ∎

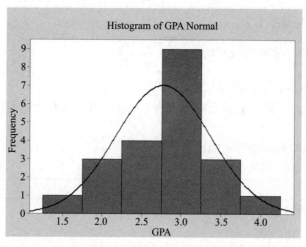

图 12.29 完全随机设计的 GPA 的 MINITAB 直方图

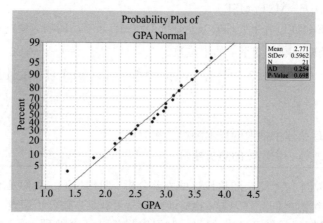

图 12.30 完全随机设计的 GPA 的 MINITAB 概率图和正态性检验

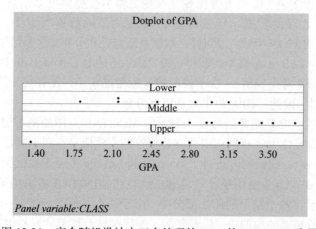

图 12.31 完全随机设计中三个处理的 GPA 的 MINITAB 点图

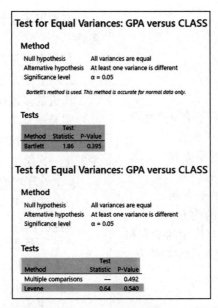

图 12.32　完全随机设计的 GPA 方差齐性检验的 MINITAB 输出结果

　　在大多数实际应用中，假设不会被完全满足．然而，这些方差分析过程是灵活的，因为稍微偏离假设并不会显著地影响分析结果推断的有效性．另一方面，严重违反假设（例如，一个非恒定的方差）将使人们对推断的有效性产生怀疑．因此，你应该将验证假设被（近似地）满足作为标准惯例．

练习 12.9

🔘 **FATIGUE**

12.69　疲劳驾驶时提高驾驶能力. 检验练习 12.11 中完全随机设计方差分析的假设.

🔘 **FERMENT**

12.70　温度对乙醇生产的影响. 检验练习 12.13 中完全随机设计方差分析的假设.

🔘 **HONEYCOUGH**

12.71　蜂蜜能止咳吗？ 检验练习 12.14 中完全随机设计方差分析的假设.

🔘 **LYRICS**

12.72　暴力歌词及其攻击性. 检验练习 12.38 中因子设计方差分析的假设.

🔘 **PRACEXAM**

12.73　考试成绩研究. 检验练习 12.39 中因子设计方差分析的假设.

快速总结

关键符号 / 注释

ANOVA　方差分析　　　　　　　　　　　　　SST　处理平方和

MST 均方处理

SSE 误差平方和

MSE 均方误差

SSB 区组平方和

MSB 均方区组

$a \times b$ 因子设计 一个因子有 a 个水平，另一个因子有 b 个水平的因子设计

SS(A) 主效应因子 A 的平方和

MS(A) 主效应因子 A 的均方

SS(B) 主效应因子 B 的平方和

MS(B) 主效应因子 B 的均方

SS(AB) 因子 $A \times B$ 交互作用的平方和

MS(AB) 因子 $A \times B$ 交互作用的均方

关键思想

设计实验的关键要素

1. 响应（因）变量——定量

2. 因子（自变量）——定量或定性

3. 因子水平（因子值）——由实验员选择确定

4. 处理——因子水平的组合

5. 实验单位——将处理分配给实验单位并测量每个单位的响应变量

平衡设计

每个处理的样本量相等.

因子设计中主效应检验

只有当因子间交互作用不显著时检验才适用.

稳健方法

轻微至中度偏离正态性不会影响方差分析结果的有效性.

完全随机设计中进行有效 F 检验所需的条件

1. 所有 p 个处理总体近似服从正态分布.

2. $\sigma_1^2 = \sigma_2^2 = \cdots = \sigma_p^2$

随机区组设计中进行有效 F 检验所需的条件

1. 所有区组处理总体近似服从正态分布.

2. 所有区组处理总体具有相同的方差.

完整因子设计中进行有效 F 检验所需的条件

1. 所有处理总体近似服从正态分布.

2. 所有处理总体都有相同的方差.

均值的多重比较方法

实验误差率

在方差分析中进行均值多重比较时，至少发生一次第Ⅰ类错误的概率

p 个处理均值两两比较的个数

$$g = p(p-1)/2$$

Tucky 法

1. 平衡设计

2. 均值的两两比较

Bonferroni 法

1. 平衡或不平衡设计

2. 均值的两两比较

Scheffé 法

1. 平衡或不平衡设计

2. 均值的一般对比

带有 p 个处理的完全随机设计的线性模型

$$E(y) = \beta_0 + \beta_1 x_1 + \beta_2 x_2 + \ldots + \beta_{p-1} x_{p-1}$$

其中

$x_1 = \{1,$ 如果处理为 $1; 0,$ 如果不是$\}$,

$x_2 = \{1,$ 如果处理为 $2; 0,$ 如果不是$\}, \cdots,$

$x_{p-1} = \{1,$ 如果处理为 $p-1; 0,$ 如果不是$\}$

带有 p 个处理和 b 个区组的随机区组设计的线性模型

$$E(y) = \beta_0 + \underbrace{\beta_1 x_1 + \beta_2 x_2 + \ldots + \beta_{p-1} x_{p-1}}_{\text{处理项}} +$$

$$\underbrace{\beta_p x_p + \beta_{p+1} x_{P+1} + \ldots + \beta_{p+b-2} x_{p+b-2}}_{\text{区组项}}$$

其中

$x_1 = \{1,$ 如果处理为 $1; 0,$ 如果不是$\}$,

$x_2 = \{1,$ 如果处理为 $2; 0,$ 如果不是$\}, \cdots,$

$x_{p-1} = \{1,$ 如果处理为 $p-1; 0,$ 如果不是$\}$,

$x_p = \{1,$ 如果区组为 $1; 0,$ 如果不是$\}$,

$x_{p+1}=\{1,$ 如果区组为$2;0,$ 如果不是$\},\cdots,$

$x_{p+b-2}=\{1,$ 如果区组为$b-1;0,$ 如果不是$\}$

一个完整因子区组设计的线性模型，因子 *A* 有 *a* 个水平，因子 *B* 有 *b* 个水平

$$E(y)=\beta_0+\underbrace{\beta_1 x_1+\beta_2 x_2+\ldots+\beta_{a-1}x_{a-1}}_{\text{因子}A\text{主效应项}}+$$

$$\underbrace{\beta_a x_a+\beta_{a+1}x_{a+1}+\ldots+\beta_{a+b-2}x_{a+b-2}}_{\text{因子}B\text{主效应项}}+$$

$$\underbrace{\beta_{a+b-1}x_1 x_a+\beta_{a+b}x_1 x_{a+1}+\ldots+\beta_{ab-1}x_{a-1}x_{b-1}}_{A\times B\text{交互项}}$$

其中

$x_1=\{1,$ 如果是因子 *A* 第 1 水平；$0,$ 如果不是 $\}$

$x_2=\{1,$ 如果是因子 *A* 第 2 水平；$0,$ 如果不是 $\},\cdots,$

$x_{a-1}=\{1,$ 如果是因子 *A* 第 $a-1$ 水平；$0,$ 如果不是 $\}$

$x_a=\{1,$ 如果是因子 *B* 第 1 水平；$0,$ 如果不是 $\}$

$x_{a+1}=\{1,$ 如果是因子 *B* 第 2 水平；$0,$ 如果不是 $\},\cdots,$

$x_{a+b-2}=\{1,$ 如果是因子 *B* 第 $b-1$ 水平；$0,$ 如果不是 $\}$

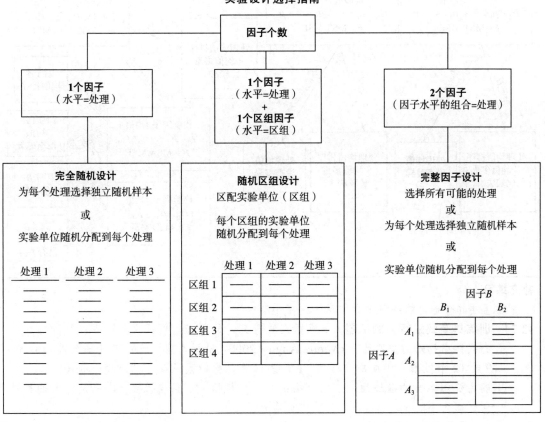

实验设计选择指南

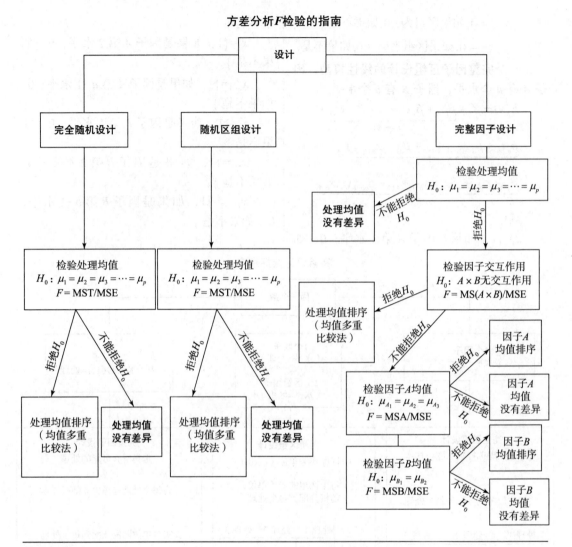

方差分析F检验的指南

补充练习

（注：以星号 (*) 标记的练习来自本章的选修小节．）

12.74 训练具有蚂蚁行为的机器人. 机器人学研究人员调查了机器人是否可以被训练成具有蚁群中蚂蚁的类似行为 (*Nature*,August 2000). 机器人被训练并随机分配到由 3、6、9 或 12 个机器人组成的"群体". 这些机器人被指派了搜寻"食物"的任务，并在确定资源丰富的区域后，它们会招引另一个机器人. 实验的目标之一是比较四种不同群体大小的（每个机器人）平均能量消耗.

（a）采用何种实验设计?

（b）识别处理和因变量.

（c）提出检验的原假设和备择假设.

（d）方差分析结果如下：$F = 7.70$，分子自由度 $= 3$，分母自由度 $= 56$，p 值 < 0.001. 当 $\alpha = 0.05$ 时进行检验，并解释结果.

（e）选择实验误差率为 0.05，对四种群体大小的平均能量消耗进行多重比较，结果总结如下. 在这个分析中进行了多少个成对比较？并解释结果.

样本均值：	0.97	0.95	0.93	0.80
群体量：	3	6	9	12

12.75 **复读儿童的身高**. *Archives of Disease in Childhood* (April 2000) 发表了一项关于身高是否会影响孩子在小学阶段的学习发展的研究. 在每一个年级中，澳大利亚学生根据年龄被三等分（最小的三分之一、中等的三分之一和最大的三分之一）. 研究人员通过方差分析比较了三组学生的平均身高（所有身高测量都使用 z 分数标准化）. 按性别分组的所有年级组合的结果汇总见下方表格.

（a）男孩数据的方差分析的原假设是什么？

（b）写出适合分析数据的线性模型.

（c）解释（a）小题的检验结果（$\alpha = 0.05$）.

（d）对女孩的数据重复（a）～（c）小题操作.

（e）结合实际阐述假设检验的结果.

（f）在 $\alpha = 0.05$ 时，采用 Bonferroni 法对男孩的三种平均身高进行排序，结果总结如下.（回想一下，所有的测量身高都是通过 z 分数进行标准化的.）并解释结果.

（g）研究人员没有对三组女孩的平均身高进行 Bonferroni 法分析. 解释为什么不进行分析.

	样本量	最小的三分之一平均身高	中等的三分之一平均身高	最大的三分之一平均身高	F 值	p 值
男孩	1 439	0.33	0.33	0.16	4.57	0.01
女孩	1 409	0.27	0.18	0.21	0.85	0.43

资料来源：Reproduced from *Archives of Disease in Childhood*, "Does height influence progression through primary school grades?" Melissa Wake, David Coghlan, and Kylie Hesketh, Vol. 82, Issue 4, April 2000, with permission from BMJ Publishing Group Ltd.

样本均值：	0.16	0.33	0.33
年龄组：	最大的	最小的	中等的

12.76 **头发颜色和疼痛**. 澳大利亚墨尔本大学的研究表明，金发女性和黑发女性的疼痛阈值可能存在差异. 不同年龄的男性和女性根据头发颜色分为四类：浅金色、深金色、浅黑色和深黑色. 该实验的目的是确定头发颜色是否与普通意外事故和各种类型创伤引起的疼痛程度有关. 实验中的每个人都根据他在疼痛敏感性测试中的表现评估疼痛阈值分数（分数越高，这个人的疼痛耐受力越强）. 数据列在下表中.

HAIRPAIN

浅金色	深金色	浅黑色	深黑色	浅金色	深金色	浅黑色	深黑色
62	63	42	32	55	41	37	30
60	57	50	39	48	43		35
71	52	41	51				

（a）根据所提供的资料，采用了哪种实验设计？

（b）进行检验，以确定四种不同头发颜色的人的平均疼痛阈值是否存在差异（$\alpha=0.05$）.

（c）（b）小题检验所观察到的显著性水平是多少？并加以解释.

（d）为了确保你在（b）小题所做的推断有效，必须满足哪些假设？

12.77 **姓名游戏.** 英国兰卡斯特大学的心理学家在受控环境下对三种名字检索方法进行了评估（*Journal of Experimental Psychology—Applied,* June 2000）. 139 名学生被随机分为三组，每组学生用不同的方法来熟记组内其他学生的名字. 第一组采用"简单姓名游戏"，第一名学生说出自己的全名，第二名学生说出自己的名字和第一名学生的名字，第三名学生说出自己的名字和前两名学生的名字，等等. 第二组使用了"精心设计的姓名游戏"，这是对简单姓名游戏的一种改进，学生们不仅要说出自己的名字，还要说出他们最喜欢的活动（如体育运动）. 第三组采用"成对介绍"，即学生被分成两组，每个学生必须介绍另一个成员. 一年后，所有的受试者都收到了他们组学生的照片，并被要求说出每个人的全名. 研究人员计算受试者正确记忆名字的百分比. 数据（根据研究文章中提供的汇总统计进行模拟）如下表所示. 进行方差分析以确定三种姓名检索方法的记忆率均值是否存在差异（$\alpha=0.05$）.

NAMEGAME

						简单姓名游戏							
24	43	38	65	35	15	44	44	18	27	0	38	50	31
7	46	33	31	0	29	0	0	52	0	29	42	39	26
51	0	42	20	37	51	0	30	43	30	99	39	35	19
24	34	3	60	0	29	40	40						
						精心设计的姓名游戏							
39	71	9	86	26	45	0	38	5	53	29	0	62	0
1	35	10	6	33	48	9	83	33	12	5	0	0
25	36	39	1	37	2	13	26	7	35	3	8	55	50
						成对介绍							
5	21	22	3	32	29	32	0	4	41	0	27	5	9
66	54	1	15	0	26	1	30	2	13	0	2	17	14
5	29	0	45	35	7	11	4	9	23	4	0	8	2
18	0	5	21	14									

资料来源：Morris, P. E., and Fritz, C. O. " The name game: Using retrieval practice to improve the learning of names," *Journal of Experimental Psychology—Applied*, Vol. 6, No. 2, June 2000 (data simulated from Figure 1). Copyright © 2000, American Psychological Association, reprinted with permission.

12.78 **有害的有机溶剂** . *Journal of Hazardous Materials* (July 1995) 发表了一项关于用于清洁金属部件的三种不同类型的有害有机溶剂（芳烃、氯烷和酯）化学性质的研究结果 . 研究的一个变量是吸附率，用摩尔分数表示 . 检验每种类型溶剂的独立样本，并记录其吸附率，如下表所示 .

（a）为该完全随机设计构建方差分析表 .

（b）是否有证据说明三种有机溶剂的平均吸附率存在差异（$\alpha = 0.10$）？

（c）使用 Bonferroni 法来确定哪对处理均值存在显著差异 .

（d）检验完全随机设计方差分析的假设 .

SORPRATE

芳烃		氯烷		酯		
1.06	0.95	1.58	1.12	0.29	0.43	0.06
0.79	0.65	1.45	0.91	0.06	0.51	0.09
0.82	1.15	0.57	0.83	0.44	0.10	0.17
0.89	1.12	1.16	0.43	0.61	0.34	0.60
1.05				0.55	0.53	0.17

资料来源：Reprinted from *Journal of Hazardous Materials*, Vol. 42, No. 2, J. D. Ortego et al., " A review of polymeric geosynthetics used in hazardous waste facilities." p. 142 (Table 9), July 1995, Elsevier Science-NL, Sara Burgerhartstraat 25, 1055 KV Amsterdam, The Netherlands.

12.79 **牛仔裤工厂的缺勤率** . 英国一家生产牛仔裤的工厂最近引进了计算机自动处理系统 . 新系统通过头顶的传送带把服装送到装配线上的操作员手中 . 虽然自动化系统使操作员的操作时间最小化，但它也限制了操作员提前工作和中途休息 . *New Technology, Work, and Employment* (July 2007) 的一项研究调查了新处理系统对牛仔裤厂工人缺勤率的影响 . 有一种理论认为，平均缺勤率会随着工作日的不同而有所不同，因为操作员为缓解工作压力会选择缺勤一天 . 随机选择 9 周，并确定每周工作日（周一至周五）的缺勤率（缺勤工人百分比），数据列在下表中 . 对数据进行完全分析，以确定一周五天的工作日中平均缺勤率是否存在差异 .

JEANS

周次	周一	周二	周三	周四	周五
1	5.3	0.6	1.9	1.3	1.6
2	12.9	9.4	2.6	0.4	0.5
3	0.8	0.8	5.7	0.4	1.4
4	2.6	0.0	4.5	10.2	4.5
5	23.5	9.6	11.3	13.6	14.1
6	9.1	4.5	7.5	2.1	9.3
7	11.1	4.2	4.1	4.2	4.1
8	9.5	7.1	4.5	9.1	12.9
9	4.8	5.2	10.0	6.9	9.0

资料来源：Boggis, J. J. " The eradication of leisure," *New Technology, Work, and Employment*, Volume 16, Number 2, July 2001 (Table 3).

12.80 矮灌木和火灾. Rugel's pawpaw 是一种濒临灭绝的矮灌木. 斯泰森大学的生物学家进行了一项实验, 以确定火灾对灌木生长的影响 (*Florida Scientist,* Spring 1997). 在一个灌木丛生的牧场上, 选择了 12 块实验田. 在每个实验田内, 3 棵 pawpaws 被随机分配给三种处理方式之一: 遭受火灾、被修剪和不被操作 (作为对照). 5 个月后, 这 36 棵灌木中每一棵的开花数被记录. 本研究的目的是比较三个处理下 (火烧、修剪和对照) pawpaws 的平均开花数.

(a) 确定采用的实验设计类型, 包括处理、响应变量和实验单位.

(b) 用类似图 12.9 所示的图形说明设计布局.

(c) 建立适合分析数据的线性模型.

(d) 数据的方差分析结果表明, 检验统计量为 $F = 5.42$, 处理的 p 值为 0.009. 请解释这个结果.

(e) 在 $\alpha = 0.05$ 时, 用 Tukey 法比较三个处理均值, 并解释以下结果.

平均开花数:	1.17	10.58	17.08
处理:	对照	修剪	火烧

12.81 环氧涂层钢的防腐性能. 环氧树脂的有机涂料被广泛用于保护钢和金属免受风化和腐蚀. 希腊雅典国立技术大学的研究人员研究了锌颜料配制的不同环氧涂料对钢的防腐性能, 试图找到具有最佳防腐性能的环氧涂料 (*Pigment and Resin Technology,* Vol. 32, 2003). 实验单位是由钢板切割而成的矩形面板. 每个面板都涂有四种不同的涂料之一, 即 S1、S2、S3 和 S4. 为每种涂料都准备了三个面板. (这些面板标记为 S1-A, S1-B, S1-C, S2-A, S2-B, …, S4-C). 每个涂层板都浸在去离子水和去氧水中, 进行腐蚀测试. 由于接触时间可能对防腐性能有很强的影响, 研究人员试图通过实验设计来消除这一外来的变异源. 暴露时长固定在 24 小时、60 天和 120 天. 对于每一种涂料, 一个面板随机暴露在水中 24 小时, 一个面板随机暴露在水中 60 天, 另一个面板随机暴露在水中 120 天. 暴露后, 测定每个面板的腐蚀速率 (纳安 / 平方厘米). 腐蚀速率越低, 涂料的防腐性能越好. 数据见下表. 环氧树脂处理均值有差异吗? [提示: 数据分析采用随机区组设计, 分 3 个区组 (时长) 和 4 个处理 (涂料).]

🔵 **EPOXY**

暴露时长	涂料 S1 (面板)	涂料 S2 (面板)	涂料 S3 (面板)	涂料 S4 (面板)
24 小时	6.7(A)	7.5(C)	8.2(C)	6.1(B)
60 天	8.7(C)	9.1(A)	10.5(B)	8.3(A)
120 天	11.8(B)	12.6(B)	14.5(A)	11.8(C)

资料来源: Kouloumbi, N. et al. "Anticorrosion performance of epoxy coatings on steel surface exposed to de-ionized water," *Pigment and Resin Technology*, Vol. 32, No. 2, 2003 (Table Ⅱ).

12.82 贻贝在藻类上聚集. 在新西兰 90 英里的海滩上, 贻贝幼虫大量生长在漂浮物中. 这些幼虫往往以藻类为食. 奥克兰大学的环境学家调查了藻类种类对漂浮物中贻贝幼虫数量的影响 (*Malacologia*, February 8, 2002). 收集了 90 英里海滩上三次不同冲刷事件的漂浮物；每次冲刷时，藻类被分成四层：粗枝藻、中枝藻、细枝藻和水螅藻类．在 $3 \times 4 = 12$ 个事件 / 藻类层组合中，每个组合随机抽取 2 个样本，分别测量贻贝密度（百分比 / 平方厘米）．数据分析采用完整的 3×4 因子设计．方差分析汇总表如下所示．

(a) 识别本实验中的因子（和水平）．

(b) 实验中包括多少个处理？

(c) 实验中包含了多少次重复？

(d) 实验的总样本量是多少？

(e) 测量的响应变量是什么？

(f) 应先对哪项进行方差分析 F 检验？进行检验（$\alpha = 0.05$），并解释结果．

来源	df	F	p 值
事件	2	0.35	> 0.05
藻类层	3	217.33	< 0.05
交互	6	1.91	> 0.05
误差	12		
总计	23		

(g) 如果需要，对主效应进行 F 检验（$\alpha = 0.05$），并解释结果．

(h) 下表总结了四种藻类层均值的 Tukey 法多重比较（$\alpha = 0.05$）. 哪对均值存在显著差异？

平均密度（百分比 / 平方厘米）	9	10	27	55
藻类层	粗枝藻	中枝藻	细枝藻	水螅藻类

12.83　去除水中的细菌． 在 *Environmental Science and Engineering* (September 1, 2000) 上研究了一种用于去除水中细菌的凝结 – 微滤工艺．首尔大学的化学工程师进行一项设计实验，以评估凝结剂的浓度和酸碱度（pH）对该工艺凝结效率的影响．采用 6 种浓度的凝结剂（5、10、20、50、100 和 200 毫克 / 升）和 6 种 pH 值（4.0、5.0、6.0、7.0、8.0 和 9.0）．将收集自韩国首尔汉江的水样本放入广口瓶中，每个广口瓶随机分配给 $6 \times 6 = 36$ 种凝结剂和 pH 值组合中的一种．

(a) 本研究采用何种实验设计？

(b) 识别研究的因子、因子水平和处理．

12.84　婴儿学习人工语言． *Science* (January 1, 1999) 报道了 7 个月大的婴儿学习一门陌生语言的能力．在一项实验中，16 名婴儿接受了人工语言训练．然后，给每个婴儿学习两句由三个单词组成的句子（例如，"wo fe wo"）．一个句子是一致的（即由训练中相同的语法构造），另一个句子是不一致的（即由婴儿训练中未接受过的语法构造）．每个实验中测量的变量是婴儿听培训师说话的时间（以秒为单位），目的是比较一致和不一致句子的平均听音时间．

(a) 数据分析采用随机区组设计,16 名婴儿代表区组，两种句子类型（一致和不一致）代表处理．你同意这种数据分析方法吗？并加以解释．

(b) 根据（a）小题，处理的检验统计量 $F = 25.7$，其相关显著性水平 $p < 0.001$．请解释这个结果．

(c) 解释为什么数据也可以进行配对差异分析，检验统计量 $t = 5.07$．

(d) 两个处理的平均听音时间和标准差见下表．利用这些信息来计算 F 统计量，在完全随机设计的方差分析中比较处理均值．解释为什么这个检验统计量相比（b）

小题的检验提供了更弱的证据来表明处理均值之间存在差异.

(e) 解释为何对本实验的处理均值进行排序时,不需要控制实验误差率.

	一致语句	不一致语句
均值	6.3	9.0
标准差	2.6	2.16

12.85 酒精和婚姻交流 . 为了研究酒精对夫妻婚姻交流的影响,*Journal of Abnormal Psychology* (November 1998) 进行了一项实验 . 共有 135 对夫妇参与了实验 . 根据采访和问卷调查,每对夫妇中的丈夫被分为攻击性(60 名丈夫)和非攻击性(75 名丈夫). 在观察夫妻之间的婚姻交流之前,每个丈夫被随机分为三组:不喝酒,喝一些混合酒,或者喝安慰剂(伪装成混合酒的非酒精饮料). 因此,采用 2×3 因子设计,攻击性分为 2 个水平(攻击性或非攻击性)和酒精状况分为 3 个水平(无酒精、酒精和安慰剂). 在婚姻交流中观察到的响应变量是冲突的严重程度(以 100 分制衡量).

(a) 右面显示部分方差分析表 . 填补缺失的自由度 .

(b) 解释攻击性的 F 检验的 p 值 .

(c) 解释酒精状态的 F 检验的 p 值 .

(d) 本文章省略了交互作用的 F 检验 . 讨论在不知道交互作用检验结果的情况下,根据(b)、(c)小题的检验进行推断的风险 .

来源	自由度	F	p 值
攻击性 (A)	—	16.43	< 0.001
酒精状态 (C)	—	6.00	< 0.01
A × C	—		
误差	129		
总计	—		

12.86 一场势均力敌的刺激比赛 . 女性和男性一样喜欢一场势均力敌的篮球比赛带来的刺激吗?为回答这个问题,研究人员招募了男大学生和女大学生参加一个实验(*Journal of Sport and Social Issues,* February 1997). 这些学生观看了最近美国大学生体育协会 (NCAA) 举办的八场篮球比赛直播之一 .(没有一场比赛涉及学生情绪激动的主场球队 .)每场比赛的"悬念"根据比赛结束时得分的接近程度分为四类:最小(15 分或更大的差距)、中等(10~14 分的差距)、较大(5~9 分的差距)和极端(1~4 分的差距). 比赛结束后,每个学生对自己的愉悦程度进行打分,采取 11 分制,从 0 分(一点也不喜欢)到 10 分(非常喜欢)不等 . 以悬念(4 个水平)和性别(2 个水平)为 2 个因子,采用 4×2 因子设计进行数据分析 . 4×2=8 个处理均值见下表 .

悬念	性别		悬念	性别	
	男性	女性		男性	女性
最小	1.77	2.73	较大	7.16	7.52
中等	5.38	4.34	极端	7.59	4.92

资料来源:Gan, Su-lin, et al. " The thrill of a close game:Who enjoys it and who doesn't," *Journal of Sport and Social Issues*, Vol. 21, No. 1, Feb. 1997, pp. 59–60.

(a) 绘制类似于图 12.15 的处理均值图 . 图中是否暗示了悬念和性别之间存在交互作用?请加以解释 .

（b）交互作用的方差分析 F 检验得出以下结果：分子自由度 =3，分母自由度 =68，F=4.42，p 值 =0.007. 你能从这些结果中推断出什么？

（c）根据（b）小题的检验结果，无论比赛的悬念水平如何，男女平均愉悦水平之间的差异是否相同？

12.87　你幸运吗？ 超心理学家将"幸运的"人定义为那些看似偶然的事件往往总是对他们有利的个体. 一组英国心理学家设计了一项实验，以研究运气和竞争对猜测任务表现的影响（*Journal of Parapsychology*, March 1997）. 在 56 名大学生的抽样调查中，根据他们对幸运问卷调查的回答，每个人被划分为幸运、不幸运和不确定当中的一种. 之后，参与者被随机分配到竞争或非竞争的情形中，让所有学生猜测 50 次抛硬币的结果. 测量的响应变量是猜对硬币的百分比.

（a）对数据进行 2×3 因子设计的方差分析. 识别此设计的因子及其水平.

（b）下表总结了方差分析的结果. 请结合内容充分解释结果.

来源	自由度	F	p 值
幸运（L）	2	1.39	0.26
竞争 (C)	1	2.84	0.10
L×C	2	0.72	0.72
误差	50		
总计	55		

12.88　补充维生素 B 的影响. 在 *Journal of Nutrition* (July 1995) 上，佐治亚大学的研究人员研究了维生素 B 补充剂（烟酰胺）对肾脏的影响. 实验的"对象"是 28 只朱克鼠——一种容易出现肾脏问题的物种. 老鼠被划分为一半肥胖和一半饥瘦两组. 在每一组中，一半被随机分配到补充维生素 B 的饮食组，另一半则分配到没有补充维生素 B 的常规组. 进行 2×2 因子实验，7 只朱克鼠被分配到体型（饥瘦或肥胖）和饮食（补充或不补充）的 4 种组合中的每一种. 其中一个测量的响应变量是 20 周喂养期结束时鼠肾脏的重量（以克为单位）. 表中显示了数据（从期刊文章提供的汇总信息模拟得到）.

VITAMINB

		饮食			
		常规组		维生素 B 组	
老鼠体型	饥瘦	1.62	1.47	1.51	1.63
		1.80	1.37	1.65	1.35
		1.71	1.71	1.45	1.66
		1.81		1.44	
	肥胖	2.35	2.84	2.93	2.63
		2.97	2.05	2.72	2.61
		2.54	2.82	2.99	2.64
		2.93		2.19	

（a）对数据进行方差分析. 在方差分析表中汇总结果.

（b）进行适当的方差分析 F 检验（$\alpha = 0.01$），并解释结果.

🔵 MUM

12.89 不愿传递坏消息. 人们往往不愿意把坏消息传递给同伴. 这一现象被称为"沉默效应"（MUM effect），研究结果发表在 *Journal of Experimental Social Psychology*, Vol. 23, 1987 上，其中两种理论被检验. 第一种理论认为，沉默效应是个人情感上的厌恶.（如果是这样的话，不管受害者是否看到，人们都会呈现出这种效应.）第二种理论认为，沉默效应是一种公开展示.（如果是这样的话，当受害者出现在面前时，效应会更明显.）研究人员进行了一项对照实验，以确定两种理论中哪个解释对沉默效应更合理. 杜克大学的 40 名本科生都被要求对另一名学生进行智商测试，然后向测试者提供他的分数的百分位数. 受试者不知道的是，测试者是一名与研究人员一起的同盟学生. 实验包含 2 个因子：受试者的可见性和同盟的成功，每个因子都具有 2 个水平. 对受试者的可见性进行如下操作：一些受试者被告知测试者可以通过一块玻璃板看到他们，而另一些受试者被告知测试者通过一面单向镜无法看到他们. 同盟的成功是指通过向受试者提供两个伪造的答案之一. 答案正确可使同盟在杜克大学的所有本科生中的排名位于前 20%，答案错误将使同盟排名处于后 20%. 共有 2×2=4 个因子组合，每个组合随机分配 10 名受试者，也就是说进行 10 次重复的 2×2 因子设计实验. 反馈延迟作为描述行为的变量之一，在实验中被测量和记录，其定义为测试结束到受试者向测试者提供反馈之间的时间差（以秒为单位）. 受试者反馈分数的时间越长，沉默效应就越大.（模拟的）实验数据保存在 MUM 文件中. 对该数据进行完整的方差分析. 这两个因子受试者的可见性和同盟的成功，对沉默效应有影响吗？如果有，这些因子间相互独立的吗？

12.90 酸雨对土壤 pH 值的影响. 酸雨是由云中的水蒸气与煤、石油燃烧排放的产物一氧化二氮、二氧化硫结合而成. 为了确定酸雨对自然生态系统中土壤 pH 值的影响，佛罗里达大学食品和农业科学研究所的工程师们在佛罗里达州盖恩斯维尔附近的一块实验田里灌溉了 3.7 和 4.5 两个 pH 值的雨水. 然后在 0～15 厘米、15～30 厘米和 30～46 厘米三个不同的深度测量土壤的酸度. 实验在三个不同的时间进行. 得到的土壤 pH 值如下表所示. 将实验设计为 3 个区组的 2×3 因子分析，其中因子为 2 个 pH 水平的酸雨和 3 个水平的土壤深度，区组为 3 个不同时间.

🔵 ACIDRAIN

		4 月 3 日酸雨 pH 值		6 月 16 日酸雨 pH 值		6 月 30 日酸雨 pH 值	
		3.7	4.5	3.7	4.5	3.7	4.5
土壤深度（厘米）	0～15	5.33	5.33	5.47	5.47	5.20	5.13
	15～30	5.27	5.03	5.50	5.53	5.33	5.20
	30～46	5.37	5.40	5.80	5.60	5.33	5.17

资料来源：" Acid rain linked to growth of coal-fired power," *Florida Agricultural Research*, 83, Vol. 2, No. 1, Winter 1983.

(a) 建立适合分析数据的线性方程模型.

(b) 将模型拟合数据, 并建立方差分析表.

(c) 是否有证据表明酸雨的 pH 值水平与土壤深度之间存在交互作用 ($\alpha = 0.05$)?

(d) 进行一项检验, 以确定随着时间的推移, 区组是否能有效地消除外来变异源 ($\alpha = 0.05$).

12.91 **唐氏综合征大脑特化.** 大多数人都是右撇子, 因为他们的左脑倾向于控制顺序运动. 同样, 有些任务用左手完成得更好, 这可能是因为右脑对处理必要信息存在优势. 这种大脑分区处理的特化是否也发生在患唐氏综合征的成年人身上? 为了回答这个问题, 进行一个 2×2 因子实验 (*American Journal on Mental Retardation*, May 1995). 一组患有唐氏综合征的成年人与一组年龄相仿的正常人进行比较. 因此, 一个因子身体状况有 2 个水平 (唐氏综合征和对照组), 第二个因子是受试者的惯用手 (左或右). 所有的受试者都完成了一项典型的左手优势的任务. 响应变量为 "偏侧指数", 测量得分在 -100 到 100 之间 (大的正指数表示右手优势, 大的负指数表示左手优势.)

(a) 识别本实验设计的处理.

(b) 绘制一个图以支持这两个因子之间不存在交互作用.

(c) 绘制一个图以支持这两个因子之间存在交互作用.

(d) 因子间交互作用的 F 检验相关显著性水平为 $p < 0.05$, 请解释这个结果.

(e) 对所有处理均值进行两两多重比较, 排序结果如下所示, 请结合实际解释结果.

(f) (e) 小题中的实验误差率为 $\alpha = 0.05$, 请解释这个值.

偏侧指数均值:	-30	-4	-0.5	0.5
身体状况 / 惯用手:	唐氏 / 左	对照 / 右	对照 / 左	唐氏 / 右

12.92 **卡车司机工作满意度.** 卡车司机的流动对承运商和托运人来说都是一个大问题. 由于了解掌握司机工作态度对于预测和控制未来人员流动具有价值, 进而开展对卡车司机工作态度的研究 (*Transportation Journal*, Fall 1993). 研究中考虑的两个因子是职业阶段和路上时间跨度, 职业阶段分为 3 个水平: 早期 (2 年以内)、中期 ($3 \sim 10$ 年) 和晚期 (10 年以上). 路上时间分为较短 (一个周末或更少) 和较长 (一个周末以上). 在职业阶段和路上时间的 $3 \times 2 = 6$ 个组合中, 每组都收集了司机对工作满意度的数据 (工作满意度以 5 分制来衡量, 1= 非常不喜欢, 5= 非常喜欢.)

来源	F 值	p 值
职业阶段 (CS)	26.67	$p \leqslant 0.001$
路上时间 (RT)	0.19	$p > 0.05$
CS $\times$ RT	1.59	$p < 0.05$

资料来源: McElroy, J.C., etal. "Career stage,time spent on the road, and truckload driver attitudes," *Transportation Journal*, Vol. 33, No. 1, Fall 1993, p. 10 (Table 2).

(a) 识别本实验的响应变量.

（b）识别本实验的因子．

（c）识别本实验的处理．

（d）方差分析表如上所示，请结合实际解释结果．

（e）研究人员推断，路上时间对工作满意度的影响可能因司机的职业阶段不同而不同．上述结果支持这个理论吗？

（f）研究人员还推断，职业阶段影响卡车司机的工作满意度．上述结果支持这个理论吗？

*（g）由于在 3×2 因子方差分析中，发现职业阶段是唯一重要的因子，所以使用 Bonferroni 法比较三个职业阶段（早期、中期和晚期）的平均工作满意度水平．如果研究人员希望 α 的总体显著水平为 0.09，请计算分析中使用的调整后的 α 值．

*（h）这里给出了三个职业阶段的样本平均工作满意度水平，假设每个阶段的样本量相等，Bonferroni 法的临界差 $B = 0.06$，对处理均值进行排序．

工作满意度均值	3.47	3.38	3.36
职业阶段	早期	中期	晚期

12.93 **不同组织类型的表现．**在商业领域，普遍认为根据企业的战略概况，可将企业分为四种类型：由行业力量主导的反应者；专门致力于降低产品成本且保持产品质量的捍卫者；开发新产品或者改良产品的开拓者；在一个稳定和一个动态产品领域运作的分析者．*American Business Review* (January 1990) 报道了一项研究，该研究提出了第五种组织类型，即在一个稳定和两个动态产品领域中运作的平衡者．由 78 家玻璃器皿公司组成的样本中，每一家公司都被归为这五种类型之一，并对公司的表现水平（工艺研发比）均值进行检验．

（a）数据的完全随机设计方差分析导致处理（组织类型）的检验统计量 F 值显著（$\alpha = 0.05$），请解释这个结果．

（b）下表总结了五个表现水平均值的多重比较（使用 Tukey 法且 $\alpha = 0.05$），请解释结果．

均值	0.138	0.235	0.820	0.826	0.911
类型	反应者	捍卫者	开拓者	分析者	平衡者

资料来源：Wright, P., et al. "Business performance and conduct of organization types: A study of select special purpose and laboratory glassware firms," *American Business Review*, Jan. 1990, p. 95 (Table 4).

12.94 **除去纸上的水．**当纸张通过烘干机时，从纸上去除水的百分比取决于烘干机的温度和纸张通过烘干机时的速度．在实验室进行一项实验，以研究三个温度水平（100 ℉、120 ℉和 140 ℉）的烘干机温度 T 和三个水平（10 秒、20 秒和 30 秒）的烘干时间 E（与速度有关）之间的关系．$3 \times 3 = 9$ 个因子水平组合中，各制备 4 个纸样进行测量，数据（去除水的百分比）见下表．使用统计软件包对数据进行完整的分析．

⊙ **DRYPAPER**

		温度 (T)					
		100		**120**		**140**	
	10	24	26	33	33	45	49
		21	25	36	32	44	45
烘干时间 (E)	20	39	34	51	50	67	64
		37	40	47	52	68	65
	30	58	55	75	71	89	87
		56	53	70	73	86	83

12.95　**审计人员风险的研究.** *Accounting Review* (January 1991) 发表了关于审计人员确认应收账户和核查销售交易两个因子对账户错报风险的影响研究. 这两个因子具有两个相同水平：完成或未完成. 因此，实验设计为 2×2 因子分析.

(a) 识别本实验的因子、因子水平和处理.

(b) 解释在本实验中因子间交互作用的意义.

(c) 右图中显示了假设的 2×2=4 个处理的平均错报风险. 在这个假设情况下，是否存在交互作用?

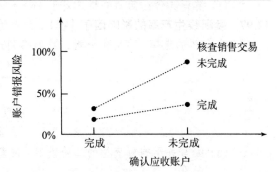

资料来源：Brown, C. E. and Solomon, I. "Configural information processing in auditing: The role of domain-specific knowledge," *Accounting Review*, Vol. 66, No. 1, Jan 1991, p. 105 (Figure 1).

12.96　**装配线生产率的影响因子.** 监督装配操作的生产经理想要调查零件的到达率（零件数 / 分）x_1 和室温 x_2 对生产率 y（产品数 / 分）的影响. 零件通过传送带传送给工人，如果在第一次通过装配点时没有被接收进行装配，则会再次传给工人. 人们认为，零件到达率的增加对装配率有积极的影响，而达到一定程度后，到达率的增加可能会惹恼工人，从而降低生产率. 同样，有人认为降低室温在一定程度上是有益的，而达到一定程度后，降低室温可能会降低生产率. 实验中的每个工人使用相同的装配位置. 32 名工人进行实验，4×4 因子实验共有 16 个因子水平组合，每个组合随机分配 2 名工人. 数据以 5 分钟内平均每分钟的零件数为单位进行记录，如下表所示.

⊙ **ASSEMBLY1**

		到达率 x_1（零件数 / 分）							
		40		**50**		**60**		**70**	
	65	24.0	23.8	25.6	25.4	29.2	29.4	28.4	27.6
室温 x_2（°F）	70	25.0	26.0	28.8	28.8	31.6	32.0	30.2	30.0
	75	25.6	25.0	27.6	28.0	29.8	28.6	28.0	27.0
	80	24.0	24.6	27.6	26.2	27.6	28.6	26.0	24.4

(a) 对数据进行方差分析. 计算完成方差分析表.

(b) 建立方差分析所隐含的线性模型.(提示：一个定量变量在 4 个水平上被记录，主效应包括 x、x^2 和 x^3 项.)

(c) 这些数据是否提供了足够的证据来表明 4×4 因子实验中 16 个处理的响应变量均值之间存在差异？检验使用 $\alpha = 0.05$.

(d) 数据是否提供充分的证据表明对于工人生产率而言，到达率 x_1 和室温 x_2 之间存在交互作用？检验使用 $\alpha = 0.05$.

(e)(b) 小题中的线性模型与数据进行拟合后，计算 R^2 值.

(f) 解释为什么回归分析是对于 (a) ~ (e) 小题中推断方法的有益补充.

12.97 装配线生产率的影响因子（续）. 针对练习 12.96 中的数据进行建模，二阶模型是一个合理的选择. 为简化分析，我们将到达率和温度值进行如下编码：

$$x_1 = \frac{\text{到达率} - 55}{5}$$

$$x_2 = \frac{\text{温度} - 72.5}{2.5}$$

(a) 编写关于响应变量的二阶模型. 注意练习 12.96 (b) 中方差分析模型与此模型的区别.

(b) 将 (a) 小题的模型与数据进行拟合，然后写出响应变量 y 与编码自变量 x_1 和 x_2 之间的预测函数关系式.

(c) 为什么该模型的 SSE 与练习 12.96 中获得的 SSE 不同？

(d) 计算二阶模型的 R^2 值并解释该值.

(e) 数据是否提供了充分的证据来表明全因子模型比二阶模型在预测 y 时提供了更多的信息？

*12.98 装配线生产率的影响因子（续）. 第二个实验旨在研究产品零件到达率 x_1 和室温 x_2 对单个工人执行产品装配操作所需时间 y 的影响. 每个因子保持在 2 个水平：到达率为 0.5 件／秒和 1.0 件／秒，温度为 70 ℉ 和 80 ℉. 因此，将采用 2×2 因子实验. 为了消除工人与工人之间的差异性，在四种实验条件的每种条件中随机分配 10 名工人组装产品. 因此，四个处理（工作条件）将采用随机区组设计分配给实验单位（工人），区组代表工人.

(a) 为随机区组设计建立合适的完整模型，到达率和温度为定量因子.

(b) 采用随机区组设计的 2×2 因子实验的装配时间数据如下表所示. 使用回归来确定四个处理均值之间是否存在差异.

(c) 到达率的变化对装配时间的影响是否取决于温度（即到达率与温度是否交互作用）？

(d) 温度保持在 70 ℉，当到达率从 0.5 件／秒增加到 1.0 件／秒时，估计组装时间的平均损失（或收益）. 基于此估计，你可以做出什么推断？

				工人									
				1	2	3	4	5	6	7	8	9	10
室温	70℉	到达率	0.5	1.7	1.3	1.7	2.0	2.0	2.3	2.0	2.8	1.5	1.6
		（零件数／秒）	1.0	0.8	0.8	1.5	1.2	1.2	1.7	1.1	1.5	0.5	1.0
	80℉		0.5	1.3	1.5	2.3	1.6	2.2	2.1	1.8	2.4	1.3	1.8
			1.0	1.8	1.5	2.3	2.0	2.7	2.2	2.3	2.6	1.3	1.8

12.99 **变压器零件早期故障检测.** 一个大型国防承包商的质量部门对变压器零件的检测进行了权衡研究. 该调查旨在检查不同检测水平和入库检验时间对检测零件早期故障或疲劳的影响. 选择的检测水平包括全面军事检查（A）、简化军事检查（B）和商业级别（C）. 本研究选择的运行老化检验时间以小时为单位，区间从 1 小时到 9 小时. 响应变量为检验样本中每千个零件在规定水平和规定时间内老化故障的数量. 在每个条件下随机对三个样本进行检验并记录，使之成为一个完整的 3×9 因子实验（共81 个观测值）. 数据如下表所示. 分析数据并解释相应结果.

🔵 BURNIN

老化（小时）	全面军事检查 A			简化军事检查 B			商业级别 C		
1	7.60	7.50	7.67	7.70	7.10	7.20	6.16	6.13	6.21
2	6.54	7.46	6.84	5.85	6.15	6.15	6.21	5.50	5.64
3	6.53	5.85	6.38	5.30	5.60	5.80	5.41	5.45	5.35
4	5.66	5.98	5.37	5.38	5.27	5.29	5.68	5.47	5.84
5	5.00	5.27	5.39	4.85	4.99	4.98	5.65	6.00	6.15
6	4.20	3.60	4.20	4.50	4.56	4.50	6.70	6.72	6.54
7	3.66	3.92	4.22	3.97	3.90	3.84	7.90	7.47	7.70
8	3.76	3.68	3.80	4.37	3.86	4.46	8.40	8.60	7.90
9	3.46	3.55	3.45	5.25	5.63	5.25	8.82	9.76	9.52

资料来源：Danny La Nuez, former graduate student, College of Business Administration, University of South Florida.

12.100 **闪光灯的光输出.** 采用 $2 \times 2 \times 2 \times 2 = 2^4$ 因子实验，研究四个因子对闪光灯的光输出 y 的影响. 每个因子都含有 2 个水平. 这些因子包括灯泡含箔量（100 毫克或 120 毫克），机器转速（1.2 rpm 或 1.3 rpm），转换（白天或晚上），和机器操作方式（A 或 B）. 2^4 因子实验各水平组合间重复 2 次的数据如下表所示. 为了简化计算，定义

$$x_1 = \frac{\text{含箔量} - 110}{10}$$

$$x_2 = \frac{\text{机器转速} - 1.25}{0.05}$$

则 x_1 和 x_2 的值将简化为 -1 和 1. 此外定义

$$x_3 = \begin{cases} -1, & \text{如果为晚上} \\ 1, & \text{如果为白天} \end{cases} \qquad x_4 = \begin{cases} -1, & \text{如果是机器操作方式 B} \\ 1, & \text{如果是机器操作方式 A} \end{cases}$$

（a）建立 y 关于 x_1、x_2、x_3 和 x_4 的完整因子模型.

（b）有多少自由度可用以估计 σ^2？

（c）数据是否提供了充分的证据 $(\alpha = 0.05)$，表明其中的一些因子有助于预测 y？

（d）识别影响闪光灯中光输出量 y 的因子.

FLASHBULB

		含箔量（毫克）			
		100		120	
		机器转速（rpm）			
		1.2	1.3	1.2	1.3
白天	操作方式 B	6；5	5；4	16；14	13；14
	操作方式 A	7；5	6；5	16；17	16；15
晚上	操作方式 B	8；6	7；5	15；14	17；14
	操作方式 A	5；4	4；3	15；13	13；14

参考文献

Box, G. E. P., Hunter, W. G., and Hunter, J. S. *Statistics for Experimenters: Design, Innovation, and Discovery*, 2nd ed. New York: Wiley, 2005.

Cochran, W. G., and Cox, G. M. *Experimental Designs*, 2nd ed. New York: Wiley, 1992 (paper back).

Hicks, C. R., and Turner, K. V. *Fundamental Concepts in the Design of Experiments*, 5th ed. New York: Oxford University Press, 1999.

Hochberg, Y., and Tamhane, A. C. *Multiple Comparison Procedures*. New York: Wiley, 1987 (online, May 2008).

Hsu, J. C. *Multiple Comparisons, Theory and Methods*. New York: Chapman & Hall, 1996.

Johnson, R., and Wichern, D. *Applied Multivariate Statistical Methods*, 6th ed. Upper Saddle River, N. J.: Prentice Hall, 2007.

Kirk, R. E. *Experimental Design: Procedures for Behavioral Sciences*, 3rd ed. Pacific Grove, Calif.: Brooks/Cole, 1995.

Kramer, C. Y. "Extension of multiple range tests to group means with unequal number of replications." *Biometrics*, Vol. 12, 1956, pp. 307–310.

Kutner, M., Nachtsheim, C., Neter, J., and Li, W. *Applied Linear Statistical Models*, 5th ed. Homewood, Ill.: Richard D. Irwin, 2004.

Levene, H. *Contributions to Probability and Statistics*. Stanford, Calif.: Stanford University Press, 1960,
pp. 278–292.

Mason, R. L., Gunst, R. F., and Hess, J. L. *Statistical Design and Analysis of Experiments*, 2nd ed. New York: John Wiley & Sons, 2003.

Mendenhall, W. *Introduction to Linear Models and the Design and Analysis of Experiments*. Belmont, Calif.: Wadsworth, 1968.

Miller, R. G. *Simultaneous Statistical Inference*, 2nd ed. New York: Springer-Verlag, 1981.

Montgomery, D. C. *Design and Analysis of Experiments*, 8th ed. New York: John Wiley & Sons, 2012.

Scheffe, H. "A method for judging all contrasts in the analysis of variance." *Biometrika*, Vol. 40, 1953, pp. 87–104.

Scheffe, H. *The Analysis of Variance*. New York: Wiley, 1959.

Searle, S. R., Casella, G., and McCulloch, C. E. *Variance Components*. New York: Wiley, 2006 (paperback).

Tukey, J. W. "Comparing individual means in the analysis of variance." *Biometrics*, Vol. 5, 1949, pp. 99–114.

Uusipaikka, E. "Exact simultaneous confidence intervals for multiple comparisons among three or four mean values." *Journal of the American Statistical Association*, Vol. 80, 1985, pp. 196–201.

Winer, B. J., Brown, D. R., and Michels, K. M. *Statistical Principals in Experimental Design*, 3rd ed. New York: McGraw-Hill, 1991.

案例研究 7 声音识别与面部识别 ——是否有先后之分?

背景

你能像识别熟悉的人的面部一样轻松地识别其声音吗?目前的行为理论表明,声音识别与面部识别是并行的;也就是说,听到一个人的声音会在脑海中形成关于此人的面部形象,就像看到一个人的面部形象应该能预测出其声音一样.行为心理学家将这一理论称为同一性启动理论(identity priming theory)———一个人的声音会同时启动呈现其面部,反之亦然.这与联想启动理论(associative priming theory)形成对比,联想启动发生在一个人的声音或面部呈现时会联想到另一个在语义上与之相关的人的声音或面部.例如,如果听到已婚夫妇中一个人的声音,就会触发呈现另一个人的面部形象,此时就已发生联想启动.

英国南安普顿大学心理学院的研究人员对联想启动理论进行了研究,并将研究结果发表在 *British Journal of Psychology* (February 2014)上.心理学家进行了两个设计实验,两个实验都要求受试者试图从声音或面部中识别出著名且配对的名人.这些配对的名人中一些是相关的,即为夫妻关系或工作关系(如维多利亚和大卫·贝克汉姆),有些则是无关的(如西蒙·考威尔和奥兹·奥斯本).该研究的核心之一是判断该理论是否适用于以下两种情况:相同模式和交叉模式.在相同模式的条件下,受试者先看到一个名人(启动)面部 3 秒,然后看到第二个名人(目标)面部;在交叉模式的条件下,受试者先听到一个名人(启动)声音 3 秒,然后再看到第二个名人(目标)面部.在这两种情况下,最著名的人总是被当作启动人物.

实验设计 #1

本实验共有 40 名受试者参与,其中一半(20 人)被随机分配到相同模式的条件下(启动面部和目标面部),另一半被随机分配到交叉模式的条件下(启动声音和目标面部).在每种条件下,一半(10 人)的受试者被随机分配到相关名人对,一半的受试者被分配到无关名人对.⊖因此,实验中两个因子(启动模式和关系对)各具有 2 个水平.模式分为相同模式

⊖ 在实际研究中,采用了混合设计类型.所有受试者被随机分配给不同模式条件下的相关名人对和无关名人对.

（启动面部、目标面部）和交叉模式（启动声音、目标面部）2 个水平；关系对的 2 个水平是相关名人对和无关名人对．因此，使用 2×2 因子设计．实验示意图如图 CS7.1 所示．

一旦随机分配任务后，每个受试者观察 40 对名人．在每一对启动面部 / 目标面部或启动声音 / 目标面部呈现后，受试者被要求识别目标名人．研究人员记录了每个受试者的两个研究变量：（1）准确率，即正确识别目标名人的百分比；（2）总反应速度，即识别目标所需的总时间（秒）．

相同模式条件（启动面部 / 目标面部） 相关名人对 $n=10$ 个受试者	相同模式条件（启动面部 / 目标面部） 无关名人对 $n=10$ 个受试者
交叉模式条件（启动声音 / 目标面部） 相关名人对 $n=10$ 个受试者	交叉模式条件（启动声音 / 目标面部） 无关名人对 $n=10$ 个受试者

图 CS7.1   实验 1（2×2 因子设计）布局

研究问题

这个实验的数据（准确率和反应速度）保存在 PRIME1 文件中，这将帮助研究人员回答以下一些关键问题：

1. 联想启动是否在相同模式的条件下（启动面部 / 目标面部）比在交叉模式的条件下（启动声音 / 目标面部）更常见？
2. 联想启动是否更频繁地发生于相关对而不是无关对中？
3. 模式条件和关系对的影响是相互独立的吗？

方差分析模型和结果

由于启动模式和关系对这两个因子都是定性变量，因此这个 2×2 因子实验的完整模型为

$$\text{完整模型：} \beta_0 + \underbrace{\beta_1 x_1}_{\text{模式主效应}} + \underbrace{\beta_2 x_2}_{\text{关系主效应}} + \underbrace{\beta_3 x_1 x_2}_{\text{模式×关系交互作用}}$$

其中

$$x_1 = \{1, \text{如果在相同模式条件下（面部 / 面部）}; \quad 0, \text{如果在交叉模式条件下（声音 / 面部）}\}$$

$$x_2 = \{1, \text{如果是相关对}; \quad 0, \text{如果是无关对}\}$$

第一个研究问题可以通过对启动模式因子进行主效应 F 检验来回答；第二个研究问题可以通过关系对因子的主效应 F 检验来回答；第三个研究问题可以通过对因子间的交互作用进行 F 检验来回答，因为根据定义，如果启动模式对响应变量的影响取决于呈现给受试者的是相关名人对还是无关名人对，那么这两个因子间存在交互作用．当然，正如本章所讨

论的，首先应该进行交互作用检验．如果没有检验到交互作用，再对这两个因子进行主效应检验．

　　为了检验交互作用，我们将完整模型与以下的简化模型进行比较：

$$简化模型：\quad \beta_0 + \underbrace{\beta_1 x_1}_{\text{模式主效应}} + \underbrace{\beta_2 x_2}_{\text{关系主效应}}$$

　　使用部分 F 检验，或者等效地，我们可以对交互作用参数 β_3 进行 t 检验．不论何种检验，原假设为

$$H_0:\ \beta_3 = 0$$

或者，我们也可以使用统计软件包中的方差分析例程来进行检验．

　　图 CS7.2 和图 CS7.3 分别显示了利用 MINITAB 软件进行两个因变量（准确率和反应速度）的 2×2 因子方差分析．对于因变量准确率，交互作用和两个主效应的 p 值（高亮显示）均大于 $\alpha = 0.05$．因此，模式和关系对都不影响平均准确率．这一结果使研究人员最终得出结论，联想启动似乎与识别准确率无关．

　　对于因变量反应速度，交互作用的 p 值（高亮显示）为 0.007．因此，有足够的证据 $(\alpha = 0.05)$ 表明启动模式对平均反应速度的影响取决于关系对，反之亦然．（由于存在显著的交互作用，因此主效应检验的 p 值无论等于多少，都可忽略不计．）

Analysis of Variance

Source	DF	Adj SS	Adj MS	F-Value	P-Value
PRIME	1	220.9	220.90	2.86	0.099
RELATED	1	115.6	115.60	1.50	0.229
PRIME*RELATED	1	270.4	270.40	3.50	0.069
Error	36	2779.0	77.19		
Total	39	3385.9			

Model Summary

S	R-sq	R-sq(adj)	R-sq(pred)
8.78604	17.92%	11.08%	0.00%

图 CS7.2　准确率的 MINITAB 因子方差分析

Analysis of Variance

Source	DF	Adj SS	Adj MS	F-Value	P-Value
PRIME	1	1291684	1291684	71.20	0.000
RELATED	1	774	774	0.04	0.837
PRIME*RELATED	1	151044	151044	8.33	0.007
Error	36	653061	18141		
Total	39	2096563			

Model Summary

S	R-sq	R-sq(adj)	R-sq(pred)
134.687	68.85%	66.26%	61.54%

图 CS7.3　反应速度的 MINITAB 因子方差分析

均值的多重比较

　　通过观察图 CS7.4 中显示的 $2 \times 2 = 4$ 个反应速度均值的 MINITAB 图，可以获得这种交互作用的实际解释．首先，请注意交叉模式（启动声音）的样本均值超过相同模式（启动面部）的样本均值，但相关对的差异要大于无关对的差异．其次，在交叉模式（启动声音）条件下（即虚线），相关对的反应速度样本均值大于无关对的反应速度样本均值．然而，在相同模式（启动面部）条件（即实线）中则相反，相关对的反应速度样本均值小于无关对的反应速度样本均值．

　　为了确定观察到的这些样本均值之差是否具有统计显著性，研究人员采用了均值的多重比较法．由于实验采用的是平衡设计（每个处理中包含 10 个受试者），所以采用了 Tukey 法．结果显示在 MINITAB 输出结果中，如图 CS7.5 所示．MINITAB 输出结果上方的排序和

底部的置信区间显示以下信息：

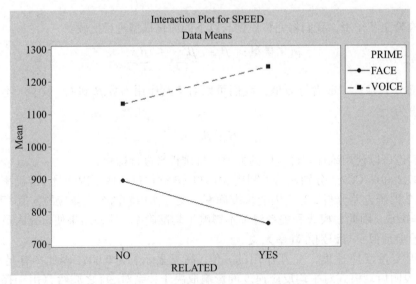

图 CS7.4 反应速度均值的 MINITAB 图

1. 在交叉模式（启动声音）条件下，相关对和无关对的反应速度均值不存在显著差异 . [注意："声音 / 是"和"声音 / 否"的均值都归于同一个字母 A 组 .]

2. 同样地，在相同模式（启动面部）条件下，相关对和无关对的反应速度均值不存在显著差异 . [注意："面部 / 是"和"面部 / 否"的均值都归于同一个字母 B 组 .]

3. 在相关对（是）条件下，声音条件的反应速度均值显著大于面部条件的反应速度均值 . [注意："声音 / 是"和"面部 / 是"的均值分别归于不同的字母 A 组和 B 组 .]

4. 对于无关对（否）条件下，声音条件的反应速度均值也显著大于面部条件的反应速度均值 . [注意："声音 / 否"和"面部 / 否"的均值分别归于不同的字母 A 组和 B 组 .]

5. 图 CS7.5 底部的置信区间（高亮）显示，"声音 / 是"和"面部 / 是"的反应速度均值之差落在 320 秒到 645 秒区间内 . 然而，"声音 / 否"和"面部 / 否"的反应速度均值之差落在 74 秒到 399 秒区间内 .

Comparisons for SPEED

Tukey Pairwise Comparisons: PRIME*RELATED

Grouping Information Using the Tukey Method and 95% Confidence

PRIME*RELATED	N	Mean	Grouping
VOICE YES	10	1245.6	A
VOICE NO	10	1131.5	A
FACE NO	10	895.0	B
FACE YES	10	763.3	B

Means that do not share a letter are significantly different.

Tukey Simultaneous Tests for Differences of Means

Difference of PRIME*RELATED Levels	Difference of Means	SE of Difference	Simultaneous 95% CI	T-Value	Adjusted P-Value
(FACE YES) - (FACE NO)	-131.7	60.2	(-294.0, 30.6)	-2.19	0.146
(VOICE NO) - (FACE NO)	236.5	60.2	(74.2, 398.8)	3.93	0.002
(VOICE YES) - (FACE NO)	350.6	60.2	(188.3, 512.9)	5.82	0.000
(VOICE NO) - (FACE YES)	368.2	60.2	(205.9, 530.5)	6.11	0.000
(VOICE YES) - (FACE YES)	482.3	60.2	(320.0, 644.6)	8.01	0.000
(VOICE YES) - (VOICE NO)	114.1	60.2	(-48.2, 276.4)	1.89	0.248

Individual confidence level = 98.93%

图 CS7.5 反应速度均值的 Tukey 多重比较法的 MINITAB 输出结果

结论

因变量识别准确性的非显著方差分析结果帮助研究人员得出结论，联想启动似乎与识别准确率无关 .

　　因变量反应速度中，模式和关系对的显著交互作用为研究问题 3 提供了答案：模式条件对平均反应速度的影响取决于关系对，即模式与关系对存在交互作用.

　　上述多重比较中的结论 1 和 2，为研究问题 2 提供了答案：就平均反应速度而言，当启动模式保持不变时，联想启动在相关对和无关对中出现的频率无显著差异.

　　上述多重比较中的结论 3、4 和 5，为研究问题 1 提供了答案：就平均反应速度而言，联想启动在交叉模式（声音）条件下比在相同模式（面部）条件下更常见，但这种差异的大小取决于关系对.相对于无关对，相关对之间的差异更大.

后续思考

💿 PRIME1

1. 针对因变量反应速度，建立适当的完整模型和简化模型，并与 PRIME1 文件中保存的数据相拟合.然后利用各自的 MINITAB 输出结果来验证 F 值，如图 CS7.3 所示.

2. 该期刊文章没有提到方差分析假设或残差假设.讨论未进行残差分析时，方差分析可能出现的潜在问题.使用 PRIME1 文件中的数据进行分析.

💿 PRIME2

3. 研究人员进行了第二个实验，共有 20 名（不同的）受试者参加.所有这些受试者都被分配到交叉模式条件下（启动声音 / 目标面部），但是每个受试者同时参与相关名人对和无关名人对，并且在这个实验中，研究人员将启动声音时间增加到 8 秒.第二个实验的布局图如图 CS7.6 所示.同样，测量记录准确率和反应速度这两个因变量.数据保存在 PRIME2 文件中.实验 2 采用何种类型的设计？对数据进行完整分析.你能得出什么结论？

交叉模式（声音 / 面部）	相关对	无关对
受试者 1		
受试者 2		
受试者 3		
…		
受试者 20		

图 CS7.6　实验 2 的设计布局

参考文献

Stevenage, S.V., et al. "Recognition by association: Within- and cross-modality associative priming with faces and voices," *British Journal of Psychology*, Feb. 2014, Vol. 105.

附录 A 简单线性回归中 β_0 和 β_1 的最小二乘估计推导

考虑简单线性回归模型 $E(y) = \beta_0 + \beta_1 x$. 根据定义（参见第 3 章），最小二乘估计值 $\hat{\beta}_0$ 和 $\hat{\beta}_1$ 是通过最小化 SSE 的值而得到的，其中

$$\text{SSE} = \sum(y_i - \hat{y}_i)^2 = \sum[y_i - (\hat{\beta}_0 + \hat{\beta}_1 x_i)]^2$$

令两个偏导数 $\partial \text{SSE} / \partial \hat{\beta}_0$ 和 $\partial \text{SSE} / \partial \hat{\beta}_1$ 等于 0 可得联立方程组，并通过求解得到估计值.

第一步 计算偏导数

$$\frac{\partial \text{SSE}}{\partial \hat{\beta}_0} = \sum_{i=1}^{n} 2[y_i - (\hat{\beta}_0 + \hat{\beta}_1 x_i)](-1) = -2\sum y_i + 2\sum \hat{\beta}_0 + 2\sum \hat{\beta}_1 x_i$$

$$\frac{\partial \text{SSE}}{\partial \hat{\beta}_1} = \sum_{i=1}^{n} 2[y_i - (\hat{\beta}_0 + \hat{\beta}_1 x_i)](-x_i) = -2\sum x_i y_i + 2\sum \hat{\beta}_0 x_i + 2\sum \hat{\beta}_1 x_i^2$$

第二步 令偏导数等于 0 并进行化简，将等式两边同时除以 − 2 后，可得

$$\sum_{i=1}^{n} y_i - \sum_{i=1}^{n} \hat{\beta}_0 - \hat{\beta}_1 \sum_{i=1}^{n} x_i = \sum_{i=1}^{n} y_i - n\hat{\beta}_0 - \hat{\beta}_1 \sum_{i=1}^{n} x_i = 0$$

$$\sum_{i=1}^{n} x_i y_i - \hat{\beta}_0 \sum_{i=1}^{n} x_i - \hat{\beta}_1 \sum_{i=1}^{n} x_i^2 = 0$$

整理后可得

$$n\hat{\beta}_0 + \hat{\beta}_1 \sum_{i=1}^{n} x_i = \sum_{i=1}^{n} y_i$$

$$\hat{\beta}_0 \sum_{i=1}^{n} x_i + \hat{\beta}_1 \sum_{i=1}^{n} x_i^2 = \sum_{i=1}^{n} x_i y_i$$

第三步 求解关于 $\hat{\beta}_0$ 和 $\hat{\beta}_1$ 的联立线性方程组：

$$n\hat{\beta}_0 = \sum y_i - \hat{\beta}_1 \sum x_i \Rightarrow \hat{\beta}_0 = \frac{\sum y_i}{n} - \hat{\beta}_1 \frac{\sum x_i}{n}$$

$$\Rightarrow \hat{\beta}_0 = \bar{y} - \hat{\beta}_1 \bar{x}$$

$$\hat{\beta}_1 \sum x_i^2 = \sum x_i y_i - \hat{\beta}_0 \sum x_i = \sum x_i y_i - (\bar{y} - \hat{\beta}_1 \bar{x}) \sum x_i$$

$$= \sum x_i y_i - \bar{y} \sum x_i + \hat{\beta}_1 \bar{x} \sum x_i$$

$$= \sum x_i y_i - \frac{\left(\sum x_i\right)\left(\sum y_i\right)}{n} + \hat{\beta}_1 \frac{\left(\sum x_i\right)^2}{n}$$

$$\Rightarrow \hat{\beta}_1 \left\{ \sum x_i^2 - \frac{\left(\sum x_i\right)^2}{n} \right\} = \sum x_i y_i - \frac{\left(\sum x_i\right)\left(\sum y_i\right)}{n}$$

$$\Rightarrow \hat{\beta}_1 = \frac{\sum x_i y_i - \frac{\left(\sum x_i\right)\left(\sum y_i\right)}{n}}{\sum x_i^2 - \frac{\left(\sum x_i\right)^2}{n}}$$

$$\Rightarrow \hat{\beta}_1 = \frac{\mathrm{SS}_{xy}}{\mathrm{SS}_{xx}}$$

注意：对于通过原点的回归，模型 $y = \beta_1 x + \varepsilon$ 的斜率估计值推导如下：

$$\mathrm{SSE} = \sum \left(y_i - \hat{y}_i\right)^2 = \sum \left(y_i - \hat{\beta}_1 x_i\right)^2$$

$$= \sum \left(y_i^2 - 2\hat{\beta}_1 x_i y_i + \hat{\beta}_1^2 x_i^2\right)$$

$$= \sum y_i^2 - 2\hat{\beta}_1 \sum x_i y_i + \hat{\beta}_1^2 \sum x_i^2$$

$$\frac{\partial \mathrm{SSE}}{\partial \hat{\beta}_1} = -2 \sum x_i y_i + 2\hat{\beta}_1 \sum x_i^2 = 0$$

$$\Rightarrow \hat{\beta}_1 \sum x_i^2 = \sum x_i y_i$$

$$\Rightarrow \hat{\beta}_1 = \frac{\sum x_i y_i}{\sum x_i^2}$$

附录 B　多元回归分析的原理

B.1　引言

　　第 4 章的主要内容是围绕多元回归分析背后的原理和得出的推断类型. 我们注意到, 最小二乘法通常会存在计算困难的问题, 即在 $\hat{\beta}_0, \hat{\beta}_1, \cdots, \hat{\beta}_k$ 估计值未知的情况下, 对 $(k+1)$ 个联立线性方程组求解, 以及标准误差估计 $s_{\hat{\beta}_0}, s_{\hat{\beta}_1}, \cdots, s_{\hat{\beta}_k}$ 的代数表达式相对比较复杂. 因此我们选用标准回归分析软件包提供的最小二乘估计、置信区间、检验等功能, 来回避上述所提及的复杂计算. 第 4 章中介绍了多元回归分析有关推断类型的基本知识, 并阐述了如何解释相应结果. 那么为什么我们还需要了解计算机是如何执行相应过程的呢?

　　针对这一问题, 有以下一些答案:

　　1. 一些多元回归统计软件包并没有输出你所需要的所有信息. 举例说明, 我们在第 4 章中注意到, 回归分析的目标通常是建立一个预测方程, 当预测变量 $x_1, x_2, \cdots, x_k$ 为给定值时, 该方程可用于估计 y 的均值 (例如平均利润或平均收益率). 而一些软件包并没有计算输出 $E(y)$ 的置信区间或 y 的预测区间. 因此, 你可能需要知道如何从分析中找到必要的数值项, 从而能够自行进行计算.

　　2. 多元回归软件包可能具有计算某些特定数值的能力, 但你可能会发现有关如何"调用"此特殊计算的操作说明很复杂且难以理解, 而识别计算所需的统计量并自行计算可能相对更容易.

　　3. 对于一些设计实验, 寻找最小二乘方程并求解它们是一个简单的操作. 理解最小二乘方程产生的过程以及如何求解, 将有助于你理解实验设计如何影响回归分析的结果. 因此, 了解执行回归分析所涉及的计算将有助于你更好地理解第 10 章和第 11 章的内容.

　　总而言之, 对于进行一般回归分析或解释其结果, "知道如何去做"并不是必需的. 但是"知道它是怎样的"是有帮助的, 对于理解多元回归分析相关的许多细节是必不可少的. 本附录解释了"它是如何完成的", 而不涉及求解最小二乘方程的计算过程. 这个机械和烦琐的计算过程可以让计算机完成 (解是可验证的). 我们将在附录 C 中说明这一过程.

B.2　矩阵与矩阵乘法

　　虽然用一般代数形式很难写出多元回归最小二乘估计量及其估计标准误差的公式, 但用**矩阵代数**相对容易. 因此, 通过将数据排列成称为**矩阵**的这一特定矩形模式并对其执行各种操作，我们可以获得最小二乘估计及其估计标准误差．在本节以及 B.3 节和 B.4 节中，我们定义了矩阵的含义，并解释了可以使用矩阵执行的各种操作．我们将在 B.5 节中解释如何利用这些信息进行回归分析．

三个矩阵 A、B 和 C 显示如下．注意，每个矩阵都是一个矩形的数字排列，每个行 – 列的位置上都有一个数字．

$$A = \begin{bmatrix} 2 & 3 \\ 0 & 1 \\ -1 & 6 \end{bmatrix} \quad B = \begin{bmatrix} 3 & 0 & 1 \\ -1 & 0 & 1 \\ 4 & 2 & 0 \end{bmatrix} \quad C = \begin{bmatrix} 1 \\ 2 \\ 1 \end{bmatrix}$$

定义 B.1　**矩阵**是数字的矩形排列．⊖

矩阵中出现的数字称为矩阵的**元素**．如果矩阵包含 r 行和 c 列，则矩阵的每个行 – 列位置都将有一个元素，即矩阵将具有 $r \times c$ 个元素．例如，前面显示的矩阵 A 包含 $r = 3$ 行、$c = 2$ 列和 $rc = (3)(2) = 6$ 个元素，每一个元素分别位于 6 个行 – 列位置．

定义 B.2　特定行 – 列位置的数字称为矩阵的**元素**．

注意，矩阵 A、B 和 C 包含不同数量的行和列．行数和列数确定了矩阵的**维数**．

当我们用矩阵法表示一个公式时，矩阵的元素将用符号表示．例如，假设一个矩阵

$$A = \begin{bmatrix} a_{11} & a_{12} & a_{13} \\ a_{21} & a_{22} & a_{23} \end{bmatrix}$$

符号 a_{ij} 表示矩阵第 i 行第 j 列的元素．第一个下标始终标识元素所在行，第二个下标标识元素所在列．例如，元素 a_{12} 位于矩阵 A 的第一行第二列中．行编号从上到下，列编号从左到右．

定义 B.3　包含 r 行和 c 列的矩阵称为 $r \times c$ **矩阵**，其中 r 和 c 是矩阵的**维数**．

定义 B.4　如果 $r = c$，则称矩阵为**方阵**．

矩阵通常由大写字母标识，例如 A、B、C，即对应于普通代数中使用的字母表中的字母．不同的是，在普通代数中，一个字母表示一个实数，而在矩阵代数中，一个字母表示一个矩形数组．矩阵代数的运算与普通代数的运算非常相似，你可以进行矩阵的加法、减法、乘法等．但由于我们只关心矩阵代数在最小二乘方程求解中的应用，所以我们只定义与该主题相关的矩阵运算和类型．

对我们来说最重要的运算是矩阵乘法，它需要**行 – 列乘法**．为了说明这个过程，假设我们想计算 AB 的乘积，其中

$$A = \begin{bmatrix} 2 & 1 \\ 4 & -1 \end{bmatrix} \quad B = \begin{bmatrix} 2 & 0 & 3 \\ -1 & 4 & 0 \end{bmatrix}$$

我们总是将 A（左边矩阵）的行乘以 B（右边矩阵）的列．将 A 的第一行乘以 B 的第一列所得的乘积，是通过将对应位置的元素相乘后求和得到的．因此，第一行和第一列的乘积，如下图所示，为

⊖　出于阐述的目的，我们假设这些数字是实数．

$$(2)(2) + (1)(-1) = 4 - 1 = 3$$

$$AB = \begin{bmatrix} 2 & 1 \\ 4 & -1 \end{bmatrix} \begin{bmatrix} 2 & 0 & 3 \\ -1 & 4 & 0 \end{bmatrix} = \begin{bmatrix} 3 & & \\ & & \end{bmatrix}$$

同样，第一行和第二列的乘积是

$$(2)(0) + (1)(4) = 0 + 4 = 4$$

到目前为止，可得

$$AB = \begin{bmatrix} 3 & 4 & \\ & & \end{bmatrix}$$

要得到完整的矩阵乘积 AB，我们只需要计算出矩阵 AB 中的其他元素. 因此，我们将 AB 的第 i 行第 j 列中的元素定义为 A 的第 i 行和 B 的第 j 列的乘积. 请完成例 B.1 中的计算过程.

例 B.1　计算 AB 的乘积，其中

$$A = \begin{bmatrix} 2 & 1 \\ 4 & -1 \end{bmatrix} \quad B = \begin{bmatrix} 2 & 0 & 3 \\ -1 & 4 & 0 \end{bmatrix}$$

解　如果我们把 AB 的乘积表示为

$$C = \begin{bmatrix} c_{11} & c_{12} & c_{13} \\ c_{21} & c_{22} & c_{23} \end{bmatrix}$$

已知 $c_{11} = 3$ 和 $c_{12} = 4$. 同理 c_{21}，即 AB 的第二行第一列的元素，是 A 的第二行和 B 的第一列的乘积：

$$(4)(2) + (-1)(-1) = 8 + 1 = 9$$

以类似的方式求得 AB 的剩余元素，可得

$$AB = \begin{bmatrix} 2 & 1 \\ 4 & -1 \end{bmatrix} \begin{bmatrix} 2 & 0 & 3 \\ -1 & 4 & 0 \end{bmatrix} = \begin{bmatrix} 3 & 4 & 6 \\ 9 & -4 & 12 \end{bmatrix}$$

现在，请根据例 B.1 中的矩阵 A 和 B 计算乘积 BA. 你会发现矩阵代数中的乘法和普通代数中的乘法之间有两个非常重要的区别：

1. 由于无法进行行 – 列乘法，因此无法计算 BA 的乘积. 通过并排放置矩阵，可以看到维数不匹配.

$$BA$$

$$2\times3 \quad 2\times2 \quad 不存在$$

B（左边矩阵）中行元素数量（3）与 A（右边矩阵）中列元素数量（2）不匹配. 因此不能进行行 – 列乘法，矩阵乘积 BA 不存在. 请注意，并不是所有的矩阵都可以相乘. 只有当 A 是 $r \times d$，B 是 $d \times c$ 时，才能得到矩阵 A 和 B 的乘积，即：

矩阵乘法必要条件

$$\overset{\displaystyle \boldsymbol{AB}}{\underset{\underset{\smile}{r\times d \quad d\times c}}{\nearrow \quad \nwarrow}}$$

两个内维数必须相等．乘积的维数总是由外维数所确定：

$\boldsymbol{AB}$ 的维数为 $r\times c$

$$\overset{\displaystyle \boldsymbol{AB}}{\underset{\underset{\smile}{r\times d \quad d\times c}}{\nearrow \quad \nwarrow}}$$

2.普通代数乘法和矩阵代数乘法的第二个区别是，在普通代数乘法中 $ab=ba$．在矩阵代数中，$\boldsymbol{AB}$ 通常不等于 $\boldsymbol{BA}$．事实上，如第 1 项所述，$\boldsymbol{BA}$ 甚至可能不存在．

定义 B.5 $r\times d$ 的矩阵 $\boldsymbol{A}$ 和 $d\times c$ 的矩阵 $\boldsymbol{B}$ 的乘积 $\boldsymbol{AB}$ 为 $r\times c$ 的矩阵 $\boldsymbol{C}$，其中 $\boldsymbol{C}$ 的元素 $c_{ij}(i=1,2,\cdots,r\,;\; j=1,2,\cdots,c)$ 是 $\boldsymbol{A}$ 的第 i 行和 $\boldsymbol{B}$ 的第 j 列的乘积．

例 B.2 根据下列矩阵，计算 $\boldsymbol{IA}$ 和 $\boldsymbol{IB}$．

$$\boldsymbol{A}=\begin{bmatrix}2\\1\\3\end{bmatrix}\qquad \boldsymbol{B}=\begin{bmatrix}3&0\\1&2\\4&-1\end{bmatrix}\qquad \boldsymbol{I}=\begin{bmatrix}1&0&0\\0&1&0\\0&0&1\end{bmatrix}$$

解 注意乘积 $\boldsymbol{IA}$ 存在，其维数为 3×1．

$$\overset{\displaystyle \boldsymbol{IA}}{\underset{\underset{\smile}{3\times 3 \quad 3\times 1}}{\nearrow \quad \nwarrow}}$$

进行行 – 列乘法计算

$$\boldsymbol{IA}=\begin{bmatrix}1&0&0\\0&1&0\\0&0&1\end{bmatrix}\begin{bmatrix}2\\1\\3\end{bmatrix}=\begin{bmatrix}2\\1\\3\end{bmatrix}$$

同理，乘积 $\boldsymbol{IB}$ 存在，其维数为 3×2．

$$\overset{\displaystyle \boldsymbol{IB}}{\underset{\underset{\smile}{3\times 3 \quad 3\times 2}}{\nearrow \quad \nwarrow}}$$

进行行 - 列乘法计算

$$IB = \begin{bmatrix} 1 & 0 & 0 \\ 0 & 1 & 0 \\ 0 & 0 & 1 \end{bmatrix} \begin{bmatrix} 3 & 0 \\ 1 & 2 \\ 4 & -1 \end{bmatrix} = \begin{bmatrix} 3 & 0 \\ 1 & 2 \\ 4 & -1 \end{bmatrix}$$

请注意，矩阵 I 有一个特殊的性质，即 $IA = A$ 和 $IB = B$. 我们将在 B.3 节中进一步讨论这一性质 . ■

练习 B.2

B.1 给定矩阵 A、B 和 C：

$$A = \begin{bmatrix} 3 & 0 \\ -1 & 4 \end{bmatrix} \quad B = \begin{bmatrix} 2 & 1 \\ 0 & -1 \end{bmatrix} \quad C = \begin{bmatrix} 1 & 0 & 3 \\ -2 & 1 & 2 \end{bmatrix}$$

（a）计算 AB.

（b）计算 AC.

（c）计算 BA.

B.2 给定矩阵 A、B 和 C：

$$A = \begin{bmatrix} 3 & 1 & 3 \\ 2 & 0 & 4 \\ -4 & 1 & 2 \end{bmatrix} \quad B = [1,0,2] \quad C = \begin{bmatrix} 3 \\ 0 \\ 2 \end{bmatrix}$$

（a）计算 AC.

（b）计算 BC.

（c）有可能计算出 AB 吗？请加以解释 .

B.3 假设 A 是一个 3×2 矩阵，B 是一个 2×4 矩阵 .

（a）AB 的维数是多少？

（b）有可能计算乘积 BA 吗？请加以解释 .

B.4 假设矩阵 B 和 C 的维数分别为 1×3 和 3×1.

（a）BC 的维数是多少？

（b）CB 的维数是多少？

（c）如果 B 和 C 是练习 B.2 中所示的矩阵，计算 CB.

B.5 给定矩阵 A、B 和 C：

$$A = \begin{bmatrix} 1 & 0 & 0 \\ 0 & 3 & 0 \\ 0 & 0 & 2 \end{bmatrix} \quad B = \begin{bmatrix} 2 & 3 \\ -3 & 0 \\ 4 & -1 \end{bmatrix} \quad C = [3,0,2]$$

（a）计算 AB.

（b）计算 CA.

（c）计算 CB.

B.6 给定矩阵：

$$A = [3, 0, -1, 2] \qquad B = \begin{bmatrix} 2 \\ -1 \\ 0 \\ 3 \end{bmatrix}$$

（a）计算 AB.

（b）计算 BA.

B.3　单位矩阵与矩阵求逆

在普通代数中，数字 1 是乘法运算的单位元素. 也就是说，任何其他的数，例如 c，乘以单位元素仍等于 c. 例如，$4(1) = 4$，$(-5)(1) = -5$，以此类推.

矩阵代数中所对应的乘法运算单位元素，由符号 I 表示，性质如下

$$AI = IA = A \quad 对于任何矩阵 A$$

普通代数和矩阵代数单位元素的区别在于普通代数中只有一个单位元素，即数字 1. 在矩阵代数中，单位矩阵必须具有正确的维数才能使乘积 IA 存在. 因此，存在无穷多个单位矩阵，其都是方阵且具有相同的模式. 1×1，2×2，3×3 的单位矩阵分别为

$$\underset{1 \times 1}{I} = [1] \qquad \underset{2 \times 2}{I} = \begin{bmatrix} 1 & 0 \\ 0 & 1 \end{bmatrix} \qquad \underset{3 \times 3}{I} = \begin{bmatrix} 1 & 0 & 0 \\ 0 & 1 & 0 \\ 0 & 0 & 1 \end{bmatrix}$$

在例 B.2 中，我们证明了这个矩阵满足性质

$$IA = A$$

定义 B.6　假设 A 是任意矩阵，如果当 $AI = IA = A$ 时，矩阵 I 被定义为**单位矩阵**. 满足这个定义的矩阵具有以下模式

$$I = \begin{bmatrix} 1 & 0 & 0 & \cdots & 0 \\ 0 & 1 & 0 & \cdots & 0 \\ 0 & 0 & 1 & \cdots & 0 \\ \vdots & \vdots & \vdots & & \vdots \\ 0 & 0 & 0 & \cdots & 1 \end{bmatrix}$$

例 B.3　如果 A 是如下所示的矩阵，计算 IA 和 AI.

$$A = \begin{bmatrix} 3 & 4 & -1 \\ 1 & 0 & 2 \end{bmatrix}$$

解

$$\underset{2 \times 2 \qquad 2 \times 3}{\overset{\displaystyle IA}{\nearrow \quad \nwarrow}} = \begin{bmatrix} 1 & 0 \\ 0 & 1 \end{bmatrix} \begin{bmatrix} 3 & 4 & -1 \\ 1 & 0 & 2 \end{bmatrix} = \begin{bmatrix} 3 & 4 & -1 \\ 1 & 0 & 2 \end{bmatrix} = A$$

$$\begin{array}{c}\boldsymbol{AI} \\ \nearrow \quad \nwarrow \\ 2\times 3 \quad 3\times 3\end{array} = \begin{bmatrix} 3 & 4 & -1 \\ 1 & 0 & 2 \end{bmatrix} \begin{bmatrix} 1 & 0 & 0 \\ 0 & 1 & 0 \\ 0 & 0 & 1 \end{bmatrix} = \begin{bmatrix} 3 & 4 & -1 \\ 1 & 0 & 2 \end{bmatrix} = \boldsymbol{A}$$

请注意，用来计算乘积 $\boldsymbol{IA}$ 和 $\boldsymbol{AI}$ 的单位矩阵的维数不同．这是乘积存在的必要条件． ■

当我们进行除法计算或者解方程时，单位元素就显得很重要．在普通代数中，除法本质上是利用元素的倒数进行乘法运算．例如方程

$$2x = 6$$

可以通过方程两边同时除以 2 来解决，也可以通过方程两边同时乘以 $\frac{1}{2}$ 来解决，即 2 的倒数．即

$$\left(\frac{1}{2}\right)2x = \frac{1}{2}(6)$$
$$x = 3$$

元素的倒数是多少？其应该为倒数乘以该元素等于单位元素．例如，$3\left(\frac{1}{3}\right) = 1$，所以 3 的倒数是 $\frac{1}{3}$．

单位矩阵在矩阵代数中起着同样的作用．因此，矩阵 $\boldsymbol{A}$ 的倒数称为矩阵 $\boldsymbol{A}$ 的**逆**，用符号 $\boldsymbol{A}^{-1}$ 表示，该矩阵满足性质：$\boldsymbol{AA}^{-1} = \boldsymbol{A}^{-1}\boldsymbol{A} = \boldsymbol{I}$．

逆的定义仅限于方阵，且并非所有方阵都具有逆．那些有逆的方阵在解最小二乘方程和回归分析等方面起着重要的作用．我们将在 B.4 节中向你展示逆矩阵的一个重要应用．计算矩阵的逆的过程见附录 C．

定义 B.7 如果 $\qquad \boldsymbol{A}^{-1}\boldsymbol{A} = \boldsymbol{AA}^{-1} = \boldsymbol{I}$

方阵 $\boldsymbol{A}^{-1}$ 被称为方阵 $\boldsymbol{A}$ 的**逆**．

求逆矩阵的过程在计算上相当烦琐，因而通常利用计算机加以完成．当然也有例外，例如求一种称为**对角矩阵**的逆相对容易．对角矩阵是指主对角线（从矩阵的左上角到右下角）包含非零元素而其他元素为 0 的矩阵．因此，单位矩阵是一个对角矩阵（主对角线上所有元素为 1），如下所示的矩阵也是对角矩阵：

$$\boldsymbol{A} = \begin{bmatrix} 3 & 0 & 0 \\ 0 & 1 & 0 \\ 0 & 0 & 2 \end{bmatrix} \quad \boldsymbol{B} = \begin{bmatrix} 5 & 0 & 0 & 0 \\ 0 & 2 & 0 & 0 \\ 0 & 0 & 1 & 0 \\ 0 & 0 & 0 & 5 \end{bmatrix}$$

定义 B.8 **对角矩阵**是指主对角线上包含非零元素且其他元素为 0 的矩阵．

可以验证以下逆矩阵，例如

$$\boldsymbol{A} = \begin{bmatrix} 3 & 0 & 0 \\ 0 & 1 & 0 \\ 0 & 0 & 2 \end{bmatrix} \text{ 的逆矩阵为 } \boldsymbol{A}^{-1} = \begin{bmatrix} \frac{1}{3} & 0 & 0 \\ 0 & 1 & 0 \\ 0 & 0 & \frac{1}{2} \end{bmatrix}$$

计算可得 $AA^{-1} = I$．通常，对角矩阵的逆可由以下定理给出，且定理无需证明：

定理 B.1　对角矩阵的逆矩阵

$$D = \begin{bmatrix} d_{11} & \cdots & 0 \\ \vdots & & \vdots \\ 0 & \cdots & d_{nn} \end{bmatrix} \text{的逆矩阵为} D^{-1} = \begin{bmatrix} \dfrac{1}{d_{11}} & \cdots & 0 \\ \vdots & & \vdots \\ 0 & \cdots & \dfrac{1}{d_{nn}} \end{bmatrix}$$

第二类易于求逆的矩阵是 2×2 矩阵．以下定理将说明如何计算这类矩阵的逆矩阵．

定理 B.2　2×2 矩阵的逆矩阵

$$A = \begin{bmatrix} a & b \\ c & d \end{bmatrix} \text{的逆矩阵} A^{-1} = \begin{bmatrix} \dfrac{d}{ad-bc} & \dfrac{-b}{ad-bc} \\ \dfrac{-c}{ad-bc} & \dfrac{a}{ad-bc} \end{bmatrix}$$

可以验证

$$A = \begin{bmatrix} 1 & -2 \\ -2 & 6 \end{bmatrix} \text{的逆矩阵为} A^{-1} = \begin{bmatrix} 3 & 1 \\ 1 & \dfrac{1}{2} \end{bmatrix}$$

我们将在附录 C 中演示计算 A^{-1} 的另一种方法．

练习 B.3

B.7 令 $A = \begin{bmatrix} 3 & 0 & 2 \\ -1 & 1 & 4 \end{bmatrix}$．

（a）写出可计算 IA 的单位矩阵．

（b）证明 $IA=A$．

（c）写出可计算 AI 的单位矩阵．

（d）证明 $AI=A$．

B.8 根据下列矩阵 A 和 B，证明 $AB=I$ 和 $BA=I$，从而验证 $B = A^{-1}$．

$$A = \begin{bmatrix} 1 & 0 & 0 \\ 0 & 2 & 0 \\ 0 & 0 & 3 \end{bmatrix} \qquad B = \begin{bmatrix} 1 & 0 & 0 \\ 0 & \dfrac{1}{2} & 0 \\ 0 & 0 & \dfrac{1}{3} \end{bmatrix}$$

B.9 假设

$$A = \begin{bmatrix} 12 & 0 & 0 & 8 \\ 0 & 12 & 0 & 0 \\ 0 & 0 & 8 & 0 \\ 8 & 0 & 0 & 8 \end{bmatrix}$$

验证其逆矩阵为

$$A^{-1} = \begin{bmatrix} \dfrac{1}{4} & 0 & 0 & -\dfrac{1}{4} \\ 0 & \dfrac{1}{12} & 0 & 0 \\ 0 & 0 & \dfrac{1}{8} & 0 \\ -\dfrac{1}{4} & 0 & 0 & \dfrac{3}{8} \end{bmatrix}$$

B.10 假设

$$A = \begin{bmatrix} 3 & 0 & 0 \\ 0 & 5 & 0 \\ 0 & 0 & 7 \end{bmatrix}$$

证明

$$A^{-1} = \begin{bmatrix} \dfrac{1}{3} & 0 & 0 \\ 0 & \dfrac{1}{5} & 0 \\ 0 & 0 & \dfrac{1}{7} \end{bmatrix}$$

B.11 验证定理 B.1.

B.12 验证定理 B.2.

B.13 计算 $A = \begin{bmatrix} 2 & -1 \\ 2 & 3 \end{bmatrix}$ 的逆矩阵.

B.4 联立线性方程组求解

考虑以下含有两个未知数的线性方程组：

$$2v_1 + v_2 = 7$$
$$v_1 - v_2 = 2$$

请注意此方程组的解是 $v_1 = 3$，$v_2 = 1$.

现在定义矩阵

$$A = \begin{bmatrix} 2 & 1 \\ 1 & -1 \end{bmatrix} \qquad V = \begin{bmatrix} v_1 \\ v_2 \end{bmatrix} \qquad G = \begin{bmatrix} 7 \\ 2 \end{bmatrix}$$

即 A 是 v_1 和 v_2 系数的矩阵，V 是包含未知数的列矩阵（按从上到下的顺序），G 是包含等号右边数字的列矩阵.

现在，给定的联立方程组可以写成**矩阵方程**：

$$AV = G$$

通过矩阵方程，可知矩阵乘积 AV 等于矩阵 G. 矩阵等式意味着对应的元素相等. 可以看到，对于表达式 $AV = G$，这是成立的，因为

$$\overset{\displaystyle AV}{\underset{\underset{\displaystyle 2\times 2}{\nearrow} \quad \underset{\displaystyle 2\times 1}{\nwarrow}}{}} = \begin{bmatrix} 2 & 1 \\ 1 & -1 \end{bmatrix}\begin{bmatrix} v_1 \\ v_2 \end{bmatrix} = \underset{\displaystyle 2\times 1}{\begin{bmatrix} (2v_1 + v_2) \\ (v_1 - v_2) \end{bmatrix}} = G$$

用两个未知数表示两个线性方程组的矩阵运算，可以推广到用 k 个未知数表示 k 个方程组. 假设方程有序排列为

$$a_{11}v_1 + a_{12}v_2 + \cdots + a_{1k}v_k = g_1$$
$$a_{21}v_1 + a_{22}v_2 + \cdots + a_{2k}v_k = g_2$$
$$\vdots \qquad \vdots \qquad\quad \vdots \qquad \vdots$$
$$a_{k1}v_1 + a_{k2}v_2 + \cdots + a_{kk}v_k = g_k$$

则该联立线性方程组可表示为矩阵方程 $AV = G$，其中

$$A = \begin{bmatrix} a_{11} & a_{12} & \cdots & a_{1k} \\ a_{21} & a_{22} & \cdots & a_{2k} \\ \vdots & \vdots & & \vdots \\ a_{k1} & a_{k2} & \cdots & a_{kk} \end{bmatrix} \qquad V = \begin{bmatrix} v_1 \\ v_2 \\ \vdots \\ v_k \end{bmatrix} \qquad G = \begin{bmatrix} g_1 \\ g_2 \\ \vdots \\ g_k \end{bmatrix}$$

现在我们来解这个联立方程组（如果它们唯一可解，则可以证明 A^{-1} 是存在的）. 矩阵方程两边同时乘以 A^{-1}，可得

$$(A^{-1})AV = (A^{-1})G$$

因为 $A^{-1}A = I$，则有

$$(I)V = A^{-1}G$$

$$V = A^{-1}G$$

换句话说，如果我们知道 A^{-1}，我们可以通过计算乘积 $A^{-1}G$ 来求出这组线性方程组的解.

求解一组联立线性方程组的矩阵方程 $AV=G$

解：$V = A^{-1}G$

例 B.4　将方框中的结果应用于以下联立线性方程组的求解.

$$2v_1 + v_2 = 7$$
$$v_1 - v_2 = 2$$

解　第一步是计算系数矩阵

$$A = \begin{bmatrix} 2 & 1 \\ 1 & -1 \end{bmatrix}$$

的逆矩阵，即

$$A^{-1} = \begin{bmatrix} \dfrac{1}{3} & \dfrac{1}{3} \\ \dfrac{1}{3} & -\dfrac{2}{3} \end{bmatrix}$$

（这个矩阵可以使用一个用于矩阵求逆的计算机程序包加以计算，对于这个简单示例，也可使用附录 C 中所述的方法．）请注意

$$A^{-1}A = \begin{bmatrix} \dfrac{1}{3} & \dfrac{1}{3} \\ \dfrac{1}{3} & -\dfrac{2}{3} \end{bmatrix} \begin{bmatrix} 2 & 1 \\ 1 & -1 \end{bmatrix} = \begin{bmatrix} 1 & 0 \\ 0 & 1 \end{bmatrix} = I$$

第二步是计算乘积 $A^{-1}G$，即

$$V = A^{-1}G = \begin{bmatrix} \dfrac{1}{3} & \dfrac{1}{3} \\ \dfrac{1}{3} & -\dfrac{2}{3} \end{bmatrix} \begin{bmatrix} 7 \\ 2 \end{bmatrix} = \begin{bmatrix} 3 \\ 1 \end{bmatrix}$$

可得

$$V = \begin{bmatrix} v_1 \\ v_2 \end{bmatrix} = \begin{bmatrix} 3 \\ 1 \end{bmatrix}$$

因此 $v_1 = 3$，$v_2 = 1$．你可以看到 v_1 和 v_2 的值满足联立线性方程组，且与本节开始时所指定的解相等． ▪

练习 B.4

B.14 假设联立线性方程组

$$3v_1 + v_2 = 5$$

$$v_1 - v_2 = 3$$

用矩阵方程 $AV = G$ 表示．

（a）写出矩阵 A、V 和 G.

（b）验证

$$A^{-1} = \begin{bmatrix} \dfrac{1}{4} & \dfrac{1}{4} \\ \dfrac{1}{4} & -\dfrac{3}{4} \end{bmatrix}$$

（注：计算 A^{-1} 的过程见附录 C.）

（c）通过计算 $V = A^{-1}G$ 来求解方程组．

B.15 对于联立线性方程组

$$10v_1 + 20v_3 - 60 = 0$$
$$20v_2 - 60 = 0$$
$$20v_1 + 68v_3 - 176 = 0$$

（a）写出矩阵 A、V 和 G.

（b）验证

$$A^{-1} = \begin{bmatrix} \dfrac{17}{70} & 0 & -\dfrac{1}{14} \\ 0 & \dfrac{1}{20} & 0 \\ -\dfrac{1}{14} & 0 & \dfrac{1}{28} \end{bmatrix}$$

（c）通过计算 $V = A^{-1}G$ 来求解方程组.

B.5 最小二乘方程及其解

为了将矩阵代数应用于回归分析，我们必须将数据放在特定模式的矩阵中. 我们假设线性模型

$$y = \beta_0 + \beta_1 x_1 + \beta_2 x_2 + \cdots + \beta_k x_k + \varepsilon$$

其中（来自第 4 章）$x_1, x_2, \cdots, x_k$ 可以表示预测变量的平方、立方、叉积或其他函数，ε 是随机误差. 假设我们已经收集了 n 个观测数据（即 n 个 y 值和其对应的 $x_1, x_2, \cdots, x_k$ 值），如下表所示：

观测值	y 值	x_1	x_2	$\cdots$	x_k
1	y_1	x_{11}	x_{21}		x_{k1}
2	y_2	x_{12}	x_{22}		x_{k2}
$\vdots$	$\vdots$	$\vdots$	$\vdots$		$\vdots$
n	y_n	x_{1n}	x_{2n}		x_{kn}

两个数据矩阵 Y 和 X 显示在下框中.

数据矩阵 Y 和 X 及矩阵 $\hat{\beta}$

$$Y = \begin{bmatrix} y_1 \\ y_2 \\ y_3 \\ \vdots \\ y_n \end{bmatrix} \quad X = \begin{bmatrix} 1 & x_{11} & x_{21} & \cdots & x_{k1} \\ 1 & x_{12} & x_{22} & \cdots & x_{k2} \\ 1 & x_{13} & x_{23} & \cdots & x_{k3} \\ \vdots & \vdots & \vdots & & \vdots \\ 1 & x_{1n} & x_{2n} & \cdots & x_{kn} \end{bmatrix} \quad \hat{\beta} = \begin{bmatrix} \hat{\beta}_0 \\ \hat{\beta}_1 \\ \hat{\beta}_2 \\ \vdots \\ \hat{\beta}_k \end{bmatrix}$$

注意矩阵 X 的第一列元素都为 1. 因此，我们插入一个 x 值作为 β_0 的系数，记为 x_0，其中 x_0 是一个始终等于 1 的变量. 因此，每个参数 β 都对应矩阵 X 中的一列元素. 另外，请记住，特定的数据点位于矩阵 Y 和 X 的特定行. 例如，数据点 3 的 y 值 y_3 在矩阵 Y 的第三行，对应的 $x_1, x_2, \cdots, x_k$ 在矩阵 X 的第三行.

框中所示的 $\hat{\boldsymbol{\beta}}$ 矩阵包含线性模型

$$y = \beta_0 + \beta_1 x_1 + \beta_2 x_2 + \cdots + \beta_k x_k + \varepsilon$$

中系数 $\beta_0, \beta_1, \cdots, \beta_k$ 的（我们正试图获得的）最小二乘估计.

为写出最小二乘方程，我们需要定义**转置矩阵**. 假设

$$Y = \begin{bmatrix} 5 \\ 1 \\ 0 \\ 4 \\ 2 \end{bmatrix} \qquad X = \begin{bmatrix} 1 & 0 \\ 1 & 1 \\ 1 & 4 \\ 1 & 2 \\ 1 & 6 \end{bmatrix}$$

则矩阵 Y 和 X 的转置矩阵，分别表示为 Y' 和 X'，如下所示

$$Y' = \begin{bmatrix} 5, 1, 0, 4, 2 \end{bmatrix} \qquad X' = \begin{bmatrix} 1 & 1 & 1 & 1 & 1 \\ 0 & 1 & 4 & 2 & 6 \end{bmatrix}$$

定义 B.9 矩阵 A 的转置矩阵，表示为 A'，是通过交换矩阵 A 中对应行和列的位置，即矩阵 A 的第 i 行为矩阵 A' 的第 i 列.

通过 X 和 Y 数据矩阵，其转置矩阵和矩阵 $\hat{\boldsymbol{\beta}}$，我们可以把最小二乘方程（证明省略）表示为：

最小二乘矩阵方程

$$(X'X)\hat{\boldsymbol{\beta}} = X'Y$$

因此，$(X'X)$ 是最小二乘估计 $\hat{\beta}_0, \hat{\beta}_1, \cdots, \hat{\beta}_k$ 的系数矩阵，等式右边的 $X'Y$ 显示了常量矩阵. 在 B.4 节中，

$$A = X'X \qquad V = \hat{\boldsymbol{\beta}} \qquad G = X'Y$$

因此解为：

求解最小二乘矩阵

$$\hat{\boldsymbol{\beta}} = (X'X)^{-1} X'Y$$

因此，求解最小二乘矩阵方程，可通过计算机计算 $(X'X)$，$(X'X)^{-1}$ 和 $X'Y$，来得到乘积 $(X'X)^{-1} X'Y$. 我们将使用 3.3 节广告示例的数据来演示这个过程.

例 B.5 计算表 B.1 中数据的最小二乘直线.

表 B.1　广告示例数据

月份	广告支出 x（百美元）	销售收入 y（千美元）	月份	广告支出 x（百美元）	销售收入 y（千美元）
1	1	1	4	4	2
2	2	1	5	5	4
3	3	2			

解　模型

$$y = \beta_0 + \beta_1 x_1 + \varepsilon$$

矩阵 $\boldsymbol{Y}$、$\boldsymbol{X}$ 和 $\hat{\boldsymbol{\beta}}$ 为

$$\boldsymbol{Y} = \begin{bmatrix} 1 \\ 1 \\ 2 \\ 2 \\ 4 \end{bmatrix} \qquad \boldsymbol{X} = \overset{\displaystyle x_0 \ \ x_1}{\begin{bmatrix} 1 & 1 \\ 1 & 2 \\ 1 & 3 \\ 1 & 4 \\ 1 & 5 \end{bmatrix}} \qquad \hat{\boldsymbol{\beta}} = \begin{bmatrix} \hat{\beta}_0 \\ \hat{\beta}_1 \end{bmatrix}$$

则

$$\boldsymbol{X'X} = \begin{bmatrix} 1 & 1 & 1 & 1 & 1 \\ 1 & 2 & 3 & 4 & 5 \end{bmatrix} \begin{bmatrix} 1 & 1 \\ 1 & 2 \\ 1 & 3 \\ 1 & 4 \\ 1 & 5 \end{bmatrix} = \begin{bmatrix} 5 & 15 \\ 15 & 55 \end{bmatrix}$$

$$\boldsymbol{X'Y} = \begin{bmatrix} 1 & 1 & 1 & 1 & 1 \\ 1 & 2 & 3 & 4 & 5 \end{bmatrix} \begin{bmatrix} 1 \\ 1 \\ 2 \\ 2 \\ 4 \end{bmatrix} = \begin{bmatrix} 10 \\ 37 \end{bmatrix}$$

矩阵 $(\boldsymbol{X'X})^{-1}$ 可使用定理 B.2（或用附录 C 中的方法）计算

$$(\boldsymbol{X'X})^{-1} = \begin{bmatrix} 1.1 & -0.3 \\ -0.3 & 0.1 \end{bmatrix}$$

那么最小二乘方程的解是

$$\hat{\boldsymbol{\beta}} = (\boldsymbol{X'X})^{-1}\boldsymbol{X'Y} = \begin{bmatrix} 1.1 & -0.3 \\ -0.3 & 0.1 \end{bmatrix} \begin{bmatrix} 10 \\ 37 \end{bmatrix} = \begin{bmatrix} -0.1 \\ 0.7 \end{bmatrix}$$

因此，$\hat{\beta}_0 = -0.1$，$\hat{\beta}_1 = 0.7$，预测方程为

$$\hat{y} = -0.1 + 0.7x$$

可以验证，此解与 3.3 节中得到的答案相同.

例 B.6 表 B.2 包含了 $n=10$ 个家庭的每月用电量和家庭面积的数据. 用最小二乘法来拟合每月用电量 y 关于家庭面积 x 的模型

$$y = \beta_0 + \beta_1 x + \beta_2 x^2 + \varepsilon$$

表 B.2　用电量数据研究

家庭面积 x (平方英尺)	月用电量 y (千瓦时)	家庭面积 x (平方英尺)	月用电量 y (千瓦时)
1 290	1 182	1 840	1 711
1 350	1 172	1 980	1 804
1 470	1 264	2 230	1 840
1 600	1 493	2 400	1 956
1 710	1 571	2 930	1 954

解　矩阵 Y、X 和 $\hat{\boldsymbol{\beta}}$ 如下:

$$Y = \begin{bmatrix} 1\ 182 \\ 1\ 172 \\ 1\ 264 \\ 1\ 493 \\ 1\ 571 \\ 1\ 711 \\ 1\ 804 \\ 1\ 840 \\ 1\ 956 \\ 1\ 954 \end{bmatrix}$$

$$X = \begin{array}{ccc} x_0 & x & x^2 \end{array}$$
$$X = \begin{bmatrix} 1 & 1\ 290 & 1\ 664\ 100 \\ 1 & 1\ 350 & 1\ 822\ 500 \\ 1 & 1\ 470 & 2\ 160\ 900 \\ 1 & 1\ 600 & 2\ 560\ 000 \\ 1 & 1\ 710 & 2\ 924\ 100 \\ 1 & 1\ 840 & 3\ 385\ 600 \\ 1 & 1\ 980 & 3\ 920\ 400 \\ 1 & 2\ 230 & 4\ 972\ 900 \\ 1 & 2\ 400 & 5\ 760\ 000 \\ 1 & 2\ 930 & 8\ 584\ 900 \end{bmatrix}$$

则

$$X'X = \begin{bmatrix} 10 & 18\ 800 & 37\ 755\ 400 \\ 18\ 800 & 37\ 755\ 400 & 8\ 093.9 \times 10^7 \\ 37\ 755\ 400 & 8\ 093.9 \times 10^7 & 1.843 \times 10^{14} \end{bmatrix}$$

$$X'Y = \begin{bmatrix} 15\ 947 \\ 31\ 283\ 250 \\ 6.530\ 69\times10^{10} \end{bmatrix}$$

使用统计软件包可得

$$(X'X)^{-1} = \begin{bmatrix} 26.915\ 6 & -0.027\ 027 & 6.355\ 4\times10^{-6} \\ -0.027\ 027 & 2.759\ 14\times10^{-5} & -6.580\ 4\times10^{-9} \\ 6.355\ 4\times10^{-6} & -6.580\ 4\times10^{-9} & 1.593\ 4\times10^{-12} \end{bmatrix}$$

最后进行乘法运算，可得

$$\hat{\boldsymbol{\beta}} = (X'X)^{-1}X'Y$$

$$= \begin{bmatrix} 26.915\ 6 & -0.027\ 027 & 6.355\ 4\times10^{-6} \\ -0.027\ 027 & 2.759\ 14\times10^{-5} & -6.580\ 4\times10^{-9} \\ 6.355\ 4\times10^{-6} & -6.580\ 4\times10^{-9} & 1.593\ 4\times10^{-12} \end{bmatrix}\begin{bmatrix} 15\ 947 \\ 31\ 283\ 250 \\ 6.530\ 69\times10^{10} \end{bmatrix}$$

$$= \begin{bmatrix} -1\ 216.143\ 89 \\ 2.398\ 93 \\ -0.000\ 45 \end{bmatrix}$$

因此，

$$\hat{\beta}_0 = -1\ 216.143\ 89$$

$$\hat{\beta}_1 = 2.398\ 93$$

$$\hat{\beta}_2 = -0.000\ 45$$

预测方程是

$$\hat{y} = -1\ 216.143\ 89 + 2.398\ 93x - 0.000\ 45x^2$$

回归分析的 MINITAB 输出结果如图 B.1 所示，上述计算获得的 β 估计值与图中阴影数值一致．　　■

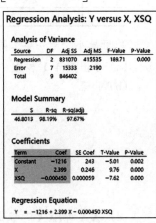

图 B.1　用电量模型的 MINITAB 回归输出结果

练习 B.5

B.16 用最小二乘法将五个数据点拟合到直线上：

x	−2	−1	0	1	2
y	4	3	3	1	−1

（a）写出 Y 和 X 数据矩阵．

（b）计算 $X'X$ 和 $X'Y$．

（c）计算最小二乘估计值 $\hat{\boldsymbol{\beta}} = (X'X)^{-1}X'Y$ [注：通过定理 B.1 计算 $(X'X)^{-1}$]．

（d）写出预测方程．

B.17 使用最小二乘法将模型 $E(y) = \beta_0 + \beta_1 x$ 与六个数据点进行拟合：

x	1	2	3	4	5	6
y	1	2	2	3	5	6

(a) 写出 Y 和 X 数据矩阵.

(b) 计算 $X'X$ 和 $X'Y$.

(c) 验证

$$(X'X)^{-1} = \begin{bmatrix} \dfrac{13}{15} & -\dfrac{7}{35} \\ -\dfrac{7}{35} & \dfrac{2}{35} \end{bmatrix}$$

(d) 计算矩阵 $\hat{\boldsymbol{\beta}}$.

(e) 写出预测方程.

B.18 进行一项实验，分别对 5 个 x 值各收集 2 个观测值 y：

x	-2		-1		0		1		2	
y	1.1	1.3	2.0	2.1	2.7	2.8	3.4	3.6	4.1	4.0

使用最小二乘法将二阶模型 $E(y) = \beta_0 + \beta_1 x + \beta_2 x^2$ 与 10 个数据点相拟合.

(a) 写出矩阵 Y 和 X 的维数.

(b) 验证

$$(X'X)^{-1} = \begin{bmatrix} \dfrac{17}{70} & 0 & -\dfrac{1}{14} \\ 0 & \dfrac{1}{20} & 0 \\ -\dfrac{1}{14} & 0 & \dfrac{1}{28} \end{bmatrix}$$

(c) $X'X$ 和 $(X'X)^{-1}$ 都是对称矩阵. 什么是对称矩阵？

(d) 计算矩阵 $\hat{\boldsymbol{\beta}}$ 并写出最小二乘预测方程.

(e) 绘制数据散点图和预测方程.

B.6 计算 SSE 和 s^2

所有参数 β 估计量和 $\hat{y}$ 估计量的方差均取决于 σ^2 值，即线性模型中随机误差 ε 的方差. 由于 σ^2 很少有人会事先知道，所以我们必须使用样本数据来估计其值.

SSE 和 s^2 的矩阵公式

$$\text{SSE} = Y'Y - \boldsymbol{\beta}'X'Y$$

$$s^2 = \frac{\text{SSE}}{n - \text{模型中参数}\beta\text{的个数}}$$

我们用例 B.5 中的广告销售数据来演示这些公式的运用.

例 B.7　计算例 B.5 中广告销售数据的 SSE.

解　根据例 B.5,

$$\hat{\boldsymbol{\beta}} = \begin{bmatrix} -0.1 \\ 0.7 \end{bmatrix} \text{和} \boldsymbol{X'Y} = \begin{bmatrix} 10 \\ 37 \end{bmatrix}$$

且

$$\boldsymbol{Y'Y} = \begin{bmatrix} 1, & 1, & 2, & 2, & 4 \end{bmatrix} \begin{bmatrix} 1 \\ 1 \\ 2 \\ 2 \\ 4 \end{bmatrix} = 26$$

和

$$\hat{\boldsymbol{\beta}}'\boldsymbol{X'Y} = \begin{bmatrix} -0.1, & 0.7 \end{bmatrix} \begin{bmatrix} 10 \\ 37 \end{bmatrix} = 24.9$$

所以

$$\text{SSE} = \boldsymbol{Y'Y} - \hat{\boldsymbol{\beta}}'\boldsymbol{X'Y} = 26 - 24.9 = 1.1$$

(注意, 这与 3.3 节中得到的答案相同.) 最后,

$$s^2 = \frac{\text{SSE}}{n - \text{模型中参数}\beta\text{的个数}} = \frac{1.1}{5-2} = 0.367$$

为 β_1 的估计值建立一个置信区间去检验其值, 或者为给定广告支出的平均销售额构建一个置信区间. ∎

B.7　$\beta_0, \beta_1, \cdots, \beta_k$ 的估计标准误差、检验统计量和置信区间

与 $\hat{\beta}_0, \hat{\beta}_1, \cdots, \hat{\beta}_k$ (以及由此产生的 $\hat{\boldsymbol{Y}}$) 的抽样分布的标准误差有关的所有信息都包含在 $(\boldsymbol{X'X})^{-1}$ 中, 因此本附录很重要. 假设我们将矩阵 $(\boldsymbol{X'X})^{-1}$ 表示为

$$(\boldsymbol{X'X})^{-1} = \begin{bmatrix} c_{00} & c_{01} & \cdots & c_{0k} \\ c_{10} & c_{11} & \cdots & c_{1k} \\ c_{20} & c_{21} & \cdots & c_{2k} \\ \vdots & \vdots & & \vdots \\ c_{k0} & c_{k1} & \cdots & c_{kk} \end{bmatrix}$$

则可以证明(证明省略) $\hat{\beta}_0, \hat{\beta}_1, \cdots, \hat{\beta}_k$ 的抽样分布的标准误差为

$$\sigma_{\hat{\beta}_0} = \sigma\sqrt{c_{00}}$$

$$\sigma_{\hat{\beta}_1} = \sigma\sqrt{c_{11}}$$

$$\sigma_{\hat{\beta}_2} = \sigma\sqrt{c_{22}}$$

$$\vdots$$

$$\sigma_{\hat{\beta}_k} = \sigma\sqrt{c_{kk}}$$

其中 σ 是随机误差 ε 的标准差. 换句话说, 计算 $\hat{\beta}_0, \hat{\beta}_1, \cdots, \hat{\beta}_k$ 的估计标准误差需要矩阵 $(X'X)^{-1}$ 对角线元素 $c_{00}, c_{11}, \cdots, c_{kk}$ 的值. 估计标准误差计算公式中的 σ 可用 s 替代. 因此, $\hat{\beta}_1$ 的估计标准误差为 $s_{\hat{\beta}_1} = s\sqrt{c_{11}}$.

建立单个参数 β_i 的置信区间, 如下框所示.

β_i 的置信区间

$$\hat{\beta}_i \pm t_{\alpha/2}(\hat{\beta}_i\text{的估计标准误差})$$

或

$$\hat{\beta}_i \pm (t_{\alpha/2})s\sqrt{c_{ii}}$$

其中 $t_{\alpha/2}$ 基于与 s 有关的自由度数量.

同样地, 检验原假设 $H_0: \beta_i = 0$ 的检验统计量, 如下框所示.

$H_0: \beta_i = 0$ 的检验统计量

$$t = \frac{\hat{\beta}_i}{s\sqrt{c_{ii}}}$$

例 B.8 参考例 B.5, 计算直线斜率 β_1 的估计量 $\hat{\beta}_1$ 的抽样分布的估计标准误差, 然后建立 β_1 的 95% 置信区间.

解 例 B.5 的矩阵 $(X'X)^{-1}$ 的最小二乘解

$$(X'X)^{-1} = \begin{bmatrix} 1.1 & -0.3 \\ -0.3 & 0.1 \end{bmatrix}$$

可得, $c_{00} = 1.1$, $c_{11} = 0.1$, $\hat{\beta}_1$ 的估计标准误差为

$$s_{\hat{\beta}_1} = s\sqrt{c_{11}} = \sqrt{0.367}\left(\sqrt{0.1}\right) = 0.192$$

从例 B.7 中可知 s 的值为 $\sqrt{0.367}$.

β_1 的 95% 置信区间为

$$\hat{\beta}_1 \pm (t_{\alpha/2})s\sqrt{c_{11}} = 0.7 \pm (3.182)(0.192) = (0.09, 1.31)$$

t 值为 $t_{0.025}$ 且基于 $(n-2) = 3$ 个自由度. 请注意, 这与 3.6 节中得到的置信区间相同. ■

例 B.9 参考例 B.6 和最小二乘法的解, 使用以下模型将用电量 y 与家庭面积 x 进行拟合

$$y = \beta_0 + \beta_1 x + \beta_2 x^2 + \varepsilon$$

MINITAB 分析输出结果如图 B.2 所示.

（a）计算 $\hat{\beta}_1$ 的估计标准误差，并将其与图 B.2 中阴影值进行比较.

（b）计算用于检验 H_0：$\beta_2 = 0$ 的检验统计值，并将其与图 B.2 中的阴影值进行比较.

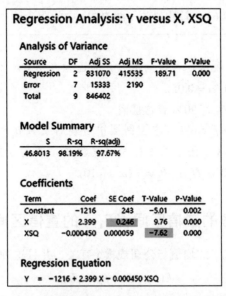

图 B.2　用电量模型的 MINITAB 回归输出结果

解　拟合模型为

$$\hat{y} = -1\ 216.143\ 89 + 2.398\ 93x - 0.000\ 45x^2$$

由例 B.6 可知，矩阵 $(X'X)^{-1}$ 为

$$(X'X)^{-1} = \begin{bmatrix} 26.915\ 6 & -0.027\ 027 & 6.355\ 4 \times 10^{-6} \\ -0.027\ 027 & 2.759\ 14 \times 10^{-5} & -6.580\ 4 \times 10^{-9} \\ 6.355\ 4 \times 10^{-6} & -6.580\ 4 \times 10^{-9} & 1.593\ 4 \times 10^{-12} \end{bmatrix}$$

根据 $(X'X)^{-1}$，可知

$$c_{00} = 26.915\ 6$$

$$c_{11} = 2.759\ 14 \times 10^{-5}$$

$$c_{22} = 1.593\ 4 \times 10^{-12}$$

根据输出结果可知，$s = 46.80$．

（a）$\hat{\beta}_1$ 的估计标准误差为

$$s_{\hat{\beta}_1} = s\sqrt{c_{11}}$$

$$= (46.80)\sqrt{2.759\ 14 \times 10^{-5}} = 0.245\ 8$$

注意，这与 MINITAB 输出结果（图 B.2）中的 $s_{\hat{\beta_1}}$ 阴影值一致．

（b）检验 H_0： $\beta_2 = 0$ 的检验统计值为

$$t = \frac{\hat{\beta_2}}{s\sqrt{c_{22}}} = \frac{-0.000\ 45}{(46.80)\sqrt{1.593\ 4 \times 10^{-12}}} = -7.62$$

注意，t 统计量的值 -7.62 与输出结果（图 B.2）中的阴影值一致．■

练习 B.7

B.19 练习 B.16 中给出的数据是否提供了充分的证据表明 x 对预测 y 值有帮助？检验 H_0：$\beta_1 = 0$ 与 H_a：$\beta_1 \neq 0$（$\alpha = 0.05$）．

B.20 计算练习 B.19 中斜率的 90% 置信区间．

B.21 二阶模型 $E(y) = \beta_0 + \beta_1 x + \beta_2 x^2$ 中控制图中曲率的项为 $\beta_2 x^2$．如果 $\beta_2 = 0$，则 $E(y)$ 图形为直线．练习 B.18 中给出的数据是否提供了足够的证据来表明 $E(y)$ 模型存在曲率？检验 H_0：$\beta_2 = 0$ 与 H_a：$\beta_2 \neq 0$（$\alpha = 0.10$）．

B.8 参数 β 线性函数的置信区间；$E(y)$ 的置信区间

假设一家公司的生产力 y 的均值与公司规模 x 有关，并且这种关系可以表示为

$$E(y) = \beta_0 + \beta_1 x + \beta_2 x^2$$

$E(y)$ 的图形可能如图 B.3 所示．

基于一些原因，需收集研究一组 n 家公司生产力和规模的数据，并计算最小二乘预测方程

$$\hat{y} = \hat{\beta_0} + \hat{\beta_1} x + \hat{\beta_2} x^2$$

例如，我们希望了解给定规模（例如 $x = 2$）公司的平均生产力．也就是说，希望估计

$$E(y) = \beta_0 + \beta_1 x + \beta_2 x^2$$

$$= \beta_0 + 2\beta_1 + 4\beta_2 \quad \text{其中 } x = 2$$

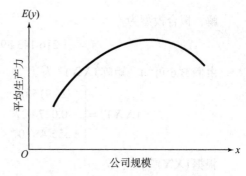

图 B.3 平均生产力 $E(y)$ 曲线图

或者，我们可能希望估计生产力的边际增量，即 $x = 2$ 时曲线的切线斜率（参见图 B.4）．当 $x = 2$ 时，y 的边际生产力等于 $E(y)$ 关于 x，且当 $x = 2$ 时的变化率．⊖用符号 $\mathrm{d}E(y) / \mathrm{d}x$ 表示 x 的边际生产力（证明略）

$$\frac{\mathrm{d}E(y)}{\mathrm{d}x} = \beta_1 + 2\beta_2 x$$

因此，当 $x = 2$ 时，边际生产力为

⊖ 如果你具有微积分知识，可知给定 x 时，y 的边际生产力是 $E(y) = \beta_0 + \beta_1 x + \beta_2 x^2$ 关于 x 的一阶导数．

$$\frac{\mathrm{d}E(y)}{\mathrm{d}x} = \beta_1 + 2\beta_2(2) = \beta_1 + 4\beta_2$$

当 $x = 2$ 时，$E(y)$ 和边际生产力都是关于模型中未知参数 β_0、β_1 和 β_2 的线性函数. 我们在这一节提出的问题是计算参数 β 线性函数的置信区间或假设检验其值. 解决此类问题所需的信息很少在标准多元回归分析计算机输出结果中给出，但我们可以通过 $(X'X)^{-1}$ 计算这些置信区间或进行适当的统计检验.

模型为

$$y = \beta_0 + \beta_1 x_1 + \cdots + \beta_k x_k + \varepsilon$$

我们可以推断出关于参数 β 的线性函数为

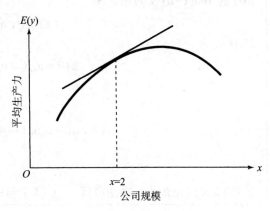

图 B.4　边际生产力

$$a_0\beta_0 + a_1\beta_1 + \ldots + a_k\beta_k$$

其中 $a_0, a_1, \cdots, a_k$ 是已知常数. 我们将使用相应线性函数的最小二乘估计

$$l = a_0\hat{\beta}_0 + a_1\hat{\beta}_1 + \cdots + a_k\hat{\beta}_k$$

作为我们对 $a_0\beta_0 + a_1\beta_1 + \cdots + a_k\beta_k$ 的最佳估计.

然后，对于随机误差 ε 的假设（如 4.2 节所述），估计量 l 的抽样分布为正态分布，均值和标准误差如方框所示. 这暗示着 l 是

$$E(l) = a_0\beta_0 + a_1\beta_1 + \cdots + a_k\beta_k$$

的一个无偏估计量，其抽样分布如图 B.5 所示.

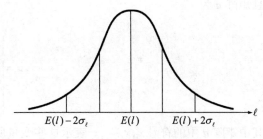

图 B.5　l 的抽样分布

---

l 的均值和标准误差

$$E(l) = a_0\beta_0 + a_1\beta_1 + \ldots + a_k\beta_k$$

$$\sigma_l = \sqrt{\sigma^2 \boldsymbol{a}'(\boldsymbol{X}'\boldsymbol{X})^{-1}\boldsymbol{a}}$$

式中 σ^2 为 ε 的方差，$(X'X)^{-1}$ 是拟合最小二乘法得到的逆矩阵，$\boldsymbol{a}$ 为

$$\boldsymbol{a} = \begin{bmatrix} a_0 \\ a_1 \\ a_2 \\ \vdots \\ a_k \end{bmatrix}$$

$E(l)$ 的 $100(1-\alpha)\%$ 置信区间，如下框所示．

$E(l)$ 的 $100(1-\alpha)\%$ 置信区间

$$l \pm t_{\alpha/2}\sqrt{s^2\boldsymbol{a}'(\boldsymbol{X}'\boldsymbol{X})^{-1}\boldsymbol{a}}$$

其中

$$E(l) = a_0\beta_0 + a_1\beta_1 + \cdots + a_k\beta_k$$

$$l = a_0\hat{\beta}_0 + a_1\hat{\beta}_1 + \cdots + a_k\hat{\beta}_k \qquad \boldsymbol{a} = \begin{bmatrix} a_0 \\ a_1 \\ a_2 \\ \vdots \\ a_k \end{bmatrix}$$

s^2 和 $(\boldsymbol{X}'\boldsymbol{X})^{-1}$ 由最小二乘法得到，$t_{\alpha/2}$ 基于与 s^2 相关的自由度数量．

参数 β 线性函数是我们经常关注的焦点，

$$E(y) = \beta_0 + \beta_1 x_1 + \cdots + \beta_k x_k$$

也就是说，我们希望计算 $E(y)$ 对于特定值 $x_1, x_2, \cdots, x_k$ 的置信区间．举个例子，

$$l = \hat{y}$$

且矩阵 $\boldsymbol{a}$ 为

$$\boldsymbol{a} = \begin{bmatrix} 1 \\ x_1 \\ x_2 \\ \vdots \\ x_k \end{bmatrix}$$

其中矩阵 $\boldsymbol{a}$ 中的符号 $x_1, x_2, \cdots, x_k$ 表示这些变量所假定的具体数值．因此，计算 $E(y)$ 的置信区间的过程，如方框所示．

$E(l)$ 的 $100(1-\alpha)\%$ 置信区间

$$l \pm t_{\alpha/2}\sqrt{s^2\boldsymbol{a}'(\boldsymbol{X}'\boldsymbol{X})^{-1}\boldsymbol{a}}$$

其中

$$E(y) = \beta_0 + \beta_1 x_1 + \cdots + \beta_k x_k$$

$$l = \hat{y} = \hat{\beta}_0 + \hat{\beta}_1 x_1 + \cdots + \hat{\beta}_k x_k \qquad \boldsymbol{a} = \begin{bmatrix} 1 \\ x_1 \\ x_2 \\ \vdots \\ x_k \end{bmatrix}$$

s^2 和 $(\boldsymbol{X}'\boldsymbol{X})^{-1}$ 由最小二乘法得到，$t_{\alpha/2}$ 基于与 s^2 相关的自由度数量，即 $n-(k+1)$．

例 B.10　参考例 B.5 中销售收入 y 和广告支出 x 的数据. 当广告支出 $x = 4$ 时，计算平均销售收入 $E(y)$ 的 95% 置信区间.

解　对于给定的 x 值，$E(y)$ 的置信区间为

$$\hat{y} \pm t_{\alpha/2} \sqrt{s^2 a'(X'X)^{-1} a}$$

因此，我们需要计算 $a'(X'X)^{-1} a$、$t_{\alpha/2}$ 和 $\hat{y}$ 的值，并将其代入公式. 因此，估计

$$\begin{aligned} E(y) &= \beta_0 + \beta_1 x_1 \\ &= \beta_0 + \beta_1(4) \quad \text{当} x = 4 \text{时} \\ &= \beta_0 + 4\beta_1 \end{aligned}$$

所以 β_0 和 β_1 的系数为 $a_0 = 1$ 和 $a_1 = 4$，则

$$a = \begin{bmatrix} 1 \\ 4 \end{bmatrix}$$

从例 B.5 和例 B.7 中，$\hat{y} = -0.1 + 0.7x$，

$$(X'X)^{-1} = \begin{bmatrix} 1.1 & -0.3 \\ -0.3 & 0.1 \end{bmatrix}$$

且 $s^2 = 0.367$. 则

$$a'(X'X)^{-1} a = [1, 4] \begin{bmatrix} 1.1 & -0.3 \\ -0.3 & 0.1 \end{bmatrix} \begin{bmatrix} 1 \\ 4 \end{bmatrix}$$

首先计算

$$a'(X'X)^{-1} = [1, 4] \begin{bmatrix} 1.1 & -0.3 \\ -0.3 & 0.1 \end{bmatrix} = [-0.1, 0.1]$$

然后计算

$$a'(X'X)^{-1} a = [-0.1, 0.1] \begin{bmatrix} 1 \\ 4 \end{bmatrix} = 0.3$$

基于 3 df 的 $t_{0.025}$ 是 3.182. 因此，广告支出为 4 的平均销售收入的 95% 置信区间为

$$\hat{y} \pm t_{\alpha/2} \sqrt{s^2 a'(X'X)^{-1} a}$$

因为 $\hat{y} = -0.1 + 0.7x = -0.1 + (0.7)(4) = 2.7$，当 $x = 4$ 时，$E(y)$ 的 95% 置信区间为

$$2.7 \pm (3.182) \sqrt{(0.367)(0.3)} = 2.7 \pm 1.1$$

请注意，这与例 3.4 中的结果完全相同.

例 B.11　一位经济学家记录了 100 家水泥公司的生产力 y 和规模 x. 建立回归模型

$$y = \beta_0 + \beta_1 x + \beta_2 x^2 + \varepsilon$$

拟合 $n = 100$ 个数据点，得到以下结果：

$$\hat{y} = 2.6 + 0.7x - 0.2x^2$$

其中 x 的取值区间为 $-2 < x < 2$，[⊖] 且

$$(X'X)^{-1} = \begin{bmatrix} 0.002\,5 & 0.000\,5 & -0.007\,0 \\ 0.000\,5 & 0.005\,5 & 0 \\ -0.007\,0 & 0 & 0.005\,0 \end{bmatrix} \quad s = 0.14$$

给定公司规模为 $x = 1.5$，求出生产力的边际增量的 95% 置信区间．

解 对于给定的 x，y 的均值为

$$E(y) = \beta_0 + \beta_1 x + \beta_2 x^2$$

因此，当 $x = 1.5$ 时，y 的边际增量为

$$\frac{\mathrm{d}E(y)}{\mathrm{d}x} = \beta_1 + 2\beta_2 x$$
$$= \beta_1 + 2(1.5)\beta_2$$

即

$$E(l) = \beta_1 + 3\beta_2 \quad \text{当 } x = 1.5 \text{ 时}$$

由预测方程 $\hat{y} = 2.6 + 0.7x - 0.2x^2$ 可知，$\hat{\beta}_1 = 0.7$ 和 $\hat{\beta}_2 = -0.2$．因此，

$$l = \hat{\beta}_1 + 3\hat{\beta}_2 = 0.7 + 3(-0.2) = 0.1$$

和

$$a = \begin{bmatrix} a_0 \\ a_1 \\ a_2 \end{bmatrix} = \begin{bmatrix} 0 \\ 1 \\ 3 \end{bmatrix}$$

接着计算

$$a'(X'X)^{-1}a = \begin{bmatrix} 0,1,3 \end{bmatrix} \begin{bmatrix} 0.002\,5 & 0.000\,5 & -0.007\,0 \\ 0.000\,5 & 0.005\,5 & 0 \\ -0.007\,0 & 0 & 0.005\,0 \end{bmatrix} \begin{bmatrix} 0 \\ 1 \\ 3 \end{bmatrix} = 0.050\,5$$

那么，由于 s 基于 $n - (k+1) = 100 - 3 = 97\mathrm{df}$，$t_{0.025} \approx 1.96$，当 $x = 1.5$ 时，生产力边际增量的 95% 置信区间为

$$l \pm t_{0.025}\sqrt{s^2 a'(X'X)^{-1}a}$$

即

$$0.1 \pm (1.96)\sqrt{0.14^2(0.050\,5)} = 0.1 \pm 0.062$$

因此，当 $x = 1.5$ 时，边际生产力的增量，即曲线

$$E(y) = \beta_0 + \beta_1 x + \beta_2 x^2$$

切线的估计斜率位于 0.1 ± 0.062 的区间内．图 B.6 中显示了 $\hat{y} = 2.6 + 0.7x - 0.2x^2$ 的图．

⊖ 我们在 5.6 节中已给出观测数据的编码公式．

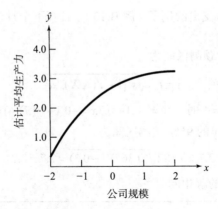

图 B.6　$\hat{y}=2.6+0.7x-0.2x^2$ 的图

B.9　未来特定 y 值的预测区间

我们在 3.9 节和 4.12 节中指出，最小二乘法预测因子 $\hat{y}$ 的两个最重要的应用是估计 y 的均值（上一节的主题）和当 $x_1,\ x_2,\cdots,\ x_k$ 为特定值时，预测一个未来观测到的 y 值. 第 3 章和第 4 章解释了（当两者是相关时）这两个推断问题之间的区别. 我们将给出另一个例子，以使区别明确.

假设你是一家制造厂的经理，日利润 y 是关于各种过程变量 $x_1,x_2,\cdots,x_k$ 的函数. 假设你想知道，如果 x 设为特定值，那长期运营的利润是多少. 对于这种情况，你希望找到日平均利润 $E(y)$ 的置信区间. 相比之下，假设你计划再运营工厂一天！你对预测 y 值感兴趣，也就是明天所生产的利润.

我们已经指出，预测的误差总是大于估计 $E(y)$ 的误差. 通过比较预测区间公式（在下框中所示）和 B.8 节中给出的 $E(y)$ 置信区间公式，可以看出这一点.

---

y 的 $100(1-\alpha)\%$ 预测区间

$$\hat{y}\pm t_{\alpha/2}\sqrt{s^2+s^2\boldsymbol{a}'(\boldsymbol{X'X})^{-1}\boldsymbol{a}}=\hat{y}\pm t_{\alpha/2}\sqrt{s^2[1+\boldsymbol{a}'(\boldsymbol{X'X})^{-1}\mathbf{a}]}$$

其中

$$\hat{y}=\hat{\beta}_0+\hat{\beta}_1x_1+\ldots+\hat{\beta}_kx_k$$

s^2 和 $(\boldsymbol{X'X})^{-1}$ 由最小二乘法可得，

$$\boldsymbol{a}=\begin{bmatrix}1\\x_1\\x_2\\\vdots\\x_k\end{bmatrix}$$

包含 $x_1,\ x_2,\cdots,x_k$ 的数值，$t_{\alpha/2}$ 基于与 s^2 相关的自由度数量，即 $n-(k+1)$.

例 B.12 参考销售广告支出的例子（例 B.10）. 计算下个月销售收入的 95% 预测区间，假设下个月的广告支出 $x = 4$.

解 销售收入 y 的 95% 预测区间为

$$\hat{y} \pm t_{\alpha/2} \sqrt{s^2 [1 + \boldsymbol{a}'(\boldsymbol{X'X})^{-1} \boldsymbol{a}]}$$

从例 B.10 看出，当 $x = 4$ 时，$\hat{y} = -0.1 + 0.7x = -0.1 + (0.7)(4) = 2.7$，$s^2 = 0.367$，$t_{0.025} = 3.182$，$\boldsymbol{a}'(\boldsymbol{X'X})^{-1} \boldsymbol{a} = 0.3$. 则 y 的 95% 预测区间为

$$2.7 \pm 3.182 \sqrt{(0.367)(1 + 0.3)} = 2.7 \pm 2.2$$

你将发现这与例 3.5 中的解相同. ∎

练习 B.9

B.22 参考练习 B.16. 计算当 $x = 1$ 时，$E(y)$ 的 90% 置信区间，并加以解释.

B.23 参考练习 B.16. 假设你希望预测当 $x = 1$ 时的 y 值. 计算 y 值的 90% 预测区间，并加以解释.

B.24 参考练习 B.17. 计算当 $x = 2$ 时，$E(y)$ 的 90% 置信区间，并加以解释.

B.25 参考练习 B.17. 假设你希望预测当 $x = 2$ 时的 y 值. 计算 y 值的 90% 预测区间，并加以解释.

B.26 参考练习 B.18. 计算当 $x = 1$ 时，$E(y)$ 的 90% 置信区间，并加以解释.

B.27 参考练习 B.18. 假设你希望预测当 $x = 1$ 时的 y 值. 计算 y 值的 90% 预测区间，并加以解释.

B.28 生产装配线上每个工人的生产率（每小时生产的产品数）预计将随着计件工资（以美元计）的提高而提高；在达到一定的工资后，预计生产率稳定下来. 记录 5 种不同计件工资情况下，分别为 0.80 美元、0.90 美元、1.00 美元、1.10 美元和 1.20 美元，5 个不同工人的生产率，故有 $n = 25$ 个数据点. 使用以下二阶模型进行多元回归分析：

$$E(y) = \beta_0 + \beta_1 x + \beta_2 x^2$$

已知

$$\hat{y} = 2.08 + 8.42x - 1.65x^2$$

$$\text{SSE} = 26.62 \qquad \text{SS}_{yy} = 784.11$$

$$(\boldsymbol{X'X})^{-1} = \begin{bmatrix} 0.020 & -0.010 & 0.015 \\ -0.010 & 0.040 & -0.006 \\ 0.015 & -0.006 & 0.028 \end{bmatrix}$$

(a) 计算 s^2 .

(b) 当工资为 1.10 美元时，计算平均生产率的 95% 置信区间，并加以解释.

(c) 当工资为 1.10 美元时，计算一个工人的生产率的 95% 预测区间，并加以解释.

(d) 计算 R^2 并解释其值.

总结

除了冗长的矩阵求逆过程（在附录 C 中阐述），本节已介绍使用最小二乘法将线性统计模型拟合到一组数据的计算机执行的主要步骤，和如何计算与回归分析相关的置信区间、预测区间和检验统计值等内容.

除了更好地理解多元回归分析，本附录最重要的内容在 B.8 节和 B.9 节中. 如果你想对 y 的均值或参数 β 的线性函数做一个具体的推断，如果你不能从正在使用的计算机程序包中获得结果，你会发现 B.8 节和 B.9 节的内容非常有用. 由于你总能够找到一个计算机程序包来计算 $(X'X)^{-1}$，所以置信区间等内容可自行计算所得.

补充练习

B.29 用最小二乘法将六个数据点与直线拟合

x	−5	−3	−1	1	3	5
y	1.1	1.9	3.0	3.8	5.1	6.0

（a）构建数据矩阵 Y 和 X.

（b）计算 $X'X$ 和 $X'Y$.

（c）计算最小二乘估计

$$\hat{\beta} = (X'X)^{-1}X'Y$$

（d）写出预测方程.

（e）计算 SSE 和 s^2.

（f）计算 r^2 并加以解释.

（g）计算当 $x = 0.5$ 时，$E(y)$ 的 90% 置信区间，并加以解释.

B.30 研究挤压压力 P 和温度 T 对新型塑料强度 y 的影响. 分别在五种压力和温度条件下制作两种塑料试样. 然后对试样进行随机检验，并记录每个试样的断裂强度. 自变量被编码以方便简化计算，即

$$x_1 = \frac{P - 200}{10} \qquad x_2 = \frac{T - 400}{25}$$

表中列出了 $n = 10$ 个数据点.

y	x_1	x_2
5.2；5.0	−2	2
0.3；−0.1	−1	−1
−1.2；−1.1	0	−2
2.2；2.0	1	−1
6.2；6.1	2	2

（a）写出拟合 $y = \beta_0 + \beta_1 x_1 + \beta_2 x_2 + \varepsilon$ 的矩阵 Y 和 X.

（b）求最小二乘预测方程.

（c）计算 SSE 和 s^2.

(d) 该模型是否为预测 y 值提供了信息？使用 $\alpha = 0.05$ 进行检验．

(e) 计算 R^2 并解释其值．

(f) 检验原假设 $\beta_1 = 0$．使用 $\alpha = 0.05$ 进行检验．检验的实际含义是什么？

(g) 计算当 $x_1 = -2$ 和 $x_2 = 2$ 时，塑料平均强度的 90% 置信区间．

(h) 假设要在道格拉斯飞机的发动机底座上安装一块这种塑料．计算当 $x_1 = -2$ 和 $x_2 = 2$ 时，该试样强度的 90% 预测区间．

B.31 假设我们对练习 B.17 所描述的实验重复进行两次，也就是说，六个 x 值，每一个都对应着两个 y 值，数据显示在下方．

(a) 假设（如练习 B.17）你想要拟合模型 $E(y) = \beta_0 + \beta_1 x_1$．构造数据矩阵 $\boldsymbol{Y}$ 和 $\boldsymbol{X}$．（提示：请留意矩阵 $\boldsymbol{Y}$ 的维数必须是 12×1．）

x	1		2		3		4		5		6	
y	1.1	0.5	1.8	2.0	2.0	2.9	3.8	3.4	4.1	5.0	5.0	5.8

(b) 计算 $\boldsymbol{X'X}$ 和 $\boldsymbol{X'Y}$．

(c) 将实验重复两次所得的矩阵 $\boldsymbol{X'X}$ 与实验重复一次所得的矩阵 $\boldsymbol{X'X}$ [练习 B.17 的（b）小题] 进行比较．这两个矩阵中的元素之间的关系是什么？

(d) 观察实验重复一次所得的矩阵 $(\boldsymbol{X'X})^{-1}$ [见练习 B.17 的（c）小题]．验证实验重复两次的矩阵 $(\boldsymbol{X'X})^{-1}$ 包含的元素等于实验重复一次的矩阵 $(\boldsymbol{X'X})^{-1}$ 中对应元素的 $1/2$．[提示：证明矩阵 $(\boldsymbol{X'X})^{-1}$（重复两次）与（c）小题的矩阵 $\boldsymbol{X'X}$ 的乘积等于单位矩阵 $\boldsymbol{I}$．]

(e) 计算预测方程．

(f) 计算 SSE 和 s^2．

(g) 数据是否提供了足够的信息来表明 x 为预测 y 提供了信息？使用 $\alpha = 0.05$ 进行检验．

(h) 计算 r^2 并解释其值．

B.32 参阅练习 B.31．

(a) 计算当 $x = 4.5$ 时，$E(y)$ 的 90% 置信区间．

(b) 假设我们希望预测当 $x = 4.5$ 时的 y 值，计算 y 的 90% 预测区间，并加以解释．

B.33 请参阅练习 B.31．假设把练习 B.17 中描述的实验重复进行三次；也就是说，对于每个 x 值，你将收集到三个 y 值，则 $n = 18$．

(a) 矩阵 $\boldsymbol{Y}$ 的维数是多少？

(b) 写出实验重复三次的矩阵 $\boldsymbol{X}$．与重复一次和重复两次的矩阵 $\boldsymbol{X}$ 进行比较．请关注变化模式．

(c) 观察实验重复一次和实验重复两次所得到的矩阵 $\boldsymbol{X'X}$（分别参见练习 B.17 和练习 B.31）．推断出实验重复三次的矩阵 $\boldsymbol{X'X}$ 的元素值．

(d) 根据练习 B.31 中（d）小题的答案，推断实验重复三次的矩阵 $(\boldsymbol{X'X})^{-1}$ 中的元素值．

（e）假设根据实验重复三次的数据来确定当 $x = 4.5$ 时，$E(y)$ 的 90% 置信区间．计算置信区间中出现的 $\boldsymbol{a}'(\boldsymbol{X}'\boldsymbol{X})^{-1}\boldsymbol{a}$ 的值，并与实验重复一次所得的 $\boldsymbol{a}'(\boldsymbol{X}'\boldsymbol{X})^{-1}\boldsymbol{a}$ 的值进行比较．

（f）实验重复两次增加到重复三次，可大致减少多少置信区间的宽度？（注：两组数据计算出的 s 值几乎是不同的．）

参考文献

Draper, N., and Smith, H. *Applied Regression Analysis*, 3rd ed. New York: Wiley, 1998.

Graybill, F. A. *Theory and Application of the Linear Model*. North Scituate, Mass.: Duxbury, 1976.

Kutner, M. H., Nachtsheim, C. J., Neter, J., and Li, W. *Applied Linear Statistical Models*, 5th ed. New York: McGraw-Hill, 2005.

Mendenhall, W. *Introduction to Linear Models and the Design and Analysis of Experiments*. Belmont, Calif.: Wadsworth, 1968.

附录 C　矩阵求逆的过程

矩阵求逆有多种不同的方法，但都烦琐耗时．因此，在实践中，几乎所有的矩阵求逆都是通过计算机来实现的．本节将介绍一种手动计算小型矩阵（2×2 或 3×3）的逆的方法，从而使你了解大型矩阵求逆所涉及的大量计算问题（因此，也包含许多项的线性模型拟合到一组数据中）．尤其是，你将能够理解为什么舍入误差会进入求逆过程，同时理解为什么两个不同的计算机程序对相同的矩阵求逆时，可能会生成对应元素略有不同的逆矩阵．

演示矩阵 A 的求逆过程，需要我们对矩阵 A 的行进行一系列变换．例如，假设

$$A = \begin{bmatrix} 1 & -2 \\ -2 & 6 \end{bmatrix}$$

我们将介绍两种不同的方法对矩阵的行进行：⊖

1. 我们可以将某一行中的每个元素乘以常数 c，例如我们可以对矩阵 A 的第一行进行如下变换，将行中的每个元素乘以一个常数，例如常数为 2，那么得到的行将是 $[2,-4]$．

2. 我们可以将矩阵的另一行乘以常数，然后所要变换的行中对应位置的元素加上（或减去）该行的元素以此对行变换．例如，我们可以对矩阵 A 的第一行进行变换：通过将第二行元素乘以一个常数，假设常数为 2，得

$$2[-2,6] = [-4,12]$$

然后我们将该行加到第一行：

$$[(1-4),(-2+12)] = [-3,10]$$

请注意：我们是在对矩阵 A 的第一行进行变换．尽管我们使用了矩阵中的第二行元素，但第二行仍将保持不变．因此，我们刚才描述的矩阵 A 的行变换结果将产生新的矩阵：

$$\begin{bmatrix} -3 & 10 \\ -2 & 6 \end{bmatrix}$$

通过行变换来进行矩阵求逆是基于矩阵代数的初步结果．可以证明（证明省略）在矩阵 A 上执行一系列行变换等效于矩阵 B 乘以矩阵 A（即行变换产生一个新的矩阵 BA）．这一结果使用如下：将矩阵 A 和相同维数的单位矩阵 I 并排放置．然后对 A 和 I 都执行一系列相同的行变换，直到矩阵 A 被变换为单位矩阵 I 为止．这意味着将矩阵 A 和 I 同时乘以矩阵 B，即：

⊖　我们省略了第三种行变换，因为它只会补充很少的内容，而且可能会造成混淆．

$$A = \begin{bmatrix} & & \\ & & \\ & & \\ & & \end{bmatrix} \qquad I = \begin{bmatrix} 1 & 0 & 0 & \dots & 0 \\ 0 & 1 & 0 & \dots & 0 \\ 0 & 0 & 1 & \dots & 0 \\ \vdots & \vdots & \vdots & & \vdots \\ 0 & 0 & 0 & \dots & 1 \end{bmatrix}$$

$$\downarrow \qquad \leftarrow 将A变换为I的行变换 \rightarrow \qquad \downarrow$$

$$I = \begin{bmatrix} & & \\ & & \\ & & \\ & & \end{bmatrix} \qquad B = \begin{bmatrix} & & \\ & & \\ & & \\ & & \end{bmatrix}$$

$$BA = I \text{ 和 } BI = B$$

由于 $BA = I$，所以 $B = A^{-1}$．因此，由于矩阵 A 通过行变换转化为单位矩阵 I，所以单位矩阵 I 将转化为 A^{-1}，即

$$BI = B = A^{-1}$$

接下来将用两个例子向你展示行变换的计算过程．

例 C.1 计算矩阵 A 的逆矩阵．

$$A = \begin{bmatrix} 1 & -2 \\ -2 & 6 \end{bmatrix}$$

解 将矩阵 A 和 2×2 单位矩阵并排放置，然后进行以下一系列行变换（我们用箭头表示在每个矩阵中参与变换的行）：

$$A = \begin{bmatrix} 1 & -2 \\ -2 & 6 \end{bmatrix} \qquad I = \begin{bmatrix} 1 & 0 \\ 0 & 1 \end{bmatrix}$$

步骤 1：第一行乘以 2，然后加到第二行中：

$$\rightarrow \begin{bmatrix} 1 & -2 \\ 0 & 2 \end{bmatrix} \qquad \begin{bmatrix} 1 & 0 \\ 2 & 1 \end{bmatrix}$$

步骤 2：第二行同时乘以 $\frac{1}{2}$：

$$\rightarrow \begin{bmatrix} 1 & -2 \\ 0 & 1 \end{bmatrix} \qquad \begin{bmatrix} 1 & 0 \\ 1 & \frac{1}{2} \end{bmatrix}$$

步骤 3：第二行乘以 2，然后加到第一行中：

$$\rightarrow \begin{bmatrix} 1 & 0 \\ 0 & 1 \end{bmatrix} \qquad \begin{bmatrix} 3 & 1 \\ 1 & \frac{1}{2} \end{bmatrix}$$

因此，

$$A^{-1} = \begin{bmatrix} 3 & 1 \\ 1 & \dfrac{1}{2} \end{bmatrix}$$

（注意：所得答案与使用定理 B.2 得到的答案相同．）

求逆的最后一步是通过计算乘积 $A^{-1}A$，确认其是否等于单位矩阵 I，来验算你的答案正确与否．验算：

$$A^{-1}A = \begin{bmatrix} 3 & 1 \\ 1 & \dfrac{1}{2} \end{bmatrix} \begin{bmatrix} 1 & -2 \\ -2 & 6 \end{bmatrix}$$

$$= \begin{bmatrix} 1 & 0 \\ 0 & 1 \end{bmatrix}$$

由于这个乘积等于单位矩阵，因此我们求解得到的矩阵 A^{-1} 是正确的．■

例 C.2 求矩阵 A 的逆矩阵．

$$A = \begin{bmatrix} 2 & 0 & 3 \\ 0 & 4 & 1 \\ 3 & 1 & 2 \end{bmatrix}$$

解 在矩阵 A 旁边放置一个单位矩阵，并进行下列运算：

步骤 1：第一行同时乘以 $\dfrac{1}{2}$：

$$\rightarrow \begin{bmatrix} 1 & 0 & \dfrac{3}{2} \\ 0 & 4 & 1 \\ 3 & 1 & 2 \end{bmatrix} \quad \begin{bmatrix} \dfrac{1}{2} & 0 & 0 \\ 0 & 1 & 0 \\ 0 & 0 & 1 \end{bmatrix}$$

步骤 2：第一行同时乘以 3，然后第三行减去该值：

$$\rightarrow \begin{bmatrix} 1 & 0 & \dfrac{3}{2} \\ 0 & 4 & 1 \\ 0 & 1 & -\dfrac{5}{2} \end{bmatrix} \quad \begin{bmatrix} \dfrac{1}{2} & 0 & 0 \\ 0 & 1 & 0 \\ -\dfrac{3}{2} & 0 & 1 \end{bmatrix}$$

步骤 3：第二行同时乘以 $\dfrac{1}{4}$：

$$\rightarrow \begin{bmatrix} 1 & 0 & \dfrac{3}{2} \\ 0 & 1 & \dfrac{1}{4} \\ 0 & 1 & -\dfrac{5}{2} \end{bmatrix} \quad \begin{bmatrix} \dfrac{1}{2} & 0 & 0 \\ 0 & \dfrac{1}{4} & 0 \\ -\dfrac{3}{2} & 0 & 1 \end{bmatrix}$$

步骤 4：第三行减去第二行：

$$\rightarrow \begin{bmatrix} 1 & 0 & \dfrac{3}{2} \\ 0 & 1 & \dfrac{1}{4} \\ 0 & 0 & -\dfrac{11}{4} \end{bmatrix} \quad \begin{bmatrix} \dfrac{1}{2} & 0 & 0 \\ 0 & \dfrac{1}{4} & 0 \\ -\dfrac{3}{2} & -\dfrac{1}{4} & 1 \end{bmatrix}$$

步骤 5：第三行同时乘以 $-\dfrac{4}{11}$：

$$\rightarrow \begin{bmatrix} 1 & 0 & \dfrac{3}{2} \\ 0 & 1 & \dfrac{1}{4} \\ 0 & 0 & 1 \end{bmatrix} \quad \begin{bmatrix} \dfrac{1}{2} & 0 & 0 \\ 0 & \dfrac{1}{4} & 0 \\ \dfrac{12}{22} & \dfrac{1}{11} & -\dfrac{4}{11} \end{bmatrix}$$

步骤 6：第三行同时乘以 $\dfrac{1}{4}$，然后第二行减去该值：

$$\rightarrow \begin{bmatrix} 1 & 0 & \dfrac{3}{2} \\ 0 & 1 & 0 \\ 0 & 0 & 1 \end{bmatrix} \quad \begin{bmatrix} \dfrac{1}{2} & 0 & 0 \\ -\dfrac{3}{22} & \dfrac{5}{22} & \dfrac{1}{11} \\ \dfrac{12}{22} & \dfrac{1}{11} & -\dfrac{4}{11} \end{bmatrix}$$

步骤 7：第三行同时乘以 $\dfrac{3}{2}$，然后第一行减去该值：

$$\rightarrow \begin{bmatrix} 1 & 0 & 0 \\ 0 & 1 & 0 \\ 0 & 0 & 1 \end{bmatrix} \quad \begin{bmatrix} -\dfrac{7}{22} & -\dfrac{3}{22} & \dfrac{6}{11} \\ -\dfrac{3}{22} & \dfrac{5}{22} & \dfrac{1}{11} \\ \dfrac{6}{11} & \dfrac{1}{11} & -\dfrac{4}{11} \end{bmatrix} = \boldsymbol{A}^{-1}$$

对答案进行验算，计算步骤如下：

$$A^{-1}A = \begin{bmatrix} -\dfrac{7}{22} & -\dfrac{3}{22} & \dfrac{6}{11} \\ -\dfrac{3}{22} & \dfrac{5}{22} & \dfrac{1}{11} \\ \dfrac{6}{11} & \dfrac{1}{11} & -\dfrac{4}{11} \end{bmatrix} \begin{bmatrix} 2 & 0 & 3 \\ 0 & 4 & 1 \\ 3 & 1 & 2 \end{bmatrix}$$

$$= \begin{bmatrix} 1 & 0 & 0 \\ 0 & 1 & 0 \\ 0 & 0 & 1 \end{bmatrix}$$

由于这个乘积等于单位矩阵,因此我们求解所得的答案 A^{-1} 是正确的. ■

例 C.1 和例 C.2 阐述了如何对矩阵 A 进行行变换,并将其转换为单位矩阵的方法. 将第一行乘以一个常数,使左上角的元素等于 1. 然后进行一系列变换,将第一列中的其他所有元素转换为 0. 然后进行第二行变换,将对角线上的第二个元素转换为 1. 接着通过变换将第二列中 1 以下的其他所有元素转换为 0. 然后对第三行中的对角线元素进行转换,以此类推. 当主对角线上的所有元素都是 1,而主对角线以下的所有元素都是 0 时,通过行变换将最后一列转换为 0;然后是倒数第二列,以此类推,直到回到第一列. 将非对角线元素转换为 0 的过程,如图 C.1 所示.

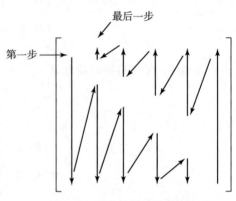

图 C.1　矩阵求逆的步骤图

前面关于行变换求逆矩阵的过程说明,一个大型矩阵的求逆过程需要进行多次乘法、减法和加法,因此,在计算中可能会产生较大的舍入误差,除非在计算中保留大量的有效数字. 这就解释了为什么两个不同的多元回归分析计算机程序对同一参数 β 可能计算得出不同的估计值,它强调了在矩阵求逆过程中保留大量有效数字的重要性.

你可以在任何一本线性代数教科书中找到其他的矩阵求逆方法. 所有的理论都是正确的. 只有在执行计算的实际过程中,才会出现舍入误差.

练习 C.0

C.1　求出下列矩阵的逆矩阵,并验算你的答案,以确保 $A^{-1}A = AA^{-1} = I$:

(a) $A = \begin{bmatrix} 3 & 2 \\ 4 & 5 \end{bmatrix}$

(b) $A = \begin{bmatrix} 3 & 0 & -2 \\ 1 & 4 & 2 \\ 5 & 1 & 1 \end{bmatrix}$

(c) $A = \begin{bmatrix} 1 & 0 & 1 \\ 0 & 2 & 1 \\ 1 & 1 & 3 \end{bmatrix}$

(d) $A = \begin{bmatrix} 4 & 0 & 10 \\ 0 & 10 & 0 \\ 10 & 0 & 5 \end{bmatrix}$

[注:这些练习没有答案. 可通过验算 $A^{-1}A = I$ 是否成立,来确认答案的正确性.]

附录 D 常用的统计表

表 1 正态曲线面积

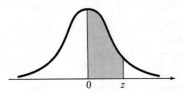

z	0.00	0.01	0.02	0.03	0.04	0.05	0.06	0.07	0.08	0.09
0.0	0.000 0	0.004 0	0.008 0	0.012 0	0.016 0	0.019 9	0.023 9	0.027 9	0.031 9	0.035 9
0.1	0.039 8	0.043 8	0.047 8	0.051 7	0.055 7	0.059 6	0.063 6	0.067 5	0.071 4	0.075 3
0.2	0.079 3	0.083 2	0.087 1	0.091 0	0.094 8	0.098 7	0.102 6	0.106 4	0.110 3	0.114 1
0.3	0.117 9	0.121 7	0.125 5	0.129 3	0.133 1	0.136 8	0.140 6	0.144 3	0.148 0	0.151 7
0.4	0.155 4	0.159 1	0.162 8	0.166 4	0.170 0	0.173 6	0.177 2	0.180 8	0.184 4	0.187 9
0.5	0.191 5	0.195 0	0.198 5	0.201 9	0.205 4	0.208 8	0.212 3	0.215 7	0.219 0	0.222 4
0.6	0.225 7	0.229 1	0.232 4	0.235 7	0.238 9	0.242 2	0.245 4	0.248 6	0.251 7	0.254 9
0.7	0.258 0	0.261 1	0.264 2	0.267 3	0.270 4	0.273 4	0.276 4	0.279 4	0.282 3	0.285 2
0.8	0.288 1	0.291 0	0.293 9	0.296 7	0.299 5	0.302 3	0.305 1	0.307 8	0.310 6	0.313 3
0.9	0.315 9	0.318 6	0.321 2	0.323 8	0.326 4	0.328 9	0.331 5	0.334 0	0.336 5	0.338 9
1.0	0.341 3	0.343 8	0.346 1	0.348 5	0.350 8	0.353 1	0.355 4	0.357 7	0.359 9	0.362 1
1.1	0.364 3	0.366 5	0.368 6	0.370 8	0.372 9	0.374 9	0.377 0	0.379 0	0.381 0	0.383 0
1.2	0.384 9	0.386 9	0.388 8	0.390 7	0.392 5	0.394 4	0.396 2	0.398 0	0.399 7	0.401 5
1.3	0.403 2	0.404 9	0.406 6	0.408 2	0.409 9	0.411 5	0.413 1	0.414 7	0.416 2	0.417 7
1.4	0.419 2	0.420 7	0.422 2	0.423 6	0.425 1	0.426 5	0.427 9	0.429 2	0.430 6	0.431 9
1.5	0.433 2	0.434 5	0.435 7	0.437 0	0.438 2	0.439 4	0.440 6	0.441 8	0.442 9	0.444 1
1.6	0.445 2	0.446 3	0.447 4	0.448 4	0.449 5	0.450 5	0.451 5	0.452 5	0.453 5	0.454 5
1.7	0.455 4	0.456 4	0.457 3	0.458 2	0.459 1	0.459 9	0.460 8	0.461 6	0.462 5	0.463 3
1.8	0.464 1	0.464 9	0.465 6	0.466 4	0.467 1	0.467 8	0.468 6	0.469 3	0.469 9	0.470 6
1.9	0.471 3	0.471 9	0.472 6	0.473 2	0.473 8	0.474 4	0.475 0	0.475 6	0.476 1	0.476 7
2.0	0.477 2	0.477 8	0.478 3	0.478 8	0.479 3	0.479 8	0.480 3	0.480 8	0.481 2	0.481 7
2.1	0.482 1	0.482 6	0.483 0	0.483 4	0.483 8	0.484 2	0.484 6	0.485 0	0.485 4	0.485 7
2.2	0.486 1	0.486 4	0.486 8	0.487 1	0.487 5	0.487 8	0.488 1	0.488 4	0.488 7	0.489 0
2.3	0.489 3	0.489 6	0.489 8	0.490 1	0.490 4	0.490 6	0.490 9	0.491 1	0.491 3	0.491 6
2.4	0.491 8	0.492 0	0.492 2	0.492 5	0.492 7	0.492 9	0.493 1	0.493 2	0.493 4	0.493 6
2.5	0.493 8	0.494 0	0.494 1	0.494 3	0.494 5	0.494 6	0.494 8	0.494 9	0.495 1	0.495 2
2.6	0.495 3	0.495 5	0.495 6	0.495 7	0.495 9	0.496 0	0.496 1	0.496 2	0.496 3	0.496 4
2.7	0.496 5	0.496 6	0.496 7	0.496 8	0.496 9	0.497 0	0.497 1	0.497 2	0.497 3	0.497 4
2.8	0.497 4	0.497 5	0.497 6	0.497 7	0.497 7	0.497 8	0.497 9	0.497 9	0.498 0	0.498 1
2.9	0.498 1	0.498 2	0.498 2	0.498 3	0.498 4	0.498 4	0.498 5	0.498 5	0.498 6	0.498 6
3.0	0.498 7	0.498 7	0.498 7	0.498 8	0.498 8	0.498 9	0.498 9	0.498 9	0.499 0	0.499 0

资料来源: Abridged from Table 1 of A. Hald, *Statistical Tables and Formulas* (New York: John Wiley & Sons, Inc.), 1952. Reproduced by permission of the publisher.

表 2 学生 t 检验的临界值

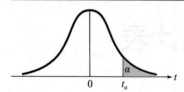

v	$t_{0.100}$	$t_{0.050}$	$t_{0.025}$	$t_{0.010}$	$t_{0.005}$	$t_{0.001}$	$t_{0.0005}$
1	3.078	6.314	12.706	31.821	63.657	318.31	636.62
2	1.886	2.920	4.303	6.965	9.925	22.326	31.598
3	1.638	2.353	3.182	4.541	5.841	10.213	12.924
4	1.533	2.132	2.776	3.747	4.604	7.173	8.610
5	1.476	2.015	2.571	3.365	4.032	5.893	6.869
6	1.440	1.943	2.447	3.143	3.707	5.208	5.959
7	1.415	1.895	2.365	2.998	3.499	4.785	5.408
8	1.397	1.860	2.306	2.896	3.355	4.501	5.041
9	1.383	1.833	2.262	2.821	3.250	4.297	4.781
10	1.372	1.812	2.228	2.764	3.169	4.144	4.587
11	1.363	1.796	2.201	2.718	3.106	4.025	4.437
12	1.356	1.782	2.179	2.681	3.055	3.930	4.318
13	1.350	1.771	2.160	2.650	3.012	3.852	4.221
14	1.345	1.761	2.145	2.624	2.977	3.787	4.140
15	1.341	1.753	2.131	2.602	2.947	3.733	4.073
16	1.337	1.746	2.120	2.583	2.921	3.686	4.015
17	1.333	1.740	2.110	2.567	2.898	3.646	3.965
18	1.330	1.734	2.101	2.552	2.878	3.610	3.922
19	1.328	1.729	2.093	2.539	2.861	3.579	3.883
20	1.325	1.725	2.086	2.528	2.845	3.552	3.850
21	1.323	1.721	2.080	2.518	2.831	3.527	3.819
22	1.321	1.717	2.074	2.508	2.819	3.505	3.792
23	1.319	1.714	2.069	2.500	2.807	3.485	3.767
24	1.318	1.711	2.064	2.492	2.797	3.467	3.745
25	1.316	1.708	2.060	2.485	2.787	3.450	3.725
26	1.315	1.706	2.056	2.479	2.779	3.435	3.707
27	1.314	1.703	2.052	2.473	2.771	3.421	3.690
28	1.313	1.701	2.048	2.467	2.763	3.408	3.674
29	1.311	1.699	2.045	2.462	2.756	3.396	3.659
30	1.310	1.697	2.042	2.457	2.750	3.385	3.646
40	1.303	1.684	2.021	2.423	2.704	3.307	3.551
60	1.296	1.671	2.000	2.390	2.660	3.232	3.460
120	1.289	1.658	1.980	2.358	2.617	3.160	3.373
∞	1.282	1.645	1.960	2.326	2.576	3.090	3.291

表3　F统计量的临界值：$F_{0.10}$

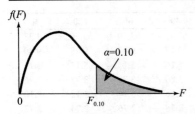

v_1	分子自由度								
v_2	1	2	3	4	5	6	7	8	9
1	39.86	49.50	53.59	55.83	57.24	58.20	58.91	59.44	59.86
2	8.53	9.00	9.16	9.24	9.29	9.33	9.35	9.37	9.38
3	5.54	5.46	5.39	5.34	5.31	5.28	5.27	5.25	5.24
4	4.54	4.32	4.19	4.11	4.05	4.01	3.98	3.95	3.94
5	4.06	3.78	3.62	3.52	3.45	3.40	3.37	3.34	3.32
6	3.78	3.46	3.29	3.18	3.11	3.05	3.01	2.98	2.96
7	3.59	3.26	3.07	2.96	2.88	2.83	2.78	2.75	2.72
8	3.46	3.11	2.92	2.81	2.73	2.67	2.62	2.59	2.56
9	3.36	3.01	2.81	2.69	2.61	2.55	2.51	2.47	2.44
10	3.29	2.92	2.73	2.61	2.52	2.46	2.41	2.38	2.35
11	3.23	2.86	2.66	2.54	2.45	2.39	2.34	2.30	2.27
12	3.18	2.81	2.61	2.48	2.39	2.33	2.28	2.24	2.21
13	3.14	2.76	2.56	2.43	2.35	2.28	2.23	2.20	2.16
14	3.10	2.73	2.52	2.39	2.31	2.24	2.19	2.15	2.12
15	3.07	2.70	2.49	2.36	2.27	2.21	2.16	2.12	2.09
16	3.05	2.67	2.46	2.33	2.24	2.18	2.13	2.09	2.06
17	3.03	2.64	2.44	2.31	2.22	2.15	2.10	2.06	2.03
18	3.01	2.62	2.42	2.29	2.20	2.13	2.08	2.04	2.00
19	2.99	2.61	2.40	2.27	2.18	2.11	2.06	2.02	1.98
20	2.97	2.59	2.38	2.25	2.16	2.09	2.04	2.00	1.96
21	2.96	2.57	2.36	2.23	2.14	2.08	2.02	1.98	1.95
22	2.95	2.56	2.35	2.22	2.13	2.06	2.01	1.97	1.93
23	2.94	2.55	2.34	2.21	2.11	2.05	1.99	1.95	1.92
24	2.93	2.54	2.33	2.19	2.10	2.04	1.98	1.94	1.91
25	2.92	2.53	2.32	2.18	2.09	2.02	1.97	1.93	1.89
26	2.91	2.52	2.31	2.17	2.08	2.01	1.96	1.92	1.88
27	2.90	2.51	2.30	2.17	2.07	2.00	1.95	1.91	1.87
28	2.89	2.50	2.29	2.16	2.06	2.00	1.94	1.90	1.87
29	2.89	2.50	2.28	2.15	2.06	1.99	1.93	1.89	1.86
30	2.88	2.49	2.28	2.14	2.05	1.98	1.93	1.88	1.85
40	2.84	2.44	2.23	2.09	2.00	1.93	1.87	1.83	1.79
60	2.79	2.39	2.18	2.04	1.95	1.87	1.82	1.77	1.74
120	2.75	2.35	2.13	1.99	1.90	1.82	1.77	1.72	1.68
∞	2.71	2.30	2.08	1.94	1.85	1.77	1.72	1.67	1.63

分母自由度

（续）

v_2 ＼ v_1	分子自由度									
	10	**12**	**15**	**20**	**24**	**30**	**40**	**60**	**120**	**∞**
1	60.19	60.71	61.22	61.74	62.00	62.26	62.53	62.79	63.06	63.33
2	9.39	9.41	9.42	9.44	9.45	9.46	9.47	9.47	9.48	9.49
3	5.23	5.22	5.20	5.18	5.18	5.17	5.16	5.15	5.14	5.13
4	3.92	3.90	3.87	3.84	3.83	3.82	3.80	3.79	3.78	3.76
5	3.30	3.27	3.24	3.21	3.19	3.17	3.16	3.14	3.12	3.10
6	2.94	2.90	2.87	2.84	2.82	2.80	2.78	2.76	2.74	2.72
7	2.70	2.67	2.63	2.59	2.58	2.56	2.54	2.51	2.49	2.47
8	2.54	2.50	2.46	2.42	2.40	2.38	2.36	2.34	2.32	2.29
9	2.42	2.38	2.34	2.30	2.28	2.25	2.23	2.21	2.18	2.16
10	2.32	2.28	2.24	2.20	2.18	2.16	2.13	2.11	2.08	2.06
11	2.25	2.21	2.17	2.12	2.10	2.08	2.05	2.03	2.00	1.97
12	2.19	2.15	2.10	2.06	2.04	2.01	1.99	1.96	1.93	1.90
13	2.14	2.10	2.05	2.01	1.98	1.96	1.93	1.90	1.88	1.85
14	2.10	2.05	2.01	1.96	1.94	1.91	1.89	1.86	1.83	1.80
15	2.06	2.02	1.97	1.92	1.90	1.87	1.85	1.82	1.79	1.76
16	2.03	1.99	1.94	1.89	1.87	1.84	1.81	1.78	1.75	1.72
17	2.00	1.96	1.91	1.86	1.84	1.81	1.78	1.75	1.72	1.69
18	1.98	1.93	1.89	1.84	1.81	1.78	1.75	1.72	1.69	1.66
19	1.96	1.91	1.86	1.81	1.79	1.76	1.73	1.70	1.67	1.63
20	1.94	1.89	1.84	1.79	1.77	1.74	1.71	1.68	1.64	1.61
21	1.92	1.87	1.83	1.78	1.75	1.72	1.69	1.66	1.62	1.59
22	1.90	1.86	1.81	1.76	1.73	1.70	1.67	1.64	1.60	1.57
23	1.89	1.84	1.80	1.74	1.72	1.69	1.66	1.62	1.59	1.55
24	1.88	1.83	1.78	1.73	1.70	1.67	1.64	1.61	1.57	1.53
25	1.87	1.82	1.77	1.72	1.69	1.66	1.63	1.59	1.56	1.52
26	1.86	1.81	1.76	1.71	1.68	1.65	1.61	1.58	1.54	1.50
27	1.85	1.80	1.75	1.70	1.67	1.64	1.60	1.57	1.53	1.49
28	1.84	1.79	1.74	1.69	1.66	1.63	1.59	1.56	1.52	1.48
29	1.83	1.78	1.73	1.68	1.65	1.62	1.58	1.55	1.51	1.47
30	1.82	1.77	1.72	1.67	1.64	1.61	1.57	1.54	1.50	1.46
40	1.76	1.71	1.66	1.61	1.57	1.54	1.51	1.47	1.42	1.38
60	1.71	1.66	1.60	1.54	1.51	1.48	1.44	1.40	1.35	1.29
120	1.65	1.60	1.55	1.48	1.45	1.41	1.37	1.32	1.26	1.19
∞	1.60	1.55	1.49	1.42	1.38	1.34	1.30	1.24	1.17	1.00

注：表中分母自由度 v_2 位于左侧边栏（分母自由度）。

表 4　F 统计量的临界值：$F_{0.05}$

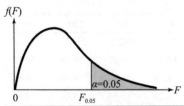

v_1 v_2	分子自由度								
	1	2	3	4	5	6	7	8	9
1	161.4	199.5	215.7	224.6	230.2	234.0	236.8	238.9	240.5
2	18.51	19.00	19.16	19.25	19.30	19.33	19.35	19.37	19.38
3	10.13	9.55	9.28	9.12	9.01	8.94	8.89	8.85	8.81
4	7.71	6.94	6.59	6.39	6.26	6.16	6.09	6.04	6.00
5	6.61	5.79	5.41	5.19	5.05	4.95	4.88	4.82	4.77
6	5.99	5.14	4.76	4.53	4.39	4.28	4.21	4.15	4.10
7	5.59	4.74	4.35	4.12	3.97	3.87	3.79	3.73	3.68
8	5.32	4.46	4.07	3.84	3.69	3.58	3.50	3.44	3.39
9	5.12	4.26	3.86	3.63	3.48	3.37	3.29	3.23	3.18
10	4.96	4.10	3.71	3.48	3.33	3.22	3.14	3.07	3.02
11	4.84	3.98	3.59	3.36	3.20	3.09	3.01	2.95	2.90
12	4.75	3.89	3.49	3.26	3.11	3.00	2.91	2.85	2.80
13	4.67	3.81	3.41	3.18	3.03	2.92	2.83	2.77	2.71
14	4.60	3.74	3.34	3.11	2.96	2.85	2.76	2.70	2.65
15	4.54	3.68	3.29	3.06	2.90	2.79	2.71	2.64	2.59
16	4.49	3.63	3.24	3.01	2.85	2.74	2.66	2.59	2.54
17	4.45	3.59	3.20	2.96	2.81	2.70	2.61	2.55	2.49
18	4.41	3.55	3.16	2.93	2.77	2.66	2.58	2.51	2.46
19	4.38	3.52	3.13	2.90	2.74	2.63	2.54	2.48	2.42
20	4.35	3.49	3.10	2.87	2.71	2.60	2.51	2.45	2.39
21	4.32	3.47	3.07	2.84	2.68	2.57	2.49	2.42	2.37
22	4.30	3.44	3.05	2.82	2.66	2.55	2.46	2.40	2.34
23	4.28	3.42	3.03	2.80	2.64	2.53	2.44	2.37	2.32
24	4.26	3.40	3.01	2.78	2.62	2.51	2.42	2.36	2.30
25	4.24	3.39	2.99	2.76	2.60	2.49	2.40	2.34	2.28
26	4.23	3.37	2.98	2.74	2.59	2.47	2.39	2.32	2.27
27	4.21	3.35	2.96	2.73	2.57	2.46	2.37	2.31	2.25
28	4.20	3.34	2.95	2.71	2.56	2.45	2.36	2.29	2.24
29	4.18	3.33	2.93	2.70	2.55	2.43	2.35	2.28	2.22
30	4.17	3.32	2.92	2.69	2.53	2.42	2.33	2.27	2.21
40	4.08	3.23	2.84	2.61	2.45	2.34	2.25	2.18	2.12
60	4.00	3.15	2.76	2.53	2.37	2.25	2.17	2.10	2.04
120	3.92	3.07	2.68	2.45	2.29	2.17	2.09	2.02	1.96
∞	3.84	3.00	2.60	2.37	2.21	2.10	2.01	1.94	1.88

分母自由度

（续）

v_2 \ v_1	分子自由度									
	10	**12**	**15**	**20**	**24**	**30**	**40**	**60**	**120**	**∞**
1	241.9	243.9	245.9	248.0	249.1	250.1	251.1	252.2	253.3	254.3
2	19.40	19.41	19.43	19.45	19.45	19.46	19.47	19.48	19.49	19.50
3	8.79	8.74	8.70	8.66	8.64	8.62	8.59	8.57	8.55	8.53
4	5.96	5.91	5.86	5.80	5.77	5.75	5.72	5.69	5.66	5.63
5	4.74	4.68	4.62	4.56	4.53	4.50	4.46	4.43	4.40	4.36
6	4.06	4.00	3.94	3.87	3.84	3.81	3.77	3.74	3.70	3.67
7	3.64	3.57	3.51	3.44	3.41	3.38	3.34	3.30	3.27	3.23
8	3.35	3.28	3.22	3.15	3.12	3.08	3.04	3.01	2.97	2.93
9	3.14	3.07	3.01	2.94	2.90	2.86	2.83	2.79	2.75	2.71
10	2.98	2.91	2.85	2.77	2.74	2.70	2.66	2.62	2.58	2.54
11	2.85	2.79	2.72	2.65	2.61	2.57	2.53	2.49	2.45	2.40
12	2.75	2.69	2.62	2.54	2.51	2.47	2.43	2.38	2.34	2.30
13	2.67	2.60	2.53	2.46	2.42	2.38	2.34	2.30	2.25	2.21
14	2.60	2.53	2.46	2.39	2.35	2.31	2.27	2.22	2.18	2.13
15	2.54	2.48	2.40	2.33	2.29	2.25	2.20	2.16	2.11	2.07
16	2.49	2.42	2.35	2.28	2.24	2.19	2.15	2.11	2.06	2.01
17	2.45	2.38	2.31	2.23	2.19	2.15	2.10	2.06	2.01	1.96
18	2.41	2.34	2.27	2.19	2.15	2.11	2.06	2.02	1.97	1.92
19	2.38	2.31	2.23	2.16	2.11	2.07	2.03	1.98	1.93	1.88
20	2.35	2.28	2.20	2.12	2.08	2.04	1.99	1.95	1.90	1.84
21	2.32	2.25	2.18	2.10	2.05	2.01	1.96	1.92	1.87	1.81
22	2.30	2.23	2.15	2.07	2.03	1.98	1.94	1.89	1.84	1.78
23	2.27	2.20	2.13	2.05	2.01	1.96	1.91	1.86	1.81	1.76
24	2.25	2.18	2.11	2.03	1.98	1.94	1.89	1.84	1.79	1.73
25	2.24	2.16	2.09	2.01	1.96	1.92	1.87	1.82	1.77	1.71
26	2.22	2.15	2.07	1.99	1.95	1.90	1.85	1.80	1.75	1.69
27	2.20	2.13	2.06	1.97	1.93	1.88	1.84	1.79	1.73	1.67
28	2.19	2.12	2.04	1.96	1.91	1.87	1.82	1.77	1.71	1.65
29	2.18	2.10	2.03	1.94	1.90	1.85	1.81	1.75	1.70	1.64
30	2.16	2.09	2.01	1.93	1.89	1.84	1.79	1.74	1.68	1.62
40	2.08	2.00	1.92	1.84	1.79	1.74	1.69	1.64	1.58	1.51
60	1.99	1.92	1.84	1.75	1.70	1.65	1.59	1.53	1.47	1.39
120	1.91	1.83	1.75	1.66	1.61	1.55	1.50	1.43	1.35	1.25
∞	1.83	1.75	1.67	1.57	1.52	1.46	1.39	1.32	1.22	1.00

分母自由度

资料来源：From M. Merrington and C. M. Thompson, "Tables of percentage points of the inverted beta (F)-distribution," *Biometrika*, 1943, 33, 73–88. Reproduced by permission of the *Biometrika* Trustees.

表 5　F 统计量的临界值：$F_{0.025}$

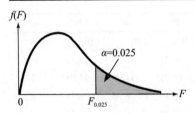

v_1	分子自由度								
v_2	1	2	3	4	5	6	7	8	9
1	647.8	799.5	864.2	899.6	921.8	937.1	948.2	956.7	963.3
2	38.51	39.00	39.17	39.25	39.30	39.33	39.36	39.37	39.39
3	17.44	16.04	15.44	15.10	14.88	14.73	14.62	14.54	14.47
4	12.22	10.65	9.98	9.60	9.36	9.20	9.07	8.98	8.90
5	10.01	8.43	7.76	7.39	7.15	6.98	6.85	6.76	6.68
6	8.81	7.26	6.60	6.23	5.99	5.82	5.70	5.60	5.52
7	8.07	6.54	5.89	5.52	5.29	5.12	4.99	4.90	4.82
8	7.57	6.06	5.42	5.05	4.82	4.65	4.53	4.43	4.36
9	7.21	5.71	5.08	4.72	4.48	4.32	4.20	4.10	4.03
10	6.94	5.46	4.83	4.47	4.24	4.07	3.95	3.85	3.78
11	6.72	5.26	4.63	4.28	4.04	3.88	3.76	3.66	3.59
12	6.55	5.10	4.47	4.12	3.89	3.73	3.61	3.51	3.44
13	6.41	4.97	4.35	4.00	3.77	3.60	3.48	3.39	3.31
14	6.30	4.86	4.24	3.89	3.66	3.50	3.38	3.29	3.21
15	6.20	4.77	4.15	3.80	3.58	3.41	3.29	3.20	3.12
16	6.12	4.69	4.08	3.73	3.50	3.34	3.22	3.12	3.05
17	6.04	4.62	4.01	3.66	3.44	3.28	3.16	3.06	2.98
18	5.98	4.56	3.95	3.61	3.38	3.22	3.10	3.01	2.93
19	5.92	4.51	3.90	3.56	3.33	3.17	3.05	2.96	2.88
20	5.87	4.46	3.86	3.51	3.29	3.13	3.01	2.91	2.84
21	5.83	4.42	3.82	3.48	3.25	3.09	2.97	2.87	2.80
22	5.79	4.38	3.78	3.44	3.22	3.05	2.93	2.84	2.76
23	5.75	4.35	3.75	3.41	3.18	3.02	2.90	2.81	2.73
24	5.72	4.32	3.72	3.38	3.15	2.99	2.87	2.78	2.70
25	5.69	4.29	3.69	3.35	3.13	2.97	2.85	2.75	2.68
26	5.66	4.27	3.67	3.33	3.10	2.94	2.82	2.73	2.65
27	5.63	4.24	3.65	3.31	3.08	2.92	2.80	2.71	2.63
28	5.61	4.22	3.63	3.29	3.06	2.90	2.78	2.69	2.61
29	5.59	4.20	3.61	3.27	3.04	2.88	2.76	2.67	2.59
30	5.57	4.18	3.59	3.25	3.03	2.87	2.75	2.65	2.57
40	5.42	4.05	3.46	3.13	2.90	2.74	2.62	2.53	2.45
60	5.29	3.93	3.34	3.01	2.79	2.63	2.51	2.41	2.33
120	5.15	3.80	3.23	2.89	2.67	2.52	2.39	2.30	2.22
∞	5.02	3.69	3.12	2.79	2.57	2.41	2.29	2.19	2.11

（分母自由度 v_2）

（续）

v_2	分子自由度									
v_1	10	12	15	20	24	30	40	60	120	∞
1	968.6	976.7	984.9	993.1	997.2	1 001	1 006	1 010	1 014	1 018
2	39.40	39.41	39.43	39.45	39.46	39.46	39.47	39.48	39.49	39.50
3	14.42	14.34	14.25	14.17	14.12	14.08	14.04	13.99	13.95	13.90
4	8.84	8.75	8.66	8.56	8.51	8.46	8.41	8.36	8.31	8.26
5	6.62	6.52	6.43	6.33	6.28	6.23	6.18	6.12	6.07	6.02
6	5.46	5.37	5.27	5.17	5.12	5.07	5.01	4.96	4.90	4.85
7	4.76	4.67	4.57	4.47	4.42	4.36	4.31	4.25	4.20	4.14
8	4.30	4.20	4.10	4.00	3.95	3.89	3.84	3.78	3.73	3.67
9	3.96	3.87	3.77	3.67	3.61	3.56	3.51	3.45	3.39	3.33
10	3.72	3.62	3.52	3.42	3.37	3.31	3.26	3.20	3.14	3.08
11	3.53	3.43	3.33	3.23	3.17	3.12	3.06	3.00	2.94	2.88
12	3.37	3.28	3.18	3.07	3.02	2.96	2.91	2.85	2.79	2.72
13	3.25	3.15	3.05	2.95	2.89	2.84	2.78	2.72	2.66	2.60
14	3.15	3.05	2.95	2.84	2.79	2.73	2.67	2.61	2.55	2.49
15	3.06	2.96	2.86	2.76	2.70	2.64	2.59	2.52	2.46	2.40
16	2.99	2.89	2.79	2.68	2.63	2.57	2.51	2.45	2.38	2.32
17	2.92	2.82	2.72	2.62	2.56	2.50	2.44	2.38	2.32	2.25
18	2.87	2.77	2.67	2.56	2.50	2.44	2.38	2.32	2.26	2.19
19	2.82	2.72	2.62	2.51	2.45	2.39	2.33	2.27	2.20	2.13
20	2.77	2.68	2.57	2.46	2.41	2.35	2.29	2.22	2.16	2.09
21	2.73	2.64	2.53	2.42	2.37	2.31	2.25	2.18	2.11	2.04
22	2.70	2.60	2.50	2.39	2.33	2.27	2.21	2.14	2.08	2.00
23	2.67	2.57	2.47	2.36	2.30	2.24	2.18	2.11	2.04	1.97
24	2.64	2.54	2.44	2.33	2.27	2.21	2.15	2.08	2.01	1.94
25	2.61	2.51	2.41	2.30	2.24	2.18	2.12	2.05	1.98	1.91
26	2.59	2.49	2.39	2.28	2.22	2.16	2.09	2.03	1.95	1.88
27	2.57	2.47	2.36	2.25	2.19	2.13	2.07	2.00	1.93	1.85
28	2.55	2.45	2.34	2.23	2.17	2.11	2.05	1.98	1.91	1.83
29	2.53	2.43	2.32	2.21	2.15	2.09	2.03	1.96	1.89	1.81
30	2.51	2.41	2.31	2.20	2.14	2.07	2.01	1.94	1.87	1.79
40	2.39	2.29	2.18	2.07	2.01	1.94	1.88	1.80	1.72	1.64
60	2.27	2.17	2.06	1.94	1.88	1.82	1.74	1.67	1.58	1.48
120	2.16	2.05	1.94	1.82	1.76	1.69	1.61	1.53	1.43	1.31
∞	2.05	1.94	1.83	1.71	1.64	1.57	1.48	1.39	1.27	1.00

（左侧纵列标注：分母自由度）

资料来源：From M. Merrington and C. M. Thompson, "Tables of percentage points of the inverted beta(F)-distribution," *Biometrika*, 1943, 33, 73–88. Reproduced by permission of the *Biometrika* Trustees.

表 6　F 统计量的临界值：$F_{0.01}$

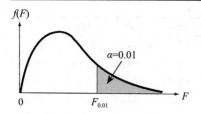

v_1	分子自由度								
v_2	1	2	3	4	5	6	7	8	9
1	4 052	4 999.5	5 403	5 625	5 764	5 859	5 928	5 982	6 022
2	98.50	99.00	99.17	99.25	99.30	99.33	99.36	99.37	99.39
3	34.12	30.82	29.46	28.71	28.24	27.91	27.67	27.49	27.35
4	21.20	18.00	16.69	15.98	15.52	15.21	14.98	14.80	14.66
5	16.26	13.27	12.06	11.39	10.97	10.67	10.46	10.29	10.16
6	13.75	10.92	9.78	9.15	8.75	8.47	8.26	8.10	7.98
7	12.25	9.55	8.45	7.85	7.46	7.19	6.99	6.84	6.72
8	11.26	8.65	7.59	7.01	6.63	6.37	6.18	6.03	5.91
9	10.56	8.02	6.99	6.42	6.06	5.80	5.61	5.47	5.35
10	10.04	7.56	6.55	5.99	5.64	5.39	5.20	5.06	4.94
11	9.65	7.21	6.22	5.67	5.32	5.07	4.89	4.74	4.63
12	9.33	6.93	5.95	5.41	5.06	4.82	4.64	4.50	4.39
13	9.07	6.70	5.74	5.21	4.86	4.62	4.44	4.30	4.19
14	8.86	6.51	5.56	5.04	4.69	4.46	4.28	4.14	4.03
15	8.68	6.36	5.42	4.89	4.56	4.32	4.14	4.00	3.89
16	8.53	6.23	5.29	4.77	4.44	4.20	4.03	3.89	3.78
17	8.40	6.11	5.18	4.67	4.34	4.10	3.93	3.79	3.68
18	8.29	6.01	5.09	4.58	4.25	4.01	3.84	3.71	3.60
19	8.18	5.93	5.01	4.50	4.17	3.94	3.77	3.63	3.52
20	8.10	5.85	4.94	4.43	4.10	3.87	3.70	3.56	3.46
21	8.02	5.78	4.87	4.37	4.04	3.81	3.64	3.51	3.40
22	7.95	5.72	4.82	4.31	3.99	3.76	3.59	3.45	3.35
23	7.88	5.66	4.76	4.26	3.94	3.71	3.54	3.41	3.30
24	7.82	5.61	4.72	4.22	3.90	3.67	3.50	3.36	3.26
25	7.77	5.57	4.68	4.18	3.85	3.63	3.46	3.32	3.22
26	7.72	5.53	4.64	4.14	3.82	3.59	3.42	3.29	3.18
27	7.68	5.49	4.60	4.11	3.78	3.56	3.39	3.26	3.15
28	7.64	5.45	4.57	4.07	3.75	3.53	3.36	3.23	3.12
29	7.60	5.42	4.54	4.04	3.73	3.50	3.33	3.20	3.09
30	7.56	5.39	4.51	4.02	3.70	3.47	3.30	3.17	3.07
40	7.31	5.18	4.31	3.83	3.51	3.29	3.12	2.99	2.89
60	7.08	4.98	4.13	3.65	3.34	3.12	2.95	2.82	2.72
120	6.85	4.79	3.95	3.48	3.17	2.96	2.79	2.66	2.56
∞	6.63	4.61	3.78	3.32	3.02	2.80	2.64	2.51	2.41

分母自由度

（续）

v_2 \ v_1	分子自由度									
	10	12	15	20	24	30	40	60	120	∞
1	6 056	6 106	6 157	6 209	6 235	6 261	6 287	6 313	6 339	6 366
2	99.40	99.42	99.43	99.45	99.46	99.47	99.47	99.48	99.49	99.50
3	27.23	27.05	26.87	26.69	26.60	26.50	26.41	26.32	26.22	26.13
4	14.55	14.37	14.20	14.02	13.93	13.84	13.75	13.65	13.56	13.46
5	10.05	9.89	9.72	9.55	9.47	9.38	9.29	9.20	9.11	9.02
6	7.87	7.72	7.56	7.40	7.31	7.23	7.14	7.06	6.97	6.88
7	6.62	6.47	6.31	6.16	6.07	5.99	5.91	5.82	5.74	5.65
8	5.81	5.67	5.52	5.36	5.28	5.20	5.12	5.03	4.95	4.86
9	5.26	5.11	4.96	4.81	4.73	4.65	4.57	4.48	4.40	4.31
10	4.85	4.71	4.56	4.41	4.33	4.25	4.17	4.08	4.00	3.91
11	4.54	4.40	4.25	4.10	4.02	3.94	3.86	3.78	3.69	3.60
12	4.30	4.16	4.01	3.86	3.78	3.70	3.62	3.54	3.45	3.36
13	4.10	3.96	3.82	3.66	3.59	3.51	3.43	3.34	3.25	3.17
14	3.94	3.80	3.66	3.51	3.43	3.35	3.27	3.18	3.09	3.00
15	3.80	3.67	3.52	3.37	3.29	3.21	3.13	3.05	2.96	2.87
16	3.69	3.55	3.41	3.26	3.18	3.10	3.02	2.93	2.84	2.75
17	3.59	3.46	3.31	3.16	3.08	3.00	2.92	2.83	2.75	2.65
18	3.51	3.37	3.23	3.08	3.00	2.92	2.84	2.75	2.66	2.57
19	3.43	3.30	3.15	3.00	2.92	2.84	2.76	2.67	2.58	2.49
20	3.37	3.23	3.09	2.94	2.86	2.78	2.69	2.61	2.52	2.42
21	3.31	3.17	3.03	2.88	2.80	2.72	2.64	2.55	2.46	2.36
22	3.26	3.12	2.98	2.83	2.75	2.67	2.58	2.50	2.40	2.31
23	3.21	3.07	2.93	2.78	2.70	2.62	2.54	2.45	2.35	2.26
24	3.17	3.03	2.89	2.74	2.66	2.58	2.49	2.40	2.31	2.21
25	3.13	2.99	2.85	2.70	2.62	2.54	2.45	2.36	2.27	2.17
26	3.09	2.96	2.81	2.66	2.58	2.50	2.42	2.33	2.23	2.13
27	3.06	2.93	2.78	2.63	2.55	2.47	2.38	2.29	2.20	2.10
28	3.03	2.90	2.75	2.60	2.52	2.44	2.35	2.26	2.17	2.06
29	3.00	2.87	2.73	2.57	2.49	2.41	2.33	2.23	2.14	2.03
30	2.98	2.84	2.70	2.55	2.47	2.39	2.30	2.21	2.11	2.01
40	2.80	2.66	2.52	2.37	2.29	2.20	2.11	2.02	1.92	1.80
60	2.63	2.50	2.35	2.20	2.12	2.03	1.94	1.84	1.73	1.60
120	2.47	2.34	2.19	2.03	1.95	1.86	1.76	1.66	1.53	1.38
∞	2.32	2.18	2.04	1.88	1.79	1.70	1.59	1.47	1.32	1.00

注：左侧纵栏标示"分母自由度"。

表 7　**Durbin-Watson d 统计量的临界值（$\alpha=0.05$）**

n	$k=1$		$k=2$		$k=3$		$k=4$		$k=5$	
	d_L	d_U	d_L	d_U	d_L	d_U	d_L	d_U	d_L	d_U
15	1.08	1.36	0.95	1.54	0.82	1.75	0.69	1.97	0.56	2.21
16	1.10	1.37	0.98	1.54	0.86	1.73	0.74	1.93	0.62	2.15
17	1.13	1.38	1.02	1.54	0.90	1.71	0.78	1.90	0.67	2.10
18	1.16	1.39	1.05	1.53	0.93	1.69	0.82	1.87	0.71	2.06
19	1.18	1.40	1.08	1.53	0.97	1.68	0.86	1.85	0.75	2.02
20	1.20	1.41	1.10	1.54	1.00	1.68	0.90	1.83	0.79	1.99
21	1.22	1.42	1.13	1.54	1.03	1.67	0.93	1.81	0.83	1.96
22	1.24	1.43	1.15	1.54	1.05	1.66	0.96	1.80	0.86	1.94
23	1.26	1.44	1.17	1.54	1.08	1.66	0.99	1.79	0.90	1.92
24	1.27	1.45	1.19	1.55	1.10	1.66	1.01	1.78	0.93	1.90
25	1.29	1.45	1.21	1.55	1.12	1.66	1.04	1.77	0.95	1.89
26	1.30	1.46	1.22	1.55	1.14	1.65	1.06	1.76	0.98	1.88
27	1.32	1.47	1.24	1.56	1.16	1.65	1.08	1.76	1.01	1.86
28	1.33	1.48	1.26	1.56	1.18	1.65	1.10	1.75	1.03	1.85
29	1.34	1.48	1.27	1.56	1.20	1.65	1.12	1.74	1.05	1.84
30	1.35	1.49	1.28	1.57	1.21	1.65	1.14	1.74	1.07	1.83
31	1.36	1.50	1.30	1.57	1.23	1.65	1.16	1.74	1.09	1.83
32	1.37	1.50	1.31	1.57	1.24	1.65	1.18	1.73	1.11	1.82
33	1.38	1.51	1.32	1.58	1.26	1.65	1.19	1.73	1.13	1.81
34	1.39	1.51	1.33	1.58	1.27	1.65	1.21	1.73	1.15	1.81
35	1.40	1.52	1.34	1.58	1.28	1.65	1.22	1.73	1.16	1.80
36	1.41	1.52	1.35	1.59	1.29	1.65	1.24	1.73	1.18	1.80
37	1.42	1.53	1.36	1.59	1.31	1.66	1.25	1.72	1.19	1.80
38	1.43	1.54	1.37	1.59	1.32	1.66	1.26	1.72	1.21	1.79
39	1.43	1.54	1.38	1.60	1.33	1.66	1.27	1.72	1.22	1.79
40	1.44	1.54	1.39	1.60	1.34	1.66	1.29	1.72	1.23	1.79
45	1.48	1.57	1.43	1.62	1.38	1.67	1.34	1.72	1.29	1.78
50	1.50	1.59	1.46	1.63	1.42	1.67	1.38	1.72	1.34	1.77
55	1.53	1.60	1.49	1.64	1.45	1.68	1.41	1.72	1.38	1.77
60	1.55	1.62	1.51	1.65	1.48	1.69	1.44	1.73	1.41	1.77
65	1.57	1.63	1.54	1.66	1.50	1.70	1.47	1.73	1.44	1.77
70	1.58	1.64	1.55	1.67	1.52	1.70	1.49	1.74	1.46	1.77
75	1.60	1.65	1.57	1.68	1.54	1.71	1.51	1.74	1.49	1.77
80	1.61	1.66	1.59	1.69	1.56	1.72	1.53	1.74	1.51	1.77
85	1.62	1.67	1.60	1.70	1.57	1.72	1.55	1.75	1.52	1.77
90	1.63	1.68	1.61	1.70	1.59	1.73	1.57	1.75	1.54	1.78
95	1.64	1.69	1.62	1.71	1.60	1.73	1.58	1.75	1.56	1.78
100	1.65	1.69	1.63	1.72	1.61	1.74	1.59	1.76	1.57	1.78

表 8　**Durbin-Watson** d **统计量的临界值（$\alpha=0.01$）**

n	$k = 1$		$k = 2$		$k = 3$		$k = 4$		$k = 5$	
	d_L	d_U	d_L	d_U	d_L	d_U	d_L	d_U	d_L	d_U
15	0.81	1.07	0.70	1.25	0.59	1.46	0.49	1.70	0.39	1.96
16	0.84	1.09	0.74	1.25	0.63	1.44	0.53	1.66	0.44	1.90
17	0.87	1.10	0.77	1.25	0.67	1.43	0.57	1.63	0.48	1.85
18	0.90	1.12	0.80	1.26	0.71	1.42	0.61	1.60	0.52	1.80
19	0.93	1.13	0.83	1.26	0.74	1.41	0.65	1.58	0.56	1.77
20	0.95	1.15	0.86	1.27	0.77	1.41	0.68	1.57	0.60	1.74
21	0.97	1.16	0.89	1.27	0.80	1.41	0.72	1.55	0.63	1.71
22	1.00	1.17	0.91	1.28	0.83	1.40	0.75	1.54	0.66	1.69
23	1.02	1.19	0.94	1.29	0.86	1.40	0.77	1.53	0.70	1.67
24	1.04	1.20	0.96	1.30	0.88	1.41	0.80	1.53	0.72	1.66
25	1.05	1.21	0.98	1.30	0.90	1.41	0.83	1.52	0.75	1.65
26	1.07	1.22	1.00	1.31	0.93	1.41	0.85	1.52	0.78	1.64
27	1.09	1.23	1.02	1.32	0.95	1.41	0.88	1.51	0.81	1.63
28	1.10	1.24	1.04	1.32	0.97	1.41	0.90	1.51	0.83	1.62
29	1.12	1.25	1.05	1.33	0.99	1.42	0.92	1.51	0.85	1.61
30	1.13	1.26	1.07	1.34	1.01	1.42	0.94	1.51	0.88	1.61
31	1.15	1.27	1.08	1.34	1.02	1.42	0.96	1.51	0.90	1.60
32	1.16	1.28	1.10	1.35	1.04	1.43	0.98	1.51	0.92	1.60
33	1.17	1.29	1.11	1.36	1.05	1.43	1.00	1.51	0.94	1.59
34	1.18	1.30	1.13	1.36	1.07	1.43	1.01	1.51	0.95	1.59
35	1.19	1.31	1.14	1.37	1.08	1.44	1.03	1.51	0.97	1.59
36	1.21	1.32	1.15	1.38	1.10	1.44	1.04	1.51	0.99	1.59
37	1.22	1.32	1.16	1.38	1.11	1.45	1.06	1.51	1.00	1.59
38	1.23	1.33	1.18	1.39	1.12	1.45	1.07	1.52	1.02	1.58
39	1.24	1.34	1.19	1.39	1.14	1.45	1.09	1.52	1.03	1.58
40	1.25	1.34	1.20	1.40	1.15	1.46	1.10	1.52	1.05	1.58
45	1.29	1.38	1.24	1.42	1.20	1.48	1.16	1.53	1.11	1.58
50	1.32	1.40	1.28	1.45	1.24	1.49	1.20	1.54	1.16	1.59
55	1.36	1.43	1.32	1.47	1.28	1.51	1.25	1.55	1.21	1.59
60	1.38	1.45	1.35	1.48	1.32	1.52	1.28	1.56	1.25	1.60
65	1.41	1.47	1.38	1.50	1.35	1.53	1.31	1.57	1.28	1.61
70	1.43	1.49	1.40	1.52	1.37	1.55	1.34	1.58	1.31	1.61
75	1.45	1.50	1.42	1.53	1.39	1.56	1.37	1.59	1.34	1.62
80	1.47	1.52	1.44	1.54	1.42	1.57	1.39	1.60	1.36	1.62
85	1.48	1.53	1.46	1.55	1.43	1.58	1.41	1.60	1.39	1.63
90	1.50	1.54	1.47	1.56	1.45	1.59	1.43	1.61	1.41	1.64
95	1.51	1.55	1.49	1.57	1.47	1.60	1.45	1.62	1.42	1.64
100	1.52	1.56	1.50	1.58	1.48	1.60	1.46	1.63	1.44	1.65

资料来源：From J. Durbin and G. S. Watson, "Testing for serial correlation in least squares regression, II," *Biometrika*, 1951, 30, 159–178. Reproduced by permission of the *Biometrika* Trustees.

表 9 χ^2 统计量的临界值

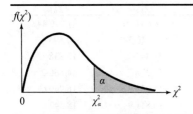

自由度	$\chi^2_{0.995}$	$\chi^2_{0.990}$	$\chi^2_{0.975}$	$\chi^2_{0.950}$	$\chi^2_{0.900}$
1	0.000 039 3	0.000 157 1	0.000 982 1	0.003 932 1	0.015 790 8
2	0.010 025 1	0.020 100 7	0.050 635 6	0.102 587	0.210 720
3	0.071 721 2	0.114 832	0.215 795	0.351 846	0.584 375
4	0.206 990	0.297 110	0.484 419	0.710 721	1.063 623
5	0.411 740	0.554 300	0.831 211	1.145 476	1.610 31
6	0.675 727	0.872 085	1.237 347	1.635 39	2.204 13
7	0.989 265	1.239 043	1.689 87	2.167 35	2.833 11
8	1.344 419	1.646 482	2.179 73	2.732 64	3.489 54
9	1.734 926	2.087 912	2.700 39	3.325 11	4.168 16
10	2.155 85	2.558 21	3.246 97	3.940 30	4.865 18
11	2.603 21	3.053 47	3.815 75	4.574 81	5.577 79
12	3.073 82	3.570 56	4.403 79	5.226 03	6.303 80
13	3.565 03	4.106 91	5.008 74	5.891 86	7.041 50
14	4.074 68	4.660 43	5.628 72	6.570 63	7.789 53
15	4.600 94	5.229 35	6.262 14	7.260 94	8.546 75
16	5.142 24	5.812 21	6.907 66	7.961 64	9.312 23
17	5.697 24	6.407 76	7.564 18	8.671 76	10.085 2
18	76.264 81	7.014 91	8.230 75	9.390 46	10.864 9
19	6.843 98	7.632 73	8.906 55	10.117 0	11.650 9
20	7.433 86	8.260 40	9.590 83	10.850 8	12.442 6
21	8.033 66	8.897 20	10.282 93	11.591 3	13.239 6
22	8.642 72	9.542 49	10.982 3	12.338 0	14.041 5
23	9.260 42	10.195 67	11.688 5	13.090 5	14.847 9
24	9.886 23	10.856 4	12.401 1	13.848 4	15.658 7
25	10.519 7	11.524 0	13.119 7	14.611 4	16.473 4
26	11.160 3	12.198 1	13.843 9	15.379 1	17.291 9
27	11.807 6	12.878 6	14.573 3	16.151 3	18.113 8
28	12.461 3	13.564 8	15.307 9	16.927 9	18.939 2
29	13.121 1	14.256 5	16.047 1	17.708 3	19.767 7
30	13.786 7	14.953 5	16.790 8	18.492 6	20.599 2
40	20.706 5	22.164 3	24.433 1	26.509 3	29.050 5
50	27.990 7	29.706 7	32.357 4	34.764 2	37.688 6
60	35.534 6	37.484 8	40.481 7	43.187 9	46.458 9
70	43.275 2	45.441 8	48.757 6	51.739 3	55.329 0
80	51.172 0	53.540 0	57.153 2	60.391 5	64.277 8
90	59.196 3	61.754 1	65.646 6	69.126 0	73.291 2
100	67.327 6	70.064 8	74.221 9	77.929 5	82.358 1
150	109.142	112.668	117.985	122.692	128.275
200	152.241	156.432	162.728	168.279	174.835
300	240.663	245.972	253.912	260.878	269.068
400	330.903	337.155	346.482	354.641	364.207
500	422.303	429.388	439.936	449.147	459.926

（续）

自由度	$\chi^2_{0.100}$	$\chi^2_{0.050}$	$\chi^2_{0.025}$	$\chi^2_{0.010}$	$\chi^2_{0.500}$
1	2.705 54	3.841 46	5.023 89	6.634 90	7.879 44
2	4.605 17	5.991 47	7.377 76	9.210 34	10.596 6
3	6.251 39	7.814 73	9.348 40	11.344 9	12.838 1
4	7.779 44	9.487 73	11.143 3	13.276 7	14.860 2
5	9.236 35	11.070 5	12.832 5	15.086 3	16.749 6
6	10.644 6	12.591 6	14.449 4	16.811 9	18.547 6
7	12.017 0	14.067 1	16.012 8	18.475 3	20.277 7
8	13.361 6	15.507 3	17.534 6	20.090 2	21.955 0
9	14.683 7	16.919 0	19.022 8	21.666 0	23.589 3
10	15.987 1	18.307 0	20.483 1	23.209 3	25.188 2
11	17.275 0	19.675 1	21.920 0	24.725 0	26.756 9
12	18.549 4	21.026 1	23.336 7	26.217 0	28.299 5
13	19.811 9	22.362 1	24.735 6	27.688 3	29.819 4
14	21.064 2	23.684 8	26.119 0	29.141 3	31.319 3
15	22.307 2	24.995 8	27.488 4	30.577 9	32.801 3
16	23.541 8	26.296 2	28.845 4	31.999 9	34.267 2
17	24.769 0	27.587 1	30.191 0	33.408 7	35.718 5
18	25.989 4	28.869 3	31.526 4	34.805 3	37.156 4
19	27.203 6	30.143 5	32.852 3	36.190 8	38.582 2
20	28.412 0	31.410 4	34.169 6	37.566 2	39.996 8
21	29.615 1	32.670 5	35.478 9	38.932 1	41.401 0
22	30.813 3	33.924 4	36.780 7	40.289 4	42.795 6
23	32.006 9	35.172 5	38.075 7	41.638 4	44.181 3
24	33.196 3	36.415 1	39.364 1	42.979 8	45.558 5
25	34.381 6	37.652 5	40.646 5	44.314 1	46.927 8
26	36.563 1	38.885 2	41.923 2	45.641 7	48.289 9
27	36.741 2	40.113 3	43.194 4	46.963 0	49.644 9
28	37.915 9	41.337 2	44.460 7	48.278 2	50.993 3
29	39.087 5	42.556 9	45.722 2	49.587 9	52.335 6
30	40.256 0	43.772 9	46.979 2	50.892 2	53.672 0
40	51.805 0	55.758 5	59.341 7	63.690 7	66.765 9
50	63.167 1	67.504 8	71.420 2	76.153 9	79.490 0
60	74.397 0	79.081 9	83.297 6	88.379 4	91.951 7
70	85.527 1	90.531 2	95.023 1	100.425	104.215
80	96.578 2	101.879	106.629	112.329	116.321
90	107.565	113.145	118.136	124.116	128.299
100	118.498	124.342	129.561	135.807	140.169
150	172.581	179.581	185.800	193.208	198.360
200	226.021	233.994	241.058	249.445	255.264
300	331.789	341.395	349.874	359.906	366.844
400	436.649	447.632	457.305	468.724	476.606
500	540.930	553.127	563.852	576.493	585.207

资料来源：From C. M. Thompson. "Tables of the Percentage Points of the χ^2-Distribution," *Biometrika*, 1941, 32, 188–189. Reproduced by permission of the *Biometrika* Trustees.

表 10　学生化极差 $q(p,v)$ 的百分数点，上 5%

v	p									
	2	3	4	5	6	7	8	9	10	11
1	17.97	26.98	32.82	37.08	40.41	43.12	45.40	47.36	49.07	50.59
2	6.08	8.33	9.80	10.88	11.74	12.44	13.03	13.54	13.99	14.39
3	4.50	5.91	6.82	7.50	8.04	8.48	8.85	9.18	9.46	9.72
4	3.93	5.04	5.76	6.29	6.71	7.05	7.35	7.60	7.83	8.03
5	3.64	4.60	5.22	5.67	6.03	6.33	6.58	6.80	6.99	7.17
6	3.46	4.34	4.90	5.30	5.63	5.90	6.12	6.32	6.49	6.65
7	3.34	4.16	4.68	5.06	5.36	5.61	5.82	6.00	6.16	6.30
8	3.26	4.04	4.53	4.89	5.17	5.40	5.60	5.77	5.92	6.05
9	3.20	3.95	4.41	4.76	5.02	5.24	5.43	5.59	5.74	5.87
10	3.15	3.88	4.33	4.65	4.91	5.12	5.30	5.46	5.60	5.72
11	3.11	3.82	4.26	4.57	4.82	5.03	5.20	5.35	5.49	5.61
12	3.08	3.77	4.20	4.51	4.75	4.95	5.12	5.27	5.39	5.51
13	3.06	3.73	4.15	4.45	4.69	4.88	5.05	5.19	5.32	5.43
14	3.03	3.70	4.11	4.41	4.64	4.83	4.99	5.13	5.25	5.36
15	3.01	3.67	4.08	4.37	4.60	4.78	4.94	5.08	5.20	5.31
16	3.00	3.65	4.05	4.33	4.56	4.74	4.90	5.03	5.15	5.26
17	2.98	3.63	4.02	4.30	4.52	4.70	4.86	4.99	5.11	5.21
18	2.97	3.61	4.00	4.28	4.49	4.67	4.82	4.96	5.07	5.17
19	2.96	3.59	3.98	4.25	4.47	4.65	4.79	4.92	5.04	5.14
20	2.95	3.58	3.96	4.23	4.45	4.62	4.77	4.90	5.01	5.11
24	2.92	3.53	3.90	4.17	4.37	4.54	4.68	4.81	4.92	5.01
30	2.89	3.49	3.85	4.10	4.30	4.46	4.60	4.72	4.82	4.92
40	2.86	3.44	3.79	4.04	4.23	4.39	4.52	4.63	4.73	4.82
60	2.83	3.40	3.74	3.98	4.16	4.31	4.44	4.55	4.65	4.73
120	2.80	3.36	3.68	3.92	4.10	4.24	4.36	4.47	4.56	4.64
∞	2.77	3.31	3.63	3.86	4.03	4.17	4.29	4.39	4.47	4.55

（续）

v	12	13	14	15	16	17	18	19	20
1	51.96	53.20	54.33	55.36	56.32	57.22	58.04	58.83	59.56
2	14.75	15.08	15.38	15.65	15.91	16.14	16.37	16.57	16.77
3	9.95	10.15	10.35	10.52	10.69	10.84	10.98	11.11	11.24
4	8.21	8.37	8.52	8.66	8.79	8.91	9.03	9.13	9.23
5	7.32	7.47	7.60	7.72	7.83	7.93	8.03	8.12	8.21
6	6.79	6.92	7.03	7.14	7.24	7.34	7.43	7.51	7.59
7	6.43	6.55	6.66	6.76	6.85	6.94	7.02	7.10	7.17
8	6.18	6.29	6.39	6.48	6.57	6.65	6.73	6.80	6.87
9	5.98	6.09	6.19	6.28	6.36	6.44	6.51	6.58	6.64
10	5.83	5.93	6.03	6.11	6.19	6.27	6.34	6.40	6.47
11	5.71	5.81	5.90	5.98	6.06	6.13	6.20	6.27	6.33
12	5.61	5.71	5.80	5.88	5.95	6.02	6.09	6.15	6.21
13	5.53	5.63	5.71	5.79	5.86	5.93	5.99	6.05	6.11
14	5.46	5.55	5.64	5.71	5.79	5.85	5.91	5.97	6.03
15	5.40	5.49	5.57	5.65	5.72	5.78	5.85	5.90	5.96
16	5.35	5.44	5.52	5.59	5.66	5.73	5.79	5.84	5.90
17	5.31	5.39	5.47	5.54	5.61	5.67	5.73	5.79	5.84
18	5.27	5.35	5.43	5.50	5.57	5.63	5.69	5.74	5.79
19	5.23	5.31	5.39	5.46	5.53	5.59	5.65	5.70	5.75
20	5.20	5.28	5.36	5.43	5.49	5.55	5.61	5.66	5.71
24	5.10	5.18	5.25	5.32	5.38	5.44	5.49	5.55	5.59
30	5.00	5.08	5.15	5.21	5.27	5.33	5.38	5.43	5.47
40	4.90	4.98	5.04	5.11	5.16	5.22	5.27	5.31	5.36
60	4.81	4.88	4.94	5.00	5.06	5.11	5.15	5.20	5.24
120	4.71	4.78	4.84	4.90	4.95	5.00	5.04	5.09	5.13
∞	4.62	4.68	4.74	4.80	4.85	4.89	4.93	4.97	5.01

资料来源：*Biometrika Tables for Statisticians*, Vol. 1, 3rd ed., edited by E. S. Pearson and H. O. Hartley (Cambridge University Press, 1966). Reproduced by permission of Professor E. S. Pearson and the *Biometrika* Trustees.

表 11　学生化极差 $q(p,v)$ 的百分数点，上 1%

v	p									
	2	3	4	5	6	7	8	9	10	11
1	90.03	135.0	164.3	185.6	202.2	215.8	227.2	237.0	245.6	253.2
2	14.04	19.02	22.29	24.72	26.63	28.20	29.53	30.68	31.69	32.59
3	8.26	10.62	12.17	13.33	14.24	15.00	15.64	16.20	16.69	17.13
4	6.51	8.12	9.17	9.96	10.58	11.10	11.55	11.93	12.27	12.57
5	5.70	6.98	7.80	8.42	8.91	9.32	9.67	9.97	10.24	10.48
6	5.24	6.33	7.03	7.56	7.97	8.32	8.61	8.87	9.10	9.30
7	4.95	5.92	6.54	7.01	7.37	7.68	7.94	8.17	8.37	8.55
8	4.75	5.64	6.20	6.62	6.96	7.24	7.47	7.68	7.86	8.03
9	4.60	5.43	5.96	6.35	6.66	6.91	7.13	7.33	7.49	7.65
10	4.48	5.27	5.77	6.14	6.43	6.67	6.87	7.05	7.21	7.36
11	4.39	5.15	5.62	5.97	6.25	6.48	6.67	6.84	6.99	7.13
12	4.32	5.05	5.50	5.84	6.10	6.32	6.51	6.67	6.81	6.94
13	4.26	4.96	5.40	5.73	5.98	6.19	6.37	6.53	6.67	6.79
14	4.21	4.89	5.32	5.63	5.88	6.08	6.26	6.41	6.54	6.66
15	4.17	4.84	5.25	5.56	5.80	5.99	6.16	6.31	6.44	6.55
16	4.13	4.79	5.19	5.49	5.72	5.92	6.08	6.22	6.35	6.46
17	4.10	4.74	5.14	5.43	5.66	5.85	6.01	6.15	6.27	6.38
18	4.07	4.70	5.09	5.38	5.60	5.79	5.94	6.08	6.20	6.31
19	4.05	4.67	5.05	5.33	5.55	5.73	5.89	6.02	6.14	6.25
20	4.02	4.64	5.02	5.29	5.51	5.69	5.84	5.97	6.09	6.19
24	3.96	4.55	4.91	5.17	5.37	5.54	5.69	5.81	5.92	6.02
30	3.89	4.45	4.80	5.05	5.24	5.40	5.54	5.65	5.76	5.85
40	3.82	4.37	4.70	4.93	5.11	5.26	5.39	5.50	5.60	5.69
60	3.76	4.28	4.59	4.82	4.99	5.13	5.25	5.36	5.45	5.53
120	3.70	4.20	4.50	4.71	4.87	5.01	5.12	5.21	5.30	5.37
∞	3.64	4.12	4.40	4.60	4.76	4.88	4.99	5.08	5.16	5.23

（续）

v					p				
	12	13	14	15	16	17	18	19	20
1	260.0	266.2	271.8	277.0	281.8	286.3	290.0	294.3	298.0
2	33.40	34.13	34.81	35.43	36.00	36.53	37.03	37.50	37.95
3	17.53	17.89	18.22	18.52	18.81	19.07	19.32	19.55	19.77
4	12.84	13.09	13.32	13.53	13.73	13.91	14.08	14.24	14.40
5	10.70	10.89	11.08	11.24	11.40	11.55	11.68	11.81	11.93
6	9.48	9.65	9.81	9.95	10.08	10.21	10.32	10.43	10.54
7	8.71	8.86	9.00	9.12	9.24	9.35	9.46	9.55	9.65
8	8.18	8.31	8.44	8.55	8.66	8.76	8.85	8.94	9.03
9	7.78	7.91	8.03	8.13	8.23	8.33	8.41	8.49	8.57
10	7.49	7.60	7.71	7.81	7.91	7.99	8.08	8.15	8.23
11	7.25	7.36	7.46	7.56	7.65	7.73	7.81	7.88	7.95
12	7.06	7.17	7.26	7.36	7.44	7.52	7.59	7.66	7.73
13	6.90	7.01	7.10	7.19	7.27	7.35	7.42	7.48	7.55
14	6.77	6.87	6.96	7.05	7.13	7.20	7.27	7.33	7.39
15	6.66	6.76	6.84	6.93	7.00	7.07	7.14	7.20	7.26
16	6.56	6.66	6.74	6.82	6.90	6.97	7.03	7.09	7.15
17	6.48	6.57	6.66	6.73	6.81	6.87	6.94	7.00	7.05
18	6.41	6.50	6.58	6.65	6.72	6.79	6.85	6.91	6.97
19	6.34	6.43	6.51	6.58	6.65	6.72	6.78	6.84	6.89
20	6.28	6.37	6.45	6.52	6.59	6.65	6.71	6.77	6.82
24	6.11	6.19	6.26	6.33	6.39	6.45	6.51	6.56	6.61
30	5.93	6.01	6.08	6.14	6.20	6.26	6.31	6.36	6.41
40	5.76	5.83	5.90	5.96	6.02	6.07	6.12	6.16	6.21
60	5.60	5.67	5.73	5.78	5.84	5.89	5.93	5.97	6.01
120	5.44	5.50	5.56	5.61	5.66	5.71	5.75	5.79	5.83
∞	5.29	5.35	5.40	5.45	5.49	5.54	5.57	5.61	5.65

资料来源: *Biometrika Tables for Statisticians*, Vol. 1, 3rd ed., edited by E. S. Pearson and H. O. Hartley (Cambridge University Press, 1966). Reproduced by permission of Professor E. S. Pearson and the *Biometrika* Trustees.

附录 E 案例研究数据集文件概要

案例研究 1：律所广告——值得吗?

💿 LEGALADV ($n=48$ 个观测值)

变量	类型	描述
MONTH	数值型	月份
TOTADVEXP	数值型	广告支出额（美元）
NEWPI	数值型	新增人身伤害案件数
NEWWC	数值型	新增工伤赔偿案件数
ADVEXP6	数值型	近 6 个月累计广告支出（美元）

案例研究 2：4 个街区房地产销售价格的模型

💿 TAMSALES4 ($n=460$ 个观测值)

变量	类型	描述
SALES	数值型	销售价格（千美元）
LAND	数值型	土地估价（千美元）
IMP	数值型	升值空间的估计（千美元）
NBHD	字符型	街区 (TOWN&CTY, DAVISISLE, CHEVAL, HUNGREEN)

💿 TAMSALESALL ($n=1\,264$ 个观测值)

变量	类型	描述
SALES	数值型	销售价格（千美元）
LAND	数值型	土地估价（千美元）
IMP	数值型	升值空间的估计（千美元）
NBHD	字符型	街区 (ARBORGRN, AVILA, CHEVAL, CWOODVILL, DAVISISLE, HERITAGE, HUNGREEN, HYDEPARK, NORTHDALE, TAMPALMS, TOWN&CTY, YBORCITY)

案例研究 3：解除对州内卡车运输业的管制

💿 TRUCKING（*n*=134 个观测值）

变量	类型	描述
PRICPTM	数值型	每吨英里收费（美元）
DISTANCE	数值型	行驶里程（百英里）
WEIGHT	数值型	运输产品重量（千磅）
PCTLOAD	数值型	卡车载重量的百分比
ORIGIN	字符型	运出城市（杰克逊维尔或迈阿密）
MARKET	字符型	目的地市场规模（大或小）
DEREG	字符型	解除管制（是或否）
PRODUCT	数值型	产品分类（100，150 或 200）
LNPRICE	数值型	价格的自然对数

💿 TRUCKING4（*n*=448 个观测值）

变量	类型	描述
PRICPTM	数值型	每吨英里收费（美元）
DISTANCE	数值型	行驶里程（百英里）
WEIGHT	数值型	运输产品重量（千磅）
PCTLOAD	数值型	卡车载重量的百分比
ORIGIN	字符型	运出城市（杰克逊维尔或迈阿密）
MARKET	字符型	目的地市场规模（大或小）
DEREG	字符型	解除管制（是或否）
PRODUCT	数值型	产品分类（100，150 或 200）
CARRIER	字符型	佛罗里达卡车运输公司（A、B、C 或 D）
LNPRICE	数值型	价格的自然对数

案例研究 4：对加利福尼亚州降雨量的分析

💿 CALIRAIN（*n*=30 个观测值）

变量	类型	描述
STATION	数值型	气象站序号
NAME	字符型	气象站名称
PRECIP	数值型	年平均降水量（英寸）
ALTITUDE	数值型	海拔（英尺）
LATITUDE	数值型	纬度（度）
DISTANCE	数值型	距太平洋海岸距离（英里）
SHADOW	字符型	阴影（W= 向西面；L= 背风面）

案例研究 5：对公开拍卖中公寓销售价格影响因素的研究		
CONDO（*n*=209 个观测值）		
变量	**类型**	**描述**
PRICE	数值型	售价（百美元）
FLOOR	数值型	楼层高度（1,2,3,…,8）
DISTELEV	数值型	距电梯的距离（1,2,3,…,15）
VIEW	数值型	海景（1= 海景；0= 湾景）
ENDUNIT	数值型	末端公寓（1= 是；0= 不是）
FURNISH	数值型	家具（1 = 提供；0 = 没有提供）
METHOD	字符型	销售方式（A= 拍卖；F= 固定价格）

案例研究 7：声音识别与面部识别——是否有先后之分？		
PRIME1（*n*=40 个观测值）		
变量	**类型**	**描述**
PRIME	字符型	启动模式（面部或声音）
RELATED	字符型	关系对（是或否）
ACCURACY	数值型	准确率（正确识别目标名人的百分比）
SPEED	数值型	反应速度（识别目标所需的总时间，以秒为单位）
PRIME2（*n*=40 个观测值）		
变量	**类型**	**描述**
SUBJECT	字符型	受试者（1,2,3,…,20）
PAIR	字符型	对（相关或无关）
ACCURACY	数值型	准确率（正确识别目标名人的百分比）
SPEED	数值型	反应速度（识别目标所需的总时间，以秒为单位）

附录 F 部分练习答案

第 1 章

1.1 （a）定量 （b）定性 （c）定量 （d）定性 （e）定量 （f）定量

1.3 被采访者、职位和机构——定性；工作年限——定量

1.5 （a）定性 （b）定量 （c）定量

1.7 （a）总体——所有决策者；样本——155 名志愿者学生；变量——情绪状态和是否要花钱修理一辆旧车 （b）内疚组的受试者更可能修理一辆旧车

1.9 （a）名字"普通"的美国订婚夫妇 （b）订婚戒指的价格（美元）和受赠人的好感程度——都是定量 （c）所有订婚夫妇 （d）不代表

1.11 （a）参加 STEM 项目的年轻女性 （b）被招募的 159 名年轻女性 （c）27% 的人认为参加 STEM 项目增加了她们对科学的兴趣

1.13 （a）Black:0.174；White:0.698；Sumatran:0.003；Javan:0.002；Greater One-Horned:0.122 （c）0.872；0.128

1.15 如果球队落后，守门员更有可能向右扑救

1.17 （d）Public 井 （40%）；Private 井 （20%）

1.19 （a）频数条形图 （b）fup/fumic 比值 （c）0.034 （d）0.695

1.21 同意

1.23 （b）0.97

1.25 （b）0 $\sim$ 50（差不多一半落在此范围内）

1.27 （a）2.12; 余震震级均值为 2.12 级 （b）6.7; 最大和最小震级之差为 6.7 （c）0.66; 大约 95% 的震级落在均值 ± 2(标准差) $= (0.8, 3.43)$ 的范围内 （d）$\mu =$ 均值；$\sigma =$ 标准差

1.29 （a）$\bar{y} = 94.47$, $s = 4.90$ （b）$(84.67, 104.27)$ （c）0.974; 符合.

1.31 （a）至少 3/4 （b）≈ 0.95 （c）至少 3/4 （d）≈ 0.95

1.33 （a）0.682 6 （b）0.95 （c）0.90 （d）0.997 4

1.35 （a）0.704 （b）0.294 （c）不认为，因为 $P(x \leqslant 1) = 0.000\ 013\ 6$

1.37 （a）0.421 （b）0.000 3

1.39 隧道面；发生事故概率最高 （0.106）

1.41 （b）4.68 （c）7.93 （d）均值 =4.68; 标准差 =1.17

1.43 （a）2.228 （b）3.365 （c）-2.845 （d）-1.782

1.45 （a）0.10; $(0.014\ 1)^2$ （b）中心极限定理 （c）0.017

1.47 （a）45.63 （b）6.59 （c）$(40.12, 51.13)$ （d）近似正态分布 （e）0.95

1.49 （a）99.6 （b）$(97.4, 101.8)$ （c）95% 的信心认为平均 Mach 得分范围在 97.4 到 101.9

之间 (d)有证据

1.51 (a)(8.9, 27.1) (b)优于

1.53 (a)原假设 (b)备择假设 (c)当 H_0 为真拒绝 H_0 (d)当 H_0 为假接受 H_0 (e)犯第 Ⅰ 类错误的概率 (f)犯第 Ⅱ 类错误的概率 (g)显著性水平

1.55 (a)0.025 (b)0.05 (c)0.005 (d)0.098 5 (e)0.10 (f)0.01

1.57 H_0 : $\mu = 1.55, H_a$: $\mu < 1.55$

1.59 (a) H_0 : $\mu = 40, H_a$: $\mu > 40$ (b) $t > 1.895$ (c) $t = 2.41$ (d)拒绝 H_0 (e)PAI 值近似正态 (f) p 值 $= 0.023$,拒绝 H_0 (g)不能拒绝 H_0

1.61 $z = 0.43$,不能拒绝 H_0 : $\mu = 75$

1.63 (a) H_0 : $\mu = 8.755, H_a$: $\mu < 8.755$ (b)是; $z = -9.18$, p 值 ≈ 0 (c)没必要,大 n

1.65 $t = -1.80$, p 值 $= 0.115$;当 $\alpha = 0.05$ 时,不能拒绝 H_0

1.67 近似正态分布;独立

1.69 $t = 1.08$,不能拒绝 H_0 ;没有足够的证据说明平均总分不同.

1.71 (a) H_0 : $\mu_有 - \mu_无 = 0$, H_a : $\mu_有 - \mu_无 > 0$ (b)拒绝 H_0 (c)不需要,大样本 (d)(2.06, 4.34)

1.73 (a) $(\mu_{握手} - \mu_{击掌})$ 的 95% 置信区间为 $(19.7, 77.5)$ (b) $(\mu_{碰拳} - \mu_{击掌})$ 的 95% 置信区间为 $(-50.7, -20.9)$ (c)碰拳

1.75 (a) H_0 : $\mu_{电视} - \mu_{杂志} = 0, H_a$: $\mu_{电视} - \mu_{杂志} \neq 0$ (b)拒绝 H_0 (c)(0.32, 0.58)

1.77 $(-390.9, -176.3)$;是

1.79 $F = 1.78$,拒绝 H_0 : $\sigma_{国家}^2 / \sigma_{牧区}^2 = 1$

1.81 $F = 1.30$,不能拒绝 H_0 : $\sigma_{DM}^2 / \sigma_{蜂蜜}^2 = 1$

1.83 不建议,违反了等方差假设; $F = 30.25$,拒绝 H_0 : $\sigma_1^2 / \sigma_2^2 = 1$

1.85 (a)5, 21.5, 4.637 (b)16.75, 36.25, 6.021 (c)4.857, 29.81, 5.460 (d)4, 0, 0

1.87 (a) $z = -4$ (b) $z = 0.5$ (c) $z = 0$ (d) $z = 6$

1.89 (a)总体——田纳西州的所有成年人;样本——575 名受试者 (b)受教育年限——定量;失眠状况——定性 (c)受教育程度较低的成年人更有可能患有慢性失眠症

1.91 频率: Burnished(0.159), Monochrome(0.550), Slipped(0.066), Paint-curvilinear(0.017), Paint-geometric(0.197), Paint-natural(0.005), Cycladic (0.005), Conical (0.002)

1.93 $t = 7.83$,拒绝 H_0

1.95 (a)0.308 5 (b)0.158 7 (c)0.135 9 (d)0.691 5 (e)0 (f)0.993 8

1.97 (a)0.26 (b)0.085 (c) $\bar{y} = 7.43$, $s = 0.82$;(5.79, 9.06);95%(法则 2) (d) $\bar{y} = 3.44$, $s = 8.75$;(0, 20.94);至少 3/4(法则 1)

1.99 (17.1, 20.9) ;99% 的信心认为治疗阿尔茨海默病研究的平均质量在 17.1 到 20.9Wong 量表得分范围内

1.101 (a)不认为, $p \approx 0$ (b) μ 和 σ 与规定值不同

1.103 (a)(1.671, 2.199) (b)95% 置信区间内的显示屏的平均故障时间在 1.67 年至 2.20 年

之间 (c)0.95

1.105 (a) $z = -3.72$，拒绝 H_0

1.107 $t = 2.81$，拒绝 H_0；充分的证据表明，在粗鲁情况下的平均表现水平低于对照组的平均值

1.109 (a) $z = -2.64$，拒绝 H_0：$\mu_{不复读} - \mu_{复读} = 0$ (b) $z = 0.27$，不能拒绝 H_0：$\mu_{不复读} - \mu_{复读} = 0$

1.111 (a)每个参与者充当演讲者和听众 (b) $\mu_d = \mu_{演讲者} - \mu_{听众}$ (c)否；差异需要样本统计量 (d)拒绝 H_0：$\mu_d = 0$

1.113 (a)得到支持；$z = -5.58$，p 值 $=0$，拒绝 H_0：$\mu_{周边} - \mu_{三县} = 0$ (b)是；$F = 1.41$，p 值 $= 0.048$，拒绝 H_0：$\sigma^2_{三县} / \sigma^2_{周边} = 1$

第 3 章

3.3 (a) $\beta_0 = 2$；$\beta_1 = 2$ (b) $\beta_0 = 4$；$\beta_1 = 1$ (c) $\beta_0 = -2$；$\beta_1 = 4$ (d) $\beta_0 = -4$；$\beta_1 = -1$

3.5 (a) $\beta_1 = 2$；$\beta_0 = 3$ (b) $\beta_1 = 1$；$\beta_0 = 1$ (c) $\beta_1 = 3$；$\beta_0 = -2$ (d) $\beta_1 = 5$；$\beta_0 = 0$ (e) $\beta_1 = -2$；$\beta_0 = 4$

3.7 (a) $\hat{\beta}_0 = 2$；$\hat{\beta}_1 = -1.2$

3.9 (a)存在；正的 (d) $\hat{\beta}_0 = 320.6$；$\hat{\beta}_1 = 0.083$ (e)3.56

3.11 (a)否 (b)否 (c)是 (d)负的 (e)同意；赢家往往比非赢家使用的惩罚少

3.13 (a) $\hat{y} = 6.25 - 0.002\,3x$ (c)5.56

3.15 $\hat{y} = 0.570\,4 + 0.026\,4x$；因为 $x = 0$ 是无意义的，对 $\hat{\beta}_0 = 0.570\,4$ 没有实际解释意义；位置每增加 1 个，估计记住名字的比例平均增加 $\hat{\beta}_1 = 0.264$

3.17 (a)弱正相关 (b) $\hat{\beta}_0 = 0.249$；$\hat{\beta}_1 = 0.005\,4$ (c)由于 $x = 0$ 是无意义的，所以对 $\hat{\beta}_0 = 0.249$ 没有实际解释意义；每当联邦应急管理局平均年度救济增加 1 美元，估计每年公共腐败定罪数（每 10 万居民）增加 $\hat{\beta}_1 = 0.005\,4$.

3.19 (a) SSE $= 1.143$，$s^2 = 0.285\,7$，$s = 0.534\,5$ (b) SSE $= 1.6$，$s^2 = 0.533\,3$，$s = 0.730\,3$

3.21 (a) $y = \beta_0 + \beta_1 x + \varepsilon$ (b) $\hat{y} = 119.9 + 0.345\,6x$ (d)635.2 (e) $\hat{y} \pm 1\,270.4$

3.23 (a) SSE $= 1.017$，$s^2 = 0.046\,2$，$s = 0.215$ (c)95% 的实际甜度指数值落在其预测值的 $2s = 0.43$ 范围内.

3.25 (a)提示音先于目标出现 / 无提示音 (b)提示音先于目标出现 / 无提示音 (c)提示音与目标同时出现 / 无提示音

3.27 (a) $t = 38.13$，拒绝 H_0：$\beta_1 = 0$ 支持 H_a：$\beta_1 > 0$ (b)(1.335, 1.482); 95% 的人相信，估价每增加 1\,000 美元，销售价格就会上涨 1\,335 美元至 1\,482 美元 (c)增加 n; 减小置信系数；改进模型拟合

3.29 (a) $y = \beta_0 + \beta_1 x + \varepsilon$ (b)正的 (c)拒绝 H_0：$\beta_1 = 0$

3.31 (a) $y = \beta_0 + \beta_1 x + \varepsilon$ (b)无实际意义 (c)颜值指数每提高 1 分，估计相对成功率提高 22.91% (d) $t = 6.14$，拒绝 H_0；有充分证据说明斜率为正

3.33 是，$t = 2.86$

3.35 （a）95% 的信心认为，体重每增加 1%，眼睛质量增加的平均百分比在 0.25 到 0.30 之间　（b）95% 的信心认为，每增加 1% 的体质，眼眶轴角下降的平均百分比在 0.5 到 0.14 之间

3.39 （a）0.958 3；0.918 3　（b）$-0.948\ 7$；0.90

3.41 正相关

3.43 （a）模型可解释 18% 的样本得分变化　（b）-0.424；负的

3.45 （a）在 $\alpha = 0.05$ 时不能拒绝 H_0：$\rho = 0$　（c）0.25　（d）在 $\alpha = 0.05$ 时不能拒绝 H_0：$\rho = 0$　（f）0.014 4

3.47 （a）反应时间与姓氏指数呈弱负相关　（b）拒绝 H_0：$\rho = 0$；充分证据说明总体呈现负相关　（c）支持

3.49 （a）$t = 17.7$，拒绝 H_0　（b）否

3.51 （a）94.8% 的眼睛质量样本变化由模型解释　（b）0.974；证据表明眼睛质量对数与体重对数呈强正相关　（c）模型解释了眼眶轴角对数中 37.5% 的样本变化　（d）-0.612；眼眶轴角对数与体重对数呈中度负相关

3.53 （a）4.055；0.225　（b）10.6 ± 0.223　（c）8.9 ± 0.319　（d）12.3 ± 0.319　（e）变宽　（f）12.3 ± 1.046

3.55 （a）当 $x = 10$ 的 y 的预测区间　（b）当 $x = 10$ 的 $E(y)$ 的置信区间

3.57 对于 300 ppm 的果胶含量，95% 的信心认为平均甜度指数在 5.46 到 5.66 之间

3.59 （a）对于所有在 15 分钟内的泄漏，我们有 90% 的信心认为，平均质量将在 3.17 磅到 3.85 磅之间　（b）对于一次历时 15 分钟的泄漏事故，我们有 90% 的信心认为，这次事故的质量将在 2.00 磅到 5.02 磅之间

3.61 （a）$E(y)$ 的 95% 置信区间　（b）(48.4, 64.6)　（c）对于所有最大摄氧量为 150 的玩家，95% 的信心认为比赛中的平均心率在 48.4% 到 64.6% 之间

3.65 $\hat{y} = 9\ 470.5 + 0.192x$；$t = 12.69$，$p = 0$，拒绝 H_0：$\beta_1 = 0$；$r^2 = 0.712$；$2s = 1\ 724$；当 $x = 12\ 000$ 时，y 的 95% 预测区间：$(10\ 033,\ 13\ 508)$

3.67 $\hat{y} = 62.5 - 0.35x$；$t = -12.56$，$p = 0$，拒绝 H_0：$\beta_1 = 0$；$r^2 = 0.07$；$2s = 24.6$；当 $x = 50$ 时，y 的 95% 预测区间：$(21.1,\ 69.3)$

3.69 （a）$\hat{y} = -9.266\ 7x$　（b）12.866 7；3.216 7；1.793 5　（c）是；$t = -28.30$　（d）-9.267 ± 0.909　（e）-9.267 ± 0.909　（f）-9.267 ± 5.061

3.71 （a）$\hat{y} = 5.364x$　（b）是；$t = 25.28$　（c）18.77 ± 6.30

3.73 （a）$\hat{y} = 51.18x$　（b）是；$t = 154.56$　（c）$\hat{y} = 1\ 855.35 + 47.07x$；是，$t = 93.36$　（d）$y = \beta_0 + \beta_1 x + \varepsilon$

3.75 （a）$y = \beta_0 + \beta_1 x + \varepsilon$　（b）RMP 与 SET 评分呈中度正线性关系　（c）正的　（d）在 $\alpha = 0.05$ 时拒绝 H_0　（e）0.462 4

3.77 （a）$\hat{y} = 6.35 + 0.95x$　（b）没有实际解释意义　（c）(0.19, 1.71)；9% 的信心认为孔径每增加 1 微米，平均孔隙度就会增加 0.19% 到 1.71%　（d）(8.5, 23.2)

3.79 （a）否　（b）是　（c）是　（d）在 ESLR 评分中 $100\ (r^2)\%$ 的样本变化可用线性模型中的 x（SG、SR 或 ER 分数）来解释

3.81 （a）$y=\beta_0+\beta_1 x+\varepsilon$　（b）$\hat{y}=175.7-0.819x$; $t=-3.43$，$p=0.011$，在 $\alpha=0.05$ 时拒绝 H_0：$\beta_1=0$; $r^2=0.628$; $2s=30.8$; 当 $x=140$ 时，y 的 95% 预测区间为 $(20.8, 101.1)$

3.83 （a）$t=6.29$，拒绝 H_0　（b）0.88 ± 0.24　（c）没有足够的证据表明斜率与 1 不同

3.85 （a）负的　（b）$r=-0.089\ 5$

3.87 （b）$0.199\ 8$; $0.003\ 2$; $0.383\ 2$; $0.086\ 4$; $0.900\ 6$　（c）拒绝 H_0; 不能拒绝 H_0; 拒绝 H_0; 不能拒绝 H_0; 拒绝 H_0

3.89 （b）$\hat{\beta}_0=9.15$; $\hat{\beta}_1=0.482$　（d）是; $t=8.07$，p 值 ≈ 0, 拒绝 H_0：$\beta_1=0$　（e）$(18.3, 19.3)$

第 4 章

4.1　$\mathrm{df}=n-(\text{自变量个数}+1)$

4.3　（a）$\hat{y}=-709+0.40x_1+0.62x_2+0.82x_3+0.76x_4+1.56x_5+0.09x_6+1.08x_7+0.02x_8+0.04x_9$　（c）$t=1.27$, 不能拒绝 H_0　（d）$(1.10, 2.02)$

4.5　（a）$E(y)=\beta_0+\beta_1 x_1+\beta_2 x_2+\beta_3 x_3$　（b）模型解释了 8% 的非法用药样本使用频数变化　（c）拒绝 H_0：$\beta_1=\beta_2=\beta_3=0$　（d）拒绝 H_0：$\beta_1=0$　（e）不能拒绝 H_0：$\beta_2=0$　（f）不能拒绝 H_0：$\beta_3=0$

4.7　（a）$F=4.38$, $p=0.09$, 拒绝 H_0：$\beta_1=\beta_2=\beta_3=\beta_4=0$　（b）模型解释了约 63% 的样本接枝效率变化　（c）95% 的实际接枝效率值落在预测值的 $2s=22.44\%$ 范围内　（d）$(-0.22, 1.08)$　（e）$t=-0.74$，不能拒绝 H_0：$\beta_4=0$

4.9　（a）低密度居住区街区比例 (x_1) 每增加 1 个单位，人口密度增加 2; 高密度居住区街区比例 (x_2) 每增加 1 个单位，人口密度增加 5　（b）68.6% 的样本总体密度变化由模型解释　（c）H_0：$\beta_1=\beta_2=0$　（d）$F=133.27$　（e）拒绝 H_0

4.11　（a）$\hat{y}=1.812\ 31+0.108\ 75x_1+0.000\ 17x_2$　（b）当道路长度 (x_1) 每增加 1 英里，车祸次数增加 0.109; 当 AADT (x_2) 每增加 1 辆车，车祸的次数增加 0.000 17　（c）0.109 ± 0.082　（d）$0.000\ 17\pm0.000\ 08$　（e）$\hat{y}=1.207\ 85+0.063\ 43x_1+0.000\ 56x_2$; 道路长度 (x_1) 每增加 1 英里，车祸次数增加 0.063; AADT (x_2) 每增加 1 辆车，车祸次数增加 0.000 56; 0.063 ± 0.046; $0.000\ 56\pm0.000\ 31$

4.13　（a）$\hat{y}_1=1.088-0.000\ 23\ x_1-0.080x_2$，$F=1.00$; 不能拒绝 H_0　（b）$\hat{y}_2=-1\ 030.03-57.90x_1+332\ 037x_2$，$F=121.3$; 拒绝 H_0　（c）热流密度

4.15　（a）$E(y)=\beta_0+\beta_1 x_1+\beta_2 x_2+\beta_3 x_3+\beta_4 x_4+\beta_5 x_5$　（b）$\hat{y}=13\ 614+0.09x_1-9.20x_2+14.40x_3+0.35x_4-0.85x_5$　（d）458.8; 约 95% 的样本热耗率落在模型预测值的 917.6 千焦／千瓦时范围内　（e）0.917; 模型解释了 91.7% 的样本热耗率变化　（f）是，$F=147.3$，$p\approx0$

4.17　（a）$F=1.056$; 不能拒绝 H_0　（b）0.05; 5% 的智商样本变化由模型解释

4.21　$(8.4, 65.9)$; 对于引发剂浓度为 2 pph、腰果酚浓度为 15 pph、反应温度为 $35\,\text{℃}$、反应时间为 8h 的单次接枝，有 90% 的把握认为接枝效率在 $8.4\%\sim65.8\%$ 之间; 运行 1:

$x_1 = 1$,　$x_2 = 5$,　$x_3 = 35$,　$x_4 = 6$

4.23 当 $x_1 = 23.755$，$x_2 = 90.662$，$x_3 = 25.0$ 时，y 的 95% 预测区间：(24.03, 440.64)

4.25 （a）$E(y) = \beta_0 + \beta_1 x_1 + \beta_2 x_2 + \beta_3 x_3$　　（b）$\hat{y} = 86.9 - 0.21 x_1 + 0.15 x_2 + 0.073 x_3$　　（c）是；$F = 2.66$，p 值 $= 0.077$　　（d）$R_a^2 = 0.185$，$2s = 5.93$　　（e）(82.6, 95.6)

4.27 （a）模型在统计上是有用的；$F = 31.98$，p 值 < 0.001，拒绝 H_0：$\beta_1 = \beta_2 = \beta_3 = 0$　　（b）同意；$t = 5.61$，p 值 < 0.001，拒绝 H_0：$\beta_3 = 0$

4.29 （a）$E(y) = \beta_0 + \beta_1 x_1 + \beta_2 x_2 + \beta_3 x_1 x_2$　　（b）消极情绪得分与排在前面的人数的线性关系取决于排在后面的人数　　（c）不能拒绝 H_0：$\beta_3 = 0$　　（d）$\beta_1 > 0$; $\beta_2 < 0$

4.31 （a）$E(y) = \beta_0 + \beta_1 x_1 + \beta_2 x_2 + \beta_3 x_3 + \beta_4 x_4$　　（b）β_1　　（c）β_2；β_3；β_4　　（d）$E(y) = \beta_0 + \beta_1 x_1 + \beta_2 x_2 + \beta_3 x_3 + \beta_4 x_4 + \beta_5 x_1 x_4 + \beta_6 x_2 x_4 + \beta_7 x_3 x_4$　　（e）H_0：$\beta_5 = 0$　　（f）H_0：$\beta_6 = 0$；H_0：$\beta_7 = 0$　　（g）同意

4.33 （a）$E(y) = \beta_0 + \beta_1 x_1 + \beta_2 x_2 + \beta_3 x_3 + \beta_4 x_1 x_3 + \beta_5 x_2 x_3$　　（b）$\hat{y} = 10\,845 - 1\,280.0 x_1 + 217.4 x_2 - 1\,549.2 x_3 - 11.0 x_1 x_3 + 19.98 x_2 x_3$　　（c）$t = -0.93$，p 值 $= 0.355$，不能拒绝 H_0　　（d）$t = 1.78$，p 值 $= 0.076$，不能拒绝 H_0　　（e）无交互作用

4.35 （a）是；$F = 48.15$，p 值 ≈ 0　　（b）否；$t = -1.33$，p 值 $= 0.214$，不能拒绝 H_0：$\beta_2 = 0$

4.37 （a）$F = 26.25$，拒绝 H_0：$\beta_1 = \beta_2 = 0$　　（b）H_0：$\beta_2 = 0$，H_a：$\beta_2 < 0$　　（c）$t = -3.97$，p 值 < 0.01，拒绝 H_0

4.39 （b）22.6% 的样本得分变化由模型解释　　（c）否　　（d）H_0：$\beta_2 = 0$，H_a：$\beta_2 \neq 0$

4.41 （a）向下弯曲　　（b）6.25　　（c）10.25　　（d）200

4.43 （a）曲线　　（b）$\hat{y} = 154\,243 - 1\,909 x + 5.93 x^2$　　（c）$t = 5.66$，向上弯曲的迹象

4.45 （a）$\hat{y} = -288 + 1.39 x + 0.000\,035 x^2$；$t = 0.36$，曲线证据不足　　（b）可能的异常值　　（c）$\hat{y} = 735 - 0.081 x + 0.000\,151 x^2$；$t = 17.34$，曲线的充分证据

4.47 （a）$E(y) = \beta_0 + \beta_1 x_1 + \beta_2 x_2 + \beta_3 x_1 x_2 + \beta_4 x_1^2 + \beta_5 x_2^2$　　（b）$E(y) = \beta_0 + \beta_1 x_1 + \beta_2 x_2 + \beta_3 x_3 + \beta_4 x_1 x_2 + \beta_5 x_1 x_3 + \beta_6 x_2 x_3 + \beta_7 x_1^2 + \beta_8 x_2^2 + \beta_9 x_3^2$

4.49 （b）一阶　　（c）平行　　（d）平行线

4.51 （b）二阶　　（c）平行　　（d）没有

4.53 （a）$E(y) = \beta_0 + \beta_1 x_1 + \beta_2 x_2 + \beta_3 x_3$，其中 $x_1 = \{1$，如果是连续的语音环境；0，如果不是 $\}$，$x_2 = \{1$，如果是后期语音；0，如果不是 $\}$，$x_3 = \{1$，如果无语音和广播电台；0，如果不是 $\}$　　（b）$\hat{\beta}_0 = 49$，$\hat{\beta}_1 = -14.7$，$\hat{\beta}_2 = 14.4$，$\hat{\beta}_3 = 14.9$　　（d）$F = 5.39$，拒绝 H_0

4.55 （a）$E(y) = \beta_0 + \beta_1 x_1 + \beta_2 x_1^2$　　（b）$E(y) = (\beta_0 + \beta_3) + (\beta_1 + \beta_4) x_1 + (\beta_2 + \beta_5) x_1^2$　　（c）向下弯曲；向上弯曲

4.57 （a）4；AA，AB，BA，BB　　（b）$E(y) = \beta_0 + \beta_1 x_1 + \beta_2 x_2 + \beta_3 x_3$，其中 $x_1 = \{1$，如果 AA；0，如果不是 $\}$，$x_2 = \{1$，如果 AB；0，如果不是 $\}$，$x_3 = \{1$，如果 BA；0，如果不是 $\}$　　（c）$\beta_0 = \mu_{BB}$，$\beta_1 = \mu_{AA} - \mu_{BB}$，$\beta_2 = \mu_{AB} - \mu_{BB}$，$\beta_3 = \mu_{BA} - \mu_{BB}$

4.59 （a）$E(y) = \beta_0 + \beta_1 x_1 + \beta_2 x_2 + \beta_3 x_3 + \beta_4 x_4 + \beta_5 x_1 x_2 + \beta_6 x_1 x_3 + \beta_7 x_1 x_4 + \beta_8 x_2 x_3 + \beta_9 x_2 x_4 + \beta_{10} x_3 x_4 +$

$\beta_{11}x_1^2 + \beta_{12}x_2^2 + \beta_{13}x_3^2 + \beta_{14}x_4^2$　（b）全部 $(x_i)^2$ 项

4.61　（a）$E(y) = \beta_0 + \beta_1 x$　（b）$\beta_0 = \mu_{卖方}$　（c）同意　（d）同意

4.63　（a）95% 的信心认为，体重每增加 1%，眼睛质量就会增加 28.4% ～ 35%　（b）95% 的信心认为，体重每增加 1%，眼眶轴角就会减少 4.9% ～ 13.1%

4.65　嵌套模型：a 和 b，a 和 d，a 和 e，b 和 c，b 和 d，b 和 e，c 和 e，d 和 e

4.67　（a）$E(y) = \beta_0 + \beta_1 x_1 + \beta_2 x_2 + \beta_3 x_3 + \beta_4 x_4 + \beta_5 x_5 + \beta_6 x_6$　（b）$H_0: \beta_5 = \beta_6 = 0; E(y) = \beta_0 + \beta_1 x_1 + \beta_2 x_2 + \beta_3 x_3 + \beta_4 x_4$　（d）拒绝 H_0，完整模型更好　（f）不能拒绝 H_0，简化模型更好

4.69　（a）检验 $H_0: \beta_4 = \beta_5 = 0$　（b）检验 $H_0: \beta_3 = \beta_4 = \beta_5 = 0$

4.71　（a）$E(y) = \beta_0 + \beta_1 x_1 + \beta_2 x_2 + \beta_3 x_1 x_2 + \beta_4 x_1^2 + \beta_5 x_2^2$　（b）$H_0: \beta_4 = \beta_5 = 0$　（c）简化模型：$E(y) = \beta_0 + \beta_1 x_1 + \beta_2 x_2 + \beta_3 x_1 x_2$　（d）$\text{SSE}_R = 25\,310\,639; \text{SSE}_C = 19\,370\,350; \text{MSE}_C = 317\,547$　（e）$F = 9.35$　（f）$F > 2.39$　（g）拒绝 H_0，曲率的充分证据

4.73　（a）$H_0: \beta_4 = \beta_5 = 0$　（b）简化模型：$E(y) = \beta_0 + \beta_1 x_1 + \beta_2 x_2 + \beta_3 x_1 x_2$　（c）$H_0: \beta_5 = 0$　（d）简化模型：$E(y) = \beta_0 + \beta_1 x_1 + \beta_2 x_2 + \beta_4 x_2^2$　（e）$H_0: \beta_1 = \beta_3 = \beta_5 = 0$　（f）简化模型：$E(y) = \beta_0 + \beta_2 x_2 + \beta_4 x_2^2$

4.75　（a）$E(y) = \beta_0 + \beta_1 x_1 + \beta_2 x_2 + \beta_3 x_3 + \beta_4 x_1 x_2 + \beta_5 x_1 x_3 + \beta_6 x_2 x_3$　其中 $x_1 =$ 转速，$x_2 =$ 进给速度，$x_3 =$ 比重　（b）$\beta_3 + 1\,000\beta_5 + 50\beta_6$　（c）$\beta_3 + 1\,000\beta_5 + 150\beta_6$　（d）$\hat{y} = 343.1 + 0.018\,1x_1 + 1.988x_2 + 9.38x_3 - 0.000\,012x_1 x_2 - 0.000\,375x_1 x_3 + 0.012\,5x_2 x_3$　（e）$F = 0.766$，不能拒绝 $H_0: \beta_4 = \beta_5 = \beta_6 = 0$

4.77　（a）$E(y) = \beta_0 + \beta_1 x_1 + \beta_2 x_2$，其中 $x_1 = \{1,$ 如果是地下水; $0,$ 如果不是$\}$，$x_2 = \{1,$ 如果是地下水流或地上水流; $0,$ 如果不是$\}$　（b）$\beta_0 = \mu_{地上水流}, \beta_1 = \mu_{地下水} - \mu_{地上水流}, \beta_2 = \mu_{地下水流} - \mu_{地上水流}$

4.79　（a）$F = 72.12$，拒绝 $H_0: \beta_1 = \beta_2 = \beta_3 = \beta_4 = 0$　（b）预测区间：对于一台容量为 15 万磅 / 小时、设计压力为 500 磅 / 平方英寸、锅炉类型为工业型、汽包类型为泥浆类的锅炉，我们有 95% 的信心认为安装时间在 47.84 小时到 3 824.95 小时之间；置信区间：对于所有容量为 15 万磅 / 小时、设计压力为 500 磅 / 平方英寸、锅炉类型为工业型、汽包类型为泥浆类的锅炉，我们有 95% 的信心认为平均安装时间在 1 448.65 小时到 2 424.14 小时之间　（c）$E(y)$ 的 95% 置信区间

4.81　（a）年份 $(x) = 0$ 是无意义的　（b）模型包含曲率项　（c）向上　（d）外推法

4.83　（a）$E(y) = \beta_0 + \beta_1 x_1 + \beta_2 x_2 + \beta_3 x_3 + \beta_4 x_4 + \beta_5 x_5 + \beta_6 x_1 x_2$　（b）$H_0: \beta_4 = 0$　（c）拒绝 H_0　（d）是　（e）模型可解释 29.46% 的样本客户反应得分变化

4.85　（a）$E(y) = \beta_0 + \beta_1 x$，其中 $x = \{1,$ 如果是乳液 / 乳霜; $0,$ 如果是气雾剂 / 喷雾$\}$　（b）$\hat{y} = 0.777 + 0.109x$　（c）$H_0: \beta_1 = 0$　（d）$t = 0.24$，p 值 $= 0.814$，不能拒绝 H_0　（e）$\hat{y} = 7.56 - 1.65x$；$t = -0.46$，p 值 $= 0.653$，不能拒绝 H_0

4.87　（a）$E(y) = \beta_0 + \beta_1 x_1 + \beta_2 x_2 + \beta_3 x_1 x_2 + \beta_4 x_1^2 + \beta_5 x_2^2$　（b）不合适　（c）$\hat{y} = 54.5 + 0.007\,7x_1 + 0.554x_2 + 0.000\,113x_1 x_2$　（d）不能　（e）$F = 44.67$，拒绝 $H_0: \beta_1 = \beta_2 = \beta_3 = 0$　（f）否，$t = 0.68$

4.89　(a) $E(y) = \beta_0 + \beta_1 x_1 + \beta_2 x_2$，其中 $x_1 = \{$ 1，如果是最小的；0，如果不是 $\}$，$x_2 = \{$ 1，如果是中等的；0，如果不是 $\}$　(b) $\hat{\beta}_0 = 0.16$，$\hat{\beta}_1 = 0.17$，$\hat{\beta}_2 = 0.17$　(c) $\hat{\beta}_0 = 0.21$，$\hat{\beta}_1 = 0.06$，$\hat{\beta}_2 = -0.03$

4.91　(a) H_0：$\beta_4 = \beta_5 = 0$　(b) H_0：$\beta_3 = \beta_4 = \beta_5 = 0$　(c) 否，$F = 0.93$

4.93　(a) $E(y) = \beta_0 + \beta_1 x_1 + \beta_2 x_2$　(b) $\hat{y} = -20 + 13.35 x_1 + 243.7 x_2$　(d) $F = 8.36$，拒绝 H_0：$\beta_1 = \beta_2 = 0$　(e) 0.513；模型可解释 51.3% 的样本收入变化　(f) 547.7；95% 的实际收入值在其预期值的 1 095.4 美元范围内　(g) 否，$t = 1.74$　(h) (105.3, 382.1)；95% 的信心认为，在保持年龄不变的情况下，每多工作 1 小时，收入将增加 105.3 美元至 382.1 美元　(i) 预测区间：对于一个 45 岁，每天工作 10 小时的小贩来说，我们有 95% 的信心认为其收入会在 1 759.75 美元到 4 375.38 美元之间；置信区间：对于所有 45 岁、每天工作 10 小时的小贩来说，有 95% 的信心认为其平均收入在 2 620.25 美元到 3 414.87 美元之间　(j) $\hat{y} = 1 042 - 13.2 x_1 + 103 x_2 + 3.62 x_1 x_2$　(k) 23　(l) 247.8　(m) H_0：$\beta_3 = 0$　(n) 0.366　(o) 存在交互作用证据不足

4.95　(a) $E(y) = \beta_0 + \beta_1 x_1 + \beta_2 x_2 + \beta_3 x_3 + \beta_4 x_4 + \beta_5 x_5 + \beta_6 x_6 + \beta_7 x_7 + \beta_8 x_8 + \beta_9 x_9 + \beta_{10} x_1 x_9 + \beta_{11} x_2 x_9 + \beta_{12} x_3 x_9 + \beta_{13} x_4 x_9 + \beta_{14} x_5 x_9 + \beta_{15} x_6 x_9 + \beta_{16} x_7 x_9 + \beta_{17} x_8 x_9$，其中 $x_9 = \{$ 1，如果是男性；0，如果是女性 $\}$　(b) 检验 H_0：$\beta_9 = \beta_{10} = \beta_{11} = \beta_{12} = \beta_{13} = \beta_{14} = \beta_{15} = \beta_{16} = \beta_{17} = 0$　(c) 嵌套模型（部分）F 检验

4.97　(a) $E(y) = \beta_0 + \beta_1 x_1 + \beta_2 x_2 + \beta_3 x_1 x_2$　(b) 缺陷数量与切割刀片位置的关系取决于转盘转速　(c) $\beta_3 < 0$

第 5 章

5.1　撞击速度：定量；变形：定性

5.3　(a) 定量　(b) 定量　(c) 定量　(d) 定量　(e) 定性　(f) 定性　(g) 定性　(h) 定性

5.5　(a) 定性　(b) 定量　(c) 定量

5.7　性别：定性；证词：定性

5.9　正态分布；恒定方差

5.11　(a) 二阶　(b) 二阶　(c) $F = 38.17$，模型在统计上有用；$R^2 = 0.905$；$t = -4.14$，曲率的证据（拒绝 H_0：$\beta_2 = 0$）　(d) $F = 55.56$，模型在统计上有用；$R^2 = 0.933$；$t = -3.93$，曲率的证据（拒绝 H_0：$\beta_2 = 0$）

5.13　男性和女性的二阶模型

5.15　$t = 5.59$，p 值 ≈ 0，拒绝 H_0：$\beta_2 = 0$ 支持 H_a：$\beta_2 > 0$；支持理论

5.17　(a) 都是定量　(b) $E(y) = \beta_0 + \beta_1 x_1 + \beta_2 x_2$　(c) $E(y) = \beta_0 + \beta_1 x_1 + \beta_2 x_2 + \beta_3 x_1 x_2$　(d) $E(y) = \beta_0 + \beta_1 x_1 + \beta_2 x_2 + \beta_3 x_1 x_2 + \beta_4 x_1^2 + \beta_5 x_2^2$　(f) $E(y) = \beta_0 + \beta_1 x_1 + \beta_2 x_2 + \beta_3 x_3 + \beta_4 x_1 x_2 + \beta_5 x_1 x_3 + \beta_6 x_2 x_3$　(g) $E(y) = \beta_0 + \beta_1 x_1 + \beta_2 x_2 + \beta_3 x_3 + \beta_4 x_1 x_2 + \beta_5 x_1 x_3 + \beta_6 x_2 x_3 + \beta_7 x_1^2 + \beta_8 x_2^2 + \beta_9 x_3^2$

5.19　(a) $E(y) = \beta_0 + \beta_1 x_1 + \beta_2 x_2 + \beta_3 x_1 x_2 + \beta_4 x_1^2 + \beta_5 x_2^2$　(b) $E(y) = \beta_0 + \beta_1 x_1 + \beta_2 x_2$　(c) $E(y) = \beta_0 + \beta_1 x_1 + \beta_2 x_2 + \beta_3 x_1 x_2$　(d) $\beta_1 + \beta_3 x_2$　(e) $\beta_2 + \beta_3 x_1$

5.21 (a) $E(y) = \beta_0 + \beta_1 x_1 + \beta_2 x_2 + \beta_3 x_1 x_2 + \beta_4 x_1^2 + \beta_5 x_2^2$ (b) $\hat{y} = 15\,583 + 0.078 x_1 - 523 x_2 +$
$0.004\,4 x_1 x_2 - 0.000\,000\,2 x_1^2 + 8.84 x_2^2$ (c) $F = 93.55$, 拒绝 H_0 (f) 图的形状相同

5.23 (a) $E(y) = \beta_0 + \beta_1 x_1 + \beta_2 x_2 + \beta_3 x_5 + \beta_4 x_6 + \beta_5 x_1 x_2 + \beta_6 x_1 x_5 + \beta_7 x_1 x_6 + \beta_8 x_2 x_5 + \beta_9 x_2 x_6 + \beta_{10} x_5 x_6 +$
$\beta_{11} x_1^2 + \beta_{12} x_2^2 + \beta_{13} x_5^2 + \beta_{14} x_6^2$ (b) $H_0: \beta_{11} = \beta_{12} = \beta_{13} = \beta_{14} = 0$；简化模型：$E(y) = \beta_0 + \beta_1 x_1 +$
$\beta_2 x_2 + \beta_3 x_5 + \beta_4 x_6 + \beta_5 x_1 x_2 + \beta_6 x_1 x_5 + \beta_7 x_1 x_6 + \beta_8 x_2 x_5 + \beta_9 x_2 x_6 + \beta_{10} x_5 x_6$

5.25 (a) 0.974；是 (b) $u = (x - 15.1)/8.14$ (c) -0.046；减少了 (d) $\hat{y} = 0.098\,3 - 0.164\,1u +$
$0.110\,8u^2$；$F = 65.39$，模型在统计上有用；$R^2 = 0.885$；$t = 5.59$，曲率的证据（拒绝 H_0：
$\beta_2 = 0$）

5.27 是，$r = 0.985$；$E(y) = \beta_0 + \beta_1 u + \beta_2 u^2$，其中 $u = (x - 45.7)/18.15$；$\hat{y} = 324.7 + 1.49u - 0.25u^2$；
$F = 48.15$，模型在统计上有用；$R^2 = 0.906$；$t = -1.33$，曲率证据不足（不能拒绝 H_0：
$\beta_2 = 0$）

5.29 (a) $E(y) = \beta_0 + \beta_1 x_1 + \beta_2 x_2$，陪审员性别：$x_1 = \{1,$如果是男性；$0,$如果是女性$\}$，证词：
$x_2 = \{1,$如果有；$0,$如果没有$\}$；$\beta_0 = \mu_{女/无}$，对于固定证词 $\beta_1 = \mu_男 - \mu_女$，对于固定性别
$\beta_2 = \mu_有 - \mu_无$ (b) $E(y) = \beta_0 + \beta_1 x_1 + \beta_2 x_2 + \beta_3 x_1 x_2$；$\beta_0 = \mu_{女/无}$，对于无证词 $\beta_1 = \mu_男 - \mu_女$，
对于女陪审员 $\beta_2 = \mu_有 - \mu_无$，$\beta_3 = [$对于有证词 $\mu_男 - \mu_女] - [$对于无证词 $\mu_男 - \mu_女]$ (c)
交互模型

5.31 (a) $E(y) = \beta_0 + \beta_1 x_1 + \beta_2 x_2 + \beta_3 x_3 + \beta_4 x_1 x_2 + \beta_5 x_1 x_3$，其中 $x_1 = \{1,$如果人工$;0,$如果自动$\}$，
$x_2 = \{1,$如果是黏土$;0,$如果不是$\}$，$x_3 = \{1,$如果是砾石$;0,$如果不是$\}$ (b) $\mu_{自动/沙子}$
(c) $\beta_0 + \beta_1 + \beta_2 + \beta_4$ (d) β_1

5.33 (a) $E(y) = \beta_0 + \beta_1 x_1 + \beta_2 x_2 + \beta_3 x_1 x_2$，其中 $x_1 = \{1,$如果普通$;0,$如果模糊$\}$，$x_2 = \{1,$
如果低；$0,$如果高$\}$ (b) $\hat{\beta}_0 = 6.1$，$\hat{\beta}_1 = 0.2$，$\hat{\beta}_2 = 11.9$，$\hat{\beta}_3 = -10.4$ (c) H_0：$\beta_3 = 0$ 的
t 检验 (d) 一致

5.35 (a) $x_1 = \{1,$如果大型/公有；$0,$如果不是$\}$，$x_2 = \{1,$如果大型/私有；$0,$如果不是$\}$，
$x_3 = \{1,$如果小型/公有；$0,$如果不是$\}$ (b) $E(y) = \beta_0 + \beta_1 x_1 + \beta_2 x_2 + \beta_3 x_3$；$\beta_0 = \mu_{小型/私有}$，
$\beta_1 = \mu_{大型/公立} - \mu_{小型/私有}$，$\beta_2 = \mu_{大型/私立} - \mu_{小型/私有}$，$\beta_3 = \mu_{小型/公有} - \mu_{小型/私有}$ (c) 4 组平均可能
性差异的证据 (d) 企业规模：$x_1 = \{1,$如果大型；$0,$如果小型$\}$ 企业类型：$x_2 = \{1,$
如果公有；$0,$如果私有$\}$ (e) $E(y) = \beta_0 + \beta_1 x_1 + \beta_2 x_2$ (f) 小型/私有：β_0；大型/
私有：$\beta_0 + \beta_1$；小型/公有：$\beta_0 + \beta_2$；大型/公有：$\beta_0 + \beta_1 + \beta_2$ (g) 对于私有和
公有 $\mu_{大型} - \mu_{小型} = \beta_1$ (h) $E(y) = \beta_0 + \beta_1 x_1 + \beta_2 x_2 + \beta_3 x_1 x_2$ (i) 小型/私有：β_0；大
型/私有：$\beta_0 + \beta_1$；小型/公有：$\beta_0 + \beta_2$；大型/公有：$\beta_0 + \beta_1 + \beta_2 + \beta_3$ (j) 私
有：$\mu_{大型} - \mu_{小型} = \beta_1$；公有：$\mu_{大型} - \mu_{小型} = \beta_1 + \beta_3$

5.37 (a) $E(y) = \beta_0 + \beta_1 x_1 + \beta_2 x_1^2 + \beta_3 x_2 + \beta_4 x_3 + \beta_5 x_1 x_2 + \beta_6 x_1 x_3 + \beta_7 x_1^2 x_2 + \beta_8 x_1^2 x_3$，其中 $x_1 = $ 职场
欺凌程度，$x_2 = \{1,$如果低$;0,$如果不是$\}$，$x_3 = \{1,$如果中$;0,$如果不是$\}$ (b) $\beta_0 + 25\beta_1 +$
$225\beta_2 + \beta_3 + 25\beta_5 + 225\beta_7$ (c) H_0 的嵌套 F 检验：$\beta_2 = \beta_7 = \beta_8 = 0$ (d) $E(y) = \beta_0 +$
$\beta_1 x_1 + \beta_2 x_2 + \beta_3 x_3 + \beta_4 x_1 x_2 + \beta_5 x_1 x_3$ (e) 低：$\beta_1 + \beta_4$；中：$\beta_1 + \beta_5$；高：β_1

5.39 （a） $E(y) = \beta_0 + \beta_1 x_1 + \beta_2 x_2 + \beta_3 x_3 + \beta_4 x_4 + \beta_5 x_5 + \beta_6 x_6 + \beta_7 x_7 + \beta_8 x_1 x_2 + \beta_9 x_1 x_3 + \beta_{10} x_1 x_4 + \beta_{11} x_1 x_5 + \beta_{12} x_1 x_6 + \beta_{13} x_1 x_7 + \beta_{14} x_2 x_4 + \beta_{15} x_2 x_5 + \beta_{16} x_2 x_6 + \beta_{17} x_2 x_7 + \beta_{18} x_3 x_4 + \beta_{19} x_3 x_5 + \beta_{20} x_3 x_6 + \beta_{21} x_3 x_7 + \beta_{22} x_1 x_2 x_4 + \beta_{23} x_1 x_2 x_5 + \beta_{24} x_1 x_2 x_6 + \beta_{25} x_1 x_2 x_7 + \beta_{26} x_1 x_3 x_4 + \beta_{27} x_1 x_3 x_5 + \beta_{28} x_1 x_3 x_6 + \beta_{29} x_1 x_3 x_7$，其中 $x_1 = \{1,$如果人工; $0,$如果自动$\}$，$x_2 = \{1,$如果是粘土$;0,$如果不是$\}$，$x_3 = \{1,$如果是砾石$;0,$如果不是$\}$，$x_4 = \{1,$如果是东向$;0,$如果不是$\}$，$x_5 = \{1,$如果是西向$;0,$如果不是$\}$，$x_6 = \{1,$如果是东南$;0,$如果不是$\}$，$x_7 = \{1,$如果是南向$;0,$如果不是$\}$ （b） $\mu_{自动/沙子/西南}$ （c） $\beta_0 + \beta_1 + \beta_2 + \beta_4 + \beta_8 + \beta_{10} + \beta_{14} + \beta_{22}$ （d） β_1 （e） $\beta_8 = \beta_9 = \beta_{22} = \beta_{23} = \beta_{24} = \beta_{25} = \beta_{26} = \beta_{27} = \beta_{28} = \beta_{29} = 0$

5.41 （a） $E(y) = \beta_0 + \beta_1 x_1 + \beta_2 x_2 + \beta_3 x_1 x_2$ （c） $\beta_1 + \beta_3$ （d）无用；$F = 0.26$，p 值 $= 0.857$，不能拒绝 H_0 （e） $E(y) = \beta_0 + \beta_1 x_1 + \beta_2 x_1^2 + \beta_3 x_2 + \beta_4 x_1 x_2 + \beta_5 x_1^2 x_2$

5.43 （a） $E(y) = \beta_0 + \beta_1 x_1 + \beta_2 x_2 + \beta_3 x_3$ （b） $E(y) = \beta_0 + \beta_1 x_1 + \beta_2 x_2 + \beta_3 x_3 + \beta_4 x_1 x_2 + \beta_5 x_1 x_3$ （c）AL: β_1；TDS: $\beta_1 + \beta_4$；FE: $\beta_1 + \beta_5$ （d） $H_0: \beta_4 = \beta_5 = 0$ 的嵌套 F 检验

5.45 （a） $E(y) = \beta_0 + \beta_1 x_1 + \beta_2 x_2$ （b） $\beta_0 = 1880$ 年女性平均获胜时间，$\beta_1 = $ 自 1880 年起每增加一年，固定性别获胜时间的变化，$\beta_2 = $ 一年内男女平均获胜次数的差异 （c） $E(y) = \beta_0 + \beta_1 x_1 + \beta_2 x_2 + \beta_3 x_1 x_2$ （d） $E(y) = \beta_0 + \beta_1 x_1 + \beta_2 x_3 + \beta_3 x_1 x_3 + \beta_4 x_1^2 + \beta_5 x_3^2$ （e） $E(y) = \beta_0 + \beta_1 x_1 + \beta_2 x_3 + \beta_3 x_1 x_3 + \beta_4 x_1^2 + \beta_5 x_3^2 + \beta_6 x_2$ （f） $E(y) = \beta_0 + \beta_1 x_1 + \beta_2 x_3 + \beta_3 x_1 x_3 + \beta_4 x_1^2 + \beta_5 x_3^2 + \beta_6 x_2 + \beta_7 x_1 x_2 + \beta_8 x_3 x_2 + \beta_9 x_1 x_3 x_2 + \beta_{10} x_1^2 x_2 + \beta_{11} x_3^2 x_2$ （g） $\beta_8 = \beta_9 = \beta_{11} = 0$ （h） $\beta_5 = \beta_8 = \beta_9 = \beta_{11} = 0$ （i） $\beta_6 = \beta_7 = \beta_8 = \beta_9 = \beta_{10} = \beta_{11} = 0$

5.47 （a） $E(y) = \beta_0 + \beta_1 x_1 + \beta_2 x_2 + \beta_3 x_3$，其中 $x_1 = \{1,$如果低; $0,$如果不是$\}$，$x_2 = \{1,$如果中等$;0,$如果不是$\}$，$x_3 = \{1,$如果高$, 0,$如果不是$\}$ （b） $\beta_0 = \mu_{无}$，$\beta_1 = \mu_{低} - \mu_{无}$，$\beta_2 = \mu_{中等} - \mu_{无}$，$\beta_3 = \mu_{高} - \mu_{无}$ （c） $H_0: \beta_1 = \beta_2 = \beta_3 = 0$ 的 F 检验

5.49 （a）定量 （b）定量 （c）定性 （d）定性 （e）定性 （f）定性 （g）定量 （h）定性

5.51 （a）0.975, 0.928, 0.987 （b） $u = (x - 5.5)/3.03$ （c）0, 0.923, 0; 降低了

5.53 （a） $E(y) = \beta_0 + \beta_1 x_1 + \beta_2 x_2 + \beta_3 x_3 + \beta_4 x_4$ （b） $\mu_{工商} - \mu_{护理}$ （c） $\mu_{工程} - \mu_{护理}$ （d） $\mu_{文理} - \mu_{护理}$ （e） $\mu_J - \mu_{护理}$ （f） $E(y) = (\beta_0 + \beta_5) + \beta_1 x_1 + \beta_2 x_2 + \beta_3 x_3 + \beta_4 x_4$ （g） $\mu_{工商} - \mu_{护理}$ （h） $\mu_{工程} - \mu_{护理}$ （i） $\mu_{文理} - \mu_{护理}$ （j） $\mu_{新闻} - \mu_{护理}$ （k） $\mu_{女} - \mu_{男}$ （l）拒绝 $H_0: \beta_5 = 0$；性别对平均起薪有影响

5.55 （a） $E(y) = \beta_0 + \beta_1 x_1 + \beta_2 x_2 + \beta_3 x_3$ 其中 $x_1 = \{1,$如果为男孩$, 0,$如果为女孩$\}$，$x_2 = \{1,$如果最小$;0,$如果不是$\}$，$x_3 = \{1,$如果中等$; 0,$如果不是$\}$ （b） $\beta_0 = \mu_{女孩/最大}$，$\beta_1 = \mu_{男孩} - \mu_{女孩}$，$\beta_2 = \mu_{最小} - \mu_{最大}$，$\beta_3 = \mu_{中等} - \mu_{最大}$ （c） $E(y) = \beta_0 + \beta_1 x_1 + \beta_2 x_2 + \beta_3 x_3 + \beta_4 x_1 x_2 + \beta_5 x_1 x_3$ （d）0.21, -0.05, 0.06, -0.03, 0.11, 0.20 （e） $H_0: \beta_4 = \beta_5 = 0$ 的嵌套 F 检验

5.57 （a） $E(y) = \beta_0 + \beta_1 x_1 + \beta_2 x_2 + \beta_3 x_3 + \beta_4 x_4$ （b）8; $E(y) = \beta_0 + \beta_1 x_1 + \beta_2 x_2 + \beta_3 x_3 + \beta_4 x_4 + \beta_5 x_1 x_2 + \beta_6 x_1 x_3 + \beta_7 x_1 x_4$ （c） $F = 2.33$, 不能拒绝 H_0

5.59 $E(y) = \beta_0 + \beta_1 x + \beta_2 x^2$

5.61 （a）定量：脚的质量、腿的长度、速度、压力、冲量；定性：脚的类型

(b) E（深度）$= \beta_0 + \beta_1 x_1 + \beta_2 x_2 + \beta_3 x_1 x_2$, 其中 $x_1 =$ 压力，$x_2 =$ 腿的长度 （c）$\beta_2 + 40\beta_3$
(d) E（深度）$= \beta_0 + \beta_1 x_3 + \beta_2 x_4$, 其中 $x_3 = \{1,$如果是中性$;0,$如果不是$)$, $x_4 = \{1,$如果扁平$;0,$如果不是） （e）E（深度）$= \beta_0 + \beta_1 x_1 + \beta_2 x_1^2 + \beta_3 x_3 + \beta_4 x_4 + \beta_5 x_1 x_3 + \beta_6 x_1 x_4 + \beta_7 x_1^2 x_3 + \beta_8 x_1^2 x_4$

5.63 p 和 p^2 的相关系数为 1; u 和 u^2 之间的相关性为 0, 其中 $u = (p - 3.35)/0.245$

5.65 （a）$u_1 = \dfrac{x_1 - 90}{8.32}$ $u_2 = \dfrac{x_2 - 55}{4.16}$ （b）0.999 5, 0 （c）0.999 7, 0 （d）$\hat{y} = 94.9 - 7.62 u_1 + 3.28 u_2 - 5.04 u_1 u_2 - 9.23 u_1^2 - 19.80\ u_2^2$

第 6 章

6.1 （a）E(深度)$= \beta_0 + \beta_1 x_1 + \beta_2 x_2$, 其中 $x_1 =$ 压力，$x_2 =$ 腿的长度 （b）模型解释了 77.1% 的样本深度变化 （c）拒绝 H_0：$\beta_1 = \beta_2 = 0$ （d）11 （e）过高

6.3 （a）5 （b）4 （c）3 （d）2 （e）14; 0.51

6.5 （a）11 （b）10 （c）1 （d）$E(y) = \beta_0 + \beta_1 x_{11} + \beta_2 x_4 + \beta_3 x_2 + \beta_4 x_7 + \beta_5 x_{10} + \beta_6 x_1 + \beta_7 x_9 + \beta_8 x_3$
（e）模型解释了 67.7% 的样本满意度差异 （f）没有检验交互或高阶项

6.7 （a）否 （b）$E(y) = \beta_0 + \beta_1 x_4 + \beta_2 x_5 + \beta_3 x_6 + \beta_4 x_4 x_5 + \beta_5 x_4 x_6 + \beta_6 x_5 x_6$ （c）H_0：$\beta_4 = \beta_5 = \beta_6 = 0$ 的嵌套 F 检验 （d）考虑交互项和高阶项

6.9 （a）（Ⅰ）4; （Ⅱ）6; （Ⅲ）4; （Ⅳ）1 （b）（Ⅰ）0.213, 193.8, 2.5, 10 507; （Ⅱ）0.247, 189.1, 2.3, 10 494; （Ⅲ）0.266, 188.2, 3.1, 10 489; （Ⅳ）0.268, 191.7, 5.0, 10 710 （d）x_2, x_3, x_4

6.11 逐步：井深和分配给工业的毗邻土地比例

第 7 章

7.1 模型缺乏可靠性

7.3 （a）$x = \ln(p)$ （b）能，$t = -15.89$ （c）(924.5, 975.5)

7.5 （a）观测研究 （b）否

7.7 （a）否 （b）否

7.9 （a）否 （b）是

7.11 无法检验模型的充分性，因为 df(误差) $= n - 3 = 0$

7.13 （a）$\hat{y} = 2.74 + 0.80 x_1$; 是，$t = 15.92$ （b）$\hat{y} = 1.66 + 12.40 x_2$; 是，$t = 11.76$
（c）$\hat{y} = -11.79 + 25.07 x_3$; 是，$t = 2.51$ （d）是

7.15 （a）多重共线性 （b）不是，β_3 不可估计

7.17 存在多重共线性

7.19 两个水平；$n > 4$

7.21 是的，进气温度、空气质量流量和热耗率的高方差膨胀因子；仅包括这三个变量中的一个

7.23 （a）0.002 5; 否 （b）0.434; 否 （c）无效 （d）$\hat{y} = -45.154 + 3.097 x_1 + 1.032 x_2$, $F = 39\ 222.34$, 拒绝 H_0：$\beta_1 = \beta_2 = 0$; $R^2 = 0.999\ 8$ （e）-0.9；高度相关 （f）不会

7.25 df(误差) $= 0$，s^2 未定义，未检验模型的充分性

第 8 章

8.1 （a）$\hat{y} = 2.588 + 0.541x$ （b）$-0.406, -0.206, -0.047, 0.053, 0.112, 0.212, 0.271, 0.471, 0.330,$ $0.230, -0.411, -0.611$ （c）是；将 x^2 项添加到模型

8.3 （a）$\hat{y} = 40.35 - 0.207x$，模型在统计上没有用（$p = 0.699$） （b）$-4.64, -3.94, -1.83, 0.57,$ $2.58, 1.28, 4.69, 4.09, 4.39, 2.79, 0.50, 1.10, -6.09, -5.49$ （c）是；将 x^2 项添加到模型 （d）$\hat{y} = -1\,051 + 66.19x - 1.006x^2$；是，$t = -11.80$

8.5 （a）$\hat{y} = 30\,856 - 191.57x$；是，二次趋势；一致

8.7 （a）$-389, -178, 496, \cdots, 651$ （b）没有趋势 （c）没有趋势 （d）没有趋势 （e）没有趋势

8.9 能；恒定方差的假设得到了满足；将 x^2 项添加到模型

8.11 （a）锥形；违反恒定方差假设 （b）$\text{MSE}_1 = 0.091\,05$，$\text{MSE}_2 = 0.448\,3$，$F = 4.92$，拒绝 H_0；是

8.13 （a）合理

8.15 （a）是；违反了方差相等假设 （b）使用变换 $y^* = \sqrt{y}$

8.17 （a）$\hat{y} = 0.94 - 0.214x$ （b）$0, 0.02, -0.026, 0.034, 0.088, -0.112, -0.058, 0.002, 0.036,$ 0.016 （c）不等方差 （d）使用变换 $y^* = \sin^{-1}\sqrt{y}$ （e）$\hat{y}^* = 1.307 - 0.249\,6x$；能

8.19 （a）拉各斯：-0.223 （b）是

8.21 否；删除异常值或正态化转换

8.23 残差近似正态

8.25 没有异常值

8.27 折刀法，删除残差，库克距离；否

8.29 观测值 8 和 3 有影响

8.31 没有异常值

8.33 4 567 和 7 893 号井；两者都有影响；可能删除

8.35 检验模型参数的膨胀 t 统计量

8.37 （a）H_0：无一阶自相关，H_a：一阶正自相关 （b）拒绝 H_0；考虑相关误差的时间序列模型

8.39 （b）当 $\alpha = 0.05$，模型适用于除 5 号银行以外的所有银行 （c）2 号 5 号银行拒绝 H_0（双尾）在 $\alpha = 0.10$ 处；所有其他银行不能拒绝 H_0

8.41 （a）有；残差相关 （b）$d = 0.16$，拒绝 H_0 （c）正态性误差

8.43 （a）$\hat{y} = 1\,668.44 + 105.83t$；有用，$t = 2.11$，拒绝 H_0 （b）是 （c）$d = 0.845$，拒绝 H_0

8.45 （a）模型指定错误；二次项缺失 （b）不等方差 （c）异常值 （d）不等方差 （e）非正态性误差

8.47 假设被合理满足

8.49 假设被合理满足

8.51 （a）$\hat{y} = -3.94 + 0.082x$ （b）$R^2 = 0.372$；$F = 2.96$，p 值 $= 0.146$，模型无效 （d）3 号马在 2 倍标准差之外 （e）是；$R^2 = 0.970$；$F = 130.71$，p 值 $= 0$

8.53 有；肝炎、肠胃炎和肉毒杆菌中毒的观测结果

第 9 章

9.1 （a）$E(y) = \beta_0 + \beta_1 x_1 + \beta_2(x_1 - 15)x_2$，其中 $x_1 = x$ ， $x_2 = \{1,$ 如果 $x_1 > 15; 0,$ 如果不是 $\}$

（b）$x \leq 15: y$ 轴截距 $= \beta_0$，斜率 $= \beta_1$；$x > 15; y$ 轴截距 $= \beta_0 - 15\beta_2$，斜率 $= \beta_1 + \beta_2$

（c）H_0：$\beta_2 = 0$ 的 t 检验

9.3 （a）$E(y) = \beta_0 + \beta_1 x_1 + \beta_2(x_1 - 320)x_2 + \beta_3 x_2$，其中 $x_1 = x$ 和 $x_2 = \{1,$ 如果 $x_1 > 320; 0,$ 如果不是 $\}$ （b）$x \leq 320$：y 轴截距 $= \beta_0$，斜率 $= \beta_1$；$x > 320$：y 轴截距 $= \beta_0 - 320\beta_2 + \beta_3$，斜率 $= \beta_1 + \beta_2$ （c）H_0：$\beta_2 = \beta_3 = 0$ 的嵌套 F 检验

9.5 （a）$E(y) = \beta_0 + \beta_1 x_1 + \beta_2(x_1 - 50)x_2 + \beta_3(x_1 - 100)x_3$，其中 $x_1 = x$ ， $x_2 = \{1,$ 如果 $x_1 > 50; 0,$ 如果不是 $\}$，$x_3 = \{1,$ 如果 $x_1 > 100; 0,$ 如果不是 $\}$ （b）$x \leq 50$：y 轴截距 $= \beta_0$，斜率 $= \beta_1$；$50 < x \leq 100$：y 轴截距 $= (\beta_0 - 50\beta_2)$，斜率 $= (\beta_1 + \beta_2)$；$x > 100$：y 轴截距 $= (\beta_0 - 50\beta_2 - 100\beta_3)$，斜率 $= (\beta_1 + \beta_2 + \beta_3)$ （d）$E(y) = \beta_0 + \beta_1 x_1 + \beta_2(x_1 - 50)x_2 + \beta_3(x_1 - 75)x_3 + \beta_3(x_1 - 100)x_4$，其中 $x_1 = x$，$x_2 = \{1,$ 如果 $x_1 > 50; 0,$ 如果不是 $\}$，$x_3 = \{1,$ 如果 $x_1 > 75; 0,$ 如果不是 $\}$，$x_3 = \{1,$ 如果 $x_1 > 100; 0,$ 如果不是 $\}$

9.7 （a）4 和 7 （b）$E(y) = \beta_0 + \beta_1 x_1 + \beta_2(x_1 - 4)x_2 + \beta_3(x_1 - 7)x_3$，其中 $x_1 = x$ ， $x_2 = \{1,$ 如果 $x_1 > 4; 0,$ 如果不是 $\}$，$x_3 = \{1,$ 如果 $x_1 > 7; 0,$ 如果不是 $\}$ （c）$x \leq 4$：β_1；$4 < x \leq 7$：$(\beta_1 + \beta_2)$；$x > 7$：$(\beta_1 + \beta_2 + \beta_3)$ （d）性能超过 $x \leq 4$ 时，每提升 1 个单位，满意度提升 5.05 单位

9.9 （a）能；3.55 （b）$E(y) = \beta_0 + \beta_1 x_1 + \beta_2(x_1 - 3.55)x_2$，其中 $x_1 =$ 荷载，$x_2 = \{1,$ 如果荷载 $> 3.55; 0,$ 如果不是 $\}$ （c）$\hat{y} = 2.22 + 0.529 x_1 + 2.63(x_1 - 3.55)x_2$；$R^2 = 0.994$，$F = 1371$，$p$ 值 $= 0$，拒绝 H_0

9.11 183.2 ± 24.9

9.13 1.93 ± 16.45

9.15 （a）$\hat{y} = -2.03 + 6.06x$ （b）$t = 10.35$，拒绝 H_0 （c）1.985 ± 0.687

9.17 （a）$\hat{y} = -3.367 + 0.194x$；有用，$t = 4.52$（$p$ 值 $= 0.000\ 6$）；$s = 6.7825$ （b）残差：-1.03，6.97，-5.03，-2.03，1.97，-6.73，3.27，-5.73，9.27，-1.73，-9.43，12.57，-8.43，$2.57, 3.57$；随着速度的增加，变化趋于增加 （c）$w_i = 1/x_i^2$；$x = 100: 20.7$；$x = 150: 44.3$；$x = 200: 84.3$ （d）$\hat{y} = -3.057 + 0.192x$；$s = 0.043\ 519$

9.19 （a）$\hat{y} = 140.6 - 0.67x$；违反假设 （b）$w = \ln(\bar{x})$

9.21 违反误差方差恒定假设；违反误差正态性假设；预测 y 值不在 0 到 1 的范围内.

9.23 （a）$\beta_1 =$ 高等教育每增加 1 年，$P($雇佣$)$ 的变化；$\beta_2 =$ 工作经验每增加一年，$P($雇佣$)$ 的变化；$\beta_3 = P($雇佣$)_{男性} - P($雇佣$)_{女性}$ （b）$\hat{y} = -0.527\ 9 + 0.075\ 0 x_1 + 0.074\ 7 x_2 + 0.391\ 2 x_3$ （c）$F = 21.79$，拒绝 H_0 （d）是；$t = 4.01$ （e）$(-0.097, 0.089)$

9.25 （a）$P($马里兰推覆体$)$ （b）$\pi^* = \beta_0 + \beta_1 x$，其中 $\pi^* = \ln[\pi/(1 - \pi)]$ （c）FIA 每升高 1，马里兰推覆体的对数比值变化 （d）$\exp(\beta_0 + 80\beta_1)/[1 - \exp(\beta_0 + 80\beta_1)]$

9.27 （a）$\chi^2 = 20.43$, 拒绝 H_0　（b）是；$\chi^2 = 4.63$　（c）$(0.000\,48, 0.400\,27)$

9.29 （a）P（陆上冰）　（b）$\pi^* = \beta_0 + \beta_1 x_1 + \beta_2 x_2 + \beta_3 x_3$ 其中 $\pi^* = \ln[\pi/(1-\pi)]$　（c）$\hat{\pi}^* = 0.30 + 4.13 x_1 + 47.12 x_2 - 31.14 x_3$　（d）$\chi^2 = 70.45$, 拒绝 H_0　（e）$\pi^* = \beta_0 + \beta_1 x_1 + \beta_2 x_2 + \beta_3 x_3 + \beta_4 x_1 x_2 + \beta_5 x_1 x_3 + \beta_6 x_2 x_3$　（f）$\hat{\pi}^* = 6.10 - 3.00 x_1 + 10.56 x_2 - 39.69 x_3 + 50.49 x_1 x_2 - 6.14 x_1 x_3 + 56.24 x_2 x_3$　（g）$\chi^2 = 32.19$, 拒绝 H_0；交互模型更好

9.31 （a）$6.54; 6.91$　（b）计数型数据；违反方差恒定假设　（c）$E(y) = \exp(\beta_0 + \beta_1 x)$　（d）$\hat{y} = \exp(1.392 + 0.002\,1x)$　（e）$\chi^2 = 18.39$, 模型在统计上有用　（f）每增加一个因素，住院时长就会增加 0.21%

9.33 （a）$E(y) = \exp(\beta_0 + \beta_1 x_1 + \beta_2 x_2 + \beta_3 x_3 + \beta_4 x_4)$，其中 x_1, x_2, x_3, x_4 是种类的虚拟变量　（b）拒绝 H_0：$\beta_1 = \beta_2 = \beta_3 = \beta_4 = 0$, 模型在统计上有用　（c）凤蝶科和弄蝶科（基准水平）到访次数的平均差异为 44.5%

9.35 （a）$E(y) = \exp(\beta_0 + \beta_1 x_1 + \beta_2 x_2)$，其中 $x_1 =$ 感觉寻求量表值，$x_2 = \{1$，如果是男性；0，如果是女性$\}$　（b）感觉寻求量表值每增加 1 分，固定性别的饮酒数量增加 26%　（c）拒绝 H_0：$\beta_1 = \beta_2 = 0$, 模型在统计上有用　（d）建立模型 $E(y) = \exp(\beta_0 + \beta_1 x_1 + \beta_2 x_2 + \beta_3 x_1 x_2)$，检验 H_0：$\beta_3 = 0$　（e）男性：$[\exp(\beta_1 + \beta_3) - 1] \times 100\%$; 女性：$[\exp(\beta_1) - 1] \times 100\%$

第 10 章

10.1 （a）能；能　（b）$162.25, 163.75, 169.25, 176.25, 179.25, 186.75, 190.00, 190.00, 195.25$　（c）是　（d）86.1　（e）115.5　（f）第一季度：172；第二季度：231

10.3 （a）移动平均法：8；指数平滑法：28.6；Holt-Winters 预测模型：3.05　（b）移动平均法：8.1；指数平滑法：37.9；Holt-Winters 预测模型：4.2　（c）Holt-Winters

10.5 （a）可观察到　（b）预测 $= 238.3$　（c）预测 $= 239.4$　（d）预测 $= 253.4$

10.7 （a）能　（b）3 年预测 $= 1\,450$　（d）3 年预测 $= 1\,303.9$　（e）2015 年：$1\,279.6$；2016 年：$1\,235.5$；2017 年：$1\,191.4$　（f）Holt-Winters 最准确

10.9 （a）$\hat{\beta}_0 = 10.33$: 2000 年估计价格为 10.33 美元；$\hat{\beta}_1 = 0.072$: 每增加一年，价格上涨 0.072 美元　（b）$t = 0.92$, 不能拒绝 H_0；模型在统计上不显著　（c）2018 年：$(7.54, 15.71)$; 2019 年：$(7.55, 15.85)$　（d）简单线性模型拟合较差；二次模型

10.11 （a）$E(y_t) = \beta_0 + \beta_1 t + \beta_2 Q_1 + \beta_3 Q_2 + \beta_4 Q_3$　（b）$\hat{y}_t = 119.85 + 16.51t + 262.34 Q_1 + 222.83 Q_2 + 105.51 Q_3$；$F = 117.82$, p 值 $= 0$, 拒绝 H_0　（c）独立误差　（d）Q_1: 728.95, $(662.8, 795.1)$; Q_2: 705.95, $(639.8, 772.1)$; Q_3: 605.15, $(539.0, 671.3)$; Q_4: 516.115, $(450.0, 582.3)$

10.13 （a）是　（b）$\hat{y}_t = 39.49 + 19.13\,t - 1.315\,t^2$　（d）$(-31.25, 48.97)$

10.15 （a）$E(y_t) = \beta_0 + \beta_1 x_{1, t-1}$　（b）$E(y_t) = \beta_0 + \beta_1 x_{1, t-1} + \beta_2 x_{2, t-1} + \beta_3 x_{3, t-1} + \beta_4 x_{4, t-1}$　（c）添加 $\beta_5 Q_1 + \beta_6 Q_2 + \beta_7 x Q_3$，其中 Q_1, Q_2, Q_3 是季度的虚拟变量

10.17 （a）$0, 0, 0, 0.5, 0, 0, 0, 0.25, 0, 0, 0, 0.125, 0, 0, 0, 0.062\,5, 0, 0, 0, 0.031\,25$　（b）$0.5, 0.25, 0.125, 0.062\,5, 0.031\,25, 0.015\,6, \cdots$

10.19 $R_t = \phi_1 R_{t-1} + \phi_2 R_{t-2} + \phi_3 R_{t-3} + \phi_4 R_{t-4} + \varepsilon_t$

10.21 (a) $E(y_t) = \beta_0 + \beta_1 x_{1t} + \beta_2 x_{2t} + \beta_3 x_{3t} + \beta_4 t$　(b) $E(y_t) = \beta_0 + \beta_1 x_{1t} + \beta_2 x_{2t} + \beta_3 x_{3t} + \beta_4 t + \beta_5 x_{1t} t +$
$\beta_6 x_{2t} t + \beta_7 x_{3t} t$　(c) $R_t = \phi R_{t-1} + \varepsilon_t$

10.23 (a) $E(y_t) = \beta_0 + \beta_1 [\cos(2\pi/365)t] + \beta_2 [\sin(2\pi/365)t]$　(c) $E(y_t) = \beta_0 + \beta_1 [\cos(2\pi/365)t +$
$\beta_2 [\sin(2\pi/365)t] + \beta_3 t + \beta_4 t [\cos(2\pi/365)t] + \beta_5 [\sin(2\pi/365)t]$　(d) 不合理; $R_t = \phi R_{t-1} + \varepsilon_t$

10.25 (a) $y_t = \beta_0 + \beta_1 t + \phi R_{t-1} + \varepsilon_t$　(b) $\hat{y}_t = 14\,767 + 88.16t + 0.646\,8\hat{R}_{t-1}$　(d) $R^2 = 0.995$,
$s = 54.17$

10.27 (a) 可能呈曲线下降趋势　(b) $y_t = \beta_0 + \beta_1 t + \beta_2 t^2 + \phi R_{t-1} + \varepsilon_t$　(c)(I) $\hat{y}_t = 1\,213 +$
$9.14\,t - 0.099\,t^2 + 0.938\,\hat{R}_{t-1}$; (II) $R^2 = 0.935\,4$; (III) $t = -1.58$, $p = 0.059$, 存在向下
弯曲的充分证据

10.29 (a) $F_{49} = 336.91$; $F_{50} = 323.41$; $F_{51} = 309.46$　(b) $t = 49{:}336.91 \pm 6.48$; $t = 50{:}323.41 \pm$
8.34; $t = 51{:}309.46 \pm 9.36$

10.31 3.53 ± 0.85

10.33 (a) $E(y_t) = \beta_0 + \beta_1 t$　(b) 不希望　(c) $R_t = \phi R_{t-1} + \varepsilon_t$　(d) $y_t = \beta_0 + \beta_1 t + \phi R_{t-1} + \varepsilon_t$
(e) $\hat{y}_t = 225.06 + 66.88t + 0.745\,9\hat{R}_{t-1}$　(f) $1\,367.56 \pm 288.06$

10.35 (a) $E(y_t) = \beta_0 + \beta_1 t + \beta_2 M_1 + \beta_2 M_2 + \cdots + \beta_{12} M_{11}$, 其中 $M_1 = \{1,$ 如果是 1 月 ;0, 如果不
是 \}, $M_2 = \{1,$ 如果是 2 月 ;0, 如果不是\}, 等等　(b) $\hat{y}_t = 43.13 + 0.354t + 3.21 M_1 +$
$3.17 M_2 + \cdots + 17.85 M_{11}$　(c) $F = 41.12$, 拒绝 H_0　(d) $(66.83, 84.92)$　(e) $\hat{y}_t = 42.12 +$
$0.271t + 17.48 M_1 + 21.71 M_2 + \cdots + 15.77 M_{11}$; $F = 9.84$, 拒绝 H_0; $(57.33, 75.42)$
(f) $y_t = \beta_0 + \beta_1 t + \beta_2 M_1 + \beta_2 M_2 + \cdots + \beta_{12} M_{11} + \phi R_{t-1} + \varepsilon_t$　(g) $\hat{\phi} = 0.099$, $t = -32$, 不
能拒绝 H_0: $\varphi = 0$; $R^2 = 0.977$　(h) 否

10.37 (a) 是　(b) $E(y_t) = \beta_0 + \beta_1 t$　(c) $\hat{y}_t = 1.18 + 1.667\,t$　(e) 是　(f) 检验 H_0: $\varphi = 0$;
Durbin-Watson $d = 0.497$, 拒绝 H_0

10.39 (a) $E(y_t) = \beta_0 + \beta_1 t + \beta_2 t^2 + \beta_3 x$, 其中 $x = \{1,$ 如果是 1 月到 4 月;0, 如果不是 \}　(b) 添
加交互项

10.41 (a) $\mu_{税后期间} - \mu_{税前期间}$　(b) $\mu_{税前期间}$　(c) -0.55　(d) 2.53

10.43 (a) 每个季度, 养老金计划终止数量增加 3.9%　(b) 每个季度, 利润分享计划终止的
数量增加了 3.8%　(c) $2\,136.2$　(d) $(1\,404.3, 3\,249.7)$　(e) $1\,944$; $(1\,301.8, 2\,902.9)$

第 11 章

11.1 (a) 噪声(变异性)和容量 (n)　(b) 去除外来变异源的噪声

11.3 (a) 鹦鹉　(b) 是; 完全随机设计　(c) 实验组　(d) 1,2,3　(e) 3　(f) 总消耗量　(g) $E(y) =$
$\beta_0 + \beta_1 x_1 + \beta_2 x_2$, 其中 $x_1 = \{1,$ 如果是组 1;0, 如果不是 \}, $x_2 = \{1,$ 如果是组 2;0, 如果不是 \}

11.5 (a) $y_{B1} = \beta_0 + \beta_2 + \beta_4 + \varepsilon_{B1}; y_{B2} = \beta_0 + \beta_2 + \beta_5 + \varepsilon_{B2}; \cdots; y_{B,10} = \beta_0 + \beta_2 + \varepsilon_{B,10}$; $\overline{y}_B = \beta_0 + \beta_2 +$
$(\beta_4 + \beta_5 + \cdots + \beta_{12})/10 + \overline{\varepsilon}_B$　(b) $y_{D1} = \beta_0 + \beta_4 + \varepsilon_{D1}$; $y_{D2} = \beta_0 + \beta_5 + \varepsilon_{D2}; \cdots; y_{D,10} = \beta_0 +$
$\varepsilon_{D,10}$; $\overline{y}_D = \beta_0 + (\beta_4 + \beta_5 + \cdots + \beta_{12})/10 + \overline{\varepsilon}_D$

11.7　调查因子交互作用的能力

11.9　(a)学生　(b)是；因子设计　(c)班级排名和准备类型　(d)排名：差、中、优；准备类型：复习课和模拟考试　(e)(差，复习课)，(中，复习课)，(优，复习课)，(差，模拟考试)，(中，模拟考试)，(优，模拟考试)　(f)期末考试成绩

11.11　(a)因子设计　(b)销售价格　(c)4　(d)是　(e)$E(y) = \beta_0 + \beta_1 x_1 + \beta_2 x_2 + \beta_3 x_1 x_2$，其中 $x_1 = \{$ 1,如果是高适应 ;0,如果是低适应 $\}$, $x_2 = \{$ 1,如果是高知识 ;0,如果是低知识 $\}$

11.13　(a) $E(y) = \beta_0 + \beta_1 x_1 + \beta_2 x_2 + \beta_3 x_3 + \beta_4 x_1 x_2 + \beta_5 x_1 x_3$，其中 x_1 是定性因子 A 的虚拟变量；x_2，x_3 是定量因子 B 的虚拟变量　(b) $E(y) = \beta_0 + \beta_1 x_1 + \beta_2 x_2 + \beta_3 x_3 + \beta_4 x_4 + \beta_5 x_5 + \beta_6 x_1 x_2 + \beta_7 x_1 x_3 + \beta_8 x_1 x_4 + \beta_9 x_1 x_5 + \beta_{10} x_2 x_4 + \beta_{11} x_2 x_5 + \beta_{12} x_3 x_4 + \beta_{13} x_3 x_5 + \beta_{14} x_1 x_2 x_4 + \beta_{15} x_1 x_2 x_5 + \beta_{16} x_1 x_3 x_4 + \beta_{17} x_1 x_3 x_5$，其中 $x_1 = $ 定量因子 A；x_2，x_3 是定性因子 B 的虚拟变量；x_4，x_5 是定性因子 C 的虚拟变量

11.15　无法调查因子间的交互作用

11.17　11

11.19　样本量 (n) 与估计量的标准差

11.21　步骤 4

11.23　8 种处理组合：A_1B_1, A_1B_2, A_1B_3, A_1B_4, A_2B_1, A_2B_2, A_2B_3, A_2B_4

11.25　$E(y) = \beta_0 + \beta_1 x_1 + \beta_2 x_2 + \beta_3 x_3 + \beta_4 x_4 + \beta_5 x_5$；10

11.27　(a)训练方法、练习环节、任务一致性　(b)定性：练习环节和任务一致性；定量：任务一致性　(c)48;(连续一致 /1/100)，(调整一致 /1/100)，(连续一致 /2/100)，(调整一致 /2/100)，…,(连续一致 /6/33)，(调整一致 /6/33)

第 12 章

12.3　(a) $E(y) = \beta_0 + \beta_1 x$，其中 $x = \{$ 1,如果处理 1;0,如果处理 2 $\}$　(b) $\hat{y} = 10.667 - 1.524x$；$t = -1.775$, 不能拒绝 H_0

12.5　(a) $t = -1.78$；不能拒绝 H_0 (c)双尾

12.7　(a)响应：推文数量，继续使用；处理：差，2，3，4，优；H_0：$\mu_{差} = \mu_2 = \mu_3 = \mu_4 = \mu_{优}$　(d) 继续使用 / 女性：拒绝 H_0；所有其他人：不能拒绝 H_0

12.9　(a)完全随机设计　(b)大学生；晒黑态度；晒黑模特，未晒黑模特，无模特　(c) H_0：$\mu_{晒黑模特} = \mu_{未晒黑模特} = \mu_{无模特}$　(d)未说明原因的变化；没有有效的度量　(e)拒绝 H_0　(f)每个处理的态度正态分布；处理等方差

12.11　$F = 5.388$, p 值 $= 0.004$, 拒绝 H_0：$\mu_{连续语音} = \mu_{后期语音} = \mu_{无语音} = \mu_{广播节目}$

12.13　是；$F = 2\,026$, p 值 ≈ 0

12.15　(a) 2 163.56　(b) 1 132.2　(c) 4 144　(d) 5 276.2　(f)是；$F = 9.97$, 拒绝 H_0　(g) $E(y) = \beta_0 + \beta_1 x_1 + \beta_2 x_2$，其中 $x_1 = \{$ 1,如果是 T 组 ;0,如果不是 $\}$, $x_2 = \{$1,如果是 V 组 ;0,如果不是 $\}$　(h) $\hat{y} = 1.4 + 9.1 x_1 + 2.5 x_2$

12.17　(a) H_0：$\mu_1 = \mu_2 = \mu_3$

(b)

来源	df	SS	MS	F	p 值
水平	2	6.643	3.322	0.45	0.637
误差	72	527.357	7.324		
总计	74	534.000			

(c) 不能拒绝 H_0

12.19 (a) A 和 B 中受试者相同 (b) 因变量 = WTP; 处理 = A 和 B; 区组: 受试者
(c) 处理: $H_0: \mu_A = \mu_B$

12.21 没有证据表明三个植物环境有什么不同; $F = 0.019, p$ 值 $= 0.981$

12.23 (a) 因变量: 太阳能发电值; 处理: 4 种电池板; 区组: 12 个月 (b) $H_0: \mu_1 = \mu_2 = \mu_3 = \mu_4$ (c) $F = 115.54, p$ 值 ≈ 0 (d) 拒绝 H_0

12.25 (a) $E(y) = \beta_0 + \beta_1 x_1 + \beta_2 x_2 + \beta_3 x_3 + \beta_4 x_4 + \beta_5 x_5 + \cdots + \beta_{10} x_{10}$, 其中 x_1, x_2 和 x_3 是干预的虚拟变量; x_4, x_5, $\cdots$, x_{10} 是拳击手的虚拟变量 (b) $E(y) = \beta_0 + \beta_4 x_4 + \beta_5 x_5 + \cdots + \beta_{10} x_{10}$
(c) $E(y) = \beta_0 + \beta_1 x_1 + \beta_2 x_2 + \beta_3 x_3$

12.27 (a) 因变量: 口味评分; 处理: 5 种食品 / 饮料; 区组: 200 名受试者
(b) $F = 434.21, p$ 值 $> 0.000\,1$, 拒绝 $H_0: \mu_{BC} = \mu_{CC} = \mu_{GF} = \mu_{OJ} = \mu_{PP}$
(c) $F = 167.06, p$ 值 ≈ 0, 拒绝 $H_0: \mu_{BC} = \mu_{CC} = \mu_{GF} = \mu_{OJ} = \mu_{PP}$

12.29 (a) 因子设计 (b) 4; 高适应, 高知识, 低适应, 低知识 (c) 知识对销售价格的影响取决于适应性 (d) 高知识和低知识的平均销售价格不同, 差异不取决于适应程度

12.31 (a) df(年龄) = 2, df(书籍) = 2, df(年龄 × 书籍) = 4, df(误差) = 99 (b) 3 × 3 = 9
(c) 拒绝 H_0; 存在充分的交互作用证据, (d) 否

12.33 (a) 2 × 4 = 8 (b) 正常睡眠者和失眠症患者的平均 FSS 值之间的差异与受教育程度无关 (c) $\mu_{失眠症} > \mu_{正常}$ (d) 不同教育水平的平均 FSS 值存在显著差异

12.35 (a) $E(y) = \beta_0 + \beta_1 x_1 + \beta_2 x_2 + \beta_3 x_3 + \beta_4 x_4 + \beta_5 x_1 x_3 + \beta_6 x_1 x_4 + \beta_7 x_2 x_3 + \beta_8 x_2 x_4$, 其中 x_1 和 x_2 是割草长度的虚拟变量, x_3 和 x_4 是割草频数的虚拟变量 (b) $F = 10.18, p$ 值 ≈ 0, 充分证据表明存在交互作用; 割草长度对植被高度的影响取决于割草频数
(c) $E(y) = \beta_0 + \beta_1 x_1 + \beta_2 x_1^2 + \beta_3 x_2 + \beta_4 x_2^2 + \beta_5 x_1 x_2 + \beta_6 x_1^2 x_2 + \beta_7 x_1 x_2^2 + \beta_8 x_1^2 x_2^2$
(d) $\hat{y} = 2 + 0.14 x_1 - 0.023 x_1^2 + 24.3 x_2 - 7.21 x_2^2 - 1.25 x_1 x_2 + 0.065\,2 x_1^2 x_2 + 0.605 x_1 x_2^2 - 0.025 x_1^2 x_2^2$
(e) 是; $F = 2.81, p$ 值 $= 0.0584$, 当 $\alpha = 0.05$ 时, 不能拒绝 H_0

12.37 (a) 特大号 / 切, 特大号 / 不切, 半张 / 切, 半张 / 不切 (b) 有; 纸张大小对程度的影响取决于纸张变形 (c) 否

12.39 交互作用: 不能拒绝 H_0, $F = 1.77$; 考试准备: 拒绝 H_0, $F = 14.40$; 班级排名: 不能拒绝 H_0, $F = 2.17$

12.41 (a) $E(y) = \beta_0 + \beta_1 x_1 + \beta_2 x_2 + \beta_3 x_1 x_2$, 其中 $x_1 = \{$ 1, 如果低认知负荷; 0, 如果高认知负荷 $\}$, $x_2 = \{1$, 如果模糊; 0, 如果普通 $\}$ (b) $\hat{\beta}_0 = \bar{y}_{高/普通} = 6.3$, $\hat{\beta}_1 = \bar{y}_{低/普通} - \bar{y}_{高/普通} = 1.5$,

$\hat{\beta}_2 = y_{模糊/高} - y_{普通/高} = -0.2$, $\hat{\beta}_3 = (\overline{y}_{低/普通} - \overline{y}_{高/普通}) - (\overline{y}_{低/模糊} - \overline{y}_{高/模糊}) = -10.4$　（c）9 120.25
（d）SS（负荷）= 1 122.25; SS（名称）= 625; SS（负荷×名称）= 676　（e）5 400; 2 166; 2 166; 2 400　（f）12 132　（g）14 555.25
（h）

来源	df	SS	MS	F
负荷	1	1 122.25	1 122.25	8.88
名称	1	625.00	625.00	4.95
负荷 × 名称	1	676.00	675.00	5.35
误差	96	12 132.00	126.375	
总计	99	14 555.25		

12.43　（a）溶解时间　（b）结合剂性质（khaya gum，PVP），浓度（0.5%，4%）和相对密度（低，高）　（c）因子设计　（d）8　（e）$E(y) = \beta_0 + \beta_1 x_1 + \beta_2 x_2 + \beta_3 x_3 + \beta_4 x_1 x_2 + \beta_5 x_1 x_3 + \beta_6 x_2 x_3 + \beta_7 x_1 x_2 x_3$，其中 $x_1 = \{$ 1，如果是 khaya gum; 0，如果是 PVP $\}$，$x_2 = \{$ 1，如果 0.5%; 0，如果 4% $\}$，$x_3 = \{$1，如果相对密度低; 0，如果相对密度高$\}$　（f）存在

12.45　（a）$E(y) = \beta_0 + \beta_1 x_1 + \beta_2 x_2 + \beta_3 x_3 + \beta_4 x_4 + \beta_5 x_1 x_2 + \beta_6 x_1 x_3 + \beta_7 x_1 x_4 + \beta_8 x_2 x_3 + \beta_9 x_2 x_4 + \beta_{10} x_3 x_4 + \beta_{11} x_1 x_2 x_3 + \beta_{12} x_1 x_2 x_4 + \beta_{13} x_1 x_3 x_4 + \beta_{14} x_2 x_3 x_4 + \beta_{15} x_1 x_2 x_3 x_4$，其中 $x_1 = \{$1，如果发泡剂与矿物质量比高; 0，如果不是$\}$，$x_2 = \{$1，如果捕收剂与矿物质量比高; 0，如果不是$\}$，$x_3 = \{$1，如果液固比高; 0，如果不是$\}$，$x_4 = \{$1，如果发泡剂是 SABO; 0，如果发泡剂是 PO$\}$　（b）df（误差）= 0　（c）$E(y) = \beta_0 + \beta_1 x_1 + \beta_2 x_2 + \beta_3 x_3 + \beta_4 x_4 + \beta_5 x_1 x_2 + \beta_6 x_1 x_3 + \beta_7 x_1 x_4 + \beta_8 x_2 x_3 + \beta_9 x_2 x_4 + \beta_{10} x_3 x_4$　（d）$\hat{y} = 7.03 + 0.205 x_1 + 0.327 x_2 + 0.12 x_3 - 1.09 x_4 - 0.038 x_1 x_2 + 0.137 + x_1 x_3 + 0.183 x_1 x_4 + 0.042 x_2 x_3 + 0.428 x_2 x_4 + 0.282 x_3 x_4$　（e）唯一重要的交互作用是捕收剂 × 发泡剂　（f）进行主效应检验，发泡剂与矿物质量比（不显著）和液固比（不显著）

12.47　（a）$E(y) = \beta_0 + \beta_1 x_1 + \beta_2 x_1^2$　（b）$E(y) = (\beta_0 + \beta_3) + (\beta_1 + \beta_6) x_1 + (\beta_2 + \beta_9) x_1^2$　（c）$E(y) = (\beta_0 + \beta_3 + \beta_4 + \beta_5) + (\beta_1 + \beta_6 + \beta_7 + \beta_8) x_1 + (\beta_2 + \beta_9 + \beta_{10} + \beta_{11}) x_1^2$　（d）$\hat{y} = 31.15 + 0.153 x_1 - 0.003 96 x_1^2 + 17.05 x_2 + 19.1 x_3 - 14.3 x_2 x_3 + 0.151 x_1 x_2 + 0.017 x_1 x_3 - 0.08 x_1 x_2 x_3 - 0.003 56 x_1^2 x_2 + 0.000 6 x_1^2 x_3 + 0.001 2 x_1^2 x_2 x_3$　（e）冷轧 / 铬镍铁合金：$\hat{y} = 53 + 0.241 x_1 - 0.005 72 x_1^2$；冷轧 / 镍铬不锈钢：$\hat{y} = 50.25 + 0.17 x_1 + 0.003 36 x_1^2$；冷拔 / 铬镍铁合金：$\hat{y} = 48.2 + 0.304 x_1 - 0.007 52 x_1^2$；冷拔 / 镍铬不锈钢：$\hat{y} = 31.15 + 0.153 x_1 - 0.003 96 x_1^2$

12.49　三向交互作用的证据；$F = 7.83$，p 值 =0.013

12.51　是；$\mu_{模特/未晒黑模特} > (\mu_{晒黑模特}, \mu_{无模特})$

12.53　（a）七种不同的奶酪　（b）CCI　（c）拒绝 H_0　（d）21　（e）$\mu_{科尔比奶酪} < (\mu_{埃达姆奶酪}, \mu_{埃门塔尔奶酪}) < (\mu_{切达奶酪}, \mu_{格鲁耶尔奶酪}) < \mu_{波罗夫洛奶酪} < \mu_{马苏里拉奶酪}$

12.55　拒绝 H_0；$(\mu_{BMJ}, \mu_{AIM}) < (\mu_{Lancet}, \mu_{JAMA}, \mu_{NEJM})$

12.57　否

12.59　（a）$\mu_{What-B} > (\mu_{How-A}, \mu_{Who-B}, \mu_{Who-A})$；$(\mu_{Who-C}, \mu_{How-C}) > (\mu_{Who-B}, \mu_{Who-A})$　（b）在多重比较中至

少发生一个第 I 类错误的概率

12.61 （a）更少　（b）更少

12.63 （a）拒绝 H_0　（b） $\mu_{问卷} > (\mu_{幻灯片}, \mu_{对照组})$

12.65 （a）三种情绪状态下的平均值不同　（b）设计不平衡　（c）至少发生一个第 I 类错误的概率　（d） $\mu_{内疚} > (\mu_{中性}, \mu_{愤怒})$

12.67 $(\mu_{MRB-2}, \mu_{MRB-3}) > (\mu_{SD}, \mu_{SWRA})$; $\mu_{MRB-1} > \mu_{SWRA}$

12.69 大致满足

12.71 大致满足

12.73 大致满足

12.75 （a） $H_0: \mu_{最大的} = \mu_{最小的} = \mu_{中等的}$ 　（b） $E(y) = \beta_0 + \beta_1 x_1 + \beta_2 x_2$ ，其中 $x_1 = \{$ 1，如果是最大的 ;0，如果不是 $\}$ ， $x_2 = \{$ 1，如果是中等的 ;0，如果不是 $\}$ 　（c）拒绝 H_0 　（d）不能拒绝 H_0 　（f） $\mu_{最大的} < (\mu_{最小的}, \mu_{中等的})$ 　（g）女孩的平均身高没有显著差异

12.77 $F = 7.69$ ，拒绝 H_0

12.79 $F = 2.00$ ， p 值 $= 0.118$ ，不能拒绝 $H_0: \mu_{周一} = \mu_{周二} = \mu_{周三} = \mu_{周四} = \mu_{周五}$

12.81 有， $F = 34.12$

12.83 （a）因子设计　（b）凝结剂浓度（5，10，20，50，100 和 200）；pH 值（4.0，5.0，6.0，7.0，8.0 和 9.0）；36 种组合

12.85 （a）df(A) = 1, df(C) = 2, df(A × C) = 2, df（总计）= 134　（b）拒绝 H_0 　（c）拒绝 H_0 　（d）主效应检验推断没有交互作用

12.87 （a）幸运（幸运、不幸运和不确定）；竞争（竞争和非竞争）　（b）交互作用： $F = 0.72$ ，不拒绝 H_0 ;幸运： $F = 1.39$ ，不拒绝 H_0 ;竞争： $F = 2.84$ ，不拒绝 H_0

12.89 $F = 63.40$ ，拒绝 H_0 ;证据表明受试者的可见性和同盟成功之间存在交互作用

12.91 （a）(唐氏，左)，(唐氏，右)，(正常，左)，(正常，右)　（d）拒绝 H_0 　（e） $\mu_{(唐氏，左)} <$ $(\mu_{(唐氏，右)}, \mu_{(正常，左)}, \mu_{(正常，右)})$

12.93 （a）拒绝 $H_0: \mu_{反应者} = \mu_{捍卫者} = \mu_{开拓者} = \mu_{分析者} = \mu_{平衡者}$ 　（b） $\mu_{反应者} < \mu_{捍卫者} < (\mu_{开拓者}, \mu_{分析者}, \mu_{平衡者})$; $\mu_{开拓者} < \mu_{平衡者}$

12.95 （a）因子（水平）：确认应收账户（完成，未完成）；核查销售交易（完成，未完成）；处理：CC、CN、NC、NN　（b）确认应收账户完成和未完成均值之间的差异取决于核查水平　（c）是

12.97 （a） $E(y) = \beta_0 + \beta_1 x_1 + \beta_2 x_2 + \beta_3 x_1 x_2 + \beta_4 x_1^2 + \beta_5 x_2^2$ 　（b） $\hat{y} = 29.86 + 0.56 x_1 - 0.162\,5 x_2 - 0.113\,5 x_1 x_2 - 0.275 x_1^2 - 0.231\,25 x_2^2$ 　（c）两个模型不同　（d） $R^2 = 0.842$ 　（e）是； $F = 5.67$

12.99 证据表明存在交互作用； $F = 95.25$ ， p 值 $< 0.000\,1$